明鏡 ことわざ成句使い方辞典

北原保雄◆編著
加藤博康◆著

大修館書店

函写真：松江泰治「JP-22 79」

まえがき

「ことわざ（諺）」は、教訓・風刺・真理などを巧みに言い表し、古くから世間の人々に知られてきた短い言葉のこと。「俚諺（りげん）」ともいう。「成句」は、①昔から広く世間の人に知られ、しばしば引用される詩文の句やことわざ。「故事成句」「成語」ともいう。②習慣的に二つ以上の語が結合した形で使われ、全体である特定の意味を表す言い回し。「慣用句」ともいう。『明鏡国語辞典』はこのように説明している。そして、「ことわざ」には、「親の心子知らず」「旅は道連れ世は情け」などの例を上げ、「成句」の①には、「門前市を成す」「呉越同舟」「親の心子知らず」などの例を、②には、「顔がきく」「手が早い」「腰が低い」などの例を載せている。「ことわざ」と「成句」の①とに「親の心子知らず」という同じ例が上げられているが、これは両者の定義からして不思議ではない。前者は意味内容や使われ方からの謂であり、後者は固定した語句や言い回しに対する呼び名である。ということで、ことわざと成句は截然と分けられないところがある。本書では、『明鏡国語辞典』の定義に従い、ことわざ・成句を広く取り上げた。

ことわざや成句の中には故事に基づくものが多い。まさに「故事成句」と呼ばれる所以である。また、出典を持つものも多い。そういう故事や出典、由来を知ることができれば、その言葉に対する理解は格段に深まるし、的確な使い方ができるようになる。ことわざや成句の持つ深い意味や背景を理解し、自家薬籠中の物とすることは、すなわち教養を身につけることである。我々は、ことわざや成句が教えてくれる故事や先人の貴重な言行からいろいろ学ぶことができる。その知識が思考し判断するときの基盤となる。教養は、必要な場面で的確に判断することのできる力である。

昔から広く知られ使われてきた国家的遺産であることわざや成句が、使われなくなってきている。知らない人が増えているのだろう。それは日本語が貧弱なものになってしまっていることを意味する。言葉の上の問題だけではない。近時、思考・判断の浅薄化が進んでいるのではないか。ことわざ・成句は、真理・真実をきわめて適切に言い当てた言葉、すなわち「至言」である。至言は生きている。人に働きかけ、人を陶冶する。至言が忘れられて世の中が悪くなっていないか。もっと至言に学ばなければならない。

本書は、ことわざ・成句の、①正しい意味、本来の意味、②正しい使い方、効果的な使い方、を詳しく説明し、③類似の表現との微妙な差異、④誤用の表現とその理由、⑤出典およびもともとの意味・使い方などについて、詳細に解説したものである。解説の詳しさは、おそらく、これまでの類書にはないものだと思う。⑥使い方については、多くの用例を列挙して、それに意味や使い方を語らせるようにした。これも本書の大きな特長である。さらに、巻末には四種の索引を掲載した。特に「誤用索引」は上手に活用すれば、大いに役立つだろう。これらを総合すれば、その言葉の正しい意味や使い方、故事や出典などの背景が余すところなく理解できるようになっている。また、うっかり使っていた誤用が正せるようになっている。少しおしゃべりが過ぎたかなと思う項目もあるが、それだけ読んで楽しめるものになっていると思う。単に、意味の分からない言葉を引いて調べるというだけでなく、ことわざ・成句の持つ深遠な内容を味わっていただきたい。

本書が成るに当たっては、『明鏡国語辞典』の編集協力者である加藤博康氏の博識が力を発揮した。そして、大修館書店編集第一部部長の岡田耕二氏にいろいろお世話になった。また、『明鏡』の編集で力を蓄えた大修館書店編集第一部の正木千恵さんの並々ならぬ尽瘁があった。記して感謝の意を表したい。

平成十九年五月二十五日

鏡郷文庫主人

北原保雄

凡例

一 本辞典の方針

(1)二二八七のことわざ・成句を見出し項目として立てる。ことわざは、日本と中国に由来を持つものを中心に、それ以外の国に由来するものも適宜収録する。また、見出しとしたことわざ・成句のほかに、関連する多くのことわざ・成句を本文の中で取り上げ解説する。

(2)従来のことわざ辞典の説明では、意味や語源、故事・出典についてのものが中心で、それを具体的にどういう場面で使うか、日本語の文章の中でどのように活用するか、どう表記するのが適切かなどについては言及されることが多くなかった。

本辞典は、意味や語源、故事・出典を十分に解説するとともに、その使い方を詳しく解説し、実際の日本語運用の際に役立つことわざ・成句辞典となることを目指す。特に、使い方を具体的に示す約九〇〇〇の用例を収録する。現代日本語の用法を懇切に解説し、多くの用例を収録する『明鏡国語辞典』（北原保雄 編）のことわざ・成句拡充版である。

(3)ことわざ・成句は、言い回し（表現の型）が固定しており、全体で特定の意味を表すことに大きな特徴がある。したがって、その言い回しから外れるもの（誤用、転用、俗用など）について、それが慣用的な使い方ではないことを懇切に解説する。現実にどのような誤用・転用・俗用が行われているかの調査を踏まえ、実際に役立つ情報を豊富に盛り込む。

特に誤用については、言い回しや表記の誤りだけでなく、言い回しや表記は正しいが意味の解釈や使用する場面を誤っているものを、約一〇〇〇の誤用例文とともに解説する。また、どうして誤用であるのか、その理由をできるだけ解明するよう心がける。

さらに、誤った言い回ししか知らない人も正しい言い回しの見出しに到達できるよう、誤用索引を用意する。

誤用としたものの中には、広く一般に浸透し、本来の正しい言い回しや使い方以上によく使われているものもある。本辞典では、言葉は変化するものであり、一般に広く使われるようになれば誤用とは言えないという考え方は十分に理解しつつも、本来の言い回しや使い方からすれば誤用であるという立場で解説をする。

二　見出し

(1)漢字仮名交じりで見出しを示し、それぞれの漢字に読みを付す。見出しに掲げた読みのほかに別の読みがある場合は、それを［使い方］の中で示す。

(2)漢字が当たる言葉はできるだけ漢字を示す。ただし、平仮名で書くことが広く定着している副詞、接続詞、形式名詞等は、適宜平仮名で示す。

(3)常用漢字表（昭和五十六年内閣告示）にない漢字（表外字）は、文字の右肩に▼を付ける。常用漢字表にあるが、その音訓が認められていない（表外音訓）漢字は、文字の右肩に▽を付ける。

(例)▼綺羅星《きらほし》の▽如《ごと》く

(4)二字以上の漢字の意味をくみ取りまとめて訓にして読む、いわゆる熟字訓の表記形は、読み全体を〈 〉で囲んで示す。熟字訓の文字には、表外音訓の▽の表示は省略する。

(例)明後日《〈あさって〉》を向《む》く

(5)常用漢字表の付表に示されている語の表記形は、読み全体を≪ ≫で囲んで示す。

(例)雪崩《≪なだれ≫》を打《う》つ

(6)仮名遣いは、原則として「現代仮名遣い」（昭和六十一年七月内閣告示）による。

(7)送り仮名は「送り仮名の付け方」（昭和四十八年六月内閣告示）による。原則として、本則に従う。

(8)字体は、常用漢字はその字体を用いる。常用漢字表にない漢字のうち、「表外漢字字体表」（平成十二年十二月国語審議会答申）で「印刷標準字体」が示されたものは、その字体を用いる。それ以外は、いわゆる康熙《こうき》字典体を用いる。

(9)見出しに掲げた漢字のほかに別の漢字表記がある場合は、それを［使い方］の中で示す。それが常用漢字表外字、表外音訓である場合には、それぞれ▼▽の記号を付けて示す。熟字訓である場合には、〈 〉で囲んで示す。

(10)見出しは五十音順に配列する。なお、長音（ー）は直前の母音と同じ扱いとする。

三　使い方

(1)意味、用例、使い方についてのさまざまな解説を[使い方]に示す。まずは意味を示し、意味に続いて、用例を「 」によって示す。用例に続いて、◆を置いて使い方の解説を行う。

(2)意味が複数ある場合は❶❷❸…を用いて分類する。なお、◆の解説中や[誤用][補説]などでこの意味分類について触れる場合は、①②③…を用いる。

(3)用例中の見出し相当部分が、見出しと同形の場合には、それを——で示す。見出しと言い回しや表記が異なる場合には、それをゴシック体で文字にして示す。またその場合、見出しでは漢字を示したものでも、実際の表記を考慮して適宜平仮名にして示す。

(4)「気が置けない」「気の置けない」など、複数の助詞(「が」「の」など)を用いるものは、適宜、/を用いて併記する。また、省略できるものは、適宜、( )で省略可能である部分を囲んで示す。

(例)「気が/の 置けない仲間と旅行する」
「地に足(を)着けて稽古に励む」

(5)用例の一部を別の言葉に言い換えて複数の用例を示す場合には、[ ]を用いる。

(例)「天下[世の中・秩序]が麻の如く乱れる」

(6)日本の近代以降の小説・詩歌や、中国古典から引いた用例は、原則、現代仮名遣いで示す。日本の古典作品(江戸時代までの作品)から引いた用例は、原則、歴史的仮名遣いで示す。なお、用例の末尾に〈 〉で作者や作品名を示す。

(7)語源、意味の補足、込められる微妙なニュアンスや気持ち、適切な使い方、文法的な分析、本来の意味から変化した比喩的な用法や俗用など、使い方についてのさまざまな解説を◆以下に行う。

(8)見出しに掲げた言い回しや表記以外の形についても、◆以下に示す。巻末に「総索引」を用意し、見出し以外の形からも引けるよう便を図る。

(9)❶❷❸…で意味を分類した項目で、特定の意味について解説する場合は、その意味の用例の後に◆を置いて解説する。見出し項目全体について解説する場合には、意味と用例を列挙した後に◆を置いて解説する。

四　誤用

(1)誤用についてのさまざまな解説を［誤用］で行う。誤った言い回しや表記だけでなく、言い回しや表記は正しいが意味の解釈や使い方が誤っているもの、誤って他のことわざ・成句と混同しているもの、直接人に向かって使うと失礼に当たるものなど、広く解説する。

(2)誤った使い方をしている例文は、文頭または誤った語句のところに×を付して示す。誤りとまでは言いがたいが、避けた方が望ましい使い方の例文は、△を付して示す。また、正しい使い方をしている例文は、これらとの違いをはっきりさせるために、適宜○を付して示す。

(3)［誤用］で示す用例については、見出し相当部分は、━では示さず実際の表記で示す。

(4)巻末に「誤用索引」を用意し、誤った言い回しや表記から正しい見出しが引けるよう便を図る。なお、本文・誤用索引に掲げる誤用は、あくまでも、そのことわざ・成句に対する誤用である。「腹を割る」という成句に対し、「腹を裂く」というのは誤りであるが、ことわざ・成句を離れた時には「腹を裂く」という表現は誤りではない。その点に留意して誤用情報を理解していただきたい。

五　補説

対義表現など、見出し項目に関連するさまざまな表現を［補説］で解説する。ただし、見出し項目とより密接な関係にあるものは、適宜、［使い方］で解説する。

六　出典

(1)故事や出典のあるものについて、［出典］で解説する。見出しの言い回しの形そのものがテキストに現れないものも含め、典拠となる出典を広く紹介する。また、出典の原文・書き下し文、原文の意訳などをできるだけ示す。

(2)巻末に「出典索引」を用意し、主要な二四の出典について、それを典拠とする見出し項目を一覧できるよう便を図る。

七　類表現

(1)見出しのことわざ・成句と意味が似ていることわざ・成句を［類表現］に示す。本辞典に見出しとして収録していないものも広く取り上げる。

(2)巻末に「総索引」を用意し、見出し項目の類表現についても、それが示されている見出しを引けるよう便を図る。

八　英語

英語で意味の近い表現を[英語]に示す。

九　囲み

(1)「打つ」「高い」「子」など三四六の言葉について、それを使う見出し項目を集め、囲みにして示す。囲みは、それぞれの言葉の読みの五十音配列によって本文の中に置く。例えば、「打つ」の場合は、「うちまたごうやく」と「うつつをぬかす」の間に配列する。複数の読みがある場合は、一つの読みに代表させて配列する。

(2)「打つ」「高い」など動詞・形容詞の場合は、原則、その語を含む見出し項目すべてを集める。ただし、「打ち込む」などの複合動詞で使われている場合は除く。

(3)「子」など名詞の場合は、その語を含む見出し項目の中から、特定の意味について見出し項目を集める。例えば「子」の場合、「子」という語を含む見出し項目の中から、「子ども」の意味を持つ見出し項目を集める。その場合、「子」を「こ」と読むものも、「し」と読むものも合わせて集める。「秋《あき》茄子《なす》は嫁に食わすな」など、「子」という文字（漢字）を含んでいても「子ども」の意味でないものは除く。

十　索引

検索の便を図り、巻末に、「総索引」「誤用索引」「分類索引」「出典索引」を付す。詳細はそれぞれの索引の冒頭ページに記す。

編集協力
木下洋美　塚本知佳　東野元昭

あ

愛想《あいそ》もこそも尽《つ》き果《は》てる

使い方　あきれ果てて好意や信頼感を失う。「いくら注意しても品行が修まらない。あの男には**愛想もこそも尽き果てた**」「どうしても浮気をやめない。うちの人には**愛想もこそも尽き果てたわ**」「度重なる不祥事で○○銀行には**愛想もこそも尽き果てました**」

◆(1)もう縁を切りたいという気持ちを込めて使う。「こそ」は語調を整えるために添えた語で、「小想」とも当てる。
(2)「愛想もこそも尽きる」とも。

誤用　(1)「味噌もくそも一緒」と混同して、「愛想もくそも尽き果てる」とするのは誤り。
(2)「愛想がない」と混同して使うのは誤り。「×愛想もこそもない店員に腹が立った」

開《あ》いた口《くち》が▼塞《ふさ》がらない

使い方　あきれてものが言えない。「あまりのばかばかしさに**開いた口がふさがらなかった**」「彼がまた飲酒運転で捕まったと聞いて**開いた口がふさがらなかった**」「外交問題に発展するような失言を繰り返す大臣の答弁には**開いた口がふさがらぬ**」

◆「ふさがる」は、開いていたものが閉じる意。驚きあきれると、ぽかんと口を開いたまま一言も発しなくなることからいう。

誤用　(1)驚きあきれている状態をいうので、瞬間的な驚き、よい意味の驚きにいうのは誤り。「×突然の地震に開いた口がふさがらなかった」「×あまりのすばらしさに開いた口がふさがらない」
(2)「開《ひら》いた口がふさがらない」は誤り。

合《あ》いの手《て》を入《い》れる

使い方　❶歌と歌との間に三味線などの伴奏楽器による演奏を入れる。また、歌や踊りの間に手拍子や囃子詞《はやしことば》をはさむ。「馬子唄の間に――」「観客が調子外れの――」
❷会話などの進行に合わせて、ちょっとしたことばやしぐさを差しはさむ。「賛成、賛成と、すかさず――」「演説に野次の――」「話を聞きながら、そうだ、その通りだなどとしきりに――」

◆「合いの手」は「相の手」「▽間の手」とも書く。

誤用　(1)「手拍子を打つ」「相槌《あいづち》を打つ」との混交から、「合いの手を打つ」とするのは誤り。
(2)手助けをする意で使うのは誤り。「×荷物が重そうなので合いの手を入れた」「×あまりに忙しそうだったので合いの手を入れた」

◆「合《あ》う(併)」を使う成句

合わせる顔がない・馬が合う・顔が合わせられない・顔を合わせる・口裏を合わせる・照準を合わせる・清濁併せ呑む・反りが合わない・調子を合わせる・手を合わせる・話が合う・歯の根が合わない・平仄《ひょうそく》が合わない・割に合わない

会《あ》うは別《わか》れの始《はじ》め

使い方　この世で出会った人とはいつか

必ず別れなくてはならないこと。「**会うは／が別れの始め**ということはわかっていても、やはり別れはつらいものです」「どんなに好きな相手が出来ても、私の心の底に、――といったふうな、水のように冷たい覚悟がひそんでいたのが、いけなかったのかも知れません〈石坂洋次郎・石中先生行状記〉」「――であるからこそ、一緒にいられる時間を大切にしたい」◆出会いが別れをもたらす無常をいう。別れの悲しみ、愛・人生のはかなさ、別れが来るまでの時間を惜しみ大切にする気持ちなどに広く使う。

誤用 会うことは別れの始まりであるという意なので、「はじめ」を「初め」と書くのは誤り。

類表現「会者定離《えしゃじょうり》」「別れなくして出会いなし」

青菜《あおな》に塩《しお》

使い方 人が元気をなくしてしょげることのたとえ。「失敗して[叱られて]――だ」「株で大損をして、彼はいま――の状態だ」「志望校に合格できなかった彼女は――のありさまで、自分の部屋に籠もりきりになってしまった」◆青菜は緑色をした葉菜。新鮮な青菜も塩を振りかけるとしおれることから、落胆してすっかり落ち込んでいる状態にいう。

誤用 肉体的に不調な状態だけに注目して使うのは誤り。「×ダイエットが過ぎて、青菜に塩とばかりにやせ衰えてしまった」「×顔色がひどく悪いよ。青菜に塩じゃないか」

青《あお》は▼藍《あい》より▽出《い》でて▼藍《あい》より青《あお》し

使い方 青色の染料は藍（タデ科の一年草）からとるが、その青は原料の藍よりもずっと青いという意から、弟子が先生の学識や技量を越えることをいう。「まさに――というのにふさわしい弟子」◆学問・技芸いずれの分野でも、弟子が師を越える業績を上げることにいう。

誤用 前後を混同した「藍は青より出でて青より青し」は誤り。

出典 荀子《じゅんし》のことばで、本来は学問や努力によって、もって生まれた本性を越えることができる意。この後、「氷は水これをなして、水より寒し」と続く。

類表現「出藍《しゅつらん》の誉《ほま》れ」

赤子《あかご》の手《て》を▼捩《ねじ》る

使い方 無力の者をやすやすと負かすことのたとえ。また、物事がたやすくできることのたとえ。「初戦の相手を――ように一蹴した」「A社を買収するなどは――ようなものだ」「[学者の独創的な仕事を]アカデミックな立場から批評してそのきずだけを指摘すればこれを葬り去るのは**赤子の手をねじ上げる**よりも容易である〈寺田寅彦・時事雑感〉」◆(1)「赤子」は、赤ん坊・赤ちゃんのやや古風な言い方。(2)「赤子の手を捻《ひね》る」「赤子の腕を捩《ねじ》る」とも。「赤子」を現代流に言った「赤ん坊[赤ちゃん]の手をねじる」も間違いではない。

誤用 (1)「赤子を捩る」「赤子を捻る」など、「手」を省くのは誤り。(2)能動的でない相手に対して用いるのは、標準を外れる。「△このタッチパネルの操作は赤子の手をねじるかのように簡単だ」

◆「上《あ》がる」を使う成句

頭が上がらない・梲《うだつ》が上がらない・陸《おか》へ上がった河童・手が上がる

明《あか》るみに出《で》る

使い方 ❶明るいところに出る。「暗がりから――」◆やや古風な言い方。「明るみ」は「明るい」の語幹＋場所を表す接尾語「み」で、光が差して明るくなった所の意。

❷隠されていた事柄がおおやけになる。「犯罪[情事・不祥事]が――」「事件の真相が――」「私生活の一切合切が――」◆どこかに隠しておきたいという事柄がおおやけになることをいう。

誤用 ⑴②は、多くは人に知られてはまずい事柄にいうので、よい行為について使うのはなじまない。「× 匿名で寄付を続けていたことが明るみに出る」

⑵「明るみになる」「明るみにする」は、それぞれ「明るみに出る」「明るみに出す」と「明らかになる」「明らかにする」との混同から来た誤用。「× 隠された事実が明るみになる」「× 二人の関係を明るみにする」

補説 積極的に明らかにする意では「明るみに出す」という。「官庁と業者の癒着《ゆちゃく》を明るみに出す」「粉飾決算の事実が明るみに出される」

◆「秋（あき・とき・しゅう）」を使う成句

> 秋風が立つ・秋茄子《あきなす》は嫁に食わすな・秋の日は釣瓶《つるべ》落とし・一日《いちじつ・いちにち》千秋・一葉《いちよう》落ちて天下の秋を知る・男心と秋の空・女心と秋の空・危急存亡の秋《とき》・秋霜烈日《しゅうそうれつじつ》・春秋に富む・春秋の筆法・天高く馬肥ゆる秋・物言えば唇寒し秋の風

秋風《あきかぜ》が立《た》つ

使い方 ❶秋の風が吹き始める。「土用半ばに**秋風が立**って、もう三回目で土用も明けると云う頃だから、空は鏡のように澄んでる〈伊藤左千夫・姪子〉」「**秋風が立ち**始めて黍《きび》の葉がかさかさ音を立てるころになると世の中が急に頼もしく明るくなる〈寺田寅彦・五月の唯物観〉」

❷恋人同士の愛情が冷める。相思相愛の関係に亀裂が入ることにいう。「二人[夫婦]の間に――」◆「秋」を「飽き」にかけていう。「秋風が吹く」とも。

誤用 ②は、親子・兄弟・友人などの間について使うのは誤り。「× 娘との間に秋風が立つ」「× 生徒が教師を信頼できなくなり、両者の間に秋風が立ち始めた」

秋《あき》▽茄子《なす》は嫁《よめ》に食《く》わすな

使い方 秋茄子はおいしいから嫁に食べさせるな。また、秋茄子は体が冷える（または、種子が少ないので子供に恵まれなくなる）から嫁に食べさせるな。「――とでもいうように、嫁にうまい物を食べさせない」

◆⑴姑《しゅうとめ》が嫁をいびる、あるいは、大切にすることのたとえ。反対の意をもつので、誤解を生まないよう前後の文脈で示したい。

⑵「秋なす」は「秋なすび」とも。単に秋茄子がおいしいことのたとえともする。

⑶「秋茄子」のところは、「秋鯖《あきさば》」「秋かます」「五月蕨《ごがつわらび》」「夏だこ」などと言い換えることもある。

秋《あき》の日《ひ》は釣《つる》▽瓶《べ》落《お》とし

使い方 井戸を滑り落ちる釣瓶のように、秋の日は急速に暮れるということ。「暮れかかる夕空を見上げ、まさに――とつぶやく」◆(1)「釣瓶」は、水を汲《く》むために、竿《さお》や縄の先につけて井戸の中におろす桶《おけ》のこと。井戸からあげるときはゆっくりだが、空《から》の釣瓶は一気に落ちる。(2)「秋の日の釣瓶落とし」「釣瓶落としの秋の暮れ[日]」とも。「釣瓶落としの秋の日ははや暮れ…」

誤用「日」は太陽の意。「日にち」と誤解して、秋はあっという間に日が経つの意味で使うのは誤り。

◆「開《あ》く（空・明）」を使う成句

開いた口が塞がらない・体が空く・地獄の釜《かま》の蓋《ふた》も開く・手が空く・幕が開く・埒《らち》が明かない

灰汁《あく》が抜《ぬ》ける

使い方 ❶植物に含まれている渋みのある成分が取れる。「茹《ゆ》でるとゴボウ[ホウレン草]の——」

❷性質・趣味などに嫌みやあくどさがなくなる。洗練される。「もう少し——といい歌手になるのだが」「年とともに**あくが抜け**てきて人柄が円満になった」「あんなのがと思うようなしっちゃか面子が、——と見違えるような意気な芸者になったりするかと思うと〈徳田秋声・縮図〉」◆人やその作品などから個性的などぎつさがなくなることを、プラスに評価していう。

誤用 (1)マイナスに評価して使うことは避けたい。「△あの役者は最近あくが抜けて魅力がなくなった」「△彼もあくが抜けてつまらなくなったね」(2)「あく」を「悪」と書くのは誤り。

悪事《あくじ》千里《せんり》を走《はし》る

使い方 悪い行いはたちまちのうちに知れ渡るということ。「——で、大統領のスキャンダルはその日のうちに世界中に広まった」◆「悪事千里を行く」「悪事千里に伝わる」「悪事千里」とも。

誤用 犯罪や悪習が伝播《でんぱ》する意で使うのは誤り。「×悪事千里を走るで、テロが連鎖的に発生した」「×巧妙な手口はあっという間に広がり、まさに悪事千里を走るだ」

出典 宋の孫光憲《そんこうけん》が著した「北夢瑣言《ほくむさげん》」の、「好事《こうじ》門を出《い》でず、悪事千里を行く」に基づく。

類表現「人の口に戸は立てられぬ」

英語 Bad news travels quickly.

悪銭《あくせん》身《み》に付《つ》かず

使い方 不正な手段で得た金は、とかくむだに使われて残らないものだ。「億に近い金を横領したというが——、逮捕されたときにはほとんど無一文だったそうだ」「競馬で大穴を当てたところで——だ。いずれはすっからかんさ」「闇商売のお手伝いして、いつも、しこたま、もうけている。けれども、**悪銭身につかぬ**例えのとおり、酒はそれこそ、浴びるほど飲み、愛人を十人ちかく養っているという噂〈太宰治・グッド・バイ〉」◆「悪銭」は盗みや博打《ばくち》などで手に入れた金、あぶく銭をいう。金は額に汗して稼ぐべきものだという教訓を含み、競馬・競輪・宝くじなど、正当な手段で得た金であっても「悪銭」に見なされることがある。

補説 逆の言い方に「正直の儲《もう》けは身につく」がある。

▼胡▼坐《あぐら》を▼掻《か》く

使い方 ❶あぐらの姿勢で座る。「くつろいで——」「縁台[畳の上]に——」「どっしりと[どっかと・でんと]━━」◆「あぐら」は両足を前に組んで楽な姿勢で座ること。また、その姿勢。「かく」は構え作るの意。「正座」に対するもので、所構わず行うと不行儀のそしりをうける。「▼胡座」とも書く。
❷鼻があぐらを組んだように低く横に張っている。「**あぐらをかい**た鼻も、父親に生き写しだ」「〔男は〕鼻が平たく**胡坐をかき**〈石坂洋次郎・石中先生行状記〉」
❸あるものに頼ってのんきに、または、ずうずうしく構える。批判的な意を込めていう。「人気[伝統・老舗の名]に━━」「エリート意識の上に**あぐらをかい**ていると、いつか足を引っぱられるよ」「権力[レギュラー・業界首位]の座に━━」「役員の地位に━━」
◆(1)多く「○○(の上[座・地位・位置])に～」という〈場所〉に注目した表現で使う。
(2)「～に」には広くいろいろな状況を表す表現がくることもある。「従業員のサービス残業の上に━━会社側」「他社が対抗策を出せない状況に我が社はいつまでも**あぐらをかい**ていてよいのか」
補説「大《おお》あぐらをかく(＝無遠慮に大きくあぐらをかく)」「片《かた》あぐらをかく(＝片方の足だけを組んで座る)」などの言い方もある。「主人《あるじ》は長火鉢の前で大あぐらをかいて〈国木田独歩・郊外〉」

揚《あ》げ足《あし》を取《と》る

使い方 ❶技を掛けようとする相手の足を取って倒す。「**揚げ足を取**って、仰向けに倒す」「内股を掛けてくる**揚げ足を取**って一本とる」❷相手のことばじりや言い損ないをとらえて、皮肉ったり非難したりする。「人の━━ようなことばかり言って嫌われる」「つまらないことでいちいち━━な」「失言して**揚げ足を取られる**」
◆(1)「揚げ足」は、相撲や柔道で、技を掛けようとして宙に浮き上がった足。「挙げ足」とも書くが、一般に「上げ足」とは書かない。
(2)②は、相手の不用意な発言に付け入ることをいい、どこか正攻法ではないというニュアンスを含む。
誤用 (1)発言ではなく行為について使うのは誤り。「×それでは手順が違うと揚げ足を取る」「×エラーの揚げ足を取って野次を飛ばす」「×酒ばかり飲んでいると揚げ足を取られる」
(2)②の意で「揚げ足をすくう」とするのは誤り。①の意に限って「揚げ足をすくってフォールに持ち込む」などと使う。

挙《あ》げ句《く》の果《は》て

使い方 ある物事を十分にしたすえに。最後の最後には。「さんざん愚痴を並べ、━━泣き出した」「逃亡に逃亡を重ねた━━に逮捕された」「口論の━━は、殴り合いだ」「酔った━━の刃物三昧」「どれもこれも駄目になった上に、━━がこの病気の苦しみだ〈岩野泡鳴・断橋〉」
◆(1)「挙げ句」は連歌・連句の最後の七・七の句。必ず末尾にくることから「終わり」の意が生じ、それを強調して「挙げ句の果て」となった。「揚げ句」とも書き、かな書きも多い。
(2)接続詞的に使うほか、おもに「～た挙げ句の果て」「～の挙げ句の果て」の形で使う。多く、後にはよくない結果がくる。
誤用 (1)「さんざん迷った挙げ句の果ての結論です」など、後によくない結果がこない場合にも使うが、喜ばしい結果がくるのは不適切。「×会えたばかりかサインまでしてくれて、挙げ句の果てには公演のチケットまでくれました」「×挙句の果ては優勝の栄誉に輝いた」
(2)「それに、さらに」などの意で、単に付加的に使うのは誤り。「×約束なしで客が来たり予定のない会議が入ったり。挙げ句の果てに夕方から映画に行くことになっていたんですよ」

開《あ》けて悔《くや》しい玉手箱《たまてばこ》

使い方 期待していたのに予想が外れてがっかりすること。「なんだ、タオルと石けんだけか。──だね」「──、一万円札かと思ったら千円札だ」
◆(1)「玉手箱」は美しい手箱の意。福袋、祝儀袋、お中元、お歳暮、誕生日のプレゼント、ボーナスの明細書…など、中身への期待が大きければ大きいほど、期待はずれの落胆も大きい。
(2)「開けてびっくり[がっかり]玉手箱」「開けて悔しい浦島の子」とも。
出典 浦島太郎が竜宮の乙姫から贈られた玉手箱を開けてみると、中から白い煙が立ちのぼり、浦島はたちまち白髪の老人に化したという伝説に基づく。

◆「上《あ》げる(揚・挙)」を使う成句

腕を上げる・得手《えて》に帆を揚げる・追風《おいて》に帆を揚げる・気炎を上げる・気勢を上げる・腰を上げる・棚に上げる・血道を上げる・手を上げる・名乗りを上げる・熱を上げる・音を上げる・一旗揚げる・神輿《みこし》を上げる・諸手《もろて》を挙げる・槍玉《やりだま》に挙げる

▼顎《あご》が落《お》ちる

使い方 食べ物が非常にうまいことのたとえ。「この菓子は──ほどうまい」「──ほどおいしいご馳走が出た」「おいしくてあごが落ちそうだ」◆味のよいものを口中に入れると、しばし噛《か》むことを忘れ、あごがぽかんと開いてしまうように感じることからいう。
誤用 実際にあごが外れ落ちることではないので、過去形では使わない。「×山海の珍味佳肴《かこう》にあごが落ちた」
補説 大笑いすることのたとえとして「あのお笑いコンビはあごが落ちるほどおかしい」などともいうが、現在では「あごが外れる」を使うのが一般的。
類表現 「ほっぺたが落ちる」

▼顎《あご》が干上《ひあ》がる

使い方 生活の手段を失って食えなくなる。「失業して──」「いまリストラされたらあごが干上がってしまう」◆食べるものがなくて、口中がすっかりかわいてしまう意。収入がなくなって暮らしに困る状態をいう。
誤用 「あごが渇《かわ》く」は誤り。

▼顎《あご》で使《つか》う

使い方 いばった態度で人を使う。「部下を──」「親を──なんて、とんでもないやつだ」「新人のうちは先輩に**あごで使われる**」◆(1)あごだけを動かして人に指図する高慢な態度のこと。人を使う態度があまりに尊大に過ぎることを非難していう。(2)「あごの先で使う」とも。漢語的表現に「頤使《いし》する」がある。「頤」も「あご」の意。
誤用 人以外の動物に対して使うのは誤り。「×猛獣使いがライオンをあごで使う」「×調教師が馬をあごで使う」

▼顎《あご》を出《だ》す

使い方 疲れきって、物事を続けるのが

いやになる。「グラウンドを九周して**あごを出した**」「仕事がきつくて、三日働いて**あごを出した**」「次から次に重い段ボール箱を運ばされて**あごを出した**」

◆ひどく疲れると足が動かなくなって、あごばかりが前に出ることから。肉体的な疲労に耐えられなくなった状態について使う。

誤用 (1) 心労に注目して使うのは誤り。「×原稿を書きあぐねてあごを出した」「×資金繰りがうまくいかなくてあごを出しそうだ」

(2)「あごが出る」は誤り。「×連日の猛練習であごが出た」「×七合目まで登ったところであごが出た」

◆「麻（あさ・ま）」を使う成句

麻の如し・麻の中の蓬《よもぎ》・快刀乱麻を断つ・麻中《まちゅう》の蓬

◆「朝（あさ・あした・ちょう）」を使う成句

朝起きは三文の得・朝《あした》に紅顔ありて夕べには白骨となる・朝《あした》に道を聞かば夕べに死すとも可なり・朝三暮四・朝令暮改

朝起《あさお》きは三文《さんもん》の得《とく》

⇩早起きは三文の得

明後日《あさって》を向《む》く

使い方 全く見当違いの方を向く。「**あさってを向いて**いて、前の車に追突してしまった」「みんなが**あさってを向いて**いて、議論がかみ合わない」「銃口が**あさってを向いて**いるから的には当たらない」

◆(1) あしたに目を向けるべきなのに、あさっての方を見ている意からいう。「あさっての方を向く」とも。

(2)「そっぽを向く」は、意図的に見るべき方向から目をそらす意だが、「あさってを向く」には意図が働かない。

誤用 (1) 協調しない態度をとる意で使うのは誤り。「×いくら説得しても、あさってを向いていて相手にしない」「×厳しく管理し過ぎて、部下にあさってを向かれる」

(2)「あさって」と「みょうごにち（明後日）」は同意だが、「みょうごにちを向く」は誤り。

麻《あさ》の▽如《ごと》し

使い方 麻糸がもつれ乱れるように物事の状態がひどく乱れることのたとえ。「天下［世の中・秩序］が**麻の如く**乱れる」「胸［心］が**麻の如く**（思い）乱れる」

◆麻糸は亜麻《あま》・苧麻《ちょま》・黄麻《こうま》の茎の皮や、マニラ麻・サイザル麻の葉からとった繊維で作る。耐久性・耐水性に富むが、もつれるとなかなか解きほぐせない。

麻《あさ》の中《なか》の▼蓬《よもぎ》

使い方 まっすぐに伸びる麻の中に生えれば曲がりやすい蓬もまっすぐに伸びる意から、善良な人と交われば自然に感化されて善良になるということ。良い環境によって悪が正されることのたとえ。「手のつけられない悪がきだったが、良い仲間と付き合うようになったら品行も正しくなった。まさに——だね」

◆(1)「蓬《ホウ》《よもぎ》」はキク科の多年草「やな

ぎよもぎ」のこと。山野に群生し、茎は三〇～六〇《センチメートル》に伸びるが、曲がりやすい。若葉を草餅《くさもち》に利用する「よもぎ(＝餅草)」とは、科は同じだが種は別になる。

(2)「麻中《まちゅう》の蓬」とも。

補説「朱に交われば赤くなる」は、多く悪い意味に使う。

出典「荀子・勧学」の「蓬麻中《まちゅう》に生ずれば扶《たす》けずして直し」から出たことば。

◆「足(あし・そく)」を使う成句

揚げ足を取る・足が地に着かない・足が付く・足が出る・足が早い・足が棒《ぼう》になる・足が乱れる・足下《あしもと》から鳥が立つ・足下に火が付く・足下にも及ばない・足下の明るいうち・足下を見る・足を洗う・足を引っ張る・後足《あとあし》で砂を掛ける・後ろ足で砂を掛ける・千里《せんり》の行《こう》も足下《そっか》に始まる・蛇足《だそく》・地に足を着ける・手の舞い足の踏む所を知らず・手も足も出ない・二の足を踏む

◆「葦(あし・よし)」を使う成句

風にそよぐ葦《あし》・考える葦《あし》・難波の葦《あし》は伊勢の浜荻・葦《よし》の髄《ずい》から天井を覗《のぞ》く

足《あし》が地《ち》に着《つ》かない

使い方 ❶しっかり地面に立ったり歩いたりできない。「熱でふらふらして――感じです」「夕食を御馳走《ごちそう》になった上に、大きなボール箱を抱えて主人のうちを出た時には、酒もまわっていたせいか、**足が地につかなかった**〈山本有三・路傍の石〉」

❷喜びや緊張などで気持ちが落ち着かない。「余りに嬉しくて――思いです」「初舞台を明日に控え、不安と緊張で――」「夢のような幸福な感じが、彼女の胸に充ち満ちて、**踏む足も地に付かない**ように思った〈菊池寛・真珠夫人〉」◆よい気持ちにも悪い気持ちにもいう。

❸考えや行動が浮ついていて、しっかりしていない。「――計画だから実現の見込みはない」

◆(1)否定形での使用が多いが、①～③はいずれも肯定形「足が地につく」、肯定の他動詞形「足を地につける」でも使う。「足が地についた考え方」「今年は足を地につけて研究に臨みたい」

(2)「着く」は「付く」とも書く。「着」は到達、「付」は接触・付着に重点をおいて使う。

誤用「足」を基準にした「足に地がつかない」は誤り。また、「足が土に着かない」は誤り。

補説 語順の入れ替わった「地に足がつかない」は、多く③の意で使う。

類表現 ①②の類表現に「足を〔足も〕空」がある。「〔政夫と民子は〕所謂足も空に、いつしか田圃《たんぼ》も通りこし、山路へ這入った〈伊藤左千夫・野菊の墓〉」

足《あし》が付《つ》く

使い方 犯人の身元や逃走経路がわかる。また、犯行が明らかになる。「凶器の指紋〔質入れした盗品〕から**足が付いた**」「――からタクシーは使うな」◆足のない幽霊は足跡を残さないから捕らえようがないが、犯罪者はどこかに足跡を残す。その足跡をたどることから捜査は始まる。

足《あし》が出《で》る

使い方 予算や収入を超えた出費になる。「今度の旅行はタクシーを使った分だけ**足が出た**」「多少**足が出**ても構わないよ」「一万円(ほど)**足が出た**」◆他動詞形「足を出す(=予算や収入を超える金額を使う)」も使う。「足を出さないように家計をやり繰りする」

誤用「~に足が出る」は標準的でない。「✕予算[生活費]に足が出てしまった」

足《あし》が早《はや》い

使い方 ❶移動に要する時間が少ない。「彼は**足が早い[速い]**」「**足の早い**善公の車をやっと浜町河岸の石置場でつかまえた〈川口松太郎・明治一代女〉」「**足の早い**戦艦」「制空隊の零式艦戦は、**足が早く**て〈阿川弘之・山本五十六〉」「津波[台風]は——」「軽く浮く芥屑《ごみくず》は流れの**足が速く**〈岡本かの子・河明り〉」◆人・乗り物・気象のほかにも広く使う。情報などの伝播《でんぱ》にも転用する。「現代は情報の——」

❷食べ物などが腐りやすい。「かまぼこ[桃・鯖《さば》]は——」「夏場は——」「ネタの鮮度を売りにした漫才は——のが難点だ」◆物事の動きや変化を動物の足の歩みに見立てていう。

❸売れ行きがよい。「このキャラクター商品は——(=売れ足が早い)」「よい物件ほど——」

◆「はやい」の表記は、①~③いずれも「早い」が標準的(ただし、人の足にいう場合は現在は「速」が標準的)。

足《あし》が棒《ぼう》になる

使い方 歩き続けたり立ち続けたりして、足の筋肉がこわばる。「一日中古書店をめぐって**足が棒になった**」「——ほど歩かせられた」◆(1)こわばった足を棒にたとえていう。「足が棒だ」とも。「立ちっぱなしで足が棒だ」(2)他動詞形「足を棒にする」は、多く「足を棒にして」の形で使う。「足を棒にして探し回る」

誤用 足の酷使とは関係なく心理的な要因で足がすくむ場合にいうのは標準的でない。「△恐怖で足が棒になって一歩も動けない」

類表現「足が擂《す》り粉木《こぎ》になる」

足《あし》が乱《みだ》れる

使い方 ❶足の運びなどが、崩れて安定を失う。「思わずよろけて**足が乱れた**」「[体操で]着地の**足が乱れた**」

❷歩調がふぞろいになる。「入場行進の**足が乱れている**」

❸統一した行動がとれなくなる。「方法論の対立から抗議行動の**足が乱れた**」

❹事故・災害などで交通機関の運行が混乱する。「車両故障で列車が大幅に遅れ、通勤の**足が乱れた**」「大雪で帰宅[帰省客・乗客千人]の**足が乱れた**」「多くの便が欠航し、空の**足が乱れた**」◆航空も含め、交通機関全般に使う。

▽朝《あした》に紅顔《こうがん》ありて夕《ゆう》べには白骨《はっこつ》となる

使い方 朝は血色よく活躍していた若者が、夕方には息絶えて白骨となる。人の命のはかないこと、この世は無常であることのたとえ。「——は人ごとではない。いつ突然死や事故死に見舞われるかわからないのだから、常に死を意識しておくべきだろう」◆「夕べには」は、「夕べに」

とも。

誤用「あした」は朝の意なので、「明日」と書くのは誤り。

出典藤原義孝の詩「朝に紅顔有って世路《せいろ》に誇れども暮《ゆうべ》に白骨と為って郊原《こうげん》(=郊外の野)に朽ちぬ」にある句(「和漢朗詠集・無常」)。幸若舞曲「満仲」にも取り入れられ、蓮如《れんにょ》上人の「御文章」にも引用されて広く知られるようになった。平安中期の歌人義孝は、この詩を作ってほどなく、痘瘡《とうそう》にかかって二十歳の生涯を閉じたという。

▽朝《あした》に道《みち》を聞《き》かば夕《ゆう》べに死《し》すとも可《か》なり

使い方 朝、人はどう生きるべきかという道を聞いて悟ることができれば、たとえその晩に死んだとしても悔いはない。「──というが、生きることの意味を探るのは生涯の課題。駅までの道を尋ねるようなわけにはいかない」

◆(1)「道」は、道徳・道義などに見る道で、人として守り行わなくてはならない正しい道理をいう。儒家では、人生の目的はその道を修め、それを実践することにあるとし、無自覚に一生を終える「酔生夢死《すいせいむし》」を戒める。(2)「聞かば」は、現代語の仮定法で「聞けば」とも(「聞けば」のほうが口語的)。

出典「論語・里仁《りじん》」にある孔子《こうし》のことば。

明日〈あした〉は明日〈あした〉の風《かぜ》が吹《ふ》く

使い方 明日のことをくよくよ案じても始まらない。なるようになるということ。「──だ。有り金残らず使っちゃおう」「そんな失敗ぐらいでくよくよするな、──というさ」「今日は今日の風が吹き、──という風な成り行き委《まか》せの生き方が〈円地文子・食卓のない家〉」 ◆(1)なるようになるさと開き直る意でも、不遇の身を慰めて明日に期待を寄せる意でも使う。(2)「あした」は、「あす」とも。

類表現「明日のことは明日案じよ」「明日は明日の神が守る」「明日のために心配するな。明日は明日が自分で心配する。一日の苦労は一日で足りる〈新約聖書・マタイ伝〉」

足駄《あしだ》を履《は》く

使い方 実際の値段より高く売りつけて差額をかせぐ。「原価数百円の品を足駄を履いて一万円で売りつける」「一万円も──とはひどいやつだ」

◆(1)「足駄」は雨の日などに履く、歯の高い下駄。足駄の歯が普通の下駄よりも高いように、高く値を付けることをいう。

(2)売りつけられる側からは、いまいましいという意を込めて「足駄を履かれる」という。「足駄を履かれて、大損をした」「エ、十銭か二十銭…オヤそれじゃ三十銭足駄を履かれたんだよ〈二葉亭四迷・浮雲〉」

誤用「足駄」は「高下駄《たかげた》」ともいうが、「高下駄を履く」は誤り。

補説「足駄を履いて首っ丈《たけ》」は、足駄を履いても首のあたりまで深みにはまるという意から、ほれた異性にすっかり夢中になることをいう。

味《あじ》も素《そ》っ気《け》も無《な》い

使い方 無味乾燥で、何の趣も潤いもない。「あの教授の講義は──」「──文章[応対]」「自分は科学者だが、無趣味な、──技術屋ではない〈伊藤整・氾濫〉」

◆「素っ気」は、そのものに備わってい

る、それらしい味わいの意。

誤用 食べ物そのものにうまみが乏しいの意で使うのはなじまない。「×あの店の料理は味も素っ気もない」「×ぱさぱさして、味も素っ気もないリンゴ」

足下《あしもと》から鳥《とり》が立《た》つ

使い方 ❶身近なところで意外なことが起こる。「灯台下暗しというか、──というか、部下に横領されるなんて夢想だにしなかった」

❷急に思い立ってあわただしく行動を起こす。「観劇中に呼び出されて、──ように帰っていった」「──ように旅に出た」「さあすぐ支度をしろって、まるで──ように急《せ》き立てる事も御座いますが〈夏目漱石・彼岸過迄〉」

◆「足下から鳥が飛び立つ」とも。「足下」は「足元」「足▽許」とも書く。

足下《あしもと》に火《ひ》が付《つ》く

使い方 身近に危険が迫る。「経営難で足下に火が付いた」「脱税容疑の強制捜査が入って、会社は足下に火が付いたような大騒ぎだ」◆「足下から火が付く[出る]」とも。「足下」は「足元」「足▽許」とも書く。

足下《あしもと》にも及《およ》ばない

使い方 余りにすぐれていて、とてもかなわない。比較にならない。「語学力では彼女の──よ」「あの歌手の声量には、私など──」「好記録だが、まだまだ世界記録の──」「高級料理店の味も──くらいの、贅沢《ぜいたく》な自然の味」◆⑴「足下へも寄り付けない」「足下にも追い付かない」とも。「足下」は「足元」「足▽許」とも書く。⑵人だけでなく物にもいう。

足下《あしもと》の明《あか》るいうち

使い方 自分の立場が不利にならないうち。「──にとっとと帰れ」「──に手を引いたほうがいい」◆⑴日が暮れて足下が見えなくならないうち、の意から。⑵警告したり忠告したりするときに使う。「足下」は「足元」「足▽許」とも書く。

誤用 「手遅れにならないうち」の意味があるからといって、目上に向かって「部長、足下の明るいうちにこの販売計画を実行して下さい」などと言えば、脅迫めいて角が立つ。

足下《あしもと》を見《み》る

使い方 ❶人の弱みを見抜いてそれにつけこむ。「足下を見て高値を付けられた」「人の足下を見て値切り倒してきた」「足下を見られて安く買いたたかれた」

◆⑴昔、「護摩《ごま》の灰（＝旅人をおどして金品をまきあげた者）」は旅人の履き物や歩きぶりを見て、その懐具合をはかったという。胴巻きの金銀が重ければ、草鞋《わらじ》の紐《ひも》も切れやすいし、前のめりの足どりになる。売買や貸借も同じこと、足下からこちらの事情を見透かされてしまえば、相手の言いなりに操られる。

⑵金銭についていうことが多いが、金銭以外にもいう。「協議とは名ばかりで実際はこちらの足下を見られ、要求を全て呑《の》まされた」

❷身近なところを見つめる。また、置かれている状況を見定める。「ひるがえって──と、我が国でも同様の問題が起きている」「時には立ち止まって己の──ことも必要だ」

◆①は「足下につけこむ」、②は「足下を見つめる[見据える]」などともいう。「足下」は「足元」「足▽許」とも書く。

足《あし》を洗《あら》う

使い方 好ましくない仲間や仕事から離れて、まともな生活をする。「やくざの世界〔暴走族・闇商売〕から——」「泥棒稼業〔やくざ渡世〕の——」「高校になったら、〔陸上競技から〕必ず**足を洗っ**て、勉強に専念しますから〈曾野綾子・太郎物語〉」「ゲームばかりしていた生活から——」◆前に助詞が来る場合は多く「〜から／の 足を洗う」の形となる。

誤用 単に離れる意で使うのは不適切。「×制作部から足を洗って、経理部に異動になりました」「×教育の世界から足を洗ってもうだいぶたつ」

味《あじ》を占《し》める

使い方 一度体験したうまみや面白みが忘れられなくて、次にも同様のことを期待する。「株で儲《もう》けて——」「たまたま大穴を当てたことに**味を占め**て、すっかり競馬にのめり込んでしまった」「ここで金を渡せば、恐喝者は**味を占め**て、何度でも金を要求してくるだろう」「一度餌《えさ》をやったら、**味を占め**た野良猫が毎日のようにやってくる」◆一度うまくいくと、いい気になって同じことを繰り返すようになるということ。結果的にはそれが好ましくないことについていう。「占める」は、それを自分のものとして手に入れる意。

誤用 好ましいことについて使うのは誤り。「×コンクールに入賞したことに味を占めて、いっそうピアノの練習に励むようになった」「×順調に売り上げが伸びたことに味を占めて、店舗を拡張することにした」

足《あし》を引《ひ》っ張《ぱ》る

使い方 人の成功や前進を意図的に妨げる。また、ある行為が成功や前進を妨げる。「醜聞を流して昇進の——」「才能の乏しい人間ほど人の**足を引っ張ろ**うとする」「競争相手に**足を引っ張られ**た」「新製品開発の失敗が経営の——」「あまり山に身を入れすぎて、ばかな真似をしたら、それが、君自身の——ことになる〈新田次郎・孤高の人〉」◆(1)進もうとする足を引きとどめる意から。(2)その結果を意図する行為にも、意図しない行為にもいう。

誤用 「足を引く」は誤り。

補説 意図的に相手のすきをついて失敗させることは、「足を掬《すく》う」という。「ライバルの足をすくって失脚させる」「悪送球がチームの×足をすくう／○足を引っ張ることになった」

明日《あす》ありと思《おも》う心《こころ》の▽徒桜《あだざくら》

使い方 明日もまだ咲いているだろうと思っていても、気まぐれな風が吹き荒れれば、桜の花は一夜のうちに散ってしまう。明日があると思っていると、せっかくの機会を失ってしまうことのたとえ。「——だ。花見に行くなら今日のうちだよ」「この防災対策は先には延ばせない。——だ」「——というじゃないか。今のうちに勉強しておかないと後で泣くことになるよ」◆「徒桜」は散りやすい桜で、はかないもののたとえ。「明日は明日の風が吹く」とは対極にあることば。

出典 「親鸞《しんらん》上人絵詞《えことば》伝」にある「明日ありと思ふ心の徒桜夜半《よは》に嵐の吹かぬものかは」の上の句。親鸞上人は、徒桜に託して世の中のはかなさを教え、仏への帰依を説く。

類表現 「今日の仕事は明日に延ばすな」「明日の百より今日の五十」

あ

明日《あす》は我《わ》が身《み》

使い方 他人の不幸が明日は我が身にふりかかるかも知れないということ。「今日も事故車を見た。━━と思って、慎重に運転しよう」「今は順調でも、いつ経営が悪化するかわからない。倒産も━━だよ」◆つい災難は人ごとと思ってしまう油断を戒めて使う。

誤用 望ましいことに使うのは誤り。「×幸せを明日は我が身と待ち望む」「×彼は宝くじで特賞を当てたそうだ。明日は我が身となってほしいね」

▽東男《あずまおとこ》に京女《きょうおんな》

使い方 男女の取り合わせとしては、たくましくて気っ風《ぷ》のよい江戸の男と、洗練されていて優しい京都の女性がよい。「〔結婚の披露宴のスピーチで〕新郎は東京の神田、新婦は京都の嵯峨《さが》のご出身、まさに━━のカップルでございまして…」◆「東男と京女郎」とも。何も「東男に京女」だけが理想的な好一対とは限らないのだから、男女の出身地に合わせて地名を入れ替えてもクレームがつく気づかいはない。

類表現 男女の組み合わせの妙をいったことばには、ほかに「越前男に加賀女」「京男に伊勢女」「筑前女に筑後男」「越後女に上州男」などがある。いずれも距離からいえば、東京と京都ほどの隔たりはない。

◆「汗（あせ・かん）」を使う成句

汗を流す・汗牛充棟《かんぎゅうじゅうとう》・汗馬《かんば》の労・血と汗の結晶・手に汗を握る・額《ひたい》に汗する・綸言《りんげん》汗の如し

汗《あせ》を流《なが》す

使い方 ❶入浴などで汗を洗い落とす。「シャワーで**汗を流し**てからビールを飲もう」❷懸命に運動や労働をする。「朝から晩まで野良仕事に**汗を流した**」「ボランティアは被災者の救援に**汗を流した**」「先代が**汗を流し**て拡大した事業」◆汗をかくことと、かいた汗を洗い落とすことは、いずれも「流す」で言い表すことができる。「サッカーの練習で**汗を流**したあと、一風呂浴びて**汗を流した**」のように使い分けるが、「サウナで**汗を流**した」となると①②の区別が難しい。

当《あ》たって砕《くだ》けろ

使い方 成功するかどうかわからなくても、とにかく思い切ってやるだけやってみよということ。「━━だ。突撃を敢行せよ」「━━の覚悟でチャンピオンに挑戦した」「リスクはあるが━━だ。海外市場の開拓に乗り出そう」◆駄目でもともとなのだからと、決起を促すことば。砕けてしまっては元も子もないが、そこまで覚悟を決めれば成功の確率も高くなる。「当たって砕けよ」とも。

◆「頭（あたま・とう）」を使う成句

頭が上がらない・頭が固い・頭隠して尻《しり》隠さず・頭が下がる・頭が柔らかい・頭から湯気を立てる・頭に来る・頭を抱える・頭を丸める・頭を擡《もた》げる・一頭地を抜く・鰯《いわし》の頭も信心から・頭角《とうかく》を現す・羊頭《ようとう》を掲げて狗肉《くにく》を売る・竜頭蛇尾《りゅうとうだび》

あ

頭《あたま》が上《あ》がらない

使い方 相手に負い目を感じて対等にふるまえない。「借金があるので彼には――」「昔、世話になったので、あの人には今でも――」「あのディレクターもスポンサーには――らしいね」「親父はお袋の尻に敷かれて、まったく――んだ」◆引け目など感じたことがないという「頭《ず》の高い(＝人を見下げる横柄な)」自信家には無縁の成句。

誤用 相手に負い目があるときは「頭が上がらない」が、感服したときや崇高なものにふれたときには、おのずから「頭が下がる」。両者を混同して使うのは誤り。「後輩の彼女にここまで見事に仕切られては○頭が上がりません／×頭が下がります」「連日の炎天下、外で働いている人には×頭が上がりません／○頭が下がります」「上司である私も彼の頑張りには×頭が上がりません／○頭が下がります」

頭《あたま》が固《かた》い

使い方 自分の考えにこだわって、融通がきかない。「今度の市長は――」「官庁には頭が／の固い人が多くて困る」「近ごろは頭が固くなったのか、なかなかよいアイディアが浮かばない」◆「固い」は柔軟性がない意。「硬い」とも書く。マイナスに評価して使う。

誤用 プラスに評価して、意志が強い意で使うのは誤り。「×彼女は頭が固いから、つまらない意見に左右されることはないだろう」「×彼は頭が固いので、決めたことは最後までやりとおす」

頭《あたま》隠《かく》して▼尻《しり》隠《かく》さず

使い方 悪事や欠点の一部を隠しているにすぎないのに、全部を隠したつもりでいる愚かさをあざけっていうことば。「いくら二重帳簿をつけて脱税をごまかそうとしても、あんな派手な生活をしていたら――だよ」「犯行計画のメモが残っていた。彼らのすることは――だ」◆(1)「雉《きじ》の草隠れ」といって、雉が草むらの中に首を隠し、尾が出ているのを知らないでいることからいう。宋の孔平仲《こうへいちゅう》の七言律詩にも「人を畏れて自ら比す頭を蔵《かく》すの雉」の句がある。(2)「頭《かしら》隠し尾隠さず」「頭《かしら》隠して尻を出す」「尾を露《あら》わし頭を蔵《かく》す」とも。

類表現「柿を盗んで核《さね》を隠さず」「身を蔵《かく》し影を露《あら》わす」

頭《あたま》が下《さ》がる

使い方 尊敬の念がわく。敬服する。「彼の努力[奮闘ぶり]には――」「十年間も寝たきりの母を介護してきたとは、ただただ――ばかりだ」

誤用 ⇩頭が上がらない

頭《あたま》が柔《やわ》らかい

使い方 考えに適応力があって、融通がきく。「今度の知事は高齢のわりには――」「スタッフの――から、次から次にアイディアが生まれてくる」◆「柔らかい」は柔軟性がある意。「軟らかい」とも書く。プラスに評価して使う。

誤用 マイナスに評価して、軟弱・軽薄の意で使うのは誤り。「×彼女は頭が柔らかいから、そんな教養書は読まないよ」「×彼は頭が柔らかいから、女性の尻ばかり追いかける」

頭《あたま》から湯気《ゆげ》を立《た》てる

使い方 かんかんになる。非常に怒っているさまをいう。「課長が頭から湯気を立てどなった」「何をやらかしたんだい。親父が**頭から湯気を立て**て怒っているよ」◆⑴かっかとすれば熱くなる。戯画化すれば、沸騰したやかんから蒸気が立ちのぼる図になる。⑵「頭から湯気を出す」とも。

誤用 最近、懸命にするさまの意に使うこともあるが、本来の用法としては誤り。「×頭から湯気を立てるほど勉強する」「×頭から湯気を立てて忙しく立ち働く」

頭《あたま》に来《く》る

使い方 ❶非常に腹が立つ。かっとなる。「ばかにされて**頭に来た**」「身に覚えのないことを言われて**頭に来たよ**」「人を平気で一時間も待たせるんだから、いいかげん──よ」

❷病毒や酔いが頭に回って、正常でなくなる。「上役にからむなんて、飲み過ぎて**頭に来たんだろう**」

頭《あたま》を抱《かか》える

使い方 心配ごとや悩みごとがあって、思案に暮れる。「解決策がなくて──」「売り上げが下がる一方で**頭を抱えて**いるところだ」◆深く考え込むときには頭を垂れる。いくら考えても名案が浮かばないときは、頭に手を当てて抱え込むような姿勢になるものだ。

頭《あたま》を丸《まる》める

使い方 頭髪をそる。また、頭髪をそって僧になる。「バリカンで──」「**頭を丸めたら**気分もさっぱりした」「**頭を丸めて**仏門に入る」◆⑴剃髪《ていはつ》すれば頭の丸い形が顕《あら》わになることから。⑵反省や謝罪の印として頭髪をそることにもいう。「優勝できなければ**頭を丸めます**」「**頭を丸めて**一から出直します」「**頭を丸めて**詫《わ》びを入れる」

補説 有髪《うはつ》の僧もいるが、出家するときは「髪を下ろす」のが仏道のならい。一般には「落髪」だが、高貴な人が髪をそり落として仏門に入ることは「落飾」という。

頭《あたま》を▼擡《もた》げる

使い方 ❶ある考えや思いが心の中に浮かんでくる。「疑念が──」「職業意識が**頭をもたげてくる**」「会員の間に不満が**頭をもたげてきた**」「絵に対する情熱が**頭をもたげてきた**」

❷次第に勢力を得て目立つようになる。台頭する。「新しい派閥[新興勢力]が**頭をもたげてきた**」

◆「もたげる」は、おこす・もちあげるの意。「蛇が鎌首《かまくび》をもたげる」ように、さまざまな想念がわき起こったり、今までは曖昧《あいまい》だった存在が明らかになってきたりすることをいう。

新《あたら》しい酒《さけ》は新《あたら》しい革袋《かわぶくろ》に盛《も》れ

使い方 新しい内容を表現するには、それに応じた新しい形式が必要だということ。「かびの生えた国家主義に凝り固まった政治家には新しい国際関係は築けない。──だ」

出典 「新約聖書・マタイ伝・九章」に「新しいぶどう酒は古い革袋に入れない。そんなことをすれば革袋は破れ、酒は流れだし、袋もだめになってしまう。新しいぶどう酒は新しい革袋に入れる。そうすれば両方とも保たれる」とある。新しいぶどう酒はイエスの新しい教え。

当《あ》たらずといえども遠《とお》からず

使い方 ぴたり正確ではないが、見当外れではない。「君はまだ彼女に未練があるんだ。――だろう」「首相には国民向けと官僚向けの二つの顔があるというのは――だろう」◆近年は「当たらずとも遠からず」の方が一般的。

補説「～といえども」は、漢文の「雖」を訓読したもので、～であっても、～と言っても、という意。漢字では「～と▼雖《いえど》も」と書くのが伝統的で、「～と言えども」とは書かない。

出典「大学」の「心誠に之《これ》を求むれば中《あ》たらずと雖《いえど》も遠からず」から独り歩きをした句。本来は「真心から実践するならば、完全にそれを成就できないまでも、ほぼ完璧に近い程度には達成できる」の意で、真心の大切さを述べた句なのだが、現在では専ら「的中はしていないが大きく外れてはいない」の意で用いられる。

◆「当《あ》たる(中)」を使う成句

当たって砕けろ・当たらずといえども遠からず・当たるも八卦《はっけ》当たらぬも八卦・犬も歩けば棒に当たる・肯綮《こうけい》に中たる・罰《ばち》が当たる・下手な鉄砲も数撃てば当たる

当《あ》たるも八▼卦《はっけ》当《あ》たらぬも八▼卦《はっけ》

使い方 占いは当たることもあれば当たらないこともあるということ。「吉と出ようが凶と出ようが気にすることはない。――だ」◆(1)「八卦」は、易で、陰と陽とを示す算木の組み合わせで得られる八種の形。転じて、占いの意。(2)大吉の卦が外れて惨憺《さんたん》たる結果になったときの慰めにも使えるし、当たらない易者の自己弁護にも使える。

誤用 占い以外の当たり外れにいうのは本来的でない。「△当たるも八卦当たらぬも八卦の宝くじ[競馬予想・株式投資]」

類表現「当たるも不思議当たらぬも不思議」

あちらを立《た》てればこちらが立《た》たぬ

使い方 一方によいようにと計らうともう一方に悪くなる意で、物事が両立しないたとえ。「女房とお袋は昔から仲が悪くてね。――なんだ」「課長と部長の板挟みだよ。**あちら(を)立てればこちらが立たず**で、困ったものだ」◆(1)あとに「両方[双方]立てれば身が立たぬ」と続け、まさに「進退これ谷《きわ》まる」状態をいう。「あちら」と「こちら」は、哲学でいう二律背反(アンチノミー)なのであって、いずれも「ごもっとも」と思われるから、間に立つものはジレンマに陥る。(2)人以外の、相互に矛盾・対立する物事の関係にも転用する。「新素材に切り替えれば廃棄物は減らせるがコストがかさみ、――です」

誤用「一長一短(＝長所と短所がある)」の意で使うのは誤り。「×この店は味はよいのに接客態度が悪く、あちらを立てればこちらが立たぬだ」

類表現「あなた祝えばこなたの恨み」「かなたよければこなたの怨《うら》み」

悪貨《あっか》は良貨《りょうか》を駆逐《くちく》する

使い方 ❶名目上の価値が等しく実質上の価値が異なる二種以上の貨幣が同時に流通すると、良貨は蓄積されて、ついには悪貨だけが流通するようになる。

「脱税、賄賂、悪徳商法の横行…、―じゃないが、まじめに働くのがいやになるよ」◆悪貨が流通しない現在では、経済原則から離れて、多く「悪人がのさばる世では善人が不遇になる」の意で用いられる。

❷俗に、悪いものがよいものを追い払う。「―で、粗悪品が世間にあふれている」「―ように、悪いニュースは良いニュースよりも耳に残りやすい」◆①を転用した俗用。

誤用「悪貨は良貨を駆逐するで、二千円札が退蔵されているそうだ」などと使うのは誤り。使いづらいということはあっても、二千円札と千円札二枚の間には実質的価値の差はない。

出典イギリスのグレシャムが唱えた経済法則（グレシャムの法則）として有名。グレシャムは十六世紀に、エドワード六世・エリザベス一世のもとで財務顧問を担当した貿易商。貨幣の改鋳を実施する一方、王立為替取引所の設立を提唱した。

英語 Bad money drives out good.

暑《あつ》さ寒《さむ》さも彼岸《ひがん》まで

使い方 春秋の彼岸を境として、暑さも寒さも衰えてほどよい気候になるものだ。「今年はずいぶんと残暑［余寒］が厳しいけれど、―だ。もうすぐしのぎやすくなるよ」

◆(1)「彼岸」は、春分（三月二十一日ごろ）と秋分（九月二十三日ごろ）を中日《ちゅうにち》とした、それぞれ前後七日間。「彼岸会《ひがんえ》」といって、寺院に参詣し、墓参などの仏事を行うのが古くからの年中行事となっている。

(2)「暑さ寒さも彼岸ぎり」「暑い寒いも彼岸まで」「暑さ［寒さ］の果ても彼岸まで」とも。

あっと言《い》わせる

使い方 人の意表をついて驚かせたり感動させたりする。「観客を／に―ような演技を見せたい」「人をばかにしてきた連中の鼻をあかして、**あっと言わせて**やりたい」「従来の学説をくつがえすことになったその発見は世界中を**あっと言わせた**」◆「あっ」は、驚いたり感動したりするときに発する感動詞。

誤用 大きな事故や凶悪な犯罪が耳目を驚かす意で使うのは誤り。「×タイタニック号の遭難は世界中をあっと言わせた」「×世間をあっと言わせた連続殺人事件」

▼羹《あつもの》に懲《こ》りて▼膾《なます》を吹《ふ》く

使い方 熱かった羹にこりて膾のような冷たい料理も吹いて冷ます意から、失敗にこりて、必要以上に用心深くなることのたとえ。「あの小火《ぼや》を出してから、電子レンジ以外は使わないそうだ。まさに―だね」

◆(1)「羹《コウ・あつもの》」は肉や野菜を加えて煮た熱いスープ、「膾《カイ・なます》」は細かく切った生の肉。「人口に膾炙《かいしゃ》する」の「膾」と同じだが、魚肉や野菜を刻んで調味酢で和えた今の「なます」とはちょっと違う。

(2)そこまで慎重になる必要はないのにというあざけりの気持ちを込めていう。

誤用 (1)念には念を入れて備えるの意で、褒めて使うのは誤り。「×入試の失敗がよほど応えたのだろう。羹に懲りて膾を吹くで、よく勉強するようになった」

(2)「あつもの」は「熱いもの」の意だが、「熱もの」とは書かない。

出典 屈原《くつげん》の作とされる「楚辞《そじ》・九章」にあることば。「楚辞」では「羹に懲りて膾を吹くように、用心深く身の安否を顧みよ」という意味で使われている。

類表現「蛇に嚙《か》まれて朽縄《くちなわ》に怖《お》じる」「黒犬《くろいぬ》に嚙まれて灰汁《あく》の垂れ滓《かす》に怖じる」「舟に懲りて輿《こし》を忌む」

◆「当《あ》てる」を使う成句

毒気に当てられる・一山当てる・胸に手を当てる・目も当てられない

◆「後（あと・のち・ご・こう）」を使う成句

後足で砂を掛ける・後が無い・後には引けない・後の雁《かり》が先になる・後の祭り・後は野となれ山となれ・後棒を担ぐ・後を追う・後を絶たない・後を引く・雨後《うご》の筍《たけのこ》・鶏口《けいこう》となるも牛後となるなかれ・後悔先に立たず・後塵《こうじん》を拝する・後生《こうせい》畏《おそ》るべし・死して後《のち》已《や》む・人後《じんご》に落ちない・前車の覆《くつがえ》るは後車の戒め・前門の虎《とら》後門《こうもん》の狼《おおかみ》・倒れて後《のち》已《や》む・始めは処女の如《ごと》く後《のち》は脱兎《だっと》の如し

後足《あとあし》で砂《すな》を掛《か》ける

使い方 去りぎわに迷惑をかけたり恩知らずなことをしたりする。「目を掛けてやったのに、━ように売上金を持ち逃げされた」「せっかく就職の世話をしてやったのに、何の挨拶《あいさつ》もなく辞めてしまった。**後足で砂を掛けられた**思いだよ」

◆(1)犬や馬が走り去るとき、その後足が砂を蹴散らかすことから、恩知らずな仕打ちを受けたときに犬馬にも似たふるまいだと嘆いていう。

(2)「後ろ足で砂を掛ける」「後足で砂を蹴る」「後足で砂を浴びせる」とも。強調して「後足で砂をぶっかける」などともいう。

誤用 恩を受けた場合でなく、仕返しや腹いせをする場合に使うのは誤り。「×退職金も寄こさないというから、パソコンのデータを消して後足で砂を掛けてやった」

補説 恩知らずな仕打ちをされる立場からは、「飼い犬に手を嚙《か》まれる」という。

類表現「恩を仇《あだ》で返す」

後《あと》が無《な》い

使い方 時間的・空間的に余裕がない。「退路を断たれて━。絶体絶命の窮地だ」「一点リードされた九回の裏、もう━という思いで打席に立った」「あと一議席失えば過半数を割る。もう━」「納入の期限は明日だ。もう━よ」◆奇跡の逆転を祈るしかないピンチ。極限にまで追いつめられて、打つ手のない状況をいう。

後《あと》には引《ひ》けない

使い方 後退できない。また、譲れない。「断崖に追いつめられて、これ以上**後には引けない**」「自分から言い出した手前━」「巨額な資金を投資したので、もう━」◆「あと」は、後ろ、後方の意。

誤用「あと」を「跡」と書くのは誤り。

補説 後退しない、譲らない意では「後に（は）引かない」という。「あの人は頑固だから、いったん言いだしたら後には引かないだろう」

後《あと》の▼雁《かり》が先《さき》になる

使い方 後から来た者が先の者を追い越

すこと。学問・技芸・地位・権力などで、後輩が先輩をしのぐことのたとえ。また、順序が逆になって若い人が先に死ぬことのたとえ。「ここで成績を上げておかないと――よ」「昨日の部下が今日の上司。――こともあるよ」「――というが、惜しい若者を亡くしてしまった」◆(1)雁は列をなして飛行するが、後尾についていた雁が前に出てくるようすからいう。雁行《がんこう》の形が乱れることは、先頭を飛ぶ雁にとって望ましいことではない。(2)「雁」は「がん」とも読む。

誤用 後から来る者に先を譲る意で使うのは正しくない。「×後の雁が先になるだ。後進に道を譲って引退することにしたよ」

類表現 「後の烏《からす》が先の鳥を越す」「後の舟却《かえ》って先になる」

後《あと》の祭《まつ》り

使い方 手遅れになること。特に、取り返しがつかなくなること。「失敗を悔やんでも――だ」「落選が決まってからわめいても――だよ」「捕まったら――だ。酒を飲んだら絶対にハンドルは握るな」◆「後の祭り」は祭礼の翌日のこと。その日はお供え物を下げて飲食する風習があった。祭りが終わっても数日間は浮き浮きした気分が残るだろうが（「後の祭り三日［七日］おもしろい」）、用済みになった神輿《みこし》や山車《だし》は顧みられないことから、物事が時機をはずして効を失うことをいう。

誤用 喜びや楽しみの後にくる寂しさにふれて使うのは誤り。「×海外旅行も終わってみれば後の祭り、また仕事が待ってるよ」

類表現 「覆水《ふくすい》盆に返らず」

後《あと》は野《の》となれ山《やま》となれ

使い方 後のことは野になるならなれ、山になるならなれの意から、当面のことさえ済んでしまえば、あとはどうなってもかまわない。「打つべき手はすべて打った、――だ」「散々勝手なことをして、――とばかりに逃げ出した」「――とばかりに仕事を放り出されたら困るよ」◆自分はするだけのことはしたのだから、あるいは自分には直接害が及ぶことはないのだから勝手にしろとばかりに居直ることをいう。「立つ鳥跡を濁さず」とは対立する心境だから、場面によっては潔いとも無責任ともとられる。

誤用 (1)最後まで責任を持ち続ける気持ちを残して使うのは誤り。「×九分九厘完成したのだから後は野となれ山となれだ。もうひと踏ん張りしよう」(2)ある特定のものさえよければあとはどうでもいい、という意で使うのは誤り。「×巨人軍が勝ちさえすれば後は野となれ山となれです」

後棒《あとぼう》を担《かつ》ぐ

使い方 主謀者の手助けとして事に加わる。「恐喝［詐欺《さぎ》］の――」「粉飾決済の**後棒を担い**でデータを改竄《かいざん》する」◆(1)「後棒」は駕籠《かご》や輿《こし》の担ぎ棒の後ろの方。また、それを担ぐ人。前の方は「先棒」という。(2)多く悪事に加担する意で使う。

誤用 プラスの評価をしたい物事に一役買う意で使うのは避けたい。「×会社再建の後棒を担ぐ」「×核兵器廃絶運動の後棒を担いでデモに参加する」

類表現 「お先棒を担ぐ」「片棒を担ぐ」

後《あと》を追《お》う

使い方 ❶後方からついていく。後を追

いかける。「逃げる犯人の——」「彼女の後を追ってアメリカに渡った」◆人以外のものにもいう。「A社の後を追ってB社も新システムを導入した」「隣国でも——ようにして独立運動が起こった」❷死んだ人を慕ってみずからの命を絶つ。「恋人の——」「主君の後を追って切腹した」「祖母の死の一か月後、——ように祖父が息を引き取った」

補説 痕跡《こんせき》をたどる意では、「あと」を「跡」と書くことが多い。「犯人の跡を追う(=足跡をたどる)」「事件の跡を追う(=追跡調査をする)」「加藤は躊躇《ちゅうちょ》することなく、そのシュプールの跡を追ったが〈新田次郎・孤高の人〉」

後《あと》を絶《た》たない

使い方 同じような物事や現象が次々に起こったり継続したりして絶えることがない。後続が絶えない。「幼児虐待[飲酒運転による交通事故]が——」「陳情にやって来る市民が——」「あの政治家の周辺にはスキャンダラスなうわさが——」◆その物事や現象が少なくなることが望ましいという気持ちで使う。

誤用 絶えることなく続くことをよしとして使うのはなじまない。「△慶事[有望な新人の登場]が後を絶たない」「△開業早々から大口の注文が後を絶たない」

補説 「あと」を「跡」と書くと、痕跡《こんせき》がなくならない意となる。「格闘技を続けていると生傷が跡を絶たない」

後《あと》を引《ひ》く

使い方 ❶物事の影響が後に残る。「初回のエラーが後を引いて、惜しい試合を落としてしまった」「三年前の事故が後を引いて、いまだに立ち直れない」「後悔の念がいつまでも後を引いていた」「彼の新作は、観終わってからも——、考えさせられる作品です」◆悪い影響にいう場合が多いが、悪くはない影響にいうこともある。

❷(飲食物について言って)いつまでも欲しいという感じが残る。また、後々まで味が残る。「チョコレートは——」「ピーナッツは食べ始めると——」「フキノトウの——ほろ苦さ」「カレーの辛さが——」

誤用 悪い物事が続く意で使うのは適切でない。「✕昨年末の大地震に続き、年初から異常気象で、自然災害が後を引いて起こっている」

類表現 「糸を引く」「尾を引く」

◆「穴(あな・けつ)」を使う成句

穴があったら入りたい・蟻《あり》の穴から堤も崩れる・同じ穴の貉《むじな》・偕老同穴《かいろうどうけつ》・蟹《かに》は甲羅に似せて穴を掘る・虎穴《こけつ》に入《い》らずんば虎子《こじ》を得ず・千丈《せんじょう》の堤も蟻穴《ぎけつ》より崩る・人を呪わば穴二つ・墓穴《ぼけつ》を掘る

穴《あな》があったら入《はい》りたい

使い方 穴があるなら、その中に入って身を隠してしまいたいほど恥ずかしい。「とんだ醜態をさらしてしまって——」「失敗ばかりして——気分だ」「披露宴の司会で新婦の名前を間違えたときは、穴があったら入りたかった」◆身の置き所のないほど恥ずかしい思いをいう。「穴があるなら入りたい」「穴があれば入りたい」「穴へも入りたい」とも。

誤用 (1)誉めちぎられていたたまれなくなるようにいうのは、ややなじまない。「△お歴々の前で絶賛されたときは、恥ずかしくて穴があったら入りたい心境だった」「△もうれしくて穴があったら入りたい心境です」(2)いわれもなく恥をかかされたときに使うのは誤り。あくまでも自らが恥じ入ることをいう。「×満座の中で面罵《ばめん》され、穴があったら入りたかった」

出典 春秋時代、魯《ろ》の国の領主季孫《きそん》が亶父《ぜんぼ》の町長宓子《ふくし》に対し、自分の非を恥じて「穴をして入《い》るべからしめよ。吾《われ》あに宓子を見るに忍びんや(=穴があったら入りたい。宓子に合わせる顔がない)」と言ったという故事に基づく(「新書・審微《しんび》」)。

類表現「身のおさめどころがない」

痘痕《あばた》も靨《えくぼ》

使い方 ほれてしまえば相手の欠点も長所のように見えるものだ。「付き合い始めたばかりなので、――といった状態です」◆(1)「あばた」は天然痘が治ったあとに残る皮膚のくぼみ、「えくぼ」はかわいらしさの象徴。ひいき目で見れば醜いものも美しく見える意で使うが、肉体的な欠点と美点を対比させるのは好ましくない。(2)「惚《ほ》れた欲目には痘痕も靨」とも。

類表現「鼻そげも靨」「禿《はげ》が三年目につかぬ」「愛してその醜を忘る」

英語 Love is blind.(恋は盲目)

危《あぶ》ない橋《はし》を渡《わた》る

使い方 危険な手段を使って仕事をする。特に、法に触れそうなすれすれのことをする。「**危ない橋を渡っ**て資金を集める」「脱税すれすれの**危ない橋を渡っ**て私腹を肥やす」「事業も軌道に乗ってきたのだから、もう――ことはないだろう」◆(1)「危ない橋」は今にも落ちそうな橋。「石橋を叩《たた》いて渡る」は慎重のたとえだが、うっかり叩けば崩れてしまいそうな危険な橋をあえて渡ろうとする無謀をいう。一方では、「危ない橋も一度は渡れ」のように、安全・堅実だけでは成功はおぼつかないからと、あえて挑戦・冒険をすすめることわざもある。(2)「危険な橋を渡る」とも。

誤用 いくらリスクが大きくとも、正々堂々たる手段をとるときには使わない。「×心臓移植という危ない橋を渡って一命をとりとめた」

虻《あぶ》蜂《はち》取《と》らず

使い方 両方とも手に入れようとして、ともに取り損なうこと。「目標をきちんと決めておかないと――に終わるよ」「歌手と役者の両方をめざして、結局は――になった」◆(1)「虻」も「蜂」も人を刺す。虻と蜂をいっぺんに退治しようとして、どちらにも逃げられてしまうということ。方針を曖昧《あいまい》にしておくことや、欲を出しすぎることを戒めて使う。(2)「虻蜂取らず鷹《たか》[蚊]の餌食《えじき》」「虻も取らず蜂に刺される」とも。

誤用「虻蜂」を利益と見て使うのは誤り。「×宝くじを買ったけれど虻蜂取らずだったよ」

類表現「二兎《にと》を追う者は一兎《いっと》をも得ず」「一も取らず二も取らず」

◆「油・脂(あぶら)」を使う成句

脂が乗る・油を売る・油を絞る・油を注ぐ・火に油を注ぐ・水と油

脂《あぶら》が乗《の》る

使い方 ❶魚などにたっぷりと脂肪分がついて味がよくなる。「そろそろ富山湾の鰤《ぶり》に――ころだ」「脂が／の乗った秋刀魚《さんま》」

❷調子が出て、仕事などがうまくゆく。「あの作家はいま脂が乗っている」「最も脂が乗った時期の秀作」「新しい事業もようやく脂が乗ってきた」

◆(1)「あぶら」は動物の皮下に蓄えられる脂肪のことで、「脂」と書く。(2)人に「脂が乗る」ときは、肥満の意ではなく、活動に拍車がかかる意となる。「脂の乗った年齢」は、ふつう三十代～五十代を指す。

誤用 植物については使わない。「× 脂が乗った胡麻《ごま》［胡桃《くるみ》・ピーナッツ］」

油《あぶら》を売《う》る

使い方 仕事の途中でむだ話などをして怠ける。「立ち寄り先で――」「まだ帰ってこないのか。どうせ喫茶店あたりで油を売っているんだろう」◆江戸時代、髪油の行商人が婦女を相手に話し込みながら商いをしたことからいう。行商人にとっては得意先でのむだ話も仕事の内だが、はたから見ればいかにもさぼっているように見えたのだろう。

誤用 いっときの怠惰をとがめるときに使う成句なので、長期のそれにいうのは誤り。「× 一か月も油を売っている困ったやつ」

油《あぶら》を絞《しぼ》る

使い方 しかったり責めたりしてきつく懲らしめる。「さぼってばかりいるから、ひとつ油を絞ってやろう」「契約が取れなくて、部長からさんざん油を絞られたよ」◆(1)菜種・胡麻《ごま》・大豆《だいず》などから油をとるとき、締め木にかけて押しつぶすことからいう。(2)現在はもっぱら「懲らしめる」の意で用いるが、古くは「身を削るような苦労を重ねる」意でも使われた。「わが身の油を絞って手に入れた金」

油《あぶら》を注《そそ》ぐ

使い方 火に油を注げば火勢が強くなることから、勢いなどをさらに強くさせる。「けんかに――ようなことは言うな」「その一言が怒りに――結果となった」「うっかりおだてると――ことになって、ますますつけあがるよ」◆「火に油を注ぐ」とも。

誤用 「油を注《っ》ぐ」というと、「注油」の意にしかならない。

類表現 「油を差す」「油をかける」

甘《あま》い汁《しる》を吸《す》う

使い方 自分では苦労しないで利益だけはきちんと得る。「権力を利用して――」「風俗営業を陰で操って甘い汁を吸っている暴力団」「元請けに甘い汁を吸われないように下請けが結束する」◆「うまい汁を吸う」とも。

雨垂《あまだ》れ石《いし》を▼穿《うが》つ

使い方 ❶雨垂れが長い間には石にも穴をあけてしまうように、非力《ひりき》でも根気よく続ければ必ず成功するということ。「こつこつやれば何とかなるさ。――だ」「苦節十年、彼はついにこの大事業を成し遂げた。まさに――だね」◆(1)努力が持続することの大切さを説くことば。自他を励ますときにも、功績を称えるときにも使う。(2)「雨垂れに石窪《くぼ》む」とも。

❷俗に、小さなことの繰り返しが大きな結果を招くということ。「――ように、長年の飲酒が肝臓を損なう」◆❶を転用したもので、本来の意味からは外れる。

誤用 小さな努力を積み重ねていくことをいうのだから、大きな力を一気に出す場合に使うのは誤り。「× 雨垂れ石を穿

あ

つだ。総力を結集して事に当たろう」

出典 前漢の枚乗《ばいじょう》が呉《ご》王を諫《いさ》めるときに言った「泰山《たいざん》の霤《あまだれ》は石を穿つ」に基づく(『文選・枚乗』)。泰山は山東省泰安市の北にある標高一五二四メートルの名山。昔、天子は即位後この山に登り、封禅の祭り(＝天地を祭る儀式)を行ったという。

類表現「点滴石を穿つ」「釣瓶縄《つるべなわ》井桁《いげた》を断つ」「塵《ちり》も積もれば山となる」

余《あま》り物《もの》には福《ふく》がある

使い方 残った物の中には意外に値打ちのあるものがあるということ。「――というから、ぼくは最後でいいよ」◆(1)売れ残りをつかまされたとき、人に遅れをとったときなどに慰めのことばとして使う。幸運は終わりに来ると期待して使ってもよい。(2)「残り物には福がある」「余り茶に福がある」とも。

◆「余《あま》る」を使う成句

可愛さ余って憎さ百倍・言葉に余る・十指《じっし》に余る・手に余る・目に余る

◆「雨(あめ・う)」を使う成句

雨垂《あまだ》れ石を穿《うが》つ・雨が降ろうが槍《やり》が降ろうが・雨降って地固まる・雨後《うご》の筍《たけのこ》・旱天《かんてん》の慈雨・五風十雨《ごふうじゅうう》・山雨《さんう》来たらんとして風《かぜ》楼《ろう》に満つ・櫛風沐雨《しっぷうもくう》・晴耕雨読・血の雨を降らす

雨《あめ》が降《ふ》ろうが▼槍《やり》が降《ふ》ろうが

使い方 頭上から槍が降りそそぐような意想外の困難に遭おうとも、必ずやりとげてみせるという強い決意のたとえ。たとえどんなことがあっても。「――この計画だけは実現してみせる」「――わが党のマニフェストは実行します」「――、私、あの人と結婚するわ」

誤用 (1)日常のちょっとした行動に使うとオーバーに過ぎる。「△雨が降ろうが槍が降ろうが、今日は豚カツが食べたい」(2)実際の天気について、「どんな悪天候でも」の意の強調で使われることもあるが、成句としてはややなじまない。「△雨が降ろうが槍が降ろうが明日は外でサッカーをするぞ」

▼飴《あめ》と▼鞭《むち》

使い方 子どものしつけなどで、甘い面と厳しい面の両方。また、一般におだてとおどしを併用すること。「子どものしつけには――が必要だ」「――の経営方針では優秀な社員は育たない」◆「飴」は譲歩、「鞭」は弾圧を表す。心地よい生活条件と厳しい弾圧を併用する政治技術。

出典 もとは社会保険制度によって労働者を優遇する一方、社会主義者鎮圧法を制定して一国を支配した鉄血宰相ビスマルク(十九世紀のプロイセン首相)の政策を評したことば。

類表現「人参《にんじん》と鞭」

雨降《あめふ》って地固《じかた》まる

使い方 争いごとのあったあとは、かえって物事がうまくいく。「一時は別れるの何のと大騒ぎだった二人だが、――だね。今じゃすっかり鴛鴦《おしどり》夫婦だよ」「――ではないが、あの党は分裂騒ぎのあと結束が強くなった」◆嫌な雨がかえって都合よく地面を固めてくれるように、揉《も》め事の試練はあとでよい結果をもたらしてくれるということ。

誤用 第三者の介入があって物事が落ち着く場合には使わない。「×あの夫婦は家裁の調停で協議離婚したそうだ。雨降って地固まるだね」

類表現「苦は楽の種」「喧嘩《けんか》の後の兄弟名乗り」

英語 After a storm comes a calm.（嵐の後は凪《なぎ》）

▼飴《あめ》をしゃぶらせる

使い方 うまいことを言って一時的に相手を喜ばせておく。また、大きな利益をねらって、相手に小利を与える。「うるさいやつだから、あとで文句を言わないように**飴をしゃぶらせて**おいたよ」「担当者に**飴をしゃぶらせて**おいたから、便宜を図ってくれるだろう」「まず**飴をしゃぶらせて**から金を巻きあげてやろう」

◆(1)「飴と鞭」は「おだて」と「おどし」の使い分けだが、こちらはおだての戦術。賭博《とばく》などでわざと相手に勝たせる意でも使うが、いずれにしても、飴をもらった相手は陰であざけられる存在。

(2)「飴を食わす」「飴を舐《ねぶ》らせる」「飴を舐らせて口をむしる」とも。

誤用 多少なりとも敬意を込めて使うのは誤り。「×あの人にはいろいろ世話になったから、お礼に飴をしゃぶらせたほうがいいでしょう」

◆「危《あや》うい（殆）」を使う成句

危うきこと累卵《るいらん》の如し・彼を知り己を知れば百戦殆《あや》うからず・君子危うきに近寄らず・累卵《るいらん》の危うき

危《あや》うきこと累卵《るいらん》の▽如《ごと》し

使い方 いつ崩れるか分からないような、危険な状態のたとえ。「この会社はいつ倒産してもおかしくない。――だ」「これ以上水位が上がると堤防は決壊するかも知れない。いまや――の状態だ」

◆(1)「累卵」は卵を積み重ねること。積み重ねた卵はいつ崩れるか分からない。

(2)「累卵の危うき」とも。

誤用 一つ間違えれば危機に陥る「危機一髪」の意で使うのは誤り。「×危うきこと累卵の如しの瀬戸際で一命を取り留めた」

出典「韓非子・十過」に「其の君の危うきことなお累卵のごときなり」とあるのに基づく。また、「史記・范睢《はんしょ》蔡沢《さいたく》列伝」に「秦《しん》王の国は累卵よりも危うし。臣を得ば則ち安し」とある。

類表現「危うきこと朝露《ちょうろ》の如し」「危うきこと虎《とら》の尾を踏むが如し」

過《あやま》ちては改《あらた》むるに▼憚《はばか》ること▼勿《なか》れ

使い方 過失を犯したら、ためらうことなくすぐに改めよということ。「――だ。言い訳を考えるより、二度と同じ過ちを繰り返さないようにすることが肝心だよ」

◆人は誰も過ちを犯すものだが、その過ちはただちに改めなくてはならないと諫《いさ》めるのに使う。「なかれ」は文語形容詞「なし」の命令形で、禁止を表す。

誤用 慰めに使うのは適切でない。「×一度や二度の失策でくよくよするな。過ちては改むるに憚ることなかれだ」

出典「論語・学而《がくじ》」に「過ちては則ち改むるに憚ること勿かれ」とあるのに基づく。「過ちて改めざる、是《これ》を過ちと謂《い》う〈論語・衛霊公〉」「過ちを改むるに吝《やぶさ》かにせず〈書経・仲虺之誥《ちゅうきしこう》〉」なども同じ教訓。

英語 To err is human, to forgive divine.（過つは人の常、許すは神のこころ。イギリスのことわざ）

◆「洗《あら》う」を使う成句

足を洗う・芋《いも》を洗うよう・赤貧洗うが如し・血で血を洗う

▼嵐《あらし》の前《まえ》の静《しず》けさ

使い方 暴風雨が襲う前に辺りが一時静まり返ることから、異変が起こる前の不気味な静けさをいう。「──で、ひと波瀾《はらん》ありそうだ」「──で、ひと荒れ来なければいいのだが」◆台風の目に入ると、風は静まり、青空さえ見えることがある。自然界でも人間社会でも、変事の起こる前に妙に静まりかえった状態が訪れることがあるが、あとで思えば、一時の平穏は異変の予兆だったということが少なくない。不安を感じるような静寂をいう。

誤用 忙しくなる前の静けさにいうのは適切でない。「✕明日の開店を前に嵐の前の静けさといったところです」

▼蟻《あり》の穴《あな》から堤《つつみ》も崩《くず》れる

使い方 わずかな油断や不注意から大事が起こることのたとえ。「機体が妙に振動する。──こともあるから、フライトは中止しよう」「──というから、この際、工場内の安全装置をすべて再点検しよう」◆小事をないがしろにするなという戒めの語。「蟻《あり》堤を潰《つい》やす」「蟻の穴より堤の崩れ」「千丈の堤も蟻穴《ぎけつ》より崩る」「千丈の堤も蟻の一穴《いっけつ》（より崩る）」「蟻の一穴天下の破れ」とも。

誤用 失策を省みて使うのは誤り。「✕強行作戦が裏目に出た。蟻の穴から堤も崩れるだ」

出典 「韓非子・喩老」に「千丈の堤も螻蟻《ろうぎ》の穴を以《も》って潰《つい》え、百尺《ひゃくせき》の室も突隙《とつげき》の烟《けむり》を以て焚《や》かる（＝高い堤防も螻蛄《けら》や蟻の作る小さな穴から崩れ出し、大きな家もわずかなすき間から入った煙で焼けてしまう）」とあるのに基づく。

類表現 「小事は大事」「油断大敵」

▼蟻《あり》の▼這《は》い出《で》る▼隙《すき》も無《な》い

使い方 逃げ出すためのすき間もないほど警戒が厳重なことのたとえ。「検問が厳しくて──」「敵にすっかり包囲されて──」◆(1)あの小さな蟻が逃れ出る穴すらない密封状態の意から、「水も漏らさぬ」警備・防備をいう。(2)「蟻の這い出る所もない」「蟻が這い出る余地もない」とも。

誤用 (1)立錐《りっすい》の余地もない（＝ぎっしりつまってわずかのすきもない）、立て込んでいる、緻密《ちみつ》であるの意で使うのは誤り。「✕国道は蟻の這い出る隙もないほどの渋滞だ」「✕蟻の這い出る隙もないような過密スケジュール」「✕蟻の這い出る隙もなく構築されたプログラム」(2)中から外へ逃げ出すすき間もないの意だから、「蟻の這い入る隙もない」は誤り。

◆「有《あ》る（在）」を使う成句

朝《あした》に紅顔ありて夕べには白骨となる・明日《あす》ありと思う心の徒桜《あだざくら》・穴があったら入りたい・余り物には福が

ある・ある時払いの催促なし・一日の計は晨《あした》にあり一年の計は元旦にあり・一年の計は元旦にあり・一旦《いったん》緩急あらば・命あっての物種・陰徳あれば陽報あり・上には上がある・魚心あれば水心・腕に覚えがある・裏には裏がある・瓜《うり》に爪《つめ》あり爪に爪なし・遠慮なければ近憂あり・壁に耳あり・烏《からす》に反哺《はんぽ》の孝あり・気がある・愚者にも千慮に一得あり・口に蜜《みつ》あり腹に剣あり・国破れて山河在り・心ここに在らず・この親にしてこの子あり・沈む瀬あれば浮かぶ瀬あり・親しき中にも礼儀あり・人間《じんかん・にんげん》到る処青山あり・捨てる神あれば拾う神あり・積悪の家には必ず余殃《よおう》あり・積善の家には必ず余慶あり・備えあれば憂いなし・敵は本能寺にあり・天に在らば比翼の鳥地に在らば連理の枝・二度あることは三度ある・能ある鷹《たか》は爪《つめ》を隠す・残り物には福がある・鳩《はと》に三枝の礼あり・花も実《み》もある・待てば海路の日和《ひより》あり・身に覚えがある・脈がある・身を捨ててこそ浮かぶ瀬もあれ・楽あれば苦あり・我思う故に我在り

ある時払《ときばら》いの催促《さいそく》なし

使い方 返済期限を定めない金銭の貸借で、金がある時に払い、なければ払わなくてもよいとし、催促をしないこと。「――で伯父から学資を借りている」「――で営業資金を貸した」

誤用 物品の貸借に使うのは誤り。「× ある時払いの催促なしで友人から車を借りた」

合《あ》わせる顔《かお》が無《な》い

使い方 面目なくて、その人の前に出られない。「あの人には迷惑のかけっぱなしだから――」「酔ってからんだと言われて、**合わせる顔がなかった**よ」◆とんだ不始末をしでかして、相手に顔向けができないという心境。「合わせる」は「会わせる」とも書く。

誤用 恥じ入る意は含むが、不始末でない恥ずかしさを表す場合に使うのは誤り。「× そう褒められては、恥ずかしくて合わせる顔がない」「× お見合いしろといわれても、恥ずかしくって合わせる顔がないわ」

類表現 「敷居が高い」

慌《あわ》てる▼乞食《こじき》は▼貰《もら》いが少《すく》ない

使い方 仲間よりもたくさん貰おうと急いでしゃしゃり出る乞食は、施す人に欲深の心を見透かされ、かえって貰い分が減ってしまう。慌てて利益を得ようとすると、かえって逆効果になるということのたとえ。「その株を買うなら、もう少し待った方がいい。――だ」「〔早く特売場に行こうと言われて〕待て待て、――というじゃないか」「〔ライバル会社に先を越されないうちに支店を出そうと進言する部下に〕――だ。もう少し様子を見よう」◆人から食べ物や金の施しを受けて暮らす乞食ですら、鷹揚《おうよう》に構えた方が貰いが多い。利潤や成功をいち早く手中に収めようと慌てれば、それだけ慎重さを欠くことになって失敗する。

誤用 「急がば回れ(＝遠回りでも安全確実な道を行くほうが、かえって早く目的地に到着する)」の意をもたせて使うのは誤り。「× 今はラッシュだからタクシーよりも地下鉄で行った方がいい。慌てる乞食は貰いが少ないよ」

類表現 「慌てる蟹《かに》は穴へ入れぬ」「慌てる蟹は穴の入口で死ぬ」

▼鮑《あわび》の片思《かたおも》い

⇩磯《いそ》の鮑の片思い

泡《あわ》を食《く》う

使い方 ひどくあわてる。「**泡を食**って逃げ出す」「**泡を食**って駆けつける」「**泡を食**ってパスポートを探し回る」◆(1)「あわ」は「あわつ(＝あわてる)」の語幹、「くう」は出合う意とする説もある。(2)「泡を食らう」とも。

誤用 近年、粗野な感じを伴う「食う」は、丁寧語の「食べる」に取って代わられる傾向にあるが、「泡を食べる」とするのは誤り。

泡《あわ》を吹《ふ》かせる

使い方 人を驚かせたり苦しめたりする。「今度こそあいつに**泡を吹かせ**てやるぞ」「逆転のゴールを決めて**泡を吹かせ**てやった」◆(1)人は非常に苦しむときは口から泡を吹く。口から泡を吹くほど相手を苦しめてやろうとの魂胆をいう。(2)「一泡吹かせる」とも。

補説 自分が苦しんだり悔しがったりするときは「泡を吹く」「泡を噛《か》む」などという。「いきなり訊問されて泡を吹いた」

類表現「度肝を抜く」

暗礁《あんしょう》に乗《の》り上《あ》げる

使い方 思わぬ障害にあって、物事の進行が妨げられる。「与野党間の折衝は**暗礁に乗り上げた**」「捜査が**暗礁に乗り上げ**て、事件の迷宮入りが懸念される」◆「暗礁」は海面下に隠れて見えない岩。しばしば船舶の座礁を引き起こす。

補説 暗礁は英語ではロック(rock)だが、錠前の意のデッドロック(deadlock)と混同して「交渉はデッドロックに乗り上げた」などと使われることもある。

安心立命《あんしんりつめい》

使い方 強い信念・信仰によって心の平安を得て、何事にも心を動揺させないこと。「――を願う」「解脱して――を得る」◆「安心」は仏教語で、信仰によって心を落ち着ける意。「立命」は儒教の語で、天命をまっとうする意。仏教では、「あんじんりゅうめい」「あんじんりゅうみょう」とも。

誤用 気がかりなことがなくなってほっとする意で使うのは誤り。「× 志望校にも合格できたし、これで安心立命だ」

案《あん》ずるより産《う》むが▽易《やす》い

使い方 物事は前もってあれこれと心配するよりも、実際にやってみると案外にたやすいものだ。「――だ。とにかくプロジェクトチームを発足させよう」「新製品の売り上げは順調だ。――だったよ」「転校したばかりなので心配したが、――だ。毎日元気で登校しているよ」◆(1)出産は心配していたよりも容易にすむという意から、取り越し苦労をするよりもまずは勇気をもって行動することが大切であることをいう。(2)「案ずるより産むが易し」とも。「産む」は「生む」とも書く。

誤用「やすい」を「安い」と書くのは誤り。

い

い

◆「いい・良《よ》い」を使う成句

押し出しがいい・終わり良ければ全て良し・便りのないのは良い便り・女房と畳は新しい方が良い・間《ま》がいい・要領がいい

言《い》い得《え》て妙《みょう》

使い方 巧みに言い表しているさま。「蓄音器は——の訳語だ」「腹の皮が張れば目の皮が弛《たる》むとは——だね」「昼行灯《ひるあんどん》とは——のあだ名だ」◆「妙」は、きわめてすぐれていること。

誤用 「妙」を奇妙なこと、不思議なことの意にとって使うのは誤り。「×鮎が日本ではアユになり、中国ではナマズになるのは言い得て妙だね」

◆「言《い》う」を使う成句

あっと言わせる・言い得て妙・言うことを聞かない・言うだけ野暮・言うは易く行うは難《かた》し・嫌というほど・言わずと知れた・言わぬが花・顧みて他を言う・金が物を言う・鷺《さぎ》を烏《からす》と言う・桃李《とうり》物言わざれども下《した》自ずから蹊《けい》を成す・何かと言うと・何をか言わんや・日光見ずして結構と言うな・右と言えば左・見猿聞か猿言わ猿・目に物言わす・目は口ほどに物を言う・物言えば唇寒し秋の風・物も言い様で角が立つ・物を言う・欲を言えば・来年のことを言えば鬼が笑う・悪いことは言わない

言《い》うことを聞《き》かない

使い方 ❶人の言うことを聞き入れようとしない。「この子は親の——」「静かにしろと注意しても生徒が——」「子どもが——ので、尻をたたいてやった」

❷体などが思うように動かない。「指がこわばって——」「疲労が重なって、体が——」「年をとってだんだん体が**言うことを聞かなく**なった」「終《しま》いには〔蕈《きのこ》を〕探し疲れて、そうそうは腰も**言うことを聞かなく**成った〈島崎藤村・千曲川のスケッチ〉」◆体や体の一部について使うことが多いが、体以外の物について使うこともある。「パソコンが——」「うまく書いてやろうと思っても筆が——」「ハンドルが**言うことを聞かなく**て、塀に車をぶつけてしまった」

言《い》うだけ野暮《やぼ》

使い方 誰でも知っていることをことさら口にするのはばかげている。「——だが、遊んでいては食えない」「——だが、彼女には近づかない方がいい」「——だけど、この際タバコはやめたほうがいい」◆今さらそんなことは言うまでもないがという気持ちを込めて使う。「やぼ」は、世情にうとく、融通がきかない意。「野暮」は当て字。

補説 「聞くだけ野暮」は、誰でも知っていることをことさら尋ねるのはばかげているの意。「誰に惚《ほ》れたなんて、聞くだけ野暮だよ」

言《い》うは▽易《やす》く行《おこな》うは難《かた》し

使い方 言うだけなら誰にもできるが、それを実行するのは難しい。「公約を並べるだけなら誰でもできる。━━だよ」「あんまり大言壮語はしないほうがいい。━━だ」「ずいぶんとりっぱな計画書だが、━━にならなければよいのだが」

誤用 「言うは易く」に重点を置いて、行うのは難しいが言うことは言おうの意で使うのは誤り。「× 言うは易く行うは難しだ、思い切って話してみよう」「× 言うは易く行うは難し、言うだけ言ってみたら？」

出典 中国、漢代の政論書「塩鉄論・利議」に「言う者は必ずしも徳有らず。何となれば、これを言うは易くして、これを行うは難ければなり」とあるのに基づく。「塩鉄論」は武帝時代の塩・鉄・酒の専売制の是非についての討論をまとめた書。

◆「家（いえ・か）」を使う成句

家貧しくして孝子《こうし》顕《あらわ》る・家貧しくして良妻を思う・売り家と唐様《からよう》で書く三代目・自家撞着《じかどうちゃく》・自家《じか》薬籠中《やくろうちゅう》の物・積悪の家には必ず余殃《よおう》あり・積善の家には必ず余慶あり・喪家《そうか》の狗《いぬ》・伝家《でんか》の宝刀・雌鶏《めんどり》歌えば家滅ぶ

家《いえ》貧《まず》しくして孝子《こうし》▽顕《あらわ》る

使い方 家が貧しいと、かえって子の善行がはっきりと人に知られるようになる。逆境になると誠実な人間が表面にあらわれる。「父親が失業したら、子どもが進学をあきらめて働きだした。━━だね」「━━と言うように、逆境の時に人の価値が見えてくるのかもしれない」

◆(1)「孝子」は親孝行な子。家が貧しいと子どもも家のために働かなくてはならないから、そのけなげな姿が目につくようになるということ。

(2)「家貧しくして孝子出《い》づ」とも。

誤用 豊かな家からは親孝行な子は出ないの意で使うのは誤り。「× 家貧しくして孝子顕るというように、富貴の家には孝行者は出てこない」

出典 「宝鑑」に「家貧しくして孝子顕れ、世乱れて忠臣を識《し》る」とあるのに基づく。

家《いえ》貧《まず》しくして良妻《りょうさい》を思《おも》う

使い方 貧乏をすると、しっかりと家を切り盛りしてくれる妻を得たいと思う。「年金暮らしになると━━の一言が身にしみるよ」

出典 中国の戦国時代、政治家の李克《りこく》のことばに、「家貧しくしては良妻を思い、国乱れては良相《りょうしょう》を思う（＝国が乱れるとりっぱな宰相を得たいと思う）」とある（「史記・魏世家」「十八史略・三国」）。

鋳型《いがた》に▼嵌《は》める

使い方 ❶どれもこれも同じように、特徴のないものを作り上げる。「あの作家は最近**鋳型にはめ**たような作品が多い」❷画一的な規則や方式によって個性のない人間に育てる。「画一的な教育が生徒を━━」「**鋳型にはめ**たような教育では、子どもたちの個性は伸ばせない」「四十五も年上の良人につかえてたあいだに、私はすっかり常識的な**鋳型にはめら**れてしまったのだ〈丹羽文雄・顔〉」

◆(1)「鋳型」は、鋳物を作るとき溶かした金属を流し込む型。型通りに同じ物を幾つも作ることができることから、それをマイナスに評価していう。

⑵「嵌める」は「▼填める」とも書く。

誤用 ②を、きちんとしていて寸分のすきもない意で使うのは誤り。「× 鋳型にはめたような紳士」「× 鋳型にはめたような見事な太刀さばき」「× 鋳型にはめたように論理的な説明」

怒《いか》り心頭《しんとう》に発《はっ》する

使い方 激しく怒る。激怒する。「無礼な振る舞いに――」「**怒り心頭に発し**、憤然として席を立つ」 ◈「心頭」はこころ、「に」は「～において」、「発する」は、外へあらわれ出る意。心中の怒りが抑えられなくなることをいう。

誤用「に」を到達点を表す助詞と解し、怒りが心に到達するの意と考えて、「怒り心頭に達する」とするのは誤り。「× 怒り心頭に達して家を飛び出す」

生《い》き馬《うま》の目《め》を抜《ぬ》く

使い方 生きている馬の目を抜くほど、すばやく人を出し抜く。抜け目がなくて油断がならないさまをいう。「――厳しい世の中」「この業界の競争は――ほど激しい」「――ほどすばやく奪い取られた」 ◈「生き馬の目をくじる」「生き牛の目を抜く」とも。

誤用 ⑴受け身にして「人に出し抜かれる」の意で使うのはややなじまない。「△ すきを見せるとすぐに生き馬の目を抜かれる時代ですから」

⑵驚きの形容に使うのは誤り。「× 生き馬の目を抜かれるほどびっくりした」

◈「勢《いきお》い」を使う成句

騎虎《きこ》の勢い・飛ぶ鳥を落とす勢い・破竹の勢い・日の出の勢い

息《いき》が掛《か》かる

使い方 吐く息が届くほどに近い意から、有力者の影響や支援などが間近に及ぶ。「社長の**息がかかった**人物」「中央省庁の**息がかかった**業者」「あの暴力団にはマフィアの**息がかかっている**」

誤用 実際に手にかけている場合に使うのは誤り。「× 店に並ぶ洋服は全て店長の息が掛かっている」

息《いき》が切《き》れる

使い方 ❶息切れがする。呼吸が苦しくなる。「そんなに走り回ると――よ」「坂道の途中で**息が切れた**」「逃げた犬を追いかけているうちに**息が切れてきた**」 ◈激しい運動などをしてせわしく呼吸をすることは「息を切らす」という。

❷苦しくて物事が続けられなくなる。「業半ばにして――」「就職したばかりなのに、もう**息が切れてきた**」「あの新人は受賞作一編だけで**息が切れたらしい**」

❸息が絶える。息が止まる。死ぬ。「やっと救急車が到着したが、被害者はもう**息が切れていた**」

誤用「いき」に「呼吸」の字を当てて「呼吸《いき》が切れる」と書くことはあるが、「呼吸《こきゅう》が切れる」は誤り。

行《い》き掛《が》けの駄賃《だちん》

使い方 ある事のついでに他の事をして利益を得ること。また、悪事のついでに別の悪事をすること。「腹が立ったから、――にテーブルをひっくり返してやった」「――に、あいつの大事にしているドンペリを一本失敬してきたよ」「空き巣のやつ、――にパソコンのデータを消していきやがった」

◆⑴「駄賃」は駄馬で人や物を運ぶときの賃金。馬子が問屋などへ荷物を取りに行くついでに、ほかの荷物を運んで手間賃を得たことからいう。「迎車」「回送」の表示を立てたタクシーが、エントツで客を乗せて運賃をとる場合がまさに「行き掛けの駄賃」。現在ではある事のついでによからぬことをしでかしたり、悪事のしついでにもう一つ悪事をしたりする意で使われることが多い。
⑵「いきがけ」は「ゆきがけ」とも。また、「帰り掛けの駄賃」とも。

誤用 行くついでに、の意で使うのは誤り。「×スーパーへの行き掛けの駄賃で本屋に寄った」「×行き掛けの駄賃でタバコを買ってきてくれ」

息《いき》が詰《つ》まる

使い方 ❶呼吸が十分にできなくなる。「餅《もち》がのどに引っかかって**息が詰まっ**た」「激しく胸を圧迫されて**息が詰まり**そうだった」「ムンムンする香水のにおいで**息が詰まり**そうだった」「恐ろしさのために**息が詰まっ**て、声を上げることもできなかった」

❷激しい情動や緊張のために息苦しくなる。「茶席は堅苦しくて――」「試合前は選手達がぴりぴりしているので、傍の者は――」「会場は――ような雰囲気に包まれていた」「厳しい家庭で育ったので、子どものころから――思いをした」

補説「息を詰める」は、呼吸を抑えてじっとしている意。「息を詰めて(＝息を凝らして)見守る」

息《いき》が長《なが》い

使い方 ❶活動期間が長い。長い間にわたって続いている。「教育の仕事は――」「**息が**／**の長い**仕事に取りかかる」「彼とは**息が**／**の長い**付き合いになった」

❷文章で、読点と読点の間が長く続いている。「あの小説家の文体は――」「彼は**息の長い**文を書く」

生《い》き肝《ぎも》を抜《ぬ》く

使い方 ひどく驚かす。「――ような都会の喧騒と無秩序」「相手の――ような剣幕でどなりつける」「あまりの惨状に**生き肝を抜かれる**」「突然解雇を言い渡されて**生き肝を抜かれる**思いだった」

◆「生き肝」は、生きている動物のきも。「生き▽胆」とも書く。古くはそれを薬用にすれば特効があるとされた。生きている動物からその肝をえぐり取ることは、ひどく苦しめることであり、まさに度肝を抜くことである。

誤用「生き馬の目を抜く」と混同して、すばしこく油断がならないという意で使うのは誤り。「×生き肝を抜くようにせちがらい世の中」

類表現「度肝を抜く」

生《い》き血《ち》を吸《す》う

使い方 ❶生きている動物の血を吸う。「ヒルは――」

❷冷酷な手段で人の利益をしぼり取る。「情け容赦なく人の――高利貸し」「悪辣《あくらつ》な代官に**生き血を吸われた**農民」◆むごく、思いやりのない行為について使う。

類表現 ②「生き血をする」「生き血を搾《しぼ》る」

息《いき》の臭《くさ》きは主《ぬし》知《し》らず

使い方 自分の吐く息の臭さには無頓着であるということから、自分の欠点や醜悪さは自覚されないものだということ。「自分では親切だと思っているらしいが━。よけいなおせっかいだ」「どう見ても俗悪なのに、自分ではセンスがいいと思っているのだから笑わせるよ。━だね」◆「息の香の臭きは主知らず」とも。
誤用 欠点を指摘されても動じない意で使うのは誤り。「× いくら注意しても息の臭きは主知らず。一向に改めようとしないのだから困る」
類表現「わが糞《くそ》は臭くなし」

息《いき》の根《ね》を止《と》める

使い方 ❶殺す。「毒を盛って━」「心臓を一突きにして敵の━」「手負いの虎《とら》の━」◆(1)「息の根」は呼吸。転じて、命の意。(2)まれに相手を気絶させる意でも使う。「絞め技で**息の根を止めた**が、すぐに息を吹き返した」
❷相手を徹底的にやっつけて、活動できないようにする。「不正を暴いて反対派の━」「治安維持法の改正によって左翼運動は**息の根を止められた**」
誤用 (1)①は人以外の獣類にも使うが、小動物にはなじまない。「△首を捻《ひね》って鶏の息の根を止める」
(2)呼吸が絶えれば音を立てなくなるが、「ね」を「音《ね》」と書くのは誤り。

生《い》き身《み》は死《し》に身《み》

使い方 この世に生きているものは必ず死ぬということ。「無常の世では━」「━、今さらじたばたしても始まらない」「━、会えば必ず別れがあるさ」◆「生き身」は生きている体、「死に身」は死ぬべき体の意。
類表現「生者必滅《しょうじゃひつめつ》」

息《いき》を切《き》らす

使い方 激しい運動などをして、せわしい息づかいをする。「頂上にたどり着いたときには、すっかり**息を切らしていた**」「**息を切らして**ゴールにたどりつく」「苦しそうに**息を切らして**石段をのぼる」◆(1)息切れがしてひどく苦しい状態に使う。「切らす」は、切れた状態にする意。(2)「息を切る」とも。「息を切って追いかける」
誤用「いき」に「呼吸」の字を当てて「呼吸《いき》を切らす」と書くことはあるが、「呼吸《こきゅう》を切らす」は誤り。

息《いき》を▼呑《の》む

使い方 驚き・恐れなどのために一瞬息を止める。「あまりの美しさに、思わず━」「飛び出してきた怪しい人影に、ぎょっとして**息を呑んだ**」「どうなることかと**息を呑んで**見守る」「観客が━ほどの見事な演技」「あっと人垣が**息を呑んで**、女の体が落ちるのを見た〈川端康成・雪国〉」◆呼吸を忘れるほど、一時的に激しくわき起こる情動をいう。「のむ」は、出そうになるものを抑える意。「飲む」とも書くが、慣用として「呑む」を使う。
誤用「息を呑み込む」は誤り。

息《いき》を引《ひ》き取《と》る

使い方 息が絶える。死ぬ。「眠るように━」「家族に看取られて静かに━」「被害者は運ばれた病院で、手当てのかいもなく**息を引き取った**」「その母が又病気に罹《かか》って、愈《いよ》━という、間際に、自分が死んだら誰某の世話になれという〈夏目漱石・三四郎〉」◆多く死ぬときのようすに注目していう。
誤用 (1)死を即物的に表現する場合には

なじまない。「✕この薬物を常用すると息を引き取ることがある」「✕昔は疫病が流行すると、多くの人々が息を引き取った」

(2)即死の場合に使うのは誤り。「✕頭を撃ち抜かれて息を引き取った」「✕ビルの屋上から転落して息を引き取った」

いざ▼鎌倉《かまくら》

使い方 さあ大変だの気持ちを込めて、一大事や万一の場合のことをいう。「——というときは、すぐに知らせくれ」「大事件勃発《ぼっぱつ》の報を受けて、——と駆けつけた」「——（というとき）に備えて、万全の策を練っておこう」◆鎌倉幕府に一大事が起こると、諸国の武士は即座に鎌倉へ召集された。武士は「いざ鎌倉」と、押っ取り刀で馳《は》せ参じなくてはならない。

誤用 (1)馳せ参じる意が強いので、同じ一大事でも、変事に驚いて逃げ出すときには使えない。「✕夕べの地震［火事］には驚いた。いざ鎌倉とはだしで逃げたよ」

(2)単に鎌倉へ行くという意で使われることもあるが、成句の用法としてはなじまない。「△会社を休んでいざ鎌倉と、鎌倉観光を楽しみました」

出典 謡曲「鉢木《はちのき》」で、佐野源左衛門常世《つねよ》が一夜の宿を貸した回国の僧（実は執権北条時頼）に、「鎌倉に御大事出《い》でくるならば、…痩《や》せたりともあの馬にのり、一番に馳せ参じ着到に付き」と語ったことばが出典とされる。

潔《いさぎよ》しとしない

使い方 （身の処し方などについて）自分の信念に照らして、許すことができない。「俗吏に甘んじることを——」「彼はその不正な金を受け取るのを**潔しとしなかった**」◆「潔し」は、高潔・潔白である意。「▼屑しとしない」とも書く。ある行為や態度がそれに反することを許さないという強い思いをいう。

誤用 「いさぎよい」の「よい」は「良い」ではないので、「いさぎ良しとしない」と書くのは誤り。

◆「石（いし・せき）」を使う成句

雨垂れ石を穿《うが》つ・石が流れて木の葉が沈む・石に齧《かじ》り付いても・石に漱《くちすす》ぎ流れに枕す・石に立つ矢・石の上にも三年・石橋を叩《たた》いて渡る・石部金吉《いしべきんきち》・一石二鳥・一石を投ずる・木仏《きぶつ》金仏《かなぶつ》石仏《いしぼとけ》・玉石混淆《こんこう》・金石《きんせき》の交わり・他山の石・転石《てんせき》苔《こけ》を生ぜず・点滴石を穿《うが》つ・焼け石に水・我が心は石にあらず転ずべからず

石《いし》が流《なが》れて木《こ》の葉《は》が沈《しず》む

使い方 物事が道理とは逆になることのたとえ。世の中が理不尽であることを嘆いていう。「大臣を一人更迭して世論の矛先をかわそうとするのでは——じゃないか」「金融再生を優先して福祉予算が削られる。昨今の政治は——だね」◆「石が浮かんで木の葉が沈む」とも。

誤用 思いもよらないことが起こるから安心はできない意で使うのは誤り。「✕石が流れて木の葉が沈むこともある。事故を起こさないように気をつけなさい」

出典 前漢の陸賈《りくか》が著した「新語・弁惑」に、「夫《そ》れ衆口《しゅうこう》の毀誉《きよ》は、石を浮かべて木を沈む」とある。陸賈は「多くの人がそしれば正しいことも誤りとされ、多くの人が褒めれば間違ったことも正しいとされる」と述べ、讒言《ざんげん》の恐ろしさを喝破した。

類表現「無理が通れば道理が引っ込む」

石《いし》に▼齧《かじ》り付《つ》いても

使い方 どんなに苦しくとも我慢して。是が非でも。「━やり抜くぞ」「━完成してみせる」 ◈(1)歯が立つはずもない石に食らいつく意から、不退転の決意をいう。(2)「石に食い付いても」とも。

誤用「石にしがみついても」は誤り。「×石にしがみついてもやり抜く」

石《いし》に▼漱《くちすす》ぎ流《なが》れに▼枕《まくら》す

使い方 負け惜しみが強く、自分の誤りに屁理屈《へりくつ》をこねて言い逃れることのたとえ。「国会の証人喚問は、━の典型だね」 ◈(1)詭弁《きべん》を弄《ろう》する輩《やから》を非難していう。(2)「漱石枕流《そうせきちんりゅう》」「流れに枕し石に漱ぐ」「枕流漱石」「孫楚《そんそ》漱石」とも。

誤用 本来の句である「石に枕し流れに漱ぐ」を引用すると理屈が立たないので、誤り。

出典 晋《しん》の孫楚は「石に枕し流れに漱ぐ(＝俗世間を離れて山林などで自由に暮らす)」と言うべきところを「石に漱ぎ流れに枕す」と言い誤って友人の王済《おうさい》にからかわれたが、負けん気の強い孫楚はすかさず「流れに枕するのは耳を洗うためであり、石に漱ぐのは歯を磨くためである」と言い返したという、「晋書・孫楚伝」の故事に基づく。夏目漱石の雅号は、この故事にちなむ。

石《いし》に立《た》つ矢《や》

⇩思う念力岩をも通す

石《いし》の上《うえ》にも三年《さんねん》

使い方 物事は辛くとも根気よく続ければ、最後にはきっと成功するということ。「司法試験を受けるなら、━の覚悟が必要だよ」「半年やそこらで店を畳もうかなどと弱音を吐くな。━というじゃないか」「━だったよ。今じゃ支店も五つに増えた」

◈(1)冷たい石も三年座り続ければ暖かくなる意から、忍耐の尊さをいう。「三年」は三か年と限るわけではなく、多くの年月の意。(2)「石の上にも三年居れば暖まる」とも。

類表現「茨《いばら》の中にも三年」「火の中にも三年」「牛の歩みも千里」

石橋《いしばし》を▼叩《たた》いて渡《わた》る

使い方 丈夫な石橋でも叩いて安全を確かめてから渡る意から、用心の上に用心を重ねて物事を行うことのたとえ。「━というから、事業計画をもう一度見直しておこう」「彼は━人だから、失敗はないだろうが大きな成功は望めないよ」「━ほど慎重な人」 ◈「石橋を叩いて渡れ」「石の橋も叩いて渡れ」とも。

誤用「危ない橋を渡る」と混同して、危険な手段を取る意に使うのは誤り。「×あの男は石橋を叩いて渡って、法外なあぶく銭を手に入れた」

補説「石橋を叩いても渡らない(＝慎重すぎて結局実行しない)」「石橋を叩いて壊す(＝慎重すぎて結局失敗する)」など、意味を転化させたさまざまな表現が使われている。

類表現「念には念を入れる」「瀬を踏んで淵《ふち》を知る」

石《いし》▽部《べ》金吉《きんきち》

使い方 きまじめで融通のきかない男。「物堅きこと、━にて、忠義専らの士〈上田秋成・世間妾形気《せけんてかけかたぎ》〉」

◆⑴固いものの代表である石と金を並べて人名に擬した語。物堅くて融通のきかない人、金銭や女色に惑わされない人、男女間の機微を理解できない人などを、「堅いのもほどほどにしろ」とからかって使う。

⑵「石部金吉」に鉄の兜《かぶと》をかぶせれば「石部金吉金兜《かなかぶと》」となって、その堅物ぶりがいっそう強調される。

誤用 堅実であることを褒めるつもりでも、「あなたのお父上は石部金吉でいらっしゃるから…」などと言うと、相手は揶揄《やゆ》と受け取るだろうから注意したい。

類表現 「堅蔵《かたぞう》」「木仏《きぶつ》金仏《かなぶつ》石仏《いしぼとけ》」「木の股《また》から生まれる」

医者《いしゃ》の不養生《ふようじょう》

使い方 人には健康を説く医者が、自分の健康には注意しないということ。一般に、立派な理屈を言いながら、実行の伴わないことにもいう。「医者のくせに大酒を飲むし、煙草も吸う。彼は━の典型だよ」

◆⑴風来山人《ふうらいさんじん》(平賀源内)の「風流志道軒伝」には「医者の不養生、坊主の不信心」とある。不信心の坊主は名僧になりようがないが、不養生の医者は必ずしも藪医者《やぶいしゃ》ではない。

⑵医者に限らず、専門家の迂闊《うかつ》に広くいう。「税理士のくせに脱税で摘発されたそうだ。まさに━だね」

類表現 「医師のいかもの食い」「医者の若死に出家の地獄」「学者の不身持ち」「坊主の不信心」「易者身の上知らず」「大工の掘っ立て」「紺屋《こうや》の白袴《しろばかま》」「髪結いの乱れ髪」「佐官の粗壁」

衣食《いしょく》足《た》りて礼節《れいせつ》を知《し》る

使い方 生活にゆとりができて初めて人は礼儀に心を向けることができるようになる。「━というが、豊かになった日本人の道徳心は低下する一方だ」◆漢代の政論書「塩鉄論・力耕」に「衣食は民の本」とあるが、衣服と食物こそは国民生活の根本。昨今の世相に見るように、物質的な充足が必ずしも礼儀正しい秩序を生むとは限らない。衣食の満ち足りた現代では、「衣食足りてなお礼節を知らず」という言い換えもできそうだ。

出典 「管子・牧民」の「倉廩《そうりん》(＝穀物倉)実《み》つれば則ち礼節を知り、衣食足れば則ち栄辱を知る」に基づく。

意地《いじ》を通《とお》す

使い方 かたくなに自分の思いを押し通そうとする。「侠客《きょうかく》の━」「**意地を通**して最後まで反対する」「いったん決意したからには、**意地を通**して成し遂げるつもりだ」◆その気持ちを潔しとして使われることが多い。「意地」は、自分の考えや行動にこだわる強情な気持ちの意。

類表現 「意地を張る」はしばしばマイナスの評価が伴う。「つまらないことに意地を張るな」

以心伝心《いしんでんしん》

使い方 禅宗で、ことばや文字では説明できない深遠な仏法の真髄を心から心へと伝えること。また、一般に、ことばによらなくても、互いに気持ちが通じ合うこと。「彼とは━の仲だ」「彼女とは━で心が通じ合う」「一刀流の奥義を━で悟らせる」◆「心を以て心を伝う」とも。

誤用 ⑴「一子相伝」との混同から、自分の子だけに伝える意で使うのは誤り。「✕門外不出の秘伝書を渡し、親から子へと以心伝心で伝えられてきた秘法」

(2)「いしん」を「意心」と書くのは誤り。

出典 釈迦《しゃか》が入滅するとき、弟子の迦葉《かしょう》に対し、その教えを心から心へと無言のうちに伝えたことからいう。「禅源諸詮集都序《ぜんげんしょせんしゅうとじょ》・上」には「但《ただ》心を以て心に伝え、文字を立てず」とある。

類表現「不立文字《ふりゅうもんじ》」「拈華微笑《ねんげみしょう》」

いずれが▼菖▼蒲〈あやめ〉▼杜若〈かきつばた〉

使い方 菖蒲も杜若もよく似ていて区別がつけがたいことから、いずれもすぐれていて選択に迷うことのたとえ。「――、どの作品も傑作だね」「みんな優秀で優劣がつけがたい。――だから審査に迷うよ」「――、美しい三姉妹ですね」◆(1)アヤメもカキツバタもアヤメ科の多年草で、茎頂に開く花はいずれも紫色で見分けがたい。(2)「いずれ菖蒲(か杜若)」「いずれが菖蒲か杜若」とも。

補説 どれもこれも似たり寄ったりで、特にすぐれたものがないときは「団栗《どんぐり》の背比《せいくら》べ」という。「応募作品は○団栗の背比べ／× いずれが菖蒲杜若で、どれもこれも平凡だね」

出典 源頼政が鵺《ぬえ》退治の褒美として菖蒲前《あやめのまえ》という美女を賜るとき、十二人の美女の中から選び出すようにいわれて、「五月雨《さみだれ》に沢辺《さはべ》の真薦《まこも》水越えていづれ菖蒲《あやめ》と引きぞ煩《わずら》ふ」と詠んだという故事に基づく(「太平記・二一」)。

居候《いそうろう》三杯目《さんばいめ》にはそっと出《だ》し

使い方 居候は人の家に世話になっている手前、食事の際にはとかく遠慮しがちになること。「――くらいの遠慮はほしいものだ」

◆(1)川柳がことわざ化したもの。なかには「居候出せば食う気で五杯食い」などという図々しい居候もいたらしいが、三杯目のおかわりにはそっと茶碗を差し出すのが大方の居候。「居候置いても合わず居て合わず(＝置く方にとっても置かれる方にとっても割に合わない)」が実のところだろう。

(2)「居候の三杯目」とも。

誤用 二、三日世話になる先で、遠慮のつもりで「居候三杯目にはそっと出しですから、どうぞお構いなく」などと使うのでは意味をなさない。

急《いそ》がば回《まわ》れ

使い方 急いで危険な近道をするよりも、遠回りでも安全確実な道を行くほうが、かえって早く目的地に到着することができるということ。「豪雨の後の山越えは危険だ。――というから迂回《うかい》しよう」「この時間帯、高速道路は渋滞する。――だ。一般道を行こう」「第一案はリスクが大きすぎる。――というから、第二案をとろう」

誤用 ただゆっくり行く意で使うのは誤り。「× 急がば回れだ。のんびり行こう」

出典 江戸初期の咄本《はなしぼん》「醒睡笑《せいすいしょう》」に、室町時代の連歌師、宗長《そうちょう》の詠んだという「武士《もののふ》のやばせの船は早くともいそがば廻れ瀬田の長橋」の一首がある。琵琶湖《びわこ》の沿岸の矢橋《やばせ》と大津を結ぶ渡し船は近道で速かったが、しばしば突風に遭って転覆した。遠くても陸路をたどって瀬田の長橋を渡る方が安全だったという。

類表現「近道は遠道」「遠道は近道」「回るは近道」

▼磯《いそ》の▼鮑《あわび》の片思《かたおも》い

使い方 鮑の殻が二枚貝の片方だけのように見えることから、「片思い」をしゃれていう語。「彼の恋は――に終わりそうだね」◆(1)アワビはミミガイ科の巻き貝。殻が皿の形をしているので、二枚貝が片方の殻を置き忘れてきたように見える。(2)「鮑の(貝の)片思い」とも。

◆「痛《いた》い」を使う成句

> 痛い所を衝《つ》く・痛くも痒《かゆ》くもない・痛くもない腹を探られる・痛し痒《かゆ》し・耳が痛い・目の中に入れても痛くない

痛《いた》い所《ところ》を▽衝《つ》く

使い方 弱点や急所をねらって攻め立てる。「忠言はとかく――」「**痛い所をつかれて**答弁につまる」「**痛い所をつかれて**ついに白状した」◆「急所を突かれる」ほど致命的ではないにしろ、痛い所を衝かれればダメージは大きい。

誤用 (1)「痛くもない腹を探られる」との混同から、あらぬ疑いをかけられる意で使うのは誤り。「× 痛い所をつかれて迷惑している」(2)「痛い所をつつく[つつかれる]」は誤り。

痛《いた》くも▼痒《かゆ》くもない

使い方 少しも苦痛を感じない。全く影響がない。「何と言われようと――」「やましいことは何一つないのだから、こちらは――よ」「彼にとって十万円ぐらいの寄付は――だろう」「一課長が辞表を出したところで、会社は――」◆刺激に反応する必然性がない場合もあるが、刺激に反応する感覚が鈍い場合もあるが、いずれにしても働きかける側は肩すかしを食うことになる。

誤用 肉体的な苦痛について使うのは誤り。「× 痛くも痒くもないのだから胃カメラは呑《の》んでおいたほうがいい」

類表現 「痛痒《つうよう》を感じない」

痛《いた》くもない腹《はら》を探《さぐ》られる

使い方 腹痛でもないのに痛い所はどこかと探り回される意から、やましいところがないのにあれこれ疑われる。「あんな男に――のは不愉快きわまりない」「ワイシャツに付いた口紅から、女房に**痛くもない腹を探られた**」◆「痛くない腹を探られる」「痛まぬ腹を探られる」とも。

誤用 「痛い所を衝かれる」との混同から、弱点や急所を攻められる意で使うのは誤り。「× 痛くもない腹を探られて正直に犯行を自供した」

補説 貝原益軒《かいばらえきけん》はこの句の意味を「萬の事に就て、人の疑ひの立たぬやうにせよと云ふ事なり」と解説している(「諺艸」)。

板子《いたご》一枚《いちまい》下《した》は地獄《じごく》

使い方 船乗りの仕事が非常に危険であること。危険な職業に携わる人がわが身を船乗りになぞらえてもいう。「毎日毎日が――の生活だよ」◆(1)「板子」は和船の床に用いる板。その上げ板をめくればすぐ下は海。海が荒れても海に落ちても、船乗りの命は助からないことからいう。(2)「一寸下は地獄」「板一枚下は地獄」「板三寸下は地獄」とも。

痛《いた》し▼痒《かゆ》し

使い方 具合のいい面と悪い面とがあって、どうしたらよいかの判断に迷うこと。「販売員は増やしたいが、人件費のことを考えると――だ」「狭い社宅からは出た

い

いし、安い家があったと思えば通勤に時間がかかるし、━━だよ」「融資の話は有り難いが、経営に口をはさまれても困るし、━━の感がある」◆かけば痛いし、かかなければかゆい意から。

誤用「痛い痒い」は誤り。

頂《いただ》く物《もの》は夏《なつ》も小《こ》▼袖《そで》

使い方 人から貰《もら》える物なら、夏には不要な小袖でも何でもいい。欲の深いことのたとえ。「人の物は何でも欲しがる。━━だね」◆(1)「小袖」は冬用の絹の綿入れ。夏に着る単衣《ひとえ》の着物が帷子《かたびら》なので、「戴く物は夏も小袖、冬も帷子」と続けて意味を強める。「貰《もら》う物は夏も小袖」とも。(2)「頂く」は「▼戴く」とも書く。

誤用 貰うことから離れて金銭欲にからんだ行為に使うのは誤り。「✕あの男は儲《もう》かるとなればどんなあこぎなことでもする。まったく頂く物は夏も小袖だよ」

▼鼬《いたち》の最後《さいご》っ▼屁《へ》

使い方 せっぱつまったときに非常手段に訴えて難を逃れることのたとえ。また、醜悪な置き土産をして逃げ出すことのたとえ。「━━とばかりに、借金を踏み倒して夜逃げをした」「━━さながらに、聞くにたえない悪態をついて立ち去った」◆イタチは胴と尾が長く、足の短い哺乳《ほにゅう》類。敵に襲われると肛門線《こうもんせん》から悪臭を放って逃げるという。

誤用 追いつめられて醜態を演じる意が強いので、最後に反撃する場合に使うのは誤り。「✕いたちの最後っ屁とばかりに猛打を振るっての逆転勝ち」

▼鼬《いたち》の道《みち》

使い方 交際・音信などが途絶えること。「━━で、何の連絡もない」「━━で、近ごろさっぱり顔を見せなくなった」「━━はないよ。たまには遊びにいらっしゃい」◆(1)イタチは通路を遮断されると同じ道を二度と通らないという俗説から、行き来や便りがすっかり絶えることをいう。イタチが行く手を横切るのは不吉の前兆ともされた。(2)「鼬の道切り」とも。

板《いた》に付《つ》く

使い方 ❶役者が経験を積んで、芸が舞台にしっくりと調和する。「三代目も演技が**板についてきた**ね」◆「板」は「新作狂言を板にかける(=上演する)」などというように、芝居の舞台の意。舞台から浮いてしまうような役者はまだ一人前ではない。

❷経験を積んで、動作・態度・服装などがいかにもそれに似合ったものになる。「彼も板前稼業が**板についてきた**」「新人のフライトアテンダントたちもようやく制服が**板についた**」「**板についた**司会ぶり」

誤用 ただ似合う意で使うのは誤り。「✕彼女のウエディングドレスは板についていた」

類表現「様になる」

◆「一(いち・ひと)」を使う成句

板子一枚下は地獄・一衣帯水・一か八か・一から十まで・一期一会《いちごいちえ》・一事が万事・一日《いちじつ・いちにち》千秋・一日《いちじつ・いちにち》の長・一樹の陰一河の流れも多生の縁・一段落《いちだんらく》付く・一堂に会する・一難去ってまた一難・一日の計は晨《あした》にあり・一年の計は元旦にあり・一にも二にも・一念岩をも通す・一年の計は元旦

にあり・一姫二太郎・一富士二鷹《にたか》三茄子《さんなすび》・一枚噛《か》む・一脈《いちみゃく》相通ずる・一網打尽・一目《いちもく》置く・一も二もなく・一文《いちもん》惜しみの百知らず・一葉《いちよう》落ちて天下の秋を知る・一陽来復・一蓮托生《いちれんたくしょう》・一を聞いて十を知る・一攫《いっかく》千金・一巻の終わり・一挙両得・一犬《いっけん》影に吠《ほ》ゆれば百犬声に吠ゆ・一刻千金・一殺《いっさつ・いっせつ》多生・一子《いっし》相伝・一視同仁・一糸纏《まと》わず・一糸乱れず・一瀉《いっしゃ》千里・一将功成りて万骨枯る・一矢《いっし》を報いる・一炊の夢・一寸《いっすん》先は闇・一寸の光陰軽んずべからず・一寸の虫にも五分の魂・一世を風靡《ふうび》する・一石二鳥・一石を投ずる・一銭《いっせん》を笑う者は一銭に泣く・一線を画《かく》する・一旦《いったん》緩急あらば・一知半解・一籌《いっちゅう》を輸する・一頭地を抜く・一刀両断・一敗地に塗《まみ》れる・一斑《いっぱん》を見て全豹《ぜんぴょう》を卜《ぼく》す・打って一丸となる・腕一本・老いの一徹・起きて半畳寝て一畳・鎧袖《がいしゅう》一触・危機一髪・聞くは一時の恥聞かぬは末代の恥・九牛《きゅうぎゅう》の一毛・九死に一生を得る・九仞《きゅうじん》の功を一簣《いっき》に欠く・軌を一にする・槿花《きんか》一日《いちじつ》の栄・愚者にも千慮に一得《いっとく》有り・鶏群の一鶴《いっかく》・乾坤一擲《けんこんいってき》・紅一点・心を一つにする・蛇《じゃ》は一寸《いっすん》にして人を呑《の》む・春宵《しゅんしょう》一刻直《あたい》千金・精神一到何事か成らざらん・千載一遇・千篇《せんぺん》一律・千里の道も一歩より始まる・千慮の一失・千慮の一得・滄海《そうかい》の一粟《いちぞく》・大海の一滴・大山鳴動して鼠《ねずみ》一匹・茶腹も一時・頂門の一針《いっしん》・土一升《つちいっしょう》に金一升・鶴《つる》の一声《ひとこえ》・二兎《にと》を追う者は一兎《いっと》をも得ず・馬鹿《ばか》の一つ覚え・万緑叢中《そうちゅう》紅一点・一泡《ひとあわ》吹かせる・一皮剥《む》く・一皮剥《む》ける・一旗揚げる・一肌脱ぐ・一花咲かせる・一役《ひとやく》買う・一山当てる・百尺竿頭《かんとう》一歩を進む・百聞は一見に如《し》かず・氷山の一角《いっかく》・胸に一物《いちもつ》・役者が一枚上・指一本も差させない・ローマは一日にして成らず

一《いち》衣《い》帯《たい》水《すい》

使い方 一筋の帯を引いたように狭くて長い川・海峡。また、それを隔てて近接していること。「━の地」「日中両国は━の間にある」 ◆「衣帯」は帯の意で、「一衣帯」は一筋の帯のこと。「一衣」と「帯」の意ではない。

誤用 近接の地でも、間に細長い水域がなければ「一衣帯水」は使えない。「×スペインとポルトガルは一衣帯水の距離にある」

出典 隋《ずい》の文帝は南朝陳の後主叔宝が酒食に溺《おぼ》れて人民を苦しめていると聞き、「私は人民の父母である。一筋の帯のような川（＝長江）に隔てられているからといって、どうして彼らを救わないでいられようか」と慨嘆し、陳を攻めるための軍船を建造させたという、その故事に基づく（「南史・陳後主紀」）。

一《いち》か八《ばち》か

使い方 運を天に任せてやってみること。「━の大勝負」「物は試し、━やってみよう」「〔株式市場で〕売りに回ったほうがいい」「━、ここは一つ、思い切ってプロポーズしてみよう」 ◆(1) 博打《ばくち》で、一か罰《ばち》か（＝壺皿に伏せた賽子《さいころ》の目が出るかしくじりか）の意とも、「丁か半か」という「丁半（半）」の字の上部をとったものともいう。(2)「一か六か」とも。

誤用 選択を迫られて自分の意志で決め

る場合に使うのは誤り。「✕一か八かに迷ったが、結局、買わなかったよ」
類表現「のるかそるか」「乾坤一擲《けんこんいってき》」

一《いち》から十《じゅう》まで

使い方 何から何まで。何でも。すべて。「あの男は━人任せだ」「あの人には━世話になった」「━当てにされても困る」「その話なら━承知しているよ」◆「十中八九」ではなく、一から十までのすべてに渡っていることをいう。
誤用 使う場面の広い成句だが、単にある物品の「全体」の意で使うのは避けたい。「△弁当は一から十まで食べなさい」「△競輪で有り金を一から十まですってしまった」

一隅《いちぐう》を照《て》らす

使い方 世の中の片隅《かたすみ》に光を与える。片隅を照らすほどのわずかな善行の重要さをいうことば。「━の精神で日々暮らす」◆「一隅」は、一方のすみ、かたすみ。
出典 日本の天台宗の開祖最澄《さいちょう》の言、「一隅を照らす、これ則ち国宝なり」に基づく(「山家学生式」)。

一期一会《いちごいちえ》

使い方 生涯に一度だけ出会うこと。「パーティーで━の交流を深める」「━のつもりで客をもてなす」「この機会を━と心得て、精魂を傾ける」◆茶道で、一つの出会いを大切にして悔いのないように茶を点《た》てる心構えをいった語。茶の湯以外の場でも広く使われる。
誤用 最後の出会いの意で使うのは誤り。「✕彼とは去年の暮れ、空港で会ったのが一期一会だった」
出典 千利休の高弟、山上宗二《やまのうえのそうじ》の「山上宗二記・茶湯者覚悟十体《ちゃのゆものかくごじったい》」に「一期に一度の会」とあるのに基づく。

一事《いちじ》が万事《ばんじ》

使い方 一事を見るだけで他のすべても推量できるということ。また、一つの小事に見られる傾向が、他のすべての場合に現れるということ。「彼のすることは━、どれもこれも中途半端だ」「まだ掃除もしていない。━このありさまだ」「今日も無断欠勤か。━そんな調子だから信用できない」◆(1)多く、よくない一例から他の場合も悪いはずだと推測する場合に使う。(2)「一事は万事にわたる」「一事を以《もっ》て万端を知る」とも。
誤用 全般にわたる意で使うのは誤り。「✕一事が万事、すべて心得ている」「✕彼女が達者なのは英語だけじゃない。一事が万事、フランス語にもスペイン語にも通じている」
類表現「一斑《いっぱん》を見て全豹《ぜんぴょう》を卜《ぼく》す」「一滴舌上《ぜつじょう》に通じて大海の塩味《えんみ》を知る」

一日千秋《いちじつせんしゅう》

⇨いちにちせんしゅう(一日千秋)

一日《いちじつ》の長《ちょう》

使い方 少し年長であること。また、経験・技術が他よりも少しすぐれていること。「将棋では彼に━がある」「英会話では彼女に━を認めるよ」「アメリカはIT(情報技術)に関しては他国に比べて━がある」◆(1)「長」は、年上である、すぐれるの意。現在では年長であることに意味を限って使うことはなく、少し年上でその分だけ経験が豊かであることをいう。(2)「いちじつ」は「いちにち」とも。

出典「論語・先進」に、孔子のことばとして「吾《わ》が一日爾《なんじ》より長ずるを以て、吾を以てするなかれ(=私に一日の長があるからといって遠慮することはない)」とあるのに基づく。

一樹《いちじゅ》の陰《かげ》一河《いちが》の流《なが》れも多生《たしょう》の縁《えん》

使い方 知らない者どうしが同じ木陰で雨宿りをしたり、同じ川の水を飲んだりするのも、みな前世の因縁によるものだということ。「〔それまでは一面識もなかった者どうしが〕こうして研修会で同宿できたのも――だね」◆「多生(=他生)」は今生《こんじょう》に対して「前世《ぜんせ》」の意。「一樹の陰一河の流れ」「一河の流れを汲むも多生の縁」とも。

誤用「多生の縁」を「多少(=少しばかり)の縁」と解して使うのは誤り。「×彼女と話せただけでもいいじゃないか。一樹の陰一河の流れも多生の縁、少しは縁があったんだよ」

出典「説法明眼論」に「或いは一村に処《お》り、一樹の下に宿り、一河の流れを汲み、一夜同宿し、一日夫婦となる、皆是れ先世の結縁《けちえん》なり(=同じ村に住み、同じ木の下に宿り、同じ川の水を汲み、一夜を共にし、一日夫婦でいる。これらはみな前世からの因縁なのだからおろそかにしてはならない)」とある。ただし、「海道記」に「一樹の陰、宿縁浅からず」とあり、この方が古い。

類表現「袖《そで》振り合うも多生の縁」

一段落《いちだんらく》付《つ》く

使い方 一つの区切りまで物事が片づく。「難事件もこれで**一段落(が)つい**た」「仕事に/が**一段落つ**いたら、昼食にしよう」「二人の話が**一段落つ**いたところで、質問をしてみた」

◆(1)動詞「一段落する」とほぼ同じように使う。「一段落」は、文章などの一つの区切り。転じて、物事が一応片づく区切りの意。

(2)意図的に区切りをつける場合は「一段落(を)つける」という。「研究に一段落つけて、しばらく休暇をとりたい」

誤用 数詞的に使うのは誤り。「×一段落ついたが二段落がつかない」

一堂《いちどう》に会《かい》する

使い方 多くの人が共通の目的をもって一つの場所に集まる。「サミットでは主要先進国の首脳陣が――」「世界の宇宙物理学者が**一堂に会**してシンポジウムを開く」「千人を超す人々が**一堂に会し**た」◆「一堂」は、一つの堂。転じて、同じ建物、同じ場所の意。

誤用 (1)同じ場所であっても、ただ漫然と集まる場合には使わない。「×毎日何千人もの人々が一堂に会する空港ロビー」「×休日になると憩いを求めて人々が一堂に会する公園」

(2)「いちどう」を「一同」と書くのは誤り。

一難《いちなん》去《さ》ってまた一難《いちなん》

使い方 ほっとする間もなく、また次の災難が起こること。「――、妻がようやく退院したと思ったら今度は息子が交通事故に遭ってしまった」「旱魃《かんばつ》の後に台風とは――だ」◆次々と難事に見舞われる困惑をいう。「一難」は、一つの困難や災難の意。「一難去ればまた一難」「一難去れば一難来る」とも。

誤用「一難過ぎればまた一難」は誤り。

類表現「禍《わざわい》去って禍また至る」「前門の虎《とら》後門の狼《おおかみ》」「虎口《ここう》を逃れて竜穴《りゅうけつ》に入る」

一日千秋《いちにちせんしゅう》

〔使い方〕一日が千年のように長く思われること。待ちこがれる思いが非常に強いことをいう。「またお会いできる日を━の思いで待っております」「━の思いで母の退院[父の帰国]を待ちわびる」「次の日曜が廻って来るのが、━のように、もどかしく待たれた〈菊池寛・真珠夫人〉」◆「千秋」は千年の意で、非常に長い歳月をいう。「いちにち」は「いちじつ」とも。また、「一日三秋《いちにちさんしゅう》」とも。

〔誤用〕たとえ一時間が一年のように長く感じられても短時間の場合に使うのは誤り。「×夜の明けるのを一日千秋の思いで待った」

一日《いちにち》の計《けい》は▼晨《あした》にあり一年《いちねん》の計《けい》は元《がん》▼旦《たん》にあり

〔使い方〕一日の計画は一日の初めである朝に立て、一年の計画は一年の初めである元日の朝に立てるべきである。「さあ、新年度の事業計画を立てよう。━だ」

◆(1)「いちにち」は「いちじつ」とも。

(2)多く、後半の「一年の計は元旦にあり」の形で使う。「元旦」を「元日」「正月」と言い換えることもある。

(3)心機一転の決意を述べるときにも使うが、「一日の計は晨にあり一年の計は元旦にありだ、今年こそ禁煙するぞ」などはややオーバーな言い方。

〔出典〕「月令広義・春令・授時」の「一日の計は晨に在り、一年の計は春に在り」から、事を為し遂げるには、周到な準備と計画が必要であることをいう。

一日《いちにち》の長《ちょう》

⇩いちじつのちょう

市《いち》に▼虎《とら》を放《はな》つ

〔使い方〕人の大勢集まる市に虎を放つ。非常に危険なことのたとえ。「あの凶悪犯を釈放するのは━のに等しい」「あのフーリガンをサッカー場に入れるのは━ようなものだ」◆「放つ」は、捕らえてあった動物を自由にする意。「放す」に比べると古風な言い方。「市」は市場に限らず、多くの人が集まる場所のことをいう。

〔誤用〕「市場に虎を放つ」は誤り。

一《いち》にも二《に》にも

〔使い方〕それが何よりも大切・肝心だとしていう語。何をおいても。何はさておき。「━健康が大切だ」「優勝したいなら━練習だ」「この計画のねらいは━海外市場の開拓にある」◆(1)最も大事なので、一番、二番の序列をつけないことからいう。(2)「一にも」と「二にも」の間に語句を入れて「一にも勤勉、二にも勤勉」「一にも金、二にも金の商売人」などと使う場合もある。

〔誤用〕「一応も二応も」と混同して、一度も二度もという意で使うのは誤り。「×一にも二にも念入りに調べてみた」

一念岩《いちねんいわ》をも通《とお》す

⇩思う念力岩をも通す

一年《いちねん》の計《けい》は元《がん》▼旦《たん》にあり

⇩一日の計は晨にあり一年の計は元旦にあり

一姫《いちひめ》二《に》太郎《たろう》

〔使い方〕子をもつには、最初は育てやすい女の子で、次は男の子がよいということと。「子どもは━━の二人です」◆「一」は一番目、「二」は二番目の意。「太郎」は長男の意で、長子(長男)相続を唯一の相続形態とした旧民法の時代には、家を守るためにも、まず男子の誕生が待望まれた。「一姫二太郎」は、最初に女子が生まれた人への慰めのことばとして用いられたとも言われる。

誤用「一人の娘と二人の息子」の意で使われることも多いが、誤り。「×お嬢さん一人とお坊ちゃん二人とは、理想的な一姫二太郎じゃないですか」

一富士《いちふじ》二《に》▼鷹《たか》三《さん》▼茄子《〈なすび〉》

使い方 初夢に見るものを、縁起のよい順に並べた句。「━━とまではいかないが、縁起のよい初夢を見た」

◆(1)江戸時代からのことわざで、将軍家に縁の深い駿河《するが》の国の名物を、日本一の富士山、富士に棲む名鳥の鷹、他国よりも早く産する初茄子の順に並べたものとも、駿河の国で高いものを、一に富士山、二に愛鷹《あしたか》山、三に初茄子の値段として並べたものともいう。初夢は元日の夜または二日の夜に見る夢。古くは節分の夜から立春の朝にかけて見る夢をいった。(2)この句の後に「四扇五煙草六座頭」「四葬礼五雪隠《せっちん》」などとも続ける。

一枚《いちまい》▼噛《か》む

使い方 一つの役割を担って、ある事柄に参加する。何人かの一人として参画する。「その事業には私も一枚かんでいる」「今度のイベントには彼女にもぜひ一枚かんでもらいたい」「今度の汚職事件には事務次官も一枚かんでいるらしい」

◆(1)芝居で、一枚の看板に役者一人の名を書いたことからいう。(2)参画する事柄のよしあしにかかわらず使う。

誤用「一枚かじる」は誤り。

類表現「一枚加わる」「一役《ひとやく》買う(＝ある役目を進んで引き受ける)」

一脈《いちみゃく》相通《あいつう》ずる

使い方 どこか共通するところがある。「京劇とオペラは━━」「成功する人にはどこか━━ものがある」「音楽家と美食家には━━ところがある」◆「一脈」は一連のつながりがあること。「一脈通ずる」とも。また、「通ずる」は「通じる」とも。

誤用 よく似ている意で使うのは誤り。「×あの姉妹は一脈相通ずるところがある」

一網打尽《いちもうだじん》

使い方 ❶ひと網で魚類をごっそりととること。「海岸に押し寄せるニシンを━━にする」❷悪人の仲間などを一度にすべて捕らえること。「密輸グループを━━にする」「集団すりを━━に検挙した」

誤用「尽」はすべて捕らえる意なので、一部を捕らえられなかった場合に使うのは誤り。「×暴力団を一網打尽にしたが、幹部の連中には逃げられた」

出典「宋史・范純仁伝」の、「謗《そし》りを造《いた》す者をば、公相《こうしょう》慶《よろこ》びて曰《いわ》く、一網打尽にせり、と」に基づく。

一目置《いちもくお》く

使い方 (自分よりも)すぐれている人に敬意を払う。「名実ともに実力者として一目置かれている人物」「現場の医師たちも、現在の院長には一目(を)置いている」「彼女は芝居仲間からも一目置かれる存在だ」「古参たちもこの新参の若者に一目置いている」

◆⑴囲碁で、弱い方が先に一つ石を置いて打ち始めることから、相手がすぐれていることを認めて一歩を譲ることをいう。目上・同等・目下の人のいずれにも使う。
⑵「〈人〉に～」の形が多いが、「〈物〉に～」の形でも使う。「彼の知識［発言・働きぶり］には**一目置いている**」
⑶強調して「一目も二目《にも》も置く」とも。

誤用 ⑴「すぐれている」という相手への評価を含むため、目上の人に直接言う場合は注意が必要。「△先生は、私が一目置いている方です」
⑵「一目」を「ひとめ」と読むのは誤り。

一《いち》も二《に》もなく

使い方 （提示されたことに対して）とやかく言わないで。いやおうなしに。すぐさま。「――従う［賛成する・引き受ける］」「――断る［反対する］」◆「一も二もない」が副詞句として使われるようになった語。

誤用 「一にも二にも」と混同して、何はさておきという意で使うのは誤り。「×一も二もなく訓練だ」

一文《いちもん》惜《お》しみの百《ひゃく》知《し》らず

使い方 目先の損得にとらわれて、後で大損をするということに気づかないこと。「使用料をけちって写真を無許可で掲載したため、あとで高額の違約金を請求された。――とはこのことだ」

◆⑴「一文」は、江戸時代の穴あき銭一枚のこと。当時の貨幣の最小単位だが、そのわずかな銭を出し惜しんで、みすみす後の大利を失うという吝嗇《りんしょく》の愚かさをいう。
⑵「一文惜しみの百損［百失い］」「一文儲《もう》けの百遣い」とも。

誤用 寄付を募ったり投資をすすめたりするときに、「一文惜しみの百知らずといいますから…」などと使うのは失礼千万。

類表現 「小利をむさぼって大利を失う」

一葉《いちよう》落《お》ちて天下《てんか》の秋《あき》を知《し》る

使い方 落葉の早い青桐《あおぎり》の葉が一枚落ちるのを見て、秋の訪れを知る。わずかな前触れによって、その大勢を予知することのたとえ。「――、今度の総選挙の結果を見ると一党独裁も長くは続かないだろう」

◆⑴「一葉」は青桐（梧桐《ごとう》）の一葉。掌状に裂けた大きな葉は、夏の終わりになると一つまた一つと、勢いよくばっさりと落ちてくる。「もう秋だね」と哀感を込めて使うほか、わずかな兆しから衰亡の時を予知するたとえにも使う。
⑵「桐一葉《きりひとは》」「一葉《いちよう》の秋」「一葉秋を知る」「一葉落ちて天下の秋」「桐一葉落ちて天下の秋を知る」とも。

誤用 「秋」を収穫の季節だからと、実りのある将来を楽観して使うのは誤り。「×一葉落ちて天下の秋を知るだ、これからが楽しみだよ」

出典 「淮南子《えなんじ》・説山訓」の「一葉の落つるを見て、歳《とし》の将《まさ》に暮れんとするを知る」に基づく。「秋来《き》ぬと目にはさやかに見えねども風の音にぞ驚かれぬる〈古今集・藤原敏行〉」は聴覚によって秋の気配を感じるという一首だが、「淮南子」のこの言は視覚によって秋の訪れを知ることをいう。

一陽来復《いちようらいふく》

使い方 ❶陰暦十一月のこと。また、冬至のこと。

❷冬が去って春が来ること。「━の春」❸悪いことが続いたあと、ようやく運が向いてくること。「━を願う」「━の兆しが見えてきた」

◆⑴陰暦の十月に陰の気が極まり、十一月の冬至になると陽の気が兆しはじめ、次第に春に向かっていくことからいう。⑵縁起を担いで、「らいふく」は「来福」とも書く（ただし、本来の表現とは異なるとして誤用とみなされることもある）。

誤用 年賀状にもしばしば使われる語だが、暑中見舞いなどに使うのは避けたい。「△向暑のみぎり、皆さまの一陽来復をお祈り申し上げます」

出典 「易経・復・本義」の「此《ここ》に至り、七爻《しちこう》して一陽来復す、乃《すなわ》ち天運の自然なり」に基づく。

一《いち》▼蓮《れん》▼托生《たくしょう》

使い方 ❶仏教で、死後、極楽浄土で同じ蓮花《れんげ》の上に生まれ合わせること。❷人と行動や運命をともにすること。「━の覚悟で事に当たる」「死ぬも生きるも全員━だ」「役所ぐるみの収賄という━の構図」「選挙違反で逮捕され、━の身となった」

◆⑴浄土の仏は神聖な蓮花の座にいるといわれ、仏像も蓮《はす》の花を台座として安置される。「托」は「あずける」「まかせる」の意。⑵②は、もともとは物事のよしあしにかかわらず行動・運命をともにする意だが、現在は悪い意味で使うことが多い。

類表現 「蓮の台《うてな》の半座を分かつ」

一《いち》を聞《き》いて十《じゅう》を知《し》る

使い方 一端を聞いただけで全体を理解する意で、理解が早く聡明《そうめい》であることをいう。「知者は━」「━ほど賢い子ども」

補説 あまり賢明でないことは「一を知りて十を知らず（＝一つのことだけを知って他のことを知らない）」という（「塩鉄論・結和」）。

出典 孔子の弟子の子貢《しこう》が、孔子最愛の門人である顔回《がんかい》をほめて「回や、一を聞いて以て十を知る。賜《し》（子貢）や、一を聞いて以て二を知る（＝顔回は一を聞くと十を理解するが、私は一を聞いてやっと二を理解する程度だ）」と言ったことに基づく（「論語・公冶長《こうやちょう》」）。孔子もその意見に賛成し、「如《し》かざるなり。吾と女《なんじ》と如かざるなり（＝私もお前もとても顔回には及ばない）」と応えたという。

類表現 「一を以て万《ばん》を知る〈荀子《じゅんし》〉」「目から鼻へ抜ける」

一《いっ》▼攫千金《かくせんきん》

使い方 一度にたやすく巨額の利を得ること。「━を夢見て宝くじを買う」「━をねらう投機買い」「（競馬・競輪などで）━の大穴ねらい」◆「一攫」は「ひとつかみ」の意。「攫」が常用漢字表にないことから、新聞などでは「一獲千金」で代用することもある。

誤用 一挙に大金を儲《もう》けることにいうので、地道な努力による利益について使うのは誤り。「×こつこつと働いて一攫千金の利を得た」

類表現 「濡れ手で粟《あわ》」

一巻《いっかん》の終《お》わり

使い方 物事の結末がつくこと。特に、死ぬこと。「ここで足を滑らせたら━だ」「一発の銃弾で独裁者の生涯は━となった」「ここで手形が落とせなかったら、この店も――だ」◆一巻の物語が終わる意から。多く悪い結果を迎える意で使う。

誤用 (1)悪い結果を伴わない単なる終結について使うのは誤り。「×延々と続いた審議もようやく一巻の終わりとなった」

(2)「いっかん」を「一貫」と書くのは誤り。

一挙両得《いっきょりょうとく》

使い方 一つの行動によって同時に二つの利益を得ること。「――の名案」「――をねらって虻蜂《あぶはち》取らずになる」「禁煙すれば健康を損なうこともないし煙草銭も浮く。まさに――じゃないか」「灌漑《かんがい》用の人造湖を築いて観光資源にもしようという――の事業計画」

誤用 両者の利益の意で使うのは誤り。「×儲《もう》けを折半すれば一挙両得になる」

出典 晋《しん》の束皙《そくせき》が農業振興について「辺地の広大な土地を開拓してから、またこの地に戻ってくることを許可すれば、いずれの農地も充実するから一挙両得になる」と建議したという故事に基づく(「晋書・束皙伝」)。

類表現「一石二鳥」「一つを放って二つを得る」

一犬影《いっけんかげ》**に▼吠**《ほ》**ゆれば百犬声**《ひゃっけんこえ》**に▼吠**《ほ》**ゆ**

使い方 一匹の犬が物の影を見て吠えるとその声を聞いた多くの犬が吠え始める意から、一人がいい加減なことを言い出すと、世間の人はそれを事実として伝えてしまうということ。「――で、ニュースキャスターの一言から容疑者が真犯人に仕立てられてしまった」

◆(1)一人が流したでたらめな噂《うわさ》が、やがて真実として世間に広く喧伝《けんでん》される恐ろしさを述べて、付和雷同の軽率を戒める。

(2)「形に吠え声に吠ゆ」「一犬形に吠ゆれば百犬声に吠ゆ」「一犬虚に吠ゆれば万犬実を伝う」とも。

誤用 宣伝される意で使うのは誤り。「×一犬影に吠ゆれば百犬声に吠ゆというから、マスコミを使って新製品のキャンペーンを展開しよう」

出典「潜夫論・賢難」の「一犬形《かたち》に吠ゆれば百犬声に吠ゆ」に基づく。

類表現「一人《いちにん》虚を伝うれば万人《ばんにん》実を伝う」

一刻千金《いっこくせんきん》

⇨春宵《しゅんしょう》一刻直《あたい》千金

一殺多生《いっさつたしょう》

⇨いっせつたしょう

一子相伝《いっしそうでん》

使い方 学問・技芸などの奥義《おうぎ》を自分の子一人だけに伝えること。「――の秘法[秘蔵書]」◆「一子」は多くの子どもの中の一人。特に、嫡子をいう。

誤用「以心伝心」との混同から、心で伝える意で使うのは誤り。「×弟子の一人一人に一子相伝で極意を伝える」

一視同仁《いっしどうじん》

使い方 すべての人を差別なく平等に愛すること。「――の心で接する」「――四海兄弟《けいてい》と云えば、此《この》地球は恰《あたか》も一家の如く、地球上の人民は等しく兄弟の如くにして、其《その》相交るの情に厚薄の差別ある可からず〈福沢諭吉・文明論之概略〉」

い

誤用「同一視」の意に解して使うのは誤り。「×あんな新人と一視同仁にされたらかなわない」「×名作も凡作も一視同仁で扱う」
出典 唐の韓愈《かんゆ》の「原人」に、「聖人は一視にして同仁、近きに篤《あつ》くして遠きを挙ぐるなり（＝身近なものに手厚くし、その心を遠くのものにも及ぼしてゆく）」とあるのに基づく。韓愈はそこで、「聖人は異民族も禽獣《きんじゅう》も自分と同一のものとして博愛の心で見なくてはならない」と説いている。

一糸《いっし》▼纏《まと》わず

使い方 一枚の衣服も着ていない。「一糸まとわぬ丸裸」「地震に驚いて風呂場から━飛び出した」「見ると彼女は、マントの下に一糸をも纏っていませんでした〈谷崎潤一郎・痴人の愛〉」◆⑴「一糸」は一本の糸。布と呼ぶに価するものどころか、一筋の糸すら身につけていない状態をいう。⑵「一糸も纏わず」「一糸挂《か》けず」とも。
誤用 すっぱだかをいうので、多少でも身に着けている場合に使うのは誤り。「×パンツ一枚という一糸まとわぬ姿」

一糸《いっし》乱《みだ》れず

使い方 少しも乱れないで、整然としているさま。「一糸乱れぬ行軍[論理の展開]」「一糸乱れぬ見事な撥《ばち》さばき」「━オールを漕ぐ」◆もつれやすい糸が一筋ももつれないことをいう。
誤用 もともと整然としているものについて使うのは誤り。「×一糸乱れぬ碁盤の目のような区画」

一《いっ》▼瀉千里《しゃせんり》

使い方 ❶物事が勢いよく、すみやかにはかどること。「山積した仕事を━に片づける」「事件は━、解決へと向かった」
❷文章や弁舌がなめらかでよどみのないこと。「長編を━に書き下ろす」「━にまくし立てる」
◆水の流れがきわめて速く、一度流れると千里も行く意からいう。南宋の陳亮《ちんりょう》は揚子江の流れを「長江大河、一瀉千里」と形容した（「辛幼安殿撰に与うるの書」）。
誤用 一瞬のうち、瞬《また》く間の意で使うのは誤り。「×一瀉千里の出来事」「×一瀉千里のうちに辺りは暗くなった」

一将功成《いっしょうこうな》りて万骨枯《ばんこつか》る

使い方 一人の将軍が立てた功名のかげには、それを支えた多くの兵士の犠牲がある。功名が上に立つ者にのみ帰せられ、下に働く者の労苦が報われないことを憤慨していうことば。「協力した部下のことは無視して一人で授賞するなんて、━じゃないか」「社長は安泰だが、リストラされた社員は少なくない。━だ」◆「万骨」は多くの人の骨。
誤用 功績は上げたが踏まえていた足場を失うの意で使うのは誤り。「×一将功成りて万骨枯る、結局は孤立無援の立場に陥った」
出典 各地に戦乱が続発した唐の末期、多くの人民を犠牲にして将軍が功名を争う世相を嘆いて詠んだ、曹松《そうしょう》の七言絶句「己亥歳《きがいのとし》」による。

一矢《いっし》を報《むく》いる

使い方 反撃・反論する。「宿敵に━」「九回の裏、二死から三点を返して一矢（を）報いた」「弁護側は証言の矛盾をついて一矢を報いた」◆「一矢」は一本の矢。矢ぶすまをつくる相手に、ひるむことなく一矢を放つことからいう。

誤用 (1)多く「大勢をくつがえすには至らないが」の意味合いで使うので、打ち負かす場合に使うのはなじまない。「×徹底的に[完膚無きまで]一矢報いる」(2)「一矢」を同音の「一死」と混同して使うのは誤り。「一死」も「報いる」とともに使うが、「一死をもって(＝一つしかない命をなげうって)恩義に報いる」などという。

一炊《いっすい》の夢《ゆめ》

⇨邯鄲《かんたん》の夢

一寸先《いっすんさき》は▼闇《やみ》

使い方 将来のことは全く予知できないことのたとえ。「この事業がどうなるか、━━だ」「人生━━、明日の運命はわからない」「━━の世だ。楽しめるときに楽しもうじゃないか」◆一寸は一尺の十分の一(＝約三・〇三センチメートル)。目の前は真っ暗で、何一つ見えないことから、先の見通しのつかないことにたとえる。

誤用 「一瞬先は闇」は誤り。ただし、もじって使うのはよい(「一瞬先は闇だから、いつ交通事故に遭うかわからない」)。

出典 上方版「いろはがるた」の一つだが、もとは仏教の無常観から生まれたことわざだろう。

一寸《いっすん》の光陰《こういん》軽《かろ》んずべからず

使い方 わずかな時間もむだにしてはならないということ。「進学するなら遊んでばかりいないで勉強しなさい。━━だよ」◆「一寸」はわずかなこと、わずかの時間。「光」は太陽、すなわち昼。「陰」は月、すなわち夜。「光陰」は時間・年月の意。達成しなくてはならない目標があるのに無為に時を過ごすことを戒めて使う。

誤用 (時間をむだにしないで)急がなくてはならない意で使うのは誤り。「×一寸の光陰軽んずべからずだから、すぐに出発した方がよい」

出典 南宋の朱熹《しゅき》の詩句「少年老い易く学成り難し(＝若い時期は短いというのに学問は完成し難い)、一寸の光陰軽んずべからず〈偶成〉」に基づく。

類表現 「時は金なり」

一寸《いっすん》の虫《むし》にも五分《ごぶ》の魂《たましい》

使い方 どんなに小さくて弱いものにも相応の意地があるのだから侮《あなど》ってはならないということ。「━━だ。部下をあまりいじめるなよ」「人をばかにするのもいい加減にしろ。━━だ」◆(1)わずか一寸(＝約三・〇三センチメートル)ほどの虫も五分(＝一寸の半分)という大きな魂をもっているということ。小さな虫は弱小な者、地位の低い者のたとえ。(2)弱者を侮ることを戒めて使うことも、自分の意地を示して使うこともできる。

誤用 大いに前向きな意志をさして使うのは誤り。「×一寸の虫にも五分の魂という志[夢・理想]を抱いて新天地におもむいた」

補説 この台詞《せりふ》は近世の浄瑠璃《じょうるり》などにもしばしば登場する。

類表現 「小糠《こぬか》にも根性」「なめくじにも角《つの》」「痩《や》せ腕にも骨」

一世《いっせい》を風《ふう》▼靡《び》する

使い方 その時代の人々がみなそれを受け入れて従う。その時代の人々に広く知れわたる。「リバプールサウンドはあっという間に**一世を風靡した**」「軍国主義が**一世を風靡した**のは、そう昔のことではない」「昭和初期に**一世を風靡した**歌手」「美人画で**一世を風靡した**浮世絵師」◆「風靡」は、風が草木をなびかせるように、大勢の人々をなびき従わせる意。

誤用 権力をもって人を押さえつけ、なびかせる意に使うのは誤り。「× 武力をもって一世を風靡した独裁者」

一石《いっせき》二《に》鳥《ちょう》

使い方 一つの行為で二つの利益を得ること。「━の効果をねらう」「趣味が収入に結びつくなら━じゃないか」「発泡スチロールの梱包《こんぽう》を古新聞に代えれば、省資源と環境保護の━になる」

誤用 二つの能力を備えている意で使うのは誤り。「× 一石二鳥のスイッチヒッター[バイリンガル]」

出典 英語の成句 **kill two birds with one stone** を四字熟語の形に訳したもの。

類表現 「一挙両得」「一つを放って二つを得る」

一石《いっせき》を投《とう》ずる

使い方 反響を呼ぶような問題を投げかける。「その論文は学界に**一石を投じ**た」「文壇に**一石を投じ**た問題作」「排ガス規制法は運輸業界に━ことになった」「この提案によって労働条件改善の**一石を投じ**たい」◆(1) 水面に石を投げると波紋が広がっていくことからいう。「投ずる」は「投じる」とも。(2) よい内容の場合にも悪い内容の場合にもいう。

誤用 一石に破壊力をもたせて使うのは誤り。「× 必殺の一石を投じて、ライバル会社を倒産させた」

一殺《いっせつ》多《た》生《しょう》

使い方 一人を犠牲にすることによって、多くの人の命を救うこと。「━を大義名分とする」◆「一殺」は「いっさつ」とも。「一殺多生の理」は、自分の命を投げ出して支配者を暗殺しようとするテロリストの理論武装として使われてきた。

出典 仲間の僧が賊を殺せば、仲間は三悪道(＝地獄・餓鬼《がき》・畜生)に落ちて苦しむだろうし、賊が仲間の僧を殺せば、賊が三悪道に落ちて苦しむだろう。旅の途上、引き連れていた五百人の僧とそれを襲おうとする五百人の賊の間で悩んだバラモン僧が、みずから賊の一人を殺すことによって三悪道に落ち、五百人の仲間の僧を救ったという説話に基づく(「報恩経」)。

類表現 「小の虫を殺して大の虫を助ける」

一線《いっせん》を画《かく》する

使い方 物事にはっきりと区切りがつく。また、はっきりと区切りをつける。「プロとアマはその技術において━」「わが党は過激な革新派とは**一線を画して**いる」「政治は宗教とは**一線を画さ**なくてはならない」「生死の間に**一線を画して**、人はこれを越えるのを畏れる〈二葉亭四迷・平凡〉」◆「一線」は、そのものを他とはっきり区別する一本の線(「公私の間に一線を引く」「最後の一線を越える」)。「画する」は、線を引く意から転じて、物事を明確に区分する意。「一線を引く」もほぼ同じように使う。

誤用 「一線を描《えが》く」は誤り。

一銭《いっせん》を笑《わら》う者《もの》は一銭《いっせん》に泣《な》く

使い方 一銭をおろそかにする者は、その一銭が得られずに泣くようなはめになる。「小銭だからといってお金を粗末にしてはいけない。――だよ」◆(1)「一銭」は、わずかな金額の意。一円硬貨が足りなくて消費税が払えないことも、十円硬貨がなくて電話が掛けられないこともある。そんな端金《はしたがね》などとばかにすることはできない。たとえ少額でもお金は大切にしなくてはならないという戒めにも、倹約や貯蓄の奨励にも使う。(2)「一円を笑う者は一円に泣く」とも。

誤用 吝嗇《りんしょく》(＝けち)の意で使うのは誤り。「×一銭を笑う者は一銭に泣くというけちん坊」⇩一文惜しみの百知らず

一《いっ》▼旦《たん》緩急《かんきゅう》あらば

使い方 ひとたび大事が起これば。「――ただちに馳《は》せ参じる」「――すぐ対応できる態勢にある」◆(1)「一旦」は、ある朝、ある日の意。緩急の「緩」は語調を整える添え字で、意味はない。(2)「あらば」は、口語的な言い方で「あれば」とも。

誤用 「緩急」を、「手ぬるいことと厳しいこと」の意にとって使うのは誤り。「×政策に一旦緩急あれば、中庸《ちゅうよう》を保つように心がける」

出典 楚《そ》の将軍袁盎《えんおう》が、博徒の劇孟《げきもう》との交際を諫《いさ》めたある富豪を罵《ののし》って、「今、公常に数騎を従うるも、一旦緩急有らば、寧《なん》ぞ恃《たの》むに足らんや(＝あなたはいつも数騎を従えているが、もし緊急の事態になったら何の頼りにもならない)」と言ったという故事に基づく(「史記・袁盎伝」)。

類表現 「一朝《いっちょう》事《こと》あらば」

一《いっ》知《ち》半《はん》解《かい》

使い方 少し知っているだけで十分には理解していないこと。なまかじり、なまはんかなこと。「――の人[徒・輩《やから》]」「彼は――な文学論を得意げに振り回すから困る」「彼女は博学だが、経済学に関しては――なところがある」

誤用 ほめて使うのは誤り。「×一知半解の博識」

出典 南宋の詩人厳羽《げんう》が、「滄浪《そうろう》詩話」の中で「悟りにも透徹の悟りと一知半解の悟りがあるように、文学にも一流のものと二流のものがある」と説いているのに基づく。

類表現 「半可通《はんかつう》」

一《いっ》▼籌《ちゅう》を輸《ゆ》する

使い方 相手に勝ちをゆずる。他にひけをとる。「互角に戦ったが、結局は敵に――ことになった」「打率では彼に――ほかなかった」「日本の福祉政策は北欧諸国に**一籌を輸している**」◆「籌」は数を計算するときに使う細長い竹の棒。「輸する」は負けること。勝負に負けると相手に数取りの棒を一本与えることから出たことば。

誤用 「相手に勝つ」と解して使うのは誤り。「×数学の成績では、彼女に一籌を輸することができた」

出典 明《みん》の喬宇《きょうう》が嵩山《すうざん》(河南省にある聖山)に登ったときの帰路、登れなかった友人に対して「若《なんじ》我に一籌を輸せり(＝君はちょっとの差で私に負けたね)」と言ったという故事に基づく(「喬宇・遊嵩山記」)。

一頭地《いっとうち》を抜《ぬ》く

使い方 他より頭一つ分抜き出ている。また、他の多くの人々より一段とすぐれている。「野原一面に叢生する刈萱は雑草の中に**一頭地を抜いて**蟠簇《はんそう》してい

る〈岡本かの子・秋の七草に添えて〉」「この応募作品は**一頭地を抜いている**」「英会話にかけては彼女が**一頭地を抜いている**」「彼は新進作家の中では――存在だ」

◆「一頭地」は、頭一つ分の高さ。他より頭一つ分抜き出て高い意からいう。「地」は漢文で語尾に添えて語調をととのえる助字で、「地面」の意ではない。「一頭地を出《いだ》す」とも。

誤用「一頭、地を抜く」と切って読むのは誤り。また、「いっとうち」を「一等地」と書くのは誤り。

出典 北宋の文士欧陽脩《おうようしゅう》が詩人梅堯臣《ばいぎょうしん》に対して蘇軾《そしょく》の文章を激賞し、「吾当《まさ》に此の人一頭地を出《いだ》すを避くべし（＝私は他よりもひときわすぐれているこの人物を畏敬しなくてはならない）」と言ったという故事に基づく（「宋史・蘇軾伝」）。

一刀両断《いっとうりょうだん》

使い方 ❶一太刀でまっ二つに切ること。「敵をまっ向から――にする」❷きっぱりと思い切った処置をとること。「難問を――のもとに取り裁く」「こう問題がこじれると――の解決は難しい」「関知しないとして――に切り捨てる」

誤用「一太刀で二者を倒す」「一つの処置で二つの問題を裁く」などの意に解するのは誤り。「✕左右から迫る敵を一刀両断に斬り捨てる」「✕二つの難事件を一刀両断に解決する」

出典 南宋の思想家朱熹《しゅき》の語録「朱子語類」は、「人間の将来を憂えて発奮すると食事を忘れ、みずからの楽しみとするものを楽しむときは憂いを忘れて没頭する〈論語・述而《じゅつじ》〉」という孔子の生き方を、「一刀両断」の姿勢として挙げている。

一敗地《いっぱいち》に塗《まみ》れる

使い方 二度と立ち上がれないほど、徹底的に打ち負かされる。「敵の総攻撃を受けて、わが軍はあえなく**一敗地にまみれた**」「激しい企業間競争に**一敗地にまみれ**、ついに会社は倒産した」

◆(1)「地にまみれる」は、戦死者の内臓が大地に散らばって泥まみれになっているという悲惨な光景。(2)「一頭地を抜く」とは違って、この「地」は語調をととのえる助字ではない。「一敗、地にまみれる」と切って読む。

誤用 (1)完膚なきまでやられる意なので、僅差《きんさ》での敗北に使うのは誤り。「✕決勝戦では惜しいところで一敗地に塗れた」(2)「血にまみれる」と混同して「一敗血に塗れる」と書くのは誤り。

出典「史記・高祖本紀」の故事に基づく。

一斑《いっぱん》を見《み》て全《ぜん》豹《ぴょう》を卜《ぼく》す

使い方 物事の一部分を見て全体をおしはかる。「――という鋭い観察力」「――の的外れな評論」

◆(1)「一斑」は豹《ひょう》の皮にあるまだらぶちの一つ。それを見ただけで豹全体の毛並みや毛皮のよしあしを推察することからいう。ほめて使うことも、けなして使うこともできる。(2)「一斑を見て全豹を知る」「一斑をもって全豹を評す」「一斑の美をもって全豹を察すべし」とも。

誤用 自分の狭い知識や見解にとらわれる意に使うのは誤り。「✕彼は一斑を見て全豹を卜すの例で、人の意見をまったく聞こうとしない」

出典 東晋の書家王献之《おうけんし》が子どものころ、書生たちの博打《ばくち》を見て「南風競わず(＝こっちの方が弱いね)」と言うと、子どもと侮《あなど》った書生たちは「此の郎もまた管中より豹を窺い、時に一斑を見るのみ(＝この子も管の穴から豹の皮をのぞいて、たまたままだらぶちの一つを見ただけだ)」と言ったという故事に基づく(「世説新語・方正」「晋書・王献之伝」)。

類表現「一滴舌上《ぜつじょう》に通じて大海の塩味《みえん》を知る」「一事が万事」

▼鷸《いつ》▼蚌《ぼう》の争《あらそ》い

⇨漁夫《ぎょふ》の利

居《い》ても立《た》ってもいられない

使い方 心が落ち着かなくて、じっとしていられない。「入学試験の結果が気になって——」「恋しさが募って——気持ちになる」「隠蔽《いんぺい》工作が発覚したと聞いて、**居ても立ってもいられなく**なった」「**居ても立ってもいられなく**なって、現場まで様子を見に行く」◆「居る」は、座る意。座っても立ってもいられない、ということ。心配・同情・喜びなどの気持ちが募って、そわそわするさまをいう。

誤用 空間が狭い意で使うのは誤り。「×居ても立ってもいられないほど狭い部屋」

糸目《いとめ》を付《つ》けない

使い方 金銭を惜しげもなく使う。「彼は浮世絵の蒐集《しゅうしゅう》となると金に——」「金に**糸目は/を付けない**から、内装はできるだけ豪華にしてくれ」

◆(1)「糸目」は凧《たこ》の表面に付けて揚がりぐあいを調節する数本の糸。糸目を付けないと凧を制御できないことからいう。「糸目」は「厭《いと》い目」の転という説もある。

(2)単独で使うよりは、「金[金銭・製作費]に〜」などの形で使うことが多い。

誤用 金銭以外のものに使うのは慣用になじまない。「× 時間[労力]には糸目を付けない」「×糸目を付けないで情報を提供する」

糸《いと》を引《ひ》く

使い方 ❶陰で人を操る。「この事件には背後で——者がいる」「陰で**糸を引いて**会社の買収を画策する」「誰かが陰で**糸を引いて**、住民の反対運動をあおっているらしい」◆糸を引いて操り人形を動かすことから。

❷影響などが長く続いて絶えない。「地震の影響がまだ**糸を引いている**」「昨夜の興奮がまだ**糸を引いている**」「遺産争いのしこりがいつまでも**糸を引いて**困る」

❸粘りけで、糸を引っぱったような状態になる。「納豆が——」「唾液《だえき》が——」

❹空中を動くものがまっすぐな線を描く。「打球が**糸を引いて**センターに飛ぶ」「曳光弾《えいこうだん》が**糸を引いて**闇空《やみぞら》を飛ぶ」

類表現 ①「糸を操る」②「後を引く」「尾を引く」

意《い》に介《かい》する

使い方 気にかける。気にする。「将来のことなど——ようすもない」「いくら注意されても**意に介せず**、マイペースでいる」「敵の存在[どんな裏切り]も**意に介しない**」◆「介する」は、心にとめておく意。「介す」とも。現在、言い切りの場合と連体修飾の場合には「意に介す」よりも「意に介する」のほうが使われることが多く、打ち消しを伴う場合には「意に介しない」「意に介せず」よりも「意に介さない」「意に介さず」となることが多い。「彼女はまったく**意に介さ**なかった」「赤信号もまるで意に介さず、進んでいく」

誤用「気にする」とほぼ同じ意味で使うが、「気に介する」は誤り。また、「かいする」を「会する」と書くのは誤り。

意《い》に沿《そ》う

使い方 相手の希望や要求に応じる。「施主の——ように設計をやりなおす」「注文の品を届けたが、どうも顧客の意に沿わなかったらしい」「ちょっとでも意に沿わないとみると押しかけてくるスポンサー」「聖子は両親の意にそわぬ結婚をしたのだ〈北杜夫・楡家の人々〉」◆「そう（沿う）」は、つき従う意。「添う」「▽副う」とも書く。

誤用「気に沿う」は誤り。

◆「犬・狗（いぬ・けん・く）」を使う成句

> 一犬《いっけん》影に吠《ほ》ゆれば百犬声に吠ゆ・犬と猿・犬の遠吠え・犬も歩けば棒に当たる・犬も食わない・飼い犬に手を嚙《か》まれる・犬猿の仲・犬馬の労・狡兎《こうと》死して走狗《そうく》烹《に》らる・蜀犬《しょっけん》日に吠《ほ》ゆ・喪家《そうか》の狗《いぬ》・夫婦喧嘩《げんか》は犬も食わない・負け犬の遠吠《とおぼ》え・羊頭《ようとう》を掲げて狗肉《くにく》を売る

犬《いぬ》と猿《さる》

⇨犬猿《けんえん》の仲

犬《いぬ》の遠《とお》▼吠《ぼ》え

使い方 遠くでしり込みしながら吠える犬のように、臆病《おくびょう》者が陰でいばったり陰口をたたいたりすることのたとえ。「彼が何を言おうと——だよ」「裏でこそこそ策を弄《ろう》しても、——だから怖くもなんともない」◆「遠吠え」は犬などが遠くで声を長く引いて吠えること。「負け犬の遠吠え」ともいい、勝ち目のない相手を陰でののしることのたとえに使う。

誤用 効果が弱いの意で使うのは誤り。「× 犬の遠吠えでもいいから、反戦運動を起こそう」

英語 A barking dog seldom bites.（吠える犬はめったに嚙みつかない）

犬《いぬ》も歩《ある》けば棒《ぼう》に当《あ》たる

使い方 ❶何かをしようとすれば、思いがけない災難に遭うことも多いというたとえ。「——というから、あんまり出しゃばらないほうがいい」「空から鉄材が降ってくることもある。——というから注意しなさい」

❷何かをしているうちに思いがけない幸運に出会うこともあるというたとえ。「ちょっと立ち寄った古本屋で掘り出し物の珍書を見つけた。——だよ」「——というじゃないか。今にいいこともあるさ」

◆⑴江戸時代から「油断を戒める」意と「僥倖《ぎょうこう》を期待する」意の二つに解されてきた。骨ならばともかく、棒は犬にとって好ましいものではないのだから、①が本来の意であろう。「いろはがるた」の絵札にも棒で打たれた犬が痛そうに片足をあげている図が描かれている。

⑵「犬も歩けば棒に会う」とも。

誤用 意図的に時機を待つ意で使うのは避けたい。「× 犬も歩けば棒に当たるというから、ここはあせらずにチャンスを待とう」

出典 江戸版「いろはがるた」の第一句。

英語 ② The walking dog finds a bone.（犬も歩けば骨に会う）

犬《いぬ》も食《く》わない

⇩夫婦喧嘩《ふうふげんか》は犬も食わない

◆「命（いのち・めい）」を使う成句

命あっての物種《ものだね》・命長ければ恥《はじ》多し・命の洗濯・命は鴻毛《こうもう》より軽し・命を削《けず》る・佳人薄命《かじんはくめい》・身命《しんめい》を賭《と》する・美人薄命・河豚《ふぐ》は食いたし命は惜しし

命《いのち》あっての物種《ものだね》

使い方 何事も命があって初めてできるものだ。死んでは何もできないから、命を大切にしなければいけないということ。「━だ。ここは一つ慎重にいこう」「━なのだから、少しは酒を控えなさい」「━と、一目散に逃げ出した」◆「物種」は、物事のもととなるものの意。根源である命がなければ、人間としての営みは何一つできない。「命が物種」「命こそ物種」とも。

誤用 (1)命のあるうちにの意で使うのは誤り。「✕命あっての物種と、世界一周の船旅に出る」(2)「物種」を「物＋だ（助動詞）＋ね（助詞）」に解するのは誤り。「✕やはり命あってのものだねえ～」

類表現「命あっての事」

命《いのち》長《なが》ければ恥《はじ》多《おお》し

使い方 長生きすれば何かと恥をさらす機会が多いということ。「━。あの会長もそろそろ引退の潮時だろう」「政界の長老が収賄罪で逮捕されるとは、まさに━だね」◆「長生《ちょうせい》恥多し」「長命すれば恥多し」「長生きすれば恥多し」とも。

誤用 恥ずかしい意で使うのは誤り。「✕古希の祝いぐらいでそんな盛大なパーティーなんかしないでくれ。命長ければ恥多しだよ」

出典「荘子・天地」に「男子多ければ則《すなわ》ち懼《おそ》れ多く、富めば則ち事多く、寿《いのちなが》ければ則ち辱《はじ》多し（＝兄弟が多ければ争いの心配が多いし、財をなせばそれを守るために煩わしいことが増えてくるし、長生きすればそれだけ世の辱《はずかし》めを受けることが多くなる）」とあるのに基づく。

命《いのち》の洗濯《せんたく》

使い方 日ごろの苦労を忘れるための保養や気晴らしのこと。「温泉に行って━をしてきた」「久しぶりのゴルフで━になったよ」「たまには旅行でもして━をしてきたらどうだ」◆命の垢《あか》を洗い落として寿命をのばす意でいう。

誤用 命をのばすためとはいいながら、健康に気を遣うという意で使うのは誤り。「✕人間ドックに入って命の洗濯をした」「✕毎日サプリメントを摂って命の洗濯をしているよ」

類表現「命の土用干し」

命《いのち》は鴻毛《こうもう》より軽《かろ》し

使い方 正義のためならば命を捨てることは少しも惜しくないということ。「━と、祖国独立のために身を捨てた英雄」◆「鴻毛」はおおとりの羽毛で、きわめて軽いもののたとえ。人の生命は重いが、命に執着して道義に外れた行いをしてはならない。時には自分の命を軽くみなくてはならないこともある。

誤用 他人の命を奪う意で使うのは誤り。「✕侵略者は命は鴻毛より軽しとば

い

かり、先住民を虐殺した」

出典 司馬遷《しばせん》の「任少卿《じんしょうけい》に報ずるの書」に「人固《もと》より一死あり。死は或《あるい》は泰山《たいざん》より重く、或いは鴻毛より軽し」とある。

命《いのち》を削《けず》る

使い方 寿命を縮める。また、寿命を縮めるほど苦労する。「酒は━鉋《かんな》だ」「過労が彼の命を削った」「━ような努力を続ける」「━思いで会社再建に努めた」

誤用 命をなくす意で使うのは誤り。「×一瞬の事故が彼女の命を削った」

類表現 「身[骨身]を削る」は、体がやせ細るほど苦労する意。

井《い》の中《なか》の▼蛙《かわず》大海《たいかい》を知《し》らず

使い方 狭い見識にとらわれて、他に広い世界があることを知らずにいること。「彼はいつも得々として自説を語るが、━だよ」「自分の専門分野だけにしがみついていると━になりがちだ」「━とならないように、もっと見聞を広めたい」◆「かわず」は「かえる」とも。「井の内《うち》の蛙大海を知らず」「井の中の蛙」「井底《せいてい》の蛙」「井蛙《せいあ》」とも。

誤用 「蛙」を小人物、「大海」を大人物の意に解して使うのは誤り。「×井の中の蛙大海を知らずで、彼らにはわれわれの大望はとても理解できないだろう」⇩燕雀《えんじゃく》安《いずく》んぞ鴻鵠《こうこく》の志を知らんや

出典 北海（＝現在の渤海《ぼっかい》）の神である北海若《ほっかいじゃく》が「井蛙《せいあ》には以て海を語るべからざるは、虚《きょ》に拘《かか》わればなり（＝井戸の中の蛙に海のことを話してもわからないのは、自分の住んでいる狭い場所にこだわっているからだ）」と語ったという寓話《ぐうわ》に基づく（「荘子・秋水」）。

類表現 「夏虫《かちゅう》氷を疑う」「葦《よし》の髄《ずい》から天井を覗《のぞ》く」「針の穴から天を覗く」

意馬心猿《いばしんえん》

使い方 煩悩《ぼんのう》・妄念《もうねん》・欲情などで心が乱され、抑えがたいこと。「━の情は制しがたい」「勃然《ぼつぜん》として起こる━の妄念に翻弄《ほんろう》される」◆乱れ動く心を奔走《ほんそう》する馬と騒ぎ立てる猿にたとえ、それを制御することの難しさをいう仏語。「心猿意馬」とも。

誤用 プラスの意で使うのは誤り。「×猛然と意馬心猿の闘志が湧いてきた」

医《い》は仁術《じんじゅつ》

使い方 医術は治療することによって人に仁徳を施す術であるということ。「━を地で行くような医者」「地域医療に尽くし、━を身をもって示した医師」「━というのに、あの病院は経営第一主義だ」◆⑴医者の社会的地位が高く、その数もきわめて少なかった時代の成句。「医は仁の術」とも。⑵昨今では医師の商業主義や医療事故の隠蔽《いんぺい》を皮肉って、「医は算術」「医は忍術」などともじっても使われる。

衣鉢《いはつ》を継《つ》ぐ

使い方 先生から学問・技芸の奥義《おうぎ》を受け継ぐこと。また、前人の事業などを受け継ぐこと。「三遊亭円朝の━」「セザンヌの━作品」「先代の衣鉢を継いで五代目を襲名する」「父の衣鉢を継いで社長に就任する」◆「衣鉢《いはつ・えはつ》」は、師僧が弟子に仏法を伝えたあかしとして与える袈裟《けさ》と托鉢《たくはつ》用の鉢《はち》。もともとは仏教の奥義を受け継ぐ意。

誤用 ⑴遺産を受け継ぐ意で使うのは誤り。

い

「✕伯父から三億円という衣鉢を継いだ」

(2)「遺髪（＝死後の形見として残された髪の毛）を継ぐ」は誤り。

補説 師の立場からは「衣鉢を伝える」という。

▼韋編《いへん》三度《みたび》絶《た》つ

使い方 書物を何度も熟読することのたとえ。「━まで聖書を読む」「━ほど辞書を引く」◆(1)「韋」はなめし革。「韋編」は竹簡《ちくかん》をなめし革で綴《と》じた古代中国の書物の意。(2)「韋編三絶《いへんさんぜつ》」とも。

誤用 いかに熟読玩味《がんみ》しようとも、一回だけの読書には使わない。「✕その本なら一度韋編三度絶つまで読んだことがある」

出典 孔子が「易経」をくり返しくり返し読んだために、その綴じひもが何度もすり切れてしまったという故事に基づく（「史記・孔子世家」）。

今泣《いまな》いた▼烏《からす》がもう笑《わら》う

使い方 今泣いていたかと思うとすぐ笑う意で、子どもなどの機嫌が変わりやすいことをからかっていう語。泣いていた子どもなどが機嫌を直して笑い出したときなどに、「**今泣いたからすがもう笑った**」などと、はやしてもいう。◆(1)烏は泣きも笑いもしないが、その鳴き声が泣くように聞こえたり、人を小ばかにして笑うように聞こえたりするというので、喜怒哀楽の感情が変化しやすい人を烏に見立てたのかも知れない。(2)「今泣いた烏はどこへ行った」「今泣いた顔ですぐ笑う」とも。

誤用 悲しいこともうれしいこともある意で使うのは誤り。「✕今泣いた烏がもう笑うの人生」

今《いま》にして

使い方 相当の時間が経過して現在に至っているさま。「━思えばあの時の彼の態度は奇妙だった」「━思うとあれが事件のきっかけだった」「━彼の気持ちに思い当たった」「━初めて納得がいった」◆現在の時点で過去の事柄をとらえなおしていう。「今になって」と同意。

誤用 「今更」の意で使うのは誤り。「✕今にして慌てても始まらない」「✕今にしてできないといわれても困る」

今《いま》はこれまで

使い方 死や敗北がもう避けられないと覚悟を決めたときにいう語。もうこれで終わりだ。「━と降伏する」「━と逃亡をあきらめる」「━の命と観念する」「（武道の試合などで）この勝負、━」◆「これまで」は、事態が限界に達したことを表す。

誤用 ただ決断を下す意で使うのは誤り。「✕海が荒れてきたので今はこれまでと出航を見合わせた」

今《いま》は昔《むかし》

使い方 今からみれば昔のこと。むかしむかし。昔話や物語などの初めにいう語。転じて、それが昔の話であることをいう語。「━、まだ東京が江戸と呼ばれていたころに、…」「巻紙に手紙を書くなどは━の話だ」「空襲で東京が焼け野原になったのも━の物語だ」◆物語文学の冒頭に用いられた成句。平安後期に成立した「今昔物語集」の書名は、収録されている一千余の説話が「今は昔」で始まることに由来する。

誤用 「今は昔とは違って」を省略した意

で使うのは誤り。「✕今は昔、どこの家にもテレビはある」

今《いま》や遅《おそ》しと

使い方 期待する物事の実現が遅すぎると感じるさま。また、物事の実現をもっと早くと期待して待つさま。「佐々木小次郎は武蔵が現れるのを━待ち構えた」「━吉報を待ちわびる」◈まだかまだかと待ちこがれるさまをいう。「今か今かと」とほぼ同意。「や」は、詠嘆を伴い、意味を強める副助詞。この成句の意では「遅し」を口語形「遅い」に言い換えることはない。

誤用 手遅れとなる意で使うのは誤り。「✕いくら悔やんでも今や遅しとなった」「✕今や遅しとならないように、もっと勉強しておきなさい」

今《いま》▽際《わ》の際《きわ》

使い方 死ぬまぎわ。死にぎわ。臨終のとき。「━が刻一刻と迫る」「祖母が━に言い残したことば」「━の願い事」◈「いまわ」の「わ」は、本来は助詞の「は」。現代仮名遣いでは一語意識が強いとして「わ」と書く。

誤用 「今ごろになって」の意で使うのは誤り。「✕今わの際になってやって来ても、もう誰もいないよ」

芋《いも》の煮《に》えたも御存《ごぞん》じない

使い方 芋が煮えたかどうかの区別もつかない意で、世間知らずのぼんやり者をあざけっていう語。「お坊ちゃん育ちだから、━」「そんなに甘やかして育てると━になるよ」◈「芋の煮えたも知らない」とも。

誤用 うっかりして失敗をくり返す人をいさめる意で使うのは誤り。「✕芋の煮えたも御存じないだから、落とし物ばかりするんだ」

出典 江戸版「いろはがるた」の一つ。「芋」の仮名遣いは「いも」だが、「ゐ」の項に入れられている。

芋《いも》を洗《あら》うよう

使い方 狭いところで込み合っているようすのたとえ。「車内は━な込み方だ」「境内は初詣での参拝者で━な混雑だった」「━な雑踏を縫って歩く」◈里芋を桶《おけ》に入れ、棒でかき回して洗うようすからいう。「芋の子を洗うよう」とも。

誤用 狭い場所に家などが建ち並ぶようすに使うのは誤り。「✕土産物屋が芋を洗うように櫛比《しっぴ》する門前町」

▼倚門《いもん》の望《ぼう》

使い方 母が門に寄りかかってわが子の帰りを待ちわびる意から、母親が心から子を案じる情をいう。「留学して三年にもなるなら、お母上は君の帰国を━で待っておられるだろう」「彼女はわが子のこととなると周囲が見えなくなる。まさに━だね」◈「倚」は、もたれる、よりかかるの意。「倚門の望み」「倚門の情」「倚閭《いりょ》の望」とも。

誤用 父親が子を案じる場合に使うのは誤り。「✕お父上は君の就職を倚門の望で案じておられる」

出典 「戦国策・斉」に、斉の閔王《びんおう》に仕えて他国に赴《おもむ》いていた王孫賈《おうそんか》に対して母親が言ったことばとして、「女《なんじ》、朝《あした》に出《い》でて晩《くれ》に来たれば、則ち吾門《われもん》に倚《よ》りて望み、女、暮れに出でて還《かえ》らざれば、則ち吾閭《りょ》（＝村の入り口の門）に倚りて望む」とあるのに基づく。

▽否《いや》でも応《おう》でも

使い方 承知でも不承知でも。なにがなんでも。「━引き受けてもらう」「━月末までには立ち退いてもらう」「━締め切りは明日までだ」「今日は━警察署に出頭しなくてはならない」◆(1)「いや」は相手のことばに対して否定・不承知を表す感動詞。「おう」は承諾を表す感動詞。「イエスもノーもない」と、義務的な強制力が働くさまをいう。(2)「否が応でも」「否応なしに」とも。

誤用 (1)本人の意志とはかかわりなく必ずそうなる意で使うのは避けたい。「△否でも応でも今年は今日一日で終わる」「△雪が積もると、この道は否でも応でも通行できなくなる」「△この建物はちょっと大きな地震があれば否でも応でも倒れてしまうだろう」
(2)「いや」を「嫌」と書くのは誤り。

嫌《いや》というほど

使い方 嫌になるほどたっぷりと。また、嫌になるほど強く。「夕べは━酒を飲まされた」「その話なら━聞かされた」「実力の無さを━思い知らされた」「━鴨居《かもい》に頭をぶつけた」「雨期にはいると━雨が降り続いた」◆もうそれ以上はいらないという気持ちを言い表す語。

誤用 「もううんざりだ」「もうご免こうむる」という気持ちが込められるので、よい意味で使うのは避けたい。「×見舞いに行ったら嫌というほど喜んでくれた」「×秋の奥飛騨は嫌というほど美しい紅葉だった」

▼煎《い》り豆《まめ》に花《はな》が咲《さ》く

使い方 衰えていたものが再び勢いを盛り返すことのたとえ。また、あり得ないことが起こることのたとえ。「━こともある。何とか再起をはかろうじゃないか」「君が司法試験に合格したら━よ」「一夜のうちに島が海中に没するとは、━大珍事だね」◆煎った豆をまいたら、生長して花が咲いた意からいう。「煎り豆に花」「煎り豆が生える」とも。「煎り豆」は「▼炒り豆」とも書く。

誤用 華やかなさまを表すのは誤り。「×煎り豆に花が咲くほど着飾って出かける」

類表現 「老い木[枯れ木・埋もれ木]に花が咲く」「牡猫が子を産む」「西から日が出る」

◆「入《い》る」を使う成句

有卦《うけ》に入る・悦に入る・鬼籍に入る・気に入る・窮鳥《きゅうちょう》懐に入れば猟師も殺さず・葷酒《くんしゅ》山門に入るを許さず・郷に入っては郷に従え・虎穴《こけつ》に入らずんば虎子を得ず・堂に入る・堂に升《のぼ》りて室に入らず・飛んで火に入る夏の虫・微《び》に入り細を穿《うが》つ・病《やまい》膏肓《こうこう》に入る

◆「居《い》る」を使う成句

居ても立ってもいられない・鬼の居ぬ間に洗濯・治《ち》に居て乱を忘れず・柳の下にいつも泥鰌《どじょう》はいない

◆「射《い》る」を使う成句

将を射んと欲すれば先《ま》ず馬を射よ・正鵠《せいこく》を射る・的を射る

◆「入《い》れる（納・容）」を使う成句

合いの手を入れる・肩を入れる・活を入れる・瓜田《かでん》に履《くつ》を納れず・間《かん》髪《はつ》を容れず・気合いを入れる・嘴《くちばし》を容れる・泣きを入れる・念には念を入れる・鋏《はさみ》を入れる・氷炭《ひょうたん》相容れず・筆を入れる・仏造って魂入れず・耳に入れる・身を入れる・メスを入れる・目の中に入れても痛くない・焼きを入れる・横槍《よこやり》を入れる

◆「色（いろ・しょく）」を使う成句

色の白いは七難《しちなん》隠す・色は思案のほか・色を失う・色を添える・色を付ける・色を作《な》す・英雄色を好む・顔色《かおいろ》を窺《うかが》う・烏《からす》の濡れ羽色・顔色《がんしょく》を失う・巧言令色鮮《すくな》し仁《じん》・目の色を変える

色《いろ》の白《しろ》いは七難《しちなん》隠《かく》す

使い方 肌の色が白ければ、ほかにさまざまな欠点があっても目立たないということ。「━━で、鼻は低いけれど、色が白いからかわいく見えるよ」

◆(1)色白の女性をほめることば。「七難」はさまざまな難のことで、七つの災いという意ではない。(2)「色の白いは十難隠す」とも。

誤用 不用意に女性の容姿を品定めすることは避けたいが、ほめ言葉としても、色白であるために災難を免れるという意で使うのは誤り。「×色の白いは七難隠すというから、災難に遭うこともないだろう」

類表現 「髪の長いは七難隠す」

色《いろ》は思案《しあん》の外《ほか》

使い方 男女間の恋情はとかく常識では判断できないことが多いということ。「あの二人が駆け落ちとは、━━じゃないか」「不倫がばれて刃傷沙汰とは━━だね」「━━で、七十歳と二十歳のカップルだそうだ」

◆(1)「思案の外」は、「思慮分別とは別のもの」の意。恋がしばしば無分別や非常識の言動を生むことからいう。(2)「恋は思案の外」「色は心の外」とも。

誤用 「男女間のことは思案する（＝思い悩む）には及ばない」という意に解して使うのは誤り。「×そんなに好きならば結婚すればいいじゃないか。色は思案の外だよ」

色《いろ》を失《うしな》う

使い方 ❶それまでの色をなくす。「海の色も、真夏に見るような濃藍の**色を失**って〈菊池寛・真珠夫人〉」「深く澄んだ目付は以前の快活な**色を失**って、言うに言われぬ不安の光を帯びていたのである〈島崎藤村・破戒〉」

❷心配や恐怖などのために、顔が真っ青になる。「再度の失敗に━━」「突然の悲報に接して━━」「彼らは事の重大さに**色を失い**、一言もない」「驚いた彼は、**色を失**って外へ飛び出した」

◆(1)「色」は、顔色《かおいろ》のこと。顔の色が血の気を失うことから、意外な事態に接してうろたえるようすをいう。(2)「顔色《がんしょく》〔生色《せいしょく》〕を失う」「顔の色〔血の色・唇の色〕を失う」などともいう。

誤用 (1)顔色が赤く変わるような場合に使うのは誤り。「×興奮して色を失った観衆が騒ぎ出した」⇩色を作《な》す

(2)「容色を失う」「輝きが本来の色を失う」などの表現で、容姿が色あせる、物事が精気を失うことを言うが、「色を失う」単独の形では、そのような意には使わない。「×あの女優はいくつになっても色を失わないね」

色《いろ》を添《そ》える

使い方 物事に趣《おもむき》や華やかさを添える。「満開の紅梅が庭園に━━」「総裁の出席が披露宴に━━」「人気歌手の競演がステージに**色を添えた**」◆「添える」は、引き立たせるために付け加える意。

誤用「そえる」を「沿える」と書くのは誤り。

類表現「花を添える」

色《いろ》を付《つ》ける

使い方 多めにしたり値引きしたりして売る。また、謝礼などを多めにする。「たくさん買っていただいたので、三つほど**色を付けて**あります」「お値段のほうは多少**色を付けて**おきました」「サービスがよかったから、祝儀に**色を付けて**やろう」「大売り出しには景品でも出して少し**色を付け**ようじゃないか」◆物事の扱いに多少の情を加えることをいう。

誤用 (1)「多少」とは言えないような値引きや謝礼には使わない。「×色を付けて五割引きにしよう」「×謝礼をはずんで、一万円ほど色を付けた」

(2)「尾鰭《おひれ》を付ける」と混同して、事実以外のことを付け加えて話を大げさにする意で使うのは誤り。「×うちの親は近所でうわさ話を仕入れてきては、それに色を付けて吹聴《ふいちょう》する」

色《いろ》を▽作《な》す

使い方 怒って顔色を変える。「**色をなして**怒り出す」「**色をなして**どなりつける」「**色をなして**反論する」「不当な扱いに**色をなして**抗議する」◆「色」は、顔色《かおいろ》(＝顔のようす)。「なす」は、あるものや状態を作り出す意。平生の顔色を怒りの感情をあらわにした顔色に変えることをいう。

誤用 怒りの感情以外に使うのは誤り。「×恐怖のあまり色をなした」「×突然の訃報《ふほう》に色をなした」「×驚いた彼女は色をなして逃げ出した」⇩色を失う

▼鰯《いわし》の頭《あたま》も信心《しんじん》から

使い方 つまらないものでも信仰の対象となると有り難いものに思われるようになるということ。「━━なのだから、もっと熱心に祈りなさい」「ご本尊はちっぽけな隕石《いんせき》だそうだ。━━だね」

◆(1)「信心から」は、信じ方次第の意。今は廃《すた》れてしまったが、節分の夜、鰯の頭を柊《ひいらぎ》の枝にさして門口に置くという風習があった。鰯の臭気が悪鬼を追い払うという俗信だが、このことわざもそうした民間信仰から生まれたのだろう。

(2)「頭」は「かしら」とも。

類表現「白紙《しらかみ》も信心から」「竹箒《たけぼうき》も五百羅漢《らかん》」

言《い》わずと知《し》れた

使い方 いちいち言わなくてもわかっている。わかりきっている。「健康が第一なのは[タバコが体によくないのは]━━ことだ」「この一帯は━━リゾート地だ」「平田篤胤《あつたね》没後の門人が、福島の旦那様に悦《よろこ》ばれるか悦ばれないかは━━ことであって〈島崎藤村・夜明け前〉」

◆(1)「知れる」は、容易に知ることができる意。

(2)「言わずと知れた」は、連体修飾とし

て使うときの形。言い切りで使うときは「言わずと知れている」となる。「そんなことをすればどうなるかは言わずと知れている」

誤用「言わずと知られた」は誤り。

言《い》わぬが花《はな》

使い方 口に出して言わないほうがかえってよいということ。「この話の先は――」「彼女とのことは――さ」「その恋の顚末《てんまつ》は――だよ」

誤用 口外を禁じる意で使うのは誤り。「× 言わぬが花だから、この件は秘密にしておいてくれ」

補説 黙っているとかえって不利になる場合には「言わぬは損」という。

意《い》を汲《く》む

使い方 相手の気持ちや考えを好意的に推察する。「母の意をくんで座敷を洋間に改造する」「部長の意をくんで事業計画を見直す」「被災者の意をくんで協力を申し出る」「生徒の意をくんで今年の修学旅行は沖縄に行くことになった」

◆⑴「意」は、気持ち。「くむ」は、人の気持ちや立場を察して思いやる意。「斟酌《しんしゃく》」「酌量」などをふまえて「酌む」とも書くが、「汲む」が一般的。⑵「意を汲み取る」とも。

誤用 意見を取り上げる意にとって「意見を汲む」とするのは誤り。「× 党首は反対派の意見をくもうとしない」

意《い》を強《つよ》くする

使い方 心強く思う。また、自信を深める。「多数の賛同を得て――」「上司の支持を得て意を強くした」「順調に伸びる売り上げに、経営者は意を強くした」「自分の理論を裏づける資料が手に入って、大いに意を強くした」◆「意」は、気持ち。「強くする」は強固にする意。

誤用「意が強くなる」は誤り。「× 家族に励まされて意が強くなった」

因《いん》果《が》応《おう》報《ほう》

使い方 仏教で、前世や過去の行いの善悪に応じて、必ずその報いがあるということ。「あの悪党が獄門に懸かったのも――だ」「阿漕《あこぎ》な商法はやめたほうがいい。――で身を滅ぼすことになるよ」

◆本来は悪因は悪果を受け、善因は善果を受ける意だが、現在では悪い行いをすれば悪い報いを受けるのが当たり前だという意で使われることが多い。

誤用 悪事に報いる意で使うのは誤り。「× 因果応報とばかりに返り討ちにする」「× 因果応報の復讐鬼《ふくしゅうき》となる」

類表現「因果は巡る」「因果覿面《てきめん》」「悪事身に返る」「自業自得」「身から出た錆《さび》」

因《いん》果《が》を含《ふく》める

使い方 物事の道理や、やむを得ない事情をよくよく言い聞かせて納得させる。「因果を含めて進学をあきらめさせた」「因果を含めて二人を別れさせた」「謝罪するよう彼女に因果を含めておいたほうがいい」「――つもりが、逆に説得されてしまった」「上司から因果を含められて、辞表を出すことになった」◆仏教では、一切の現象は原因と結果によって成り立つとする。その因果の道理を説いて言い含めるというのが原義。AだからBと、筋道を立てて説得することをいう。

誤用 ただ論理的に説明解説する意で用いるのは誤り。「× 遺伝子の構造を因果を含めて説明する」「× 因果を含めて情報理論を解説する」

▼殷鑑《いんかん》遠《とお》からず

使い方 戒めとなる前例は手近にある。すぐ目前の他者の失敗を見て、自分の戒めにせよということ。「そんな昔の話を持ちださなくても、放漫経営で倒産したA社の例もあるじゃないか。――だよ」◆(1)「殷」は中国古代の王朝の名。「鑑」は鏡で、手本の意。(2)「商鑑遠からず」とも。

誤用 失敗の前例をいうのだから、成功した例について使うのは誤り。「× 通販で売り上げを伸ばしたB社の例もある。殷鑑遠からずだ」

出典 「詩経・大雅」の詩句「殷鑑遠からず夏后の世に在り」による。殷の紂王《ちゅうおう》が滅びたのは、前代の夏《か》の悪政を戒めとしなかったためという。

類表現 「前車の覆るは後車の戒め」「人のふり見て我がふり直せ」「人を以《もっ》て鑑《かがみ》となせ」「上手《じょうず》は下手《へた》の手本、下手は上手の手本」「他山の石」

引導《いんどう》を渡《わた》す

使い方 ❶死者を葬る前に経文や法語を唱える。「僧が**引導を渡**して、法名をつける」「祖父の葬儀では、菩提寺《いぼだじ》の住職が**引導を渡した**」◆「引導」は、葬儀の際、僧が死者の成仏《じょうぶつ》のために唱える経文や法語のこと。
❷もはや死を免れないことを相手にわからせる。「手術をしても助かる見込みはないと――」
❸最終的な宣告を下してあきらめさせる。「見込みのないタレントに――」「今後一切支援はしないと――」「解雇という**引導を渡さ**れて、従業員達は抗議に立ち上がった」

誤用 ③は、厳しい態度で忠告する意に使うのは誤り。「× まだ努力が足りないと引導を渡す」「× 二度と過ちを犯さないようにと引導を渡す」

陰徳《いんとく》あれば陽報《ようほう》あり

使い方 ひそかに善行を積めば必ずよい報いがあるということ。「黙って人のために尽くしてきたから、みんなが零落した彼を助けようとする。――だ」◆(1)「陰徳」は、人に知られない善行。「陽報」は、はっきりと現れるよい報い。(2)「陰徳あれば必ず陽報あり」「陰徳陽報」とも。

誤用 隠れた善行もあれば顕《あら》わな善行もある意にとって、「陰徳あれば陽徳あり」とするのは誤り。

出典 「淮南子《えなんじ》・人間訓」に、「夫《そ》れ陰徳有る者は、必ず陽報有り。陰行（＝隠れた善行）有る者は、必ず昭名（＝明らかな名声）有り」とあるのに基づく。

類表現 「隠れたる信あらば顕れたる験《しるし》」

陰《いん》に▼籠《こ》もる

使い方 内部にこもって発散しない。また、陰気なようすである。「――性格だから、ストレスがたまるばかりだ」「**陰にこもった**声でぼそぼそと話す」「ねちねちと**陰にこもった**仕返しをする」◆「陰」は易学で、消極的、受動的とされるもの。転じて、表面に現れない部分をいう。

誤用 「暗《あん》にこもる」は誤り。

う

う

有為転変《ういてんぺん》は世《よ》の習《なら》い

使い方 この世の現象は、すべてとどまることなく移り変わっていくものだということ。「――というが、ふるさとの村もすっかり変わってしまった」「かつては白砂青松の海岸だったこの辺りも、今は埋め立てられて巨大な工場地帯だ。**有為転変は/の世の習いだね**」◆「有為」は仏教のことばで、因果関係によってこの世に生じたり滅したりするすべての存在や現象をいう。単に「有為転変」とも。

補説 「有為」を「ゆうい」と読むと、才能があること、役に立つことの意の別語になる。

類表現 「有為無常」「移れば変わる世の習い」「昨日の淵《ふち》は今日の瀬」

◆「上（うえ・かみ・じょう）」を使う成句

石の上にも三年・上には上がある・上を行く・上を下へ・屋上屋《おく》を架す・蝸牛《かぎゅう》角上《かくじょう》の争い・風上《かざかみ》にも置けない・錦上《きんじょう》花を添える・砂上の楼閣《ろうかく》・俎上《そじょう》に載せる・畳の上の水練・天上天下《てんじょうてんげ》唯我独尊・天は人の上に人を造らず人の下に人を造らず・目の上の瘤《こぶ》・役者が一枚上

上《うえ》には上《うえ》がある

使い方 程度が最も上だと思っても、世の中にはさらに程度の上のものがある。「――よ。それくらいの出来映えでうぬぼれてはいけない」「――もので、ギネスブックの記録も次々に塗りかえられていく」「私の失敗など知れている。――で、彼は相場で三億の損失を出したらしい」◆「もっと上があるのか！」と、あきれたり感嘆したりしていう。戒めのことばとすることも多い。

誤用 「上には上がいる」は誤り。ただし、最近では、この言い方がかなり多くなっている。これは、もの一般から人に限定してとらえるようになったからだろう。

上《うえ》を行《い》く

使い方 能力・程度などが他にまさる。「わが社は売上高では一歩――」「彼女の歌唱力は他の歌手のずっと**上を行って**いる」「国際水準のはるか――医療技術」◆(1)これから上にのぼるのではなく、すでに上位に抜きん出ていることをいう。(2)抜きん出ることが好ましくない場合にも使う。「拡大解釈の――、逸脱した法解釈」

誤用 地位・職階などに使うのは誤り。「×部長の上を行く地位に就いた」

上《うえ》を下《した》へ

使い方 入り乱れて混乱するさま。「家中が――の大騒ぎとなった」「首相の暴言から議場は――の大騒動になった」「年末の空港は――の大混雑だった」◆上の物が下へ、下の物が上へ、という意から。「上を下に返す」「上よ下よ」とも。

誤用 (1)それが好ましいとして使うのは

誤り。「×新商売は上を下への大繁盛」
(2)「上へ下へ」は誤り。

魚心《うおごころ》あれば水心《みずごころ》

使い方 相手が好意を示してくれれば、こちらも応じようというたとえ。多く、相手の態度によって自分の行動を決めようという意で用いられる。「――の商取引」「――、先方の出方次第では、こちらも相応の用意がある」「そこは――、何とか手加減していただけないでしょうか」「もっと謙虚に頼むならば、――で引き受けてもいいのだが…」

◆(1)本来は「魚(に)心あれば、水(にも)心あり」で、魚が水に親しむ心があれば水もそれに応じる心がある、の意。のち、「魚心《うおごころ》」「水心《みずごころ》」と、一語化して使われるようになった。(2)「水心あれば魚心」とも。

誤用 「水魚の交わり」との混同から、仲のよい意で使うのは誤り。「×彼とは魚心あれば水心の仲だ」

魚《うお》の水《みず》を得《え》たるが▽如《ごと》し

使い方 ❶苦境から脱して、また、ふさわしい場所を得て大いに活躍することのたとえ。「転職してからの彼は――だ」「主役に抜擢《ばってき》された彼女は――だね」
❷離れることのできない親密な間柄や交際のたとえ。「社長と専務はぴたりと息が合っている。まさに――だ」

◆(1)水がなければ魚は生きてはいられない。水と魚は切るに切れない関係にあることからいう。(2)「魚の水を得たよう」「水を得た魚のよう」「その所を得た魚のよう」とも。

出典 ②は、三顧の礼を尽くして諸葛孔明《しょかつこうめい》を迎えた蜀《しょく》の劉備《りゅうび》が、二人の交際に不満を募らせる関羽や張飛に対して、「孤の孔明有るは、猶《な》お魚の水有るがごとき。願わくは諸君復《ま》た言うなかれと(=自分に孔明がいるのは、魚に水があるようなものだ。諸君、だからもう二度と不平は言わないでくれ)」と言ったという故事に基づく(「三国志・蜀志・諸葛亮伝」)。⇩水魚の交わり

魚《うお》の目《め》に水見《みずみ》えず人《ひと》の目《め》に空見《そらみ》えず

使い方 魚には水が見えず人には空気が見えないように、あまりに身近なものは、どんなに大切なものであっても、かえって気づきにくいということ。「失敗の原因はもっと単純なことかも知れない。――だ。もう一度よく調べてみよう」「――というじゃないか。今の境遇を嘆くよりも、今の立場を利用することを考えたほうがいい」

◆「空」を「風」に言い換えて「魚の目に水見えず人の目に風見えず」とも。

誤用 察しが悪い意で使うのは誤り。「×そんな簡単なこともわからないのか! まったく魚の目に水見えず、人の目に空見えずだ」

類表現 「魚水中にあって水を知らず人塵中《じんちゅう》にあって塵《ちり》を知らず」

魚《うお》を得《え》て▼筌《うえ》を忘《わす》る

使い方 魚をとってしまうと漁具の有り難さを忘れてしまう意から、いったん目的を達してしまうと、それに役立ったものの恩恵を忘れてしまうということ。「試験に合格したら――で、もう本など読もうともしない」「会社が大きくなったら、小さな取引先など相手にもしない。――だよ」

◆「筌《うえ》」は水中に沈めて魚をとる竹製の道具で、「うけ」「せん」ともいう。

【誤用】大切なものを忘れる意で使うのは誤り。「×答案に受験番号を書き忘れるとは、まさに魚を得て筌を忘るだ」「×空港でパスポートがないことに気づくなんて、魚を得て筌を忘るだよ」

【出典】「荘子・外物」に「筌は魚に在る所以《ゆえん》にして、魚を得て筌を忘る。蹄《てい》（＝罠《わな》）は兎《うさぎ》に在る所以にして、兎を得て蹄を忘る」とある。ここから「兎を得て蹄《わな》を忘る」ともいう。

【類表現】「喉元《のどもと》過ぎれば熱さを忘れる」「暑さ忘れて陰忘る」「病《やまい》治りて医師［薬師］忘る」「雨晴れて笠を忘る」

◆「穿《うが》つ」を使う成句

雨垂れ石を穿つ・渇《かっ》して井を穿つ・点滴石を穿つ・微《び》に入り細を穿つ

浮《う》かぶ瀬《せ》

【使い方】苦しい環境などから抜け出る機会。運が開けるチャンス。「身を捨ててこそ──もあれ（＝一身を犠牲にする覚悟で当たってこそ、活路を見出し、物事を成就することができる）」「沈む瀬あれば──あり（＝人の運命の浮き沈みが一定しないことのたとえ。また、悪いことばかりは続かないことのたとえ）」「努力を重ねれば、いつかは──もあるだろう」

◆(1)本来は仏教のことばで、成仏する機縁をいう。「瀬」は「逢瀬を楽しむ」の瀬と同じく、機会・時機の意。(2)「浮かぶ瀬もない」の形で使うことも多い。「不作続きで農家は浮かぶ瀬もない」「背任の容疑をかけられたまま辞任するのでは浮かぶ瀬がない」

【誤用】「立つ瀬」と混同して、自分の立場の意で使うのは誤り。「×ここで妥協してもらわないと私の浮かぶ瀬がない」

憂《う》き身《み》を▼窶《やつ》す

【使い方】身がやせ細るほど一つのことに熱中する。また、なりふり構わず夢中になる。「恋［研究］に──」「彼は賭《か》け事に**浮き身をやつし**て家を失った」◆(1)「憂き身」は、つらいことの多い身の上。「やつす」は、「やつれる」の他動詞形。やつれるほどに物事に打ち込むこと。(2)無益なことに夢中になる場合などに、それを批判して「浮き身」と書くこともある。

【誤用】いっときの没頭に使うのは誤り。「×論文を書き上げるために徹夜で憂き身をやつしたよ」

有《う》▼卦《け》に入《い》る

【使い方】幸運に恵まれて活気づく。「商売繁盛で──」「〔視聴率がよいので〕ディレクターは**有卦に入っ**て、ほくほくしている」◆「有卦」は陰陽道《おんようどう》で、幸運が七年間続くという年回りのこと。その後は「無卦」の凶年が五年間続くという。

【誤用】「受けがよい」などに引かれて、「うけ」を「受け」と書くのは誤り。

▼烏合《うごう》の衆《しゅう》

【使い方】規律も統一もなく寄り集まった群衆のこと。「敵は──だ。恐れることはない」「大将を失った軍勢は──に過ぎない」◆烏《からす》の群れがてんでに集まったり散ったりすることから。群衆をあざけっていう。

【誤用】単に大勢という意に使うのは誤り。「×四万人という烏合の衆が東京ドームを埋め尽くした」

◆「動《うご》く」「動《うご》かす」を使う成句

う

心が動く・心を動かす・食指が動く・梃子《てこ》でも動かない

雨後《うご》の筍《たけのこ》

使い方 雨の後には筍が次々と生えるように、同じような物事が続々と現れ出ること。「—のごとく新設される老人福祉施設」「—のように、次々とスーパーが開店する」「—さながらに高層ビルが増えていく」 ◈たけのこは、タケ類の地下茎から生え出る若芽。初夏、雨上がりの竹林にはことさらにたけのこの姿が目立つ。「竹の子」とも書く。

誤用 たけのこの生長は目に見えて早いが、子供の成長の早さをいうのは誤り。「×この子は雨後のたけのこのように背が伸びてきた」「×雨後のたけのこのように育ち盛りの子どもたち」

◆「兎(うさぎ・と)」を使う成句

烏兎匆匆《うとそうそう》・狡兎《こうと》死して走狗《そうく》烹《に》らる・二兎《にと》を追う者は一兎《いっと》をも得ず・始めは処女の如《ごと》く後《のち》は脱兎《だっと》の如し

◆「牛(うし・ぎゅう)」を使う成句

牛に引かれて善光寺参り・牛の歩みも千里・牛は牛連れ馬は馬連れ・牛を馬に乗り換える・馬を牛に乗り換える・汗牛充棟《かんぎゅうじゅうとう》・九牛《きゅうぎゅう》の一毛・牛首《ぎゅうしゅ》を懸けて馬肉を売る・牛耳（ぎゅうじ）を執る・暗闇から牛を引き出す・鶏口となるも牛後《ぎゅうご》となるなかれ・呉牛《ごぎゅう》月に喘《あえ》ぐ・角《つの》を矯《た》めて牛を殺す・風馬牛《ふうばぎゅう》

牛《うし》に引《ひ》かれて善光寺参《ぜんこうじまい》り

使い方 他人に誘われて知らぬうちに善い方へ導かれることのたとえ。「姉のお供で文楽を見に行ったのが—、今では浄瑠璃《じょうるり》が面白くてたまらない」「たまたま誘われてタイトルマッチを見てからというもの、キックボクシングに夢中なんだ。—だよ」 ◈現在では、信仰の道とは関係なく使うことが多い。

誤用 好ましくないことに使うのは誤り。「×牛に引かれて善光寺参りで、それ以来、ギャンブルに現《うつつ》を抜かすようになった」

出典 不信心で欲の深い老婆が、さらしておいた布を角に引っかけて走り出した牛を追いかけて善光寺にたどりつき、それがきっかけとなって信仰の道に入ったという言い伝えに基づく。「善光寺」は長野市にある天台・浄土両総宗の寺で、山号は定額山《じょうがくさん》。古くから宗派の別を超えて信仰を集めてきた。

牛《うし》の歩《あゆ》みも千里《せんり》

使い方 ゆっくりでも怠らずに努力すれば必ず成果が上がるというたとえ。「すぐに成果が上がらないからといって、くさることはない。—だよ」「—というから、あきらめないで続けることが肝心だ」 ◈歩みののろい牛もたゆまず歩き続ければ千里の遠くまで行くことができるという意から。「牛の歩み」は、進み方の遅いことのたとえで、「牛歩《ぎゅうほ》」ともいう。

誤用 のろいことだけに注目して使うのは誤り。その場合はただ「牛の歩み」という。「まったく×牛の歩みも千里/○牛の歩みで、彼に仕事を任せておくと、いつまでたっても終わらない」

類表現「石の上にも三年」

牛《うし》は牛《うし》連《づ》れ馬《うま》は馬《うま》連《づ》れ

使い方 似たものどうしは集まりやすいことのたとえ。また、似たものどうしが集まると物事がうまくいくことのたとえ。「この会のメンバーは、みんなのんびりしている。――だね」「今度のプロジェクトチームのスタッフは――だから、事業は順調に進むだろう」◆(1)牛と馬とでは歩調が合わないが、牛どうし、馬どうしならば足並みもそろうことからいう。(2)「馬は馬連れ鹿《しか》は鹿連れ」とも。

誤用 それぞれのグループが孤立している意で使うのは誤り。「×生産部と販売部が牛は牛連れ馬は馬連れだから、売り上げが低迷する」

類表現「類は友を呼ぶ」「類を以《もっ》て集まる」「同類相《あい》求む」「似たもの夫婦」「割れ鍋《なべ》に綴《と》じ蓋《ぶた》」

氏《うじ》より育《そだ》ち

使い方 人間をつくるには家柄よりも教育や環境が大切であるということ。「――というが、幼いころからのしつけがものをいう」「彼の気品のある立ち居振る舞いを見ていると、つくづく――だと思う」「大家《たいけ》の生まれだというが、品性は下劣きわまりない。――だよ」

◆(1)「氏」は、家の格式。多くその人の現在の人間性をプラスまたはマイナスに評価して、人間形成には教育の力が大きいことを強調する。

(2)家柄や身分を重視した時代に、その出自を問題にして相手を評価したことばなので、むやみに使うことは避けたい。その育て方をほめる場合でも、直接その相手に対して使うのは失礼にあたる。「×立派なお子さんですね。さすが氏より育ちですよ」

出典 上方版「いろはがるた」の一つ。

英語 Birth is much, but breeding is more.

後《うし》ろ足《あし》で砂《すな》を掛《か》ける

⇩後足《あとあし》で砂を掛ける

後《うし》ろ髪《がみ》を引《ひ》かれる

使い方 未練が残って、なかなか思い切れないこと。「――思いで立ち去る」「故郷を出るときは――思いだった」「家族を残して家を出るときは、――ように何度も振り返った」◆「後ろ髪」は後頭部に生えている髪の毛。その髪を引っ張られて、なかなか前に進めないような心残りの心境をいう。

誤用 去っていく人の気持ちをいうのだから、とどまっている者の立場でいうのは誤り。「×後ろ髪を引かれる思いで旅立つ友を見送った」「×辞任するつもりだったが、後ろ髪を引かれて思いとどまることにした」

牛《うし》を馬《うま》に乗《の》り換《か》える

使い方 足の遅い牛から俊足の馬に乗り換えるように、劣ったものを捨てて、すぐれたものにつくことのたとえ。不利な方から、有利な方へ切り換えることのたとえ。「機を見るに敏、さっさと**牛を馬に乗り換えた**」「あの議員は、**牛を馬に乗り換え**て主流派についたらしい」「今どきそんな商売はやらない。**牛を馬に乗り換え**てコンビニに切り換えたほうがいい」

◆(1)牛は足の遅い、鈍重な家畜の代表。相場の世界では、値動きの少ない株を売って、値動きのある威勢のよい株に買い

換えることをいう。(2)「牛」と「馬」を入れ替えると反対の意味になるので注意が必要。⇩馬を牛に乗り換える
【誤用】人を牛や馬にたとえて使うのは失礼になるので避けたい。「×牛を馬に乗り換えて、A教授のゼミからB教授のゼミに移った」
【類表現】「牛売って馬買う」「牛を以《もっ》て馬にかう」

薄紙《うすがみ》を▼剝《は》ぐよう

【使い方】❶悪い状態、特に病気が少しずつよくなるさま。「――に快方に向かう」「鎮痛剤を飲んだら――に顔色がよくなってきた」「――に痛みが消えていった」◆「薄紙」は、ごく薄手の紙。「はぐ」は、表面にあるものを取り去ること。「薄紙をはがすよう」とも。
❷闇が取り払われて明るくなることのたとえ。「行く手のほのぼのした闇が、ほんの僅《わず》かずつ、――に、僅かずつ白み始めて来た〈菊池寛・極楽〉」「車内の電灯は暗かったが、空は**薄紙を剝がすように**仄明るさを増して行き〈円地文子・食卓のない家〉」
【誤用】(1)「薄紙をむくよう」は誤り。「はぐ」はおおうものを取り去ることに、「むく」は中身をあらわにすることに注目している。(2)「薄皮をはぐよう」は誤り。「×薄皮をはぐように元気になっていった」

▼嘘《うそ》から出《で》▽た実《まこと》

【使い方】嘘で言ったこと、そのつもりでなかったことが、結果として本当になってしまうこと。「初めは冗談半分だったのに、――で、いつの間にか本気の恋仲になってしまった」「遊び半分で始めた動物占いが、――で、本まで書くようになった」◆(1)「まこと」は、嘘・偽りでないこと。「▽真」「誠」と書いてもよい。(2)「嘘より出た実」とも。

【誤用】嘘の中にも真実がある意で使うのは誤り。「×嘘から出たまことというが、あのいい加減な男もたまにはいいことを言うよ」

【出典】江戸版「いろはがるた」の一つ。

【類表現】「瓢簞《ひょうたん》から駒《こま》(が出る)」「冗談から駒」「冗談がほんま」

▼嘘《うそ》▽吐《つ》きは泥棒《どろぼう》の始《はじ》まり

【使い方】平気で嘘を言うようになると、平気で盗みを働くようになるということ。「〔嘘ばかりつく子を戒めて〕――だよ」◆悪事の根源は嘘にあるとしていう。「嘘は盗みのもと」「嘘は盗っ人《と》の始まり」とも。

【誤用】嘘をついて人をだます詐欺師などを指して使うのは誤り。「×嘘つきは泥棒の始まりで、嘘だと気づいたときには、もう大金をだまし取られていた」

【英語】He that will lie will steal.(嘘吐きはやがて盗みを働く)

▼嘘《うそ》も方便《ほうべん》

【使い方】その目的を遂げるためには、時には嘘をつくことも必要になるということ。「――だから、経営は順調ということにしておこう」「――というから、手紙には怪我は軽いと書いておいた」「今は本当のことは言わないほうがいい。――だよ」◆社交上の嘘はやむを得ないという意で使う。「方便」は仏教のことばで、衆生を真の教えに導くために用いる仮の手段。もともとは、仏が衆生を悟りに導くためには、悪事の根源である嘘も「方便」として許されることをいう。

誤用 悪事に結びつく嘘も時には許される意で使うのは誤り。「×嘘も方便というから、偽電話を使って金を巻き上げてやろう」「×誇大広告で消費者をだますとは、まさに嘘も方便だね」

類表現 「嘘も追従《ついしょう》も世渡り」「嘘も誠も話の手管《てくだ》」「嘘をつかねば仏になれぬ」

▼梲《うだつ》が上《あ》がらない

使い方 地位や生活がさっぱり向上しない。ぱっとしない。「いくら働いても——」「万年課長で——」「将来を嘱望《しょくぼう》された新進作家だったが、一向に——ね」

◆(1)「梲《うだつ・うだち》」は、梁《はり》の上に立てて棟木《むなぎ》を支える短い柱。それが棟木におさえられているように見えることからいう。また、商家などで隣家との境に設ける防火壁のことも「梲(卯建)《うだつ・うだち》」といい、これを高く掲げることを繁栄のしるしとしたことから、そのうだつが上がらない(＝一家が繁栄しない)とする説もある。(2)本来は打ち消しの形で用いられる句だが、昨今は地位や生活が向上する意で、「努力すればいつかはうだつが上がるよ」などと使われる例も多い。

誤用 風采《ふうさい》が上がらない(＝容姿や身なりがぱっとしない)意で使うのは誤り。「×着こなしが下手だから、何を着てもうだつが上がらない」

歌《うた》は世《よ》につれ世《よ》は歌《うた》につれ

使い方 世の中の変化に応じて歌も変わり、歌の変化によって世の中も影響を受けるということ。「——で、懐メロを聞くと当時のことが思い出されるよ」「紅白歌合戦のプログラムを見れば、その年の世相がうかがえる。——だ」

◆(1)歌が世情をよく反映していることをいう。戦争が始まれば軍歌が幅をきかし、平和な世となれば甘い恋の歌が巷《ちまた》に流れる。その時代がその歌を生み、その歌がその時代を語ってきた。(2)「〜につれ(連れ)」は、一方の変化に伴って他方も変化する意(「年を取るにつれて足腰が弱ってきた」「手拍子につれて歌が飛び出す」)。

内《うち》▼股《また》▼膏薬《ごうやく》

使い方 定見・節操がなく、そのときの都合によってあちらこちらにつき従うこと。また、そのような人。「そんな——の態度では、誰からも信用されなくなるよ」「彼はどの派閥にもつく——だから、当てにならない」

◆(1)内股に貼った膏薬《こうやく》が、右側にくっついたり左側にくっついたりすることからいう。膏薬は、薬をあぶらで練った外用薬。紙きれや布きれに塗ったものを患部に貼って用いる。昔の膏薬は色もまっ黒で、表裏ともべたつくものだった。(2)「二股膏薬《ふたまたごうやく》」「内股膏薬当てにはならない」とも。

誤用 一つの意見に固執しない意で、肯定して使うのは誤り。「×彼女は内股膏薬だから、反対派の意見にもよく耳を傾けてくれる」

◆「打《う》つ(討・撃)」を使う成句

打って一丸となる・打てば響く・江戸の敵《かたき》を長崎で討つ・雉《きじ》も鳴かずば打たれまい・心を打つ・先手を打つ・鉄は熱いうちに打て・出る杭《くい》は打たれる・手を打つ・雪崩《なだれ》を打つ・逃げを打つ・膝を打つ・ピリオドを打つ・下手な鉄砲も数撃てば当たる・水を打ったよう・胸を打つ

▽現《うつつ》を抜《ぬ》かす

使い方　あることに熱中して本心を失う。「色恋［麻雀《マージャン》］に――」「登山に**うつつを抜かして**、学業を顧みない」「一文にもならない郷土史の研究に**うつつを抜かして**、家族の者の嘆きの種になっている〈石坂洋次郎・石中先生行状記〉」◈そのことに心を奪われることをマイナスに評価して使う。「うつつ」は、正気の意で、「▽顕」とも書く。

誤用　(1)プラスに評価して使うのは誤り。「✕寝食を忘れて研究にうつつを抜かす」「✕ひたすら執筆にうつつを抜かし、ついに傑作をものにした」
(2)「夢うつつを抜かす」は誤り。「夢うつつ」は、夢とも現実とも区別がつかない状態をいう。

打《う》って一丸《いちがん》となる

使い方　すべての関係者が一つの目的のために団結する。「全員が**打って一丸となって**事に当たる」「**打って一丸となって**難局を乗り切る」◈「一丸となる」を強めた言い方。「一丸」は、心を一つにしたひとまとまり。

誤用　心を一つに集中させる意で使うのは誤り。「✕私は打って一丸となって研究に専念した」

補説　一つに統率する意では、「打って一丸となす」という。「兵を打って一丸となし、奇襲作戦を敢行した」

移《うつ》れば変《か》わる世《よ》の習《なら》い

⇩有為転変《ういてんぺん》は世の習い

◆「腕（うで・わん）」を使う成句

> 腕一本・腕が鳴る・腕に覚えがある・腕に縒《よ》りを掛ける・腕を上げる・切歯扼《せっしゃ》腕《くわん》・暖簾《のれん》に腕押し

腕《うで》一本《いっぽん》

使い方　自分の体以外に頼るものがないこと。また、その人の体あるいは努力だけで事を行うの意。「――で財をなす」「自分の――で叩《たた》き上げた人」「ボクシングに精進し、――で世界の王者になった」「あなたの――で高収入が可能です」「――で月に三百万を稼ぐ」◈地位も財産もない裸一貫の状態をいう。強調して「腕一本脛《すね》一本」とも。

誤用　援助を得ている場合に使うのは誤り。「✕強力なスポンサーがついたので、腕一本で事業を軌道に乗せることができた」

腕《うで》が鳴《な》る

使い方　自分の力や技能を発揮したくて、じっとしていられない。「強豪との対戦を前に今から――」「コンクールを明日に控えて――」「しばらく試合をしていないので、**腕が鳴って**仕方がない」「今度こそ叩《たた》きのめしてやろうと思うと、**腕が鳴って**ならない」◈腕がぶるんぶるん回したときのように音を立てる意から。

誤用　技を発揮する意で使うのは誤り。「✕背負い投げの腕が鳴って、優勝を決めた」

補説　技能や力を発揮する機会を待ちかまえる意、また、技能を人々に示して名声を広める意では「腕を鳴らす」という。「決戦の時を腕を鳴らして待つ」「モダンアートの世界で腕を鳴らした作家」

腕《うで》に覚《おぼ》えがある

使い方　腕力や技量に自信がある。「ギタ

ー［大工仕事］なら少し━━」「将棋はだめですが、チェスなら多少**腕に覚えがあります**」「**腕に覚えのある**若武者が一刀を振りかぶった」◆⑴かつて身につけた技量などをずっと体が覚えていることをいう。⑵打ち消しの形でも使う。「弓術には多少心得があるが、馬術は腕に覚えがない」⑶「腕に覚え」とも。「腕に覚えの北辰一刀流」

誤用 ⇩身に覚えがある

腕《うで》に▼縒《よ》りを掛《か》ける

使い方 十分に腕前を発揮しようとして意気込む。「**腕によりをかけて**ご馳走《ちそう》を作る」「**腕によりをかけた**料理で客をもてなす」「**腕によりをかけて**注文の品を仕上げる」「**腕によりをかけて**織った金襴《きんらん》」◆⑴多く物を作る腕前についていう。「縒り」は二本以上の糸や紐《ひも》をねじり合わせて一本にすること。糸も腕前も「縒りをかける」ことでより強くしっかりしたものになる。⑵略して「よりをかける」とも。

打《う》てば響《ひび》く

使い方 すぐに的確な反応を示す。「━━受け答え」「━━ような名解答」「彼女は幼いころから━━ような賢い子どもだった」

誤用 マイナスに評価して使うのは誤り。「×打てば響くほどの神経質」「×打てば響くような過剰な反応」

腕《うで》を上《あ》げる

使い方 技量を進歩させる。上達する。「剣道［ゴルフ・彫刻・料理・ピアノ・メイク］の━━」「授業の━━」「落語家として━━」◆⑴「腕」は物事をする能力、腕前の意。手や腕を使う動作についてだけではなく、技量一般についていう。⑵「腕が上がる」「腕を上げる」は、「(自分の)家が焼けた」「(自分の)家を焼いた」と同様の関係で、ほぼ同じ意で使われるが、「腕を上げる」には意志的なニュアンスが強い。

❷飲める酒の量が以前より増える。「雑誌の編集者になってから、めっきり**腕を上げた**」

誤用 ⑴「〜の腕を上げる」の形では、足を主とする動作にはややなじまない。「△サッカー［マラソン］の腕を上げる」⑵効果・成果を上げる意に使うのは誤り。「×科学捜査の進歩もあって、警察は検挙の腕を上げた」

類表現「手を上げる」「手が上がる」

▼烏《う》▼兎《と》▼匆《そう》▼匆《そう》

使い方 月日のたつのが早いさま。「そうこうしているうちに、━━と十年が過ぎ去った」「あれからもう三十年か、━━だね」◆太陽の中には三本足の烏《からす》(金烏《きんう》)がすみ、月には兎《うさぎ》(玉兎《ぎょくと》)がすむという中国の伝説から、烏兎は太陽と月、転じて歳月・月日の意に用いられるようになった。「匆匆」は、あわただしいさま。

誤用 「あわただしい」のは月日であって、人ではない。「×緊急の知らせを受けて、烏兎匆々と帰国した」「×一喝されて烏兎匆々の体で逃げ帰った」

類表現「兎走烏飛《とそううひ》」

独活《うど》の大木《たいぼく》

使い方 体ばかり大きくて何の役にも立たない人のたとえ。「あの男は━━で、物の用には立たないよ」「飯ばかり食う━━で、何一つ仕事をしない」◆⑴うどの茎は木のように太く長くなるが、柔らかくて用材にならないことからいう。うどはウコギ科の多年草で、若い茎を食用にする。市場に出回るものは土でおおって軟白栽培したものがほとんどだが、山野に自生するもの（山うど）は高さ一～三メートルに生長する。(2)「独活の大木柱にならぬ」「独活の大木蓮木刀《はすぼくとう》」とも。

誤用 (1)立派に成長することをほめていうのは誤り。「×うどの大木のように大きくなられましたね」

(2)大きくて邪魔になるといっても、物についていうのは適切でない。「×夏場の炬燵《こたつ》はまさにうどの大木だ」

類表現「大男総身に知恵が回り兼ね」「大男の見掛け倒し」「張り子の虎《とら》」

▼鰻《うなぎ》の寝床《ねどこ》

使い方 間口が狭く、奥行きの深い家や場所のたとえ。「――のような長屋」「――のように細長い庭」◆鰻の稚魚（レプトセファルス）は柳葉状だが、成長するとヘビ形に変態する。円筒状の鰻が寝る布団やベッドは、さぞ細長いことだろう。

誤用 (1)間口が狭くないのに、単に面積が狭い意で使うのは誤り。

(2)上に向かって細長い意で使うのは誤り。「×鰻の寝床のような鉄塔」

▼鵜《う》の真似《まね》をする▼烏《からす》

使い方 能力もないのに、いたずらに人まねをすると失敗するというたとえ。「プロを気どると――で、今に痛い目に遭うよ」「資格もないのに弁護士のような仕事をすると、――じゃないが、後で責任を問われるよ」◆(1)鵜のまねをして魚を捕ろうとする烏は水に溺《おぼ》れる意からいう。黒い羽の色は同じでも、鵜は潜水が得意だが、烏にはせいぜい行水《ぎょうずい》ぐらいしかできない。(2)「鵜の真似をする烏は水食らう」「鵜の真似をする烏は水に溺れる」「烏が鵜の真似」とも。

誤用 すぐれたものを見習う意で使うのは誤り。「×鵜のまねをする烏というから、できるだけ師匠の芸を盗みたい」

▼鵜《う》の目《め》▼鷹《たか》の目《め》

使い方 人が熱心に物を探し出そうとするさま。また、その目つき。「――で人材を探す」「――で、人の粗探しをする」「マスコミが――でスクープをねらう」「――で校正する」◆鵜が水中の魚を探し、鷹が獲物の小鳥をねらうときの鋭い目つきからいう。

誤用 単に熱心に物事をする、貪欲《どんよく》に～する意で使うのは誤り。「×名著を鵜の目鷹の目で熟読玩味《がんみ》する」

◆「奪《うば》う」を使う成句

お株を奪う・心を奪われる・目を奪う

◆「馬（うま・ま・ば）」を使う成句

生き馬の目を抜く・意馬心猿・牛は牛連れ馬は馬連れ・牛を馬に乗り換える・馬が合う・馬には乗ってみよ人には添うてみよ・馬の背を分ける・馬の耳に念仏・馬を牛に乗り換える・老いたる馬は道を忘れず・汗馬《かんば》の労・牛首を懸けて馬肉《ばにく》を売る・騏驎《きりん》も老いては駑馬《どば》に劣る・犬馬《けんば》の労・胡馬《こば》北風に嘶《いなな》く・塞翁《さいおう》が馬・死馬《しば》の骨を買う・将を射んと欲すれば先《ま》ず馬を射よ・尻馬《しりうま》に乗る・人間《じんかん・にんげん》万事塞翁《さいおう》が馬・竹馬《ちくば》の友・天高く馬肥ゆる秋・南船北馬・馬脚を露《あら》わす・馬耳《ばじ》東風・馬齢を重ねる・人には添うてみよ馬には乗ってみよ・風馬牛《ふうばぎゅう》

《うゅ》・馬子《まご》にも衣装・夕立は馬の背を分ける

▽**旨《うま》い汁《しる》を吸《す》う**

⇩甘《あま》い汁を吸う

馬《うま》が合《あ》う

使い方 気が合う。意気投合する。「性格は正反対なのに、あの二人は━らしい」「彼とは妙に━ので、よく一緒に海外旅行をする」「あの漫才コンビははじめから**馬が合わ**なかった」◆馬とその乗り手の呼吸がぴったり合うことからいう。

誤用 (1)目上の人との関係について当人が言うと、失礼に聞こえる場合が多い。「×教授とは馬が合いそうなのでゼミに参加してみた」

(2)人と物との相性がよい意や、意見や考えの一部が合致する意で使うのは誤り。「×このパソコンとは馬が合う」「×その件に関しては、彼女と馬が合った」

(3)「あう」を「会う」と書くのは誤り。

馬《うま》には乗《の》ってみよ人《ひと》には添《そ》うてみよ

使い方 馬のよしあしは乗ってみなければわからないし、人のよしあしは親しく付き合ってみなければわからない。何事も経験してみないと本当のところはわからないということ。「〔見合いの後で〕━といいますから、お付き合いしてみたらいかがですか」「〔結婚した後で〕━というけれど、こんなに素敵な人だとは思わなかった」「今度の支店長は気難しそうだが、第一印象でとやかく言っても始まらない。━だよ」「━だ。その新しい事業に協力しようじゃないか」◆もともとは、縁談を勧めるときなどに、結婚してみなければ本当の人柄はわからないということをいったことば。

誤用 添うてみた結果がよくない場合もあるのだから、披露宴の席上などで使うのは避けたい。「×馬には乗ってみよ人には添うてみよと言いますから、お二人で幸せな家庭を築いて下さい」

馬《うま》の背《せ》を分《わ》ける

使い方 馬の背の片側には雨が降り、片側には降らない意から、夕立がある場所では降っているのに、ごく近い場所では晴れているさまをいう。「━夏の雨で、二、三百メートルも歩くと道は全く濡れていなかった」◆(1)夕立が局地的に降るさまをいうのだが、馬の背の片側だけを濡らすのは誇張が過ぎるとして、「馬の背」を山の尾根と解する説もある。(2)「馬の背を越す」「夕立は馬の背を分ける」「夏の雨は馬の背を分ける」とも。

馬《うま》の耳《みみ》に念仏《ねんぶつ》

使い方 人の意見や忠告を聞き流すだけで、少しも聞き入れようとしないことのたとえ。また、高尚な話を聞いても一向に理解できないことのたとえ。「いくらタバコの害を説いても━だ」「いくら諭《さと》しても━で効き目がない」「彼に哲学の話をしても━だ」◆馬に有り難い念仏を聞かせてもむだであることから。「馬に念仏」とも。また、馬はその耳に風が当たっても一向に気にとめないことから、「馬の耳に風」「馬耳東風《ばじとうふう》」ともいう。

誤用 相手の意見などを真っ向から拒否する意でいうのは誤り。「×君の話など聞く気はない。馬の耳に念仏だよ」

類表現「豚に念仏」「犬に論語」「馬[牛]に経文」「猫に経」

馬《うま》を牛《うし》に乗《の》り換《か》える

使い方 俊足の馬から足の遅い牛に乗り換えるように、すぐれたものを捨てて、劣ったものにつくことのたとえ。「あの派閥につくのは――ようなものだ」「この転職が**馬を牛に乗り換え**たことにならなければよいのだが…」◆時には有利なものを捨てることも必要だとして使うこともできる。「急ぐばかりが能じゃない。ここはひとつ**馬を牛に乗り換え**て時機を待とうじゃないか」

補説 不利な方から、有利な方に切り換えることは「牛を馬に乗り換える」という。⇩牛を馬に乗り換える

◆「海（うみ・かい）」を使う成句

井の中の蛙《かわず》大海を知らず・海千《うみせん》山千・海の物とも山の物ともつかない・河海《かかい》は細流《さいりゅう》を択《えら》ばず・四海兄弟《しかいけいてい》・四海波静か・滄海《そうかい》の一粟《いちぞく》・滄海《そうかい》変じて桑田となる・大海の一滴・父の恩は山よりも高く母の恩は海よりも深し・待てば海路の日和《ひより》あり

海千山千《うみせんやません》

使い方 さまざまな経験を経て世の中の表裏を知り、しぶとくずる賢くなっていること。また、そのような人。「――の相場師[凄腕《すごうで》弁護士]」「そんなことでは――の奴らにいいようにされるよ」「さすがは――の女将《おかみ》だけあって、抜かりがない」◆(1)海に千年、山に千年住んだ蛇《へび》は竜《りゅう》になるという言い伝えから。竜ともなれば蛇の悪賢さなど足下にも及ばない。特に否定的な意を込めないで、その抜け目のなさに注目していうことが多い。(2)「海に千年山に千年」「海千河《かわ》千」とも。

誤用 技芸などの経験を積む意で使うのは誤り。「×海千山千の名演奏」「×海千山千のすぐれた技術」

類表現「一筋縄ではいかない」「煮ても焼いても食えない」「古狸《ふるだぬき》[古狐《ふるぎつね》]のよう」

生《う》みの親《おや》より育《そだ》ての親《おや》

使い方 自分を生んでくれた親よりも育ててくれた親のほうが関係が深い、また、ありがたいということ。「――といいますが、義母には本当に感謝しています」「――というが、血はつながらなくても親子の絆《きずな》は強くなるものだ」「――で、あの子が乳母《うば》を慕うのもむりはない」◆(1)子の立場からすれば、幼いときに別れた実の親よりも、養父母により深い愛情や恩義を感じるのが人情だとしていうことば。(2)「生みの恩より育ての恩」とも。

誤用 育てるのは他人がよいの意で使うのは誤り。「×生みの親より育ての親というから、あの子は養子に出したほうがいい」

海《うみ》の物《もの》とも山《やま》の物《もの》ともつかない

使い方 物事の性質や傾向がはっきりせず、将来どうなっていくか見当がつかないことのたとえ。「まだ――新商売[新人歌手]」「そんな――事業に出資するわけにはいかない」◆(1)海でとれた物やら、山でとれた物やらさっぱりわからない意から、将来出世するのかしないのか、期待できるのかできないのか、何とも予想がつかない状態をいう。(2)「海の物とも

山の物ともわからない」「海とも山とも知れず」「海の物とも川の物ともつかない」「海の物やら川の物やら」とも。
誤用 得体が知れない意で使うのは誤り。「×海の物とも山の物ともつかない怪しい人物」

梅《うめ》に▼鶯《うぐいす》

使い方 取り合わせのよい二つのもののたとえ。また、仲のよい間柄のたとえ。「――の好一対［名コンビ］」「あの二人はまさに――だね」 ◆⑴実際に梅の木にとまって囀《さえず》るのは鶯ではなくて目白《めじろ》だというが、画題としては「梅と鶯」でなくてはならない。⑵「梅に鶯、紅葉《もみじ》に鹿、牡丹《ぼたん》に唐獅子《からじし》、竹に虎《とら》」と続けてもいう。
誤用 美しいものや素晴らしいものが並んでいるさまをいうのは誤り。その場合は、「梅と桜」という。「いずれも×梅に鶯／○梅と桜のあでやかさだ」
類表現 「竹に雀《すずめ》」「牡丹に蝶《ちょう》」「柳に燕《つばめ》」「卯《う》の花にほととぎす」「波に千鳥」

埋《う》もれ木《ぎ》に花《はな》が咲《さ》く

使い方 長い間不遇だった人に意外な幸運が訪れることのたとえ。また、長い間の下積みの苦労が認められることのたとえ。「――で、彼女もようやくオペラ歌手として脚光を浴びるようになった」「彼の研究もやっと日の目を見ることになった。**埋もれ木に花(が咲く)**の好例だよ」「――というから、いつかは彼も報われるだろう」 ◆⑴「埋もれ木」は、土中に埋まった樹木が長い年月の間に炭化して化石のようになったもの。その埋もれ木に再び花が咲く意からいう。⑵「老い木［枯れ木］に花が咲く」とも。
誤用 若返ったり華やいだりする意で使うのは誤り。「×彼女は結婚してから美しくなった。埋もれ木に花が咲くだね」「×埋もれ木に花が咲くというから、もう少し派手な服装にしたほうがいい」
類表現 「日の目を見る」

▼烏有《うゆう》に帰《き》す

使い方 すっかりなくなる。特に、火災ですべてを失うことをいう。「応仁の乱によって京の僧院はことごとく**烏有に帰し**た」「火事を出して家財一切が**烏有に帰し**た」「大震災で貴重な資料が**烏有に帰し**た」 ◆「烏有」は、「いずくんぞあらんや」とも読み、何もないことをいう。
誤用 「水泡《すいほう》に帰す」と混同して、無駄になる意で使うのは誤り。「×多年の努力が烏有に帰した」
出典 前漢の司馬相如《しばしょうじょ》が「子虚《しきょ》の賦《ふ》」に「烏《いず》くんぞ此の事有らんや」の意を寓《ぐう》した烏有《うゆう》先生を登場させたことに基づくことば。

◆「裏《うら》」を使う成句

裏には裏がある・裏目に出る・裏を返せば・裏をかく・口裏を合わせる・手の裏を返す

裏《うら》には裏《うら》がある

使い方 物事の裏面には、計り知れない複雑な事情や仕組みがあるということ。「――から、あの企業の内情は知りがたい」「――から、それが真相かどうかはわからない」「あの事件は――で、単純な捜査では解決できないだろう」 ◆コインの裏は一つだが、人間が織りなすさまざまな模様の裏には、さらにまたその裏がある。

誤用 機械などの構造が複雑である、単純でないという意で使うのは避けたい。「×この装置は裏には裏があるで、使いこなすのが難しい」

類表現 「底には底がある」

恨《うら》み骨髄《こつずい》に徹《てっ》す

使い方 非常に深く人を恨むことをいう。「裏切られて──」「**恨み骨髄に徹して**、復讐《ふくしゅう》を企てる」◆「骨髄に徹す」は、骨の芯《しん》までしみとおる意。「徹す」は「徹する」とも。また、「恨み骨髄に徹《とお》る[入《い》る]」とも。

誤用 「恨み骨髄に発す(る)」「恨み骨髄に達す(る)」は、それぞれ「恨みが骨の芯から生じる」「恨みが骨の芯まで到達する」と解され、意味としては通じるが、成句としては誤り。

出典 「史記・秦本紀」の「繆公《ぼくこう》の此の三人を怨むや骨髄に入れり(＝繆公がこの三将軍を恨むことは大変なもので、その恨みは骨髄に入り込むほどである)」に基づく。

恨《うら》みを買《か》う

使い方 恨みを受ける。恨まれる。「強引なリストラが社員の──」「人を傷つけるような言動が──」「人の──ようなことをした覚えはない」「暴力団同士のトラブルで**恨みを買い**、闇討ちに遭う」

◆「買う」は、自分の言動がもとになって好ましくないことを身に受ける意(「怒り[反感・顰蹙《ひんしゅく》]を買う」)。「恨み」は、「怨み」とも書く。

恨《うら》みを晴《は》らす

使い方 仕返しをして心を晴らす。また、単に、仕返しをする。「仇《かたき》を討って、積年[昔年]の──」「**恨みを晴らさ**でおくべきか(＝必ず仇を討ってやる)」◆「積年の恨み」は「長い年月のうちに積もり積もった恨み」、「昔年の恨み」は「昔に抱いた恨み、かつてからの恨み」の意。

誤用 (1)よほどの遺恨試合ならともかく、ただ「雪辱を果たす(＝敗戦の恥をそそぐ)」意で使うのは避けたい。「△完封勝ちで昨シーズンの恨みを晴らした」(2)「恨みを果たす」は誤り。「×親の恨みを果たす」

裏目《うらめ》に出《で》る

使い方 期待がはずれて逆の結果になる。「積極策が──」「推理がすべて**裏目に出**ている」「よかれと思ってした助言が**裏目に出た**」「投手交代が**裏目に出て**、逆転されてしまった」

◆(1)「裏目」は、さいころを振って出た目の、その反対側の目。一の裏目は五、二の裏目は四となる。

(2)逆の結果が生じるという意では「裏目が出る」といい、同じように使える場合もあるが、成句として定着しているのは「裏目に出る」。「○裏目が出た/○裏目に出た場合に備える」「作戦は完全に△裏目が出た/○裏目に出た形だ」

裏《うら》を返《かえ》せば

使い方 逆の見方をすれば。裏返して言えば。「自由ということは、──自己責任を問われるということだ」「彼の考え方は、──利己主義に過ぎない」「芸術も、──ビジネスというところがある」「彼女は几帳面だが、──融通が利かないということだ」◆物事は一面だけからはとらえられないことをいう。

誤用 どう見ても歴然としている事実に使うのは誤り。「×店頭では洋酒を商っているが、裏を返せばフランス料理店だ」

裏《うら》をかく

使い方 相手の予想とは反対のことをして、相手を出し抜く。「バントと見せかけて裏をかき、強打に出る」「敵の策略の裏をかいて、背後から夜襲をかける」「取り締まりを強化すれば、暴力団はその裏をかこうとする」◆(1)「かく」は「掻く」から転じた語で、それと分かるような形をとって出現させる意。「汗[いびき・恥・欲]をかく」などの「かく」と同じ。(2)「裏を行く」「裏を食わす」もほぼ同意。

誤用 隠された裏面を掻き出す意で使うのは誤り。「× 芸能界の裏をかいて、スキャンダルを暴露する」

売《う》り家《いえ》と唐様《からよう》で書《か》く三代目《さんだいめ》

使い方 家を売りに出した富家《ふか》の三代目は、唐様のしゃれた字で売り家札を書くということ。「あの若社長が――にならなければよいのだが」◆(1)初代が苦労して築き上げた財産だが、三代目ともなると道楽・遊芸にふけってそれを食いつぶすようになる。文なしになった三代目は、やがては家を売り払うはめとなるのだが、その売り家札の字はいかにも道楽者らしい唐様（＝江戸時代に流行した明《みん》風の書きぶり）だという川柳。(2)現在でも、仕事を留守にして遊びほうける三代目が企業を潰《つぶ》す例などに使い得るが、かなり古風な言い方。

売《う》り言葉《ことば》に買《か》い言葉《ことば》

使い方 相手の乱暴なことばに対して、こちらも乱暴なことばで応酬すること。「――、売られた喧嘩《けんか》は買おうじゃないか」「――で、悪口を言い合っているうちに殴り合いになった」「核開発をめぐる――が、国際紛争に発展した」◆「売り言葉」は、わざと相手を怒らせ、喧嘩を仕掛けることば。

▼瓜《うり》に▼爪《つめ》あり▼爪《つめ》に▼爪《つめ》なし

使い方 形のよく似た「瓜」と「爪」の字の違いをおもしろく言って教えるための句。「『瓜』の字が間違っているよ。――というだろう」◆「瓜」の字にはつめ「厶」があるが、「爪」にはない。

▼瓜《うり》の▼蔓《つる》に▼茄子《なすび》は▽生《な》らぬ

使い方 平凡な親からは平凡な子しか生まれないということ。また、ある原因からはそれ相応の結果しか生じないということ。「子どもに過剰な期待はかけないほうがいい。――だよ」「瓜の蔓に(は)茄子はならぬというから、わが家の子どもたちもこんなところだろう」「私も父と同じく、いたって平凡なサラリーマン。――ですよ」◆(1)茄子は「延喜式」（平安時代の法令集）などにも記述があり、「万葉集」に登場する瓜と同じく古くから栽培されてきた重要な野菜。茄子の方がもてはやされたのは、料理の用途が瓜よりもずっと広かったからなのだろう。(2)「瓜の木に茄子は生らぬ」「瓜の種に茄子は生えぬ」とも。

誤用 凡人の子は凡人という意なので、ほめる場合に使うのは誤り。ほめたつもりでも失礼にあたる。「× 瓜の蔓に茄子はならぬで、ご子息も父上と同じく建築家になられたのですね」

補説 反対に、平凡な親がすぐれた子を生む意では「鳶《とんび》が鷹《たか》を生む」という。

類表現 「蛙《かえる》の子は蛙」「燕雀《えんじゃく》鳳《ほう》を生まず」

◆「売《う》る」を使う成句

油を売る・恩を売る・顔が売れる・牛首《ぎゅうしゅ》を懸けて馬肉を売る・羊頭《ようとう》を掲げて狗肉《くにく》を売る

▼噂《うわさ》をすれば影《かげ》

使い方 ある人の噂をしていると、たまたま当人が現れることがよくあるということ。「――で、ご当人が現れた」「――とやらで、あの二人がやって来た」「――というから、悪口もほどほどにしておこう」◆(1)「影」は人の姿の意で、噂の届かない影法師ということではない。噂はとかく悪口に傾きがちだから、ほどほどにしたほうがよいという戒めも含んでいう。(2)「噂をすれば影が差す」「噂[人のこと]を言えば影が差す」とも。

誤用 「かげ」を「陰」と書くのは誤り。

上前《うわまえ》を▼撥《は》ねる

使い方 他人に取り次いで渡すべき賃金や代金の一部を自分のものにする。「工賃の――」「下請け職人の稼ぎから――る」「制作費の上前をはねて遊興費にあてる」◆「ピンはねをする」ということ。「上前」は、手数料・仲介料の意の「上米《うわまい》」が転じた語。

誤用 「上前をかすめる」は誤り。「かすめる」は、すきを見て、すばやく盗み取る意。

運気《うんき》は根気《こんき》

使い方 運のよい、わるいは根気によるということ。「ここであきらめることはない。――だよ」「――だ。もう少し努力してみよう」◆「運気」は人の運のことで、「根気」をかけていったもの。「根気」は一つの物事を最後までやり通す気力。根気がなくては、せっかくの運も逃げていく。

▼蘊蓄《うんちく》を傾《かたむ》ける

使い方 自分のもっている知識や技能のすべてを出す。「俳句の**蘊蓄を傾けて**寸評を書く」「いかにも食通らしく**蘊蓄を傾けて**話す」「能について**蘊蓄を傾けた**エッセー」◆「蘊蓄（薀蓄）」は物を積み重ねる意。転じて、積みたくわえた学問・技芸などの深い素養をいう。

誤用 「蘊蓄を注《そそ》ぐ」は誤り。

え

英雄色《えいゆういろ》を好《この》む

使い方 英雄は何事にも精力的であるから、情事を好む傾向も強いということ。「創業者はまさに――という人だった」「**英雄（は）色を好む**とは言うが、女性関係で身を滅ぼした英雄も多いことだろう」◆ナポレオンや豊臣秀吉などがしばしば例として出される。

類表現 「英雄酒を好む」

益者三友《えきしゃさんゆう》 損者三友《そんしゃさんゆう》

使い方 交際して有益な三種類の友人と、交際すると損を受ける三種類の友人。前者は直（正直）・諒《りょう》（誠実）・多聞《たぶん》（博識）の三者をいい、後者は便辟《べんぺき》（へつらい）・善柔（不誠実）・便佞《べんねい》（口巧者）の三者をいう。「――というから、友だちはよく考えて選びなさい」

出典 「論語・季氏」に孔子のことばとし

て、「益者三友、損者三友。直を友とし、諒を友とし、多聞を友とすれば益なり。便辟を友とし、善柔を友とし、便佞を友とすれば損なり」とあることに基づく。

会者定離《えしゃじょうり》

使い方 会う者はいつか必ず別れる運命にあるということ。「こうして幸せに暮らしていても、いつかは離れ離れになるときがくる。この世は━だよ」「━は人間の習いなれば…〈倉田百三・出家とその弟子〉」◆世のはかなさに感慨を込めていう。「生者必滅《しょうじゃひつめつ》会者定離」とも。

誤用 ただ解散するだけの場面で使うのでは軽すぎる。「△せっかく一堂に会しましたが、会者定離、今日はこれで解散とします」

出典 仏教で、この世の無常をいうことば。「法華経・譬喩品《ひゆぼん》」に「愛別離苦、是の故に会者定離」とある。「愛別離苦」は八苦の一つ。愛する人と別れる苦しみをいう。

類表現 「会うは別れの始め」

越鳥《えっちょう》南枝《なんし》に巣《す》くう

使い方 南方の越の国の鳥は北方に行っても、南の故郷を思って南の枝に巣を作る。故郷の忘れがたいことのたとえ。「異境にいると、月を見ても━の思いが深くなる」「一日も早く帰国したい。━の思いだよ」

誤用 南の気候をよしとしていうのは誤り。「×越鳥南枝に巣くうというが、旅をするなら南国がいい」

出典 「文選・古詩十九首」の、別れた男女の切ない恋情を歌った詩の一節に「胡馬《こば》(=北方の胡から来た馬)は北風に依り、越鳥は南枝に巣くう」とある。この一句から、故郷を遠く離れて暮らす悲しみを「南枝の悲しみ」という。⇩胡馬北風に嘶《いなな》く

類表現 「羇鳥《きちょう》旧林を恋う」「池魚《ちぎょ》故淵《こえん》を思う」

悦《えつ》に入《い》る

使い方 思い通りになって喜ぶ。「思いがけない幸運に━」「ひとり**悦に入**って、にやにやする」「父はすっかり**悦に入**っている」◆「悦」は、うれしがること。

誤用 (1)激しくわき上がる喜びに使うのはなじまない。「△朗報を聞いて、躍り上がって悦に入った」(2)「入る」を「はいる」と読むのは誤り。

得《え》手《て》に帆《ほ》を揚《あ》げる

使い方 得意なわざを発揮する機会が到来し、調子に乗って物事を行う。待ち望んでいた好機の到来を逃さずに利用することのたとえ。「**得手に帆を揚げ**て得意ののどを披露する」「司法試験に通ると、彼は**得手に帆を揚げ**て弁護士の道を歩き始めた」「新製品を開発すると、その会社は**得手に帆を揚げ**て海外市場に進出した」◆(1)「得手」は、最も得意とすること。「揚げる」は「上げる」とも書く。(2)「得手に帆を掛ける」「追風《おいて》に帆を揚げる」とも。

出典 江戸版「いろはがるた」では、「得手に帆をあげ」。

類表現 「順風満帆《まんぱん》」「流れに棹《さお》さす」

江戸《えど》っ子《こ》は宵越《よいご》しの金《かね》は持《も》たない

使い方 江戸っ子は金銭に執着しないので、その日に稼いだ金はその日のうちに使い果たす。「━と、有り金をはたいて飲み歩く」「━とばかりに大盤《おおばん》振る舞

いをする」
◆⑴「江戸っ子」は、江戸、または東京(の下町)で生まれ育った人。三代続けて江戸(東京)で生まれ育った人を生粋の江戸っ子と称する。「宵越し」は、前夜から次の日まで持ち越すこと。江戸の職人は金をためることを潔しとしないのだと、その気前のよさを自慢していうことばだが、多分に江戸っ子のやせ我慢であろう。
⑵「宵越しの金」は「宵越しの銭《ぜに》」とも。

江戸《えど》の敵《かたき》を長崎《ながさき》で討《う》つ

使い方 意外な所で、または筋違いなことで昔の恨みの仕返しをする。「ニューヨークまで来て旧悪を暴露されるとは思わなかった。——だ」「社員の待遇が悪いから、あんな不利な証言をされるんだ。——だよ」「以前、論文のミスを指摘した相手から、——とばかりに、研究発表の席上でさんざん恥をかかされた」
◆⑴江戸と長崎が遠く離れていることからいう。新宿の路上で殴られた相手を思案橋通り(長崎の繁華街)で見かけて殴り返すのが、文字通り「江戸の敵を長崎で討つ」。
⑵本来は「江戸の敵を長崎が討つ」で、文政年間(一八一七～三〇)に江戸の見世物を圧倒して大成功を収めた大坂の見世物師が、間もなく、長崎の機械細工の見世物に人気を奪われたことから出た語という。

⑶関係のない者を討って気を晴らす意で使われることもある。「——とばかりに、電車で殴られた腹いせに、おやじ狩りをする少年たち」

誤用 執念深い恨みの意で使うのは誤り。「×江戸の敵を長崎で討つというほど、強い復讐心《ふくしゅうしん》を抱く」

絵《え》に▽描《か》いた▼餅《もち》

使い方 実現の見込みのないものや、実際の役に立たないもののたとえ。「このプランには現実性がない。——だ」「この車は預かっているだけだから乗るわけにはいかない。——だよ」◆⑴どんなにうまく描かれていても、食べられないことからいう。「画餅《がべい》・《がへい》」とも。⑵「絵に描いた餅に終わる」は、努力などがむだに終わるということ。「画餅に終わる」「画餅に帰《き》す」ともいう。「せっかくの企画も絵に描いた餅に終わった」
誤用 「絵に描いたよう」と混同して使うのは誤り。「×絵に描いた餅のように幸せそうなカップル」

絵《え》に▽描《か》いたよう

使い方 きわめて鮮やかなことのたとえ。また、典型的な事柄や状態であることのたとえ。「——なシュート」「落日の光景」「純朴を——な人」「幸せを——な一家」「不運を——な人生」「——な悪者」◆それが見事に特徴を描写した具象画のようであることからいう。
誤用 「絵に描いた餅」と混同して使うのは誤り。「×絵に描いたように可能性の乏しい政策」

絵《え》になる

使い方 ❶その姿がよく似合う。「彼女の和服姿は——ね」「彼のタキシード姿はまるで絵にならない」
❷映画・テレビなどで、よい画面として映し出せる。「あの監督は動きが大きくて——」「どんな役を演じても——女優」
◆その光景や人の動作などが、絵の題材としてふさわしいことからいう。
誤用 ドラマ化・映画化される意で使うの

え

は誤り。「✕その美談はのちにテレビドラマとして絵になった」

海老《えび》で▼鯛《たい》を釣《つ》る

使い方 わずかな元手や労力で大きな利益を得ることのたとえ。「――ようなぼろい商売」「はがき一枚で液晶テレビが当たれば――だよ」「ちょっと手伝っただけなのに、こんなに謝礼を寄こした。これでは――だよ」

◆(1)エビを餌《えさ》にして鯛を釣ることからいう。イソメやゴカイに比べれば生き餌《え》にするエビは高価だが、鯛を釣り上げたときの儲《もう》けはけた外れに大きい。略して「えびたい」とも。「海老」は「▼蝦」とも書く。(2)「海老」を「雑魚《ざこ》」「しゃこ(＝エビに似た甲殻類)」「鼻糞《はなくそ》」と言い換えることもある。

誤用 投資と利益の差がさほどでもないときに使うのは避けたい。「✕百万円貸したら、海老で鯛を釣るで、利息が三万円になった」

類表現 「麦飯《むぎいい》で鯉《こい》を釣る」

◆「選《えら》ぶ(択)」を使う成句

選ぶ所が無い・河海《かかい》は細流《さいりゅう》を択ばず・弘法《こうぼう》筆を選ばず・時を選ばず

選《えら》ぶ所《ところ》が無《な》い

使い方 (それより程度が低いとみなされるものと)区別できない。同じことである。「これでは子どもの作品と――」「犬や猫と選ぶ所が/のない無作法な行為」「[軍人が]殺戮《さつりく》を何とも思わぬなどは一層小児と選ぶところはない〈芥川龍之介・侏儒の言葉〉」◆違いを見分けて選択することができないことを、非難の気持ちを込めていう。

誤用 すぐれたものをほめていうのは避けたい。「✕この茶碗は李朝青磁と選ぶ所のない傑作だ」

襟《えり》を正《ただ》す

使い方 乱れた衣服や姿勢を整える。また、気持ちがゆるまないように引き締める。「汽車の窓はるかに北にふるさとの山見え来れば――も〈石川啄木〉」「襟を正して老師の話を聞く」「思わず――ほどの荘厳な儀式」「国会議員は政治倫理に関して――必要がある」

出典 「史記・日者伝」に、漢の宋忠《そうちゅう》と賈誼《かぎ》が司馬季主《しばきしゅ》と面会したときに「纓《えい》を猟《と》り襟を正して危坐す(＝冠の紐《ひも》を整え、衣服の襟をきちんと直して、正しく座り直した)」とあるのに基づく。

類表現 「膝《ひざ》を正す」

◆「得《え》る」を使う成句

言い得て妙・魚《うお》の水を得たるが如《ごと》し・魚《うお》を得て筌《うえ》を忘る・簡にして要を得る・九死に一生を得る・虎穴《こけつ》に入らずんば虎子を得ず・事なきを得る・時宜《じぎ》を得る・当を得る・時を得る・所を得る・二兎《にと》を追う者は一兎《いっと》をも得ず・水を得た魚《うお》・要領を得ない・隴《ろう》を得て蜀《しょく》を望む

◆「縁《えん》」を使う成句

一樹《いちじゅ》の陰一河の流れも多生《たしょう》の縁・縁起を担ぐ・縁無き衆生《しゅじょう》は度《ど》し難し・縁は異なもの味なもの・金の切れ目

が縁の切れ目・袖《そで》振り合うも多生《たしょう》の縁

▼鴛《えん》▼鴦《おう》の契《ちぎ》り

使い方 夫婦の仲がよいことのたとえ。「〔結婚式のスピーチなどで〕今日の佳《よ》き日にお二人は——を結ばれたのでございますが…」「まさに——というべき、仲睦《むつ》まじい夫婦」◆(1)「鴛《えん》」は雄のオシドリ、「鴦《おう》」は雌のオシドリ。オシドリの雌雄がいつも一緒にいることからいう。その仲の良さから「おしどり夫婦」という語も生まれた。(2)「鴛鴦の偶《ぐう》」「鴛鴦交頸《こうけい》」「鴛鴦の結び」とも。

誤用 夫婦以外に使うのは誤り。「×鴛鴦の契りを結んだ盟友」

出典 宋の韓憑《かんぴょう》夫婦は、深く愛し合いながら悲劇の生涯を終えたが、その墓を守る梓《あずさ》の大木の上にはつがいのオシドリが巣を作り、首を交えて一日中悲しく泣き続けたという(「捜神記・十一」)。

類表現 「天に在《あ》らば比翼の鳥、地に在らば連理の枝」「偕老同穴《かいろうどうけつ》」

縁起《えんぎ》を担《かつ》ぐ

使い方 縁起のよしあしをひどく気にする。「ちょっとしたことでも、やれよい前兆だ、わるい前兆だと——」「初戦に勝って以来、**縁起をかついで**ひげを剃らない」「商家では**縁起をかついで**、擂《す》り鉢のことを当たり鉢という」「彼は——質《たち》だから、試験前には落ちるということばは使わない方がいい」◆「縁起」は、吉兆のきざし。「かつぐ」は、それにとらわれる、気にするの意(「験《げん》をかつぐ」)。

誤用 「縁起を担《にな》う」は誤り。

猿《えん》▼猴《こう》が月《つき》を取《と》る

使い方 身分不相応な望みをもつと失敗するというたとえ。「——の暴挙」「そんな野望は抱かないほうがいい。——になりかねないよ」◆「猿猴」は猿《さる》のこと。「猿猴捉月《えんこうそくげつ》」「猿猴が月(を愛す)」「猿猴が月に愛なす」とも。

誤用 大きな望みが達せられる意で使うのは誤り。「×猿猴が月を取るというが、彼はついにライバル会社の乗っ取りに成功した」

出典 井戸の中の水に映った月を取ろうとした猿たちが、枝から手と尾とを結んで井戸の中に降りていったが、枝が折れてみな溺《おぼ》れ死んでしまったという仏典の教えに基づく(「僧祇律・七」)。

遠交近攻《えんこうきんこう》

使い方 利害関係の衝突しない遠い国と親交を結び、近くの国を攻略する外交政策。「——の策をとる」「——の企業戦略」◆まず近国を攻め滅ぼし、その攻略を次第に遠国に及ぼすことで天下を手中に収めようとする計略のこと。遠国との同盟がいつまでも維持されるわけではない。

補説 この語を応用して「遠攻近交(＝近国と親交を結び遠国を攻める)」「遠交近交(＝遠国とも近国とも仲よくする)」などとも言う。

出典 戦国時代に秦《しん》の范雎《はんしょ》が唱え、昭王《しょうおう》が採用した策略。「戦国策・秦」に「王遠交して近攻するに如《し》かず」とある。

類表現 「近きを舎《す》てて遠きに交わる」

▼燕《えん》▼雀《じゃく》▽安《いずく》んぞ▼鴻《こう》▼鵠《こく》の志《こころざし》を知《し》らんや

使い方 小人物には大人物の気持ちや考

えがわからないというたとえ。「言いたいやつには言わせておけ、――だ」「この遠大な事業が理解できないとは、――だよ」◆「燕雀」はツバメとスズメで小人物の、「鴻鵠」はオオトリとコウノトリで大人物のたとえ。

出典 若いころ、人に雇われて農耕に携わっていた陳渉《ちんしょう》が、その大志を嘲笑《ちょうしょう》した雇い主に対して嘆息しながら「嗟呼《ああ》、燕雀安んぞ鴻鵠の志を知らんや」と言ったという故事に基づく(「史記・陳渉世家」)。陳渉(陳勝)は前二〇九年、呉広とともに兵を挙げ、秦《しん》王朝崩壊のきっかけをつくった。

類表現 「燕雀安んぞ大鵬《たいほう》の心を知らんや」「鷽鳩《おうきゅう》大鵬を笑う」「猫は虎《とら》の心を知らず」

エンジンが掛《か》かる

使い方 ❶動力が働く。発動する。「バイクの――」「ポンコツなので、なかなか車のエンジンがかからない」❷調子が出る。勢いがつく。「試合が近くなって、練習にエンジンがかかってきた」「構想が固まって、執筆にもエンジンがかかってきた」「事業を興して一年になるが、ようやくエンジンがかかってきた」「投手にエンジンがかかって、直球が決まるようになった」「気乗りがしなくて、なかなか仕事にエンジンがかからない」◆その人や物事が本調子になることをいう。

誤用 「拍車が掛かる」と混同して、進行が一段と速くなる意で使うのは誤り。「×病勢にエンジンがかかる」「×不景気にエンジンがかかる」

縁《えん》無《な》き衆生《しゅじょう》は度《ど》し難《がた》し

使い方 人のことばを聞こうとしない者は救いようがないということ。「いくら言って聞かせても品行が修まらない。――だよ」◆「度す」は、仏が悟りの境地に導く(＝済度《さいど》する)の意。生きとし生けるものすべてに慈悲を垂れる仏であっても、仏縁のない者は救うことができないことからいう。

縁《えん》の下《した》の力持《ちからも》ち

使い方 人の気づかない所で、他人のために苦労や努力をすることのたとえ。また、そのような人のたとえ。「歌舞伎の黒子は――だ」「――ともいうべき飛行機の整備員」「部活のマネージャーは――だけど、責任は重いよ」「彼は――に甘んじて、入社以来ずっと苦情処理の仕事を続けてきた」◆縁側を下から力いっぱい支える柱のように、黙々と下積みの生活を続けていく人はなかなか世に認められないし、大きく報いられることもない。たとえ日の当たる所に出ることはなくても、陰の力の価値はきわめて大きいことをいう。

誤用 表だった所で活躍する人についていうのは誤り。「×アカデミー賞受賞の縁の下の力持ちは、何といってもあの主演女優だろう」

類表現 「縁の下の掃除番」「縁の下の舞」

縁《えん》は異《い》なもの味《あじ》なもの

使い方 男女の結びつきは不思議でおもしろいものだということ。「――で、彼女は旅先で担ぎ込まれた病院の医者と結婚したよ」◆「縁」は、人力を超えて人と人とを結びつける力。思いもよらない二人が結ばれるのも、理屈では説明できない縁があるからだろう。

誤用 (1)異性関係以外について使うのは

誤り。ただ、最近では、一般の結びつきについても言うことが多くなっている。「縁は異なもの味なもので、彼とは共同で事業を始めることになった」

⑵「縁は奇《き》なもの」は誤り。

出典「縁は異なもの」の形で江戸版「いろはがるた」にあることば。「縁」の仮名遣いは「えん」だが、「ゑ」の項に入れられている。

類表現「相縁奇縁」「愛縁機縁」「合縁奇縁」「相性《あいしょう》奇縁」

遠慮会釈《えんりょえしゃく》も無《な》い

使い方 相手の気持ちや立場をまったく考えないで、自分の思いにまかせて強引に事を行うこと。「**遠慮会釈もなく**非難する」「**遠慮会釈もなく**人の部屋に入り込む」「夜中だというのに**遠慮会釈もなく**ピアノを弾きまくる」◆「遠慮」は控えめにすること、「会釈」は人を思いやること。何の手加減もなく自分勝手に振る舞うことをいう。

誤用「遠慮なく」の意で使うのは誤り。「×遠慮会釈もなくご意見を言ってください」「×遠慮会釈もなくお召し上がりください」

遠慮《えんりょ》なければ近憂《きんゆう》あり

使い方 遠い将来のことを考えないでいると、必ず目前に心配事が起こる。「──というから、進学を決めたなら、卒業後のことも考えておきなさい」「定年後の生活設計は四十代のうちに立てておくべきだ、──だよ」◆人はつい目先のことばかりにとらわれてしまうが、遠い先のことを見通す思慮をもたなくてはならないということ。

誤用「遠慮しないでわがままに振る舞っていると、身近なところでトラブルが持ち上がる」という意に解釈するのは誤り。「×あんまりでしゃばるな。遠慮なければ近憂ありだぞ」

出典「論語・衛霊公」に孔子のことばとしてあるのに基づく。

お

◆「尾（お・び）」を使う成句

尾鰭《おひれ》が付く・尾を引く・驥尾《きび》に付す・尻尾《しっぽ》を出す・尻尾《しっぽ》を摑《つか》む・尻尾《しっぽ》を巻く・掉尾《ちょうび》を飾る・虎《とら》の尾を踏む・竜頭蛇尾《りゅうとうだび》

老《お》い木《き》に花《はな》が咲《さ》く

使い方 一度衰えたものが再び栄えること。「──で、いまあの老優が脚光を浴びている」「二十年も鳴かず飛ばずだった歌手のCDがヒットチャートの一位に迫っている。**老い木に花（が咲く）**だね」◆長い間花をつけなかった老木に花が咲くことからいう。「枯れ木[埋もれ木]に花（が咲く）」とも。

誤用 あり得ない、不可能だの意のたとえに使うのは誤り。「×あの世界記録を破るのは老い木に花を咲かせるに等しい」

類表現「日の目を見る」

老《お》いたる馬《うま》は道《みち》を忘《わす》れず

使い方 経験豊かな人は物事のやり方をよく心得ているということ。「これからの企業は定年後のOBをもっと活用すべきだろう。――の故事もある」

◆(1)高齢者の知恵や経験を生かそうとする前向きのことばだが、「老いたる馬」のイメージがマイナスなので、特定の相手に対しては使いにくい。

(2)「老馬の智《ち》」「馬に道をまかす」「老いたる馬は道を知る」とも。「道」は「▽路」とも書く。

出典 春秋時代、斉《せい》の管仲《かんちゅう》らが山中で道に迷ったとき、老馬を放ってその後に従い、正しい道に出ることができたという故事に基づく(「韓非子・説林上」)。

類表現「亀《かめ》の甲より年の劫《こう》」

追《おい》▽風《て》に帆《ほ》を揚《あ》げる

⇩得手《えて》に帆を揚げる

老《お》いては子《こ》に従《したが》え

使い方 年をとったら我を張らずに、何事も子どもの言うことを聞くのがよい。「――だ。子どもらの意見にも耳を傾けたほうがいい」◆老人はすべからく子の世代に従順であるべきだの意で用いるのは避けたい。

出典 江戸版「いろはがるた」では「老いては子に従う」。「老いて」の仮名遣いは「おいて」だが、「を」の項に入れられている。

老《お》いてますます盛《さか》んなるべし

使い方 老年になってからはますます意気盛んでなくてはならない。「今や人生八十年時代。**老いて(は)ますます盛んなるべし**だ」「――、これから一旗も二旗も揚げられるよ」

◆(1)「さかん」は出典の表記では「壮」。

(2)「老いてますます盛ん」の形で、老年になって実際に意気盛んであることの形容にも使う。「老いてますます盛んな映画監督」

出典 後漢の馬援《ばえん》が、いつもその賓客に対して「丈夫《じょうふ》志《こころざし》を為《な》すに、窮《きゅう》すれば当《まさ》に益《ます》ます堅《けん》なるべく、老いては当《まさ》に益《ます》ます壮《さかん》なるべし(=男子たるもの志を立てたなら、困難なときにはますますその志を強くし、年をとってからはますます意気盛んにならなくてはならない)」と語ったという故事に基づく(「後漢書・馬援伝」)。

老《お》いの一徹《いってつ》

使い方 老人が自分の決めたことを頑《かたく》なに押し通そうとすること。「祖母は――で、七冊の句集をまとめあげた」「ひとり暮らしの父に同居をすすめているんだが、――で耳を貸そうともしない」◆その姿勢を賞讃したり、困ったものだと嘆いたりして使う。世代間のギャップを高齢者のせいにして、「老いの一徹」を多用するのは避けたい。

◆「老《お》いる」を使う成句

老いたる馬は道を忘れず・老いては子に従え・老いてますます盛んなるべし・騏驎《きりん》も老いては駑馬《どば》に劣る・少年老い易く学成り難《がた》し

◆「負《お》う」を使う成句

負うた子に教えられて浅瀬を渡る・責めを負う・手に負えない・名にし負う

◆「追《お》う（逐）」を使う成句

後を追う・去る者は追わず・鹿《しか》を逐う・鹿《しか》を追う者は山を見ず・中原《ちゅうげん》に鹿《しか》を逐う・時を追う・二兎《にと》を追う者は一兎《いっと》をも得ず

負《お》うた子《こ》に教《おし》えられて浅瀬《あさせ》を渡《わた》る

使い方 経験を積んだ人も、時には未熟な人に教えられることがあるということのたとえ。「――こともあるのだから、後輩をあなどってはいけない」「――で、ゼミの学生の一言がヒントになって研究が完成した」

◆(1)背負った子に教えられて、深みにはまらずに川を渡る意からいう。一人では川も渡れない子だが、背の上からは浅瀬と淵《ふち》がよく見分けられる。(2)「負うた子に浅瀬（を習う）」「負うた子に教えられる」「三つ子に習うて浅瀬を渡る」とも。

誤用「負うた子」の意味を忘れて、目上の人について使うのは失礼きわまりない。「×負うた子に教えられて浅瀬を渡るというから、先輩の意見も聞いてみよう」

出典 上方版「いろはがるた」の一つ。

類表現「愚者にも千慮に一得あり」

◆「多《おお》い」を使う成句

命長ければ恥多し・歓楽極まりて哀情多し・好事《こうじ》魔多し・船頭多くして船《ふね》山に上る・労多くして功少なし

大男《おおおとこ》総身《そうみ》に知恵《ちえ》が回《まわ》り兼《か》ね

使い方 体ばかりが大きくて知恵の回らない人をあざけっていう川柳。「確かに彼は役に立たないが、――とは言いすぎだ」◆「大男」が珍しくない昨今、やたらに使えば角が立つ。

類表現「独活《うど》の大木」「大男の見掛け倒し」「張り子の虎《とら》」

大風《おおかぜ》が吹《ふ》けば▼桶屋《おけや》が▼儲《もう》かる

⇩風が吹けば桶屋が儲かる

大《おお》きなお世話《せわ》

使い方 いらぬお節介だ。「私が誰と会おうがいいでしょう。――よ」「小さな親切、――」◆他人の助けを無用なものだとしてののしっていう。

誤用「大きいお世話だ」とは言わない。「○大きな/△大きい態度[顔]をする」のように、一般に抽象的な意味の名詞には「大きい」より「大きな」を使うことが多い。

大《おお》▼阪《さか》の食《く》い倒《だお》れ

⇩京《きょう》の着倒れ大阪の食い倒れ

大手《おおで》を振《ふ》る

使い方 誰にも遠慮することなく、堂々と大いばりで歩く。転じて、はばかることなく堂々と通用する。「正々堂々と**大手を振**って歩く」「容疑が晴れたので、**大手を振**って歩けるようになった」「不正が**大手を振**って罷《まか》り通るとは嘆かわしい」◆多く「大手を振って～する」の形で使う。「大手」は、肩から手の指先まで(「大手を広げて(＝準備万端整えて)待ちかまえる」)。

誤用「大手」を「おおて」と読むのは誤り。

大《おお》▼鉈《なた》を振《ふ》るう

使い方 ❶大きな鉈を使って切る。「大鉈を振るって立ち木を倒す」 ❷切るべきものは切って、思い切った整理をする。「経費削減[機構改革]に――」「人事に派閥解消の――」「**大鉈を振るって**原稿に赤を入れる」

◆「鉈を振るう」を強めた言い方。「大鉈」は大きな鉈。「鉈」は、厚くて幅のある刃物に短い柄をつけたもの。薪《まき》割りや枝打ちに使う。「振るう」は大きく、また、勢いよく振り動かす意。

誤用「ふるう」を「奮う」と書くのは誤り。

大船《おおぶね》に乗《の》ったよう

使い方 信頼できるものに身を任せて、すっかり安心しているようす。「彼がついていれば[あの銀行が融資してくれるなら]――なものだ」「彼女が支援してくれるので――な気持ちだ」 ◆(1)「大船」はめったに転覆する恐れのない大きな船。(2)「大船に乗ったつもり」「大船に乗った気[気持ち]」「親船に乗ったよう」とも。「大丈夫だよ。おれがひきうけたからは、大船に乗った気でいるがいい〈芥川龍之介・偸盗〉」

誤用「大船」ではなく「船に乗ったよう」とするのは誤り。

大《おお》風《ぶ》▼呂《ろ》敷《しき》を広《ひろ》げる

使い方 誇大なことを言う。現実に合わないような大げさなことを言う。また、実現するはずもない計画を立てる。「酒を飲んだ勢いで――」「濡《ぬ》れ手で粟《あわ》の新事業だなどと――が、いっこうに実現する様子はない」「**大風呂敷を広げて**、すっかり信用を失う」 ◆大きな風呂敷を広げても、その中に包むだけの物がないことからいう。「風呂敷を広げる」を強調していう表現。

誤用「大口を叩《たた》く」と混同して「大風呂敷を叩く」とするのは誤り。

大《おお》見《み》得《え》を切《き》る

使い方 ❶歌舞伎で、役者が大きな動作で見得を演じる。「団十郎扮する弁慶が花道で――」 ◆(1)「見得」は、役者が感情の盛り上がった場面でその動作を一時静止させ、にらむようにして一定の姿勢をとること。特に際立った見得を「大見得」という。(2)「切る」は、手や体を動かして、その形を作る意(「十字[とんぼ]を切る」)。

❷自信のほどを大げさな言動で示す。「一週間で完成させると――」「**大見得(を)切って**引き受けた以上、今さらやめたとは言えない」「一千万円ぐらいなら用意できると**大見得を切った**手前、引っ込みがつかなくなった」

誤用「見栄を張る(＝ことさらにうわべを取りつくろう)」と混同して、「大見栄を張る」とするのは誤り。

大《おお》向《む》こうを▼唸《うな》らせる

使い方 ❶役者が巧みな芸を演じて大向こうの観客を感嘆させる。「艶《あで》やかな舞いが――」 ◆「大向こう」は、舞台から見て正面の後方にある一幕《ひとまく》見の立ち見席。大向こうには芝居通の観客が多い。

❷多くの人々の喝采《かっさい》を受ける。また、広く一般の人々の人気を得る。「空中浮揚のマジックが――」「**大向こうをうな**

らせたファインプレー」「巧妙などんでん返しで**大向こうをうならせた**推理小説の傑作」

誤用「お向こうを唸らせる」は誤り。

大目玉《おおめだま》を食《く》う

使い方 ひどくしかられる。「設計ミスをして「融資を焦げつかせて」上司から**大目玉を食った**」

◆(1)「大目玉」は、ぎょろりとした大きな目玉。怒るときに目を細める人はいない。たいていは大きく目を剝《む》いて叱責《しっせき》する。

(2)反省・自嘲《じちょう》などの気持ちを込めて丁寧に言えば「大目玉を頂戴《ちょうだい》する」。より乱暴な言い方をすれば「大目玉を食らう」となる。「欠陥商品を納入して得意先から大目玉を頂戴した」「車をぶつけておやじの大目玉を食らった」

誤用「食う」は好ましくないものを身に受ける意だから、丁寧にいうつもりで「食べる」と言い換えるのは誤り。

大目《おおめ》に見《み》る

使い方 人の過失や欠点などを厳しくとがめないで、寛大に扱う。「多少の欠陥は**大目に見よう**」「みんな彼女のわがままを**大目に見てくれた**」「本人に悪意はなかったようなので、**大目に見てやって**下さい」◆「大目」は細かいことにこだわらないで、大ざっぱに見ること。転じて、寛大な態度をいう。

誤用 大きく目を見開いてみる意で使うのは誤り。「× 些細《ささい》なことも大目に見て、とがめだてをする」

お株《かぶ》を奪《うば》う

使い方 ある人の得意とすることを別の人がもっと巧みにやってのける。「新人が主役の——ような名演技を見せる」「柔道ニッポンの**お株を奪って**優勝したオランダの選手」「いつもは無口の父が、母の**お株を奪った**ように饒舌《じょうぜつ》になった」「ルーキーに**お株を奪われて**先発からはずされる」◆(1)「お株」は、その人が得意とするわざ。近世、その人の身分・職業などに付随した権利・資格を「株」と称したことからいう。(2)「お株を取る」とも。

誤用「お株を盗む」は誤り。

▽陸《おか》へ上《あ》がった▽河▽童《かっぱ》

使い方 力のあるものが自分に適した領域や環境から離れると、まったく無力になることのたとえ。また、元気を失って意気消沈することのたとえ。「漁業をやめるのはいいが、農業で食おうとしても**おかへ／に上がった河童だよ**」「技術畑から営業畑に回されたのでは——同然だね」「役者をやめたら——同然で、まるで元気がない」

◆(1)水中では自在に力を発揮する河童も、陸に上がれば手も足も出なくなることからいう。河童は頭頂の皿にたたえた水が生命の源泉なので、それを失うことは死ぬことだと言い伝えられてきた。

(2)「陸へ[陸に]上がった船頭《せんどう》」とも。

誤用(1)「河童の川流れ」と混同して、名人でも失敗する意で使うのは誤り。「× 彼ほどの名優でも、舞台でとちることがある。おかへ上がった河童だね」

(2)「陸」を「りく」と読むのは誤り。また、「おか」を「丘」「岡」と書くのは誤り。

類表現「木から落ちた猿」

▽傍目八目《おかめはちもく》

使い方 当事者よりも第三者のほうが物事の是非をよく見きわめられるというこ

と。「――で、政策のあらが見えてくる」「――というから、この事業計画は部外者にも見てもらおう」「対象にくっつきすぎる批評はおもしろくない。――のゆとりがほしい」◆他人の囲碁をはたで見ている人は、打っている人より八目も先の手を読める(一説に八目強く見える)ことからいう。囲碁にしろ、将棋にしろ、当事者は互いに勝とうとしてあせるが、傍観者の目は局面の全体を見渡すだけの余裕がある。「傍目」はわきから見ていること。「▼岡目」とも当てる。

誤用 言いたい放題の意で使うのは誤り。「×傍目八目で、人の悪口ばかりいいふらす」

類表現 「他人の正目《まさめ》」

起《お》きて半畳《はんじょう》 寝《ね》て一畳《いちじょう》

使い方 一人の人間の占める生活空間は、起きているときは半畳、寝ているときは一畳あれば足りるということ。「雨露がしのげる家さえあればいい。――だよ」「――というのに、大した豪邸だね」「――、上を望めばきりがない」

◆(1)人は必要以上の富を望まないで、満足することが大切であるという戒め。(2)下に「天下取っても二合半(＝一日に食べる飯の量はせいぜい二合半である)」と続けてもいう。また、「起きて三尺、寝て六尺」とも。

誤用 たとえが居住空間なので、住居以外のものについて使うのは避けたい。「△起きて半畳寝て一畳というのに、高価なブランド品で身を飾りたがるのはどうかと思うよ」

◆「置《お》く(居・措)」を使う成句

一目《いちもく》置く・風上にも置けない・奇貨《きか》居くべし・気が置けない・下にも置かない・隅に置けない・時を置く・何を措いても・念頭に置く

奥《おく》が深《ふか》い

使い方 ❶奥行きが深い。奥深い。「この森は――」「この店は間口が狭い割には――」◆「奥」は入り口や表から中のほうへ深く入った所。そこに至るまでの距離が長いことをいう。

❷物事に深い意味や趣があって、深奥《しんおう》がきわめにくい。「茶道[ワインの世界]は――」「この事件は奥が深くて、なかなか真相がつかめない」

誤用 ①は、距離やルートがはっきりしている場合に使うのは誤り。「×東京・博多間は奥が深い」

屋上《おくじょう》屋《おく》を架《か》す

使い方 屋根の上にさらに屋根を架ける意から、むだなことをするたとえ。「――ような施策は、税金の無駄遣いにすぎない」「すでに名訳があるのに翻訳し直すのは、**屋上(に)屋を架す**ことになる」

◆「屋《おく》」は屋根、「屋上」は屋根の上。本来は、屋根の下にさらに屋根を架ける意の「屋下《おくか》に屋を架す」〈世説新語・文学〉が正しいが、今では一般に「屋上屋を架す」が使われる。

誤用 屋上に建造物を付設する、また、念には念を入れるという意で使うのは誤り。「×屋上屋を架して、アパートにする」「×屋上屋を架して、どんな事態にも対応できるようにしておく」

奥歯《おくば》に▽衣《きぬ》を着《き》せる

使い方 物事をはっきり言わないで、遠回しに思わせぶりな言い方をする。「**奥**

歯に衣(を)着せた、底意《そこい》のありそうな批評」「何か不満でもあるのか、**奥歯に衣を着せた**ような言い方をする」「婉曲《えんきょく》表現ばかりの**奥歯に衣を着せた**ような文章」◆「衣《きぬ》」は、着物・衣服の意。奥歯に衣をかぶせたり、奥歯に何かが詰まったりすれば(⇩奥歯に物が挟まったよう)、おのずから発音は不明瞭になる。

誤用 「衣」は「ころも」とも読むが、「奥歯にころもを着せる」は誤り。

補説 最近、「歯に衣(を)着せる」という例が多いが、本来的には誤り。否定形の「歯に衣着せぬ」は、思ったことをずけずけ言う意。

奥歯《おくば》に物《もの》が挟《はさ》まったよう

使い方 思っていることをはっきり言わないで、何かを隠しているようなさま。「━な口ぶり」「━な曖昧《あいまい》な表現」「━な言い方をしないで、いやならいやとはっきり言ってくれ」◆奥歯の間に異物が入れば発音も不明瞭になる。

誤用 「奥歯に物が引っかかったよう」は誤り。

▼噯《おくび》にも出《だ》さない

使い方 物事を深く心に隠して、口外もしないし、そぶりにも見せない。「経営が苦しいことなど━」「きのうの口論のことなど━」「好きなくせに、好きだということを━」◆(1)「おくび」は「げっぷ(＝噯気《あいき》)」のことで、胃の中にたまったガスが口から外へ出るもの。それをこらえて外に出さないようにすることからいう。(2)「おくびにも見せない」とも。

誤用 「おくび」があまり使われない語なので、「あくびにも出さない」「お首にも出さない」などと誤らないようにしたい。

▼驕《おご》る平家《へいけ》は久《ひさ》しからず

使い方 地位や財力を誇って思い上がった振る舞いをする者は、長く栄えることなく滅びるということ。「いい気になっていると足をすくわれるよ。━だ」◆地位や財力を鼻にかける者を非難したり戒めたりして使う。「驕れる者(も/は)久しからず」「驕る平家に二代なし」「驕る平家の運の末」とも。

誤用 「おごる」を贅沢《ぜいたく》をする意にとって、「奢る」と書くのは誤り。

出典 「平家物語・巻一」に、「おごれる人も久しからず、ただ春の夜《よ》の夢のごとし」とあるように、栄華を極めた平家の天下も長くは続かなかった。権勢にあぐらをかく者が失脚するのは、歴史をひもとくまでもなく、「盛者必衰《じょうしゃひっすい》の理《ことわり》」である。

類表現 「盛者必衰」

押《お》さえが利《き》く

使い方 統率する力がある。また、指導・監督が行き届く。「彼ならば不満分子に━だろう」「あのクラスの担任は、よほど━教師でなくては勤まらない」「新任の部長では**押さえが利かない**」◆「押さえ」は、強くなる勢いを防ぎ止めること。「抑え」とも書く。

類表現 「押しが利く」は、人を自分の思うように従わせる力がある意。「彼ならば押しが利くから委員長にふさわしい」

お先棒《さきぼう》を担《かつ》ぐ

使い方 軽々しく人の手先となって働く。「局長の**お先棒を担い**で、不祥事のもみ消しを図る」「中央官庁の━族議員たち」「おだてられるとすぐ**お先棒を担ぎ**たがるお調子者」◆(1)二人で荷物を担ぐとき、棒の前のほうを担ぐ者を「先棒」、後の方を担ぐ者を「後棒」という。先棒は後棒に指示されながら荷を運ぶことから、「お先棒を担ぐ」は他人の手先になって行動する意に使われるようになった。

(2)「先棒を担ぐ」ともいうが、ご丁寧に「お」を添えただけ皮肉の気持ちが強くなる。

誤用「先棒を振る」との混同から、先頭に立って物事を行う意で使うのは誤り。「× 地球環境保護運動のお先棒を担ぐ」

補説「先棒を振る」「先棒に立つ」は人々の先頭に立って物事を行う意、「後棒を担ぐ」は、主謀者の手助けとして加わる意となる。

類表現「片棒を担ぐ」

お座敷《ざしき》が掛《か》かる

使い方 ❶芸者・芸人などが宴席の客に呼ばれる。「売れない幇間《ほうかん》に――」「**お座敷がかか**って赤坂の料亭に行く」◆「お座敷」は宴会の席。そこに呼ばれる芸者や芸人の立場からいう語。

❷宴席・会合などに招かれる。転じて、仕事などの口がかかる。「取引先から担当者に――」「専務から**お座敷がかか**って一杯飲むことになった」「座談会の**お座敷がかか**って新聞社に出かける」

お里《さと》が知《し》れる

使い方 言動によってその人の育った環境や経歴がわかる。「食事の仕方を見ただけでも――」「そんな乱暴な口を利くと――よ」「家元の茶席に招かれたくらいでびくびくするな。――ぞ」◆よくない意で使う。「お里」は、実家をいう丁寧語・尊敬語。転じて、言動の端々に表れる生い立ちのよしあし。

誤用 育ちのよさがわかる意で使うのは誤り。「× 気品のある立ち居振る舞いを見ているとお里が知れる」

押《お》し出《だ》しがいい

使い方 人前に出たときの姿や態度がりっぱである。「彼は――から、よく部長と間違えられる」「**押し出しが/のいい**五十恰好の男が挨拶《あいさつ》に立った」◆プラスに評価して使う。「押し出し」は、その人が他人に与える全体的な印象。

誤用「押しが強い」と混同して、「押し出しが強い」とするのは誤り。

推《お》して知《し》るべし

使い方 推し量れば自然にわかるはずだ。容易に推察できることだ。「エースの実力があの程度なのだから、あとは――だ」「挨拶《あいさつ》もまともにできないのだから、あとは――だろう」「ろくに準備もしてなかったのだから、結果は――だよ」◆多く悪い例を挙げて、その成り行きや結果もよくないだろうと推定していう。「推す」は、あることをもとにして他の事柄を判断する意。

誤用 (1)よい例を挙げて推し量る場合に使うのは避けたい。「× 一流の指揮者が振るのだから、その演奏のレベルは推して知るべしだ」

(2)「おして」を「押して」と書くのは誤り。

押《お》しも押《お》されもしない

使い方 実力があって堂々としている。どこへ出ようと圧倒されることがない。「――大スター[脳外科の権威]」「今じゃあ、――大親分ですよ〈尾崎士郎・人生劇場夢現篇〉」

誤用「押しも押されぬ」は誤用だが、「押しも押されもせぬ」と「押すに押されぬ

(＝押しても押せない。転じて、争おうとしても争えない)」との混交から「押しも押されぬ」の語が生じ、古くから慣用的に使われてきた。「〔サロン蝶柳は〕半年経たぬうちに押しも押されぬ店となった〈織田作之助・夫婦善哉〉」

お▽釈《しゃ》▼迦《か》になる

使い方 出来が悪かったり壊れたりして、使いものにならなくなる。「規格に合わなくて、製品がすべて――」「強風にあおられて傘が**おしゃかになった**」「ウイルスにやられてパソコンが**おしゃかになった**」◆「おしゃか」は出来損ないの品や壊れて役に立たなくなった品。もと鋳物《いもの》職人の隠語で、阿弥陀仏を鋳《い》るはずが誤って釈迦を鋳たことから出た語という。また、金属の溶接で、「火が強かった」ので失敗したのを、釈迦の誕生日にかけて「四月八日(しがつよか)った」としゃれて言ったことからともいう。

誤用 「お陀仏《だぶつ》になる」と混同して、死ぬ意で使うのは誤り。「✕この崖《がけ》から落ちたらおしゃかになるよ」「✕頭部に銃弾を受けておしゃかになった」

補説 使いものにならなくすることは「お釈迦にする」という。「携帯電話を踏みつぶしておしゃかにしてしまった」

◆「押《お》す」を使う成句

押しも押されもしない・押すな押すな・太鼓判を押す・駄目を押す・判で押したよう・横車を押す・烙印《らくいん》を押される

押《お》すな押《お》すな

使い方 人が押し合いへし合いするほど混雑しているようす。「朝の通勤電車は――の大混雑」「歌舞伎座の顔見世興行は――の大盛況だ」「ルノアール展の会場は――で、絵もろくろく見られなかったよ」◆四方八方から押された人が「押すな、押すな」と叫ぶことからいう。

誤用 人以外の混雑に使うのは避けたい。「✕高速道路は押すな押すなの大渋滞」

遅《おそ》きに失《しっ》する

使い方 遅すぎて役に立たなくなる。遅すぎて間に合わない。「今ごろ気づくようでは――」「今になって謝罪しても――」「救援は**遅きに失した**」「**遅きに失した**悔恨」◆(1)「～に失する」は、あまりに～にすぎる、程度がすぎるの意。(2)「遅きに過ぎる」とも。

誤用 単に時間などが遅すぎるの意で使うのは誤り。「✕二時間も待たせるのは遅きに失する」「✕深夜に電話をかけてくるとは遅きに失するよ」「✕連絡が遅きに失する」

恐《おそ》れ入《いり》▽谷《や》の鬼子《きし》▽母神《もじん》

使い方 「恐れ入りました」の意でいう地口《じぐち》。「一人でスコッチを二本空にするとは――だ」「あれで外務大臣とは――だね」「三打席連続本塁打とは――だよ」◆(1)「地口」はよく知られたことわざや成句に語呂を合わせて作るしゃれ。「恐れ入る」の「入る」を「入谷(＝東京都台東区北部の地名)」にかけ、そこにある真源寺《しんげんじ》の本尊「鬼子母神」に続けていうもの。「鬼子母神」は、仏教で、安産と幼児保護の神。「きしぼじん」ともいう。(2)しゃれをいう必要のない場面でいう「恐れ入谷の鬼子母神ですが、ちょっと手を貸していただけませんでしょうか」などは、ふざけすぎ。

誤用 恐怖心をもつ意で使うのは誤り。「✕ナイフを突きつけられて財布を奪われた。恐れ入谷の鬼子母神だったよ」

お茶《ちゃ》を濁《にご》す

使い方 いい加減なことを言ったりしたりしてその場をごまかす。「わずかな賠償金で——」「形ばかりの公聴会を開いて**お茶を濁した**」「不祥事を隠すために、一課長に辞表を出させて**お茶を濁そう**とした」◆「濁す」は「ことばを濁す」のように、曖昧《あいまい》にする意で使われるが、なぜ「お茶を」なのかはわからない。茶道の作法を知らない人が、茶筅《ちゃせん》で適当に茶碗の中をかき回して取り繕ったからだという説もある。

誤用 「ことばを濁す」と混同して、曖昧な言い方をする意で使うのは誤り。「✕お茶を濁して、なかなか本心を明かそうとしない」

お茶《ちゃ》を▼挽《ひ》く

使い方 芸者などが客がつかなくて暇でいる。「売れっ子のホステスもいれば、**お茶を挽いている**ホステスもいる」「あのタレントはテレビ局から声がかからなくなって**お茶を挽いている**」◆葉茶を茶臼《ちゃうす》で挽く仕事はつれづれに行うもの。昔、客のつかない遊女は、暇と見られれば茶を挽かされたことからという。現在でも、水商売の世界や芸界ではよく使われることば。

◆「落《お》ちる」を使う成句

顎《あご》が落ちる・一葉《いちよう》落ちて天下の秋を知る・語るに落ちる・雷が落ちる・猿も木から落ちる・人後《じんご》に落ちない・問うに落ちず語るに落ちる・話が落ちる・腑《ふ》に落ちない・目から鱗《うろこ》が落ちる・理に落ちる

◆「男（おとこ・だん）」を使う成句

東男《あずまおとこ》に京女・大男総身に知恵が回り兼ね・男心と秋の空・男鰥《おとこやもめ》に蛆《うじ》が湧《わ》き女寡《おんなやもめ》に花が咲く・据え膳《ぜん》食わぬは男の恥・遠くて近きは男女《だんじょ》の仲

男心《おとこごころ》と秋《あき》の空《そら》

使い方 男性の女性に対する愛情は、秋の空模様のように変わりやすいということ。「あの男はすぐに別の女性に心を移すよ。——だ」◆女性の立場から、くるくると変わって定まらないものを二つ並べていう。

補説 男性の立場からは、「女心と秋の空」。

男《おとこ》▼鰥《やもめ》に▼蛆《うじ》が▼湧《わ》き女《おんな》▽寡《やもめ》に花《はな》が咲《さ》く

使い方 「男やもめ」は妻と死別あるいは生別してひとり暮らしをしている男性、「女やもめ」は夫と死別あるいは生別してひとり暮らしをしている女性。男やもめの環境が不潔なのに対し、女やもめの環境が華やかであることをいう。「——、彼の部屋の中は屑籠《くずかご》のようだよ」「彼女はご主人を亡くしてからずっと美しくなった。——だね」◆妻に依存してきた夫は、妻を亡くすとまるっきりだらしがない。夫を亡くした女性は、手の焼ける夫から解放されてますます身ぎれいになる。

おしゃれにも気を配るようになるから、世間の男性の目を引くようにもなるだろう。ひとり暮らしの男女が増え、「男やもめ」も「女やもめ」も死語に等しい現在では、このことわざを使う場はごく限られてきた。

類表現「男やもめに雑魚《ざこ》たかる」「男後家《ごけ》にはぼろさがり、女後家には花が咲く」「後家花咲かす」

音《おと》に聞《き》く

使い方 ❶人伝えに聞く。うわさに聞く。「株が暴落するということを━が、その根拠はわからない」「━ところでは、あの二人は婚約を解消したそうだ」❷名高い。有名である。「━名将〔一刀流の達人〕」「━大正池の眺めは思いの外に殺風景に思われた〈寺田寅彦・雨の上高地〉」

◆(1)「音」は、うわさ。また、伝えられた名声・評判の意。(2)「音に聞こえる」とも。「解散が間近いということが音に聞こえてくる」「音に聞こえた胡弓《こきゅう》の名手」

誤用 悪評を強調して使うのは(あえて修辞的に使うとき以外は)誤り。「×音に聞く悪政〔極悪人・不毛の地〕」

◆「躍《おど》る(踊)」を使う成句

心が躍る・血湧《わ》き肉躍る・笛吹けども踊らず・胸が躍る

驚《おどろ》き桃《もも》の木《き》山《さん》▼椒《しょ》の木《き》

使い方 驚いたときにしゃれて言うことば。「あの二人が結婚だって? こいつは━だ」「あの大人しい男が暴力をふるうとは、これは━だ」◆「驚き」の「き」に、桃の木、山椒の木の「木」をかけた語呂合わせ。

誤用 伝承された語呂合わせを尊重しないで「驚き、梅の木、桜の木」などと改変するのは避けたい。

同《おな》じ穴《あな》の▼狢《むじな》

使い方 (一見関係がないようでも)同類の者であることのたとえ。ふつう、よくないことをする人にいう。「派閥は違うが、目的は利権だ。あの手の政治家は━だ」「善人ぶっているが、裏へ回ればしょせん彼も━さ」

◆(1)「むじな」は、タヌキに似た動物の、アナグマのこと。山中に深い穴を掘ってすむ。ムジナはイタチ科の哺乳《ほにゅう》類で、イヌ科のタヌキとは別種だが、地方によっては、タヌキをムジナと呼ぶ。外見はどうであれ、ムジナであるからにはみな同じような穴を住まいにする。(2)「一つ穴の狢」「同じ穴の狸《たぬき》〔狐《きつね》〕」とも。

誤用 仲間や同業の意で使うのは、相手に対して失礼になるから注意したい。「×彼とは学生時代からの同じ穴のむじなで、妙に馬が合う」「×私の弟も出版界にいます。あなたとは同じ穴のむじなですね」

同《おな》じ▼釜《かま》の飯《めし》を食《く》う

使い方 寝食を共にする。一緒に生活して苦楽を分かち合った仲間であることのたとえ。「**同じ釜の飯を食**った仲間」「そんな水臭いことは言うな。君とぼくとは**同じ釜の飯を食**った仲じゃないか」

◆(1)「釜」は飯を炊くのに使う金属製などの器具。(2)伝統的には「同じ釜の飯を食う」だが、最近では粗野な感じが伴う「食う」を避けて「同じ釜の飯を食べる」

ともいう。また、「一つ釜の飯を食う」とも。

誤用 「同じ釜で飯を食う」は誤り。飯は箸《はし》と茶碗《ちゃわん》で食うもので、釜で食うものではない。

◆「鬼（おに・き）」を使う成句

恐れ入谷《いりや》の鬼子母神《きしもじん》・鬼が出るか蛇《じゃ》が出るか・鬼に金棒・鬼の居ぬ間に洗濯・鬼の霍乱《かくらん》・鬼の首を取ったよう・鬼の目にも涙・鬼も十八番茶も出花・疑心暗鬼を生ず・鬼籍《きせき》に入る・鬼面《きめん》人を驚かす・心を鬼にする・断じて行えば鬼神《きしん》も之《これ》を避く・百鬼夜行《ひゃっきやこう》・来年のことを言えば鬼が笑う・渡る世間に鬼はない

鬼《おに》が出《で》るか蛇《じゃ》が出《で》るか

使い方 これからどんな恐ろしいことが起こるかわからないこと。また、将来どんな運命が待ちかまえているのか予測がつかないこと。「――、事態は予断を許さない」「――、とにかく真相を究明してみよう」「ここまでは順調にきたが、さてこれから――…」◆(1)「鬼」も「蛇」も不気味なものの代表。機関《からくり》を使う人形師が観客の好奇心をそそるために述べた口上から出たことば。(2)「鬼が出るか仏が出るか」とも。

誤用 たとえがたとえだから、よい意味で使うのは避けたい。「×鬼が出るか蛇が出るか、この子の将来が楽しみだ」「×鬼が出るか蛇が出るか、お二人の前途に期待しよう」

鬼《おに》に金棒《かなぼう》

使い方 それを手に入れることによって、強いものがますます強くなることのたとえ。「彼が監督を引き受けてくれれば、わがチームは――だ」「この劇団にスポンサーがつけば――なのだが…」◆(1)素手でも強い鬼に鉄製の棒を持たせる意からいう。多く、好条件が加わる意で、望ましいものとしていう。⇨虎《とら》に翼 (2)「鬼に金棒、弁慶《べんけい》に薙刀《なぎなた》」と続けることもある。「鬼に鉄杖《てつじょう》」「鬼に金梃子《かなてこ》」とも。

誤用 「金棒」は「鉄棒《てつぼう》」ともいうが、「鬼に鉄棒」は誤り。

出典 江戸版「いろはがるた」の一つ。

類表現 「弁慶に薙刀《なぎなた》」

鬼《おに》の居《い》ぬ間《ま》に洗濯《せんたく》

使い方 気兼ねをする人や怖い人がいない間にくつろいで息抜きをすること。「さあ、少しは羽を伸ばそう。――だ」◆(1)「洗濯」は「命の洗濯（＝日ごろの苦労や束縛から解放されて、のんびり楽しむこと）」の意。口やかましい親、気づまりな姑《しゅうとめ》、気難しい上司、怖い監督などがいなくなったときの息抜きをいう。(2)「鬼の来ぬ間に洗濯」「鬼の居ぬうちに洗濯」とも。

誤用 四六時中こき使われる意で使うのは誤り。「×鬼の居ぬ間に洗濯で、休む暇もない」

鬼《おに》の▼霍乱《かくらん》

使い方 ふだん頑強な人が珍しく病気にかかること。「あの丈夫な男が寝込むなんて、――だね」「――というやつで、きのうから飯がのどを通らないんだ」

◆(1)「霍乱」は漢方の語で、日射病や暑気あたりのこと。また、夏に起こりやすい、吐き気や下痢を伴う急性の病気をいう。(2)鬼にたとえるのだから、目上の人に対して直接使う場合には注意が必要。「△お加減が悪いそうですが、鬼の霍乱ですね」

誤用 単に珍しい意で使うのは誤り。「×あのケチな人がこんなにお年玉を弾むなんて、鬼の霍乱だね」

鬼《おに》の首《くび》を取《と》ったよう

使い方 大きな手柄を立てたかのように大得意になるようす。「入試にうかって、━な喜びようだ」「決勝進出が決まって、━な大騒ぎだ」「論敵を言い負かして━に鼻高々だ」◆鬼の首級《しゅきゅう》を挙げた（＝討ち取った）わけでもないのに、本人だけが得意げに舞い上がっているようすをからかっていう。

誤用 手柄や功績をたたえて使うのは避けたい。「×連戦連勝で、鬼の首を取ったような大勝利を収めた」

鬼《おに》の目《め》にも涙《なみだ》

使い方 冷酷な人間でも、ときには情に感じて涙を流すことがあるというたとえ。「鬼と呼ばれた監督だが、優勝が決まった瞬間には涙を見せた。━だね」「怖い先生だったけど、━で、卒業式では涙を浮かべてた」◆悪代官が年貢の取り立てに手心を加えたり、無慈悲な高利貸しが情にほだされて証文を破ったりしたときなどに使われたことばだが、昨今は、鬼のように厳しいと恐れられている人も、ときには感激して涙を流すという意に使われることが多い。

補説 鬼のように冷酷な人が心にもなく情け深いようすを見せることは「鬼の空念仏《からねんぶつ》」という。「空念仏」は信心もないのに、口先だけで唱える念仏の意。

鬼《おに》も十八《じゅうはち》番茶《ばんちゃ》も出花《でばな》

使い方 女性は誰でも年ごろになれば、どことなく艶《なま》めいて美しくなるということ。「［謙遜して］━で、うちの娘も見られるようになってきました」

◆⑴「出花」は番茶や煎茶《せんちゃ》に湯を注いだばかりのもの。醜い鬼でも娘盛りになれば美しくなり、粗末な番茶も出花は香りがよい意でいう。古くは男女いずれにもいったが、今では女性だけに使う。
⑵「鬼も十八茨《いばら》も花」「鬼も十八蛇も二十歳」「娘十八番茶も出花」とも。
⑶本人やその両親の前で、「鬼も十八番茶も出花といいますが、すっかりおきれいになりましたね」などと使うと、たとえが「鬼」と「番茶」なので、「もとはそんなにひどかったのか」ということになって失礼きわまりない。

出典 上方版「いろはがるた」では「鬼も十八」。「鬼」の仮名遣いは「おに」だが、「を」の項に入れられている。

己《おのれ》の欲《ほっ》せざる所《ところ》は人《ひと》に施《ほどこ》す▼勿《なか》れ

使い方 自分がして欲しくないと思うことは他人にもしてはならないということ。「誰も引き受けたがらない仕事だから、自分ですることにしよう。━だ」「自分のしたくないことを人に押しつけてはいけない。━だよ」◆自戒のことばとしても人を戒めることばとしても使う。

誤用 「施す」を金品を与える意で使うのは誤り。「×己の欲せざるところは人に施すなかれというから、気の進まない寄付はやめたほうがいい」

出典 孔子が弟子の仲弓《ちゅうきゅう》から「仁とは何か」と問われときに答えたことば（「論語・顔淵」）。また、「論語・衛霊公」には、弟子の子貢《しこう》から「終生実行すべきことばは何か」と問われた孔子が「それ恕《じょ》か。己の欲せざる所は人に施すこと勿《な》かれ」と答えたとある。「仁」の根本は「恕」、相手を思いやる心にほかならない。

お鉢《はち》が回《まわ》る

使い方 順番が回ってくる。「一か月に一度、当番の**お鉢が回ってくる**」「誰も引き受け手がないので自治会長の**お鉢が回ってきた**」「定年間際になって、私にもようやく役員の**お鉢が回ってきた**」「社内旅行もいいが幹事の**お鉢が回ってくる**のが困る」◆「お鉢」はもと近世の女性語で、飯びつ・おひつ（＝飯を入れておく木製の器）のこと。大勢で食事をするとき、飯びつが回って自分の所にやって来る意からいう。本来は待ち望んでいた順番が来る意だが、現在では、よしあしにかかわらず、自分の所に順番が回ってくることに使う。

誤用 「鉢が回る」は誤り。

帯《おび》に短《みじか》し▼襷《たすき》に長《なが》し

使い方 中途半端で役に立たないことのたとえ。また、どちらにも一長一短があって、思いのものが得られないことのたとえ。「家にある材料で間に合わせたかったが、どれもこれも——だ」「このドレスは普段着には派手すぎるし、フォーマルウエアにするには安っぽい。——だわ」「店舗を探しているのだが、——で、なかなか適当な出物がない」

◆(1)布きれが帯にするには短すぎ、襷にするには長すぎることからいう。(2)「帯に短し回し（＝褌《ふんどし》）に長し」「褌には短し手拭いには長し」とも。

誤用 人に対して使うのは避けたい。「×何度お見合いしても帯に短し襷に長しで、なかなかいい人が見つからない」「×応募者は多いが、みんな帯に短し襷に長しだ」

お百度《ひゃくど》を踏《ふ》む

使い方 ❶願い事がかなうように、社寺にお百度参りをする。「観音様へ参って——」「**お百度を踏ん**で病気全快を祈る」◆「お百度」は「お百度参り」の略。神仏に願《がん》をかけ、社寺の境内の一定の場所から神前・仏前までを百回往復して百回拝むこと。❷頼み事を聞き入れてもらうために、何度もくり返して同じ人や場所を訪ねる。「**お百度を踏ん**で大口の注文をもらう」「**お百度を踏ん**で警察の認可を受ける」「**お百度を踏ん**だが、とうとう銀行の融資は受けられなかった」

誤用 ただ頻繁《ひんぱん》に通う意で使うのは誤り。「×受験生のころは、あの図書館にお百度を踏んだものだ」

尾《お》▼鰭《ひれ》が付《つ》く

使い方 事実以外のことが付け加わって話が大げさになる。「うわさに——」「話に**尾ひれが付いて**、ただの夫婦喧嘩《げんか》が離婚ということになってしまった」「こうなると話にも**尾ひれがついて**、やれあすこの稚児にも竜が憑いて歌を詠んだの、やれここの巫女にも竜が現れて託宣をしたのと〈芥川龍之介・竜〉」◆「尾鰭」は、魚の尾とひれ。

誤用 「尾とひれがつく」という意で「おひれ」と読むのが正しく、「おびれ（＝尾のほうにあるひれ）」と読むのは誤り。

補説 事実以外のことを付け加えて話を大げさにすることは「尾鰭を付ける」という。「些細《ささい》なことを尾ひれを付けて言いふらす」

オブラートに包《つつ》む

使い方 刺激的な表現を避けて遠回しに言う。「相手を傷つけないようにオブラートに包んで批判する」「オブラートに/で包んで、それとなく苦言を呈する」「少しはオブラートに包めばよいものを、ずけずけ言うから角が立つ」「オブラートに包んで話したのだが、彼女には意図が伝わらなかったようだ」◆「オブラート」はでんぷんにゼラチンを混ぜて作る薄い膜。苦い粉薬などを包んで飲むのに使う。

誤用 言語が不明瞭であるの意で使うのは誤り。「× 彼はオブラートで包んだように話すので、よく聞きとれない」

▼溺《おぼ》れる者《もの》は▼藁《わら》をも▼摑《つか》む

使い方 非常に苦しんだり困ったりしたときは、どんなに頼りにならないものにでもすがろうとするということ。「祈禱《きとう》で難病を治すという噂《うわさ》を聞いて人が集まるのも、——思いなのだろう」「——思いで始めた小商いだったが、今では支店を出せるほどになった」◆「藁」は頼りになりそうにもないもののたとえ。溺れかかった人が流れてきた藁をつかんでも、浮力の足しにはならない。それでも藁にすがろうとする。

誤用 直接本人に言うと、「私は藁か」ということになって相手の不興を買う。「× 銀行に融資を断られたので、溺れる者は藁をもつかむ思いで伯父さんにお願いするんです」

汚名返上《おめいへんじょう》

使い方 いったんは身に受けた悪い評判や不名誉をもとに返して除き去る。「——のために地道に働く」「連続三振記録の——をかけて打席に立つ」「県民一体となって交通事故死者数日本一の——を図る」◆「返上」は、返すことをへりくだっていう語。「汚名を返上する」とも。

補説 「汚名挽回《ばんかい》」は、誤用であるという説と、必ずしも誤用でないとする説とがある。前者は、「挽回」は失ったものを取りもどす意なので、取りもどすことに意味のない「汚名を挽回」するのは誤りだとする。後者は、「挽回」には、「劣勢[衰退した家運・不名誉]を挽回する」など、「〜を」のところに〈現在の状態を過去の状態より劣ったものとみなした語〉がくる用法が以前からあり、誤りとは言えないとする。

類表現 「汚名をそそぐ[すすぐ]」「名誉挽回《ばんかい》」「失地回復」

汚名《おめい》をそそぐ

使い方 不名誉な評判などを消し去って、名誉を回復する。「積年の——」「万年最下位の——」◆(1)「そそぐ」は、水で汚れを洗い流す意(「水で口をそそぐ」)から転じて、新たな名誉を得ることによって恥辱や汚名を消す意。漢字では「▽雪ぐ」と書く。(2)「汚名をすすぐ」とも。

誤用 (1)「恨み[疑惑]を晴らす」との混同から、「汚名を晴らす」とするのは避けたい。(2)「そそぐ」を「注ぐ」と書くのは誤り。

類表現 「汚名返上」「名誉挽回《ばんかい》」「失地回復」

お眼鏡《めがね》に▽適《かな》う

使い方 目上の人などに評価され、気に入られる。「社長のお眼鏡にかなって支社長に抜擢《ばってき》される」「彼女はディレクターのお眼鏡にかなって、連続ドラマの主役を務めることになった」「織田信長の**お眼鏡にかなった**軍師」◆「お眼鏡」は、相手を敬って、その鑑識・判定などをいう語。単に「眼鏡に適う」とも。
誤用 「お目に適う」は誤り。

お目《め》に掛《か》かる

使い方 お会いする。「先方が社長に**お目にかかり**たいとおっしゃっています」「**お目にかかれ**て光栄です」「いつかまた**お目にかかれる**日もございましょう」「その件に関しましては**お目にかかって**お話しいたします」◆(1)「お目」は「見ること」の意の尊敬語。(2)古くは「お目に留《と》まる(＝目上の人に認められる)」の意でも使われた。
誤用 (1)「お目に掛かられる」は誤り。(2)最近、「(人ではなく)モノにお目にかかる」という例が多く見られるが、本来的には誤り。

お目《め》に掛《か》ける

使い方 お見せする。ご覧に入れる。「それでは家宝の古刀を**お目にかけます**」「私の絵など――ほどのものではございません」「とんだ醜態を**お目にかけ**まして」◆「お目」は「見ること」の意の尊敬語。
誤用 「目に掛ける」との混同から、ひいきにする意で使うのは誤り。「×王がお目にかけている臣下」

◆「重《おも》い」を使う成句

口が重い・腰が重い・死は或いは泰山《たいざん》より重く或いは鴻毛《こうもう》より軽し・尻が重い・荷が重い

思《おも》い立《た》ったが吉日《きちじつ》

使い方 あることをしようと決意したら、その日を吉日としてすぐに実行するのがよい。「――、すぐに後援会を結成しよう」「――だ、明日とは言わずに今日から始めよう」「――とばかりに、もう工事を始めた」◆(1)「吉日」は、暦によって知る縁起のよい日。本来の読みは「きちにち」「きつじつ」だが、現在では一般に「きちじつ」という。(2)「思い立つ日が吉日」「思い立ったら吉日」とも。
誤用 「思いついたが吉日」は誤り。
類表現 「今日なし得ることは明日に延ばすな」「今日の一針《ひとはり》、明日《あす》の十針《とはり》[A stitch in time saves nine.]」

思《おも》い半《なか》ばに過《す》ぎる

使い方 考えてみて、思い当たることが多い。おおよそは推測できる。「不祥事の続出で、幹部の苦悩がいかばかりかは**思い半ばに過ぎよう**」「アンケートの結果を一瞥《いちべつ》しただけでも、国民がいかに不満を抱いているかは**思い半ばに過ぎよう**」◆「過ぎる」は、文語的な言い方で「過ぐ」とも。
誤用 考え方や態度が中途半端である意で使うのは誤り。「×中東和平問題に関する日本の外交策は思い半ばに過ぎる」
出典 孔子が「易経・繋辞《けいじ》伝下」の中で、「知者は其の彖辞《たんじ》を観れば、則ち思い半ばに過ぐ(＝知者《ちしゃ》は卦《か》を説明するはじめのことばを見ただけで、卦全体が示す意義の大半を察知し得る)」と述べたことに基づく。

思《おも》いも掛《か》けない

使い方 思ってもみない。まったく予期しない。「優勝できるなど、**思いもかけなかった**」「――おほめにあずかる」「――結果となる」◆(1)これまでの知識や経験からではまったく予想できないことをいう。(2)「思いがけない」とも。「思いも寄らない」もほぼ同意に使われる。

誤用「思いを懸ける」との混同から、恋心を抱く意で使うのは誤り。「×いくらメールを送っても、彼女は私に思いもかけなかった」

思《おも》いも寄《よ》らない

使い方 思いつきもしない。まったく予想しない。「一次試験で落ちるとは**思いも寄らなかった**」「旅先で――事故に見舞われた」「政局は――事態となった」◆考えや予測がそこまでは及ばない意でいう。「思いも掛けない」もほぼ同意。

誤用 思いやることがない意で使うのは誤り。「×すっかりアメリカの生活に慣れて、日本のことなどもう思いも寄らない」

思《おも》い▽邪《よこしま》無《な》し

使い方 心が素直で、偽るところがない。「今の心境を一言で述べれば――だ」「――の信念を貫いた政治家」◆邪念がないこと、私心がなく公平なことをいう。

誤用「思いて邪なし」「思えば邪なし」は誤り。

出典「論語・為政」の中で、孔子が「詩経」の詩を「詩三百、一言以《も》って之を蔽《おお》えば、曰く、思い邪無し」と概評したことに基づく。

思《おも》いを致《いた》す

使い方 ある物事に心を向ける。特に、遠く離れた物事に心を向ける。「先人の足跡［日本の将来］に――」「政治家はもっと民意に――必要がある」「人の宿命ということについて――ことがある」◆「致す」は、心がそこまで及ぶようにする意。

誤用「思います」の謙譲表現として使うのは誤り。「×もっと努力をしなくてはいけないと思いを致します」

類表現「思いを馳《は》せる」

思《おも》いを懸《か》ける

使い方 深い恋心を抱く。恋慕する。懸想《けそう》する。「職場の女性に――」「長年**思いをかけた人**」◆(1)「懸ける」は、作用・気持ちなどを及ぼす意。「掛ける」とも書く。(2)「思いを寄せる」よりも恋い慕う気持ちが強い。

誤用「気に掛ける」の意で使うのは誤り。「×不穏な国際情勢に思いをかける」

思《おも》いを▼馳《は》せる

使い方 遠く離れている人や物事に思いを及ぼす。「若かりし日々に――」「故郷の空に――」「故国の妻子に――」◆気持ちなどを遠くまで至らせる意。

誤用「思いを走らせる」は誤り。

類表現「思いを致す」

思《おも》いを晴《は》らす

使い方 もやもやした気持ちを取り去って、晴れ晴れした気持ちになる。特に、憂《う》さや恨みを晴らす。また、望みを遂げる。「旅に出て――」「酒でも飲むしか――方法がない」「オリンピックに出場して積年の――」◆「晴らす」は、心の中にわだかまる不快な感情を取り除いてすっきりさせる意。

補説 逆の意で、「悲しみに思いを曇らせる」とはいわない。「○思わしくない病状に顔［眉《まゆ》］を曇らせる」

思《おも》いを巡《めぐ》らす

使い方 あれこれと多方面に心を働かせる。「国の将来［先人の苦労］に――」「いろいろと**思いをめぐらして**、対応策を考える」◆「めぐらす」は、いろいろなことを考える意（「策を巡らす」）。「思いを巡らせる」とも。

補説 一つのことに心を集中して考えることは「思いを凝《こ》らす」という。「新しい事業の構想に思いを凝らす」

思《おも》いを寄《よ》せる

使い方 あることに心を傾ける。特に、異性に恋慕の気持ちをもつ。「ひそかに──」「君に**思いを寄せ**ている人がいるのだが…」◆(1)「寄せる」は、あるものに気持ちを傾ける意（「部下に全幅の信頼を寄せる」）。(2)異性に関しては、「思いを懸ける」よりも淡い恋情をいう。

◆「思《おも》う」を使う成句

明日《あす》ありと思う心の徒桜《あだざくら》・家貧しくして良妻を思う・思う念力岩をも通す・人を見たら泥棒と思え・我思う故に我在り

思《おも》う念力《ねんりき》岩《いわ》をも通《とお》す

使い方 一心に思いを込めて事に当たれば、どんなことでも成就するということ。「何とか頑張ってみよう。──だ」「──だね、とうとうあの難事業を完成させたよ」◆(1)集中させた精神は、時に奇跡にも近い力を発揮する。精神力の偉大さをいうのであって、超能力が岩を貫くような神秘現象をいうのではない。(2)「念力岩を通す」「一念岩をも通す」とも。「通す」は「▽徹す」とも書く。

出典「史記・李将軍伝」には、前漢の将軍李広《りこう》が草中の石を虎と思い込んで弓で射たところ、その矢じりは石に深く突き刺さったという故事が引かれている。

類表現「石に立つ矢」「精神一到何事かならざらん」「為せば成る」

◆「親《おや》」を使う成句

生みの親より育ての親・親の心子知らず・親の脛《すね》を齧《かじ》る・親の光は七光り・親の欲目・親は無くとも子は育つ・子供の喧嘩《けんか》に親が出る・この親にしてこの子あり・子を持って知る親の恩・立っている者は親でも使え

親《おや》の心《こころ》子《こ》知《し》らず

使い方 親が子を思う心情がわからないので、子は好き勝手にふるまうということ。「──で、子どもは遊んでばかりいる」「ああ、情けない、──だわ」「学生時代は親に心配の掛けどおしだった。誠に──であった」◆子から言わせれば「子の心親知らず」ということになる。実のところ、自分が親になってみないと親心は理解できないだろう。

誤用 親が子の心を知らない意で使うのは誤り。

親《おや》の▼脛《すね》を▼齧《かじ》る

使い方 子が自立できないで、経済的負担を親に頼る。「就職もしないで、**親のすねをかじ**って暮らす」「**親のすねをかじり**ながら司法試験の勉強を続ける」「卒業しても就職の当てはなかったし、**親のすねをかじれる**間は、できるだけのらくらしてやろうという料簡だった〈井上靖・あすなろ物語〉」◆相当の年齢になってまで、わが子を養わなくてはならない親の脛は細るばかりだろう。そんな不甲斐ない子のことは、「親の脛齧《すねかじ》り」という。

誤用「親の足をかじる」は誤り。

親《おや》の光《ひかり》は七光《ななひか》り

使い方 親の名声や社会的地位のおかげで、子が幸いを得ること。「彼女が主役に抜擢《ばってき》されたのは**親の（光は）七光り**だよ」「専務の肩書きをもらって大きな顔をしているが、たかが**親の（光は）七光り**じゃないか」◆(1)「親の光」は、親の威光の意。「七」は数が多いことをいう。今の成功は親のおかげで、子の実力によるものではないという気持ちを込めて使う。(2)「親の光は七とこ照らす」とも。

親《おや》の欲目《よくめ》

使い方 親はわが子がかわいいために、その子を実力以上に評価するということ。「この子は秀才だ、秀才だというけれど、あれは——だね」「——で、鳶《とんび》の子が鷹《たか》に見えるらしい」「——と言われるかもしれないが、この子は歌がうまいのでぜひ歌手にしたい」◆利害や感情に左右される主観的な見方をマイナスに評価していう。「欲目」は、我欲にとらわれて、物事を自分の都合のいいように見ること。

誤用 親が我欲を押し通す意で使うのは誤り。「× 本人は文学部に進みたいというのに、何が何でも医者にするというのは親の欲目だよ」

親《おや》は無《な》くとも子《こ》は育《そだ》つ

使い方 たとえ親がいなくても子どもはちゃんと育つものだ。世の中のことはそう心配するほどのことはないというたとえ。「残された子は不憫《ふびん》だが、——というから温かく見守っていこう」「早く両親をなくしたが、——で、あの子も一人前になって働くようになった」◆(1)早くに両親と死別したり生別したりした子は哀れだが、世間の風はそう冷たくはないし、子の生命力も思う以上にたくましいということ。(2)「親は無けれど子は育つ」とも。

誤用 親の干渉は無用だという意で使うのは本来的には誤りだが、最近は使用例が多い。「△ 親はなくても子は育つというから、子どもは放任した方が立派に育つかもしれない」

折《お》り紙《がみ》付《つ》き

使い方 ❶書画・刀剣・器物などに鑑定保証書が付いていること。「良寛の真筆という——の掛け物」「——の銘刀」◆「折り紙」は奉書紙・鳥の子紙などを横に二つに折ったもの。古くは公式文書、贈呈品の目録、鑑定書などに用いた。

❷物事の価値や人物の力量・資格などに保証できるという定評があること。「——の研磨技術」「今や数少ない——の宮大工」「パリでも五指に入るという——のシェフ」

誤用「札付き」との混同から、悪評が定着している意に使うのは誤り。「× 折り紙付きの不良[悪党]」

折《おり》に触《ふ》れて

使い方 機会があるごとに。何かというと。「**折に触れて**言い聞かせる」「**折に触れて**感興を歌に詠む」「**折に触れて**故郷のことを思い出す」◆「折」は、機会・時機の意。

誤用 機会を得ての意で使うのは誤り。「× 折に触れて、売り上げが急増した」

折《おり》も折《おり》

使い方 ちょうどそのとき。「——、彼から連絡があった」「出かけようとする——、来客があった」「出航しようとする━━、海が荒れ始めた」◆「折」は、機会・時機の意。

誤用「よりによってこんな都合の悪いときに」の意で使うのは誤り。その意では、「折もあろうに」を使う。「×折も折／○折もあろうに試合の前日に足を骨折してしまった」

補説「折も折とて」は、「ちょうどそのようなときなので」の意。「年末の高速道路は折も折とてひどい渋滞だった」

◆「折《お》る」を使う成句

我《が》を折る・腰を折る・角《つの》を折る・話の腰を折る・鼻を折る・膝を折る・筆を折る・骨を折る

◆「下《お》ろす（卸）」を使う成句

看板を下ろす・そうは問屋が卸さない・暖簾《のれん》を下ろす・幕を下ろす

終《お》わり良《よ》ければ▽全《すべ》て良《よ》し

使い方 物事は結末がよければ、その発端や過程にまずいところがあっても問題にならない。「いろいろミスもあったが、何とか完成した。━━だ」「脱落者が出たのは残念だが、━━としよう」◆(1)多少の悔いは残っても、その結果を評価しようという気持ちを込めて使う。(2)「全て」は「▽凡て」「▽総て」とも書くが、かな書きが一般的。

出典 **All's well that ends well.** の訳語。シェークスピアは、一六〇七年、この句をもとに同名の戯曲を書いている。

類表現「掉尾《ちょうび》を飾る」「有終の美を飾る」

終《お》わりを告《つ》げる

使い方 ❶終わりが来たことを知らせる。「除夜の鐘が一年の━━」「興行の━━櫓太鼓《やぐらだいこ》」

❷おしまいになる。終了する。「大会は成功裏に**終わりを告げた**」「長かった冬もようやく**終わりを告げた**」「大政奉還によって、鎌倉幕府以来七百年続いてきた武家政治は**終わりを告げた**」「北清事変は、ひとまず、**終わりを告げ**たけれども、これでかたがついたのだと思ってはならない〈山本有三・路傍の石〉」◆「もうすぐ会議が終わりを告げますから、しばらくお待ち下さい」などと、話しことばの中で使うのはなじまない。

終《お》わりを全《まっと》うする

使い方 最後まできちんとなし遂げて、恥ずかしくないようにする。また、なすべきことをなし遂げて一生を終える。「彼は僻地《へきち》医療のために献身して、その**終わりを全うした**」「ボランティア活動に参加する人は多いが、その━━人は少ない」◆「まっとうする」は「まったくする」の転。完全になし遂げる意。

誤用「まっとうする」を「真っ当する」と書くのは誤り。

尾《お》を引《ひ》く

使い方 物事が過ぎ去った後までも名残が続く。影響が後まで残る。「夕べの酒が━━」「初戦を落としたショックが━━」「二年前の事件が今でも**尾を引いてい**る」「いまだに遺産争いのしこりが**尾を引いている**」◆しっぽのように後ろに長くのばす意からいう。

誤用 ある飲食物がいつまでも欲しいと

いう感じである、という意では使わない。「ピーナッツは食べ始めると×尾を引く/○後を引く」

類表現「後を引く」「糸を引く」

◆「恩《おん》」を使う成句

> 恩に着せる・恩に着る・恩を仇《あだ》で返す・恩を売る・子を持って知る親の恩・父の恩は山よりも高く母の恩は海よりも深し

温故知新《おんこちしん》

使い方 昔のことをよく学び、そこから新しい考え方や知識を得ること。また、過去のことを研究して、現在の新しい事態に対処すること。「今度の研究は━の心で臨もう」「歴史を学ぶにも━の姿勢が大切だ」◆「故《ふる》きを温《たず》ねて新しきを知る」とも。

誤用「おんこ」を「温古」と書くのは誤り。

補説 室町時代後期に、大伴広公《おおとものひろきみ》が日本最古の五十音引き国語辞典「温故知新書」を編纂《へんさん》したのも、「温故知新」の精神からだったのだろう。

出典「論語・為政」にある孔子のことば、「故《ふる》きを温《たず》ねて(または、温《あたた》めて)新しきを知らば、以《もっ》て師と為《な》るべし」に基づく。

◆「女(おんな・じょ)」を使う成句

> 東男《あずまおとこ》に京女・男鰥《おとこやもめ》に蛆《うじ》が湧《わ》き女寡《おんなやもめ》に花が咲く・女心と秋の空・女三人寄れば姦《かしま》しい・女寡《おんなやもめ》に花が咲く・遠くて近きは男女《だんじょ》の仲・弱き者汝《なんじ》の名は女なり

女心《おんなごころ》と秋《あき》の空《そら》

使い方 女性の男性に対する愛情は、秋の空模様のように変わりやすいということ。「彼女は君が嫌になって離れていったわけではないだろう。━だよ」◆男性の立場から、くるくると変わって定まらないものを二つ並べていう。

補説 女性の立場からは、「男心と秋の空」。

女三人寄《おんなさんにんよ》れば▼姦《かしま》しい

使い方 女性はおしゃべりだから、三人も集まればやかましくなるということ。「まだ話は尽きないらしい。━だね」

◆(1)「かしましい」は、大いに耳障りであるさま。「女」の字を三つ合わせると、訓で「かしましい」と読ませる「姦」の字になることからいう。男も三人集まればうるさくなるが、「男」を三つ合わせた字はない。(2)「おんな」は「おなご」とも。

女《おんな》▽寡《やもめ》に花《はな》が咲《さ》く

⇩男鰥《おとこやもめ》に蛆《うじ》がわき女寡に花が咲く

恩《おん》に着《き》せる

使い方 ちょっとした恩恵を与えたことを、ことさらありがたく思わせようとする。「就職の世話をしたことを━」「ちょっと金を貸したからといって━つもりはない」「助けたことを**恩に着せて**、いつまでも偉そうな態度をとる」「高がこれしきの金を貰うのに、そんなに**恩に着せられ**ちゃ厭だよ〈夏目漱石・明暗〉」

◆(1)押しつけがましい態度をマイナスに評価して使う。「恩」は、ありがたいと思わせる行為。(2)「恩に着せる」とは別の意味になるが、「(人に)恩を着せる」「(人から)恩を着る」という言い方もある。

類表現「恩に掛ける」

恩《おん》に着《き》る

使い方 受けた恩をありがたく思う。感謝する。「助かった。一生――よ」「ありがとう。本当に**恩に着ます**」

誤用 丁寧形は「恩にきます（着ます）」が正しい。「きる」を「切る」と誤解した「恩にきります（切ります）」は誤り。

乳母《〈おんば〉》日傘《ひがさ》

使い方 乳母《うば》をつけ、日傘を差しかけて、子どもを大事に守り育てること。過保護に育てること。「――で育てられたお嬢さん[お坊ちゃん]」◆⑴「おんば」は「おうば」の転。かつて、大家《たいけ》の子どもたちには乳母がつけられ、大切に養育されたことからいう。⑵「おんばひからかさ」とも。

誤用 子どもがおんぶをすれば抱っこしてと甘えるように、いい気になって人に頼ることを「おんぶに抱っこ」というが、混同して「おんぶ日傘」というのは誤り。

恩《おん》を▼仇《あだ》で返《かえ》す

使い方 相手の恩義に報いないで、かえって害になるようなことをする。「さんざん世話になっておきながら、――ようなことをする」「そんなことをされては**恩をあだで返さ**れたようなものだ」◆⑴「仇」は、ひどい仕打ち。恩を受けたならば必ず恩返しをしなくてはならないという倫理観からいう。⑵「恩を仇」「恩を仇で報ずる」とも。

誤用「仇」は「かたき」とも読むが、「恩をかたきで返す」は誤り。

補説 逆に、恨むべき人にかえって情けをかけることは、「仇を恩で報いる」。

類表現「後足で砂をかける」

恩《おん》を売《う》る

使い方 相手からの感謝や見返りを期待して恩恵を与える。「ライバル会社に情報を流して――」「天下りの下心をもって、業者に**恩を売**っておく」◆利己心から恩を施すことをいう。

補説 相手に恩を施したことを誇ったり、ことさらありがたく思わせようとしたりすることが、「恩に着せる」。受けた恩をありがたく思うことは「恩に着る」といい、「恩を買う」という言い方はない。

か

飼《か》い犬《いぬ》に手《て》を▼噛《か》まれる

使い方 かわいがって面倒をみてきた者に手ひどく裏切られることのたとえ。「信頼していたマネージャーに大金を持ち逃げされた。――とはこのことだよ」「あの代議士は収賄を秘書に告発されたそうだ。まさに**飼い犬に手をかまれ**た思いだろう」

◆⑴「三日飼えば三年恩を忘れぬ」という犬でさえ主人に噛みつくことがある。かわいがっているからと気を許すと、いつ恩を仇《あだ》で返されるかわからない。⑵「主人―飼い犬」の関係になぞらえても不適切ではない関係・場合にいう。⑶「飼い犬に手を食われる」とも。

誤用「飼い犬」になぞらえるので、その人（の関係者）に直接言うと失礼な場合が多い。「×〔長年目を掛けてきた部下の妻に対して〕ご主人がB社に移るとは、本当に飼い犬に手をかまれる思いです」

補説 逆の言い方に、「後足で砂をかける」「恩を仇で返す」などがある。

会《かい》▼稽《けい》の恥《はじ》

使い方 戦いに大敗した恥辱のこと。また、以前に受けた手ひどい屈辱のこと。「昨年、大敗を喫したチームと再戦し、みごと――をすすいだ」◆(1)「平治物語」「平家物語」などの軍記物に頻出することば。現在では試合などに敗れた屈辱ほどの意で使われることが多い。(2)「すすぐ」は古くは「すすく」。

出典 春秋時代、呉王《ごおう》夫差《ふさ》と戦った越王句践《こうせん》が会稽山で包囲され、屈辱的な講和を結んだという故事に基づく(「史記・越世家」)。後に句践は賢臣范蠡《はんれい》の助けを得、艱難辛苦《かんなんしんく》の末に夫差を打ち破って積年の恨みを晴らした。そこで、復讐を遂げて名誉を回復することを「会稽の恥を雪《すす》ぐ」という。⇩臥薪嘗胆《がしんしょうたん》

▼骸骨《がいこつ》を▼乞《こ》う

使い方 辞職を願い出る。「感ずるところがあって――」「三十年間勤めた役所に骸骨を乞い、郷里に帰る」◆仕官中、主君に捧げた身の残骸を返してほしいと乞うことからいう。「骸《がい》を乞う」とも。

誤用 それなりの要職に就いていない人が用いると、大仰に過ぎる。「×就職が決まったので、バイト先の店長に骸骨を乞うことにした」

出典 中国の春秋時代、斉《せい》の宰相晏嬰《あんえい》が、地方の治め方について自分と考えを異にする景公《けいこう》に対し、「願わくは骸骨を乞いて、賢者の路を避けん(＝どうか私の骨だけは返していただきたい。私にはご主君のいう賢者の道を進むつもりはありません)」と辞職を願い出たという故事に基づく(「晏子《あんし》春秋・外篇」)。

解語《かいご》の花《はな》

使い方 ことばを理解する花。美人のこと。「――の居並ぶ後宮」◆元来は楊貴妃《ようきひ》のたとえ。クレオパトラや小野小町ほどの歴史上でも有名な絶世の美人は「解語の花」といえるだろうが、一般には使いにくい。

出典 唐の玄宗《げんそう》皇帝が一族の者と太液《たいえき》の池で白蓮《びゃくれん》を愛《め》でていたとき、楊貴妃を指さして「争《いか》でか我が解語の花に如《し》かん(＝ことばを理解するこの花にまさるものがあろうか)」と言ったという故事に基づく(「開元天宝遺事」)。

快《かい》▼哉《さい》を叫《さけ》ぶ

使い方 うれしい出来事に接して喜びの声を上げる。心から愉快だと思う。「世界記録の達成[九回裏の逆転ホームラン]に――」「してやったりと、心の中で――」◆「快哉」は、「快なる哉《かな》」の音読み。「こころよきかな」の意。

誤用 「喝采《かっさい》を叫ぶ」は誤り。

▼鎧《がい》▼袖《しゅう》一触《いっしょく》

使い方 鎧《よろい》の袖《そで》でちょっと触れるほどのわずかな力で、あっさりと敵を打ち負かすこと。「あの横綱にかかっては大関も――の感がある」「チャンピオンは、――、たった一発のパンチで挑戦者をマットに沈めた」

誤用 (1)弱い者が強い者の袖にも触れることができないまま敗れる意で使うのは誤り。「×わがチームは対戦相手に鎧袖一触もさせずに勝ち進んだ」(2)「一蹴する」との混同で要求・意見などをはねつける意で使うのは誤り。「×

和解案を鎧袖一触した」

出典 保元《ほうげん》の乱（一一五六年）のとき、源為朝《ためとも》が「平清盛輩の如きに至りては、臣の鎧袖一たび触れなば、皆自ら倒れんのみ（＝平清盛らのような者は、私の鎧の袖がひと触れすれば、みな自然に倒れてしまうだけだ）」と語ったという故事に基づく（「日本外史」）。

▼咳《がい》▼唾《だ》▽珠《たま》を成《な》す

使い方 何気なく口をついて出ることばさえ珠玉のように美しいの意から、詩文の才能がきわめて豊かであることのたとえ。「――桂冠詩人」「ひとたび筆を執れば、――の感がある」「口を開けば**咳唾珠を成し**、聞く者の胸を打つ」◆(1)「咳唾」は、せきとつば。また、せき払いの声。転じて、目上の人のことばを敬っていう語。(2)「咳唾珠玉を成す」「咳唾自《おの》ずから珠を成す」とも。

誤用 人ではなく作品を賞賛していうのは誤り。「×咳唾珠を成す名文集」

快《かい》刀《とう》乱《らん》麻《ま》を断《た》つ

使い方 もつれた麻をよく切れる刀で見事に断ち切る意から、複雑な問題をあざやかに解決することのたとえ。「紛糾した相続問題を――ように処理する」「さしもの難問も彼女の手によって――ごとく解決された」「――名推理」

誤用 (1)「かいとう」を「怪刀」と書くのは誤り。(2)物事をさばく・解決するという場面でなく、単に鮮やかな所業を形容していうのは避けたい。「△快刀乱麻を断つような名演技」「△切れ味鋭いスライダーで快刀乱麻を断つ」

▼隗《かい》より始《はじ》めよ

使い方 遠大な事業は、まず身近なところから始めよということ。また、何事もまず言い出した者から始めよということ。「――というように、海外市場を開拓するならばまず十分なデータ分析が必要だ」「――というから、まず提案者の君が音頭をとらなければだめだよ」◆「まず隗より始めよ」「賢を招くには隗より始めよ」とも。

誤用 (1)「かい」を「魁」と書くのは誤り。(2)出典を踏まえ、「まず凡庸な者から優遇せよ」という意をまともにとって使うのは避けたい。「×〔成績の悪い人が会社に対して〕隗より始めよというから、もっと給料を上げてください」

出典 燕《えん》の昭王に「どうしたら賢者を招くことができるか」と問われた郭隗《かくかい》が、「まず私のような凡人を優遇することから始められよ。そうすれば一流の人材がおのずと集まってくるだろう」と答えたという故事に基づく（「戦国策・燕」）。

類表現 「死馬《しば》の骨を買う」

怪《かい》力《りょく》乱《らん》神《しん》を語《かた》らず

使い方 君子は道理に背いたことや人知を超えたものについては語らないものだ。「――の態度を貫く」「――を旨とする」◆(1)「怪」は奇怪なこと、「力」は勇力のこと、「乱」は不道徳なこと、「神」は鬼神のこと。「怪力乱神」は「怪力（＝道理に外れた力）―乱神（＝邪悪な神）」と読む説もあるが、一般的には「怪―力―乱―神」の意とされる。
(2)怪しげなことや不確かなことは口にしないほうがよい、の意でも使う。「裏づけのとれない話だから公表しないことにしよう。――だ」

誤用 並はずれて強い力と混同して、「かいりき（怪力）」と読むのは本来は誤りだが、近年は多く用いられる。

出典「論語・述而《じゅつじ》」に「子《し》は怪力乱神を語らず」とあるのに基づく。

▼偕老同穴《かいろうどうけつ》

使い方 夫婦がともに老いるまで、仲むつまじく連れ添うこと。「今日の佳き日に華燭《かしょく》の典を挙げ、お二人は――の契りを結ぶことになりました」「――を地で行くような仲のよい夫婦」

◆(1) 生きているときは老いを偕《とも》にし、死んでからは同じ墓の穴に葬られる意。カイロウドウケツ科の海綿動物のこともいうが、これは胃腔内にしばしば雌雄一対のドウケツエビがすみ、これが仲むつまじく見えることから、このエビをカイロウドウケツと称したことによる。それがのちに海綿動物の総称となった。(2)「偕老同穴の契り」「偕老の契り」「同穴の契り」とも。

誤用 かりそめの恋に使うのは誤り。「×一夜、二人は偕老同穴の契りを結んだ」

出典「詩経」にある二つの詩の、「子《し》と偕《とも》に老いんとす」「死しては則ち穴《けつ》を同じくせん」ということばに基づく。

類表現「天に在らば比翼の鳥、地に在らば連理の枝」「お前百までわしゃ九十九まで」

◆「買《か》う」を使う成句

恨みを買う・歓心を買う・児孫《じそん》のために美田《びでん》を買わず・死馬の骨を買う・一役《ひとやく》買う・顰蹙《ひんしゅく》を買う・若い時の苦労は買ってでもせよ

◆「返《かえ》す」を使う成句

裏を返せば・恩を仇《あだ》で返す・踵《きびす》を返す・言葉を返す・手の裏を返す・手のひらを返す

顧《かえり》みて他《た》を言《い》う

使い方 返答に詰まったとき、辺りを見回し、さりげなく話題を変えてごまかす。「担当者は――ような責任逃れのことばをくり返す」「不法投棄に抗議をしても、企業側は――という態度で、一向にらちがあかない」 ◆「左右を顧みて他を言う」「顧みて他事を説く」とも。

誤用「顧みて(=辺りを見て)」を「省みて(=反省して)」とするのは誤り。

出典 孟子に質問された斉《せい》の宣王が、答えに窮して左右の臣下を見回し、まったく関係のない話を始めたという故事に基づく(「孟子・梁恵王下」)。

◆「蛙(かえる・かわず)」を使う成句

井の中の蛙《かわず》大海を知らず・蛙の子は蛙・蛙の面に水・蛇ににらまれた蛙

▼蛙《かえる》の子《こ》は▼蛙《かえる》

使い方 子は親に似るもので、結局は親の進んだ道をたどるものだ。また、凡人の子はやはり凡人にしかなれないものだ。「――で、彼女の娘もプロのピアニストとして活躍しているよ」「――で、息子も家業の酒屋を継ぐことになった」「――だから、子どもらに高望みをしても仕方がない」 ◆「オタマジャクシは蛙の子、ナマズの孫ではないわいな」と歌われるように、とても蛙の子とは思えないようなオタマジャクシも、成長すればやっぱり蛙になる。「蛙の子は蛙の子」とも。

誤用 しょせん蛙は蛙という意味合いが

あるので、目上の人に対して直接使ったり、誉めことばとして使ったりするのは避けたい。「✕さすが蛙の子は蛙ですね。先生同様、見事な作品です」「✕お父さんに似て優秀な息子さん、やっぱり蛙の子は蛙ですね」

類表現「瓜《うり》の蔓《つる》に茄子《なすび》はならぬ」「燕雀《えんじゃく》鳳《ほう》を生まず」

▼蛙《かえる》の面《つら》に水《みず》

使い方 どんな仕打ちを受けても平気なこと。また、どんなに注意されようが叱られようが一向に動じないこと。「あの男は、いくら忠告しても**蛙の面に／へ水**だ」「あれだけ嫌みを言われたのにまたやって来た。──だったね」「どんなに叱られても──で、まったく反省の色が見えない」◆⑴蛙の顔に水をかけても平然としていることから。「蛙の面に小便」とも。⑵図々しい、恥知らずだなどの皮肉を込めて使う。

誤用 泰然自若としていることをほめていうことばではない。「✕彼は蛙の面に水で、ちょっとやそっとのことでは動じない。なかなかの大物だよ」

出典 上方版「いろはがるた」の一つ。

類表現「牛の角を蜂《はち》が刺す」

◆「顔（かお・がん）」を使う成句

朝《あした》に紅顔ありて夕べには白骨となる・合わせる顔がない・顔色《かおいろ》を窺《うかが》う・顔が合わせられない・顔が売れる・顔が利く・顔が立つ・顔が広い・顔から火が出る・顔に泥を塗る・顔を合わせる・顔を揃《そろ》える・顔を立てる・顔を繋《つな》ぐ・顔を潰《つぶ》す・借る時の地蔵顔済す時の閻魔顔《えんまがお》・顔色《がんしょく》を失う・涼しい顔をする・仏の顔も三度

顔色《かおいろ》を▼窺《うかが》う

使い方 機嫌のよしあしや感情の動きなどを推測しようとして、相手の表情をそれとなく探る。「上司の──」「伯母の**顔色をうかが**いながら借金を頼み込む」

◆⑴「顔色を見る」とも。「顔色」は、感情の動きが表れた顔のようす。
⑵「窺う」は「▼覗う」とも書く。「伺う」と書くのは避けたい（「伺う」は「聞く」「訪れる」などの謙譲語）。

誤用「顔をうかがう」は誤り。容貌を見ただけでは感情の動きはわからない。

顔《かお》が合《あ》わせられない

使い方 面目なくて人に会えない。「酔って醜態を演じたので──」「金を借りたままなので──」「面目なくて親にも──」

◆恥じることや不名誉なことがあって、その人に会えないことをいう。「合わせる顔がない」とも。

誤用 単に会えない意で使うのは誤り。「✕忙しくて彼とは滅多に顔が合わせられない」「✕普段なかなか顔が合わせられない人」

補説「顔を合わせない」は、会うようにしない、の意。「気まずいことがあって、彼女とは顔を合わせないようにしている」

顔《かお》が売《う》れる

使い方 広く名が知られる。有名になる。「彼はこの辺りでは**顔が売れ**ている」「あの新人歌手もようやく**顔が売れ**てきたね」「あのタレントはちょっと**顔が売れ**てきたら態度が大きくなった」◆「顔」は、知名度や勢力の意。

誤用 物品など「顔」のないものには使わない。「✕うちの新製品も全国に顔が売れ出した」

補説 世間に広く知られようとする意では、「顔を売る」という。「選挙が近いのだからもっと顔を売っておいた方がいい」

顔《かお》が利《き》く

使い方 信用や力があって、相手に無理が言える。「彼は財界に——」「芸能界に——、ベテランのレポーター」「あのレストランなら——から、裏メニューも出してくれるよ」「誰か相撲界に——人を紹介して下さい」「村では有力者だが、都会に出ると**顔が利か**ない」 ◆「顔」は、ある社会や地域での知名度・勢力の意。

誤用「利く」は知名度や勢力が他に及ぶ意。効果がある意にとって「効く」と書くのは避けたい。

顔《かお》が立《た》つ

使い方 世間に対する体面が保たれる。「ここで和解してもらえれば、私の——」「一言わびておけば彼も——だろう」「この条件を呑んでいただければ、私も社に対して**顔が立ち**ます」「いま契約を破棄したら先方の**顔が立た**ない」 ◆「顔」は、体面、面目、名誉の意。

誤用「たつ」を「建つ」と書くのは誤り。

補説 相手の面目が保たれるようにする意では、「顔を立てる」という。

類表現「面目《めんぼく・めんもく》が立つ」

顔《かお》が広《ひろ》い

使い方 交際範囲が広い。知り合いが多い。「彼は政界に——」「新聞記者をしていると**顔が広く**なる」「**顔が**／**の 広い**人だから、彼女に斡旋《あっせん》を頼んでみよう」 ◆「顔」は、ある社会や地域での知名度・勢力の意。

誤用「顔が大きい」は誤り。「大きな〔でかい〕顔をする」は、偉そうな態度をとる意。

顔《かお》から火《ひ》が出《で》る

使い方 恥ずかしくて顔が真っ赤になる。「台詞《せりふ》を忘れて——思いだった」「式典の最中に失態を演じて**顔から火が**／**の出る**思いがした」「人違いだと気づいたときは——ほど恥ずかしかった」 ◆「火が出る」は火が出たように熱くなるの意で、赤面することのたとえ。

誤用「顔に火が付く」は誤り。「火が付いたよう」は、赤ん坊が激しく泣くさまや慌ただしいさまにいう。

類表現 若い女性などが恥ずかしがって顔を赤らめることは「顔に紅葉《もみじ》を散らす」という。

顔《かお》に泥《どろ》を塗《ぬ》る

使い方 体面を傷つける。恥をかかせる。「刃傷沙汰を起こして親の——」「今ここで店を潰《つぶ》せば先代の——ことになる」「銀行の——ような不正融資を繰り返す」 ◆「顔」は、体面、面目、名誉の意。

誤用「泥」だからこそ汚いもののたとえになるので、「顔に土を塗る」は誤り。

類表現「顔を潰《つぶ》す」「顔を汚《よご》す」

顔《かお》を合《あ》わせる

使い方 ❶対面する。会う。「彼女とはそのパーティーで初めて**顔を合わせた**」「クラス会があって、古い仲間が久しぶりで**顔を合わせた**」「あんな男とは二度と**顔を合わせた**くない」

❷試合などで対戦する。「チャンピオンと——」「初戦で優勝候補と——」「決勝で——ことになったチーム」

◆(1)「合わせる」は、向き合わせる意。会うようにさせるの意から、「会わせる」とも書く。⑵「顔を合わす」とも。「事情があって彼女とは顔を合わしたくないんだ」

顔《かお》を▼揃《そろ》える

使い方 列席するはずの人がすべて集まる。「各地区の代表者[全日本のメンバー・立候補者五人・主役の二人]が**顔をそろえた**」「精鋭[悪童ども]が**顔をそろえた**」「一家のものは明るい室に晴々した**顔を揃えた**〈夏目漱石・明暗〉」

誤用 「顔」のない物品に転用することもあるが、修辞的であって、標準の言い方ではない。「△今シーズンのニューモデル[各地の名産]が顔をそろえた」

補説 ⑴同じ意味の表現に「顔が揃う」がある。「全員の顔がそろうまで、待とう」⑵「首[雁首《がんくび》]を揃える」は立場の悪い人が集まる場合にいう。「一同が首をそろえておわびに上がる」

顔《かお》を立《た》てる

使い方 相手の面目が保たれるようにする。「仲裁人の——ために妥協する」「ここは一歩譲って先輩の**顔を立て**ておこう」「一言わびを入れて先方の**顔を立て**たほうがいい」◆「顔」は、体面、面目、名誉の意。⇩顔が立つ

誤用 「たてる」を「建てる」と書くのは誤り。

顔《かお》を▼繋《つな》ぐ

使い方 折にふれて訪問するなどして、相手との関係が切れないようにする。顔つなぎをする。「得意先を回って——」「——ために会合に出席する」「地元の有力者に**顔をつない**でおく」「たまには出かけていって**顔をつない**でおいたほうがいい」◆時々顔を出して、相手の気持ちや関心が離れないようにすることをいう。

誤用 成句としては「顔をつなげる」は固定しておらず、避けたい。「×OBに顔をつなげておく」

顔《かお》を▼潰《つぶ》す

使い方 面目を失わせる。名誉を傷つける。「不始末をしでかして身元保証人の——」「親の——ようなことはするな」「決して先輩の——ようなことはしません」◆顔は、体面や名誉の意。

補説 世間に対して面目を失う意では「顔が潰れる」という。「そんなことをされたらぼくの顔がつぶれる」

類表現 「顔に泥を塗る」「顔を汚《よご》す」

河海《かかい》は細流《さいりゅう》を▽択《えら》ばず

使い方 大人物は度量が広いから、すべての人を受け入れるということ。「付き合う人間をより好みしていると大きな仕事はできないよ。——だ」「——というから、あまり従業員の優劣を云々《うんぬん》しないほうがいい」◆⑴「細流」は支流や小川の意。「択ばず」は「選ばず」とも書くが、原典では「択ばず」。⑵「河海は細流を厭《いと》わず」とも。

出典 「史記・李斯《りし》列伝」に「河海は細流を択ばず、故に能《よ》く其の深きを就《な》す(＝黄河《こうが》や渤海《ぼっかい》はたとえ小さな流れであっても捨てることがない。だからこそあれほどの深さになるのだ)」とあることに基づく。人もまたしかりで、大人物はどのような相手とも差別なく付き合うことができるということ。

類表現 「大海は塵《ちり》を択ばず」「泰山《たいざん》は土壌を譲らず」

◆「掛《か》かる(懸)」を使う成句

息が掛かる・エンジンが掛かる・お座敷が掛かる・お目に掛かる・嵩《かさ》に懸かる・心に懸かる・箸《はし》にも棒にも掛からない

▼蝸《か》牛《ぎゅう》角《かく》上《じょう》の争《あらそ》い

使い方 狭くて小さな世界で、つまらないことで争うたとえ。「兄弟で遺産を奪い合うなどは━━だよ」「━━で、あの老舗が本家争いの訴訟を起こしたそうだ」「あの会社では社長派と専務派が対立して━━を繰り返している」◈「蝸牛」は、カタツムリ。「蝸牛の角《つの》の争い」「蝸角《かかく》の争い」「かたつむりの角争い」「蛮触《ばんしょく》の争い」とも。

誤用 その場限りの口論や喧嘩《けんか》などに使うのは避けたい。「✕肩が触れたぐらいで殴り合うのは蝸牛角上の争いだよ」

出典 蝸牛の左の角《つの》を領土とする蛮氏《ばんし》と右の角を領土とする触氏《しょくし》とが争い、死者数万人に及んだという寓話《ぐうわ》に基づく(「荘子・則陽」)。世界を巻き込むような大きな戦争も、広大無辺の宇宙から見れば微小な世界の愚かな争いに過ぎない。唐の詩人白居易《はくきょい》は、その愚をあざけって、「蝸牛角上何事をか争う、石火光中《せっかこうちゅう》にこの身を寄す(＝人は火打ち石をたたいたときに出る火花のようなはかない世に生きているというのに、蝸牛の角のような小さい世の中で、何をこせこせと争うのか…)」と詠《うた》っている。

◆「書《か》く(描)」を使う成句

売り家と唐様《からよう》で書く三代目・絵に描いた餅《もち》・絵に描いたよう

◆「掻《か》く」を使う成句

胡坐《あぐら》を掻く・裏をかく・靴を隔てて痒《かゆ》きを掻く・寝首を掻く・欲をかく

核心《かくしん》を▽衝《つ》く

使い方 その物事の本質的な部分を鋭く指摘する。「質問が官民癒着の━━」「ずばり**核心をついた**尋問」「環境問題の**核心をついた**記事」◈「核心」は、物事の中心となる大切な部分。「つく」は、激しい勢いで攻めたり指摘したりする意から「衝く」が好まれるが、「突く」とも書く。

誤用 「核心につく」は誤り。「✕核心につく発言が出てくる」

◆「隠《かく》す」を使う成句

頭隠して尻《しり》隠さず・色の白いは七難《しちなん》隠す・能ある鷹《たか》は爪《つめ》を隠す

学問《がくもん》に王道《おうどう》無《な》し

使い方 学問には安易に修得できるような方法はない。「一足飛びに身につくような学科はない。━━だ」「━━なのだから、受験勉強もこつこつやるしかない」◈(1)ここでいう「王道」は近道、安易な方法の意。「古典研究の王道を歩む」などと使う「王道」は、最も正統的な道の意。(2)「学問に近道なし」「幾何学に王道なし」とも。

誤用 勉強にかかわる分野には広く使えるが、技芸の分野にまで使うのはなじまない。「✕ピアノ[習字]はそう簡単には上達しない。学問に王道なしだ」

出典 紀元前三〇〇年ごろのギリシアの数学者エウクレイデス(英語名、ユークリッド)から幾何学を学んでいたエジプト王プトレマイオス(英語名、トレミー)一世が、「もっと簡単に学べる方法はないのか」と尋ねると、エウクレイデスは即座に「幾何学に王道なし」と答えたという故事に基づく。

類表現「下学《かがく》して上達す(＝身近なところから学んで、次第に高遠な学問に達していくこと)」

英語 There is no royal road to learning.

◆「陰《かげ》」を使う成句

一樹《いちじゅ》の陰一河の流れも多生《たしょう》の縁・陰で糸を引く・陰になり日向《ひなた》になり・寄らば大樹の陰

◆「影(かげ・えい)」を使う成句

一犬《いっけん》影に吠《ほ》ゆれば百犬声に吠ゆ・噂《うわさ》をすれば影・影が薄い・影が差す・影の形に添うよう・影を潜める・形影《けいえい》相弔《とむら》う・三尺《さんじゃく》去って師の影を踏まず・見る影も無い

影《かげ》が薄《うす》い

使い方 ❶その存在が目立たない。存在感に乏しい。「姉が派手すぎるので、妹のほうは——」「彼は会社では——存在だ」「学生時代は**影が／の薄い**男だったが、ずいぶんと出世したものだ」「このところ日本の外交は——」

❷どことなく衰えて、元気がないようすである。命が短いように見える。「彼女は何となく——ね。どこか悪いんじゃないかしら」

◆「影」は、目にうつる姿や形。その姿がぼんやりとして、印象が薄いことをいう。

誤用「影が弱い」「陰が薄い」は誤り。

掛《か》け替《が》えのない

使い方 それだけしかない、大切な。ほかに代わるもののない。「——命〔一人息子〕」「——人を失う」「——一生を空しく過ごす」「会社にとって——人材」「この自由は**掛け替えがない**」 ◆(1)「掛け替え」は、代わりとして用意しておく同種類のもの。取り替え用のもの。(2)多く連体修飾として使う。

誤用「掛け替え」は平仮名で「かけがえ」と書くことも多いが、「欠けがえ」と書くのは誤り。

影《かげ》が差《さ》す

使い方 ❶人の気配がする。また、人がそこに現れる。「兄の名前を見た時、健三の頭に不図《ふと》又御縫《おぬい》さんの**影が差**した〈夏目漱石・道草〉」「噂《うわさ》をすれば——」⇨噂をすれば影

❷悪い事態が起こりそうな気配がする。「日本経済の動向に**影が差してきた**」「あの歌手の人気にも**影が差してきた**ね」「死〔戦争〕の——」

◆①の「影」は人の姿や影法師の意。②は不安・不吉の前兆の意。「さす」は「▽射す」とも書く。

誤用「かげ」を「陰」と書くのは誤り(「陰」は、日の当たらない所)。

陰《かげ》で糸《いと》を引《ひ》く

使い方 裏に隠れて他人を思いどおりに動かす。「総会屋が**陰で糸を引いている**」「この政変には——人物がいる」「彼

が強硬な態度に出るのは、誰かが**陰で糸を引いている**からだろう」「どうも、こんどの事件には、チョッピリ叔母さんが**陰で糸をひいている**ように、僕には、思われてならない〈太宰治・正義と微笑〉」◆操り人形師が舞台の陰で糸を引いて人形を自在に動かすことからいう。

誤用「かげ」を「影」と書くのは誤り（「影」は、光が当たったときに反対側にできる黒い形）。

陰《かげ》になり日▽《ひ》向《なた》になり

使い方 裏で支えたり表に立ったりして、いろいろと援助するさま。「後輩の仕事を━━支える」「━━支援してくれた恩人」◆「陰」は日の当たらない所、「日向」は日の当たる所。「陰になり日向になって」「陰となり日向となり」「陰日向になって」などとも。

誤用 (1)裏でも表でも邪魔をするなどのマイナスの意味で使うのは誤り。「×彼は陰になり日向になり私の足を引っ張る」(2)「かげ」を「影」と書くのは誤り。

補説 人の見ている所と見ていない所とでは言動が変わる人のことは「陰日向のある人」という。

類表現「陰《いん》に陽《よう》に」

影《かげ》の形《かたち》に添《そ》うよう

使い方 あるもの（人）が別のもの（人）のそばにいつも付いていて離れないようす。「雨の日も風の日も長い道中を一緒にして、━━に何くれと主人の身をいたわりながら、ここまでやって来たのも佐吉だ〈島崎藤村・夜明け前〉」「━━に仲むつまじい夫婦」「━━に忠実な秘書」◆(1)「影」はシルエットの意。物に影が付き添うように、いつも付き従っていることからいう。決して背くことのない従順のたとえともする。(2)「影の形に従うが如《ごと》し」「形に影の添うが如し」「影と添う」「影身に添う」「形影《けいえい》相従う」とも。

誤用 細部まで一致する意で使うのは誤り。「×影の形に添うような綿密な描写［詳細なレポート］」

出典「管子・任法」には「臣の主に事《つか》うるや、影の形に従うが如き（＝臣が君に仕えるのは、影が形に従うようでなくてはならない）」とあり、「法句経・上」には「影の形に随《したが》うが如し」とある。

◆「掛《か》ける（懸）」を使う成句

後足《あとあし》で砂を掛ける・後ろ足で砂を掛ける・腕に縒《よ》りを掛ける・お目に掛ける・思いも掛けない・思いを懸ける・鎌を掛ける・牛首《ぎゅうしゅ》を懸けて馬肉を売る・心に懸ける・歯牙《しが》にも掛けない・手塩に掛ける・手に掛ける・天秤《てんびん》に掛ける・拍車を掛ける・発破を掛ける・歯止めを掛ける・鼻に掛ける・篩《ふるい》に掛ける・水を掛ける・股《また》に掛ける・磨きを掛ける・縒《よ》りを掛ける・輪を掛ける

影《かげ》を潜《ひそ》める

使い方 姿が見えなくなる。表面に現れなくなる。「かつての流行作家も今は**影を潜めている**」「二十勝投手の制球力も**影を潜めた**」「学生たちの過激な行動は表向き**影を潜めた**」「熾烈《しれつ》だった販売合戦も**影を潜めてきた**」

◆(1)「影」は、目にうつる姿や形。「潜める」は、身を隠す、目立たなくなるの意。(2)影を潜めている限りは、すっかりなくなってしまったわけではない。「それから一年ほど経った現在、海に向って坐っている彼の頭に浮び上ってくるまで、それ(＝ある推理小説の着想)は**影を潜めて**いたのである〈吉行淳之介・砂の上の植物群〉」

誤用 (1)「かげ」を「陰」と書くのは誤り。(2)「ひそめる」と「ひそませる」は同意だが、成句としては「影をひそませる」は固定しておらず、避けたい。

▼籠《かご》で水《みず》を▼汲《く》む

使い方 いくら苦労しても一向に効果がないことのたとえ。「そんな方法では――ようなもので、いつまでたっても仕上がらないよ」「理論だけ組み立てても実験の裏づけがなくては――ようなものだ」「あんな事業に投資しても――ようなものだ」◆籠で水を汲んでも、汲むそばから水は下に漏れてしまうことからいう。「籠で水汲み」「笊《ざる》に水」「笊で水を汲む」「味噌こしで水をすくう」とも。

誤用 それが不可能である意で使うのは誤り。「×明日までにこの工事を完成させるのはかごで水を汲むに等しい」

類表現 「灰で縄を綯《な》う」

風上《かざかみ》にも置《お》けない

使い方 悪臭を放つものは風上には置けない意から、性質や行動の卑劣な人間をののしっていう語。仲間として同等に扱えないほど卑劣だ。「武士[教師・警官・新聞記者・政治家・マスコミ]の――やつ」◆「○○の風上にも置けない」の形で、その恥ずべき人間を仲間からはずしたい集団や組織の名を頭に置いて使う。

誤用 「風下にも置けない」は誤り。

▼嵩《かさ》に懸《か》かる

使い方 ❶勢いにのって攻めかかる。「敵がひるんだところを**嵩にかかって**攻めかかる」❷優位な立場などを利用して高圧的な態度をとる。「**嵩にかかって**命令する」「**嵩にかかって**、厳しい口調で訊問《じんもん》する」◆(1)「かさ」は、重なるものの大きさや分量・容積の意だが(「嵩のある荷物」「川の水の嵩が増す」)、成句では相手を威圧する勢いの意でも用いられてきた(「嵩に懸かる」「嵩に回る(＝優勢な立場になる)」「嵩から出る(＝高飛車に出る)」)。この「かさ」に当てられている漢字「嵩《スウ・シュウ》」は、山が高くそびえたつことを表す会意文字。(2)「かかる」は「掛かる」とも書く。

誤用 「笠に着る」との混同から「かさ」を「笠」と書くのは誤り。

▼笠《かさ》に着《き》る

使い方 人の権威や自分の地位を利用して大きな態度をとる。「権力を**笠に着て**威張る」「特権を**笠に着て**横柄に振る舞う」「役人の地位を**笠に着て**不正を働く」◆「笠」は、頭にかぶって雨・雪・日光などを防ぐものだが、覆うように自分を庇護《ひご》するもののたとえにも用いられる。「傘」は「笠」と同語源だが、頭上に差しかざす「傘」には比喩的な用法はない。

誤用 「嵩《かさ》に懸かる」との混同から「かさ」を「嵩」と書くのは誤り。

◆「飾《かざ》る」を使う成句

故郷へ錦《にしき》を飾る・掉尾《ちょうび》を飾る・錦《にしき》を飾る・有終の美を飾る

◆「火事《かじ》」を使う成句

> 金時《きんとき》の火事見舞い・地震雷火事親父・対岸の火事

▽和氏《かし》の▼璧《たま》

使い方 昔、中国にあった名玉。転じて、すばらしい宝石。貴重な宝。「――の如《ごと》き名玉」「――にも匹敵する家宝」

◆(1)「和氏の璧《へき》」「連城の璧《たま》」とも。(2)「璧」は、円形で平たく、中央に丸い穴のある玉器。穴の直径がその外側の径より小さいものをいう。

誤用 「璧」を「壁」と書くのは誤り。

出典 楚《そ》の人卞和《べんか》は荊山《けいざん》で見つけた玉の原石を楚の厲王《れいおう》に献じたが、ただの石を玉と偽ったとして左足を切り落とされた。そこで次代の武王にこの原石を献じたところ、やはり石だと見なされて、今度は右足を切られてしまった。さらに代がかわり、悲嘆にくれている卞和に目をとめた文王が原石を磨かせてみると、現れたのは正に名玉。文王はこれを璧に加工して「和氏の璧」と名づけたという（「韓非子・和氏」）。後に趙《ちょう》の恵文王がこの玉を得たが、秦《しん》の昭王がそれを十五の城と交換しようと言った（「史記・廉頗藺相如列伝」）ことから「連城の璧」とも呼ばれる。

華《か》▼胥《しょ》の国《くに》

使い方 黄帝《こうてい》が昼寝の夢の中で見たという理想郷。「夏になると私は好んで――に散歩する。…四次元の世界に避暑する〈辻潤・惰眠洞妄語〉」

◆よい気持ちで昼寝をすることを「華胥の国に遊ぶ」といい、よい夢のことを「華胥の夢」という。「華胥の夢」はいつ見た夢にでも使えるが、「華胥の国に遊ぶ」のは昼間に限られる。

出典 黄帝は古代中国の伝説上の帝王。黄帝が夢の中で見た華胥氏の国はすべてが自然のままで、身分の上下もなく、人々はみな無欲だった。天下の治まらないことを憂えて政治から離れていた黄帝だったが、この夢を見て悟り、以後国は自然に治まるようになったという（「列子・黄帝」）。

▼舵《かじ》を取《と》る

使い方 ❶舵を操作して船を正しい方向へ進める。「タグボートの――」「南の島に向けて――」

❷物事がうまく進行するように導く。「大会運営の――」「政府が**舵を取**って、地方自治体の合併を推進する」「日本経済の――財界人の連合体」「――人がいないので、それぞれが勝手な行動をする」「自由に話の**舵を取**っているのは、いつも左衛子で、ダイヤモンドのことを言い出す隙間が見つからない間に、自動車は、横浜の市中に入っていた〈大佛次郎・帰郷〉」

◆(1)「舵」は、船尾につけて船の進行方向を定める装置。「取る」は「執る」とも書く。(2) ②は、人を操る意でも使う。「彼女は夫の――のがうまい」

▼臥《が》薪《しん》▼嘗《しょう》胆《たん》

使い方 かたきを討つために、また大きな目的を果たすために、長い間の試練に耐え、苦労すること。「――して、積年の雪辱を果たす」「――の末、倒産した会社の再建を果たした」「――すること十五年、ついに大発明を成し遂げた」「この難工事を完成させるまでには十年にわたる

——があった」◆「堅くて痛い薪《たきぎ》の上に寝、苦い肝《きも》を嘗《な》める」意からいう。

誤用 短時間・短期間の辛苦に使うのは誤り。「✕臥薪嘗胆して、二十時間に及ぶ大手術を成功させた」

出典 春秋時代、父闔閭《こうりょ》のかたきを討とうとした呉王夫差《ふさ》は、毎夜薪の中に寝ては復讐心《ふくしゅうしん》をかきたて、ついに会稽山《かいけいざん》で越王句践《こうせん》を降伏させた。一方、会稽の恥を受けた句践は、常に苦い肝を嘗《な》めては屈辱の思いを新たにし、苦難の末、夫差を打ち破ったという故事に基づく（「十八史略・春秋戦国・呉」）。一般に「臥薪」したのは呉王夫差、「嘗胆」したのは越王句践とされるが、一説に「臥薪」「嘗胆」ともに句践がしたことだという。

佳人薄命《かじんはくめい》

使い方 美人はとかく薄幸であったり、短命であったりするものだ。「あの女優がこんなに早く亡くなるとは、まさに——だ」◆⑴「佳人」は、美しい女性、美人。「美人薄命」ともいう。美人は生来病弱であったり、その美しさゆえに数奇な運命にもてあそばれたりするから、なかなか幸せには恵まれないという。⑵夭折《ようせつ》した美人を悼み、薄幸の美人を哀れんでいうが、美しいと思う人を称えて使うことばではない。

出典 宋の蘇軾《そしょく》は、「薄命佳人詩」の中で「古《いにしえ》より佳人多く命薄し、門を閉じ春尽きて楊花落つ（＝昔から美人は多く不幸だという。家の外に出ることもないうちに春は終わり、柳の花も散ってゆく）」と詠《うた》った。

類表現 男性に対して使う類表現に「才子多病」がある。また、二つの長所は同時に成立しないという意では「天は二物を与えず」という。

◆「貸《か》す」を使う成句

肩を貸す・手を貸す・軒《のき》を貸して母屋《おもや》を取られる・庇《ひさし》を貸して母屋《おもや》を取られる・耳を貸す

▼霞《かすみ》を食《く》う

使い方 生活の手段もなく、俗世間を離れて暮らすことのたとえ。「仙人ではあるまいし、**霞を食**って生きてはいけない」「彼は**霞を食**って生きているような人だから、およそ金銭とは縁がない」◆仙人は霞を食って生きているといわれることからいう。「霞」は空中の微細な水滴やちりが帯状に集まって浮遊する、うっすらとした雲のようなものだが、もとより糧《かて》にはならない。

誤用 ⑴最近では粗野な感じが伴う「食う」を嫌って「霞を食べる」ともいうが、避けたい。⑵霞は気体のようなものだが、「霞を吸う」は誤り。

◆「風（かぜ・ふう）」を使う成句

秋風が立つ・明日《あした》は明日の風が吹く・一世を風靡《ふうび》する・追風《おいて》に帆を揚げる・大風が吹けば桶屋《おけや》が儲《もう》かる・風上にも置けない・風が吹けば桶屋《おけや》が儲《もう》かる・風にそよぐ葦《あし》・風の便り・風の吹き回し・風は吹けども山は動ぜず・風を切る・風を食らう・肩で風を切る・樹《き》静かならんと欲すれども風止《や》まず・胡馬《こば》北風《ほくふう》に嘶《いなな》く・五風十雨《ごふうじゅうう》・山雨《さんう》来たらんとして風《かぜ》楼《ろう》に満つ・疾風迅雷《しっぷうじんらい》・櫛風沐雨《しっぷうもくう》・月に叢雲《むらくも》花に風・どこ吹く

風・馬耳《ばじ》東風・風雲急を告げる・風樹《ふうじゅ》の嘆・風声鶴唳《ふうせいかくれい》・風前の灯火《ともしび》・物言えば唇寒し秋の風・柳に風

▼苛政《かせい》は▼虎《とら》よりも▽猛《たけ》し

使い方 苛酷な政治の害は、人を食い殺す虎の害よりも恐ろしい。「議会は世論を無視して増税を可決した。━━だ」◆「苛政」は重税を課しては厳しく取り立て、あくどく徴兵を強いるような悪政。

出典 孔子《こうし》が泰山《たいざん》のそばを通り過ぎると一人の女性が墓前で泣き伏していた。聞けば獰猛《どうもう》な虎に舅《しゅうと》と夫を食い殺され、今度は子まで食われたという。それではなぜこの土地を離れないのかと問うと、女性は「苛政なければなり（＝ここには苛酷な政治がないからです）」と答えたという故事に基づく（「礼記・檀弓《だんぐう》下」）。

河清《かせい》を▼俟《ま》つ

⇩百年《ひゃくねん》河清を俟つ

風《かぜ》が吹《ふ》けば▼桶屋《おけや》が▼儲《もう》かる

使い方 ある出来事の影響がめぐりめぐって思いがけないところに及ぶことのたとえ。また、当てにならない期待をすることのたとえ。「宝くじを当てて借金を返そうというのでは、まるで━━の話じゃないか」「そんな奇を銜《てら》ったビジネスで一山当てようとするのは━━式の商法だよ」◆⑴大風が吹くと砂ぼこりのために目を病む人が多くなる。目の悪い人は音曲で生計を立てようとするから、三味線の胴に張る猫の皮の需要が増えて、猫の数が減ってくる。猫が減れば桶を嚙《かじ》るねずみが増えるから、桶屋は繁昌して喜ぶということ。論理の筋はそれなりに通っているが、それぞれの命題を結びつける推論が必然性を欠いているために現実性のない結論が導かれるのが、「風が吹けば桶屋が儲かる式の推論」。⑵「風が吹けば箱屋［瀬戸物屋］が儲かる」「大風《おおかぜ》が吹けば桶屋が儲かる［喜ぶ］」とも。

誤用「風」を順風の意にとって使うのは誤り。「×風が吹けば桶屋が儲かるというから、景気がよくなるのを待とう」

風《かぜ》にそよぐ▼葦《あし》

使い方 風に吹かれるままにそよぐ葦のように、定見のない人は権力者の言いなりに動き回ることから、自分の意見をもたないで力のある者の言いなりになる人のたとえ。「あの男は━━で、いつも社長の言いなりだ」「━━のように、ころころと意見を変える政治家」

誤用 柔軟な心をもつ人の意で使うのは誤り。「×あの人は風にそよぐ葦だから、よくこちらの言い分を聞いてくれる」

出典 イエスが「バプティスマのヨハネは、断じて風にそよぐ葦ではなく、柔らかな衣服をまとった王宮人や預言者などでもなく、それは預言者以上に偉大な存在である」と語ったことばに基づく（「新約聖書・マタイによる福音書・第一一章」「新約聖書・ルカによる福音書・第七章」）。

英語 A reed shaken with the wind.

風《かぜ》の便《たよ》り

使い方 どこからともなく伝わってくる消息やうわさ。「━━では、みな元気だときいている」「彼が事業に失敗したらしいことを━━に聞いた」◆古くは「花の香を━━にたぐへてぞ鶯《うぐひす》さそふしるべにはやる〈古今集・紀友則〉」のように、風が知らせてくることを「風の便り（＝風の使い。風のつて）」といい、のちに（とりとめのない）手紙の意でも使われるようになった。現在では、吹く風が消息を知らせてくることをいう。誤用 電話・手紙などによる連絡の意で使うのは誤り。「✕留学したまま、まったく風の便りを寄こさない」

風《かぜ》の吹《ふ》き回《まわ》し

使い方 その時のなりゆき。物事のはずみ。「この商売は━━次第で、どうなるかわからない」「どういう━━か、今日は機嫌が悪い」「今になって謝ってくるとはどういう━━だろう」◆空模様が安定しないように、その時々で風の向きが変わることからいう。誤用 その時々の機会の意で使うのは誤り。「✕風の吹き回しを待って、再起を図ろう」

風《かぜ》は吹《ふ》けども山《やま》は動《どう》ぜず

使い方 まわりがいかに騒ごうとも、泰然自若《たいぜんじじゃく》として少しも動じないこと。「彼はいつでも沈着冷静だ。━━だよ」「議会は大荒れに荒れたが、議長は**風は吹けども山は動かず**の態度をくずさなかった」◆騒乱に巻き込まれても悠然としているさまを山に見立てていう。「風は吹けども山は動かず」とも。誤用 ずうずうしく平然としているの意で使うのは誤り。「✕あの鉄面皮は、いくら注意したところで風は吹けども山は動ぜずだ」⇩蛙《かえる》の面《つら》に水 出典 謡曲「淡路」に「和光《わこう》守護神の扶桑《ふそう》の御国に、風は吹けども山は動ぜず。げに有り難き御誓ひ」とある。

風邪《かぜ》は万病《まんびょう》のもと

使い方 風邪はあらゆる病気のもとであるということ。「━━というから、軽いうちに医者にかかったほうがいい」◆(1)こじれた風邪はさまざまな合併症を引き起こすことからいう。「風邪は百病のもと」「風邪は百病の長《ちょう・おさ》」とも。(2)たかが風邪くらいと侮ってはいけないという意を込めて使う。誤用 「風邪」は「風」とも書くが、吹く風の意でこの成句を使うのは誤り。「✕冷たい風に当たると体に悪い。風は万病のもとだよ」

風《かぜ》を切《き》る

使い方 勢いよく進む。「駿馬《しゅんめ》が**風を切**って走る」「矢が**風を切**って飛んでくる」「車が**風を切**って走りすぎる」「海鳥の群れが**風を切り**ながら飛ぶ」「エンジンと車体の━━音だけが単調に続く〈五木寛之・風に吹かれて〉」◆「切る」は、一面に広がっているものを勢いよく分けるようにして進む意（「ヨットが波を切って進む」）。⇩肩で風を切る 誤用 「空《くう》を切る」との混同から、空振りをするの意で使うのは誤り。「✕バットはいたずらに風を切るばかりだった」

風《かぜ》を食《く》らう

使い方 悪事などがばれたことに感づいて、すばやく逃げ去る。「味方の不利と見て**風を食らっ**て逃げる」「すりの一味は**風を食らっ**て逃げ去った」◆(1)風を感じるように、まずい事態を察知することからいう。「食らう」は、好ましくないことを身に受ける意（「げんこつ[大目玉]を食らう」）。(2)「風を食う」とも。誤用 悪事が露見する意で使うのは誤り。「✕風を食らうとまずいから、口裏を合わせておこう」

数《かぞ》え切《き》れないほど

使い方 数え上げることができない意で、非常に数が多いことをいう。「昆虫の種類は━ある」「マンガ雑誌は━多い」「━の励ましのことばをいただいた」「彼女とは━会っている」◈「切る」は、「完全に～する」「すっかり～する」の意。動詞の連用形に付いて複合動詞を作る語（「全財産を使い切る」「全力を出し切る」）。

誤用 「切れない」はラ抜きことばではない。「数え切られないほど」とするのは誤り。

類表現 「枚挙に遑《いとま》がない」

数《かぞ》えるほどしか

使い方 簡単に数えることができる程度の意で、数がごく少ないことをいう。「一流品［体調のいい日］は━ない」「在庫はもう━残っていない」「出席者は━いない」「あの人とは━会っていない」◈五本の指を折って数える程度ということ。「ほど」は「程」とも書くが、かな書きが多い。

誤用 「数えられるほどしか（ない）」とするのは誤り。「佳作は×数えられるほどしかなかった／○数えるほどしかなかった／○数えられるほどだった」

数《かぞ》えるまでもない

使い方 数える必要もないほど分かりきっている意で、数がごく少ないことをいう。「財布の中身など━ほどわずかだった」◈「まで」は打ち消しとともに使って、そうしなくても十分である意を表す副助詞（「そんなことは言うまでもない」）。「数えるほどもない」とも。

誤用 数の多いことをいうのは誤り。「×数えるまでもないほど多くの観客が押しかける」

◈「難《かた》い」を使う成句

> 言うは易く行うは難し・縁無き衆生《しゅじょう》は度《ど》し難し・兄《けい》たり難く弟《てい》たり難し・山中の賊を破るは易く心中の賊を破るは難し・少年老い易く学成り難し・創業は易く守成は難し・筆舌に尽くし難い

片《かた》が付《つ》く

使い方 処理しなくてはならない物事が落着する。物事の決着がつく。「遺産争いの━」「隣家との境界問題にようやく**片がついた**」「その件ならもう**片がついている**」「なかなか仕事の**片がつかない**」「あいつはその留守の間、僕の所へ来ていたのだが、いよいよ戦争も━と云う頃から、急に神経衰弱がひどくなり出したのだ〈芥川龍之介・妙な話〉」◈一語化して「片付く」とも。「片」は、物事の始末の意。「方」とも書く。

誤用 「かた」を「型」と書くのは誤り。

補説 物事の決着をつけることは、「片を付ける」という。「慰謝料を払って片をつける」

固唾《かたず》を呑《の》む

使い方 事の成り行きがどうなるかと、じっとしている。緊張して静止する状態をいう。「事態はどうなるのかと━」「**固唾を呑んで**優勝決定戦を見守る」「**固唾を呑んで**成り行きに注目する」◈「固唾」は、緊張したときなどに口中にたまる、つば。現代仮名遣いでは「かたづ」も許容。「呑む」は表外字で、一般に「飲む」でまかなうが、仮名書きにすることも多い。

誤用 興奮する意に使うのは誤り。「×

固唾を呑んだ観客が騒ぎ出す」

肩《かた》で息《いき》をする

使い方 肩を大きく上下させて、苦しそうに息をする。「さもつらそうに――」「ゴールインした選手が**肩で息をして**いる」「**肩で息をし**ながら急な石段を登る」◆端から見ていても、いかにも呼吸の苦しそうなようすをいう。「肩で息を切る」「肩で息を継ぐ」とも。

肩《かた》で風《かぜ》を切《き》る

使い方 肩をそびやかして得意そうに歩く。「チンピラや愚連隊が、侠客づらをして――世の中だ〈尾崎士郎・人生劇場〉」「法被《はっぴ》を着た若者たちが**肩で風を切っ**て歩く」「今は落ちぶれているが、一時は――勢いだった」◆威風を誇示したり、権勢を誇ったりするさまにもいう。⇩風を切る

誤用 動物などに使うのは誤り。「×コンドルが肩で風を切って飛ぶ」

刀《かたな》折《お》れ矢《や》尽《つ》きる

使い方 戦う手段が尽きる。また、物事に立ち向かう手段がなくなる。「――まで奮戦する」「継投策をとって一点を守ろうとしたが、**刀折れ矢尽き**て惜敗した」「努力のかいもなく、**刀折れ矢尽き**て倒産した」◆「弓折れ矢尽きる」とも。

誤用 「矢折れ刀尽きる」「刀尽き矢折れる」は誤り。

出典 「後漢書・段熲《だんけい》伝」に「熲《けい》馬を下りて大いに戦い日中に至り、刀折れ矢尽き、虜もまた引き退く（＝早朝から襲撃を受けて、熲は馬から下りて大いに戦ったが、正午になると刀が折れ矢だねも尽き、異民族の羌《きょう》も退却した）」とあるのに基づく。

類表現 「万事休す」「万策尽きる」

型《かた》に▼嵌《は》まる

使い方 決まった形式や方法どおりで、個性や独創性がない。「**型にはまっ**た祝辞[心理描写]」「**型にはまっ**た演技に退屈する」「**型にはまっ**た考え方しかできない」「あなたの思想は一般に**型にはまっ**ている。あなたの善の観念などもその例に漏《も》れず狭くして、固定せる常識的のものである〈倉田百三・愛と認識との出発〉」「学校ってものは、もっと**型にはまっ**たものと思っていたところ、この先生の話は、生き生きとしていて、ひたひたと胸に響くものがあった〈山本有三・路傍の石〉」「判で押したような**型に嵌っ**た綺麗な文字で、いろんな掲示が事務室の壁に張りつけてある〈原民喜・壊滅の序曲〉」◆多くマイナスに評価していう。「型」は、慣習となっている決まりきった形式。

誤用 「形《かた》にはまる」は慣用になじまない。「型にはまる」が標準的。

補説 個性や独創性を認めないで、決まった形式や方法に従わせることは「型にはめる」という。「生徒を型にはめるような教育」

肩《かた》の荷《に》が下《お》りる

使い方 責任・義務などを果たして気が楽になる。「面倒な仕事が終わって**肩の荷が下りた**」「三人の子どもを育て上げて、やっと**肩の荷が下りた**」「この原稿を書き上げないと**肩の荷が下りない**」◆担いでいた荷物がなくなることからいう。「おりる」は「降りる」とも書く。

誤用 不安や懸念が解消する意で使うのは誤り。「×良性の腫瘍《しゅよう》とわかって、肩の荷が下りた」

補説 より意志性を強めた言い方として「肩の荷を下ろす」がある。

肩《かた》▼肘《ひじ》張《は》る

使い方 気負って、堅苦しい態度をとる。「**肩ひじ張**って生きていては、疲れてしまうだろう」「そう世間に**肩ひじ(を)張**って暮らすことはない」「そう**肩ひじ張ら**ないで、ざっくばらんに話し合おう」「別に頑張っているとは思わないけど、時々何に対して**肩肘張**っているのか、自分が空しくなることはあるね〈円地文子・食卓のない家〉」◆(1)「肩肘」は、肩とひじ。無理に肩肘を高くして身構える姿勢からいう。(2)多くマイナスに評価していう。

誤用「かたひじ」を「片肘」と書くのは誤り。

片棒《かたぼう》を担《かつ》ぐ

使い方 仕事や企ての一部を担って協力する。特に、悪事に加担する。「恐喝の――」「陰謀の**片棒を担い**で現金輸送車を襲う」

◆(1)「片棒」は駕籠《かご》の先棒か後棒か、どちらか一方のこと。駕籠舁《か》きはいずれが欠けても仕事にならないことからいう。(2)江戸時代の雲助《くもすけ》(＝駕籠舁き)にはならずものが多かったことからか、この仕事は悪事を指すことが多い。「弟の事業の**片棒を担い**で投資することにした」などと言うと、その仕事が良くない性質のものである意味合いが生まれる。

誤用 よいことに力を貸す場合に使うのは避けたい。「×記念すべきこの大事業の片棒を担がせてください」

類表現「後棒を担ぐ」「お先棒を担ぐ」

肩身《かたみ》が狭《せま》い

使い方 世間に対して恥ずかしく、ひけめを感じる。「あちこちに義理を欠いているので――」「みっともない事件を起こして**肩身が**/**の狭い**思いをしている」「借金を返していないので**肩身が**/**の狭い**思いだ」「人からあなたのところの御二男は、大学を卒業なすって何をして御出ですかと聞かれた時に返事が出来ない様じゃ、おれも――から〈夏目漱石・こころ〉」

◆「肩身」は他人に対する面目の意。

誤用「かたみ」を「片身」と書くのは誤り。

補説 世間に対して面目が立ち、誇らしく感じることは「肩身が広い」という。「弟が金メダルをとったので、兄の私まで肩身が広い」

◆「傾《かたむ》ける」を使う成句

蘊蓄《うんちく》を傾ける・心を傾ける・耳を傾ける

◆「語《かた》る」を使う成句

怪力乱神《かいりょくらんしん》を語らず・語るに落ちる・語るに足る・聞くも涙語るも涙の物語・問うに落ちず語るに落ちる・敗軍の将は兵を語らず

語《かた》るに落《お》ちる

⇩問うに落ちず語るに落ちる

語《かた》るに足《た》る

使い方 語るだけの価値がある。また、語る相手としてふさわしい。「幕府のことは最早――ものがない〈島崎藤村・夜明け前〉」「あんな男のことなど**語るに足らない**」「**語るに足ら**ないことをいちいち会議で取り上げるな」「人生を━━友」◆(1)「足る」は、動詞連体形＋「に足る」の形で、「～するだけの価値がある」の意となる(「怪しむに足るだけの理由がある」「取るに足らない意見」)。(2)五段動詞の「足る」とともに、近世以降、上一段動詞の「足りる」も使われるようになった。現在も言い切りや連体修飾の場合は「語るに足りる」より「語るに足る」がなじむが、打ち消しの場合は「語るに足らない」と同様に「語るに足りない」もよく使われる。「原口さんは、語るに足りないと思ったものか、まだ後をつけた〈夏目漱石・三四郎〉」

誤用 話す時間が十分にある意ではない。「×そのテーマなら、一時間もあれば語るに足るだろう」

傍《かたわ》らに人《ひと》無《な》きが▽如《ごと》し

使い方 そばに他人がいないかのように、わがまま勝手に振る舞うさま。「━━の横柄な態度」「**傍らに人無きが如く**声高にしゃべりまくる」「車中で酒を飲み始め、**傍らに人無きが如く**騒ぎ立てる」◆「傍若無人《ぼうじゃくぶじん》」の訓読からいう。「若」は、前後のものを比較し、いずれも同じようなものだと判断を下していることを表す助字で、「ごとし」と読む。

誤用 大勢の人がいるのに静かである意で使うのは誤り。「×図書館の中は傍らに人無きが如くひっそりとしていた」

出典 「史記・刺客列伝」には「以往、高漸離《こうぜんり》筑《ちく》(＝琴に似た楽器)を撃ち、荊軻《けいか》和して市中に歌い相楽しむ。已《すで》にして相泣き、傍らに人の無き者の若し(＝酒が進むと高漸離は筑を打ち鳴らし、荊軻はそれに合わせて町中を歌い歩き、大いにはしゃぐかと思えば、また互いに泣き出すなど、それはまったく傍若無人の振る舞いであった)」とある。

肩《かた》を入《い》れる

使い方 ひいきにして応援する。援助する。「俊も、学校の成績は終始優等だもんですから、校長先生も大層**肩を入れ**て下さいましてネ〈島崎藤村・家〉」「新人歌手に━━」「ボランティアグループの育成に**肩を入れ**てきた」◆一緒に担ぐためにその物の下に肩を当てる意からいう。「肩入れをする」とも。

誤用 「身を入れる」との混同から、熱心に行う意で使うのは誤り。「×彼もようやく受験勉強に肩を入れるようになった」

肩《かた》を落《お》とす

使い方 肩の力が抜けるほど落胆して、うなだれる。「落選が決まって━━」「遭難者は絶望の報を聞いて、がっくりと**肩を落とした**」「面会を断られた訪問者が**肩を落として**帰っていく」「大敗を喫した選手たちは**肩を落として**ベンチを後にした」◆「落とす」は、位置を普通の高さより低くする意(「腰を落として構える」)。

誤用 「肩の荷を下ろす」との混同から、責任・義務を果たして気が楽になる意で使うのは誤り。「×大役を果たし、ほっとして肩を落とした」

肩《かた》を貸《か》す

使い方 ❶荷物などを一緒に担いでやる。また、人を肩につかまらせて支える。「配達人に**肩を貸して**大きな荷物を運ぶ」「足をくじいた友人に**肩を貸して**、家まで送る」「ああ酔った、**肩を貸せ**、このかぼちゃ野郎〈山本周五郎・さぶ〉」❷援助する。協力する。「新事業の発足に――」「困惑している新入社員に――」

◆「貸す」は、自分の能力や労力を相手に差し出す意（「悪事に手を貸す」「後輩のために力を貸す」）。

誤用「胸を貸す（＝実力の上の人が下位の人の練習の相手をしてやる）」と混同するのは誤り。「昨日の練習ではチャンピオンが新人選手に×肩を貸した／○胸を貸した」

補説 肩につかまらせてもらったり、支援・協力してもらったりするときは、「肩を借りる」という。「娘の肩を借りて廊下を歩く」「A社の／A社に肩を借りて企画を実現する」⇩「胸を借りる」項目の誤用を参照

肩《かた》を並《なら》べる

使い方 ❶横に並んで立つ。また、横一線になって進む。「二人は**肩を並べて**歩き出した」「戸外には数人の男が**肩を並べて**立っていた」「一行は**肩を並べて**ベンチに座った」

❷相手と対等の位置に立つ。対等の実力・地位などをもって張り合う。「大リーガーと――チーム」「プロと――ほどの実力」「技術では先進国と――ようになった」

誤用 ⑴ ①は、「軒を並べる」との混同から、家が隣接する意で使うのは誤り。「×肩を並べる二軒の家」

⑵ ②は、「枕を並べる」との混同から、一緒に倒れる意で使うのは誤り。「×新人候補者は肩を並べて落選した」

類表現 漢語では「比肩《ひけん》」という。「比」は、並べてくらべるの意。「アメリカに比肩する経済力」

肩《かた》を持《も》つ

使い方 対立しているものの一方の味方をする。ひいきする。「弱いほう［反対派住民］の――」「母はいつも妹の**肩を持っ**てばかりいる」「話を聞いて、先生はぼくの**肩を持っ**てくれた」

誤用「かた」を「片」と書くのは誤り。

補説 味方をしようとする気持ちがより強いときには、「肩を入れる」という。

勝《か》ちに乗《じょう》ずる

使い方 勝った勢いに乗って、そのまま物事を行う。「**勝ちに乗じて**一気に城を攻め落とす」「初戦の**勝ちに乗じて**強豪を打ち破る」「**勝ちに乗じて**、ついには大穴を当てた」

◆⑴「乗ずる」は、ある状況をうまく利用して事を行う、つけこむの意（「機に乗ずる」）。「乗じる」とも。

⑵「勝ちに乗る」とも。

誤用 勝利に酔っている相手の油断につけこむの意で使うのは誤り。「×敵の勝ちに乗じて、夜襲をかける」

火中《かちゅう》の栗《くり》を拾《ひろ》う

使い方 自分の利益にならないのに、他人のために危険をおかすたとえ。「この難局で社長に就任するということは――ようなものだ」「わざわざ彼が**火中の栗を拾わ**なくても、との感がぬぐえない」

出典 猿におだてられた猫が囲炉裏《いろり》の中の栗を拾うが、焼けた栗は猿に食べられ、猫はやけどしただけだったというラ・フォンテーヌの寓話《ぐうわ》に基づく。ラ・フォンテーヌは十七世紀のフランスの詩人。イソップの寓話などをもとに、擬人化した動物に託して普遍的な人間像を風刺した「寓話集」が名高い。

かちんと来《く》る

使い方 他人の言動が気にさわって不愉快になる。「彼は時々――ようなことを言

う」「彼の思い上がった態度に**かちんと来た**」「彼女の無遠慮なひとことが**かちんと来た**」◈「かちん」は小さな堅い物が他の堅い物にぶつかって発する音を表す語。小石をぶつけられたように、角のある言動が不快に感情を刺激することをいう。

誤用「ぴんと来ない」と混同して、理解できない意で使うのは誤り。「✕いくら説明を聞いても、もう一つかちんと来ない」

◆「勝《か》つ」を使う成句

勝って兜《かぶと》の緒を締めよ・勝てば官軍・来た見た勝った・相撲《すもう》に勝って勝負に負ける・年には勝てない・泣く子と地頭には勝てぬ・荷が勝つ

隔《かっ》靴《か》▼掻《そう》▼痒《よう》

使い方 思うようにならなくて、もどかしいこと。「直接交渉のできない立場なので、——の感がある」「慣れない英語を使って話していると、しばしば——の感が伴う」「点が取れそうで取れない。もどかしくて——の感がある試合だ」◆靴《くつ》を履《は》いたまま痒《かゆ》い足を掻《か》くの意からいう。「靴を隔《へだ》てて痒《かゆ》きを掻《か》く」とも。

誤用 一向に効果がない意で使うのは誤り。「✕この鎮痛剤は何錠飲んでも隔靴掻痒だ」「✕彼にはいくら忠告しても隔靴掻痒だよ」

出典 中国の仏教書「無門関・序」に「棒を掉《ふる》って月を打ち、靴を隔てて痒《かゆ》みを爬《か》くは甚《なん》の交渉有らんや」とあり、「南宋・阮閲・詩話総亀」に「詩の題を著《あら》はさざるは、靴を隔てて痒きを掻くがごとし」とあるのに基づく。

類表現「二階から目薬」「遠火で手をあぶる」

◆「担《かつ》ぐ」を使う成句

後棒を担ぐ・縁起を担ぐ・お先棒を担ぐ・片棒を担ぐ・神輿《みこし》を担ぐ

渇《かっ》して井《い》を▼穿《うが》つ

使い方 必要に迫られてから慌てても間に合わないことのたとえ。また、時機を失することのたとえ。「今から準備をしても遅い。——だ」「明日出発だというのに、今ごろパスポートを申請しても——だよ」「——にならないよう、ピッキングに強い錠前に変えておこう」◆のどが渇《かわ》いてから井戸を掘っても手遅れであることからいう。「渇《かっ》に臨《のぞ》みて井を穿つ」「渇[渇き]に臨みて井を掘る」とも。

誤用 ひどく欲しがる意で使うのは誤り。「✕渇して井を穿つというが、何としても資金がほしい」

出典「素問《そもん》」に「病已《すで》に成りて而《しか》る後に之《これ》に薬するは、…猶《なお》渇して井を穿ち、闘いて錐《や》を鋳《い》るがごとし。亦《また》晩《おそ》からずや(＝病気になってから薬を飲むのは、ちょうどのどが渇いてから井戸を掘り、戦争になってから矢じりを鋳造するようなもので、遅きに失しているではないか)」とあるのに基づく。

類表現「泥棒を捕らえて縄を綯《な》う」「飢えに臨みて苗を植う」「軍《いくさ》を見て矢を矧《は》ぐ」

渇《かっ》しても盗泉《とうせん》の水《みず》を飲《の》まず

使い方 どんなに困ったときでも、決して不正なことには手を出さない。「その株はインサイダー取引の疑いがあるから買うわけにはいかない。——だ」「汚職になりかねないから、その饗応《きょうおう》は受けないほうがいい。——だ」◆「渇すれども盗泉の水を飲まず」とも。「盗泉」は、中国山東省泗水《しすい》県にあったという泉の名。
誤用 殺人・強盗など、明らかな悪事を避ける意で用いるのは誤り。「×渇しても盗泉の水を飲まずの戒めもむなしく、凶悪な事件が続く」
出典 盗泉という泉のそばを通りかかった孔子《こうし》は、からからにのどが渇いていたのに、「盗泉」の名を嫌って、その水を飲まなかったという。「文選・陸機・猛虎行《もうここう》」に「渇すれども盗泉の水を飲まず、熱すれども悪木《あくぼく》の陰に息《いこ》わず（＝のどが渇いていても盗泉という名のついた泉の水は飲まず、悪木という名のついた木の陰では休息しない）」とあるのは、孔子の故事に基づくという。名を嫌って水も飲まないのは潔癖に過ぎるが、廉潔《れんけつ》の士はそれほどに身を慎むべきだという戒めであろう。
類表現「鷹《たか》は飢えても［死すとも］穂をつまず」

合従《がっしょう》連衡《れんこう》

使い方 弱いものが力を合わせて強いものに対抗する「合従」の策と、弱いものが強いものと手を結んで存立を図る「連衡」の策。転じて、時々の利害に応じて連合したり離反したりするさまざまな策の展開をいう。「政権を目指す各党の——が繰り広げられる」「航空業界では国際的な——が繰り返されている」「金融業界では——の動きに拍車がかかってきた」
◆「合従」は中国の戦国時代に蘇秦《そしん》がとなえた外交策で、南北に連なる六国（韓《かん》・魏《ぎ》・趙《ちょう》・燕《えん》・楚《そ》・斉《せい》）が連合して強国秦《しん》に対抗しようとしたもの。「合縦」とも書く。「連衡」は秦の張儀《ちょうぎ》がとなえた外交策で、六国をそれぞれに秦と同盟させて存立を図ろうとしたもの。
誤用「合従連合《れんごう》」は誤り。

勝《か》って▼兜《かぶと》の緒《お》を締《し》めよ

使い方 成功したからといって気をゆるめずに、さらに慎重になれというたとえ。「楽勝できたからといって油断するな。——だ」「売上高ではトップに躍り出たが、——。さらに販売作戦を練ろう」
◆「兜の緒を締める」は、心を引き締めて戦闘に備えるの意。勝利に酔いしれていると、やがては打ち破られ、「兜を脱ぐ」ことになる。
誤用 慣用の固定していない「勝って兜の緒を締めろ」は避けたい。

▽河《かっ》▽童《ぱ》の川流《かわなが》れ

使い方 泳ぎの得意な河童でも時には水に押し流されることがある。どんな名人でも時には失敗することがあるというたとえ。「あんまり自信を持ちすぎると——になるよ」「あの騎手が落馬するとは思わなかった。——だね」「——で、あれほどの名優でも舞台でとちることがある」
◆「かっぱ」は、「かわわっぱ（河童）」の転。水搔《みずか》きのついた手足で水中を自在に泳ぎ回るという想像上の動物。
誤用 川の流れに乗る意にとって、うまくいく場合に使うのは誤り。「×そんな仕事は河童の川流れで、簡単なものだ」「×交渉は河童の川流れのようにスムーズに進んだ」
補説「河童も一度は川流れ」ということわざもあるが、これは「河童でも一度は溺《おぼ》れるように、何事もはじめから上手な人はいない」という意。

類表現「川立ちは川で果てる」「弘法にも筆の誤り」「猿も木から落ちる」「釈迦《しゃか》も経の読み違い」「上手《じょうず》の手から水が漏れる」「天狗《てんぐ》の飛び損ない」「千慮の一失」

活《かつ》を入《い》れる

使い方 ❶気絶した人の息を吹き返させる。「絞め技で気絶した選手に――」「庄九郎は、自分の衣装をぬいでお万阿に着せ、十分に肌をおおってから、背をかえし、力をこめて**活を入れ**た〈司馬遼太郎・国盗り物語〉」◆「活」は、柔道などで気絶した人をよみがえらせる術。

❷刺激を与えて元気づける。「大声を上げて、たるんだ選手に――」「人事異動によって沈滞ムードの社員に――」「加藤さんは、日本における単独行の第一人者です。日本の山岳界に**活を入れ**た登山家なんです〈新田次郎・孤高の人〉」「酸味の強い味が、舌の上にぴりッと冴えて、寝不足の頭に**活を入れ**てくれた〈藤本義一・少年と拳銃〉」

誤用「『喝《かっ》!』と叫んで、活を入れる」ことはあるが、「喝を入れる」は誤り。「喝」は禅語で、修行者を叱るときなどに発する大きな声のこと。

勝《か》てば官軍《かんぐん》

使い方 たとえ道理に合わなくても、戦いに勝った者は正義となり、負けた者は不義になるということ。「何をしようが――だという強者の論理がまかり通る」「――、負ければ賊軍《ぞくぐん》で、反主流派の幹部はみんな左遷させられた」◆「負ければ賊軍」と続けてもいう。「官軍」は時の朝廷・政府に味方する軍勢。明治維新で敗れた幕府側の軍勢は「賊軍」の汚名に泣いた。

誤用 正義・不義にはかかわりのないスポーツの試合などにいうのは本来は誤りだが、最近は、用法を拡大したものが多く見られる。「反則が多いとかく批判されるチームだが、ファンとしては勝てば官軍で、決勝に勝ち進んでくれてうれしい」

英語 Might is [makes] right.(力は正義)

我田引水《がでんいんすい》

使い方 自分の有利になるように取りはからうこと。また、自分に都合のよいように理屈をつけること。「――の情実人事」「各省庁が――の予算分捕りに血眼になる」「英語教師が言うと――のようだが、英語を身につけておかないと国際社会から取り残されるだろう」◆自分の田にだけ水を引く意から、手前勝手であることをいう。「我が田に水を引く」とも。

誤用 欲が深い意で使うのは誤り。「×あの男は我田引水で、何でも独り占めしようとする」

類表現「得手勝手《えてかって》」

▼瓜田《かでん》に▽履《くつ》を▽納《い》れず

使い方 疑惑を招くような行動はしないほうがよいというたとえ。「料亭で業者と会うのはやめたほうがいい。――だ」「――というから、あの連中とは付き合わないほうがいい」◆「瓜田に履を納《おさ》めず」「瓜田の履」とも。また、「李下《りか》に冠《かんむり》を正さず」と続けて言うことも多い。

誤用「君子危うきに近寄らず」との混同から、身をつつしめという意で使うのは誤り。「×そんな危険な仕事からは手を引いたほうがいい。瓜田に履を納れずだ」

出典「文選・古楽府《こがふ》・君子行」に「瓜田

に履を納れず、李下《りか》に冠《かんむり》を正さず」とあるのに基づく。ウリの畑でくつを履き直せば、しゃがんでいるその姿からウリを盗んでいるのではないかと疑われるし、スモモの木の下で曲がった冠をかぶり直せば、頭上に手をやっているその姿からスモモを盗んでいるのではないかと疑われるということから、疑わしい言動を戒めるたとえとなった。「不納履」は、くつが脱げても足を入れなおさないという意。本来は「履に」と読むべきだろうが、古くから「履を」と読まれてきた。

角《かど》が立《た》つ

使い方 人間関係が穏やかでなくなる。「あからさまに断っては――」「もらうべき筋合いの品ではないが、突き返せば――」「智に働けば――。情に棹させば流される〈夏目漱石・草枕〉」

◆(1)「角」は物の端のとがって突き出ている部分。転じて、人の性格や言動などで、円満さを欠いたとげとげしいところをいう(「角のある性格」「角のある言い方」)。「角立つ」という動詞も同意。

(2)打ち消しの形で使うことも多い。関係に支障がおきない、円滑にいくという意。「もう少し角が／の 立たない言い方をしたらどうなの?」「先方にあらかじめ知らせておけば角も立ちませんよ」

誤用 とげのある性格や言動は、玉のとがったところの意から転じて「圭角《けいかく》」ともいうが、「かくが立つ」は誤り。また、「つのが立つ」も誤り。

角《かど》が取《と》れる

使い方 人生経験を積んだり苦労したりして、人柄がまろやかになる。性格のどぎつさなどがなくなる。「苦労しているうちに**角が取れた**」「社会に出れば彼も角**が取れて**くるだろう」「すっかり**角が取れて**しまって、あの役者の魅力は半減したよ」◆「角」は物の端のとがって突き出ている部分。転じて、人の性格や言動などのとげとげしいところ。

誤用 (1)とげのある性格や言動は、玉のとがったところの意から転じて「圭角《けいかく》」ともいうが、「かくが取れる」は誤り。また、「つのが取れる」も誤り。

(2)「角が立たない」と混同して、関係が円滑にいくという意で使うのは誤り。「どうか×角が取れるように／○角が立たないように断っておいてください」

◆「適《かな》う(叶)」を使う成句

> お眼鏡《めがね》に適う・心に適う・願ったり叶ったり・棒ほど願って針ほど叶う

▼鼎《かなえ》の軽重《けいちょう》を問《と》う

使い方 権威者の実力を疑う。また、統治者を軽んじ、その地位や権力を奪おうとする。「首相の――ような質疑を浴びせかける」「会長として**鼎の軽重を問われる**」「いつまでも無為無策では当局も**鼎の軽重を問われる**だろう」◆「鼎」は古代中国で煮炊きに用いた青銅《せいどう》製の器。普通二つの手と三本の脚をもつ。夏《か》の禹王《うおう》のとき、全国の銅を集めて九鼎《きゅうてい》(＝九個の鼎とも一つの大きな鼎ともいわれる)を鋳造し、王室の宝としたという。このことから、王位・権威などの象徴とされた。

誤用 (1)特に権威があるわけでないものに、単に実力を問うという意で使うのは大げさに過ぎる。「×チームの鼎の軽重を問われる試合が続く」

(2)「軽重」を問うのであって、「鼎を問う」は誤り。また、「鼎」を「要《かなめ》」とするのは誤り。

出典 天下を取ろうとねらう楚《そ》の荘王が、無礼にも周王室の宝器である九鼎の「大小軽重(＝大きさ、重さ)」を尋ねたという故事に基づく(「春秋左氏伝・宣公三年」)。鼎の重さを尋ねたのは、天下を取ったときにその鼎を運び出そうとする野心があったからにほかならない。

▼鼎《かなえ》の沸《わ》くが▽如《ごと》し

使い方 物事が混乱して収まりのつかないさま。また、議論百出して収まりのつかないさま。「天下は乱れて――」「終戦直後の東京は**鼎の沸くが如き**混乱だった」「老中をば朝廷より免職するというのは全く前例のないことであった。いろいろな議論が出て、一座は**鼎の沸くがごとく**である〈島崎藤村・夜明け前〉」◆(1)「鼎」は古代中国で煮炊きに用いた青銅《せいどう》製の器。混乱した天下などを、鼎の中でふつふつと湯が煮えたぎるさまに見立てていう。

(2)一語で「鼎沸《ていふつ》」とも。「今、日本の天下は、王政の古《いにしえ》にかえるか、徳川の幕府につながるかという瀬戸際に於て、王城の地はその鼎沸の中心に置かれても〈中里介山・大菩薩峠〉」

誤用 「わく」を「湧く」と書くのは誤り。

出典 「漢書・霍光伝《かくこうでん》」に「今群下鼎沸《ていふつ》して、社稷《しゃしょく》将《まさ》に傾かん(＝今や群臣の議論は沸騰し、天下は危機に瀕している)」とある。

金▼槌《かなづち》の川流《かわなが》れ

使い方 人に頭が上がらないことのたとえ。また、一生出世の見込みがないことのたとえ。「――で、職場では上司に頭を下げっぱなしだ」「――で、一生うだつが上がらない」「借金があるので、彼の前では――だ」◆(1)金槌を水に入れると、柄は浮くが頭部は沈むことからいう。しかし、泳げない人を金槌というように、よほど柄の太い金槌でないとすぐ水中に没してしまうだろう。(2)「金槌の川流れで浮かぶ瀬がない」「金槌の身投げ」とも。

誤用 泳げなくて溺れる意で使うのは誤り。「×金づちの川流れだから、この船が転覆したら助からないよ」

▼蟹《かに》は甲羅《こうら》に似《に》せて穴《あな》を掘《ほ》る

使い方 人はそれぞれ分相応の行いをするものだということのたとえ。また、人はそれぞれ身にふさわしい望みをもつものだということのたとえ。「そんな豪邸を建てる必要はない。――だよ」「――というが、彼は腰が低いから営業には向いているだろう」「――というように、私にはこの程度の会社がふさわしい」「――というから、あまり大それた望みはもたないほうがいい」◆蟹は自分の大きさに合わせて棲《す》む穴を掘ることからいう。「甲羅」は、「甲《こう》」とも。

誤用 家などの規模の意に使うのは誤り。「×蟹は甲羅に似せて穴を掘るというような小さな家」

類表現 「鳥は翼に従って巣を作る」

◆「金《かね》」を使う成句

江戸っ子は宵越《よいご》しの金は持たない・鬼に金棒《かなぼう》・金が敵《かたき》・金が物を言う・金に糸目を付けない・金の切れ目が縁の切れ目・金の草鞋《わらじ》で尋ねる・金は天下の回り物・金持ち喧嘩《けんか》せず・地獄の沙汰《さた》も金次第・土一升《つちいっしょう》に金一升・時は金なり

金《かね》が敵《かたき》

使い方 ❶金銭が仇《あだ》をなす敵のように人を苦しめ不和や反目を招くことから、人は金銭のために災いを受けたり身を滅ぼしたりするということ。「また、金が原因のトラブルか。まったく――の世の中だ」「一家離散とは痛ましい。――の世の中だね」

❷求める敵になかなか出会えないように、金銭はなかなか手に入らないということ。「――で、貧乏暇なしだよ」

◆(1)「金が恨みの世の中」とも。(2)①は、多く「金が敵の世の中」の形で使う。

誤用 「贅沢《ぜいたく》は敵《てき》」とされた時代もあったが、「金が敵《てき》」は誤り。

金《かね》が物《もの》を言《い》う

使い方 金銭の力は絶大であるということ。「あの手の輩《やから》には――」「このトラブルの解決には――」「やはり**金が物(を)言う**世の中ですね」◆どんなやっかいなことでも、たいていは金の力で解決できるとしていう。「物を言う」は、効力を発揮する意。⇨物を言う

誤用 ありあまるほど金がある意で、「金なら物を言うほどある」とするのは誤り。「金なら唸《うな》るほどある」という。

補説 (1)金に威力を発揮させるという意では「金に物を言わせる[言わす]」という。「金に物を言わせて強引に立ち退かせる」

(2)今はあまり使われないが、「書いた物が物を言う」といえば、口約束と違って、書類にしたものは動かぬ証拠になるという意になる。

類表現 「地獄の沙汰も金次第」「金の光は阿弥陀《あみだ》ほど」「金さえあれば天下に敵《てき》なし」「金さえあれば飛ぶ鳥も落ちる」「金があれば馬鹿《ばか》も旦那《だんな》」

英語 Money talks.

金《かね》に糸目《いとめ》を付《つ》けない

使い方 金銭を惜しげなく使う。「彼女は着る物となると――」「古伊万里を手に入れるためには――」「**金に糸目を/は付けない**から別荘にふさわしい土地を探してほしい」⇨糸目を付けない

金《かね》の切《き》れ目《め》が縁《えん》の切《き》れ目《め》

使い方 金がなくなったときが、関係の切れるときだということ。「――で、誰もセールスにこなくなった」「金がないとわかったら、顧客名簿からも名をはずされた。――だ」「事業に失敗したら、彼女は離れていったそうだ。――だね」◆古くは遊女と遊客がそうだったが、現在でも金銭によって成り立っている関係は多い。金があるうちはちやほやされるが、金が尽きれば掌《てのひら》を返したように冷たくあしらわれる。誠の恋と思った「こい」が、金もってこいの「こい」だったという話は、遊廓が姿を消した今でも尽きることがない。

誤用 金とは縁がない意で使うのは誤り。「×金の切れ目が縁の切れ目で、ずっと苦しい生活を続けている」

類表現 「愛想尽かしは金から起こる」

金《かね》の草▼鞋《わらじ》で尋《たず》ねる

使い方 根気よく探し回る。多く下に打ち消しの句を伴って、得がたい物事のたとえとする。「**金の草鞋で尋ねて**も、二人とない名工」「**金の草鞋で尋ねて**も、またとあるチャンスではない」◆(1)すり切れることのない鉄製の草鞋を履いて探し回る意からいう。「金」は「鉄」の意で、「黄金《こがね》」ではない。(2)「金の足駄《あしだ》で尋

ねる」「金の草鞋で探す」とも。

誤用 「金」を「きん」と読むのは誤り。

金《かね》は天下《てんか》の回《まわ》り物《もの》

使い方 金銭は一か所にとどまるものではないから、いま金を持っている者もいつかは失うし、いま金のない者もいつかは手に入れることができるということ。「貧乏を嘆くことはない。━━だ」「━━だ。いつかは懐も温かくなるさ」「━━だって云うけど私は働いても働いてもまわってこない〈林芙美子・放浪記〉」

◆(1)金は世の中を渡り歩くものだとしていう。金持ちはずっと金持ちで、貧乏人はずっと貧乏人ということはない。いま金がなくてもくよくよするなと励ましてくれる句だが、時として、つれなく通り過ぎてしまうこともあるだろう。(2)「まわりもの」は、回っていく物の意で、「回り物」と書く。「周り物」とは書かない(周囲・近辺などの意の名詞「まわり」は「周り」とも書くが、一般に、動詞「まわる」を「周る」とは書かない)。(3)「金は天下の回り持ち」とも。

誤用 (1)「金は天下に回る物」は誤り。(2)「回り物」を「回し者(＝敵方から送り込まれたスパイ)」と誤解した「金は天下の回し者」は誤り(ただし、敢えてもじって、金銭を否定的なものとして言うことはある)。また、意味を混同して、「金は天下の回り物」を金銭は人をだますものであると解するのは誤り。「×金は天下の回り物というから、こんな儲《もう》け話には気をつけなくてはならない」

類表現 「貧乏難儀は時の回り」

金《かね》持《も》ち喧《けん》嘩《か》せず

使い方 利にさとい金持ちは、喧嘩をすれば損をするので人と争わない。「あんなやつは相手にするな。━━だ」「腹は立つが━━だ。ここはひとつ引き下がっておこう」「━━というじゃないか。一銭の得にもならない訴訟などやめたほうがいい」

◆揉《も》め事を避けるのが金持ちの保身術。有利な立場にある者が、その立場を失わないために、人と争うことを避ける意でも使う。

誤用 人が好《い》いという意で使うのは誤り。「×金持ちけんかせずというが、資産家だけあって実に円満な人柄だ」

類表現 類表現に「金持ち身が大事」「金持ち船に乗らず」がある。「蘇軾《そしょく》・留侯論」に「千金の子は盗賊に死せず(＝金持ちの子は盗賊と争って命を落とすようなつまらないことはしない。大望のある者は軽はずみな冒険はしないことのたとえ)」とあるのも、同様に用いられる句。

鉦《かね》や太鼓《たいこ》で捜《さが》す

使い方 大騒ぎして方々を捜し回ることのたとえ。「**鉦や太鼓で捜した**が結婚相手が見つからない」「**鉦や太鼓で捜した**が、犯人は行方不明のままだ」「濡れ手で粟《あわ》の儲《もう》け話など**鉦や太鼓で捜し**てもあるものじゃない」

◆(1)「鉦」は、撞木《しゅもく》で叩いて鳴らす金属製の仏具。昔は迷子が出ると鉦や太鼓を打ち鳴らし、「迷子の迷子の三太郎やあい」と名を呼びながら捜し歩いたことからいう。(2)「捜す」は「探す」とも書く(一般に、見えなくなったものの場合は「捜」、欲しいものの場合は「探」と使い分けるが、混用されることも多い)。「かね」は現代の書き分けでは「鉦」と書き、「鐘」とは書かない。

寡《か》は衆《しゅう》に敵《てき》せず

⇩衆寡《しゅうか》敵せず

▼黴《かび》が生《は》える

使い方 ❶物にかびが生じる。「パンに――」「かびが生えた餅《もち》」「饅頭《まんじゅう》にかびが生えてくる」 ◈「かび」は、有機物の表面に寄生する菌類の総称。胞子で繁殖し、菌糸からなる原糸体をつくる。❷物事が古くさくなる。時代遅れになる。「かびが／の 生えた思想[スローガン]」「昨今の政治はかびが生えて腐りかけている」「かびが生えたような駄洒落《だじゃれ》を連発する」「家に閉じこもってばかりいると心にまで――ような気がする」「汝の頭中に秘蔵する学問には――べし〈夏目漱石・吾輩は猫である〉」 ◈古くなった物にはかびが生えやすいことから。マイナスに評価していう。

誤用 「かびが付く」は誤り。「✕かびが付いたような陳腐な表現」

禍福《かふく》は▽糾《あざな》える縄《なわ》の▽如《ごと》し

使い方 幸福と不幸はより合わせた縄のように表裏一体であるということ。「リストラされたくらいでくよくよするな。――だ」「――だ。事業が伸びているときは慎重になったほうがいい」 ◈「吉凶は糾える縄の如し」とも。「あざなえる」は、文語動詞「あざなふ」の命令形＋完了を表す文語助動詞「り」の連体形から。

出典 「史記・南越列伝」には「禍に因ょりて福を為《な》す。成敗の転ずるは、譬《たと》えば糾える纆《なわ》の如し」とあり、「漢書・賈誼《かぎ》伝」には「それ禍と福とは、何ぞ糾える纆《なわ》に異ならん」とある。

類表現 「禍は福の倚ょる所、福は禍の伏する所」「沈む瀬あれば浮かぶ瀬あり」「塞翁《さいおう》が馬」

▼兜《かぶと》を脱《ぬ》ぐ

使い方 相手の力を認めて降参する。「彼の熱意には――よ」「兜を脱いで謝ったらどうだ」「とても勝ち目はない。そろそろ兜を脱いだほうがいい」 ◈昔、戦いに敗れた武士は、その兜を脱いで降参の意思表示をしたことからいう。「兜」は「▼冑」とも書く。

誤用 (1)「兜を取る」は誤り。(2)「仮面[ベール]を脱ぐ」「(心の)鎧《よろい》を解く」などと混同して、実態を明らかにする、警戒心を解く、心を開くなどの意で使うのは誤り。「✕この本の著者は最後まで兜を脱がず、本名を隠したまま逝ってしまった」「✕兜を脱いで、無防備な寝顔を見せる」

画《が》▼餅《べい》に帰《き》す

使い方 計画などが実現できなくて、せっかくの苦労がむだになる。「キャンペーンの企画も画餅に帰した」「住民の強い反対にあって、観光開発のプランが画餅に帰した」「画餅に帰した改革の構想」 ◈(1)「画餅」は絵に描いた餅。実現の見込みのないものや、実際の役に立たないもののたとえに使う。「帰す」は戻る、終わるなどの意の文語。「帰する」ともいう。(2)「画餅に終わる」「絵に描いた餅に終わる」とも。

誤用 「烏有《うゆう》に帰す」と混同して、(火災で)すっかりなくなる意で使うのは誤り。「✕財産はすべて画餅に帰した」

壁《かべ》に耳《みみ》あり

使い方 どこかで誰かに聞かれているかも知れないということ。密談が漏れやすいことのたとえ。「もっと小さな声で話そう。――だ」「もうあの秘密は知れ渡っているよ。――だね」「――で、謀議《ぼうぎ》はすでに密告されていた」◆(1)壁の向こうにはその壁に耳を当てて、聞き耳を立てている人がいるかも知れないということ。(2)「壁に耳」とも。また、多く下に、「障子《しょうじ》に目あり(=どこかで誰かが見ているかも知れない)」と続けてもいう。ほかに、「壁に耳、障子に目」「壁に耳、石に口」「壁に耳、天に口」とも。

誤用 壁穴から覗《のぞ》き見するという不届きなやつもいるが、「壁に目あり」は誤り。

英語 Walls have ears.

果報《かほう》は寝《ね》て待《ま》て

使い方 幸運を得ようとしても人の力ではどうすることもできないから、あせらずに時機を待つのがよい。「じたばたしないで朗報を期待しよう。――だよ」「そのうちチャンスがやって来る。――というじゃないか」◆「果報」は仏教語で、前世での行為によって受ける現世での報い。転じて、よい運に恵まれて幸せなことをいう。「寝て待て」といっても、怠けていればよいというわけではない。あせらずにゆっくり待てということ。

誤用 財を得ることも果報には違いないが、「かほう」を「家宝」と書くのは誤り。

類表現 「待てば海路《かいろ》の日和《ひより》あり」

英語 Everything comes to those who wait. / There is luck in leisure.

◆「釜《かま》」を使う成句

同じ釜の飯を食う・地獄の釜の蓋《ふた》も開く・月夜に釜を抜かれる

▼鎌《かま》を掛《か》ける

使い方 相手に本当のことを言わせようと、それとなく誘いをかける。「本心を聞き出そうと――」「あの男は口が軽いから、ちょっと**鎌をかければ**しゃべってしまうよ」「**鎌をかけられて**、うっかり彼女の名を漏らしてしまった」◆「鎌」は草などを刈るための農具。柄を持って、三日月形の刃を内側に引くようにして使う。鎌を引っかければ、草は手前の方になびいてくる。

誤用 問いつめる意で使うのは誤り。「×厳しく鎌をかけて、ついに白状させた」

◆「神(かみ・しん)」を使う成句

恐れ入谷《いりや》の鬼子母神《きしもじん》・怪力乱神を語らず・苦しい時の神頼み・触らぬ神に祟《たた》りなし・捨てる神あれば拾う神あり・断じて行えば鬼神《きしん》も之《これ》を避く

◆「紙(かみ・し)」を使う成句

薄紙を剝《は》ぐよう・折り紙付き・眼光紙背《しはい》に徹する・洛陽《らくよう》の紙価《しか》を高める

◆「髪(かみ・はつ)」を使う成句

後ろ髪を引かれる・間髪《かんはつ》を容《い》れず・危機一髪・苦髪楽爪《くがみらくづめ》・苦爪楽髪《くづめらくがみ》・怒髪《どはつ》冠を衝《つ》く・白髪《はくはつ》三千丈・緑の黒髪

◆「雷(かみなり・らい)」を使う成句

雷が落ちる・地震雷火事親父・疾風迅

か

雷《しっぷうじんらい》・付和雷同

雷《かみなり》が落《お》ちる

使い方 ❶落雷する。雷雲と地面との間に雷鳴と雷光を伴う放電が起こる。「公園の杉の木に**雷が落ちた**」
❷目上の人に頭ごなしにがみがみとどなられる。大声でどなられて叱《しか》られる。「親父の——」「伯母の**雷が落ち**ないうちに退散しよう」「夕べは騒いでいたら舎監の**雷が落ちて**、大変だったよ」「今にも社長の**雷が落ちて**くるかと首をすくめる」

誤用 目下の人がどなる意で使うのは誤り。「×あまり部下をこき使うと、キレて雷が落ちるよ」

補説 どなる人を主語とするときには、「雷を落とす」という。「私語をやめない学生に教授が雷を落とした」

◆「嚙《か》む」を使う成句

一枚嚙む・飼い犬に手を嚙まれる・嚙んで吐き出すよう・嚙んで含める・窮鼠《きゅうそ》猫を嚙む・砂を嚙むよう・臍《ほぞ》を嚙む

◆「亀（かめ・き）」を使う成句

亀の甲より年の劫《こう》・鶴《つる》は千年亀は万年・盲亀《もうき》の浮木《ふぼく》

▼亀《かめ》の甲《こう》より年《とし》の▼劫《こう》

使い方 長年かけて積んできた経験は貴く、価値があるということ。「——、年長者の言うことは聞くものだ」「さすが昔取った杵柄《きねづか》だ。——だね」「——で、彼の芸にも落ち着いた渋みが出てきた」

◆(1)「甲」は甲羅《こうら》、「劫」はきわめて長い時間。「こう」の音が通じることからいう。「亀は万年」生きても、その甲は甲としての価値しかないが、たかだか「人生八十年」であろうと、高齢者が身につけている知恵や技能は貴ばれなくてはならない。
(2)「年の劫」は年をとり経験を多く積むことの意だが、長年の功績の意から「年の功」とも書く。

誤用 (1)年をとる意で使うのは誤り。「×亀の甲より年の劫で、このごろ物忘れがひどくなった」
(2)「年のこう」を「年の効」と書くのは誤り。

補説 古代インドでいう「一劫《いちごう》」は梵天《ぼんてん》（ブラフマン）の一日。一説には、人間の四億三千二百万年に当たるという。仏典では、三年に一度天上から舞いおりる天人が、その衣でさっとひとなでするという四十四里四方の大石が摩滅するまでの時間であるなど、種々の比喩で説かれている。

類表現 「老いたる馬は道を忘れず」

仮面《かめん》を▽被《かぶ》る

使い方 ❶仮面をつける。「狐の——」◆「仮面」は、人間・動物・妖怪などの顔をかたどった面。
❷本心や本性を隠して別なものに見せかける。「善人の——」「聖者の**仮面をかぶった悪魔**」「ボランティアの**仮面をかぶって**老人をだます」「善良な市民の**仮面をかぶって**詐欺を働く」「深切と愛の**仮面をかぶった**叔父の利己主義がやっと分かった〈島田清次郎・地上〉」◆「仮面」を真実などを隠すものにたとえていう。「かぶる」は、「かむる」ともいう（ただし、やや古風な言い方）。

誤用「お面を被る」は誤り。「×紳士のお面をかぶって女性をたぶらかす」

▼鴨《かも》が▼葱《ねぎ》をしょって来《く》る

使い方 鴨肉がある上に葱までそろえば、すぐにでも鴨鍋《かもなべ》が作れることから、ますます好都合であることのたとえ。「金持ちのぼんぼんで、しかも下手くそなギャンブル好き。**鴨が葱をしょってきた**よ」「こんな紛《まが》い物を買ってくれた上に、客まで紹介してくれるとは**鴨が葱をしょってきた**ようなものだ」

◆(1)「しょう」は漢字で書けば「▽背▽負う」で、背中に負う意。鴨が自分で葱を背負ってやってくることからいう。鴨鍋にして最も美味とされるのはマガモの肉。

(2)俗に、略して「鴨葱」ともいう。

(3)多く、こちらの利益になる材料を持ってくる相手をお人好しだとしていう。

誤用 直接その相手に向かって使うのは失礼に当たる。「×鴨が葱をしょってきたような有り難いお話です」

補説 だまして利用しやすい相手のことを「鴨」という。「カモにされる」「カモにする」の意で、「カモネギにされる」「カモネギにする」というのは誤り。

▼痒《かゆ》い所《ところ》に手《て》が届《とど》く

使い方 細かいところにまで気づかいが行き届いていることのたとえ。「──ようにもてなす」「──サービス」「──ように便利なシステム」◆痒い所をさっと搔《か》いてくれる手が痒みという不快感を取り去ってくれることからいう。

誤用 否定の形で、気が利かない、使い勝手が悪いなどの意を表すのは誤り。「×気が利かなくてかゆい所に手が届かない」「×この辞典はかゆい所に手が届かない」

補説 中国の伝説上の仙女「麻姑《まこ》」の爪《つめ》は鳥の爪のように長かった。その麻姑の爪を見た蔡経《さいけい》という男が「背中の痒いときに、あの爪で搔いてもらったらさぞ気持ちがいいだろう」と思ったということから(「神仙伝・麻姑」)、物事が意のままになること、配慮がよく行き届くことを「麻姑を倩《やと》うて痒きを搔く」「麻姑痒きを搔く」「麻姑搔痒《そうよう》」などという。痒い所を搔く道具の「孫の手」は、この「麻姑の手」から転じた語。なお、思うようにならなくてもどかしい意を表すことばに「隔靴搔痒《かっかそうよう》」がある。

◆「烏(からす・う)」を使う成句

今泣いた烏がもう笑う・烏合《うごう》の衆・烏兎匆匆《うとそうそう》・鵜《う》の真似をする烏・烏に反哺《はんぽ》の孝あり・烏の行水・烏の濡れ羽色・鷺《さぎ》を烏と言う・泣いた烏がもう笑う

▼烏《からす》に反《はん》▼哺《ぽ》の孝《こう》あり

使い方 子が父母の恩に報いること。また、子は親に孝行しなくてはならないということ。「──だ。親には孝を尽くしなさい」◆親の恩を忘れがちな子を戒めて使う。「反哺」は、食べ物を口移しにして食べさせること。「反哺の孝」とも。

誤用 (1)親孝行も中途半端な時代になったが、「烏に半端の孝あり」は誤り。

(2)「烏《からす》」を「烏《とり》」とするのは誤り。

出典 烏は子が生まれると六十日間、その口に食べ物を含ませて養育する。子は成長すると、その恩に報いるために六十日間親鳥に口移しで食べ物を食べさせるという古い言い伝えに基づく(「本草綱目・禽部・慈烏《じう》」「十六国春秋」）。とかく嫌われる烏だが、親子の情は意外なほど深い。

【類表現】「鳩《はと》に三枝の礼あり」

▼烏《からす》の行水《ぎょうずい》

【使い方】ろくに洗いもしないで、さっと入浴をすますことのたとえ。「もう風呂から上がったのかい。――だね」「――じゃなく、もっとゆっくり温まったらいいじゃないか」◆烏が水浴びをするさまからいう。人間の「行水」は、たらいに水や湯を入れ、その中で体の汗や汚れを洗い流すこと。湯船につかるより簡便だが、烏の水浴びよりは手間がかかる。

【誤用】鳥《とり》の水浴びは概してせわしないが、「鳥の水浴び」「鳥の行水」は誤り。

▼烏《からす》の▼濡《ぬ》れ羽色《ばいろ》

【使い方】水に濡れた烏の羽のようにつやつやした黒い色。「髪は――」「彼女の洗い髪は――だった」◆光沢のある漆黒の髪を、行水をすませた烏の羽の色にたとえていうことば。黒い髪の毛に限って使う。

【誤用】髪の毛以外の黒い物に使うのは誤り。「×烏の濡れ羽色のドレス」「×烏の濡れ羽色に焼けた肌」

【補説】烏の羽のように黒くてつやのある髪は「烏の髪」。

体《からだ》が空《あ》く

【使い方】特にすべき用事がない状態になる。ひまができる。「**体が空い**たらこっちへ来てくれないか」「土曜日は**体が空い**ているから、映画でも見に行こう」「今週は忙しくて**体が空か**ない」◆(1)「空く」は、占めていたものがなくなって、場所・時間・身体・道具などが使用できる状態になる意。「明く」とも書く。⇩手があく (2)「からだ」は「身体」とも当てる。

【誤用】「あく」を「開く」と書くのは誤り。

【補説】用事を入れないで、ある物事に対応できる状態にする、ある物事をする時間を作るという意は「体を空ける」という。「明日は引っ越しだから体を空けておいてくれ」

体《からだ》を張《は》る

【使い方】自分の身を犠牲にするつもりで、懸命に事に当たる。「祖国を守るために――」「会社のために**体を張**って仕事をする」「**体を張**って被災者の救援に当たる」◆「張る」は、ある目的のために危険を覚悟して尽くす意。「からだ」は「身体」とも当てる。

【誤用】「肩を張る」「胸を張る」などとの混同から、堂々とするさまをいうのは誤り。「×体を張って歩く」「×昂然《こうぜん》と体を張って答える」

借《か》りて来《き》た猫《ねこ》

【使い方】いつもと違って非常におとなしいさま。「先生の前では彼は――同然になる」「まるで――のようにして座っていた」「どうしたんだ、今日は――のようにおとなしいじゃないか」◆(1)飼われている家では我が物顔に振る舞う猫も、よその家に連れてこられると片隅で小さくなるとしていうことば。ふだんは威勢がいいのに、ある状況に置かれて、柄にもなく静かにしていることをいう。(2)「借り物の猫」「借りた猫」とも。

【誤用】(1)「診察室では借りてきた猫のようにおとなしくしていた」などとはいうが、体調・気分が原因でおとなしいことにはいわない。「×今日の彼は体調がよくなかったのか、借りてきた猫みたいでしたね」

(2)権威あるものなどに付き従って独自性を発揮しない意で使うのは誤り。「×欧米のやり方を模倣するだけの、借りてきた猫のような政策では期待できない」

(3)「猫の手も借りたい」との混同から、非常に忙しくて、どのような手伝いでもほしいという意で使うのは誤り。「×借りてきた猫でもほしいほど忙しい」

類表現 恐ろしさのために身がすくんで動けなくなることは「蛇《へび》に睨《にら》まれた[見込まれた]蛙《かえる》」という。

▼雁《かり》の使《つか》い

使い方 多く詩歌で、手紙をいうことば。「春草を馬咋山《うまくひやま》ゆ越え来なる――は宿り《やどり》過ぐなり〈柿本人麻呂・万葉集〉」◆「雁《かり》の文」「雁の便り」「雁の玉章《たまずさ》」「雁札《がんさつ》」「雁使《がんし》」「雁書」「雁信」「雁帛《がんぱく》」などともいう。「かり」は「雁《がん》」を和語でいったもの。

誤用 「雁」を「がん」と読むのは避けたい。

出典 匈奴《きょうど》に囚《とら》われていた漢の蘇武《そぶ》が、雁の足に手紙を結んで放し、漢帝に消息を伝えたという故事に基づく(「漢書・蘇武伝」)。

画《が》▽竜《りょうてん》点▼睛《せい》

使い方 物事をりっぱに完成させる最後の仕上げ。また、物事の全体を引き立たせる最も肝心なところ。「蛮人の顔のクローズアップにはこの映画に限らず頭の上をはう蠅《はえ》が写っている。この蠅がいわゆる――の役目をつとめる。これを見ることによってわれわれは百度の気温と強烈な体臭を想像する〈寺田寅彦・映画雑感〉」「それであればこそ、――とも云うべき肝心の刹那の表情が、どう想像しても漠として眼の前に描き出せないのだろう〈夏目漱石・思い出す事など〉」「惜しむらくはクライマックスのシーンがCGであったことです。――を欠くとはこのことでしょう」「税制の方針が固まらなければ改革案も――を欠くことになる」

◆(1)「睛」は「ひとみ」のこと。(2)「画竜点睛を欠く」の形で使うことも多い。全体としてはよくできているが、肝心なところが欠けているので完全とはいえない、の意。

誤用 (1)「画竜」は「がりゅう」とも読むが、「がりゅうてんせい」は避けたい。(2)「てんせい」の「せい」を「晴」と書くのは誤り。

出典 南朝梁《りょう》の時代、絵師の張僧繇《ちょうそうよう》は金陵《きんりょう》の安楽寺の壁に竜の絵を描いたが、瞳を入れると飛び去るからといって目には筆を入れなかった。しかし、人々はそれを信じようとしない。そこで瞳を描き入れてみせると、竜はたちまちにして天に昇ったという故事に基づく(「歴代名画記・張僧繇」)。

◆「借《か》りる」を使う成句

借りてきた猫・借る時の地蔵顔済す時の閻魔顔《えんまがお》・虎《とら》の威を借る狐《きつね》・猫の手も借りたい・胸を借りる

◆「軽《かる》い」を使う成句

命は鴻毛《こうもう》より軽《かろ》し・口が軽い・腰が軽い・死は或いは泰山《たいざん》より重く或いは鴻毛《こうもう》より軽し・尻が軽い

借《か》る時《とき》の地蔵顔《じぞうがお》▽済《な》す時《とき》の▼閻魔《えんま》顔《がお》

使い方 金を借りる時は地蔵のようなにこにこ顔だが、返す時には閻魔《えんま》のような怖い顔になるということ。「借金を返しに来たのはいいが、━━で、金を奪い取られるような渋い顔をしてたよ」

◆(1)「済す」は返済する意。困った時に助けられた有り難みなどすぐに忘れてしまうことをいう。(2)「地蔵顔」は「大黒顔」「恵比須《えびす》顔」ともいい、「閻魔顔」は「閻魔面《づら》」「十王面」ともいう。また、「借りる時の地蔵顔、返す時の閻魔顔」とも。

枯《か》れ木《き》に花《はな》が咲《さ》く

⇩老《お》い木に花が咲く

枯《か》れ木《き》も山《やま》の▼賑《にぎ》わい

使い方 つまらないものでも、ないよりはあったほうがよいというたとえ。「━━だ。選外の作品も展示しておこう」「私など何のお役にも立てませんが━━でやってきました」「〔取引先から催しに招待され、自分の部下に向かって〕━━だ、君たちも参加しなさい」◆(1)禿《は》げ山では殺風景に過ぎる。枯れた木でも、あれば山に趣を添えるという意からいう。(2)「枯れ木も山の飾り」「枯れ木も森の賑やかし」とも。

誤用 (1)「枯れ木」はつまらないもののたとえなので、尊重すべき相手に使うと大変な失礼になる。「×枯れ木も山のにぎわいですから、先生もぜひパーティーに出席して下さい」「×枯れ木も山のにぎわいですから飲み会に来てください」(2)「枯れ木に花の賑わい」は誤り。

類表現 「餓鬼《がき》も人数」

彼《かれ》を知《し》り己《おのれ》を知《し》れば百戦《ひゃくせん》▼殆《あやう》からず

使い方 敵と味方の情勢を熟知した上で戦えば、幾度戦いを重ねても敗れることはない。「━━だ。この販売戦略はもう少し市場調査を進めてから実施に踏み切ろう」「━━というから、もっと相手チームのデータがほしい」◆(1)一般には「百戦危うからず」と書くが、原典を踏まえて「百戦殆からず」と書くのが望ましい。(2)「敵《てき》を知り己を知れば百戦殆からず」とも。

出典 「孫子・謀攻」にある兵法の一つ。孫子はこの句に続けて、「彼を知らずして己を知れば、一勝一負《いっしょういっぷ》す。彼を知らず己を知らざれば、戦う毎に必ず殆し（＝敵情を知らないで味方のことだけを知っているのでは勝ったり負けたりして勝負がつかないし、敵のことも味方のことも知らなければ必ず負ける）」と説いている。

夏炉冬扇《かろとうせん》

使い方 時期はずれで役に立たないもののたとえ。「相変らず炬燵《こたつ》がありますね。━━といったものですかね〈福永武彦・死の島〉」◆(1)「夏の囲炉裏《いろり》と冬の扇《おうぎ》」の意からいう。夏のストーブや冬のクーラーはまさに「夏炉冬扇」といえる。「冬扇夏炉」とも。(2)「━━のばかばかしい芸」「見当ちがいもはなはだしい━━の論」などと、無用な才能や意見の意でも使うが、それも絶対に無益なものとして退けるのではない。

誤用 「無用の長物」と混同して、あっても役に立つどころかかえってじゃまになるものの意で使うのは誤り。「×薪《まき》しか使えない竈《かまど》など、夏炉冬扇だ」

出典 「論衡《ろんこう》・逢遇」に「益すなき能を作《な》し、補うなき説を納《い》るるは、夏を以《もっ》て炉を進め、冬を以て扇を奏《すす》むるなり（＝君主に役にも立たない才能をささげ、何の足しにもならない意見を差し上げるのは、夏に囲炉裏をすすめ、冬に扇を差し上げるようなものだ）」とあるのに基づく。

類表現 「六日の菖蒲《あやめ》十日の菊」「寒《かん》に帷子《かたびら》土用に布子《ぬのこ》」「喧嘩《けんか》過ぎての棒千切り」

◆「川・河（かわ・か）」を使う成句

> 一樹《いちじゅ》の陰一河《いちが》の流れも多生《たしょう》の縁・陸《おか》へ上がった河童《かっぱ》・河海《かかい》は細流《さいりゅう》を択《えら》ばず・河清《かせい》を俟《ま》つ・河童《かっぱ》の川流れ・金槌《かなづち》の川流れ・川立ちは川で果てる・国破れて山河《さんが》在り・懸河《けんが》の弁・百年河清《かせい》を俟《ま》つ・瓢箪《ひょうたん》の川流れ・暴虎馮河《ぼうこひょうが》

◆「皮《かわ》」を使う成句

> 面《つら》の皮が厚い・面《つら》の皮を剝《は》ぐ・捕らぬ狸《たぬき》の皮算用・虎《とら》は死して皮を留め人は死して名を残す・一皮《ひとかわ》剝《む》く・一皮《ひとかわ》剝《む》ける・欲の皮が突っ張る

可《か》▽愛《わい》い子《こ》には旅《たび》をさせよ

使い方 本当に子どもが可愛いなら、甘やかさないで、世の中の辛くて苦しい現実をつぶさに体験させたほうがよいということ。「働きながら留学するというなら、それもいいだろう。――だ」「――というが、他人の飯を食わせることも必要だ」「そろそろ突き放して自立させたらどうだ。――だよ」

◆(1)「旅は憂いもの辛いもの」というように、足が頼りの昔の旅はひたすらに辛く厳しいもの。出立には水杯を交わしたほどだから、わが子を旅立たせることは、わが子を試練に立ち向かわせることだった。ここでいう「旅」は、苦難の人生にたとえられる「旅」でもある。

(2)「いとしき子には旅をさせよ」「可愛い子は棒で育てよ」とも。

誤用 わが子を甘やかして旅をさせてやる意で使うのは誤り。「×可愛い子には旅をさせよというから、ヨーロッパ一周旅行の費用を出してやったよ」

類表現 「獅子の子落とし」

可《か》▽愛《わい》さ余《あま》って憎《にく》さ百倍《ひゃくばい》

使い方 可愛いと思う気持ちが強ければ強いほど、ひとたび憎悪の念が生じると、その憎さはことさらはなはだしくなるということ。「**可愛さあまって憎さ(が)百倍**の刃傷沙汰」

◆(1)「愛」と「憎しみ」の情念を相反するものとしてではなく、表裏一体のものとみなしていう。

(2)それまで目を細めて可愛がっていた者を急に冷たくあしらうようになったり、傍目にも仲のよかった二人がひどく反目し合ったりするようになったときに使う。

誤用 可愛さよりも憎しみが百倍も強い意で使うのは誤り。

補説 精神分析の用語では、同じ対象に対して「愛」と「憎」などの相反する感情を同時に抱いたり、交互に抱いたりすることを「アンビバレンス (ambivalence)」という。

川立《かわだ》ちは川《かわ》で果《は》てる

使い方 得意の技をもつ者も、油断をすれば失敗し、そのために身を滅ぼすことがあるというたとえ。「登山歴三十年のベテランでも遭難する。——だ」「君くらいのスタントマンであれば難なくこなせるだろうが、気を抜くな。——というよ」◆(1)川に慣れた者は、油断から川で命を落とすことが多い意からいう。「川立ち」は川辺に生まれ育って、泳ぎに慣れていること。また、水泳のうまい人。(2)「川立ちは川」「泳ぎ上手は川で死ぬ」とも。

誤用 川に立ち、川で泳ぐのは危ないと警告している句として使うのは誤り。「× 川立ちは川で果てるというから、この川では泳がないほうがいい」

類表現 川立ちよりも水になれている河童でさえ、「河童の川流れ」という憂き目を見ることがある。

我《が》を折《お》る

使い方 強く主張してきた意見を変えて譲歩する。「**我を折**って妥協する」「会長が**我を折**って辞任した」「頑固な父もとうとう**我を折**って娘の結婚を認めた」「誰が説得しても、彼女は——ような人ではない」◆「我」は、自分本位の考え。

誤用 「鼻を折る」と混同して、得意になっている相手の面目を失わせる意に使うのは誤り。「× 高慢ちきの我を折る」

我《が》を通《とお》す

使い方 自分の考えを変えないで押し通す。「あくまでも自分が正しいと——」「**我を通**して、仲間との間が気まずくなる」「家族のことを考えると、いつまでも——わけにはいかない」◆「我」は、自分本位の考え。

補説 より強い態度で自分の考えを押し通すことは「我を張る」という。「体面にこだわって、つまらぬことに我を張る」

考《かんが》える▼葦《あし》

使い方 人間は自然の中で最も弱い一本の葦のようなものである。しかし、それは考えるという能力をもった存在であるということ。「人は——である」◆「考える葦」は人間を指していうが、「葦」そのものには人間の意はない。「**考える葦**」も、考えが浅はかになれば「風にそよぐ葦」になるだろう。

誤用 世の中には考えることが苦手な人もいるだろうが、その人たちに忠告するような場面で使うのは誤り。「× 君はもっと考える葦になるべきだ」

出典 十七世紀のフランスの学者パスカルの「パンセ・三四七」にあることば。**roseau pensant** の訳語で、思考する人間存在の偉大さをいう。

勧学院《かんがくいん》の▼雀《すずめ》は▼蒙求《もうぎゅう》を▼囀《さえず》る

使い方 ふだんから身近に見たり聞いたりしていることは、いつの間にか覚えてしまうというたとえ。「この子はいつの間にか英語を話すようになった。——だね」「——というが、練習を重ねれば技術は自然と身につくものだ」◆「勧学院」は弘仁一二(八二一)年、藤原冬嗣《ふゆつぐ》が藤原一門の子弟のために創設した学校。「蒙求」は中国古代から南北朝までの著名人の伝記や逸話を集めた児童用の教材。勧学院の軒端《のきば》にいる雀は、生徒の音読する「蒙求」を聞き覚え、その文句を囀ったという。

誤用 饒舌《じょうぜつ》の意で使うのは誤り。「× 勧学院の雀は蒙求をさえずるで、ぺちゃくちゃとよくしゃべる」

類表現 「門前の小僧習わぬ経を読む」

▼侃《かん》▼侃《かん》▼諤《がく》▼諤《がく》
[使い方] 互いに正しいと思うことを堂々と主張し、大いに議論すること。「━の議論が巻き起こる」「━と正論を述べる」「━と意見をたたかわす」◆「侃侃」は信念を曲げないさま、「諤諤」はありのままをずばりというさま。
[誤用] 多くの人々が、がやがやとやかましくしゃべるさまは「喧喧囂囂《けんけんごうごう》」。両者を混交して「喧々諤々《けんけんがくがく》」とするのは誤り。また、意味を混同して、「侃々諤々」を人々ががやかましいさまにいうのは誤り。「×侃々諤々の大騒ぎをする」

汗牛充棟《かんぎゅうじゅうとう》
[使い方] 蔵書がきわめて多いことのたとえ。また、著作や類書が非常に多いことのたとえ。「その蔵書は厖大《ぼうだい》で、まさに━の趣がある」「━の著書を残す」
◆車に積んで引かせれば牛が汗をかくほど重く、棟木《むなぎ》に届くほど量がある意からいう。
[誤用] 書物以外の物について使うのは誤り。「×引っ越しの荷物は汗牛充棟というほど多かった」
[出典] 唐の柳宗元《りゅうそうげん》は、孔子《こうし》の意に背いた著作が世に氾濫することを嘆き、「其《そ》の書為《た》るや、処《お》れば則《すなわ》ち棟宇《とうう》に充《み》ち、出ずれば則ち牛馬に汗す」と言った(「陸文通先生墓表」)。

▼諫言《かんげん》耳《みみ》に逆《さか》らう
⇩忠言《ちゅうげん》耳に逆らう

眼光《がんこう》紙《し》背《はい》に徹《てっ》する
[使い方] 書物から字句の背後にある深い意味まで読み取ること。「━と、この経文の心が理解できる」「**眼光紙背に徹すれば**行間にひそむ意がくみ取れるだろう」◆「眼光」は物をじっと見つめるときの目の光、「徹する」は貫いて奥深く達するの意。目の光が紙の裏側に通るほど深く読むことをいう。「眼光紙背に徹す」「徹る」「眼《がん》紙背に透《とお》る」とも。
[誤用] 何度も繰り返して読む意で使うのは誤り。「×眼光紙背に徹するほど辞書を引く」⇩韋編《いへん》三度《みたび》絶つ

換骨奪胎《かんこつだったい》
[使い方] 先人の詩文の作意や形式を生かしながら、新しい工夫を加えて独自の作品にすること。「古詩から━した新体詩」「『マクベス』を━した時代劇」「芭蕉はしばしば白楽天の表現法を━したという」◆骨を取り換え、胎(=子宮)をわが物として使う意。「奪胎《だったい》換骨《かんこつ》」「骨を換《か》え胎《たい》を奪う」とも。
[誤用] 他人の詩文の焼き直しの意で使うのは避けたい。「×あのドラマはアメリカ映画を換骨奪胎しただけだよ」「×他人の作品を換骨奪胎した、盗作に等しい小説」
[出典] 先人の作品の意味内容を変えないで、その字句や表現だけを取り換えることを「換骨法」といい、先人の作品の主意を手本として自分なりの詩文を作ることを「奪胎法」という(「冷斎夜話」)。

閑《かん》古《こ》鳥《どり》が鳴《な》く
[使い方] 人の訪れがなくて寂しいさま。客が来なくて商売が上がったりのさま。「不景気で、店は**閑古鳥が鳴いて**いるよ」「初日から━という不入りだ」「地震の頻発で、温泉街も━寂しさだ」「不況のあおりで、証券市場も━という有様だ」◆「閑古鳥」はカッコウの別称。人気《ひとけ》のない山里で聞くカッコウの鳴き

声がもの寂しいことからいう。騒がしい都会ではカッコウの声など聞く由《よし》もない。

誤用 暇がある意で使うのは誤り。「×日曜日なら閑古鳥が鳴くほど時間があるよ」「×何もすることがなくて閑古鳥が鳴いているよ」

顔色《がんしょく》を失《うしな》う

使い方 ❶恐れや驚きのために顔色が青くなる。「拳銃を突きつけられて——」「襲いかかる津波に——」「致命的な失策に気づいて——」◆「顔色」は、かおいろ。また、かおつき。

❷圧倒されて手も足も出なくなる。「あまりの強さに——」「検察官の厳しい尋問に——」

誤用 「顔色」は「かおいろ」と読んでも意味は同じだが、「かおいろを失う」とするのは避けたい。

類表現 ②は、「顔色なし」とも。唐の詩人白居易《はくきょい》は「長根歌」の中で、楊貴妃《ようきひ》の美しさの前では「六宮の粉黛《ふんたい》顔色無し（＝宮中の美女たちも圧倒されて生色を失う）」と詠《うた》っている。

◆「感《かん》じる」を使う成句

人生意気に感ず・痛痒《つうよう》を感じない・肌で感じる

寒心《かんしん》に堪《た》えない

使い方 恐ろしさや不安に襲われてぞっとする。このままではどうなることかと心配でたまらない。「生命を軽視する昨今の風潮は——」「大気汚染の人体への影響を考えると——」◆「寒心」は心配し恐れる気持ち。「〜に堪えない」は、その気持ちをおさえることができないの意（「感［喜び・遺憾］に堪えない」）。

誤用 「かんしん」を「感心」「関心」などと書くのは誤り。⇩感に堪えない

▼韓信《かんしん》の▼股《また》くぐり

使い方 大望を抱く者は屈辱にもよく耐えるということ。「腹立たしいが大事の前の小事だ。——で我慢しよう」「許し難い暴言だが、先々のことを考えて引き下がることにしよう。ここは——だ」◆「韓信袴下《こか》より出づ（出ず）」とも。「出づ」は「出る」の文語形。

誤用 忍耐はほめるべきだが、「かんしん」を「感心」と書くのは誤り。

出典 韓信は漢の天下統一に功績のあった名将。その少年時代、故郷の淮陰《わいいん》（江蘇《こうそ》省淮安市）で仲間の少年たちから股の下をくぐらされるという屈辱を受けたが、あえてそれを甘受し、のちに張良《ちょうりょう》・蕭何《しょうか》とともに漢の三傑と称されるに至ったという故事に基づく（「史記・淮陰侯列伝」）。

歓心《かんしん》を買《か》う

使い方 相手の機嫌をとって、気に入られようとする。「おべっかを使って客の——」「付け届けをして上役の**歓心を買**おうとする」「彼は訪問の度毎に、瑠璃子の——ために、高価な贈物を用意することを、忘れなかった〈菊池寛・真珠夫人〉」◆「歓心」は、うれしいと思う気持ち。「買う」は、進んで求める意。

誤用 「かんしん」を「関心」「感心」などと書くのは誤り。

肝胆相照《かんたんあいて》らす

使い方 互いに心の底まで打ち明けて親

しくつきあう。「彼とは━━仲だ」「肝胆相照らして語り合う」「江戸趣味だか、呉服屋趣味だか知らないが、それから僕は爺さんと大いに**肝胆相照らして**、二週間の間面白く逗留して来たよ〈夏目漱石・吾輩は猫である〉」◆「肝胆」は肝臓と胆嚢《たんのう》。いずれも生命を支える大切な器官であることから、「心の奥底」「真実の心」などのたとえとする。

誤用 本心や思わくに探りを入れる意で使うのは誤り。「×肝胆相照らして互いの腹を探り合う」

出典「故事必読成語考・朋友賓主《ほうゆうひんしゅ》」に「肝胆相照らす、斯《これ》を腹心の友と為《な》す」とあるのに基づく。

▼邯《かん》▼鄲《たん》の歩《あゆ》み

使い方 むやみに他人のまねをすると自分本来のものまで失ってしまうことのたとえ。「━━で、模写ばかりしているうちに自分の絵が描けなくなった画家」「━━というが、模倣に終わると個性をなくしてしまう」◆「邯鄲の歩《ほ》」「邯鄲学歩」「邯鄲の歩を学ぶ」とも。「邯鄲」は中国の河北省邯鄲市で、戦国時代、趙《ちょう》の都だった所。

誤用 スズムシに似たカンタン（邯鄲）という昆虫もいるが、「歩み」を歩速の意にとるのは誤り。「×邯鄲の歩みのようにすばやい［のろい］」

出典 燕《えん》の青年が、邯鄲の人々の歩き方をまねようとしたが身につかず、自分の歩き方まで忘れて這って帰ったという寓話《ぐうわ》に基づく（「荘子・秋水」）。邯鄲特有の歩行術がどのようなものだったかは分からないが、地方の青年の目にはよほど上品なものに映ったのだろう。

▼邯《かん》▼鄲《たん》の夢《ゆめ》

使い方 人生の栄枯盛衰がはかないものであることのたとえ。「人生は━━の如《ごと》し」「栄華を極めたところで、人の一生は━━のようにはかない」「一世を風靡《ふうび》した歌手だったが、今はその名を知る人もいない。まさに━━だ」◆「邯鄲の枕《まくら》」「邯鄲夢の枕」「一炊の夢」「盧生《ろせい》の夢」とも。「邯鄲」は、中国の河北省邯鄲市。

誤用 むなしさを覚える意で使うのは誤り。「×人生には邯鄲の夢を見ることが多い」

出典 盧生《ろせい》という若者が邯鄲の宿で道士呂翁《りょおう》から枕を借りてひと眠りしたところ、紆余《うよ》曲折を経つつ最後は栄華を極めて終わるという体験をしたが、それは黍《きび》もまだ炊けないほど短い間の夢にすぎなかったという話に基づく（「枕中記《ちんちゅうき》」）。

類表現「南柯《なんか》の夢」

肝胆《かんたん》を砕《くだ》く

使い方 非常に苦心する。懸命になって物事をする。「会社の再建に━━」「日夜━━」「元よりその時も御枕もとには、法師、医師、陰陽師などが、皆それぞれに**肝胆を砕い**て仏道修行をする」〈芥川龍之介・邪宗門〉」◆「肝胆」は肝臓と胆嚢《たんのう》。いずれも生命を支える大切な器官であることから、「心の奥底」「真実の心」などのたとえとする。

誤用 内臓が砕かれて血まみれ、泥まみれになるような戦いをすることをいうのは誤り。その場合は「肝胆地に塗《まみ》れる」という。「×肝胆を砕くような血みどろの戦い」

類表現「肝《きも》を砕く」「肺肝《はいかん》を砕く」「身骨《しんこつ》を砕く」「骨を砕く」「身を砕く」

「骨髄《こつずい》を砕く」

眼中《がんちゅう》に無《な》い

使い方 気にかけない。問題にしない。「世俗のこと[評論家の言]など——」「仕事に追われていて、今は遊ぶことなど——」「彼は私の思惑など**眼中になく**、勝手に計画を進めていく」「これ等の物を買い調えた彼は毫も他人に就いて考えなかった。新らしく生れる子供さえ**眼中になかった**〈夏目漱石・道草〉」◆「眼中に置かない」「眼中に入れない」とも。「眼中」は目に見える範囲の意から転じて、意識や関心の及ぶ範囲をいう。

誤用 「目の中にない」は誤り。

▼噛《か》んで吐《は》き出《だ》すよう

使い方 不快そうに、ぶっきらぼうに物を言うさま。「見るのも嫌だと——に言う」「そっぽを向いて——に答える」「それを云うと、父は急に機嫌を悪くして——に云った。『おッ母アはどこかへ逃げちまったよ。…』〈海野十三・三人の双生児〉」「『ソンナ奴は放っとき給え。早く来給え』と——な冷めたい語気で云ったが〈夢野久作・戦場〉」◆一度噛んだものを吐き出したくなるような、不快なさまをいう。

誤用 「噛んで吐くよう」は避けたい。

▼噛《か》んで含《ふく》める

使い方 よく分かるように丁寧に言い聞かせる。「子どもにも分かるよう——ように話す」「一つ一つ——ように説明する」「物事の是非を——ように言って聞かせる」「彼はいつも——ような話し方をする」◆親が食べ物をよくかんで、柔らかくしてから子どもの口に含ませることからいう。「含める」は、物を口の中に入れる意(「赤ん坊の口に乳首を含める」)。

誤用 「噛んで含むよう」は誤り。

▼旱天《かんてん》の慈雨《じう》

使い方 日照りの後に降る恵みの雨。また、日照りの後の雨のように、待ち望んでいたものや、ありがたい救いの手のたとえ。「田畑を蘇《よみがえ》らせる——」「——ともいうべき救援物資」「銀行から融資が受けられるなら、まさに——なのだが…」「戦争勃発《ぼっぱつ》による特需増が、周辺国にとっては——となった」◆「旱」は日照り、「旱天」は、日照り続きの空。現在は「旱天」を「干天」と書くことも多いが、これは「旱」が常用漢字にないことによる代用表記。

誤用 「かんてん」を「寒天」と書くのは誤り。

類表現 「日照りに雨」「闇夜《やみよ》の灯火《ともしび》」

▼艱難《かんなん》▼汝《なんじ》を玉《たま》にす

使い方 人は多くの苦労を経験することによって立派な人物になるということ。「辛いだろうが、頑張ってくれ。——だ」「——というから、彼もその苦労を乗り越えれば一段と大きくなるだろう」◆「艱難」は困難に出あって苦しみ悩むこと(「艱難辛苦《かんなんしんく》」)。

誤用 「困難汝を玉にす」は誤り。

出典 Adversity makes a man wise.(逆境が人を賢くする)を意訳したことばという。

類表現 「苦労屈託身の薬」

▼癇《かん》に障《さわ》る

使い方 神経を刺激していらいらさせる。腹立たしい。「あの口のきき方がいちいち——」「不作法な食べ方が——」「話を無理に変えようとする狡さが、ぴんと彼女の**癪にさわった**〈岸田国士・暖流〉」◆「癇に触《ふ》れる」とも。「癇」は、激しやすく怒りっぽい性質。ある言動が害となってその性質を表に引き出すことをいう。
誤用「かん」を「感」と書くのは誤り。
類表現「癪《しゃく》に障る」

簡《かん》にして要《よう》を得《え》る

使い方 簡単だが、よく要点をとらえている。「この表現は**簡にして要を得ている**」「彼の言は**簡にして要を得ていた**」◆「簡」は、おおまかなこと。「要」は、大事なところ。
誤用 (1)「簡にして要を得ず（得ない）」など打ち消しの形で、「おおざっぱで、要点をとらえていない」の意で使うのは本来的な用法でない。
(2) 簡単だが役に立つ意にとって、「簡にして用を得る」とするのは誤り。「×この道具は簡にして用を得ている」

感《かん》に堪《た》えない

使い方 非常に感動して、それを表に出さずにはいられない。「すばらしい！と、――ように言う」「――という様子で娘の結婚式に臨む」「優勝者が――という面持ちで表彰台に立つ」「いかにも――といった震え声で喜びを語る」「今昔の――（＝今と昔を思い比べて、その違いがあまりにも大きいことに心を打たれる）」
◆(1)「感」は、心が強く動かされること。「～に堪えない」は、その気持ちをおさえることができないの意（「喜び［寒心］に堪えない」）。
(2) 打ち消しの語を伴わない「感に堪える」も、同じ意味で用いられる。やや古風な言い方。「今じゃ山水画などを見ると感に堪えたような顔をして時々眺めている事がありますよ〈夏目漱石・行人〉」「勘次は耳の底に響いたその句を独り感に堪えたように唄うては行くのである〈長塚節・土〉」
誤用 非常に喜ぶ意で、「歓に堪えない」とするのは誤り。

堪忍袋《かんにんぶくろ》の緒《お》が切《き》れる

使い方 我慢できなくなって怒りが爆発する。「あまりの侮辱に**堪忍袋の緒が切れた**」「あの男の図々しさには、もう**堪忍袋の緒が切れた**」「ついに［いい加減・いよいよ］**堪忍袋の緒が切れて**、どなりつけた」◆(1)「堪忍袋」は、我慢のできるキャパシティー（許容量）を袋にたとえていう語。「我慢のできる範囲までは我慢してきた」という意味合いを含むため、多く、怒りの要因がある程度続いてきた場合にいう。(2)「こらえ袋の緒が切れる」とも。
誤用 (1) 昨今すぐにキレる人が多くなったからか、突発的なこと、その場限りのトラブルに使われる例が多いが、本来の用法にはなじまない。「×すれ違いざまに肩が触れ合ったので、マジで堪忍袋の緒が切れた」
(2) 辛抱できなくなる意で使うのは誤り。「×あまりの辛さに堪忍袋の緒が切れて逃げ出した」
(3)「お」を「尾」と書くのは誤り。

間髪《かんはつ》を▽容《い》れず

使い方 少しの時間も置かないさま。すぐさま。「――切り返す」「――質問に答える」「**間髪（を）容れず**飛び退《の》いた」
◆(1) 間《あいだ》に髪の毛一本を入れるすきまもない意からいう。もともとは事態が差し迫っていて、少しの猶予もならないことをいったが、現在はもっぱら、間を置かないで物事を行うことにたとえる。

(2)主に動詞を修飾するが、まれに「間髪を容れぬ(容れない)」などの形で連体修飾にも使う。「間髪を容れない受け答え」

(3)もともと「間に髪をいれない」意で、「間」と「髪」は独立した語。「間《かん》、髪《はつ》をいれず」と切って読む。「間に髪をいれず」とも。

(4)「いれず」は原典に沿って「容れず」と書くが、現在は「入れず」と書くことが多い。

誤用 (1)「間」と「髪」を一語化して「かんぱつ容れず」ということが多いが、避けたい。

(2)「間髪(を)置かず」ともいうが、原典のことばではなく、一般に誤用とされる。

出典「文選・枚乗《ばいじょう》・上書諫呉王《じょうしょしてごおうをいさむ》」の「間不容髪」ということばに基づく。

汗馬《かんば》の労《ろう》

使い方 戦場での功労。また、物事をうまくまとめるために東奔西走する労苦。「――を賞する」「会社再建のためには――をいとわない」◆「汗馬」は、馬を走らせて汗をかかせること。

誤用「かんば」を「駻馬(=あばれ馬)」と書くのは誤り。

出典「韓非子・五蠹《ごと》」に「その近御の者、私門に積み、貨賂《かろ》を尽くして重人の謁《えつ》を用い、汗馬の労を退く(=君主の側近者が権門にへつらい、賄賂《わいろ》をむさぼり、重臣の私的な頼みを聞き入れ、戦場を駆け回って功労のあった者を退ける)」とあるのに基づく。「戦国策・楚《そ》」に「水を下って浮かばば、一日に行くこと三百余里、里数多しと雖も、汗馬の労を費やさず(=船便を用いれば、一日に進む距離は三百里余り、馬による運搬の労苦をしなくてもすむ)」とあることから、「汗馬の労」は物資を遠方に運搬する労苦の意でも使う。

看板《かんばん》に偽《いつわ》り無《な》し

使い方 看板に書いてあることと実情が一致している。外見と実質が一致している。「安くてうまいという――のレストラン」「この薬はよく効きますよ。――です」「――で、見かけどおりの実直な人」

誤用 虚偽ではない意で使うのは誤り。「×目撃者の証言だから信用できる。看板に偽りなしだ」

補説 応用させて、反対の意で「看板に偽りあり」という。「〔奥畑は花柳界に馴染みの女がいるらしく〕それでは『真面目な恋愛』だと称している看板に偽りがあることにもなり〈谷崎潤一郎・細雪〉」

看板《かんばん》を下《お》ろす

使い方 ❶その日の営業を終えて店を閉める。また、廃業して店をたたむ。「このレストランは十時になると――」「百年続いた老舗だが、今年いっぱいで――ことになった」◆閉店時や廃業時には店の看板を外すことからいう。

❷店以外のものや人に転用して、ある方針や立場を取り下げる。特性などを謳《うた》わないようにする。「新作を読んだ限りでは、彼も私小説作家の**看板を下ろした**ようだ」「こういう時の女の気持ちを尊重してやれない男は、ハンサムの**看板を下ろさ**なくちゃいけねえ〈夢枕獏・魔性菩薩〉」

誤用 (1)「看板を下げる(=看板を取り付ける、ぶらさげる)」の意で使うのは誤り。「ランチタイムが終わったので、準備中の看板を×下ろした/○下げた」

(2)「看板を外す」は誤り。

完膚《かんぷ》無《な》きまで

使い方 無傷のところがないほど。徹底的に。「━破壊する」「━相手をやっつける」「━書き改める」「━論破される」「もはや豹一は、━に自分を軽蔑していた〈織田作之助・青春の逆説〉」◆「完膚」は、傷のついていない完全な皮膚。その結果、もとの状態がすっかり変わってしまうことをいう。

誤用 その結果に何らの痛手ももたらさない行為について使うのは誤り。「×完膚無きまで治療する」「×完膚無きまで庭を掃き清める」

完《かん》▼璧《ぺき》

使い方 まったく欠点がないこと。完全無欠。「作戦の━を期する」「━な演技を見せる」「注文の品を━に仕上げる」◆「璧」は円形で平たく、中央に丸い穴のある玉器。傷のない完全な璧《たま》の意から。

誤用 「璧」を「壁」と書くのは誤り。

補説 「完璧」には、もう一つ、借りた物を損なわずに返すことという意味がある。これは中国の戦国時代、「和氏《かし》の璧《たま》」を貸そうとしなかった秦《しん》の昭王と藺相如が命をかけて渡り合い、ついに璧を無事に持ち帰ったという故事に基づく〈「史記・廉頗藺相如列伝」〉。⇩和氏の璧

類表現 「完全無欠」

管《かん》▼鮑《ぽう》の交《まじ》わり

使い方 互いに信頼し合った親密な交際のたとえ。「あの二人はずっと━を続けてきた」「もし寸毫の虚偽をも加えず、我我の友人知己に対する我我の本心を吐露するとすれば、古えの━と雖《いえど》も破綻を生ぜずにはいなかったであろう〈芥川龍之介・侏儒の言葉〉」

誤用 肉親間の絆《きずな》が強い意で使うのは誤り。「×あの親子[兄弟]は実に仲がいい。管鮑の交わりだよ」

出典 「管鮑」は、春秋時代の斉《せい》の人、管仲《かんちゅう》と鮑叔牙《ほうしゅくが》(鮑叔とも)のこと。鮑叔と一緒に商売をした管仲が分け前をよけいに取ったときも、管仲が自分よりも貧しいことを知る鮑叔は一言も責めなかったなど、二人の心温まる友情を伝えるエピソードは多い〈「列子・力命」「史記・管晏《かんあん》列伝」〉。後年管仲は「我を生む者は父母、我を知る者は鮑叔」と語り、ますますその親交を深めていったという。

類表現 「金石の交わり」「水魚の交わり」「断金の契り」「断琴の交わり」「刎頸《ふんけい》の交わり」

歓楽《かんらく》極《きわ》まりて哀情《あいじょう》多《おお》し

使い方 喜びや楽しみが極まると、やがて悲しい思いが生じてくるということ。「喜びが大きいだけに、ふとむなしさを感じる。━だ」「━。青春を謳歌《おうか》できるのも今のうちだ」

誤用 (1)「楽あれば苦あり(=楽しいことがあれば、後には苦しいことがある)」の意で使うのは誤り。「×楽しいことがあると必ず辛いことがある。まさに歓楽極まりて哀情多しだ」
(2)「感極まりて哀情多しだ」は誤り。

出典 前漢の武帝の「秋風の辞」に「歓楽極まりて哀情多し、少壮幾時《いくとき》ぞ、老いを奈何《いかん》せん(=楽しみを尽くしてしまうと、かえって悲しみの気持ちが起こってくる。若き日々は短い。やがて訪れる老いをどのように迎えたらよいのだろうか)」とあるのに基づく。歓楽の極みの後に空虚感を覚える心理を表した句として知られるが、喜びと悲しみは糾《あざな》える縄

のごとく表裏一体の関係にあるのだろう。

棺《かん》を▼蓋《おお》いて事定《ことさだ》まる

使い方 人は死んではじめて真の評価が決まるということ。「誰も認めてくれないからといって、くよくよするな。——だ」◆たとえ正当に評価されなくても、諦めることなく努力しようという気持ちをこめて使う。「棺を蓋う(＝蓋棺《がいかん》)」は、棺の蓋《ふた》をする意。人が死ぬことをいう。「蓋う」は「覆う」とも書く。「丈夫《じょうぶ》は棺を蓋いて事始めて定まる」とも。

誤用 死後に物事が落着する意で使うのは誤り。「×棺を蓋いて事定まるで、ワンマン社長の死であの会社のごたごたも治まった」

出典 盛唐の詩人杜甫《とほ》が「丈夫は棺を蓋いて事始めて定まる。君今幸いに未だ老翁と成らず(＝男子の仕事は死んではじめてその評価が定まる。君はまだ若いのだから、仕事をするのはこれからではないか)」と言って、友人の子である蘇徯《そけい》を励ました詩句に基づく(「君不見簡蘇徯詩」)。

き

◆「木(き・こ・ぼく)」を使う成句

石が流れて木《こ》の葉が沈む・独活《うど》の大木・埋もれ木に花が咲く・老い木に花が咲く・驚き桃の木山椒《さんしょ》の木・枯れ木に花が咲く・枯れ木も山の賑《にぎ》わい・木で鼻を括《くく》る・木に竹を接《つ》ぐ・木に縁《よ》りて魚《うお》を求む・木仏《きぶつ》金仏《かなぶつ》石仏《いしぼとけ》・朽木《きゅうぼく》は雕《え》るべからず・木を見て森を見ず・草木も靡《なび》く・草木も眠る・猿も木から落ちる・生木《なまき》を裂く・盲亀《もうき》の浮木《ふぼく》・焼け木杭《ぼっくい》に火が付く・連木《れんぎ》で腹を切る

◆「気《き》」を使う成句

運気は根気・気合いを入れる・気炎を上げる・気がある・気が置けない・気が気でない・気が差す・気が知れない・気が済む・気が立つ・気が付く・気が遠くなる・気が咎《とが》める・気が引ける・気が揉《も》める・気勢を上げる・気に入る・気に食わない・気に障る・気に病む・気は心・気骨《きぼね》が折れる・気脈を通じる・気を利かせる・気を付ける・気を取り直す・気を抜く・気を吐く・気を回す・気を許す・浩然《こうぜん》の気・短気は損気・毒気に当てられる・毒気を抜かれる・何の気なしに・病《やまい》は気から

気合《きあ》いを入《い》れる

使い方 ❶緊張感を高めて精神を集中させる。「**気合いを入れ**て竹刀を打ち込む」「もっと**気合いを入れ**て練習しろ」❷たるんだ気分を引き締めるために、しかりつけたり体罰を加えたりする。「初年兵を整列させて——」「たるんでいる部員に**気合いを入れ**てやろう」◆「気合い」は心を集中させて事に当たるときの勢い。②は、もと軍隊で使われた語。

補説 精神が集中して気力がみなぎって

いることは「気合いが入る」という。「両チームとも気合いが/の入ったプレーを展開する」

聞《き》いて極楽《ごくらく》見《み》て地獄《じごく》

使い方 話に聞くのと実際に見るのとでは大違いだということ。「移民にとって、新天地での生活は━━だった」「企業はそう甘くはない。就職してみれば━━というところもある」◆⑴話に聞けば極楽のように思えることも、実地に見れば地獄のようであるの意からいう。聞いて想像する世界は甘いが、実際に体験する現実の世界は厳しい。⑵「聞いて千金見て一毛」「聞いて千両見て一文」とも。

誤用 見てがっかりした意で使うのは誤り。「✕期待していたほどの映画じゃなかった。聞いて極楽見て地獄だよ」

出典 江戸版「いろはがるた」の一つ。

類表現 「見ての極楽住んでの地獄」「聞くと見るとは大違い」

忌《き》▼諱《い》に触《ふ》れる

⇩忌諱《きき》に触れる

気《き》炎《えん》を上《あ》げる

使い方 盛んに勢いのよいことを言う。「酒を飲んで━━」「親の脛をかじりながら**気炎を上げ**てもだめだよ」「今にきっと世界的な仕事をして、日本の為に**気焔をあげ**てくれるだろう〈武者小路実篤・友情〉」「たしかにいまの会津中将は落日の幕府にあってただ一人万丈の**気炎を上げ**ている人物である〈森村誠一・新選組〉」◆「気炎」は、火が燃え上がるように盛んな意気。「気▼焔」とも書く。

類表現 「気炎を吐く」

気《き》がある

使い方 ❶その意志・意欲がある。「彼女は市長選に立候補する━━らしい」「彼には本当に進学する━━のだろうか」「君にその━━なら、彼に掛け合ってみようか」❷ある異性に引かれている。「彼は彼女に━━らしい」「あなたもしかしたら彼に━━の?」

◆①の「気」は、何かを積極的に行おうとする心の働き。②の「気」は、物事に引きつけられる気持ち、すなわち興味や関心をいう。

補説 気乗りがしない、関心がない意では「気がない」を使う。「彼には勉強しようとする気がない」「彼女のほうは彼には気がない」

奇《き》貨《か》▽居《お》くべし

使い方 好機はのがさずに利用しなくてはならない。「━━という気になって、新株を買っておいた」「海外に進出するなら今がチャンス。━━だ」◆奇貨(=珍しい品物)は買っておいて、値上がりする時期を待つべきだという意からいう。「居《お》く」は、原典の「奇貨可居」の「居」を「おく」と読み下したもので、そのまま置いておく、すえる、の意。「置く」と書いてもよいが、原典では「居く」。

出典 秦《しん》の商人呂不韋《りょふい》は趙《ちょう》の国の人質となり冷遇されていた秦の王子子楚《しそ》を見て、「奇貨居くべし」と思って資金援助を惜しまなかった。後に子楚が荘襄王《そうじょうおう》に即位すると、呂不韋は宰相に取り立てられ、文信侯に封《ほう》ぜられたという故事に基づく(「史記・呂不韋列伝」)。

気《き》が置《お》けない

使い方 気遣いする必要がなく、心から打ち解けることができる。「**気が**/の**置**

けない仲間と旅行する」「──間柄」「あの奥さんは始めて顔を見た時から──〈森鷗外・青年〉」「**気の置けない**宿だから、わが家にいるようにくつろげる」「**気が**／**の置けない**話をして一時《いっとき》を過ごす」「その兵士は善い男だった。快活で、洒脱で、何事にも**気が置けなかっ**た〈田山花袋・一兵卒〉」

◆(1)人にも人以外の物事にも使う。
(2)肯定形の「気が置ける(置かれる)」は、緊張したり気詰まりだったりして打ち解けない意。「あの人は気が置けるから疲れる」「いくら親しくしても、気が置かれて、帰ったあとでほっと息を衝く〈森鷗外・青年〉」

誤用「気が置ける」と取り違えて、気が許せない、油断がならないの意に使うのは誤り。「× 彼は気が置けない人だから注意した方がいい」

気《き》が気《き》でない

使い方 気にかかって落ち着かない。「失敗しなければいいがと──」「早く知らせなくてはと思うと──」「間に合わないのではないかと**気が気でなかっ**た」◆あせる気持ちをコントロールできない状態をいう。「気が気じゃない」とも。

誤用 そわそわしている意で使うのは誤り。「× 明日からの海外旅行が楽しみで、気が気でないらしい」

気《き》が差《さ》す

使い方 気がとがめる。後ろめたい気持ちになる。「無断で欠席したので──」「ここまで来て寄らずに帰るのも──」「金を借りたままなので**気が差し**たが、挨拶《あいさつ》だけはしておいた」◆「差す」は、そのような気分や気持ちが生じてくる意(「魔が差す」「嫌気が差す」「眠気が差す」)。

誤用「さす」を「指す」「刺す」と書くのは誤り。

気《き》が知《し》れない

使い方 その人が何を考えているのか分からない。「あんなことに夢中になる連中の──」「どうしてあんな失礼なことを言い出したのか、ぼくには彼の──よ」「謡というものは読んでわかるところを、やにむずかしい節をつけて、わざと分らなくする術だろう。あんなものを毎晩飽きずに唸る爺さんの──〈夏目漱石・坊っちゃん〉」「そんな有難い母というものがありながら、病気になったり、なまけたりしているやつの──〈太宰治・津軽〉」◆「気」は、物事についてあれこれ考える心の働き。「知れない」は「知れる(=「知る」の自動詞形)＋ない」。容易に知ることができない意。

気《き》が済《す》む

使い方 気持ちがおさまる。満足する。「最後まで見届けなくては**気が済まな**い」「彼は何でも自分でやらなくては**気が済まない**」「ここで引き下がったのでは僕の**気が済まない**」「あなたの**気が**／**の済む**ようにしなさい」「殴《なぐ》って──のだったら、殴ってくれ」「まあ、金兵衛さんのところへも顔を出したし、これで俺も**気が済ん**だ〈島崎藤村・夜明け前〉」
◆「済む」はおさまりがついて、すっきりする意。

誤用「すむ」を「澄む」と書くのは誤り。

気《き》が立《た》つ

使い方 感情が高ぶる。いらだつ。「彼は受験直前で**気が立っ**ている」「選手たちは試合を前にして**気が立っ**ている」「**気が立っ**ていたもんだから、そんなことをしでかしたんだろう」◆「立つ」は、感情が激したりいらだったりする意(「腹が立つ」)。

気《き》が付《つ》く

使い方 ❶そのことに考えが及ぶ。「とんでもない間違いに**気がついた**」「**気がついたら**もう誰もいなかった」「何度も名前を呼ばれたのに**気がつかなかった**」「いい加減**気がつけよ**」
❷細かいところまで注意がゆきとどく。「細かなことにもよく――人」
❸意識を取り戻す。「気付け薬をかがせたら、やっと**気がついた**」「――と病院のベッドの上だった」
◆(1)「つく」は、知覚・意識が働く意。漢字で書けば「付く」だが、以前は「着く」とも書かれた。(2)一語で「気づく」とも。

気《き》が遠《とお》くなる

使い方 ❶意識が薄れて、ぼうっとなる。正気を失う。「立ちくらみがして**気が遠くなった**」「後頭部を打たれて、一瞬**気が遠くなった**」「炎天下を歩いているうちに**気が遠くなってきた**」「気がゆるんだせいか暑さが強く感じられ、坐っていると無闇に眠くなって**気が遠くなって**行くようだ〈井伏鱒二・黒い雨〉」
❷物事のスケールやありさまが並外れていて、常識では判断できなくなる。「一億光年とは**気が／の遠くなる**ような距離だ」「九兆円とは**気が／の遠くなる**ような金額だ」「**気が／の遠くなる**ほど手間のかかる仕事だ」「彼女は本陣の格式と斎部氏以来の伝統が深い軒の中一杯に詰っているこの家で、――ほど長い間ずっと舅姑に仕えて生きてきた〈有吉佐和子・華岡清洲の妻〉」
◆「気」は、外界を知覚する心の働き。

気《き》が▼咎《とが》める

使い方 心の中で悪いという気持ちになる。後ろめたさを感じる。「うそをついたので――」「こうして遊び暮らしているのは――」「さすがに**気がとがめた**とみえて、彼は謝罪めいた手紙を寄こした」
◆心がみずからを責める意からいう(「良心がとがめる」)。

気《き》が引《ひ》ける

使い方 気おくれする。引け目を感じる。「こんなに遅れて行くのは――」「あんな恰好《かっこう》で人前に出るのは**気が引けた**のだけど…」「一度断った仕事を、やっぱりやらせてくれというのは――よ」◆何か後ろめたいところがあって、積極的に対処する気になれない意からいう。
誤用 気勢をそがれる意で使うのは誤り。「×チャンピオンのパンチに気が引けて、防御一方の試合となった」

気《き》が▼揉《も》める

使い方 心配で落ち着かない。やきもきする。「飛行機の到着が遅れて――」「あまりに帰りが遅いので、何かあったのではないかと――」「無事に下山できるかどうか――」◆「気を揉む」も同意で使われる。「連絡がないので父が気をもんでいる」
誤用「気が揉まれる」は誤り。

危機一髪《ききいっぱつ》

使い方 一つ間違えれば重要な危機に陥るという瀬戸際。きわめて危ない状態。「賊に襲われて――という目に遭う」「まさに――というところだった」「――のところで助かった」「――の状態が回避された」◆多くは、そこで踏みとどまって、最悪の事態を免れた場合に使う。

誤用「いっぱつ」を「一発」と書くのは誤り。

出典「韓愈《かんゆ》・与孟尚書書《もうしょうしょにあたうるしょ》」の「其の危うきこと一髪の千鈞《せんきん》を引くが如し(＝危うさは一筋の髪の毛で千鈞の重さのものを引くかのようだ)」に基づく。一鈞は三〇斤で、六・六八キログラム。

忌《き》▼諱《き》に触《ふ》れる

使い方 いやがることを言ったり行ったりして、目上の人の機嫌をそこねる。「諫言《かんげん》が君主の**忌諱に触れ**て処刑された忠臣」「大陸進出を批判した一文が軍部の**忌諱に触れた**」「歯に衣《きぬ》着せぬ発言が専務の**忌諱に触れた**」◆「忌諱《きき》」は、いみきらって避けること。慣用で「きい」と読むことも多い。
誤用 下位にある人について使うのは誤り。「×学生たちの忌諱に触れてつるし上げられた教授」

危急《ききゅう》存亡《そんぼう》の▽秋《とき》

使い方 生き残れるか滅びるかという重大な瀬戸際。「(憲兵は)泣くような声を出して、日本が今、━━だと知っているだろうと問い詰めてくる〈大佛次郎・帰郷〉」「今、国家の━━にあたり、われわれ学生は皇国に身を捧げ、護国の英雄に続こう〈加賀乙彦・湿原〉」「売り上げが激減している。わが社は今が━━だ」◆⑴収穫期の「秋」は、四季のなかでも最も大切な「とき」。この時期に実りを得なければ飢饉《ききん》を招き、民は生と死の境をさまようことになる。⑵「とき」は「時」とも書くが、原典に随《したが》えば「秋」。
誤用「秋」を「あき」と読むのは誤り。
出典 三国時代、魏《ぎ》との戦いに出征する諸葛亮《しょかつりょう》が後主劉禅《りゅうぜん》に奉った「出師《すい》の表」に「今天下三分して、益州(＝漢代に置かれた州の名。現在の四川省を中心とする地)疲弊す。此《こ》れ誠に危急存亡の秋なり」とあるのに基づく。

◆「利《き》く(効)」を使う成句

押さえが利く・顔が利く・気を利かせる・口を利く・潰《つぶ》しが効く・睨《にら》みを利かせる・幅を利かせる・目が利く・目端《めはし》が利く・山葵《わさび》が利く

◆「聞《き》く」を使う成句

朝《あした》に道を聞かば夕べに死すとも可なり・言うことを聞かない・一を聞いて十を知る・音に聞く・聞いて極楽見て地獄・聞くは一時の恥聞かぬは末代の恥・聞くも涙語るも涙の物語・見猿《みざる》聞か猿言わ猿

聞《き》くは一時《いっとき》の恥《はじ》聞《き》かぬは末代《まつだい》の恥《はじ》

使い方 知らないことを聞くことの恥ずかしさはその時だけのことで、知らないままに生涯を過ごすのはもっと恥ずかしいことだ。「━━だ。知ったかぶりをせずに質問しなさい」◆「末代」は、死んでから後の世。「聞くは一時の恥、聞かぬは一生の恥」「聞くは一旦の恥、聞かぬは末代の恥」「問うは一時の恥、問わぬは末代の恥」などとも。
誤用「末代の恥」を子々孫々まで及ぶ恥とするのは誤り。

聞《き》くも涙《なみだ》語《かた》るも涙《なみだ》の物語《ものがたり》

使い方 聞き手も話し手も泣いてしまうような悲しい物語。「お初と徳兵衛の悲恋を描く――」「失業中に焼け出されて一家離散とは――だ」 ◆(1)それが悲劇であることを強調するときや、悲しい話に感じ入ったときに使う。(2)失敗や不幸を自嘲《じちょう》気味にいうこともある。「聞いてくれ、――だ」「ようやく会社を再建したと思ったらまた倒産だ。――だよ」

機嫌《きげん》を取《と》る

使い方 人の気分を慰めやわらげる。相手の気に入るように振る舞う。「むずかる子どもの――」「しきりに上役の――」「父の**機嫌をとって**小遣いをせしめようとする」「あの専務は社長の**機嫌をとっ**てばかりいる」 ◆「機嫌」は、表情や態度にあらわれる快・不快などの感情。「機嫌を取る」と「褄《つま》を取る（＝裾《すそ》の長い着物の縦褄《たてづま》を手で持ち上げて歩く）」とを掛けて「機嫌気褄《きづま》を取る」ともいう。

誤用 「きげん」を「気嫌」と書くのは誤り。

騎《き》▼虎《こ》の勢《いきお》い

使い方 虎《とら》の背に乗って走る者が途中でおりられないように、行きがかり上途中でやめることができなくなることのたとえ。「――で、新会社を設立することになった」「こうなったら――だ。何とかやり遂げよう」「矢は既に弦を離れたのだ。――だ。武士の意地として、今更、おめおめと頭を下げて行くことなど出来るものではない〈海音寺潮五郎・武道伝来記〉」「もうこうなっては、甥を始め、私まで――で、どうしてもあの沙門を、殺すより外はございません〈芥川龍之介・邪宗門〉」

◆「騎虎」は、虎の背に乗ること。疾走する虎の背にまたがった者は、振り落とされないようにしがみつくほかない。よしんば背から降りられたとしても、虎に食い殺されてしまうだろう。

誤用 勢いに乗る意で使うのは誤り。「×騎虎の勢いで、優勝街道を突っ走る」「×業績は順調に伸びている。まさに騎虎の勢いだ」

出典 北周の宣帝が没したとき、隋《ずい》の高祖に対して、皇后が「大事已《すで》に然《しか》り。騎獣（＝騎虎）の勢い、必ず下《お》ることを得ず。之を勉《つと》めよ（＝いよいよ大事の時です。虎に乗って勢いよく走り出したなら、もう下りられません。努力してください）」と進言したという故事に基づく（「隋書・独《どく》孤《こ》皇后伝」）。

樹《き》静《しず》かならんと欲《ほっ》すれども風《かぜ》▽止《や》まず

⇩風樹《ふうじゅ》の嘆《たん》

▼雉《きじ》も鳴《な》かずば打《う》たれまい

使い方 よけいなことを言ったばかりに災いを招くことのたとえ。「――というのに、内部告発した本人の不正まで摘発されてしまった」「調子に乗った失言が大臣を失脚させた。――だよ」

◆(1)キジの雄は「ケンケーン」と甲高く鳴く。草むらにひそんでいるキジも、一声鳴けば所在を知られ、あっさりと猟師に仕留められてしまうだろう。(2)「ずば」は語法的には「ずは」が正しいが、転じて、一般に「ずば」とする。(3)「打つ」は「撃つ」とも書く。

誤用 「雉も鳴かずば打たれない」は誤り。

類表現 蛙《かえる》は鳴いたために居場所を知られ、蛇にのまれてしまうことから「蛙は口から呑《の》まれる」という類表現もある。

人ならば「口は禍《わざわい》の門《かど》」の表現も。

旗▼幟《きし》を鮮明《せんめい》にする

使い方 立場や意見をはっきりさせる。「町村合併について——」「綱領を改めて革新政党としての——」「知事は基地問題について**旗幟を鮮明にす**べきだ」「首相はこの件に関しては未だ**旗幟を鮮明にしていない**」◆「旗幟」は、合戦のときに自分の存在を明らかにする旗と幟《のぼり》。転じて、ある物事についての態度や主張をいう。

誤用 「旗幟」を「きしょく」と読むのは誤り。

補説 立場や意見がはっきりしていることを「旗幟鮮明」という。「彼はいつでも旗幟鮮明だ」「旗幟鮮明な主張」

疑心暗鬼《ぎしんあんき》を生《しょう》ず

使い方 疑いの心が妄想をかきたて、さまざまな不安を呼び起こすということ。「——というが、密告が明らかになると、隣人どうしが互いに猜疑《さいぎ》の目を向けるようになった」「盗難事件以来、——で、仲間までも疑うようになった」「——で、ゴルフのクラブまで凶器に見えてくる」◆(1)「疑心、暗鬼を生ず」と切って読む。(2)「疑心暗鬼を作る」「疑心暗鬼」とも。「暗鬼」は、暗がりの中に見える鬼の意。

誤用 「疑念暗鬼を生ず」は誤り。

出典 「列子・説符」の注釈書に「諺《ことわざ》に曰く、『疑心暗鬼を生ず』と。心疑う所有れば、その人鉄を窃《ぬす》まずと雖《いえど》も、我疑心を以《もっ》て之を視《み》れば、則ち其の件件《けんけん》皆疑うべし(=『疑心暗鬼を生ず』という諺があるが、こちらが疑いの目で見れば、相手は鉄など盗んでいないのに、その人の動作や態度がすべて疑われてくる)」とあるのに基づく。

類表現 「疑えば目に鬼を見る」

◆「帰《き》する」を使う成句

烏有《うゆう》に帰す・画餅《がべい》に帰す・無に帰する

気勢《きせい》を上《あ》げる

使い方 意気盛んなところを見せる。意気込みを示す。「仲間が集まって——」「太鼓を打ち鳴らし、応援歌を歌って——」「マンション建設反対派の住民が集会を開いて——」「絶対反対の幟《のぼり》を立てて——」◆「気勢」は、何かをしようと意気込んでいる気持ち。

誤用 「奇声を発する」との混同から「気勢を発する」とするのは誤り。

補説 意気盛んになることは、「気勢が上がる」という。「決勝戦進出が決まって選手の気勢が上がる」

鬼籍《きせき》に入《い》る

使い方 死んで鬼籍に名を記入される。死ぬことを婉曲《えんきょく》にいうことば。「志を果たせず、空しく——」「天才と謳《うた》われながら、若くして——」「この年になると**鬼籍に入**った仲間も少なくない」「あの事件の関係者はみな**鬼籍に入**ってしまった」◆(1)「鬼籍」は、寺が死者の名や死亡年月日を記しておく帳面。「過去帳」「点鬼簿」ともいう。(2)慣用では「鬼籍にいる」だが、「鬼籍にはいる」ともいう。

機先《きせん》を制《せい》する

使い方 相手より先に行動を起こして気勢をくじく。先手を打って有利な立場に立つ。「まっ先に発言して——」「初戦からエースを投入して相手チームの「――」

「敵の機先を制して夜襲をかけろ」「相手の**機先を制して**、矢継ぎ早に質問を浴びせかける」◆「機先」は事を行おうとするその寸前。また、事が起ころうとするその寸前。「制する」は、支配下に置く意。

誤用「気勢を制する」は誤り。

補説「機先」を「きさき」と読むと、前兆・前触れの意になる。「機先《きさき》」がよい」

類表現「先手を打つ」「出端《では・でば》をくじく［折る］」

来《き》たか長《ちょう》さん待《ま》ってたほい

使い方 待ちかねていた人や事態の到来を歓迎していう軽口。「やっと来たか」という思いを込めていう。「――、ここで無死満塁と来れば逆転のチャンスだ」「――。冗談じゃないよ。使いでも出そうかと思ってたところです〈夏目漱石・道草〉」◆「ほい」は、「ほい来た」の「ほい」。「長さん」は口調をととのえる語で、特に意味はない。

来《き》た見《み》た勝《か》った

使い方 この地に来て敵に見《まみ》え、勝利した。「まるで――とでもいうような敵地での試合」◆「来た、見た、買った」「来た、見た、借りた［食べた］」などともじって、メール文に応用できる表現。

出典 古代ローマ帝国のカエサル（英語名、シーザー）がガリア地方（今のフランス・ベルギーの全土とオランダ・ドイツ・スイス・イタリアの一部）に遠征してポントスの王ファルイケスを討ったとき、元老院に書き送った手紙の全文（Veni, vidi, vici.）。簡潔明瞭な手紙文の代表とされる。

◆「来《き》たる」を使う成句

山雨《さんう》来たらんとして風《かぜ》楼《ろう》に満つ・冬来たりなば春遠からじ・笑う門《かど》には福来たる

▼狐《きつね》と▼狸《たぬき》の化《ば》かし合《あ》い

使い方 ずるがしこい者どうしが互いにだまし合うことのたとえ。「政界は――だよ」「選挙戦も終盤になると――になるらしい」◆キツネもタヌキも人を化かすとされることからいう。キツネが七回化けるとタヌキは八回化けるというが（「狐の七化け狸の八化《やば》け」）、悪賢い人間は何度でも化けることができる。

誤用「狐と狸の化け合い」は誤り。

▼狐《きつね》に▼抓《つま》まれる

使い方 思いがけないことが起こって、わけがわからず、ぼんやりする。「辞表を出すと、部長は**狐につままれた**ような顔をした」「預金を全部下ろされていたなんて、まるで**狐につままれた**ような話だ」「落選と決まったときは**狐につままれた**ような気持ちだった」◆狐にちょっと化かされる意からいう。「つままれる」は、「つまむ」の受身形。

誤用「狐に抓《つね》られる」「狐に包まれる」「狸に抓まれる」は誤り。

木《き》で鼻《はな》を▽括《くく》る

使い方 そっけない態度で応じる。冷淡にあしらう。「**木で鼻をくくった**挨拶」「**木で鼻をくくった**ような冷たい態度」「当方に責任はないと**木で鼻をくくった**ような答弁を繰り返す」◆元来は「木で鼻をこくる（＝こする）」。「くくる」は「こくる」の誤用が一般化したもので、「括《くく》る(＝しばる)」の意ではない(「木で鼻をこくったような西隣《にしどなり》〈一茶〉」)。「木で鼻をかむ」「木で鼻」とも。

誤用 傲慢《ごうまん》な態度で接する意で使うのは誤り。「× 木で鼻をくくったような偉そうな態度」「× 木で鼻をくくったように威張りちらす」

気《き》に入《い》る

使い方 好みに合う。心にかなって満足する。「この柄なら彼女の――だろう」「この花が母の**気に入れ**ばいいのだけれど…」「彼の華麗な演奏が**気に入っ**た」「彼の傲慢《ごうまん》な態度が**気に入らない**」

補説 好みに合うことや、好ましく思う人・物のことは「(お)気に入り」という。「父のお気に入り」「お気に入りのレストラン」

気《き》に食《く》わない

使い方 心に合わない。好きになれない。「話の内容が――」「彼の根性が――」「赤シャツは声が――〈夏目漱石・坊っちゃん〉」◆「気に入らない」のやや粗野な言い方。

補説 「気に食わない」は「気に入らない」とほぼ同義で使われるが、「気に入る」の意で「気に食う」とは言わない。

気《き》に障《さわ》る

使い方 不快に感じる。感情を害する。「知ったかぶりをするのが――」「――物の言い方をする」「(お)**気に障っ**たのなら謝ります」「何が**気に障っ**たのか、口をきこうともしない」◆「障る」は、ある事柄が心身の害になる意(「体に障る」「癪《しゃく》に障る」)。「触る」と書かれることもあるが、避けたい。

木《き》に竹《たけ》を接《つ》ぐ

使い方 不自然で調和がとれないことのたとえ。また、筋道の通らないことのたとえ。「**木に竹を接い**だようなことを言う」「**木に竹を接い**だような回答では納得できない」「**木に竹を接い**だように、つじつまの合わない話」「お秀はまるで**木に竹を接い**だように、突然話題を変化した〈夏目漱石・明暗〉」◆木に性質の異なる竹を接いでもなじまないことからいう。「木に竹」「木に竹を接ぐがごとし」「木に竹を接いだよう」とも。

誤用 「木で鼻を括《くく》る」との混同から、そっけない態度の意で使うのは誤り。「× 木に竹を接いだように、冷淡にあしらう」

気《き》に病《や》む

使い方 心配する。悩む。「失敗を――」「彼は些細なことでも――たちだ」「負債を**気に病ん**で自殺を図る」「その一昼夜のおくれを**気に病ん**で、帰りの車中、私たちは互いに一睡もできなかった〈三浦哲郎・帰郷〉」◆多くの場合、「～を気に病む」は「～に気を病む」と言い換えることができる。

類表現 「気に病む」程度がはなはだしいときは、「苦に病む」という。

木《き》に▽縁《よ》りて魚《うお》を求《もと》む

使い方 方法を誤ると目的を達成できないということ。また、見当違いな望みを抱くこと。「**木に縁りて魚を求むる**ような青臭い理想論」「何の裏付けもない販売計画など**木に縁りて魚を求むる**空論に等しいよ」

誤用 虚言の意にとるのは誤り。「× 木に縁りて魚を求むるようなうそをつく」

出典 孟子《もうし》が斉《せい》の宣王に対し、武力をもって天下を治めようとするのは、「猶お木に縁りて魚を求むるが如《ごと》し（＝木に登って魚を捕らえようとするようなものだ）」と説いたことばに基づく（「孟子・梁《りょう》恵王上」）。

類表現「天を指して魚を射る」「水を煎《に》て氷を作る」

機《き》に因《よ》りて法《ほう》を説《と》く

使い方 仏教の真理は一つだが、聞き手の素質や能力に応じて適切な説法をする。転じて、臨機応変の処置をとる。「あの僧は――から、法話を聞きに来る人が多い」「法の運用は杓子《しゃくし》定規であってはならない。――の柔軟性が必要だ」

◆「機に因って法を説く」とも。「機」は機根《きこん》。仏教の教えを受けて発動する衆生《しゅじょう》（＝生命あるすべてのもの。とくに、人間）の能力や素質をいう。その機根に応じて分かりやすく説教を展開することが「対機説法《たいきせっぽう》」。

誤用「機を見て法を説く」は誤り。

昨日《きのう》の▼淵《ふち》は今日《きょう》の瀬《せ》

使い方 世の中の移り変わりが激しいことのたとえ。「――で、海が消えて空港になった」「この辺りは山林だったのに今は住宅団地か。――だね」◆「淵」は川の水が深くよどんでいる所、「瀬」は川の流れの浅い所。「淵は瀬となる」「飛鳥川《あすかがわ》の淵瀬」「明日の淵瀬」とも。

出典 世の無常を飛鳥川の定めなき流れに託して詠んだ「世の中はなにか常なるあすか河昨日《きのう》の淵ぞ今日は瀬になる」〈古今集・読人しらず〉に基づく。

類表現「昨日の花は今日の夢［塵《ちり》］」「滄海《そうかい》変じて桑田《そうでん》となる」「有為転変は世の習い」

気《き》は心《こころ》

使い方 ❶量や額《がく》はわずかでも、真心がこもっていること。「気持ちは込めているつもりです」の意で、贈り物などをするときにいうことば。「贈り物は――、高価であればいいというものではない」「つまらない物ですが、――ですからお受け取りください」「――ですから、少しばかりおまけしておきましょう」「お出しなさいよ、二銭でも一銭でもいいわ、――だから…〈宮本百合子・舗道〉」

❷気の持ちようで心が落ち着くということ。「薬の効果はわからないけれど、――というから、厄除《やくよ》けで飲んでいます」「――というから、厄除けに行ってきた」

誤用 わずかな金額であることを難じていうのは避けたい。「×がっちりしているから、謝礼もほんの気は心だったよ」

▼牙《きば》を研《と》ぐ

使い方 相手を倒そうと用意して、その機会を待ち受ける。「報復の――」「善良な消費者をねらって――悪徳商人」「**牙を研いで**決戦の時を待つ」◆猛獣が武器である牙を研いで鋭くする意からいう。

類表現「牙を磨く」「爪《つめ》を研ぐ」

▼踵《きびす》を返《かえ》す

使い方 ❶かかとの向きを反対にする。体の向きを変える。「呼びとめられて――」「**きびすを返して**、すたすたと歩き出す」◆「きびす」は、かかとのこと。「くびす」ともいう。

❷あともどりする。引き返す。「用事を思い出して、途中で――」「**きびすを返して**、急遽《きゅうきょ》帰国する」「母危篤の連絡を受けて、旅先から**きびすを返した**」「ここに至っては、いまさら――わけにはいかない」

誤用「かえす」を「帰す」と書くのは誤り。
類表現 ①の意では、「きびすを回《めぐ》らす」とも。

▼踵《きびす》を接《せっ》する

使い方 人や物がすき間なく並ぶ。間を置かずに続く。また、物事が次々と起こる。「弔問客が**きびすを接して**訪れる」「参加者が**きびすを接して**次々とやって来る」「各国の首脳が**きびすを接して**来日する」「**きびすを接して**航空事故が続く」「小さな町工場が**きびすを接している**一画」「━ように誘拐事件が続く」
◆「きびす」は、かかとのこと。かかとが並ぶことからいう。
誤用「きびすを並べる」は誤り。

▼驥《き》尾《び》に付《ふ》す

使い方 すぐれた人に付き従って行動すれば、凡人も名を成し功を立てることができるということ。「先輩の**驥尾に付し**てようやく研究を完成させることができた」「━━万事はそれがしに大納言様の御意見に従い**驥尾に付して**事を処理いたせとの御命令で御座ります〈尾崎士郎・石田三成〉」 ◆「驥尾に付く」「驥尾に託す」とも。「驥尾」は駿馬《しゅんめ》の尾。青蠅《あおばえ》が駿馬の尾について千里の遠くまで至ることからいう。
誤用 腰巾着《こしぎんちゃく》の意で使うのは誤り。「✕あの男は社長の驥尾に付して、ご機嫌ばっかりとっている」
出典「史記・伯夷《はくい》列伝」に「顔淵《がんえん》は篤学《とくがく》と雖《いえど》も、驥尾に附して行い益《ますます》顕《あら》わる（＝顔淵は熱心に学問に励んだが、孔子《こうし》という驥の尾に付き従ったので、その行為がますます世に知られるようになった）」とあり、「後漢書・隗囂《かいごう》伝」に「蒼蠅《そうよう》の飛ぶや、数歩に過ぎず。即《も》し驥尾に託せば、以て群を絶つことを得（＝青蠅が飛べるのは数歩に過ぎないが、もし駿馬の尾に付き従うなら、きわめて遠くまで行くことができる）」とある。

木《き》仏《ぶつ》金《かな》仏《ぶつ》石《いし》仏《ぼとけ》

使い方 人情の薄い人、また、融通のきかない人のたとえ。「人情の機微がわからない━」「男女の情愛も理解できない━だ」「━だから風流を解さない」
◆心の冷たい人や感性の鈍い人を温《ぬく》もりのない仏像に見立てていう。
誤用 ほめ言葉として使うのは誤り。「✕正直一遍の木仏金仏石仏」「✕木仏金仏石仏のように堅実な人」
類表現「石部金吉《いしべきんきち》」「木の股《また》から生まれる」

気骨《きぼね》が折《お》れる

使い方 あれこれと気を使って疲れる。気疲れする。「新人教育は━」「顧客の接待は何かと━」「馴染みのないパーティーなので**気骨が折れた**」「━仕事」「あの人を姑に持つんだから、お岑もなかなか**気骨が折れ**ようぜ〈島崎藤村・夜明け前〉」 ◆「気骨」は、気遣い、気苦労の意。
誤用「気骨」を「きこつ」と読むと、困難にも屈せずに信念を貫こうとする強い心の意（「気骨のある人」「気骨に欠ける若者」）となる。したがって、「きこつが折れる」は誤り。
補説「骨が折れる」は、労力を要する、困難である意。

決《き》まりが悪《わる》い

使い方 体裁が悪くて恥ずかしい。「そうほめられては━」「相手の名前を忘れて決まりが/の悪い思いをした」「この恰好では決まりが悪くて人前に出られない」◆一語で「決まり悪い」とも。「決まり」は面目・体裁の意。
誤用 他人について使うのは誤り。「×失敗ばかりして決まりの悪い人」
類表現「ばつが悪い」「間《ま》が悪い」

気脈《きみゃく》を通《つう》じる

使い方 連絡をとってひそかに意思を通じ合う。「敵方と――」「議案を通すために気脈を通じておく」「互いに気脈を通じ、目標達成に向けて行動を共にする」「財閥と気脈を通じて、政治的勢力の拡張を図る」◆(1)「気脈」は、血液の流れる筋道。転じて、互いの考えや気持ちのつながりをいう。(2)その目標とするところの善悪にかかわらず使う。
補説 言わず語らずのうちに意思が通じ合うことは「気脈が通じる」という。「何れにしてもこの小切手の出所に就いて、夫婦の間に夫婦らしい気脈が通じているという事実を、お秀に見せればそれで足りたのである〈夏目漱石・明暗〉」

鬼面人《きめんひと》を驚《おどろ》かす

使い方 うわべだけの威勢で人をおどす。「――ような、はったりの戦法」「――類の演出」「異国の宮殿をいかがわしく模し**鬼面人をおどろかせた**尖塔も円柱も、幻のように消えてしまっていた〈北杜夫・楡家の人々〉」◆(1)「鬼面」は、鬼の顔をかたどった仮面。その面を取り去れば恐ろしくも何ともないことから、実質の伴わない虚仮威《こけおど》しをいう。(2)「鬼面人を嚇《おど》す」「鬼面小児《しょうに》を嚇す」「鬼の面で小児を嚇す」とも。
誤用 まぎれもなく戦《せん》慄《りつ》すべき物事について使うのは誤り。「×鬼面人を驚かすような連続殺人事件」

◆「肝・胆(きも・かん・たん)」を使う成句

生き肝を抜く・臥薪嘗胆《がしんしょうたん》・肝胆《かんたん》相照らす・肝胆《かんたん》を砕く・肝が据わる・肝が太い・肝に銘じる・肝を潰《つぶ》す・肝を冷やす・度肝《どぎも》を抜く

肝《きも》が据《す》わる

使い方 落ち着いていて、めったなことでは動揺しない。「修行を積んだ武道家だけあって、さすがに肝が据わっている」「捨て身になったら肝が据わった」「肝が据わった人」◆「肝」は胆力の意で、「▽胆」とも書く。「据わる」は、どっしりと落ち着いて、ものに動じない意(「腹が据わる」「度胸が据わる」)。
誤用「すわる」を「座る」と書くのは誤り。
補説 覚悟を決めることは「肝を据える」という。「肝を据えて事に当たる」

肝《きも》が太《ふと》い

使い方 度胸があって物に動じない。大胆である。「彼は平然として火中に飛び込むほど――」「そんな冒険はよほど肝が/の太い人間でなくてはできない」「当の相手は意気軒昂《けんこう》というか、**胆が太い**というか、神経がこまやかでないというか、悠然として平気の平左の顔つきをしていた〈北杜夫・楡家の人々〉」◆「肝」は胆力の意で、「▽胆」とも書く。
補説「肝が大きい」という言い方もあるが、「肝が太い」のほうが一般的。また、反対の意は、一般に「肝が細い」ではなく「肝が小さい」という。

肝《きも》に銘《めい》じる

使い方 心にしっかりと刻みつける。「師の戒めを――」「ご忠告は**肝に銘じ**て忘れません」「その一言を**肝に銘じ**ておこう」「捜査官は被疑者の人権を侵さないように**肝に銘じ**ておかなくてはならない」◆「肝」は心の意で、「▽胆」とも書く。「銘じる」は「銘ずる」とも。

誤用 「めいじる」を「命じる」と書くのは誤り。

類表現 「骨[心・胸]に刻む」

肝《きも》を▼潰《つぶ》す

使い方 非常に驚く。びっくり仰天する。「崖《がけ》から転落しそうになって**肝をつぶし**た」「怪しい現象に――」「**肝をつぶし**て逃げ出す」「――ような大事件が勃発した」◆(1)「肝」は度胸が宿るという肝臓の意。肝がつぶれると、そこに居座っている胆力も動転する。「▽胆」とも書く。(2)「肝がつぶれる」ともいうが、「肝をつぶす」のほうが多く使われる。「肝がつぶれるほど驚いた」

誤用 よいことに驚く場合には言わない。「× 肝をつぶすような見事な絵画だ」「× 技のすばらしさに肝をつぶす」

補説 「肝を砕く」は、あれこれと思い悩む意。

類表現 「肝を消す」「肝が抜ける」

肝《きも》を冷《ひ》やす

使い方 危ない目にあって、ひやりとする。「命綱が切れそうになって**肝を冷やし**た」「あわや衝突かと**肝を冷やした**」◆肝臓に冷水を注がれたようにぞっとする気持ちをいう。「肝」は「▽胆」とも書く。

誤用 「頭を冷やす」と混同して、気持ちを冷静にする意で使うのは誤り。「× そんなに興奮しないで肝を冷やせ」

脚《きゃっ》光《こう》を浴《あ》びる

使い方 ❶舞台に立つ。「初の主役として――」「**脚光を浴び**てアリアを歌い上げる」◆「脚光」は、舞台前面の床に取りつけ、俳優・歌手などを足もとから照らす照明。フットライト。❷世間の注目の的となる。「時代の寵児《ちょうじ》として――」「新進画家として、一躍世の――」「遺伝子組み換えの研究が――」「自然に恵まれた観光地として**脚光を浴**び始めた離島」

誤用 「脚光を集める」は誤り。

◆「九(きゅう・く)」を使う成句

> 九牛《きゅうぎゅう》の一毛・九死に一生を得る・九仞《きゅうじん》の功を一簣《いっき》に欠く・薬《くすり》九層倍《くそうばい》・面壁《めんぺき》九年

▼杞《き》憂《ゆう》

使い方 する必要のない心配。取り越し苦労。「倒産するかと思ったが――に過ぎなかった」「――に終わったので、ほっとした」

誤用 (1)恐れや懸念の意で使うのは誤り。「× このまま借金を重ねていては、遠からず破産する杞憂がある」(2)「紀憂」と書くのは誤り。

出典 昔、杞の国のある人が、天地が崩れ落ちたらどうしようとしきりに心配し、寝ることも食べることもできなかったという、「列子・天瑞《てんずい》」の故事に基づく。

類表現 「杞人《きじん・きひと》の憂え」「杞人の憂い」「杞人天を憂う」とも。

久《きゅう》▼闊《かつ》を叙《じょ》する

[使い方] ❶無沙汰をわびる挨拶《あいさつ》をする。「書状を認《したた》めて――」「袁傪《えんさん》は恐怖を忘れ、馬から降りて叢《くさむら》に近づき、懐かしげに**久闊を叙した**〈中島敦・山月記〉」◆「久闊」は、長い間会わないこと。また、久しく便りをしないこと。「叙する」は、述べる意。❷久しぶりに会って話をする。旧交を温める。「クラス会を開いて――」「五年ぶりに帰国し、かつての同僚たちと**久闊を叙した**」「互いに**久闊を叙して**、一夜を語り合う」

[誤用] 「じょする」を「序する」と書くのは誤り。

九牛《きゅうぎゅう》の一毛《いちもう》

[使い方] たくさんの中のきわめて少ない部分。また、とるに足りないこと。「読むべき価値のある本は――に過ぎない」「総額からみれば福利厚生費など――だ」「贈収賄は後を絶たないが、検挙されるケースは――にも当たらない」◆「九牛」は九頭の牛。また、多くの牛。多くの牛の毛の中の、たった一本の毛の意からいう。

[誤用] 小さい意で使うのは誤り。「×山頂から見る利根川《とねがわ》は九牛の一毛のようだった」

[出典] 漢の武帝の怒りを買った司馬遷《しばせん》が友人の任安《じんあん》(任少卿《じんしょうけい》)に宛てた手紙「任少卿に報ずるの書」には、「たとい僕、法に伏し誅《ちゅう》を受くるも、九牛の一毛を亡《うしな》うが若《ごと》し。螻蟻《ろうぎ》と何を以《もっ》て異ならん(＝私が今、罪によって殺されても、九牛が一毛を失った程度のこと。虫けらが死んだのと同様でありましょう)」とある。

九死《きゅうし》に一生《いっしょう》を得《え》る

[使い方] ほとんど死にそうな状態から、かろうじて助かる。「すぐに手術できたので――ことができた」「岩壁から墜落したが、救助隊に発見されて**九死に一生を得た**」「**九死に一生を**得て激戦地から帰還した」◆「九死」は、九分通りの死の意。九度の死ではない。九分の「生」を捨て、残り一分の「生」を拾う幸運をいう。「九死一生」「万死に一生を得る」とも。

牛首《ぎゅうしゅ》を懸《か》けて馬肉《ばにく》を売《う》る

[使い方] 言うことと行うこととが異なること。また、見せかけと内容が一致しないこと。「――ような広告で消費者を釣る」「――ような年金政策」◆「牛頭馬肉」「牛頭を懸けて馬脯《ばほ》を売る」とも。

[誤用] 類表現の「羊頭《ようとう》を懸けて狗肉《くにく》を売る」と混同して、「牛首を懸けて狗肉を売る」とするのは誤り。

[出典] 春秋時代、斉《せい》王の霊公はことのほか男装の麗人《れいじん》を好んだという。やがて国民がそれに倣《なら》うようになったので、王は慌てて女性の男装禁止令を出したが一向に改まらない。その理由を尋ねられた宰相の晏嬰《あんえい》は、「宮廷では相変わらず男装をさせながら、外に向かってそれを禁じるのは『牛首を懸けて馬肉を売る』ようなもの。表で言うことと内で行っていることがまるで違います。宮廷で男装などさせなければ、外でもそんなことをする者はなくなるでしょう」と言って王を諫《いさ》めたという故事に基づく(「晏子《あんし》春秋・雑・下」)。

[類表現] 「羊頭を懸けて馬脯《ばほ》を売る」「羊頭狗肉」「羊頭を掲げて[懸けて]狗肉を売る」。牛肉・羊肉は馬肉や狗肉よりも上等だったらしい。

牛耳《ぎゅうじ》を執《と》る

[使い方] 同盟の盟主となる。また、団体・

党派などの実権を握って思うままに支配する。「財界の――」「金融界の――男」「同志の人々はいっそ邸内に踏み込んで撃とうかとも思った。しかし秘密結社の牛耳を執っていた上田が聴かなかった〈森鷗外・津下四郎左衛門〉」◆「牛耳を握る」とも。また、「牛耳」を動詞化して「牛耳る」とも。

誤用 人を自在に操る意で使うのは誤り。「×ブレーンとして社長の牛耳を執る」「×陰で会長の牛耳を執る」

出典 中国の春秋戦国時代、同盟を結ぶときは盟主がいけにえとなる牛の左耳をとって裂き、諸侯がその血をすすって誓い合ったという故事に基づく(「春秋左氏伝・定公八年」)。

九《きゅう》▼仞《じん》の功《こう》を一▼簣《いっき》に欠《か》く

使い方 事が今にも成就するというときになって、ちょっとした油断のために失敗すること。「――ことのないように、ここは慎重にいこう」「完成を目前にミスを犯して、――ことになった」◆「簣」は土を運ぶもっこ。築山《つきやま》をつくるにも、最後にもっこ一杯の土を欠けば完成しない意からいう。一仞は周尺(=周代に用いられた尺)の八尺(または七尺)という。一尺は約二二・五センチメートル。

誤用 「いっき」を「一気」と書くのは誤り。

出典 「書経・周書・旅獒《りょごう》」に「山を為《つく》ること九仞、功一簣に虧《か》く」とあるのに基づく。

窮《きゅう》すれば通《つう》ず

使い方 事態が行き詰まってどうにもならなくなると、かえって活路が開けるものだ。「――で、よい知恵が浮かんだ」「――というが、やっと見通しがついてきた」◆「通ず」は「通ずる」「通じる」とも言えるが、この句の場合、「通ず」が一般的。

誤用 用法の固定した成句であり、活用させては用いない。「×窮すれば通じて、苦肉の策が功を奏した」

出典 「易経・繋辞《けいじ》伝・下」に「困《こん》」の卦《か》の意味を説明して、「困は、窮して通ず」とあるのに基づく。

類表現 「陰《いん》きわまりて陽《よう》生ず」「必要は発明の母」

窮《きゅう》▼鼠《そ》猫《ねこ》を▼嚙《か》む

使い方 絶体絶命の窮地に追い詰められれば、弱者といえども強者を打ち破ることがあるというたとえ。「――の反撃が功を奏した」「苛政《かせい》に耐えかねた農民が――の一揆を起こした」「あまり弱い者いじめをするな。――ということもある」◆追い詰められて逃げ場を失ったネズミ(窮鼠)は死にものぐるいで猫に嚙みつくという意から。

誤用 「窮すれば通ず」と混同して、行き詰まるとかえって活路が開ける意で使うのは誤り。「×窮鼠猫を嚙むのアイディアがひらめいた」

出典 「塩鉄論・詔聖」に「死して再びは生きずとなれば、窮鼠も貍《り》(野猫)を齧《か》む」とあるのに基づく。

窮鳥《きゅうちょう》懐《ふところ》に入《い》れば猟師《りょうし》も殺《ころ》さず

使い方 追い詰められて逃げ場を失った者が助けを求めてくれば、どんな理由があれ見殺しにすることはできないというたとえ。「――だ。訳は聞かずにかくまってやろう」「――というから、手を貸してやったのだ」◆「窮鳥懐に入れば猟師も撃たず」とも。「窮鳥」は、逃げ場をなくした鳥。

誤用 「窮鳥懐に入れば猟師も殺せず[撃てず]」は誤り。

出典 「顔氏家訓・省事」には、「然り而《しこう》して窮鳥懐に入るは、仁人の憫《あわ》れむ所なり（＝人の徳を備えた人は、助けを求めてきた者をいたわり、大切に扱わなくてはならない）」とある。「猟師も殺さず」は日本で付け加えられた句であろう。

朽木《きゅうぼく》は▼雕《え》るべからず

使い方 やる気のない怠け者には教えようにも教えようがないということ。「君がそんな気持ちでいては、教えられるものも教えられない。――だよ」◆後に「糞土《ふんど》の牆《しょう》は杇《ぬ》るべからず」と続ける。「朽木」は腐った木、「雕る」は彫る、「牆」は土塀の意。朽《く》ちた木に彫刻できないように、また腐って崩れた土塀に上塗りできないように、心の腐った怠惰な人間に教育を施すのはきわめて難しい。「朽木糞牆《ふんしょう》」「朽ち木は柱にならず」とも。

誤用 「怠け者には教育を施してはならない」という意ではない。

出典 孔子が午睡をむさぼっている宰我（孔子の弟子。字《あざな》は子予）を叱責《しっせき》していったことば（「論語・公冶長《こうやちょう》」）。

▼灸《きゅう》を据《す》える

使い方 ❶灸で治療する。「背中に――」「足の三里に――」◆「灸」はつぼにあたる肌の上にもぐさを置いて焼き、その熱の刺激で病気を治す漢方の治療法。❷きつく注意したり罰を加えたりしてこらしめる。「遊んでばかりいるから、少し**灸を据え**てやろう」「そんないたずらをすると先生に**灸を据え**られるぞ」◆灸の効果ではなく、その熱さだけに注目した成句。

兄弟《きょうだい》は他人《たにん》の始《はじ》まり

使い方 血を分けた兄弟といえども、成長して別々の道を歩むようになれば情愛も薄れ、他人のようによそよそしくなるということ。「――というが、一度仲がこじれると顔を合わせるたびにののしり合うようになる」◆⑴「兄弟は後生《ごしょう》までの契り（＝兄弟は現世だけの関係でなく、来世までも関係は続く）」という句もあるが、仲のよかった兄弟も、家庭を持つようになるとそれぞれの妻子に引かれるようになる。次第に疎遠になって赤の他人のように冷えた関係になることも少なくない。利害が衝突すれば、「骨肉相食《は》む」の争いともなる。⑵「兄弟」と書くが、「兄弟姉妹」の意。兄と弟だけがよそよそしくなるということではない。

今日《きょう》なし得《う》ることは明日《あす》に延《の》ばすな

使い方 今できることは、後回しにしないですぐにするのがよいということ。「面倒くさいという気持ちは分かるが、――だ、片付けてしまおう」◆怠けようとする心を戒めて自分にも他人にも使うが、紙にでも記して座右の銘とするのにふさわしい句。

出典 **Never put off till tomorrow what you can do today.** の訳語。

類表現 「思い立ったが吉日」「今日の一針《ひとはり》、明日《あす》の十針《とはり》（＝時を得た一針は九針の手間を省く。**A stitch in time saves nine.**）」

京《きょう》の着倒《きだお》れ 大《おお》▼阪《さか》の食《く》い倒《だお》れ

使い方 京都の人は着道楽で家産を傾け、大阪の人は食い道楽で家産を傾けるということ。「━━というように、着る物には金に糸目を付けない気風」◆「着倒れ」は衣服に金をかけすぎて財産をなくす意。「食い倒れ」は飲食に贅沢《ぜいたく》をして貧乏になる意。服飾に贅を尽くす雅《みやび》な京の気風と、飲食の実質を重んじる商人の町大阪の気風を対比させていう。「京は着て果て大阪は食って果てる」とも。

誤用 単に着道楽・食い道楽の意で、財を傾けてもいない人に使うのは誤り。「×京の着倒れ大阪の食い倒れで、京都の伯母は会う度に着ている着物が違う」

狂《きょう》▼瀾《らん》を既《き》倒《とう》に▼廻《めぐ》らす

使い方 すっかり悪くなった形勢を立て直してもとの状態に戻す。極めて難しいことのたとえに使う。「新製品が売れてくれれば━━こともできるのだが…」「この状態から会社を建て直すのは━━ようなものだ」◆(1)「狂瀾」は、荒れくるう波。「瀾」が常用漢字にないことから「狂乱」で代用することもあるが、避けたい。(2)「既倒」は、倒れてしまっていること。「狂瀾を既倒に反《かえ》す」「回瀾《かいらん》を既倒に反《かえ》す」とも。

出典 「韓愈・進学解」に「百川を障《さえぎ》りて之を東し、狂瀾を既倒に廻らす(=多くの川の流れをせき止めて東方に流し、さかまく大波がすでに倒れてしまったのを支えて押し返す)」とあるのに基づく。原典では、諸子百家の異端の説を防ぎ、儒教の教えに立ち返らせることのたとえとして使われている。

曲《きょく》学《がく》▼阿《あ》世《せい》

使い方 学問の真理を曲げて、世間や権力者におもねること。「〔教科書に掲載される宮沢賢治の詩について、〕一日に四合というのを、三合と書きかえるのは、━━の徒のすることです〈井伏鱒二・黒い雨〉」◆(1)「曲学阿世の徒」などと、御用学者をののしって使う。一九五〇(昭和二五)年、首相吉田茂は、サンフランシスコ条約に反対して全面講和を主張した東大総長南原《なんばら》繁を「曲学阿世の徒」と非難したが、使い方を誤れば、非難するほうが「曲学阿世の徒」となりかねない。(2)「学を曲げて世に阿《おもね》る」とも。

誤用 学問の世界以外には使わない。「×曲学阿世のごますり社員」

出典 九十余の高齢をもって漢の武帝に召し出された轅固生《えんこせい》が、同じく武帝に召された儒学者公孫弘《こうそんこう》に対して「公孫子、正学を務めて以《もっ》て言え、曲学以て世に阿《おもね》る無かれ(=公孫子よ、正しい学問にはげみ、はばかることなく直言しなさい。学問を曲げて、世にへつらってはいけない)」と言ったという故事に基づく(「史記・儒林列伝」)。

玉《ぎょく》石《せき》混《こん》▼淆《こう》

使い方 よいものと悪いもの、また、価値のあるものとないものとが入り混じっていること。「このクラスの学生は━━だ」「新内閣の閣僚が発表されたが、━━の感は否めない」「━━の応募作品」「━━の中から傑作を拾う」◆(1)「混」も「淆」も入り混じるの意。貴重な玉も価値のない石くれも一緒であることからいう。「玉」は賢者の、「石」は愚者のたとえにも使う。(2)「淆」が常用漢字にないことから「混交」で代用することもあるが、避けたい。

誤用 「玉石混合」は誤り。

出典 「抱朴子《ほうぼくし》・尚博」には「真偽顚倒

し、玉石混淆す(＝本物と偽物を取り違え、玉と石を一緒くたにする)」とある。

漁夫《ぎょふ》の利《り》

使い方 両者が争っているうちに、第三者が労せずして利益をさらうことのたとえ。「保守派の票の分散が野党にとって━となった」「両候補が泥仕合を演じている間に、新人が━を占めた」「企業間の争いによって、別の企業が━を収めることになった」◆「漁夫」は漁師。年老いた漁師の意で、「漁父《ぎょふ・ぎょほ》」ともいう。無益な争いは共倒れになるという戒め。「漁父《ぎょほ》の利」「鷸蚌《いつぼう・いっぽう》の争い」とも。

出典 蚌《はまぐり》を食べようとした鷸《しぎ》が貝殻でくちばしを挟まれた。やれ殻を開け、やれくちばしを引っ込めろと、鷸も蚌も争って譲ろうとしない。そこで通りかかった漁師が鷸と蚌の両方をいっぺんに捕らえることができたという寓話《ぐうわ》に基づく(「戦国策・燕」)。

清水《きよみず》の舞台《ぶたい》から飛《と》び降《お》りる

使い方 思い切って大きな決断をすることのたとえ。「━思いで家を買う」「━つもりで、全財産を投資した」「辞職を決意するのは━に等しかった」◆「清水の舞台から後ろ飛び」とも。京都市東山区にある音羽山《おとわさん》清水寺は北法相《ほっそう》宗の総本山。その本堂の前、切り立った崖《がけ》の上に観音堂の舞台がある。観音に願を掛け、その結願《けちがん》の日にこの舞台から堂下に飛び降りると、所願成就のときには怪我《けが》はなく、さもなければ死んで成仏できると信じられ、昔から身を投げる者が絶えなかったという。

誤用 「清水」を「しみず」と読むのは誤り。

▼綺羅星《きらほし》の▽如《ごと》く

使い方 美しくきらびやかなさまは夜空に輝く星のようだ。「トップスターが━集まる」「一流の歌手を━集めた演奏会」◆(1)華やかな存在の人々や、立派な実力者がずらりと並ぶさまを形容して使う。「綺」は綾織りの絹布、「羅」は透けるように薄い絹布。「綺羅」は美しく、華やかな衣装をいう(「綺羅をまとう」)。(2)「綺羅星《きらぼし》」という星はない。「綺羅《きら》、星の如く」のように切るのが正しい。

誤用 (1)一人の人物について使うのは誤り。「✕今綺羅星の如く人気を集めている新人作家[モデル]」(2)「彗星《すいせい》の如く」との混同で、無名の人に急に注目が集まる意で使うのは誤り。「✕綺羅星の如く現れた歌姫」(3)単に多いという意味で使うのは誤り。「✕綺羅星の如く次から次へと生まれる新商品」

器量《きりょう》を下《さ》げる

使い方 たいした人物ではないと思われるようなことをして面目を失う。「経歴詐称がばれて━」「スキャンダルを流されて、すっかり**器量を下げ**てしまった」「そんな他人聞《ひとぎ》きの悪いことをいうのはお止《よ》しなさい。あなたの━ばかりじゃありませんか〈近松秋江・うつり香〉」「いや、アントニーばかりではない、すぐその前にもジュリアス・シーザーの如き英傑が、クレオパトラに引っかかって**器量を下げ**ている〈谷崎潤一郎・痴人の愛〉」◆「器量」は、世間からみた、その人の評価。「器量が下がる」とも。「約束を破ってばかりいると器量が下がるよ」

誤用 容貌が衰える意にとるのは誤り。「✕往年の二枚目も年をとって器量を下げたね」

補説 評価が上がることは「器量を上げ

る」という。「難局を乗り切って器量を上げる」

義理《ぎり》を欠《か》く

使い方 他人とのつきあいの上で当然しなくてはならないことを怠る。「年賀状も出さないで**義理を欠いている**」「**義理を欠いている**ので、あの人には合わせる顔がない」「このところ多忙にかまけて――ことが多くなった」「**義理を欠か**ないように盆暮れの挨拶《あいさつ》だけはしておこう」◆「義理」は、社会生活を営む上で、他人に対して果たさなくてはならないつとめ。

補説 むかし、「褌《ふんどし》」は不可欠のものであったことから、義理を欠いてはならないことを強調したことわざに、「義理と褌《ふんどし》は欠かされぬ」がある。

▼騏《き》▼驎《りん》も老《お》いては▼駑馬《どば》に劣《おと》る

使い方 どんなにすぐれた人物でも、年老いると凡人にも劣るようになることのたとえ。「往年の名選手も今は見る影もない。――だ」◆「騏驎」は一日に千里を走るという駿馬《しゅんめ》。その名馬も年をとると駑馬(＝足ののろい駄馬)にも負ける。

誤用 「きりん」を「麒麟」と書くのは誤り(「麒麟」は、古代中国で、聖人が世に現れ王道が行われると出現するとされた想像上の動物。また、哺乳動物のジラフ)。

出典 「戦国策・斉」に「騏驥《きき》(＝騏驎)の衰うるや、駑馬之《これ》に先だつ」とあるのに基づく。

◆「切《き》る(斬)」を使う成句

息を切らす・大見得を切る・風を切る・肩で風を切る・口火を切る・口を切る・首を切る・自腹を切る・痺《しび》れを切らす・しらを切る・堰《せき》を切る・啖呵《たんか》を切る・手を切る・泣いて馬謖《ばしょく》を斬る・腹を切る・火蓋《ひぶた》を切る・幕を切って落とす・見得を切る・身銭を切る・連木《れんぎ》で腹を切る

◆「着《き》る」を使う成句

奥歯に衣《きぬ》を着せる・恩に着せる・恩に着る・笠に着る・濡れ衣を着せる・歯に衣《きぬ》着せぬ

◆「切《き》れる」を使う成句

息が切れる・堪忍袋の緒が切れる・痺《しび》れが切れる・手が切れる

軌《き》を一《いつ》にする

使い方 ❶車輪の間隔を同一にする。法律や制度を同じにする。転じて、天下が統一されていること。◆「軌」は、車の両輪の幅。❷考え方や方法が同じである。「両者の論点が――」「古今東西悲劇の筋書きは**軌を一にしている**」「憂国の志士が**軌を一にして**決起する」「集積回路の発展と**軌を一にして**急成長したＩＴ産業」◆(1)車輪の通った跡を同じくする意からいう。(2)方法・やり方という意の「揆」を用いた「揆《き》を一にする」もほぼ同じ意味。「二つの論文は定説の否定という点で揆を一にする」「ロジックをまるで無視した強引な説教のすすめ方は、戦争中に流行した日本精神論と揆を一にしたものであるが〈石坂洋次郎・石中先生行状記〉」

誤用 (1)「き」を「気」と書くのは誤り。

(2) 時期を同じくするという意で「機を一にする」ということもあるが、これを「軌[揆]を一にする」とするのは誤り。「×プロジェクトの開始と軌を一にして、人員を増やした」

気《き》を利《き》かせる

使い方 相手の気持ちや立場などにふさわしいように、先回りして配慮する。「気を利かせて早々と夕食の支度をする」「二人だけになりたいだろうと、気を利かせて席を立つ」「少しは気を利かせなさい」◆「利かせる」は「利かす」とも。「気を利かして先に出発する」

誤用 「気が利く」は、しゃれているの意でも使うが、混同して「気を利かせる」をしゃれたの意で使うのは誤り。「○気が利いたせりふ」「×南欧風のちょっと気を利かせたレストラン」

補説 「気が利く」は、細かなところまで注意が及ぶ意。「彼女は若いのによく気が利く」「気の利いたもてなし」

気《き》を付《つ》ける

使い方 注意する。「事故のないように——」「失礼のないように——」「酒を飲み過ぎないように気をつけている」「気をつけないと足を踏み外すよ」「油断しないように気をつけろ」◆あることに心の働きを集中させる意からいう。「つける」は、漢字で書けば「付ける」だが、以前は「着ける」とも書かれた。

奇《き》を▼衒《てら》う

使い方 わざと風変わりなことをして人の注意を引こうとする。「——ような商法が消費者の顰蹙《ひんしゅく》を買う」「——ことなく正攻法の議論を展開する」「彼の演技には奇をてらったところがない」「奇をてらった衣装で一時の人気を得た歌手」「奇をてらって派手なパフォーマンスをする」◆多くその行為をマイナスに評価して使う。「てらう」は、ことさらにひけらかす意。

誤用 「奇をねらう」は誤り。

気《き》を取《と》り直《なお》す

使い方 失敗したあとなど、気持ちを新たにして元気にふるまう。「気を取り直して仕事に励む」「気を取り直して再び受験勉強を始める」◆「取り直す」は、沈んだ気持ちなどをもとの状態に戻す意。

誤用 「元気を取り戻す」とはいうが、「気を取り戻す」は誤り。

気《き》を抜《ぬ》く

使い方 緊張をゆるめる。「この仕事は——ことができない」「うっかり気を抜いて失敗する」「最後まで——な」◆「気」は、何かを積極的にしようとする気持ち。

誤用 リラックスするの意で使うのは誤り。「×どうぞ気を抜いておくつろぎください」

補説 何かを積極的にしようとする気持ちの張りがなくなることは、「気が抜ける」という。「入試が終わって気が抜けた」

気《き》を吐《は》く

使い方 威勢のよい言動によって、意気盛んなところを見せる。「万丈の——」「彼は決戦を前に一人気を吐いている」「文壇で大いに——新進作家」「売り上げ倍増で気を吐いているベンチャー企業」

誤用 「法螺《ほら》を吹く」との混同から、嘘をつく意で使うのは誤り。「×口から出まかせの気を吐く」

出典 唐の李白は、意気盛んなさまを「気を吐き眉《まゆ》を揚《あ》ぐ」と形容した(「与韓荊州書《かんけいしゅうにあたうるのしょ》」)。

類表現 「気炎を吐く」

気《き》を回《まわ》す

使い方 必要以上にあれこれと推測する。「変に――」「先へ先へと――」「いろいろと**気を回して**心配する」「妙に**気を回して**、腹を立てる」「それは**気の回し**すぎだ」

誤用 気を配る、気を遣《つか》う意で使うのは誤り。「× 幼い子どもたちに気を回す」「× 客に失礼のないように気を回す」「× インテリアにも気を回す余裕ができてきました」

補説 「気が回る」は細部まで注意が行き届く意。

義《ぎ》を見《み》てせざるは勇無《ゆうな》きなり

使い方 人として当然行うべき正義と知りながら、それを実行しないのは勇気がないからである。「不正を見過ごすな。――だ」「被災者のためにみなでカンパしようじゃないか。――だ」「――。ふびんな老人を見捨てては行かれなかった〈川口松太郎・新吾十番勝負〉」◆「義」は「仁」「礼」「智」「信」とともに儒教の五常の一つ。筋道の通った正しい行いをいう。「義を見てなさざるは勇無きなり」とも。

誤用 ただ気が弱い意で使うのは誤り。「× 義を見てせざるは勇なきなりという臆病《おくびょう》な男」

出典 「論語・為政《いせい》」に「其の鬼に非《あら》ずして之を祭るは諂《へつら》うなり。義を見て為《な》さざるは勇無きなり(=自分の祖先ではない霊を祭るのは諂いというものだ。人としてなすべき正しいことと知りながら、それを行わないのは勇気がないというものだ)」とあるのに基づく。

木《き》を見《み》て森《もり》を見《み》ず

使い方 細かい点にばかり注意して全体を見ないことのたとえ。「細部についての議論は後にしよう。まず大枠を決めておかないと――になる」「――というような、その場限りの事故対策」◆一本一本の木に心を奪われて、森の全体を見ないことからいう。細部ばかり見ていると、とかく全体像を見失う。「木を数えて林を忘れる」とも。

誤用 「森を見て木を見ず」は誤り。

類表現 「毛を謹《つつし》みて貌《かたち》を失う」「菜園作りの野良荒らし」

英語 You can't see the forest for the trees.

機《き》を見《み》るに敏《びん》

使い方 機会をうまくとらえて的確に行動するさま。「――、さっさと牛を馬に乗り換える」「――な人だから、まず失敗することはないだろう」「――な投資家は、すぐその株の買いに回った」「――な企業家は、いち早くその市場から撤退した」「――なる吾輩は到底駄目と見て取ったから、奇麗さっぱりと椽側へ引き上げた〈夏目漱石・吾輩は猫である〉」◆「機」は、物事をするのにちょうどよいおり。「敏」は、頭の働きや動作がすばやいこと。

誤用 「機を見るに敏感」は誤り。「× 生き残った企業は機を見るに敏感だった」

気《き》を許《ゆる》す

使い方 相手を信用して、警戒心をゆるめる。「あの男には――ことができない」「彼に**気を許した**のが間違いだった」「ちょっと**気を許した**すきにバッグを盗まれた」「気を許してすべてを打ち明ける」

◆「許す」は緊張や警戒心を解く意。

誤用「気が許す」は誤り。

類表現「心を許す」「気を緩める」

◆「金《きん》」を使う成句

石部金吉《いしべきんきち》・一攫《いっかく》千金・一刻千金・金言《きんげん》耳に逆らう・金石《きんせき》の交わり・春宵《しゅんしょう》一刻直《あたい》千金・断金の契り・沈黙は金雄弁は銀・雄弁は銀沈黙は金

▼槿花《きんか》一日《いちじつ》の栄《えい》

使い方 人の世の栄華がはかないことのたとえ。「——だ、今日一日を充実させて生きよう」「今の隆盛に驕《おご》ってはならない。すべては——だよ」

◆(1)「槿花」はムクゲの花。朝開いて夕方しぼむことから、はかない栄華のたとえに使う。日本では、中世、ムクゲと同じく花の命の短い朝顔の花を「槿花」と称した。

(2)「槿花一朝の夢」とも。

誤用 繁栄を賞して使うのは誤り。「×槿花一日の栄、心よりお慶び申し上げます」

出典 唐の白居易《はくきょい》の「放言五首」に「松樹千年終《つい》に是《こ》れ朽ち、槿花一日自《おの》ずから栄を為《な》す（＝千年経てば松とて枯れる、命短い槿《むくげ》の花は、今日を盛りと咲き誇る）」とあるのに基づく。

金言《きんげん》耳《みみ》に逆《さか》らう

⇨忠言《ちゅうげん》耳に逆らう

琴《きん》▼瑟《しつ》相和《あいわ》す

使い方 夫婦がきわめて仲むつまじいことのたとえ。「——夫婦仲」「——円満な夫婦」「あの二人は——で実に仲がよい」

◆(1)琴は五弦または七弦の小さな「こと」、「瑟」は一五弦以上の弦をもつ大きな「こと」。大小の「こと」の音が一つとなって見事なハーモニーをかもしだすことからいい、兄弟や友人の仲がよいことにも使う。

(2)「琴瑟の和」「琴瑟の仲」「琴瑟の交わり」「和すること琴瑟の如し」とも。

誤用 人間関係以外に使うのは誤り。「×琴瑟相和した見事なデザイン」

出典「詩経・小雅・常棣《じょうてい》」に「妻子好合し、瑟琴《しっきん》を鼓《こ》するが如《ごと》し（＝妻子がむつまじく、瑟と琴の音が調和するようである）」とあるのに基づく。

▼錦上花《きんじょうはな》を添《そ》える

使い方 美しいものの上に、さらに美しいものを添える。立派なものに、さらに立派なものを加える。「結婚式の席上で新郎の栄転が発表され、**錦上花を添えた**」「処女作の出版に文学賞の受賞が重なって**錦上花を添えた**」「大統領夫妻の出席が**錦上花を添えた**日米親善パーティー」「大型の仕掛け花火が**錦上花を添えた**花火大会」◆華やかな錦の上に、重ねて美しい花を置く意からいう。「錦上に花を添える」「錦上に花を敷く」とも。

誤用 派手に装う意で使うのは誤り。「×錦上花を添える厚化粧［けばけばしい衣装］」

出典 宋の王安石《おうあんせき》が招かれた宴席の華やかさを詠《うた》った「即事詩」に「麗唱《れいしょう》仍《な》お錦上に花を添う（＝この美しい歌声は、この宴席をさらに素晴らしいものにする）」とあるのに基づく。

金石《きんせき》の交《まじ》わり

使い方 堅く結ばれた友情のこと。「私は彼と――を続けている」「二人は生涯にわたって――を続けた」◆金属も石も堅く、容易には割れないことからいう。「金石の契り」「金石の交《こう》」とも。
誤用 「金鉄の交わり」は誤り。
出典 「漢書・韓信伝」に「今足下は漢王と金石の交わりを為すと自ら以為《おも》えりと雖《いえ》ども、然れども終には漢王の禽《とりこ》とする所と為らんと」とあるのに基づく。
類表現 「金蘭《きんらん》の契り[交わり]」(金よりも堅く蘭よりもかぐわしい交友)」「管鮑《かんぽう》の交わり」「水魚の交わり」「断金の契り」「断琴の交わり」「刎頸《ふんけい》の交わり」

金時《きんとき》の火事《かじ》見舞《みま》い

使い方 顔が非常に赤いことのたとえ。多く酒を飲んで赤くなった顔をからかっていう。「彼はコップ一杯のビールで――になる」「よっ、だいぶ飲んだね。まるで――だ」◆「金時」は源頼光《みなもとのよりみつ》の四天王の一人、坂田金時のこと。幼名を金太郎と称した金時は生来赤ら顔だったと伝えられるが、その金時が火事見舞いに行って熱気に当てられれば、赤い顔がますます赤くなることからいう。「金時の醤《しょう》油炊《ゆだ》き」とも。
誤用 恥ずかしかったり高熱を出したりして赤くなった顔について使うのは誤り。「×人前で失態を演じて金時の火事見舞いのようになった」「×熱があるので金時の火事見舞いのような顔だ」
類表現 「猿の火事見舞い」

く

◆「食《く》う」を使う成句

秋茄子《あきなす》は嫁に食わすな・泡を食う・犬も食わない・大目玉を食う・同じ釜《かま》の飯を食う・霞《かすみ》を食う・気に食わない・臭い飯を食う・獣《しし》食った報い・粋《すい》が身を食う・据え膳食わぬは男の恥・蓼《たで》食う虫も好き好き・年を食う・煮ても焼いても食えない・鳩《はと》が豆鉄砲を食ったよう・冷や飯を食う・夫婦喧嘩《げんか》は犬も食わない・河豚《ふぐ》は食いたし命は惜しし・武士は食わねど高楊枝《たかようじ》・道草を食う・飯を食う・割を食う

空谷《くうこく》の▼跫音《きょうおん》

使い方 人気のない寂しい谷間に響く足音。転じて、孤独なときに思いがけなく人が訪れたり便りが届いたりする喜び。「━━の思いで、お便り拝読致しました」「山里のひとり暮らし故、━━の思いでご来駕《がらい》をお待ち申し上げます」◆「空谷」は人気のないさびしい谷。「跫音」は人の足音。「空谷の足音《そくおん》」とも。

誤用 その足音を恐怖と感じる場合に使うのは誤り。「✕〔逃亡者が〕空谷の跫音におびえて、身を隠す」

出典 「荘子・徐無鬼」に「夫《そ》れ空谷に逃るる者は、…人の足音の跫然たるを聞きて喜ぶ(＝人気のない場所に隠遁しているものは、人の足音を聞くだけで喜ぶ)」とあるのに基づく。

空腹《くうふく》は最高《さいこう》のソース

使い方 腹が減っているときは何を食べてもうまいということ。「━━とは本当だね。あの時ばかりは妹の料理がうまかったね」◆腹が減っていては軍《いくさ》が出来ないが、空腹のときにはどんな料理でも美味に感じられる。「空腹は最高のスープ」とも。

誤用 まずい料理も、空腹ならばおいしく感じられるという意味合いがあるので、ご馳走になっていながら使うと、相手の機嫌をそこなうことになる。「✕結構なお料理でした。空腹は最高のソースですね」

類表現 「空《す》き腹にまずいものなし」

英語 Hunger is the best sauce.

苦《く》髪《がみ》楽《らく》▼爪《づめ》

使い方 苦労の多いときは髪の毛が早く伸び、楽をしているときは爪が早く伸びるということ。「心労が絶えないよ。━━で、髪の毛がぼさぼさだ」「ずいぶん爪が長いね。━━で、遊んでばかりいるのだろう」「━━とやら、先の日に勝重が見に来た時よりも師匠が髭の延び、髪は鶉のようになって、めっきり顔色も蒼ざめていることは驚かれるばかり〈島崎藤村・夜明け前〉」◆(1)「苦髪」は、苦労が重なると髪の毛が抜けて薄くなるの意とする説もある。(2)逆に「苦爪楽髪」ともいうが、いずれにしても科学的根拠はない。また、「苦髭《くひげ》楽爪」とも。

誤用 苦労が多くて白髪になるという意で使うのは誤り。「✕苦髪楽爪で、髪の毛がまっ白になった」

▼釘《くぎ》を刺《さ》す

使い方 あとで問題が生じないように相手に念を押す。「他言するなと━━」「酒を飲み過ぎないようにと**くぎを刺して**おく」「あれだけ**くぎを刺して**おけば必ず来るだろう」「絶対にさぼるなと**くぎを刺される**」◆釘を打って固定する意からいう。「釘を打つ」とも。「あとでとやかく言わないようにくぎを打っておく」

誤用 「針を刺す」は誤り。

愚公山《ぐこうやま》を移《うつ》す

使い方 どんな困難なことでも、たゆまず努力すれば必ず成し遂げられるということ。「━━の例もある。大変な事業だが、いつかは成就するだろう」◆「愚公」は人名。

誤用 「ぐこう」を「愚行」「愚考」と書くのは誤り。

出典 九十歳になんなんとする愚公老人が、ある日、家の前にある山が邪魔だから切り崩してしまおうと言い出した。さっそく一家総出で山を崩しにかかったが、ブルドーザーもパワーシャベルもない時代のこと、作業は遅々として進まない。しかし愚公は「わしの代で終わらなければ子もいるし孫もいる。山はもう大きくはならないのだから、この仕事を子々孫々に継いでいけばいつかは山も平らになるだろう」と一向にひるまなかった。山の神からその話を聞いた天帝は愚公の誠意に感じ入り、一夜のうちに山を移したという寓話《ぐうわ》に基づく(「列子・湯問」)。愚公の行為を愚かしいとあざ笑ったのは「智叟《ちそう》(＝利口者の老人)」。小賢しい知恵だけでは大事業は完成しない。

臭《くさ》い飯《めし》を食《く》う

使い方 囚人となって刑務所の飯を食う。刑務所に入れられる。「窃盗罪で、三年ほど**臭い飯を食**ってきた」「その翌年、賭博現行犯で長野へ引かれ、一年ほどまた――ことになったが〈田山花袋・重右衛門の最後〉」◆「物相飯《もっそうめし》を食う」とも。近世、牢獄では物相(＝円筒形の曲げ物)に盛り切りの飯を囚人に与えた。戦中の記録を見ると、「下白米十分の四、麦十分の六」の飯だったというが〈河上肇「自叙伝」〉、それだけでなく、獄中の飯は粗末で臭かったのだろう。

誤用 「腐った飯を食う」は誤り。

類表現 明治・大正期の受刑者は赤い服を着せられたことから、「赤い着物を着る」ともいう。

臭《くさ》い物《もの》に▼蓋《ふた》

使い方 悪事や醜聞が他にもれないように、一時しのぎの手だてで隠そうとするたとえ。「――の処置では、根本的な解決にはならない」「**臭い物に(は)ふた**をして、不祥事を隠そうとする」◆悪臭のもとを絶たないで、それが入っている器に蓋をして臭気が外にもれるのを防ぐ意からいう。

誤用 「割れ鍋《なべ》に綴《と》じ蓋《ぶた》」との混同からか、「綴じ蓋(＝壊れたのを修繕した蓋)」を「閉じ蓋」の意にとって、「臭い物に閉じ蓋」とするのは誤り。

出典 江戸版「いろはがるた」の一つ。

草木《くさき》も▼靡《なび》く

使い方 勢力が盛んで、多くの人がそれに従うさま。「帝王がひとたび首を振れば**草木もなびき**、民はただ畏《おそ》れひれ伏す」「あの人は政界の実力者として、今や――勢いだ」「――実力者として財界に君臨する」「今やインターネットは――という感がある」◆草木が風の勢いに従って横に倒れるように揺れ動くさまにたとえていう。

誤用 「草木も眠る」と混同して、「草木もなびく丑《うし》三つ時《どき》」とするのは誤り。

草木《くさき》も眠《ねむ》る

使い方 夜が更けて、すべてのものが寝静まることのたとえ。「――丑三《うしみ》つ時《どき》」「――という真夜中」「――頃になって起き出した」◆草も木もひっそりと静まりかえる意からいう。「丑三つ時」は昔の時刻で、丑の刻を四つに分けたものの三番目。現在の午前二時から二時半ごろ。「丑満時」とも当てる。

誤用 「草木もなびく丑三つ時」は誤り。

補説 「草木《くさき》・《そうもく》が眠る」は、秋から冬の、植物の勢いが静まる形容にも使われる。「草木《そうもく》の眠りに落ち去る少くとも五六十日の間は、彼等は稀《まれ》に冬墾《ふゆばり》というて麦の畦《うね》間《ま》を耕すことや林の間に落葉や薪を求めることがあるに過ぎぬ〈長塚節・土〉」「冬の山には人はいなかった。小鳥の啼き声も聞えないし、草木も眠っていた〈新田次郎・孤高の人〉」

腐《くさ》っても▼鯛《たい》

使い方 元来すぐれたものは、多少傷ん

だところでそれなりの価値があるということ。「老いたりといえども、あの役者には━━の風格がある」「久々のステージだったが、━━の歌唱力を披露してくれた」◆日本では古来、味がよくて姿の美しい鯛は「めでたい」にも通じる吉事の魚として祝いの膳に欠かせなかった。その肉には高度不飽和脂肪酸が少ないので、鮮度が落ちても味は落ちにくい。それが「腐っても鯛」の所以《ゆえん》にもつながるのだろう。

誤用 ほめたつもりでも、人に対して直接使うのは避けたい。「×さすがは腐っても鯛ですね。見事なプレーでした」

類表現 「沈丁花《じんちょうげ》は枯れてもかんばし」「破れても小袖《こそで》」「切れても絹切れ」「痩《や》せても枯れても武士は武士」

草葉《くさば》の陰《かげ》

使い方 墓の下。あの世。「亡くなった母が━━から見守ってくれる」「お父様もさぞ━━で喜んでいらっしゃることでしょう」「私は━━若し彼人が何時までも病気だ病気だと申して嫁を貰って呉れませんうちに、もしもの事があったら、━━で配偶に合わす顔が御座いません〈夏目漱石・虞美人草〉」◆草の葉の下の意からいう。「草の陰」とも。

誤用 (1)「陰ながら」の意に解して、生きている人に対して（または、生きている人の立場で）使うのは、笑い話では済まされない誤り。「×どうか私のことを草葉の陰で見守っていて下さい」「×何も力になれませんが、草葉の陰から応援しています」

(2)弔事の中で使うのは避けたい。

▼楔《くさび》を打《う》ち込《こ》む

使い方 ❶敵陣に攻め込んで、その勢力を二分する。また、自分の勢力を広げるための足がかりを相手の勢力範囲の中につくる。「前線基地に**くさびを打ち込ん**で戦意を喪失させる」「クーデターを阻止するために軍部に━━」「一社独占の市場に**くさびを打ち込ん**で販路の拡大を図る」「派閥に**くさびを打ち込ん**で勢力を分散させる」

❷仲を裂くために親しい間柄にじゃまを入れる。「二人の仲をねたんで━━」「密告のメールを送って夫婦の仲に━━」

◆「くさび」は、堅い木や鉄で作った鋭角三角形の道具。木材や石材を割るときなどに使う。「打ち込む」は、打って中に入れる、打ち入れる意。

誤用 (1)くさびはすき間に差し込んでゆるみを詰めるときにも使うが、「くさびを打ち込む」を、たるんだ精神を鍛える意に使うのは誤り。「×強化合宿を実施して、だれた選手にくさびを打ち込む」

(2)「くさびを打つ」は慣用になじまない。「×前線基地にくさびを打った」

(3)「釘《くぎ》を刺す[打つ]」と混同して、「くさびを刺す[打つ]」というのは誤り。「×後でもめないように、くさびを刺しておく」

腐《くさ》るほど

使い方 物や人などが多いことの形容。有り余るほど。捨てるほど。「金[暇]なら━━ある」「着物は━━あるじゃないか〈谷崎潤一郎・痴人の愛〉」◆使い切れないで腐らせてしまうほどある意からいう。

誤用 回数が多い意で使うのは誤り。「×その手の本なら腐るほど読んだ」「×モーツァルトの曲なら腐るほど聴いた」

▼櫛《くし》の▼歯《は》を挽《ひ》く

使い方 物事が次から次へと続くことの

たとえ。「━ように、やっかいな問題がふりかかる」「━ように往来の激しい大通り」「革命軍の飛報、頻々として━が如し〈芥川龍之介・木曾義仲論〉」「新府へ戻り着いた五千の兵も、その夜のうちから、━ごとく、姿を消して行ったのである〈柴田錬三郎・謀叛〉」◆櫛の歯は一つ一つのこぎりで挽いて作ったことからいう。

誤用「櫛の歯が欠けたよう」と混同して、絶え間なく続くはずのものや、そろって並んでいるはずのものがところどころ欠けているさまをいうのは誤り。「かつての繁華街も今では×櫛の歯をひくように/○櫛の歯が欠けたように寂れている」「観客が一人また一人と席を立って、会場は×櫛の歯をひくように/○櫛の歯が欠けたようになった」

愚者《ぐしゃ》にも千慮《せんりょ》に一得《いっとく》あり

使い方 愚かな者でも一つぐらいは妙案を思いつくことがあるものだということ。「━といいますから、私のほうでも考えてみます」◆⑴「愚者にも一得」「愚者の一得」「千慮の一得」とも。へりくだりながら自分の意見などを述べるときに使う。⑵「━というが、あの男もたまにはいいことを言うよ」などは人を小ばかにした言い方になるので注意したい。

出典「史記・淮陰侯《わいいんこう》列伝」に「智者も千慮に必ず一失有り。愚者も千慮に必ず一得有り」とあるのに基づく。智者といってもすべてが正しいとは限らないし、愚者といえども侮ってはならない。

類表現「負うた子に教えられて浅瀬を渡る」

苦汁《くじゅう》を▼嘗《な》める

使い方 つらい思いをする。「落選の━」「さんざん苦汁をなめて、ようやく再起の曙光《しょこう》を見いだす」「人生の苦汁をなめつくす」「失業して━生活が続く」「敗戦の苦汁をなめさせられる」◆「苦汁」は苦い汁。転じて、それを飲まされたような苦しい経験をいう。「苦汁を飲む」「苦汁を喫《きっ》する」とも。

誤用「くじゅう」を「苦渋」と書くのは誤り。「苦渋」は悩み苦しむ意で、汁と違ってなめることができない。(「苦渋の色を浮かべる」「苦渋に満ちた表情を見せる」)。

類表現「苦杯をなめる[喫する]」

◆「薬(くすり・やく)」を使う成句

内股膏薬《うちまたごうやく》・薬《くすり》九層倍《くそうばい》・薬にしたくも無い・酒は百薬の長・自家《じか》薬籠中《やくろうちゅう》の物・天井から目薬・毒にも薬にもならない・二階から目薬・二股膏薬《ふたまたごうやく》・薬籠中《やくろうちゅう》の物・良薬は口に苦し

薬《くすり》九層倍《くそうばい》

使い方 薬の売価が原価の九倍にもなること。不当に利益をむさぼることのたとえ。「━の儲《もう》けとは、ぼろい商売だね」◆⑴薬の「く」に「九」をかけていう。昔はばかげた原料をもったいぶって使った、効き目の疑わしい丸薬もあった。⑵「百姓百層倍(＝一粒の種から百倍もの収穫を得る)」と続けていうこともある。また、「魚三層倍」「呉服五層倍」などとも。

誤用「九」を「きゅう」と読むのは誤り。

類表現「坊主丸儲《まるもう》け」

薬《くすり》にしたくも無《な》い

使い方 どこを捜してもまったくない。

「反省する気持ちなど——」「今の世は真心なんてものは——のよ〈林芙美子・放浪記〉」◆(1)「したくも」は「したくても」、つまり、したいと思っても、の意。(2)少量でも効き目のある薬だが、そのわずかな量すらないという意からいう。「薬にしようといっても無い」とも。

誤用 (1)薬にしたいとも思わないの意で使うのは誤り。「×そんな忠告など薬にしたくもない」(2)「薬にもしたくない」は誤り。また、「毒にも薬にもならない」との混同で、「そんな話は毒にも薬にもしたくもない」などとするのは誤り。

◆「砕《くだ》く」を使う成句

肝胆《かんたん》を砕く・心を砕く・身を砕く

くだを巻《ま》く

使い方 酒に酔って、つまらないことをくどくど言う。「酔って——」「酔って来たのだろう、早くも——声などが、器物の音といっしょにやかましく聞えていた〈山本周五郎・さぶ〉」◆「くだ」は、糸繰り車の錘《つむ》に差して糸を巻きつける軸(管)のことで、その軸に糸を巻きつけるとき、ぶうぶうと音を立てることに、くだくだしいの意をかけたものという。

誤用 (1)素面《しらふ》の場面で使うのは避けたい。「×会議の席上で、いきなりくだを巻き始めた」「×暇を持て余した若者が広場で缶コーヒー片手にくだを巻く」(2)「まく」を「撒く」と書くのは誤り。

◆「口(くち・こう)」を使う成句

開《あ》いた口が塞《ふさ》がらない・口裏を合わせる・口が重い・口が堅い・口が軽い・口が過ぎる・口が滑る・口が減らない・口車に乗る・口にする・口に上る・口に任せる・口に蜜《みつ》あり腹に剣あり・口八丁《くちはっちょう》手八丁・口は禍《わざわい》の門・口を利く・口を切る・口を極めて・口を酸《す》っぱくする・口を揃《そろ》える・口を尖《とが》らせる・口を挟む・口を割る・鶏口《けいこう》となるも牛後《ぎゅうご》となるなかれ・糊口《ここう》を凌《しの》ぐ・死人に口無し・人口に膾炙《かいしゃ》する・人の口に戸は立てられぬ・目は口ほどに物を言う・良薬は口に苦し

口裏《くちうら》を合《あ》わせる

使い方 あらかじめ相談して言うことが食い違わないようにする。「ミスがばれないように——」「**口裏を合わせ**て偽証する」「**口裏を合わせ**てアリバイ工作をする」◆多く良くないことにいう。「口裏」は、ことばや話しぶりの裏に隠されている真意(「その口裏から大体のところは察せられる」)。

誤用 「口車を合わせる」は誤り。

口《くち》が重《おも》い

使い方 口数が少ない。寡黙《かもく》である。「彼は生来——」「彼は商人でありながら、客に対して——」「**口が**/**の重い**人だから、真相は話してくれないだろう」「話題がその件に及ぶとつい**口が重く**なる」◆発声器官としての口が重くて、なかなか開かないことをいう。

誤用 「ことばが重い」は誤り。「×言いにくいことなので、ついことばが重くなる」

口《くち》が堅《かた》い

使い方 言うべきではないことをむやみに他言しない。「彼は**口が**/**の堅い**人だから信用できる」「彼女は━から、安心して頼める」「彼は━から、秘密がもれることはない」「彼は━から、真相は話してくれないだろう」「━課長だから、入札価格の知りようがない」◆(1)発声器官としての口を堅く閉じて、なかなか話そうとしないこと。プラスに評価していう。(2)「堅い」は「固い」とも書く。

誤用「ことばが堅い」は誤り。

口《くち》が軽《かる》い

使い方 ❶軽薄で、言ってはならないことまで言ってしまう。「彼は━から信用できない」「彼女は━から、うかつなことは言えない」「あの人は**口が軽**そうだから、そのことは話さない方がいい」「あんな**口が**／**の軽い**やつはいない」◆発声器官としての口が軽くて、すぐに開いてしまうこと。マイナスに評価していう。❷よくしゃべる。多弁である。「酔って**口が軽く**なる」「緊張がとけて**口が軽く**なる」
誤用「ことばが軽い」は誤り。

口《くち》が過《す》ぎる

使い方 言うべきでないことまで言う。言い過ぎる。「上司に向かって、少し━ぞ」「**口が過ぎ**て友人を怒らせてしまった」「**口が過ぎ**ました。お詫びします〈南條範夫・無頼武士道〉」◆「口」は、ものを言うの意。口が達者な人は、つい遠慮すべきことまで言ってしまう。

口《くち》が滑《すべ》る

使い方 言ってはいけないことをうっかり言ってしまう。「つい**口が滑っ**て、秘密をもらしてしまう」「酔うと**口が滑っ**て、何を言い出すかわからない」「つい**口が滑っ**て、余計なことを申し上げました」◆(1)抑制できなくて、ぺらぺらしゃべりすぎることをいう。
(2)「口を滑らす」とも。「情報源についてうっかり口を滑らす」「『先生ならいいかも知れません』とつるつると口を滑らして、はっと言い過ぎたと下を向いた〈夏目漱石・野分〉」

口《くち》が減《へ》らない

使い方 口が達者で、反論や負け惜しみをいくらでも言う。「━やつで、何だかんだと理屈ばかり言う」「ああ言えば、こう言う、まったく**口の減らない**やつだ」◆「口」は、ものを言うの意。「減る」は、ひるむ意（「されども祐慶は少しもへらず、鎧の胸板きらめかし〈源平盛衰記〉」）。
補説 言い惜しみをしている人に対して「口が減るわけでもあるまいし」などというのは、「減る」を「すりへる」の意に使っているもの。また、「口数が減る（＝ことばが少なくなる）」の意で、「口が減る」とは言わない。

口車《くちぐるま》に乗《の》る

使い方 巧みなことばにまんまとだまされる。また、おだてに乗る。「詐欺師の━」「販売員の**口車に乗っ**て偽物を買わされる」「彼は人がいいので**口車に乗り**やすい」「あの男の**口車に乗ら**ないように気をつけなさい」◆「口車」は、巧みな言い回しを車にたとえた語。
誤用 よどみなくすらすらと話す意に使うのは誤り。「×口車に乗って滔々《とうとう》と弁じ立てる」
補説 ことば巧みに人をだますことは「口車に乗せる」という。受け身の「口車に乗せられる」は、「口車に乗る」とほぼ同意となる。「ペテン師の口車に乗せられる」「口車に乗せられて金をだまし取られる」

口《くち》にする

使い方 ❶口に入れる。飲み食いする。「朝から何も**口にして**いない」「まだ**口に**したことのない料理」「隠れて飲む酒は、大っぴらに――酒よりうまいに違いない〈曾野綾子・太郎物語〉」❷口に出して言う。話す。「そんな下品なことばは――ものではない」「――のも不愉快な話だ」「二人はそれから以後安井の名を――のを避けた〈夏目漱石・門〉」◈①の「口」は、飲食物を取り入れる器官としての口。②の「口」は、発声器官としての口。

口《くち》に上《のぼ》る

使い方 うわさになる。話題になる。「政界のスキャンダルが世間の――」「陰で批評の――こうした言葉は、彼を反省させるよりも却って頑固にした〈夏目漱石・道草〉」「自分の名が、青年の――度に、美奈子は胸をとどろかせながら、息を潜めて聞いて居た〈菊池寛・真珠夫人〉」◈「口の端《は》に上る」とも。

誤用 「口に上がる」は誤り。

補説 うわさにする、話題にする意では、「口に上《のぼ》せる」という。

口《くち》に任《まか》せる

使い方 よく考えないで思いつくままに言う。「**口に任せて**しゃべりまくる」「**口に任せて**大きなことを言う」「その時私が**口に任せて**どんな生意気を云ったかは幸いな事に今は大方忘れてしまっている〈有島武郎・生まれいづる悩み〉」

誤用 「口に出任せる」は誤り。

補説 考えもなく口から出るに任せて言うことは、「口任せ」という。「口任せ の／にでたらめを言う」

口《くち》に▼蜜《みつ》あり腹《はら》に剣《けん》あり

使い方 口ではさもやさしそうなことを言うが、心の中は陰険であることのたとえ。「――の腹黒い策士」「――という、油断のならない人物」◈「口蜜腹剣《こうみつふっけん》」とも。

誤用 「外柔内剛（＝うわべはやさしそうだが、意志が強くてしっかりしている）」の意にとるのは誤り。

出典 唐の玄宗《げんそう》の宰相として権力をほしいままにした李林甫《りりんぽ》の陰険な性格を評したことば（「十八史略・唐」「唐書・李林甫伝」）。李林甫が深夜まで書斎の「偃月堂《えんげつどう》」にこもっていた翌日には、必ず誰かが罪に陥れられて処刑されたという。

▼嘴《くちばし》が黄色《きいろ》い

使い方 年が若くて経験が足りない。未熟である。「図体は大人だが、まだ――」「――くせに、生意気なことを言う」◈ひな鳥のくちばしが黄色いことから、経験の浅い若者をあざけっていう語。「嘴が青い」とも。

誤用 「口が黄色い」は誤り。

▼嘴《くちばし》を▽容《い》れる

使い方 自分とは関係のないことに横から口出しをする。「彼は人のすることにすぐ**くちばしをいれ**たがる」「プライバシーに関することに――な」「まあ、なるたけお家騒動へは**嘴を入れ**ないことね〈宮本百合子・一本の花〉」「元来良秀と云う男は、何でも自分のしていることに**嘴を入れ**られるのが大嫌いで〈芥川龍之介・地獄変〉」◈⑴他の鳥が餌《え》をついばんでいる横からくちばしを突っ込むことからいう。漢語で「容喙《ようかい》する」とも（「喙」は、くちばし)。(2)「容れる」は「入れる」とも書く。

誤用「嘴が入る」は誤り。「× 外野から何のかんのとくちばしが入る」

類表現「嘴を挟む」「口を入れる」「口を挟む」

口八丁《くちはっちょう》手八丁《てはっちょう》

使い方 ものを言うことも何かをすることも達者なこと。「あの男は━━だから、とてもかなわない」「━━という、世渡りのうまい人」◆「八丁(八挺)」は、八つの道具を使いこなす意。物事に巧みなことをいう。「口も八丁手も八丁」「手八丁口八丁」とも。

誤用 (1)弁も立ち腕も立つ器用さや巧みな世渡りを軽々しいとしてけなす意も込められるので、目上の人に直接使ったり、褒め言葉として使ったりするのは避けたい。「× ご子息は口八丁手八丁ですから、きっと出世なさるでしょう」(2)巧みな弁舌・手段で人をだます、あることないことを話す、口だけで実行が伴わない、などの意で使うのは誤り。「× 一人暮らしのお年寄りに口八丁手八丁で高額商品を売りつける輩《やから》が多い」「× 口八丁手八丁だが実行力の乏しい政治家」

口《くち》は▽禍《わざわい》の門《かど》

使い方 何げなく言ったことばが災難を招くことがあるので、話すことには十分に注意せよということ。「うっかりしたことは言うな。━━だ」「その一言で大臣は失脚した。━━だね」◆(1)「門」は「もん」と読んでもよい。「わざわい」は「災い」とも書くが、原典に従えば「禍」。(2)「口は禍のもと」「口は善悪の門」とも。

誤用「かど」を「角」と書くのは誤り。

出典「古今事文類集・後集」に引く後唐の馮道《ふうどう》の「舌」の詩に、「口は是《これ》禍の門、舌は是れ身を斬るの刀なり」とあるのに基づく。

類表現「口から高野へ行く(=うっかりしたことばがもとで、出家して高野山へ行かなくてはならなくなる)」「雉《きじ》も鳴かずば打たれまい」「物言えば唇寒し秋の風」

唇《くちびる》▽亡《ほろ》びて歯《は》寒《さむ》し

使い方 互いに持ちつ持たれつの一方が滅びれば、他の一方も危うくなるということ。「両者[両国]は━━の関係にある」◆(1)唇が損なわれれば、歯は剝《む》き出しになって、外気の寒さにさらされるだろう。「くちびる」は「▼脣」とも書く。(2)「唇竭《つ》きて歯寒し」「唇歯輔車《しんしほしゃ》」とも。

誤用「歯亡びて唇寒し」は誤り。

出典「春秋左氏伝・僖公《きこう》五年」に「諺《ことわざ》に所謂《いわゆる》輔車《ほしゃ》相依り、脣亡びて歯寒しとは、其《そ》れ虞《ぐ》虢《かく》を之《こ》れ謂うなり(=諺に「頬骨《ほおぼね》と下顎《したあご》とは互いに助け合い、唇がなくなると歯が寒くなる」と言っているのは、虞と虢の関係を指すものだ)」とあるのに基づく。なお、同様のことばは「春秋左氏伝・哀公八年」「墨子・非攻中」などにも見られる。

口火《くちび》を切《き》る

使い方 最初に物事を行って、きっかけをつくる。「話の━━」「鏑矢《かぶらや》を放って攻撃の━━」「ストを決行して闘争の━━」「野党を代表して質問の━━」「一通の投書が論争の口火を切った」「一人が━━と、みんなも口々に不平を言い始めた」「二番打者が口火を切って、打線が爆発した」◆「口火」は、火縄銃の火薬などに点火するための火。火蓋《ひぶた》に点火して射撃を始める意からいう。

誤用「口火をつける」は誤り。

口《くち》を利《き》く

使い方 ❶ものを言う。話をする。「ませた――」「生意気な――」「誰とも**口を利**かない」
❷両者の間を取り持つ。仲介する。「就職のために**口を利**いてもらう」「おれが**口を利**いてやろうか」

誤用「きく」を「効く」と書くのは誤り。

口《くち》を切《き》る

使い方 ❶最初に発言する。話を始める。「まず司会者が――」「ついに彼が**口を切**った」
❷はじめてその蓋《ふた》や栓・封などをあける。「茶壺《ちゃつぼ》の――」「秘蔵のワインを出して――」

誤用「口火を切る」との混同から、物事のきっかけをつくる意で使うのは誤り。「×三番打者が二塁打を放って、反撃の口を切った」

口《くち》を極《きわ》めて

使い方 ありったけのことばを尽くして。あらゆる言い方をして。「――ほめそやす」「――罵倒する」「弟子の僧は、内供《ないぐ》の予期通り、――、この法を試みる事を勧め出した〈芥川龍之介・鼻〉」◆「極める」は、余すところなく出し尽くす意（「情理を極めて説得する」）。

誤用「きわめて」を「究めて」「窮めて」と書くのは誤り。

口《くち》を酸《す》っぱくする

使い方 忠告などをいやになるほど繰り返して言う。「**口を酸っぱく**して注意する」「**口を酸っぱく**して何度も言う」「東京の本社へ行っては**口を酸っぱくし**て幹部を口説いているんですが、どうも話が判らん〈井上靖・射程〉」◆古風な表現で「口を酸《す》くする」ともいう。

誤用「口を酢《す》にする」は誤り。

補説 同じことばを何度も繰り返して言い聞かせるさまは、「口が酸っぱくなるほど[くらい・まで]」という。「もめ事は起こすなと口が酸っぱくなるほど言われる」

口《くち》を▼揃《そろ》える

使い方 多くの人が同時に同じことを言う。「**口をそろえ**て反対を唱える」「**口をそろえ**て引き止める」「診察に来てくれた二人の医師が**口を揃え**て、結核の徴候があるといった時には、私は唯訳もなく青くなってしまった〈有島武郎・小さき者へ〉」◆各人が言うことを一致させる意からいう。「声を揃える」とも。

誤用「くちばしを揃える」は誤り。「×くちばしをそろえて文句を言う」

類表現「異口同音」

口《くち》を▼尖《とが》らせる

使い方 唇を前に突き出してとがらせる。「不満そうに――」「**口をとがらせ**て文句をいう」「目を三角にし、**口をとがらせ**て怒り出す」◆(1)怒ったり言い争ったりするときの口つき、また、不平不満を表す顔つきをいう。(2)「とがらせる」は「とがらす」「とんがらす」とも。

誤用「くちばしを尖らせる」は誤り。「×すねてくちばしを尖らせる」

口《くち》を挟《はさ》む

使い方 他人が話している途中に割り込んで話す。「横から――」「彼は私が――間もないくらい、一人でしゃべり続けた」「――ようで失礼ですが、もう少し大きな声で話して下さい」◆「挟む」は、何かをしている間に別のことを入れる意。(「二時間おきに一〇分間の休憩を挟む」「この件に疑いを挟む余地はない」)

【類表現】「口を入れる」「嘴《くちばし》を挟む」「嘴を容《い》れる」

口《くち》を割《わ》る

【使い方】❶口を開《ひら》く。特に競馬で、レース中に馬が口を開ける。「彼らの**口を割**って無理やり粥や薬湯を飲ませているのは米次郎と中川脩亭である〈有吉佐和子・華岡青洲の妻〉」「瓶の——」「道中、馬が**口を割**って折り合いを欠いた」◆やや古風な言い方で、今は「口を開く」「口を開ける」ということが多いが、競馬ではもっぱら「口を割る」を使う。
❷白状する。罪や隠し事を話す。「証拠を突きつけられて——」「容疑者がやっと**口を割**った」「男の居場所については頑《がん》として**口を割ら**ない」

【誤用】(1)「口を割って出る(＝言葉などが口から出る)」という表現は誤りではないが、成句としては「口をついて出る(＝言葉などが、押さえようもなく口を突き破らんばかりに出る)」の方が一般的。「怒りの言葉が思わず△口を割って出た／○口をついて出た」
(2)「口を割って入る」は、「口を挟む(＝割り込んで話す)」「話[間《あいだ》]に割って入る(＝割り込む)」などと混同したもので、誤り。「×当事者でもないのに、口を割って入るな」

【補説】「腹を立てる」と「腹が立つ」などの対と同じで、「口が割れる」もほぼ同意。「とうとう主犯の口が割れた」

苦《く》▼爪楽髪《づめらくがみ》

⇩苦髪楽爪《くがみらくづめ》

靴《くつ》を隔《へだ》てて▼痒《かゆ》きを▼掻《か》く

⇩隔靴掻痒《かっかそうよう》

◆「国(くに・こく)」を使う成句

華胥《かしょ》の国・国破れて山河在り・傾城《けいせい》傾国・言葉は国の手形・訛《なま》りは国の手形

苦肉《くにく》の策《さく》

【使い方】わが身を苦しめてまで行うはかりごと。また、苦しまぎれに考え出した策。「会社再建のために——を用いる[講じる]」「——が水泡に帰する」「——として会社合併に踏み切る」「岩倉の——が、慶喜上京の口実とされて鳥羽伏見の戦いを促すようになろうとは、このとき岩倉は知る由もない〈森村誠一・新選組〉」「反間《はんかん》——(＝わが身を犠牲にして敵同士の仲を裂くような計略)」◆「苦肉」は、敵を欺くために自分の体を苦しめること。「苦肉の計」「苦肉の謀《はかりごと》」とも。

【誤用】「くにく」を「苦に苦」と書くのは誤り。

国破《くにやぶ》れて山河《さんが》在《あ》り

【使い方】戦乱によって国は滅びても、山も川も昔のままに自然の姿を残している。「——の感慨を覚える」◆春に変わることなく草木を繁らせる自然のさまを眺めながら、有為転変の世を嘆いていうことば。

【誤用】(1)この国土の荒廃は戦乱によるもの。自然の災害によるものに使うのは誤り。「×大地震後の都市を訪れ、国破れて山河ありの思いに駆られた」
(2)「やぶれて」を「敗れて」と書くのは誤

り。

出典 至徳《しとく》二年、安禄山《あんろくざん》の乱に巻き込まれた杜甫《とほ》は、陥落した長安の都に幽閉されながら春を迎えた。その感慨を詠《よ》んだ「春望《しゅんぼう》」の冒頭に、「国破れて山河在り、城《しろ》春にして草木深し」とある。芭蕉《ばしょう》は「おくのほそ道」の平泉のくだりで、藤原三代の栄華を偲《しの》びつつ、「国破れて山河あり、城《しろ》春にして草青みたりと、笠《かさ》打敷《うちし》きて時のうつるまで泪《なみだ》を落し侍《はべ》りぬ」と記した。蓑笠庵梨一《さりゅうあんりいち》著の注釈書「奥細道菅菰抄《すがごもしょう》」は、それを「杜甫ガ春望ノ詩ニ、国破レテ山河在リ、城春ニシテ草木深シ、ノ句ヲ取テ、青ミタリト換骨セシ也」と注釈している。杜甫の「城春にして草木深し」と、芭蕉の「城春にして草青みたり」を混同しないようにしたい。

苦杯《くはい》を▼嘗《な》める

使い方 つらくて苦しい経験をする。「敗戦の——」「優勝候補にあげられながら——」「敵を甘く見て**苦杯をなめ**させられる」 ◆「苦杯を喫《きっ》する」とも。「苦杯」は、にがい酒の入った杯《さかずき》。

誤用 「一敗地にまみれる」と混同して、「苦杯にまみれる」とするのは誤り。

類表現 「苦汁をなめる［飲む・喫する］」

◆「首（くび・しゅ）」を使う成句

鬼の首を取ったよう・牛首《ぎゅうしゅ》を懸けて馬肉を売る・首が繋《つな》がる・首が回らない・首根っこを押さえる・首を傾《かし》げる・首を切る・首を縦に振る・首を突っ込む・首を長くする・首を捻《ひね》る・首を横に振る・子は三界《さんがい》の首枷《くびかせ》・首鼠《しゅそ》両端・寝首《ねくび》を掻く・猫の首に鈴を付ける・真綿で首を絞める

首《くび》が▼繋《つな》がる

使い方 危ういところで免職・解雇をまぬがれる。「定年が延びて——」「始末書を提出して、何とか**首がつながった**」「**首がつながって**も、左遷はまぬがれないだろう」 ◆「首」は首を切ること、馘首《かくしゅ》の意。

補説 免職・解雇されることは「首になる」「首を切られる」「首が飛ぶ」などという。「不正融資が発覚して支店長の首が飛ぶ」

首《くび》が回《まわ》らない

使い方 借金などが多くて、やりくりがつかない。「資金難で——」「ローンの返済に追われて——」 ◆困窮して、動くはずの首も動かない状態をいう。

誤用 単に身動きがとれない意で使うのは誤り。「× 義理と人情の板挟みになって、どうにも首が回らない」

補説 「手が回らない」は、注意が行き届かない意。「このところ忙しくて他のことには手が回らない」

首根《くびね》っ子《こ》を押《お》さえる

使い方 ❶相手の首筋を後ろから押さえて動けないようにする。「引ったくりの足を払って——」「**首根っこを押さえられ**ておとなしくなる」 ◆「首根っ子」は、首の後ろの部分。

❷相手の弱点や急所を押さえて動きがとれないようにする。「証拠書類を突きつけて——」「反対派の——ような情報を入手する」「家宅捜査を受けて**首根っこを押さえられる**」「何年間か屈辱的な境遇を耐え忍んでいるうちに、その形のまま老齢が後からやって来て、人の**首根っ**

こを押さえてしまうのだ〈伊藤整・氾濫〉」

誤用 「首っ玉」も首筋の意だが、「首っ玉を押さえる」とは言わない。「×容疑者の首っ玉を押さえる」

首《くび》を▽傾《かし》げる

使い方 ❶首をちょっと曲げる。「不思議そうに──」「**首をかしげ**て考え込む」

❷疑問に思う。不審に思う。「そう言い切ってよいのかと**首をかしげ**ざるを得ない」「その判決には**首をかしげ**た人が少なくない」「彼は時々**首をかしげ**たくなるようなことを言い出す」 ◆疑わしく思ったときなどの動作からいう。「小首をかしげる」とも。「小首」は、首に関するちょっとした動作をいうのに使う語。

類表現 「首をひねる」

首《くび》を切《き》る

使い方 ❶打ち首にする。斬罪に処する。「重罪人の──」「謀反人の**首を切っ**て獄門にかける」 ◆「切る」は「▼斬る」と書くことも多い。

❷免職する。解雇する。馘首《かくしゅ》する。「リストラの名目で社員の──」「会社は社歴の浅いほうから──そうだ」 ◆(1)有無をいわさずにという意味合いを含んで使う。(2)「首[馘《くび》]にする」とも。

補説 解雇される意は「首を切られる」「首になる」「首が飛ぶ」などという。「不況で首を切られる者が続出する」

首《くび》を縦《たて》に振《ふ》る

使い方 承知・承諾する。うんという。「賛成して──」「そんな提案をしても部長は──はずはない」「彼は断固として**首を縦に振ら**なかった」 ◆うなずくときの動作からいう。

誤用 「首を縦にする」は誤り。「×どう説得されても彼は首を縦にしない」

補説 承知しない意では「首を横に振る」という。

首《くび》を突《つ》っ込《こ》む

使い方 その事に興味をもって関わったり、深入りしたりする。「政治に──」「余計なことに──んじゃないよ」「それでも妹婿の方は御陰さまで、何だ蚊だって方々の会社へ**首を突っ込ん**でおりますから〈夏目漱石・彼岸過迄〉」 ◆この「首」は頸部《けいぶ》の意ではなく、その上の部分全体のこと。「頭を突っ込む」とも。

誤用 「顔を突っ込む」は誤り。「×何でも顔を突っ込みすぎだ」

首《くび》を長《なが》くする

使い方 今か今かと期待して待ちわびる。「**首を長くし**て友[朗報]を待つ」「自分は**首を長くし**てHさんの消息を待った〈夏目漱石・行人〉」 ◆待ちこがれて首を先へ先へと伸ばすような思いをいう。「首を伸ばす」「鶴首《かくしゅ》する」とも。

誤用 「ながくする」を「永くする」と書くのは誤り。

首《くび》を▼捻《ひね》る

使い方 ❶疑わしく思う。「予想外の調査結果に──」「何かおかしい、としきりに**首をひねっ**ている」「**首をひねり**たくなるような結果が出る」

❷理解できなくて考え込む。「数学の難問に──」

◆首を横に曲げる動作をいう。「小首をひねる」とも。「小首」は、首に関するちょっとした動作をいうのに使う語。

類表現 「首をかしげる」「首を曲げる」

首《くび》を横《よこ》に振《ふ》る

使い方 承知しない。賛成しない。「絶対に嫌だと――」「一緒に行かないかと誘ってみたが、彼は**首を横に振った**」◆不満や不賛成の意を表すときの動作からいう。

誤用 「首を横にする」は誤り。

補説 承知する意では「首を縦に振る」という。

◆「雲(くも・うん)」を使う成句

雲を霞《かすみ》と・雲を摑《つか》むよう・雲を衝《つ》く・行雲《こううん》流水・青雲の志・月に叢雲《むらくも》・花に風・風雲《ふううん》急を告げる

▼蜘▼蛛《くも》の子《こ》を散《ち》らす

使い方 大勢の者がちりぢりになって逃げることのたとえ。「叱られた子どもらは――ように逃げ去った」「急に強い雨が降り出して、パークの中の道路に溢れていた人出を、――ように、軒下や、芝居小屋の中に逃げ込ませた〈大佛次郎・帰郷〉」◆クモの子の入っている袋を破ると、中の子が四方八方に散ることからいう。

誤用 (1)逃げる場面以外で、入り乱れること、たくさん生じることなどの形容に使うのは誤り。「×その問題で学会は蜘蛛の子を散らすような騒ぎになっている」「×近年高層マンションが蜘蛛の子を散らすように乱立している」

(2)「雲を散らす」は誤り。

雲《くも》を▼霞《かすみ》と

使い方 一目散に逃げ出して姿をくらますさま。「賊は――逃げ去った」「バイクを飛ばして――逃げていく」◆とらえどころのない雲と霞が混じり合ったように跡が見えなくなる意からいう。

誤用 「雲と霞と」は誤り。

雲《くも》を▼摑《つか》むよう

使い方 ❶はっきりしなくて、とらえどころがないさま。「何とも――な話」「――なことを言い出す」「何だ下らない。それじゃまるで――な予言だ〈夏目漱石・明暗〉」「それは――な事件だった」◆微小な水滴や氷晶の集まりである雲は摑みようがないことからいう。

❷現実離れしているさま。不可能であるさま。「都心に家を買うなんて、今の私には――な夢の話です」◆②は本来の用法ではないが、使用が多くなってきている。

誤用 「雲を捕まえるよう」は誤り。

雲《くも》を▽衝《つ》く

使い方 雲までとどくかと思われるほど背の高いさま。「――高層ビル」「――ばかりの大男」◆「衝く」は、激しい勢いで当たる意(「怒髪天を衝く」)。一語で「雲衝く」とも。

誤用 「つく」を「着く」と書くのは誤り。

暗《くら》▼闇《やみ》から牛《うし》を引《ひ》き出《だ》す

使い方 物の識別ができないことのたとえ。また、動作がのろくて、はきはきしないことのたとえ。「――ようで、是非の区別もつかない」「――ように、仕事がのろい」◆暗い所に黒牛がいると姿形がはっきりしないことからいう。「暗闇から牛」「暗がりから牛を引き出す」「暗がりから牛」とも。

誤用 (1)実現が困難なことをいうのは誤り。「×彼があの大学に合格するのは暗闇から牛を引き出すようなものだ」

(2)「暗闇に牛を引き出す」は誤り。

◆「来《く》る」を使う成句

頭に来る・かちんと来る・鴨《かも》が葱《ねぎ》をしょって来る・借りて来た猫・来たか長さん待ってたほい・来た見た勝った・盆と正月が一緒に来たよう・矢でも鉄砲でも持って来い

苦《くる》しい時《とき》の神頼《かみだの》み

使い方 ふだんは不信心の者も、困窮したり災難に出合ったりすると、助けを求めて神仏に祈るということ。「受験シーズンともなると━━とばかり、親たちが神社に参る」

◆(1)切羽詰まるとひたすら神仏を拝むことで、多く、ふだんは神仏のことを頭にも浮かべないのに困ったときだけ頼りにする身勝手さをいう。

(2)ここぞというときに頼る意で神仏以外にも転用する。「━━で、先生にお出ましを願った」「━━ならぬ、苦しいときの佐藤さん[A社・芸能ネタ]頼みだ」

(3)「叶《かな》わぬ時の神叩《たた》き」とも。「神叩き」は、神に懇願する意。

誤用 困った時には神仏に祈れの意で、「苦しい時は神頼み」とするのは誤り。

補説 「溺《おぼ》れる者は藁《わら》をもつかむ」は、困ったりしたときは、どんなに頼りにならないものにでもすがろうとする意。「藁」は、頼りになりそうにないもののたとえなので注意が必要。「△溺れる者は藁をもつかむで、先生にお出ましを願った」

クレオパトラの鼻《はな》がもう少《すこ》し低《ひく》かったら世界《せかい》の歴史《れきし》は変《か》わっていただろう

使い方 もしクレオパトラが美貌《びぼう》と縁のない女性だったなら、世界史も今とは異なるものになっていたに違いない。「**若しクレオパトラの鼻が少し短かかったならば世界の表面に大変化を来したろう**と〈夏目漱石・吾輩は猫である〉」「**クレオパトラの鼻が曲がっていたとすれば、世界の歴史はその為に一変していたかも知れない**とは名高いパスカルの警句である〈芥川龍之介・侏儒の言葉〉」

◆(1)クレオパトラは唐の楊貴妃《ようきひ》と並んで絶世の二大美女とされるが、プルタルコスの「アントニウス伝」によれば、高いかぎ鼻の持ち主ではあったにしろ、伝えられるほどの美女ではなかったらしい。(2)用例のように、少し表現を変えて使うこともできる。また、もじって使うこともできる。「もし小野小町に三十二相(=女性の容貌についての一切の美相)がそなわっていなかったら…」

出典 十七世紀フランスの思想家・数学者・物理学者パスカルの「パンセ・一六二」にあることば。古代エジプトの女王クレオパトラがローマの独裁者カエサル(英語名、シーザー)を惑わし、その武将アントニウスを魅了したことによって全世界が変わってしまったように、壮大なローマも所詮《しょせん》は美女の鼻先で操られたとして、人間の営為のむなしさをいう。

◆「暮《く》れる」を使う成句

思案に暮れる・途方に暮れる・日暮れて道遠し

君子《くんし》危《あや》うきに近寄《ちかよ》らず

使い方 君子は身を慎み、危険な所には近寄ろうとしないものだ。「━━というから、軽々しくその問題に深入りしないほうがいい」「ここは慎重に行動しよう。君子(は)危うきに近寄らずだ」◆「君子」はすぐれた教養と高い徳を備えた人格者。本来は軽挙妄動は慎むべきことをいうが、今では良識のある人間なら危険なことをしたり危険な場所に近づいたりしない方がよいという意でも使う。「人の喧嘩に口を出すな。━━だ」「ニューヨークでもその一角は危険だ。━━だよ」

誤用 「君子危《あぶ》なきに近寄らず」は誤り。

補説 「君子は…」の形のことわざの多くは漢籍を出典とするが、これはそうではないらしい。「歌舞伎・黒手組曲輪達引《くろてぐみくるわのたてひき》」には「家捜しもしねえのに、打《ぶ》ちのめされてたまるものか。君子危うきに近寄らずだ」のせりふがある。

類表現 「命《めい》を知る者は巌牆《がんしょう》の下《もと》に立たず〈孟子〉」

君子《くんし》の交《まじ》わりは淡《あわ》くして水《みず》の▽如《ごと》し

使い方 君子の交際は水のように淡泊だが、その友情はいつまでも変わることなく続くということ。「━━というが、適当に距離を置いて接する友人ほど長続きするね」◆「君子の交わりは淡きこと水の如し」とも。「君子」はすぐれた教養と高い徳をそなえた人格者。

誤用 冷淡で、そっけない交際の意で使うのは誤り。「×あの二人は会っても挨拶《あいさつ》をしない。君子の交わりは淡くして水の如しだね」

出典 「荘子・山木」に「君子の交わりは淡くして水の若《ごと》く、小人《しょうじん》の交わりは甘くして醴《れい》の若し」とあるのに基づく。「醴《あまざけ》」のようにべたべたした付き合いは、互いに干渉し合うようになるから長続きしない。

君子《くんし》は器《き》ならず

使い方 君子の器量はきわめて広く、一つの技、一つの芸に偏ることがないということ。「━━という。専門分野にばかりこだわらないほうがいい」「物事はもっとグローバルな視点から見るべきだろう。━━だ」◆⑴すべての器物はある用途のために作られ、その用途のためにだけ使われるが、有徳の人はそうではないとしていう。⑵「器」を「うつわ」と読んで「君子は器《うつわ》ならず」とも。

誤用 「君子は器用ならず」は誤り。

出典 「論語・為政《いせい》」にあることば。

君子《くんし》は独《ひと》りを慎《つつし》む

使い方 君子は一人でいるときも行いを慎み、良心に恥じるようなことはしない。「━━とまでは言わないが、もう少し節度を守ったらどうだ」◆どんなときでも行いを慎むべきだという戒めに使う。

誤用 「独り」を一人きりでいる意に使うのは誤り。「×一人暮らしはよくないよ。君子は独りを慎むだ」

出典 「中庸《ちゅうよう》」に「隠れたるより見《あら》わるるは莫《な》く、微《かす》かなるより顕《あき》らかなるは莫《な》し。故に君子は其《そ》の独りを慎む(=隠れていることほど現れるものはなく、微細なことほどはっきりするものはないのだから、有徳の人は一人でいるときの行いを慎まなくてはならない)」とあるのに基づく。

類表現 「君子は屋漏《おくろう》に愧《は》じず」

君子《くんし》は▼豹変《ひょうへん》す

使い方 ❶君子は過ちと知ればすぐにそれを改め、きっぱりと正しい道に戻るものだ。「出過ぎたことをしたと思うなら即座に行いを慎むがいい。――だ」❷機を見て態度や考えを一変させる。「――というが、あの男の変わり身の早さには感心するよ」
◆①が本来の用法で、②は誤用が定着したもの。今では誤りとは言い切れないが、本来の意味からは遠い。
出典「易経・革」に「君子は豹変す、小人は面を革《あらた》む(＝君子が過ちを改めることは豹の模様のようにはっきりしているが、小人はただ外面だけを改めるに過ぎない)」とあるのに基づく。

君子《くんし》は交《まじ》わり絶《た》ゆとも悪声《あくせい》を▽出《いだ》さず

使い方 君子はたとえ交際が絶えたとしても、決して相手の悪口は言わない。「絶交したからといって、相手をそう悪しざまに言うものじゃない。――だ」
◆(1)「悪声」は、悪口のこと。小人は得てして、喧嘩《けんか》別れした相手には悪口雑言《あっこうぞうごん》を並べ立てたがる。
(2)「絶ゆ」は、「絶える」の文語形。「絶つ」に言い換えて「君子は交わりを絶つも悪声を出さず」とも。
出典「史記・楽毅《がっき》列伝」に、「古《いにしえ》の君子は交わり絶ゆも悪声を出さず。忠臣は国を去るも其《そ》の名を潔《いさぎよ》くせず」とあるのに基づく。

▼葷酒《くんしゅ》山門《さんもん》に入《い》るを許《ゆる》さず

使い方 葷酒は心を乱し、修行の妨げとなるので清浄な寺門の内に入れることは許さない。「――を守る寺」
◆(1)禅寺の山門の傍らに立てる戒壇石に刻まれる「不許葷酒入山門」を訓読みにしたことば。「葷」は、臭気の強い葱《ねぎ》・ニラ・ニンニクなどの類をいう。仏門では香りの強い野菜は不浄とされた。酒は、たとえ般若湯《はんにゃとう》と名を変えようと、言うまでもなく不飲酒戒《ふおんじゅかい》に反する。
(2)「葷酒山門に入るを許さず」を頑なに守る禅寺も少なくなった現代では、たとえとして使われることも多い。「――よろしく、論文を書き上げるまでは部屋に一滴の酒も置かないぞ」
誤用「入《い》る」を「はいる」と読むのは誤り。また、「居る」と書くのは誤り。

君父《くんぷ》の▼讐《あだ》は▼倶《とも》に天《てん》を▼戴《いただ》かず

使い方 君父のかたきとは同じ空の下に生きることはできないので、必ず討ち取るということ。「――と吉良邸に討ち入りした四十七士は、見事上野介の首級を挙げた」◆「君父」は、主君と父。「父の讐は倶に天を戴かず」とも。
補説 同じ天下に生かしてはおけないと思うほど恨みや憎しみが深いことを「不倶戴天《ふぐたいてん》」という(→「不倶戴天の敵」)。現在では、不倶戴天の敵をもつ者は多いが、君父の仇までを討とうとする者はいない。
出典「礼記《らいき》・曲礼上」に「父の讐《あだ》は、与共《とも》に天を戴かず」とあるのに基づく。

群《ぐん》を抜《ぬ》く

使い方 多くの中で、飛び抜けてすぐれている。抜群である。「チャンピオンの実力は**群を抜い**ている」「彼女は数学では**群を抜い**ていた」「**群を抜い**て営業成績のよい部門」「――成績で卒業する」
◆それを高く評価して使う。「群」は、群がっているものの意。
誤用「群れを抜く」は誤り。

け

◆「毛（け・もう）」を使う成句

命は鴻毛《こうもう》より軽《かろ》し・九牛《きゅうぎゅう》の一毛《いちもう》・毛が生えたような・毛を吹いて疵《きず》を求む・死は或いは泰山《たいざん》より重く或いは鴻毛《こうもう》より軽し・心臓に毛が生えている・泰山鴻毛《たいざんこうもう》・身の毛がよだつ

形影相《けいえいあい》弔《とむら》う

使い方 自分とその影が慰め合うだけで、誰一人訪れる人もない孤独をいう。「妻を亡くし、今は――の身」「定年後は故郷に帰り、――の身をかこっている」◆「形影」は、物の形とその影。ぴったりと寄り添って離れないさまにたとえる。「弔う」は同情する意。死者の霊を慰める意ではない。

誤用 夫婦が仲睦まじくいつも一緒にいるさまをいうのは「形影相伴う」。これと混同して、「形影相弔うオシドリ夫婦」とするのは誤り。

出典 三国時代、魏《ぎ》の曹植《そうしょく》の「躬《み》を責め詔に応ずるの詩を上《たてまつ》る表」にあることば。

▼謦《けい》▼咳《がい》に接《せっ》する

使い方 尊敬する人や身分の高い人の話を直接聞く。また、親しくお目にかかる。「老師の――」「宮中で陛下の――」◆「謦咳」は、咳払《せきばら》い。直接お会いしなくては、咳払いの声を聞くことはできない。

誤用 「けいがい」を「形骸」と書くのは誤り。

芸《げい》が細《こま》かい

使い方 細かなところまで配慮がされていて、巧みである。物事のやり方が綿密である。「舞台に本物の馬を登場させるとは――」「大会の運営に**芸の細かい**ところを見せる」「客の好みを調べてからメニューを作るなど、――ことに感心した」◆芸事の演技がすみずみまで行き届いている意からいう。

誤用 マイナスに評価して使うのは避けたい。「×あの役者は芸が細かいから大成しない」

芸《げい》が無《な》い

使い方 ❶遊芸のたしなみがない。技《わざ》がない。「これといって身につけた――」「あの男は食べるほかには何一つ――」❷ありきたりで面白みがない。工夫がない。「同じ話を繰り返すのでは――」「食べて飲むだけのパーティーでは――」「人の真似をするだけでは**芸が／のない**話だ」◆人に見せるべき芸がない意からいう。

鶏群《けいぐん》の一《いっ》▼鶴《かく》

使い方 凡人の中に一人だけすぐれた人物がまじっていることのたとえ。「彼女は並みいる歌手の中では――だった」「彼は門弟の中でも――といった存在だった」◆鶏なればこそ鶴の群れの中にあってもひときわ人目を引くのだろう。「鶏群の鶴《かく》」「鶏群の孤鶴《こかく》」「野鶴《やかく》の鶏群に在るが如し」「群鶏《ぐんけい》の一鶴」とも。

出典 「晋書・嵆紹《けいしょう》伝」に「稠人《ちゅうじん》の中に於《お》いて、始めて嵆紹を見る、昂昂《こうこう》然として野鶴の鶏群に在るが如し(＝多くの者がいる中で、初めて嵆紹〔字《あざな》は延祖〕を見た。ひときわ高く抜きん出て、まるで野生の鶴が鶏の群れの中にいるようだ)」とあるのに基づく。

類表現「掃《は》き溜《だ》めに鶴」「珠玉の瓦礫《がれき》に在《あ》るが如《ごと》し」

鶏口《けいこう》となるも牛後《ぎゅうご》となるなかれ

使い方 大きな団体や組織の中で使われるよりも、小さな団体の長となる方がよい。「━━をモットーに起業した」「━━の気持ちでトップを狙う」◆「鶏口」はニワトリの口、「牛後」は牛の尻の意。「鶏口牛後」とも。

誤用 (1)「鶏口」は、小さな団体の長のたとえ。大企業より中小企業で働く方がよいなどと、長でない場合に使うのは誤り。「×鶏口となるも牛後となるなかれというので、小さな会社に就職しました。とても働きやすいですよ」
(2)「鶏口」を「鶏頭」、「牛後」を「牛尾」とするのは誤り。

出典 戦国時代、六国(韓《かん》・魏《ぎ》・趙《ちょう》・燕《えん》・楚《そ》・斉《せい》)が合従《がっしょう》して大国秦《しん》に対抗すべきだと主張した蘇秦《そしん》は、このことわざを引用して、韓の宣王に「小国であっても一国の王としての権威を保つべきだ。秦に屈服してその家臣に成り下がってはならない」と説いたという(「史記・蘇秦列伝」)。

芸術《げいじゅつ》は長《なが》く人生《じんせい》は短《みじか》し

使い方 芸術家の命は短いが、すぐれた芸術作品は永遠にその生命を保ち続けるということ。また、芸術の完成には長い年月を必要とするが、そのための人生は余りにも短いということ。「作者は夭折《ようせつ》したが、この作品は永遠の傑作だ。━━だね」「芸術は長く人生は短いのだから、もっと芸道に精進しなくてはならない」◆「芸術」と訳されたラテン語のarsは、本来は「技術」の意。

出典 古代ギリシアの医師ヒポクラテスの警句、「医術を修めるには、人生は余りにも短い(Ars longa, vita brevis.)」に基づくことば。

英語 Art is long, life is short.

傾《けい》▽城傾国《せいけいこく》

使い方 男性が夢中になって町も国も危うくするほどの絶世の美女。「彼女は━━の美女といっても過言ではない美しさだ」◆(1)美女を形容していうことば。「傾国」「傾城」「一顧傾城」とも。(2)日本では、「傾城」は美女の意から転じて遊女の意でも使われた。「傾城に誠なし(＝金で買われた遊女には、もともと客に対する誠意などあるはずがない)」「傾城の千枚起請《せんまいぎしょう》(＝遊女は金になる客には何人でも真実を誓って起請文を渡すことから、当てにならないもののたとえ)」

出典「漢書・外戚・孝武李夫人伝」に「北方に佳人有り。世に絶えて独り立つ。一顧すれば人の城を傾け、再顧すれば人の国を傾く(＝北方に美人がいる。その美しさはこの世にたぐいなく、超然としている。彼女がひとたび顧みれば町中の男性がその美しさに夢中になるので町が滅びそうになるし、再び顧みれば国が滅びそうになるのだ)」とあるのに基づく。

蛍雪《けいせつ》

使い方 苦労して勉学に励むことのたとえ。「━━の功成る」「━━の功を積む」「━━の功が現れる」「━━の功成って本日卒業される諸君、…」◆(1)多く「蛍雪の功(＝苦労して学問を修めた成果)」

の形で使う。卒業式の祝辞の常套句でもある。(2)「蛍窓雪案《けいそうせつあん》」「車蛍孫雪《しゃけいそんせつ》」「蛍の光、窓の雪」とも。

出典 晋《しん》の車胤《しゃいん》は蛍《ほたる》を集めてその光で本を読み(「晋書・車胤」)、孫康《そんこう》は雪明かりで本を読んだ(「蒙求《もうぎゅう》・孫康映雪」)という故事に基づく。

兄《けい》たり難《がた》く弟《てい》たり難《がた》し

使い方 両者ともすぐれていて、その優劣を決めにくいということ。「いずれも優秀で、――という二人」「最終選考に残った二作品は――だ」 ◆「たり」は、格助詞「と」に「あり」の付いた「とあり」の転。一致している、資格がある意を表す。「兄でありがたく、弟でありがたい」ということ。

誤用 「たり」を「足り」に解して、「足り難く」「足り難し」とするのは誤り。

出典 「世説新語・徳行《とくこう》」に太丘(陳寔《ちんしょく》)のことばとして「元方《げんぽう》は兄為《た》り難く、季方《きほう》は弟為り難し」とあるのに基づく。両者の実力が伯仲しているので、元方を兄(優る)とすることも、季方を弟(劣る)とすることも難しい。太丘は元方と季方の父。後漢の霊帝に仕え、争訟を巧みに裁いたという。

類表現 「双璧《そうへき》」「伯仲の間《かん》(＝力量が接近していて、優劣がつけがたいこと)」

兄弟《けいてい》▼牆《かき》に▼鬩《せめ》げども外《そと》その▽務《あなど》りを▼禦《ふせ》ぐ

使い方 兄弟は家の中では喧嘩《けんか》をしても、外から侮《あなど》られるようなことがあれば力を合わせてそれを防ぐということ。「――、兄弟とは本当にいいものだね」

◆(1)「牆」は、垣根の意。「鬩げども」の「せめぐ」は、「せめぎ合う」の「せめぐ」で、互いに争う意。(2)「兄弟牆に鬩ぐ」の形で、兄弟または仲間どうしが内輪で喧嘩をする意に使うことも多いが、本来は兄弟が仲のよいことをいうことば。「鬩ぐ」と「鬩げども」では大きく意味が異なる。

誤用 「鬩げども」を「責めげども」と書くのは誤り。

出典 「詩経・小雅・常棣《じょうてい》」の、集まって宴を開いた兄弟が「心の結ばれた兄弟ほどよいものはない」と歌う詩の一節に基づく。

芸《げい》は身《み》を助《たす》く

使い方 一芸を身につけておくと、いざというときに役に立つ。「彼女、今では長唄を教えて生計を立てているそうだ。――だね」「――で、趣味の奇術が飯の種になった」

◆(1)もともとは道楽で習い覚えた芸が、落ちぶれたときには生計を立てるもとになるという意。昔は、さんざん幇間《ほうかん》(太鼓持ち)を侍らせて遊んだ挙げ句、身代を潰してしまい、結局は自分が幇間になったという例も少なくなかった(「太鼓持ちあげての末の太鼓持ち」)。それはあんまり褒められた境遇ではないとして、「芸が身を助けるほどの不仕合わせ」という。(2)生計にあまり関係なく、単に役立つの意味に応用して使うこともある。「取引先の担当者が大の演劇好きでね。こちらも学生時代に芝居をやっていたので、話が弾んで宴席も盛り上がったよ。――だな」(3)「芸は身を助ける」とも(「助《たす》く」は、「助ける」の文語形)。

誤用 「一芸が落ちぶれたときに役に立つ」という意味合いがあるので、本人を前にして使うのは避けたい。
出典 江戸版「いろはがるた」の一つ。
補説 反対の意味の表現に「芸は身の仇《あだ》(＝習い覚えた芸のために身を誤ることもある)」がある。

▽怪我《けが》の功名《こうみょう》

使い方 何気なくしたことや過失だと思われたことが、偶然よい結果をもたらすこと。「彼が成功したのは——だった」「彼女は——で新薬を開発することができた」◆(1)「怪我」は、ふとした過ちやその過ちから受ける損失の意(「投機で怪我をする」「株に手を出して怪我をした」)。「功名」は、手柄を立てて名をあげること。(2)「過ちの功名」とも。
誤用 「こうみょう」を「巧妙」「光明」「高名」と書くのは誤り。

毛《け》が生《は》えたような

使い方 それよりはほんの少しだけまさっていることのたとえ。「プロといっても素人《しろうと》に——芸」「別荘といっても山小屋に毛が/の生えたようなものだ」「軽列車と呼ばれるそれは、トロッコに——代物で、しかも線路はところどころ木製であった〈北杜夫・楡家の人々〉」◆大したことがないものを基準としていう。
誤用 それよりもさらにすぐれているの意で使うのは誤り。「× 桂林に毛が生えたようなすばらしい景観」

▽逆《げき》▼鱗《りん》に触《ふ》れる

使い方 天子の怒りに触れる。また、目上の人を激しく怒らせる。「いたずらをして師の——」「社長の逆鱗に触れて左遷させられた」◆「逆鱗」は竜の喉元《のどもと》に逆さに生えているうろこ。そこに人が触れれば竜は必ず怒り、人を殺すという。
誤用 (1)目下の人を怒らせた場合に使うのは誤り。「× 課長の横暴な言動が、部下の逆鱗に触れた」(2)自分の怒りについていうのは不適切。「× 彼の言動が私の逆鱗に触れた」
出典 君主にも逆鱗というべきものがあるので、遊説者が君主に意見を述べるときには、その逆鱗に触れないように注意することが大切であると説く「韓非子・説《ぜい》難《なん》」のことばに基づく。

▼檄《げき》を飛《と》ばす

使い方 ❶決起を促すために、自分の主張を広く人々に知らせる。「国民に檄を飛ばして反戦運動の輪を広げる」◆動詞「檄する」も同じ意(「広く天下に総決起を檄する」)。「檄」は、自分の主張などを強く訴え、多くの人々に賛同や決起を促す文章。古代中国では、役所が召集・説諭などを木札に記して発行した文書をいう。
❷指導者が選手・部下などの奮起を促すために、叱咤《しった》激励の声を発する。「選手に檄を飛ばして反撃に出る」「売り上げを倍増しようと、販売部員に——」
◆①が本来の用法で、②は俗用。
誤用 「げき」を「激」と書くのは誤り。

下《げ》▽種《す》の勘繰《かんぐ》り

使い方 心の卑しい者はひがみっぽく、とかく邪推するものだということ。また、そういう邪推。「業者との癒着を云々《うんぬん》するなどは——だ」「不倫の仲だなどという——はやめてくれ」「——かも知れないが、あの二人はどうも怪しい」◆「げす」は、品性の下劣な人。「下▽衆」「下▽司」とも書く。その人を貶《おとし》めていう語なので、不用意に使わないように注意したい。「勘繰り」は、気を回して悪い意味に推察すること。

◆「削《けず》る」を使う成句

命を削る・鎬《しのぎ》を削る・骨身を削る

▼桁《けた》が違《ちが》う

使い方 ❶数の位に違いがあるほど、格段の差がある。「彼と私では収入の━━」「新聞の発行部数は週刊誌のそれとは━━」◆特定のものを比較していう。❷あるものが他に比べて突出している。比べものにならないほど、程度や規模がはなはだしい。「このチームの強さは━━」「同じ富豪でも━━」「同じ広いといっても、この屋敷の広さは━━」「**けたが／の違う**（＝桁違いの）暑さ」◆名詞「桁違い」は、ふつう②の意で用いる。「うちとは桁違いのチーム」

誤用 「桁が異なる」は誤り。

類表現 ②「桁が外れる（＝標準をはるかに超えている）」「桁外れ」

下《げ》▽駄《た》を預《あず》ける

使い方 相手に物事の処置などを任せる。無条件で一任する。「この喧嘩《けんか》の後始末は君に━━よ」「この問題に関しては審議会に━━形になった」「示談交渉については代理人に**下駄を預け**てある」◆預けた下駄を返してもらうまでは勝手に動き回らない意からいう。

誤用 信用がなければ下駄も預けられないが、相手を信頼している意で使うのは誤り。「×私はいつも子どもに下駄を預けてあります」

補説 物事の処置などを引き受けるの意は、「下駄を預かる」という。「その件は私が下駄を預かろう」

下《げ》▽駄《た》を履《は》かせる

使い方 点数・数量などを水増しして、実際より多く見せる。「売上高に━━」「点数に**下駄を履かせ**て及第にする」「**下駄を履かせ**ても平均点には届かない」◆下駄を履けば背丈が高くなることからいう。

誤用 ハイヒールを履かせても「下駄を履かせる」と同じ意を表し得るが、「ハイヒールを履かせる」「靴を履かせる」などとは言わない。

けちを付《つ》ける

使い方 ❶縁起の悪いようなことを言ったりしたりする。「めでたい門出に━━ような不祥事が起こる」◆「けち」は、縁起でもないことの意。❷欠点を探し出して悪く言いたてる。難癖を付ける。「人の話に━━気か」「新人の作品にあれこれ━━」「申請書類に**けちを付け**て却下する」

誤用 「けち」を「吝嗇」と当てて書くのは誤り。

補説 縁起の悪いことが起こったり、よくないことが起こったために物事がうまくいかなくなったりすることは、「けちが付く」という。「この計画はスタートからけちが付いた」

月《げっ》下《か》氷《ひょう》人《じん》

使い方 男女の縁を取り持つ人。仲人《なこうど》。媒酌人《ばいしゃくにん》。「二人の━━を務める」「縁あって━━となる」「時雄は芳子の師として、この恋の証人として一面━━の役目を余儀なくさせられたのであった〈田山花袋・蒲団〉」◆「月下老人」の故事と「氷人」の故事から生まれたことば。

「月下老人」「氷人」いずれも縁結びにちなむことから「仲人」「媒酌人」の意に用いる。
誤用 「月光氷人」は誤り。
出典 「月下老人」は、唐の韋固《いこ》が宋城で不思議な老人に出会ったという故事に基づく（「続幽怪録」）。その老人は月光の下で婚姻に関する本を読み、携えた袋の中の赤い縄で夫婦となるべき男女の足を結ぶという縁結びの神であった。「氷人」は、晋《しん》の令狐策《れいこさく》が見た夢を、占いの名人索紞《さくたん》が判断したという故事に基づく（「晋書・索紞伝」）。索紞は、令狐策が氷の上に立って氷の下にいる人と話をしたという夢を、「氷上は陽、氷下は陰。陽が陰に語るのは、君がやがて誰かの媒酌をするということだ」と解いたという。

▽煙《けむ》に巻《ま》く

使い方 大げさなことやわけのわからないことをまくしたてて相手を戸惑わせる。「早口に言い立てて相手を――」「型破りの演出で観客を――」「客を**けむに巻い**てまがい物を売りつける」「**けむに巻か**れたようなラストシーン」「顔色を読み、官僚的な尊大さをおっかぶせるように笑い声を爆発さして、相手を――のが、この市会議員の、官吏を相手に今日の資産を造ったと云われる彼の得意とするやり口であった〈徳永直・太陽のない街〉」◆「けむ」は「けむり」の転。煙に包み込まれると視界がきかなくなることからいう。
誤用 (1)「けむを巻く」は誤り。
(2)成句としては、「けむ」を「けむり」とするのは避けたい。

外面《げめん》如《にょ》▼菩《ぼ》▼薩《さつ》内《ない》心《しん》如《にょ》夜《や》▼叉《しゃ》

使い方 容貌は菩薩のようにやさしいが心は夜叉のように邪悪で恐ろしい。「血も涙もない――の男」
◆(1)女人が仏道修行の妨げになることを戒めていったことば。仏教の五戒の一つは「邪淫戒《じゃいんかい》」だが、この語は決して女性の本質をついた警句ではない。「如」は、「～の如し」、～のようだの意。
(2)「外面似菩薩《じぼさつ》内心如夜叉」とも。
出典 「華厳経《けごんきょう》」に「外面菩薩に似、内心夜叉の如《ごと》し」とあるのに基づく。

けりが付《つ》く

使い方 物事の結末がつく。決着する。「仕事の――」「意見が食い違うばかりで、いつまでたっても論争の**けりが付か**ない」「その事件は慰謝料を払うことで**けりが付いた**」「大臣の失言問題は首相が更迭を表明することで**けりが付いた**」「作業の**けりが付い**たら一服しよう」
◆「けり」は、物事の終わり。和歌・俳句などは助動詞「けり」で終わるものが多いことからいう。
補説 (1)結末・決着を付けることは「けりを付ける」という。「論争にけりを付ける」「告訴しないで示談でけりを付ける」
(2)古くは「けり」に「鳧」の字を当てた。「鳧」は草原や河原にすむチドリ科の渡り鳥で、「けりが付く」とのかかわりはない。

毛《け》を吹《ふ》いて▼疵《きず》を求《もと》む

使い方 ❶ことさらに人の欠点をあばきたてる。「**毛を吹いて疵を求むる**ように人のあら探しをする」
❷人の欠点を追及してかえって自分の欠点をさらけ出す。「――で、告発した当人が告発されるはめになった」
◆「吹毛《すいもう》の求《きゅう》」「毛を吹いて過怠《かたい》の疵を求む」「毛を披《ひら》いて瑕《きず》を求む」「毛吹いて瑕を取る」とも。

誤用 綿密に調べる意で使うのは誤り。「×毛を吹いて疵を求むるような丁寧な調査」

出典「韓非子・大体」に「毛を吹いて小疵《しょうし》を求めず、垢《あか》を洗って知り難きを察せず（＝毛を息で吹いて小さな傷を探し出したり、垢を洗い落として分かりにくかったものを調べたりはしない）」とあるのに基づく。

◆「剣（けん・つるぎ）」を使う成句

口に蜜《みつ》あり腹に剣《けん》あり・舟に刻みて剣《けん》を求む・ペンは剣《けん》よりも強し・両刃《もろは》の剣《つるぎ》

犬猿《けんえん》の仲《なか》

使い方 きわめて仲の悪いことのたとえ。「あの二人は━━だ」「鴛鴦《おしどり》夫婦だったが、今では━━だ」

◆(1)「犬と猿」とも。桃太郎の家来だった犬・猿・雉《きじ》は力を合わせて鬼退治をしたはずだが、なぜか犬と猿は仲の悪いものの代表とされてきた。

(2) 犬と猿よりももっと仲の悪いことは「犬猿も啻《ただ》ならず」という。「甚兵衛と惣八郎とは、犬猿も啻ならぬ仲と云うのではなかった〈菊池寛・恩を返す話〉」

類表現「犬と猫」

◆「喧嘩《けんか》」を使う成句

金持ち喧嘩せず・喧嘩過ぎての棒千切り・喧嘩両成敗・子供の喧嘩に親が出る・夫婦喧嘩は犬も食わない

▼喧《けん》▼嘩《か》過《す》ぎての棒《ぼう》千《ち》切《ぎ》り

使い方 時期に遅れて役に立たないことのたとえ。「今ごろやって来ても━━だよ」「今さら対策を講じても━━だ」「━━などと言わず、防犯ベルをつけたほうがいい」

◆(1)「棒千切り」は両端を太く中央をやや細く削った棒で、物を担ったり、身を守ったりするために用いる。「棒乳切り」とも書く。本来は物を担うための棒だが、しばしば喧嘩の道具にも持ち出された。その棒も、喧嘩が治まれば振り回しようがない。

(2)「争い果てての千切り木」「喧嘩過ぎての向こう鉢巻き」とも。

類表現「六日の菖蒲《あやめ》十日の菊」「夏炉冬扇《かろとうせん》」

懸河《けんが》の弁《べん》

使い方 よどみなくしゃべること。「━━を振るう」「滔々《とうとう》と━━を振るい、万雷の拍手を浴びる」◆「懸河」は、急な傾斜面を滝のように速く流れる川。その流れのように弁舌を振るうことをいう。「懸河水を瀉《そそ》ぐ」とも。

誤用 強引な弁論の意で使うのは誤り。「×懸河の弁を弄《ろう》する」

出典「隋書・儒林伝」に「博士懸河の弁を罄《つ》くし、侍中重席の奥を竭《つ》くす」とあるのに基づく。また、「晋書・郭象伝《かくしょうでん》」に「象《しょう》の語を聴くに、懸河の水を瀉《そそ》ぐが如《ごと》く、注げども竭《つ》きず（＝郭象の議論を聞くと、急流が水を注ぐようで、いくら注いでも尽きることがない）」とある。

類表現「立て板に水」

▼喧《けん》▼嘩《か》両《りょう》成《せい》敗《ばい》

使い方 喧嘩をした両方をそれぞれ悪いとして処罰すること。「どっちが先に手を出したかは知らないが、この殴り合いは

―だろう」「―で古川も上田も、文書閲読禁止十日間、軽屏禁十日間の懲罰を受けることになった〈加賀乙彦・湿原〉」◈理非を問わないで双方を罰するのだから、とても公平な裁きとは言えないが、それが戦国時代以降の慣習法だったらしい。寛永一九(一六四二)年に刊行された如儡子《にょらいし》の随筆集「可笑記《かしょうき》」には、「織田信長公、羽柴秀吉公のときよりこのかた、いづれの御家にもけんか両せいばいと定めおかるる」とある。如儡子は機械的に双方を罰することを非としているが、些細な諍《いさか》いになら現在でも通用する法だろう。

[誤用] それぞれに処罰がなされる場合をいうので、両者が許される場合に使うのは誤り。「×けんか両成敗で、どちらも無罪放免になった」

▼牽《けん》強《きょう》付《ふ》会《かい》

[使い方] 自分の都合のよいように理屈をこじつけること。「―の言辞を弄《ろう》する」「その反論は―に過ぎなかった」「彼の説は―もはなはだしい」◈「牽強」も「付会」も、無理にこじつけること。「付会」は、「附会」とも書く。

[誤用] プラスに評価して使うのは誤り。「×牽強付会の演説に聴衆は拍手喝采《かっさい》した」

▼喧《けん》▼喧《けん》▼囂《ごう》▼囂《ごう》

[使い方] 多くの人が口やかましく騒ぎ立てるさま。「群集が―と騒ぐ」「―たる騒ぎが起こる」「増税策が国民から―の非難を浴びる」「不用意な発言が―たる論議を引き起こす」◈「喧喧」も「囂囂」もやかましいの意(「非難囂々」)。

[誤用] 「侃侃諤諤《かんかんがくがく》」との混交から「喧々諤々《けんけんがくがく》」とするのは誤り。また、意味を混同して、「喧々囂々」を大いに議論するさまにいうのは誤り。「×喧々囂々たる活発な議論」

[補説] 「ごうごう」に牛の鳴き声を続けた「喧喧囂囂牛もうもう」は、やかましく騒ぎ立てることを冷やかしていう語。

▼拳《けん》▼拳服《けんぷく》▼膺《よう》

[使い方] しっかりと心に銘じて守り行うこと。「―すべき名言」「―として師の教えを守る」「医者の指導に―として療養に努める」◈「拳拳」は大切に捧げ持つこと。「服膺」はよく覚えて忘れないこと。

[誤用] 「ふくよう」を「服用」と書くのは誤り。

[出典] 「中庸《ちゅうよう》」に「回《かい》の人と為《な》りや、中庸を択《えら》び、一善を得れば、則《すなわ》ち拳拳服膺して、之を失わず(=顔回《がんかい》の人柄は中庸の道を旨とし、一つの善を知れば、それをしっかりと心に銘じ、決して忘れることはなかった)」とあるのに基づく。顔回は孔子《こうし》の弟子で、孔門の中でも最もすぐれた人物であった。

言語《げんご》に絶《ぜっ》する

[使い方] 状況や程度がはなはだしくて、とてもことばでは言い表せない。「―惨状」「―苦労を重ねる」「火は防いだが、沮洳地《しょじょち》の車行の困難は言語に絶した〈中島敦・李陵〉」「配給日には定刻前から配給所の前に人の行列が出来ました。本当に―と云ったような、ひどい食糧不足ですからこの有様でした〈井伏鱒二・黒い雨〉」

◈(1)「言語を絶する」とも。「～に絶する」「～を絶する」は、～をはるかに超える意(「想像を絶する寒さ」)。「言語」は「ごんご」とも読む。

⑵ マイナスのことがらについて言うのが伝統的な用法だが、転用して、プラスのことがらにも使う。「言語に絶する美しさ」

誤用 言葉で表現する場面で使うのは誤り。「× 言語に絶する文句を言う」

▽乾《けん》▼坤《こん》一《いっ》▼擲《てき》

使い方 運命をかけて大勝負をすること。「━の大事業」「━、のるかそるかの勝負に出る」「━の意気で、大反撃を試みる」◆「乾坤」は天と地。「一擲」は、ひとたび投げる意。天地をかけて賽《さい》を振るということ。「一擲乾坤を賭《と》す」とも。

誤用 「乾坤」を「かんこん」と読むのは誤り。

類表現 「一か八《ばち》か」「のるかそるか」

健全《けんぜん》なる精神《せいしん》は健全《けんぜん》なる身体《しんたい》に宿《やど》る

使い方 身体が健康ならば、それに伴って精神も健全であるということ。「━をモットーとした、安全で健康的な学習環境を整えています」◆もともとは、バランスのとれた肉体と精神が望ましいとする意。不健全な身体には健全な精神は宿らないという意ではない。

出典 ローマの詩人ユウェナリス(Juvenalis)の「風刺詩集」に「健全な身体に健全な精神が宿るように祈らねばならない」とあるのに基づく。

英語 A sound mind in a sound body.

▼捲《けん》土《ど》重《ちょう》来《らい》

使い方 一度敗れたものが、再び勢いを盛り返すこと。「━を期《き》す」「━の大計をめぐらす」「━の野心も夢と消える」◆「捲土」は砂ぼこりを巻き上げる意。「巻土」とも書く。「重来」は「じゅうらい」とも読む。

誤用 軍勢などが砂ぼこりを上げて次々に襲来する意ではない。「× 捲土重来する敵の大軍を迎え撃つ」

出典 唐の詩人杜牧《とぼく》の「烏江亭《うこうてい》に題するの詩」に「羞《はじ》を包み恥を忍ぶは是《こ》れ男児、江東《こうとう》の子弟才俊多し、巻土重来未《いま》だ知る可《べ》からず(= 一旦は戦いに敗れても、恥を耐え忍ぶのが男児というもの。江東にはすぐれた若者が多いのだから、砂ぼこりを巻き上げるような勢いで再挙をはかることができたかも知れないではないか)」とあるのに基づく。

犬馬《けんば》の労《ろう》

使い方 主君や他人のために尽くす労苦をへりくだっていう語。「恩師のために━をとる」「社長のために━を尽くそうと思う」「国のために━をいとわずに尽くす」◆犬や馬ほどの働き、の意からいう。

誤用 自分のために尽力してくれた人についていうのは不適切。「× 先輩に犬馬の労をとってもらって、何とか就職することができた」

補説 「犬馬の年[齢《よわい》]」は、犬や馬のようにむだに年をとる意で、自分の年齢をへりくだっていう語。

こ

◆「子（こ・し）」を使う成句

赤子《あかご》の手を捩《ねじ》る・家貧しくして孝《こう》子《し》顕《あら》わる・一子相伝《いっしそうでん》・江戸っ子は宵越《よいご》しの金は持たない・老いては子に従え・負うた子に教えられて浅瀬を渡る・恐れ入谷《いりや》の鬼子母神《きしもじん》・親の心子知らず・親は無くとも子は育つ・蛙《かえる》の子は蛙・可愛《かわい》い子には旅をさせよ・蜘蛛《くも》の子を散らす・虎穴《こけつ》に入《い》らずんば虎子《こじ》を得ず・子供の喧嘩《けんか》に親が出る・この親にしてこの子あり・子は鎹《かすがい》・子は三界《さんがい》の首枷《くびかせ》・子を持って知る親の恩・獅子《しし》の子落とし・死んだ子の年を数える・泣く子と地頭には勝てぬ・泣く子は育つ・泣く子も黙る・憎まれっ子世にはばかる・盗人《ぬすびと》を捕らえてみれば我が子なり・寝た子を起こす・寝る子は育つ・三つ子の魂《たましい》百まで

◆「五《ご》」を使う成句

一寸《いっすん》の虫にも五分《ごぶ》の魂・五風十雨・五里霧中

▼鯉《こい》の滝登《たきのぼ》り

使い方 人が立身出世することのたとえ。「━に出世する」「優秀な人材だから、役所でも━だろう」◆「竜門の滝登り」とも。

誤用 (1)「鰻登《うなぎのぼ》り」との混同から、とどまることなく上がることをいうのは誤り。「×物価［気温・人気］が鯉の滝登りのように上がる」

(2)「破竹の勢い」などと混同して、勢いがあることにたとえていうのは誤り。「×野球部は鯉の滝登りで勝ち続けた」

出典 黄河上流の渓谷にある竜門の滝を登り切ることのできた鯉は、化して竜になるという伝説に基づく。立身出世の関門を「登竜門《とうりゅうもん》」と呼ぶのもその故事から。

恋《こい》は思案《しあん》の外《ほか》

使い方 恋は常識や理性では計り知れないものだということ。「あの堅物が妻子を捨てて駆け落ちするとは、まさに━だね」「━というが、彼女が思いを懸けている人は三十歳も年上だそうだ」「夜中にひとの家に忍びこむとは、無謀なことをするものだが、━ということだろう〈藤沢周平・用心棒日月抄〉」◆恋愛はなかなか筋書きどおりには運ばない。恋はしばしば思わぬところで生まれ、思いも寄らぬ展開を見せ、予想外の結末を迎える。「恋は心の外」とも。

誤用 恋愛は思い悩んでも仕方がないの意で使うのは誤り。「×恋は思案のほかだよ。ぐずぐずしないでアタックしたらどうだ」

◆「功《こう》」を使う成句

一将功成りて万骨《ばんこつ》枯る・九仞《きゅうじん》の功を一簣《いっき》に欠く・功成り名を遂げる・功を奏する・労多くして功少なし

紅一点《こういってん》

使い方 ❶多くの平凡なものの中に一つだけ異彩を放つものが存在すること。また、そのもの。「今度の絵画展の━は、オーロラを描いた百号の油絵だ」❷多くの男性の中に一人だけ女性がいること。また、その女性。「騎手の中の━が、優勝杯を手にした」「彼女は━として南極探検隊に参加した」◆多くの緑の葉の中にただ一つ赤い花があって目立つ意からいう。「万緑《ばんりょく》叢中《そうちゅう》紅一点」とも。
誤用 「赤《あか》一点」は誤り。
補説 多くの女性の中に一人だけ男性がいることをしばしば「黒《くろ・こく》一点」、また は「白一点」「緑一点」というが、これらは一般的ではない造語なので避けたい。
出典 「書言故事大全・花木類」は、宋の王安石《おうあんせき》の「石榴《せきりゅう》(＝ザクロ)の詩」に「万緑叢中紅一点、人を動かす春色多きを須《もち》いず(＝人の心を動かす春の景色は多くのものを必要としない。生い茂った緑の中にただ一つの赤い花があればいい)」とあることに基づくとするが、その詩の存在は確かでない。

光陰矢《こういんや》の▽如《ごと》し

使い方 月日がたつのが早いことのたとえ。「大学を卒業してからもう三十年か、━だね」「━というが、留学してからもう五年が過ぎてしまった」「松過ぎの又も**光陰矢の如く**〈高浜虚子〉」◆「光陰流水の如し」「光陰逝水《せいすい》の如し」とも。「光」は日、「陰」は月の意。「光陰」は、月日、年月、時間のことをいう。月日が過ぎるのは、飛ぶ矢のように速い。⇩一寸《いっすん》の光陰軽んずべからず
誤用 スピードが速い意で使うのは誤り。「✕時速三〇〇キロとは、光陰矢の如しだね」
類表現 「歳月人を待たず」

行雲流水《こううんりゅうすい》

使い方 とどまることなくさまざまに移り変わることのたとえ。また、物事に執着することなく成り行きに身をゆだねることのたとえ。「━の如《ごと》き生活を営む」「━の如く自然にふるまう」「苦沙弥君の文は━の如しとありましたよ〈夏目漱石・吾輩は猫である〉」「この先は━、風月を友にして諸国を歩くさ〈司馬遼太郎・国盗り物語〉」◆空を行く雲も地を流れる水も自然の動きにさからうことがない。
誤用 「勝手気まま」の意で使うのは誤り。「✕行雲流水の如くわがままにふるまう」
出典 「宋史・蘇軾《そしょく》伝」に「文をつくるは行雲流水の如し。初めより定質無し。但《ただ》常に当《まさ》に行くべき所に行き、止まらざる可《べ》からざる所に止まる(＝文章を作るときは行雲流水のようでなくてはならない。最初から決まった型があるのではなく、行くべき所に行き、止まるべき所で止まるのだ)」とあるのに基づく。

後悔先《こうかいさき》に立《た》たず

使い方 すでにしてしまったことは、あとになって悔やんでも取り返しがつかない。「今さら嘆いても━だ」「内容をよく読まないで契約したのが悪かった。━だよ」「━だが、あのときハンドルを握らなければよかった」◆「後《あと》の後悔先に立たず」「後悔と槍《やり》持ちは先に立たず」とも。
誤用 「たたず」を「建たず」と書くのは誤り。
補説 「後悔臍《ほぞ》を噛む」は、自分のへそ

を噛もうとしても届かないように、後で悔やんでも及ばない意。

剛《ごう》▼毅《き》木《ぼく》▼訥《とつ》仁《じん》に近《ちか》し

使い方 無欲で意志が強く、質朴で口数が少ないことは、道徳の理想である仁に近い。「—、ああいう男なら安心して付き合えるよ」◆「剛毅木訥」の人を称えていう。「剛毅」は、意志が強く、たやすく屈しないこと。「木訥」は、飾り気がなくて、口数が少ないこと。「朴▼訥」とも書く。

誤用 「ごうき」を「剛気」「豪気」と書くのは誤り。

出典 「論語・子路《しろ》」にあることば。

類表現 「巧言令色《こうげんれいしょく》鮮《すくな》し仁」と対句的に使われることも多い。

肯《こう》▼綮《けい》に▽中《あ》たる

使い方 意見・批判などが要点をついて的中する。「—名批評」「しかしする事はいつも**肯綮に中たっ**ていて、間然すべき(＝非難すべき)所が無い〈森鷗外・阿部一族〉」「それで只今校長及び教頭の御述べになった御説は、実に**肯綮に中たっ**た剴切《がいせつ》な(＝適切な)御考えで私は徹頭徹尾賛成致します〈夏目漱石・坊っちゃん〉」◆(1)「肯綮」は骨に付いている肉と筋が結合する所。そこに包丁を当てれば手際よく肉を切り離すことができることから転じて、物事の急所、要点の意となる。(2)「肯綮に当たる」とも書くが、原典の表記を尊重したい。

出典 「元史・王都中伝」などに見えることば。

巧言令色《こうげんれいしょく》▽鮮《すくな》し仁《じん》

使い方 ことばを巧みに飾り、顔つきを和らげて人にへつらうような人は仁の心が少ないものだ。「—。あの男はお世辞はうまいが、誠意がない」「ことば巧みに近づくやつには気をつけたほうがいい。—だよ」◆(1)「仁」は、他を思いやる心をもとにして自己を完成させる最高の徳。「令色」は、人に気に入られようとして、こびへつらう顔つき。(2)「鮮」は、ほとんどないの意。「少なし」とも書くが、原典に沿えば「鮮し」。

出典 「論語・学而《がくじ》」「論語・陽貨」にあることば。

類表現 「剛毅木訥《ごうきぼくとつ》仁に近し」と対句的に使われることも多い。

恒産《こうさん》無《な》き者《もの》は恒心《こうしん》無《な》し

使い方 一定の職業や財産がなければ、しっかりした道義心は育たない。物質面の安定がないと、精神面も安定しないということ。「—というが、こう失業率が高くなると世の中も乱れてくるだろう」「**恒産のないものに恒心のなか**ったのは二千年ばかり昔のことである。今日では恒産のあるものは寧ろ恒心のないものらしい〈芥川龍之介・侏儒の言葉〉」

誤用 「こうしん」を「孝心」と書くのは誤り。

出典 「孟子・梁恵王上」に「恒産無くして恒心有る者は、惟《ただ》士のみ能くするを為《な》す。民の若《ごと》きは則《すなわ》ち恒産無ければ、因りて恒心無し(＝一定の生業がなくても安定した道徳心をもつことができるのは、学問修養のできた士だけである。一般の人民は暮らしが安定しなければ、安定した道義心を保つことはできない)」とある。孟子はそこで、斉《せい》の宣王に対し、政治の根本は人民に職を与え、生活の安定をはかることだと説いている。「孟子・滕文公《とうぶんこう》上」には、「恒産有る者は恒心有り。恒産無き者は恒心無し」とある。

好事《こうじ》魔《ま》多《おお》し

【使い方】よいことには邪魔が入りやすいということ。「――だから、事業が順調なときほど経営を引き締めた方がいい」「――というから、成功したからといってあまり有頂天にならないほうがいい」「あの二人の恋愛は破綻したそうだ。――だね」◆「好事魔を生ず」とも。「魔」は、「邪魔」の「魔」。仏道修行を妨げるものから転じて、支障、妨げの意となる。

【誤用】(1)「好事」を好きなことの意に解して、好きなことをしていると邪魔が入りやすいの意で使うのは誤り。「×好事魔多しで、本を読んでいるといつも買い物を言いつけられる」 (2)「好事」を「好事家《こうずか》」に倣って「こうず」と読むのは誤り。

【類表現】「月に叢雲《むらくも》花に風」「花に嵐」

後《こう》▼塵《じん》を拝《はい》する

【使い方】地位や権勢のある人につき従う。すぐれた人に追従《ついじゅう》する。転じて、人に先んじられる。「師匠の――」「専務の後塵を拝して部長に昇進する」「昇格試験に落ちて同期生の――ことになる」「何としても彼の――ことだけはしたくない」「曾ては封侯をも得たその老将が今更若い李陵如きの――のが何としても不愉快だったのである〈中島敦・李陵〉」◆(1)「後塵」は、車馬などの通り過ぎたあとに立つ土ぼこり。(2)それを潔しとする場合にも、潔しとしない場合にも使う。

【誤用】「こうじん」を「黄塵」と書くのは誤り(「黄塵」は、空が黄色く見えるほどの激しい土ぼこりのこと)。

後《こう》生《せい》▼畏《おそ》るべし

【使い方】若者はさまざまな可能性を秘めているのだから畏敬すべきである。「今年の新人は優秀だ。――だよ」「今どきの若者はなどと侮《あなど》っていると、いつか取り残されてしまうよ。――だ」◆「後生」は後から生まれた者の意。「畏る」は「畏れる」の文語形で、おそれ敬う、おそれ多いと感じる意。「恐る」と書いても間違いとは言えないが、原典に沿って「畏る」と書くのが望ましい。

【誤用】(1)若者は恐ろしい、若者のすることとは思いやられる(案じられる)などの意で使うのは誤り。「×今どきの若者はすぐキレるから怖い。後生畏るべしだよ」「×後生畏るべしで、若い人は事実を知らないからこういう間違った解釈を平気でする」 (2)「こうせい」を「後世」と書くのは誤り。

【出典】「論語・子罕《しかん》」に「後生畏るべし。焉《いずく》んぞ来者《らいしゃ》の今に如《し》かざるを知らんや。四十五十にして聞こゆること無きは、斯《こ》れ亦《また》畏るるに足らざるのみ(=青年こそ畏敬すべきである。未来の人間が現在の人間には及ばないなどとどうして分かるだろうか。四十五十になっても何の名声ももたないような人間は何ら畏敬するにあたらないのだ)」とあるのに基づく。

▼浩《こう》然《ぜん》の気《き》

【使い方】こせこせしない、おおらかな気持ち。「旅に出て――を養う」「青瓢箪《あおびょうたん》のような顔をしている青年ばかり拵《こしら》えちゃ、学問が出来て思想が高尚になったって、何の役にも立たん、ちと若い者は――を養う位の元気がなくちゃいけませんなア〈田山花袋・田舎教師〉」◆「浩」は、水が広々として豊かなさま。

【誤用】意気が盛んなさまの意にとって、

「こうぜん」を「昂然」と書くのは誤り。

出典「孟子・公孫丑《こうそんちゅう》上」にあることばで、本来は、正道を行い、道義心を身につけることによって五体にみなぎる気力をいう。

巧遅《こうち》は拙速《せっそく》に▽如《し》かず

使い方 上手だが遅いよりも、下手でも速いほうがよい。「凝らなくてもいいから、期日までに仕上げてくれ。――だよ」「まだ粗っぽい販売計画だが、すぐ実行しよう。――だ」◆「巧遅」は、出来はすぐれているが仕上がりまでが遅いこと。

誤用 早いが出来の悪い仕事を正当化していうのは避けたい。「△巧遅は拙速に如かずといいますから、見映えなどどうでもいいでしょう」

出典 兵法家孫子《そんし》が「戦争はたとえ戦術がまずくてもすばやく行動し、早く終結させることが大切である」と説いたことばに基づく。「孫子・作戦」には「兵は拙速を聞くも未だ巧の久しきを睹《み》ざるなり」とあり、「文章軌範・有字集序」には、ずばり「巧遅は拙速に如かず」とある。

▼狡《こう》▼兎《と》死《し》して走《そう》▼狗《く》▼烹《に》らる

使い方 すばしこい兎が死ぬと不要になった猟犬が煮て食われるように、敵国が滅びれば、いかに戦功のあった家臣でもじゃまになって殺されるということ。利用価値のある間は使われるが、用なしとなればあっさり捨てられるというたとえ。「冷戦が終わると多くの諜報員が姿を消した。――だね」「不景気になると――のたとえの通り、多くの従業員が解雇された」◆「狡兎」は、すばしこいうさぎ。「走狗」は、足の速い猟犬。「狡兎尽きて良犬烹らる」とも。

出典「史記・淮陰侯《わいいんこう》列伝」に「狡兎死して良狗《りょうく》烹《に》られ、高鳥《こうちょう》尽きて良弓《りょうきゅう》蔵《おさ》めらる（＝…空高く飛ぶ鳥を射尽くしてしまうと、良い弓もしまい込まれてしまう）」とあり、「史記・越世家」に「蜚鳥《ひちょう》（＝飛ぶ鳥）尽きて良弓蔵められ、狡兎死して走狗烹らる」とあるのに基づく。⇩飛鳥尽きて良弓蔵《かく》る

功《こう》成《な》り名《な》を遂《と》げる

使い方 りっぱな仕事を成し遂げ、あわせて名声も手に入れる。「苦節十年ののち**功成り名(を)遂げる**」「**功成り名を遂げて**故郷に錦を飾る」「彼は**功成り名を遂げた**今でも努力を怠らない」「クラス会に招かれ、**功成り名を遂げた**かつての教え子たちに囲まれて楽しい一夜を過ごした」◆その成功を高く評価していう。「功」は、すぐれた仕事の意。「遂げる」は文語形で「遂ぐ」とも。

誤用「こう」を「効」と書くのは誤り。

出典「老子・九」に、「功成り名遂げて身退《しりぞ》くは、天の道なり（＝功名を得たのちは、その地位から退くのが天の道にかなうものである）」とあるのに基づく。

郷《ごう》に入《い》っては郷《ごう》に従《したが》え

使い方 人はその住む土地の風俗・習慣に従うべきである。「――で、冠婚葬祭の付き合いは大切にしたほうがいい」「――だから、あまり生活が派手にならないようにしている」◆どこに移り住もうと、その土地のしきたりに従うのが世渡りの知恵だとしていう。「郷に入っては郷に従う」「郷に入らば郷に従う」とも。

誤用「入って」を「はいって」「いって」と読むのは誤り。また、「いって」を「行って」と書くのは誤り。

英語 When in Rome, do as the Romans do.（ローマにありてはローマ人の

ごとくせよ)

▼弘法《こうぼう》にも筆《ふで》の誤《あやま》り

使い方 どんな名人・上手でも、時にはまさかの失敗をすることがあるということ。「──で、あの名優が舞台で立ち往生してしまった」「名人が二歩《にふ》を指して負けたそうだ。**弘法(に)も筆の誤りだね**」「──で、舞台で台詞《せりふ》を忘れることがないようにしてください」

◆(1) 弘法は、平安時代の僧、空海のこと。弘法大師のような書道の達人も、うっかり書き損じることがあるとしていう。(2) 達人のまさかの失敗を形容するほか、熟練した人の油断を戒めるのにも使う。

誤用 名人「弘法」を引き合いに出して凡人の失敗をなぐさめるのは適切だが、名人でない者を「弘法」にたとえてなぐさめるのは(お世辞として意図的に使う以外は)適切でない。「○弘法にも筆の誤りというのだから、我々の失敗など苦にすることはない」「×新人だからミスは仕方がない。弘法も筆の誤りだ」

類表現 「釈迦《しゃか》も経の読み違い」「猿も木から落ちる」「河童《かっぱ》の川流れ」「上手の手から水が漏れる」「天狗《てんぐ》の飛び損ない」「千慮の一失」

英語 Even Homer sometimes nods.(ホメロスでさえ時には居眠りをする)

▼弘法《こうぼう》筆《ふで》を選《えら》ばず

使い方 本当の名人上手は、どんな道具でも立派に使いこなすということ。「──で、あの彫刻刀一本でこれだけの作品を彫り上げるのだからすごい」「クラブに凝らなくたってよいスコアは出せるよ。**弘法(は)筆を選ばずだ**」

◆(1) 能書家の弘法大師は筆のよしあしを問題にしない意からいう。弘法大師は空海の諡号《しごう》。嵯峨《さが》天皇、橘逸勢《たちばなのはやなり》とともに平安初期の三筆の一人。(2) 「能書筆を選ばず」とも。「選ばず」は「▽択ばず」と書くこともある。

誤用 「弘法も筆を選ばず」は誤り。

紺屋《こうや》の明後日《あさって》

使い方 約束の期限が当てにならないこと。「あの人の言うことはいつも──だ」「いくら催促しても──で、一向に埒《らち》が明かない」「期日までには納めてくれ。──では困るよ」

◆(1) 「こうや」は「こんや」の転で、染め物屋のこと。もとは専ら藍《あい》で布を紺色に染める職人を指した。「紺屋」は客に聞かれればいつも「明後日には染め上がります」と請け負うが、その日になればまた「明後日には」と言い抜けたことからいう。藍染めは天候に左右されるから、なかなか約束通りには仕上がらない。その上、昔の紺屋は、鍛冶屋《かじや》もそうだが、需要の割りには数の少ない職種だったので、あえて客にへつらうこともなかったらしい。(2) 「明後日《あさって》紺屋に今度鍛冶」とも。「紺屋」は「こんや」と読んでもよい。

類表現 「医者の只今《ただいま》」

紺屋《こうや》の白《しろ》▼袴《ばかま》

使い方 人のことばかりに忙しく、自分のことをしている暇がないことのたとえ。「──で、料亭の賄い料理は質素なものだよ」「司書をしているが──で読書する時間がない」「インテリアデザイナーというが、オフィスはまるで物置だ。まさに──だね」

◆(1) 「こうや」は「こんや」の転で、染め物屋のこと。紺屋の仕事着は白無地のたっつけ袴《ばかま》。紺屋のくせに白袴をはいているのは、客の注文に追われるばかりで、自分の袴を染める間もないのだろうと揶揄《やゆ》していう。一説に、染色液を扱いながら自分の白袴にはしみ一つ付けないという職人の自負を表したことばともいう。
(2)「紺屋」は「こんや」、「白袴」は「しらばかま」とも読む。
類表現「髪結いの乱れ髪」「佐官の粗壁」「医者の不養生」「坊主の不信心」

功《こう》を奏《そう》する

使い方 目的どおりに物事を成し遂げて成果を得る。成功する。うまくいく。「奇襲作戦[粘り強い交渉]が━━」「説得が**功を奏して**人質が解放される」「レスキュー隊員の必死の活動も**功を奏さ**なかった」◆(1)功績を君主に奏上する意からいう。漢語で「奏功《そうこう》する」とも。(2)効き目が現れる、効果を現す意から、「こう」は「効」とも書く。
誤用「こう」を「巧」と書くのは誤り。

業《ごう》を煮《に》やす

使い方 物事が思うように運ばなくていらいらする。「煮え切らない態度に━━」「堂々めぐりの議論に**業を煮やして**席を立った」「連絡がないのに**業を煮やして**、こちらから出向いていった」
◆(1)「業《ごう》」は、理性ではどうすることもできない心の働き。その業が沸き立って、ひどくいらだつことをいう。「ごう」と読むのは呉音で、漢音では「ぎょう」と読む。「ぎょう」は生活のためにする仕事の意。
(2)多くは、自分に関すること以外の原因についていうが、自分が原因である場合について使うこともある。「自室のあまりの乱雑ぶりに、**業を煮やして**片付け始める」
(3)「業が煮える」もほぼ同じ意で使う。「業を煮やす」よりも意志的なニュアンスが弱い。「だまされたと思うと業が煮えて仕方がない」
誤用(1)「業を煮る」は誤り。
(2)「業」を「ぎょう」と読むのは誤り。

呉越同舟《ごえつどうしゅう》

使い方 敵対する者どうしが同じ場所に居合わせること。また、敵対する者どうしも共通の困難に遭遇すれば手を携えてそれに立ち向かうということ。「与野党━━のパーティー」「ライバルどうしが同じグラウンドで━━の練習に励む」「東西のタレントが━━で出演するバラエティー番組」「民族を越えた━━の共闘を繰り広げる」◆「同舟相救う」とも。ただし、現在は、敵対する者どうしが助け合う意で使うのはまれ。
誤用(1)単にいろいろな人が居合わせる意で使うのは誤り。「×呉越同舟で、この店にはさまざまな方が集まります」
(2)「呉越同船《どうせん》」は誤り。
出典 中国の春秋時代、宿敵どうしの呉と越の者がたまたま同じ舟に乗り合わせたが、暴風に襲われて舟が転覆しそうになると、互いが左右の手のように動いて助け合った(「其《そ》の舟を同じくして済《わた》りて風に遭うに当たれば、その相救うや左右の手の如し」)という故事に基づく(「孫子・九地」)。

声《こえ》の下《した》から

使い方 そのことばのすぐ後から。そのことばが終わるか終わらないうちに。「禁煙すると言った━━また吸い出す」「二度とうそはつかないと言う━━またうそをつく」「『あぶない。出ますよ』と云う━━、未練のない鉄車の音がごっとりごっとりと調子を取って動き出す〈夏目漱石・草枕〉」「『捨身惜花思』と云う一人の━、もう一人が『打不立有鳥』と答えました〈芥川龍之介・邪宗門〉」◆「下」は、何かをしたすぐそのあとの意。「口の下《した》から」とも。

誤用 「声のもとから」は誤り。

呉下《ごか》の▼阿《あ》▼蒙《もう》

使い方 昔のままで一向に進歩のない者をいう。「いつまでも━では困る」「彼はもう━ではない。立派な物理学者だ」◆「阿」は人を親しんで呼ぶときに添える語で、日本語の「さん」にあたる。

出典 三国時代、魯粛《ろしゅく》が久しぶりに会った呂蒙《りょもう》の背をたたき、「吾謂《おもえ》らく、大弟は但《ただ》武略有るのみと。今に至りては学識英博、復《ま》た呉下の阿蒙に非《あら》ず(=私はあなたがただ武略の人に過ぎないと思っていたが、今では学識も深く、もはや呉にいたころの蒙さんじゃありませんね)」と言ったという故事に基づく(「三国志・呉志・呂蒙伝注」)。

呉牛《ごぎゅう》月《つき》に▼喘《あえ》ぐ

使い方 極端に恐れること。また、取り越し苦労をすること。「強盗に押し入られて以来━で、ちょっとした物音にも飛び起きてしまう」「装備は万全なのだから、━ような心配はしなくてもよい」「蜀犬《しょっけん》日に吠《ほ》え、━と云うから、わしの様な田舎者は、〈都会である東京に出ると〉却って困るかも知れんてのう〈夏目漱石・草枕〉」

誤用 理屈は通っているが、「呉牛日に喘ぐ」は誤り。

出典 「呉牛」は、中国南方の呉(現在の江蘇《こうそ》省)に多く生息する水牛。呉牛はいつも酷暑に苦しんでいるので、月を見ても太陽かと思って喘ぎ出すということからいう(「世説新語・言語」)。

故郷《こきょう》へ▼錦《にしき》を飾《かざ》る

使い方 立身出世をして故郷に帰る。「功成り名を遂げて**故郷に錦を飾る**」「何とか金メダルを獲得して**故郷へ錦を飾りたい**」「全国制覇をして**故郷に錦を飾った**」「ノーベル賞を受賞して**故郷へ錦を飾った**」◆(1)「錦」は金糸銀糸で華やかな模様を織り出した高価な絹織物。「錦を飾る」は、功成り名を遂げた人が晴れがましい衣服をまとう意となる。(2)「錦を衣《き》て昼行く」「錦を衣《き》て郷《きょう》に還《かえ》る」「錦を着て故郷に帰る」とも。

誤用 故郷に帰らない場合に使うのは誤り。「×帰郷は果たせなかったが、多額の寄付をして故郷に錦を飾った」

補説 立身出世をしても生まれ故郷に帰る機会がないことは「錦を衣《き》て夜行く」という。

告《こく》▼朔《さく》の▼餼《き》羊《よう》

使い方 古来の行事や儀式は害のない限り残しておくべきだということ。また、実を失い形式ばかりが残っている虚礼のこと。「今では由来も分からない祭祀だが、━として残しておきたい」「そんな仏事は何の意味もない。いまや━だよ」◆「告朔」は毎年十二月、天子から受けた暦を諸侯が祖廟《そびょう》に納め、毎月朔日《ついたち》に一匹の羊を供えて廟に告げ、その月の暦を国内に発布したことをいう。その儀式のときに供えた生きた羊が「餼羊」。

補説 「告朔」(書くときは「視告朔」と書き、「視」は読まない)を「こうさく」と読めば、古代、毎月朔日、天皇が大極殿で官吏の出勤日を記した公文書を閲覧した儀式の意。

出典 春秋時代、すでに告朔の礼は行われず、生贄《いけにえ》の羊を供えるという形式だけが残っていた。孔子《こうし》の弟子の子貢《しこう》は虚礼を廃そうとしたが、孔子は「賜《し》や、爾《なんじ》は其《そ》の羊を愛《お》しむ（＝賜〔子貢の名〕よ、お前はその羊を惜しむが、私はその礼が廃れるのが惜しい）」と嘆いたという故事に基づく〈「論語・八佾」〉。

▼虎穴《こけつ》に入《い》らずんば▼虎子《こじ》を得《え》ず

使い方 危険を冒さなくては大きな利益や成果を手に入れることはできないことのたとえ。「失敗するかもしれないが、一か八かやってみよう。━だ」「**虎穴に入らずんば虎児を得ず**、身を捨ててこそ庄兵衛が切れるのです〈川口松太郎・新吾十番勝負〉」 ◆虎《とら》のすむ穴《あな》に入らなくては虎の子を捕らえることはできないことからいう。「こじ」は「▼虎児」とも書く。また、「こし」とも読む。

誤用 「虎口《ここう》」も非常に危険な所のたとえだが、「虎口を脱する」との混同から「虎口に入らずんば虎子を得ず」とするのは誤り。

出典 後漢の班超《はんちょう》が匈奴《きょうど》と戦って危地に陥ったとき、このことばを用いて部下に夜戦の決意を告げたという「後漢書・班超伝」の故事に基づく。

▼沽券《こけん》に▽関《かか》わる

使い方 体面や品位にさしつかえる。「ここで退散しては━」「あんなやつから金を借りるなんて━」「こんな問題が解けないようでは教師としての━」「そんなことをすると君の━よ」 ◆「沽」は売る意。「沽券」はもと、土地・家屋・山林などの売り渡し証文のこと。不動産の価値の意から転じて、今ではもっぱら人の価値・品位・体面の意に使う。

誤用 「こけん」を「古券」と書くのは誤り。

▼糊口《ここう》を▼凌《しの》ぐ

使い方 やっとのことで生活していく。「内職をして━」「失職後はパートタイマーをしながら**糊口をしのいでいる**」「ロクな檀家もない貧乏寺なので、家内が村の娘たちに裁縫を教えたり、私がときどき漁師の手伝いをしたりして、ようやく**糊口を凌いで**いるというわけだ〈石坂洋次郎・石中先生行状記〉」 ◆「糊口」は「口《くち》に糊《のり》す（＝粥《かゆ》をすする）」の意で、どうにか暮らしを立てていくことをいう。「▼餬口」とも書く。

誤用 飢えをしのぐ意で使うのは誤り。「×水を飲んで糊口をしのぐ」

◆「心（こころ・しん）」を使う成句

明日《あす》ありと思う心の徒桜《あだざくら》・安心立命・怒り心頭に発する・以心伝心・意馬心猿・鰯《いわし》の頭も信心から・魚心《うおごころ》あれば水心・男心と秋の空・親の心子知らず・女心と秋の空・寒心に堪えない・歓心を買う・疑心暗鬼を生ず・気は心・外面如菩薩《げめんにょぼさつ》内心如夜叉《ないしんにょやしゃ》・恒産無き者は恒心《こうしん》無し・心が動く・心が躍る・心が通う・心が弾む・心が晴れる・心が引かれる・心ここに在らず・心に懸かる・心に懸ける・心に適う・心の欲する所に従えども矩《のり》を踰《こ》えず・心を致す・心を痛める・心を動かす・心を打つ・心を奪われる・心を鬼にする・心を傾ける・心を砕く・心を配る・心を遣う・心を尽くす・心を一つにする・心を開《ひら》く・心を許す・心を寄せる・山中の賊を破るは易く心中の賊を

破るは難し・初心忘るべからず・心血を注ぐ・心頭を滅却すれば火もまた涼し・我が心は石にあらず転ずべからず

心《こころ》が動《うご》く

使い方 ❶気持ちが落ち着かない状態になる。動揺する。また、感動する。「〔突然、一言芳談抄の一文が心にしみてきて〕そんな経験は、はじめてなので、ひどく**心が動き**、坂本で蕎麦を喰っている間も、あやしい思いがしつづけた〈小林秀雄・無常という事〉」「美しい景色を目にしても、私の**心は動か**なかった」「その程度の演奏で彼の━━とは思わない」
❷ある物事に心が引かれ、その気になる。「花見に行こうと誘われて━━」「頻りに旅の**心が動い**て来た〈里見弴・多情仏心〉」「条件を聞いて、転職へ彼の**心が動い**た」「よほどの餌《えさ》を撒《ま》かないと、彼女の**心は動か**ないだろう」
◆(1)「心が動く」のほかに、その受身形「心が動かされる」、他動詞形「心を動かす」、その受身形「心を動かされる」がある。「名演奏に(私は/彼は)心が動いた/心が動かされた/心を動かした/心を動かされた」「海外旅行の誘いに(私は/彼は)心が動いた/心が動かされた/心を動かした/心を動かされた」
(2)「心が動く」と「心を動かす」との関係は、「腹が立つ」「腹を立てる」、「手が焼ける」「手を焼く」などの関係と同じ。
類表現「心が騒ぐ」「心が乱れる」「心に響く」「心が揺れる」「心が揺らぐ」

心《こころ》が躍《おど》る

使い方 喜びや期待で心がわくわくする。「優勝が確実となって**心が躍った**」「美しい着物の数々を目にして**心が躍った**」「おれもその船を見た時には、さすがに━━ような気がした〈芥川龍之介・俊寛〉」
◆「躍る」は、胸が高鳴る、どきどきするの意。現代の書き分けでは「躍る」と書き、「踊る(＝舞踊・ダンスをする)」とは書かない。
補説 期待や喜びなどで心をわくわくさせる意では、「心を躍らせる」という。「心を躍らせて表彰台にのぼる」
類表現「心が弾む」「胸が躍る」「胸が弾む」

心《こころ》が通《かよ》う

使い方 互いに心が通じ合う。「**心が**/**の通った**付き合いが続く」「一つ屋根の下で暮らすうちに二人の━━ようになった」
◆(1)「通う」は互いの心が相手に伝わる意。(2)「心を通わす」「心を通わせる」もほぼ同意。「学生時代からの心を通わす友人」
誤用 互いに通じ合うことがポイントなので、一方向から「心が通じる」意で使うのは誤り。「×いくら話しても彼には私の心が通わない」

心《こころ》が弾《はず》む

使い方 期待や喜びで心が浮き浮きする。「明日から夏休みだと思うと━━」「新居への引っ越しを前に**心が弾んだ**」「彼女との再会にも思ったほど**心が弾ま**なかった」◆「弾む」は、いきいきと活気づく意(「話が弾む」)。
類表現「心が躍る」「胸が弾む」「胸が躍る」

心《こころ》が晴《は》れる

使い方 心配事がなくなって明るい心になる。「疑念が消えて━━」「試験の結果が気になって**心が晴れ**ない」「旅にでも出たら——だろう」◆「晴れる」は心中にわだかまる不快な感情が消えてさっぱりする意（「気が晴れる」「心の憂さが晴れる」）。

補説 悲しみや心配事などで気持ちが沈んだ状態になることは「心が曇る」という。「危篤の知らせに心が曇る」

類表現「心が晴れ晴れする」

心《こころ》が引《ひ》かれる

使い方 それに引き寄せられるような魅力を感じる。「都会生活に——」「穏やかな人格に——」「同じ学部の上級生に——」◆「引かれる」は「引く」の受身形。「引く」は、注意や関心を向けさせる意（「気を引く」「人目を引く」）。「心を引かれる」とも。

誤用「～が心に引かれる」は避けたい。「×その美しさが心に引かれた」

心《こころ》ここに在《あ》らず

使い方 他に心を奪われて当面のことに関心が向かない。「——といった体でそわそわしている」「何か心配事があるのか、彼女の返事は——といった感じだった」「内藤は——といった様子で、迫力のないシャドー・ボクシングをだらだらと行っていた〈沢木耕太郎・一瞬の夏〉」

誤用 (1) 疲労などが原因でぼうっとしているさまにはいわない。「×二日酔いで今日は心ここにあらずという状態です」(2) 我を忘れる意で使うのは誤り。「×心ここにあらずとなって、競馬に夢中になる」

出典「大学」に「心焉《ここ》に在らざれば、視《み》れども見えず、聴けども聞こえず、食らえども其《そ》の味を知らず（＝精神が集中していなくては、目で物を見ても見分けることはできない、耳で聞いても聞き分けることができない、口で食べてもその味が分からない）」とあるのに基づく。上《うわ》の空でいては、視覚も聴覚も味覚も正常な働きを失ってしまう。

心《こころ》に懸《か》かる

使い方 心配になる。気になる。「故郷の老母のことが——」「全力を尽くしたので——ことは何もない」「いつも会社の業績が心にかかっている」◆ある事柄が心から離れないことをいう。「懸かる」は「掛かる」とも書く。

誤用 気に入る意で使うのは誤り。「×このネクタイは柄が心にかからない」

類表現「気にかかる」

心《こころ》に懸《か》ける

使い方 心配する。いつも念頭において忘れないようにする。「入院している父のことを——」「心にかけて大切に世話をする」「いつも心にかけていただき、ありがとうございます」◆ある事柄を心にとどめておくことをいう。「懸ける」は「掛ける」とも書く。

補説 しっかりと覚えておく意では、「心に留《と》める」という。「恩師のことばを心に留める」

類表現「気にかける」

心《こころ》に▽適《かな》う

使い方 気に入る。満足に思う。「——人を探す」「お——ように努力いたします」「ああ、私は仏のみ——、聖い恋をしたい〈倉田百三・出家とその弟子〉」「そうして心に適った詩の何行かでも出来れば、ほかに何も云うことはない〈島木健作・生活の探求〉」◆「適う」は、条件・基準などによく当てはまる意（「趣旨に適う」「お眼鏡に適う」）。まれに「叶う」とも書かれたが、現在は「適う」と書くのが一般的。

誤用「理りに適う」と混同して、理屈・道理に合う意で使うのは誤り。「× 彼の説明は心にかなっている」

心《こころ》の欲《ほっ》する所《ところ》に従《したが》えども▼矩《のり》を▼踰《こ》えず

使い方 自分の思うままに振る舞っても道徳の規範から外れることはない。「——という年になったが、そのような境地には至らない」◆人の七十歳ということについて形容することば。七十歳を「従心《じゅうしん》」というのは、この言に基づく。七十歳はまた、唐の杜甫《とほ》の「曲江詩」にある「人生七十古来稀《まれ》なり」から「古稀《こき》」ともいう。

出典「論語・為政《いせい》」の中で、その生涯を回顧した孔子《こうし》が「七十にして心の欲する所に従えども、矩を踰えず」と述懐したことば。

心《こころ》を致《いた》す

使い方 ある物事に気持ちを注ぎ入れる。傾注する。思いやる。「父母の恩に心をいたして、毎日を送る」「国家繁栄のために誠実の——」「事業の発展に——」「首相として——べきことは、平和の維持である」「**心をいたして**神仏に祈る」◆「いたす(致す)」は、「いたる(至る)」の他動詞形で、至らせるの意。心がそこまで届くようにするということ。

誤用「心を至らせる」は誤り。「× 被災地の復旧に心を至らせる」

類表現「意を致す」「心をやる」「心を傾ける」「心を寄せる」「心を注ぐ」「心を馳《は》せる」「心を尽くす」

心《こころ》を痛《いた》める

使い方 非常に心配する。心を悩ます。「病弱な妻に——」「彼は少年犯罪の増加に**心を痛めて**いる」「災害によってたくさんの犠牲者が出たことに**心を痛めた**」「その件では先生も**心を痛めて**いらっしゃいます」◆(1)「心が痛む」ともいう。これは「腹を立てる」「腹が立つ」と同じ対応関係。(2)「痛める」は、「傷める」とも書く。

類表現「胸を痛める」

心《こころ》を動《うご》かす

使い方 ❶気持ちを落ち着かない状態にさせる。動揺する。また、感動する。「混迷した状況も、——ことなく乗り切った」「昨晩の熱演には**心を動かした**」「厚い友情に彼は深く**心を動かした**」◆自ら動揺・感動する意のほかに、人を動揺・感動させる意でも使う。「友の熱意が彼の**心を動かした**」「中途半端な芸では人の**心を動かせ**ない」

❷他からの働きかけによって、その気になる。気持ちが変わる。「熱心な説得の甲斐あって、ついに彼は**心を動かした**」◆(1)自らの気持ちが変わる意のほかに、人の気持ちを変える意でも使う。「彼の真摯《しんし》な姿勢が彼女の**心を動かし**、企画が実現した」(2)①②とも、「心が動く」ともいう。

心《こころ》を打《う》つ

使い方 強く感動させる。「名演説が聴衆の——」「観客の——名演技」「献身的に看護する姿に**心を打たれた**」「直下にこのことばが電光のごとく彼の**心を打っ**たのである〈芥川龍之介・偸盗〉」◆「心を動かす」より感動の度合いが強い表現。

類表現「胸を打つ」

心《こころ》を奪《うば》われる

使い方 夢中になる。熱中する。「迫真の演技に——」「笛の音に**心を奪われて**うっとりと聞き入る」「彼の笑顔に一瞬で**心(を)奪われた**」「目先のことばかりに**心を奪われている**」◆⑴その面白さや素晴らしさに心がすっかり引きつけられることをいう。⑵「心が奪われる」ともいうが、「心を奪われる」のほうがより一般的な言い方。

補説 ⑴夢中にさせる意では「心を奪う」という。「感動的な物語が読者の心を奪う」⑵すばらしさに見とれることは「目を奪われる」という。「教会堂の見事なステンドグラスに目を奪われた」

心《こころ》を鬼《おに》にする

使い方 かわいそうだと思う気持ちを振り切り、厳しい態度であたる。「子どもの将来を思って——」「**心を鬼にして**生徒を叱りつける」「**心を鬼にして**訴えを退ける」◆「鬼」は、冷酷で無慈悲な感情のたとえ。

補説 「心に鬼を作る」は、恐ろしさのあまり無用な妄想を抱く意。「不安が心に鬼を作って幻覚におびえる」

心《こころ》を傾《かたむ》ける

使い方 心を集中させる。気持ちを傾注する。また、気をそそられる。「王朝文学の研究[野生動物の保護]に——」「行く行く馬籠の本陣を継ぐべき半蔵が寝食を忘れるばかりに平田派の学問に**心を傾けて**行くのを案じないではなかった〈島崎藤村・夜明け前〉」

◆⑴「傾ける」は、注意などをひたすらその方へ向ける意(「音楽に耳を傾ける」「わが子に愛情を傾ける」)。⑵気をそそられる意では「心が傾く」ともいう。「熱心に勧誘されて心が傾く」

類表現 「心を寄せる」「心を注ぐ」

心《こころ》を砕《くだ》く

使い方 いろいろと考え、苦労する。心配する。「育児[新製品の開発]に——」「善後策に日夜——」「先生は子供たちの行く末に**心を砕いて**おられます」◆自らの心をすり減らすほど案ずることをいう。

誤用 心を解きほぐす、心を開く、心を許す意で使うのは誤り。「×誰にも心を砕くことができないのでつらい」

補説 まれに、「AがBの心を砕く」の形で、AがBの心に衝撃を与える、こなごなにするの意でも使うが、やや修辞的で、一般的ではない。

類表現 「心を粉《こ》にする」「身を砕く」「骨を砕く」

心《こころ》を配《くば》る

使い方 相手を思いやって気を遣う。配慮する。「失礼がないように——」「客のもてなしに——」「健康を損なわないように——」「自分の子供だけに**心を配って**、ほかの子供はどうでもいいという母親さえも、いなくはない〈石川達三・人間の壁〉」◆「配る」は、注意などを行き渡らせる意(「周囲に目を配る」)。

補説 あれこれと気を遣うことは「心配り」という。「心配りが行き届く」

類表現 「気を配る」「心を遣う」「心配りをする」

心《こころ》を遣《つか》う

使い方 物事に配慮する。「三度の食事に——」「顧客への応対に——」「彼は生活の資に——必要がなかった〈伊藤整・氾濫〉」

◆「遣う」は、有効に働かせる意。「使う」とも書く。

補説 あれこれと気を配ることは「心遣い」という。「お心遣い、かたじけなく存じます」

類表現「心を配る」「気を配る」「心遣いをする」

心《こころ》を尽《つ》くす

使い方 真心をもってできる限りのことをする。尽力する。「老親の介護に——」「心を尽くして祈る」「心を尽くして客をもてなす」

補説 (1)真心を込めてすることは「心尽くし」という。「心尽くしの手料理」
(2)「力を尽くす」は、精一杯の努力をする意。「身を尽くす」は、自分のすべてをそのために捧げる意。「町の復興に力を尽くす」「祖国のために身を尽くす」

類表現「心をこめる」「心を傾ける」

心《こころ》を一《ひと》つにする

使い方 全員が心を合わせる。一致団結する。一丸となる。「事故防止のためにみんなが——」「社員が心を一つにして市場の開拓に努める」◆複数の心が一つにまとまることをいう。「心を一《いっ》にする」とも。

補説 全員が同じ心でまとまることは「心が一つになる」という。「文化祭を成功させようと、生徒の心が一つになった」

心《こころ》を開《ひら》く

使い方 隠しごとやわだかまりをなくす。心をオープンにする。また、打ち解けた気持ちになる。「心を開いて歓談する」「やさしいことばに——」「自分の殻に閉じこもって心を開こうとしない」◆閉じていた心を開放した状態にする意。

誤用「心を開ける」は誤り。

補説 心の中を隠すことなく打ち明けることは、「胸襟《きょうきん》を開く」という。「胸襟を開いて語り合う」

心《こころ》を許《ゆる》す

使い方 信頼して警戒しない。また、うちとける。「心を許した友」「心を許した深い付き合い」「あんな男にうっかり心を許したのが間違いだった」「彼はなかなか人に心を許さない」◆「許す」は警戒や緊張状態をゆるめる意。

類表現「気を許す」「気を緩める」

心《こころ》を寄《よ》せる

使い方 ❶好意を抱く。「級友の一人に——」「特別に女があなたに——というには、何かあなたに惹きつけるところがなくてはならぬ筈です〈倉田百三・出家とその弟子〉」
❷関心をもつ。傾倒する。「バロック音楽[風流の道]に——」
◆(1)「寄せる」は、あるものに気持ちを傾ける意(「彼女に好意を寄せる」)。
(2)「心を寄す」とも。「寄す」は「寄せる」の文語形。

補説 ある異性を恋い慕うことは「思いを寄せる」「思いを懸ける」という。

ここを先途《せんど》と

使い方 ここが大事なところだと必死になる。「——奮いたつ」「——攻めたてる」「さっと長大な相手の腰にしがみつき、両回しをしっかりと取り、——ぐいぐいと寄った〈北杜夫・楡家の人々〉」◆「先途」は行き着く先の意から転じて、勝敗・運命などが決まるせとぎわをいう。

誤用「せんど」を「先度」と書くのは誤り。

◆「腰《こし》」を使う成句

腰が重い・腰が軽い・腰が低い・腰を上げる・腰を折る・腰を据える・腰を抜かす・話の腰を折る

腰《こし》が重《おも》い

使い方 気軽に行動を起こさないさま。「**腰が**／**の重い**人たちだから、うまくたきつけないと事が進まないよ」「わざわざ出かけるとなると、どうも**腰が重く**てねえ」◆動作が鈍くて、また、めんどうがって、一向に腰を上げようとしないことをいう。

補説 気軽に動くさまは「腰が軽い」という。

類表現「尻が重い」

腰《こし》が軽《かる》い

使い方 ❶身軽に体を動かすさま。気軽に立ち働くさま。「彼は——から、よく幹事を頼まれる」「**腰が**／**の軽い**人だから、すぐに仕事に取りかかる」「この部門の担当者は**腰が軽く**なくては困る」❷軽率に行動するさま。「彼女は——から、大切な仕事は頼めない」「とかく——(=浮気である)といううわさのある女性」◆①はプラスに、②はマイナスに評価して使う。

補説 気軽に動かないことは「腰が重い」という。

類表現「尻が軽い」もほぼ同意。ただし、「尻が軽い」には、軽率だとして非難・軽蔑する意味合いが強い。

腰《こし》が低《ひく》い

使い方 他人に対する態度が謙虚で、高ぶらないさま。「あの販売員は——」「あの人は誰に対しても——」「**腰が**／**の低い**ところは父親似だ」◆腰を下げて構えることから。

補説 他人に対しておごり高ぶるさまは「腰が高い」という。「彼は腰が高いから客商売には向かない」

五十歩《ごじっぽ》百歩《ひゃっぽ》

使い方 わずかな違いはあっても、本質的には同じであること。「どの意見をとっても——だ」「千円の損も二千円の損も——だ」「どのデジカメも機能的には——だよ」◆⑴「五十歩を以《も》って百歩を笑う」とも。もともとは「目糞《めくそ》が鼻糞を笑う」ように、自分も同様の立場にありながら他を批判し嘲笑《ちょうしょう》する愚かさをいう。⑵「五十歩」は今は「ごじゅっぽ」と読まれることが多いが、本来の読み方は「ごじっぽ」。

誤用 倍の差がある意で使ったり、すぐれたものを比較するつもりで使ったりするのは誤り。「×二人の実力には五十歩百歩という差がある」「×夏目漱石も森鷗外も五十歩百歩の大作家である」

出典 退散したことには違いがないのに、戦場で五十歩逃げた者が百歩逃げた者を臆病《おくびょう》だと言って笑ったという寓話《ぐうわ》に基づく(「孟子・梁恵王上」)。

類表現「大同小異」「似たり寄ったり」

五十《ごじゅう》にして天命《てんめい》を知《し》る

使い方 五十歳になるとようやく天から与えられた自分の使命を悟るようになる。「——というが、私の場合は迷いが深くなるばかりだ」◆人の五十歳ということについて形容することば。五十歳を「知命《ちめい》」というのは、この言に基づく。

出典「論語・為政《いせい》」の中で、孔子《こうし》がその生涯を回顧して述懐したことば。「天命」を運命と解する説もある。

腰《こし》を上《あ》げる

使い方 新たな行動を起こそうとする。「政府が行政改革に重い――」「たび重なる要請を受けて、警察はやっと重い**腰を上げた**」「首相がやっと**腰を上げて**、党首会談が実現した」◆座っていた人が立ち上がる意からいう。ようやくという意を込めて、「重い腰を上げる」の形で使うことが多い。

補説「腰を浮かす」は、立ち上がろうとして中腰になる意。行動に移る意には使わない。「○座席から腰を浮かした」「×厚生労働省が実態調査に腰を浮かした」

腰《こし》を折《お》る

使い方 ❶途中で邪魔をして、続ける気をなくさせる。「茶々を入れて話の――」「急激な円高が景気の――」「あなた位冷酷な人はありはしないと非常な権幕なんで、僕も切角の計画の**腰を折られ**てしまった〈夏目漱石・吾輩は猫である〉」◆腰を突いて勢いをそぐことからいう。

❷腰を折り曲げる。「**腰を折**って挨拶《あいさつ》をする」「深々と**腰を折**って礼をする」

腰《こし》を据《す》える

使い方 落ち着いて物事に取り組む。また、ある場所に長く住み続ける。「**腰を据え**て研究に励む」「**腰を据え**て説得にかかる」「赴任先に――」「過疎地に**腰を据え**て農業を始める」◆腰を下ろして、長くその場所にいるつもりになることからいう。

補説「腰が据わる」は、落ち着いて物事をする意。「仕事を転々として腰が据わらない」

類表現「腰を落ち着ける」「尻《しり》を据える」

腰《こし》を抜《ぬ》かす

使い方 驚きや恐怖のために立ち上がれなくなる。「仰天して――」「**腰を抜かさ**んばかりに驚く」「**腰を抜かし**て座り込んでしまう」「おのれは、一つ目小僧に逢うて、**腰を抜かし**、手に草鞋をはいて歩くがええわい〈織田作之助・猿飛佐助〉」◆(1)腰の関節が外れたり、腰の力がなくなったりして立てなくなることからいう。(2)「腰が抜ける」の形でも使う。「びっくりして腰が抜ける」

古人《こじん》の▼糟《そう》▼魄《はく》

使い方 伝え残された聖人のことばや著書のこと。「――をなめて、何の益するところがあろうか」「前に本居宣長がなかったら、平田篤胤でも**古人の糟粕**をなめて終ったかも知れない〈島崎藤村・夜明け前〉」◆「古人」は昔のすぐれた人の意。「糟魄」は、酒の搾《しぼ》りかすのこと。「▼糟▼粕」とも書く。

誤用「こじん」を「故人」と書くのは誤り。

出典「荘子・天道」にあることば。荘子は聖人の本当の精神は言語では伝えられないのだから、残されたことばや書物はただの搾りかすに過ぎないとして軽蔑した。この成句から、形式的な学問を否定する老荘思想の一端をうかがうことができる。

御《ご》多《た》分《ぶん》に漏《も》れず

使い方 世間一般の例と同じように。例外ではなく。「――うちの会社も不況で苦しい」「ギャンブラーの――、彼も全財産をなくしてしまった」「私にしても日本の学者が貧乏なことはよく承知しているが、この二人も――貧乏なのであった〈北杜夫・太平洋ひるね旅〉」

◆⑴「多分」は多数・大部分の意。「御多分」は、多くの人の意見や行動。「漏れず」は、漏れない意。「▼洩れず」と書くことも多い。

⑵言い切る場合や体言を修飾する場合には、「御多分に漏れない」「御多分に漏れぬ」の形でも使う。「それはやはりあなたも素人観《しろうとかん》の御多分に漏れません〈中里介山・大菩薩峠〉」「御多分に漏れぬ頑固者」

誤用 ⑴「ごたぶん」を「御他聞」「御多聞」と書くのは誤り。

⑵「御多分」を「おたぶん」と読むのは誤り。「×お多分に漏れず、私にも経験があります」

類表現「例に漏れず[漏れない]」もほぼ同意。「例に漏れず」のつもりで「例外に漏れず」とするのは誤り(「例外に漏れない」とは、すなわち、例外の意)。「我が社も〇例に漏れず/×例外に漏れず全館禁煙となった」

▼胡《こ》▼蝶《ちょう》の夢《ゆめ》

使い方 自分と事物との別を忘れる物我一体の境地のたとえ。また、現実の世界と夢の世界の区別がつかないことのたとえ。「――の如《ごと》くはかない人生」「――の百年目(=振り返って、人生は夢のようであったと思うこと)」◆多く人の世のはかないことのたとえに使う。

出典 蝶になった夢を見た荘周《そうしゅう》(荘子)が目覚めたとき、自分が夢の中で蝶になったのか、それとも今、蝶が夢の中で自分になっているのか分からなくなってしまったという寓話《ぐうわ》に基づく(「荘子・斉物論」)。

凝《こ》っては思案《しあん》に▽能《あた》わず

使い方 物事にあまり熱中すると、かえって冷静な判断がつかなくなるということ。「競馬に現《うつつ》を抜かすようでは困る。――だよ」◆物事に熱中して他を顧みないことを戒めていう。「凝る」は、物事に興味を持って夢中になる意。「凝っては思案に余る」とも。

誤用「こだわっては思案に能わず」は誤り。

骨肉《こつにく》相《あい》▽食《は》む

使い方 肉親どうしが争う。「相続問題がこじれて、兄弟が――ことになった」「遺産をめぐって――の争いを続ける」

◆⑴「骨肉」は、骨と肉のように離れられないものの意で、親子・兄弟など、直接に血のつながりのある者をいう(「骨肉の情」「骨肉の争い」)。「はむ」は、害する、損なうの意。肉親も利害が衝突すると、ときには他人どうし以上の憎悪をむき出しにする。⑵「骨肉相争う」とも。

誤用 血族以外の争いに使うのは誤り。「×両軍は骨肉相食む戦闘を続けた」

◆「事(こと・じ)」を使う成句

棺《かん》を蓋《おお》いて事定まる・事ここに至る・事《こと》志と違う・事と次第に依《よ》る・事とする・事ともせず・事なきを得る・事に触れて・事に依《よ》る・事に依《よ》ると・事も無げ・事を構える・事を好む・事を分ける・する事なす事・精神一到何事か成らざらん・急《せ》いては事を仕損じる・大事《だいじ》の前の小事《しょうじ》

事《こと》ここに至《いた》る

使い方 どうにも打開しようのない状態に至る。「事ここに至っては手の施しようがない」「事ここに至ってはあきらめざるを得ない」「事ここに至って、ようやく決心がついたらしい」◆最終的に万事休すの事態に到達することをいう。「至る」は「▽到る」とも書く。「事ここに及ぶ」とも。

誤用 望ましい状況に至る意に使うのは誤り。「×事ここに至って実験は見事に成功した」「×ようやく事ここに至ってほっとした」

事《こと》志《こころざし》と▽違《たが》う

使い方 現実の結果が意図したものと食い違う。「事、志と違い、派閥の壁は厚かった」「事、志と違いて弁護士にはなれなかった」「事、志と違って、事業はことごとく失敗した」◆物事が自分の考えどおりにならないことをいう。「たがう」は、「ちがう」に同じ。「事、志と違《ちが》う」ともいう。

誤用 予想外に物事がうまく運ぶ意で使うのは誤り。「×事、志と違って、売り上げは倍増した」

事《こと》と次第《しだい》に▽依《よ》る

使い方 物事の結果や人の対応が事柄や成り行きに左右される。「許可するかどうかは——」「事と次第によっては今夜は徹夜だ」「事と次第によっては由々しき事態になるだろう」

◆(1)「次第」は、成り行きの意(「事の次第を述べる」)。「よる(依る)」は、それが基準・理由・根拠となる意。

(2)即答を避ける場合の答えとしてもしばしば使われる。「『この企画に賛成するかい?』『——な』」

誤用 「よる」を「寄る」と書くのは誤り。

事《こと》とする

使い方 専らそのことに打ち込む。「農業を——」「詩作を事として晩年を送る」「今や人心は殆ど向うところを知らない、諸藩の内部は分裂と党争とを事としている〈島崎藤村・夜明け前〉」◆漢文訓読に由来する語法。「事」は、専念すべき事柄の意。

誤用 「事にする」は誤り(「ことにする」は、別にするという意の「異《こと》にする」)。

類表現 「専らにする」

事《こと》ともせず

使い方 問題にもしないで。何とも思わないで。「暴風を——出かける」「警告を——登頂を決行する」◆「事」は、問題にすべき事態の意。

誤用 「事にもせず」は誤り。

類表現 「物ともせず」

事《こと》なきを得《え》る

使い方 大事にならないで済む。危ういところを無事に助かる。「とっさに身をかわして事なきを得た」「小火《ぼや》のうちに消し止めて事なきを得た」「すぐに病院へ運んだので事なきを得た」◆「事」は、重大な事態の意。

誤用 「事なしを得る」は誤り。

事《こと》に触《ふ》れて

使い方 何かに関連して。何かあるごとに。「——当時のことを思い出す」「——その一件を持ち出す」「——は詠んだ歌」

◆(1)「事」は抽象的な事柄をさす。「触れる」は、ある物事や機会に出あう意(「折に触れて忠告する」)。

(2)「事に触れ」の形で、他の句と対にした表現でも使う。「そうして事に触れ、物に触れては、味な話を持ち出して〈中里介山・大菩薩峠〉」「事に触れ時に従いて、故郷程懐しきものはありません〈木下尚江・火の柱〉」「〔神の現前等の意識については〕事に触れ境に接して、予がこれまで屢々《しばしば》躬《みずか》ら経たる所なりしが〈綱島梁川・予が見神の実験〉」「実家の父――小泉忠寛の名は、時につけ事に触れ、お種の胸に浮かんだ〈島崎藤村・家〉」

類表現「何かにつけて」

事《こと》に▽依《よ》る

使い方 事にかかわる。事情次第である。「正直なのも――」「人を信じるのも――よ」「賢者も**事によって**は愚者に劣ることがある」◆「よる（依る）」は、それが基準・理由・根拠となる意。「▽由る」「因る」とも書く。

誤用「よる」を「寄る」と書くのは誤り。

事《こと》に▽依《よ》ると

使い方 もしかすると。ひょっとして。「――今夜は雪になるよ」「――彼女は来ないかも知れない」「――日を間違えたのかもしれない」◆⑴「よる（依る）」は、それが基準・理由・根拠となる意。「▽由る」「因る」とも書く。⑵「事によったら」「事によれば」とも。

言葉《ことば》が過《す》ぎる

使い方 言い過ぎて失礼にあたる。「そこまで言えば――」「少し――んじゃないか」「申し訳ありません。**ことばが過ぎ**ました」◆⑴「過ぎる」は、普通の程度を超える意（「いたずらが過ぎる」「冗談が過ぎる」）。⑵目上の人に進言する場合などは、「お言葉が過ぎる」とも。「少しおことばが過ぎるのではないでしょうか」

誤用 長くしゃべり過ぎる意で使うのは誤り。「×ことばが過ぎて持ち時間をオーバーした」

言葉《ことば》に甘《あま》える

使い方 相手の親切な申し出に従う。「泊まっていけというお**ことばに甘え**ます」「お**ことばに甘え**てご馳走《ちそう》になります」「お**ことばに甘え**てそうさせていただきます」◆多く「お言葉に甘える」の形で使う。「甘える」は、すっかり寄りかかる意（「御厚意に甘える」）。

補説「『初心者』という言葉に甘えるんじゃない」など、文字通り、ある言葉によりかかる意でも使うが、これは成句ではない。

言葉《ことば》に余《あま》る

使い方 とても言葉では言い尽くせない。「感謝の気持ちは――ものがある」「彼女の親切は――ほどだ」「――ほど壮大な風景」◆「～に余る」は、基準とする程度を超える意（「身に余る光栄」「目に余る振る舞い」「思案に余る難問」）。

誤用「言葉が余る」は誤り。「×ことばが余るほどの美しさ」

言葉《ことば》は国《くに》の手形《てがた》

使い方 どこへ行っても、お国訛《なま》りでその人の故郷が分かるということ。「――というが、少し話していると出身地が分かるね」「あなたは私と同郷ですね。――ですよ」◆「訛りは国の手形」とも。「手形」は「関所手形」のことで、江戸時代の旅行者が関所を通行するときに提示した身分証明書。言葉のなまりは関所手形のように、その人の生まれ育った国を教えてくれる。

誤用「国」は郷里の意で、国家のことではない。「×ことばは国の手形というが、イタリア語を話すのだからイタリア人だろう」

言葉《ことば》を返《かえ》す

使い方 ❶返事をする。「問われてすぐに―」「―間もない」
❷口答えする。「お―ようですが一言言わせていただきます」
◆「返す」は、受けた行為に対して、ある行為で応じる意（「挨拶《あいさつ》を返す」）。
誤用 「かえす」を「帰す」と書くのは誤り。
補説 「返す言葉がない」は、返事ができない意。「そう言われてしまって、返すことばがなかった」

言葉《ことば》を尽《つ》くす

使い方 相手が納得するように、いろいろな言葉を使ってこと細かに言う。「説得しようとして―」「**ことばを尽くし**て説明する［なだめる］」◆(1)「尽くす」は、ある限りを出し切る意（「力を尽くす」「論議を尽くす」）。(2)強調して「言葉の限りを尽くす」「あらん限りの言葉を尽くす」などとも。「ことばの限りを尽くして、皆の不安を和らげる」

言葉《ことば》を濁《にご》す

使い方 はっきり言わないで、あいまいな言い方をする。「その場にはいなかったのでと、―」「**ことばを濁し**て本心を打ち明けない」「ことばを濁して質問に答えようとしない」◆「口を濁す」も、ほぼ同意。「濁す」は、言葉や態度をあいまいにする意。
誤用 「言葉が濁る」という言い方はしない。「×話が結婚のことに及ぶとことばが濁った」

事《こと》も無《な》げ

使い方 何も問題がないかのように平気なさま。「何でもないと―に笑う」「不安はなかったと―に言う」「大きなことを―に言い放つ」「聞いただけでも眼の眩むような殺戮《さつりく》が平和な生活を信じている社会の片隅で―に行われたのである〈円地文子・食卓のない家〉」◆「事」は問題にすべき事柄の意。「無げ」は、形容詞「無い」の語幹＋接尾語「げ」。「なげ」とかなで書くことも多い。

子供《こども》の▼喧《けん》▼嘩《か》に親《おや》が出《で》る

使い方 子供同士の喧嘩にその親たちが口出ししたり手出しをしたりする意から、ささいなことに干渉して騒ぎ立てることのたとえ。「隣人同士の争いに口を出すのは―ようなものだ」「**子供のけんかに親が出て**示談交渉をこじらせてしまった」◆親たちの干渉を大人げないと非難していう。「子供の喧嘩に大人が出る」とも。

事《こと》を構《かま》える

使い方 争いを起こそうとする。「境界をめぐって隣家と―」「地元の顔役と結んで―」「大国と―のは得策ではない」「あえて―ことはしない」◆「構える」は、ある（決定的な）状況を作り出す意（「兵を構える（＝戦いを交える）」）。
補説 「事を起こす」は、事件・問題を引き起こす意。「事を起こして世間を騒がす」

事《こと》を好《この》む

使い方 何か事件や変動が起こるのを待ち望む。「―連中が騒動を起こす」「彼らは穏健なので**事を好ま**ない」◆「事」は大きな出来事や事件の意（「事が起こる前に手を打とう」「力を尽くして事に

こ

当たる」）。

事《こと》を分《わ》ける

使い方 説明のために筋道を立てる。「事を分けて諭《さと》す」「事を分けて詳しく述べる」「事を分けて話せばわかってもらえるだろう」◆「分ける」は、物事の事情などを論理的に区別する意。

類表現 「理《り》を分ける」「条理を尽くす」

小《こ》▼糠《ぬか》三合《さんごう》持《も》ったら婿《むこ》に行《い》くな

使い方 少しでも財産があるなら、男は他家に婿入りしないで独立した一家を立てるべきだということ。「僕が彼女のほうの姓を名乗るのが祖父の意には沿わないようで、——ということわざまで持ち出される」◆(1)「小糠三合」は、わずかばかりの財産のたとえ。「来《こ》ぬか三度（＝婿に来ないか、来ないか、と三度言われても）」の転という説もある。昔の家制度では、絶対的な戸主権をもつ家長が家を統率した。婿養子は家付き娘である妻にも気兼ねしながら、戸主に仕えなくてはならない。(2)「小糠三合持ったら養子に行くな」「小糠三合あるならば入《い》り婿すな」とも。

この親《おや》にしてこの子《こ》あり

使い方 かくも立派な親があってこそ、このように優秀な子が育つのだということ。「初舞台も堂々たるものだ。——だね」「彼のご両親の人柄に触れ、——を実感しました」

◆(1)「この父にしてこの子あり」「この父ありてこの子あり」とも。

(2)俗に、「親の出来が悪いから子の出来も悪い」の意で使われることも多い。「親からしてマナーがなっていない。——だな」

好《この》むと好《この》まざるとにかかわらず

使い方 当人の好みや意志を超越して。いやおうなしに。「——決議には従わなくてはならない」「——さまざまな情報が耳に入ってくる」◆(1)「好む好まざるにかかわらず」「好む好まないにかかわらず」とも。「好まざる」の「ざる」は、文語の助動詞「ず」の連体形。打ち消しを表す。

(2)「かかわらず」は、「〜に関係なく」の意（「晴雨にかかわらず決行する」）で、漢字で書けば「▽拘わらず」「▽係わらず」。近年は「関わらず」と書くことも多いが、慣用になじまない。

誤用 「好《す》くと好かざるとにかかわらず」は誤り。

子《こ》は▼鎹《かすがい》

使い方 子どもの存在は夫婦の仲を和やかに保つばかりか、危うくなった縁をもつなぎとめてくれるものだということ。「あの夫婦は子どもがいるから何とかもっているんだ。——だよ」「子どものことを考えて離婚を踏みとどまったそうだ。——だね」◆「かすがい」は、両端の曲がった「コ」の字形の大釘《おおくぎ》。材木と材木とをつなぐために打ち込むことから、人と人とをつなぎとめるもののたとえに使う。

誤用 子が足手まといになる意で使うのは誤り。「×子どもが多いので休日もゆっくり休めない。子はかすがいだよ」

子《こ》は三界《さんがい》の首《くび》▼枷《かせ》

使い方 親は子どもを思う心に引かれて一生自由を束縛されるものだということ。「——というが、子どものために苦労が絶えないよ」「子は三界の首械《くびかせ》といえど、まこと放蕩を子に持つ親ばかり不幸なるは無し〈樋口一葉・大つごもり〉」

◆「首枷」は罪人の首にはめて動きを封じる刑具。「三界」は、すべての衆生《しゅじょう》が生死をくり返す全世界をいう。また、それは過去・現在・未来の三世《さんぜ》と解してもよい。子を首枷にたとえ、子に対する愛を断ち切れない親だからこそ、子のために自由を奪われるのだという。「子は三界の首っ枷」とも。

誤用 「三界」は「さんかい」と読まない。

出典 江戸版「いろはがるた」の一つ。

▼胡馬《こば》北風《ほくふう》に▼嘶《いなな》く

使い方 北方の胡の地に生まれ育った馬は、他国にあっても北風が吹くたびに故郷を慕っていななく。故郷の忘れがたいことのたとえ。「一日も早く帰国したい。――の思いだ」「三年もブラジルにいると――、無性に日本の雪景色が恋しくなる」◆「胡馬北風に嘶《いば》う」「胡馬北風に依る」とも。

誤用 寒風が身にしみる意で使うのは誤り。「×胡馬北風にいななくほど、この地の空っ風は寒い」

出典 「文選・古詩十九首」の、別れた男女の切ない恋情を歌った詩の一節に「胡馬は北風に依り、越鳥《えっちょう》は南枝《なんし》に巣くう」とあることによる。⇩越鳥南枝に巣くう

類表現 「羈鳥《きちょう》旧林を恋う」「池魚《ちぎょ》故淵《こえん》を思う」

五風《ごふう》十雨《じゅうう》

使い方 五日に一度風が吹き、十日に一度雨が降る意から、天候が順調で、農作物に都合のよいこと。また、世の中が安泰であることのたとえ。「――の天候に恵まれる」「しかし今年は雨も風も、――の譬の通りに順調だった〈島木健作・生活の探求〉」「――の太平の世」

◆(1)儒家では、その風が木の枝を鳴らすほど強く吹かず、その雨が大地をえぐるほど激しく降らないことを世が安泰であることのしるしとした。

(2)「五日一風《ごじつ いっぷう》、十日一雨《じゅうじつ いちう》」とも。

誤用 五日間風が吹き、十日間雨が降る意にとるのは誤り。「×五風十雨という悪天候が続く」

鼓腹撃壌《こふくげきじょう》

使い方 善政が敷かれ、人々が平和を楽しむこと。「――して太平の世を謳歌《おうか》する」「万民が――できる平和な世を築きたい」◆「鼓腹」は食に満ち足りて腹つづみを打つこと、「撃壌」は足で大地を踏み鳴らすこと。また、壌という楽器を打ち鳴らすこと。「壌」は楽器の名、また、遊戯の名とする説もある。

誤用 「撃壌」を地団駄を踏む意にとって悔しい気持ちをいう場合に使うのは誤り。「×鼓腹撃壌して悔しがる」

出典 中国古代伝説上の五人の帝王(五帝)の一人である尭《ぎょう》帝が、あるとき忍び姿で町に出ると、一人の老人が鼓腹撃壌して太平の世の喜びを歌っていたという故事に基づく(「十八史略・五帝」)。

▼鱓《ごまめ》の歯《は》▼軋《ぎし》り

使い方 実力のない者が、やたらに憤慨して悔しがることのたとえ。「国家権力の前では――で、どうにもならない」「相手が強すぎる。いくら悔しがっても――だ」「言いたいやつには言わせておけ。どうせ――だよ」◆「ごまめ」は片口鰯《かたくちいわし》の幼魚を干したもの。古くから田の肥料として珍重されたことから「田作り」ともいう。祝儀や正月の料理に用いられるのは、その名が「まめ(=健康なこと)」に通じるから。決して軽んじられてきた魚で

はないのだが、その姿はあまりにも小さく、弱々しい。この句では、実力のない者のたとえに使われている。

誤用 弱い者が奮起して頑張る意で使うのは誤り。「×ごまめの歯ぎしりをして日夜努力を重ねる」

補説 「ごまめの魚《とと》交じり」は、つまらない者がすぐれた者にまじっていることのたとえ。

▼胡麻《ごま》を▼擂《す》る

使い方 自分の利益を図るために、他人にへつらう。おべっかを使う。「上役に――」「役人に**胡麻をす**って仕事をもらおうとする」◆すり鉢で胡麻をするとあちこちにべたつくことからいう。

誤用 「ごま」を「護摩」と書くのは誤り。「護摩」は密教の修法のこと。

補説 胡麻をすることや、胡麻をする人のことは「胡麻擂り」という。「この職場では胡麻すりは通用しない」「あの男は定見のない胡麻すりだ」

小耳《こみみ》に挟《はさ》む

使い方 聞くともなしに、ちらりと聞く。「ちょっと困った話を**小耳に挟んだ**」「あの二人が結婚するという話を**小耳に挟んだ**のだが、知ってるかい」「**小耳に挟んだ**ところによると、あの会社は危ないらしい」◆はっきりと聞いたわけではないが、という含みをもって使う。「小耳」は、聞くことに関するちょっとした動作についていう語。「耳に挟む」もほぼ同じ意。

類表現 「耳に入れる」

五里霧中《ごりむちゅう》

使い方 どうすべきかの判断に迷い、方針や見込みがまったく立たないこと。「――に迷う」「事件の真相は未だ――にある」「政局は――の状態にある」◆「五里霧」は、道術によって起こすという、五里四方に立ちこめる霧(後漢の「一里」は約〇・四キロメートル)。

誤用 (1)「ごり-むちゅう」と切って読むのは誤り。(2)「むちゅう」を「夢中」と書くのは誤り。夢中の意にとるのも誤り。「×色恋に五里夢中」

出典 後漢の張楷《ちょうかい》が道術によって五里霧を起こし、人を霧にとざしては惑わせたという故事に基づく(「後漢書・張楷伝」)。

◆「殺《ころ》す」を使う成句

> 窮鳥《きゅうちょう》懐に入《い》れば猟師も殺さず・小の虫を殺して大の虫を助ける・寸鉄《すんてつ》人を殺す・角《つの》を矯《た》めて牛を殺す

転《ころ》ばぬ先《さき》の▼杖《つえ》

使い方 しくじらないように前もって十分に用意しておくことが大切だということ。「――というから、慎重にいこう」「事故を起こせば周囲にも大きな迷惑がかかるから、――を心がけたい」「保険には入っておいたほうがいい。――だよ」◆「先」は、時間的にある基準より以前である意。「ぬ」は打ち消しの助動詞。「転ぶ先の杖」のように打ち消しを伴わずに言っても同じ意味になるが、ことわざとしては「転ばぬ先の杖」と言いならわされてきた。

類表現 「備えあれば憂いなし」

◆「衣（ころも・きぬ・い）」を使う成句

> 衣食足りて礼節を知る・衣鉢《いはつ》を継ぐ・奥歯に衣《きぬ》を着せる・天衣無縫《てんいむほう》・濡れ衣《ぎぬ》を着せる・歯に衣《きぬ》着せぬ・馬子《まご》にも衣装

転《ころ》んでもただでは起《お》きない

使い方 たとえ失敗しても何か利益を得ようとする。強欲であることのたとえ。また、根性のあることのたとえ。「相場で大損をしたと言っているが、彼は――男だよ」「彼女は――人だから、倒産してもまた這《は》い上がってくるだろう」「――近江《おうみ》商人」◆「ただでは」は、そのまま何もしないではの意（「見つかったらただでは済まない」）。「転んでもただでは起きぬ」「転んでもただは起きない」とも。

誤用「もとを取る」などと混同して、手間を掛けた分だけ、それに見合う利益を確保する意で使うのは誤り。「×わざわざ奈良まで取材に行ったので、帰りに京都に寄って寺めぐりを楽しんできました。転んでもただでは起きない私です」「×駅の向こうの銀行に行くときは、ついでに得意先を回ってくる。転んでもただでは起きないよ」

コロンブスの卵《たまご》

使い方 人の行ったあとでは簡単そうにみえることでも、それを最初に行うのは至難であるということ。「――というが、人の方法を真似るのはたやすい」「仕組みを聞いてみれば簡単だが、それを思いつくのは――だろう」◆物事を解決する意外な方法や、常識にとらわれない発想の転換のたとえにも使う。「今まではなかった、――のような画期的なアイディア」

出典 新大陸の発見など誰にでもできると中傷されたコロンブス（Columbus）が、それではこの卵をテーブルに立ててみよと言ったが誰にもできない。そこでコロンブスは卵の尻を潰《つぶ》して立ててみせ、西へ船を進めれば誰でもアメリカ大陸にぶつかるかもしれないが、それを最初に思いつき、実行するのが大切なのだと言ったという逸話に基づく。

英語 Columbus's egg.

子《こ》を持《も》って知《し》る親《おや》の恩《おん》

使い方 自分が親の立場になると、はじめて自分を育ててくれた親の有り難さがわかるということ。「――と言うように、お嬢さんもいつかきっとあなたの苦労を理解してくれることでしょう」「この頃は――ということをしみじみ感じ、両親への感謝の気持ちが募ります」◆親のほうからも、子のほうからも使うことば。

誤用「もって」を根拠を表す「以《も》って」と書くのは誤り。

出典「明心宝鑑」には「子を養いて方《はじ》めて父母の恩を知り、身を立てて方めて人の辛苦を知る」とある。

今昔《こんじゃく》の感《かん》

使い方 今と昔を思い比べたとき、その違いの大きさに対して抱く感慨をいう。「十年ぶりに帰国して――に打たれる」「様変わりした町並みを見ると――がある」「三十年前のキャンパスと比べると――に堪えない」◆そのあまりの変わりように感じ入った思いを込めて使う。「今昔」は、今の世と昔の世。

誤用「昔日《せきじつ》の感」は誤り。「昔日」は、「今の村には昔日の面影はない」などと使う。

紺屋《こんや》の明後日《〈あさって〉》

⇩紺屋《こうや》の明後日

紺屋《こんや》の白《しろ》▼袴《ばかま》

⇩紺屋《こうや》の白袴

さ

▼塞翁《さいおう》が馬《うま》

使い方 人生の幸不幸は予測しがたいことのたとえ。「くよくよするな。――というように、悪いことばかりが続くものではない」「そう喜んでばかりはいられない。人間万事――だ」 ◆禍福《かふく》に一喜一憂するのは賢明ではないとしていう。「人間《にんげん・じんかん》万事塞翁が馬」とも。

誤用「が」は所有を表す格助詞。意味は同じだが「塞翁の馬」とはしない。

出典「淮南子《えなんじ》・人間訓」の故事に基づく句。昔、中国の北辺の塞《とりで》近くに住んでいた占いの巧みな老人（塞翁）の馬が胡《こ》の国に逃げた。気の毒がる隣人に老人は「これは幸福の基になるだろう」と言ったところ、やがてその馬が胡の駿馬《しゅんめ》を連れて戻ってきた。隣人がそれを祝うと、老人は「これは不幸の基になるはずだ」と言った。老人の家は良馬に恵まれたが、騎馬を好む老人の子が落馬して足の骨を折ってしまった。隣人がそれを見舞うと、老人は今度は「これが幸福の基になるだろう」と言った。一年後胡軍が大挙して侵入し、若者のほとんどが戦死した。しかし、足を折ったその子は戦わずに済んだので、親子ともども無事であったという。

類表現「禍福は糾《あざな》える縄《なわ》の如《ごと》し」「沈む瀬あれば浮かぶ瀬あり」

細工《さいく》は流流《りゅうりゅう》仕上《しあ》げを御▽覧《ごろう》じろ

使い方 やり方はいろいろあるのだから、途中でとやかく言わないで、できあがった結果を見てくれ。「車の修理なら任せてくれ。――だ」「よけいな口出しは無用。――だ」 ◆自信のほどを示したり、差し出口を戒めたりしていう。「細工」は、手先を使って細かい器物や道具を作ることの意。「流々」は、それぞれの流派・流儀の意。転じて、物事にはそれぞれの仕方・方法があるということ。

誤用 仕事の運びに勢いがあっても、「りゅうりゅう」を「隆々」と書くのは誤り。また、「粒々」と書くのも誤り。

歳月人《さいげつひと》を待《ま》たず

使い方 年月は人の都合などにはお構いなく、どんどん過ぎ去ってしまうものだ。「今のうちに勉強しておきなさい。**歳月(は)人を待たず**だよ」「――、うかうかしているうちに人生も半ばを過ぎてしまった」◆「光陰人を待たず」とも。

誤用 期日を動かせない意で使うのは誤り。「×納期は守ってくれ。歳月人を待たずだ」

出典 晋《しん》の陶潜《とうせん》の「雑詩」の第一にある句。陶潜は、人生ははかなく、あっという間に過ぎ去ってしまうものであるから、酒の飲める若いうちに大いに飲んで楽しむべきだと詠《うた》っているのだが、今では専ら「若いうちに努力せよ」の意で用いる。

類表現 「光陰矢の如《ごと》し」「歳月流るる如し」「白駒《はっく》の隙《げき》を過ぐるが如し」

最後《さいご》に笑《わら》う者《もの》が最《もっと》もよく笑《わら》う

使い方 最後の結果に満足して笑うのが最上だということ。「ちょっとうまくいったからといって喜んではいられない。――だ」「終わりまで成否はわからない。――だよ」

出典 イギリスのことわざ“He laughs best who laughs last. ＝He who laughs last laughs longest [loudest].”から。

才子才《さいしさい》に倒《たお》れる

使い方 すぐれた才知を持っている人は、自信過剰に陥ってとかく失敗するものだ。多く、自己過信に陥ることを戒めて使う。「あまり才走ると失敗する。――だ」◆「才子才に溺《おぼ》れる」とも。「才子」は、すぐれた才能をもつ人。多く男性についていう(「才子佳人(＝才知のすぐれた男性と美しい女性)」)。

誤用 「才知才に倒れる」は誤り。

類表現 「策士策に溺れる[倒れる]」「才知は身の仇《あだ》」

才子《さいし》多病《たびょう》

使い方 すぐれた才知を持っている人は体が弱く、とかく病気がちであるということ。「――とでもいうように、彼はしょっちゅうどこかを悪くしているね」◆(1)すぐれた知力と体力を併せ持つのは難しいということ。「才子短命」とも。(2)体の弱い人を慰めて使うこともできる。「――というから、あせらずに養生しなさい」

誤用 「才知多病」は誤り。

類表現 「佳人[美人]薄命」「天は二物を与えず」

▼采配《さいはい》を振《ふ》る

使い方 指揮をする。指図をする。「首相自ら――」「社長に代わって常務が――」「家事については祖母がまだ元気に**采配を振っている**」「監督として二十年も**采配を振っている**ベテラン」◆(1)実権を握って人を動かすことにいう。「采配」は、昔、戦場で大将が士卒を指揮するときに振った道具。厚紙を細長く切って作った総《ふさ》に木や竹の柄をつけたもの。(2)「采配をとる」「采を振る」とも。

誤用 近年、「采配を振るう」が増えているが、誤り。「才覚を振る」も誤り。

▼賽《さい》は投《な》げられた

使い方 事ここに至った以上は、もはや断行するしかないということ。「――、もう後へは引けない」「――、最後まで攻め抜くしかない」◆(1)「賽」は、博打《ばくち》に

さ

使うさいころのこと。どの目が出るか、事態が決する時に向かって、さいころが投げられたという意。(2)多く、なすべきことを促すのに使う。
出典 ラテン語の Alea jacta est.（英語では The die is cast [thrown].）の訳。ポンペイウスと対立したカエサル（シーザー）が兵を率いてルビコン川を渡り、ローマに進軍するときに言った言葉とされる。

財布《さいふ》の底《そこ》を▼叩《はた》く

使い方 持っている金をすべて使ってしまう。「所帯道具をそろえるために——」「**財布の底をはたい**て名画を手に入れる」「乏しい**財布の底をはたい**て米を買う」◆(1)財布を逆さにして中の金をすっかり出すことからいう。使うのはまさになけなしの金。それ以上のゆとりはないという心境でいう。(2)「財布をはたく」とも。
誤用「財布の底を払う」は誤り。
類表現「有り金をはたく」

財布《さいふ》の▼紐《ひも》を握《にぎ》る

使い方 金銭の出し入れを一手につかさどる。「わが家では母が**財布のひもを握っ**ている」「この店では支配人が**財布のひもを握っ**ている」「女房が**財布のひもを握っ**て、離そうとしない」「始末屋の父が**財布のひもを握っ**ているから、欲しい物もなかなか買えない」◆古くは口を紐でくくる布製・革製の袋を財布として用いたことからいう。ふつう比較的規模の小さい会計についていう。
誤用(1)規模の大きい会計事務などに使うのはなじまない。「△収入役が市町村の財布のひもを握っている」(2)「財布の口を握る」は誤り。

◆「魚（さかな・うお・とと・ぎょ）」を使う成句

魚心《うおごころ》あれば水心・魚《うお》の水を得たるが如《ごと》し・魚《うお》の目に水見えず人の目に空見えず・魚《うお》を得て筌《うえ》を忘る・木に縁《よ》りて魚《うお》を求む・雑魚《ざこ》の魚《とと》交じり・水魚の交わり・呑舟《どんしゅう》の魚《うお》は枝流《しりゅう》に游《およ》がず・逃《に》がした魚は大きい・逃げた魚は大きい・水清ければ魚棲《す》まず・水を得た魚《うお》・魯魚《ろぎょ》の誤り

◆「先（さき・せん）」を使う成句

後《あと》の雁《かり》が先になる・一寸《いっすん》先は闇・お先棒を担ぐ・機先《きせん》を制する・後悔先に立たず・ここを先途《せんど》と・転ばぬ先の杖《つえ》・舌先《したさき》三寸・先手を打つ・先鞭《べん》を付ける・目と鼻の先

▼鷺《さぎ》を▼烏《からす》と言《い》う

使い方 見えすいた嘘《うそ》を真実だと言い曲げること。また、理に合わないことを強引に言い張ること。「**鷺を烏と言っ**て紛《まが》い物を高く売りつける」「**鷺を烏と言っ**て自分の非を認めようとしない」◆(1)白い鷺を指して黒い烏だと主張する意からいう。クロサギという全身黒色の鷺もいるが、ここでいう鷺は、全身白色のダイサギやコサギのことだろう。(2)「鷺を烏（と言いくるめる）」「烏を鷺（と言う）」とも。
誤用「鷺を鳥と言う」と書き誤ると、理にはかなうが成句として意味をなさない。
類表現「鹿《しか》を指して馬となす」「馬を鹿」「雪を墨」

先《さき》んずれば人《ひと》を制《せい》す

使い方 人より先に事を行えば、有利な立場に立つことができるということ。「──というから、こちらから打って出よう」「──だ。全国に新製品のキャンペーンを張ろう」「人材だけはおさえておいたほうがいい。──だ」◆「先んずる」は「先にする」の転で、人よりも先に何かをする意。何事も後手《ごて》に回ったのでは勝ち目はない。

誤用 「せいす」を「征す」と書くのは誤り。

出典 「史記・項羽本紀」に「先んずれば則《すなわ》ち人を制し、後《おく》るれば則ち人の制する所となる」とあるのに基づく。

類表現 「先手必勝」「早いが勝ち」

◆「咲《さ》く」を使う成句

> 煎《い》り豆に花が咲く・埋もれ木に花が咲く・老い木に花が咲く・男鰥《おとこやもめ》に蛆《うじ》が湧《わ》き女寡《おんなやもめ》に花が咲く・女寡(おんなやもめ)に花が咲く・枯れ木に花が咲く・死んで花実《はなみ》が咲くものか・花が咲く・話に花が咲く・一花咲かせる

策《さく》士《し》策《さく》に▼溺《おぼ》れる

使い方 策略に巧みな人は、策を用いすぎてかえって失敗するものだ。「あまり策をめぐらすと命取りになるよ。──だ」◆策略に走ることや自己過信に陥ることを戒めて使う。「策士」は、はかりごとの巧みな人。また、好んではかりごとを用いる人。「策士策に倒れる」とも。

誤用 「策士才に溺れる」は誤り。

類表現 「才子才に倒れる［溺れる］」「才知は身の仇《あだ》」

◆「酒（さけ・しゅ）」を使う成句

> 新しい酒は新しい革袋に盛れ・葷酒《くんしゅ》山門に入《い》るを許さず・酒飲み本性違《たが》わず・酒は憂《うれ》いの玉箒《たまばはき》・酒は百薬の長・酒池肉林

酒《さけ》飲《の》み本性《ほんしょう》▽違《たが》わず

使い方 酒に酔っても、その人本来の性質は変わるものではないということ。「──で、酔うと地が出るよ」「ひどい暴言だが、あれが彼の本心だろう。──だ」◆(1)酒は自制心をゆるめる。酒はむしろその人の本性をあからさまにする。酔ってくだを巻くときにこそ、その人の本音が出るのかも知れない。(2)「生酔い本性違わず」「酒の酔い本性違わず」とも。「違わず」は、食い違わない意。

誤用 酒が強くてどれだけ飲んでも変わらない、の意で使うのは誤り。「×彼は酒豪だから酒飲み本性違わずの言葉通り、あんなに飲んでもけろっとしている」

酒《さけ》は憂《うれ》いの玉《たま》▼箒《ばはき》

使い方 酒は悩みを払い去ってくれるすばらしい箒《ほうき》のようなものである。「くさくさするから一杯やろう。──だ」◆(1)「玉」は美称の接頭語。「玉箒」は、飲めば心配を払い去ってくれる箒《ほうき》ということから、酒の異称ともなる。(2)「玉ばはき」は「玉はき」とも。また、「酒は憂いを払う玉箒」「愁えを掃う玉箒」とも。

誤用 「玉箒」を「たまぼうき」と読むのは誤り。

出典 北宋の蘇軾《そしょく》の「洞庭春色詩」に「応《まさ》に呼ぶべし詩を釣る鉤《つりばり》と、亦《また》号す愁いを掃《はら》う箒と」とあるのに基づく。

類表現 「酒は百薬の長」「酒に十《とお》の徳あり」「酒は天の美禄《びろく》」

酒《さけ》は百《ひゃく》薬《やく》の長《ちょう》

使い方 酒はどんな薬にもまさる最良の薬である。「──と申すからの。猫の鼻ッペと女子の腰は、冷え性と決ったもんだが、酒がはいればポンカポンカする〈石坂洋次郎・石中先生行状記〉」「歯痛にはね、お酒が一番。──と言ってね、何にでもすぐ効くから、飲めば治るって〈つかこうへい・明日、恋する貴方に〉」◆「適度に飲めば」という条件を付けて解釈すべきだろう。しばしば酒飲みの自己弁護にも使われることばだが、決して座右の銘にはならない。「徒然草」にも、「百薬の長とはいへど、よろづの病はさけよりこそおこれ」とある。

出典 漢を簒奪《さんだつ》して新朝を創建した王莽《おうもう》が酒を称えて言ったことば（「漢書・食貨志下」）。

類表現 類表現に「酒に十《とお》の徳あり」「酒は天の美禄《びろく》」「酒は憂いの玉箒《たまばはき》」があり、上戸は酒を賛美してやまないが、「酒は百毒の長」「酒は命を削る鉋《かんな》」という反論もある。

雑魚《ざこ》の▽魚《とと》交《ま》じり

使い方 大物の中に小物が交じっていること。実力のある者の中に能力などの劣る者が不相応に交じっていることのたとえ。「あの男が課長では──だよ」「あの外野手は──だね」◆(1)「雑魚」は小魚。「とと」は魚《さかな》をいう幼児語だが、ここでは立派な大魚の意。(2)「鱓《ごまめ》の魚交じり」「蝦《えび》の鯛《たい》交じり」とも。

誤用 「魚」を「さかな」「うお」と読むのは誤り。

類表現 「目高《めだか》も魚のうち」「蝙蝠《こうもり》も鳥のうち」

砂《さ》上《じょう》の楼《ろう》閣《かく》

使い方 基礎がもろくて長続きしない物事のたとえ。また、実現不可能なことのたとえ。「バブル経済は──にすぎない」「連立政権が──の様相を呈してきた」「その宇宙開発計画は──に終わった」◆砂の上に建てた楼閣は基礎が安定しないのですぐに崩れることからいう。「楼閣」は、高層の立派な建物。

誤用 「砂中の楼閣」は誤り。また、「机上の空論」との混同で「机上の楼閣」とするのは誤り。

補説 「空中楼閣」は空中に楼閣を築くような、現実性のない物事のことをいう。

▼匙《さじ》を投《な》げる

使い方 ❶医者がもう治療法はないとして患者を見放す。「さしもの名医も──」「すぐに──ような医者では、患者は寄りつかないだろう」◆薬を調合する匙を投げ出す意からいう。❷あきらめて手を引く。それなりの努力をしても好転が見込めないというときに使う。「解決のしようがなくて──」「いくら教えても覚えないので、私もとうとう**さじを投げた**」「いくら注意してもミスをくり返すので**さじを投げ**たくなる」

◆「差《さ》す（指・刺）」を使う成句

影が差す・気が差す・釘《くぎ》を刺す・十目《じゅうもく》の視《み》る所十手《じっしゅ》の指す所・寸鉄《すんてつ》人を刺す・止《とど》めを刺す・魔が差す・水を差す・指一本も差させない

左《さ》▼袒《たん》する

使い方 味方する。「革新派に――」「弱い方に――」「この事に関する以上、僕はお父さんに**左袒します**〈島木健作・生活の探求〉」 ◆「袒」は、肌脱ぎになる(服の袖《そで》から腕を抜いて上半身の肌を現す)意。

誤用 「加担」との混同から「左担」と書くのは誤り。

出典 前漢時代、高祖劉邦《りゅうほう》の死後、呂氏《りょし》の反乱を鎮圧しようとした功臣周勃《しゅうぼつ》が「呂氏に味方する者は右袒せよ、劉氏に味方する者は左袒せよ」と命じたところ、全軍が左袒したという故事に基づく(「史記・呂后本紀」)。「左袒」は賛成、「右袒」は反対の意思表示は、周勃がその場の約束事として決めたこと。もとよりそうと定まっていたのではない。

▼鯖《さば》を読《よ》む

使い方 自分に都合のよいように数をごまかすことのたとえ。「何食わぬ顔で――」「**さばを読ん**で五歳ほど若くいう」「あの雑誌の発行部数は、どうも**さばを読ん**でいるらしい」 ◆一説に、魚市場で鯖を数えるとき、わざと早口で数えてごまかしたことからという。「鯖」は「生き腐れ」というほど傷みやすいので、のんびりと数えてはいられなかったのかも知れない。「さば」は「いさば(＝魚市場)」の転ともいう。「読む」は、数を数える意(「鼻毛を読む」)。

誤用 「鯖を言う」は誤り。

様《さま》になる

使い方 それにふさわしい様子になる。格好がつく。「着こなしが**様になっている**」「彼女の演技もだいぶ**様になってきた**」「彼の着物姿はまるで**様にならない**」

◆外から見た様態に違和感がないことをいう。

補説 「様」は、「様はない(＝みっともない)」「様を見ろ」などと使う場合には「ざま」となる。

類表現 「板に付く」

◆「寒《さむ》い」を使う成句

唇《くちびる》亡びて歯寒し・背筋《せすじ》が寒くなる・懐が寒い・物言えば唇《くちびる》寒し秋の風

◆「去《さ》る」を使う成句

一難去ってまた一難・去る者は追わず・去る者は日日に疎し・三尺《さんじゃく》去って師の影を踏まず

◆「猿(さる・えん)」を使う成句

犬と猿・意馬心猿《いばしんえん》・猿猴《えんこう》が月を取る・犬猿《けんえん》の仲・猿も木から落ちる・見猿《みざる》聞か猿言わ猿

猿《さる》も木《き》から落《お》ちる

使い方 その道に長じた人でも、時には失敗することがあるというたとえ。「――で、プリマドンナが歌詞を間違えたよ」「あのバレリーナが舞台で尻餅《しりもち》をつくとは思わなかった。――だね」「――ということもある。いかにベテランでも油断は禁物だ」「失敗したからといってくよくよするな。――だ」 ◆木登りに長《た》けた猿でも誤って墜落することがある意からいう。

誤用 同じ失敗をくり返していては「猿は木から落ちる」になってしまうが、これは誤り。

類表現「河童《かっぱ》の川流れ」「弘法《こうぼう》にも筆の誤り」「釈迦《しゃか》も経の読み違い」「天狗《てんぐ》の飛び損ない」「上手《じょうず》の手から水が漏れる」「千慮の一失」

去《さ》る者《もの》は追《お》わず

使い方 去り行く者はしいて引きとめようとはしないということ。「脱退したければ、するがいい。——だ」「辞表を出したのだから慰留するつもりはない。——だ」「——、来たる者は拒まずがわが党のポリシーだ」

誤用「おわず」を「負わず」と書くのは誤り。

出典 孟子《もうし》が滕《とう》に行き、上宮に宿ったとき、「それ予の科を設くるや、往《ゆ》く者は追わず、来たる者は拒まず（＝私は去る者は引きとめないし、来るものは拒まないという方針で学ぼうとする門人を受け入れている）」と述べたという故事に基づく（『孟子・尽心下』）。「春秋公羊伝・隠公二年」には「来たる者は拒むことなく、去る者は追うことなし」とある。

去《さ》る者《もの》は日日《ひび》に疎《うと》し

使い方 親しく交わった人でも、遠ざかると次第に交情が薄れるものだということ。また、死んだ人は年月が経つに従って次第に忘れられるものだということ。「——というから、もう私のことなぞ忘れているだろう」「あんなに親しかったのに、近頃ではめったに思い出さない。——だ」◆「疎し」は、人と人との関係が親密でなくなる意。

誤用 (1) 人ではなく、ある物事から遠ざかる場合をいうのは誤り。「✕随分ピアノに触っていなかったから去る者は日々に疎しで、すっかり指が動かなくなっていた」
(2) 遠ざかれば遠ざかるほど思慕の念が募ることもあるが、「去る者は日々にいとし」は誤り。

出典「文選・古詩十九首」に「去る者は日《ひ》に以《もっ》て疎く、来たる者は日に以て親《ちか》し」とあるのに基づく。

触《さわ》らぬ神《かみ》に▼祟《たた》り無《な》し

使い方 かかわりさえ持たなければ災いを招くことはない。「首相はひどく機嫌が悪い。——で、今日の会見は見合わせた方がいい」「あのグループには近づかないほうがいい。——だ」◆(1) よけいなことに手出しをすることを戒めていう。(2)「触る」は、かかわりをもつ意。その神と関係さえしなければ祟りをこうむるはずもない。

誤用 (1)「さわる」を害になる意にとって、「さわらぬ」を「障らぬ」と書くのは誤り。
(2)「当たらぬ神に祟りなし」は誤り。

◆「触《さわ》る（障）」を使う成句

癇《かん》に障る・気に障る・触らぬ神に祟《たた》りなし・癪《しゃく》に障る・腫《は》れ物に触るよう・寄ると触ると

◆「三（さん・み）」を使う成句

朝起きは三文《さんもん》の得・石の上にも三年・居候三杯目にはそっと出し・一富士二鷹《にたか》三茄子《さんなすび》・韋編《いへん》三度《みたび》絶つ・売り家と唐様《からよう》で書く三代目・益者《えきしゃ》三友損者三友・女三人寄れば姦《かしま》しい・小糠《こぬか》三合持ったら婿《むこ》に行く

な・子は三界《さんがい》の首枷《くびかせ》・三顧《さんこ》の礼・三枝《さんし》の礼・三尺《さんじゃく》去って師の影を踏まず・三舎を避ける・三度目の正直・三人虎《とら》を成す・三人寄れば文殊《もんじゅ》の知恵・三年飛ばず鳴かず・三遍回って煙草《たばこ》にしょ・三面六臂《ろっぴ》・舌先三寸・朝三暮四《ちょうさんぼし》・泥棒にも三分《さんぶ》の道理・二度あることは三度ある・盗人《ぬすびと》にも三分《さんぶ》の理・鳩《はと》に三枝《さんし》の礼あり・早起きは三文《さんもん》の得・仏の顔も三度・三日天下・三日坊主・三つ子の魂百まで・胸三寸《さんずん》・目を三角にする・孟母三遷《もうぼさんせん》の教え・桃栗《ももくり》三年柿《かき》八年

山雨来《さんうき》たらんとして風楼《かぜろう》に満《み》つ

使い方 変事が起こる前には周りの様子が穏やかでなくなることのたとえ。「━で、どうも国境の辺りがきな臭い」

◆「山雨」は、山の方から降ってくる雨。山雨がやって来るときは、まず一陣の風が高殿に吹きつける意。目には見えないが、風はさまざまな気配や便りを運んでやってくる。

誤用 「風《かぜ》、楼《ろう》に満つ」を「風楼《ふうろう》に満つ」と読むのは誤り。

出典 晩唐の詩人許渾《きょこん》の「咸陽城《かんようじょう》東楼の詩」に「渓雲《けいうん》初めて起こりて日《ひ》閣《かく》に沈み、山雨来たらんと欲して風楼に満つ」とあるのに基づく。

三顧《さんこ》の礼《れい》

使い方 目上の人があるすぐれた人に礼を尽くして仕事を頼むこと。また、目上の人がある人物を見込んで特別に優遇すること。「━を尽くして役員に迎える」「首相が━をもって要請した人事」

◆「顧」は、訪れること。

誤用 「さんこ」を「三個」と書くのは誤り。

出典 中国の三国時代、蜀《しょく》の劉備《りゅうび》が、無位無冠の諸葛亮《しょかつりょう》（字《あざな》は孔明）を軍師に迎えるために、その草庵を三度も訪ねてようやく承諾を得たという故事に基づく（「文選・諸葛亮・前出師《すいし》の表」）。「臥竜《がりょう》（＝休んでいる竜）」と称された諸葛亮もこれに感激し、劉備のために駆馳《くち》（＝奔走）することを決意したという。

三枝《さんし》の礼《れい》

⇩鳩《はと》に三枝の礼あり

三尺《さんじゃく》去《さ》って師《し》の影《かげ》を踏《ふ》まず

使い方 師に随行するときは三尺ほどの間隔をとって、師の影を踏まないようにしなくてはならない。弟子は先生を尊敬して、礼儀を忘れないように心がけなくてはならないということ。「先生に対しては常に━の気持ちでいなくてはならない」「━とまでは言わないが、もう少し弟子としての立場をわきまえなさい」

◆(1)もと仏教の作法で、師僧に従って歩く場合の心得。三尺は約九一センチメートル。(2)「三尺下がって師の影を踏まず」「七尺《しちしゃく》去って師の影を踏まず」とも。

誤用 先生は敬して遠ざけるべしの意で使うのは誤り。「×あの教授は苦手だ。三尺去って師の影を踏まずだよ」

三舎《さんしゃ》を避《さ》ける

使い方 相手を恐れてしりごみする。また、相手に一目置く。「━ようでは、タイトル奪還もおぼつかない」「足のコンパスは思い切って広く、トットと小きざみに歩くその早さ！　演習に朝出る兵隊さんもこれにはいつも**三舎を避け**た〈田山花袋・少女病〉」

◆(1)「三舎」は古代中国

で、軍隊が三日間に行軍する距離（約三六《キロメートル》）。その距離だけ遠く退く意からいう。⑵「三舎を避く」「三舎を退く」「三舎を譲る」とも。

誤用「さんしゃ」を「三者」と書くのは誤り。

出典 楚《そ》の成王に恩義を感じた晋《しん》の公子重耳《ちょうじ》が、それに応えようとして、「晋楚兵を治めて、中原に遇《あ》わば、それ君を避くること三舎せん（＝もし晋と楚が中原で戦うことになったら、私は君王の軍を避けて三日分の行程だけ退却しましょう）」と言ったという故事に基づく（「春秋左氏伝・僖公《きこう》二十三年」）。

三十《さんじゅう》にして立《た》つ

使い方 三十歳になって初めて自己が確立し、独自の立場で思想を語るようになったということ。「おれは、ことし三十になる。孔子《こうし》は、――、と言ったが、おれは、立つどころでは無い。倒れそうになった〈太宰治・兄たち〉」◆人の三十歳ということについて形容することば。

出典「論語・為政」の中で、孔子がその生涯を回顧して述懐したことば。原文には「三十而立」とあることから、「而立《じりつ》」を三十歳の称とする。

三十六計《さんじゅうろっけい》逃《に》げるに▽如《し》かず

使い方 形勢が不利になったときは、あれこれと策を用いるよりも、逃げてしまうのが最良の方法であるということ。また、やっかいなことが起こったときには逃げるのが得策であるということ。「戦っても勝ち目はない。――だ」「――というから、この政争からは手を引こう」「その男は、個人的な関係から大事が壊れるといけない、――と、怱々に引越してしまった〈宮本百合子・智〉」

◆⑴「三十六計」は、中国古代の兵法にある三十六種類の計略。ただ逃げまわるばかりでは卑怯のそしりを免れないが、逃げるべきときに逃げないのは蛮勇《ばんゆう》にすぎないだろう。

⑵「三十六計逃げるが勝ち」「三十六計逃ぐるを上計となす」「三十六策走るを上計となす」「三十六計」とも。

誤用「三十六計逃げるに然《しか》り」は誤り。

出典「南斉書・王敬則伝」には、「檀公《だんこう》の三十六策、走《に》ぐるは是《こ》れ上計なり」とある。檀公は南朝宋《そう》の檀道済のこと。知謀に長《た》け、多くの戦功を立てたことで知られる。

類表現「逃げるが勝ち」

山《さん》▼椒《しょう》は小粒《こつぶ》でもぴりりと辛《から》い

使い方 体は小さくとも才能や手腕がすぐれていてあなどれないことのたとえ。「小兵だが――。その技は見事なものだ」「小さな会社だが**山椒は小粒で(も)ぴりりと辛い**。その業績はすごいよ」

◆山椒の実は小粒でも非常に辛いことからいう。「さんしょう」は「さんしょ」とも。

誤用 小さいが大きな害を及ぼす意で使うのは誤り。「×山椒は小粒でぴりりと辛い。小さな虫だが、さわるとひどい炎症を起こすよ」

山中《さんちゅう》の賊《ぞく》を破《やぶ》るは▽易《やす》く心中《しんちゅう》の賊《ぞく》を破《やぶ》るは難《かた》し

使い方 山に立てこもる賊を討伐するのはやさしいが、心の中の邪念を抑えることはむずかしい。「禅門に入っても煩悩を断ち切るのは容易ではない。――だ」

◆目に見える敵なら討ちようもあるが、

目に見えぬ敵は始末に悪いということ。欲望や感情をコントロールすることのむずかしさを実感したときに使う。

出典 私心・私欲を抑えることのむずかしさを言った王陽明《おうようめい》（中国の明《みん》の儒学者）のことば。

山中暦日《さんちゅうれきじつ》無《な》し

使い方 山の中で静かに暮らしていると、のんびりとして歳月のたつのも忘れる。「定年になったら——の暮らしをしてみたい」「別荘で晴耕雨読の生活をしていると——だ」◆「暦日」は、こよみ。

誤用 意味は通じるが、「山中暦《こよ》み無し」は誤り。

出典 唐代の隠者、太上隠者《たいじょういんじゃ》の「人に答うるの詩」に「偶《たまたま》松樹の下《もと》に来たり、枕を高くして石頭に眠る、山中暦日無く、寒尽くるも年を知らず（＝たまたま松の木の下にやって来た私は、枕を高くして石の上に眠る。山中の生活にはこよみなどなく、寒さが終わっても今年がいつであるのかわからない）」とあるのに基づく。太上隠者は、人から名を尋ねられたとき、この詩を残していずこともなく立ち去ってしまったという。

三《さん》度《ど》目《め》の正直《しょうじき》

使い方 占いや勝負で、一度目や二度目は当てにならないが、三度目は確実であるということ。物事は三度目には期待どおりになるということ。「——だ、もう一度やってみよう」「過去の二作品は振るわなかったが、——で、大ヒットとなった」◆(1)確かさの確率が三分の一であることをいう。二度の失敗にもめげずにもう一度挑戦するときや、二度の失敗の後に成功したときの形容に使う。(2)「三度目は定《じょう》の目」「三度目は正直」とも。

⇨二度あることは三度ある

三人《さんにん》▼虎《とら》を成《な》す

使い方 三人がつぎつぎに虎が出たと言えば真実になってしまうように、事実無根の風説も、大勢の人が言えばついには真実だと信じられてしまうということ。「——というから、そのうわさはよく確かめたほうがいい」「豪華客船が沈没したというのは——のデマだった」◆「三人市虎《しこ》を成す（＝町の中に虎が出たと三人がつぎつぎに言えば…）」とも。

補説 「三人虎になる」と言い誤ると、三人が酔って暴れる意。

出典 「戦国策・秦」に「三人虎を成し、十人椎《つち》を揉《たわ》む（＝三人が虎が出たと言えば真実になってしまうし、十人がそう言えば鉄椎《てっつい》でも曲がってしまう）」とあるのに基づく。

類表現 「市《いち》に虎あり」

三人《さんにん》寄《よ》れば文殊《もんじゅ》の知恵《ちえ》

使い方 凡人でも三人集まって考えればすばらしい知恵が出るものだということ。「——というから、仲間に相談してみよう」「——、みんなで話し合えばよい案も浮かぶだろう」◆「文殊」は知恵をつかさどる菩薩《ぼさつ》。彫像などでは獅子《しし》に乗り、右手に知恵の剣を持った姿で表される。

誤用 (1)凡人でもという意を含むので、目上の人や実力者などの三人に対して使うのはふさわしくない。
(2)「文殊」は「菩薩」の一人だが、「三人寄れば菩薩の知恵」は誤り。

類表現 「三人寄れば師匠の出来」「三人にして迷うことなし」

三年《さんねん》飛《と》ばず鳴《な》かず

使い方 長い間、なすこともなく過ごしていることのたとえ。また、実力のある者が、それを発揮する機会をじっと待っていることのたとえ。「――というが、彼女も四年前のあの作品以降はくすぶっているね」「彼は――のままだが、このまま終わるはずはない。きっとまた大きな事業を始めるだろう」◆現在では多く「鳴かず飛ばず」の形で使う。⇩鳴かず飛ばず

出典 楚《そ》の荘王《そうおう》の部下である伍挙《ごきょ》が、三年もの間享楽にふけっている王を三年間飛びも鳴きもしない鳥(「鳥有り、阜《おか》に在り。三年蜚《と》ばず、鳴かず」)に見立てて諌《いさ》めたところ、王は「この鳥は飛べば天に昇り、鳴けば人々を驚かすだろう」と答えて伍挙を退けたが、後日、大夫《たいふ》の蘇従《そしょう》の諫言《かんげん》に従って放逸な生活を改め、伍挙と蘇従を重用して国事に専念したという故事に基づく(「史記・楚世家《そせいか》」)。「飛ばず鳴かず」のままに終わらなかったところが、王の王たる所以《ゆえん》だろう。同様の故事は、主人公を斉《せい》の威王に替えて「史記・滑稽列伝」にも見える。

三遍回《さんべんまわ》って煙草《たばこ》にしょ

使い方 休むことを急がないで、手落ちのないように念を入れよう。「――というから、もう一度点検してから休憩にしょう」◆町内警備の夜回りで、三度見回ってから休憩にしようという意からいう。一服することばかり考えないで、きちんと仕事をせよという教え。

誤用 意味は同じだが、「三遍」を「三回」「三度」とするのは誤り。

出典 江戸版「いろはがるた」の一つ。

三面六臂《さんめんろっぴ》

⇩八面六臂《はちめんろっぴ》

し

◆「四《し》」を使う成句

四海兄弟《しかいけいてい》・四海《しかい》波静か・四苦八苦・四面楚歌《しめんそか》・朝三暮四《ちょうさんぼし》

◆「思案《しあん》」を使う成句

色は思案のほか・恋は思案のほか・凝《こ》っては思案に能《あた》わず・思案に暮れる

思案《しあん》に暮《く》れる

使い方 どうしようかと迷って考えが定まらない。「進学か就職か――」「解決策が見つからなくて――」「借金をどう払おうかと――」「**思案に暮れ**ているうちに年も暮れて、大晦日が来た〈織田作之助・世相〉」◆考えがまとまらないことを強調

していう。「思案」は、あれこれと考えをめぐらすこと。「暮れる」は、どうしていいか見通しが立たなくなる意（「途方に暮れる」）。

補説 いくら考えてもよい考えが浮かばないことは「思案に余る」「思案に尽きる」という。「思案に余って弁護士に相談する」「思案に尽きて先輩に真相を打ち明ける」

▼尸《し》位《い》素《そ》▼餐《さん》

使い方 高い位にあるだけで職責を果たさず、高禄をはんでいること。また、その人。「――の高級官僚」「地位保全に汲々とするばかりの政治家は――のそしりを受けてもやむを得ない」◆「尸位」は高位にありながら職責を果たさないこと、「素餐」は空しく食うことをいう。

誤用 「そさん」を粗末な食事の意にとって「尸位粗餐」とするのは誤り。

出典 「漢書・朱雲伝」に「今の朝廷の大臣、上は主を匡《ただ》すこと能《あた》わず、下は以《もっ》て民を益する亡く、皆尸位素餐なり」とあるのに基づく。

四海兄弟《しかいけいてい》

使い方 世界の人々がすべて兄弟のように親しいということ。「外交には――の心が大切だ」「一視同仁――と云えば、此地球は恰《あたか》も一家の如く、地球上の人民は等しく兄弟の如くにして、其相交るの情に厚薄の差別ある可らず〈福沢諭吉・文明論之概略〉」◆(1)「四海」は、四方の海。転じて、天下、全世界の意。「兄弟」は「きょうだい」に同じだが、漢文では「けいてい」と読む。(2)「四海同胞《しかいどうほう》」「四海皆兄弟」とも。

出典 「論語・顔淵《がんえん》」に、子夏《しか》のことばとして「君子は敬して失うこと無く、人と恭《うやうや》しくして礼有らば、四海の内、皆兄弟なり（＝人を敬って失礼がなく、うやうやしく人と交際して礼を守るならば、世界中がみな兄弟となる）」とあるのに基づく。

四海波静《しかいなみしず》か

使い方 天下が平和に治まっていることのたとえ。「――にて、国も治まる時つ風、…君の恵ぞありがたき〈謡曲・高砂〉」「国際紛争が絶えないが、――とならないものか」「ようやく――の平和が訪れた」◆「四海」は、四方の海。転じて、天下、全世界の意。

誤用 「しかい」を四つの世界（天界・地界・水界・陽界）の意にとって、「四界」と書くのは誤り。

出典 宋の楊万里《ようばんり》の「六合《りくごう》塵《ちり》清《す》み、四海波静か（＝天地の間には塵一つなく、四方の海には立ち騒ぐ波もない）」から。

志学《しがく》

使い方 学問に志すこと。また、十五歳の別称。「天文学に関心を抱いたのは――のときだった」「――にして医師になろうと決意した」◆改まった文で使う。

出典 「論語・為政《いせい》」に、孔子《こうし》がその生涯を回顧して述懐したことばとして「吾《われ》十有五《じゅうゆうご》にして学に志《こころざ》す」とあるのに基づく。

自画自賛《じがじさん》

使い方 自分で自分のことをほめること。「我ながらよくできたと――する」「最高の出来栄えというのもあながち――ではなさそうだ」「有頂天になりすぎて――のそしりを受ける」◆自分の描いた絵に自分で賛を書くことからいう。「じさん」は

「自▼讃」とも書く。誤用「じが」を「自我」と書くのは誤り。

自《じ》家《か》▼撞着《どうちゃく》

使い方 同じ人の言動や文章が前後で食い違うこと。「言うこととすることが——する」「理論が——に陥る」「——の説を振り回す」◆(1)「自家」は、自分自身。「撞着」は、突き当たる意から転じて、つじつまが合わないこと（「話の前後が撞着する」）。「とうちゃく」「どうじゃく」とも読む。(2)「自己撞着」とも。

類表現「矛盾撞着」「自己矛盾」

歯《し》▼牙《が》にも掛《か》けない

使い方 無視して問題にしない。「周囲の思惑［世間のうわさ］など**歯牙にかけない**」「親の心配を——様子で家を出て行く」「彼が昔、鈍物として**歯牙にもかけなかった**その連中の下命を拝さねばならぬことが、往年の儁才《しゅんさい》李徴の自尊心をいかに傷つけたかは、想像に難くない〈中島敦・山月記〉」◆(1)あえて相手にしないことを強調していう。「歯牙」は、歯と牙《きば》。転じて、発声器官である口のこと。取るに足りないこととして口に出して言わないことをいう。「掛ける」は「懸ける」とも書くが、かな書きが一般的。(2)「歯牙にかけるに足りない」とも。

誤用「歯牙にかける」は誤り。「×そんな中傷など歯牙にかけることはない」

▼屍《しかばね》に▼鞭《むち》打《う》つ

⇩死屍《しし》に鞭打つ

自《じ》家《か》薬《やく》▼籠《ろう》中《ちゅう》の物《もの》

使い方 自分の薬箱の中にある薬のように、いつでも自分の思うままに使えるもの。「数百の兵を——とする」「役人を——とするために袖の下を使う」「パソコンを——とする」「——として英語を自在に使いこなす」「難曲を——として見事に弾きこなす」◆(1)「自家」は、自分自身。「薬籠」は、薬を入れておく箱。「自家」を略して「薬籠中の物」とも。(2)古くは人に使ったが、今では多く自分のものとした知識や技芸にいう。

誤用(1)自分の所有する物の意で使うのは誤り。「×今では数千枚のCDが自家薬籠中の物になった」(2)「（自家）印籠中《いんろうちゅう》の物」は誤り。

出典 唐の元澹《げんたん》が、首相の狄仁傑《てきじんけつ》に「私をご使用になっている薬の一つに加えてお使いになってください」と願い出たところ、仁傑は「お前はすでに私の薬籠中のもので、一日も欠かせないものなのだ」と答えたという故事に基づく（「唐書・儒学下・元澹伝」）。

▼鹿《しか》を▽逐《お》う

使い方 帝位・政権などを得るために争うこと。「組閣をめぐって——」「与野党が次期政権をめぐって——」◆(1)「鹿」は帝位のたとえ。主権の争いを狩りに見立てていう。「逐鹿《ちくろく》」「中原《ちゅうげん》に鹿を逐う」とも。(2)「追」も追いかけるの意だが、表記の固定した句なので「おう」を「追う」と書くのは避けたい。

出典 漢の遊説者蒯通《かいとう》が高祖劉邦《りゅうほう》に「秦《しん》其《そ》の鹿を失い、天下共に之《これ》を逐う」と言ったという故事に基づく（「史記・淮陰侯《わいいんこう》列伝」）。

▼鹿《しか》を追《お》う者《もの》は山《やま》を見《み》ず

使い方 利益を追うことに熱中している人はほかのことを顧みなくなることのたとえ。利欲に血迷うことを戒めて使う。「株に手を出すのはいいが、あまり熱くなるとー―になるよ」◆⑴鹿を捕らえることに夢中になって山全体を見ることを忘れ、分け入った深山で危険な目に遭うことからいう。「追う」は「▽逐う」とも書く。⑵「鹿を追う猟師は山を見ず」とも。

補説「鹿を逐う者は兎《うさぎ》を顧みず〈淮南子《えなんじ》・説林訓《ぜいりんくん》〉」は、大きな利益を追い求める者は、小さな利益などは問題にしないことのたとえ。

類表現「獣《けもの》を逐う者は目に太山を見ず〈淮南子・説林訓〉」

敷居《しきい》が高《たか》い

使い方 不義理や面目のないことをしているので、その家に行きにくい。「義理を欠いているので、あの家は――」「先生にはご無沙汰ばかりしているので、つい**敷居が高く**なった」「あの不始末以来**敷居が高く**なって、師匠の家には行けない」◆「敷居」は、門の内外を区切るために敷く横木。

誤用「仕切りが高い」は誤り。

補説 落語などで「敷居が高い」を強調して「敷居が鴨居になる」というのは、「敷居」を障子や襖《ふすま》を開け閉めするために部屋の境に敷く溝のついた横木と誤解したくすぐり。それでは、その部屋だけに入れないことになる。

類表現「合わせる顔がない」

色即是空《しきそくぜくう》

使い方 宇宙間のすべてのものは因と縁によって存在しているだけで、その本質は空であるということ。「金や地位にこだわることはない。すべては――だよ」「夜が更けたのか、中秋の名月はいよいよその光を濃くし、大地は沈んだ青一色に染められていた。諸行無常。そして――といった気分である〈石坂洋次郎・石中先生行状記〉」◆「色」は形に表れたすべてのもの。形は仮の姿(現象)であって、永劫不変《えいごうふへん》の実体ではないとする仏教の根本教理をいう。

誤用「色」を男女の情欲の意に解するのは誤り。

補説「色即是空」を逆に言った語が「空即是色(＝実体のないものが一切の現象をかたちづくる)」。

出典「般若心経《はんにゃしんぎょう》」にある語。

時宜《じぎ》を得《え》る

使い方 時や状況がうまくかなっている。「この企画は**時宜を得て**いる」「その施設の開設は**時宜を得て**いた」「彼はいつも**時宜を得た**発言をする」「これでは**時宜を得た**人事とは言えない」「**時宜を得た**処置として受け入れられる」「**時宜を得た**著書としてベストセラーになる」◆タイミングがよいことをいう。「時宜」は、その時やその場に適していること。

誤用「時宜を得る」の意で「時期《じき》」「時機」を得る」というのは誤り。

四苦八苦《しくはっく》

使い方 ❶仏教で、人生にまつわるすべての苦しみ。「三界六道みなこれ苦なれども、――はことに人間にあり〈存覚法語〉」

❷非常に苦しむこと。「資金繰りに――する」「社長は後継者選びに――している」

◆「四苦」は、生《しょう》・老《ろう》・病《びょう》・死《し》。それに愛別離苦《あいべつりく》(愛する人と別れる苦しみ)・怨憎会苦《おんぞうえく》(憎む人と会う苦しみ)・求不得苦《ぐふとくく》(求めて得られない苦しみ)・五陰盛苦《ごおんじょうく》(五蘊《ごうん》から生じる心身の苦しみ)を加えて八苦という。

◆「地獄《じごく》」を使う成句

板子《いた》一枚下は地獄・聞いて極楽見て地獄・地獄の釜《かま》の蓋《ふた》も開《あ》く・地獄の沙汰《さた》も金次第

地獄《じごく》の▼釜《かま》の▼蓋《ふた》も開《あ》く

使い方 正月と盆の十六日は仕事をやめて休もうということ。「――という正月ぐらい、店を閉めようじゃないか」◆この日は地獄の鬼も亡者を責め苦しめる仕事を休むということからいう。釜ゆでの仕置きは蓋を閉じて行うので、「釜の蓋も開く」はその仕事をしない意。正月と盆の十六日の前後は「藪入《やぶい》り」といって、使用人に休暇を与える習慣があった。

誤用 藪入りだけでは今日の事情にそぐわないからと言って、ほかの休暇の際に使うのは避けたい。「△地獄の釜の蓋も開くというゴールデンウイークだから、どこかへ行きたいね」

地獄《じごく》の▼沙《さ》▼汰《た》も金次第《かねしだい》

使い方 地獄の裁きでさえ金がものを言う。この世は金の力でどうにでもなるというたとえ。「――、金を積めば何とかなるんじゃないか」「訴えられかけたが、大金を積んで解決したそうだ。――だね」◆「沙汰」は、裁定、裁判の意（「追って沙汰する」）。「地獄の沙汰も金」「地獄の沙汰も銭《ぜに》次第」「地獄極楽の道も銭」「地獄極楽金次第」などとも。

類表現 「金が物を言う」

▽獣《しし》食《く》った報《むく》い

使い方 よい思いをした代償として、当然受けなくてはならない悪い報い。また、悪事を犯したために、当然受けなくてはならない報い。「零落したのも――」「――の刑務所暮らし」◆「獣」はけだもの。特に、肉を食用にするシカとイノシシのこと。仏教では獣肉を食べることを禁じていたことからという。昔の人は、禁を犯してうまい肉を口にした以上は、何か悪い報いがあると本気で信じていたのだろう。

誤用 「しし」を「獅子」と書くのは誤り。

類表現 「悪因悪果」「天罰覿面《てきめん》」

▼獅子身中《しししんちゅう》の虫《むし》

使い方 内部にいて恩恵に浴しながら災いをもたらす者や恩を仇で返す者のたとえ。「極秘情報を他社に流した彼らこそ――だ」「組織を改革するにはまず――を退治しなくてはならない」◆本来は、獅子の体に寄生して、ついには獅子を死に至らせる虫の意から、仏徒でありながら仏法を害する者のたとえ。

誤用 「しんちゅう」を「心中」と書くのは誤り。

出典 「梵網経《ぼんもうきょう》」に「獅子身中の虫、自ら獅子の肉を食らい、余外の虫に非《あら》ざるが如し。是《かく》の如く仏子自ら仏法を破り、外道《げどう》・天魔の能《よ》く破壊するに非ず（＝獅子はその身に巣くう虫に食われて死ぬのであって、外からの虫に食われるのではない。そのように悪い仏徒が自ら仏法を破壊するのであって、外道や天魔が仏法を破壊するのではない）」とあるのに基づく。

事実《じじつ》は小説《しょうせつ》よりも奇《き》なり

使い方 実生活で起こる事柄は、巧みに仕組まれた小説よりも不思議で面白いものだ。「信じられないような話だが、**事実は小説より（も）奇なり**だよ」「――を地で行くようなエピソード」「――で、まさかと思うような出来事が現実のものとなった」「――、なんて言う人もあるようですが、誰も知らない事実だって、この世の中あるのです〈太宰治・惜別〉」◆「奇」は、珍しいこと、不思議なことをいう。

出典 イギリスの詩人バイロンの「ドン・ジュアン」にあることば。

英語 Fact [Truth] is stranger than fiction.

死《し》して後《のち》▼已《や》む

⇩倒れて後已む

死《し》▼屍《し》に▼鞭《むち》打《う》つ

使い方 死んだ人の言行を非難する。「この文書を公開すると――ことになる」「いろいろ言いたいこともあるが――ようなことはやめておこう」◆(1)死体に鞭打って生前の恨みを晴らす意から。(2)「屍《しかばね》に鞭打つ」「死者に鞭打つ」とも。また、意味を強めて「死屍を鞭打つ」とも。

出典 中国の春秋時代、父と兄を楚《そ》の平王に殺された伍子胥《ごしょ》は、のちに呉《ご》の軍とともに楚の都郢《えい》を襲ったが、平王はすでに死んでいた。そこで伍子胥は平王の墓をあばき、その屍《しかばね》を三百回鞭打ったという故事に基づく(「史記・伍子胥列伝」)。「復讐の鬼」とは、伍子胥のような人物をいうのであろう。

▼獅《し》子《し》の子《こ》落《お》とし

使い方 自分の子に苦しい試練を課してその才能を試し、りっぱな人間に育てようとすることのたとえ。「――だ。突き放して苦労させてみよう」「子どもはあまり甘やかさないほうがいい。――というじゃないか」◆「獅子は子を谷へ落としてその勢《せい》を見る」とも。

誤用 子をいじめる意にとるのは誤り。「×あの親は獅子の子落としで、子どもをいじめてばかりいる」

出典 獅子は自分の子を深い谷に投げ込み、そこから這《は》い上がってくるものだけを育てるという言い伝えから。「太平記・一六」には「獅子は子を産んで三日を経《ふ》る時、万仞《ばんじん》の石壁《せきへき》より母これを投ぐるに、その獅子の機分《きぶん》あれば、教へざるに中《ちゅう》より身を翻《ひるが》へして、死する事を得ずといへり」とある。

類表現 「可愛い子には旅をさせよ」「親の甘いは子に毒薬」

死者《ししゃ》に▼鞭《むち》打《う》つ

⇩死屍《しし》に鞭打つ

四十《しじゅう》にして惑《まど》わず

使い方 四十歳になったら心が迷うことなく、自分の生き方に確信を持つようになったということ。「――というが、なかなかそうはいかない」◆人の四十歳ということについて形容することば。四十歳を「不惑《ふわく》」というのは、この言に基づく。

誤用 「四十にして迷わず」は誤り。

出典 「論語・為政《いせい》」の中で、孔子《こうし》がその生涯を回顧して述懐したことば。

類表現 「四十にして心動かさず」「四十は分別盛り」

耳順《じじゅん》

⇩六十にして耳順《したが》う

至上命令《しじょうめいれい》

使い方 絶対に従わなくてはならない命令。「上官の――が下る」「売り上げ倍増を――とする」「占領下の日本ではGHQの指令が――だった」「愛するということは人間内部の――だ〈有島武郎・惜みなく愛は奪ふ〉」◆「至上」は、この上ないこと（「至上の喜び」「芸術至上主義」）。
誤用「しじょう」を「史上」と書くのは誤り。
補説「景気回復が至上命題だ」「現在の教育界の至上命題は…」など、達成しなくてはならない最重要課題、取り組むべき最大の問題の意で「至上命題」が使われるが、「命題」は、論理学で「AはBである」などの、真または偽を問う文のこと。「至上命令」と混同した誤用とみなされるものが多い。

地震《じしん》雷《かみなり》火事《かじ》親▽父《おやじ》

使い方 世の中で非常に怖いとされているものを順に並べて調子よく言うことば。「━、それ以上に怖い戦争が起ったなら先《ま》ず山の中へでも逃げ込もう〈太宰治・苦悩の年鑑〉」◆⑴地震・雷・火事という災害に匹敵するほど親父が怖いというのは、家父長制のもとでのこと。「地震雷火事女房」「地震雷火事怨霊」などと、「親父」を怖いと思うものに置き換えて使うのもよいだろう。⑵「親父」は「親▼爺」とも書く。

沈《しず》む瀬《せ》あれば浮《う》かぶ瀬《せ》あり

使い方 人生のうちには悪いときもあればよいときもあるということ。悪いことばかりが続くものではないというたとえ。「一度ぐらいの失敗でくよくよするな。━だ」「━というから、辛抱してチャンスを待ちなさい」◆「瀬」は淵《ふち》も浅瀬もある川の流れの意。人生の局面を瀬に見立てて、その浮沈をいう。「沈めば浮かぶ」とも。
誤用「浮かぶ瀬あれば立つ瀬あり」は誤り。
類表現「禍福は糾《あざな》える縄の如《ごと》し」「塞翁《さいおう》が馬」

◆「死《し》する」を使う成句

朝《あした》に道を聞かば夕べに死すとも可なり・狡兎《こうと》死して走狗《そうく》烹《に》らる・死して後《のち》已《や》む・虎《とら》は死して皮を留め人は死して名を残す

児孫《じそん》のために美田《びでん》を買《か》わず

使い方 子孫のために財産を残すと、それに頼って努力をしなくなるので、財産を残すことはしないということ。「━だ。財産を殖やすつもりはないよ」「退職金はすべて自分の老後の生活に使ったほうがいい。━だよ」◆「子孫のために美田を買わず」「児孫（のため）に美田を残さず」とも。「美田」は、地味のよく肥えた田地のこと。
誤用 子や孫にやたらに物を買い与えるなの意で使うのは誤り。「×いくら孫がかわいくても、何でも買ってやるのはよくない。児孫のために美田を買わずだよ」
出典 西郷隆盛の詩「偶成」に「一家の遺事（＝我が家の家訓）人知るや否や、児孫の為《ため》に美田を買わず」とあるのに基づく。

◆「下（した・か）」を使う成句

板子《いたご》一枚下は地獄・上を下へ・縁の下の力持ち・月下氷人・声の下から・下手《したて》に出る・下に出る・下にも置かない・天は人の上に人を造らず人の下に人を造らず・桃李《とうり》物言わざれども下《した》自ずから蹊《けい》を成す・鼻の下が長い・

柳の下にいつも泥鰌《どじょう》はいない・李下《りか》に冠を正さず

◆「舌（した・ぜつ）」を使う成句

舌が回る・舌先三寸《さんずん》・舌の根の乾かぬうちに・舌を出す・舌を巻く・筆舌《ひつぜつ》に尽くし難《がた》い

◆「従《したが》う（随・順）」を使う成句

老いては子に従え・郷に入《い》っては郷に従え・心の欲する所に従えども矩《のり》を踰《こ》えず・水は方円の器《うつわ》に随う・六十にして耳順う

舌《した》が回《まわ》る

使い方 よくしゃべる。流暢《りゅうちょう》に話す。また、しっかりした発音で、しゃべることができる。「彼は実によく――」「よくあんなに――ものだ」「まだよく**舌が回ら**ない子ども」「その人の説によると小供が**舌が回り**出してから一番早く出る発音がうまうまだそうです〈夏目漱石・野分〉」 ◆「舌」は、発声器官の一部としての舌。さまざまに動いて発音を調節する。

補説 逆に、「舌がもつれる」は、舌が自由に動かなくなって、うまくしゃべれなくなる意。また、盛んにしゃべることは「舌を振るう」という。

舌先三寸《したさきさんずん》

使い方 口先だけの巧みな弁舌。「――でまるめこむ」「――でまがい物を売りつける」「――の世渡りではうまくいくはずがない」 ◆(1)心にもないことを平気で言う弁舌をマイナスに評価していう。「舌先」は、舌の先端。転じて、うわべばかりのことばの意。(2)「舌三寸」とも。

誤用 「口先三寸」は誤り。

親《した》しき中《なか》にも礼儀《れいぎ》あり

使い方 仲のよい間柄であっても、度が過ぎてなれなれしくなるのは避けるべきだ。「――だ。少しは遠慮したほうがいい」「先輩に対してその口の利きようはないだろう。――だ」 ◆(1)親しいからといって遠慮がなくなると、それが不和のもととなることからいう。若者ことばで言えば、いい気になって「ため口」をきくなということ。礼を失することを戒めて使う。(2)「中」は「仲」とも書く。「近しき中にも礼儀あり」とも。

類表現 「親しき中に垣をせよ」「思う仲には垣をせよ」

下手《したて》に出《で》る

使い方 相手に対してへりくだった態度をとる。「**下手に出て**頼み込む」「こっちが――と、すぐいい気になる」「――となめられるから、交渉は毅然とした態度で臨んだほうがいい」 ◆「下手」は、相手より下位にある態度。「下に出る」とも。

誤用 「下手《しもて》に出る」は誤り。

補説 相手に対して高飛車な態度をとることは「上手《うわて》に出る」という。「相手が弱いとみると、すぐ上手に出てくる」

下《した》に出《で》る

⇩下手《したて》に出る

下《した》にも置《お》かない

使い方 非常に丁重にもてなす。「歓待して――」「――もてなし」「期待通りに手紙が来たので、入道は大喜びで、使者を**下**

にも置かずもてなした〈田辺聖子・新源氏物語〉」◆「下座《しもざ》」につかせない意からいう。「下へも置かない」とも。
誤用 ⑴子どもを可愛がる意で使うのは誤り。「× 長男を下にも置かないで大事にしている」
⑵「下」は「下座」の意だが、「下《しも》にも置かない」は誤り。

舌《した》の根《ね》の乾《かわ》かぬうちに

使い方 そのことばを言い終わるか終わらないうちに。「――、またうそをつく」「**舌の根の/も乾かぬうちに**約束をたがえるようでは困る」「もう悪口は言わないと言った――、また人をあしざまにいう」◆平然と前言に反したことを言うときに、それを非難していう。「舌の根」は、舌のつけねの意。「乾かぬうちに」は、「乾かないうちに」とも。
誤用「舌の先の乾かぬうちに」は誤り。

舌《した》を出《だ》す

使い方 ❶陰で相手をばかにするさま。「世辞を言いながら陰で――」「ぺこぺこ頭を下げながら――」
❷失敗したときの照れくささなどを、恥じたりごまかしたりするさま。「照れくさそうに――」「頭をかきながら――」「彼女は失敗に気づくと、首をすくめて**舌を出した**」
◆口から舌を突き出す動作からいう。
補説「あごを出す」は、ひどく疲れて物事を続けるのがいやになる意。

舌《した》を巻《ま》く

使い方 非常に感心して、驚くさま。「巧みな演奏に――」「彼女の才能には――」「電光石火の早技に**舌を巻いた**」「彼の博識には――よ」◆「巻く」は、その一端が内側になるように丸める意。感嘆して、舌がそのようになることからいう。
誤用 ひどくあきれる意で使うのは誤り。「× あまりの出来の悪さに舌を巻いた」

地団駄《じだんだ》を踏《ふ》む

使い方 激しく地を踏んで悔しがったり怒ったりする。「憤慨して――」「勝利を逃したことを知って――」「**地団駄を踏んで**悔しがる」◆「地団駄（地団太）」は「地踏鞴《じたたら》（＝足で踏んで空気を送る大形のふいご）」の転。足で地を何回も踏みつけること。悔しさや憤《いきどお》りがそれだけ激しいことをいう。
補説「雁《がん》が飛べば石亀も地団駄」は、雁が飛べば石亀も飛ぼうとしてじたばたすることで、自分の分際を忘れて、むやみに人のまねをしようとすることのたとえ。

◆「七（しち・なな）」を使う成句

> 色の白いは七難《しちなん》隠す・親の光は七光り・無くて七癖《ななくせ》・七転《ななころ》び八起《やお》き

七十《しちじゅう》にして▼矩《のり》を▼踰《こ》えず

⇩心の欲する所に従えども矩《のり》を踰《こ》えず

死中《しちゅう》に活《かつ》を求《もと》める

使い方 絶望的な境地にあってなお生き延びる道を探し求める。「**死中に活を求めて**難局を打破しなくてはならない」「座して死を待つよりも、**死中に活を求めよう**ではありませんか〈川口松太郎・新吾十番勝負〉」◆⑴「死中」は、死や破滅を待つほかはない絶望的な状態。「活」は、生きること。⑵「死中に生を求める」とも。

誤用「死中に活を入れる」は誤り。

出典「後漢書・公孫述伝」に「男児当《まさ》に死中に生を求むべし。坐《ざ》して窮すべけんや」とあるのに基づく。

十指《じっし》に余《あま》る

使い方 十本の指では数え切れない。十以上である。「関連会社を数え上げれば——」「その欠点を数えたてれば——」「彼がこれまで勤めた会社は——だろう」「——肩書きを持つ名士」「その古都には——名刹がある」◆(1)数え上げていくとかなりの数になることをいう。「十指」は、十本の指。「〜に余る」は、基準となる数値を上回る意。(2)「十指」は「じゅっし」と読まれることもあるが、本来の読み方は「じっし」。

補説「五指」は、「五指に余る功績」などと五つを上回る多数の意で使うほか、「五指にも足りない論文」など少数の意でも使う。片手の指だけで数えきれるということ。

類表現「十指を超える」

失敗《しっぱい》は成功《せいこう》の母《はは》

使い方 失敗すれば反省して、その方法や欠点を改めるので、かえってその後の成功を生み出すもとになる。「一度や二度の失敗でくじけるな。——だよ」「——だ。このしくじりを次の成功につなげよう」◆失敗してもその原因を探ろうとしなければ、同じような失敗をくり返すことになるだろう。「失敗は成功のもと」とも。

誤用「必要は発明の母」と混同して、「失敗は発明の母」とするのは誤り。

英語 Failure teaches success.

疾風迅雷《しっぷうじんらい》

使い方 行動が迅速なことのたとえ。また、事態の変化が急なことのたとえ。「——の快進撃」「——の素早さで、賊を一網打尽にする」◆激しく吹く風と激しい雷の意からいう。

誤用「疾風雷神」は誤り。

補説「疾風怒濤《どとう》」は、激しく吹く風と、激しく打ち寄せる大波。

出典「礼記・玉藻」に「若《も》し疾風迅雷甚雨《じんう》有らば、則《すなわ》ち必ず変ず(＝態度を改めて不測の事態に備える)」とあるのに基づく。

類表現「電光石火」

▼櫛風《しっぷう》▼沐雨《もくう》

使い方 風雨にさらされて苦しみを重ねること。「——の三十年」「——の奮闘が成功をもたらす」◆風で髪をくしけずり、雨で体を洗う意からいう。「風に櫛《くしけず》り雨に沐《かみあら》う」「櫛雨《しっう》」「沐雨櫛風」「櫛風浴雨」「風櫛雨沐《ふうしつうもく》」とも。

誤用「しっぷう」を「疾風」と書くのは誤り。

出典「荘子・天下」に、墨子《ぼくし》のことばとして「甚雨《じんう》に沐《もく》し、疾風に櫛る」とあるのに基づく。

類表現「艱難辛苦《かんなんしんく》」

▼尻▽尾《しっぽ》を出《だ》す

使い方 隠していたごまかしや悪事が露見する。「誘導尋問に引っ掛かって——」「証拠を突きつけられてついに**しっぽを出した**」「このまま泳がしておけば、犯人は油断して——かも知れない」「老獪《ろうかい》な男だからなかなか**しっぽを出さ**ないだろう」◆うまく化けたつもりの狐《きつね》や狸《たぬき》がしっぽを出して正体を見破られることからいう。

誤用 善行などが表にあらわれる意で使うのは誤り。「×匿名で寄付を続けていた人がようやくしっぽを出した」

類表現「尻《しり》が割れる」「馬脚を露わす」「化けの皮がはがれる」

▼尻《しっ》▽尾《ぽ》を▼掴《つか》む

使い方 悪事やごまかしの証拠を押さえる。「尾行を続けて犯人の――」「囮《おとり》捜査をして麻薬密売の――」「あの男はしっぽをつかまれるようなへまはしないだろう」◆化けた狐《きつね》や狸《たぬき》の尻尾をつかんで正体をあばく意からいう。

誤用 善行などを明らかにする意で使うのは誤り。「×隠れて支援してくれた人のしっぽをつかんだ」

▼尻《しっ》▽尾《ぽ》を巻《ま》く

使い方 勝ち目がないことを認めて従順になる。降参する。「反撃を許さない猛襲に――」「投げ飛ばされ、そのましっぽを巻いて逃げる」「一喝《いっかつ》され、しっぽを巻いて逃げ出す」◆喧嘩《けんか》に負けた犬は尻尾を巻いておとなしくなることから、立ち向かおうとする気持ちをなくすことをいう。

誤用「舌を巻く」と混同して、感嘆する意に使うのは誤り。「×見事な技に見ほれてしっぽを巻く」

死人《しにん》に口《くち》無《な》し

使い方 死者は何も語れないので、証言することも釈明することもできないということ。「目撃者は消してしまえ。――だ」「――で、真相は永遠の謎となった」「都合が悪くなると――とばかりに、すべて亡くなった人のせいにする」◆「口」はものを言うこと。口の利けない死者は生者の意のままに利用されやすい。大切なことはしっかりと記録に残しておくべきだろう。

誤用「死体[死骸]に口無し」は誤り。

▼鎬《しのぎ》を削《けず》る

使い方 激しく争う。「実力伯仲の両軍が――」「優勝杯をめぐって両チームはしのぎを削った」「与野党が――激戦区」◆「鎬」は、刀身の刃と峰との間を一直線に走る、やや高くなった部分。互いの刀の鎬を削り合うほど激しく切り合う意からいう。

誤用 相手を凌《しの》ごうとして争う意にとって、「しのぎ」を「凌ぎ」と書くのは誤り。また、「篠木」と書くのも誤り。

死《し》は▼或《ある》いは泰山《たいざん》より重《おも》く▼或《ある》いは▼鴻毛《こうもう》より軽《かる》し

使い方 人は命を重んじて犬死にしないようにすべき場合もあり、また命を軽んじて潔く死ななければならない場合もある。命を惜しむか否かは、その死が義にかなうか否かによるということ。「――、死とはそれほどに重い意味を持つということだ」「――というように、義のためには命を捨てなくてはならないこともある」◆「泰山(太山)」は中国山東省にある名山。「鴻毛」はオオトリの羽毛で、きわめて軽いもののたとえ。「泰山鴻毛」とも。

誤用「たいざん」は「太山」とも書くが、「大山」と書くのは誤り。

補説 軍人勅諭に、「義は山岳よりも重く、死は鴻毛よりも軽しと覚悟せよ」とある。

出典 司馬遷《しばせん》の「任少卿《じんしょうけい》に報ずるの書」に、「人固《もと》より一死有り、死は或いは太山より重く或いは鴻毛より軽きは用の趨《おもむ》く所(=死に方)異なればなり」と

し

あるのに基づく。

死馬《しば》の骨《ほね》を買《か》う

使い方 すぐれた者を集めるために凡人を優遇することのたとえ。また、人材を求めるのに熱心なことのたとえ。「人材を確保するためには――ことも辞さない」「あの企業は――ことで経営陣を充実させた」◆「死馬の骨を五百金で買う」とも。

誤用 つまらない人物ばかり集める意で使うのは誤り。「×採用試験を厳しくして、死馬の骨を買わないようにしたい」

出典 一日に千里を走る名馬を求めに出た使者が、死んだ名馬の首を五百金で買って帰った。王が「死んだ馬に五百金も払うとは何事か」と怒ると、使者は「死んだ馬にさえ五百金払うというなら、生きた馬ならなおさら高く買うと世間は思い、王は馬の値打ちがわかるという評判が立って、名馬は自然に集まるでしょう」と答え、その後一年も経たぬうちに、千里を走る名馬が三頭も集まったという故事に基づく(「戦国策・燕《えん》」)。燕の昭王の「どうしたら賢者を招くことができるか」という問いに対して、郭隗《かくかい》がこの寓話《ぐうわ》を話した。⇩隗《かい》より始めよ

自腹《じばら》を切《き》る

使い方 あえて負担しなくてもよい経費を自分の金で支払う。「取材費が限られているので食事代などは――ことになる」「**自腹を切**って顧客を接待する」「部長が**自腹を切**って部員の慰労会を開く」

◆本来ならば私費でまかなわなくてもよい出費についていう。「自腹」は、自分の持っている金銭の意。

誤用 「自腹を払う」は誤り。

類表現 「身銭を切る」

▼痺《しび》れが切《き》れる

使い方 ❶長く座っていたために足の感覚がなくなる。「長時間正座していたので**しびれが切れた**」「**しびれが切れて**立ち上がれなかった」❷あまり長く待たされて我慢できなくなる。「遅すぎる。いい加減、**しびれが切れた**よ」

◆「痺れ」は一時的な血行障害によって起こる。「しびれを切らす」とも。

誤用 足以外の部位について使うのは誤り。「重い荷物を持ち続けたので×右腕にしびれが切れた/○右腕にしびれがきた/○右腕がしびれた」

補説 「しびれ京へ上《のぼ》れ」は、しびれを治そうとして唱える呪《まじな》いのことば。

▼痺《しび》れを切《き》らす

使い方 ❶長く座っていたために足の感覚をなくす。「床の上に座っていて**しびれを切らした**」❷あまり長く待たされて我慢できなくなる。待ちきれなくなる。「**しびれを切らし**て先に行く」「連絡がないので、**しびれを切らし**て電話をかけてみた」

◆「切らす」は、切れた状態にする意。「痺れが切れる」とも。

誤用 「しびれを切る」は誤り。

私腹《しふく》を肥《こ》やす

使い方 公の地位や立場を利用して自分の財産をふやす。「賄賂《わいろ》を受け取って――」「職権を濫用して――」「工場誘致にからんで**私腹を肥やし**た政治家」

◆⑴地位や職権を悪用する行為をいう。「私腹」は自分の財産・利益。⑵「腹を肥やす」とも。

誤用 「自腹《じばら》を肥やす」は誤り。

◆「絞《しぼ》る」を使う成句

油を絞る・袖《そで》を絞る・袂《たもと》を絞る

四面《しめん》▼楚歌《そか》

使い方 四方を敵に囲まれ、助けもなく孤立すること。周囲の者が反対者ばかりであること。「──の憂き目にあう」「賛成者は皆無という──の状態」「みんなから責められて──だよ」

誤用 味方が少しでもいる場合に使うのは誤り。また、そのような状態を「三面楚歌」などとはしない。「× 住民の半数近くが反対なので市当局は四面楚歌だ」

出典 楚《そ》の項羽《こうう》が垓下《がいか》（現在の安徽《あんき》省霊璧《れいへき》県の南東）で漢の劉邦《りゅうほう》に包囲されたとき、深夜、四面の漢軍が盛んに楚の歌をうたうのを聞いて、楚の民はすでに漢に降伏したのかと驚き嘆いたという故事に基づく（「史記・項羽本紀」）。この後、項羽は愛する虞美人《ぐびじん》と永遠の別れの宴を催し、悲歌慷慨《ひかこうがい》して「虞や虞や若《なんじ》を奈何《いかん》せん」とうたったと伝えられている。⇩抜山蓋世《ばつざんがいせい》

類表現「孤立無援」

釈▽《しゃ》▼迦《か》に説法《せっぽう》

使い方 知り尽くしている人に教えを説く愚かさのたとえ。「ベテランの君にこんなことを言うのは──だろうが、ひとこと言わせてくれ」「先輩にこんなことを申し上げるのは──でした」「あなたの御身体はあなたお一人のものではございません。と──を申します〈武者小路実篤・愛と死〉」

◆(1)仏教の開祖である釈迦牟尼《しゃかむに》に仏法を説く意からいう。「釈迦に経」とも。

(2)釈迦にたとえたことばなので、自分について言うと傲慢《ごうまん》な印象を与えるので注意が必要。「私にゴルフの手ほどきをするなんて──だよ」

誤用「馬の耳に念仏」などと混同して、人の意見や忠告などを聞き流す意に使うのは誤り。「× 無知な彼に説教しても釈迦に説法だよ」

類表現「孔子に学問[論語・悟道]」

弱肉強食《じゃくにくきょうしょく》

使い方 弱い者が強い者のえじきとなること。また、弱い者の犠牲によって強い者が繁栄すること。「──は世の習い」「──の競争原理」「資本主義社会は──を当然とする社会でもある〈石川達三・青春の蹉跌〉」 ◆禽獣《きんじゅう》の世界では弱者の肉を強者が食物とすることからいう。

誤用「弱者強食」は誤り。

出典 韓愈《かんゆ》の「浮屠《ふと》文暢《ぶんちょう》師を送るの序」に、「弱の肉は彊（＝強）の食なり」とあるのに基づく。

▼癪《しゃく》に障《さわ》る

使い方 腹が立つ。腹立たしくて気持ちがむしゃくしゃする。「ことごとく反論するのが──」「あの小生意気な顔を見るだけで──」「あんまりしゃくに障ったから蹴飛ばしてやった」「横柄な口の利きようがしゃくに障ってならない」「みんなの前で恥をかかされたのがしゃくに障ってたまらない」 ◆「癪」は、腹立たしくて気持ちがむしゃくしゃすること（「しゃくなことを言う」）。「さわる」は「触る」とも書くが、気分を害する意ではふつう「障る」と書く。

類表現「癇《かん》に障る」

斜《しゃ》に構《かま》える

使い方 ❶剣道で、刀などを斜めに構える。「片足を引いて――」「斜に構えて相手の動きを誘う」
❷しっかりと身構える。また、改まった態度をとる。「傾聴しようとして――」「そう斜に構えられては話がしづらい」「斜に構えて相手の出方を待つ」
❸まともに対応しないで、皮肉やからかいの態度で臨む。「世間に対して――」「斜に構えた態度で世渡りをする」
誤用「斜めに構える」は誤り。
類表現「はすに構える」

蛇《じゃ》の道《みち》は蛇《へび》

使い方 同類の者は互いにその方面の事情に通じていることのたとえ。「――、彼らの手の内はすっかりお見通しだ」「――で、彼らは脱税の手口を知り尽くしている」「――だから、探索は密偵に任せておこう」◆(1)大蛇《だいじゃ》の通る道は小蛇《こへび》がよく知っている意からとも、ヘビの通った道は他のヘビもよく知っている意からともいう。(2)「蛇《じゃ》の道は蛇《へび》が知る」とも。
誤用「へびの道はへび」と読むのは誤り。

蛇《じゃ》は一寸《いっすん》にして人《ひと》を呑《の》む

使い方 すぐれている人は幼いときから常人とは違ったところがあることのたとえ。「――というが、この子の感受性は並はずれて鋭い」「――気が有る。文三の眼より見る時はお勢は所謂女豪の萌芽だ〈二葉亭四迷・浮雲〉」◆(1)わずか一寸ほどのヘビでも人を呑むほどの気迫がある意からいう。(2)「蛇は一寸にしてその気を得る」「蛇は一寸にしてその気[兆]あり」とも。
誤用「蛇」を「へび」と読み、「のむ」を「飲む」と書くのは避けたい。
類表現「栴檀《せんだん》は双葉より芳《かんば》し」「竜は一寸にして昇天の気あり」「虎子《こし》地に落ちて牛を食らうの気あり」

◆「十(じゅう・じっ・とお)」を使う成句

一から十まで・一を聞いて十を知る・五風十雨・十指《じっし》に余る・十目《じゅうもく》の視《み》る所十手《じっしゅ》の指す所・十で神童十五で才子二十過ぎては只《ただ》の人

衆《しゅう》寡《か》敵《てき》せず

使い方 少人数では多人数に勝つことができないということ。「――だ。ここはひとまず退却しよう」「――で、全員城を枕に討ち死にした」◆(1)「衆寡」は多数と少数。「衆に寡は敵せず」の意。「敵する」は、敵として対抗する意。(2)「寡は衆に敵せず」とも。
誤用「てきせず」を「適せず」と書くのは誤り。
出典「三国志・魏志・張範伝」に、「今卓を誅せんと欲するも、衆寡敵せず(＝今董卓《とうたく》を攻め滅ぼそうとしても、少人数では多人数にかなわない)」とあるのに基づく。
類表現「多勢《たぜい》に無勢《ぶぜい》」

秋霜烈日《しゅうそうれつじつ》

使い方 刑罰・権威などが厳しくおごそかであることのたとえ。「――の裁定を下す」「――の如き論告」「――の気迫がみなぎる」◆秋の冷たい霜と夏の強い日の意からいう。秋冷の候に降りる霜は、厳寒の候に降りる霜よりも厳しく感じられる。

誤用「れつじつ」を「裂日」と書くのは誤り。

重箱《じゅうばこ》の隅《すみ》を▼楊枝《ようじ》でほじくる

使い方 非常に細かいことにまで口うるさく言うことのたとえ。「――ように干渉する」「――ように小うるさく言う」「――ような穿鑿《せんさく》はするな」◆「重箱の隅をつつく」とも。「重箱」は料理を詰める箱形の容器。その四隅には詰めた食べ物がこびりつきやすい。

誤用「重箱の角《かど》を楊枝でほじくる」「重箱の隅を爪楊枝《つまようじ》でつつく」「重箱の角をつつく」などとするのは誤り。

補説 些細なことは干渉しないで大目に見たほうがよいということは「重箱の隅は杓子《しゃくし》で払え」という。

愁《しゅう》▼眉《び》を開《ひら》く

使い方 心配ごとがなくなってほっとする。「疑いが晴れて――」「全員無事の報に――」「容態が持ち直したので**愁眉を開いた**」◆「愁眉」は、心配してしかめるまゆ。転じて、心配そうな顔つきをいう。「開く」は、寄せていたまゆをほっとしてあけ広げる意。

誤用「愁眉が消える」「愁眉が晴れる」は誤り。

補説「秀眉《しゅうび》」は、(男性の)形の整った美しいまゆ、「柳眉《りゅうび》」は、(佳人の)柳の葉のように細くて美しいまゆのことをいう。

類表現「眉《まゆ》を開く」

十目《じゅうもく》の▽視《み》る所《ところ》 十手《じっしゅ》の指《さ》す所《ところ》

使い方 多くの人の判断や評価が一致するところ。「日本の外交は生ぬるいというのが――である」「――では、現行の裁判制度そのものに問題があるということだ」◆「十目」は多くの人の見る目、「十手」は多くの人の指さす手。「みる」は「見る」とも書く。「十手《じっしゅ》」は「十指《じっし》」とも。

誤用「十手」を「じって」「じゅって」と読むのは誤り。

出典「大学」に曾子《そうし》のことばとして「十目の視る所、十手の指《ゆびさ》す所、其《そ》れ厳なるかな(＝多くの人の指摘批判は厳正である)」とあるのに基づく。

柔《じゅう》▽能《よ》く剛《ごう》を制《せい》す

使い方 しなやかなものがかたいものの矛先《ほこさき》をそらし、結局は勝つことになる。柔弱な者が、かえって剛強な者に勝つということ。「強硬な手段はとらないほうがいい。――だよ」「――というから、相手がおとなしそうだからといって侮《あなど》らないほうがいい」

◆(1)「能」は、動詞の前に置いて能力の点で可能である意を表す助字。(2)相撲・柔道などで、力と技を対比させて使うこともできる。「――か、剛よく柔を制するか」

誤用「よく」を「良く」と書くのは避けたい。

出典 古代中国の兵法書「三略」に、「柔能く剛を制し、弱能く強を制す」とある。「軍讖《ぐんしん》(＝戦についての予言書)」から引用された句で、「三略」はそれに続けて「柔は徳で、剛は賊である。弱は人が助け、強は人が攻撃するものである」と説く。

類表現「柔《じゅう》剛《ごう》に勝つ」「柔弱《じゅうじゃく》は剛強に勝つ〈老子・三六〉」

雌雄《しゆう》を決《けっ》する

使い方 勝敗を決める。決着をつける。「この一戦に――」「両軍が――白熱戦を演じる」「両者はいずれ――日を迎えるだろう」「日本海海戦が日露戦争の━━一戦となった」◆「雌雄」は、弱いものと強いもの。転じて、勝敗・優劣。
【誤用】「雌雄《めすおす》を決める」は誤り。
【出典】「史記・項羽本紀」に「願わくは漢王と戦いを挑み、雌雄を決せん（＝ぜひとも漢王に戦いを挑んで勝敗をつけたいものだ）」とあるのに基づく。

首《しゅ》▼鼠《そ》両端《りょうたん》
【使い方】どちらにすべきか心を決めかねていること。日和見《ひよりみ》であること。「━━して一向に事を決しない」「昨日は右、今日は左と、ただ強力なものにつこうとする━━の態度」◆(1)「首鼠」は、穴から首を出して辺りのようすをうかがっているネズミ。「両端」は、どっちつかずの態度をいう。一説に、「首鼠」は「進退」の意の古語という。(2)「首鼠両端を持《じ》す」の形も多い。「首鼠両端を持して、態度を決めかねている」
【誤用】「首鼠極端」は誤り。
【出典】「史記・魏其武安侯《ぎきぶあんこう》列伝」などに見られる。

酒池肉林《しゅちにくりん》
【使い方】酒・肉をふんだんにそろえた、非常にぜいたくな酒宴のこと。「━━にふける」「━━の奢《おご》りをきわめる」「贅《ぜい》を尽くした宴は━━の趣を呈した」
【誤用】「肉林」の「肉」を女体の意に解するのは誤り。「✕女性ばかりに囲まれた酒宴はまさに酒池肉林」
【出典】「史記・殷本紀」に「酒を以《もっ》て池と為《な》し、肉を県《か》けて林と為し、男女をして倮《ら》して（裸にして）、その間を相逐《お》わしめ、長夜の飲を為す」とある。殷《いん》の最後の王である紂王《ちゅうおう》にまつわる故事だが、こうした淫蕩《いんとう》歓楽の果てに殷王朝は滅びたという。

出《しゅつ》▼藍《らん》の誉《ほま》れ
⇨青《あお》は藍《あい》より出《い》でて藍より青し

朱《しゅ》に交《まじ》われば赤《あか》くなる
【使い方】人は交わる相手によって善人にも悪人にもなるということ。「━━というが、素行が改まらないのは仲間が悪いからだよ」「成績が落ちてきたのは友だちのせいだろう。━━だ」「━━の道理で、剣道修業者に交わっていると、いつの間にか武士らしい心持になるのです〈川口松太郎・新吾十番勝負〉」◆「朱」は黄を帯びた赤色。人が環境に支配されやすいことをいうが、現在では「朱」を悪い環境にたとえることが多い。
【誤用】「朱に交ざれば赤くなる」「朱に交われば赤になる」「朱に交われば朱色になる」などは誤り。
【類表現】「麻《あさ》の中の蓬《よもぎ》」は、もっぱらよい環境がよい人を作るたとえに使う。

春秋《しゅんじゅう》に富《と》む
【使い方】年が若く、将来が長い。「━━若者たち」「━━諸君の未来は洋々として果てしない」◆「春秋」は春と秋の意から転じて、歳月・年月の意。
【誤用】「春秋」を「はるあき」と読むのは誤り。
【補説】すでに老年に達していることは、「春秋高し」という。
【出典】「史記・曹相国世家」に「天下初めて定まり、悼恵王は春秋に富む」とあるのに基づく。

春秋《しゅんじゅう》の筆法《ひっぽう》
【使い方】経書「春秋」の表現法のように、批判の態度が公正で厳しいこと。また、間接的な関係にある原因と結果を直接的に結びつけて批判する手法。「━を以《もっ》て褒めたり謗《そし》ったりしなくてはならない〈森鷗外・灰燼〉」「━によって政界を切る」「━をもってすれば、マスコミの一方的な報道が、時として加害者を被害者にしているとも言えるだろう」◆「春秋」は中国の春秋時代、魯《ろ》の隠公《いんこう》元年（前七二二）から哀公《あいこう》十四年（前四八一）までの出来事を編年体でまとめた歴史書。この史書は、魯《ろ》の史官の遺した記録に孔子《こうし》が自らの思想を託し、歴史に対する厳正で鋭い批判を含めた筆法で書き改めたものと伝えられる。

誤用 「春秋」を「はるあき」と読むのは誤り。また、「春秋の説法」は誤り。

春宵一刻▽直千金《しゅんしょういっこくあたいせんきん》

使い方 春の夜は趣が深く、そのひとときは千金の価値があるということ。「まさに━、忘れがたい夜となった」◆春の夜の素晴らしさに感興を催したときなどにいう。「直」は「値」と同じ意味。「春宵一刻値千金」とも書くが、詩を引用するときは「直」としたい。

出典 北宋の蘇軾《そしょく》の「春夜の詩」に「春宵一刻直千金、花に清香《せいこう》有り月に陰有り、歌管《かかん》楼台《ろうだい》声細細《さいさい》、鞦韆《しゅうせん》院落《いんらく》夜《よる》沈沈《ちんちん》（＝花はよい香りを放ち月はおぼろにかすむ。高殿の歌声や管弦の音色も次第にか細くなり、中庭のぶらんこで遊ぶ佳人もいなくなって夜が更ける）」とあるのによる。華やぎのあとの寂寞《せきばく》が、かえって春宵の価値を高めているのだろう。

春眠暁《しゅんみんあかつき》を覚《おぼ》えず

使い方 春の夜は寝心地がよいので、朝になったことにも気づかないで、つい寝過ごしてしまう。「アラームが鳴ったのも知らなかった。━だね」「いくら━の候でも、昼過ぎまで寝ているのはどうかと思うよ」

誤用 いかに心地よく朝寝をむさぼろうとも、春の季節以外には使えない。

出典 唐《とう》の孟浩然《もうこうねん》の詩「春暁《しゅんぎょう》」に「春眠暁を覚えず、処処啼鳥《ていちょう》を聞く、夜来《やらい》風雨の声、花落つること知る多少ぞ（＝目が覚めるとあちこちから鳥の鳴き声が聞こえてくる。昨夜は風雨が強かったが花はどれほど散ったであろうか）」とあるのによる。

◆「将《しょう》」を使う成句

一将功成りて万骨《ばんこつ》枯る・将を射んと欲すれば先《ま》ず馬を射よ・敗軍の将は兵を語らず・勇将の下《もと》に弱卒なし

小異《しょうい》を捨《す》てて大同《だいどう》に就《つ》く

使い方 意見に小さな違いはあっても大勢の支持する意見に従う。「改革を求めるなら━心構えが大切だ」「━という気持ちで話し合わなくてはこの交渉はまとまらない」◆「小異を捨てて大同を取る」とも。「小異」は、わずかに違うこと、「大同」は、ほぼ同じであること。

補説 「大同小異」は、細部の違いはあるが、全体的にはほぼ同じであることをいう。

商鑑遠《しょうかんとお》からず

⇨殷鑑《いんかん》遠からず

盛者必衰《じょうしゃひっすい》

使い方 栄華を極めている者も必ず滅び

る運命にあるということ。「━は世の習い」「いつまでもあの会社の独占が続くわけはないでしょう。━の理《ことわり》といいますから」◆この世の無常をいうことば。「盛者」は、「しょうじゃ」「しょうしゃ」「じょうじゃ」とも読む。
誤用「生者必滅」と混同して「盛者必滅」とするのは誤り。
出典「仁王経《にんのうぎょう》」に「盛者は必ず衰え、実者は必ず虚し」とあるのに基づく。
類表現「驕《おご》る平家は久しからず」「驕れる者(も/は)久しからず」

生者必滅《しょうじゃひつめつ》
使い方 生あるものは必ず死ぬということ。「━の道を説き聞かして、もしもの変が起った時取り乱さない位の覚悟をさせるのも、夫の妻に対する義務ではあるまいかと考え出した〈夏目漱石・吾輩は猫である〉」「第一に、諸行無常━、この老人、いつくたばるかわからん〈南條範夫・無頼武士道〉」◆この世の無常をいうことば。「会者定離《えしゃじょうり》」と対で用いることも多い。
誤用「盛者必衰」と混同して「生者必衰」とするのは誤り。

類表現「生き身は死に身」

照準を合わせる《しょうじゅんをあわせる》
使い方 射撃で、弾丸が目標に命中するようにねらいを定める。また、一般にねらいを定める。「標的に━」「敵国の基地にミサイルの━」「ワールドカップに**照準を合わせて**練習に励む」「米国が日本に**照準を合わせて**市場開放を求める」「オリンピックに**照準を合わせて**競技場の竣工《しゅんこう》を急ぐ」◆目標や意図を明確にすることをいう。「照準」は、銃身・砲身を動かして的を合わせる操作。
誤用「標準を合わせる」は誤り。

小人閑居して不善をなす《しょうじんかんきょしてふぜんをなす》
使い方 小人物は暇ができると、とかく悪事に走りやすいということ。「定年後は競馬場通いか。━だね」「━というから、遊び暮らすのは考えものだよ」◆「小人」は「君子」に対する語で、人徳・教養のない人。「閑居」は、することがなくて、何もしないまま日を送ること。「不善」は、道徳上好ましくないこと。
誤用 (1)「小人」を「しょうにん」と読むのは誤り。(2)「ふぜん」を「不全」と書くのは誤り。
出典「大学」に「小人間居《かんきょ》して不善を為《な》すこと、至らざる所なし」とあるのに基づく。「間居」は、仕事がなくて暇でいる意。今はもっぱら「閑居」と書く。

上手《じょうず》の手《て》から水《みず》が漏《も》れる
使い方 どんな名人上手といわれる人でも失敗することはあるというたとえ。「名人のあの一手は失着《しっちゃく》だった。━だね」「━というが、絶好球を続けて見逃すとは思わなかったよ」「━というから、油断をするな」◆(1)「上手」は、そのことに巧みな人の意。江戸時代、囲碁・将棋で、七段の免状をもつものを「上手」と称し、九段を「名人」と称した。(2)「巧者の手から水が漏れる」とも。
誤用「上手の腕から水が漏れる」は誤り。
類表現「猿も木から落ちる」「弘法にも筆の誤り」「釈迦《しゃか》も経の読み違い」「河童の川流れ」「天狗《てんぐ》の飛び損ない」「千慮の一失」

掌中の▽珠《しょうちゅうのたま》
使い方 最も大切にしているもののたと

え。また、最愛の子のたとえ。「わが子を━━のようにいつくしみ育てる」「━━の如《ごと》く愛《め》でいつくしんでいる娘」「最愛の子を亡くし、━━を奪われたような思いだ」◆⑴手の中に大切に持っている玉の意からいう。「掌中の珠」は、しばしばかけがえのない人間の愛にたとえられてきた。⑵「掌上の玉」とも。

誤用 「手中の玉」は誤り。

出典 晋《しん》の傅玄《ふげん》の「短歌行」には「昔君我を視《み》ること、掌中の珠の如《ごと》し。何の意か一朝にして、我を溝渠《こうきょ》に棄つるや」とある。

少年《しょうねん》老《お》い▽易《やす》く学《がく》成《な》り難《がた》し

使い方 若いと思っているうちにすぐ年を取ってしまうが、学問は容易には修めがたい。寸暇を惜しんで勉学に励めということ。「いつでも勉強できるなどと高を括《くく》ってはいけない。━━だよ」

誤用 「少年」は年少の子どもの意で、年少の男子だけを指すのではない。

補説 「少年学ばざれば老後に知らず」は、若いときにしっかり学んでおかないと、ものを知らないために老年になって苦労するということ。

出典 朱熹《しゅき》の「偶成《ぐうせい》の詩」に、「少年老い易く学成り難し、一寸の光陰軽んずべからず、未だ覚めず池塘《ちとう》春草の夢（＝少年時代のはかない夢）、階前《かいぜん》の梧葉《ごよう》已《すで》に秋声」とあるのに基づく。

少年《しょうねん》よ大志《たいし》を抱《いだ》け

使い方 若者は大きな志をもって人生の道を進めということ。「社会に旅立つ学生たちに━━のことばを贈る」◆のびのびと大志（大望・野心）をもてと若者を励まして使う。

出典 札幌農学校（現北海道大学農学部）の初代教頭だったアメリカの教育家W・S・クラークが、学生との別れに際して述べたということば、**Boys, be ambitious for the attainment of all that a man ought to be.**（少年よ、かくあらんと思うすべてのことを達成するために貪欲であれ）に基づく。

小《しょう》の虫《むし》を殺《ころ》して大《だい》の虫《むし》を助《たす》ける

使い方 大事のために小事を犠牲にすること。「この際、営業成績の悪い支店は閉業しよう。━━だ」「━━で、多少の人員整理はやむを得ない」◆⑴あまり重要でない一部を犠牲にしても、全体を生かす方がよいという教え。「大の虫を生かして小の虫を殺す」とも。⑵明らかにそれとわかる人を小の虫にたとえるのは避けたい。

類表現 「小を捨てて大に就《つ》く」「一殺多生《いっせつたしょう》」

勝負《しょうぶ》は時《とき》の運《うん》

使い方 勝つか負けるかはその時の運によるもので、強い者が必ず勝つとは限らない。「━━、戦ってみなくてはわからない」「━━というが、優勝候補が緒戦で敗退するとは思わなかった」「━━とはいうものの、何とか勝ちたいものだ」◆⑴勝ちにも負けにも絶対はないことをいう。「勝負」は、勝ち負け。「運」は、人の力ではどうにもならないめぐりあわせ。⑵「勝敗《しょうはい》は時の運」「成敗《せいはい》は時の運」とも。

将《しょう》を射《い》んと欲《ほっ》すれば▽先《ま》ず馬《うま》を射《い》よ

使い方 大きな目標を達成するためには、対象に直接当たるより、その周辺の問題から片づけていくほうがよい。「あの地域に工場を建てるなら、——というから、行政に諮《はか》る前に住民の支持を得る方がいい」「あの社長を口説こうとするなら、まず秘書課長に接近すべきだろう。——だよ」◆(1)敵の大将を射ようとするなら、まずその乗っている馬を射て、その後で大将を射よの意からいう。「将を射んとせば先ず馬を射よ」「将を得んとせば馬を射よ」「人を射るには先ず馬を射よ」とも。(2)公然と人を馬にたとえると失礼に当たるので、使用には注意が必要。

出典 唐の詩人杜甫《とほ》は「前出塞《ぜんしゅっさい》」の詩」の中で、「人を射るには先ず馬を射よ。敵を擒《とりこ》にせば先ず王を擒にせよ」と詠んでいる。

類表現 「外堀を埋める」

諸行無常《しょぎょうむじょう》

使い方 この世に存在する一切のものは常に変転して生滅し、永久不変なものはまったくないということ。「祇園精舎の鐘のこゑ、——のひびきあり〈平家物語・巻一〉」「——の思いを深くする」◆仏教の根本思想の一つ。

誤用 「むじょう」を「無情」「無上」と書くのは誤り。

出典 宋代の仏教書「景徳《けいとく》伝灯録」によれば、釈迦牟尼《しゃかむに》が沙羅双樹《さらそうじゅ》の下で入滅するときに説いたことばとされる。「涅槃経《ねはんぎょう》」にある「諸行無常、是生滅法《ぜしょうめっぽう》、生滅滅已《しょうめつめつい》、寂滅為楽《じゃくめついらく》」の四句の偈《げ》(＝仏の力を称える韻文体の経文)のことを「諸行無常偈(雪山偈《せっせんげ》)」という。

食指《しょくし》が動《うご》く

使い方 物を食べたくなる。転じて、ある物事をしてみようという気になる。「胃が疲れているせいか中華料理には**食指が動かない**」「テレビのお笑い番組にはあまり**食指が動かない**」「格安のツアーなので、思わず**食指が動いた**」◆「食指」は人さし指のこと。

誤用 (1)「食欲」と同意の「食思」との混同で、「食指をそそる」とするのは誤り。(2)「食指が動く」「触手《しょくしゅ》を伸ばす」は混同されやすいが、「触手」は無脊椎《むせきつい》動物がもつ糸状の突起で、「伸ばす」のはこちら。「食指を伸ばす」は誤り。「×彼の誘いに食指が伸びた」

出典 鄭《てい》の公子宋は、その食指が動くと必ず珍しいご馳走にありついたという故事に基づく(「春秋左氏伝・宣公四年」)。

触手《しょくしゅ》を伸《の》ばす

使い方 欲しいものを得ようとして相手に近づく。「製粉会社が外食産業に——」「A銀行がB銀行に合併の——」「国境に兵を集結させて侵略の——」「いたるところに**触手を伸ばして**情報を収集する」◆目標に向けてゆるやかに行動にうつすことをいう。「触手」は、無脊椎動物の体の前端や口の周辺にある糸状またはひも状の突起。それを伸ばして食物を捕らえる。

誤用 「食指《しょくし》が動く」と混同した、「触手を動かす」は誤り。「×海外市場に触手を動かす」

類表現 「手を伸ばす」

初心《しょしん》忘《わす》るべからず

使い方 物事を始めたころの謙虚で真剣な気持ちを忘れてはならないということ。「役柄に不満を漏らすなんてまだおこがましい。——だ」「ちょっと上達したからといっていい気になってはいけない。——

だよ」「この成功におごることなく━━で頑張りたい」◆⑴元来は能楽《のうがく》の芸の修練について述べたものだが、あらゆる分野で通用する至言だろう。⑵「忘る」は、「忘れる」の文語形。文語体の句なので「初心忘れるべからず」とするのは避けたい。

出典 世阿弥《ぜあみ》の「花鏡《かきょう》」に「当流に万能《まんのう》一徳《いっとく》の一句あり。初心不可忘《わするべからず》」とあるのに基づく。

▼蜀犬《しょっけん》日《ひ》に▼吠《ほ》ゆ

使い方 無知であるために当然のことにまで疑いを抱くことのたとえ。また、識見が狭いために疑い深く、賢人のすぐれた言行を怪しんで非難することのたとえ。「そこまで人を疑うのは━━の類だろう」「━━とも言うべき見当はずれの批判」◆「蜀」は現在の四川《しせん》省、特に成都《せいと》付近の古称。

誤用 「呉牛《ごぎゅう》月に喘《あえ》ぐ」との混同から、「蜀犬月に吠ゆ」とするのは誤り。⇩呉牛月に喘ぐ

出典 山中にある蜀《しょく》の地はいつも雲や霧にとざされているので、たまたま太陽が現れると犬が怪しんで吠えるということからいう（「柳宗元・韋中立《いちゅうりつ》に与えて師道を論ずるの書」）。

▽背▽負《しょ》って立《た》つ

使い方 組織・団体の責任を引き受け、その中心になって活動する。また、全責任を一人で負う。「会社を━━」「長男が一家を━━」「次代を━━若者たち」「日本の経済界をしょって立とうとする意気込み」◆「しょう」は「せおう（背負う）」の転。

補説 「しょって立つ」は積極的に責任を負う意だが、「しょい込む」は、やっかいなことを仕方なく引き受ける意となる。「難題をしょい込む」

白河夜船《しらかわよふね》

使い方 ぐっすり寝込んでいて何が起こっても気づかないことのたとえ。「━━の高いびき」「━━のうちに列車は青函トンネルを通り抜けた」「夕べは━━で、地震にも気づかなかった」◆⑴京都を見物してきたと偽った人が白河（地名）のことを聞かれて川の名と思い、夜中に船で通ったので何も知らないと答えたという話に基づくという。⑵「白河」は「白川」、「夜船」は「夜舟」とも書き、また「よぶね」とも読む。

誤用 ⑴「白河」を「しろかわ」と読むのは誤り。⑵「舟を漕ぐ（＝居眠りをして体を前後にゆする）」との混同で、「白河夜船を漕ぐ」とするのは誤り。

知《し》らぬが仏《ほとけ》

使い方 知れば腹も立ち悩んだりもするが、知らないと仏のように心を動かされないでいられるということ。また、本人だけが知らないで澄ましているさまをあざけっていう語。事情を知らないのをいいことに責任逃れをする意にも使う。「━━というから、真相は教えない方がいい」「女房は━━でのんびり構えているが、亭主は借金で首が回らないらしい」「誰にも見られなかったことを幸いと━━を決め込む」◆「知らぬが仏見ぬが極楽「秘事」」「知らぬが仏知るが煩悩」とも。また、「聞かぬが仏」「見ぬが仏聞かぬが花」なども。

誤用 「知らねば仏」は誤り。

類表現 「人生字を識《し》るは憂患の始め」

英語 Ignorance is bliss.（無知は至福である）

白羽《しらは》の矢《や》が立《た》つ

使い方 ❶多くの人の中から犠牲者として選び出される。「築城の人柱として一人の若者に**白羽の矢が立った**」「政略結婚の具として末娘に**白羽の矢が立った**」❷多くの中から特に選び出される。「社長候補として——」「知事候補として前市長に**白羽の矢が立った**」「君に来シーズンの監督として**白羽の矢が立った**そうだ」「今さら私に会長の——とは思わなかった」

◆(1)人身御供《ひとみごくう》を求める神が、求める娘の家の屋根にそのしるしとして白羽の矢を立てるという俗説から。「白羽」は白い矢羽根。ふつう鷹《たか》の白い羽を使う。(2)本来は①の意で使ったが、現在は多く②の「選ばれて名誉を担う」意で使う。

補説 選ぶ側からは「白羽の矢を立てる」という。「無名の新人女優に白羽の矢を立てて主役に抜擢した」

白《しら》を切《き》る

使い方 知っているのに知らないふりをする。しらばくれる。「身に覚えはないと——」「知らぬ存ぜぬと**しらを切り**通す」「ふん、おまえはどこまでも——気だね〈山本有三・路傍の石〉」「菓子は何もかもわかっているくせに**しらを切っ**て不思議そうな顔つきをしてみせた〈有島武郎・或る女〉」

◆「しら(白)」は、「しらとぼけ」「しらばくれる」などの「しら」で、知らないことの意。一般に仮名で書く。「知らず」の「知ら」とする説もあるが、「しら」を「知ら」と書くのは避けたい。

◆「尻《しり》」を使う成句

頭隠して尻隠さず・尻馬に乗る・尻が暖まる・尻が重い・尻が軽い・尻が長い・尻が割れる・尻に敷く・尻に火が付く・尻を据える・尻を叩く・尻を拭う・尻を捲《まく》る・尻を持ち込む・屁《へ》をひって尻窄《すぼ》め

▼尻馬《しりうま》に乗《の》る

使い方 考えもなく他人の言動に同調し、軽はずみな行動をする。「人の**尻馬に乗っ**て騒ぐ」「人の**尻馬に乗っ**て悪事を行う」「一部の評論家の**尻馬に乗っ**て偉そうに批判する」「近頃流行るベルグソンでもオイケンでもみんな向うの人がとやかくいうので日本人もその**尻馬に乗**って騒ぐのです〈夏目漱石・私の個人主義〉」「貴様は一身の出世のために薩長の徒の**尻馬に乗っ**て、御宗家へ弓を引くのだな〈菊池寛・時勢は移る〉」◆安易な便乗を非難して使う。「尻馬」は、人が乗っている馬の尻。

誤用 「馬の尻に乗る」は誤り。

▼尻《しり》が暖《あたた》まる

使い方 同じ所に長くとどまる。「忙しくて——暇《いとま》がない(＝席の暖まる暇がない)」「——と彼は職場について不平をもらすようになった」「彼女は**尻が暖まっ**て、村人と盛んに行き来をするようになった」◆同じ場所に座っていると尻が暖かくなることからいう。「あたたまる」は「温まる」とも書くが、「暖まる」が優勢。

▼尻《しり》が重《おも》い

使い方 なかなか行動を起こそうとしない。「あの男は何をさせても——」「生来の怠け者らしく**尻が重くて**困る」「**尻が重く**てなかなか動こうとしない」◆動作が鈍くて、また、めんどうがって、一向に腰を上げようとしないことをいう。

誤用 どっしりと落ち着いている意で使うのは誤り。「×太っ腹で尻が重い男」「×彼は尻が重いので、めったなことでは動じない」

類表現「腰が重い」

▼尻《しり》が軽《かる》い

使い方 ❶行いが軽々しい。軽率に行動しがちだ。「あの男は——から、何でも引き受けてしまう」「よく考えもしないで請け負うとは、——にもほどがある」
❷（女性が）浮気っぽい。「あんな連中と付き合っていると——と言われてしまうよ」
◆もともとは動作が軽快で、気軽に物事を始める意だが、今はそれが軽はずみであるとし、非難・軽蔑する意味合いが強い。

誤用 ①は、ほめたつもりで使っても、失礼にあたる場合が多い。「△あなたは尻が軽いので、助かります」

▼尻《しり》が長《なが》い

使い方 他人の家で話し込んだりしだすと、いつまでも帰ろうとしない。「あの男は上がり込むと——」「あまり——と、いやがられるよ」「——客には困る」

誤用 (1)仕事などで本来の居場所に長くいることには言わない。「×うちは課長の尻が長いので、下の者までなかなか帰れなくて困るよ」
(2)「ながい」を「永い」と書くのは慣用になじまない。

補説 (1)名詞形では、「長尻《ながじり》」「長っ尻《ちり》」という。「長尻の客」
(2)すぐに帰ることを「尻が短い」とは言わない。

▼尻《しり》が割《わ》れる

使い方 隠していた悪事などが分かってしまう。ばれる。「秘密にしておこうと思っても、すぐに——よ」「そこまで隠蔽《いんぺい》すれば——ことはないだろう」「すぐに尻が割れそうなたくらみ」◆「割れる」は、隠れていたものが明らかになる意（「身元が割れる」「すぐに底が割れるうそ」）。

補説 秘密や悪事を暴露することは「尻を割る」という。「スパイを送り込んで彼らの尻を割ってやろう」

類表現「しっぽを出す」「馬脚を露わす」「化けの皮がはがれる」

▼尻《しり》に敷《し》く

使い方 妻が夫を軽んじて、言いなりに従わせる。「亭主を——」「女房の尻に敷かれる」「新婚早々尻に敷かれているようでは先が思いやられる」◆「敷く」は、下に当てる、下に押さえつける意。

誤用「尻に引く」は誤り。「×彼は奥さんの尻に引かれている」

▼尻《しり》に火《ひ》が付《つ》く

使い方 差し迫った事態になってあわてる。「締め切りまで三日しかない。いよいよ尻に火が付いた」「手形が落とせなくて、とうとう尻に火が付いた」「彼は尻に火が付いたように金策に駆けずり回っている」「——のが遅いよ（＝手遅れの状態をいう）」◆燃え上がろうとする火を消さなくてはならない状態をいう。

誤用「尻に火を付ける」は誤り。「×尻に火を付けたようにあわてふためく」

▼尻《しり》を据《す》える

使い方 何かを落ち着いて行うために、その場所にとどまる。「尻を据えて計画を練る」「じっくりと尻を据えて論文を書く」「私としても、ここに**尻を据え**たいとも思わなかったが、東京を怖れる気持は、多分にあった〈獅子文六・娘と私〉」◆「据える」は、しっかりとそこに落ち着ける意(「腰を据えて研究に励む」「腹を据えて事に当たる」)。

補説「尻が据わらない」は、じっくりと一か所に落ち着いていないの意。「就職しても会社に尻が据わらないようでは困る」

類表現「腰を据える」

▼尻《しり》を▼叩《たた》く

使い方 無理にでも行うように仕向ける。叱咤《しった》激励する。尻をひっぱたく。「期日までに工事を終えるように――」「**尻をたたかれて**しぶしぶ立ち上がる」「**尻をたたかれて**ようやく行政側が動きだした」◆「叩く」は、手や道具を使って打つ意。尻を叩けば子どもは泣き出すが、牛は歩き始め、馬は走り出す。

誤用「言葉尻を捉える」と混同した、「言葉尻を叩く」は誤り。

補説 後ろから援助したり、けしかけたりすることは「尻を押す」という。「市長選に立候補した友人の尻を押す」

▼尻《しり》を▼拭《ぬぐ》う

使い方 他人の失敗や不始末の後始末をする。「万引をした生徒の――」「不祥事を起こした社員の――」「倒産した弟の――羽目となった」◆人の尻の汚れをふき取る意からいう。「尻ぬぐいをする」とも。

誤用「尻を拭《ふ》く」は誤り。

▼尻《しり》を▼捲《まく》る

使い方 居直って反抗的な態度をとる。急に態度を変えてけんか腰になる。「追い詰められた引ったくりが、どうにでもなれと――」「警官に注意されたドライバーが**尻をまくっ**て食ってかかる」「逃げられないとみると**尻をまくっ**て脅しにかかった」◆着物の裾をまくって座り込む意からいう。「けつを捲る」とも。

補説「尻を絡《から》げる」は、着物の後ろの裾をまくり上げて、その端を帯に挟む意。居直るという意味では使わない。「尻をからげて歩く」

▼尻《しり》を持《も》ち込《こ》む

使い方 後始末をつけるように関係者に迫る。「仲人に夫婦喧嘩の――」「もともと自分の不始末なのだから、どこへ――こともできない」「そりゃ己に掛け合ったって駄目だ。京都にいるお父さんかお母さんへ――より外に、苦情の持ってきどころはないんだから〈夏目漱石・明暗〉」◆「尻」は、ある行為の結果として生じた事態の意。

誤用「下駄《げた》を預ける(=相手に物事の処置などを任せる)」と混同して、「下駄を持ち込む」とするのは誤り。

◆「知《し》る」を使う成句

息の臭きは主《ぬし》知らず・衣食足りて礼節を知る・一文《いちもん》惜しみの百知らず・一葉《いちよう》落ちて天下の秋を知る・一を聞いて十を知る・井の中の蛙《かわず》大海を知らず・燕雀《えんじゃく》安《いずく》んぞ鴻鵠《こうこく》の志を知らんや・推して知るべし・親の心子知らず・彼を知り己を知れば百戦殆《あや》うからず・五十にして天命を知る・子を持って知る親の恩・知らぬが仏・知る人ぞ知る・手の舞い足の踏む所を知らず・天知る地知る我知る子知る・故《ふる》きを温《たず》ねて新しきを知る・見も知らぬ・虫

が知らせる・酔い醒《ざ》めの水下戸《げこ》知らず・論語読みの論語知らず

知《し》る人《ひと》ぞ知《し》る

使い方 広く知られてはいないが、ある一部の人にはその存在がよく知られている。「━━イタリア料理店」「━━磯釣りの穴場」「━━貴腐ワインの本場」

◆(1)あまりに有名すぎる人について言うのは失礼になるので避けたい。(2)「ぞ」は体言や副詞に付いてその語を強く指示する副助詞(「よくぞ来てくれた」「これぞまさしく本物だ」)。

誤用 「知る人が知る」は誤り。

◆「知《し》れる」を使う成句

言わずと知れた・お里が知れる・気が知れない・高が知れる

白《しろ》い歯《は》を見《み》せる

使い方 笑顔を見せる。「緊張がとけたのか、彼女はようやく**白い歯を見せた**」「**白い歯を見せて**にっこりほほえむ」「稽古中に**白い歯を見せて**はいけない」

◆顔をほころばせれば白い歯がのぞくことからいう。「白い歯を見せない」は、気むずかしく、にこりともしないの意。

白《しろ》い目《め》で見《み》る

使い方 冷ややかな、悪意のこもった目つきで見る。「変人と決めつけて━━」「抜きがたい偏見から人を━━」「密告者と疑われ、周囲から**白い目で見られる**」

◆「白い目」は、白目の多い冷たい目つき。「白目《しろめ》で見る」「白眼視《はくがんし》する」とも。

誤用 「目を注ぐ(＝注意して見る)」と混同して「白い目を注ぐ」とするのは誤り。

◆「仁《じん》」を使う成句

一視同仁・医は仁術・剛毅木訥《ごうきぼくとつ》仁に近し・巧言令色《こうげんれいしょく》鮮《すく》なし仁

人間《じんかん》▽到《いた》る▽処《ところ》青山《せいざん》あり

使い方 人はどこで死んでも骨を埋める所ぐらいはあるのだから、故郷を出て大いに活躍すべきである。「━━だ。広い世界に出て一旗揚げようではないか」

◆「人間《じんかん》」は、世の中。人の意にとって「にんげん」と読んでもよい。「青山《せいざん》」は、死んで骨を埋める地。

誤用 (1)「人生到る処に青山あり」とするのは避けたい。(2)「青山」を緑の山の意にとるのは誤り。「×新緑の山が美しい。人間到るところ青山ありだね」

出典 幕末の僧、釈月性《しゃくげっしょう》の「将《まさ》に東遊せんとして壁に題するの詩」に「男児志を立てて郷関《きょうかん》を出づ、学若《も》し成る無くんば復《また》還らず、骨を埋《うず》むる何ぞ期せん墳墓《ふんぼ》の地、人間到る処青山有り」とあるのに基づく。

人間万事《じんかんばんじ》▼塞翁《さいおう》が馬《うま》

⇨塞翁が馬

心血《しんけつ》を注《そそ》ぐ

使い方 全力を尽くして事を行う。全身全霊を集中させることをいう。「新薬の開発に━━」「非行少年の更生のために━━」「**心血を注い**だ壁画が完成する」「**心血を注い**で書き上げた長編小説」

◆「心血」は、精神と肉体のすべて。

誤用「心血を傾ける」は、「心魂を傾ける」「精魂を傾ける」などと混同した誤り。

人口《じんこう》に▼膾《かい》▼炙《しゃ》する

使い方 世間の人々の話題や評判になって、広く知れ渡る。「**人口に膾炙し**たワグナーの楽劇」「**人口に膾炙し**た名言」「白居易の長恨歌《ちょうごんか》は夙《つと》に**人口に膾炙している**」◆「膾」はなます、「炙」はあぶり肉。ともに誰の口にもうまいと感じられ、もてはやされることからいう。ここでいう「なます」は、魚・獣などの生肉を細く刻んだもの。のちに日本では、魚介や野菜を細かく切って調味酢であえた料理を指すようになった。

誤用 (1)「人の口に膾炙する」も訓読の一つであり、実際にその例もあるが、慣用句としては「人口に～」が一般的。(2)「じんこう」を「人工」と書くのは誤り。

出典 唐の林嵩《りんすう》の「周朴《しゅうぼく》詩集序」に「一篇一詠、人口に膾炙す」とあることから。

▽沈香《じんこう》も▼焚《た》かず▼屁《へ》もひらず

使い方 特によいところもなければ悪いところもなく、ただ平々凡々であることのたとえ。「――の人生」「学生時代の彼は――で、一向に目立たなかったよ」「今度の支店長は――といったところだね」◆(1)「沈香」は、熱帯地方に産するジンチョウゲ科の常緑高木から製した香料（その最良品を伽羅《きゃら》という）。「沈香」のような芳香も放たなければ、「屁」のような悪臭も放たない意からいう。屁ばかりたれるのは困りものだが、その人の存在がかすんでしまうことはないだろう。(2)「線香も焚かず屁もひらず」「伽羅も焚かず屁もこかず」とも。

誤用「たかず」を「炊かず」と書くのは誤り。

人後《じんご》に落《お》ちない

使い方 他人にひけをとらない。「彼は遊ぶことにかけては――」「自然を愛する点では私も――つもりだ」「ことオペラに関する知識では――自信がある」「人間ぎらいという程ではなくても、人みしりをするという点では決して――私が〈太宰治・惜別〉」「なまけることにかけてなら、私は――自信がある〈北杜夫・太平洋ひるね旅〉」◆よかれ悪《あ》しかれ、そのことなら人に負けないという自信や実績があるようすをいう。「人後」は、他人のうしろ。また、他人の下位。

誤用「じんご」を「人語」と書くのは誤り。

人事《じんじ》を尽《つ》くして天命《てんめい》を待《ま》つ

使い方 人としてできる限りのことをして、その結果は天の意思に任せるということ。「選挙戦は終わった。今は――の心境だ」「――。できるだけのことはしたのだから、どんな結果になろうとも悔いはない」◆(1)「人事」は、人間の力でできる事柄。「天命」は、天から与えられた運命。何もしないで天命を待つ人は、ただの怠け者にすぎない。(2)「人事を尽くして奇跡を待つ」「人事を尽くして天命を変えろ」などのもじりも多いが、本来の意味は失われてしまう。

誤用「人事を尽くして運命を待つ」は誤り。

出典 南宋の政治家、胡寅《こいん》の「読史管見」に「人事を尽くして天命に聴《まか》す」とあるのに基づく。

類表現「天は自ら助くる者を助く」

人生《じんせい》意《い》気《き》に感《かん》ず

使い方 人間は利害や打算で動くのではなく、相手の心意気に感じて行動するものだということ。「――の心境で、この企業への就職を決めた」「――だ。ここはひとつ損得抜きで協力しよう」「――とか何とか云う。変り物の余を変り物に適する様な境遇に置いてくれた朝日新聞の為めに、変り物として出来得る限りを尽すのは余の嬉しき義務である〈夏目漱石・入社の辞〉」

誤用 「人生意義に感ず」は誤り。

出典 唐の魏徴《ぎちょう》の「述懐の詩」に「人生意気に感ず、功名《こうみょう》誰か復《また》論ぜん(＝手柄を立てて名を挙げることなど誰も問題にしない)」とあるのに基づく。「述懐の詩」は、「唐詩選」の冒頭を飾る詩としても知られる。

心臓《しんぞう》が強《つよ》い

使い方 恥ずかしがったり弱気になったりしない。ずうずうしい。あつかましい。「彼女は見かけによらず――」「彼は――から、何を言われても平気だろう」「一月も居候を決め込むとは、彼も――ね」◆「あいつはかなりの心臓だ(＝ずうずうしい)」は、「心臓が強い」からの俗な言い方。

補説 気が弱くて引っ込み思案であることは「心臓が弱い」という。「心臓が弱いので頼まれると断れない」

心臓《しんぞう》に毛《け》が生《は》えている

使い方 恥知らずで、ずうずうしい。きわめてあつかましい。「あいつは――から、平気で借金を踏み倒す」「あの男は――から、いくら断ってもまたやって来るよ」◆「心臓が強い」を、さらに上回ったずうずうしさをいう。

誤用 「心臓から毛が生えている」は誤り。

死《し》んだ子《こ》の年《とし》を数《かぞ》える

使い方 今となってはどうしようもない過去のことを悔やんだり愚痴を言ったりすることのたとえ。「いつまでもなくした家財のことを思うのは――ようなものだ」「今さら倒産した会社のことを考えても仕方がない。**死んだ子の年を数え**ないで新しい仕事を探した方がいい」◆(1)死んだ子が今生きていたら何歳になっていると、数えても仕方がない死児の年を数えることからいう。たとえとして使うことが多いが、実際に子どもを亡くした親に言うのは避けたい。(2)「死児の齢《よわい》を数える」「死者の年を数える」「死んだ子の年勘定」とも。

誤用 「死者の年を数える」は誤り。

死《し》んで花実《はなみ》が咲《さ》くものか

使い方 人は死んでしまえば万事おしまいで、生きていればこそよいこともあるということ。「――、受験の失敗ぐらいで死にたいなどと言うものじゃない」「――というじゃないか。自殺なんて考えるものじゃない」◆(1)枯れた木は花も実もつけないことからいう。「花実」は、名利と実益のたとえ。事がうまく運んで栄誉・栄華を得ることを、「花実が咲く」という。(2)「死んで花実が成《な》るものか」「死んで花実は咲かぬ」とも。

誤用 「はなみ」を「花見」と書くのは誤り。意味は通るが、「死んで花見がなるものか」も誤り。

類表現 「死んで骨は光るまい」

心頭《しんとう》を滅却《めっきゃく》すれば火《ひ》もまた涼《すず》し

使い方 いかなる苦痛も心の持ち方次第で苦痛とは感じられなくなるということ。「――というよ、これくらいの暑さでへこたれるとは情けない」「腕を折ったぐらいで悲鳴を上げるな。――だ」◆無念無想の境地に至れば火さえも涼しく感じられるという意からいう。「心頭」は、こころ。「滅却」は、すっかりなくすこと。

誤用「心頭を忘却すれば火もまた涼し」は誤り。

出典 織田信長が甲斐《かい》の恵林寺《えりんじ》を焼き討ちにした際、住僧の快川《かいせん》禅師が火中に端座して唱えた偈《げ》（＝韻文体の経文）だという。晩唐の詩人、杜荀鶴《とじゅんかく》の「夏日《かじつ》悟空上人《ごくうしょうにん》の院に題するの詩」に「心中を滅し得れば火も亦《また》涼し」とあり、これを踏まえたものとされる。

身命《しんめい》を▼賭《と》する

使い方 命を投げだして努力する。「被災地の復興に——」「**身命を賭**して社の再建に尽くす」「砲煙弾雨の中を**身命を賭**して突撃する」「**身命を賭**して敵の侵略から祖国を守る」◆ある目的のために命を犠牲にする覚悟をいう。「身命」は「しんみょう」とも読み、身体と生命のこと。特に、自身のいのちの意。「賭する」は、ある目的のために大切なものを投げだすという意。

誤用「しんめい」を「心命」と書くのは誤り。

す

粋《すい》が身《み》を食《く》う

使い方 粋人《すいじん》としてもてはやされる人はつい遊里や遊芸などに深入りして、いつの間にか身を滅ぼすことになる。「**粋が身を食**って家屋敷を売り飛ばす」「道楽の果てがあのていたらく。——だね」◆「粋」は、遊里や芸界の事情に通じていて、言動があか抜けていること。「いきな人だね」と言われて得意になっていると、身代を棒に振ることにもなりかねない。

誤用 (1)「粋」は「いき」とも読むが、「いきが身を食う」とはしない。(2)「すい」を「酸《す》い」と書くのは誤り。

出典 江戸版「いろはがるた」の一つ。

類表現「芸は身の仇《あだ》」

水魚《すいぎょ》の交《まじ》わり

使い方 水と魚が切り離せないように、きわめて親密な交友のたとえ。また、夫婦の仲がむつまじいことのたとえ。「——を結ぶ」「彼とは学生時代から——を続けている」「——を続けて金婚式を迎えた夫婦」◆「魚《うお》と水」とも。

誤用 どんなに親密になっても、ひとときの交流について使うのは誤り。「×夕べのパーティーでは留学生たちと水魚の交わりを結ぶことができた」

出典 蜀《しょく》の劉備《りゅうび》が自分と諸葛孔明《しょかつこうめい》との間柄について「孤《こ》の孔明有るは、猶《なお》魚《うお》の水有るがごとし」と言ったという故事に基づく（三国志・蜀志・諸葛亮伝）。⇨魚の水を得たるがごとし

類表現「管鮑《かんぽう》の交わり」「金蘭《きんらん》の契り［交わり］」「断金の契り」「断琴の交わり」「金石の交わり」「刎頸《ふんけい》の交わり」

推《すい》▼敲《こう》

使い方 詩文の字句を何度も練りなおすこと。「文章を——する」「——に——を重ねる」「何度も——を重ねた詩」「——の跡が見える原稿」

誤用「敲」は表外字だが、「推考」で代用するのは避けたい。

出典 中唐の詩人賈島《かとう》が「僧は推す月

下の門」という自作の詩句について、「推す」を「敲《たた》く」にすべきかどうか思い悩んだとき、韓愈《かんゆ》の助言を得て「敲」に決めたという故事に基づく（「唐詩紀事」）。

酔生夢死《すいせいむし》

使い方 有意義なことは何もしないで、ぼんやりと一生を終わること。「──の徒」「──の生涯を送る」「顧みれば──の一生だった」◆酒に酔ったように、夢を見ているように、この世に生まれて死ぬ意からいう。

誤用 酒に酔いしれて夢うつつのうちに死ぬ意で使うのは誤り。「× 大酒を食らい、路傍で酔生夢死した男」

出典 北宋の儒学者、程頤《ていい》の「明道《めいどう》先生行状記」に「酔生夢死して自ら覚《さと》らざるなり」とあるのに基づく。

酸《す》いも甘《あま》いも▼嚙《か》み分《わ》ける

使い方 人生経験を積み、人情や世情に通じている。「**酸いも甘いもかみ分けた**苦労人」「あの人は**酸いも甘いもかみ分けている**から、物分かりがいい」◆「酸いも甘いも知っている」「酸いも甘いも知り抜く」とも。「酸い」は、人生のマイナス面をいう。

誤用 「酸いも辛《から》いも嚙み分ける」「酸いも甘いも嗅ぎ分ける」は誤り。

据《す》え▼膳《ぜん》食わぬは男《おとこ》の恥《はじ》

使い方 女性の方から言い寄ってきたのに、それに応じないのは男の恥であるということ。「──と、つい誘惑に乗ってしまった」◆「据え膳」は、すぐ食べられるように整えられた食膳。転じて、女性から仕掛けてきた情事をいう。

◆「据《す》える」を使う成句

灸《きゅう》を据える・腰を据える・尻《しり》を据える・腹に据えかねる・腹を据える・神輿《みこし》を据える

好《す》きこそ物《もの》の上手《じょうず》なれ

使い方 何事によらず好きなものにはおのずと熱が入るから、それだけ上達が早いということ。「──だね。習いはじめて一年にもならないのに、もう玄人はだしの腕前だ」「──で、いやいやながらではなかなか上達しないよ」◆(1)「なれ」は「なり」の已然形で、「こそ」に応じた係り結び。(2)「好きこそ物の上手」「好きは上手のもと」とも。

誤用 「好きこそ物の上手になれ」は誤り。

過《す》ぎたるは及《およ》ばざるが▽如《ごと》し

使い方 やりすぎることは、やり足りないことと同じようによくない。何事もほどほどが肝心だ。「勉強もほどほどにしておきなさい。──だ」「あまり叱《しか》りすぎるのはよくない。──だ」「非は相手にあるが、──というから、あまり追い詰めないほうがいい」◆原文に基づいて「過ぎたるは猶《なお》及ばざるが如し」とも。

誤用 過ぎ去ったことには打つ手が及ばない意で使うのは誤り。「× 過ぎたるは及ばざるが如し。今となってはもう手遅れだ」

出典 孔子《こうし》が二人の門人、子張《しちょう》（師）と子夏《しか》（商）を比較し、「水準を越した師も水準に達しない商も、ともに十全ではない。人の言行には中庸《ちゅうよう》が大切である」と説いたという故事に基づく（「論語・先進」）。

◆「過《す》ぎる」を使う成句

思い半ばに過ぎる・口が過ぎる・喧嘩《けんか》過ぎての棒千切り・言葉が過ぎる・過ぎたるは及ばざるが如《ごと》し・十で神童十五で才子二十過ぎては只《ただ》の人・喉元《のどもと》過ぎれば熱さを忘れる・分《ぶん》に過ぎる

◆「少《すく》ない（鮮）」を使う成句

慌てる乞食《こじき》は貰《もら》いが少ない・巧言《こうげん》令色鮮し仁・労多くして功少なし

▼杜《ず》▼撰《さん》

使い方 ❶著作物などの典拠が確かでないこと。いい加減に書かれていて、誤りが多いこと。「━な論文」「━きわまる編集」◈「杜」は、北宋の詩人杜默《ともく》のこと。「撰」は、詩文を作ること。❷物事のやり方がぞんざいで、手抜きが多いこと。「━な工事」「━そのものの計画」「━な管理が事故を招く」

誤用 「杜撰」は「ずざん」とも読むが、「とせん」は誤り。

出典 杜默の詩が多く律に合わなかったという故事に基づく。杜默には不名誉なことだが、「野客叢書《やかくそうしょ》・杜默」には「杜默詩を為し、多く律に合わず。故に、事の格に合わざる者を言いて杜撰と為す」と記されている。

涼《すず》しい顔《かお》をする

使い方 自分にも関係があるのに一向に気遣う風もなく、他人事のように平気な顔をしている。「我関せず焉《えん》とばかりに━」「騒動を仕掛けておきながら**涼しい顔をしている**」「市当局には責任はないと**涼しい顔をして**答弁する」「何と皮肉られても**涼しい顔をして**受け流す」◈「涼しい顔」は、平然とした顔つき。気温が適度に低くて心地よいときには顔も穏やかに見えるが、そのような顔つきをしていることからいう。

補説 「冷たい顔」は、思いやりのない冷淡な顔つき。

◆「雀（すずめ・じゃく）」を使う成句

燕雀《えんじゃく》安《いずく》んぞ鴻鵠《こうこく》の志《こころざし》を知らんや・勧学院《かんがくいん》の雀は蒙求《もうぎゅう》を囀《さえず》る・雀の涙・雀百まで踊り忘れず・門前雀羅《じゃくら》を張る

雀《すずめ》の涙《なみだ》

使い方 ほんのわずかであることのたとえ。「━ほどのボーナス」「━程度の福祉予算」「退職金といっても━ほどのものだった」◈雀が流す涙はわずかだろうということから。

誤用 ごく小さい、狭いの意で使うのは誤り。「×雀の涙ほどの宝石〔庭〕」

類表現 「蚊《か》の涙」

▼雀《すずめ》百《ひゃく》まで踊《おど》り忘《わす》れず

使い方 雀は死ぬまで飛びはねる癖が抜けないように、幼いときに身につけた習慣はいくつになっても改まらないということ。「いい年をしてまだ女の尻を追いかけている。━だね」「━というが、あの年でまだギャンブラー気どりだ」

◈⑴日本の伝統芸能では、旋回運動を主体とする舞《まい》に対して、跳躍運動を主体とするものを踊りという。ちょんちょん跳びはねる雀の動作はまさに踊りであろう。⑵子どものころに習い覚えた芸事は一生忘れない意でも使うが、本来は、よくない習慣が抜けないことをいう。

誤用 望ましい習慣について使うのは避けたい。「△雀百まで踊り忘れずというが、八十になった今でも毎朝竹刀の素振りをしているそうだ」

類表現「三つ子の魂百まで」

捨《す》てたものではない

使い方 役に立たないとして捨てるのはまだ早い。「彼の提案もまんざら――」「このラーメンの味も――」「着なれてみると和服も――」「定年後の人生も――よ」◆見限って捨て去ったものではないという意。どこか取り柄があることをいう。

誤用「捨てるものではない」は誤り。

◆「捨《す》てる」を使う成句

小異を捨てて大同に就く・捨てたものではない・捨てる神あれば拾う神あり・名を捨てて実《じつ》を取る・掃いて捨てるほど・身を捨ててこそ浮かぶ瀬もあれ

捨《す》てる神《かみ》あれば拾《ひろ》う神《かみ》あり

使い方 一方で見捨てられても、他方で救いの手が差しのべられることがあるということ。「何も絶望することはない。――だ」「世の中はよくしたもので、――さ」「――、そのうち運が向いてくるよ」◆日本には八百万《やおよろず》の神がいるのだから、困ったことがあってもくよくよすることはない。「捨てる神あれば助ける神あり」「捨てる神あれば引き上げる神あり」「寝せる神あれば起こす神あり」とも。

砂《すな》を▼噛《か》むよう

使い方 無味乾燥でつまらないさま。「――な味気なさ」「――な味気ない食事」「訪れる人もなく――な落莫《らくばく》たる思いだった」◆砂を噛んでも味がないことからいう。

誤用 (1)砂を噛むのは不快でもあるが、苦しみやつらさ、悔しさについていうのは誤り。「×砂をかむような苦しさ[つらさ]を味わう」「×砂をかむような悔しさを味わわされる」(2)「砂をかんだよう」は、一般的でない。「×砂をかんだような味気ない作品」

図《ず》に乗《の》る

使い方 思いどおりになると思ってつけあがる。「ちょっとでもほめるとすぐ――」「あんまり――と、足を引っ張られるよ」「図に乗っていい気になるな」「図に乗った弟は一人しゃべり続けた」◆「図」は、考えたとおりの意。

誤用「ず」を「頭」と書くのは誤り。

補説 考えたとおりに事が運ぶことは「図に当たる」という。

▼脛《すね》に傷《きず》を持《も》つ

使い方 人に知られたくない過去や隠している悪事があることのたとえ。「**すねに傷(を)持つ**身だからと、世を避けてひっそりと暮らす」「私も――身だから、彼のことを悪くは言えない」「態度が煮えきらないのは**すねに傷を持っ**ているからだろう」◆自分の身に何かやましいところがあることをいう。「すね」は、膝《ひざ》からくるぶしまでの部分で、「▼臑」とも書く。「きず」は「▼疵」とも書く。

補説「すねに傷持てば笹原《ささはら》走らず」は、すねに傷があると、その傷が葉に触れて痛いので笹の生い茂る野原は走れない意から、後ろ暗いところのある者は世の中を正々堂々と歩けないことをいう。

▽全《すべ》ての道《みち》はローマに通《つう》ず

使い方 ローマ帝国の全盛時には世界各地からの道がローマに通じていたことから、物事が中心に向かって集中することのたとえ。また、あらゆる物事は一つの真理から発していることのたとえ。「——とばかりに、首都への一極集中化が進む」「——だから、やり方は違っていても案じることはない」

誤用 「すべからく道はローマに通ず」は誤り。「すべからく」は「当然」「ぜひとも」の意で、多く下に「べし」「べきだ」を伴う。

出典 十七世紀のフランスの詩人ラ・フォンテーヌの「寓話《ぐうわ》」の最後に置かれた「裁判官と修道士と隠者」に **Tous les chemins mènent à Rome.** とあるのによる。

類表現 「百川《ひゃくせん》海《うみ》に朝《ちょう》す」

英語 **All roads lead to Rome.**

すまじきものは宮仕《みやづか》え

使い方 人に仕えたり役所や会社に勤めたりすることは気苦労が絶えないから、できるだけしないほうがよいということ。「今日も朝から得意先回りか。——だよ」「営業成績が悪ければいやな上司に頭を下げなきゃならない。——だね」◆「すまじき」は、すべきでないの意。「宮仕え」は、宮中などに出仕する意から転じて、役所や会社に勤めることをいう。

誤用 「すまじきものは宮遣い」「すさまじきものは宮仕え」は誤り。

隅《すみ》に置《お》けない

使い方 思いのほか才能・力量・知識などがあって軽視できない。抜け目がない。「一見人がよさそうだが、あれでなかなか——」「裏取引を持ちかけてくるとは、——やつだ」「株でしこたま儲《もう》けるなんて、君もなかなか——ね」「彼はああ見えても——論客だよ」「ちゃっかり彼女を口説いていたとは、あいつも——なあ」◆その人を端の方や奥の方に引っ込めておくわけにはいかない意からいう。

誤用 「すみ」を「角」と書くのは誤り。

住《す》めば都《みやこ》

使い方 どんな辺鄙《へんぴ》な所でも、慣れてしまえば住みよい土地だと思うようになるということ。「フェリーで二時間という離島だが、——の気安さがある」「東京を離れるのはいやだったが——だね。今ではこの町が気に入っているよ」「——というから、この山間の地で暮らしてみるのもいいだろう」

◆(1)「都」は政治・経済・文化の中心となる住みやすい所だが、心の持ちようで、どんな不便な土地でも都のように快適に思われてくることをいう。(2)「住めば田舎も名所」「住めば都で花が咲く」とも。

誤用 「住まば都」との混同から、住むならば都に限るの意で使うのは誤り。「×住めば都というから、やっぱり大阪に住みたい」

相撲《すもう》に勝《か》って勝負《しょうぶ》に負《ま》ける

使い方 ❶相撲の取り口では相手を圧倒していながら結果としては負けになる。「横綱を土俵際まで追い詰めながらの逆転負け。**相撲に勝って勝負に負けた**ね」◆結果は負けなのだが、相撲の内容が良かったことを誉めていう。決して負け惜しみではない。

❷よい経過をたどりながら結果的に失敗する。「新製品の評価は高かったが、販

売合戦では━結果となった」
誤用「相撲に負けて勝負に勝つ」「勝負に勝って相撲に負ける」という対句はない。
補説「相撲にならない」は、お互いの力の差が大きすぎて勝負にならないこと。
類表現「碁《ご》に勝って勝負に負ける」

◆「為《す》る」を使う成句

義を見てせざるは勇無きなり・すまじきものは宮仕え・する事なす事・成らぬ堪忍するが堪忍

する事《こと》なす事《こと》

使い方 することのすべて。なにもかも。「━失敗ばかり」「━裏目に出る」「━が気に食わない」「━にけちをつける」
◆(1)「する」も「なす」も、ある行為をする意。「やることなすこと」とも。(2)多くその行為をマイナスに評価していう。

◆「据《す》わる」を使う成句

出典 宋の羅大経《らたいきょう》が文人・学者の語を集めて著した「鶴林玉露《かくりんぎょくろ》」に「曾子《そうし》の約を守るは、寸鉄人を殺す者なり(＝孔子の弟子である曾子が身を慎み守る堅実さこそ、まさに寸鉄人を殺すものである)」とあるのに基づく。

肝《きも》が据わる・腹が据わる・目が据わる

寸暇《すんか》を惜《お》しむ

使い方 休む間も惜しいとして何かに打ち込む。きわめて勤勉なさまをいう。「**寸暇を惜しみ**、ひたすら創作の筆を走らす」「**寸暇を惜しんで**練習に励む」「資金調達のために**寸暇を惜しんで**飛び回る」◆(1)「寸暇」は、わずかのひま。わずかのひまを作るのももったいないと思って物事をするさまを表す。(2)近年、「寸暇を惜しまない」「寸暇を惜しまずに～」という言い方も見られる。わずかしかない貴重な時間を惜しみなく使って物事をする、という気持ちでいうのだろうが、本来の言い方ではない。

寸鉄《すんてつ》人《ひと》を殺《ころ》す

使い方 ごく短いことばで人の急所を突くたとえ。「━ような名言を吐く」「━の警句」「━という皮肉に満ちた小説」
◆「寸鉄人を刺す」とも。「寸鉄」は、小さな刃物(「身に寸鉄も帯びない」)。ここでは鋭い警句のたとえ。

す

せ

◆「瀬《せ》」を使う成句

浮かぶ瀬・負うた子に教えられて浅瀬を渡る・昨日の淵《ふち》は今日の瀬・沈む瀬あれば浮かぶ瀬あり・立つ瀬がない・身を捨ててこそ浮かぶ瀬もあれ

青雲《せいうん》の志《こころざし》

使い方 立身出世して高い地位につこうとする志。「──を抱く」「──を以《もっ》て郷里を出る」「──を遂げる」◆「青雲」は、よく晴れた空にかかる青みがかった雲。地位や学徳が高いことにたとえる。「青雲の士」といえば、高位・高官にのぼった人や学徳の高い人のこと。

誤用 「青嵐の志」は誤り。

出典 唐の王勃《おうぼつ》の「滕王閣《とうおうかく》の序」に「窮しては且《まさ》に益《ます》堅からんとし、青雲の志を墜《お》とさず（＝窮乏していてもその志はますますかたく、青い雲が高い空にあるように高位高官を得たいと願う心を失わないでいる）」とあるのに基づく。

晴耕雨読《せいこううどく》

使い方 晴れた日には畑を耕し、雨の日には読書を楽しむこと。悠々自適の生活をいう。「定年後は──の暮らしをしたい」「故郷に帰って──の生活を楽しむ」◆「耕」は体を動かして汗を流す喜び、「読」は、頭を働かせる楽しみ。古くは文人が理想とした生活だが、昔も今も、健康と経済的なゆとりがなければ実現できないだろう。

誤用 田畑を耕すのはかなりの重労働だが、その厳しさをいうのは誤り。「×晴耕雨読の厳しい生活」

正▼鵠《せいこく》を射《い》る

使い方 物事の核心をつく。「**正鵠を射**た批評」「**正鵠を射**た意見として賛同を得る」「その指摘は**正鵠を射**ている」「彼らの不安は**正鵠を射**ていたと言える」◆(1)「正鵠」は弓の的の中心。転じて、物事の急所、要点の意。「正」も「鵠」もすばやく飛ぶ鳥の名で、昔はそれを的に描いて矢を射たという。慣用で「せいこう」とも読む。(2)「正鵠を得《え》る」とも。

補説 「正鵠を失する」は、物事の急所を外す意。

精根《せいこん》尽《つ》きる

使い方 物事を成し遂げようとする体力も精神力もなくなる。心身ともにくたくたになることをいう。「執拗な攻撃に**精根(が)尽きる**」「──まで戦い抜く」「**精根尽きて**倒れる」「いつ果てるとも知れぬ議論に、みな**精根尽き**たという顔になる」◆強調して「精根尽き果てる」とも。「精根」は、精力と根気。

誤用 「せいこん」を「精魂」と書くのは誤り（「精魂」は、「精魂込める」などと使う）。

生者必滅《せいしゃひつめつ》

⇩しょうじゃひつめつ

青春《せいしゅん》は岐点《きてん》の軌跡《きせき》である

使い方 青春時代は、進路を選択する場面の連続であり、その場面場面で、多くの可能性の中から一つを選択して歩んできた道が、その人の青春である。「━。一つ一つの選択が君たちの未来をつくる」◆「岐点」は、分かれるところ、分岐点。青春は可能性を一つ一つつぶしていく過程である、とも言える。決まっていないということは、無限の可能性があるということだ。

精神《せいしん》一到《いっとう》何事《なにごと》か成《な》らざらん

使い方 精神を集中して事に当たれば、どんな困難なことでも必ず成し遂げることができるということ。「不可能とあきらめてはならない。━だ」「━というから、心を集中させてやってみよう」

誤用 「精神統一何事か成らざらん」は誤り。

出典 「朱子語類・八・学二」に「陽気の発する処、金石も亦《また》透る。精神一到、何事か成らざらん(＝天地間の陽気が発すれば金石すら貫いてしまう。人も精神を集中すれば何事でも成就できないことはない)」とあるのに基づく。

類表現 「為せば成る」「一念岩をも通す」「思う念力岩をも通す」「石に立つ矢」

◆「制《せい》する」を使う成句

機先《きせん》を制する・先んずれば人を制す・柔能《よ》く剛を制す・毒を以《もっ》て毒を制す

清濁《せいだく》併《あわ》せ▼呑《の》む

使い方 度量が大きく、善も悪も区別なく受け入れる。「━の気概」「━というスケールの大きな人物」「彼は━政治家として人望が厚い」

◆(1)大海が清流も濁流も隔てなく受け入れることからいう。「清濁」は善と悪、善人と悪人、賢者と愚者などのたとえ。(2)「併せ」は「合わせ」、「呑む」は「飲む」とも書くが、「併せ呑む」が標準的。

誤用 (1)善心と悪心を併せ持つ意にとるのは誤り。「× 善行を施しながら平然と悪事を行うという、清濁併せ呑むような人間」 (2)清酒と濁酒のことも「清濁」というが、酒なら何でも好んで「併せ呑む」という意ではない。

▽急《せ》いては事《こと》を仕損《しそん》じる

使い方 物事は焦ると、かえって失敗しやすいということ。「━、ここでひと休みしよう」「落ち着きなさい。━よ」「登頂は明日に延ばそう。━だ」◆(1)「せく」は、早くしようと焦る意。「急く事はゆるりとせよ」というが、焦れば焦るほど沈着冷静から遠のくのが人情だろう。また、「急いては事を過つ」とも。(2)「し損じる」は「し損ずる」とも。

誤用 「いそいでは事を仕損じる」は誤り。

青天《せいてん》の▼霹《へき》▼靂《れき》

使い方 突然起こる事変や大事件のこと。また、突然受ける衝撃のこと。「━の如く世間を震撼《しんかん》させた大事件」「会社が倒産するというニュースは━だった」「二人の婚約発表はまさに━だった」「ソウル支社への転勤命令は彼にとって━だった」◆「霹靂」は雷。青く晴れわたった空に突然雷が鳴り響くことからいう。

誤用 「せいてん」を「晴天」と書くのは誤り。

出典 宋の陸游《りくゆう》の「四日夜鶏《にわとり》未だ鳴かざるに起きて作るの詩」に「青天に霹靂を飛ばす(＝青空に雷鳴をとどろかす)」とあるのに基づく。

青天白日《せいてんはくじつ》

使い方 ❶よく晴れた天気。「━のもと、終日野に遊ぶ」❷心に後ろ暗いところがないこと。「━の心境」❸無罪が明らかになること。「━の身となる」「(未決に入ったが)明日にも━の身で出て来るかも知れやせんのだ〈島木健作・生活の探求〉」

◆「青天」は、晴れ渡った青空。「白日」は照り輝く太陽。「白日青天」とも。

誤用「せいてん」を「晴天」と書くのは誤り。

出典 唐の韓愈《かんゆ》の「崔群《さいぐん》に与うるの書」には「青天白日は、奴隷も亦《また》其の清明を知る」とあり、「朱熹《しゅき》・朱子全書・諸子」には「孟子《もうし》の若《ごと》きは、則《すなわ》ち青天白日の如《ごと》く、垢《あか》の洗うべき無く、瘢《きず》の索《もと》むべき無し」とある。

積悪《せきあく》**の家**《いえ》**には必**《かなら》**ず余**《よ》▼**殃**《おう》**あり**

使い方 悪事を積み重ねた家には、その報いとして必ず子孫にまで及ぶ災いがあるということ。だから悪事を積み重ねるようなことをしてはならないという戒めに使う。「━、そんなことを続けていたらいつか報いを受けるよ」◆「積悪の余殃」とも。「余殃」は、先祖の悪事の報いとして子孫にまで残る災い。

出典「易経・坤《こん》・文言伝」に「積善の家には必ず余慶有り、積不善の家には必ず余殃有り」とあるのに基づく。⇩積善の家には必ず余慶あり

積善《せきぜん》**の家**《いえ》**には必**《かなら》**ず余慶**《よけい》**あり**

使い方 善行を積み重ねた家には、必ず子孫にまで幸福が及ぶということ。だから善行を積み重ねなくてはならないという戒めに使う。「━と子や孫に繰り返し言って聞かせる」◆「積善の余慶」とも。「余慶」は、先祖の善行のおかげで得られる子孫の幸福。

出典「易経・坤《こん》・文言伝」に「積善の家には必ず余慶有り、積不善の家には必ず余殃《よおう》有り」とあるのに基づく。⇩積悪の家には必ず余殃あり

類表現「情けは人のためならず」

席《せき》**の暖**《あたた》**まる**▽**暇**《いとま》**が無**《な》**い**

使い方 忙しくてゆっくりすわってもいられない。「次から次に会議があって━」「朝から晩まで**席の暖まるいとまもない**ほど忙しい」◆(1)「暖まる」は「温まる」とも書く。「暇」は「ひま」と読んでもよい。(2)「席暖まるに暇あらず」とも。

出典 唐の韓愈《かんゆ》の「争臣論」に「孔席暖まるに暇《いとま》あらず(＝孔子《こうし》は道徳を説き、道を広めようとして諸国を周遊したので、一か所に安住する暇がなかった)」とあるのに基づく。

赤貧洗《せきひんあら》**うが**▽**如**《ごと》**し**

使い方 非常に貧しくて、洗い流したように何もないさま。「終戦直後、多くの人々の生活は━だった」「━といった暮らしは、いまや日本中から影をひそめてしまった」「兄の死後間もなく、家財は残らず売り払うて諸道具もなければ金もなし、**赤貧洗うが如く**にして、他人の来て訪問《おとずれ》てくれる者もなし、〈福沢諭吉・福翁自伝〉」◆これ以上の貧乏はないという感慨を込めていう。「赤」は、何一つ余分のものがない意。

誤用「清貧洗うが如し」は誤り。「清貧」は、私欲を捨てて行いが正しいために、その生活が貧しいことをいい、「清貧に甘んじる」などと使う。

▼堰《せき》を切《き》る

使い方 おさえられていたものが、どっとあふれ出る。それ以上のおさえがきかなくなって、感情などが一気に動き出すことをいう。「ことばが**堰を切**って出てくる」「おさえていた怒りが**堰を切**って爆発する」「涙が**堰を切**ったようにあふれ出る」「しばらく黙り込んでいた彼女が**堰を切**ったように喋りはじめた」

◆「堰」は、取水や水量調節のために川の途中や流出口などに設けて流れをせき止める構造物。川の流れが堰を壊してあふれ出る意からいう。

誤用 「堰が切れる」は誤り。「×堰が切れたように能弁になる」

類表現 「雪崩《なだれ》を打つ」

背筋《せすじ》が寒《さむ》くなる

使い方 恐ろしさや気味の悪さにぞっとする。「ブレーキをかけるのが一瞬遅れていたらと思うと――」「夜な夜な不気味な声が聞こえるという話を聞いて**背筋が寒くなった**」「木の枝からぶらさがる何匹もの蛇を見て、私は――のを覚えた」「子が親を撲殺したという――ような話」

◆「背筋」は、背中の中心線。背筋がぞくぞくするような思いをいう。

誤用 「背中が寒くなる」は誤り。

類表現 「身の毛がよだつ」

切《せっ》▼磋《さ》▼琢《たく》磨《ま》

使い方 学問・技芸などに励み、人格を高めること。また、志を同じくする仲間と励まし合って学徳を高めること。「――して学問に励む」「互いに――して技術の向上に努める」「研究の完成を目指して――を続ける」「今日の成功は――の賜物《たまもの》だ」 ◆「切磋」は骨や角を切って磨く意、「琢磨」は玉や石を打って磨く意。「切磋」は「切▼瑳」とも書く。

誤用 「切歯琢磨」は誤り。

出典 「詩経・衛風《えいふう》・淇奥《きいく》」に「匪《ひ》たる有る君子、切するが如く、磋するが如く、琢するが如《ごと》く、磨するが如し、瑟《しつ》たり僩《かん》たり、赫《かく》たり咺《けん》たり（＝教養に富んだ君子は骨や角を刻み磨くように、玉や石を打ち磨くように人格を磨き、厳かに心広く、すぐれて堂々としている）」とあるのに基づく。

切《せっ》歯《し》▼扼《やく》腕《わん》

使い方 怒りや悔しさのために歯を食いしばり、腕を強く握りしめること。「ひどい仕打ちに――する」「だまされたと知って――する」「優勝をのがし、――して悔しがる」 ◆「切歯」は歯を食いしばること、「扼腕」は、自分の腕を握りしめること。いずれも残念がったり憤慨したりするときの動作。

誤用 意気込むの意で使うのは誤り。「×切歯扼腕して敵を迎え撃つ」

出典 「史記・張儀列伝」に「是《こ》の故に天下の游談《ゆうだん》の士は、日夜搤腕《やくわん》瞋目《しんもく》切歯し（＝腕を握り、目を怒らし、歯ぎしりし）…」とあるのに基づく。

類表現 「切歯腐心（＝激しく怒り、心を痛め悩ますこと）〈史記・刺客列伝〉」

雪辱《せつじょく》を果《は》たす

使い方 恥・汚名を消し去る。特に、競技などで負けた相手に勝って、敗れたときの恥をそそぐ。「タイトルを奪還して――」「逆転の一打が出て、決勝戦でサヨナラ負けした昨年の**雪辱を果たした**」「トップ当選して、前回最下位の――」「宿敵を論破し、公衆の面前で恥をかかされた**雪辱を果たした**」 ◆「雪辱」は、辱《はじ》を雪《そそ》ぐ意。「雪辱を遂げる」とも。「じっと悔しさに耐え、雪辱を遂げる日を待つ」

誤用「雪辱を晴らす」は誤り。「×昨年の雪辱を晴らして優勝した」

◆「銭（ぜに・せん）」を使う成句

悪銭《あくせん》身に付かず・一銭《いっせん》を笑う者は一銭に泣く・泥棒に追い銭《せん》・盗人《ぬすびと》に追い銭《せん》・身銭《みぜに》を切る・安物買いの銭《ぜに》失い

背《せ》に腹《はら》は替《か》えられぬ

使い方 差し迫った大事のためには他を犠牲にすることもやむを得ない。「━━ので、事業を維持するために家屋敷を手放した」「━━から、高利でもその金を借りることにしよう」「リストラはしたくなかったが**背に腹は替えられなかった**」

◆(1)五臓六腑《ごぞうろっぷ》のおさまっている腹は背と交換することができない意からいう。背を犠牲にしても大切な腹は守らなくてはならない。

(2)「背に腹は替えられない」「背中に腹は替えられぬ」「背より腹」とも。「替える」は「代える」とも書く。

誤用「背を腹に替えられぬ」は誤り。

狭《せま》き門《もん》

使い方 ❶キリスト教で、天国に至ることが困難であることをたとえた語。❷競争者が多くて、そこへの入学や就職が困難であることのたとえ。「受験生が━━をめざして受験に挑む」「司法試験の━━を突破する」「少子化で教員採用は━━だ」

誤用「狭い門」は、ただ幅の狭い門の意。「×倍率八倍という狭い門」

出典「新約聖書・マタイによる福音書」にイエスのことばとして「狭き門より入《はい》れ。滅びに至る門は大きくその道は広く、これより入る者多し。命に至る門は狭く、その道は細く、これを見出す者少なし」とあるのに基づく。「ルカによる福音書」にも同様のことばが見られるが、フランスのアンドレ・ジッドは、これをテーマに長編小説「狭き門（La Porte étroite）」を著した。

責《せ》めを負《お》う

使い方 責任を負う。また、責任をとる。「外交の━━重職」「事故の**責めを負って**辞職する」「部下の不祥事の**責めを負って**進退伺を提出する」「この公害の━━べきものは一企業にはとどまらない」「犯人の一人の父親が自殺したのも、息子の非行の**責めを負った**というより、押しよせて来るマスコミの攻勢に気の弱い彼が抗し得なかったと見るのが妥当であろう〈円地文子・食卓のない家〉」

◆(1)責任のある立場に身を置く意で使う。「責め」は、他から負わされた責任の意。

(2)現在では多く、すべての責任を一身に引き受けて処罰などを受ける場合にいう。

誤用「せめ」を「攻め」と書くのは誤り。

補説 責任をとらせる場合は「責めを負わす[負わせる]」の形で使う。「この件は担当者一人に責めを負わすわけにはいかないだろう」

世《せ》話《わ》がない

使い方 あきれてどうしようもない。処置なしである。「人に笑われても意に介さないのだから━━」「自分で失敗して自分で

せ

怒っているのだから——」「自分で掘った落とし穴に自分で落ちたのだから——」 ◆手の出しようがないことからいう。もとは手数がかからない意(「幼稚園に通うようになったので世話がなくてすむ」)。

誤用 よけいなおせっかいを「大きなお世話」というが、丁寧語のつもりで「お世話がない」とするのは誤り。

背《せ》を向《む》ける

使い方 相手にしない。また、そむく。「社会[仏の教え]に——」「世間に**背を向け**て自分の殻に閉じこもる」「現実に**背を向け**て生きる」「こう不祥事が続くと、国民は政治に**背を向け**てしまうだろう」 ◆後ろを向く意からいう。「背中を向ける」とも。

誤用 「背を向く」は誤り。「×時勢に背を向くような生き方」

◆「千《せん》」を使う成句

悪事千里を走る・一日《いちじつ・いちにち》千秋・一攫《いっかく》千金・一刻千金・一瀉《いっしゃ》千里・牛の歩みも千里・海千山千《うみせんやません》・愚者にも千慮に一得有り・春宵《しゅんしょう》一刻直《あたい》千金・千載一遇・千丈の堤も蟻穴《ぎけつ》より崩る・千篇《せんぺん》一律・千里の行も足下《そっか》に始まる・千里の道も一歩より始まる・千慮の一失・千慮の一得・鶴《つる》は千年亀《かめ》は万年

千載一遇《せんざいいちぐう》

使い方 千年に一度しかめぐりあえないほどまれなこと。「——のチャンス」「——ともいうべき好機」「——の光栄に浴する」「——の時節が到来した」 ◆「千載」は千年、また、長い年月の意。「一遇」は一度会うこと。「千歳一遇」とも。

誤用 「いちぐう」を「一隅」と書くのは誤り。

出典 「文選・袁宏《えんこう》・三国名臣序賛」に「千載一遇は、賢智の嘉会《かかい》なり(＝千年に一度の出会いは賢人智者のめでたいめぐりあいである)」とあるのに基づく。

前車《ぜんしゃ》の覆《くつがえ》るは後車《こうしゃ》の戒《いまし》め

使い方 前人の失敗は後人の教訓になるということ。「あのミスは誰もが犯しやすい。——だ」「——だよ。彼の失敗をくり返さないように注意しよう」 ◆前を行く車がひっくり返るのを見たら、後から行く車は同じわだち(＝車輪の跡)を通らないようにせよという戒め。「前車の覆轍《ふくてつ》」「前覆《ぜんぷく》後戒《こうかい》」「覆車《ふくしゃ》の戒め」とも。

誤用 (1)「ぜんしゃ」「こうしゃ」を「前者」「後者」と書くのは誤り。(2)「前車を覆すは後車の戒め」は誤り。

出典 前漢の賈誼《かぎ》が文帝に上奏した文の中に引用したことわざに基づく(「漢書・賈誼伝」)。

類表現 「殷鑑《いんかん》遠からず」「他山の石」「人のふり見て我がふり直せ」

前車《ぜんしゃ》の▼轍《てつ》を踏《ふ》む

使い方 前人と同じような失敗を後人がくり返すこと。「慎重にやらないと——ことになるよ」「彼は思慮深い男だから——ようなことはしないだろう」 ◆(1)前に行った車のわだち(＝車輪の跡)を後の車が踏んでいく意からいう。転倒した車のわだちをたどって進めば、後の車も転倒の災いに遭うだろう。⇩前車の覆《くつがえ》るは後車の戒め (2)「前轍を踏む」「前車の覆轍《ふくてつ》を踏む」「轍を踏む」とも。

誤用 「ぜんしゃ」を「前者」と書くのは誤

り。

類表現「二の舞いを演じる」

千丈《せんじょう》の堤《つつみ》も▼蟻穴《ぎけつ》より崩《くず》る

⇩蟻《あり》の穴から堤も崩れる

戦戦《せんせん》▼兢《きょう》▼兢《きょう》

使い方 おそれてびくびくするさま。おそれつつしむさま。「危機の幻影に――とする」「悪事の発覚を恐れて――とする」「――として王の怒りが鎮まるのを待つ」

◆(1)「兢」は、おそれてびくびくするさまの意。この字が常用漢字でないことから、「戦戦恐恐」で代用することもある。(2)最近では、サ変動詞化して「戦戦兢兢する」とも。「相次ぐ企業買収に――する」

誤用「きょうきょう」を「競競」と書くのは誤り。

出典「詩経・小雅」に「戦戦兢兢として、深淵《しんえん》に臨むが如《ごと》く、薄氷を履《ふ》むが如し(=深い淵《ふち》の断崖に立っては落ち込むことを恐れ、薄い氷を踏んでは割れて水中に落ちることを恐れるように、おののき恐れてその身をつつしむ)」とあるのに基づく。

▼栴《せん》▼檀《だん》は双葉《ふたば》より芳《かんば》し

使い方 大成する人物は子どものときから人並みはずれてすぐれたところがあるというたとえ。「およそは資盛《すけもり》奇怪なり。**栴檀は二葉より香《かう》ばし**とこそ見えたれ〈平家物語・巻一〉」「――というから、この子は将来大物になるかも知れない」「――で、彼は幼いころから画才を発揮していた」

◆(1)「栴檀」は「白檀《びゃくだん》」の別称。香木の白檀は双葉のころから芳香を放つことからいう。(2)「栴檀は双葉より薫《くん》じ、梅花《ばいか》は蕾《つぼ》めるに香《こう》あり」とも。「双葉」は「二葉」と書いてもよい。

類表現「実のなる木は花から知れる」「蛇《じゃ》は一寸《いっすん》にして人を呑む」など多くの類表現がある。逆に、「大器晩成」「早秀は晩成にしかず」「十《とお》で神童十五で才子二十《はたち》過ぎればただの人」などの反論もある。

先手《せんて》を打《う》つ

使い方 ❶囲碁・将棋で、相手より先に着手する。また、先んじて好所に打つ。「先手を打って投了に追い込む」「先手を打ったが持碁に持ち込まれる」❷相手より先に事を起こして気勢をくじく。また、起こりそうな事態に備えて対策を講じておく。「奇襲攻撃を仕掛けて――」「非難されないように**先手を打って**おく」「ストの**先手を打って**臨時職員を確保しておく」「**先手を打たれて**警官に包囲される」◆人に後れを取らないように積極的に働きかけることをいう。

誤用「先手を出す」は誤り。

補説「先手を取る」は、相手より先に事を起こして優位に立つことをいう。「先手を取って市場を拡張する」

類表現「機先を制する」

船頭《せんどう》多《おお》くして船山《ふねやま》に上《のぼ》る

使い方 指図する人が多くて方針の統一がとれず、物事が目的をはずれた方向に進んでしまうことのたとえ。「現内閣は――のきらいがある」「このプロジェクトチームは――にならないかと案じられる」「――というから、管理体制を再検討しよう」◆「船頭多くして船岩に上る」とも。「船頭」は、和船の船長。一つの船に船頭が何人もいたのでは、船も着くべき岸に

せ

着かなくなるだろう。
誤用 船頭が多いので船が山に上るほど勢いがつくという意にとるのは誤り。「×有能なリーダーが多いので事業は順調に伸びている。船頭多くして船山に上るの勢い」
英語 Too many cooks spoil the broth.（コック多くしてスープまずし）

善《ぜん》は急《いそ》げ

使い方 よいと思ったことはためらわずに早く実行せよということ。「――だ。さっそく始めよう」「――というから、すぐに具体案を立てよう」「私の卒業まで結婚を延ばしても可いと云いました。けれども――という諺もあるから、出来るなら今のうちに祝言の盃だけは済ませて置きたいとも云いました〈夏目漱石・こころ〉」
◆好機は逃すなと、その実行を促すときにいう。
英語 Make hay while the sun shines.（日の当たっているうちに干し草を作れ）

千《せん》▼篇《ぺん》一律《いちりつ》

使い方 多くのものがみな同じような傾向で、変化や面白みに欠けること。「――のテレビドラマ」「どの論文を読んでも――の内容だ」「寄席に出る芸人の中には未だに吉原の遊廓通いなぞの――な話を持ち出すものがある〈島崎藤村・市井にありて〉」「それだからこそ、山荘の――な暮らしの中に、満ち足りたものを味わうことができるのだとも言える〈多岐川恭・消えた日曜日〉」
◆(1)千篇の詩がどれもこれも同じ調子で作られている意から。平たくいえば一本調子、ワンパターンということ。
(2)本来の表記は「千篇一律」だが、今では「千編一律」と書くことが多い。
出典 明の王世貞《おうせいてい》が「芸苑卮言《げいえんしげん》」の中で、白楽天の詩を「千篇一律、詩道未だ成らず（＝詩の作法がまだ完成されていない）」と評したことに基づく。

先《せん》▼鞭《べん》を付《つ》ける

使い方 人より先に着手する。「行政改革の――」「ロマン主義運動に――」「シュールレアリスムの**先鞭をつけ**た画家」「A社に**先鞭をつけ**られる」
◆(1)人より先に馬に鞭《むち》を打って戦場に赴《おもむ》き功名を立てようとすることからいう。その先見の明をプラスに評価して使う。
(2)「付ける」は「着ける」とも書くが、一般にかな書きが多い。
誤用 「先鞭を打つ」は誤り。
出典 「晋書・劉琨伝」の「常に祖生の吾に先んじて鞭を著っけんことを恐る（＝常に范陽《はんよう》の祖逖《そてき》が自分より先に功名を挙げるのではないかと恐れてきた）」に基づく。

前門《ぜんもん》の▼虎《とら》後門《こうもん》の▼狼《おおかみ》

使い方 一つの災いを逃れても、またもう一つの災いが襲ってくることのたとえ。「――という絶体絶命の危機」「不況に増税の追い打ちとは――だよ」「クレームは殺到するわ、売り上げは激減するわで、わが社はいま――のピンチに陥っている」
◆(1)表門で虎を防いでいると裏門から狼が進んでくる意からいう。虎と狼の挟み撃ちでは、勇者たりとも青くなるに違いない。(2)「前虎《ぜんこ》後狼《こうろう》」とも。
誤用 頼山陽の詩に「前狼後虎《ぜんろうこうこ》」の語が見えるが、「前門の狼後門の虎」とするのは誤り。
出典 明の趙弼《ちょうひつ》の「評史」に「前門に虎を拒《ふせ》ぎ、後門に狼を進む」とあるのに基づく。

類表現「一難去ってまた一難」「禍《わざわい》去って禍また至る」「虎口《ここう》を逃《のが》れて竜穴《りゅうけつ》に入《い》る」

千里《せんり》の行《こう》も足下《そっか》に始《はじ》まる

使い方 遠大な事業もまず手近なことの実行から始まるというたとえ。「とにかく販売計画を実行に移そう。――だ」「いっぺんには市場の拡大はできない。――だよ」「――というから、まず基礎研究から始めてみよう」

◆(1)千里という遠い旅路も足もとの第一歩を踏み出すことから始まる意からいう。

(2)「千里の行も足下より始まる」「千里の道も一歩より(始まる)」「千里の行も一歩より(起こる)」とも。

誤用「行」を「ぎょう」と読むのは誤り。

出典「老子・六四」に「合抱《ごうほう》の木も、毫末《ごうまつ》より生じ、九層の台も、累土《るいど》より起こり、千里の行も足下より始まる(＝一抱えもある大木も毛先ほどの小さな芽から生長し、九層の高台ももっこ一杯の土を積み重ねることから着手し、千里の道のりも足もとの一歩から始まる)」とあるのに基づく。

千里《せんり》の道《みち》も一歩《いっぽ》より始《はじ》まる

⇩千里の行《こう》も足下《そっか》に始まる

千慮《せんりょ》の一失《いっしつ》

使い方 どんな賢い人でも、多くの考えの中には一つくらい間違いがあるということ。「彼が論文に誤った事例を引用したのは――だった」「君がそんな初歩的なミスを犯すなんて、まさに――だね」「平素から用意周到である治三郎が、その話を簡単に聞き流してしまったことは――であった〈尾崎士郎・人生劇場〉」◆「智者の一失」とも。

誤用「せんりょ」を「浅慮」と書くのは誤り。

出典「史記・淮陰侯《わいいんこう》列伝」に「智者も千慮に必ず一失有り、愚者も千慮に必ず一得有り」とあるのに基づく。⇩千慮の一得

類表現「河童《かっぱ》の川流れ」「弘法にも筆の誤り」「猿も木から落ちる」「釈迦《しゃか》も経の読み違い」「上手《じょうず》の手から水が漏れる」「天狗《てんぐ》の飛び損ない」

千慮《せんりょ》の一得《いっとく》

使い方 どんな愚かな人でも、多くの考えの中には一つくらいよい考えがあるということ。「彼女の提案とは思えない。まさに――だね」「――で、あんな男でもたまには名案を出すことがある」◆失策ばかりくり返す人がたまに成功することをいう。

誤用(1)「愚かな人でも」という前提があるので、「うまくできたじゃないか、千慮の一得だね」などと使っても、その人をほめたことにはならない。

(2)「せんりょ」を「浅慮」と書くのは誤り。

出典「史記・淮陰侯《わいいんこう》列伝」に「智者も千慮に必ず一失有り。愚者も千慮に必ず一得有り」とあるのに基づく。⇩千慮の一失

そ

◆「添う《そ》(沿)」を使う成句

意に沿う・馬には乗ってみよ人には添うてみよ・影の形に添うよう・人には添うてみよ馬には乗ってみよ

▼滄海《そうかい》の一《いち》▼粟《ぞく》

使い方 広大なもののなかの、きわめて小さいもののたとえ。また、広大な天地の間にあって、人間の存在がきわめて微小なものであることのたとえ。「この地球は宇宙から見れば──に過ぎない」「人の一生は──の如《ごと》くはかない」◆広大な青海原に浮かんでいる一粒の粟《あわ》の意からいう。「そうかい」は「▼蒼海」とも書く。

誤用 「そうかい」を「桑海」と書くのは誤り。

出典 北宋の蘇軾《そしょく》の「前赤壁賦《せきへきのふ》」にある語句。

類表現 「大海の一粟」「大海の一滴」

▼滄海変《そうかいへん》じて桑田《そうでん》となる

使い方 世の中の移り変わりの激しいことのたとえ。「海岸が埋め立てられて今では工業地帯だ。──だね」「──というが、この辺りはすっかり開発されてもう昔の面影はない」◆(1)広い海原が桑畑《くわばたけ》に変わる意からいう。逆に、「桑田変じて滄海[海]となる」ともいう。「そうかい」は「▼蒼海」とも書く。(2)「滄桑《そうそう》の変」「滄海桑田」「桑田碧海《へきかい》」などとも。

誤用 (1)「桑田変じて海となる」から、有為転変の激しいことは「桑海《そうかい》」ともいうが、「滄海変じて桑海となる」は誤り。(2)意味は通じるが、「転じて」を用いた「滄海転じて桑田となる」は成句としては誤り。

類表現 「昨日の淵《ふち》は今日の瀬」

喪家《そうか》の▼狗《いぬ》

使い方 飼い主に見捨てられた犬。また、そのように見る影もなくやつれて元気のない人。「──の如《ごと》くやつれる」「──さながらに夜の巷《ちまた》をさまよう」◆「喪家の狗」は、喪中《もちゅう》の家の犬(家人が悲しみのあまりえさをやるのを忘れた犬)の意とも、宿なしになった犬の意ともいう。

誤用 「喪家」を「そうけ」と読むのは誤り。

出典 諸国を周遊してやつれ果てた孔子の容貌を見て、鄭《てい》の人が「纍纍《るいるい》として(=すっかり疲れ果てて)喪家の狗の若《ごと》し」と評したという故事に基づく(「史記・孔子世家」)。

創業《そうぎょう》は▽易《やす》く守成《しゅせい》は難《かた》し

使い方 新しく事業を興すよりも、それを衰えさせないように守っていくほうが難しい。「新会社の経営はようやく安定してきたが、──というようにこれからが大変だ」「新番組の評判は上々だが、この視聴率を維持できるかどうかが問題だ。──だよ」「──というけれど、三代目はなかなか頑張っているね」◆国家を建設するのにくらべると、それを維持することの方が難しいの意からいう。「守成」は、すでに形となった事業などを衰退させないように保持していくこと。

誤用 「しゅせい」を「守勢」と書くのは誤り。

出典 唐の太宗が「帝王の業は、創業と

守成とどちらが難しい」と側近に尋ねたとき、宰相の房玄齢《ぼうげんれい》は「創業が難しい」と答え、名臣の魏徴《ぎちょう》は「守成が難しい」と答えたが、それに対して太宗は「創業の難事は過去のこと、今は守成の難事に当たろう」と述べたという故事に基づく（「十八史略・唐」「貞観《じょうがん》政要・君道」）。「貞観政要」では、「創業」を「草創」、「守成」を「守文」とする。

▼糟《そう》▼糠《こう》の妻《つま》

使い方 貧しいときから苦労をともにしてきた妻。「三十年連れ添った——に感謝する」「死んで行った——に対する、せめてもの心やりとして、此処に広大な墓地を営んだ〈菊池寛・真珠夫人〉」「——を喪ったことを、車の片輪が外れたという比喩をするが、それが、私の実感だった〈獅子文六・娘と私〉」 ◈「糟糠」は酒かすと米ぬかのことで、貧しい食事のたとえ。

誤用 ぬかみそ臭い（＝所帯じみた）妻の意にとるのは誤り。「✕うちの女房は糟糠の妻だから、華やかなパーティーには出たがらないよ」

出典 後漢の光武帝が寡婦《かふ》になった姉を大司馬《たいしば》宋弘《そうこう》にめあわせようとして、「ことわざに人は出世すると交際相手を替え、金持ちになると妻を替えるというが、それが人情だろう」と言って妻を替えるようにほのめかしたとき、宋弘は「貧賤の知（友達）は忘るべからず、糟糠の妻は堂より下さず（＝表座敷から下ろさないほど大切にしなくてはならない）」と答えたという故事に基づく（「後漢書・宋弘伝」）。宋弘こそ真の愛妻家と言うべきだろう。

そうは問屋《とんや》が卸《おろ》さない

使い方 そんな安い値では問屋が卸売りをしてくれない。物事はそんな具合よく運ぶものではないということのたとえ。「抜け駆けしようとしても——」「利益を独り占めしようと思っても——よ」「儲《もう》かる仕事かと思ったが、**そうは問屋が卸さなかった**」

◈(1)「そう」は副詞で、「そのように」の意。「問屋」は、生産者から商品を買い入れて小売業者に卸売りする商店。

(2)思いどおりに物事を進めようとする相手にブレーキをかけるときにも、支障があって思惑どおりに物事が運ばないときにも使う。

双《そう》▼璧《へき》

使い方 ともにすぐれていて優劣をつけられない二つのもの。「俳壇の——」「鷗外と漱石は明治文壇の——とされる」「プラトンはアリストテレスとともにギリシア哲学の——をなす」 ◈「双璧」は、一対の宝玉の意。「璧」は、中央が円形に抜けている、平らな輪の形をした玉。相並んで美しいもの、二人のすぐれた人物などのたとえに使う。

誤用 (1)よくない物事の代表にいうのは誤り。「✕癌《がん》と心臓病は生活習慣病の双璧だ」

(2)「璧」を「壁」と書くのは誤り。

出典 洛陽の長官賈禎《かてい》は、北魏《ほくぎ》の陸凱《りくがい》の子、陸暐《りくい》と陸恭之《りくきょうし》の兄弟がともに俊英であることを評して「双璧」と呼んだという（「北史・陸俟《りくし》伝」）。

類表現 「兄《けい》たり難《がた》く弟《てい》たり難し」「伯仲の間《かん》（＝力量が接近していて、優劣がつけがたいこと）」

底《そこ》が浅《あさ》い

使い方 内容に深みがない。また、器量・力量がそれほどではない。「**底が**／**の浅**

い知識」「彼の評論［技量］は――」「日本の野外教育はまだまだ――」◆底が浅い器の中身はすぐに尽きてしまうことからいう。

補説 力量などの際限がわからないことは「底が知れない」という。「底が深い」とはいわない。「底が知れない実力」

底《そこ》を突《つ》く

使い方 ❶蓄えてあったものがほとんどなくなる。「食糧［飲み水・建設資金・貯金］が――」

❷相場が下がって底値になる。「相場が――」

◆「底」は、物事の極まるところ。限界に達する意からいう。

誤用 「つく」を「尽く」と書くのは誤り。

底《そこ》を割《わ》る

使い方 ❶本心を打ち明ける。「**底を割**って話し合う」「**底を割**って洗いざらい打ち明ける」「誰だって、**底を割れば**、なアに軽薄なものがあるさ〈佐多稲子・くれない〉」

❷相場が底値と思われた値よりさらに下がる。「相場［景気］が――」

◆「底」は、物事の極まるところ。極みのさらに奥に至る意からいう。

誤用 ②を「底を突く」との混同で、底値になる意で使うのは誤り。「× 株価低下も底を割る」

補説 「底が割れる」は、隠しごとやうそが相手に見破られてしまう意。「すぐに底が割れるようなほらを吹く」

類表現 ①「腹を割る」

▼俎《そ》▼上《じょう》に載《の》せる

⇨俎板《まないた》に載せる

◆「注《そそ》ぐ」を使う成句

油を注ぐ・心血を注ぐ・火に油を注ぐ

▽外《そっ》▽方《ぽ》を向《む》く

使い方 ❶見るべき方向を見ないで、よその方向を見る。「**そっぽを向いて**いて、車を塀にぶつけてしまった」

❷協調しない態度をとる。「いくら話しかけても**そっぽを向いている**」「デモに参加したのはごくわずかで、多くの従業員は**そっぽを向いていた**」「口やかましすぎて、部下に**そっぽを向かれる**」「国民に**そっぽを向かれ**たままの政治」

◆⑴「そっぽ」は「そっぽう」の転。よその方向の意。⑵②は、ことさらに冷淡な様子を見せることをいう。⇨あさってを向く

誤用 「そっぽを向ける」は誤り。

◆「袖（そで・しゅう）」を使う成句

頂く物は夏も小袖・鎧袖一触《がいしゅういっしょく》・袖に縋《すが》る・袖にする・袖振り合うも多生《たしょう》の縁・袖を絞る・袖を連ねる・袖を引く・無い袖は振れない・貰《もら》う物は夏も小袖

▼袖《そで》に▼縋《すが》る

使い方 （ある人の袖にすがりついて）助けを求める。頼る。「**袖にすが**って援助を求める」「役人の**袖にすが**って許しを請う」「伯父の**袖にすが**って暮らしを立てる」

◆⑴哀れみなどを請うときは相手の袖にとりつくことからいう。丁寧・卑屈な言い方で「御袖《おそで》にすがる」、強調して

「袖に取りすがる」とも。
(2) 人に準ずるものについてもいう。「親会社の袖にすがって再建を図る」
誤用「〈物〉にすがる」とはいわない。「× 救援物資の袖にすがって／○ 救援物資にすがって命をつなぐ」

▼袖《そで》にする

使い方 ❶親しくしていた人を冷淡に扱う。「恋人を──」「醜態を見せて恋人に袖にされる」「袖にされた腹いせから、悪口を言いふらす」「世話になった人だから、あっさりと──わけにはいかない」
◆袖を身頃《みごろ》から切り離す意からいう。
❷それを袖の中に入れる。携帯する。「手を袖にして（＝手を袖に入れて）たたずむ」「その時、私は彼女の手紙を袖にしていた（＝袖の中に手紙を持っていた）」
誤用 (1) 親交のない相手を冷たくあしらう意に使うのは誤り。「× 質問のため何度も挙手をしたのに、司会者から袖にされた」「× 注文を袖にした店員」
(2)「（恋人を）袖に振る」は誤り。

▼袖《そで》振《ふ》り合《あ》うも多生《たしょう》の縁《えん》

使い方 袖が触れ合うようなちょっとしたことも、前世からの深い因縁によって起こるものだ。「──、これからもよろしくお付き合い願います」「──と申しますから、前世でもどこかでお会いしているのかも知れませんね」
◆(1)「多生」は、六道を輪廻《りんね》して何度も生まれ変わること。「多生の縁」は、前世で結ばれた因縁をいう。「たしょう」は「他生」とも書く。
(2)「袖擦《す》り合う〔擦《す》れ合う・触れ合う〕も多生の縁」とも。
誤用「たしょう」を少しばかりの意にとって「多少」と書くのは誤り。
類表現「一樹《いちじゅ》の陰一河《いちが》の流れも多生の縁」

▼袖《そで》を絞《しぼ》る

使い方 涙でぬれた袖を絞るほど、ひどく悲しんで泣く。「袖を絞って別れを惜しむ」「その哀れな話を聞いて、みな袖を絞った」「契りきなかたみに袖を絞りつつ末の松山波越さじとは〈後拾遺和歌集・藤原元輔〉」
誤用「搾る」は強く圧迫して水分などを出す意。涙にぬれた袖はねじって水分を出すのだから「しぼる」を「搾る」と書くのは避けたい。
補説 絞るほどたくさん涙が出ることは「涙を絞る」という。
類表現「袂《たもと》を絞る」

▼袖《そで》を連《つら》ねる

使い方 大勢の人が一緒に行く。また、行動を共にする。「袖を連ねて花見に出かける」「役員が袖を連ねて辞職する」
◆袖を一列にずらりと並べる意からいう。
誤用「袖を並べる」は誤り。
類表現「袂《たもと》を連ねる」

▼袖《そで》を引《ひ》く

使い方 ❶人を誘う。また、促す。「客引きが旅行者の──」「ぜひ参加するようにと──」「外資系の会社から袖を引かれる」
❷そっと注意する。「発言するなと──」「大声を出すなと──」
◆相手の袖に手をかけて引っぱる意からいう。
補説「客を引く」は、商売人が遊びや宿泊の客を誘い寄せる意。

外堀《そとぼり》を埋《う》める

使い方 ある目的を達成するためには、まず周辺の障害から取り除いていく。「従業員の引き抜きという━作戦に出る」「審議拒否をくり返して与党の━」「暴力団を撲滅するために、その資金源を絶って━」◆城を攻略するには、まず外側の堀から埋めることからいう。直接対決を避けて、遠回しの作戦を取ることにいう。

類表現「将を射んと欲すれば先ず馬を射よ」

備《そな》えあれば憂《うれ》いなし

使い方 平生から事に備えて準備をしておけば、何の心配もなくなるということ。「━だ、防災グッズをそろえておいたほうがいい」「むだになるかも知れないが出来るだけの準備をしておこう。━だ」

◆「うれい」は「▽患い」とも書き、「うれえ」ともいう。

誤用「そなえ」を「供え」と書くのは誤り。

出典「書経・説命《えつめい》中」に「惟《こ》れ事を事とすれば、乃《すなわ》ち其《そ》れ備え有り（＝平素何事もないときに、なすべき事を怠らないように努めていれば、おのずから備えができてくる）。備え有れば患《うれ》い無し」とあるのに基づく。

類表現「転ばぬ先の杖《つえ》」

その手《て》は桑名《くわな》の焼《や》き▼蛤《はまぐり》

使い方 そんな計略には引っかからないの意で使う地口。「その手は食わない」をしゃれていう。「どっこい━だ」「この安い物権というのはおとりだろう。━だよ」◆「食わない」に地名の「桑名（現在の三重県桑名市）」を掛け、さらに桑名の名物である焼き蛤を続けていう。「焼き蛤」は、殻付きのハマグリを枯れた松葉や松笠《まつかさ》を燃やしながら焼いたもの。「東海道中膝栗毛」の弥次郎兵衛・喜多八も、桑名ではこの焼き蛤を肴に酒を酌み交わしている。

誤用「その手は食わないの焼き蛤」では地口にならない。

反《そ》りが合《あ》わない

使い方 気心が合わない。互いの気持ちが合わない。「あの男とはどうも━」「あの夫婦は━らしくて、喧嘩《けんか》ばかりしている」「同僚と━ので、転勤願いを出すことにした」◆刀身の反りがその鞘《さや》の反り具合に合わない意からいう。無理に合わせようとすれば必ず破綻《はたん》するような関係をいう。

補説 相手の調子に合わせることは「反りを合わせる〔合わす〕」という。「これも仕事のうちと、いやな上役とも反りを合わせる」

▼揃《そろ》いも▼揃《そろ》って

使い方 同類のものがよくもそろったものだと、詠嘆と強めの気持ちを込めていう語。「━下手なやつばかりだ」「あの家の兄弟は━変わり者だ」「この大学の文科の連中は、どうしてああ━救われない人間ばかり集まっているのだろう〈菊池寛・無名作家の日記〉」「━薄い胸をした少年たちが〈井上靖・あすなろ物語〉」「家中━奇麗好きであったから〈幸田露伴・少年時代〉」「よくも━優秀なメンバーを集めたものだ〈原民喜・ある手紙〉」「━美しい七人の姉妹〈倉田百三・愛と認識との出発〉」

◆(1)悪い意味でもよい意味でも使う。「揃う」は、同類のものが一か所に並び集まる意。

(2)「揃いも揃った」の形でも使う。「彼奴等は皆、揃いも揃った人畜生ばかりですな〈芥川龍之介・或日の大石内蔵助〉」

誤用「揃いも揃いで」は誤り。

◆「揃《そろ》える」を使う成句

> 顔を揃える・口を揃える・耳を揃える

損《そん》して得取《とくと》れ

使い方 一時は損をしても、後でそれをもとにしてそれ以上の利益を得るようにせよ。「今は黙って引き下がった方がいい。——だ」「ここで原価を割っても、大口の契約が取れれば儲《もう》かる。——だ」「——の安売り商法」◆目先の小利にこだわることを戒めていう。

た

◆「田（た・でん）」を使う成句

> 我田引水・瓜田《かでん》に履《くつ》を納《い》れず・児孫《じそん》のために美田《びでん》を買わず・滄海《そうかい》変じて桑田《そうでん》となる・我が田に水を引く

大海《たいかい》の一滴《いってき》

⇩滄海《そうかい》の一粟《いちぞく》

対岸《たいがん》の火事《かじ》

使い方 他人にとっては重大なことでも、自分には関係がないので、何の痛痒《つうよう》も感じないこと。よそごとと思って傍観する態度をいう。「隣国の災禍を——として冷淡にあしらう」「その窮状を——として見過ごすわけにはいかない」「日本にとっても食糧危機の問題は決して——ではない」◆向こう岸の火事は自分に災いをもたらす恐れがないことからいう。「対岸の火災」とも。

誤用 危険がすぐ近くに迫っている意に使うのは誤り。「×大地震は常に対岸の火事だから早急の対策が求められる」

大器晩成《たいきばんせい》

使い方 すぐれた才能のある人は、たとえ若いころには目立たなくても、年をとってから大成するということ。「——ということもあるから、彼の将来に期待して見守ることにしよう」「彼女は——型の人間だ」◆鐘や鼎《かなえ》のような大きな器はそう簡単には完成しないことからいう。

誤用「ばんせい」を「晩生」と書くのは誤り。

出典「老子・四一」にあることば。

類表現「大きい薬罐《やかん》は沸きが遅い」

大行《たいこう》は細謹《さいきん》を顧《かえり》みず

使い方 大事業を成し遂げようとする者は細かい事柄にこだわったりはしない。「——というから、そんな反対意見は無視することにしよう」「一々人の批判を気にすることはない。——だよ」◆「大行」

は、大きな事業、「細謹」は細かな礼儀作法の意。

誤用 俗に「さいきん」を「細謹」と書き、少しくらいの欠点があっても構わないの意で使うこともあるが、避けたい。

出典 前二〇六年、楚《そ》の項羽《こうう》と漢の劉邦《りゅうほう》（当時は沛公《はいこう》）が鴻門《こうもん》で会見した折、沛公は范増《はんぞう》の策略によって命を狙われ、その場を逃げ出す羽目になった。そのとき沛公は項羽への暇乞《いとまご》いをどうしようかと迷ったが、部下の樊噲《はんかい》は、「大行は細謹を顧みず、大礼は小譲を辞せず（＝重大な礼を行うには、小さな譲り合いなど問題にならない）」と説得し、沛公をそのまま立ち去らせたという故事に基づく（「史記・項羽本紀」）。沛公が項羽への別れの挨拶《あいさつ》にこだわっていたら、漢朝の成立はなかっただろう。

太鼓判《たいこばん》を押《お》す

使い方 絶対に確実であると保証する。「彼の人柄についてはだれもが━━」「この製品の品質については**太鼓判を押し**てもいい」「良性腫瘍《しゅよう》だから心配はないと医者が**太鼓判を押し**てくれた」「その道のプロが━━ほどの腕前」◆⑴太鼓のように大きな判を押す意からいう。「おす」は「▼捺す」とも書く。⑵人物についても品物の質についても使う。

誤用 よくないことに使うのは誤り。「✕要注意人物の太鼓判を押す」「✕不良品として太鼓判を押される」

補説 マイナスの評価をする意では、「烙印《らくいん》を押す」「レッテルを貼《は》る」などという。

泰山《たいざん》▼鴻毛《こうもう》

⇨死は或いは泰山より重く或いは鴻毛より軽し

泰山北斗《たいざんほくと》

使い方 その道の大家として仰ぎ尊ばれる人。「民俗学界の━━として仰がれる人」「バロック音楽の━━、バッハ」「賀茂真淵《かものまぶち》は国学の━━として尊崇された」◆⑴「泰山」は中国山東省にある名山、「北斗」は北斗七星のこと。ともに最もすぐれたものとして仰ぎ見られることからいう。北斗七星は古来、北極星を探す指極星として、また、時刻を測る星として親しまれてきた。⑵「泰斗」「山斗《さんと》」とも。

誤用 「たいざん」を「大山」と書くのは誤り。

出典 「新唐書・韓愈《かんゆ》伝・賛」に「愈《ゆ》没してより、其《そ》の言大いに行われ、学ぶ者之《これ》を仰ぐこと泰山北斗の如《ごと》し」とあるのに基づく。

大山鳴動《たいざんめいどう》して▼鼠《ねずみ》一匹《いっぴき》

使い方 大騒ぎしたわりには結果が小さいこと。「あれだけ抜本的な行政改革が叫ばれたが、━━、一部省庁で型通りの再編成が行われたに過ぎなかった」「━━に終わるかも知れないが、この贈収賄事件は徹底的に捜査すべきだろう」◆⑴大きな山が鳴り響いて揺れ動く。何事かと思って見守れば、やがて飛び出してきたのはたった一匹のネズミだったということ。⑵「大山」は「泰山」「太山」とも書くが、ここでは中国の名山「泰山」を指しているのではない。

出典 ラテン語の「Parturiunt montes, nascitur ridiculus mus.（山々が産気づいて滑稽なハツカネズミが生まれる）」から出たという西洋のことわざ。

英語 The mountains have brought

た

forth a mouse.（山々が一匹のネズミを生んだ）

大事《だいじ》の前《まえ》の小事《しょうじ》

使い方 ❶大事を行うときは、小さな犠牲には構っていられない。「――で、そんな抗議にはかかわっていられない」

❷大事を行うときは小さなことにも気を配り、決して油断してはならない。「――で、その問題は軽視できない」「――というから、その件も考慮に入れて事業を進めよう」

◆⑴「大事」は、大規模な事業の意。①は小事は大事にとってどうでもよいものとの認識でいい、②は小事の集積が大事であるとの認識でいう。

⑵①は、「大事の前に小事なし」とも。

誤用 大事件の前の小事件の意にとるのは誤り。「×大事の前の小事というから、これは何か重大事の前兆かも知れない」

大《だい》は小《しょう》を兼《か》ねる

使い方 大きいものは小さいものの役目も兼ねることができる。「――から、大きい旅行かばんを買うことにした」「――というから子供服は少し大きめに仕立てた方がいい」「一人暮らしでも鍋《なべ》は大きい方がいい。――だよ」「――といっても、この部屋は寝室には大きすぎる」◆実際にはどうであれ、大きいものの効用を強調していう。「大は小を叶《かな》える」とも。

補説 反対に、大きいものは必ずしも小さいものの代わりにはならない意では、「杓子《しゃくし》は耳掻《みみか》きにならず」「長持ち枕《まくら》にならず」「長持ちは弁当箱にならず」などという。

大欲《たいよく》は無欲《むよく》に似《に》たり

使い方 ❶大望をいだく人は小さな利益などには目もくれないから、かえって無欲に見えるということ。「――というが、野心が大きければ大きいほど端からはうかがえないものだ」「君は彼があまりに恬淡《てんたん》としているというが、――ということもあるよ」

❷欲の深い人は欲に惑わされて損を招くので、結局は無欲と同じ結果になるということ。「究竟《くきょう》は理即《りそく》にひとし（＝悟りの最高位は最下位に等しい）。――〈徒然草・二一七〉」「――というから、事業の拡大は見合わせておこう」

◆「大欲」は、非常に欲の深いこと。また、その人。「だいよく」ともいう。

誤用 「大欲は無力に似たり」は誤り。

類表現 ①「大功《たいこう》は拙《せつ》なるが如《ごと》し（＝真の名人は小手先を使って技芸をよく見せようとはしないので、かえって拙《つたな》いように見える）」「大智《たいち》は愚《ぐ》の如し（＝真の知者はむやみに知識や知恵をひけらかそうとはしないので、一見すると愚者のように見える）」

倒《たお》れて後《のち》▾已《や》む

使い方 死ぬまで努力を続け、途中でやめることをしない。「――決意で研究を続ける」「力の限り国に尽くして、――という生き方が賛美された時代があった」

◆⑴命をかけた悲壮な生き方をたたえて使う。「たおれる」は死ぬ意。「▾斃れる」とも書く。⑵「死して後已む」とも。

誤用 倒れたために目的が遂げられなくなる意で使うのは誤り。「×志半ばにして病を得て、その事業は倒れて後已むとなった」

出典 「礼記・表記」に「俛焉《べんえん》として日に孳孳《しし》たる有り。斃れて后已む（＝日々

た

休みなく励み、息を引き取ったときによ うやくその努力が終わる)」とあるのに基づく。

◆「鷹《たか》」を使う成句

一富士二鷹《にたか》三茄子《さんなすび》・鵜《う》の目鷹の目・鳶《とび》・鳶《とんび》が鷹を生む・能ある鷹は爪《つめ》を隠す

◆「高《たか》い」を使う成句

敷居が高い・只《ただ》より高いものはない・父の恩は山よりも高く母の恩は海よりも深し・天高く馬肥ゆる秋・鼻が高い・枕《まくら》を高くして寝る・山高きが故に貴からず

高《たか》が知《し》れる

使い方 どの程度かだいたいわかる。たいしたことはない。「わが家の貯金など——」「利子が付くといっても**たかが知れている**」「危険な人物といったって**たかが知れている**」「羽根木教授のような地位になっても、その生活は**たかが知れ**たものだった〈伊藤整・氾濫〉」「しかし病気をたのしむことができるのは**たかの知れ**た熱病のときぐらいなものである〈倉田百三・愛と認識との出発〉」◆せいぜいこんなところだろうとその限度を予測していう。「たか」は物事の程度や値打ちの意。

誤用「たか」を「多寡」と書くのは誤り。

▼箍《たが》が緩《ゆる》む

使い方 緊張がゆるんだり年老いたりして、気力や行動がだらしなくなる。また、組織などの規律がゆるんで、しっかりしたところがなくなる。「こんな単純ミスをくり返すのは**たがが緩ん**でいる証拠だ」「この営業成績を見ると、販売部は**たがが緩ん**でいるらしい」「試験が済んだら、**たがが緩ん**で遊びほうけている」「社会の**たがが緩ん**だのか、風俗犯罪が続発するようになった」「気丈夫だった祖父も、八十を過ぎてから**たがが緩ん**できた」

◆(1)「たが」は、桶《おけ》・樽《たる》などの外側にはめて締める輪。行動などを抑制するものにたとえる。⇩たがを外す

(2)そんなことでは困ると、マイナスに評価して使う。

補説 ゆるんだ規律や気持ちを引き締めることは「箍を締める」という。「勝利に浮かれている選手たちのたがを締める」

高《たか》▼嶺《ね》の花《はな》

使い方 遠くからただ眺めるばかりで、自分のものにはできないもののたとえ。「所詮《しょせん》彼女は——だ」「今の給料ではマイホームなど——だ」◆(1)「高嶺」は高い峰《みね》の意。はるかな山頂に咲いている花は、欲しくても摘むことができないことからいう。(2)「嶺《ね》」は「みね」の意で、「根」と本来同語源とされることから、新聞では「高根」を代用表記とする。

誤用 高価なために手が届かないものも少なくないが、「たかね」を「高値」と書くのは誤り。

高《たか》みの見物《けんぶつ》

使い方 第三者の立場から物事の成り行きを傍観すること。「——をきめこむ」「この二人の喧嘩《けんか》は一つ——といこう」「みんながさんざん苦労しているというのに——とは卑怯《ひきょう》じゃないか」◆「高み」は、周囲より高い場所。「み」は「深み」「茂

み」などの「み」と同じく、そのような場所であることを示す接尾語。「高見」と書くのは避けたい。

宝《たから》の持《も》ち腐《ぐさ》れ

使い方 役に立つ物や才能を持っていながら、利用しないでしまっておいたり発揮しないでいたりすること。「この土地を開発しないでおくのは――だ」「蔵書が多くても、読まなければ――だ」「彼の才能を活用しないのは――だよ」◆「腐れ」は腐ること。「持ち腐れ」は、価値のあるものを持っていながら少しもそれを役立てないので、だめになってしまうことをいう。

誤用 「宝の持ち腐り」は誤り。

高《たか》を▽括《くく》る

使い方 低く評価して、大したことはないと見くびる。「簡単に済むだろうと**高をくくっていた**」「弱い相手と**高をくく**っていたら、手ひどくやっつけられた」「核戦争はないなどと**高をくく**っていると、取り返しのつかないことになるだろう」「どうも彼女にまで**高をくくられて**しまったようだ」◆高が知れているとあなどることに使う。

誤用 「たか」を「多寡」と書くのは誤り。

▼箍《たが》を外《はず》す

使い方 規律や束縛から抜け出して、奔放に振る舞う。「若いうちは多少――ことがあっても仕方がない」「**たがを外して**飲めや歌えのどんちゃん騒ぎをする」「調子に乗って――と、あとでしぼられるぞ」◆(1)「たが」は、桶《おけ》・樽《たる》などの外側にはめて締める輪。行動などを抑制するものにたとえる。(2)本来はそうあるべきではないがという含みをもたせて使う。

補説 抑制がきかなくなることは「たが外れる」という。「飲んでいるうちにたがが外れて暴力沙汰になる」

類表現 「羽目を外す」

多《た》岐《き》亡《ぼう》羊《よう》

使い方 学問の道は多方面に分かれ、なかなか真理には到達しがたいということ。転じて、いくつもの方針があって、どれを選ぶべきか迷うこと。「学問の道は、まさに――である」「どの方針をとるべきか、――の感がある」◆「岐路亡羊」「亡羊の嘆」とも。

誤用 「ぼうよう」を「茫洋」と書くのは誤り。

補説 「望洋の嘆」は、深遠な思想や学問に対して自分の力のなさを嘆くこと。

出典 中国の戦国時代の思想家楊朱《ようしゅ》の隣家から羊が一匹逃げ出した。大勢が追いかけたが、道が幾筋にも分かれていたので、ついに羊を見失ってしまった。それを聞いた楊朱は幾日も不機嫌になった。心都子という人物が、その理由を悟って「学問の方法もさまざまに分かれているので、学者は真の生き方がわからなくなるのだ」と説明したという故事に基づく(「列子・説符」)。

◆「竹(たけ・ちく)」を使う成句

木に竹を接《つ》ぐ・竹を割ったよう・竹馬《ばちく》の友・破竹の勢い

多《た》芸《げい》は無《む》芸《げい》

使い方 多芸な人はかえって傑出した芸が身につかないので、結局は無芸にも等しいということ。「彼は何でもござれだが、歌も踊りも演奏もつまらない。――だよ」「——、器用なタレントだがあれでは大成しないよ」◆⑴「多芸」は多くの芸を身につけていること（「多芸多才」）。⑵一芸に秀でることはすばらしいが、中途半端に多くの技芸を身につけるだけでは高い評価は得られないと、気の多い素人芸を揶揄《やゆ》して使う。

類表現「何でも来いに名人なし」

英語 **Jack of all trades, and master of none.**（何にでも手を出すが、見るべき芸は一つもない）

竹《たけ》を割《わ》ったよう

使い方 気性がさっぱりしているさま。「——な好漢」「——にさばさばとした性格」「口は悪いが、腹の中は——にあっさりしている」◆竹がまっすぐに割れることからいう。

誤用 ⑴気性以外についていうのは誤り。「×あの家は竹を割ったようにシンプルな外観だ」「×竹を割ったようにさっぱりとした香り」

⑵「竹が割れたよう」は誤り。

他山《たざん》の石《いし》

使い方 どんなに劣った人の言行でも、つまらない出来事でも、それを参考にしてよく用いれば自分の修養の助けになるということ。「彼の失敗を——とする」「この不祥事を以《もっ》て——とすべし」「この事故を——として、安全管理に万全を期したい」◆誤った言動もつまらない言動も、すべて自分の戒めとなる。

誤用 ⑴模範の意に解したり、自分とはかかわりのないことの意に解したりするのは誤り。「×先生の生き方を他山の石として頑張りたい」「×私はその事件とは他山の石だ」

⑵「異郷の土」などと混同して、祖国に帰れず外国で死を迎える意で使うのは誤り。「×異国の戦場で他山の石となる」

出典「詩経・小雅・鶴鳴《かくめい》」に「它（＝他）山の石、以て玉《たま》を攻《おさ》むべし（＝よその山から出た粗悪な石でも、それを砥石《といし》に使えば自分の玉を磨くのに役立つ）」とあるのに基づく。

類表現「人のふり見て我がふり直せ」「殷鑑《いんかん》遠からず」「前車の覆るは後車の戒め」

◆「出《だ》す（出《いだ》す）」を使う成句

顎《あご》を出す・居候三杯目にはそっと出し・噯《おくび》にも出さない・君子は交わり絶ゆとも悪声を出《いだ》さず・舌を出す・尻尾《しっぽ》を出す・駄目を出す・手を出す・襤褸《ぼろ》を出す・藪《やぶ》をつついて蛇《へび》を出す

◆「助《たす》ける」を使う成句

芸は身を助く・小の虫を殺して大の虫を助ける・天は自ら助くる者を助く

多勢《たぜい》に無勢《ぶぜい》

使い方 多人数に対する少人数ではとても勝ち目はない。「——、あの大軍にはとてもかなわない」「——だ、ここはひとまず退却することにしよう」「一人で十数人と渡り合ったが、——、完膚無きまで叩《たた》きのめされた」◆数の多い相手には敵対しがたいとして使う。「多勢」は人数の多いこと、「無勢」は人数の少ないこと。

誤用「多数に無数」は誤り。

類表現「衆寡《しゅうか》敵せず」

蛇足《だそく》

使い方 よけいなもの。なくてもよいもの。「その一言は――だ」「文末の三行を――として削除する」◆「蛇足をなす」「蛇《へび》を画《えが》いて足を添《そ》う」とも。

出典 昔、中国の楚《そ》の国で、蛇の絵を早く描く競争をしたとき、最初に描き上げた男がつい足を書き添えたために負けてしまったという故事に基づく(「戦国策・斉」)。蛇に足は確かによけいである。

類表現「無用の長物《ちょうぶつ》」

◆「叩《たた》く」を使う成句

> 石橋を叩いて渡る・尻《しり》を叩く・叩けば埃《ほこり》が出る・門を叩く

▼叩《たた》けば▼埃《ほこり》が出《で》る

使い方 どんなものでも細かく調べれば欠点や欠陥が出てくるものだ。「あの男は――」「この件は――だろう」「まだ証拠は挙がらないが、――に違いない」◆「叩けば埃が立つ」「新しい畳でも叩けばごみが出る」とも。

誤用 よい結果が得られる意にとるのは誤り。「× 叩けばほこりが出るように、よく探せば長所もあるだろう」

類表現「垢《あか》はこするほど出る」

◆「正《ただ》す」を使う成句

> 襟《えり》を正す・膝《ひざ》を正す・李下《りか》に冠を正さず

多多《たた》▽益《ます》▽益弁《ますべん》ず

使い方 仕事が多ければ多いほど巧みに処理するということ。また、多ければ多いほど都合がよいということ。「彼の管理能力には――というところがある」「――だ。この際一挙に支店を増やすことにしよう」◆「弁ず」はもと「辦ず」と書き、物事を取りさばくの意。

誤用 多弁の意で使うのは誤り。「× 多々益々弁ずとばかりに話し続ける」

出典 漢の名将韓信《かんしん》が高祖(劉邦《りゅうほう》)に対して「臣の如《ごと》きは、多多益《ます》益《ます》辦《べん》ずるのみ(＝私は兵が多ければ多いほどうまく使いこなします)」と誇ったという故事に基づく(「漢書・韓信伝」)。韓信の自信はなみなみではない。

畳《たたみ》の上《うえ》の水練《すいれん》

使い方 理論や方法は知っていても、実地の訓練をしてないために実際の役に立たないこと。「いくら議論しても、それでは――だ」「――では実社会に出てから役に立たないよ」「アメリカに行ってみたら、学校で習った英語は――だった」◆「水練」は、水泳の練習のこと。畳の上で水泳の練習をする意からいう。「畳水練」「畑水練」とも。

誤用「畳の上の水泳」は誤り。

類表現「畳の上の陣立て」「机上《きじょう》の空論」

▼只《ただ》より高《たか》いものは無《な》い

使い方 ただで物をもらうと、お礼に金がかかったり頼みを聞かなくてはならなかったりで、結局は高くつくということ。「――ね、あとで厄介《やっかい》な仕事を押しつけられたよ」「高価な贈り物には裏がありそうだ。――よ」「――というから、うまい話には気をつけたほうがいい」◆「貰《もら》う物は夏も小袖《こそで》」と、当面は不用の物でも貰いたがる人もいる。裏さえなければば、只より安いものはない。

誤用 「只こそ高いものはない」は誤り。

◆「立《た》つ」を使う成句

秋風が立つ・足下から鳥が立つ・あちらを立てればこちらが立たぬ・石に立つ矢・居ても立ってもいられない・顔が立つ・角《かど》が立つ・気が立つ・後悔先に立たず・三十にして立つ・背負《しょ》って立つ・白羽の矢が立つ・立つ瀬がない・立っている者は親でも使え・立つ鳥跡を濁さず・立てば芍薬《しゃくやく》座れば牡丹《ぼたん》歩く姿は百合の花・智に働けば角が立つ・薹《とう》が立つ・鳥肌が立つ・歯が立たない・腹が立つ・火の無い所に煙は立たぬ・筆が立つ・目に立つ・面目が立つ・物も言いようで角が立つ・役に立つ・両雄並び立たず

◆「絶《た》つ(断)」を使う成句

後を絶たない・韋編《いへん》三度《みたび》絶つ・快刀乱麻を断つ

立《た》つ瀬《せ》が無《な》い

使い方 自分の立場がない。世間に対する面目が立たない。「ここで議長の立場を否定されては――」「批判を誹謗《ひぼう》ととられたのでは私の――」「いまこの企画を潰《つぶ》されたら、私の**立つ瀬がありません**[**ございません**]」◆体面を汚そうとする相手に抗議していう。「瀬」は、置かれている立場。

誤用 「せ」を「背」と書くのは誤り。

立《た》っている者《もの》は親《おや》でも使《つか》え

使い方 急ぎ用事のあるときは、誰でもよいからそばに立っている者を使えということ。「――、ちょっとその本を取ってくれ」「――で申し訳ありませんが、窓を開けていただけませんか」「――とばかりに、あれこれ用事を言いつけられる」

◆座っている人が手近に立っている人(特に目上の人)に自分の用を頼むとき、急なときには「親でも使え」というのだからと、このことばを言い訳にする。

誤用 「立っているときは親でも使え」は誤り。

立《た》つ鳥跡《とりあと》を濁《にご》さず

使い方 立ち去る者は、その後始末をきちんとしておかなくてはならないということ。また、引きぎわは潔くしなければならないということ。「すっかり片づけてから引き上げよう。――だ」「――というから、見苦しくないように辞任したい」

◆(1)水鳥が飛び立ったあとの水面が清く澄んだままであることからいう。「たつ」は「▽発つ」とも書く。(2)「鷺《さぎ》は立ちての跡を濁さず」とも。

誤用 (1)「飛ぶ」には「飛び立つ」意もあるが、「飛ぶ鳥跡を濁さず」とするのは避けたい。また、「立つ鳥跡を汚さず」は誤り。(2)「あと」を「後」と書くのは望ましくない。

手綱《たづな》を締《し》める

使い方 勝手な行動をしたり気を緩めたりしないように他人を抑制する。「活を入れて選手の――」「スタッフがだらけてきたから、少し**手綱を締め**てかかろう」「あまり**手綱を締め**すぎると子どもたちがいじけてしまうよ」

◆(1)馬が勝手に走らないように手綱を

た

引きしぼる意からいう。立場が上にある者が下位の者に対して使う。
⑵「手綱をしぼる」「手綱を引き締める」とも。

補説 厳しさの程度を軽くすることは「手綱を緩める」という。「手綱を緩めて部下をリラックスさせる」

立《た》て板《いた》に水《みず》

使い方 よどみなくすらすらと話すことのたとえ。「━━の説明」「彼の弁論は━━だ」「━━の如《ごと》き弁舌」「━━を流したようにぺらぺらしゃべる」◆「立て板」は、立てかけてある板。

誤用「たていた」を「建て板」「縦板」と書くのは誤り。

補説 つかえながらしゃべることは「横板に雨垂れ」という。

類表現「戸板に豆」「懸河《けんが》の弁」

縦《たて》から見《み》ても横《よこ》から見《み》ても

使い方 どこから見ても。どの角度から見ても。どう見ても。「━━立派な紳士[初々《ういうい》しい花嫁]だ」「━━彼らは新入社員だ」「━━見事な出来ばえだ」◆上下・左右のどこから見ても同じであることをいう。「横から見ても縦から見ても」とも。

誤用「縦を見ても横を見ても」は誤り。

▼蓼《たで》食《く》う虫《むし》も好《す》き好《ず》き

使い方 辛くて苦いタデを好んで食う虫もあるように、人の好みはさまざまだということ。「━━というが、あんな男に惚《ほ》れる女性もいるらしい」「━━だから、人がとやかくいうことじゃないよ」

◆⑴「蓼」は、ヤナギタデ・イヌタデ・サクラタデ・オオタデなど、タデ科タデ属の植物の総称。人はヤナギタデの葉や茎を刺身のつまや蓼酢《たです》などに用いるが、タデを好むという虫の名はわからない。
⑵「蓼食う虫」「蓼食う虫は辛きを知らず」「蓼の虫は葵《あおい》に移らず」などとも。

誤用「だて食う虫も好き好き」は誤り。また、「たで」を「田で」と書くのは誤り。

英語 There is no accounting for tastes.(人の好みは説明できぬ)

盾《たて》に取《と》る

使い方 ❶その物を防御物とする。「草むらを**盾に取**って隠れる」「立木を**盾に取**って銃撃を避ける」❷ある物事を口実や言いがかりの手だてとする。それによって自分の言動を正当化しようとすること。「証文を**盾に取**って立ち退きを迫る」「論敵の失言を**盾に取**って容赦なく攻撃する」「地域開発を**盾に取**って自然林を伐採する」「人質を**盾に取**って莫大な身代金を要求する」

◆「盾」は、敵の矢・銃弾・刀槍《とうそう》などから身を守るための板状の武具。転じて、自分の立場などを守る手段とするものの意。「▼楯」とも書く。

誤用「たて」を「縦」と書くのは誤り。

▼伊達《だて》の薄着《うすぎ》

使い方 厚着は格好が悪いからと、寒さを我慢して薄着をすること。「━━で粋《いき》がる」「━━もいいが、セーター一枚では風邪を引くよ」

◆⑴「伊達《だて》」は、粋に見せようとして見栄を張ること。人目につくようにする意の「立つ」の連用形「立て」からとも、江戸時代、伊達政宗《だてまさむね》の一門が華美に服装を飾ったことからともいう。
⑵「伊達の素足」「伊達の素袷《すあわせ》(＝素肌に袷を着ること)」とも。

誤用 仕方なく薄着をする意で使うのは

誤り。「×コートが買えないから、伊達の薄着だよ」

縦《たて》の物《もの》を横《よこ》にもしない

使い方 面倒くさがって何もしようとしない。「一度座り込んだら——」「——という生来のものぐさ」◆縦に置いてある物は縦に置いたまま、それが不都合でも動かそうとしないほど怠惰なさまをいう。「横の物を縦にもしない」とも。

誤用「縦を横にもしない」は誤り。

立《た》てば▼芍薬《しゃくやく》座《すわ》れば▼牡丹《ぼたん》歩《ある》く姿《すがた》は百合《ゆり》の花《はな》

使い方 花にたとえて美人の姿と所作を形容することば。「——という妖艶《ようえん》な美女」「——とは、あなたのような人を形容することばですね」◆「芍薬」はボタン科の多年草、「牡丹」はボタン科の落葉小低木。いずれも初夏、大形の華麗な花をつける。「百合」はユリ科の多年草。いろいろな種があるが、ここでは清楚な白百合をいうのだろう。

◆「立《た》てる」を使う成句

> 頭から湯気を立てる・あちらを立てればこちらが立たぬ・顔を立てる・人の口に戸は立てられぬ・身を立てる・目くじらを立てる・目に角《かど》を立てる

棚《たな》から▼牡《ぼ》▽丹《た》▼餅《もち》

使い方 思いがけない幸運が舞い込むことのたとえ。「——という異例の昇進」「——で、莫大な遺産が転がり込んだ」「優勝ばかりは——というわけにはいかないだろう」「——式のうまい話」

◆(1)棚から落ちてきたぼた餅がちょうど開いていた口に収まったことからいう。「棚ぼた」「開《あ》いた口にぼた餅」とも。(2)「ぼた餅」は、もち米とうるち米をまぜて炊いた飯を軽くついて丸め、餡《あん》や黄粉《きなこ》をまぶしたもの。春秋の彼岸に仏前に供える。春に作るものを「ぼた餅」、秋に作るものを「萩《はぎ》の餅(お萩)」とする説もある。

誤用 思いがけない災難に遭う意で使うのは誤り。「×あの事故は棚からぼたもちだった」

棚《たな》に上《あ》げる

使い方 問題にしないでほうっておく。不都合なことには触れないでおく。「自分のことは**棚に上げ**て人をのろま呼ばわりする」「自分の責任は**棚に上げ**て人の批判ばかりする」「自分の不勉強を**棚に上げ**て友人の成績をとやかくいう」◆人目につかないように物を棚に上げておく意からいう。「棚へ上げる」とも。

誤用「棚に載せる」「棚に置く」は誤り。

◆「他人《たにん》」を使う成句

> 兄弟は他人の始まり・他人の褌《ふんどし》で相撲《すもう》を取る・遠い親戚より近くの他人

他人《たにん》の▼褌《ふんどし》で相撲《すもう》を取《と》る

⇩人の褌で相撲を取る

頼《たの》みの綱《つな》

使い方 頼りにしてすがるものを綱にたとえていう語。「たった一人の兄を——とする」「君だけが——だ。ぜひ手を貸してくれ」「——の食糧も尽きてきた」「銀行を経営再建の――とする」「知名度だけを――とする人気稼業」「補助金という――が切れて、事業が行き詰まる」
◆(1)人についても物事についてもいう。(2)「頼りの綱」ともいうが、本来は「頼みの綱」。

旅《たび》の恥《はじ》は▼掻《か》き捨《す》て

使い方 旅先では知人もいないし、また長くそこにとどまることもないので、ふだんなら恥ずかしくてできないような行いも平気でするものだ。「少しは羽目を外してもいいだろう。――だ」「――とばかりに、どんちゃん騒ぎをする」◆「掻き捨て」は、恥をかいても失敗しても少しも気に留めないでいること。最近ではその行為を諌《いさ》める立場からいうことも多い。

誤用 「掻き捨て」を「書き捨て」に掛けて「旅の恥は弁慶《べんけい》状(＝武蔵坊弁慶の遺言状)」ともいうが、「旅の恥は書き捨て」と書くのは誤り。

旅《たび》は道連《みちづ》れ世《よ》は情《なさ》け

使い方 旅では連れがあるほうが心強いように、世の中を渡っていくには互いに支え合う人情が大切だ。「――だ。老後は助け合いながら生きていこう」「――というが、困っている人を見捨てるわけにはいかない」
◆(1)「旅は憂《う》いもの辛《つら》いもの」というが、昔の旅行は土地の情報も乏しいし、旅先に知る人もいないしで、今では想像もつかないほど不安なものだった。人生の旅も同様だが、それだけに同行者は心強く、人の情けも身にしみたのだろう。(2)「旅は道連れ」「旅は心世は情け」「旅は情け人は心」とも。

誤用 「旅は道行き世は情け」は誤り。

出典 江戸版「いろはがるた」の一つ。

◆「玉・珠・璧(たま・ぎょく・へき)」を使う成句

> 咳唾《がいだ》珠《たま》を成す・和氏《かし》の璧《たま》・艱難《かんなん》汝《なんじ》を玉にす・完璧《かんぺき》・玉石混淆《こんこう》・掌中《しょうちゅう》の珠《たま》・双璧《そうへき》・玉に瑕《きず》・玉の輿《こし》に乗る・玉磨かざれば光なし・玉を転がす

◆「魂(たましい・こん)」を使う成句

> 一寸《いっすん》の虫にも五分《ごぶ》の魂・仏造って魂入れず・三つ子の魂百まで・和魂漢才

玉《たま》に▼瑕《きず》

使い方 それさえなければ完全なのに、わずかながら欠点があること。「飽きっぽいのが――だ」「いい人なのだが、調子に乗りすぎるのが――だ」◆「瑕」は宝玉の表面についたきず。「瑕疵《かし》」「瑕瑾《かきん》」などに見るように、過失・欠点などの意にも使う。

誤用 (1)表外字である「瑕」は多く「傷」でまかなわれるが、「玉に傷」は避けたい。(2)「たまに」を、まれにの意に解して、「偶に」と書くのは誤り。

玉《たま》の▼輿《こし》に乗《の》る

使い方 女性が婚姻などによって富貴の身分になること。「資産家に見初められて玉の輿に乗った女性」「今この民子も玉の輿に乗り損ねた一人で、彼女の放浪生活もそれから始まった訳だった〈徳田秋声・縮図〉」◆「玉の輿」は、身分の高い人が使う立派な乗り物。女性の人格を無視したことばだが、古くは「女は氏《うじ》無くして玉の輿に乗る（＝女性は低い身分に生まれても、容姿が美しければ富者や貴人の妻や側室になることができる）」といった。**誤用**「こし」を「腰」と書くのは誤り。**補説** 男性が結婚などによって高い地位や財産を得ることは、俗に「逆玉《ぎゃくたま》」という。

玉磨《たまみが》かざれば光《ひかり》なし

使い方 どんなにすぐれた才能があっても、学問・修養を積まなければ立派な人物になれないということ。「少しばかりの才能にうぬぼれてはならない。━だよ」「文才に恵まれているのに━、このままでは埋もれたままだろう」◆(1)「玉」は丸い形をした宝石。「▽珠」「▼璧」とも書く。宝石も原石のままでは美しい光を放つことはない。(2)「玉琢《みが》かざれば器《き・うつわ》を成さず」「玉琢かざれば宝とならず」とも。**誤用**「たま」を「球」と書くのは誤り。**出典**「礼記・学記」に「玉《たま》琢かざれば器《き》を成《な》さず、人学ばざれば道を知らず」とあるのに基づく。

玉《たま》を転《ころ》がす

使い方 高くて美しい声の形容。玉を転がしたような高く澄んだ響きをいう。「━ような美しい声」「カナリアが声を震わせて━ように鳴く」◆(1)音にいう場合もある。「━ようなフルートの音色」(2)「玉を転ばす」とも。**誤用** 不快な声や音に使うのは誤り。「×玉を転がすような金切り声［悲鳴］」**類表現**「鈴を転がす」

矯《た》めつ▼眇《すが》めつ

使い方 いろいろな角度からよく見るさま。何かを丹念に眺める様子をいう。「骨董品を━見る」「━作品の品定めをする」「厚夫は一つ一つの説明文を声に出して読み、軍服、軍刀、日の丸、写真、遺書、書簡などを二人して、━見た〈加賀乙彦・湿原〉」◆「矯める」は、目をすえてじっと見る意。「眇める」は、片目を細くして見る意。「つ」はもと文語の完了の助動詞で、動作の並立「〜たり、〜たり」の意を表す助詞。**誤用**「矯めて眇めて」は誤り。

▽為《ため》にする

使い方 ある目的に役立てようとする下心をもって事を行う。「━ところがあって発言する」「何か━ような議論」「我輩固より━ところありて私立を主張するに非ず〈福沢諭吉・学問のすゝめ〉」「常識のあるものが見れば、どうしても━所があって起稿したものだと判定がつく〈夏目漱石・三四郎〉」**補説** いかにも人のためにするように見せかけて、実は自分の利を図ることは「お為《ため》ごかし」という。「お為ごかしの親切」

駄目《だめ》を押《お》す

使い方 ❶念のために確かめる。念を押す。「本当にこれでいいのかと━」「会議には必ず出席するようにと**駄目を押して**おく」「締め切りは必ず守るようにと**駄目を押される**」◆「駄目」は、囲碁で、最終的にどちらの地にも属さない目。その駄目を詰めて確かめる意からいう。❷スポーツの試合で、勝利が確実になったあとでさらに得点を加え、勝利を決定的にする。「満塁ホームランを放って——」

誤用「駄目を踏む」と混同して、むだなことをする意で使うのは誤り。「×融資を受けようと何度も銀行に足を運んだが、どうやら駄目を押してしまったらしい」

駄目《だめ》を出《だ》す

使い方 演劇などで、監督が俳優に演技上の注意を与えて、やり直しを要求する。「主役の演技に——」「監督から何度も**駄目を出され**、演技に自信を失う」

◆(1)「それでは駄目だ」と欠点などを指摘することからいう。(2)一般に、仕事などのやり直しを命じるときにも使う。「販売計画に——」「注文した品とは違うと——」

補説 やり直しを要求される側からは「駄目が出る」という。「演出家から駄目が出て、リハーサルをやり直す」

▼袂《たもと》を絞《しぼ》る

使い方 濡《ぬ》れた袂を絞るほど涙を流す。「別れを惜しんで——」「野辺の送りにただただ——」「悪態をついては母親に**袂を絞らせる**」◆ひどく悲しんで泣くことにいう。「袂」は和服の袖付《そでつ》けから下の、袋状になった部分。

類表現「袖《そで》を絞る」

▼袂《たもと》を分《わ》かつ

使い方 仲間と関係を絶つ。それまでの関係を解消する。「意見が合わなくて、盟友と——」「考え方の違いから、あのグループとは——ことになった」

◆(1)多く、意図的に交際を絶つことにいう。「分かつ」は、別々にする意。(2)ある場所で人と別れる意でも使うが、現在ではややオーバーな表現となる。「巨勢《こせ》が『ホテル』の前にて、二人は**袂を分ち**ぬ〈森鷗外・うたかたの記〉」「二人は江戸橋まで一緒に乗って、そこで**袂を分と**うとした〈島崎藤村・春〉」「△ツアーの仲間とは空港で——ことになった」

誤用「袂を分ける」は誤り。

便《たよ》りのないのは良《よ》い便《たよ》り

使い方 一通の手紙さえ来ないのは、その人が無事でいる証拠であるということ。「何か異変があれば必ず連絡があるだろう。——だよ」「——とはいうが、少しくらい連絡があってもいいだろうに」

◆何の便りもない相手を案じるとき、そんなに心配することはないと慰めて使う。

出典 もとは西洋のことわざで、No news is good news. を訳した句。

▼啖《たん》▼呵《か》を切《き》る

使い方 歯切れのいいことばで、威勢よくまくしたてる。「胸のすくような——」「威勢のいい早口で、おととい来やがれと——」「まかしておけと**啖呵を切っ**た手前、今さら引っ込みがつかない」

◆(1)「たんか」はもと「痰火」と書き、ひどく痰の出る病気のこと。その痰火が治ると胸がすっきりすることからという。(2)気負った口調で脅し文句を並べたり、思いきったことを言ったりすることをいう。

断機《だんき》の戒《いまし》め

⇨孟母《もうぼ》断機の教え

短気《たんき》は損気《そんき》

使い方 短気を起こすと結局は自分の損になるということ。「怒っちゃいけない。

た

━━だよ」「━━、つまらないことで喧嘩《けんか》をするな」「━━で、せっかちに事を運んでまとまる話をこわしてしまった」
◆「損気」は「短気」と語呂を合わせた語で、「気」に特別の意味はない。
誤用 (1)もじって「弱気は損気」などともいうが、成句としては誤り。
(2)「損気」は単独では用いない。「×ここで事を起こすのは損気だよ」
類表現 「短気は未練の初め」「短気も我、後悔も我」「短気は身を滅ぼす腹切り刀」「短慮功を成さず」

断金《だんきん》の契《ちぎ》り

使い方 固く結ばれた友情のたとえ。「━━を結ぶ」「二人は━━で結ばれている」「━━というきわめて親密な友情」
◆「断琴の交わり」も類義だが、別の故事によるもの。⇩断琴の交わり
出典 「断金」は、「易経・繋辞《けいじ》上」の「二人《ににん》心を同じくすれば、其《そ》の利《り》金を断つ」から、金をも断ち切るほどの固い友情のたとえ。「断金の契り」の句は、後漢の孔嵩《こうすう》と范式《はんしき》が生涯にわたって固い友情を持ち続けたという、「水経注・済水《すい》」の故事に基づく。

類表現 「金蘭《きんらん》の契り[交わり]」「管鮑《かんぽう》の交わり」「金石の交わり」「水魚の交わり」「断琴の交わり」「刎頸《ふんけい》の交わり」

断琴《だんきん》の交《まじ》わり

使い方 厚い友情によって結ばれた親密な交わり。「━━を結ぶ」「二人は生涯にわたって━━を続けた」◆「伯牙《はくが》琴《きん》を破る」「伯牙絃《げん》を絶つ」「絶絃」などとも。
誤用 「だんきん」を「弾琴」と書くのは誤り。
出典 春秋時代の琴の名手伯牙《はくが》は自分の奏でる琴の音《ね》を真に理解した鍾子期《しょうしき》を唯一の友としたが、その友の死後は絃《げん》を断ち切り、二度と琴を弾こうとはしなかったという故事に基づく(「呂氏春秋・本味」)。この故事から「知音《ちいん》(＝音楽を理解する者)」の語が生まれ、のちに心を理解し合う友人の意で使われるようになった。
類表現 「金蘭《きんらん》の契り[交わり]」「管鮑《かんぽう》の交わり」「金石の交わり」「水魚の交わり」「断金の契り」「刎頸《ふんけい》の交わり」

端《たん》▼倪《げい》すべからず

使い方 成り行きを推しはかることができない。また、その人物や技量の大きさなどをはかり知ることができない。「**端倪すべからざる**事態」「彼の才能には**端倪すべからざる**ものがある」「該博な知識をもった**端倪すべからざる**才人」「言葉だけは滾々《こんこん》として、勿体らしく出るが、要するに**端倪すべからざる**空談である〈夏目漱石・それから〉」「私の自省力は、あの細長い紙片を一トひねりして両端を貼り合せて出来る輪のような**端倪すべからざる**構造をもっていた〈三島由紀夫・仮面の告白〉」
◆(1)「端倪す-べから-ず」で、「端倪す」は「端倪する」の文語的な言い方、「べから」は助動詞「べし(可し)」の未然形、「ず」は打ち消しの助動詞。「端倪することができない」という意。
(2)「端倪」は、物事の始めと終わり(「端」はいとぐち。「倪」は田の境界の意で、物事の終わるところ)。転じて、どこから始まりどこで終わるのか見当をつけるという意。それができない、というのが「端倪すべからず」。

た

(3) 多く「端倪すべからざる」の形で、連体修飾に使う。

誤用 「睥睨《へいげい》すべからざる大人物」などというのは誤り。「睥睨」は、横目でにらみつけること。また、周囲をにらみすえて威圧すること。

出典 「荘子・大宗師」に、「反覆終始して、端倪を知らず（＝〔子桑戸《しそうこ》なる人物は〕終わっては始まる円周の循環のようなもので、その端《はじ》めをとらえることも、その倪《おわ》りをきわめることもできない）」とあるのに基づく。

断《だん》じて行《おこな》えば鬼神《きしん》も▼之《これ》を避《さ》く

使い方 決意を固くして断行すれば、何者もこれを妨げることはできない。「ためらうことはない。━━だ」「━━という。ひるむことなく初志を貫徹しよう」 ◆「鬼神《きしん・きじん》」は荒々しく恐ろしい力をもつ神霊。

誤用 「さく」を「裂く」と書くのは誤り。

出典 「史記・李斯《りし》伝」に、秦《しん》の始皇帝の死後、趙高《ちょうこう》が太子胡亥《こがい》をそそのかし、公子扶蘇《ふそ》を弑《しい》して帝位に即《つ》くことを強要したときのことばとして、「断じて敢行《かんこう》すれば、鬼神も之を避く」とあるのに基づく。断じてそれを行った胡亥は二世皇帝に即位するのだが、趙高はのちに胡亥を殺してしまうのだから恐ろしい。

丹誠《たんせい》を込《こ》める

使い方 まごころを込めて物事を行う。「丹誠を込めて祈願する」「丹誠(を)込めて盆栽を育てる」「母が丹誠を込めた手料理」

◆(1) 多く何かを作ったり何かの世話をしたりすることにいう。

(2) 「丹精」も「丹誠」とほぼ同じように用いられ、「丹精を込める」ともいう。新聞は「丹精/丹誠」を区別しないで統一的に「丹精」と書く。

補説 「丹誠」と「丹精」の区別は難しいが、もともと「丹誠」は、うそ偽りのない真実の心の意。「まごころ(を込めて行うこと)」という名詞の意では「丹誠」が比較的多く使われる。「心を込めて、丹念に」という状態を表したり、サ変動詞として使ったりする場合は「丹精」が使われることが多い。

類表現 「丹誠を凝《こ》らす」「丹誠を尽くす」「丹誠を抽《ぬき》んでる」も、心を込めて行う意。「私も日夜に丹誠を抽んでて、筆を執りました甲斐が見えまして〈芥川龍之介・地獄変〉」

断腸《だんちょう》の思《おも》い

使い方 はらわたがちぎれるほどに悲しく辛い思い。「━━でわが子を捨てる」「老いた母を一人残し、━━で故郷を後にする」「━━を込めて辞世の句を詠む」「噫、万事休す。われに━━あり〈島崎藤村・新生〉」 ◆きわめて悲しいこと、苦しいことにいう。「断腸」は、はらわたを断ち切る意。

出典 「世説新語・黜面《ちゅつめん》」に「桓公《かんこう》、蜀《しょく》に入り、三峡の中に至る。部伍《ぶご》の中に猨子《えんし》を得る者あり。其《そ》の母岸に縁《よ》りて哀号し、行くこと百余里にして去らず。遂に跳りて船に上り、至れば便即《すなわ》ち絶ゆ。其の腸中を破り視れば、腸皆寸寸に断えたり（＝晋の桓温《かんおん》が蜀に攻め入ろうとして船で三峡を通ったとき、その従者が猿の子を捕らえた。母猿は悲しみ泣きながら百余里も後を追ってきたが、ついに船に飛び乗ってそのままもだえ死んでしまった。その腹を割いてみると、はらわたはずたずたにちぎれていた)」とあるのに基づく。

暖《だん》を取《と》る

使い方 体を暖める。「落ち葉を燃やして――」「ストーブにあたって――」「毛布を何枚も体に巻きつけて――」「夫婦は世の中の日の目を見ないものが、寒さに堪えかねて、抱き合って――様な具合に、御互同志を頼りとして暮らしていた〈夏目漱石・門〉」◆冷えた体を外部から暖めること。

誤用 酒や熱い飲み物などを飲んで体を内部から暖めることに使うのはなじまない。「△卵酒で暖を取る」「△熱い紅茶［ウォッカ］を飲んで暖を取る」

端《たん》を発《はっ》する

使い方 それがきっかけになって物事が起こる。「両国の対立は一島の領有権問題に**端を発**している」「一発の銃弾に**端を発**した戦争」「アロー号事件に**端を発**した第二次アヘン戦争」「財産分与に**端を発**した兄弟間の争い」◆多く「～に端を発する」の形で、それがきっかけになることをいう。「端」は、物事の始め。

補説 新たに物事のきっかけをつくることとは「端を開《ひら》く」という。「世界初の人工衛星、スプートニク一号の打ち上げが宇宙開発の端を開いた」「近代リアリズム文学の端を開いた小説」

ち

◆「血（ち・けつ）」を使う成句

生き血を吸う・心血を注ぐ・血が通う・血が騒ぐ・血が沸く・血で血を洗う・血と汗の結晶・血の雨を降らす・血の滲《にじ》むよう・血は争えない・血道《ちみち》を上げる・血も涙も無い・血湧《わ》き肉躍る・血を見る・血を分ける

◆「地（ち・じ）」を使う成句

足が地に着かない・雨降って地《じ》固まる・地に足を着ける・天知る地知る我知る子《し》知る・天長地久・天に在らば比翼の鳥地に在らば連理の枝

血《ち》が通《かよ》う

【使い方】人間的な温かみがこもる。人間味が感じられる。「━政治」「血が／の通った福祉政策」「行政の対応には血が通っていない」◆生きていて、血が流れていることからいう。

【誤用】「血が通る」は誤り。

血《ち》が騒《さわ》ぐ

【使い方】気持ちが高ぶって、落ち着いていられなくなる。「冒険家の━」「山に登りたくて━」「サッカーと聞くと━」「祭囃子《まつりばやし》を聞くと━」◆興奮して、体内をめぐる血流が感じられることからいう。
【誤用】「胸が騒ぐ」と混同して、悪い予感や不安などで気持ちが落ち着かない意で使うのは誤り。「×友人の身を案じて血が騒ぐ」

血《ち》が沸《わ》く

【使い方】感情が高揚する。「夏が近づくと高校球児の━」「血の沸く思いで、優勝決定戦に臨む」「オリンピックの入場式を見ていると血が沸いてくる」◆血が沸騰《ふっとう》するような興奮をいう。「わく」は、興奮して血が熱くなる意で「沸く」と書くのが一般的だが、「湧く」とも書く。
⇨血湧き肉躍る
【類表現】「血がたぎる」

竹馬《ちくば》の友《とも》

【使い方】竹馬に乗って一緒に遊んだ幼いころからの友達。幼友達。幼なじみ。「メロスには━があった〈太宰治・走れメロス〉」「小さい時からの友達です。小学時代からの━です〈菊池寛・真珠夫人〉」◆「竹馬」は馬に見立てて先端にたてがみをつけた竹の棒。子どもはそれにまたがり、一端を地につけて走り回った。日本では「春駒《はるごま》」と呼ばれた玩具《がんぐ》のことで、二本の竹ざおに足がかりを付け、それに足をのせて歩く「たけうま」とは別のもの。

【誤用】「竹馬」を「たけうま」と読むのは避けたい。

【出典】晋《しん》の桓温《かんおん》は殷浩《いんこう》と並び称されるのを不満に思っていたので、「少年のころはよく殷浩と竹馬に乗って遊んだが、あの男はいつも私の捨てた竹馬を拾っては喜んでいたものだ」と語っては、自分の優位を吹聴《ふいちょう》したという(「晋書・殷浩伝」)。「竹馬の友」も時には気が合わないこともある。

父《ちち》の▼讐《あだ》は▼倶《とも》に天《てん》を▼戴《いただ》かず

⇨君父《くんぷ》の讐は倶に天を戴かず

父《ちち》の恩《おん》は山《やま》よりも高《たか》く母《はは》の恩《おん》は海《うみ》よりも深《ふか》し

【使い方】子が父母から受ける恩がきわめて大きいことのたとえ。「━、ご両親を大切にしなさい」

【出典】「童子教《どうじきょう》」に「父の恩は山よりも高く、須弥山《しゅみせん》も尚《なお》下《ひく》し。母の徳は海よりも深く、滄溟《そうめい》の海還《また》浅し(＝父親の恩徳は山よりも高く、あの須弥山の高さもそれには及ばない。母親の恩徳は海よりも深く、青々とした大海原の深さもそれには及ばない)」とあるのに基づく。「童子教」は、江戸時代、寺子屋の教科書として広く使われた教訓書。鎌倉時代の成立とされるが、作者はわからない。

血《ち》で血《ち》を洗《あら》う

【使い方】❶殺傷に対して殺傷で応じる。「━暴力団の抗争」「覇権をめぐって━闘争がくり広げられる」

ち

❷肉親どうしが争う。「遺産をめぐって——争いがくり返される」
◆(1)もともとは残虐な仕打ちに対して残虐な手段で報復することをいうが、「血」を「血縁」の意として、血のつながっている者どうしが争うことにもいう。
(2)「血が血を洗う」「血を血で洗う」「血を以て血を洗う」とも。
誤用「血を洗う争い」は誤り。
出典 唐の徳宗《とくそう》が使者として源休をウイグルに遣わしたとき、ウイグル王は源休には会わず、「唐の張光晟《ちょうこうせい》はわが国の突董《とっとう》らを殺した。国の者はみな唐の使者を殺せという。私はそうしない。私が使者を殺せば血で血を洗うようなもので、ますます汚れてしまうからだ」と伝えさせたという故事に基づく〈「旧唐書・源休伝」〉。

血《ち》と汗《あせ》の結晶《けっしょう》

使い方 大変な苦労をして、ようやく得ることのできた成果。「小さな発明だが、私にとっては——だ」「多くの技術者の——である、宇宙ステーション」
◆(1)「血と汗の賜物《たまもの》」「血と汗のかたまり」なども。「一粒の米を大切にせよ。血と汗の賜物なり〈小林多喜二・蟹工船〉」
(2)体を使って苦労すれば肌から「汗」が出るが、もっと苦労すると「血(の汗)」が出るとしていうもの。「血と汗で築いた地位」「いわば日本人の血と汗とで生み出したこのような巨大な戦艦を〈阿川弘之・山本五十六〉」
誤用「血と涙の結晶」は誤り。
補説「血と汗」「血と涙」は、「汗＝つらい労働」「涙＝悲しみや苦しみなどの感情」の意味合いから使い分けられることが多い(⇩血も涙もない)。戦いや苦役など「汗」と「涙」の両方が流れる場面も多く、しばしば似た文脈で用いられる。ひっくるめて「血と汗と涙」ともいう。また、人の体から出るという共通点から、「流す」「絞る」「拭《ふ》く」「よごす」など、同じ動詞をとることも多い。

地《ち》に足《あし》を着《つ》ける

使い方 落ち着いた考えや行動をする。堅実であるさまをいう。「**地に足を着け**て生きる」「**地に足(を)着けて**稽古《けいこ》に励む」◆「足を地につける」とも。「つける」は「付ける」とも書く。
補説 考えや行動が落ち着いていることは、「地に足が着く」という。「地に足の着いた人〈経営〉」

治《ち》に居《い》て乱《らん》を忘《わす》れず

使い方 平和な世にあっても武芸や軍備を忘れず、常に乱世となったときの準備を怠らない。「日ごろの訓練がものを言う。——だ」「——、経営者は常に先々のことを考えておかなくてはならない」
◆「治にして乱を忘れず」「治まりて乱を忘れず」とも。
誤用「ち」を「地」と書くのは誤り。
出典「易経・繫辞《けいじ》伝」に、孔子《こうし》のことばとして「是《こ》の故に君子は安にして危を忘れず。存して亡を忘れず。治にして乱を忘れず」とあるのに基づく。

▼智《ち》に働《はたら》けば角《かど》が立《た》つ

使い方 理知的に動こうとすれば人間関係がぎすぎすして穏やかに暮らしづらくなる。「——というように、理性だけで割り切ろうとすると人と衝突するよ」
誤用「角」を「つの」と読むのは誤り。
出典 夏目漱石の小説「草枕」の冒頭にあることば。後に、「情に棹《さお》させば流される(＝人情に従えばその場の状況に流されて足もとをすくわれる)。意地を通せば窮屈だ。兎角《とかく》に人の世は住みにくい」と続く。

血《ち》の雨《あめ》を降《ふ》らす

使い方 殺し合ったり傷つけ合ったりして多くの死傷者を出す。「暴力団の抗争が——」「幕末の京都では新選組と尊皇倒幕派の志士がしばしば**血の雨を降らした**」◆多く暴力沙汰が流血をもたらすことにいう。「血の雨」は多数の人の血が流されることのたとえ。

誤用 事故などの流血に使うのは誤り。「×特急電車の転覆が沿線に血の雨を降らした」

補説 多くの人の血が流れることは「血の雨が降る」という。「両村の水争いを放置しておけば血の雨が降ることになるだろう」

血《ち》の▼滲《にじ》むよう

使い方 並大抵ではない努力をするたとえ。「**血の／がにじむような**苦労を重ねる」「——な思いで研究に取り組む」「——な思いで納めた税金」◆体から血がにじみ出るような苦しさをいう。「血の出るよう」とも。

血《ち》は争《あらそ》えない

使い方 親から受け継いだ性格・性質は何らかの形で子どもに現れるものだということ。「孫までが政治家だというのだから——ね」「——もので、彼もまた父親と同じようにピアニストとして大成した」「——もので、この子の目もとには祖母と瓜《うり》二つの面影がある」「——というが、彼女の子どもたちも実に気性が激しかった」◆「血」は、血筋・血統の意。

血《ち》道《みち》を上《あ》げる

使い方 異性や道楽などに分別を失うほど熱中する。「若い女性に——」「旦那こそどうして、江戸中の女が**血道をあげて**騒いでるのに、いつまでも一人身でおられるんですの〈石坂洋次郎・石中先生行状記〉」「ギャンブル〔切手の収集〕に——」「県会に限らず、一体に選挙騒ぎなんぞに——もんじゃないわ〈島木健作・生活の探求〉」◆多くマイナスに評価して使う。「血道」は、血液の通る道。「血道を上げる」の形で、のぼせる意に用いられることが多い。

補説「血の道」も血管の意だが、こちらは、産褥《さんじょく》・生理の時や更年期に女性にみられる頭痛・めまいなどの諸症状をいう。「血の道が起こる」

血《ち》も涙《なみだ》も無《な》い

使い方 人間らしい思いやりがまったくない。冷酷無比である。「——仕打ち〔借金の取り立て・厳しい取り調べ〕」「あの男は——」◆「血と涙」は、人間らしい感情のたとえ。⇨血と汗の結晶

誤用「血も涙も出ない」は誤り。

◆「茶《ちゃ》」を使う成句

お茶を濁す・お茶を挽《ひ》く・鬼も十八番茶も出花・茶腹も一時《いっとき》・番茶も出花・臍《へそ》で茶を沸かす

茶腹《ちゃばら》も一時《いっとき》

使い方 茶を飲んだだけでも、しばらくは空腹をしのぐことができるということ。わずかなものでも一時《いちじ》の間に合わせになるというたとえ。「——というから、水

ち

でも飲んでおこう」「口に入るものなら何でもいい。—だよ」「—だ。仮小屋でも雨露さえしのげればいい」◆「茶腹」は、茶をたくさん飲んで満たした腹具合。「湯腹《ゆばら》も一時」「粥腹《かゆばら》も一時」とも。
誤用 意味は同じだが、「茶腹も一時《ひととき》」とするのは避けたい。

中原《ちゅうげん》に▼鹿《しか》を▽逐《お》う

使い方 帝位を得ようとして争うこと。転じて、政権や地位を得るために争うこと。「組閣をめぐって—」「—総選挙」◆(1)「中原」は黄河中流域の平原地帯。古くから中国文化の中心地だったことから、広く天下のたとえ。「鹿」は帝位のたとえとする。「鹿を逐う」「逐鹿《ちくろく》」とも。(2)「逐う」は「追う」とほぼ同じ意だが、この句の場合は「追う」とは書かず原典に沿って「逐う」と書く。
誤用 「中原に馬を逐う」は誤り。
出典 唐の魏徴《ぎちょう》の詩「述懐」に「中原還《また》鹿を逐い、筆を投じて戎軒《じゅうけん》を事とす(=天下は再び乱れ、群雄が帝位を争う。私も筆を捨てて軍事に従うことになった)」とあるのに基づく。

忠言《ちゅうげん》耳《みみ》に逆《さか》らう

使い方 忠告のことばはとかく気にさわり、なかなか素直には聞けないということ。「—かも知れないが、ここは先輩の言うことを聞いた方がいい」「注意すればするほど反発するのも—からだろう」◆「忠言」は真心をこめていさめることば。
誤用 「忠告耳に逆らう」は誤り。
出典 「孔子家語《こうしけご》・六本《りくほん》」に「薬酒は口に苦けれども病に利あり、忠言は耳に逆らえども行いに利あり(=忠言に従って行えばよい結果を得る)」とあるのに基づく。
類表現 「諫言《かんげん》[金言《きんげん》]耳に逆らう」「至言は耳に忤《さか》らう」「苦言は薬なり甘言は疾《やまい》なり」「良薬は口に苦し」

宙《ちゅう》に浮《う》く

使い方 ❶地面から離れて空中に浮かぶ。「はね飛ばされた体が一瞬—」「橋が落ちて、バスの前部が**宙に浮い**た状態で止まる」「私は身も心も**宙に浮いて**いるような気持で〈竹山道雄・ビルマの竪琴〉」◆「宙」は空中の意。
❷中途半端な状態になって、決着がつかなくなる。「三億円の遺産[提出した企画]が—」「資金難で都市計画が**宙に浮いて**しまう」「基地返還の問題が**宙に浮**いたままになる」◆それを好ましくないとしていう。
誤用 「空中に浮く」は誤り。「×公約が空中に浮いたままになる」

注文《ちゅうもん》を付《つ》ける

使い方 ❶相手に対して自分の希望や条件を言う。「材料についてあれこれ—」「内装はロココ調にしてくれと—」「これでは見本と違うと—」「厚生労働省が、我が社で開発中の新薬について**注文を付けてきた**」「そう難しい**注文を付け**られては期日までには作れない」
❷相撲で、自分の有利な体勢に持ち込むために打つ手を工夫する。「立ち合いに—」「**注文を付け**て両差《もろざ》しに持ち込む」◆有利な体勢に持ち込むために特に策を用いた相撲を「注文相撲」という。
補説 注文を受ける側からは「注文が付く」という。「スポンサーから制作中のCMについて注文が付いた」

朝三《ちょうさん》暮四《ぼし》

使い方 ❶目の前の違いに心を奪われて、結果が同じになることに気がつかないこと。また、ことば巧みに人をだますこと。「昇給分がボーナスから引かれるという──の回答」「結局は増税に等しい──の減税政策にまどわされてはならない」「与党のマニフェストは──のおもむきがある」

❷生計。暮らし。「──の資《たすけ》に心有る人もがなと、身を苦しめたる有様、聞くに耳冷《すさまじ》く〈太平記・三八〉」

誤用 「朝令暮改」と混同して、法令や命令が次々に変わるという意で使うのは誤り。「×朝三暮四の営業方針で、現場が混乱する」

出典 春秋時代、餌代《えさだい》に困った宋《そう》の狙公《そこう》(猿回し)が餌を減らそうと考え、飼っていた猿に「朝に三つ、夕方に四つ橡《とち》の実をやろう」と言うと猿が怒った。そこで「それなら朝に四つ、夕方に三つやることにしよう」と言うと、猿は大喜びしたという寓話《ぐうわ》に基づく(「列子・黄帝《こうてい》」「荘子・斉物論《せいぶつろん》」)。

調子《ちょうし》に乗《の》る

使い方 ❶物事をする勢いにうまく合う。特に、仕事などが順調に進む。「**調子に**乗って原稿を書きまくる」「新しい事業が──」「仕事が**調子に乗って**きた」

❷おだてられたり勢いがついたりして、いい気になって物事を行う。「**調子に乗**って失敗する」「**調子に乗**って酒を飲み過ぎた」「つい**調子に乗**って秘密をもらしてしまった」「馬鹿者、──な!」「なんだ、あいつ、**調子に乗りやがって**」

◆(1)①は「調子が乗る」ともいう。「酒が入ってだんだん調子が乗ってくる」

(2)②は「お調子に乗る」ともいう。「わたしあなたがそんなお調子に乗った口を利くのが不思議でならないのよ〈福永武彦・死の島〉」「結婚が近づいても、気障《きざ》にはしゃいだり、お調子に乗ったりしないから、偉い〈太宰治・正義と微笑〉」

誤用 「のる」を「載る」と書くのは誤り。

補説 すぐ調子に乗る軽薄な人を「お調子者」という。

類表現 ①「軌道に乗る」

長者《ちょうじゃ》の万灯《まんとう》より貧者《ひんじゃ》の一灯《いっとう》

使い方 金持ちが見栄を張って差し出す大量の寄進より、たとえわずかでも貧乏人が心を込めて捧げる寄進の方がまさっているということ。「──と申します。わずかばかりの寄付ですがお納め下さい」

◆(1)「万灯」は、仏前にともすたくさんの灯火。わずかであっても心が込められたものであることのたとえにも使う。(2)単に「貧者の一灯」とも。

出典 「阿闍世王授決経」の故事による。

長所《ちょうしょ》は短所《たんしょ》

使い方 長所に頼りすぎるとかえって失敗してしまうので、長所も見方を変えれば短所になるということ。「勤勉なのはいいが、体をこわしては元も子もない。──だよ」「──で、寛容が子をスポイルすることもある」「──というが、人がいいのが仇《あだ》になってだまされてばかりいる」

◆「長所」は、性質・性能などのすぐれているところ。長所を過信することを戒めていう。

調子《ちょうし》を合《あ》わせる

使い方 ❶音の高低・強弱・速さなどを調節する。「楽器の──」「**調子を合わせて**

歌う」

❷相手にさからわないで、話や態度を合わせる。「相手の意見に——」「心にもなく**調子を合わせ**て笑う」「世間とうまく**調子を合わせ**て暮らしていく」「口では**調子を合わせ**ておいて、一向に約束を守らない」

◆音律や拍子を調和させる意からいう。「調子を合わす」とも。

▽提《ちょう》▽灯《ちん》に釣《つ》り鐘《がね》

使い方 物事の釣り合いがとれないことのたとえ。「両家は——だ」「——、釣り合わぬは不縁のもと」「A社とB社の合併では——だ」「このお屋敷にこの板塀では——だね」◆「提灯」と「釣り鐘」はともにつりさげて用い、形も似ているが、その重さは比べものにならないことからいう。かつては多く身分の不釣り合いのたとえに使われた。片方が重いことから「片重い」を「片思い」にかけたしゃれにもされる。

類表現 「月とすっぽん」「箸《はし》に虹梁《こうりょう》（＝細く短いものと、太く長いもの。「虹梁」は反りのある太い梁《はり》）」「雪と墨《すみ》」「雲泥《うんでい》の差」

▼掉《ちょう》尾《び》を飾《かざ》る

使い方 物事の最後を立派に仕上げる。「閉会式の演出がオリンピックの——」「音楽祭の——にふさわしい名演奏」「日本シリーズの——にふさわしい熱戦をくり広げる」

◆(1)「掉尾」は、魚が尾を振る意。転じて、物事の最後。慣用で「とうび」とも読む。

(2)発端・経過のよしあしにかかわらず、その最後に注目していう。

誤用 「掉尾」を「たくび」と読むのは誤り。

補説 最後の勇気をふるい起こして奮闘することは「掉尾の勇を奮う」という。「掉尾の勇を奮って決戦に臨む」

類表現 「有終の美を飾る」「終わり良ければすべて良し」

頂《ちょう》門《もん》の一針《いっしん》

使い方 急所を突いた痛切な戒め。「——というべき教訓」「その論評はまさに——だ」「その一言は浮ついた私を戒める——となった」「このゲエテの結論は、私にとって、私のような気の多い作家にとって、まことに——であろう〈太宰治・春の盗賊〉」

◆(1)「頂門」は、頭の上。鍼術《しんじゅつ》には頂門に針を刺す治療法があることからいう。頭上の急所に針を刺されるのは怖いが、急所を押さえた鋭い批評も恐ろしい。

(2)「一針」は「一▼鍼」とも書き、「ひとはり」とも読む。「頂門の金椎《きんつい》」とも。

誤用 「頭頂の一針」は誤り。

出典 宋の蘇軾《そしょく》が、戦国時代の思想家である荀子《じゅんし》のことを「好んで異説を立てて譲らず、わざわざ高遠な議論を述べてはばかることをしない人だ」（「蘇軾・荀卿論」）と批判したことに対して、明の王慎中（遵巌《じゅんがん》）は「是れ荀卿《じゅんけい》の頂門の一針なり（＝荀子に対する鋭い批判である）」と述べている。

▼蝶《ちょう》よ花《はな》よ

使い方 子どもをこの上なく大切に育てるさま。「一人娘を——と可愛がる」「手塩にかけて——と育てた兄妹」「——と育てられた箱入り娘」

◆(1)蝶も花も、可憐で美しいものとして慈《いつく》しむ対象であることからいう。女児についていうことが多いが、男児にもいう。

(2) まれに、異性をかわいがる形容にも使う。「それでまあ、夫婦仲も、——と睦《むつ》まじいわけだすが〈石坂洋次郎・石中先生行状記〉」「繁氏は、〔妻と愛妾《あいしょう》の〕両者を両手に、——と戯れる〈舟橋聖一・雪夫人絵図〉」

朝《ちょう》令《れい》暮《ぼ》改《かい》

使い方 法令や命令が次々に変わって定まらないこと。「——の政治に国民が不信感を抱く」「——にならないように、法案をよく検討する」

誤用 「ちょうれい」を「朝礼」と書くのは誤り。

出典 「漢書・食貨志上」に「賦斂《ふれん》時ならず、朝《あした》に令して暮れに改む(＝租税の割り当てと取り立ては時期を守らず、朝出した命令を夕方には改める)」とあるのに基づく。

緒《ちょ》に就《つ》く

使い方 物事に着手する。物事が始まる。「難題解決の——」「発掘調査はまだ**緒に就**いたばかりだ」「研究の**緒に就**いたばかりだが、見通しは明るい」「事業が**緒に就**いたところで、病に倒れた」

◆(1) 物事の端緒《たんしょ》について、それがうまく進み出すことをいう。「緒」は、いとぐちの意。

(2) 本来は「しょにつく」だが、現在では「ちょにつく」が一般的。「ちょ」は「緒《しょ》」の慣用読み。

誤用 「緒」を「お」とよむのは誤り。

出典 「詩経・大雅・常武」に「三事緒に就け(＝〔三人の高位の大臣である〕三卿《さんけい》は任務に就くように)」とあるのに基づく。

類表現 「端緒に就く」

▼塵《ちり》も積《つ》もれば山《やま》となる

使い方 ごくわずかなものでも積もり積もれば大きなものになるということ。「少しずつでも貯金をしなさい。——だ」「——で、今ではかなりの資産家だ」「——で、いつの間にか借財が大きくなってしまった」

◆(1)「塵」はほんのわずかなものの意。ごくつまらないもののたとえではない。

(2)「塵積もりて山となる」「土積もりて山となる」「微塵も積もりて山となる」とも。

誤用 「ごみも積もれば山となる」は誤り。

出典 「大品《だいぼん》般若経」の注釈書、「大智度論《だいちどろん》・九四」の「微塵《みじん》を積みて山と成す」に基づく。江戸版「いろはがるた」の一つ。

類表現 「砂《いさご》長じて巌《いわお》となる」「雨垂れ石を穿《うが》つ」

血《ち》▼湧《わ》き肉《にく》躍《おど》る

使い方 興奮して勇気がわいてくる。「——冒険談」「読めば——サイエンスフィクションの傑作」「一点を争う決勝戦には——ものがあった」◆(1) 高ぶった感情が生じ、肉体が躍動する意からいう。(2) 血が沸き立つ意から「湧き」は「沸き」とも書く。

誤用 「おどる」を「踊る」と書くのは誤り。

血《ち》を見《み》る

使い方 争いによって死傷者が出る。「紛争はついに——に至った」「デモ隊と機動隊が——ような騒動となる」「ここで殴り込みをかければ——ことになる」「この縄張り争いは**血を見**なければ治まりそうもない」

◆(1) 流れ出る血を見る意からいう。「流血を見る」とも。
(2)脅し文句として、俗に「血を見るぞ」などと使うことも多い。
誤用「血を見せる」は誤り。「× 暴力団の闘争はついに血を見せた」

血《ち》を分《わ》ける

使い方 血縁の関係にある。「**血を分け**た実の親子」「遺産をめぐって**血を分け**た一族が争う」「私はお前さんを御迷惑かは知らないが**血を分け**た子息同様に思ッてます〈二葉亭四迷・浮雲〉」「いくら教育が違うからって、気性が合わないからって、**血を分け**た兄弟じゃありませんか〈夏目漱石・野分〉」「ある山の手の従兄の家には僕の**血を分け**た従姉が一人僕を待ち暮らしているはずだった〈芥川龍之介・冬〉」◆「血」は、血筋、血統の意。
誤用「血の分かれた」は誤り。「× 血の分かれた姉妹」

沈黙《ちんもく》は金《きん》雄弁《ゆうべん》は銀《ぎん》

使い方 黙るべきときを知ることは、よどみなく話すことよりも大切だということ。「──、今は発言を控えておこう」「さわやかな弁舌ばかりが能じゃない。──だよ」「──というが、あまりしゃべりすぎると反感を買うよ」◆時として沈黙は雄弁にまさる効果をもたらす。「雄弁は銀、沈黙は金」とも。
誤用 金を銀よりも価値のあるものとしていうのだから「沈黙は銀、雄弁は金」とするのは誤り。
出典 十九世紀イギリスの思想家・歴史家、トーマス・カーライルの「衣装哲学」にある、Speech is silver, silence is golden.（雄弁は銀、沈黙は金）から。

つ

◆「通《つう》じる」を使う成句

一脈《いちみゃく》相通ずる・気脈を通じる・窮すれば通ず・全ての道はローマに通ず

痛痒《つうよう》を感《かん》じない

使い方 何の利害も影響も感じないので、平気である。「反対者が出ても一向に──」「何を言われようと身に覚えのないことだからこちらは──」「社員一人が騒いだところで、会社は──だろう」「小人から罵詈《ばり》されるとき、罵詈それ自身は別に**痛痒を感ぜぬ**が、その小人の面前に起臥《きが》しなければならぬとすれば、誰しも不愉快だろう〈夏目漱石・草枕〉」
◆(1)「痛痒」は痛みとかゆみの意。転じて、心身の苦痛や物質的な損害。
(2)「痛痒を感じない［感じることはない］」

など打ち消しで使うのが一般的。「痛痒を感じた」など、肯定の意では使わない。「×彼は政治問題には痛痒を感じない」
誤用 無関心の意に使うのは誤り。「×彼は政治問題には痛痒を感じない」

補説 利害・影響を相手に及ぼす意では「痛痒を与える」という。「六十何銭かは堀川保吉に精神的饑渇《きかつ》の苦痛を与えた。けれども粟野廉太郎には何の痛痒をも与えないであろう〈芥川龍之介・十円札〉」

類表現 「痛くもかゆくもない」

◆「掴《つか》む」を使う成句

> 溺《おぼ》れる者は藁《わら》をも掴む・雲を掴むよう・尻尾《しっぽ》を掴む

◆「月（つき・げつ）」を使う成句

> 猿猴《えんこう》が月を取る・月下氷人・呉牛《ごぎゅう》月に喘《あえ》ぐ・月と鼈《すっぽん》・月に叢雲《むらくも》花に風・月夜に釜《かま》を抜かれる・月夜に提灯《ちょうちん》

月《つき》と▼鼈《すっぽん》

使い方 二つのものの違いがはなはだしいことのたとえ。懸隔がありすぎて比べものにならないさま。「大女優の彼女とあの新人では━だ」「私とあなたでは━です」「二人の実力の差は━ほど大きい」「僕の勤める会社と君の会社とでは━ほど違うよ」

◆(1)どちらも丸い形をしているが、その差は比較にならないほど大きいことからいう。「鼈《すっぽん》」は、沼や河川にすむスッポン科のカメ。食材としては高価だが、月の価値には及ばない。スッポンは俗に「まる」と呼ばれ、漢語では「団魚（＝まるい魚）」ともいう。(2)「月とスッポン」と書くことも多い。

補説 「月」は価値あるもの、「スッポン」は価値のないものの意ではあるが、違いが大きいことのたとえであって、「豚に真珠（＝どんな貴重なものでも、その価値のわからない者には無意味であることのたとえ）」とは異なる。

類表現 「提灯《ちょうちん》に釣り鐘」「箸《はし》に虹梁《こうりょう》（＝細く短いものと、太く長いもの。「虹梁」は反りのある太い梁《はり》）」「雪と墨《すみ》」「雲泥《うんでい》の差」

月《つき》に▼叢雲花《むらくもはな》に風《かぜ》

使い方 好事にはとかく邪魔が入りやすく、よい状態は長続きしないことのたとえ。「せっかくの休暇だというのに仕事が入った。━だよ」「世の中は━、なかなか思うようにはならない」「━、平和な家庭に波風が立ってきた」◆「叢雲」は、むらがり集まった雲。「群雲」とも書く。雲が月を隠し、風が花を散らすということからいう。

誤用 相性が悪い意で使うのは誤り。「×月に叢雲花に風で、あの二人はどうも気が合わない」

類表現 「花に嵐」「好事魔多し」

月夜《つきよ》に▼釜《かま》を抜《ぬ》かれる

使い方 ひどく油断することのたとえ。「━こともある。警備態勢を万全にしよう」「━で、白昼堂々と強盗に入られるとは思わなかった」◆(1)明るい月夜に釜を盗まれるの意。眠りこけていれば、竈《かまど》に据え付けてある釜を抜き取られても気づかないだろう。(2)「月夜に釜を抜く」「月夜に釜」とも。

つ

誤用「月夜に釜を掘られる」は誤り。補説「月夜に釜を掘り出す」といえば、思いがけない幸運にめぐり合うことのたとえとなる。出典 江戸版「いろはがるた」の一つ。

月夜《つきよ》に▽提《ちょう》▽灯《ちん》

使い方 むだなこと、役に立たないことのたとえ。「——夏火鉢」「こんな涼しい晩にクーラーを入れるのは——だ」「天下りのためにそんな役職を設けるのは——だ」◆明るい月夜に提灯をともして歩くむだをいう。提灯は闇夜《やみよ》にこそふさわしい。誤用「昼行灯《ひるあんどん》（＝ぼんやりした人、役に立たない人をあざけっていう語）」と混同して「昼間の提灯」とするのは誤り。

◆「尽《つ》きる」を使う成句

刀折れ矢尽きる・精根尽きる・飛鳥《ひちょう》尽きて良弓蔵《かく》る

◆「付《つ》く（着・就）」を使う成句

悪銭身に付かず・足が地に着かない・足が付く・足下に火が付く・板に付く・一段落《いちだんらく》付く・海の物とも山の物ともつかない・尾鰭《おひれ》が付く・片が付く・気が付く・けりが付く・小異を捨てて大同に就く・尻《しり》に火が付く・緒《ちょ》に就く・土が付く・手に付かない・箔《はく》が付く・話が付く・鼻に付く・火が付いたよう・人目に付く・眉《まゆ》に火が付く・水の低きに就くが如《ごと》し・耳に付く・目に付く・目鼻が付く・焼け木杭《ぼっくい》に火が付く・悪い虫が付く

◆「衝《つ》く（突）」を使う成句

痛い所を衝く・核心を衝く・雲を衝く・底を突く・怒髪《どはつ》冠を衝く・肺腑《はいふ》を衝く

◆「継《つ》ぐ（接）」を使う成句

衣鉢《いはつ》を継ぐ・木に竹を接ぐ・二の句が継げない・夜を日に継ぐ

◆「尽《つ》くす」を使う成句

心を尽くす・言葉を尽くす・人事を尽くして天命を待つ・筆舌に尽くし難い

◆「付《つ》ける（着）」を使う成句

糸目を付けない・色を付ける・金に糸目を付けない・気を付ける・けちを付ける・先鞭《せんべん》を付ける・地に足を着ける・注文を付ける・唾《つば》を付ける・手が付けられない・手を付ける・猫の首に鈴を付ける・熨斗《のし》を付けてくれてやる・話を付ける・眉《まゆ》に唾《つば》を付ける・味噌《みそ》を付ける・目を付ける

土一升《つちいっしょう》に金一升《かねいっしょう》

使い方 土地の値段が非常に高いことのたとえ。「駅前の地価は——だ」「土一升金一升といわれる高級住宅地」◆「金《かね》」は砂金の意。「升」は容積を表す単位で、「一升」は約一・八リットル《リットル》。土一升が砂金一升に相当する意からいう。

誤用 意味は通じるが「土一升に金《きん》一升」は誤り。

土《つち》が付《つ》く

使い方 ❶相撲で、力士が負ける。「横綱に――」「初日から大関に**土が付いた**」◆「土」は、土俵の土の意。❷転じて、一般に、勝負に負ける。「大会初日にして早くも優勝候補に**土が付いた**」「日本代表はアウェーでも**土が付かず**、無敗で決勝リーグに進んだ」

補説 相撲で、その場所でまだ一度も負けていないこと、また一般に、一連の勝負で一度も負けていないことを「土付かず」という。「土付かずで千秋楽を迎える」

綱《つな》を張《は》る

使い方 力士が横綱になる。また、横綱の地位にいる。「連続優勝を果たして念願の――」「十年にわたって**綱を張り**続けた名力士」◆「綱」は、横綱のこと。「横綱を張る」とも。「大砲《おおづつ》は僕等の小学時代に、――常陸山《ひたちやま》や梅ヶ谷の大関だった時代に横綱を張った相撲だった〈芥川龍之介・本所両国〉」

角《つの》を折《お》る

使い方 それまでの強情な態度を改めて、素直になる。「説得されて――」「双方が**角を折**って和解する」「相手が**角を折**って話し合いに応じてきた」◆高慢な態度や強情を動物の「角」にたとえていう。

誤用 人格がまろやかになることは「角《かど》が取れる」というが、「角《かど》を折る」は誤り。

類表現 「我《が》を折る」

角《つの》を矯《た》めて牛《うし》を殺《ころ》す

使い方 わずかな欠点を直そうとして、かえって全体をだめにしてしまうたとえ。「校則を厳しく守らせるだけでは――ことになる」「金融引き締めが行き過ぎると――結果になる」「コーチがあまり投球フォームをいじりすぎると、――ことになりかねない」◆「角を矯める」は、曲がった角をまっすぐにするの意。角の格好が悪いからといって無理に叩いたり引っぱったりすれば、肝心の牛は弱って死んでしまうかも知れない。

誤用 「ためて」を「溜めて」と書くのは誤り。

◆「唾（つば・だ）」を使う成句

咳《がい》唾《だ》珠《たま》を成す・固唾《かたず》を呑《の》む・唾を付ける・天に唾する・生唾《なまつば》を飲み込む・眉《まゆ》に唾を付ける

▼唾《つば》を付《つ》ける

使い方 他人に取られないように前もって手を打っておく。「新製品の発売前に**つばを付け**ておく」「値上がりが確実だという物件に**つばを付け**ておいた」「その市場はすでにA社が**つばを付け**ているから進出はむずかしい」◆自分のつばを付けた食べ物にはだれも手を出さないことから、前もって自分のものにするという意思を明示する行動をとることにいう。

補説 「眉《まゆ》に唾を付ける」は、だまされないように用心する意。

粒《つぶ》が▼揃《そろ》う

使い方 集まった物や人が、品質・能力などに関してどれもすぐれている。「今年の新人は**粒がそろ**っている」「あの店が仕入れる商品は粒がそろっている」「出場チームの**粒がそろっ**ているので白熱した試合が期待される」◆「粒」は、丸くて小さいもの。転じて、全体を構成している個々の物や人の大きさ・質などをいう。
補説 (1)名詞では「粒ぞろい」という。「粒ぞろいの選手達」
(2)すぐれた人や物を集めることは「粒を揃える」という。

▼潰《つぶ》しが効《き》く

使い方 それまでの職業をやめて別の仕事をしても十分にやっていける能力がある。「コンピューターの技術者は――」「多才な人だから会社を辞めても――だろう」「特殊な専門家だから**つぶしが効か**ない」◆金属製品は溶かして別の製品に作りかえることができる意からいう。「効く」は「利く」と書いてもよい。

罪《つみ》が無《な》い

使い方 無邪気であるさま。けがれがない。「子どもは――」「**罪が**／**のない**寝顔」「**罪のない**いたずら」「滑稽《こっけい》なだけで**罪のない**話」「駄洒落《だじゃれ》を飛ばしては悦に入っているのだから**罪がなくっ**ていい」◆何の下心もないことをいう。
誤用 「罪」を「ざい」と読むのは誤り。

罪《つみ》を憎《にく》んで人《ひと》を憎《にく》まず

使い方 その人の犯した罪は憎むべきだが、その人自身まで憎んではいけない。「彼には随分とひどい目に遭わされたが――だ」◆「(君子は)その罪を憎んでその人を憎まず」とも。
誤用 「罪を恨んで人を恨まず」は誤り。
出典 「孔叢子《くぞうし》・刑論」に孔子《こうし》のことばとして「可なる哉《かな》、古《いにしえ》の訟《しょう》を聴く者は、其《そ》の意を悪《にく》みて、其の人を悪まず(＝昔の裁判官は訴訟を取り裁くとき、罪を犯した者の心は憎んだが、その人は憎まなかった)」とあるのに基づく。

旋毛《つむじ》を曲《ま》げる

使い方 気分をそこねて、わざと逆らったり意地悪く振る舞ったりする。「彼はいったん――とてこでも動かなくなる」「彼女は披露宴に招待されなかったことで**つむじを曲げ**ている」「すっかり**つむじを曲げ**て返事もしない」「彼女が**つむじを曲げ**ないように、決して喧嘩にならないように、そうかと云って此方が甘く見られないように、上手に切り出さなければならない〈谷崎潤一郎・痴人の愛〉」◆「つむじ」は、頭頂の、毛が渦巻き状に生えているところ。その位置がずれると素直でなくなるという。
補説 (1)素直でなくなることは「つむじが曲がる」という。「つむじが曲がっている人」「一旦旋毛が曲り出すと、幾日でも苦い顔をして、わざと口を利かずにいた〈夏目漱石・行人〉」
(2)性質がねじけていて素直でないことや、そのような人を「つむじ曲がり」という。
類表現 「冠《かんむり》を曲げる」「へそを曲げる」

◆「爪《つめ》」を使う成句

瓜《うり》に爪あり爪に爪なし・苦髪楽爪《くがみらくづめ》・苦爪楽髪《くづめらくがみ》・爪に火を点《とも》す・爪の垢《あか》ほど・爪の垢《あか》を煎《せん》じて飲む・能ある鷹《たか》は爪を隠す

冷《つめ》たい戦争《せんそう》

使い方 ❶実際の戦闘は伴わないが、互いに相手を敵とみなして対立を続けてい

つ

る状態。冷戦。「――の時代が長く続いた」「――もようやく終結した」◆英語の **cold war** の訳語。第二次世界大戦後の、米ソ二大陣営の対立状態をいう。当時、東ヨーロッパの社会主義諸国が資本主義諸国に対して門戸をとざした態度は、英国のチャーチル首相の演説の中で、「鉄のカーテン(iron curtain)」と皮肉られている。

❷転じて、お互いが感情を表にあらわさないで、心の中でいがみ合うこと。「夫婦の間に――が続く」「あの二人はまだ――状態だ」

補説 武力による戦争は「熱い戦争(hot war)」。

▼爪《つめ》に火《ひ》を▽点《とも》す

使い方 極端に倹約すること、また、ひどくけちなことのたとえ。「――ような生活を続けて財を築く」「**爪に火を点して**蓄えた金」「――ような吝嗇《りんしょく》な男」「一口に――などとは云うが、金を溜める人にはいろいろある〈森鷗外・雁〉」

◆(1)ろうそくの代わりに爪に火を点す意からいう。けちでろうそくを買わない人もいれば、ろうそくも買えないほど貧しい人もいるだろう。

(2)貧しい生活をすることのたとえに使っても誤用ではない。「――ような貧しい暮らし」

誤用 「爪に火を燃やす」は誤り。

▼爪《つめ》の▼垢《あか》ほど

使い方 ごくわずかなことのたとえ。ほんの少し。「だますつもりは――もなかった」「あの男には――の思いやりもない」「今のような時代でも、卒業証書は、たとえ――でも、ものを云うからな〈島木健作・生活の探求〉」◆「爪の垢」は、爪と指の間にたまっている垢。物事の少ないことのたとえに用いる。

▼爪《つめ》の▼垢《あか》を▼煎《せん》じて飲《の》む

使い方 すぐれた人を模範とし、その人にあやかるようにする。「師匠の**爪の垢を煎じて飲め**ば少しは上達も早いだろう」「彼女のフルートはすばらしい。**爪の垢を煎じて飲み**たいほどだよ」「そんな成績では進学は覚束ない。少しはあの秀才の**爪の垢を煎じて飲ん**だらどうだ」

◆「煎じる」は薬草などを煮てその成分を抽出すること。優秀な人の爪の垢には薬効があると期待していう。

誤用 「爪の垢を飲む」「爪を煎じて飲む」は誤り。

露《つゆ》と消《き》える

使い方 はかなく命を落とす。「戦場の――」「断頭台の**露と消え**たルイ十六世」「刑場の**露と消ゆる**強盗もあれば、情死しておわる男女もあるべし〈坪内逍遥・小説神髄〉」「はじめからもう野末の――覚悟だ〈島崎藤村・破戒〉」◆露がはかなく、消えやすいことからいう。多く「〜の露と消える」の形で、不慮の死についていう。

誤用 平安な死を迎えることに使うのは誤り。「× 長寿を全うして安らかに露と消えた」

◆「強《つよ》い」を使う成句

意を強くする・心臓が強い・ペンは剣よりも強し

◆「面(つら・めん)」を使う成句

蛙《かえる》の面《つら》に水・仮面を被《かぶ》る・鬼面《きめん》

人を驚かす・外面如菩薩《げめんにょぼさつ》内心如夜叉《ないしんにょやしゃ》・三面六臂《ろっぴ》・面《つら》の皮が厚い・面《つら》の皮を剝《は》ぐ・泣き面《つら》に蜂《はち》・八面六臂《ろっぴ》・面《めん》が割れる

面《つら》の皮《かわ》が厚《あつ》い

使い方 ずうずうしい。厚かましくて、恥を恥とも思わない。厚顔である。「前の借金を踏み倒したまま金を借りに来るとは━━やつだ」「あいつは━━から平然とうそをつく」◆「面の皮」は、顔の表皮。その性格・態度を非難していう。

類表現 きわめて厚かましいことを強調して「面の皮が千枚張り」という。

面《つら》の皮《かわ》を▼剝《は》ぐ

使い方 厚かましい人の正体をあばいて、面目を失わせる。「偽善者の━━」「実直そうな顔をしてあくどい商売を続けるやつの**面の皮をは**いでやりたい」「実力もないくせに偉そうなことを言うから、真っ向から勝負して**面の皮をは**いでやった」◆「面の皮」は、顔の表皮。面の皮の下に本当の顔があるとしていう。「面皮《めんぴ》を剝ぐ」「面の皮をひんむく」とも。

ことばとして、賀寿《がじゅ》の際などにいう。中国の神仙思想では、鶴も亀も長寿を保つめでたい動物であるとされた。「淮南子《えなんじ》・説林訓《ぜいりんくん》」にも「鶴寿《かくじゅ》千歳《せんざい》」とあり、「史記・亀策列伝論賛」には「亀は千歳」とある。

補説 亀や鶴のような長寿は「亀鶴《きかく》の寿」という。

◆「鶴（つる・かく）」を使う成句

鶏群《けいぐん》の一鶴《いっかく》・鶴の一声・鶴は千年亀《かめ》は万年・掃き溜めに鶴・風声鶴唳《ふうれい》・焼け野の雉《きぎす》夜の鶴

▼鶴《つる》の一声《ひとこえ》

使い方 多くの人を否応《いやおう》なしに従わせるような、権威者・権力者の一言。「会長の━━で方針が決まる」「首相の━━で大臣が更迭《こうてつ》された」「座長の━━でようやく案がまとまった」「スポンサーの━━とあってだれも文句を言えない」◆甲高く響きわたる鶴の鳴き声が空気を震わせて辺りを圧倒することからいう。それに恩恵を感じる立場からも、不満を感じる立場からも使う。

誤用 「鶴の一声《いっせい》」「鶴の一言」は誤り。

▼鶴《つる》は千年《せんねん》▼亀《かめ》は万年《まんねん》

使い方 寿命が長く、めでたいことのたとえ。「━━、ますますのご長寿を祈ります」「━━というので、鶴子の名は両親が長寿を願ってつけたものです」◆縁起のよい

て

◆「手(て・しゅ)」を使う成句

合いの手を入れる・赤子の手を捩《ねじ》る・大手《おおで》を振る・飼い犬に手を噛《か》まれる・痒《かゆ》い所に手が届く・口八丁《くちはっちょう》手八丁・上手の手から水が漏れる・触手を伸ばす・その手は桑名《くわな》の焼き蛤《はまぐり》・手が上がる・手が空く・手が後ろに回る・手が切れる・手が込む・手が付けられない・手が届く・手が入る・手が離れる・手が早い・手が回る・手薬煉《てぐすね》引く・手塩に掛ける・手玉に取る・手に汗を握る・手に余る・手に負えない・手に掛ける・手に付かない・手に手を取る・手に取るよう・手の裏を返す・手のひらを返す・手の舞い足の踏む所を知らず・手も足も出ない・手を上げる・手を合わせる・手を打つ・手を替え品を替え・手を貸す・手を切る・手を下す・手を組む・手をこまねく・手を染める・手を付ける・手を出す・手を携える・手を伸ばす・手を引く・手を抜く・手を握る・手を広げる・手を焼く・濡れ手で粟《あわ》・猫の手も借りたい・喉《のど》から手が出る・引く手数多《あまた》・胸に手を当てる・諸手《もろて》を挙げる

亭主《ていしゅ》の好《す》きな赤《あか》▼烏《え》▽帽子《ぼし》

使い方 一家の主人の好みとなれば、どんなに異様な趣味であっても、家族はそれに従わなくてはならないということ。「うちの人のペットはヘビとトカゲなの。━━だわ」

◆(1) 烏帽子は黒塗りが普通。赤烏帽子をかぶりたがる主《あるじ》の悪趣味にも、「みっともないからおやめなさい」と言えないのが昔の家制度だった。そのうちに家族の者も赤烏帽子を奇異に感じなくなってくるだろう。

(2) 「亭主の好きな赤鰯《あかいわし》」「亭主が好きなら薦《こも》でも被《かぶ》れ」とも。

手《て》が上《あ》がる

使い方 ❶芸事などの技が上達する。また、書が上手になる。「料理の━━」「踊りの手が上がって名取りになる」「書道の手が上がって入選する」 ◆「手」は、腕前・技量の意。「手を上げる」もほぼ同じ意味で使う。「ゴルフの手を上げる」

❷飲む酒の量が多くなる。「年を取って手が上がってきた」「近ごろ手が上がって大分飲めるようになった」

類表現 「腕が上がる」「腕を上げる」

手《て》が空《あ》く

使い方 特にすべき用事がない状態になる。ひまができる。「**手が空**いたら手伝ってくれ」「今は忙しいが、午後になったら━━だろう」「仕事[家事]の━━」「鈴木さんの**手が空**いたら、そっちに回ってもらうから」「平日はなかなか**手が空か**ないので外出できない」

◆(1) 「手」は、仕事や作業をするための手。その手が使える状態にあることをいう。「空く」は「明く」とも書く。

(2) 「手がすく」も同じ意。「すく」も漢字で書くと「空く」で、「空《あ》く」と紛らわしいため、かな書きが一般的(常用漢字表では「空く」は「あく」と読み「すく」とは読まない)。「手がすいたらこっちに来てくれる?」(3)「体が空く」と言い換えられる場合も多い。長期的な視点からいう場合は「体が空く」のほうがなじむ。「一年後にはこの仕事にも片が付いて、体が空いているだろう」「五日間くらいなら体が空くのですが」

補説 用事のない状態にする意では「手を空ける」という。「さすがはおれんさんだ。いちんちだって、手をあけていなさるようなことはない〈山本有三・路傍の石〉」

手《て》が後《うし》ろに回《まわ》る

使い方 悪いことをして捕らえられる。逮捕される。「公金を横領して――」「傷害事件を起こして――」「――ようなことはするな」◆後ろ手に縛られる意からいう。

補説「手が回る」は、捜査や逮捕の手配がされる意。「×選挙違反で落選候補者の手が回った」「○恐喝《きょうかつ》が発覚して警察の手が回った」

手《て》が切《き》れる

使い方 ❶関係がなくなる。縁が切れる。「悪い仲間と――」「昔の仲間とまだ手が切れないでいる」

❷紙幣が真新しいさま。「手の切れそうな一万円札」「――ほどのピン札」

◆①の「手」は、人とのかかわり合いの意。②は、新札の鋭い四辺が手を傷つける意からいう。

補説 関係を絶つことは「手を切る」という。

手《て》が込《こ》む

使い方 手間がかかっている。また、物事が複雑である。「手が込んだ細工物」「この刺繡《ししゅう》は手が込んでいる」「いたずらにしては手が込んでいる」◆「手」は、手数・手間。「込む」は複雑に入り組むの意。

誤用「こむ」を「混む」と書くのは誤り。

手《て》が付《つ》けられない

使い方 とるべき方法がない。処置の施しようがない。「乱暴者で――」「――ほど散らかっている」「火勢が強くて手がつけられなかった」◆「手」は、物事を行うための手段・方法(「その手は食わない」)。

誤用「手に付かない」と混同して、他のことが気になって集中できない意で使うのは誤り。「×そわそわして仕事に手がつけられない」

類表現「箸《はし》にも棒にも掛からない」

手《て》が届《とど》く

使い方 ❶能力の及ぶ範囲にある。「もうすぐ重役に――地位にある」「このスーツは高くて手が届かない」

❷もうすぐ、その年齢に達する。「七十歳に――」「今では六十に――年齢になっていた〈北杜夫・楡家の人々〉」

補説 (1)「痒《かゆ》いところに手が届く」は、細かいところまで気遣いが行き届いているの意。(2)「手が伸びる」は、目標や範囲にまで及ぶ意。⇨手を伸ばす

手《て》が入《はい》る

使い方 ❶警察の捜査が及ぶ。「収賄事件に検察の――」

❷製作過程で、他人が訂正したり補足したりする。「雑木林に開発の――」「編集者の手が入った原稿」

補説「手を入《い》れる」は、捜査や検挙のために警察などが現場に踏み込む意。また、よい状態にするために補ったり直し

たりする意。「麻薬密売の現場に手を入れる」「以前書いた原稿に手を入れる」

手《て》が離《はな》れる

使い方 ❶仕事が一段落して、それとは関係なくなる。「定年を迎えて長年かかわってきた仕事から――」「やっかいな案件で、なかなか手が離れない」
❷子どもが成長して、あまり世話をしなくてもすむようになる。「幼稚園に通うようになって、やっと子どもから手が離れた」「子どもの手が離れたので、勤めに出ることにした」
◆「手」は、仕事や世話をするための手。その手が仕事や世話をすべき人から離れることをいう。
補説 (1)「手を離れる」は、関係なくなる、また、世話をする必要がなくなる意。「その件ならすでに私の手を離れている」「子供が親の手を離れる」
(2)「手が離せない」は、やりかけている仕事があって他のことができないの意。「いま手が離せないから、あとで来て下さい」

手《て》が早《はや》い

使い方 ❶物事をてきぱきと処理する。「作業の――」「組み立てる――」
❷すぐに暴力をふるう。「口より――」「――乱暴者」
❸異性とすぐに関係をもつ。「女性には――男」「彼は――から、交際には気をつけなさい」
◆手の動作が素早い意からいう。
誤用 動作・行動の素早さをいうので、「はやい」を「速い」とは書かない。

手《て》が回《まわ》る

使い方 ❶注意・配慮などが行き届く。「仕事が忙しくて、家のことに手が回らない」「家族はみな働いているので、祖母の介護に手が回らない」
❷警察の捜査や手配が行き届く。「身辺に官憲の――」「詐欺《さぎ》容疑で警察の――」
◆「回る」は、隅々にまで及ぶ意。
補説 (1)手段をめぐらしたり、ひそかに働きかけたりすることは「手を回す」という。「不祥事が明るみに出ないように手を回す」
(2)「手が後ろに回る」は、逮捕される意。「恐喝を働いて手が後ろに回る」

出来《でき》ない相談《そうだん》

使い方 初めから成立する見込みのない事柄。「事件の揉《も》み消しなど――だ」「三日で仕上げろと言っても、それは――だ」
◆相談を持ち込まれても、それに乗ることができない意からいう。「出来ない」はかな書きにすることも多い。

敵《てき》は本能寺《ほんのうじ》にあり

使い方 本当の目的は別のところにあるということ。「親切に老夫婦の介護をしているが、――、二人の遺産をねらっているらしい」「技術提携を申し出てきたが、――、真の目的は吸収合併ではないか」
誤用 単に目的を明確にする意で使うのは誤り。「×敵は本能寺にあり、海外市場を開拓しよう」
補説 他に目的があるように見せかけ、途中から急に本来の目的に向かうやり方を、「敵は本能寺主義」を略して「敵本主義」という。
出典 天正十年（一五八二）、備中《びっちゅう》（現在の岡山県西部）の毛利氏を攻めると称して出陣した明智光秀《あけちみつひで》が、その途中で急に方向を転じ、京都の本能寺に止宿していた主君織田信長を急襲したという故事に基づく。

手《て》▽薬《ぐす》▼煉《ね》引《ひ》く

使い方 すっかり用意して待ち構える。準備を整えて機会を待つ。「決戦の日を**手ぐすね(を)引いて**待つ」「チャンスを逃すまいと**手ぐすね引いて**待ち構える」「叱《しか》ってやろうと子どもの帰宅を**手ぐすね引いて**待っている」◆弓が滑らないように弓を持つ方の手（つまり左手）に「薬煉《くすね》」を塗る意からいう。薬煉は松脂《まつやに》と油を練りまぜたもので、弓弦などに塗って補強するのに用いる。

誤用「手をこまねく」と混同して、何もしないで傍観する意に使うのは誤り。「×手ぐすね引くうちに経営状態は悪化するばかりだった」

▼梃子《てこ》でも動《うご》かない

使い方 ❶どんな手段を用いてもそこを動かない。「この石は重すぎて――」「要求が通るまでは――つもりで座り込む」◆「梃子」は、重い物の下に差し入れて、それを動かすために使う棒。「▼梃」とも書く。

❷どんなことがあっても主張や信念を変えない。「彼は一度こうと決めたら――」「いろいろと誘導尋問を試みたが、修一郎の答は同じであった。彼の答えかたには、なにか、**梃子でも動かぬ**といったふてぶてしさがあった〈立原正秋・冬の旅〉」◆かたくなであることを強調していう。

誤用「梃子では動かない」は誤り。

手《て》塩《しお》に掛《か》ける

使い方 みずから世話をして大切に育てる。「**手塩にかけた**娘」「**手塩にかけて**育ててきたチーム」「**手塩にかけて**作った野菜を収穫する」◆(1)「手塩」は、めいめいが自分で手にとって味つけができるように、それぞれの食膳に添えた少量の塩。自分の手でその塩をふりかける意からいう。(2)「掛ける」はかな書きも多い。

誤用「手塩を掛ける」は誤り。

手《て》玉《だま》に取《と》る

使い方 手玉をもてあそぶように、人を思い通りに操る。「老人を――悪徳業者」「強打者を**手玉に取って**無安打に抑える」「言い寄る男たちを**手玉に取って**金を貢がせる」「詐欺師の**手玉に取られて**大金を巻き上げられる」◆「手玉」は少女が遊戯に使う玩具《がんぐ》。小さな布袋に小豆などを入れて縫ったもので、ふつう「お手玉」という。また、ジャグラーなどが使うボールのこと。

◆「徹《てっ》する」を使う成句

恨み骨髄《こつずい》に徹す・眼光紙背《しはい》に徹する・夜《よ》を徹する

鉄《てつ》は熱《あつ》いうちに打《う》て

使い方 人は柔軟性のある若いうちに鍛《きた》えなければならないというたとえ。また、物事は時機を逸しないように行う必要があるというたとえ。「――、情操教育ならいまのうちだ」「――というから、厳しくても練習を強化しよう」「――だ。ぐずぐずしないで契約を結んでしまおう」◆鉄は熱して軟らかいうちにさまざまな形に仕上げることからいう。「鉄は熱いうちに鍛えよ」とも。

誤用「鉄は熱いうちに叩《たた》け」は誤り。

英語 Strike while the iron is hot.

▼轍《てっ》▼鮒《ぶ》の急《きゅう》

使い方 差し迫った危険や困窮のたとえ。「困難は——を告げる」「まず救援物資を届けるのが——だ」「資金が調達できなければ——をどうすることもできない」◆「轍鮒」は、わだち(車輪の跡)の水たまりにいるフナ。「涸轍《こてつ》の鮒魚《ふぎょ》」とも。

出典 貧しかった荘周《そうしゅう》(荘子)があるとき知人の監河侯《かんかこう》のもとに穀物を借りに行った。婉曲《えんきょく》に断ろうとした監河侯は「それならば近々領地から租税が入るから、それを貸してやろう」と言う。そこで荘周は、憤然として「ここへ来る途中のことだが、わだちの水たまりの中であえいでいたフナが私に水を恵んでくれと言った。そこで私が、これから呉越《ごえつ》の王を訪ねて南方に行くところだから、彼の地に着いたら長江(揚子江《ようすこう》)の水をせき止めて迎えに来てやろうというと、そのフナは『わずかな水さえもらえれば命がつなげるというのに、そんな悠長なことを言われても困る。迎えを待っていたら、干からびて干物になってしまうではないか』と言って怒っていた。今の私はそのフナと同じ心境だよ」と語ったという故事に基づく(「荘子・外物」)。

類表現「焦眉《しょうび》の急」「遠水《えんすい》近火《きんか》を救わず」

◆「鉄砲《てっぽう》」を使う成句

鳩《はと》が豆鉄砲を食ったよう・下手《へた》な鉄砲も数撃てば当たる・矢でも鉄砲でも持って来い・闇夜《やみよ》の鉄砲

▼轍《てつ》を踏《ふ》む

使い方 前人と同じ失敗をする。「失脚した前任者の**轍を踏ま**ないようにする」「一つ外交を誤ると太平洋戦争の——ことになるだろう」◆ ⇩前車の轍を踏む

類表現「二の舞いを演じる」

手《て》に汗《あせ》を握《にぎ》る

使い方 物事を見聞しながら、その成り行きがどうなるかと緊張したり興奮したりする。「**手に汗(を)握る**冒険小説[熱戦]」「**手に汗を握っ**て応援する」「この間がなかなか長い。見物は静まり返って——〈中里介山・大菩薩峠〉」◆手のひらの中に汗を握りしめる意からいう。「汗を握る」とも。

誤用「手に汗をつかむ」は誤り。

手《て》に余《あま》る

使い方 自分の能力の範囲を越えていて、処理しきれない。「この仕事は私の——」「——難題を突きつけられる」「乱暴ばかりして親の——子ども」「自分は今では若い女を愛することは自分の——仕事であると思っている〈倉田百三・愛と認識との出発〉」「節子は、**手に余っ**て捨てるようにして離れて来た東京の店のことを考えて見た〈大佛次郎・宗方姉妹〉」◆「手」は、仕事などをする力・能力の意。

誤用「手が余る」は誤り。

類表現「手に負えない」

手《て》に負《お》えない

使い方 自分の力では処理しきれない。「——いたずらっ子」「一自治体では——問題」「病状が進んで、町医者の**手に負えなく**なる」◆「手」は、仕事などをする力・能力の意。

誤用「手が負えない」は誤り。

類表現「手に余る」

手《て》に掛《か》ける

[使い方] ❶自分で行う。また、自分で世話をする。「自分が手に掛けた(=手がけた)事業」「手に掛けて(=手塩にかけて)牛を育てる」❷人に頼んで処置などを任せる。「専門医の——」「大工の——ことなく家を修理する」❸自分の手をくだす。自分の手で殺す。「家臣を——」「お願いですから、貫一さん。貴方の手に掛けて殺して下さい〈尾崎紅葉・金色夜叉〉」

◆「掛ける」は「懸ける」とも書く。

[補説]「手に掛かる」は、ある人が作る・処理する、また、殺される、の意。「専門家の手に掛かれば簡単に片づく」「大統領がテロリストの手に掛かる」

手《て》に付《つ》かない

[使い方] 気持ちが他に奪われて、そのことに集中できない。「気がかりなことがあって仕事が——」「うれしくて勉強が——」「代助はその間をどうして暮らそうかと思った。凝《じっ》としてはいられなかった。けれども何をしても手に付かなかった〈夏目漱石・それから〉」「多計代は憤って何も——風で坐っていたが〈宮本百合子・伸子〉」

◆(1)「付く」は、ぴったりと密着して離れない状態になる意。「着く」とも書くが、「付く」が一般的。(2)「手が付かない」とも。「病人が気がかりで仕事に手が付かない」

手《て》に手《て》を取《と》る

[使い方] 互いに手を取り合う。(手を取り合って)二人が行動をともにする。「手に手を取って体を寄せ合う」「手に手を取って逃げる」「手に手を取って故郷を出る」◆互いに相手の手を握る意からいう。

[誤用]「手と手を取る」は誤り。

手《て》に取《と》るよう

[使い方] (すぐ目の前にあるように)はっきりと聞こえたり見えたり、また、わかったりするさま。「恵那山の方で鳴る風の音が——に聞こえますよ〈島崎藤村・夜明け前〉」「坐っている健三の耳には、彼等と子守との問答が——に聞こえた〈漱石・道草〉」「槍ヶ岳から下った山稜伝いの、横尾根の外から、穂高山が——に、肩幅の闊《ひろ》い輪廓を見せる〈小島烏水・槍ヶ岳第三回登山〉」「隣室の様子が——にわかる」「岡山産の葡萄だ。航空便で取り寄せた。ここにいても日本のことは——にわかる〈薄井ゆうじ・雨の扉〉」「二人の気持は——に解った〈小川国夫・或る聖書〉」「——に解説する」◆手でつかむような実感があることをいう。

手《て》の裏《うら》を返《かえ》す

⇨手のひらを返す

手《て》のひらを返《かえ》す

[使い方] ことばや態度などをがらりと変える。人の態度などが急変することをいう。「手のひらを返して冷淡な態度を見せる」「——ように評価を変える」「失脚すると、——ようにだれも寄りつかなくなった」「きのうまでは好意的だったマスコミが手のひらを返したように攻撃を始めた」◆(1)それまで見せていた手のひらをひっくり返すことからいう。「てのひら」は「▽掌」とも書く。(2)「手の裏を返す」とも。「手の裏」は手のひらの意。

[誤用] 意図的ではない自然現象などに使うのは誤り。「×台風一過、手のひらを

返したような青空が広がる」「×病状が手のひらを返したように悪化した」

手《て》の舞《ま》い足《あし》の踏《ふ》む所《ところ》を知《し》らず

使い方 うれしさのあまり思わず踊り出すさまをいう。「逆転優勝に━━喜ぶ」「難関を突破して━━の喜びようだった」「今は━━で、何を言っても上の空だ」

◆「手の舞い足の踏むを知らず」とも。

誤用 「手の舞い足の踏む」は「手が舞い、足が踏む」の意で、「まい」は名詞「舞《まい》」ではなく動詞「舞う」の連用形。「手の踊り」と名詞に解して「手の舞」と書くのは誤り。

出典 「詩経・大序」に「(詩は)之《これ》を言いて足らず、故に之を嗟嘆《さたん》す。之を嗟嘆して足らず、故に之を詠歌す。之を詠歌して足らざれば、手の舞い、足の踏むを知らず(＝ことばに出して足りないときには嗟嘆し、それでも足りないときには詠歌し、詠歌しても足りないときには知らず知らずのうちに小躍りし始めるのが詩歌・歌舞の本質である)」とあるのに基づく。「礼記《らいき》・楽記」「孟子《もうし》・離婁《りろう》下」にも同様のことばが見えるが、いずれも詩歌・音楽の楽しさをいう。

て

類表現 「欣喜雀躍《きんきじゃくやく》」

出《で》▽端《はな》を▼挫《くじ》く

使い方 意気込んで始めたところを妨げる。また、勢いに乗って調子づこうとするのを妨げる。「先制点をとって対戦相手の━━」「敵のではなをくじいて一気に攻め込む」「相手の剣幕にではなをくじかれ、すごすごと引き下がる」「猛吹雪にではなをくじかれて、登頂を断念する」

◆(1)「出端」は、物事を始めたときや、物事を始めたばかりで勢いの盛んな時期。「でばな」ともいい、「出鼻」とも書く。(2)「出端を折る」とも。「新製品を開発してライバル会社のではなを折る」

誤用 「出端をはじく」は誤り。

類表現 「機先を制する」

手《て》も足《あし》も出《で》ない

使い方 力が足りなくて、手段の施しようがない。「相手が強すぎて━━」「あまりの難問に手も足も出なかった」「私は考え出すとほとんど━━ほど不自由を極めてくるのを感じた〈倉田百三・愛と認識との出発〉」 ◆萎縮《いしゅく》して動きがとれないことからいう。「手も足も出せない」とも。

誤用 「手も口も出せない」は誤り。

> ◆「出《で》る」を使う成句
>
> 明るみに出る・足が出る・嘘《うそ》から出た実《まこと》・裏目に出る・鬼が出るか蛇《じゃ》が出るか・顔から火が出る・子供の喧嘩《けんか》に親が出る・下手《したて》に出る・下に出る・叩《たた》けば埃《ほこり》が出る・手も足も出ない・出る杭《くい》は打たれる・出る所へ出る・出ると負け・出る幕ではない・喉《のど》から手が出る・身から出た錆《さび》・右に出る・芽が出る・目から火が出る・涎《よだれ》が出る

出《で》る▼杭《くい》は打《う》たれる

使い方 頭角をあらわす者はとかく人から憎まれる。また、差し出がましいことをすれば非難されて制裁を受ける。「才走りすぎて出世ができない。━━だよ」「━━というから、あまり出しゃばらない方がいい」「内部告発を試みたが、━━で処分された」 ◆並べて打った杭の一本が高く出過ぎれば、そろえるために打ちへこまさなくてはならないことからいう。

誤用 俗に「出る釘《くぎ》は打たれる」ともいうが、避けたい。

類表現 「高木は風に倒る」

出《で》る所《ところ》へ出《で》る

使い方 決着をつけるために法廷・警察署などの公の場に出る。「**出る所へ出て**黒白を争う」「**出る所へ出て**話をつけよう」「あくまでしらを切るなら**出る所へ**出ようじゃないか」「**出る所へ出れ**ば当方の言い分が認められるだろう」◆「出る」は、特定の場所に臨むの意。裁断を仰ぐために、しかるべき場所に行くことをいう。

誤用 「出る場所へ出る」は誤り。

出《で》ると負《ま》け

使い方 試合に出場すると必ず負けること。「―の力士［へっぽこ棋士・弱小チーム］」◆取組中の力士の回しから陰部が出ると負けになることから転じた語という。

誤用 「出れば負け」は誤り。

出《で》る幕《まく》ではない

使い方 しゃしゃり出たり口出しをしたりする場合ではない。「ここは第三者の―」「われわれのような老輩の―」「あの夫婦の問題なのだから、他人の―」「その方ごとき町民の―わ〈五味康祐・柳生天狗党〉」◆(1)「幕」は、演劇で、幕を開けてから閉じるまでの一区切り。転じて、ある場面や状況。出番ではない意からいう。(2)くだけた言い方で「出る幕じゃない」とも。

誤用 「出る筋《すじ》ではない」は誤り。

手《て》を上《あ》げる

使い方 ❶殴ろうとして手を振り上げる。「親に―」「警官に**手を上げ**て逮捕される」❷降参する。「敵に攻めまくられてついに―」「**手を上げろ**（＝ホールドアップ）！」❸腕前や技量が上達する。「囲碁の手を**上げ**て段位をとる」「ずいぶんと**手を上げ**たね」◆「手が上がる」とも。⇩手が上がる

補説 (1)「手を挙げる」と書くと、挙手の意となる。(2)「手を下げる」は、両手を下に付けることから、あやまる、謝罪する意となる。

手《て》を合《あ》わせる

使い方 ❶手のひらを合わせ感謝の気持ちや懇願の気持ちを表す。また、手のひらを合わせて神仏を拝む。合掌《がっしょう》する。「友人に**手を合わせて**借金を頼む」「神棚に―」「遺影に**手を合わせて**冥福《めいふく》を祈る」❷勝負をする。手合わせをする。「プロと―」「有段者と**手を合わせて**指導してもらう」◆(1)①の「合わせる」は、物と物とをぴったりと寄りつくようにする意。②の「合わせる」は、比べて優劣を争うの意。(2)「手を合わす」とも。

補説 ②は名詞で「手合わせ」という。「お手合わせ願います」「初《はつ》手合わせ」

手《て》を打《う》つ

使い方 ❶手のひらを打ち合わせて音を立てる。「**手を打っ**て大喜びする」「**手を打っ**て人を呼ぶ」❷交渉・取引などが妥結する。また、仲直りする。「先方の言い値で―」「それなら、十万円で**手を打ち**ましょう」「対

立していた両派が――」
❸ある事態を予測して、必要な処置をとる。「事前に――」「問題が大きくならないうちに**手を打って**おこう」
◆②は、売買契約や和解などが成立したしるしに、関係者一同が手を打ち鳴らすことからいう。③の「手」は、方法・手段の意。
誤用「うつ」を「討つ」と書くのは誤り。
補説②は名詞で「手打ち」とも。「手打ち式」

手《て》を替《か》え品《しな》を替《か》え

使い方 あれこれと手段や方法を替えて。「――説得する」「――子どもの機嫌をとる」◆「手」は、相手を扱う手段・方法の意、「品」は、相手に与える品物の意。
誤用 手段などを別のものに入れかえる意なので、「かえ」を「変え」とは書かない。

手《て》を貸《か》す

使い方 助力する。手伝う。「悪事に――」「引っ越しに――」「会社の再建に――」「一人じゃ持てないから、ちょっと**手を貸して**くれ」「男は**手を貸して**、その右腕を吊った女を、揺れるボートから連れ出した〈伊藤整・氾濫〉」「彼女は知らずしてこの陰謀に**手を貸して**いるようにみえた〈三島由紀夫・仮面の告白〉」◆「手」は労力の意。
補説 手伝ってもらうことは「手を借りる」という。
類表現 助力の意では「力を貸す」ともいい、アイディアなどを出して助ける意では「知恵を貸す」とも。

手《て》を切《き》る

使い方 関係を絶つ。縁を切る。「悪い仲間と――」「紐《ひも》のような男と――」「経営状態の悪い取引先と――」◆多く悪い関係や男女関係を断ち切ることをいう。「手」は、人とのかかわり合いの意。
補説 縁が切れることは「手が切れる」という。

手《て》を下《くだ》す

使い方 直接自分で行う。「首相が自ら**手を下して**処分する」「彼は自分では**手を下さない**」「制裁の――」◆自分で判断して処理することをいう。
誤用「手を下《お》ろす」は誤り。

手《て》を組《く》む

使い方 ❶腕を交差させる。また、手を互いに絡ませる。「**手を組んで**考え込む」「カップルが**手を組んで**歩く」
❷仲間になる。協力関係を結ぶ。「大資本と――」「薩摩《さつま》藩と**手を組んで**倒幕を策す」「私と**手を組んで**一山当てようじゃないか」◆好ましいことにも好ましくないことにもいう。

手《て》を▼拱《こまね》く

使い方 ❶腕組みをする。「**手をこまねいて**佇《たたず》む」「**手をこまねいて**考え込む」
❷何もしないで見過ごす。傍観する。「**手をこまねいて**成り行きを見守る」「直接関係のない問題だが**手をこまねいて**いるわけにもいかない」◆本来は「こまぬく」だが、現在は一般に「こまねく」を使う。
誤用「手を招《まね》く」は誤り。

手《て》を染《そ》める

使い方 ある物事をし始める。かかわりをもつ。「悪事[相場]に――」「六十歳を過ぎてから陶芸に――」「生活のために危険な仕事にも**手を染め**なければならなかった」◆手にある色を付着させることからいう。

誤用 「～を手に染める」は誤り。

手《て》を出《だ》す

使い方 ❶手を使って対象となるものに働きかける。そちらのほうに手を突き出す。「ご馳走《ちそう》に――」「低めのボールに**手を出して**アウトになる」「甘いものは苦手なので、菓子には**手を出さ**なかった」
❷暴力を振るう。また、喧嘩《けんか》をしかける。「口より先に――」「先に**手を出した**方が悪い」
❸自分から進んでそのことにかかわりをもつ。「株に**手を出して**失敗する」「ギャンブルに**手を出して**身を持ち崩す」「元来この主人は何といって人に勝れて出来る事もないが、何にでもよく**手を出し**たがる〈夏目漱石・吾輩は猫である〉」◆多く好ましくないものに対していう。
❹人の物を盗んだり奪ったりする。「預かった金に――」「人の物に――とはけしからん」
❺異性を誘惑する。「職場の女性に――」「人の恋人に――な」◆それをよくないこととしていう。

類表現 ⑤「ちょっかいを出す」

手《て》を携《たずさ》える

使い方 ❶手を取り合う。手を引く。「老夫婦が**手を携えて**散歩する」「**手を携え**ながら歩く」
❷協力して物事を行う。「住民が**手を携えて**被災地の復興に立ち上がる」「幼い子どもらが**手を携えて**病弱の母を支える」「薩摩《さつま》・長州の両藩が**手を携えて**討幕運動を推進する」

手《て》を付《つ》ける

使い方 ❶仕事などを始める。着手する。「機構改革に――」「どこから**手を付けた**らよいのかわからない」
❷一部を使い始める。また、使い込む。「貯金に――」「公金に――」
❸料理などを食べ始める。「天ぷらに――」「ちょっと**手を付け**ただけで食べ残す」◆「箸《はし》を付ける」とも。
❹目下の女性などと関係をもつ。「部下の女性に――」
◆手を伸ばして、そこへ届かせる意からいう。①は、「手を着ける」とも書く。

手《て》を握《にぎ》る

使い方 力を合わせて物事を行う。また、仲直りする。「労使[大手二社]が――」「薩摩《さつま》と長州が――」◆互いに手を握り合うことからいう。

補説 「手に握る」は、自分の所有としたり、自分の支配下においたりする意。「権力を手に握る」

手《て》を抜《ぬ》く

使い方 しなくてはならないことを省く。仕事などをいい加減にする。「工事の――」「この仕事は――ことができない」「**手を抜か**ずに最後までやりとげる」「**手を抜い**た料理」◆楽をするために必要な手間や手数を省くことをいう。

誤用 「手を抜かす」は誤り。

手《て》を伸《の》ばす

使い方 ❶手を(まっすぐにして)ある所に届くようにする。また、ものを手に取ろうとしてその所に手を届かせる。「**手を伸ばして**引き寄せる」「**手を伸ばせば**届きそうなところにある」「本棚の詩集

て

〔机の上のビール〕に――」
❷活動の場を広げて、新しい分野に進出する。「不動産部門に――」「アフリカ大陸に市場開拓の――」
❸行動を相手に及ぼす。差し出す。「警察が捜査の――」「隣国に救いの――」
◆(1)「伸ばす」と書くのが標準だが、「延ばす」と書かれることも多い。
(2)「手が伸びる」もほぼ同じ意。「手を伸ばす」のほうが意志的なニュアンスがある。「菓子に手が伸びる」「ジャズにはなかなか手が伸びない」「脱税に司直の手が伸びる」「子どもたちに魔の手が伸びる」
(3)文章語的な言い方で「手を伸べる」とも。「救いを求めても、今度は手を伸べてくれない〈中島敦・牛人〉」
類表現 ②「手を広げる」「触手を伸ばす」

手《て》を引《ひ》く

使い方 ❶手を取って導く。「子どもの――」「祖母の**手を引い**て歩く」「母に**手を引か**れて歩く」
❷関係などを絶って、退く。「事業〔共同経営・プロジェクトチーム〕から――」「仲裁から――」「それを限りにわしは一切の公けの仕事から**手を引い**てしまった〈島木健作・生活の探求〉」
◆①の「引く」は導いて進んでいく意、②の「引く」はその場所などから離れる意。
誤用 ②を、「身を引く」との混同から、地位などから離れる意で使うのは誤り。「× 現役〔会長の座〕から手を引く」

手《て》を広《ひろ》げる

使い方 仕事などの範囲を広げる。規模を大きくする。「商売の――」「東南アジアに取引の――」「会社は外食産業に**手を広げ**ようとしている」「**手を広げ**すぎて経営に失敗する」
誤用 「手を広くする」は誤り。
補説 仕事などの範囲が広いさまは「手広い」という。「手広く事業を営む」
類表現 「手を伸ばす」

手《て》を焼《や》く

使い方 処置や対策に困る。てこずる。「娘のわがままに――」「反抗期の息子に――」「不良債権の扱いに――」「先生も彼には**手を焼い**ているそうです」
誤用 「～を手に焼く」は誤り。
補説 「手が焼ける(＝世話が焼ける)」は、手助けが必要で手数がかかるの意。「子どもが幼いので手が焼ける」

◆「天《てん》」を使う成句

旱天《かんてん》の慈雨・君父の讐《あだ》は倶《とも》に天を戴かず・五十にして天命を知る・人事を尽くして天命を待つ・青天の霹靂《へきれき》・青天白日・父の讐《あだ》は倶《とも》に天を戴かず・天衣無縫・天知る地知る我知る子《し》知る・天高く馬肥ゆる秋・天長地久・天に在らば比翼の鳥地に在らば連理の枝・天に唾《つば》する・天は二物を与えず・天は人の上に人を造らず人の下に人を造らず・天は自ら助くる者を助く・天網恢恢《かいかい》疎《そ》にして漏らさず・不倶戴天《ふぐたいてん》

天《てん》衣《い》無《む》縫《ほう》

使い方 ❶詩文にわざとらしい技巧の跡がなく、自然のままに美しく完成していること。「――の名文」「少しこりすぎているね。――とは言えないな」
❷人柄が無邪気で、何の飾りもないこと。「――の語り口」「――な性格」「――に

生きた放浪の詩人」◆天人の衣には縫い目がないということからいう。

誤用「むほう」を「無法」と書くのは誤り。

類表現②「天真爛漫《てんしんらんまん》」

◆「天下(てんか・てんげ)」を使う成句

一葉《いちよう》落ちて天下の秋を知る・金は天下の回り物・天上天下《てんじょうてんげ》唯我独尊・三日天下

伝家《でんか》の宝刀《ほうとう》

使い方 代々家宝として伝えられてきた名刀。転じて、いざというときにだけ使う、とっておきの手段。「国貞の銘がある――」「別件逮捕という――が奏効する」「大統領が国防長官の解任という――を抜く」◆「伝家」は、先祖から代々その家に伝わること。「家伝の宝刀」とも。

誤用「天下の宝刀」は誤り。

天井《てんじょう》から目薬《めぐすり》

⇩二階から目薬

天上《てんじょう》天下《てんげ》唯我《ゆいが》独尊《どくそん》

使い方 天地間に個として存在する「我」よりも尊い存在はないということ。「――という様な大踏歩《だいとうほ》して庭を歩いて帰る〈徳富蘆花・みみずのたわごと〉」◆(1)「天下」は「てんが」とも読む。(2)「唯我独尊」は、「唯我独尊の態度〔思い上がり〕」など、世の中に自分ほどすぐれているものはいないとうぬぼれる意でも使うが、本来は宇宙間に個として存在する人間の尊厳をいう語。

出典 釈迦《しゃか》が生まれたとき、四方に七歩ずつ歩み、一方の手では天を、一方の手では地を指して唱えたという「長阿含経」のことばに基づく。「大唐西域記」には、「菩薩《ぼさつ》生まれしとき、已《すで》に扶《たす》けずして四方に行くこと各《おのおの》七歩にして、自ら言いて曰《いわ》く、天上天下、唯《ただ》我のみ独り尊しと」とある。

天知《てんし》る 地知《ちし》る 我知《われし》る 子知《しし》る

使い方 二人だけの秘密にしようとしても、天地の神々も知り、自分も相手も知っているのだから、不正は必ず露見するということ。「悪事は隠しおおせるものではない。――だよ」「――だ。その件には与《あず》かりたくないね」◆「子《し》」は、二人称の人代名詞。「人」と言い換えて「~我知る、人知る」とも。また、「天知る、神知る、我知る、子知る」「四知《しち》」とも。

誤用「子《こ》知る」と読むのは誤り。

出典 後漢の楊震《ようしん》が東莱《とうらい》郡の太守となって赴任する途上、昌邑《しょうゆう》の町長王密《おうみつ》が「夜なので誰にも気づかれません」と言って黄金十斤《きん》の賄賂《わいろ》を差し出したとき、楊震は「天知る、地知る、我知る、子知る。何をか知る無しと謂《い》わんや」と言って断ったという故事に基づく(「資治通鑑《しじつがん》・漢紀」「後漢書・楊震伝」)。

点数《てんすう》を稼《かせ》ぐ

使い方 よい心証を得るなどして、自分に対する評価を上げる。「上役に胡麻《ごま》をすって――」「**点数を稼ご**うとして、ひたすら残業をする」「ここは部長の側について**点数を稼い**でおこう」◆(1)多く、媚《こ》びたり迎合したりする態度をいう。(2)「点数」は、評価を表す数値の意。「点を稼ぐ」とも。

て

転石《てんせき》▼苔《こけ》を生《しょう》ぜず

使い方 ❶職業を転々としている人は、金が身につかない。「職を変えてばかりいるから、いつまでもうだつが上がらない。──だよ」「──で、引っ越しばかりしているから一向に金が貯まらない」

❷活発に活動を続けていれば、時代に取り残されることはない。「いつまでも現役でいるから若々しい。──だよ」「──で、たくさんの仕事を抱えていれば時代遅れになることはない」

出典 イギリスのことわざの、**A rolling stone gathers no moss.**（＝転がる石には苔がつかない）から。イギリスでは①の意、アメリカでは②の意で使うことが多い。

天高《てんたか》く馬《うま》肥《こ》ゆる秋《あき》

使い方 空が高く感じられるほどに澄みわたり、馬も肥えるような収穫の秋。「──、皆さまいかがお過ごしですか」「稲も黄金色に実り、──となりました」

◆(1)秋の季節のすばらしさをいうことば。多く手紙などの時候の挨拶《あいさつ》に使う。

(2)「天高くして馬肥ゆる秋」「天高く馬肥ゆ」「秋高くして馬肥ゆ」とも。「肥ゆる」は、文語動詞「肥ゆ」の連体形。

誤用 (1)初唐の詩人杜審言《としんげん》は「雲浄《きよ》くして妖星《ようせい》落ち、秋高くして塞馬《さいば》肥ゆ」と詠《うた》っているが、「秋高く馬肥ゆる秋」とするのは避けたい。

(2)「馬肥ゆる」から、食欲の秋の意に解するのは誤り。

(3)「こゆる」を「越ゆる」と書くのは誤り。

補説 前漢の趙充国《ちょうじゅうこく》は、匈奴《きょうど》と羌族《きょうぞく》が連合して漢を攻めようとしていることを見抜き、「馬が肥える秋には必ず事変が起こる」と予言したという。中国での「馬肥ゆる秋」は、敵兵を乗せた馬が万里の長城を越えるという不吉な予感を伴った秋でもあった。

天長地久《てんちょうちきゅう》

使い方 天地が永久に尽きないように、物事がいつまでも変わらずに続くこと。「──の繁栄を祈る」「──の長寿を祈ります」「老僧共の僉議《せんぎ》しけるは、詮ずる所、我等専ら金輪聖主《こんりんせいしゅ》──と祈り奉る〈平家物語・巻七〉」◆「天地長久」とも。

誤用 天は長く地は丸い意にとって、「ちきゅう」を「地球」と書くのは誤り。

補説 天皇誕生日の旧称「天長節」と皇后誕生日の旧称「地久節」は、長寿を祈って「天長地久」から名づけられたもの。そもそも唐の玄宗《げんそう》皇帝の誕生日が「天長節」であった（「旧唐書・玄宗紀」）。

出典 「老子・七」に「天は長く地は久し。天地の能《よ》く長く且《か》つ久しき所以《ゆえん》の者は、その自《みずか》ら生きざるを以《もっ》て、故に能く長生す（＝天地が永久に不変であるのは、自らを生かそうとする意識をもたないからである）」とあるのに基づく。

点滴石《てんてきいし》を▼穿《うが》つ

⇩雨垂《あまだ》れ石を穿つ

天《てん》に在《あ》らば比翼《ひよく》の鳥《とり》 地《ち》に在《あ》らば連理《れんり》の枝《えだ》

使い方 夫婦の情愛がきわめて深く、互いに離れがたいことのたとえ。「みかど空をいたくながめたまひつつ**天にあらば比翼の鳥となり、地にあらば連理の枝と**ならんと、をし返しつつ誦じ給へる〈浜松中納言物語〉」「──という仲睦《むつ》まじい夫婦」

て

◆(1)「比翼の鳥」は雌雄ともに一つずつの目と翼をもち、常に一体となって飛ぶという伝説上の鳥。「連理の枝」は、並んで生えた二本の木が枝のところで一体につながっているという伝説上の樹木。いずれも仲のよい夫婦のたとえに使う。(2)「比翼連理」「比翼の鳥」「連理の枝」「連理の契り」「鴛鴦《えんおう》の契り」とも。

誤用「比翼」は翼を並べる意なので、「飛翼」と書くのは誤り。

出典 中唐の詩人白居易《はくきょい》は、「長恨歌《ちょうごんか》」の中で、玄宗《げんそう》皇帝と楊貴妃《ようきひ》が七夕の夜に愛を誓い合ったことばとして「天に在りては願わくは比翼の鳥と作《な》り、地に在りては願わくは連理の枝と為《な》らん」と詠《うた》った。

類表現「偕老同穴《かいろうどうけつ》」

天《てん》に▼唾《つば》する

使い方 人に害を与えようとして、かえって自分が被害を受ける。「見当ちがいの敵愾心《てきがいしん》は――に等しい」「相手のあら探しばかりしていると――ということになりかねない」◆上を向いて唾を吐けば、それがそのまま自分の顔面に落ちてくることからいう。「天を仰いで唾する」「天に向かって唾を吐く」「寝て吐く唾は身にかかる」などとも。

誤用 天に向かって唾を吐きかけるような無礼を働く意にとるのは誤り。「✕天に唾するような失敬千万なやつ」

類表現「お天道様に石」「悪事身に返る」

天《てん》は二物《にぶつ》を与《あた》えず

使い方 天は人にいくつもの長所や才能を与えてはくれないということ。「――、英雄は得てして美意識に欠ける」「――というが、本校始まって以来の秀才も、スポーツとなるとからきしだめだ」「美しい人だったが――で、薄命に終わった」◆同時に異なった二つの面に天賦《てんぷ》の才をもつことはあり得ないことをいう。

誤用「二物」を物質的な物の意にとるのは誤り。「✕天は二物を与えずで、せっかく手に入れた土地はまったくの不毛だった」

天《てん》は人《ひと》の上《うえ》に人《ひと》を造《つく》らず 人《ひと》の下《した》に人《ひと》を造《つく》らず

使い方 生来、人間はすべて平等であって、貴賤《きせん》・上下の差別はないということ。「――のことばを肝に銘じる」「――ということばを実感できるような社会となることを願う」◆人を人種・性別・信念・社会的身分などによって差別する偏見と狭量を否定していうことば。

出典 福沢諭吉著「学問のすゝめ」(全一七編からなる評論集)の冒頭にあることば。その原典については「アメリカ独立宣言」など諸説ある。明治五〜九年(一八七二〜七六)に刊行され、総発行部数七〇万部という大ベストセラーになった「学問のすゝめ」には、新時代の日本人が自由と平等、独立の思想を獲得するためには、まず西洋文明に学ばなくてはならないことが説かれている。

天《てん》は自《みずか》ら助《たす》くる者《もの》を助《たす》く

使い方 天は独立独行して努力する者を助けて幸福をもたらす。「――というから、やたらに人を頼ってはならない」「自助自立の精神で取り組めば必ず道は開ける。――だよ」

出典 西洋のことわざ、Heaven helps those who help themselves. の訳語。明治の教育家・評論家中村正直《まさなお》が、イギリスのS・スマイルズの「Self Help（自助論）」を翻訳した「西国立志編」の第一編に、「天は自ら助くるものを助くと云へる諺は確然経験したる格言なり」とあることから人口に膾炙《かいしゃ》するようになった句という。

類表現「人事を尽くして天命を待つ」

天▼秤《てんびん》に掛《か》ける

使い方 ❶二つのものの軽重・優劣・損得などを比べてみる。「進学と就職を──」「結婚と仕事を天秤に掛け、結局、結婚を選ぶ」「損得を天秤に掛けて、支店の増設を断念する」
❷どちらを選んでも損がないように、二つのものの双方に関係をつけておく。「就職を控えて出版社とテレビ局を天秤に掛けておく」

◆⑴「天秤」は、中央を支点とする梃子《てこ》を利用したはかり。支点から等距離にある二つの皿の一方にはかる物を、他方に分銅をのせ、両者をつり合わせて重さをはかる。
⑵②は「両天秤に/を掛ける」とも。「両天秤を掛けて二つの大学を受験する」

誤用「天秤棒に掛ける」は誤り。「天秤棒」は両端に荷をつるし、中央に肩を当てて担うための棒で、はかりではない。

天網《てんもう》▼恢《かい》▼恢《かい》疎《そ》にして漏《も》らさず

使い方 天が悪人を捕らえるために張りめぐらした網は広大で、その網の目も粗いが、決して悪人を取り逃がすことはない。「──、逃亡中の犯人もいずれはつかまるだろう」「悪は必ず滅びる。──だ」

◆悪事には必ず天罰が下ることをいう。「天網」は、天の張りめぐらす網。天道の厳正であることをたとえた語。「恢恢」は広くて大きいさま。

誤用「かいかい」を「怪怪」と書くのは誤り。

出典「老子・七三」に「天網は恢恢、疏（＝疎）にして失わず」とあるのに基づく。

と

頭角《とうかく》を現《あらわ》す

使い方 学識・才能などが群を抜いて目立ってくる。「新進作家としてめきめき──」「彼女は高校に進んでからバレーボールの選手として──ようになった」「彼は入団後、球界屈指のスラッガーとして頭角を現した」

◆「頭角」は、頭の先。「あらわす」はもと「▽見す」と書いたが、今は「現す」と書く。「表す」とは書かない。

誤用「頭角を抜く」「頭角を伸ばす」「頭角を上げる」は誤り。

出典 唐の韓愈《かんゆ》の「柳子厚《りゅうしこう》墓誌銘」に「嶄然《ざんぜん》として頭角を見《あら》わす」とあるのに基づく。韓愈とともに唐宋八大家の一人に数えられる柳子厚（柳宗元）は、二十一歳で進士、二十六歳で博学宏詞科合格という秀才であった。

灯火《とうか》親《した》しむ▽可《べ》し

使い方 涼風が立ち、夜も長くなる秋は、灯火のもとで読書をするのにふさわしいということ。読書の秋の到来をいう。「秋の夜長、まさに――」「いよいよ灯火親しむべき候《こう》となりました」

誤用 「とうか」を「灯下」と書くのは誤り。

出典 唐の韓愈《ゆかん》の詩「符読書城南（符、書を城南に読む）」に「時秋にして積雨霽《は》れ、新涼郊墟《こうきょ》に入る。灯火稍《やや》親しむ可し、簡編巻舒《かんぺんけんじょ》す可し（＝季節は秋となって、長雨も晴れ上がり、新涼の気が城外の丘の上の村落の家々に入り込み、灯火にもようやく親しめるようになったので、これからは書物をひもとくこともできるだろう）」とあるのに基づく。

▼薹《とう》が立《た》つ

使い方 ❶野菜などの花茎《かけい》が伸びてかたくなり、食用に適さなくなる。「アブラナの――」「とうが立ってかたくなったカラシナ」◆「薹」は菜や蕗《ふき》の花茎や花軸のこと。

❷人の盛りが過ぎる。年ごろが過ぎる。「あの歌手は新人と呼ぶにはとうが立っている」「少しとうが立っているが、なかなかの美人だね」「私のようにとうが立ってしまうと、なかなかよい就職口はない」

誤用 特に女性が盛りの年ごろを過ぎたことにいうので、ときにはきわめて失礼な言い方となる。「×あなたの娘さんはとうが立っているから、なかなかいい結婚相手はいないでしょう」

峠《とうげ》を越《こ》す

使い方 絶頂期を過ぎる。また、危険な時期を過ぎる。「暑さもようやく峠を越した」「暦の上では峠を越したというのに、九月に入っても相変わらず残暑が厳しい」「熱も下がったし、肺炎もどうやら峠を越したようだ」◆⑴「峠」は山道の坂を上りつめて、そこから下りになるところ。転じて、物事の勢いの最も盛んな時期をいう。⑵「峠を越える」とも。「吹き荒れる嵐もどうやら峠を越えた」

同工異曲《どうこういきょく》

使い方 ❶手法は同じだが趣が違うこと。「杜甫の『春望』とは――の漢詩」「『ロミオとジュリエット』とは――の悲劇」

❷見かけは違っているようでも内容はほぼ同じであること。「どの作品をとっても――だ」「各省庁が発表した新事業は、どれをとっても――だ」「エロ雑誌は、中学の頃は感激して読んだのだが、この頃ではどれも――なので、すぐ眠くなる〈曾野綾子・太郎物語〉」

◆もとは音楽の演奏や詩文を作る技量は同じでも、その曲調や作品の趣が異なることをいった。今では②の意で使われることが多い。

誤用 「どうこう」を「同巧」と書くのは誤り。

出典 唐の韓愈《ゆかん》の「進学解」に「下《しも》は荘騒《そうそう》・太史の録する所、子雲《しうん》・相如《しょうじょ》の同工異曲なるに逮《およ》ぶ（＝下は、荘子、屈原の離騒《りそう》、史記、揚雄《ようゆう》、司馬相如などの、技量は同じでありながらすべて趣が異なる詩文にまでおよぶ）」とあるのに基づく。

同日《どうじつ》の論《ろん》ではない

使い方 差が大きくて比較することができない。同じに扱うことはできない。「名人とその弟子とでは――」「彼女の実力に比べたら、私など――」「初恋は、渦中にある者の場合と、それを回想する者の場合とでは、同日の論でない〈福永武彦・愛の試み〉」◆「同日の談ではない」「同日の論にあらず」とも。

誤用「同一の論ではない」は誤り。

出典「史記・遊侠《ゆうきょう》伝」に、「誠に郷曲《きょうきょく》の侠《きょう》をして、季次《きじ》・原憲《げんけん》と権を比べ力を量《はか》り、当世に功を效《いた》さしめば、日を同じくして論ぜざるなり（＝もし片田舎の任侠の徒が、孔子の弟子である季次や原憲と権力や能力を比べ合い、その時世にどのような功績を果たしたかによって価値を決めようとするなら、それはとても一緒にして語ることはできない）」とあるのに基づく。

灯台下暗し《とうだいもとくらし》

使い方 身近な状況はかえって気づきにくいことのたとえ。「真犯人が身内にいたとは、まさに━━だった」「探していた事例がすぐ身近にあるとは思わなかった。━━だね」「━━で、近郊にこんな静かな温泉地があるとは知らなかった」「場所もM署の裏手だから、━━で、かえって安全だ〈織田作之助・土曜夫人〉」

◆⑴「灯台」は、昔の室内照明器具。上に灯心を立てた油皿をのせて火をともす台で、その真下は暗いことからいう（「暗し」は「暗い」の文語形）。岬に立つ灯台の下も暗いが、ここでいう灯台は航路標識のそれではない。

⑵「灯台」は、旧字体を用いて「燈台」とも書くが、現在は「灯台」が一般的。

誤用「もと」を「元」と書くのは誤り。

英語 **The darkest place is under the candlestick.**（最も暗い場所は燭台《しょくだい》の下）

道《どう》聴《ちょう》塗《と》説《せつ》

使い方 よい話を聞いても、心にとどめて自分のものとしないで、すぐに人に話すこと。また、人の言説をすぐ受け売りにすること。転じて、世間のいいかげんなうわさ話。聞きかじりの話。「━━では本当の学問は身につかないよ」「どうも彼の話は━━が多すぎる」「━━に振り回される」

誤用「どうちょう」を「同調」と書くのは誤り。

補説「漢書・芸文志」は、稗官《はいかん》（＝政治の参考にするために民間の説話や物語を集めることを任務とした役人）が、街談巷説《こうせつ》・道聴塗説の類を書き留めたことから「小説」が生まれたと記している。

出典「論語・陽貨」に「道に聴きて塗《みち》に説くは、徳をこれ棄つるなり（＝道端で聞きかじったことを、すぐに知ったかぶりをして道で人に話すのは、身につけるべき徳を捨てるに等しい）」とあるのに基づく。

堂《どう》に入《い》る

使い方 学問・技芸が深奥を究めている。また、物事に習熟している。「彼女の英語は**堂に入**っている」「彼の運転は**堂に入**ったものだ」「**堂に入**った演技」「ところで、一心斎老人の説教も**堂に入**った名調子であるが〈石坂洋次郎・石中先生行状記〉」「瑠璃子の父は、素人鑑定家として、**堂に入**って居た〈菊池寛・真珠夫人〉」

◆「堂に升《のぼ》りて室に入《い》らず」から。⇩堂に升りて室に入らず

誤用「入る」を「はいる」と読むのは誤り。

問《と》うに落《お》ちず語《かた》るに落《お》ちる

使い方 問われたときは用心して本心を漏らすことはないが、何気なく話しているときには、うっかり漏らしてしまうものだ。「興味のないふりをしたら、自分から本音を吐いた。━━だ」「━━で、雑談

と

中に犯人しか知らないようなことを漏らしたよ」◆「語るに落ちる」とも。「落ちる」は、問い詰められて白状する意。イソップにも「北風と太陽」の寓話《ぐうわ》があるように、人は暑ければ衣服を脱ぎ、リラックスすればうっかり口を滑らす。

堂《どう》に▽升《のぼ》りて室《しつ》に入《い》らず

使い方 学問や技芸が一定の水準に達してはいるが、まだ奥義をきわめるには至っていないということ。「彼の演技はまだ━━の段階だ」「学問の道は厳しい。いつまでたっても━━だ」◆「堂」は客間、「室」は奥の間。まず堂にのぼってから室に入ることを、段階を踏んで学問を修めることにたとえたことば。

誤用 意味は同じだが、「入《い》らず」を「はいらず」と読むのは誤り。

補説 この句から、学問や技芸が次第に進んで奥義に達することを「堂に升り室に入る」といい、技芸などがしっかり身についていることを「堂に入る」という。

出典 「論語・先進」に「子曰《いわ》く、由《ゆう》(子路《しろ》)や堂に升れども、未だ室に入らざる也と(=孔子《こうし》は言った。由は客間に通るだけの資格はあるのだが、私の奥座敷に通るだけの資格はまだないのだよ)」とあるのに基づく。

同病《どうびょう》相《あい》▼憐《あわ》れむ

使い方 同じ病気や同じ悩み・苦しみをもつ人は互いに深く同情し合う。「━━で、治療法の情報交換をするようになった」「被災者どうしが━━の気持ちでいたわり合う」「━━というが、失恋した君の気持ちはよくわかるよ」◆「同類相憐れむ」とも。「憐」は表外字だが、「哀れむ」ではなく「憐れむ」と書くのが望ましい。

出典 「呉越春秋・闔閭《こうりょ》内伝」に、「同病相憐れみ、同憂相救う」とあるのに基づく。

豆腐《とうふ》に▼鎹《かすがい》

使い方 一向に手ごたえも効き目もないことのたとえ。「私の忠告も彼には━━だった」「いくら勉強しろと言っても━━だから、放っておこう」◆「かすがい」は二つの材木をつなぎとめるために打ち込む、コの字型の大きな釘《くぎ》。荒縄でくくれるほど固い豆腐もあるが、かすがいを打ち込んでも何の手ごたえもない。

誤用 類義の「糠《ぬか》に釘」「暖簾《のれん》に腕押し」と混同して「豆腐に釘」「豆腐に腕押し」「糠にかすがい」とするのは誤り。

出典 上方版「いろはがるた」の一つ。

類表現 「糠に釘」「暖簾に腕押し」

桃《とう》▼李《り》物言《ものい》わざれども下《した》▽自《おの》ずから▼蹊《けい》を成《な》す

使い方 徳のある人のもとには、黙っていてもその徳を慕う人々が集まってくることのたとえ。「━━で、すぐれた師のもとには自然と優秀な人材が集まってくる」「━━というが、あの名医のもとには患者が跡を絶たない」「━━という人物に乏しいのが昨今の政界だ」◆「蹊」を「みち」と読んで、「～下自ずから蹊《みち》を成す」とも。また、「成蹊《せいけい》」とも。

誤用 「桃李語らざれども～」は誤り。

出典 「史記・李将軍伝賛」に「桃李言《ものい》わざれども、下自ずから蹊を成す(=桃やスモモは何も言わないけれど、美しい花を慕い、熟した実を求めて人々が集まるので、木の下に自然と小道ができる)」とあるのに基づく。

登竜門《とうりゅうもん》

使い方 そこを通り抜ければ立身出世ができる関門。「文壇への――となる新人賞」「若手音楽家の――として知られる国際コンクール」「昔、中国では、科挙に合格することが官吏への――だった」

◆「竜門を登る」の意で、「登竜という門」の意ではない。「竜門」は黄河の上流、山西省河津《かしん》市と陝西《せんせい》省韓城《かんじょう》市との間にある激流。竜門の激流をさかのぼることのできた魚は竜に化すという伝説に基づく。滝登りをする鯉《こい》ですら往生するという難所であるらしい。

同類相《どうるいあい》▼憐《あわ》れむ

⇩同病《どうびょう》相憐れむ

▼蟷《とう》▼螂《ろう》の▼斧《おの》

使い方 力のない者が、自分の力量もかえりみずに強敵に立ち向かうことのたとえ。「あの大国に刃向かうのは――のあがきに過ぎない」「たとえ――と言われようと、最後まで抵抗しよう」「あのチャンピオンに挑戦するのは――を振るうようなものだ」 ◆(1)「蟷螂」はカマキリの漢名。カマキリが前足を振り上げて大きな車の進行を止めようとする意からいう。(2)「蟷螂車轍《しゃてつ》に当たる」「蟷螂が斧をもって隆車《りゅうしゃ》に向かう」とも。

補説 「荘子・人間生」には、「汝《なんじ》夫《か》の蟷螂を知らざるか。其《そ》の臂《ひじ》を怒らして以て車轍に当たる」とあるが、そのカマキリも、結局は車にひき殺される運命にあることを知らない。

当《とう》を得《え》る

使い方 理にかなっていて適切である。また、時機を得て好都合である。「その批評は**当を得ている**」「彼の言うことが最も**当を得ている**」「一見、**当を得た**ような政策だが、どこかおかしい」「**当を得た**処置」 ◆「当」は、道理・理屈に合っていること。

誤用 「的を射る」との混交から「当を射る」とするのは誤り。「× 当を射た答弁」

補説 適切でないことは「当を失する」という。「この問題に関する国の対応は当を失している」

◆「遠《とお》い」を使う成句

当たらずといえども遠からず・殷鑑《いんかん》遠からず・気が遠くなる・商鑑《しょうかん》遠からず・遠い親戚より近くの他人・遠くて近きは男女の仲・日暮れて道遠し・冬来たりなば春遠からじ・耳が遠い

遠《とお》い親《しん》▼戚《せき》より近《ちか》くの他人《たにん》

使い方 いざというときは、遠く離れて疎遠になった親類より近くに住む他人の方が頼りになるということ。「事故に遭ったときはすっかり隣人の世話になった。――だよ」「――というから、向こう三軒両隣が助け合えるような人間関係をつくりたいね」 ◆「遠くの親類より近くの他人」「遠い一家《いっか》より近い他人」とも。どんなに頼りがいのある親戚でも札幌から福岡に駆けつけるにはかなりの時間を要する。だからこそ、平素から近所付き合いを大切にしておかなくてはならない。

誤用 「遠い親戚」を血縁の遠い親戚の意にとるのは誤り。「× 遠い親戚より近くの他人で、あの親戚は母の従姉の義理の弟というのだから頼りにはならないよ」

遠《とお》くて近《ちか》きは男女《だんじょ》の仲《なか》

使い方 男女の仲は遠く離れているように見えても意外に近いもので、結ばれやすいということ。「━━というが、青森にいる彼がいつ沖縄の彼女と付き合うようになったのだろう」「━━というから、あの二人が結ばれても不思議ではないよ」◆「遠くて近きは恋の道」とも。

補説 近くにいる二人がなかなか結ばれないことをもどかしがって、「近くて遠きは男女の仲」ともじることも多い。

出典 清少納言の「枕草子・一六一段」には「遠くて近きもの 極楽。舟の道。人(=男女)の仲。」とある。

類表現 「惚《ほ》れて通えば千里も一里」

◆「通《とお》す」を使う成句

意地を通す・一念岩をも通す・思う念力岩をも通す・我《が》を通す

十《とお》で神童《しんどう》十五《じゅうご》で才子《さいし》二十《はたち》過《す》ぎては▼只《ただ》の人《ひと》

使い方 幼少のときは並はずれてすぐれていると称された人も、長ずるにつれて多くは平凡な人になってしまうということ。「確かに君の子は優秀だが、━━ということもある。期待するのはほどほどにしておけ」「学校始まって以来の秀才と言われた私も、━━。今ではこの有様だ」◆わが子を神童と思っている人には戒めとして使い、かつて神童と称されていた人は自嘲《じちょう》の気持ちを込めて使う。「二十過ぎては」は「二十過ぎれば」とも。

誤用 「十」を「じゅう」、「二十」を「にじゅう」と読むのは避けたい。

補説 反対に、大成する人物は子どものときから人並みはずれているという言葉に「栴檀《せんだん》は双葉《ふたば》より芳《かんば》し」がある。

◆「時(とき・じ)」を使う成句

ある時払いの催促なし・借る時の地蔵顔済《な》す時の閻魔顔《えんまがお》・聞くは一時の恥聞かぬは末代の恥・苦しい時の神頼み・時宜《じぎ》を得る・勝負は時の運・茶腹も一時《いっとき》・時に臨む・時は金なり・時を移さず・時を選ばず・時を得る・時を追う・時を置く・時を稼ぐ・時を構わず・時を超える・時を分かたず・時を忘れる・年貢の納め時・若い時の苦労は買ってでもせよ

時《とき》に臨《のぞ》む

使い方 ある(決定的な)事態や状況にさしあたる。「**時に臨み**兵を挙げる」「**時に臨んで**慌てることのないように、準備をととのえておく」◆「臨む」は、ある場面や事態に直面する意。

誤用 「のぞむ」を「望む」と書くのは誤り。

類表現 「事に臨む」

時《とき》は金《かね》なり

使い方 時間は貴重なものであるから浪費してはならない。「時間をむだにするな。━━だ」「そんな仕事に三日もかけてはいられない。━━だよ」「彼には━━という感覚が薄いから、時間にルーズで困る」◆時間は金銭と同じように大切なものであることをいう。

誤用 「金」を「きん」と読むのは誤り。

出典 西洋のことわざ **Time is money.** の訳語。

類表現 「一寸《いっすん》の光陰軽んずべからず」

度肝《どぎも》を抜《ぬ》く

使い方 ひどくびっくりさせる。「奇襲攻撃をかけて敵の━━」「計画を全て実現させて、やつらの**度肝を抜い**てやろう」◆(1)「どぎも」は「きも」を強めていう語。「ど」は接頭語。「度▽胆」とも書く。(2)「度肝を抜かれる」の形で、ひどく驚かされる意に使うことも多い。「あまりの早技に**度肝を抜かれる**」「彼の強さには**度肝を抜かれた**」

類表現「生き肝を抜く」「泡を吹かせる」

時《とき》を移《うつ》さず

使い方 すぐに。ただちに。即刻。「――計画を実行する」「――彼女らがやってきた」「警察が――捜査に乗り出す」◆「時を移す」は、時を経る、時を過ごすの意。「しばらく雑談に時を移した〈夏目漱石・それから〉」

誤用「うつさず」を「写さず」と書くのは誤り。

時《とき》を選《えら》ばず

使い方 どんな時でも。「――飲み歩く」「死は――訪れる」「災害は――やって来る」「あの二人は――口げんかばかりしている」◆「時」は、時機・機会の意。

誤用「時を移さず」と混同して、「すぐに」の意で使うのは誤り。

類表現「時を構わず」

時《とき》を得《え》る

使い方 よい時運や機会に恵まれる。また、よい時機をうまくとらえる。「新商売が**時を得て**繁盛する」「**時を得て**草花が咲き誇る」「**時を得て**一躍画壇の寵児《ちょうじ》となる」「今は不遇だが、**時を得れ**ば天下を動かすだろう」

誤用「時を経《へ》る」と混同して、時間が経過する、時が経つの意に使うのは誤り。「二十年の○時を経て／×時を得てよみがえった建物」「長きの○時を経て／×時を得て再会した二人」

補説 よい時機に恵まれて栄え、いかにも得意そうなようすは「時を得《え》顔」という。「入閣して時を得顔にふるまう」

出典「列子・説符」に「凡《およ》そ時を得る者は昌《さか》え、時を失う者は亡《ほろ》ぶ」とある。

時《とき》を追《お》う

使い方 時間がたつのに従う。刻々と。「**時を追っ**て客が立て込んでくる」「**時を追っ**て情勢が厳しくなる」「――ごとに戦況が変わる」「――ごとに関係者の表情が険しくなる」◆多く「時を追って」「時を追うごとに」の形で、副詞的に使う。「追う」は、物事の順序に従う意（「順を追って説明する」「日を追って暖かくなる」）。

誤用「やがて」「そのうちに」の意にとるのは誤り。「×時を追って到着するだろう」

時《とき》を置《お》く

使い方 物事と物事の間に一定の間隔をあける。また、間隔があく。「**時を置かず**実践する」「**時を置い**て何度か訪問する」「**時を置かず**に対策を講じる」◆「置く」は、時間的に間を隔てるの意（「冷却期間を置く」「三日置いて出かける」）。

誤用「時を追う」との混同から、「刻々と」の意で使うのは誤り。「×時を置いて天気が崩れてきた」

時《とき》を稼《かせ》ぐ

使い方 有利な状況になるまで、何かをして時間を経過させる。準備や用意がととのうまで、他のことで時間を長引かせる。「講師が到着するまで、主催者の挨拶《あいさつ》で――」「牛歩戦術で**時を稼ぎ**、会

と

期終了の廃案をねらう」「のらりくらりと**時を稼ぎ**ながら、妥協の潮時を待つ」◆「時間を稼ぐ」、また名詞で「時間稼ぎ」とも。

誤用 時間の余裕をつくる意で使うのは誤り。「×休暇の時を稼ぐために、徹夜して仕事を片づけた」

時《とき》を構《かま》わず

使い方 どんな時にでも。「━━酒を飲む」「━━議論を仕掛ける」「━━電話を掛けてくる」「あの男は━━押し掛けてくる」◆「構う」は、気にする、気をつかうの意。

誤用 「時を構えず」は誤り。

類表現 「時を選ばず」

時《とき》を超《こ》える

使い方 時間がもたらす破壊や生滅などの作用を乗り越える。「精神文化は━━」「数億年の**時を超え**て化石が現代に語りかける」「百年の**時を超え**て読者を魅了する小説」「千年の**時を超え**て信仰の対象となってきた古刹《こさつ》」◆「超える」は「越える」とも書く。

誤用 ある年数以上の時間が経過する意で使うのは誤り。「×あれからもう三十年の時を超えた」

時《とき》を分《わ》かたず

使い方 いつも。常に。「━━研究に励む」「━━執筆を続ける」「━━咲き乱れる花々」◆時の区別をしない意からいう。

誤用 「時を置かず」と混同して、即座にの意で使うのは誤り。「×時を分かたず出発する」

時《とき》を忘《わす》れる

使い方 時の経つのを忘れる意で、夢中になって時間を過ごすことをいう。「歓談に━━」「釣りに興じて━━」「夕景の美しさに**時を忘れ**て立ちつくす」「二人が**時を忘れ**て話し込んでいるうちに、いつの間にか夜は更けて行った〈島崎藤村・夜明け前〉」◆「忘れる」は、他のことに気をとられてしばらくそのことを意識しなくなる意（「我を忘れる」）。

補説 「〜の時を忘れる」は、その時間を忘れる意。「約束の時を忘れる」

◆「得《とく》」を使う成句

朝起きは三文《さんもん》の得・一挙両得・愚者にも千慮に一得あり・千慮の一得・損して得取れ・早起きは三文《さんもん》の得

毒気《どくけ》に当《あ》てられる

使い方 相手の常識をはずれた言動に圧倒されて呆然《ぼうぜん》とする。「酔って騒ぎまくる花見客の━━」「人を食ったような態度に、**毒気に当てられ**て席を立つ」「傍若無人に振る舞う若者たちの**毒気に当てられ**て、早々に退散する」◆啞然《あぜん》としてことばを失うさまにいう。「毒気」は、毒となる成分。転じて、人を害するような心や雰囲気をいう。「どっけ」「どっき」とも。

毒気《どくけ》を抜《ぬ》かれる

使い方 相手をやりこめようとした気勢をそがれて、おとなしくなる。「意気込んで乗り込んだが、予想外の低姿勢に**毒気を抜かれた**」「平然とうそをつく相手に、かえって**毒気を抜かれ**てしまった」「あまりのずうずうしさに**毒気を抜かれ**て、ものも言えない」「いきなり拳骨《げんこつ》で、野だの頭をぽかりと喰わしてやった。野だは二三秒の間毒気を抜かれた体で、ぼんやりしていたが〈夏目漱石・坊っちゃん〉」◆とまどって呆然《ぼうぜん》とするさまにいう。「毒気」は、毒となる成分。転じて、人を害するような心や雰囲気をいう。「どっけ」「どっき」とも。

読書百遍義▽自ずから▽見る《どくしょひゃっぺんぎおのずからあらわる》

使い方 どんな難解な書物でもくり返し読むうちに自然に意味がわかるようになる。「何度も読み返すと、この本の面白さがわかってくる。――だよ」「乱読するだけでは深い意味は読みとれない。――というように、時には熟読も必要だ」◆(1)「見《あら》わる」は、外に見えてくる意。「現る」と書くのは避けたい。(2)「読書百遍義自ずから通ず」とも。出典「三国志・魏志・王粛伝」の注にある語。薩摩《さつま》藩の藩校、造士館が刊行した児童のための修身書「童蒙須知《どうもうしゅち》」には、「読書千遍《せんべん》、其《そ》の義自ら見《あらわ》る」とある。

毒《どく》にも薬《くすり》にもならない

使い方 害もないが益もない。害にならないかわりに役にも立たない。「そんな本を読んでも――」「あの男は調子がいいだけで――」「――話をしてお茶を濁す」◆それを飲んでも命や健康を損なうことはないが、何の効能もないということから。

毒《どく》を食《く》らわば皿《さら》まで

使い方 悪事に手を出した以上、どこまでも続けていく。「――と、一億もの公金を使い込む」「ええい、――だ、あの男も殺してしまおう」◆(1)いったん毒入りの料理を口にした以上、そこでやめてもそれを盛った皿までなめても同じこと、死ぬことに違いはない。居直って悪行を続けることをいう。(2)「食らわば」は、「食らう」の未然形＋助詞「ば」。「食べたら」の意。(3)「毒食わば皿まで」とも。「食わば」は、「食う」の未然形＋助詞「ば」。誤用(1)「食らわば」の「らわ」を転倒した(または、「食らわば」と「食わば」を混同した)、「毒を食わらば皿まで」は誤り。(2)意味は同じだが、「毒を食うなら皿まで」は避けたい。

毒《どく》を▽以《もっ》て毒《どく》を制《せい》す

使い方 悪をほろぼすために別の悪を利用する。「核兵器を使って他国の核武装を解こうとするのは――の戦略だろう」「組員の抗争をあおり、――のやり方で暴力団を壊滅させようとする」◆「毒を以て毒を攻む」とも。誤用「毒を以て」を「毒を盛って」とするのは誤り。出典 宋代の禅書「嘉泰普灯録《かたいふとうろく》」に「機を以て機を奪い、毒を以て毒を制す」とあるのに基づく。陶宗儀の「輟耕録《てっこうろく》」に「骨咄犀《こっとつさい》は蛇角なり。その性至って毒にして、能《よ》く毒を解く。蓋《けだ》し毒を以て毒を攻むるなり(＝骨咄犀は蛇の角である。きわめて毒性が強いが、毒を消すこともできる。毒で毒を消すのである)」とあるように、中国医学には毒虫や毒草で体内の毒を除く治療法があったらしい。類表現「邪を禁ずるに邪を以てす」

どこ吹《ふ》く風《かぜ》

使い方 人の意見などを全く気にかけない(ふりをする)こと。自分には関係や関

と

心がないというように、知らん顔をすること。「人の忠告を——と聞き流す」「親の意見など——と遊び歩く」「不況など——のブランド市場」

◆「所（ところ・しょ）」を使う成句

痛い所を衝《つ》く・選ぶ所が無い・己の欲せざる所は人に施す勿《なか》れ・痒《かゆ》い所に手が届く・心の欲する所に従えども矩《のり》を踰《こ》えず・十目《じゅうもく》の視《み》る所十手《じっしゅ》の指す所・長所は短所・手の舞い足の踏む所を知らず・出る所へ出る・所変われば品変わる・所を得る・非の打ち所がない・火の無い所に煙は立たぬ・虫の居所が悪い

所《ところ》変《か》われば品《しな》変《か》わる

使い方 土地が違えば風俗・習慣もそれぞれ変わってくるということ。「東京では鰻《うなぎ》を背開きにするが、大阪では腹開きにする。——だね」「インドの人たちはイエスと言うときに首を横に振る。——だよ」◆生活習慣の違いに注目していう。——だ

類表現 土地によって物の呼称が変わってくることは、「難波《なにわ》の葦《あし》は伊勢《いせ》の浜荻《はまおぎ》」という。

所《ところ》を得《え》る

使い方 その人の能力にふさわしい仕事や地位につく。「政界に**所を得て**存分に活躍する」「ようやく**所を得て**、研究に専念できるようになった」「彼女は経理から営業に移って、やっと**所を得た**感じだ」「彼はこの職場に来てから**所を得た**ように生き生きとしてきた」

◆「年《とし》」を使う成句

亀《かめ》の甲より年の劫《こう》・死んだ子の年を数える・年に似合わぬ・年には勝てない・年に不足はない・年寄りの冷や水・年を食う・箸《はし》が転んでもおかしい年頃・寄る年波

年《とし》に似合《にあ》わぬ

使い方 その年齢にふさわしくない。「——古風な趣味」「——しっかり者」「——老成した態度」「——果敢な攻めを見せる」◆年齢相応の期待を超えているとして、プラスに評価していうことが多い。

誤用 「年に合わぬ」は誤り。

年《とし》には勝《か》てない

使い方 年をとると、気力はあっても、体力の衰えはどうしようもない。「やる気は十分なのだが——ね」「剛速球で鳴らした投手だったが——ね」「十分も走ると息が切れる。——よ」

◆(1)気持ちは若くても、の意を込めていう。

(2)年齢による気力や知力の衰えに転用することもある。「矍鑠《かくしゃく》としているのに弱気をみせるのは——からだろう」「——のか、物忘れが激しくなった」

年《とし》に不足《ふそく》は無《な》い

使い方 ❶何かをするのに十分な年齢に達している。若すぎるということはない。「立候補するには——」「結婚するにしても——」

❷十分に長生きをしたので、いつ死んでも不満はない。「九十九歳で亡くなったのだから——」「享年八十七歳。——とはいえ、惜しまれる」

◆「年」は年齢の意。

誤用「年に不満はない」は誤り。

年寄《としよ》りの冷《ひ》や水《みず》

使い方 老人が高齢にふさわしくない危ない行為や差し出がましい振る舞いをすることを、戒めたり冷やかしたりしていうことば。「祖父のジョギングが――にならなければいいのだが…」「――で、最近、登山を始めました」「サーフィンをやろうとしたら――だと言ってとめられたよ」◆「冷や水」は冷たい水。老齢者に冷水浴は奨《すす》められないかも知れないが、積極的に社会活動をする足を引っぱったり旺盛な好奇心を揶揄《やゆ》したりしてはならないだろう。

出典 江戸版「いろはがるた」の一つで、その絵の歴史から見ると、江戸時代の末期頃は水を飲む絵、昭和になって水を運ぶ絵が出てきて、水を浴びる絵は戦後二十年以上経ってからという(時田昌瑞)。だんだん見て分かりやすいとらえ方になっている。

類表現「年寄りの夜歩き」「老いの木登り」「年寄りの力自慢」

年《とし》を食《く》う

使い方 年を取る。「彼は見かけより**年を食って**いるよ」◆やや俗語的な言い方。思ったよりも年齢が高い場合にいうことが多い。

塗炭《とたん》の苦《くる》しみ

使い方 ひどい苦痛。また、きわめて苦しい境遇。「――をなめる」「苛政《かせい》のもとで――を味わう」「大きな借財を負って――に陥る」◆「塗」は泥水、「炭」は炭火の意。泥にまみれ炭火で焼かれるような苦しみをいう。

誤用「塗炭」を「途端」と書くのは誤り。

途《と》▽轍《てつ》もない

使い方 並外れている。ずぬけている。「**とてつもなく**大きな夢を抱く」「**とてつもなく**でかいカボチャができた」「――怪力の持ち主」「人の足もとを見て、――値を吹っかける」◆よくも悪くも、その程度が道理に合わないほどはなはだしいことにいう。「途轍」は、ものの筋道の意。

類表現「途方もない」

◆「届《とど》く」を使う成句

痒《かゆ》い所に手が届く・手が届く・目が届く

とどのつまり

使い方 結論として行き着くさま。詰まるところ。結局のところ。「――、プロジェクトチームは解散になった」「古着をしまっておいても、――は捨ててしまうのだ」「自ら才子だと飛び廻って得意がった余もここに至って大《おお》いに進退に窮した。――事情を逐一打ち明けて御母さんに相談した〈夏目漱石・趣味の遺伝〉」「牛の肉ちゅうもんは、――、赤身と脂身の配分ぐあいですからね〈開高健・新しい天体〉」◆(1)ボラがハク・オボコ・スバシリ・イナなどと名称を変えて成長し、最後にはトドとなることからという。「つまり」は「詰まり」とも書く。(2)多く思わしくない結果を迎える場合にいうが、そうでない場合にも使い得る。

▽止《とど》めを刺《さ》す

使い方 ❶刃物でのどなどを刺して生き返らないようにする。「射倒した敵将ののどに——」「罠《わな》にかかった獲物に——」❷二度と立ち上がれないように決定的な一撃を与える。「集中打を浴びせて——」「九回表の得点で——」❸あとで問題が生じないように物事の急所を押さえておく。「期限後は無効であることを伝えて**とどめを刺**しておく」「計画の遅れは許されないと**とどめを刺**しておいたつもりだったが、その甲斐《かい》がなかった」❹《「AはBにとどめを刺す」の形で》Aに関してはBに限る。Bが最もすぐれている。「山は富士に——」「花は吉野に——」
誤用「止め」を「とめ」と読むのは誤り。

怒髪《どはつ》冠《かんむり》を▽衝《つ》く

使い方 逆立った髪の毛が冠を突き上げるほど激しく怒るさまをいう。「——憤怒《ふんぬ》の形相」「——ばかりの勢いで殴りかかる」「拳《こぶし》を握りしめ、——すさまじさで詰め寄る」◈「怒髪」は激しい怒りのために逆立った髪の毛。「冠」は「かん」と読んでもよい。また、「怒髪天を衝く」とも。
誤用「頭髪冠[天]を衝く」は誤り。
出典 司馬遷《しばせん》の「史記・廉頗藺相如《りんしょうじょ》列伝」に、秦《しん》の昭王に謀られた藺相如のすさまじい怒りの形相が「怒髪上《のぼ》り て冠を衝く」と形容されているのに基づく。

▼鳶《とび》が▼鷹《たか》を生《う》む

⇨とんびが鷹を生む

▼鳶《とび》に油《あぶら》揚《あ》げを▼攫《さら》われる

⇨とんびに油揚げを攫われる

◆「飛《と》ぶ」を使う成句

三年飛ばず鳴かず・飛ぶ鳥を落とす勢い・飛んで火に入る夏の虫・鳴かず飛ばず

飛《と》ぶ鳥《とり》を落《お》とす勢《いきお》い

使い方 権力や威勢が非常に盛んなさま。「——で出世街道を邁進《まいしん》する」「——の俳優」「当時の彼は——だったが、今は見る影もない」◈「飛ぶ鳥」は、空を飛んでいる鳥。その勢いが飛んでいる鳥を落とすほど激しいことをいう。「飛ぶ鳥を落とす」「飛ぶ鳥も落ちる(勢い)」とも。
誤用「飛ぶ鳥を射る勢い」とは言わない。

途方《とほう》に暮《く》れる

使い方 方法や手段に尽きて、どうしたらよいかわからなくなる。どうにも困り果てることをいう。「山道に迷って——」「年末だというのに、金策がつかなくて——」「**途方に暮れ**てため息ばかりついている」◈「途方」は、手段・方法の意。「暮れる」は、どうしたらよいか見通しが立たなくなる意(⇨思案に暮れる)。
誤用「方途に暮れる」とは言わない。
類表現「途方を失う」「思案に暮れる」

途方《とほう》もない

使い方 道理に合わない。また、並々でない。ずぬけている。「青磁の壺《つぼ》に——高値がつく」「——無理難題を吹っかける」「あの男は——大酒飲みだ」「**途方もなく**遠大な計画を立てる」◈(1)よくも悪くも、道理に合わないほど程度がはなはだしいことにいう。「途方」は、道理の意。(2)強めて「途方途轍《とてつ》もない」とも。
類表現「途轍もない」

◆「友(とも・ゆう)」を使う成句

益者三友《えきしゃさんゆう》損者三友・竹馬《ちくば》の友・類は友を呼ぶ

◆「虎（とら・こ）」を使う成句

市に虎を放つ・苛政《かせい》は虎よりも猛《たけ》し・騎虎《きこ》の勢い・虎穴《こけつ》に入らずんば虎子《こじ》を得ず・三人虎を成す・前門の虎後門の狼《おおかみ》・虎に翼・虎の威を借る狐《きつね》・虎の尾を踏む・虎は死して皮を留め人は死して名を残す・暴虎馮河《ぼうこひょうが》

▼虎《とら》に翼《つばさ》

使い方 勢力のある者にさらに勢力を加えることのたとえ。「あの全体主義的な政党が政権をとれば━━となるだろう」「あの横暴な専務が社長になるとは、まさに━━だよ」 ◆ふつう、好ましくないものとしていう。「虎に羽」「虎に角」とも。

誤用 「鬼に金棒」と同じ意にとって、好条件が加わる場合にいうのは誤り。「×この事業に国の援助が得られれば虎に翼だ」

出典 「韓非子《かんぴし》・難勢」に「虎の為《ため》に翼を傅《つ》くること毋《な》かれ」とあるのに基づく。凶悪な勢力を持つ者を鋭い爪《つめ》と牙《きば》を持つ虎にたとえ、その者に君主の地位を与えることは、ただでさえ強暴な虎に自在に空を飛べる翼をつけるようなものだというのである。「虎に翼」は、支配される人民にとっては悪条件に悪条件が加わるという最悪の事態だろう。

捕《と》らぬ▼狸《たぬき》の皮算用《かわざんよう》

使い方 まだ手に入るかどうかわからないものを当てにして、あれこれと計画を立てること。「投資家が市況をにらみながら━━をする」「宝くじを手に、当たったらあれも買おうこれも買おうと━━をする」「この本なら十万部は売れると、━━」「━━で、いざ発売してみたら売れ行きはさっぱりだった」

◆(1)「算用」は、金額や数量を計算する意。タヌキをつかまえないうちから皮を売って儲《もう》ける計算をすることからいう。その昔、防寒衣となるタヌキの毛皮は随分と高く売れたものらしい。

(2)「捕らぬ」は「取らぬ」「▽獲らぬ」と書いてもよい。略して「皮算用」とも。

誤用 「かわざんよう」を「革算用」と書くのは誤り。

類表現 「飛ぶ鳥の献立（＝飛ぶ鳥を見て、早くも献立を考えること）」

▼虎《とら》の威《い》を借《か》る▼狐《きつね》

使い方 権勢をもつ者の力に頼って威張る小人物のたとえ。「━━で、小役人が居丈高に命令する」「あの男が偉そうにふるまうのは後ろに社長がいるからで、━━に過ぎない」「大国の傘下で、━━をきめこむ小国」

◆(1)「借る」は「借りる」の文語形。口語に言い換えて「虎の威を借りる狐」ともいう。

(2)権勢をもつ者の力に頼って威張る意で「虎の威を借りる」の形でも使う。「貴様も虎の威を借りるのは今のうちだ、せいぜい威張れるだけ威張っておく方がい い〈尾崎士郎・石田三成〉」「〈新聞記者の威張るのは〉実は背景になっている新聞のおかげだ。つまり、虎の威を借りている、といっては月並かな〈織田作之助・青春の逆説〉」

(3)「借る」は「▽仮る」とも書く。

出典 狐が自分を食おうとする虎に、「私は天帝に命じられた百獣の王。私を食べれば天帝の意に背くことになるでしょう。うそだと思うなら私についていらっしゃい」と言った。そこで虎が狐の後に従っていくと、果たして獣たちはみな逃げ出していく。虎は獣たちが自分を恐れて逃げたことに気づかず、狐の言を信じたという寓話《ぐうわ》に基づく(「戦国策・楚策」)。

▼虎《とら》の尾《お》を踏《ふ》む

使い方 きわめて危険なことをするたとえ。「━━思いで、吹雪の中を救援に向かう」「いま挑戦状を突きつけるのは、━━ようなものだ」

誤用 「虎の威を踏む」は誤り。

出典 「易経・履」に「虎尾《こび》を履《ふ》む、人を咥《か》まず」とあるのに基づく。尾を踏みつければ怒った虎に嚙み殺されるかもしれないが、「易経」では、危機に面しても和らいだ態度で対処すれば傷つかずにすむと説いている。

類表現 「虎の口へ手を入れる」「薄氷《はくひょう》を踏む」

▼虎《とら》は死《し》して皮《かわ》を▽留《とど》め人《ひと》は死《し》して名《な》を残《のこ》す

使い方 虎は死んだ後もその皮が珍重され、偉業を成した人は死後もその名を語り継がれる。「━━というが、そのためにもこの事業だけは何としても成し遂げたい」◆(1)人は名誉を重んじ、後世に名が残るように努めなくてはならないとの教訓としていう。(2)「虎は死して皮を残し人は死して名を残す」「豹《ひょう》は死して皮を留め人は死して名を留む」とも。

誤用 「かわ」を「革」と書くのは誤り。

出典 鎌倉時代に成立した「十訓抄《じっきんしょう》・四」には「虎は死して皮を残す、人は死して名を残す」とあり、北宋の欧陽脩《おうようしゅう》の「王彦章画像記」には「豹《ひょう》は死して皮を留め人は死して名を留む」とある。虎や豹の皮が珍重されたことは、狸の皮の比ではない。⇩捕らぬ狸の皮算用

◆「鳥(とり・ちょう)」を使う成句

足下から鳥が立つ・一石二鳥・越鳥《えっちょう》南枝《なんし》に巣くう・閑古鳥《かんこどり》が鳴く・窮鳥《きゅうちょう》懐に入《い》れば猟師も殺さず・立つ鳥跡を濁さず・天に在らば比翼の鳥地に在らば連理の枝・飛ぶ鳥を落とす勢い・鳥肌が立つ・飛鳥《ひちょう》尽きて良弓蔵《かく》る・比翼の鳥

取《と》り付《つ》く島《しま》もない

使い方 頼み事や相談をしようとしても、相手の態度が冷淡で話を進めるきっかけがつかめない。「けんもほろろで**取り付く島も／がない**」「相手の剣幕があまりに激しいので**取り付く島もなかった**」「金を借りようとして叔父を訪ねたが、━━応対ぶりなので言い出せなかった」◆「取り付く島」は、頼りとしてすがるところの意。

誤用 「取り付く暇《ひま》もない」は誤り。

類表現 「にべも無い」

鳥肌《とりはだ》が立《た》つ

使い方 寒さや恐怖、不快感などのために、皮膚に鳥の毛をむしった跡のようなぶつぶつが浮き出る。ぞっとする感じを強調していう。「寒くて━━」「恐ろしい話を聞かされて**鳥肌が立った**」「恐怖感

に襲われて鳥肌が立った」◆「鳥肌立《だ》つ」とも。「鳥肌」は、立毛筋が収縮して毛が立つことによって起こる現象。
誤用 最近、感情が高まるときの形容に使う例が多くなっているが、本来の用法ではない。「× 感動[興奮]のあまり鳥肌が立った」

◆「取《と》る(捕・執)」を使う成句

揚げ足を取る・虻蜂《あぶはち》取らず・猿猴《えんこう》が月を取る・鬼の首を取ったよう・舵《かじ》を取る・機嫌を取る・牛耳《ぎゅうじ》を執る・損して得取れ・盾に取る・他人の褌《ふんどし》で相撲を取る・暖を取る・手玉に取る・手に手を取る・手に取るよう・捕らぬ狸《たぬき》の皮算用・取るに足りない・取る物も取り敢えず・名を捨てて実《じつ》を取る・軒《のき》を貸して母屋《おもや》を取られる・幅を取る・引けを取る・庇《ひさし》を貸して母屋《おもや》を取られる・人の褌《ふんどし》で相撲を取る・筆を執る・昔取った杵柄《きねづか》

取《と》るに足《た》りない

使い方 取り上げるほどの価値がない。「そんなうわさは――」「――理屈をこね回す」「――存在[出来事]」◆(1)「～に足りる」は、～するだけの価値があるの意。(2)「取るに足らない」「取るに足らず」とも。「足りない」は一段動詞「足りる」の打ち消し、「足らない」「足らず」は五段動詞(文語では四段)「足る」の打ち消し。「足らない」「足らず」のほうが古い言い方。「その見るところ甚だ狭く、諺にいう井の底の蛙にて、その議論取るに足らず〈福沢諭吉・学問のすゝめ〉」「貴方は妾《あたし》を学問のない、理窟《りくつ》の解らない、取るに足らない女だと思って、腹の中で馬鹿にし切ってるんです〈夏目漱石・彼岸過迄〉」

取《と》る物《もの》も取《と》り▽敢《あ》えず

使い方 取るべき物も取らずに。大急ぎで。大あわてで。ひどく急であるさまをいう。「――病院に駆けつける」「警報を聞いて――家を飛び出す」「登山隊遭難の報を受け、――救助に向かう」◆「あえず」は、「あう(＝耐える)」の未然形＋打ち消しの助動詞「ず」。動詞連用形に付いて「完全には～しきれない」の意を表す。

泥棒《どろぼう》に追《お》い銭《せん》

⇨盗人《ぬすびと》に追い銭

泥棒《どろぼう》にも三分《さんぶ》の道理《どうり》

⇨盗人にも三分の理

泥棒《どろぼう》を捕《と》らえて縄《なわ》を▼綯《な》う

使い方 急場に臨んでからあわてて対策を立てることのたとえ。「――ような地震対策」「――ようだと言われても仕方のない、後手後手の政策展開」「今ごろになって勉強を始めても――ようなもので、とても単位は取れないだろう」
◆(1)「縄を綯う」は、泥棒を縛る縄を作る意。縛る縄を調達しているうちに、泥棒は逃げ出してしまうだろう。(2)「泥棒を見て縄を綯う」「盗人《ぬすびと》を捕らえて縄を綯う」ともいい、略して「泥縄《どろなわ》」ともいう。「泥縄式の勉強ではとても合格は望めない」
誤用 「泥棒を捕らえて綱《つな》を綯う」は誤り。
類表現 「渇《かっ》して井を穿《うが》つ」

▽団《どん》▼栗《ぐり》の背比《せいくら》べ

使い方 どれもこれも似たり寄ったりで、特にすぐれたもののないことのたとえ。「オーディションの応募者は——で、合格者は一人もいなかった」「今場所の大相撲は横綱不在の——だから、優勝の行方は全くわからない」 ◆(1)「団栗」は、クヌギ・カシ・コナラ・シイなどの実の総称。特に、クヌギの実をいう。椀のような殻(殻斗《かくと》)で下方を包まれた堅い実は形も大きさもほぼ一様であることからいう。(2)「背比べ」は「背▽競べ」とも書く。

誤用「粒ぞろい」の意で使うのは誤り。「× 今年の新入社員は団栗の背比べで、みな優秀だよ」

▼呑《どん》舟《しゅう》の魚《うお》は枝《し》流《りゅう》に▼游《およ》がず

使い方 高遠な志を抱く大人物は、こせこせした俗世間には住まないということ。また、大人物は小事にこだわらないということ。「——と、庵《いおり》を結んで隠棲《いんせい》した詩人」「そんな誹謗《ひぼう》中傷の類を気にすることはない。——だ」 ◆「呑舟の魚」は、舟を丸呑《まるの》みにするほどの大きな魚。善悪にかかわらず大人物のたとえに使う。「枝流」は、川の支流の意。

出典「列子・楊朱」に「呑舟の魚は枝流に游がず、鴻鵠《こうこく》は高く飛んで汚池《おち》に集まらず」とあるのに基づく。原典の「不游」は「游《あそ》ばず」とも読む。

飛《と》んで火《ひ》に入《い》る夏《なつ》の虫《むし》

使い方 自分から進んで災禍に身を投じることのたとえ。「今敵陣に乗り込んでいけば、それこそ——になる」「相手がプロとも知らずに麻雀《マージャン》の卓を囲むとは——だ」 ◆夏の夜、灯火を目がけて飛んでくる羽虫がその火に焼かれて死ぬ意からいう。昆虫が光に向かって飛ぶ習性を利用して害虫を駆除する灯火が誘蛾灯《ゆうがとう》。昆虫がその波長の光に最もよく感応することから、現在では多く青色の蛍光灯が使われる。昆虫も人間も、気になる誘惑には抗《あらが》いがたい。

誤用「入《い》る」を「はいる」と読むのは誤り。

▼鳶《とんび》が▼鷹《たか》を生《う》む

使い方 平凡な親がすぐれた子を生むことのたとえ。「彼の息子が文学賞を受賞したそうだ。——とはこのことだね」「両親は音楽とは無縁だというのに、娘がショパンコンクールで入賞したというのだから、まさに**鳶が鷹を生んだ**の例だよ」 ◆(1)トンビもタカも同じタカ科の鳥だが、トンビは平凡なものにたとえられ、タカはすぐれたものにたとえられる。(2)「とんび」は「とび」とも。また、「鳶が孔雀《くじゃく》を生む」とも。

誤用 子をほめられて怒る親もないだろうが、その子の親に面と向かって言うのは避けたい。平凡なトンビとみなされた親自身は嬉しくないだろう。「× ご子息が大使になられたそうですが、鳶が鷹を生むとはこのことですね」

補説「鳶も居ずまいから鷹に見える」は、がさつな者でも立ち居振る舞いが正しければ上品に見えることのたとえ。

▼鳶《とんび》に油《あぶら》揚《あ》げを▼攫《さら》われる

使い方 大事なものをいきなり横から奪われることのたとえ。ふいに横取りされて呆然《ぼうぜん》とするようすにもいう。「一人娘の結婚が決まったが、**鳶に油揚げをさらわれた**ような心境だよ」「儲《もう》けのほとんどが税金に消えるとは**鳶に油揚げをさらわれた**ようなものだ」「新人に票を食われて鳶に油揚げをさらわれたような顔をする」

◆⑴ゆっくりと空に輪を描いて飛ぶトンビだが、獲物を見つけると素早く舞い下りてさらっていく。魚や小動物の死体などを食べるトンビが、キツネと同様にことさら油揚げを好むのかどうかはわからない。

⑵「とんび」は「とび」、「あぶらあげ」は、「あぶらげ」とも。

な

◆「名（な・めい）」を使う成句

汚名返上・汚名をそそぐ・怪我《けが》の功名・功成り名を遂げる・虎《とら》は死して皮を留め人は死して名を残す・名にし負う・名乗りを上げる・名は体を表す・名も無い・名を捨てて実を取る・名を残す・抜け駆けの功名・弱き者汝《なんじ》の名は女なり

◆「無《な》い」を使う成句

味も素っ気も無い・後が無い・蟻《あり》の這《は》い出る隙《すき》も無い・ある時払いの催促なし・合わせる顔が無い・一も二もなく・瓜《うり》に爪《つめ》あり爪に爪なし・選ぶ所が無い・縁無き衆生《しゅじょう》は度《ど》し難し・遠慮会釈も無い・遠慮なければ近憂あり・思い邪《よこしま》無し・親は無くとも子は育つ・学問に王道無し・掛け替えのない・数えるまでもない・傍《かたわ》らに人無きが如《ごと》し・眼中に無い・看板に偽り無し・完膚《かんぷ》無きまで・気が気でない・義を見てせざるは勇無きなり・薬にしたくも無い・芸が無い・恒産無き者は恒心無し・触らぬ神に祟《たた》り無し・山中暦日無し・死人に口無し・捨てたものではない・席の暖まる暇《いとま》が無い・世話がない・備えあれば憂いなし・只《ただ》より高いものは無い・立つ瀬が無い・玉磨かざれば光なし・便りのないのは良い便り・血も涙も無い・罪が無い・出る幕ではない・同日の論ではない・年に不足は無い・途轍《とてつ》もない・途方もない・取り付く島もない・無い袖《そで》は振れない・無くて七癖《ななくせ》・名も無い・何のことは無い・にべも無い・願ってもない・根も葉も無い・恥も外聞も無い・非の打ち所が無い・火の無い所に煙は立たぬ・貧乏暇無し・武士に二言無し・枚挙に遑《いとま》がない・満更でもない・身も蓋《ふた》も無い・身も世も無い・見る影も無い・名物に旨《うま》い物なし・目が無い・滅相もない・元も子もない・柳に雪折れ

無し・勇将の下《もと》に弱卒無し・油断も隙《すき》も無い・埒《らち》も無い・立錐《りっすい》の余地も無い・渡る世間に鬼はない

無《な》い▼袖《そで》は振《ふ》れない

使い方 実際に持っていなければ出したくても出せない。多く金銭・資力についていう。「援助はしたいが――」「いくら催促されても――よ」◆袖のない着物では袖を振りたくても振りようがないことからいう。「無い袖は振れぬ」「無い袖は振られぬ」とも。

誤用 考え・意見などについていうのは避けたい。「△アイディア[知恵]を出せと言われても無い袖は振れない」

泣《な》いた▼烏《からす》がもう笑《わら》う

⇩今《いま》泣いた烏がもう笑う

泣《な》いて馬《ば》▼謖《しょく》を▼斬《き》る

使い方 規律を守るために私情を離れ、涙をのんで愛する者を処分する。「情状は酌量できるが処刑はやむを得ない。――だ」「経営を維持するためには――で、何人かは解雇せざるを得ないだろう」◆(1)法は私情をもって曲げることができないたとえにも、大きな目的のためには私情を捨て去らなくてはならないたとえにも使う。(2)人・首を刃物できるのは「斬る」だが、常用漢字表にないので、「切る」でまかなう。

出典 三国時代、蜀《しょく》の諸葛孔明《しょかつこうめい》は、腹心の部下だった馬謖が命に背いて大敗を喫したことから、軍律違反のかどでやむなく斬罪に処したという故事に基づく(「三国志・蜀志・馬謖伝」)。馬謖が魏《ぎ》の将張部《ちょうこう》に大敗したのは、建興六年(二二八)の街亭(陝西《せんせい》省城固県)での戦いで、馬謖三十八歳のとき。

類表現 「涙《なみだ》を揮《ふる》いて馬謖を斬る」とも。

泣《な》いても笑《わら》っても

使い方 泣こうが笑おうがどうしようもないさま。どのようにしてみても。「――今日でお別れだ」「――これが最後のチャンスだ」「――定年まであと一週間だ」「――事態は何ら変わらない」◆多く、物事が最後の段階に来ていることをいう。

◆「長《なが》い」を使う成句

息が長い・命長ければ恥多し・帯に短し襷《たすき》に長し・首を長くする・芸術は長く人生は短し・尻が長い・長い目で見る・長い物には巻かれよ・鼻の下が長い

長《なが》い目《め》で見《み》る

使い方 すぐに結論を出そうとしないで、気長に将来を見守る。「会社の発展を――」「今は赤字だが――と採算は十分とれる」「今ここで撤退するのも**長い目で見れば**得策だろう」「まだ若いのだから**長い目で見て**やろう」「今こそ**長い目で見た**平和を考えなくてはならない」◆(1)あせらずに、ゆったりと構えて眺めることをいう。(2)永遠に見守る意ではないので、「永い」ではなく、「長い」と書くのが望ましい。

長《なが》い物《もの》には巻《ま》かれよ

使い方 権力や勢力のある者には従った方が得策であるということ。「――だ。ここは抵抗しないで従ったほうがいい」「――とばかりに、ワンマン社長の言いなりになる」◆自分の手に負えないほど長いものには、いっそ巻かれてしまった方が気楽だという意からいう。「長い物には巻かれろ」とも。

誤用「長いもの」を「長い者」と書くのは誤り。

鳴《な》かず飛《と》ばず

使い方 人目につくような活躍をしないでいること。また、将来の活躍に備えてじっと機会を待っていること。「最初の一曲はヒットしたが、あとは――だ」「病を得て、――の歳月を送る」「――の下積み生活が長い」◆鳥が鳴きも飛びもしないことからいう。「(三年)飛ばず鳴かず」とも。⇨三年飛ばず鳴かず

誤用 鳥のことだから、「鳴かず」を「泣かず」と書くのは誤り。

流《なが》れに棹《さお》さす

使い方 物事を時流に乗せて順調に進行させる。「彼は巧みに**流れに棹さし**て今日の財を築き上げた」「あの企業は――形で急速に成長してきた」◆「棹」は、水の底を突いて舟を進ませる長い棒。それを操って、流れのままに舟を進めることを「流れに棹さす」という。「さす」は「刺す」「差す」とも書く。

誤用「棹を突き立てて流れをせき止める、流れに逆らう」と解し、時流や大勢に逆らう意で使うのは誤り。「× 時代の流れに棹さして世間から取り残される」「× 話の流れに棹さすようで恐縮ですが、質問させてください」

補説 夏目漱石はこの句を踏まえて、「草枕《くさまくら》」の冒頭に「智に働けば角が立つ。情に棹させば流される(=人情にほだされれば理性を失う)」と記した。

類表現「得手《えて》に帆を揚げる」

泣《な》き面《つら》に蜂《はち》

使い方 泣いている顔をさらに蜂が刺す。不運・不幸が重なることのたとえ。「免許証を紛失したうえに追突事故を起こすとは、まったく――だ」「燃える家からようやく運び出した家財道具を盗まれるとは――だね」「株は暴落するし売上金は横領されるし、まさに――だった」◆強調して「泣きっ面に蜂」とも。

類表現「踏んだり蹴ったり」「弱り目に祟《たた》り目」

泣《な》きの涙《なみだ》

使い方 涙を流してひたすら泣くこと。つらく悲しい思いに涙が出ること、また涙が出るほどの悲しい思いであることを強調していう。「――で愛車を手放す」「――で別れを告げる」「家屋敷をすべて失い、――で暮らす」「――でことの一部始終を語る」「小雨のしょぼしょぼ降る渡場に、――も人目を憚り、一言の詞もかわし得ないで永久の別れをしてしまったのである〈伊藤左千夫・野菊の墓〉」◆「泣き」は、泣くこと。

泣《な》きを入《い》れる

使い方 ❶泣いて頼む。泣いてわびをいい、許しを求める。「ローンが払えなくて――」「得意先に**泣きを入れ**て納期を延ばしてもらう」「何とか示談にしてくれと、事故を起こした相手が**泣きを入れ**てきた」◆「泣き」は、泣くこと。泣きついて相手の好意にすがることをいう。❷相場が暴騰または暴落したとき、売り手または買い手が相手方に対して適当な値段で解約してくれるように頼む。

「泣きを入れて株を引き取ってもらう」

泣《な》きを見《み》る

使い方 泣くことになる。泣くほどつらい目にあう。「遊んでばかりいると今に――ことになるよ」「不況の煽《あお》りを食って――のは中小企業ばかりだ」「その手の詐欺に引っかかって泣きを見た人は少なくない」◆「泣き」は、泣くこと。

補説 泣くような目にあわせることは「泣きを見せる」という。「ギャンブルに凝って家族に泣きを見せる」

◆「泣《な》く(鳴)」を使う成句

> 一銭《いっせん》を笑う者は一銭に泣く・今泣いた烏《からす》がもう笑う・閑古鳥《かんこどり》が鳴く・雉《きじ》も鳴かずば打たれまい・三年飛ばず鳴かず・泣いた烏《からす》がもう笑う・泣いて馬謖《ばしょく》を斬る・泣いても笑っても・鳴かず飛ばず・泣く子と地頭には勝てぬ・泣く子は育つ・泣く子も黙る・鳴くまで待とう時鳥《ほととぎす》

泣《な》く子《こ》と地頭《じとう》には勝《か》てぬ

使い方 道理の分からない子どもや権力者と争ってもむだであるということ。「――で、孫に泣かれるとすぐに財布の紐《ひも》をゆるめてしまう」「税務署の言いなりになるのも業腹だが――だよ」「相手が相手だからあきらめたほうがいい。昔から――と相場がきまっている」◆「泣く子と地頭には勝たれぬ」とも。「地頭」は平安・鎌倉時代に荘園を管理し、税金を取り立てた役人。権力をかさに着て無理無体の横暴を働いたという。

誤用 「泣く子と地蔵《じぞう》には勝てぬ」は誤り。

泣《な》く子《こ》は育《そだ》つ

使い方 大きな声でよく泣く子は元気である証拠だから、丈夫に育つということ。「――というから、泣かせておきなさい。力んで泣く子は大きく育つよ」「――、この子もたくましく成長するだろう」◆泣いてばかりいる子は煩わしいが、健康だからこそ大声で泣くのだからと慰めていう。ただし、泣くことと健康の因果関係はない。

補説 赤ん坊を土俵に上げて、先に泣いた方に軍配を上げる「泣き相撲」の行事は、「泣く子は育つ」の言い伝えから生まれたという。栃木県鹿沼市樅山町の「生子神社の泣き相撲」がよく知られているが、現在では引き分けとして双方に軍配を上げる。

類表現 「寝る子は育つ」

泣《な》く子《こ》も黙《だま》る

使い方 泣いている子も泣きやむほど怖い存在である。「――悪代官」「――鬼監督にしごかれる」「京で三井といえば、金のもの言う世界では――ほどの威勢をもっている〈南條範夫・無頼武士道〉」◆聞き分けなく泣いている子も、その名を聞けば急に黙ってしまうことからいう。

誤用 「泣く子が黙る」は誤り。

無《な》くて七癖《ななくせ》

使い方 人は誰でも多かれ少なかれ何らかの癖をもっているものだということ。「――というが、自分の癖にはなかなか気づかない」「――で、彼は何かというとすぐ舌を出す」◆あとに「有《あ》って四十八癖《しじゅうはちくせ》」と続けていうことも多い。「七」は「無く」と頭韻を踏んで調子を整え、少ない数の代表とする。「四十八」は「四十八手」などというそれで、多い数の代表。

誤用 「七癖」を「しちくせ」と読むのは誤り。

鳴《な》くまで待《ま》とう時鳥《ほととぎす》

使い方 機が熟すまで辛抱強く待とうということ。「まだ攻撃の時機ではない。――だ」「――というから、合併の話を持ち出すのはもう少し先にしよう」

出典 「鳴かぬなら」に続けて、気の長い徳川家康が詠んだとされる句。江戸後期の随筆「甲子夜話《かっしやわ》・五三」に「郭公《ほととぎす》を贈りて参ぜし人あれども鳴かざりければ、なかぬなら殺してしまへ時鳥 織田右府《うふ》 鳴かずともなかして見せう時鳥 豊太閤 なかぬなら鳴まで待よ時鳥 大権現様」とあるのに基づく。気が長くて持久戦法を得意とした家康に対し、織田信長は短気で怒りっぽく、豊臣秀吉は自信家だったというもので、戦国三武将の性格の違いを際立たせる。

情《なさ》けは人《ひと》の▽為《ため》ならず

使い方 人に親切にしておけば、その相手のためになるばかりでなく、やがてはよい報いとなって自分に戻ってくるということ。「人には親切にしておきなさい。――だ」「――、今手助けしておけば、きっといいことがあるよ」◆「人のためならず」は「人のためではない」の意。因果応報の考えに基づいていう。

誤用 「ためならず」を「ためにならず」と解し、人に親切にして甘やかすのはその人のためにならないの意にいうのは誤り。「×依頼心が強くなるから手伝わないでおこう。情けは人のためならずだ」

類表現 「積善の家には必ず余慶あり」

▼梨《なし》の▼礫《つぶて》

使い方 便りを出したのに何の返事もないこと。「手紙を出しても――だ」「いくら使いをやっても――だ」「何度問い合わせても――だった」「くり返し催促しても――なのだから困る」◆「つぶて」は、投げるための小石。投げたつぶては返ってこないことからいう。「梨」は「無し」に語呂を合わせたもの。

誤用 「なし」を「無し」と書くのは誤り。

◆「成《な》す（為・作）」を使う成句

色を作す・咳唾《がいだ》珠《たま》を成す・今日なし得ることは明日に延ばすな・三人虎《とら》を成す・小人《しょうじん》閑居《かんきょ》して不善をなす・する事なす事・桃李《とうり》物言わざれども下《した》自ずから蹊《けい》を成す・為せば成る・門前市《いち》を成す・禍《わざわい》を転じて福と為す

◆「茄子（なす・なすび）」を使う成句

秋茄子《あきなす》は嫁に食わすな・一富士二鷹《にたか》三茄子・瓜《うり》の蔓《つる》に茄子は生らぬ

▽為《な》せば成《な》る

使い方 できそうもないことでも、その気になってやり通せば必ず成就するということ。「――、とにかく実行しよう」「困難な事業だが、――の精神でやってみようではないか」◆やる気の大切さを説いたもの。「為す」は、人がある動作や行動をする意。「成せば成る」とも書く。

補説 江戸時代、米沢藩主の上杉鷹山《ようざん》は、家臣に「なせばなるなさねばならぬ何事もならぬは人のなさぬなりけり」の一首を示したという。

類表現「精神一到何事か成らざらん」「思う念力岩をも通す」

雪崩《なだれ》を打《う》つ

使い方 ❶雪崩のような勢いでたくさんの人が一度にどっと移動する。「**雪崩を打って**敵陣に攻め込む」「敵兵が**雪崩を打って**敗走する」「興奮した群衆が——ように広場に押しかける」「待ちかねた観客が開場と同時に**雪崩を打って**会場に殺到した」

❷物や事態が一気に大きく移り動く。特に、大きく崩れる。「外国製品が**雪崩を打って**押し寄せる」「世論が**雪崩を打った**ように市町村合併へと向かう」「**雪崩を打って**相場が崩れ始める」

◆(1)「雪崩」は、山の斜面に積もった大量の雪が急激に崩れ落ちる現象。「打つ」は、みずからを前方に打ちつけるような動作をして、その動作や状態を作り出す意（「もんどりを打つ」）。

(2)多く、「雪崩を打って」「雪崩を打つように」などの形で、人や物がどっと移動するさまの形容に使う。

補説 雪崩のように多くの人や物がどっと入り込むことは「雪崩れ込む」という。「乗客が電車にどっと雪崩れ込む」

類表現「堰《せき》を切る」は、おさえられていたものがどっとあふれ出る意。

▼鉈《なた》を振《ふ》るう

⇩大鉈《おおなた》を振るう

◆「夏（なつ・か）」を使う成句

頂く物は夏も小袖《こそで》・夏炉冬扇《かろとうせん》・飛んで火に入る夏の虫・貰《もら》う物は夏も小袖《こそで》

なっていない

使い方 非常に悪くて問題にならない。話にならない。「しつけが——」「君の了見は——」「まるで態度が——」「公式の席だというのに、服装が——」「字はきれいだが、文章は——」「逃げ出そうとする根性が——」◆くだけた言い方で「なってない」「なっとらん」「なっちょらん」とも。「なる（成る）」は、できあがる、成り立つの意。

七転《ななころ》び八起《やお》き

使い方 多くの失敗にもめげず、そのたびに勇をふるって立ち上がること。浮き沈みの激しい人生のたとえとしても使う。「——の精神で、何度でも挑戦する」「——というじゃないか。一度や二度の失敗でくじけるな」「人生は——で、よいこともあれば悪いこともあるさ」◆七度転んで八度起き上がる意からいう。「七転八起《しちてんはっき》」とも。達磨《だるま》などの形をした「起き上がり小法師《こぼし》」は、倒してもすぐに起き上がるように底におもりをつけたおもちゃ。人間も根性や闘志というおもりがあれば、再起することができるだろう。

誤用「七転び」を「しちころび」と読むのは誤り。

補説「七転八倒《しちてんばっとう》」は、苦痛のために、のたうち回ること。

斜《なな》めに見《み》る

使い方 ❶横目で見る。「隣席の客を——」「代助はこの光景を**斜めに見**ながら、風を切って電車に持って行かれた」〈夏目漱石・それから〉

❷普通とは違った見方をする。また、か

たよった見方をする。「世間を━━」「世の中を**斜めに見て**生きる」「何事につけても━━人だから付き合いにくい」◆その見方を望ましくないものとしていう。

誤用「斜《しゃ》に見る」は誤り。⇩斜に構える

何《なに》かと言《い》うと

使い方 何か事があるたびに同じ言動をするさま。「━━自慢話だ」「━━人のことに口を出したがる」「あの男は━━財力を鼻にかけていばりくさる」◆「何かと言えば」「何かにつけ」とも。「何か」は、特定できない事物や出来事を表す語。

誤用「何か言うと」は誤り。

名《な》にし負《お》う

使い方 その名も有名な。その名にふさわしい。「**名にしおは**ばいざ言問はむ都鳥わが思ふ人はありやなしやと(＝都という名を持っているならば、さあ尋ねよう、都鳥よ。都に残してきた私の愛する人は、つつがなく暮らしているかどうか)〈在原業平・古今和歌集〉」「━━石山の秋月[桂林の奇峰]」「━━強豪を相手に戦う」◆「名に負う(＝それを名として持っている)」を強めていう言い方。「し」は強意の副助詞。

誤用「おう」を「追う」と書くのは誤り。

何《なに》するものぞ

使い方 何ができようか。自らを鼓舞して、相手などが大したものではないことをいう。「古豪、━━」「悪天候━━と強行軍を続ける」「荒波も━━と舟を漕ぎ出す」◆「何をすることができようか(いやできない)」の意。

誤用「何をするものぞ」は誤り。

▽難《なに》▽波《わ》の▼葦《あし》は▼伊《い》▽勢《せ》の浜《はま》▼荻《おぎ》

使い方 物の呼び名(や風俗・習慣)は土地土地によって異なるものだということ。「━━で、九州では唐辛子《とうがらし》のことを胡椒《こしょう》という」「三陸海岸の町で鱧《はも》を注文したら穴子《あなご》が出て来た。━━だね」◆⑴難波で「あし」と呼ぶ植物を伊勢では「はまおぎ」と呼ぶ意から。⑵植物の葦は、「あし」が「悪《あ》し」に通じるのを忌んで「よし(善し)」とも言い換えるが、この句では「あし」という。

類表現「京へ筑紫《つくし》に坂東《ばんどう》さ(＝方向を表す助詞が土地によって違うことをいう)」「江戸べらぼうに京どすえ」「長崎ばってん江戸べらぼう」「所変われば品変わる」

何《なに》を▽措《お》いても

使い方 何事にも優先させて。まず第一に。何はさておき。「その会には**何を／は**おいても出席したい」「━━遭難者の救助に当たる」「政府は━━景気回復に取り組まなくてはならない」◆⑴「おく(措く)」は、そのままにして放っておく(＝さしおく)の意。他の物事をすべて放置して、まずそのことを行うさまをいう。⑵「おく」は「置く」とも書くが、かな書きが多い。

何《なに》をか言《い》わんや

使い方 あきれて何も言えない。「あれで大統領とは━━だ」「働かないで遊ぶことばかり考えているのだから━━だ」「こんな常識もわきまえないとは━━だね」◆「言わんや」は、「言う」の未然形＋推量の助動詞「ん(む)」＋反語の助詞「や」。「何を言おうか(言うことは何もない)」の意。

誤用「どんなことを言うべきだろうか」の

な

意に解して使うのは誤り。「× スピーチを頼まれたので、何をか言わんやと考えているところだ」

名《な》乗《の》りを上《あ》げる

使い方 ❶武士が戦う前に自分の名前を敵に大声で告げる。また、一般に自分の名を告げて世間に広く知らせる。「我こそは新田義貞なりと、――」「新政党が――」

❷競争に加わることを表明する。立候補する。「助役が市長選に――」「三か国がオリンピック開催地として――」「日本が国連の常任理事国に――」

◆「名乗り」は、自分の名を告げること。特に、武士が戦場などで、戦う前の作法として自分の姓名・家柄・身分などを声高に告げることをいう。

誤用 「名乗り上げる」は誤り。「× 衆議院選挙に出馬すると名乗り上げる」

名《な》は体《たい》を表《あらわ》す

使い方 名前というものはその中身・実質をよく表すものだ。「――というとおり、優香さんは誰にでもやさしい」「――というが、オネストさんはとても正直な人だ」

◆「体」は、本体・実体の意。世の中には小柄な大助《だいすけ》さんも大柄な小太郎《こたろう》さんもいるように、名が体を表さない例も少なくない。

誤用 「たい」を「態」と書くのは誤り。

類表現 「名詮自性《みょうせんじしょう》（＝名称はそのものの性質を表す）」

ナポリを見《み》てから死《し》ね

使い方 ナポリの景観の素晴らしさを見ないで死ぬのでは生きているかいがない。「ローマに行っただけではイタリアは語れない。――というじゃないか」 ◆ナポリはイタリアの南西部、ティレニア湾に臨む港湾都市。もとはイタリアのことわざで、ナポリ湾一帯の美しさを強調していったもの。

類表現 「日光見ずして結構と言うな」

英語 See Naples and die.

生《なま》木《き》を裂《さ》く

使い方 相思相愛の二人をむりに別れさせる。夫婦・恋人を強引に引き離すたとえにいう。「あの二人に別れろというのは――ようなものだ」「親兄弟までが乗り出して――ように二人を別れさせた」「**生木を裂か**れるように別れさせられた」

◆(1)「生木」は、地に根を張って生きている木。「裂く」は「割く」とも書く。(2)肉親などとの悲痛な別れにも転用する。「**生木を裂か**れる思いで息子を戦地に送った」

(3)文学などで、自分自身が分かれるように感じることのたとえにも使う。「この素《もと》より分かつべからざる有機的なる人格が**生木を割く**がごとく分裂するということはわれらの生命の系統的存在の破壊であって〈倉田百三・愛と認識との出発〉」「この瞬間、私のなかで何かが残酷な力で二つに引き裂かれた。雷が落ちて**生木が引き裂か**れるように〈三島由紀夫・仮面の告白〉」

誤用 「生木を割る」は誤り。

怠《なま》け者《もの》の節句《せっく》働《ばたら》き

使い方 ふだん怠けている者に限って、世間の人が休む日になると働き出すものだ。「あの男が休日返上だなんて、――じゃないか」「たまたま休日出勤したら、――と言われてしまったよ」「精が出ると言われるとお恥ずかしい。――ですよ」

◆(1)休日になると妙に一人だけ張り切

って働く人をあざけっていう。「節句(節供)」は一月七日の人日《じんじつ》、三月三日の上巳《じょうし》、五月五日の端午《たんご》、七月七日の七夕《たなばた》、九月九日の重陽《ちょうよう》などをいい、この日は働き者でも骨休みをするのを常とした。(2)「横着者の節句働き」「ならず者の節句働き」「愚か者の節句働き」とも。

誤用「節句」を「節季《せっき》」(=歳末。また、盆と年末の決算期)と混同して、「怠け者の節季働き」とするのは誤り。

生《なま》▼唾《つば》を飲《の》み込《こ》む

使い方 目の前にあるものが欲しくてたまらなくなる。「ジュウジュウ音を立てているステーキを見て、思わず——」「積まれた札束を見て——」「そのガレージには——ようなクラシックカーが何台も置かれていた」◆「生唾」は、さまざまな刺激によって自然に口の中にわいてくるつば。うまそうなものを見て思わず口中にたまった生唾を飲み込むことからいうが、食べ物に限らず、目にしたものをひどく欲しがるさまにいう。

生兵法《なまびょうほう》は大《おお》▽怪我《けが》のもと

使い方 生かじりの知識や技術に頼ると、かえって大失敗をするということ。「——、彼に挑戦してもひどい目にあうだけだ」「まだ冬山に登るのはやめたほうがいい。——だよ」「中途半端な知識を振り回して論陣を張ると痛い目にあうよ。——だ」

◆(1)「生兵法」は未熟な兵法の意。ちょっとかじっただけの武道を使って、さんざんに痛めつけられることからいう。「生兵法は怪我のもと」「生兵法は大疵《おおきず》のもと」とも。(2)「もと」は漢字で書けば「本」「元」「基」。

誤用「生兵法」を「なまへいほう」と読むのは誤り。

▼訛《なま》りは国《くに》の手形《てがた》

⇨言葉は国の手形

◆「涙《なみだ》」を使う成句

鬼の目にも涙・聞くも涙語るも涙の物語・雀《すずめ》の涙・血も涙も無い・泣きの涙・涙を呑《の》む・涙を振るう

な

涙《なみだ》を▼呑《の》む

使い方 悲しさやくやしさをこらえる。「**涙を呑ん**で先祖代々の家屋敷を手放す」「今回は**涙を呑ん**であきらめた」「決勝戦で敗れ、無念の**涙を呑ん**だ」「A社にはことごとく先を越され、何度**涙を呑ん**だことか」◆(1)あふれ出そうになる涙を抑える意からいう。(2)表外字の「呑む」は一般に「飲む」でまかなうが、「涙を飲む」はなじまないとしてかな書きにすることも多い。

涙《なみだ》を振《ふ》るう

使い方 私情や同情を捨てる。「**涙を振るっ**て断罪する」「**涙を振るっ**て進言する」「**涙を振るっ**て腹心の部下を解雇する」◆こぼれる涙を振り払う意からいう。

誤用「ふるう」を「奮う」と書くのは誤り。

波《なみ》に乗《の》る

使い方 ❶時代の風潮に適合する。時流に乗る。「国際化の**波に乗っ**て事業を興す」「時代の**波に乗っ**て処女作がベストセラーになる」「高度成長の**波に乗っ**て急成長した会社」
❷調子が出る。調子に乗る。「あのチームは――と強い」「**波に乗って**一気に勝ち進む」「クリーンアップトリオが**波に乗って**打ちまくる」
◆「波」は、かわるがわる生じて変化することをいう。その変動と波長が合えば物事は順調に進む。
誤用 よくない方向に流される意で使うのは誤り。「×不況の波に乗って倒産する」「×劣勢の波に乗って敗退する」

名《な》も無《な》い

使い方 有名でない。名前を知られていない。「道端に咲く――草花」「――アマチュアの作品」「――人々の思いが込められた文集」「――企業が大手と伍《ご》してやっていくのは大変なことだ」◆その名が広く人々から注目されるものではないことをいう。
誤用「名の無い」は誤り。

習《なら》い性《せい》となる

使い方 習慣もたび重なると、ついには生まれながらの性質のようになってしまうということ。「――で、警備の仕事を始めてから人の挙動ばかり気になるようになった」「応援部に入ってから――で、すぐに大声を出すようになった」「人にへつらってばかりいると、いわゆる――で、誰にでも見えすいた世辞を言うようになる」◆「習い」は習慣の意。「習い性」で一語ではなく、「習い、性となる」と切って読む。
誤用「せい」を「生」と書くのは誤り。また、「性」を「しょう」と読むのは誤り。
出典「書経・太甲《たいこう》上」に「茲《これ》乃《なん》じの不義、習い性と成《な》る(=このようなあなたの不義は、くり返しているうちに生まれつきの性質のようになってしまうことでしょう)」とあるのに基づく。
類表現「習慣は第二の天性なり」

習《なら》うより慣《な》れよ

使い方 人に教えられるよりも、実際に経験を重ねたほうがよく覚えられる。「英会話は――だよ」「――で、毎日運転していれば上達するだろう」「――というが、ステージを重ねるたびに彼女の演技はよくなるね」◆「習う」は、知識・技術などの教えを受ける意。教わるより実施に練習を重ねた方が効果的であることをいう。

成《な》らぬ堪忍《かんにん》するが堪忍《かんにん》

使い方 我慢できないことを我慢するのが、本当の忍耐というものだ。「何とかこらえてくれ。――だ」「ここで怒ればすべてておしまいだ。――だよ」「承服できないが――だ。ここはひとまず引き下がるとしよう」◆「堪忍」には、こらえる・我慢するの意と、許す・勘弁するの意があるが、この場合は前者の意。

◆「並《なら》べる」を使う成句

肩を並べる・軒を並べる・枕《まくら》を並べる

鳴《な》りを潜《ひそ》める

使い方 ❶物音を立てないで静かにする。「一喝されて――」「生徒たちはみな緊張して**鳴りを潜めて**いる」「**鳴りを潜めて**成り行きを見守る」「何もかも**鳴りをひそめて**、静まりかえったようになった〈島崎藤村・夜明け前〉」
❷表立った活動をしないでじっとしている。「暴走族はこのところ**鳴りを潜めて**

に

◆「二（に・ふた）」を使う成句

一にも二にも・一姫二太郎・一富士二鷹《にたか》三茄子《さんなすび》・一も二もなく・一石二鳥・天は二物を与えず・二階から目薬・二足の草鞋《わらじ》・二度あることは三度ある・二兎《にと》を追う者は一兎《いっと》をも得ず・二の足を踏む・二の句が継げない・二の舞いを演じる・二匹目の泥鰌《どじょう》を狙う・人を呪《のろ》わば穴二つ・武士に二言無し・二股膏薬《ふたまたごうやく》・二目《ふため》と見られない・身二つになる

煮《に》え湯《ゆ》を飲《の》まされる

使い方 信頼していた者に裏切られてひどい目にあう。「大金を使い込まれ、子飼いの番頭に**煮え湯を飲まされた**」「友人が私の名をかたって詐欺を働くとは、まったく**煮え湯を飲まされた**思いだ」「不良品の納入で、あのメーカーからは二度も**煮え湯を飲まされている**」

◆「煮え湯」は、沸騰している湯。飲みごろだといってすすめられた湯が口中を焼くほど煮えたぎっていたというような思いにいう。

誤用 どんなに痛い目にあっても、それが裏切り行為ではない場合に使うのは誤り。「×うちの子があのいじめっ子にまた煮え湯を飲まされた」

二《に》階《かい》から目《め》薬《ぐすり》

使い方 思うようにならなくてもどかしいこと。また、回りくどくて効果のないこと。「――の対策で、もどかしい」「いくら忠告しても――なのだからいやになるよ」「百万やそこらの資金では――だ」◆二階にいて、階下の人に目薬を差しても的中しないことからいう。「二階から目薬を差す」「天井《てんじょう》から目薬」とも。

誤用 まぐれ当たりの意で使うのは誤り。「×二階から目薬で、たまたま優勝することができた」「×宝くじに当たるなんて二階から目薬のようなものだ」

出典 上方版「いろはがるた」の一つ。

類表現「隔靴掻痒《かっかそうよう》」「遠火で手をあぶる」

荷《に》が重《おも》い

使い方 責任や負担が大きすぎる。「一人で交渉に当たることは、私には――」「優勝への期待が大きすぎて――」「彼には――仕事だ」「この任務は私には**荷が重すぎる**」◆それに困難や戸惑いを感じているさま。

補説 責任や負担が除かれることは「（肩の）荷が下りる」という。「三人の子どもを育て上げて、ようやく荷が下りた」

類表現「荷が勝つ」

荷《に》が勝《か》つ

使い方 能力に比して責任や負担が重すぎる。「認知症の老親の世話は実の娘にとっても**荷が／の勝つ**仕事だった」「工事現場の監督は若い彼には**荷が勝った**任務だった」「世界と、国際政治のことを、考えろといったって、一介の独身安サラリーマンには、**荷がかち**すぎる〈小松左京・明日泥棒〉」

類表現「荷が重い」

逃《に》がした魚《さかな》は大《おお》きい

使い方 一度手に入れかけて失ったものは、惜しさのために実際より大きく見えるものだ。「あの株は買っておくべきだった。━よ」「しきりに儲《もう》けそこなったと言っているが、━の類じゃないか」「手に入らないことがわかったら、━で、ますます欲しくなる」

◆(1)三寸ほどの鯛《たい》も、釣り落としたとなると、目の下一尺の鯛に思えてくる。「逃げた魚は大きい」「釣り落とした魚は大きい」とも。(2)「のがした魚は大きい」と言っても意味は同じだが、成句としては「にがした～」が一般的。「のがした」の場合、送り仮名は「逃した」となる。

類表現 「逃がした物に小さい物なし」「逃げた鯰《なまず》は大きく見える」

苦虫《にがむし》を▼噛《か》み▼潰《つぶ》したよう

使い方 きわめて不愉快そうな顔をするさま。苦々しい表情の形容にいう。「行員の不正融資が発覚したという報告を、支店長は━な顔で聞いていた」「見えすいた世辞ばかり言われて彼の顔は━になった」◆「苦虫」は、噛みつぶしたらさぞ苦いだろうと思われる虫。

誤用 「苦虫を噛んだよう」でも意味は通じるが、単に「噛む」だけでは「噛みつぶす(＝噛んでつぶす)」ほどの苦々しさは生まれない。「噛みつぶしたよう」が本来の言い方。

◆「握《にぎ》る」を使う成句

財布の紐《ひも》を握る・手に汗を握る・手を握る

◆「肉《にく》」を使う成句

牛首《ぎゅうしゅ》を懸けて馬肉を売る・苦肉の策・骨肉《こつにく》相食《は》む・弱肉強食・酒池肉林・血湧《わ》き肉躍る・髀肉《ひにく》の嘆・羊頭《ようとう》を掲げて狗肉《くにく》を売る

憎《にく》まれっ子《こ》世《よ》にはばかる

使い方 人から憎まれるような人が世間ではかえって幅をきかせるということ。「━で、上に立つような人間は一癖《ひとくせ》も二癖《ふたくせ》もあるね」「嫌なやつだが━で、社内では大きな顔をしている」「威張るので敵も多いが、━というから出世するかも知れないよ」◆「にくまれっこ」は、「にくまれご」とも。「はばかる」は、幅をきかせる、のさばるの意。「憚る」には、「人目をはばかる」「外聞をはばかる」などと使う「つつしむ、遠慮する」という意味もあるが、「はびこる(＝草木などが繁茂する)」「はだかる(＝手足を大きく広げて立つ)」などの意味と混同したもの。

誤用 遠慮して小さくなる意で使うのは誤り。「×憎まれっ子世にはばかるで、みんなに嫌われて縮こまっている」

出典 江戸版「いろはがるた」の一つ。

逃《に》げた魚《さかな》は大《おお》きい

⇩逃《に》がした魚は大きい

逃《に》げるが勝《か》ち

使い方 戦いを避けて逃げることが、正面切って戦うよりは得策であるということ。「喧嘩《けんか》を売られたら━だ」「ちんぴらがからんできたら━だよ」「あんな連中と渡り合っても仕方がない。━だ」「旗色が悪くなってきたら━とばかりに姿をくらました」◆勝ち目のない喧嘩や買っても益のない喧嘩はするものじゃないということ。「負けるが勝ち(＝強いて争わないで相手に勝ちを譲った方が、結局は自分に有利な結果をもたらす)」の意でも使う。

誤用「逃げれば勝ち」は誤り。

類表現「三十六計逃げるに如《し》かず」「負けるが勝ち」

逃《に》げを打《う》つ

使い方 逃げるための用意をする。また、責任の追及などをのがれられるように策を講じておく。「強制捜査に備えて━」「老朽化した施設の改築を求めても、当局は予算がないと言って━ばかりだ」「**逃げを打**ってばかりいないで、具体的な改善策を示して欲しい」「何度か訪ねたが、相手が**逃げを打**って会えなかった」

類表現「逃げを張る」

◆「濁《にご》す」を使う成句

お茶を濁す・言葉を濁す・立つ鳥跡を濁さず

▼錦《にしき》を飾《かざ》る

⇩故郷へ錦を飾る

二足《にそく》の草▼鞋《わらじ》

使い方 同じ人が本来は両立し得ないような二つの職業をもつこと。「銀行員と作曲家という━を履《は》く」「力士と歌手の━で行く」「医者が━を履いて作家となる」

◆(1) 多く、「～を履く」の形で使う。一人の人が二足の草鞋を同時に履くことはできないことからいう。

(2) 江戸時代、博徒《ばくと》が捕吏《ほり》(＝罪人をめしとる役人)を兼ねることを「二足の草鞋」といった。博打《ばくち》打ちに十手《じって》を預けるのは「毒を以《もっ》て毒を制す」の例だろうが、現在では広く同時に二つの職業をこなすことにいう。

誤用「にそく」を「二束」と書くのは誤り。

日光《にっこう》見《み》ずして結構《けっこう》と言《い》うな

使い方 日光の東照宮《とうしょうぐう》を見ないうちは、むやみにほかの建築物をほめてはならない。「━のとおり、やはり日光東照宮はすばらしかったね」◆「日光」は日光国立公園の意ではなくて、栃木県日光市にある東照宮のこと。「日光」と「結構」の語呂合わせで、東照宮の美しさを称えたことば。「日光を見ないうちは結構と言うな」とも。

誤用 東照宮以外の日光の名所を称えて使うのは避けたい。「✕日光見ずして結構と言うなというとおり、新緑の華厳の滝[中禅寺湖・いろは坂]は美しかった」

類表現「ナポリを見てから死ね」

似《に》ても似《に》つかない

使い方 少しも似ていない。まったく似ていない。「会ってみたら━別人だった」「想像とは━風景」「顔とは━声で歌う」「窓という窓は、ラムプの煤けた灯とは━、明るい確乎とした光りに輝いていた〈三島由紀夫・潮騒〉」

◆(1)「似つかない」は「似つく(＝よく似ている)」の否定形。

(2)「似ても似つかぬ」「似てもつかない」とも。

誤用「似て非なり」と混同して、見かけはよく似ているが実はまったく違う意に解するのは誤り。「✕自由と放縦とは似ても似つかないものだ」

煮《に》ても焼《や》いても食《く》えない

使い方 どうにも手に負えない。どうしようもない。「世故にたけていて――やつ」「――相手だから、一筋縄ではいかない」

◆食用にならないものは、どう調理しても食えないことからいう。

誤用 「煮ても焼いても食べられない」は避けたい。

類表現 「海千山千」

二《に》度《ど》あることは三《さん》度《ど》ある

使い方 同じようなことが二度起これば、続いてもう一度起こる。物事は繰り返されるものであるということ。「二度も空き巣にやられた。――というからしばらくは留守にできないよ」「また事故にあったそうだが、――というから用心したほうがいい」「これで二度失敗した。――というから気をつけよう」

◆(1) 多く、悪いことがまた起こらないように注意を促すときに使う。「先々月、先月も彼に出会ったので、――で、今月も会えるのではないか」など、単に三度同じことが続くことの形容にも使うが、成句の使い方としては中心を外れる。

(2) よいことに使うのは(間違いとは言えないが)なじまない。「△また宝くじに当たったよ。――というから、次は特賞が当たるかも知れない」

補説 反対に、「三度目の正直」は、一度目と二度目がだめでも三度目には期待どおりになるということ。「前作・前々作ともヒットしなかったが、二度あることは三度あるとなるか、それとも三度目の正直となるか、今作の売れ行きは蓋《ふた》を開けてみなければわからない」

類表現 「歴史は繰り返す」

二《に》▼兎《と》を追《お》う者《もの》は一《いっ》▼兎《と》をも得《え》ず

使い方 同時に違った二つのことをしようとすると、結局は二つとも失敗してしまうということ。「――で、店を二つとも潰《つぶ》してしまったそうだ」「――というから、研究のテーマは一つにしぼった方がいいよ」「――ということにならないよう、小説に専念し、映画制作からは手を引くことにした」

◆(1) 二匹の兎《うさぎ》を同時につかまえようとして追いかければ、結局は二匹とも取り逃がしてしまうということから。ローマの古いことわざという。

(2) 二つの物事を欲張っていずれも失敗・中途半端に終わることの形容や、一つの物事に集中しないことへの戒めなどに広く使われる。

(3) 「を」「は」を略した「二兎追う者は一兎をも得ず」「二兎を追う者一兎をも得ず」などの形も多い。「も」を略した「二兎を追う者は一兎を得ず」も間違いではないが、「二匹どころか一匹すら得られない」という強調の意がなくなり、意味は弱くなる。ほかにも「二兎を追っても～」「二兎を追えば～」などバリエーションが多い。また、「二兎を追わなければ、一兎をも得ない」「二兎を追う者が二兎を得る」など、意味自体に変化をくわえた、さまざまな表現も見られる。

補説 反対に、一つの行為で二つの利益を得ることは、「一石二鳥」「一挙両得」。

類表現 「虻《あぶ》蜂《はち》取らず」「一も取らず二も取らず」

英語 If you run after two hares, you will catch neither.

二《に》の足《あし》を踏《ふ》む

使い方 二歩目をためらって足踏みする意から、しりごみする。ためらう。「買いたいと思ったが、値札を見て**二の足を踏**んだ」「家は欲しいが、ローンのことを考えると**二の足を踏**んでしまう」「海外旅行に誘われているが、テロが続発するので**二の足を踏ん**でいる」「とても勝ち目のない訴訟だと弁護士は**二の足を踏ん**でいる」◆思い切れなくて迷う気持ちをいう。「二の足」は、歩きだすときの二歩目。

二《に》の句《く》が継《つ》げない

使い方 あきれたり驚いたりして、次に言うべきことばが出てこない。「あきれ果てて――」「余りにひどいことを言い出すので**二の句が継げなかっ**た」「人を食ったような応答に**二の句が継げなく**なった」◆(1)「二の句」は、二番目にいうことば。(2)成句としてはあまりなじまないが、「二の句が出ない」ともいう。「机の抽斗《ひきだし》を開けてみて百円の紙包が紛失しているのを知った時は『オヤ！』と叫けんだきり容易に二の句が出なかった〈国木田独歩・酒中日記〉」

二《に》の舞《ま》いを演《えん》じる

使い方 人のあとに出てそのまねをする。特に、前の人や前のときと同じ失敗をする。「パリの路上でパスポートをすられ、父の**二の舞いを演じ**てしまった」「気をつけないとA社[前政権・平家]の**二の舞いを演じ**かねない」「去年の**二の舞いを演じ**ないように練習に力を入れる」◆(1)「二の舞」は舞楽の一つ。「安摩《あま》」のあとで、咲面《えみめん》をつけた老爺《ろうや》と腫面《はれめん》をつけた老婆が安摩の舞をまねて滑稽《こっけい》に舞うもの。(2)「演じる」は「演ずる」とも。(3)「二の舞い(になる)」の形でも使う。「これでは彼らの二の舞いだ」

誤用 類義の「轍《てつ》を踏む(＝前人と同じ失敗をする)」や、語形の近い「二の足を踏む(＝ためらう)」と混同して、「二の舞いを踏む」とするのは誤り(ただし、この誤用例は多い)。

類表現「(前車の)轍を踏む」

二《に》匹目《ひきめ》の泥▼鰌《どじょう》を▼狙《ねら》う

使い方 一度成功した同じ方法で二度目の成功をねらう。「ヒットしたドラマの続編を作って――」「**二匹目の泥鰌をねら**った企画だったが、うまくいかなかった」「犯人は**二匹目の泥鰌をねらっ**て脅迫電話をかけたが、今度は警察に通報されて逮捕された」◆その漁法でうまく泥鰌がとれたことに味を占めて、またそれを試みる意からいう。そうは問屋が卸さないという趣で使う。

補説 たまたま幸運をつかんだからといって、またそれと同じ方法で幸運が得られるわけではないことは、「柳の下にいつも泥鰌はいない」という。

にべも無《な》い

使い方 愛想がない。そっけない。「だめだと言うばかりで――」「――態度で応じる」「**にべもなく**断られた」「**にべもな**くいやだと言う」◆人間関係を保とうとする粘りけがない意からいう。「にべ(鰾膠)」はスズキ目ニベ科の海水魚「にべ(鮸)」などの鰾《うきぶくろ》から作る粘着力の強い膠《にかわ》。かつては工業用・薬用・食用に広く使われた。

誤用 粘りがない意で使うのは誤り。「×すぐにあきらめてしまって、にべもない」

類表現「取り付く島もない」

女房《にょうぼう》と畳《たたみ》は新《あたら》しい方《ほう》が良《よ》い

使い方 女房も畳も新しいうちがすがす

に

がしくてよいということ。「大きな声じゃ言えないが、——だね」「——というが、古女房には古女房のよさがある」

◆(1)畳屋は喜ぶが、女房は機嫌を悪くすることわざ。亭主の権威が落ちる一方の現代では、堂々と使える場はないだろう。(2)「女房と菅笠《すげがさ》は新しい方が良い」とも。

補説「女房と味噌《みそ》は古い方が良い」という反論もある。

▼睨《にら》みを利《き》かせる

使い方 他の者が勝手なことをしないように押さえつける。「チームがたるまないように監督が——」「この職場ではベテランが**睨みを利かせている**」「この暗殺は、深川一帯に**睨みをきかせて**いる丸太橋の与平次からの依頼であった〈池波正太郎・鬼平犯科帳〉」「それにしても、敵機が我物顔に飛んで**睨みを利かして**廻っているのだから、講和や休戦は考えられない〈井伏鱒二・黒い雨〉」

◆(1)くまなく睨みつけて威圧する意からいう。「利かせる」は「利かす」とも。(2)「睨みの効果を発揮させる」の意味合いを特に出したい場合には「効」を用いて「睨みを効かせる」とも書くが、ふつうは、「睨みを利かせる（＝睨みという機能を働かせる）」と書く。

補説 他の者を押さえつける威力があることは、「睨みが利く」という。「生徒に睨みが利く教師」

◆「似《に》る」を使う成句

大欲《たいよく》は無欲に似たり・似ても似つかない・年年歳歳《ねんねんさいさい》花相似たり歳歳年年人同じからず・下手《へた》の考え休むに似たり

◆「鶏（にわとり・とり・けい）」を使う成句

鶏群《けいぐん》の一鶴《いっかく》・鶏口《けいこう》となるも牛後《ぎゅうご》となるなかれ・鶏《にわとり》を割くに焉《いずく》んぞ牛刀を用いん・雌鶏《めんどり》歌えば家滅ぶ

鶏《にわとり》を割《さ》くに▼焉《いずく》んぞ牛刀《ぎゅうとう》を用《もち》いん

使い方 小事を行うのに、大人物に頼んだり大袈裟な方法を用いたりする必要はないということ。「——、これは訴訟に持ち込むほどやっかいなトラブルではない」「シャベルがあれば済むことで、ブルドーザーを動かすほどの工事じゃない。——だ」「この件でアメリカまで調査団を派遣する必要はない。——だよ」

◆(1)「焉んぞ」は漢文訓読に用いられる語で、下に推量の語を伴って反語を表す。「焉んぞ牛刀を用いん」は、「どうして牛刀を用いるのか（用いる必要はない）」の意。(2)「鶏を割くに焉《なん》ぞ牛刀を用いん」とも。

出典「論語・陽貨《ようか》」に「子《し》武城《ぶじょう》に之《ゆ》き、弦歌の声を聞く。夫子《ふうし》莞爾《かんじ》として笑いて曰《いわ》く、鶏を割くに焉んぞ牛刀を用いん（＝孔子が弟子の子游《しゆう》が長官として赴任している魯《ろ》の国の武城という町を訪れると、町の人々が琴を奏《かな》でて歌をうたっている。孔子はそこでにっこり笑って、この小さな町で礼楽の教育を施そうとするのは、小さな鶏を割くのに牛刀を使うようなもので、ずいぶんと大袈裟《おおげさ》だねと言った〉とあるのに基づく。「大は小を兼ねる」というが、牛を解体する大包丁で鶏をさばくのは容易ではないだろう。

類表現「大根を正宗で切る」「大器小用」

人間《にんげん》▽到《いた》る▽処《ところ》青山《せいざん》あり

⇩人間《じんかん》到る処青山あり

人間万事《にんげんばんじ》▼塞翁《さいおう》が馬《うま》

⇩塞翁《さいおう》が馬

ぬ

▼糠《ぬか》に▼釘《くぎ》

使い方 何の手ごたえも効き目もないことのたとえ。「いくら注意しても――だ」「いくら意見をしても――で、一向に効果がない」◆「糠」は玄米を精白する際に、果皮・胚芽《はいが》などが粉状になったもの。その糠に釘を打つ意からいう。

誤用「糠味噌《ぬかみそ》に釘」は誤り。

類表現「豆腐に鎹《かすがい》」「暖簾《のれん》に腕押し」「泥《どろ》に灸《きゅう》」「沼に杭《くい》」

抜《ぬ》き差《さ》しならない

使い方 身動きがとれない。転じて、どうにもならない。のっぴきならない。「――羽目におちいる」「――ところまで話がこじれる」「与野党の対立が深まって国会は――状況になる」「彼女が卓也と――仲になることを躊躇していたのは、最初のうちだけであった〈笹沢佐保・金曜日の女〉」◆(1)事態が深刻になることにいう。(2)「抜き差しならぬ」とも。「抜き差し」は、抜き出すことと差し込むこと。

◆「抜《ぬ》く」を使う成句

生き馬の目を抜く・生き肝《ぎも》を抜く・一頭地を抜く・気を抜く・群を抜く・月夜に釜《かま》を抜かれる・手を抜く・度肝《どぎも》を抜く・毒気を抜かれる

◆「脱《ぬ》ぐ」を使う成句

兜《かぶと》を脱ぐ・一肌脱ぐ・諸肌《もろはだ》を脱ぐ・草鞋《わらじ》を脱ぐ

抜《ぬ》け駆《が》けの功名《こうみょう》

使い方 仲間を出し抜いて得た手柄。「賞金欲しさに――をねらう」「一人――を立てる」「功を焦って――とは、許し難いやつだ」◆戦場で、ひそかに陣を抜け出し、人よりも先に敵中に攻め入って立てた手柄の意からいう。

誤用「こうみょう」を「巧妙」と書くのは

誤り。

◆「抜《ぬ》ける」を使う成句

灰汁《あく》が抜ける・歯の抜けたよう・間《ま》が抜ける・目から鼻へ抜ける

▽盗《ぬす》っ▽人《と》▽猛《たけ》▽猛《だけ》しい

使い方 盗みなどの悪事を働きながら平然としているさま。また、それをとがめられても逆に居直るさま。「盗んでおきながら、ちょっと借りただけだと言い張るのだから――」「――とは、お前のことだ」「――言いのがれをするな」「酒酔い運転で事故を起こしながら修理費を要求してきた。――とはまさにこのことだ」◆ひどいやつだと、ののしっていう。「猛々しい」は、ずうずうしいの意。「ぬすっと」は「ぬすびと」とも。

誤用 「盗っ人はなはだしい」は誤り。

▽盗人《ぬすびと》に追《お》い銭《せん》

使い方 損をした上に、さらに損をすることのたとえ。「――で、詐欺師とは知らずにあちこちに紹介状まで書いてやった」「使い込みをしていた社員に退職金を支払ったのだから、まさに――だよ」

◆(1)「追い銭」は、支払った上にさらに払う余分な金。泥棒に物を盗まれた上に、さらに銭を与えてやる意からいう。

(2)「ぬすびと」は「ぬすっと」とも。また、「泥棒に追い銭」「盗人《ぬすびと》に追い〈を打つ〉」とも。

誤用 「追い銭」を「おいぜに」と読むのは誤り。

▽盗人《ぬすびと》にも三分《さんぶ》の理《り》

使い方 悪事を働くにもそれなりの理由はあるということ。また、どんなことにも、その気になれば理屈はつけられるということ。「――というから、加害者の言い分も聞いておこう」「――で、苦しまぎれの屁理屈《へりくつ》を並べ立てる」

◆(1)「三分」は、十分の三。「理」は、理屈の意。泥棒にも、盗みをしなければならない理屈が十分の三くらいはあるということ。

(2)「ぬすびと」は「ぬすっと」とも。また、「盗人《ぬすびと》にも三分の理あり」「泥棒にも三分の道理」とも。

誤用 「り」を「利」と書くのは誤り。

▽盗人《ぬすびと》の昼寝《ひるね》

使い方 何をするにもそれ相応の理由や思惑があることのたとえ。「あの乱暴者がいやにおとなしいのは――じゃないか」「――というが、あの暴力団が鳴りをひそめているのには何か訳がありそうだ」

◆「盗人の昼寝も当てがある」の意で、盗人が夜の稼ぎに備えて昼寝をすることからいう。今は昼夜を問わずだが、昔の泥棒は夜勤が多かったということだろう。「ぬすびと」は「ぬすっと」とも。

誤用 「泥棒の昼寝」とは言わない。

出典 江戸版「いろはがるた」の一つ。

▽盗人《ぬすびと》を捕《と》らえてみれば我《わ》が子《こ》なり

使い方 事が意外で、その処置に困ることのたとえ。また、親しい間柄でも油断できないことのたとえ。「ライバル会社に情報を売っていたのはうちのスタッフだった。――の心境だよ」「――ということもある。いくら親しいからといっても、そこまで気を許すのは問題だよ」◆犯人が我が子とわかってみれば、警察の手に渡すのも忍びないし、さりとて黙って見過ごすのも業腹だしと、親心は迷いに迷う。「ぬすびと」は「ぬすっと」とも。

【誤用】「泥棒を捕らえてみれば我が子なり」は誤り。

【出典】「新撰犬筑波集・雑」の、「きりたくもありきりたくもなし」に続く対句から。

ぬるま湯《ゆ》に▽浸《つ》かる

【使い方】安楽な現状に甘んじてのんきに過ごす。「**ぬるま湯につか**っているうちに人員整理の対象になる」「彼は**ぬるま湯につか**っているような生活をしてきたから、とても逆境には耐えられないだろう」「長期政権の**ぬるま湯につか**ってきた内閣がぐらついてきた」
◆(1)マイナスに評価していう。「ぬるま湯」は、ぬるい湯。刺激や緊張のない生活・境遇などのたとえ。漢字で書けば「微温湯《ゆ》〈ぬるま〉」。
(2)「ぬるま湯にひたる」とも。

▼濡《ぬ》れ▽衣《ぎぬ》を着《き》せる

【使い方】無実の罪を負わせる。「同僚に横領の――」「仲間に**濡れ衣を着せ**て、しらばくれる」
◆(1)「濡れ衣」は、濡れた衣服。身に覚えのない罪のたとえ。
(2)受身形の「濡れ衣を着せられる」は、無実の罪を負わされる意。「アリバイがなくて、窃盗の**濡れ衣を着せ**られる」「覚えのない**濡れ衣を着せ**られて帳簿を押収される」
(3)犯罪ばかりでなく、理由もなくちょっとした過失などの責めを負わせることにもいう。「弟につまみ食いの――」「キャッチボールをしていたら、窓ガラスを割ったと**濡れ衣を着せ**られた」
【誤用】「濡れ衣をかぶせる[かぶせられる]」「濡れ衣をかぶる」は、意味は通じるが、成句としては一般的でない。

【補説】(1)「濡れ衣を着る」は、「着せられて、着る」ということで、(自ら)無実の罪を負う意。「同僚をかばって濡れ衣を着る」「いやはや、宣長翁も飛んだ濡衣を着たものさね〈島崎藤村・夜明け前〉」
(2)負わされた無実の罪を取り除くことは「濡れ衣を晴らす」という。

▼濡《ぬ》れ手《て》で▼粟《あわ》

【使い方】何の苦労もしないで利益を得ること。やすやすと金もうけをすること。「――のぼろもうけ」「土地を転がすだけでもうけるのだから――だよ」「大穴をねらったが――というわけにはいかなかった」◆水に濡れた手で粟(＝穀物の一種)をつかめば、粟粒がたくさんついてくることからいう。「濡れ手で粟を攫《つか》む」「濡れ手で粟のぶったくり」とも。

【誤用】(1)「あわ」を「泡」と書くのは誤り。
(2)「濡れ手でつかむ」のだから、本来は「濡れ手で粟」が正しいが、「濡れ手に粟」の実例もきわめて多い。
【類表現】「一攫《いっかく》千金」

ぬ

ね

願《ねが》ったり▼叶《かな》ったり

使い方 相手との条件がかみ合って、希望どおりに物事が実現すること。「――の好条件だ」「そうして頂けるのなら――です」「立地条件はいいし地価は安いし、――だよ」「どうして役不足どころではない。それこそ半蔵に取っては、――の話のように聞こえた〈島崎藤村・夜明け前〉」◆「叶う」は、望みどおりになる意。

誤用 願いは叶うことも叶わぬこともある意に解するのは誤り。「×いくらそう望んでも、物事は願ったり叶ったりだよ」

願《ねが》ってもない

使い方 願っても簡単にかないそうもないことが運よく実現するさま。「――提案［良縁］だ」「国費で留学できるなんて――話じゃないか」◆千載一遇の機会が訪れたうれしさをいう。

値《ね》が張《は》る

使い方 普通よりも値段が高い。「化繊なら安いが純毛だと――」「――けれど品はいい」「――分だけ物がいい」「多少**値が張**ってもよい物を買った方が得だよ」「**値の張る**商品」◆「張る」は、数量・程度などが度を越す意（「嵩《かさ》が張る」）。

寝首《ねくび》を▼掻《か》く

使い方 ❶眠っているところを襲って首を切り取る。「敵将の――」「**寝首を掻か**れてもわからないほどよく眠っている」◆「寝首」は、寝ている人の首。「掻く」は、刃物を手前に引いて切り取る意。❷油断に乗じ、卑怯《ひきょう》な手段を使って人を陥れる。「奇襲作戦を仕掛けて敵の――」「同業者に裏切られて**寝首を掻か**れる」

誤用 「寝首を切る」は誤り。

◆「猫《ねこ》」を使う成句

借りてきた猫・窮鼠《きゅうそ》猫を噛《か》む・猫に鰹節《かつおぶし》・猫に小判・猫に木天蓼《またたび》・猫の首に鈴を付ける・猫の手も借りたい・猫の額《ひたい》・猫の目・猫も杓子《しゃくし》も・猫を被《かぶ》る

猫《ねこ》に▼鰹節《かつおぶし》

使い方 油断できないことのたとえ。また、過ちを起こしやすい状況にあることのたとえ。「あの男に酒を預けるなんて、――だよ」「そんなところにチョコレートを置いておけば、子どもにとって――のようなものだよ」「あんなやつに金庫番をさせるなんて――じゃないか」◆猫のそばに、その好物である鰹節を置くことからいう。「かつおぶし」は「かつぶし」とも。また、「猫に鰹《かつお》」「猫に乾鮭《からざけ》」とも。

誤用 願ってもない幸運の意で使うのは誤り。「×猫に鰹節のいい話が舞い込んだ」

類表現 「狐《きつね》に小豆飯《あずきめし》」

猫《ねこ》に小判《こばん》

使い方 価値のわからない人に貴重なものを与えてもむだであることのたとえ。「この本は彼にやっても――だ」「ストラディバリウスのバイオリンも、弾きこなす腕がなければ━━だ」「高価なものなんでしょうが、私にとって書画骨董《こっとう》は━━で、頂いてもありがたみが湧《わ》きません」「今どきの客にそんなものを食わせたって━━みたいなもんだ、安くて見てくれさえよけれや、場ちがいもので結構〈武田麟太郎・一の酉〉」
◆(1)猫は鰹節《かつおぶし》には飛びつくが、小判の値打ちはわからないことからいう。(2)「犬に小判」「馬に(天保)銭」などともいうが、「猫に小判」が一般的。
誤用 手を出すことがないので安心だの意に解して使うのは誤り。「✕金は彼に預けておけば猫に小判で心配ない」
出典 上方版「いろはがるた」の一つ。
類表現 「豚に真珠」「犬に論語」

猫《ねこ》に木天▼蓼《またたび》

使い方 大好物なもののたとえ。また、相手にそれを与えると効果的であるもののたとえ。「彼女はケーキとなると━━だね」「━━で、一杯飲ませたらすっかり機嫌が直ったよ」「━━というやつで、あの手の男には鼻薬《はなぐすり》を嗅《か》がせておけばいい」
◆(1)「またたび」は、初夏、梅に似た白い五弁花を開くマタタビ科のつる性落葉低木。ネコ科の動物がマタタビの実を好み、食べると一種の酩酊《めいてい》状態になることからいう。(2)「猫にまたたびお女郎《じょろう》に小判」「猫にまたたび泣く子に乳房」とも。
誤用 「猫に鰹節《かつおぶし》」と混同して油断がならない意で使うのは誤り。「✕彼に財布を預けるなんて猫にまたたびだよ」

猫《ねこ》の首《くび》に鈴《すず》を付《つ》ける

使い方 いざ実行となると引き受け手がないほど難しいことのたとえ。「会長に引退してもらいたいのだが、誰が━━かが問題だ」「誰か猫の首に鈴を付けてくれるなら、あの監督を辞めさせたい」◆「猫」を具体的な人に置き換えて使うこともある。「誰一人、専横を振るう局長の首に鈴を付けようとしない」
誤用 「猫に鈴を付ける」は誤り。
出典 猫に仲間を捕られてしまうネズミたちが集まって相談し、猫の首に鈴を付けようということになったが、それを実行するネズミは一匹もいなかったというイソップの寓話《ぐうわ》に基づく。

猫《ねこ》の手《て》も借《か》りたい

使い方 非常に忙しくて、誰でもいいから手伝いがほしいことのたとえ。「大売り出しの準備で━━ほどだ」「注文に追われて━━ほど忙しい」「まったく、━━っているう時にあいつはどこをほっつき歩いているんだ」
◆(1)猫はネズミを捕るほかはまったく役に立たないが、その手も借りたいほど多忙であることをいう。(2)誰でもいい、即ち、あなたである必要はない、という意味合いがあるので、手伝いの要請に使う場合は注意が必要。「✕誠に恐縮ですが、猫の手も借りたいほどになって参りましたので、先生のお力をお貸しください」(3)「犬の手も人の手にしたい」とも。
誤用 「猫の手を借りたい」は誤り。

猫《ねこ》の額《ひたい》

使い方 場所が狭いことのたとえ。「郊外に━━ほどの土地を買う」「庭といっても━━ほどしかない」「━━程な町内の癖に、中学校のありかも知らぬ奴があるものか〈夏目漱石・坊っちゃん〉」「久し振りに━━程の茶ブ台の上で、幾年にもない長閑なお茶を呑むなり〈林芙美子・放浪記〉」◆猫の額が狭いことからいう。

誤用 心が狭い意で使うのは誤り。「×猫の額ほどの狭い了見」「×猫の額ほどの度量しかない」

猫《ねこ》の目《め》

使い方 物事がめまぐるしく変わることのたとえ。「意見[政策]が—のように変わる」「—のように機嫌が変わる」「—のように変わる方針に振り回される」

◆猫の瞳孔《どうこう》は明るさによって大きさが変わることからいう。

誤用 せわしなく動く意に解するのは誤り。「×猫の目のようにちょこまかと動き回る」

猫《ねこ》も▼杓子《しゃくし》も

使い方 だれもかれも。なにもかも。「—ゴルフを始める」「—花見に繰り出す」「当節は—ブログの開設だ」「この季節、雑誌といえば—京都の特集を組む」

◆(1)軽い軽蔑《けいべつ》が込められるので、当の相手に向かって使う場合は注意が必要。「△俳句がご趣味ですか。—俳句ですね」「△ご子息も留学ですか。昨今は—留学ですからね」

(2)語源については「禰宜《ねぎ》も釈子《しゃくし》も(=神主も僧侶も)」が変化した語とする説、「女子《めこ》も弱子《じゃくし》も(=女も子どもも)」の意とする説などがあるが、いずれも俗説。

猫《ねこ》を▽被《かぶ》る

使い方 自分の本性を隠して、おとなしそうに振る舞うことのたとえ。「入社当時は**猫をかぶって**まじめそうにしていた」「うちの子は人前に出ると**猫をかぶって**おとなしくなる」「あの男が神妙なのは**猫をかぶって**いるからだよ」

◆(1)「被る」は、全身をすっぽり覆う意。うわべを猫のように柔和によそおうことからいう。⇩借りてきた猫

(2)「猫被《ねこかぶ》りをする」とも。

誤用 「猫の皮を被る」は誤り。

寝覚《ねざ》めが悪《わる》い

使い方 ❶眠りから覚めたときの気分がよくない。「悪い夢を見たので—」「夕べ飲み過ぎたので—」◆「寝覚めがよくない」とも。

❷過去の行為が反省されて心が安まらない。「友人を裏切ることになって—」「そんな別れ方をすればこの先—」「さんざん泣かれたので**寝覚めが/の悪い**思いだ」「貴方が持っていけと云ったから、つい持って行ったものの、どうも**寝覚めが悪くっ**ていけない〈菊池寛・真珠夫人〉」◆良心がとがめることをいう。

誤用 「目覚め」も「寝覚め」と同じ意を表すが、ひそんでいた本能・理性などが働き始める意(「性の目覚め」)なども表すので、本来は「目覚めが悪い」という使い方はしなかった。現在でも、②の意では「目覚めが悪い」とは言わない。「×自分が二人の仲を引き裂いたようで、どうにも目覚めが悪い」

◆「鼠(ねずみ・そ)」を使う成句

窮鼠《きゅうそ》猫を噛《か》む・首鼠《しゅそ》両端・大山《たいざん》鳴動して鼠一匹・袋の鼠

寝《ね》た子《こ》を起《お》こす

使い方 せっかく収まっていた事態によけいな手出しをしてまた問題を起こすことのたとえ。「みんなが納得しているのだから、今さら—ようなことは言うな」

「内部告発が——ことになって、社内には不穏な空気が流れ出した」「内政干渉ともとれるその発言は、緊張した国際間の——ことにもなりかねない」◈やっと寝静まった子を無用に起こして泣かすことからいう。「寝ている子を起こす」「寝る子を起こす」とも。

誤用「眠る子を起こす」は誤り。

類表現「藪《やぶ》をつついて蛇を出す」「知恵のない子に知恵つける」

熱《ねつ》に浮《う》かされる

使い方 ❶高熱のためにうわごとを言う。「マラリアにかかって——」「**熱に浮かされ**てわけのわからないことを口走る」❷ある物事に夢中になって理性を失う。「競馬の——」「**熱に浮かされ**ていて何を忠告しても耳に入らない」「**熱に浮かされ**たようなお祭り騒ぎ」◈「浮かされる」は意識や気持ちが不安定になる意。

誤用「うなされる」は、眠っていてうなり声を上げる意。「熱に浮かされ」て「うなされる」ことはあるが、「熱にうなされる」ということはない。特に、②の意で「熱にうなされる」とは言わない。「×海外旅行の熱にうなされる」

熱《ねつ》を上《あ》げる

使い方 ❶夢中になる。そのことばかりに熱中する。「アイドル[同僚]に——」「勝手に**熱を上げ**てラブレターを送りつける」「彼はいま株に**熱を上げ**ている」「私にもフランス文学に**熱を上げ**た時代があった」◈人については、俗に「お熱」ともいう。「お兄ちゃま誰かさんにお熱なんでしょう〈三島由紀夫・仮面の告白〉」❷威勢のいいことを言う。気炎を上げる。「議論に——」「酒を飲んで盛んに——」

補説 熱中する度合いが下がることは「熱が冷める」という。「サッカーへの熱が冷める」「酔った姿を見て彼への熱が冷めた」

寝《ね》ても覚《さ》めても

使い方 寝ているときも起きているときも。いつも。「——芸のことしか頭にない」「——研究のことが頭を離れない」「——あの人のことが忘れられない」「——故国のことが思い出される」◈眠っている状態のときも意識のはっきりした状態のときも、四六時中そうであるさまをいう。

誤用「眠っても覚めても」は誤り。

根《ね》に持《も》つ

使い方 深く恨んで、いつまでも忘れない。「彼女はいまだにあの一言を**根に持**っている」「からかわれたことを**根に持**って意趣返しをする」「そのことなら、ちっとも**根に持**ってなんかいません」「いつまでも——な」◈心の根底に恨みを抱き続けることをいう。

誤用「〜の根を持つ」は誤り。「×殴られたことの根を持って仕返しをする」

寝耳《ねみみ》に水《みず》

使い方 不意の知らせや出来事に驚くことのたとえ。「——の不祥事が起こる」「——の訃報《ふほう》に心底驚いた」「突然の解雇通知は私にとって——だった」◈(1)「寝耳に水の入るが如《ごと》し」の略。もとは眠っているときの耳に水音が聞こえることをいったが、のち、寝ている耳に水を注がれる意に解されるようになった。あとに「足もとから鳥の立つごとし」を続けることもある。(2)「寝耳にすりこぎ」とも。

根《ね》も葉《は》も無《な》い

使い方 何の根拠もない。何の理由もない。「そんなことは━━うそだよ」「━━うわさを立てられる」「━━悪口を吹聴する」「赤だの左翼だのと、われわれまでが━━疑いを受けて、どれほど損をしているかわからないんだ〈石川達三・人間の壁〉」◆根に当たる原因も、葉に当たる結果もないことをいう。単に「根も無い」とも。

誤用 「根葉もない」は誤り。

◆「寝《ね》る」を使う成句

起きて半畳寝て一畳・果報は寝て待て・寝た子を起こす・寝ても覚めても・寝る子は育つ・枕《まくら》を高くして寝る

寝《ね》る子《こ》は育《そだ》つ

使い方 日ごろよく眠る子は丈夫に育つ。「この子は眠ってばかりいるが、━━というから大きくなるよ」「━━というから寝かしておきなさい」◆「寝る子は太る」「寝る子は息災」とも。

誤用 「眠る子は育つ」は誤り。

類表現 「泣く子は育つ」

音《ね》を上《あ》げる

使い方 苦しさに耐えられなくて声を立てる。弱音を吐く。「練習の激しさに**音を上げて**柔道部を辞める」「厳しい取り調べに容疑者が**音を上げた**」「そのくらいの練習で━━ようでは全国大会まで進めないぞ」「厳しい訓練にも決して**音を上げない**子どもたち」◆「音」は、泣き声。

◆「年《ねん》」を使う成句

石の上にも三年・一日の計は晨《あした》にあり・一年の計は元旦にあり・一年の計は元旦にあり・三年飛ばず鳴かず・鶴《つる》は千年亀《かめ》は万年・年季が入る・年貢の納め時・年年歳歳《ねんねんさいさい》花相似たり歳歳年年人同じからず・百年河清を俟《ま》つ・面壁《めんぺき》九年・桃栗《ももくり》三年柿《かき》八年・来年のことを言えば鬼が笑う

年季《ねんき》が入《はい》る

使い方 長年修練を積んで、熟達している。「彼の芸［料理の腕］は**年季が入って**いる」「**年季が**／**の入った**見事な技を見せる」「**年季の入った**板前が鮮やかな包丁さばきを見せる」◆「年季」は、昔、奉公をするときに契約した年限。一年を一季とした。まれに「年期」とも書くが、ふつうは「年季」。

誤用 「ねんき」を「念気」と書くのは誤り。

補説 (1) 長年努力して修練を積むことは「年季を入れる」という。「ソムリエとして本場のパリで年季を入れる」

(2) 「念が入《い》る」は、丁寧である、手数がかかっていることを（皮肉を込めて）いう語。「念が／の入《い》ったやり方」

年貢《ねんぐ》の納《おさ》め時《どき》

使い方 ❶長い間悪事を重ねてきた者が、捕らえられて罪に服する時。「かの悪党もとうとう━━がきた」「捜査の手が入ったのだから、あの悪徳業者も━━だ」◆年貢の滞納を悪事に見立て、その清算を受刑に見立てていう。

❷転じて、ある物事をあきらめなくてはならない時。「親の脛《すね》を齧《かじ》る暮らしも━━だ」「独身貴族の生活もそろそろ━━だ」

▼拈華《ねんげ》▽微笑《みしょう》

使い方 ことばでは説明できない仏法の真髄を心から心へと伝えること。また、一般に、ことばを用いないで心から心へ伝えること。「――して、茶道の奥義を会得する」「――して話芸の真髄を悟る」◆「拈華」は、花をひねること。

誤用 「微笑」を「びしょう」と読むのは誤り。

出典 霊鷲山《りょうじゅせん》で説法をした釈迦《しゃか》が金波羅華《こんぱらげ》という天上の花を拈《ひね》って会衆に示したところ、弟子の迦葉《かしょう》だけがその意を悟って微笑したという説話に基づく。迦葉がことばでも文字でも表せない教えのあることを理解し、無言の微笑を以《も》って釈迦に応えたというこの故事は、中国の仏教書「五灯会元《ごとうえげん》」などを通じて、「文字によって」伝えられてきた。

類表現 「以心伝心」「不立文字《ふりゅうもんじ》」

念頭《ねんとう》に置《お》く

使い方 いつも覚えていて心にかける。「安全を**念頭に置**いて工事を進める」「相手の立場を**念頭に置**いてアドバイスをする」「高温多湿の風土を**念頭に置**いて住宅を設計する」「売り上げを伸ばすことだけを**念頭に置**いた販売計画」「如何にして生を解釈せんかの問題に煩悶《はんもん》して、死の一字を**念頭に置か**なくなる〈夏目漱石・虞美人草〉」◆「念頭」は、考える場所としての、心。

誤用 「念頭に入れる」は誤り。「×自分のことは念頭に入れないで、ひたすら人のために尽くす」

念《ねん》には念《ねん》を入《い》れる

使い方 注意した上にもさらによく注意する。「安全対策については――」「**念には念を入れ**て検査する」◆⑴「念を入れる（＝間違いのないように気を配る）」を強めた言い方。⑵「念には念を入れ（よ）」は、江戸版「いろはがるた」の一つ。

誤用 「念にも念を入れる」は誤り。

類表現 「石橋をたたいて渡る」

年年歳歳《ねんねんさいさい》花相似《はなあいに》たり 歳歳年年人《さいさいねんねんひと》同《おな》じからず

使い方 毎年毎年、花は変わることなく咲くが、その花を見る人は年ごとに異なっている。「卒業、入学と続くこの季節には殊《こと》に――を実感する」◆⑴悠久不変の自然に対して年とともに老いていく人間のはかなさ、自然は変わらないのに人の世は変わりやすいという感慨をいう。⑵単に「年年歳歳花相似たり」とも、「歳歳年年人同じからず」ともいう。

誤用 「年年歳歳人同じからず」は誤り。

出典 初唐の劉《りゅう》希夷《きい》の詩「白頭を悲しむ翁に代わる」に「古人復《ま》た洛城《らくじょう》の東に無く 今人還《ま》た対す落花の風 年年歳歳花相似たり 歳歳年年人同じからず 言を寄す全盛の紅顔子《こうがんし》 応《まさ》に憐れむべし半死の白頭翁」とあるのに基づく。この名句をものした劉希夷は字《あざな》を廷芝《ていし》というが、一説に、名が庭芝または廷芝で、希夷は字とも伝えられる。

ね

の

能《のう》ある▼鷹《たか》は▼爪《つめ》を隠《かく》す

使い方 すぐれた才能のある人は、むやみにそれをひけらかさないものだ。「謙虚な人だが、その腕前たるや名人の域だ。——だよ」「——というが、彼女があんなに外国語に堪能とは思わなかった」「弱そうに見えるが、あれで合気道五段だそうだ。——だね」

◆(1)有能な鷹は、獲物にさとられないように平素は鋭い爪を隠しておくことからいう。(2)「猟する鷹は爪隠す」「上手の鷹は爪隠す」「能ある猫《ねこ》[鼠《ねずみ》捕る猫]は爪を隠す」とも。

誤用 「のう」を「脳」と書くのは誤り。

類表現 「深い川は静かに流れる」「言有る者は必ずしも徳有らず(=口で立派なことを言う人が、必ずしも徳のある人とは限らない)〈論語・憲問〉」

▼嚢中《のうちゅう》の▼錐《きり》

使い方 才能のある人は凡人の中にあっても自然にその真価が現れてくることのたとえ。「彼は——のような俊才だ」「まさに——で、ひときわ目立つ文才」「彼女の感覚は鋭い。——というが、いずれは詩人として大成するだろう」◆袋の中に入れた錐は、その先が袋の外に突き出てくることからいう。「錐の嚢中におるがごとし」「錐嚢《ふくろ》を通す」とも。

誤用 「懐中の錐」は誤り。

出典 「史記・平原君虞卿列伝」に、「夫《そ》れ賢士の世に処《お》るや、譬《たと》えば錐の嚢中に処るが若《ごと》し」とあるのに基づく。

軒《のき》を貸《か》して母屋《おもや》を取《と》られる

⇩庇《ひさし》を貸して母屋を取られる

軒《のき》を並《なら》べる

使い方 軒を接して多くの家が建ち並ぶ。民家・商家が密集しているさまをいう。「表通りは大小の商店が**軒を並べ**ている」「粗末な長屋が**軒を並べ**ている裏通り」「街道の両側に**軒を並べ**た家々からは、競うようにその招き声が聞える〈島崎藤村・夜明け前〉」「お城のすぐ下に、私のいままで見た事もない古雅な町が、何百年も昔のままの姿で小さい**軒を並べ**、息をひそめてひっそりうずくまっていたのだ〈太宰治・津軽〉」◆「軒」は屋根の下端で、建物の壁面より外に張り出している部分。

誤用 高層建築が建ち並ぶさまにいうのは誤り。「×高層ビルが軒を並べるビジネス街」「×リゾートマンションが軒を並べている避暑地」

類表現 「軒を連ねる」「軒を争う」

残《のこ》り物《もの》には福《ふく》がある

使い方 人が取り残した物の中には思いがけなくよい物があるということ。「——というから、残った骨董品《こっとうひん》をもう一度見たほうがいい」「——というから、最後のくじに期待しよう」「——で、オークションの終わりにすごい掘り出し物を手に入れたよ」◆時間に遅れた人や順位が後になった人を慰めるときなどにいう。「余り物には福がある」「余り茶に福がある」とも。

誤用 「残し物には福がある」は誤り。

▼**熨斗《のし》を付《つ》けてくれてやる**

使い方 喜んで進呈してやる。もらってくれるならやっかい払いになると、自分には不要なものであることをことさらに強調していう。「こんなポンコツ車は――」「あんなやっかいものでよいなら、**熨斗を付けてくれてやろう**」

◆⑴贈り物には熨斗を付けることからいう。「熨斗」は方形の色紙を細長い六角形に折り、中に熨斗鮑《のしあわび》の小片またはそれに模した黄色い紙を貼ったもの。近年はふつう熨斗紙を用いる。⑵相手に礼を失することになる、少々乱暴な言い方。丁寧には「こんな古机でよかったら、熨斗を付けて差し上げますよ」などというが、自分には不要のものについていうので、「記念の品を熨斗を付けて進呈いたします」などとは言わない。

▼**喉《のど》が鳴《な》る**

使い方 ご馳走《ちそう》を見て、食欲が盛んに起こる。「山海の珍味を前にして、思わず――」「――ほどうまそうな料理が並ぶ」「冷たいビールをすすめられて**喉が鳴った**」◆思わず唾《つば》を飲みこみ、喉が音を立てることからいう。「喉を鳴らす」とも。

誤用 空腹の意に解するのは誤り。「×腹が減ってしきりに喉が鳴る」

▼**喉《のど》から手《て》が出《で》る**

使い方 どうしても欲しいと思う気持ちのたとえ。「――ほど欲しい絵」「――ほど欲しかったチケットが手に入った」「ドクターストップがかかったのだが、酒を見ると――ほど飲みたくなる」◆両手だけでは足りなくて、のどからもう一本手を出したくなるような欲しい気持ちをいう。

誤用 「喉から手を出す」は誤り。

▼**喉元《のどもと》過《す》ぎれば熱《あつ》さを忘《わす》れる**

使い方 苦しい時が過ぎ去れば、その時の苦しさもその時に受けた恩も簡単に忘れてしまうことのたとえ。「**喉元過ぎれば熱さ(を)忘れる**で、発作が治まるとまた不摂生をくり返す」「倒産寸前だったのに、店が持ち直したらまた遊び出した。――だね」「困ったときにはさんざん世話になったのに、――で、今では知らん顔だ」◆熱いものも、飲み込んでしまえばその熱さを忘れてしまうことからいう。

誤用 「あつさ」を「暑さ」と書くのは誤り。

出典 江戸版「いろはがるた」の一つ。

類表現 「病治りて医師［薬師］忘る」「暑さ忘れて陰忘る」「雨晴れて笠《かさ》を忘る」「魚《うお》を得て筌《うえ》を忘る」

◆**「延《の》ばす(伸)」を使う成句**

今日なし得ることは明日に延ばすな・触手を伸ばす・手を伸ばす・羽を伸ばす

◆**「上《のぼ》る(升)」を使う成句**

口に上る・船頭多くして船《ふね》山に上る・堂に升りて室に入《い》らず

▼**蚤《のみ》の心臓《しんぞう》**

使い方 気の弱いこと、度胸のないことのたとえ。「――だから、人前に出ると一言もしゃべれなくなる」「あんな――では、とても大きなことなどできはしない」◆心臓が体長三ミリにも満たないノミのそれのように小さい意からいう。

の

◆「呑《の》む（飲）」を使う成句

息を呑む・固唾《かたず》を呑む・渇《かっ》しても盗泉の水を飲まず・蛇《じゃ》は一寸《いっすん》にして人を呑む・清濁併せ呑む・爪《つめ》の垢《あか》を煎《せん》じて飲む・涙を呑む・煮え湯を飲まされる

乗《の》り掛《か》かった船《ふね》

使い方 いったんかかわった以上、途中でやめるわけにはいかないことのたとえ。「——だ。もう後には引けない」「——だ。最後まで手を貸そう」「ここまで来たら——だ。覚悟を決めたほうがいい」

◆(1)乗って岸を離れようとしている船からは降りられないことからいう。

(2)「ふね」は「舟」とも書くが、「船」が一般的。

(3)「乗り掛かった馬」とも。

誤用 途中でやめることにいうのは誤り。「×乗りかかった船だが、見込みがないので出資はやめることにした」

◆「乗《の》る」を使う成句

脂《あぶら》が乗る・馬には乗ってみよ人には添うてみよ・大船に乗ったよう・口車に乗る・尻馬《しりうま》に乗る・図に乗る・玉の輿《こし》に乗る・調子に乗る・波に乗る・人には添うてみよ馬には乗ってみよ

▽暖《の》▼簾《れん》に腕押《うでお》し

使い方 少しも手ごたえがないことのたとえ。「何度交渉しても——に終わる」「いくら意見をしても——で、耳を貸そうともしない」◆「暖簾」は、商店で屋号・店名などを染め抜いて店の出入り口に掲げておく布。力を入れて暖簾を押しても、押しただけの反応がないことからいう。

類表現「豆腐に鎹《かすがい》」「糠《ぬか》に釘《くぎ》」

▽暖《の》▼簾《れん》を下《お》ろす

使い方 ❶その日の営業をやめる。「あの酒屋は九時になると——」「雪国の町では、日が暮れるとほとんどの店が——」❷その商売をやめる。廃業する。特に老舗《しにせ》が廃業することをいう。「三代続いた老舗が——」「江戸時代から続いた小間物屋だが、時流に乗れなくて——ことになった」

◆「暖簾」は、商店で屋号・店名などを染め抜いて店の出入り口に掲げておく布。

▽暖《の》▼簾《れん》を分《わ》ける

使い方 商店・飲食店などで、長年勤めた店員などに新しく店を出させ、同じ屋号を名乗ることを許す。「子飼いの番頭に——」「長年勤めた板前に**暖簾を分け**て、支店を名乗らせる」「二十年働いて、ようやく主人から**暖簾を分け**てもらえることになった」

◆(1)「暖簾」は、商店で屋号・店名などを染め抜いて店の出入り口に掲げておく布。

(2)名詞で「暖簾分け」ともいう。「この店で十年辛抱したら暖簾分けをしてやろう」

は

◆「葉（は・よう）」を使う成句

石が流れて木《こ》の葉が沈む・一葉落《いちよう》ちて天下の秋を知る・草葉の陰・栴檀《せんだん》は双葉《ふたば》より芳《かんば》し・根も葉も無い

◆「歯（は・し）」を使う成句

奥歯に衣《きぬ》を着せる・奥歯に物が挟まったよう・櫛《くし》の歯を挽《ひ》く・唇《くちびる》亡《ほろ》びて歯寒し・ごまめの歯軋《はぎし》り・歯牙《しが》にもかけない・白い歯を見せる・切歯扼腕《せっしやくわん》・歯が浮く・歯が立たない・歯に衣《きぬ》着せぬ・歯の抜けたよう・歯の根が合わない・歯を食いしばる・明眸皓歯《めいぼうこうし》・目には目を歯には歯を

敗軍《はいぐん》の将《しょう》は兵《へい》を語《かた》らず

使い方 失敗した者はそれについて弁解がましいことをいうべきではないということ。「言いたいことはあるが、敗訴は敗訴、——だ」「——、とにかく完敗です」「今さら弁解がましいことを言うな。——だ」◆(1)「兵」は、戦い・いくさの意。戦いに敗れた将軍はいくさについて語る資格がないとしていう。(2)「敗軍の将は兵を談《だん》ぜず」「敗軍の将は勇を談ぜず」「敗軍の将は再び謀らず」とも。

誤用 「兵」を兵士の意に解して使うのは誤り。「×敗軍の将は兵を語らずというから、監督が敗戦投手についてとやかく言うのはやめておこう」

出典 「史記・淮陰侯《わいいんこう》列伝」に「敗軍の将は以《もっ》て勇を言うべからず。亡国の大夫《たいふ》は以て存を図るべからず（＝戦争に負けた将軍は武勇について語る資格がなく、亡《ほろ》んだ国の家老は国家の存立を考えることができない）」とあるのに基づく。

背水《はいすい》の陣《じん》

使い方 一歩も退くことはできないという、せっぱ詰まった立場で事にあたることのたとえ。「——を敷いて戦う」「——で決勝戦に臨む」「今度の選挙はわが党にとっては一歩も引けない——だ」◆川や湖などを背にして構えた陣立ての意からいう。

誤用 「背水の陣を敷く」を「背水の陣を引く」とするのは誤り。

出典 前漢の功臣韓信《かんしん》が趙《ちょう》と戦ったとき、わざと川を背にして陣を構えることで味方に退くことができないという決死の覚悟をさせ、趙軍を大破したという故事に基づく（「史記・淮陰侯《わいいんこう》列伝」）。

掃《は》いて捨《す》てるほど

使い方 あり余るほどたくさんあるさま。多すぎて価値が乏しいことをいう。「あの程度の打者なら——いる」「そんな話は——ある」

誤用 (1)一つのものについて、捨てるほどの価値しかないという意味で使うのは誤り。「×こんながらくたは掃いて捨てるほどの価値しかない」(2)「はいて」を「吐いて」と書くのは誤り。

肺《はい》▼腑《ふ》を▽衝《つ》く

使い方 心の奥底まで響く。心に深い感銘を与える。「切々と訴えることばが聞く者の──」「──一言」「聴衆の──名演説」◆「肺腑」は肺のこと。転じて、心の奥底の意。

補説 心に強い衝撃や苦痛を与えることは「肺腑を抉《えぐ》る」という。「悲痛な叫びが肺腑をえぐる」

歯《は》が浮《う》く

使い方 ❶歯の根が緩む。歯が浮き上がったような状態になる。「歯槽膿漏《しそうのうろう》で歯が浮いてきた」「歯が浮いて柔らかい物しか食べられない」❷軽薄なお世辞などを聞いて、不快な気持ちになる。「──ようなおべんちゃらを言う」「──ようなきざなせりふを吐く」「ばか丁寧な言い方に──ような嫌みを感じる」◆②は、不快な言動に接すると、歯の根が緩んで浮くような感じがすることからいう。

誤用 「歯の根が浮く」は誤り。

歯《は》が立《た》たない

使い方 ❶固くてかめない。「このステーキは固すぎて──」「──ほど固くなったパン」❷力量の差がありすぎたり、程度が高すぎたりして、立ち向かうことができない。「多勢に無勢で、とても──」「あのチームは強すぎて──」「この問題は難しくて──」「何度挑戦しても、あのチャンピオンには**歯が立たなかった**」

◆「立つ」は、とがったものがまっすぐ突き刺さる意。

誤用 「たつ」を断ち切るの意に解して、「断つ」と書くのは誤り。

馬《ば》鹿《か》にならない

使い方 軽視することができない。いい加減に扱うことはできない。大したことないはずなのに、という意味合いでいう。「昼食代[民間療法]も──」「週二度の通院となると交通費も──」「子どもの言うことでもなかなか──」「人件費が──額にのぼる」◆「馬鹿」は、つまらないことの意。「馬鹿にできない」とも。「大幅な値上げとなるとバス代もばかにできない」

馬《ば》鹿《か》の一《ひと》つ覚《おぼ》え

使い方 一つのことだけを習い覚え、何かにつけてそればかり言うこと。また、それしかないかのように同じことを繰り返すこと。「──のように『コメントは控えさせていただきます』と繰り返す」「──で、スピーチというといつも同じ話ばかりする」「一時期、──のように、カラオケではこの歌を歌っていた」「この店に来ると──でチーズケーキを注文する」

◆(1)一つのことを言うばかりで融通がきかない、一つのことをするばかりで工夫や代わり映えがないさまをいう。「馬鹿」は、愚かな人の意。(2)「阿呆《あほう》の一つ覚え」とも。

類表現 「判で押したよう」

掃《は》き溜《だ》めに鶴《つる》

使い方 つまらないものの中にひときわすぐれたものや美しいものがまじっていることのたとえ。「あの劇団の中でも彼女は──のような存在だった」「彼は僕たち落ちこぼれの中の──だった」

◆(1)むさくるしいごみ捨て場に鶴が舞い降りる意からいう。「掃き溜めの鶴」「ごみ溜《た》めに鶴」「掃き溜めに鶴が降りる」とも。(2)「掃き溜め」にたとえられる側にとってはきわめて不快な表現であるので使用に

は

は注意が必要。類表現「鶏群《けいぐん》の一鶴《いっかく》」「珠玉の瓦礫《がれき》に在るが如《ごと》し」

馬脚《ばきゃく》を▽露《あら》わす

使い方 隠していた正体や悪事があらわになる。「質問に答えられなくて——」「うっかり本音を吐いて——」「裏帳簿が押収されて、ついに**馬脚をあらわした**」「立派な公約も実行されないまま、すぐに**馬脚をあらわした**」◈(1)「馬脚」は、芝居で馬の脚に扮《ふん》する役者。馬の脚を演じていた役者がうっかり自分の姿(正体)を見せてしまうことからいう。(2)「あらわす」は「現す」と書くことも多い。「表す」とは書かない。

誤用「馬脚を出す」は誤り。

類表現「しっぽを出す」「尻《しり》が割れる」「化けの皮がはがれる」

◆「履《は》く」を使う成句

足駄《あしだ》を履く・下駄を履かせる・草鞋《わらじ》を履く

▼箔《はく》が付《つ》く

使い方 値打ちが上がる。評価が高くなる。「あの文学賞を取れば——」「彼女もショパンコンクールに入賞してすっかり**箔が付いた**」「今はもう留学すれば——という時代ではない」◈(1)「箔」は、金属をごく薄く打ち延ばしたもの。金箔・銀箔・錫《すず》箔などを装飾に用いることからいう。(2)多く人についていう。

補説 値打ちを上げることは「箔を付ける」という。「博士号を取って経歴に箔を付ける」

白玉楼中《はくぎょくろうちゅう》の人《ひと》となる

使い方 文人が死ぬことのたとえ。「杜甫《とほ》が**白玉楼中の人となった**のは、大暦《たいれき》五年のことだった」「大正五年十二月九日午後六時四十五分、夏目漱石は**白玉楼中の人となった**」◈(1)「白玉楼中の人と化す」とも。「白玉楼」は、文人・墨客が死後に行くという天上の楼閣のこと。(2)文人・墨客の中でも、偉大な人物に対して用いられる。

出典 唐の詩人李賀《りが》の臨終のとき、天帝の使いがやって来て、「天帝が白玉楼を完成させたので、あなたを召してその由来を書かせることになった」と告げたという故事に基づく(「唐詩紀事・李賀」)。

拍車《はくしゃ》を掛《か》ける

使い方 物事の進行をいっそう早める。「生産量の増加が経済発展に——」「生産コストの急騰がインフレに——」「パソコンの普及がデジカメブームに**拍車をかけた**」「意外に早く訪れた老年の生理が、彼の諦念の情に**拍車をかけた**〈北杜夫・楡家の人々〉」◈(1)「拍車」は、乗馬靴のかかとに取り付ける金具。馬の腹部に拍車を当てて速く走らせる意からいう。(2)好ましい傾向にも好ましくない傾向にもいう。

補説 進行が一段と早くなることは「拍車が掛かる」という。「強力な新人が名乗りを上げて、少数激戦に拍車がかかった」

爆弾《ばくだん》を抱《かか》える

使い方 (突然に爆発する爆弾のような)大きな混乱をもたらすもの、きわめて危険なものを持っている。「あの国は軍部のクーデターという爆弾を抱えている」「体に爆弾を抱えている(＝命取りになりかねない持病がある)から無理はできない」

白髪三千丈《はくはつさんぜんじょう》

使い方 うれいや悲しみのために白髪が長く伸びたことを誇張して言ったことば。「心配事が積もりに積もって、今や━の心境だよ」「━式の表現(＝極端な誇張のこと)」◆「三千」は、数量の多いことのたとえだが、ちなみに三千丈は九・三三三キロメートル。

誤用 「白髪」を「しらが」と読むのは誤り。

出典 唐の詩人李白《りはく》の「秋浦《しゅうほ》の歌」に「白髪三千丈、愁えに縁《よ》りて箇《かく》の似《ごと》く長し(＝我が白髪は三千丈。愁いのためにこのように長く伸びてしまった)」とあるのに基づく。

白《はく》▼眉《び》

使い方 多くのものの中でもっともすぐれたもの。「推理小説の━」「正倉院の書跡中の━とされる書」「『オイディプス王』はギリシア悲劇の━とされる」◆「馬良《ばりょう》白眉」とも。「白眉」は、白い眉毛《まゆげ》。

誤用 ただすぐれている意に解するのは誤り。「×こちらの作品のほうが白眉だね」

出典 蜀《しょく》の馬《ば》氏の五人兄弟はいずれも秀才の誉れが高かったが、中でも最もすぐれていた長兄の馬良は、その眉に白い毛がまじっていたので「白眉」と称されたという故事に基づく(「三国志・蜀志・馬良伝」)。

薄氷《はくひょう》を踏《ふ》む

使い方 きわめて危険な状況に臨むことのたとえ。「━思いで敵地に侵入する」「いつ倒産するかと、━思いで逃亡生活を送る」「━ような毎日が続いた」◆「薄氷」は、薄く張った氷。

誤用 危険を冒す意で使うのは誤り。「×薄氷を踏んで数十メートルの絶壁からダイビングを試みる」

出典 「詩経・小雅」に「戦戦兢兢《せんせんきょうきょう》として、深淵《しんえん》に臨むが如《ごと》く、薄氷を履《ふ》むが如し(＝深い淵《ふち》の断崖《だんがい》に立っては落ち込むことを恐れ、薄い氷を踏んでは割れて水中に落ちることを恐れるように、おののき恐れてその身をつつしむ)」とあるのに基づく。

類表現 「虎《とら》の尾を踏む」

歯車《はぐるま》が▼噛《か》み合《あ》わない

使い方 双方の感情や考え方がうまく一致せず、物事がうまく進行しない。「議論[世代間]の━」「委員同士の━ので、審議が進まない」「生産と販売の━ので売り上げが落ちてきた」◆歯車の歯と歯が合致しないことからいう。ぎくしゃくした関係が好ましくない結果をもたらすことを嘆いて使う。

▼鋏《はさみ》を入《い》れる

使い方 ❶はさみで切る。「開通式のテープに━」「伸びすぎた木の枝に━」❷係員が切符に穴をあけたり切り込みを入れたりして使用の証《あかし》とする。「車掌が切符に━」「切符に**はさみを入れ**てもらって改札を通る」◆①の「はさみ」は、物を二枚の刃で挟んで切る道具、②は、切符などに穴をあける道具(＝パンチ)。いずれも手に握って使うが、用途が違う。

誤用 表外字の「鋏《はさみ》」は「挟み」と同語源だが、この場合に「はさみ」を「挟み」と書くのは誤り。

◆「挟《はさ》む」を使う成句

口を挟む・小耳に挟む・耳に挟む

◆「恥《はじ》」を使う成句

命長ければ恥多し・会稽《かいけい》の恥・聞くは一時《いっとき》の恥聞かぬは末代の恥・据え膳《ぜん》食わぬは男の恥・旅の恥は掻《か》き捨て・恥の上塗り・恥も外聞も無い

▼箸《はし》が転《ころ》んでもおかしい年《とし》▼頃《ごろ》

使い方 ちょっとしたことでも笑う年ごろ。十代後半の女性をいう。「バッタが跳ねたからといって大笑いしている。──だね」「──だから、三人集まると話している時間よりも笑っている時間のほうが多いよ」◆(1)思春期の女性が、日常のごく普通の出来事もおかしがって笑うことからいう。(2)「箸が転んでも笑う年ごろ」とも。

誤用 「転ぶ」は「転がる」の意だが、「箸が転がってもおかしい年ごろ」とするのは避けたい。

▼梯子《はしご》が外《はず》される

使い方 ともに事を行っていた仲間や味方が手を引くなどして、孤立してしまう。「あまり独走すると──よ」「出向中に**はしごが外され**、本社に戻ったら閑職に回されていた」「ここで**はしごを外されたの**では、プロジェクトチームを解散するしかない」◆高い所で仕事をしているのに、かけてある梯子を外される意からいう。

補説 手を引くなどして相手を孤立させることは「梯子を外す」という。

馬耳東風《ばじとうふう》

使い方 人の意見や批判を心にとめないで聞き流すこと。「評論家の酷評を──と受け流す」「どんなに有り難い教えも、あの男には──だ」「そんな愚痴など──と聞き流しておけ」◆「東風」は春風の意。心地よい春風が耳もとに吹いてきても、馬は何も感じないとしていう。

誤用 無関係の意に解するのは誤り。「×その一件は私には馬耳東風だ」

出典 唐の李白《りはく》の五言古詩「王十二の寒夜《かんや》独酌《どくしゃく》懐《おも》い有るに答うるの詩」に「世人此《これ》を聞き皆《みな》頭《かしら》を掉《ふる》い、東風の馬耳を射るが如《ごと》きあり(＝世間の人はせっかく作った詩賦《しふ》を聞いてもみな頭を振ってわからないという。それはちょうど春風が馬の耳に吹きかかるようなものなのだ)」とあるのに基づく。

類表現 「馬の耳に念仏」「馬に経文」「犬に論語」

▼箸《はし》にも棒《ぼう》にも掛《か》からない

使い方 ひどすぎて、どうにもならない。「──駄作」「どれをとっても**箸にも棒にもかからぬ**代物ばかりだ」「──道楽者で、どうにもしようがない」◆(1)小さな箸でも大きな棒でも扱えない意からいう。(2)「縄にも葛《かずら》にも掛からない」とも。

誤用 一向に手がかりがないの意で使うのは誤り。「×逃亡した犯人の行方はまだ箸にも棒にもかからない」

類表現 「手が付けられない」「問題にならない」

恥《はじ》の上塗《うわぬ》り

は

使い方 恥をかいた上にまた恥を重ねること。「ここで逃げたら—だ」「今さら弁解しても—になるばかりだ」「謝罪広告を出しても—になるばかりだ」◆(1)「上塗り」は、仕上げとして最も上の面を塗る意から、あることの上にさらに同じようなことを重ねることをいう(「うその上塗り」)。(2)「恥の恥」とも。
誤用 さらに恥ずかしい思いをする意に解するのは誤り。「✕ステージで転ぶわ、台詞《ぶせり》はとちるわで、初舞台は恥の上塗りだった」

始《はじ》めは処女《しょじょ》の▽如《ごと》く後《のち》は脱《だっ》▼兎《と》の▽如《ごと》し

使い方 始めは弱々しく見せて敵を油断させ、のちには見違えるほど素早く動いて敵を攻撃するという兵法のたとえ。「戦力を温存して後半戦に一気に攻めよう。—の戦法だ」「商品開発は秘密裏に進めるが、販売キャンペーンは派手にやろう。—だ」◆孫子《しそん》の兵法の一つ。「脱兎」は、逃げていくうさぎ。
誤用 始めはおとなしいが、あとでは乱暴になる意に解するのは誤り。「✕始めは処女の如く後は脱兎の如しで、彼は酒が入ると人が変わったようになる」
出典「孫子・九地《きゅうち》」に「始めは処女の如く、敵人戸を開く。後は脱兎の如く、敵拒《ふせ》ぐに及ばず(=最初は処女のように慎み深く行動し、敵が油断したらば檻《おり》から逃げ出した兎のように素早く攻撃する。そうすれば敵は防御のしようがない)」とあるのに基づく。

恥《はじ》も外聞《がいぶん》も無《な》い

使い方 恥ずかしく思ったり、体面を気にしたりすることがない。「こうなったら—、許可が出るまで座り込もう」「疲れ果てて、恥も外聞もなく道端に横たわる」「恥も外聞もなく金を借りまくる」◆(1)「外聞」は、世間の評判、世間に対する体裁の意(「失敗したら外聞が悪い」)。(2)「恥も外聞も忘れる[捨てる]」とも。
誤用 「恥も外面《がいめん》・《そとづら》もない」は誤り。
補説 「臆面《おくめん》もない」は、気後れ・遠慮をするようすのないさま。「臆面もなく歯の浮くようなお世辞を言う」「自分は天才であると臆面もなく言ってのける」

◆「外《はず》す」を使う成句

箍《たが》を外す・梯子《はしご》が外される・羽目《はめ》を外す

▽斜《はす》に構《かま》える

⇩斜《しゃ》に構える

◆「弾《はず》む」を使う成句

心が弾む・話が弾む・胸を弾ませる

肌《はだ》で感《かん》じる

使い方 直接見聞きしたり体験したりして感じとる。「戦争の悲惨さを—」「現場に駆けつけて、被災者の苦しみを肌で感じた」「舞台に立つと、聴衆の反応が肌で感じられる」◆皮膚の感覚点が刺激に反応するように、何かを実感することにいう。

肌《はだ》を許《ゆる》す

使い方 女性が男性に身をまかせる。「安

易に肌を許して後悔する」「肌を許しても心は許さない」◆「肌」は、体《からだ》の意。

誤用「裸を許す」は誤り。

類表現「体を許す」

◆「八（はち・や）」を使う成句

当たるも八卦《はっけ》当たらぬも八卦・一か八《ばち》か・傍目八目《おかめはちもく》・口八丁《くちはっちょう》手八丁《てはっちょう》・四苦八苦・七転《ななころ》び八起《やお》き・八面六臂《はちめんろっぴ》・腹八分目に医者いらず・桃栗《ももくり》三年柿《かき》八年

◆「蜂《はち》」を使う成句

虻蜂《あぶはち》取らず・泣き面《つら》に蜂・蜂の巣をつついたよう

罰《ばち》が当《あ》たる

使い方 悪事の報いとして神仏の懲《こ》らしめが下される。「御礼参りをしないと──」「食べ物を粗末にすると──ぞ」「就職の世話をしてもらったのに文句ばかりいうから、**ばちが当たった**んだ」◆悪行や思い上がりを戒めていう。

誤用「ばつ（罰）が当たる」は誤り。

破竹《はちく》の勢《いきお》い

使い方 勢いが激しくてとどめることができないこと。「──の快進撃」「──で勝ち進む」「──で伸びている会社」◆竹は刃物で最初の一節を割ると、あとは一気に割れることからいう。

誤用「爆竹《ばくちく》の勢い」は誤り。

出典「晋書・杜預《とよ》伝」に「今《いま》兵威《へいい》已《すで》に振るう。譬《たと》えば竹を破《わ》るが如《ごと》し。数節の後、皆刃《やいば》を迎えて解け、復《また》手を著《つ》くる処《ところ》無し（＝今、こちらの兵威は盛んである。それはたとえてみれば竹を割るようなもので、刃を当てれば数節の先まで割れてしまうのだから、手を施すことは何もないのだ）」とあるのに基づく。

▼蜂《はち》の巣《す》をつついたよう

使い方 大騒ぎになって収拾がつかないさま。「首相の暴言に議場は──な騒ぎになった」「夜襲を受けた城内は──な大混乱となった」◆巣から飛び出した蜂が群れをなして飛び回るさまからいう。

八面六▼臂《はちめんろっぴ》

使い方 多方面にめざましい手腕を発揮して、一人で何人分もの働きをすること。「弁護士として──の大活躍をする」「彼は町の復興のために──の働きをした」◆八つの顔と六つの腕をもつ仏像の意から、傑出した手腕や力量のあることにたとえていう。「臂《ひ》」は、うでの意。

補説「八面玲瓏《れいろう》」は、どの面から見ても美しく透き通っている意で、心が清らかで少しのわだかまりもないことをいう。「八面玲瓏の心境」

類表現「三面六臂」

ばつが悪《わる》い

使い方 体裁が悪くて恥ずかしい。ぐあいが悪い。「借金を返せないままなので、あの人に会うのは──」「人違いをして叱《しか》りつけてしまったので、どうにも**ばつが悪かった**」「相手の名前を失念して**ばつが**／**の悪い**思いをした」◆その場を取り繕うことができなくて気まずい思いをするさまにいう。「ばつ」はその場のぐあい。「場都合」の略という。

誤用「ばつ」を「罰」と書くのは誤り。

は

類表現「きまりが悪い」「間《ま》が悪い」

抜山《ばつざん》▼蓋世《がいせい》

使い方 山を抜き取るほどの力と、世をおおいつくすほどの気力があること。「━の雄《ゆう》（＝すぐれた力と気力のある英雄）」「━の勇をふるう」

誤用「がいせい」を「慨世」と書くのは誤り。

出典「史記・項羽本紀」に、漢の劉邦《りゅうほう》の軍に垓下《がいか》で包囲された楚《そ》の項羽が最愛の虞《ぐ》美人と最後の酒宴を開いたときの歌として「力は山を抜き気は世を蓋《おお》う、時《とき》利あらず騅《すい》（＝項羽の愛馬の名）逝《ゆ》かず、騅の逝かざる奈何《いかん》すべき、虞や虞や若《なんじ》を奈何せん」とあるのに基づく。項羽は力も気力も充実しているのに、ただ時が味方をしないと言って嘆くのである。⇩四面楚歌《しめんそか》

発破《はっぱ》を掛《か》ける

使い方 ❶発破をしかける。「**発破をか**けて山を切り崩す」◆「発破」は、岩石などを破砕するための爆薬。「ハッパ」と書くことも多い。

❷激しいことばなどをかけて発奮させる。「コーチが選手に━」「納期に遅れるなと現場に━」「何としても契約を取ってこいと上司から**発破をかけられる**」

誤用 (1)下の立場から使うのはなじまない。「×組合員が幹部に発破をかける」(2)「はっぱ」を「葉っぱ」と書くのは誤り。

▼鳩《はと》が豆鉄砲《まめでっぽう》を食《く》ったよう

使い方 突然のことにびっくりして目を丸くしているさま。「いきなりどなられて━な顔をする」「━に呆然《ぼうぜん》としている」◆(1)「豆鉄砲」は、竹の弾力を利用して大豆を弾き飛ばす竹製の玩具《がんぐ》。豆が好きな鳩が突然豆の弾丸を撃たれてきょとんとしているさまをいう。「食う」はこうむる、食らうの意。鳩が豆鉄砲の豆を食べるのではない。(2)「鳩に豆鉄砲」とも。

誤用「鳩が鉄砲を食ったよう」は誤り。

▼鳩《はと》に三枝《さんし》の礼《れい》あり

使い方 子は親に対して礼を重んじ、孝を尽くさなくてはならないことのたとえ。「━だ。親に対しても礼儀は大切だよ」◆(1)鳩の子は親鳥のとまる枝から三枝下にとまるということからいう。子鳩は育ててくれた親鳩に敬意を表してそうするのだという。(2)「三枝の礼」とも。

誤用「三尺《さんじゃく》下がって師の影を踏まず」という教えもあるが、「鳩に三尺の礼あり」は誤り。

類表現「烏《からす》に反哺《はんぽ》の孝あり」

歯止《はど》めを掛《か》ける

使い方 物事の行き過ぎや事態の悪化を抑える。「インフレ［無駄な出費］に━」「若者が暴走しないように━」「はやる気持ちに━」◆「歯止め」は、車輪が動き出さないように車輪と車輪接地面との間にはさんでおくもの。また、車輪の回転を止めるための装置、ブレーキ。転じて、物事の進行を止める手段・方法の意。

誤用「足止めを掛ける」は誤り。

補説 進行が抑えられることは「歯止めが掛かる」という。「株価の暴落に歯止めがかかる」

類表現「ブレーキを掛ける」もほぼ同意（ただし、やや口語的な表現）。

バトンを渡《わた》す

使い方 後任者に仕事などを引き継ぐ。

は

また、地位などを譲り渡す。「次世代に——」「後輩に**バトンを渡して**引退する」「会長の椅子《いす》にしがみついて、後継者に**バトンを渡そ**うとしない」◆「バトン」は、リレー競走の走者が手に持って走り、次の走者に手渡す筒状の棒。

〔補説〕和製英語で「バトンタッチ」ともいうが、「バトンをタッチする」は誤り。なお、正式な英語は「バトンパス」。「○長年続けた主演を新人女優にバトンタッチする」「×専務にバトンをタッチして勇退する」

◆「花（はな・か）」を使う成句

煎《い》り豆に花が咲く・言わぬが花・埋もれ木に花が咲く・老い木に花が咲く・男鰥《おとこやもめ》に蛆《うじ》が湧《わ》き女寡《おんなやもめ》に花が咲く・女寡《おんなやもめ》に花が咲く・解語《かいご》の花・枯れ木に花が咲く・槿花《きんか》一日《いちじつ》の栄・錦上《きんじょう》花を添える・死んで花実《はなみ》が咲くものか・高嶺《たかね》の花・立てば芍薬《しゃくやく》座れば牡丹《ぼたん》歩く姿は百合の花・蝶《ちょう》よ花よ・月に叢雲《むらくも》花に風・年年歳歳《ねんねんさいさい》花相似たり歳歳年年人同じからず・花が咲く・話に花が咲く・花に嵐《あらし》・花も恥じらう・花も実《み》もある・花より団子・花を持たせる・一花咲かせる・見ぬが花・落花狼藉《ろうぜき》

◆「鼻《はな》」を使う成句

木で鼻を括《くく》る・クレオパトラの鼻がもう少し低かったら世界の歴史は変わっていただろう・鼻息が荒い・鼻が高い・鼻っ柱をへし折る・鼻であしらう・鼻で笑う・鼻に掛ける・鼻に付く・鼻の下が長い・鼻持ちならない・鼻を明かす・鼻を折る・目から鼻へ抜ける・目糞《めくそ》鼻糞《はなくそ》を笑う・目と鼻の先・目鼻が付く

鼻息《はないき》が荒《あら》い

〔使い方〕意気込みが激しい。気負っているさまをいう。「連戦連勝の勢いなので——」「よほど自信があるらしく、プロジェクトチームの——」「業界のトップに立つと、**鼻息が／の荒い**ことを言っている」「必ず勝つと、**鼻息が／の荒い**ことを言う」◆「鼻息」は、鼻でする息。転じて、意気込み。

〔誤用〕「あらい」を「粗い」と書くのは誤り。

花《はな》が咲《さ》く

〔使い方〕❶時期が来て栄える。「才能の——」「女やもめに——」「いつか**花の咲く**日も来るよ」「君はこれから——身ですよ〈夏目漱石・野分〉」❷にぎやかに盛り上がる。「昔話〔雑談・野球談義〕に——」「友人との間に論戦の**花が咲いた**」◆花のつぼみがはなやかに開く意からいう。

〔補説〕「花を咲かせる」は、成功して名をあげる、また、にぎやかに盛り上げるの意。「永年の努力がようやく花を咲かせた」「思い出話に花を咲かせる」

鼻《はな》が高《たか》い

〔使い方〕誇らしく思うさま。得意である。「出来のよい娘を持って私も——」「営業成績が伸びているので、課長としても——」「吾輩は新年来多少有名になったので、猫ながら一寸**鼻が高く**感ぜらるるのは難有《ありがた》い〈夏目漱石・吾輩は猫である〉」

〔補説〕(1)「鼻を高くする」は、得意になるの意。「面目を施して鼻を高くする」
⑵いかにも得意げなさまは「鼻高高《だかだか》」という。「優勝して鼻高々だ」

話《はなし》が合《あ》う

使い方 お互いの関心や考え方が一致するので楽しく話をすることができる。「彼女とは趣味が同じなので――」「スポーツが嫌いな人とは**話が合わない**」「彼とは初対面だったが、同郷ということで**話が合った**」◆「合う」は、一致する、合致するの意（「気が合う」「息が合う」）。

誤用 「あう」を「会う」と書くのは誤り。

話《はなし》が落《お》ちる

使い方 話が低俗・下品になる。「酔うほどに**話が落ちてきた**」「あの三人が集まると、すぐに**話が落ちてくる**」「そこまで――と聞いていられない」◆話題が下《しも》がかることを好ましくないとして使う。

話《はなし》が▼嚙《か》み合《あ》わない

使い方 お互いの関心や考え方がずれていて話がうまく運ばない。「お互い思い違いをしているのか、――」「何度話し合いをしても、反対派とは全く――」「あくまでも賠償責任はないと主張する当局と――」◆「嚙み合う」は、論点などがずれないでうまく合う意。

誤用 「話が食い合わない」は誤り。

話《はなし》が付《つ》く

使い方 話の決着がつく。相談や交渉がまとまる。「労使間の――」「経費を折半することで**話がついた**」「双方が一歩も譲らないので、なかなか**話がつかない**」◆「付く」は、ある状態に落ち着く意（「片が付く」「勝負が付く」）。「着く」とも書く。⇩話を付ける

話《はなし》が弾《はず》む

使い方 会話が活発に続く。「少年時代の思い出に――」「ビールのジョッキを傾けながら夜遅くまで**話が弾んだ**」◆「弾む」は、調子に乗って勢いづくの意。

誤用 流暢《りゅうちょう》に話す意で、「弁舌が弾む」とするのは誤り。

類表現 「会話が弾む」

話《はなし》が早《はや》い

使い方 相手が話の内容をすぐに理解するのでお互いの意思が通じやすい。また、結論・決着に至るのが早い。「そこまでわかっているなら――」「そうと決まれば――」「あの人に頼めば――」「面識があるのなら――。すぐに交渉にかかってくれ」◆「早い」は、時間がかからないさま。

誤用 昨今、「話が速い」と書かれることもあるが、慣用になじまない。「話が早い」が一般的。

話《はなし》が見《み》えない

使い方 相手が何を話そうとしているのか結論がつかめない。「何を言おうとしているのか――」「論理が飛躍するので――」◆その話からは相手の意図が判断できないことをいう。

誤用 話が聞こえない意で使うのは誤り。「×声が小さくて話が見えない」

話《はなし》にならない

使い方 話すだけの値打ちがない。問題にならない。「ばかばかしくて――」「そんなに成績が悪いのでは――」「建設費がそんなにかかるのでは――」◆「お話にならない」とも。「話」は、話し合うこと、相談することの意。

話《はなし》に花《はな》が咲《さ》く

使い方 さまざまな話題が次から次に出てきて会話が弾む。「ゴルフの──」「古い仲間が集まって**話に花が咲いた**」「**昔話**[**世間話**]**に花が咲く**」◆(1)「花が咲く」は、にぎやかに盛り上がる意。⇩花が咲く (2)まれに「話の花が咲く」ともいうが、成句としては「話に花が咲く」が一般的。「ある時は炉辺の春となり、ある時は湯槽に話の花が咲き、あるときはしめやかな講義の席となり〈中里介山・大菩薩峠〉」

話《はなし》の腰《こし》を折《お》る

使い方 横から口を挟んで話の流れを妨げる。「茶々を入れて──」「関係のない質問をして──」「**話の腰を折られ**て興ざめる」◆「腰を折る」は、途中で邪魔をして続ける気をなくさせる意。⇩腰を折る

誤用 中断するの意で使うのは誤り。「×話の腰を折って中座する」「×話の腰を折って休憩をとる」

話《はなし》を付《つ》ける

使い方 話の決着をつける。相談・交渉をまとめる。「相《あい》対《たい》で──」「出るところに出て**話をつけよう**」「金で──」「心配するな、**話をつけてきてやる**」◆「付ける」は、ある状態に落ち着かせる意(「けじめを付ける」)。「着ける」とも書く。⇩話が付く

鼻《はな》っ柱《ぱしら》をへし折《お》る

使い方 相手の負けん気や自信をくじく。「高慢ちき[増長した若僧]の──」「付け上がっているから、あいつの**鼻っ柱をへし折ってやろう**」◆「鼻を折る」「鼻っ柱を折る」を強めた言い方。「はなっぱしら」は「はなばしら(鼻柱)」の転。人に負けまいとして張り合う意気の意(「鼻っ柱が強い」)。

鼻《はな》であしらう

使い方 まともに取り合わないで、冷たく扱う。「一見《いちげん》の客を──」「注意したが**鼻であしらわれた**」「銀行に融資を頼んでみたが**鼻であしらわれてしまった**」◆「鼻先[鼻の先]であしらう」とも。「あしらう」は、軽んじて扱う意。

誤用 「鼻で扱う」は誤り。

鼻《はな》で笑《わら》う

使い方 軽蔑《けいべつ》した態度をとる。「あからさまに軽蔑の意を表して──」「何を言っても**鼻で笑って**取り合おうとしない」◆相手を見下して「ふん」と笑うことからいう。「鼻先[鼻の先]で笑う」とも。

誤用 小鼻をうごめかして得意そうに笑う意で使うのは誤り。「×してやったりと鼻で笑う」

花《はな》に▼嵐《あらし》

使い方 好事にはとかく邪魔が入りやすいことのたとえ。「──というが、よいことばかりは続かないよ」「──というから、喜んでばかりもいられない」「ここまでは順調だったが横槍《よこやり》が入った。──だね」◆(1)「嵐」は、花を散らして吹く激しい風。(2)「花に風」「月に叢雲《むらくも》花に風」などとも。

誤用 ひとたまりもないことにたとえるのは誤り。「×こんな悪天候に船を出せばそれこそ花に嵐だよ」

補説 唐の于武陵《うぶりょう》の五言絶句「酒を勧む」には「花発《ひら》きて風雨多し、人生別離足る(=花の咲くころは、とかく風雨

は

が多い。人生は別離ばかりが多い)」とあるが、作家の井伏鱒二《いぶせますじ》は、これを「ハナニアラシノタトヘモアルゾ、サヨナラダケガ人生ダ」と訳している。

類表現「好事《こうじ》魔多し」

鼻《はな》に掛《か》ける

使い方 自慢する。得意になる。「教養［学歴］を**鼻に**／**へかける**」「成績がよいのを――」◆⑴これ見よがしに鼻先にぶら下げる意からいう。⑵「掛ける」は、「懸ける」とも書く。

誤用「かける」を「賭ける」と書くのは誤り。

鼻《はな》に付《つ》く

使い方 ❶においが鼻につきまとう。「香水が――」「スパイスが**鼻について**食べられない」❷飽きて不快になる。「オーバーな演技［きざな話し方］が――」「見栄《みえ》っ張りなところが――」◆不快なにおいがいつまでも嗅《きゅう》覚《かく》を刺激する意からいう。

鼻《はな》の下《した》が長《なが》い

使い方 女性に甘い。すぐ女性にでれでれする。「あの男は**鼻の下が長くて**困る」「秋波を送られて**鼻の下が長くなる**」◆色香に迷いやすい男は鼻と口との間の部分がしまりなく伸びる。

補説 女性に甘く、すぐでれでれした態度をとることは「鼻の下を伸ばす」「鼻の下を長くする」という。また、女性に甘くてだらしのないことや、そのような男性のことは「鼻下長《びかちょう》」ともいう。「女性にやさしくされるとすぐ鼻の下を伸ばす」

鼻持《はなも》ちならない

使い方 ❶臭くてがまんできない。「生ごみが腐敗して――」「あたりに――異臭がただよう」◆「鼻持ち」は、臭気に堪えること。❷その言動や様子が嫌みで、がまんならない。「きざったらしくて――」「あいつは――俗物だ」「僕は貴族は、きらいなんだ。どうしても、どこかに、――傲慢なところがある〈太宰治・斜陽〉」「**鼻持ち**(**の**)**ならない**人［エリート意識］」◆その人を非難していう。

花《はな》も恥《は》じらう

使い方 うら若い女性の美しさをたたえていう語。「――十八歳」「――楚々《そそ》たる美人」「彼女も――年ごろになった」「初々しい娘たちは――風情だった」◆⑴その若い美しさには美しい花さえ引けめを感じる意からいう。⑵多く、連体修飾で使う。

誤用「花も恥じ入る」は誤り。「×花も恥じ入る乙女たち」

花《はな》も実《み》もある

使い方 外観ばかりでなく内容もすぐれていること。また、情理(＝人情と道理)ともに兼ねそなえていること。「――人生」「――人間らしい生活」「――大岡裁き」「――粋《いき》な計らい」◆「花」を見かけや情に、「実」を実質や道理にたとえていう。

誤用⑴実際の花や実がある意で使うのは誤り。「×花も実もある秋」⑵「花も実もなる」は誤り。

花《はな》より団子《だんご》

使い方 風流より実利、外観より実質を重んじることのたとえ。「講演を聞きに行くより、うまいものでも食べたほうがいい。――だよ」「表彰状より金一封のほうが有り難い。――というじゃないか」◆花見に行っても、桜より茶店の団子を喜ぶことからいう。「酒なくて何が己《おの》の桜かな」、無粋とののしられようとも、花見の興は、桜の花を愛でる風雅よりも花の下で開く宴《うたげ》にあるのだろう。

誤用「花見より団子」は誤り。

出典 江戸版「いろはがるた」の一つ。

類表現「花の下より鼻の下（＝風流よりは口に糊《のり》する毎日の生活のほうが大切であること）」「一中節《いっちゅうぶし》より鰹節《かつおぶし》」「詩を作るより田を作れ」

鼻《はな》を明《あ》かす

使い方 相手を出し抜いて、あっと言わせる。「ライバルの――」「今に彼らの**鼻を明かして**みせる」「入賞して仲間の**鼻を明かして**やろう」◆相手がすでに優位にはないことを明らかにする意からいう。

誤用「あかす」を「飽かす」と書くのは誤り。

鼻《はな》を折《お》る

使い方 得意になっている相手に面目を失わせる。「高慢ちきの――」「完膚《かんぷ》無きまでやっつけて、高慢の――」「ほめられて天狗《てんぐ》になっているあいつの**鼻を折**ってやろう」◆誇って高くしている鼻をへし折る意からいう。強調して「鼻っ柱《ぱしら》を折る」「鼻っ柱をへし折る」とも。

誤用「出鼻を折る[くじく]（＝相手の機先を制して妨げる）」と混同して、「鼻をくじく」とするのは誤り。⇩出端《でばな》をくじく

花《はな》を持《も》たせる

使い方 相手に功や名誉を譲る。相手を立てる。「勝ちを譲って、後輩に――」「若い者に**花を持たせ**てわれわれ老人は引き下がるとしよう」「長老に**花を持たせ**て交流試合を終える」◆「花」は華やかで目立つことから、功名や誉れのたとえ。

誤用「花を与える」は誤り。

歯《は》に▽衣《きぬ》着《き》せぬ

使い方 遠慮しないで、ずけずけと物を言う。「――論評[言い方]」「――痛烈な批判」

◆(1)「衣」は、衣服・着物の意。「袴《はかま》」に対して、上半身に着るものをいう。
(2)「歯に衣着せず」の形でも使う。「歯に衣着せず、いいたいことを言う」
(3)「歯に衣着せた言い方」など、肯定形で遠回しな言い方の意で使う例も多いが、否定形で使うのが本来。「遠回しな言い方」の意では、「奥歯に衣《きぬ》を着せる」を使うのが一般的。

誤用「きぬ」を「絹」と書くのは誤り。また、「衣」を「ころも」と読むのは誤り。

羽《はね》を伸《の》ばす

使い方 拘束から解放されて、のびのびと振る舞う。「上司のいない間に――」「休みの間は別荘に行って、思いきり**羽を伸ばして**こよう」「温泉に入って思う存分**羽を伸ばして**きた」◆鳥がいつでもはばたけるように翼《つばさ》を伸ばすことからいう。

誤用「のばす」を「延ばす」と書くのは誤り。

補説「手足を伸ばす」は、ゆっくりとくつろぐ意。「仕事を片づけて、ゆっくり手足を伸ばす」

歯《は》の抜《ぬ》けたよう

使い方 まばらで、ふぞろいなさま。ま

た、あるべきものがなくて、寂しいさま。「観客が少なくて、——な会場」「欠席者が多くて、教室は——だった」「子どもが留学してしまうと、わが家はしばらくの間——な感じだった」◆あるべき歯が欠けている口元のさまをいう。

補説「櫛《くし》の歯が欠けたよう」は、切れ目なく続くべきものや、そろって並んでいるはずのものが、ところどころ欠けているさまをいう。「スーパーの進出によって小売店が潰《つぶ》され、商店街は櫛の歯が欠けたようになった」

歯《は》の根《ね》が合《あ》わない

使い方 寒さや恐ろしさのために〈歯をがちがちさせて〉ふるえる。「寒さで好い加減に冷えている彼は、冷たい飯を食べると、——ほどになった〈宮本百合子・日は輝けり〉」「二、三日は、その背中に担いだ屍体の冷たさが忘れられなくて、いくら火を焚いても**歯の根が合わなか**ったという〈夢野久作・ドグラ・マグラ〉」「殺されるのではないかという恐怖に襲われて**歯の根が合わなく**なった」◆「歯の根」は、歯を支えている根本の部分。ふるえると歯がうまく嚙《か》み合わなくなることからいう。

誤用「歯が合わない」は誤り。

◆「母（はは・ぼ・も）」を使う成句

恐れ入谷《いりや》の鬼子母神《きしもじん》・失敗は成功の母・父の恩は山よりも高く母の恩は海よりも深し・必要は発明の母・孟母三遷《もうぼさんせん》の教え・孟母断機《もうぼだんき》の教え

幅《はば》を利《き》かせる

使い方 勢力をふるう。いばる。「社内で——」「この会社では技術系の社員が**幅を利かせている**」「政界で**幅を利かせて**いる男」◆(1)「幅」は、人物の広さや広がり。転じて、威勢のあること。(2)「利かせる」は「利かす」とも。「昔は孔子がたった一人だったから、孔子も幅を利かしたのだが、今は孔子が幾人も居る〈夏目漱石・吾輩は猫である〉」

誤用「きかせる」を「聞かせる」と書くのは誤り。

補説 勢力や発言力があることは「幅が利く」という。「町内で幅が／の 利く人」

幅《はば》を取《と》る

使い方 広い空間を占領する。「この机は——」「キッチンでは大型の冷蔵庫が**幅を取って**いる」◆(1)多く移動できる物についていう。「幅」は、物の端から端までの長さ。(2)「はば」を「▼巾」と書くのは、「幅」の略字から出た俗用。

誤用 人についていうのはなじまない。「△大柄の男たちが幅を取っているのでロビーが狭く見える」

羽目《はめ》を外《はず》す

使い方 規律や束縛から抜け出して、思うように振る舞う。調子にのって度を過ごす。「**はめを外して**騒ぐ」「クラブでは**はめを外して**踊りまくる」「明朝は、朝寝、昼寝おかまいなしというお触れですから、皆さんが安心しきって**羽目を外して**寝込んだものです〈中里介山・大菩薩峠〉」「つい飲み過ぎて——」「役員が一緒だから——わけにはいかない」「決して**はめを外さない**人」◆「羽目」は、「馬銜《はみ》（＝轡《くつわ》の馬の口にくわえさせる部分）」の転で、馬銜を外された馬が勝手に走り回る意からという。また、「羽目」は羽目板（板を縦または横に並べて平らに張ったもの)のことで、それを外して騒ぐことからともいう。「破目」とも書き、「はめ」「ハメ」とかな書きも多い。

類表現「箍《たが》を外す」

波紋《はもん》を呼《よ》ぶ

使い方 ある物事がきっかけとなって周囲に次々と影響を及ぼす。「首相の一言が――」「ダイエットをテーマとしたテレビ番組が若い女性の間に――」「彼の論文が医学界に大きな**波紋を呼んだ**」「芸能界に**波紋を呼んだ**暴露記事」◆「波紋」は、水面に石を投げたときなどに、幾重にも輪を描いて広がる波の模様。次々と周囲に動揺を伝えていくような影響にたとえる。

補説 (1)その影響が次々に及んで、さらに大きな問題に発展することは「波紋を広げる」という。「首相の一言が波紋を広げて、深刻な外交問題に発展する」(2)反響を呼ぶような問題を提起することは「波紋を投じる」「波紋を投げる」という。これは、「一石を投じる」結果として生じる「波紋」を目的語にとった言い方。「新人のモデル小説が文壇に波紋を投じた」

◆「早《はや》い」を使う成句

足が早い・手が早い・話が早い・耳が早い

早《はや》起《お》きは三文《さんもん》の得《とく》

使い方 朝早く起きると、何かしらよいことがあるということ。「――、何よりも健康にいい」「朝飯前にひと仕事できた。――だよ」

◆(1)朝寝を戒め、早起きを奨励している。「三文」は、一文銭三枚で、わずかの意。わずか三文でも、得るものがあることは有り難い。(2)「朝起きは三文の得」とも。また、「得」は「徳」とも書くが、この「徳」は「人徳」「道徳」などという場合の「徳」ではない。「損得」の「得」と同じ意味。

誤用「早起きは三文も得」は誤り。

英語 The early bird catches the worm.(早起きの鳥は虫を捕らえる)

◆「腹(はら・ふく)」を使う成句

痛くもない腹を探られる・空腹は最高のソース・口に蜜《みつ》あり腹に剣あり・鼓腹撃壌《こふくげきじょう》・自腹を切る・私腹を肥やす・背に腹は替えられぬ・茶腹も一時《いっとき》・腹が黒い・腹が据わる・腹が立つ・腹が減っては戦《いくさ》が出来ぬ・腹に収める・腹に据えかねる・腹の虫が治まらない・腹八分目に医者いらず・腹も身の内・腹を決める・腹を切る・腹を肥やす・腹を据える・腹を割る・連木《れんぎ》で腹を切る

腹《はら》が黒《くろ》い

使い方 心の中に悪だくみを抱いている。「口はうまいが――」「あの男は――から気をつけたほうがいい」「あの**腹の黒い**母親のことであるから、それ位のたくらみは為《し》かねないだろう〈岩野泡鳴・耽溺〉」

◆(1)「腹」は、心の中。また、心の中で考えていること(「相手の腹を探る」「腹を割って話す」)。(2)一語で「腹黒い」とも。

誤用「相手の腹の内を探る」とはいうが、「腹の内が黒い」は誤り。

腹《はら》が据《す》わる

使い方 覚悟ができていて、物事に動じない。「百戦錬磨の強者《つわもの》だけに**腹が据わっている**」「窮地に陥っても動じないのだから、なかなか**腹が据わった**男だ」「死を覚悟したら**腹が据わって**きた」◆「腹」は、度胸・胆力の意。「据わる」は、どっしりと落ち着いている意(「肝が据わる」「根性が据わる」)。

誤用 「すわる」を「座る」と書くのは誤り。

類表現 「度胸が据わる」

腹《はら》が立《た》つ

使い方 怒りを感じる。しゃくにさわる。「横柄な口のきき方に——」「自分の愚かさに——」「痛くもない腹を探られて——」「話を聞いているうちに、だんだん**腹が立ってきた**」「**腹が/の立つ**ほどずうずうしい男」◆「腹」は、感情の意。感情が激することをいう。

補説 (1)「腹が立つ」の反対は「腹が居る(=怒りがおさまる)」だが、今は使わない。(2)「腹を立てる」は、怒る、立腹するの意。「店員の無愛想な応対に腹を立てる」

腹《はら》が減《へ》っては戦《いくさ》が出来《でき》ぬ

使い方 腹が減っていては十分に活動ができない。「——というから、まず飯を食うことにしよう」「徹夜の仕事になりそうだからまず腹ごしらえをしよう。——だよ」◆(1)「朝飯前」の仕事なら空腹でもこなせるが、ちょっとした仕事にかかる前にはエネルギーの補給が必要だということ。(2)「いくさ」は「▽軍」とも書く。

腹《はら》に収《おさ》める

使い方 ある情報などを自分の心の中にとどめておく。「その話は**腹に収めて**おこう」「二人の関係については、私の**腹に収めて**おくことにしよう」「私が辞任するという件は、しばらく君の**腹に収めて**おいてくれ」◆(1)「腹」は心の中。「収める」はしまい込む意。心中にしまいこんで他言しないことをいう。(2)「腹にしまう」とも。

誤用 人の金品を自分のものにする意で使うのは誤り。「× 売上金の一部を腹に収めて素知らぬ顔をしている」

腹《はら》に据《す》えかねる

使い方 腹が立って、がまんできなくなる。「誠意のない態度が——」「あの言い方はどうにも——」「**腹に据えかねて**、どなりつける」◆「据える」は、しっかりとそこに落ち着ける意。「かねる(兼ねる)」は、〜することができない、〜することが難しいの意。怒りを心中に据えておけないことをいう。

誤用 覚悟をすることは「肝《きも》を据える」というが、立腹する意で「肝に据えかねる」とするのは誤り。

腹《はら》の虫《むし》が治《おさ》まらない

使い方 腹が立ってがまんできない。「謝罪のことばぐらいでは——」「このまま黙っていては——」「悪口の言われっぱなしでは——」「一発殴りつけてやらなくては——」◆(1)怒りが抑えきれないことをいう。「腹の虫」は、人の機嫌のよしあしにかかわる感情を腹中の虫によるものとしていう語。(2)「腹の虫が承知しない」とも。

誤用 空腹時に腹が鳴るのを腹中の虫が鳴くとして、「朝から何も食べていないので腹の虫が鳴いて仕方がない」などというが、「腹の虫」を空腹の意にとって使うのは誤り。「×握り飯一つでは腹の虫が治まらない」

腹八分目《はらはちぶんめ》に医者《いしゃ》要《い》らず

使い方 満腹になるまで食べないで、八分目におさえておけば健康が保てるということ。「━を守っていれば胃腸を壊すことはない」「━だ。もう少し食べたいがやめておこう」「いくら食い放題でももうやめたほうがいい。━だよ」◆⑴暴飲暴食を戒めていう。「腹八分目」は、腹いっぱい食べないで少し控えめにしておくこと。⑵「腹八分に医者いらず」とも。

類表現「腹も身の内」

腹《はら》も身《み》の内《うち》

使い方 腹も体の一部であるから、暴飲暴食は慎まなくてはならないということ。「一キロの肉は多すぎる。━だ」「鮨《すし》には目がないが、━というから、このくらいでやめておこう」「いくらなんでもその辺でやめておきなさい。━ですよ」

◆「腹」は、胃腸の意(「腹が減る」「腹が痛い」)。

誤用「腹も身内」は誤り。

類表現「腹八分目に医者いらず」

▽腸《はらわた》が千切《ちぎ》れる

使い方 耐えがたいほどの悲しみを感じる。「大切な家族を失ったときは━ような思いだった」「親友の訃報《ふほう》に接し━ほどの悲しみを覚える」「━思いで、祖国を捨てる」◆⑴「はらわた」は、臓腑《ぞうふ》、内臓。悲しみのあまり臓腑がずたずたに切れてしまう意からいう。⑵「断腸《だんちょう》(の思い)」とも。⇩断腸の思い

誤用⑴「腹がよじれる」との混同で、笑いすぎる意で使うのは誤り。「×面白すぎてはらわたが千切れるかと思った」⑵「腸がよじれる」は誤り。

▽腸《はらわた》が煮《に》え繰《く》り返《かえ》る

使い方 我慢できないほど腹が立つ。「親友に裏切られて━」「長い間だまされ続けていたと思うと━」「彼らの卑劣なやり方に━思いだった」◆⑴「煮え繰り返る」は、煮えて沸き返る意。転じて、感情が激しく高ぶることをいう。⑵「腸が煮え返る」とも。

誤用「腹《はら》が煮え繰り返る」は誤り。

腹《はら》を決《き》める

使い方 決心する。決意する。「辞職することに━」「最後まで戦おうと━」「借金返済のために家を売ろうと**腹を決め**た」「離婚の**腹を決めて**話し合う」「そろそろ**腹を決め**なくてはならないのだが…」◆ほかに方法はないと覚悟を決めることをいう。「腹」は、心の中。また、心中で考えていること。

補説「腹が決まる」もほぼ同意。「腹を決める」のほうが意志性が強く出る。「知事選に打って出る腹が決まる」

類表現「腹を固める」「腹を据える」

腹《はら》を切《き》る

使い方 責任を取って辞職する。「今度失敗したら━覚悟だ」「私の方針が間違っていたら**腹を切ろう**」「この事件は課長一人が**腹を切れば**済むという問題ではない」「営業成績が悪いので**腹を切らされた**」◆切腹する意からいう。

誤用「首を切る」と混同して、辞職させる意で使うのは誤り。「×不祥事を起こした局長の腹を切る」

腹《はら》を肥《こ》やす

使い方 地位・職務などを利用して私利をむさぼる。「インサイダー取引で――」「不正融資を斡旋《あっせん》することで自分の――」

◆(1)「肥やす」は、ふとらせる意から転じて、不当に自分の利益をはかることをいう。(2)「私腹《しふく》を肥やす」とも。

誤用 財産がふえることを「太る」とはいうが（「身代が太る」）、「腹を太らせる」は誤り。

腹《はら》を据《す》える

使い方 覚悟を決める。決心する。「**腹を据え**て事に当たる」「失敗しないように**腹を据え**てかかる」「今のおれは十歩も百歩も退いて、**腹を据え**た仕事にとりかかろうと思っているんだ〈尾崎士郎・人生劇場〉」「目前に、アリアリと見える、夫婦の危機というものに、どうブツかるべきかに、**腹を据え**なくてはならなかった〈獅子文六・娘と私〉」◆「腹」は、度胸・胆力の意。「据える」は、しっかりとそこに落ち着ける意。

誤用「腹に据える」は誤り。⇩腹に据えかねる

類表現「腹を決める」「腹を固める」

腹《はら》を割《わ》る

使い方 本心を打ち明ける。心の内をさらけ出す。「**腹を割**って話す」「ここは一つ**腹を割**って話し合おう」「**腹を割**って、すべてを打ち明けてほしい」「彼は**腹を割**って何でも話せる友だちの一人だ」

◆多く「腹を割って～する」の形で使う。「腹」は、心の中。

誤用「腹を割《さ》く」は誤り。

類表現「底を割る」

針《はり》の▼筵《むしろ》

使い方 少しも気の休まることのない、つらい場所や境遇のたとえ。「非難を浴びて――に座る気持ちだ」「周囲から冷たい目で見られ、まるで――だ」「事故の責任を問われて――に座らされた思いだ」

◆針を植えた筵に座らされる意からいう。

誤用 肉体的な苦痛にいうのは誤り。「×リウマチで足の関節が針のむしろに座ったように痛む」

◆「春（はる・しゅん）」を使う成句

春秋に富む・春秋の筆法・春宵《しゅんしょう》一刻直《あたい》千金・春眠暁《あかつき》を覚えず・冬来たりなば春遠からじ

◆「張《は》る（貼）」を使う成句

肩肘《かたひじ》張る・体を張る・綱を張る・値《ね》が張る・見栄《みえ》を張る・向こうを張る・門前雀羅《じゃくら》を張る・予防線を張る・レッテルを貼られる・論陣を張る

馬齢《ばれい》を重《かさ》ねる

使い方 これといったこともしないでむだに年を重ねる。ただ年をとる。「むなしく――」「ぼくなどはいたずらに**馬齢を重ね**てきただけだよ」「私などは**馬齢を重ね**てきただけなので、とてもそんな大役は引き受けられません」「**馬齢を重ね**ているうちに、少しは世間のことが分かるようになった」

◆(1)年を取ることをへりくだって、ま

た、自嘲《じちょう》していう。「馬齢」は馬の年齢。自分の年齢をへりくだっていう語。「馬歯《ばし》」ともいうが、「馬齢」が一般的。⑵「馬齢を加える」とも。「私も馬齢を加えて、そろそろ引退の潮時となった」
誤用 スピーチなどで、他人が年を取ることに使うと大変な失礼になる。「✕先生も馬齢を重ねられ、本日米寿を迎えられましたことは…」
類表現「犬馬《けんば》の年[齢《よわい》]」は、犬や馬のようにむだに年をとる意で、自分の年齢をへりくだっていう語。

▼腫《は》れ物《もの》に触《さわ》るよう

使い方 機嫌をそこなわないように恐る恐る接するさま。「受験を控えた息子を━に扱う」「家族のみなが━に扱うから、あの子はわがままになるばかりだ」「気むずかしい客を━に丁重にもてなす」「社長の機嫌が悪いので、みな━に戦々兢々《せんせんきょうきょう》としている」◆「腫れ物」は、炎症などで皮膚の一部が腫れ、うみなどをもったもの。その痛いところにさわるように慎重に扱うさまからいう。
誤用「割れ物に触るよう」は誤り。

歯《は》を食《く》い縛《しば》る

使い方 苦痛や悔しさなどを、〈歯をかみ合わせて〉必死にこらえる。「**歯を食いしばって**走り続ける」「**歯を食いしばって**あくびをこらえる」「**歯を食いしばって**屈辱に耐える」「殴りたくなるのを**歯を食いしばって**我慢する」◆ひどく苦しいときには強く歯をかみ合わせることからいう。
誤用「歯をかみ締める」は誤り。

反旗《はんき》を翻《ひるがえ》す

使い方 謀反《むほん》を起こす。権威・権力などに逆らう。反逆する。「体制に━」「明智光秀が信長に━」「酷税に耐えかねた農民が領主に━」「一部の党員が**反旗を翻し**、新党を結成する」「尊王攘夷《じょうい》を旗印にする一部の水戸の志士はひそかに長州と連絡を執り、四月以来**反旗をひるがえし**ているが〈島崎藤村・夜明け前〉」◆反対の立場を鮮明にして行動を起こすことにいう。「反旗」は、謀反を起こして立てる旗。「▼叛旗」とも書く。
誤用「反旗を立てる」は誤り。

盤根錯節《ばんこんさくせつ》

使い方 複雑に入り組んでいて処理や解決がむずかしい事柄。「派閥争いの━に出合う」「━を処断する」「━を物ともしないその稀な気質を彼も知っていた〈島崎藤村・夜明け前〉」「一葉毎に、五七語ずつ、注の空白となれるもの、これぞ此編輯《へんしゅう》業の━とはなりぬる。…およそ本書編成の年月は、この━のためについやせること過半なりき〈大槻文彦・ことばのうみのおくがき〉」◆「盤根」は曲がりくねった木の根、「錯節」は入り組んだ節《ふし》。略して「盤錯《ばんさく》」とも。
誤用「盤根曲節《きょくせつ》」は誤り。
出典「後漢書・虞詡《ぐく》伝」に「盤根錯節に遇《あ》わずんば、何を以《もっ》て利器を別《わか》たんや(=わだかまった根や入り組んだ節の所に出合わなければ刃物の切れ味はわからない)」とあるのに基づく。人間も平穏無事なときはなかなか優劣がわからないが、危機や困難に遭遇したときに、その真価がわかる。

万事《ばんじ》休《きゅう》す

使い方 もはや施す手段がない。万策尽

は

きる。「━、食糧も水も尽きた」「資金がなくてはこの事業も━だ」「この情報がマスコミに漏れていたら━だった」

◆(1)もうおしまいで、何をしてもだめだという意で使う。「万事」は、すべてのこと。「休す」は休む、憩うの意ではなく、停止するの意。

(2)間に助詞を入れ、「休す」を活用させて使うこともある。「するとその中途で鐘が鳴り渡った。**万事は休した**。私はどうしても未完成のまま答案を出さねばならなかった〈久米正雄・受験生の手記〉」「ただ、一時、ただ、半時、走りさえすれば、それで**万事が休して**しまう〈芥川龍之介・偸盗〉」

誤用 「きゅうす」を「窮す」と書くのは誤り。

出典 唐の白居易《はくきょい》の「老熱の詩」に、「一飽百情《いっぽうひゃくじょう》足り、一酣《いっかん》万事休す、何人か衰老せざらん、我老いて心に憂いなし(=ひとたび酒に酔ってしまえば、身辺のすべての物事が活動を休止したように感じられる。人はみな年老いて衰えていくが、年老いた私は酒に酔ったように満ち足りて、何の憂いもない)」とあるのに基づく。「宋史」の荊南高氏世家にも用例がある。

類表現 「刀折れ矢尽きる」

万全《ばんぜん》を期《き》す

使い方 少しの手ぬかりもないようにする。「準備[要人の警護・事故の再発防止]に━」「**万全を期して**慎重に根回しをする」「実験には**万全を期した**つもりだったが失敗に終わった」◆「万全」は、あらゆる点で完全なこと。「期す」は、そうなるようにはかるの意。「期する」とも。

誤用 「万端《ばんたん》を期す」は誤り。「万端」は、ある物事についてのすべての事柄の意。「諸事万端」「準備万端」などと使う。

補説 不足や欠点がないようにすることは「完全を期す」という。「完全を期して調査を進める」

番茶《ばんちゃ》も出花《でばな》

⇨鬼も十八番茶も出花

判《はん》で押《お》したよう

使い方 同じことの繰り返しで変化のないさま。きまりきっている。一様である。「━な挨拶《あいさつ》[サラリーマン生活・紋切り型の祝辞]」「善処するという、━な答弁を繰り返す」「━に規則正しい生活」「朝食は━にオートミールとボルドーである〈北杜夫・楡家の人々〉」「新製品というと各社とも━に同じ価格帯になる」

◆(1)何度押しても印影は同じであることからいう。「判子《はんこ》で押したよう」とも。

(2)規則正しいと評価していう場合もあるが、多くは新鮮味が感じられないとして否定的な意味合いで使う。

類表現 「型にはまる」「馬鹿の一つ覚え」

反▼哺《はんぽ》の孝《こう》

⇨烏《からす》に反哺の孝あり

万緑《ばんりょく》▼叢中《そうちゅう》紅一点《こういってん》

⇨紅一点

ひ

◆「日（ひ・じつ・にち）」を使う成句

秋の日は釣瓶《つるべ》落とし・一日《いちじつ・いちにち》千秋・一日《いちじつ・いちにち》の長・一日《いちにち》の計は晨《あした》にあり・一年の計は元旦にあり・思い立ったが吉日・乳母日傘《おんばひがさ》・陰になり日向《ひなた》になり・槿花《きんか》一日《いちじつ》の栄《えい》・去る者は日日《ひび》に疎し・山中《さんちゅう》暦日無し・秋霜烈日《しゅうそうれつじつ》・蜀犬《しょっけん》日に吠《ほ》ゆ・青天白日・同日の論ではない・日が浅い・日暮れて道遠し・人の噂《うわさ》も七十五日・日の出の勢い・日の目を見る・三日天下・三日坊主・六日の菖蒲《あやめ》・夜《よ》も日も明けない・夜《よ》を日に継ぐ・ローマは一日にして成らず

◆「火（ひ・か）」を使う成句

足下に火が付く・顔から火が出る・火中《かちゅう》の栗《くり》を拾う・口火を切る・尻《しり》に火が付く・心頭を滅却すれば火もまた涼し・爪《つめ》に火を点《とも》す・灯火《とうか》親しむべし・飛んで火に入《い》る夏の虫・火が付いたよう・火種になる・火に油を注ぐ・火の無い所に煙は立たぬ・火花を散らす・火蓋《ひぶた》を切る・火を見るより明らか・風前の灯火《ともしび》・眉《まゆ》に火が付く・目から火が出る・焼け木杭《ぼっくい》に火が付く・闇夜《やみよ》の灯火《ともしび》・燎原《りょうげん》の火

▼贔▼屓《ひいき》の引《ひ》き倒《たお》し

使い方 ひいきにし過ぎて、かえってその人を不利に導くこと。「そこまで褒めるのは━だ」「いくら有望な新人でも、あまり大事にし過ぎると━になる」「肩入れするのはいいが、━になっては元も子もない」「囚《とら》われちゃ駄目だ。いくら日本の為を思ったって━になるばかりだ〈夏目漱石・三四郎〉」

◆(1)「ひいき」は「ひき（贔屓）」の転で、自分の気に入った人を特に引き立てること。また、その引き立てる人。北宋《ほくそう》の陳彭年《ちんほうねん》らが編纂した字書「広韻《こういん》」には「贔屓ハ、壮士力ヲ作ナス皃（血気盛んな男性が力を用い、努力するさま）」とある。これを気に入った者への加勢の意に使うのは日本独特の用法。(2)「贔屓の引き倒れ」とも。

日《ひ》が浅《あさ》い

使い方 日数があまりたっていない。「入社してまだ━」「ゴルフを始めてまだ━」「彼女と知り合ってからまだ━」「開業して**日の浅い**店」「普通食を採るようになってからまだ━ので、腹に力がなく足もよろめく感じだった〈島木健作・生活の探求〉」◆「浅い」は、その状態になってから日時が少ししかたっていない意（「春なお浅い山里」「夜もまだ浅い時刻」）。

誤用 朝のうちの意で使うのは誤り。「×日が浅いうちに畑仕事をする」

火《ひ》が付《つ》いたよう

使い方 ❶赤ん坊などが激しく泣くさま。「赤ん坊が━に泣き出す」「子どもが━に泣きわめく」

❷あわただしいさま。「町中が━な騒ぎ

だ」「――にせきたてられる」「本というものは欲しいとなったら、――に欲しいものである〈曾野綾子・太郎物語〉」

◆自分の身、または自分の家に火が付いた意からいう。「火が付く」は、発火して燃えはじめる意。

誤用 騒ぎのきっかけをつくったり刺激して感情を高ぶらせたりすることは「火を付ける」というが（「暴動に火を付ける」「怒りに火を付ける」）、「火を付けたよう」は誤り。「×クラス中が火を付けたように騒ぎ出す」

◆「光（ひかり・こう）」を使う成句

> 親の光は七光り・眼光紙背に徹する・玉磨かざれば光なし・蛍の光窓の雪・和光同塵《わこうどうじん》

引《ひ》かれ者《もの》の小唄《こうた》

使い方 負け惜しみで強がりを言うこと。「強気の弁明だが――だろう」「有罪の判決を受けてもしらを切り続けるのは、――だよ」「何でもなかったように高笑いしているが、――と聞こえなくもない」

◆(1)「引かれ者」は、処刑のために刑場へ引かれていく者。その罪人が平気を装って小唄を歌う意からいう。(2)「引かれ者の鼻歌」とも。

◆「引《ひ》く（挽）」「引《ひ》ける」を使う成句

> 後には引けない・後を引く・糸を引く・牛に引かれて善光寺参り・後ろ髪を引かれる・お茶を挽く・尾を引く・陰で糸を引く・櫛《くし》の歯を挽く・心が引かれる・袖《そで》を引く・手薬煉《てぐすね》引く・手を引く・人目を引く・我が田に水を引く

◆「低《ひく》い」を使う成句

> クレオパトラの鼻がもう少し低かったら世界の歴史は変わっていただろう・腰が低い・水の低きに就くが如《ごと》し

引《ひ》く手《て》数多〈あまた〉

使い方 来てくれと誘う人が多いこと。「その分野の技術者は少ないので――だ」「その資格を取っておけば――で、就職には困らない」「彼女は優秀なプログラマーだから――だろう」「――の売れっ子タレント」「酒井先生はハンサムだから、――で困っていらっしゃるんですよ〈円地文子・食卓のない家〉」◆多く就職口や縁談などがあることについていう。「引く手」は、自分の方へ来るようにと誘う人。

誤用「引き手あまた」は誤り。

日《ひ》暮《く》れて道遠《みちとお》し

使い方 ❶年を取ってしまったのに、まだ少ししか目的を達していないことのたとえ。「この年になっても研究はまだ半分も進まない。――の心境だよ」「この年まで懸命に生きてきたつもりだったが、――の感を強くする」❷期限が迫っているのに、仕事が一向にはかどっていないことのたとえ。「締め切りが迫っているのに一向に筆が進まない。――とはまさにこのことだ」「――、このままでは明日の開店に間に合わない」

◆日は暮れたのに目的地まではまだ遠いの意からいう。

誤用「日、暮れて」を「ひぐれて」と一語

に読むのは避けたい。

出典 春秋時代、楚《そ》の平王の墓をあばき、掘り出した死骸を鞭打《むちう》った伍子胥《ごししょ》のやり方を知人の申包胥《しんぽうしょ》が非難したとき、伍子胥が「吾《われ》、日《ひ》莫《く》(＝暮)れて途《みち》遠し。吾、故に倒行《とうこう》して之《これ》を逆施《ぎゃくし》す(＝私はいま、日が暮れてなお道が遠いという心境である。だから道理に従ってそれを行う暇などなかったのだ)」と言ったという故事に基づく(「史記・伍子胥列伝」)。

引《ひ》けを取《と》る

使い方 負ける。劣る。「私は幼いころから何かにつけ兄に**引けを取っ**てきた」「もう貴方《あなた》位学問をすれば、何処へ出たって──んじゃないんだからね〈夏目漱石・行人〉」「目立たないレストランだが、味の点ではどの店にも**引けを取らない**」「我慢強さという点では、彼女はだれにも**引けを取らない**」「プロにも**引けを取らない**腕前」 ◆多く打ち消しの形で、相手に劣ることがない意に用いる。「引け」は、人より劣っていると感じること。

誤用 「引け目を感じる」と混同した「引け目を取る」は誤り。「×運転の技術では引け目を取らない」

▼庇《ひさし》を貸《か》して母屋《おもや》を取《と》られる

使い方 ❶一部を貸したために、その全部を取られてしまう。「あまり甘やかすと──ことになるよ」「ちょっと暖簾《のれん》を貸したつもりが──結果になって、営業権をそっくり奪われてしまった」

❷恩を仇《あだ》で返される。「目をかけていた部下に裏切られた。**庇を貸して母屋を取られた**心境だよ」「肩入れするのはいいが、──ことのないように気をつけろ」

◆(1)軒先《のきさき》を貸しただけなのに、やがて家ごと取られてしまう意からいう。「軒を貸して母屋を取られる」とも。(2)「ひさし」は「▼廂」、「おもや」は「母家」とも書く。

類表現 「鉈《なた》を貸して山を伐《き》られる」「飼い犬に手を噛《か》まれる」

▼膝《ひざ》突《つ》き合《あ》わす

使い方 相手と膝が触れ合うほどの近さで対座する。「**膝突き合わし**て相談する」「**膝突き合わし**て強硬に談判する」「**膝(を)突き合わし**て熱心に話し合う」

◆「突き合わす」は、二つのものをくっつくほど近づけて向かい合わせる意。

誤用 「つきあわす」を「付き合わす」と書くのは誤り。

類表現 「額《ひたい》を集める」

▼膝《ひざ》を打《う》つ

使い方 急に思いついたり得心がいったり感心したりして、思わず座っている膝の辺りを手のひらで叩《たた》く。「よいアイディアが浮かんで、思わず**膝を打った**」「何を思い出したのか、はたと**膝を打っ**て立ち上がった」「なるほどそういうことだったかと──」「『お見事』と──」「『あ、蟹の缶詰！』渠《かれ》は思わず**膝を打っ**て喜んだ〈岩野泡鳴・発展〉」「…その時にはさすがの吾輩も、思わずアッと感嘆の**膝を打っ**たね〈夢野久作・ドグラ・マグラ〉」「一座あっと驚き、**膝を打ち**、さすがは兄貴の発明おそれいった…とあさはかなお世辞を言い〈太宰治・新釈諸国噺〉」

◆(1)「膝を打って悔しがる」など、後悔の念や苦痛をいう場合に使うのはなじまない。(2)「膝を叩く」とも。

▼膝《ひざ》を折《お》る

使い方 ❶膝を折り曲げて、体をかがめる。「膝を折って座る」「膝を折って礼拝する」「がっくり膝を折ってへたり込む」
❷相手の前に屈する。屈服する。「権力の前に━━」「膝を折って懇願する」「膝を折って助命を乞う」
◆「折る」は、関節の部分を曲げる意（「指を折って数える」「腰を折って挨拶《あいさつ》する」）。
誤用「腰を折る」と混同して、途中で邪魔をする意で使うのは誤り。「× 話の膝を折る」
類表現②「膝を屈する」

▼膝《ひざ》を崩《くず》す

使い方 きちんとした姿勢をくずして、楽な姿勢ですわる。「膝を崩して座る」「どうぞ膝を崩して下さい」「二時間経ち、二時間経ったが、ぎんは膝を崩さず石油灯の前で本を読み続ける〈渡辺淳一・花埋み〉」「治夫は一度正坐した膝を崩してあぐらをかいた〈石原慎太郎・化石の森〉」
◆「崩す」は、整っている形や状態を乱す意（「姿勢を崩す」）。
誤用「体調を崩す」などの「崩す」の連想から、膝を悪くする意で使うのは誤り。「× 膝を崩して歩行が困難になる」
類表現「足を崩す」

▼膝《ひざ》を屈《くっ》する

使い方 膝を折り曲げて、身をかがめる。また、屈服する。「膝を屈して九拝する」「おどされて━━」「権勢の前に━━」「武田信玄、上杉謙信が相ついで死に、本願寺は膝を屈して信長と和解し〈司馬遼太郎・国盗り物語〉」◆「屈する」は、体や体の関節を折り曲げる意（「指を屈して数える」）。
類表現「膝を屈《かが》める」「膝を折る」

▼膝《ひざ》を正《ただ》す

使い方 きちんと座る。正座する。また、改まった態度をとる。「膝を正して座る」「膝を正して陳謝する」「膝を正して謝意を述べる」「そっと父の顔をうかがうと、貞行は膝を正してうつむいている〈三浦綾子・塩狩峠〉」◆「正す」は、ゆがみや乱れをきちんと整える意（「姿勢を正す」）。
誤用「姿勢を正しくする」とはいうが、「膝を正しくする」は誤り。
類表現「襟《えり》を正す」

▼膝《ひざ》を乗《の》り出《だ》す

使い方 前に進み出る。また、興味を示して乗り気になる。「話が面白そうなのでつい━━」「膝を乗り出して話に聞き入る」「Sは夢中で膝を乗り出して、ムキになって尋ねるのでした〈谷崎潤一郎・痴人の愛〉」「もうけ話に━━」
◆(1)「乗り出す」は、体を前のほうへ出す意（「窓から身を乗り出す」）。
(2)「膝を進める」とも。
誤用「膝が乗り出す」は誤り。「× うまい話に膝が乗り出す」

▼膝《ひざ》を交《まじ》える

使い方 親しく同席する。互いにうちとけて話し合う。「膝を交えて相談する」「膝を交えて納得のいくまで話し合う」「同じ職場の仲間だが、なかなか膝を交えて話す機会がない」◆「交える」は、互いに組み合うようにする意（「木々が枝を交える」）。
誤用「膝を交《か》わす」は誤り。

美人薄命《びじんはくめい》

⇩佳人薄命《かじんはくめい》

▼顰《ひそ》みに倣《なら》う

使い方 定見もなく、やたらに人のまねをする。また、人の言行を見習うことを謙遜《けんそん》していう。「先人の——」「有名デザイナーだからと私がその**顰みに倣って**も、必ずしもよい作品にはならないだろう」「先生の**顰みに倣い**、浮世絵研究の道を選びました」「前市長の**顰みに倣っ**て、私も市の発展のために尽くしたいと存じます」◆「顰み」は眉《まゆ》の間にしわを寄せること。故事により「西施《せいし》の顰みに倣う」「西施捧心《せいしほうしん》」ともいう。

誤用 (1)善し悪しを考えずに人のまねをする意でいうのだから、人の行為についていうときには注意が必要。「課長がゴルフを始めたのは、部長の顰みに倣ったのですね」は、部長を立てることになっても課長をおとしめることになる。「先生も私たちの顰みに倣ってジョギングを始めたらどうですか」など、自分をまねするように勧める場合にいうのも、相手より自分を上に位置づけるため、相手に対して失礼になる。(2)「ならう」を「習う」と書くのは誤り。

出典 昔、越《えつ》の美女西施《せいし》が胸を病んで苦しみ、しばしば顔をしかめたところ、それを美しいと思った村の醜女《しこめ》が、そのまねをして村中を歩いたという故事に基づく(「荘子・天運」)。その女性は眉をひそめた西施の美しさはわかっても、なぜ西施は眉をひそめても美しく見えるのかという根本は理解しなかったのだと説く。

額《ひたい》に汗《あせ》する

使い方 額から汗を流して仕事に励む。「**額に汗して**働く」「祖父が**額に汗して**開拓した土地」「**額に汗して**財を築く」◆骨身を惜しまず働くさまをいう。「汗する」は、汗をかく意。多く、努力して物事をするさまを表す。

誤用 「冷や汗をかく」意に使うのは誤り。「×舞台で台詞を忘れ、思わず額に汗した」

額《ひたい》を集《あつ》める

使い方 人々が寄り集まって相談する。鳩首《きゅうしゅ》する。「相談のために——」「**額を集めて**話し合う」「関係者が**額を集めて**善後策を協議する」「金剛峰寺の客室では居残った長老、長吏の中の重だった連中が四、五人**額をあつめて**ひそひそと凝議《ぎょうぎ》をつづけていた〈尾崎士郎・石田三成〉」◆額を寄せ合うことからいう。

類表現 「膝《ひざ》(を)突き合わす」

火種《ひだね》になる

使い方 事件や騒動の原因になる。「輸出過剰が貿易摩擦の——」「不用意な一言がトラブルの——」「人種差別が**火種になって**暴動が勃発する」◆(1)「火種」は、火をおこすもとになる火。(2)「火種となる」とも。「浮気が火種となって離婚騒ぎになる」「度重なる国境侵犯は紛争の火種となりかねない」

◆「左(ひだり・さ)」を使う成句

左袒《さたん》する・左団扇《ひだりうちわ》で暮らす・右から左・右と言えば左・右も左も分からない

左団扇《ひだりうちわ》で暮《く》らす

使い方 生活の心配がなく、のんびりと安楽に暮らす。「遺産が転がり込んだので──」「これくらいの退職金では、老後を──というわけにはいかないよ」「──結構な御身分」◆利き手でない左手でゆうゆうと団扇を使う意からいう。「左団扇」「左団扇を使う」「左扇《ひだりおうぎ》で暮らす」とも。

誤用 (1)経済状態が悪くなることを「左前」というが、それに引かれて、ゆとりのない暮らしをする意にとるのは誤り。「×失業して以来、左団扇で暮らしているよ」

(2)経済上のゆとりを問題にせず、安楽の状況のみに使うのは誤り。「×美女たちに囲まれて左団扇で暮らす」

飛鳥《ひちょう》尽《つ》きて良弓《りょうきゅう》▽蔵《かく》る

使い方 用があるときは使われ、用がなくなれば捨てられることのたとえ。「──のたとえの通り、開発事業が終わると多くの従業員が解雇された」「営業方針が変わって、管理職がそっくり入れ替わった。──だね」◆飛ぶ鳥を射尽くしてしまえば、良い弓もしまい込まれてしまうことからいう。「飛鳥尽きて良弓蔵《おさ》めらる」とも。

誤用 良弓のようにすぐれたものでも、必要がなければ用いられないという意なので、能力がなくて使われなくなる意に用いるのは誤り。「×飛鳥尽きて良弓蔵るの例で、営業成績が悪いというので支社に飛ばされた」

出典「史記・越世家」に「蜚鳥《ひちょう》(=飛ぶ鳥)尽きて良弓蔵められ、狡兎《こうと》死して走狗《そうく》烹《に》らる」とあるのに基づく。⇩狡兎死して走狗烹らる

◆「羊(ひつじ・よう)」を使う成句

告朔《こくさく》の餼羊《きよう》・多岐亡羊《たきぼうよう》・亡羊《ぼうよう》の嘆・羊頭《ようとう》を掲げて狗肉《くにく》を売る

筆舌《ひつぜつ》に尽《つ》くし難《がた》い

使い方 文章やことばでは十分に表現することができない。「この悔しさ[無念さ]は──」「紅葉に彩られた渓谷の美しさは──」「どんな人かと聞かれても、彼女の魅力は──」「全身を襲う苦痛は**筆舌に尽くしがたかった**」「──苦しみを味わう」

◆(1)「筆舌」は、文章に書くことと口で話すこと。表現できないという否定の文脈で使うのが一般的。「筆舌に尽くせない」「筆舌に尽くすことができない」「筆舌に尽くしようがない」「筆舌の尽くし得る所にあらず〈綱島梁川〉」「ほとんど筆舌を超越した哀切の情〈芥川龍之介〉」「言語筆舌に述べ得ざる奥儀あり〈南方熊楠〉」

(2)好ましいことにも好ましくないことにも、その程度のはなはだしいさまにいう。

誤用 (1)「筆舌に書き難い」は誤り。

(2)「筆舌を尽くして解説する」などと、表現を極める意で「筆舌」を使うのは慣用になじまない。

類表現「筆紙《ひっし》に尽くし難い」

匹夫《ひっぷ》の勇《ゆう》

使い方 ただ血気にはやるだけの、取るに足りない勇気。小人の勇気。「思慮分別もなく──を振るう」「そんな無茶な冒険をするのは──だよ」「鉄橋にぶらさがるなんてことは、べつに勇ましいことでも、大胆なことでもないんだよ。そんなのは──というものだ〈山本有三・路傍の石〉」

◆「匹夫」は、つまらない人物。

誤用「匹夫」を「ひきふ」と読むのは誤り。

補説 ことの理非を考えない、向こう見

ずの勇気は「蛮勇《ばんゆう》」という。

出典「孟子・梁恵王下」に、「夫《そ》れ剣を撫《ぶ》し疾視《しっし》して曰《いわ》く、『彼悪《いずく》んぞ敢えて我に当たらんや』と。此《こ》れ匹夫の勇、一人に敵する者なり（＝刀の柄に手をかけて睨《にら》みつけ、『あいつが俺に勝てるはずがない』などというのは匹夫の勇というもので、ただ一人を相手にするだけのものだ）」とあるのに基づく。

必要《ひつよう》は発明《はつめい》の母《はは》

使い方 発明は必要に迫られることから生まれるということ。「人間の欲求がアイディアを生む。——だよ」「——というが、彼はあれば便利だというものを作り出して、数え切れないくらいの特許を取った」「——という。その必要をもとめる精神を日本ではナマクラの精神などと云い、耐乏を美徳と称す〈坂口安吾・続堕落論〉」

誤用「発明は必要の母」と言い誤りやすいので注意が必要。ただし、敢えてもじって「いったん発明されると、使われる必要・用途が生まれてくる」などの意で使うこともある。

出典 Necessity is the mother of invention. の訳語。

類表現「窮《きゅう》すれば通ず」

◆「人（ひと・じん・にん）」を使う成句

魚《うお》の目に水見えず人の目に空見えず・馬には乗ってみよ人には添うてみよ・己の欲せざる所は人に施す勿《なか》れ・佳人薄命・傍《かたわ》らに人無きが如《ごと》し・鬼面《きめん》人を驚かす・月下氷人・古人の糟魄《そうはく》・歳月人を待たず・先んずれば人を制す・死人に口無し・蛇《じゃ》は一寸《いっすん》にして人を呑《の》む・小人《しょうじん》閑居《かんきょ》して不善をなす・知る人ぞ知る・人間《じんかん・にんげん》到る処青山あり・人間《じんかん・にんげん》万事塞翁《さいおう》が馬・人口に膾炙《かいしゃ》する・人後《じんご》に落ちない・人事を尽くして天命を待つ・寸鉄人を殺す・罪を憎んで人を憎まず・天は人の上に人を造らず人の下に人を造らず・十で神童十五で才子二十過ぎては只《ただ》の人・虎《とら》は死して皮を留め人は死して名を残す・情けは人の為ならず・盗《ぬす》っ人《と》猛猛《たけだけ》しい・盗人《ぬすびと》に追い銭《せん》・盗人《ぬすびと》にも三分《さんぶ》の理・盗人《ぬすびと》の昼寝・盗人《ぬすびと》を捕らえてみれば我が子なり・年年歳歳《ねんねんさいさい》花相似たり歳歳年年人同じからず・白玉楼《はくぎょくろう》中《ちゅう》の人となる・美人薄命・人には添うてみよ馬には乗ってみよ・人の噂《うわさ》も七十五日・人の口に戸は立てられぬ・人のふり見て我がふり直せ・人の褌《ふんどし》で相撲を取る・人はパンのみにて生くる者に非《あら》ず・人は見かけによらぬもの・人目に付く・人目を引く・人を呪《のろ》わば穴二つ・人を見たら泥棒と思え・傍若無人《ぼうじゃくぶじん》

一泡《ひとあわ》吹《ふ》かせる

使い方 不意をついて、また、思いがけないことをして、相手を驚かせあわてさせる。「夜襲をかけて敵に——」「新製品を開発してライバル会社に**一泡吹かせて**やろう」「彼等は『空想派』の文学をひっさげて、鳴りをひそめている文壇に**ひと泡吹かせて**やろうというのである〈尾崎士郎・人生劇場〉」 ◆(1)「一泡」は驚き、あわてることのたとえ。「吹かせる」は「吹かす」とも。(2)相手が泡を食うことにいう。⇩泡を食う

一皮《ひとかわ》▼剥《む》く

使い方 うわべを飾っているものを取り去る。「彼は**一皮むけ**ば金の亡者［冷酷なエゴイスト］だ」「英雄というが**一皮むけ**ば単なる野心家に過ぎない」「**一皮むけ**ば内情は火の車だ」「**一皮むけ**ば旧態依然の体制であることは明らかだ」

◆(1)その本質・素質が好ましくないとしていう。「一皮」は、本質・素質を覆いかくすもののたとえ。(2)まれに、「一皮剥《は》ぐ」とも。「ニイチエの『超人』も一皮剥いで見れば、実にこのマルスの転身だった〈芥川龍之介・文芸的な、余りに文芸的な〉」

一皮《ひとかわ》▼剥《む》ける

使い方 容姿・性格・技術などが洗練されて見違えるようによくなる。「**一皮むけ**て美しく［たくましく］なる」「勤めに出るようになってから**一皮むけ**てきれいになった」「チャンピオンにカムバックしてから**一皮むけ**たように強くなった」「主役に抜擢《ばってき》されて**一皮むけ**た演技を見せる」「彼女の演奏を聴いていると**一皮むけ**た感がある」 ◆(1)「一皮」は、本質・素質を覆いかくすもののたとえ。(2)経験や試練を経てプラスに変化することにいう。

人《ひと》には添《そ》うてみよ馬《うま》には乗《の》ってみよ

⇩馬《うま》には乗ってみよ人には添うてみよ

人《ひと》の▼噂《うわさ》も七十五日《しちじゅうごにち》

使い方 世間のうわさは長く続くものではなく、しばらくすれば消えてしまうものだ。「あまり気にしないほうがいい。——だ」「——といったのは昔のことで、今ではこんな大事件も一か月もたたないうちに忘れられてしまう」 ◆悪いうわさを立てられても、聞き流しているうちに別のうわさが流布するようになる。「人の口に戸は立てられぬ」が、口さがない連中は、それだけにまた飽きっぽい。

誤用 「七十五日」は、四十五日・四十九日・七十九日などと誤りやすい。

人《ひと》の口《くち》に戸《と》は立《た》てられぬ

使い方 世間のうわさ話は防ぎようがない。「——というが、この不祥事は何とか揉《も》み消したいものだ」「——というから、うわさの種とならないように気をつけなさい」「あなた様のお心はそうでも、世間の**人の口には戸は立てられません**〈海音寺潮五郎・おどんな日本一〉」 ◆(1)「立てる」は、戸や障子を閉める意（「襖《ふすま》を立てる」「昼日中から雨戸を立てている」）。「▽閉てる」とも書く。(2)「人の口には戸が立てられない」とも。

類表現 「悪事千里を走る」

人《ひと》のふり見《み》て我《わ》がふり直《なお》せ

使い方 他人の行いの善し悪しを見て自分の行いを反省し、欠点を改めよということ。「彼のことを笑ってばかりはいられない。——だよ」「——というから、あの会社の経営破綻《はたん》をくり返さないようにわが社の営業方針を見直そう」

◆(1)自分のことよりも他人のこと（特に、他人の欠点）はよく目に付くことからいう。「ふり（振り）」は、外面にあらわれた態度や動作の意。(2)「人の上見て我が身を思え」とも。

誤用 「ふり」を「不利」と書くのは誤り。

類表現 「人を以《もっ》て鑑《かがみ》となせ」「上手は下手の手本、下手は上手の手本」「殷鑑《かん》遠からず」「前車の覆るは後車の戒め」「他山の石」

人《ひと》の▽褌《ふんどし》で相撲《すもう》を取《と》る

使い方 他人のものを利用して自分の利益をはかる。「土地を転がして利益を得るのは、――ようなものだ」「**人の褌で相撲を取**ってあぶく銭をもうける輩《やから》が多い」

◆(1)「褌」は、力士が腰につける回しのこと。他人の褌を借りて相撲を取る意から、人のものを利用したり人に出させたりしてちゃっかりと利をはかるずるさを非難していう。

(2)「他人の褌で相撲を取る」とも。また、「他人の念仏で極楽詣《まい》り」「人の提灯《ちょうちん》で明かり取る」などとも。

誤用 他人の援助を受ける意で使うのは誤り。「×資金がないので人の褌で相撲を取ることになった」

一旗《ひとはた》揚《あ》げる

使い方 成功をめざして新しく事業をおこす。「**一旗揚げ**ようと上京する」「**一旗揚げ**ようと故郷を捨てたが、はかない夢に終わった」「不動産業で**一旗揚げ**たが、バブルの崩壊ですべてを失った」「この際思いきって大陸へ行って**一旗あげ**たい〈北杜夫・楡家の人々〉」◆「一旗」は、一本の旗。「あげる」は、「挙げる」「上げる」とも書くが、「揚げる」が一般的。

類表現「一役《ひとやく》買う」

一肌《ひとはだ》脱《ぬ》ぐ

使い方 本気になって力を貸す。本腰を入れて援助する。「旧友[新党結成]のために――」「私でよければ**一肌脱ぎ**ましょう」「君のためなら**一肌脱い**でもいい」「ぜひとも君に**一肌脱い**でもらいたい」「その事情を打ち明けてくれさえすれば、我々と雖《いえど》も貧弱ながら**一肌でも**二肌**でも脱げ**ない筈《はず》はなかったろうと思う〈中里介山・生前身後の事〉」

◆(1)ひと仕事をするとき、肌脱ぎ(和服の袖《そで》から腕を抜いて上半身の肌をあらわした姿)になることからいう。

(2)あることのために人が助力することにいう。

(3)「片肌脱ぐ」とも。「後輩のために片肌脱ぐ」

誤用 (1)組織・団体などが援助することには言わない。「×新事業のために銀行が一肌脱ぐ」「×難民救済のために国が一肌脱ぐ」

(2)「ひとはだ」を「人肌」と書くのは誤り。

補説 全力を尽くして物事に取り組むことは「諸肌《もろはだ》を脱ぐ」という。⇩諸肌を脱ぐ

一花《ひとはな》咲《さ》かせる

使い方 成功していっとき華やかに栄える。「彼は新進作家として**一花咲かせ**たことがある」「彼女はかつて国際舞台で**一花咲かせ**たことのあるバイオリニストだった」「ここらで**一花咲かせ**たい」「**一花咲かせ**てから一線を退きたい」「引退する前に**一花咲かせ**たいものだ」◆沈滞している現状から抜け出したいという気持ちをこめて使うことも多い。「一花」は、いっときの栄華のたとえ。

人《ひと》はパンのみにて生《い》くる者《もの》に▽非《あら》ず

使い方 人は物質的な満足を得るためにだけ生きるものではなく、精神生活が大切であるということ。「あまり金に執着しないほうがいい。――だ」「財産などなく

てもいいじゃないか。――だ」「――というから、たまには美術館にでも行ってみよう」◆「人はパンのみにて生くるにあらず」とも。

誤用 人間はさまざまな物を食べて生きるものだの意に解するのは誤り。「× 人はパンのみにて生くるものにあらずというように、バランスのとれた食事が大切だ」

出典「新約聖書・マタイ伝・四章」に、「人はパンだけで生きるのではない。神の口から出るすべてのことばによって生きる」とあるのに基づく。イエスは、四十日間の断食の後、悪魔の最初の誘惑を退けるために、このことばを「旧約聖書・申命記」から引用した。

英語 Man shall not live by bread alone.

人《ひと》は見《み》かけによらぬもの

使い方 人の性格や能力は、うわべを見ただけでは判断できないということ。「あんな華奢《きゃしゃ》な体をしていて空手の有段者だそうだ。――だね」「あんなに多才な人とは思わなかった。――だ」「――というが、頑丈そうな体のわりには病弱だ」◆(1)「見かけ」は、外側から見た印象。勿論《もちろん》、なかには見かけどおりの人もいる。(2)現在は「人は見かけによらない」の形で使うことが多い。

誤用「人は見た目によらぬもの」は誤り。

人目《ひとめ》に付《つ》く

使い方 他人の注意を引く。目立って見える。「――場所に看板を立てる」「人目につかない所にしまっておく」「人目につかないように裏道を歩く」「そんな派手な格好では人目につきやすい」「どんなに世の中が乱脈になったように見えても、このように人目につかないところで黙々と働いている人はいます〈竹山道雄・ビルマの竪琴〉」◆「人目」は、他人が見る目。

誤用 (1)「人目が付く」は誤り。「× 大柄の人だからすぐに人目がつく」(2)「ひとめ」を「一目」と書くのは誤り。

人目《ひとめ》を引《ひ》く

使い方 外見や態度などが目立って、他人の目を引きつける。「奇抜な格好〔けばけばしい看板・街頭宣伝のパフォーマンス〕が――」「――派手な衣装」「里子は美人というほどでなくとも随分――程の容色で、丸顔の愛嬌のある女です〈国木田独歩・運命論者〉」「その前には新着の書物を筆太に書いて、――ように張り出してあった〈島崎藤村・破戒〉」◆「人目」は、他人が見る目。

誤用 (1)「人目をそばだてる」は誤り。「そばだてる」は目や耳の感覚をある一つに集中させる意。「× 人目をそばだてる服装」(2)「ひとめ」を「一目」と書くのは誤り。

一役《ひとやく》買《か》う

使い方 ある役目を進んで引き受ける。「新会社設立に――」「私も自然環境保護運動に――ことにした」「その陰謀には彼も一役買っている」「新党結成のために一役買ってもらいたい」「あれいらい、おくさんもまた一役かって、四年生五人の裁縫を受け持っていたのだ〈壺井栄・二十四の瞳〉」◆「一役」は、一つの役目・役割。

誤用 (1)「一役」を「いちやく」と読むのは誤り。(2)「一役働く」は誤り。

類表現「一枚嚙《か》む」「一枚加わる」「一肌《ひとはだ》脱ぐ」

一山《ひとやま》当《あ》てる

使い方 投機などで大きな利益を得る。「株［相場］で―」「彼は不動産売買で―つもりらしい」「彼女は新案登録で―ことができた」「競馬で一山当てたところで高が知れている」◆鉱山・鉱脈を掘り当てる意から、投機などによる大きな儲《もう》けをいう。

誤用 地道に稼ぐことに使うのは誤り。「×まじめに働いていればいつか一山当てることができるだろう」

人《ひと》を呪《のろ》わば穴二《あなふた》つ

使い方 他人に害をなそうとすれば、自分もまた害を受けることになること。「そんなに人を非難中傷するものじゃない。―だ」「―という。あまり復讐心《ふくしゅうしん》を燃やすのも考えものだ」「相手を轢《ひ》き殺そうとして電柱に追突炎上したそうだ。―だね」

◆(1)他人を呪い殺そうとして墓穴を掘る者は、もう一つ自分の墓穴も掘らなくてはならなくなるという意からいう。(2)「のろわば」は、動詞「のろう」の未然形に接続助詞「ば」が付いたもので、「呪うと(穴を二つ掘ることになる)」の意。文語的な表現。(3)「人を呪えば穴二つ」「人を祈らば穴二つ」「人を呪えば身を呪う」とも。「祈る」には、のろうという意味もある(「祈り殺す」)。

誤用 「人を呪わば墓二つ」は誤り。

人《ひと》を見《み》たら泥棒《どろぼう》と思《おも》え

使い方 人は軽々しく信用しないで、まず疑ってかかれ。「海外旅行で盛り場を歩くときの心得は、―だよ」「世の中は底の知れないものだから、先ず―と、昔の人の云ったうめえ言葉を忘れぬことだよ〈子母沢寛・おとこ鷹〉」◆「人を見たら鬼と思え」とも。

補説 これと逆をいうことわざに「渡《わた》る世間《せけん》に鬼《おに》はない」がある。

類表現 「明日は雨他人は泥棒［盗賊］」

火《ひ》に油《あぶら》を注《そそ》ぐ

使い方 勢いの激しいものに、さらに勢いを加えることのたとえ。「この問題に干渉すると―結果になる」「デモ隊に強硬手段をとるのは、―ようなものだ」「外務大臣の発言が―ことになって反日感情が高まった」「そのあなたの態度が、私のおさまらない気持ちに、ますます―格好となっていきました〈宮本輝・錦繡〉」

◆(1)燃えている火に油をかける意からいう。(2)本来は、その結果を望ましくないものとしていう。

誤用 (1)よい結果にいったり、熱く盛り上がるたとえに使ったりするのは慣用になじまない。「×新製品の大ヒットが火に油を注ぎ、業界のトップに上り詰めた企業」「×チャンピオンの登場で、会場は火に油を注いだようにヒートアップした」(2)「油紙に火が付いたよう」と混同して、ぺらぺらとしゃべりまくるさまをいうのは誤り。「×火に油を注いだようにしゃべりまくる」

微《び》に入《い》り細《さい》を穿《うが》つ

使い方 非常に細かいところまでゆきとどく。「微に入り細をうがった報告」「事の経緯《いきさつ》を微に入り細をうがって説明する」「彼女の話は―ので、簡単には終わらない」

◆(1)「穿つ」は穴をあける意から、物事の本質にまで至ることをいう(「事の真相を穿つ」「穿ったことを言う」)。(2)「微に入り細にわたる」とも。「微に入り細にわたって解説する」

▼髀肉《ひにく》の嘆《たん》

使い方 功名を発揮する機会に恵まれないまま、いたずらに時を過ごす無念さを嘆くこと。「第一線を離れて━━をかこつ」「能力を発揮する場がなくて━━をかこっている」「国境を守って、松倉家からの注進を聞きながら、髀肉の歎を洩《もら》している内に、十余日が経った〈菊池寛・恩を返す話〉」◆「髀肉」は、ももの肉。「嘆」は「▼歎」とも書く。

誤用「ひにく」を「皮肉」と書くのは誤り。

出典 蜀《しょく》の劉備《りゅうび》が馬に乗って戦場を駆けめぐることが久しくないために髀肉が肥え太ったことを嘆いたという故事に基づく(『三国志・蜀志・先主劉備伝・注』)。劉備は単に無為徒食の太りすぎを嘆いたのではない。

非《ひ》の打《う》ち所《どころ》が無《な》い

使い方 まったく欠点がない。完全で、非難するところがない。「彼は何をやらせても━━」「彼女の勤務態度には━━」「どこにも非の打ち所がなく、作品は完璧《かんぺき》だ」「非の打ち所が／のない出来栄え[美しさ・紳士]」「━━人というのも、それはそれで味気ない」◆「非」は、きず、欠点。「打つ」は、しるしをつける意。

補説「非を打つ」とほぼ同じ意味の成句に「批点を打つ」がある。「批点」は、詩歌・文章などを批評してつける評点のことで、「批点を打つ」は詩文に評点をつけること。転じて、人の欠点などを指摘して非難する意になる。「批(点)の打ち所が無い」という形でも使われる。「その手前(＝わたし)でさえ、先生の八犬伝には、何とも批の打ちようがございません。いや全く恐れ入りました〈芥川龍之介・戯作三昧〉」「どこから見ても批点の打ちどころのない奥様のお身の上も私には御不憫《ごふびん》で〈有島武郎・或る女〉」

日《ひ》の出《で》の勢《いきお》い

使い方 朝日が昇るような盛んな勢い。「いまや━━のお笑いタレント」「━━で世界を制覇したサッカーチーム」「━━で業界のトップを目ざす新進企業」「━━で日本市場を席巻《せっけん》したソフトメーカー」◆あっという間に勢力を伸ばしていくさまをいう。

誤用「火の出の勢い」は誤り。

類表現「旭日《きょくじつ》昇天の勢い」

火《ひ》の無《な》い所《ところ》に煙《けむり》は立《た》たぬ

使い方 うわさが立つのは、何かしらその原因があるからだということ。「あの二人が無関係ということはないだろう。━━だよ」「社長は否定しているが、━━というから、やはりあの会社は危ないのじゃないか」◆(1)煙が立つ以上は必ず火があるとしていう。(2)「煙あれば火あり」とも。

誤用(1)「火の無い所に炎は立たぬ」は誤り。(2)「蒔《ま》かぬ種は生えぬ」と混同して使うのは誤り。⇩蒔かぬ種は生えぬ

英語 Where there's smoke, there is fire. / (There is) no smoke without fire.

日《ひ》の目《め》を見《み》る

使い方 それまで埋もれていた物事が世間に知られるようになる。また、それまで不遇だった者が世間に認められるようになる。「地道な研究がようやく━━」「この

企画もやっと——ことになった」「お蔵入りしていた問題作がようやく——ことになった」「彼の隠れた才能が——のはいつのことだろう」「三十年ぶりに**日の目を見**た幻の作品」「坑夫と云えば名前の示す如く、坑の中で、**日の目を見**ない家業である〈夏目漱石・坑夫〉」◆「日の目」は、日の光。

【誤用】「ひのめ」を「日の芽」と書くのは誤り。

火花《ひばな》を散《ち》らす

【使い方】互いに刀を打ち合わせて激しく戦う。転じて、双方が激しく争う。「二人の武将が**火花を散らし**て斬り結ぶ」「東西両軍が**火花を散らし**て戦う」「与野党が論戦に——」「両デパートが商戦の——」「賜杯をめぐって——熱戦を繰り広げる」◆(1)刃と刃がぶつかる瞬間に火花が飛び散ることからいう。(2)広く、むきだしの闘志がぶつかり合うことにいう。

火《ひ》▼蓋《ぶた》を切《き》る

【使い方】戦いや競争を始める。「決戦[舌戦・論争]の——」「最後通牒《つうちょう》を突きつけて開戦の——」「今こそ反撃の——ときだ」

◆(1)「火蓋」は、火縄銃の火皿をおおう蓋。その蓋を開いて点火の準備をすることからいう。(2)受け身の「火蓋が切られる」の形でも使う。戦い・競争が始まる意。「大統領選の火蓋が切られた」

【誤用】「幕を切って落とす」との混同から、「火蓋を切って落とす」とするのは誤り。幕の場合は切って落とすのだが、火蓋は切っても落ちることはない。「× 選挙戦の火ぶたを切って落とす」

◆「暇（ひま・いとま・か）」を使う成句

寸暇《すんか》を惜しむ・席の暖まる暇《いとま》が無い・貧乏暇《ひま》無し

◆「百《ひゃく》」を使う成句

一文《いちもん》惜しみの百知らず・一犬《いっけん》影に吠《ほ》ゆれば百犬声に吠ゆ・お百度を踏む・彼を知り己を知れば百戦殆《あや》うからず・可愛《かわい》さ余って憎さ百倍・五十歩《ごじっぽ》百歩・酒は百薬の長・雀《すずめ》百まで踊り忘れず・読書百遍《ひゃっぺん》義自ずから見《あらわ》る・百尺《ひゃくしゃく》竿頭《かんとう》一歩を進む・百年河清を俟《ま》つ・百聞は一見に如《し》かず・百鬼夜行《ひゃっきやこう》・三つ子の魂百まで

百尺《ひゃくしゃく》▼竿頭《かんとう》一歩《いっぽ》を進《すす》む

【使い方】努力を重ねて高い目標に達した後も、さらに努力して工夫を重ねることのたとえ。「——の工夫を尽くす」「業界のトップに立ったが、——の経営努力を続けたい」「…のみならず諸君の好奇心は、それだけに満足しないで、更に、**百尺竿頭を一歩進め**た質問を発せしめた〈夢野久作・ドグラ・マグラ〉」

◆(1)百尺の竿《さお》の先に達しているが、さらにもう一歩先に進もうとする意からいう。「尺」は長さの単位。周代では約二二・五センチメートル、日本では約三〇・三センチメートル。(2)「百尺竿頭に一歩を進む」とも。「百尺」は「ひゃくせき」とも読む。また、「竿頭歩を進む」とも。

【誤用】秋田市などの七夕祭りの行事に「竿灯」があるが、この句の「かんとう」を

「竿灯」と書くのは誤り。

出典「景徳伝灯録《けいとくでんとうろく》」に唐の長沙《ちょうさ》景岑《けいしん》のことばとして、「百尺竿頭須《すべか》らく歩を進むべし、十方《じっぽう》世界是《これ》全身（＝百尺の竿の先よりさらに一歩を進めて、全世界が全身であるようにならなくてはならない）」とあるのに基づく。

百年河清《ひゃくねんかせい》を▼俟《ま》つ

使い方 いくら待っても実現することのない望みのたとえ。世の大平を待ち望むたとえともする。「戦争のない世界を望むのは——に等しい」「金にきれいな政治を期待するのは——ようなものだ」「——とも犯罪の種は尽きない」
◆(1)千年に一度しか澄むことがないという黄河の水が澄むのを待つ意からいう。(2)「河清を俟つ」「河《か》の清《す》むを俟つ」「百年黄河の澄むを俟つ」とも。「まつ」は「待つ」と書いてもよいが、原典は「俟つ」。
誤用 辛抱強く待つ意で使うのは誤り。「×百年河清を俟つという気持ちで、あせらずにチャンスの到来を待つ」
出典「春秋左氏伝・襄公《じょうこう》八年」に「河の清むを俟つも、人寿幾何《いくばく》ぞ（＝黄河の水の澄むのを待っても、人の寿命は短くて待ちきれない）」とあるのに基づく。

百聞《ひゃくぶん》は一見《いっけん》に▽如《し》かず

使い方 何回も人から聞くよりも、自分の目で実際に見るほうが確実であるということ。「——だ、とにかく一度様子を見に行ってみよう」「いくら本で読んでも、実際に観察しないと理解できないことがある。——だよ」◆(1)「〜に如かず」は、動詞「如《し》く」の未然形＋打ち消しの助動詞「ず」。〜には及ばないの意。(2)「千聞一見に如かず」とも。

誤用「ひゃくぶん」を「百文」と書くのは誤り。

出典「漢書・趙《ちょう》充国《じゅうこく》伝」に「百聞は一見に如かず。兵《へい》は隃《はる》かに度《はか》り難し。臣願わくは馳《は》せて金城《きんじょう》に至り、図して方略を上《たてまつ》らん（＝戦《いくさ》のことは遠く離れたところにいたのではわかりません。私が金城（＝甘粛省蘭州市の西北）に駆けつけて状況をさぐり、図に描いて作戦計画を奏上いたしましょう）」とあるのに基づく。

百鬼夜行《ひゃっきやこう》

使い方 ❶いろいろの妖怪《ようかい》が夜中に列をなして出歩くこと。「いつぞや大殿様が、二条大宮の——に御遇いになっても、格別御障りのなかった事が、洛中洛外の大評判になりますと〈芥川龍之介・邪宗門〉」❷得体の知れない人々が我が物顔にふるまうこと。「——の政争劇」「実朝の宰領したものは、最も陰惨な、殆ど——の集団であった事は、既に書いた通りである〈小林秀雄・実朝〉」
◆「ひゃっきやぎょう」とも。「夜行」は、夜出歩くこと。また、夜間に活動すること（「夜行動物」）。
誤用「やぎょう」を「夜業」と書くのは誤り。

冷《ひ》や飯《めし》を食《く》う

使い方 ❶職場などで冷遇される。「上司に疎まれて——」「派閥争いに巻き込まれて長い間**冷や飯を食わ**されてきた」「不祥事を起こして——羽目になる」❷居候をする。「学生時代は叔父の家で**冷や飯を食**っていた」「金持の家の**冷飯**

ひ

を喰いながら中学校へ通う道が開けた時にも、それを父に向って云い出すまでにはかなりの躊躇がいった〈島木健作・生活の探求〉」◆⑴「冷や飯」は、冷たくなった飯。「食う」は、「▼喰う」とも書く。⑵「冷や飯になる」ともいう。また、冷遇することは「冷や飯にする」という。

誤用 サービスなどが悪い意で使うのは誤り。「× 広告と中身は大違い。あの観光ホテルでは冷や飯を食わされたよ」

氷山《ひょうざん》の一角《いっかく》

使い方 たまたま表面に現れたことは全体の一部分に過ぎないことのたとえ。「今回摘発された汚職事件は——だ」「起訴された容疑者は——だろう」「一連の詐欺事件で表面化した被害額は——に過ぎない」「今回明るみに出た政界の不祥事は**氷山の**ほんの**一角**に過ぎない」◆氷山は全体の大半が海面下に隠れていることから、表面化しない悪事などが他に多くあることをほのめかしていう。

誤用 好ましい物事についていうのは慣用になじまない。「× 報道された被災地でのボランティア活動は氷山の一角に過ぎない」

平《ひょう》▽仄《そく》が合《あ》わない

使い方 話のつじつまや物事の道理が合わない。「あの政治家は**平仄が**/**の合わない**ことばかり言う」「こちらから謝罪しろというのでは話の——」「そんな理由で契約を破棄するのでは——」◆漢詩を作るときに守らなくてはならない平声《ひょうしょう》字と仄声《そくせい》字の配列が合わないことからいう。漢詩の近体詩ではこの平仄法が重視される。

誤用 「平仄」を「へいそく」と読むのは誤り。

氷炭《ひょうたん》相《あい》▽容《い》れず

使い方 性質が正反対で、調和・一致しないことのたとえ。「——の民族紛争が続く」「あの二人はいま——の状態にある」「罪と罰、絶対に相通ぜざるもの、**氷炭相容れざる**もの〈太宰治・人間失格〉」◆⑴「氷炭」は、氷と炭。氷は火にとけ、火は氷で消える。はなはだしく相違するもののたとえに使う。⑵「氷炭相並ばず」「氷炭器《き》を同じくせず」とも。

出典 「楚辞」にある、前漢の東方朔《とうぼうさく》の「七諫《しちかん》・自悲」には「氷炭《ひょうたん》は以《も》って相並ぶべからず」とあり、「韓非子・顕学」には「夫《そ》れ氷炭は器《き》を同じくして久しからず（＝氷と炭火とは同じ器の中では長くもつはずもない）」とある。

▼瓢《ひょう》▼箪《たん》から▼駒《こま》

使い方 思いもかけないことが真実となって現れてくること。また、道理上ありえないことのたとえ。「何げなく投稿した小説だが、——が出てドラマ化されることになった」「——で、面白半分で売り出した商品が当たって大金が手に入った」「彼女がプロの歌手になれれば、それこそ——だよ」「——ということもあるから、最初からあきらめることはない」◆「瓢箪から駒が出る」とも。「駒」は馬のこと。瓢箪のあの細い口から馬が飛び出せば、それは奇跡以外の何ものでもない。

誤用 不意に意外な出来事が起こる意で使うのは誤り。「× 夕べの地震はまさに瓢箪から駒だったね」「× 瓢箪から駒ということもあるから交通事故には気をつけなさい」

出典 上方版「いろはがるた」の一つ。

類表現 「嘘《うそ》から出た実《まこと》」

▼瓢《ひょう》▼簞《たん》で▼鯰《なまず》を押《お》さえる

使い方 とらえどころのないことのたとえ。また、要領を得ないことのたとえ。「茫洋《ぼうよう》として——ような人物」「——ような計画では実行できない」「あの人の話は——ようで、一向に筋がつかめない」

◆(1) ぬるぬるした鯰をつるつるした瓢簞でつかまえようとする意からいう。

(2) 「鯰を瓢簞で押さえる」「瓢簞鯰」とも。

誤用 不可能の意で使うのは誤り。「×今日中に仕上げろと言われても、瓢簞で鯰を押さえるようなものだ」

補説 「瓢簞鯰」は、大津絵(＝元禄のころに流行した民芸的な絵)で好まれた画題の一つ。後、歌舞伎の所作事にも仕組まれた。

▼瓢《ひょう》▼簞《たん》の川流《かわなが》れ

使い方 浮き浮きとして落ち着きのないようすのたとえ。また、あてもなくぶらぶらしているようすのたとえ。「——のように、朝からそわそわと落ち着かない」「いい年をして——のように軽薄で困る」「——よろしく盛り場をほっつき歩く」

◆ぷかぷか浮きながら川を流れていく瓢簞のようすからいう。

誤用 川の流れに乗る意にとって、物事の順調なさまをいうのは誤り。「×そんな仕事なら瓢簞の川流れで、朝飯前だ」「×工事は瓢簞の川流れのように順調に進んでいる」

比翼《ひよく》の鳥《とり》

⇩天《てん》に在《あ》らば比翼の鳥、地に在らば連理の枝

◆「開《ひら》く」を使う成句

心を開く・愁眉《しゅうび》を開く・開け胡麻《ごま》・眉《まゆ》を開く・目を開く

開《ひら》け▼胡《ご》麻《ま》

使い方 アラビアンナイト中の物語「アリババと四十人の盗賊」で、盗賊団の宝を隠した洞窟《どうくつ》の扉を開けるときに唱える呪文《じゅもん》。望みがかなうように念じて使う。「この大学に入学できますように、——！」

◆その中に多数の種子を抱えている円柱状の果実を開かせる意でいうのだろう。エジプト原産といわれる胡麻は種子を食用とするために、また、種子から油をとるために古くから栽培されてきた。

英語 Open, Sesame!(オープン、セサミ)

ピリオドを打《う》つ

使い方 続いてきた物事を終わりにする。「学生生活[二十年間の選手生活]に——」「容疑者を逮捕して捜査に——」「結婚生活に**ピリオドを打**って、新たな人生を歩み出す」「大政奉還によって徳川三百年の歴史に**ピリオドが打たれ**た」

◆(1) 「ピリオド(period)」は、欧文などで文の末尾につける「.」のしるし。終止符。けじめや決着を付けるという気持ちを込めて使う。

(2) 「終止符を打つ」とも。

誤用 意図を含まない自然現象などに使うのはなじまない。「△ベスビオ火山の大噴火が古代都市ポンペイにピリオドを打った」

◆「拾《ひろ》う」を使う成句

火中の栗《くり》を拾う・捨てる神あれば拾う神あり・骨を拾う

火《ひ》を見《み》るより明《あき》らか

使い方 明白で疑う余地がないさま。「明々白々である」「このままでいくと失敗は━━だ」「この増税が国民の反発を招くのは━━だ」「この傾向からみれば今後学術の益々盛んになるにつれ賢明なる女性が輩出することは━━です〈渡辺淳一・花埋み〉」◆燃えている火よりもはっきり見える意からいう。「火を見るよりも明らか」とも。

誤用 (1)「火を見るように明らか」は誤り。(2)「ひ」を「日」と書くのは誤り。

ピンからキリまで

使い方 最上のものから最低のものまで。「盆栽にも━━ある」「マンションといっても━━ある」「━━、いろいろなワインを取りそろえてある」「だがしかし、軽風俗文学にも━━ある〈戸坂潤・思想と風俗〉」「━━ある東京だもの。裸になりついでにうんと働いてやりましょう〈林芙美子・放浪記〉」◆(1)「ピン」は、カルタやさいころの目の一の数。転じて、第一番。ポルトガル語の**pinta**(点の意)からという。「キリ」は、十の意。転じて、最低のもの。ポルトガル語の**cruz**(十字架の意)からという。(2)俗に、略して「ピンキリ」とも。

貧者《ひんじゃ》の一灯《いっとう》

⇩長者《ちょうじゃ》の万灯より貧者の一灯

▼顰《ひん》▼蹙《しゅく》を買《か》う

使い方 見る人が眉《まゆ》をひそめるような言動をして、人から嫌われ軽蔑《けいべつ》される。「泥酔して━━」「そんな格好をして葬儀に行くと━━よ」「彼は披露宴のスピーチで別れる話をして**顰蹙を買**った」「過剰な応援が観客の**顰蹙を買**ってしまった」「袴に下駄という姿は、当時の欧化思想にかぶれた、はね返り女学生の奇抜な服装で心ある人々の**顰蹙をかっ**ていたスタイルである〈渡辺淳一・花埋み〉」◆(1)「顰蹙」は、不快を感じて眉をひそめること。(2)嫌って軽蔑することを「顰蹙する」といい、その受身や使役の表現である「顰蹙される」「顰蹙させる(顰蹙せしめる)」は、「顰蹙を買う」と同じような意になる。(3)俗に、「顰蹙」「顰蹙物」で同じ意を表す。また俗に、程度を強調して「大顰蹙《だいひんしゅく》(を買う)」ともいう。「そんなことをすれば顰蹙ですよ」「遅刻して大顰蹙を買いました」

貧《ひん》すれば鈍《どん》する

使い方 貧乏をすると頭の働きが鈍くなり、さもしい心をもつようになる。「事業に失敗してからはすっかり金に汚くなった。━━だね」「━━で、人にたかることばかり考えている」◆(1)「貧する」は貧しくなる意。「鈍する」は、頭の働きがにぶくなる意。(2)「貧すりゃ鈍する」とも。

誤用 (1)「貧すれば窮《きゅう》する」は誤り。「窮する」は、行き詰まって困る、金や物がなくて困るの意なので、「貧すれば窮する」はごく当然のことを言うだけになる。(2)「窮《きゅう》すれば通ず」との混同から、どうにもならないほど貧しくなればかえって活路が開ける意で、「貧すれば通ず」とするのは誤り。

貧乏《びんぼう》暇《ひま》無《な》し

使い方　貧乏なために生活に追われて、ゆっくりくつろぐ暇もないということ。「──で、朝から晩まで仕事に追われている」「相変わらずの──で、一泊の温泉旅行にも行けないよ」「──で、ゴルフどころじゃない」「──なものですから、ついご無沙汰ばかりして申し訳ありません」「〔売れっ子だね、と言われて〕とんでもない、私の場合は──というやつですから…」

◆(1)ようやく貧乏から抜け出したところで、「稼ぐに追いつく貧乏なし(=懸命に働けば貧乏することはない)」というように、やはりあくせくと働き続けなくてはならない。(2)時間を作れなくて不義理をする場合などに、「貧乏なために暇がない」のだと穏当に伝えることもある。また、活躍して忙しい人などが謙遜《けんそん》の表現として使うこともある。

誤用　「貧乏人の子沢山《こだくさん》(=貧乏人はとかく子どもが多いということ)」とはいうが、「貧乏人の暇無し」は誤り。

出典　江戸版「いろはがるた」の一つ。

ふ

風雲急《ふううんきゅう》を告《つ》げる

使い方　今にも大事変が起こりそうな緊迫した状態である。「湾岸諸国の紛争が**風雲急を告げ**ている」「──両国の対立」「相次ぐテロの勃発《ぼっぱつ》で、世界は──情勢となった」「江戸の形勢は**風雲急を告げ**、いまにも戦端が開かれそうな気配であった〈森村誠一・新選組〉」◆風が起こり雲が巻いて、大自然が変事の予兆を告げる意からいう。

風樹《ふうじゅ》の嘆《たん》

使い方　親孝行をしようと思ったときにはすでに親はなく、孝行をしたくてもできないということ。「今となっては──だが、もっと親を大切にしておけばよかった」「──というから、親孝行をするなら今のうちだよ」◆(1)孝行をしたくても親のいない嘆きを風に乱される樹木の動揺に見立てて、親の生きているうちに孝行はすべきだと説く。(2)「風樹の嘆き」「風木の嘆〔嘆き〕」「風樹〔風木〕の悲しみ」とも。

誤用　子の不孝を嘆いて使うのは誤り。「×困った子どもたちだと風樹の嘆をもらす」

出典　「韓詩外伝」に、「樹静かならんと欲すれども風止《や》まず、子養わんと欲すれども親待たず」とあるのに基づく。

類表現　「孝行のしたい時分《じぶん》に親はなし」「墓石に布団は着せられぬ」

風声《ふうせい》鶴《かく》唳《れい》

使い方　おじけづいた人がちょっとしたことにも恐れおののくことのたとえ。「強盗に入られてからというもの──にもびくびくする」「また或は十万の勇士──を聞て走ることあり〈福沢諭吉・文明論之概略〉」「藩はもうすっかり四方から囲まれて、何時戦争が始まるか知れぬ。──、人々は皆な荷担して立った〈田山花袋・生〉」

◆「風声」は風の吹く音、「鶴唳」は鶴《つる》の鳴き声。

誤用　「風声鶴《かく》鳴《めい》」は誤り。

出典「晋書・謝玄《しゃげん》伝」に「風声鶴唳を聞き、皆以《もっ》て王師已《すで》に至ると為《な》す（＝敗軍の兵は風の音や鶴の鳴き声を聞いても、晋の軍がやって来たと恐れた）」とあるのに基づく。

類表現「水鳥の羽音に驚く」「落ち武者は薄《すすき》の穂に怖《お》ず」

風前《ふうぜん》の▽灯火《ともしび》

使い方 危険が迫っていて滅ぶ寸前であることのたとえ。「この会の存立は今や━━だ」「今度の失策で、彼の地位も━━だ」「その男の命はまさに━━で、助かる見込みはほとんどなかった」「我我は文明を失ったが最後、それこそ━━のように覚束ない命を守らなければならぬ〈芥川龍之介・侏儒の言葉〉」

◆(1)「風前」は風の当たる所。風に吹かれる灯火が今にも消えそうなことからいう。人の寿命のはかないことのたとえともする。

(2)「風の前の灯火」「風前の灯燭《とうしょく》」「風中の燭」「風中の灯《とう》」とも。「寿命は猶《なお》風前の灯燭の如《ごと》し〈倶舎論・疏《しょ》〉」

誤用「空前の灯火」は誤り。

風馬牛《ふうばぎゅう》

使い方 まったく関係がないという態度をとること。また、まったく関係がないこと。「彼は政治には━━だ」「中東問題に━━の態度をとる」「君が彼女と結婚しようとしまいと僕には━━だ」「冷然として古今帝王の権威を━━し得るものは自然のみであろう〈夏目漱石・草枕〉」「彼等が復讐《ふくしゅう》の挙を果して以来、江戸中に仇討《あだう》ちが流行した所で、それはもとより彼の良心と━━なのが当然である〈芥川龍之介・或日の大石内蔵助〉」◆「風」は、さかりがつくの意。

誤用「馬耳《ばじ》東風」「馬の耳に念仏」などと混同して、人の意見などを聞き流すだけで少しも聞き入れようとしないことのたとえに使うのは誤り。「×いくら忠告しても風馬牛でどうしようもない」

出典「春秋左氏伝・僖公《きこう》四年」に「風する馬牛も相及ばず（＝発情して互いに相手を求め合う馬や牛の雌雄でも会えないほど遠く隔たっている）」とあるのに基づく。それほど遠く離れてしまえば、すべてが自分とは無関係に思われてくるだろう。

類表現「風馬牛も相及ばず」「風する馬牛も相及ばず」とも。

夫婦《ふうふ》▼喧《げん》▼嘩《か》は犬《いぬ》も食《く》わない

使い方 夫婦喧嘩の細かい内情は知りがたいし、すぐ仲直りするものなのだから、他人の仲裁や口出しは無用であるということ。「━━のだから、よけいな気を回すことはない」「いつものことだから放っておこう。━━よ」「━━の通り、もうにこにことしているよ」◆何でも食う犬さえ見向きもしない意からいう。

誤用 夫婦喧嘩は愚かなことだと戒めていうのは、本来の使い方ではない。「△そんなにののしり合うなんてみっともないじゃないか。夫婦げんかは犬も食わないよ」「△夫婦げんかは犬も食わないと言いますから、このへんで夫と仲直りしようと思います」

笛《ふえ》吹《ふ》けども踊《おど》らず

使い方 あれこれと手を尽くして働きかけるのに、誰もそれに応じようとしないことのたとえ。「あれだけ環境を整えてやったのに━━で、ちっとも勉強しない」「━━で、警察がいくら飲酒運転の危険を警告しても一向に効き目がない」「部長がいくら尻《しり》を叩いても——、営業成績は下がる一方だ」

出典「新約聖書・マタイ伝・一一章」に「僕たちは君たちのために笛を吹いたが踊ってくれなかった。葬式の歌をうたったのに悲しんではくれなかった」とあるのに基づく。イエスは「今の時代は、広場に座ってそう友だちに呼び掛けている子どもたちに似ている」と言って、自分やバプテスマのヨハネが世に容《い》れられないことを嘆いた。

英語 We piped for you and you would not dance.

◆「深《ふか》い」を使う成句

> 奥が深い・父の恩は山よりも高く母の恩は海よりも深し・懐が深い

不帰《ふき》の客《きゃく》となる

使い方 二度と帰らぬ人となる。死ぬ。「明治二十九年十一月二十三日、樋口一葉《ひぐちいちよう》は二十四歳の若さにして不帰の客となった」「心臓発作を起こした兄はすぐ病院に担ぎ込まれたが、そのまま**不帰の客となった**」「長い間自宅療養を続けていた父だったが、薬石効なく**不帰の客となってしまった**」◈人が死ぬことを婉曲《えんきょく》に言い表す。

誤用「不帰の人となる」は誤り。

◆「吹《ふ》く」を使う成句

> 明日《あした》は明日の風が吹く・羹《あつもの》に懲りて膾《なます》を吹く・大風が吹けば桶屋《おけや》が儲《もう》かる・風が吹けば桶屋《おけや》が儲《もう》かる・風は吹けども山は動ぜず・毛を吹いて疵《きず》を求む・どこ吹く風・笛吹けども踊らず

◆「福《ふく》」を使う成句

> 余り物には福がある・禍福《かふく》は糾《あざな》える縄の如《ごと》し・残り物には福がある・禍《わざわい》を転じて福となす・笑う門《かど》には福来たる

覆水盆《ふくすいぼん》に返《かえ》らず

使い方 一度離別した夫婦はもとに戻らないことのたとえ。また、一度してしまったことは取り返しがつかないことのたとえ。「彼女の方はよりを戻したがっていたが、やはり——だったよ」「今さら失敗を嘆いても仕方がない。——だ」「一方的に破棄した契約をもとに戻したいというのは虫がよすぎる。——だよ」◈「覆水」は、容器がひっくり返ってこぼれた水。

誤用 お盆に帰郷する人は多いが、「かえらず」を「帰らず」と書くのは誤り。

出典 前漢の朱《しゅ》買臣《ばいしん》が高位につくと、愛想を尽かして出ていった妻が復縁を求めてきたが、買臣は盆の水を地にこぼし、一度離婚した夫婦は二度ともとに戻らないことを告げたという故事に基づく（「通俗編・朱買臣の妻」）。「拾遺記」にも太公望とその前妻の話として同様の故事が見られるが、夫の出世次第で妻の心が変わる例は古来稀《まれ》なことではない。

類表現「落花枝に返らず破鏡《はきょう》再び照らさず」「後の祭り」

英語 It is no use crying over spilt milk.（こぼれたミルクを嘆いても始まらない）

不《ふ》▼倶《ぐ》▼戴天《たいてん》

使い方 同じ天下には生かしておけないと思うほど、恨みや憎しみが深いこと。また、その間柄。「━の敵を討つ」「━の仇敵《きゅうてき》を倒す」「━の恨みを抱く」「あの二人は━の間柄だ」◆「倶」は、ともに、一緒に、の意。

誤用 「ふぐ」を「不具」と書くのは誤り。

出典 「礼記《らいき》・典礼上」に「父の讎《あだ》は、与《とも》に共《とも》に天を戴《いただ》かず(=父の仇とは共にこの世に生きることをしないで、どちらかが死ぬまで闘う)。兄弟《けいてい》の讎は、兵に反《かえ》らず(=兄弟の仇には、兵器を取りに家に戻ったりしないで、その場ですぐに闘う)。交游《こうゆう》の讎は、国を同じくせず(=友人の仇とは同じ国に住まない)」とあるのに基づく。

河豚《ふぐ》は食《く》いたし命《いのち》は惜《お》しし

使い方 快楽や利益は得たいが、あとのたたりや危険が恐ろしくてためらうことのたとえ。「うまそうな儲《もう》け話だがやめておこう。━だ」「あんまり誘惑するな。乗りたいのはやまやまの話だが━だよ」◆美味なフグは食べたいが、その毒にあたることを思うと手が出ないことからいう。

補説 両極端に走ることの無分別《むふんべつ》を戒めたことわざに、「河豚食う無分別河豚食わぬ無分別(=毒のあるフグをむやみに食べるのも、毒を恐れておいしいフグをまったく食べないのも、ともに分別のある行為ではない)」がある。

袋《ふくろ》の▼鼠《ねずみ》

使い方 追いつめられて逃げ場のないことのたとえ。「この路地に追い込めばもう━だ」「周囲を完全に包囲したから、犯人はもう━だ」「城を包囲された敵軍は━で、逃げるすべがない」◆「袋の中の鼠」とも。

不《ふ》幸《こう》中《ちゅう》の幸《さいわ》い

使い方 不幸な出来事の中で、せめてもの慰めとなること。「事故が物損で済んだのは━だった」「死者が出なかったのは━だった」「あの絶壁から転落して軽傷で済んだのは、まさに━というほかない」「風が吹いてなかったのが━で、火事は延焼をまぬがれた」「この西南戦争が全国統一の機運を導いたことは、せめて━であった〈島崎藤村・夜明け前〉」◆「不幸」は、ふしあわせ。

誤用 「不幸中の幸《こう》」は誤り。

▼巫山《ふざん》の夢《ゆめ》

使い方 男女が夢の中で結ばれること。また、男女が情を交わすこと。「━を結ぶ」「━に耽《ふけ》る」「━に時の過ぎるのを忘れる」◆⑴「巫山」は、中国重慶市巫山県の東端にある山。⑵「巫山の雲」「巫山の雨」「巫山の雲雨」「雲雨巫山」とも。

誤用 巫山の神女は「巫女《ふじょ》」というが、「巫女の夢」とするのは誤り。

出典 楚《そ》の懐王《かいおう》が高唐(=巫山の南側の斜面に建てられた楼閣)に遊び、昼寝の夢の中で巫山の神女と名のる女性と契ったという故事に基づく(「文選・宋玉・高唐の賦」)。神女は「私は巫山の南の丘の上(陽台)に住んでいます。朝には雲となり夕には夕立となって、朝な夕なこちらに参りましょう」と言って立ち去ったという。

武《ぶ》士《し》に二言《にごん》無《な》し

使い方 武士は一度言ったことは必ず守

り通して、決して取り消すようなことはしない。「やると言ったらやる。━━だ」「いったん言ったことは反故《ほご》にはしない。━━だ」

◆⑴武士は信義を重んじるということを武士の立場から言ったことば。「武士に二言は無い」「君子に二言《にげん・にごん》無し」とも。

⑵現代では、「男に二言無し」「女に二言無し」などと応用して使うことが多い。

武士《ぶし》は相身互《あいみたが》い

使い方 同じ立場にある者は互いに思いやりをもって助け合わなくてはならないということ。また、そのような間柄。「コレ拝みます、助けて下されませ。お前もお侍の果てさうなが、━━〈浄瑠璃・仮名手本忠臣蔵〉」「━━、言ってくれればいつでも手伝うよ」「━━だ。資金繰りが苦しいなら少し融資しよう」◆「相身互い」は「相身互い身」の略で、同じ境遇にある者どうしが同情して助け合う意。応用して、「受験生は相身互い」「サラリーマンは相身互い」などとも使える。

誤用 「相身互い」は俗に「相見互い」と当てるが、避けたい。

武士《ぶし》は食《く》わねど高《たか》▼楊枝《ようじ》

使い方 貧しい境遇にあっても気位を高くもち、泰然としていることのたとえ。また、やせがまんすることのたとえ。「━━の心が、やがて江戸者の『宵越《よいごし》の銭を持たぬ』誇りとなり、更にまた『蹴《け》ころ』『不見転《みずてん》』を卑しむ凛乎《りんこ》たる意気となったのである〈九鬼周造・「いき」の構造〉」「━━の気概をもって清貧に甘んじる」「その金を借りたいのはやまやまだが、やめておこう。━━だ」◆名誉を重んじる武士は、貧しくて食事がとれないときも、あたかも満腹したかのように楊枝を使ってみせる意からいう。「高楊枝」は食後ゆっくりと爪楊枝《つまようじ》を使う意で、高楊枝という楊枝があるわけではない。

誤用 「武士は食わねど爪楊枝」は誤り。

出典 上方版「いろはがるた」の一つ。

◆「蓋《ふた》」を使う成句

臭い物に蓋・地獄の釜《かま》の蓋も開《あ》く・火蓋《ひぶた》を切る・蓋を開ける・身も蓋も無い・割れ鍋《なべ》に綴《と》じ蓋

豚《ぶた》に真珠《しんじゅ》

使い方 どんな貴重なものでも、その価値のわからない者には無意味であることのたとえ。「私にとって抽象画の類は━━だよ」「彼に高邁《こうまい》な理想を説いても━━だよ」「こんな連中を前にして、文学がどうの、芸術がどうのといっている中田博士は、まるきり━━を撒《ま》いているようなものだ〈菊池寛・無名作家の日記〉」

誤用 まったく似合わない意で使うのは誤り。「×紺のスーツにそのネクタイでは豚に真珠だよ」

出典 「新約聖書・マタイ伝・七章」に「聖なるものを犬にやってはならない。真珠を豚に投げ与えてはならない。そうすれば犬も豚もそれを踏みにじり、向き直ってあなたをかみ裂くだろう」とあるのに基づく。

類表現 「猫に小判」「犬に論語」

英語 Cast [Throw] pearls before swine.

二《ふた》▼股《また》▼膏薬《ごうやく》

⇨内股膏薬《うちまたごうやく》

二目《ふため》と見《み》られない

使い方 あまりに醜くて、またはむごたらしくて、二度と見る気にならない。「あたりは死屍累々《ししるいるい》として**二目と見られなかった**」「━━惨状」「ひどくかぶれて━━顔になってしまった」「顔中真赤にはれ上ってね。いやもう**二目とは見られない**有様さ…〈夏目漱石・吾輩は猫である〉」「ついに、毒は、眼球まで爛らせてしまい、なんとも、**二目と見られぬ**醜怪な面相となりはてた〈柴田錬三郎・怪談累ヶ淵〉」◆「二目」は、二度見ること。

▼蓋《ふた》を開《あ》ける

使い方 ❶物事を始める。また、物事の結果を見る。「明日から夏の高校野球大会が━━」「当落[効果のほど]は**蓋を開けてみなければ**わからない」「**蓋を開けてみると**与党の圧勝だった」「いざ**蓋を開けてみると**、応募者はほとんどいなかった」

❷興行を始める。特に芝居で、その日の狂言を始める。「初日の━━」「正月興行は一月三日に━━ことになった」「切符の前売はかばかしくなかったのに、━━とどっと観客が雪崩れこむような状態になった〈有吉佐和子・人形浄瑠璃〉」

◆(1)「蓋」は、入れ物などの口にあてがって、ふさぐもの。まず蓋を開けなければ事は始まらない。(2)「蓋が開《あ》く」とも。「蓋が開いてみると、予想以上に客が集まった」

誤用「蓋をひらく」という言い方もあるが、この意味の成句として、「蓋をひらく」は誤り。「✕蓋をひらけば、我がチームの圧勝だった」

物議《ぶつぎ》を醸《かも》す

使い方 世間の論議を引き起こす。「首相の放言が━━」「大臣の失言が**物議を醸している**」「一連の評論が文壇に**物議を醸した**」「━━ような発言は控えた方がいい」◆「物議」は、世間の取りざた、うわさ。「醸す」は、生み出す意。

誤用(1)現在、「物議を呼ぶ」ということも多いが、これは「論議を呼ぶ」と混同したもので、本来的ではない。また、「論議を醸す」も誤り。⇨論議を呼ぶ

(2)「物議を醸し出す」は誤り。「醸し出す」は、ある気分や感じをそれとなく作り出す意。「和やかな雰囲気を醸し出す」

降《ふ》って▼湧《わ》く

使い方 突然起こる。また、思いがけなく現れる。「**降って湧いた**縁談がまとまる」「**降って湧いた**災難に打ちひしがれる」「**降って湧いたような**事態に慌てる」「平穏な村に**降って湧いたような**殺人事件」「まるで**降って湧いたように**敵の軍勢が現れた」◆(1)「天から降る」と「地から湧く」を合わせていう。(2)多く、「降って湧いた[ような]」という過去の形で、連体修飾に用いる。

誤用「わく」を「沸く」と書くのは誤り。

◆「筆(ふで・ひつ)」を使う成句

弘法《こうぼう》にも筆の誤り・弘法《こうぼう》筆を選ばず・春秋《しゅんじゅう》の筆法・筆舌《ひつぜつ》に尽くし難《がた》い・筆が滑る・筆が立つ・筆を入れる・筆を折る・筆を執《と》る・筆を揮《ふる》う

筆《ふで》が滑《すべ》る

使い方 うっかりして書かなくてもよいことまで書いてしまう。「友人への手紙なので、つい調子に乗って**筆が滑った**」

ふ

「筆が滑って未確認の情報を記事にしてしまった」「うっかり筆が滑って相手を怒らせてしまった」◆「筆」は、文章を書くこと(「筆がさえる」「筆で飯を食う」)。
誤用 (1)執筆が調子よく進むことにいうのは本来的でない。その場合は「筆が走る」「筆を走らせる」「筆が乗る」などという。「△筆が滑ってあっという間に原稿を書き終えた」
(2)「口を滑らす(=うっかり言ってはならないことを言う)」とはいうが、「筆を滑らす」は誤り。「×つい筆を滑らして名誉毀損《きそん》で訴えられるはめになった」

筆《ふで》が立《た》つ

使い方 文章を書くのがうまい。「彼は新人ながら――」「書面を見ただけで――ことがわかる」「筆が/の立つ人に嘆願書を書いてもらう」◆「筆」は、文章を書くこと。
誤用 字がうまい意で使うのは誤り。「×彼は筆が立つから、この文章を清書してもらおう」「×筆が立つ人に看板を書いてもらう」

筆《ふで》を入《い》れる

使い方 書かれた文章を訂正する。添削する。「選者が投句に――」「生徒の作文に――」「初版の文章に――」「よく書けているので――必要はない」◆「入れる」は、文章などに訂正の作業を加える意(「原稿に手を入れる」「初校に赤を入れる」「画像に修正を入れる」)。
補説 特に、書き足して文章を直すことは「筆を加える」という。「草稿[旧作]に筆を加える」

筆《ふで》を折《お》る

使い方 文章を書くことを断念する。文筆活動をやめる。「書きあぐねて――」「大作を最後に――」「以後筆を折り、創作から遠ざかった」「筆を折って抗議の意を示す」◆(1)筆を折れば書けなくなることからいう。ある作品の執筆を途中でやめる意にも、文筆活動を中止する意にも使う。(2)応用して、「ペンを折る」とも。
誤用 「筆を擱《お》く」と混同して、文章を書き終える意で使うのは誤り。「×三年間を費やしてようやく長編小説の筆を折った」
類表現 「筆を断つ」

筆《ふで》を執《と》る

使い方 文章または書画をかく。執筆する。「連載小説の――」「新聞社の依頼を受けて評論の――」「四十を過ぎて初めて創作の筆を執った」「帰って見ると主人は書斎の中で何か沈吟の体で筆を執っている〈夏目漱石・吾輩は猫である〉」◆(1)詩文や絵を作るために筆を手に持つ意からいう。(2)「とる」は「取る」とも書く。

筆《ふで》を▽揮《ふる》う

使い方 書画を書く。揮毫《きごう》する。「大作に――」「椽大《てんだい》の――(=立派な文章を書く)」「新聞の文芸時評に――」「読者に請われて色紙に――」「屏風《びょうぶ》に奔放な――」「来合わせていた某《なにがし》の画家が、そこにあった画仙紙などを拡げて、とぼけた漫画の筆を揮った〈徳田秋声・黴〉」◆(1)「ふるう」は、そのものの力を十分に発揮するの意(「腕をふるう」「熱弁をふるう」)。「振るう」とも書く。(2)書くものの種類や書きぶりを形容する「筆」の表現とともに使うことも多い。「絵筆[万年筆]を揮う」「健筆[才筆・達筆・名筆・禿筆《とくひつ》・曲筆]を揮う」「難波には近松巣林子《そうりんし》（＝門左衛門）出でて艶麗なる情筆を揮いて、一世の趣味を風靡《ふうび》したり〈北村透谷・徳川氏時代の平民的理想〉」

懐《ふところ》が温《あたた》かい

使い方 所持金がたくさんある。「ボーナスが出たので――」「給料をもらったばかりなので――」「今日は――から、僕がおごろう」

◆(1)「懐」は、衣服（特に和服）を着たときの、胸のあたりの内側の部分。懐中。(2)「あたたかい」は「暖かい」とも書くが、「温かい」のほうが標準的。

誤用 心が温かいの意で使うのは誤り。「×彼女は懐の温かい人なので、いつも親切にしてくれる」

懐《ふところ》が寒《さむ》い

使い方 所持金が少ない。「給料日前なので――」「旅先で――と心細い」「借金を返したら**懐が寒く**なった」◆「懐」は、衣服（特に和服）を着たときの、胸のあたりの内側の部分。懐中。

誤用 「懐が冷たい」は誤り。

類表現 「懐が寂しい」

懐《ふところ》が深《ふか》い

使い方 ❶心が広くて、包容力がある。「あの政治家は――から党首にふさわしいだろう」「付き合えば付き合うほどあの人の――ことがわかる」❷相撲で、両腕と胸とでつくる空間が大きくて、容易に回しを取らせない。「手足が長く**懐の深い**力士」「あの大関は――ので、なかなか回しがとれない」

◆①の「懐」は、心の中の意（「相手の懐を見透かす」）。②の「懐」は、胸のあたりの空間の意（「横綱の懐に入りこむ」）。

誤用 ①を、心中がとらえ難い意で使うのは誤り。「×彼は懐が深いので、何を考えているのかさっぱりわからない」

▼腑《ふ》に落《お》ちない

使い方 納得がいかない。合点がいかない。「彼女の言うことは――」「この作品が選外なのは――」「どうも――話だ」「いくら説明しても――顔をしている」「その一件は何とか落着したが、まだ――点が残る」「兄さんは正直です。**腑に落ちなければ**何処までも問い詰めて来ます〈夏目漱石・行人〉」

◆(1)「腑」は内臓。転じて、心の意。(2)「腑に落ちない」「腑に落ちかねる」など否定の意で使うのが伝統的だが、最近は「腑に落ちる」の形で納得がいく意で使うことも多くなっている。

補説 納得することは「腹に落ちる」という。「腹に落ちるように言って聞かせてお呉んなさい〈二葉亭四迷・浮雲〉」

◆「舟・船（ふね・しゅう・せん）」を使う成句

> 大船に乗ったよう・呉越同舟《ごえつどうしゅう》・白河夜船《しらかわよふね》・船頭《せんどう》多くして船《ふね》山に上る・呑舟《どんしゅう》の魚《うお》は枝流に游《およ》がず・南船北馬《なんせんほくば》・乗り掛かった船・舟に刻みて剣《けん》を求む・舟を漕《こ》ぐ・渡りに船

舟《ふね》に刻《きざ》みて剣《けん》を求《もと》む

使い方 時勢が移り変わっていることを知らずに、かたくなに旧を守ることのたとえ。「いつまでも先代の経営方針にこだわるのは、――るようなものだ」「――というが、役所は前例にこだわるばかりで旧弊を改めようとしない」「もし一定の格に泥《なず》んで、万変の事を制せんとならば、いはゆる柱に膠《にかわ》して瑟《しつ》を鼓《こ》し、**舟に刻んで剣を求むる**なり〈室鳩巣・駿台雑話・二〉」◆「舟に刻《こく》して剣《つるぎ》を求む」「剣を落として舟を刻む」「刻舟《こくしゅう》」とも。

誤用 「舟に刻みて剣を捜す」は誤り。

出典 揚子江《ようすこう》を渡る途中、舟から剣を落としてしまった楚《そ》の人が、あとで捜すための目印として船縁《ふなべり》に傷をつけた。舟が向こう岸に着いたとき、その男は傷をつけておいた所から水に入って捜してみたが、剣は見つからなかったという故事に基づく〈「呂氏春秋・察今」〉。

類表現 「株《かぶ》を守りて兎《うさぎ》を待つ」

舟《ふね》を漕《こ》ぐ

使い方 居眠りをして体を前後にゆする。「座るとすぐに**舟を漕ぎ**始めた」「気持ちよさそうに**舟を漕いで**いる」「退屈な話なので、聴衆の中には━━人もちらほら見られた」◆そのさまが舟を漕ぐ姿のように見えることからいう。

誤用 熟睡しているさまをいうのは誤り。「×前後も知らず、ぴくりともしないで舟を漕いでいる」

◆「踏《ふ》む」を使う成句

お百度を踏む・三尺《さんじゃく》去って師の影を踏まず・地団駄を踏む・前車の轍《てつ》を踏む・轍《てつ》を踏む・手の舞い足の踏む所を知らず・虎《とら》の尾を踏む・二の足を踏む・薄氷を踏む・踏んだり蹴ったり

冬《ふゆ》来《き》たりなば春遠《はるとお》からじ

使い方 厳しい冬が来たということは、もうすぐ暖かい春が来るということだ。「━━、もう春がそこまで来ている」「━━、受験生の皆さん、あとひと頑張りです」「希望を失ってはいけないよ、━━だ」「━━とはいうが、この業界ではまだまだ冬の時代が続きそうだ」「さあ、翌日からこの夫婦は、━━、貴方と呼びお前と答え、昨日に打って変る濃やかなる愛情夫婦と相成ったのである〈石坂洋次郎・石中先生行状記〉」

◆(1)「来たりなば」は、文語動詞「来たる」の連用形＋文語の完了の助動詞「ぬ」の未然形＋接続助詞「ば」で、来たならばの意。「遠からじ」は、文語形容詞「遠し」の未然形＋文語の打ち消し推量の助動詞「じ」で、遠くないだろうの意。(2)字義どおり春の到来を待ちわびる意や、苦難を耐え忍んだ後に必ず喜びに満ちた幸せがやって来ることのたとえに広く使う。

出典 イギリスのロマン派の詩人、シェリーの「西風に寄せる頌歌《しょうか》」の、**If Winter comes, can Spring be far behind?** による。

振《ふ》りの客《きゃく》

使い方 料理屋・旅館などで、紹介や予約なしにやって来る客。なじみでない客。一見《いちげん》の客。「━━を断る」「あの店は格式が高いから━━は警戒される」「サービスが悪いのは━━だからだろう」◆あまり歓迎されない意味合いでいう。

誤用 free の客ではない。「フリーの客」は誤り。

武陵桃源《ぶりょうとうげん》

使い方 俗世間から離れた別天地。「━━

を求めて旅に出る」「新穂の山が積まれたり、林檎が赤く実ったりしており、犬が鳴き、子供が走って、――という趣があった〈石坂洋次郎・石中先生行状記〉」◆「桃源郷」「桃花源《とうかげん》」「桃源」とも。

誤用「ぶりょう」を「無聊」と書くのは誤り。

出典 晋《しん》の太元のとき、武陵（湖南省常徳市の地）の漁夫が川をどこまでもさかのぼっていくと、桃花の林に出た。やがて林が尽き、水源に至ると山があった。舟を捨ててその山の洞穴に入っていくと、やがて視界は豁然《かつぜん》と開け、そこには秦《しん》の遺民が俗界を離れて暮らす平和な村落があったという。陶淵明《とうえんめい》の「桃花源記」に描かれた理想の世界で、その後、この地を訪れた者はいないとされる。

◆「降《ふ》る」を使う成句

雨が降ろうが槍《やり》が降ろうが・雨降って地固まる・降って湧《わ》く・槍《やり》が降っても

◆「振《ふ》る」を使う成句

大手《おおで》を振る・首を縦に振る・首を横に振る・采配《さいはい》を振る・無い袖《そで》は振れない・棒に振る・脇目も振らず

▼篩《ふるい》に掛《か》ける

使い方 ❶ふるいを使ってより分ける。「砕いた米を――」「そば粉を**ふるいにかけ**て、かすを除く」「砂を**ふるいにかけ**て砂利《じゃり》を取り除く」◆「ふるい」は円形や方形の浅い枠の底に金網・絹布《ぶけん》などを張った道具。粒状のものを入れてゆり動かし、細かいものと粗いものとをより分けるのに使う。❷多くの中から基準・条件にかなったものを選び出す。「審査をくり返して応募作品を――」「オーディションによって応募者を――」「選抜試験の**ふるいにかけ**て、優秀な人材を選び出す」「自然淘汰《とうた》の**ふるいにかけ**られて、優秀な個体だけが残される」

◆「振《ふ》るう（揮）」を使う成句

大鉈《おおなた》を振るう・鉈《なた》を振るう・涙を振るう・筆を揮う

ブルータス お前《まえ》もか

使い方 信頼していたお前までも私を裏切るのかの意。「〔腹心の部下がライバル会社に転職し〕――…」「〔ひいきにしていた日本のプロ野球選手がアメリカに移り〕**ブルータスよ、お前もか！**」◆ブルータスを裏切り者の名に置き換えて、「○○○、お前もか」と使うことも多い。

出典 古代ローマの政治家、カエサル（英語名、シーザー）が暗殺されるとき、暗殺者の中に最も心を許していたブルートゥス（ブルータス）がいるのを認め、驚いて発したと言われる言葉。シェークスピアの「ジュリアス・シーザー」の中のシーザーの台詞《せりふ》（ラテン語）、**Et tu Brute?**（英語では**And you Brutus?**）による。

▽故《ふる》きを▽温《たず》ねて新《あたら》しきを知《し》る

⇩温故知新《おんこちしん》

◆「触《ふ》れる」を使う成句

ふ

折に触れて・忌諱《きい・きき》に触れる・逆鱗《げきりん》に触れる・事に触れて

風《ふ》▼呂《ろ》敷《しき》を広《ひろ》げる

使い方 実際より大げさにいう。大言する。「一攫千金《いっかくせんきん》も夢ではないと、しきりに――」「彼は何かと――くせがある」「顧客への売り込みで、つい**風呂敷を広げ**て予定にない計画まで話してしまった」◆強調して「大風呂敷を広げる」とも。

付和雷同《ふわらいどう》

使い方 一定の主義・主張がなく、他人の意見や行動にすぐ同調すること。「多数派[幹部の意見]に――する」「民意はしばしば――する」「他人の言説に――して行動する人」◆雷が鳴ると、すべての物がそれに応じて鳴り響く意からいう。「付和」は他人のことばに口を合わせる意。「附和」とも書く。「雷同」は雷鳴に応じて物が鳴り響く意。

誤用 「ふわ」を「不和」と書くのは誤り。

▼刎《ふん》▼頸《けい》の交《まじ》わり

使い方 その友人のためなら首をはねられても後悔しないほどの親しい交わり。「彼とは学生時代から――を結んできた」「――ともいうべききわめて親密な友情」◆「刎頸の友」とも。「刎頸」は、頸《くび》を刎《は》ねること。

誤用 「ふんけい」を「刎刑」と書くのは誤り。

出典 春秋時代、趙《ちょう》の恵文王の名臣藺相如《りんしょうじょ》と名将廉頗《れんぱ》が、互いに友のためなら斬首されても悔いないほどの深い交わりを結んだという故事に基づく(「史記・廉頗藺相如列伝」)。廉頗と藺相如が「相与《とも》に驩《よろこ》び、刎頸の交わりをなす」までには、それなりの紆余《うよ》曲折があった。よき友を得るのは、そう簡単なことではない。

類表現 「管鮑《かんぽう》の交わり」「金石の交わり」「断金の契り」「断琴の交わり」「水魚の交わり」

粉骨砕身《ふんこつさいしん》

使い方 力の限り懸命に努力すること。「会社再建のために――する」「――して事に当たる」「――社業に打ち込む」◆骨を粉にし、身をくだく意からいう。

誤用 「さいしん」を「砕心」と書くのは誤り。

類表現 「身を粉《こ》にする」

▼焚《ふん》書《しょ》坑《こう》儒《じゅ》

使い方 秦《しん》の始皇帝が儒教の経典《けいてん》や諸子の書物を焼き、儒者を生き埋めにしたこと。転じて、学問や思想に対する弾圧をいう。「――を行って左翼思想を取り締まる」「治安維持法下、――によって弾圧された共産主義活動」「――が昔だけあったと思うと、大きに違います〈芥川龍之介・戯作三昧〉」◆「焚」は焼くこと、「坑」は穴埋めにすること。

誤用 「こうじゅ」を「抗儒」と書くのは誤り。

出典 秦の始皇帝は宰相李斯《りし》の建言を入れ、紀元前二一三年に医薬・卜筮《ぼくぜい》・農事書以外の書物をことごとく焼き捨て、翌二一二年には四百六十余人の学者を都の咸陽《かんよう》で生き埋めにしたと伝えられる(「史記・秦始皇本紀」)。「文選・孔安国・尚書序」には「秦の始皇、先代の典籍を滅ぼし、書を焚《や》き、儒《じゅ》を坑《あなうめ》にす」とある。

踏《ふ》んだり▼蹴《け》ったり

使い方 重ね重ねひどい目にあうこと。「道路は渋滞するし雨には降られるし、──の旅行だった」「空き巣には入られるわ家は壊されるわで、──です」「品物は渡さない代金は返さないなんて、──じゃないか」◆踏まれた上に蹴られることからいう。

誤用 「踏まれたり蹴られたり」は誤り。

類表現 「泣き面に蜂《はち》」「弱り目に祟《たた》り目」

分《ぶん》に過《す》ぎる

使い方 その人の立場や能力以上である。「こんな高級品は私の──」「一介のサラリーマンに別荘などは**分に過ぎ**ている」「**分に過ぎ**たお褒めをいただく」「**分に過ぎ**たもてなしを受ける」「その欲望はお前の**分に過ぎ**ている〈倉田百三・出家とその弟子〉」「学生の身分でベンツは**分がすぎる**でしょう〈立原正秋・冬の旅〉」

◆(1)「分」は、分際、身の程の意(「分を守る」「分をわきまえる」)。

(2)その身にふさわしくないこととして、非難したり、へりくだったりしていう。

へ

◆「屁《へ》」を使う成句

鼬《いたち》の最後っ屁《ぺ》・沈香《じんこう》も焚《た》かず屁もひらず・屁をひって尻《しり》窄《すぼ》め

▼臍《へそ》で茶《ちゃ》を沸《わ》かす

使い方 おかしくてたまらないことのたとえ。また、ばかばかしくてしょうがないことのたとえ。「──ような滑稽《こっけい》な話」「酒もタバコもやめるなんて、──ようなことをいうね」◆(1)へその辺りで茶の湯が沸き上がるようにおかしいさまをいう。

(2)「へそが茶を沸かす」とも。「ちゃんちゃらおかしくってへそが茶を沸かすよ」

誤用 「臍で湯を沸かす」は誤り。

▼臍《へそ》を曲《ま》げる

使い方 機嫌をそこねて、かたくなな態度をとる。「主役を外されて──」「分け前が少ないといって──」「彼女は自分の意見が通らなかったので**へそを曲げ**ている」「彼は些細《ささい》なことですぐに──」「すっかり**へそを曲げ**て、電話にも出ようとしない」◆周囲が困惑するほどすねることをいう。

補説 性質がひねくれていて素直でないことや、そのような人を「臍曲がり」という。

類表現 「旋毛《つむじ》を曲げる」「冠《かんむり》を曲げる」

下手《へた》な鉄砲《てっぽう》も数撃《かずう》てば当《あ》たる

使い方 たくさんやってみると、なかにはまぐれ当たりもあるということ。「──で、彼も今度の商売では成功したらしい」「──というから、いつかは儲《もう》かることもあるだろう」「──とばかりに投薬されては、患者もたまったものじゃない」「──というから、できるだけ多くの大学に願書を出しておいた方がいいよ」

◆(1)下手な射撃手でも、何発も撃っているうちには命中することがあることからいう。試みの回数が多ければ多いほど成功の確率は高くなるだろう。

(2)「下手な鉄砲も数撃ちゃ当たる」とも。「てっぽう」は「鉄▼炮」とも書く。

誤用 相手との関係によっては直接言うと失礼になるので注意が必要。「×部長、ホールインワンおめでとうございます。下手な鉄砲も数撃てば当たるですね」「×下手な鉄砲も数撃てば当たるといいますから、息子さんの絵もいつか入選することがありますよ」

類表現「下手な鍛冶屋《やかじ》も一度は名剣」

下手《へた》の考《かんが》え休《やす》むに似《に》たり

使い方 よい考えも浮かばないのに長く考え込むのは時間のむだだということ。「——、もう投了したらどうだ」「——だ。どう受けてもその石は死にだよ」「——だ。そろそろ決断したらいいだろう」「——で、彼がいくら考えたところでよい知恵が出るはずもない」◆(1)「下手」は、下手な人の意。囲碁や将棋で、下手な人の長考は何の効果もないことからいう。(2)「下手の考え休むに如《し》かず」とも。

誤用「下手な考え休むに似たり」は誤り。

下手《へた》の長談義《ながだんぎ》

使い方 話の下手な人ほど長々と話したがるものだということ。「社長の訓話は——で困る」「あの人の講演は——で、退屈きわまりない」「——と言われないように、私のスピーチはここまでにしておきます」◆(1)「下手」は、下手な人の意。「長談義」は長い説法。転じて、長たらしくてまとまりのない話をいう。(2)「下手の長話」「下手の長口上《ながこうじょう》」とも。

誤用「下手な長談義」は誤り。

補説 いつまでも下手な談義を続けていることが、次に話す人のじゃまになる意では、「下手の長談義高座[後座]の妨げ」という。

類表現「長口上は欠伸《あくび》の種」

下手《へた》の横好《よこず》き

使い方 下手なくせに、その物事を妙に好むこと。「私の俳句などは——ですよ」「私の絵は——で、とても人に見せられるものではありません」「——というが、よくあれだけゴルフに熱中できるものだ」「彼の長唄《ながうた》は——で、聞かされる方はたまったものじゃない」◆(1)「下手」は、下手な人の意。「横好き」は、上手でもないのにむやみに好むこと。「好きこそ物の上手なれ」というが、好きだからといって上達するとは限らない。(2)「下手の物好き」とも。

誤用「下手な横好き」は誤り。

下手《へた》をすると

使い方 まずいことをすると。また、まずい展開や結果になると。「——命にもかかわる」「——大事になりかねない」「——暴動が起こる心配がある」「——背任の嫌疑を受けないとも限らない」◆「下手すると」とも。「下手する」は、悪い結果を導くような、まずいやり方で物事を行うこと。

誤用「下手にすると」は誤り。

類表現「悪くすると」

◆「蛇（へび・じゃ・だ）」を使う成句

> 鬼が出るか蛇《じゃ》が出るか・蛇《じゃ》の道は蛇《へび》・蛇《じゃ》は一寸《いっすん》にして人を呑《の》む・蛇足《だそく》・蛇《へび》ににらまれた蛙《かえる》・蛇《へび》の生殺《なまごろ》し・藪《やぶ》をつついて蛇《へび》を出す・竜頭蛇尾《りゅうとうだび》

蛇《へび》に▼睨《にら》まれた▼蛙《かえる》

使い方 恐ろしさのために身がすくんで動けなくなることのたとえ。「検事の前に引き出されて━━のようになる」「━━のように、下手人が白州《しらす》に這《は》いつくばう」「チャンピオンに挑戦した新人は、━━のようにまったく手が出せなかった」◆(1)蛇は蛙を好んで食うとされることからいう。(2)「蛇に見込《みこ》まれた蛙」「蛇に逢《おう》うた蛙」とも。「見込む」は見入る意の古い言い方。

補説 いつもと違って非常におとなしいさまは、「借りて来た猫」という。

蛇《へび》の生殺《なまごろ》し

使い方 ❶一気に殺さないで、半死半生の状態にして苦しめること。「残虐にも━━にして痛めつける」「━━は人を嚙《か》む（＝蛇を痛めつけて、とどめを刺さずに放置しておくと、恨みを受けて後難を招くもとになる）」❷物事に決着をつけないで、不徹底のままにしておくこと。また、そのために苦しい思いをすること。「経営に行き詰まった親会社が下請けを━━にする」「気をもたせておいて返事を引き延ばすなんて━━だよ」「あの一件以来閑職に追いやられて、今は━━のような状態だ」「そんならそう━━になさらないで、寧そ決然と離縁して行って下さい〈二葉亭四迷・其面影〉」◆「なま」は、まだ不十分である、中途半端であるの意を表す接頭語（「生煮え」「生返事」「生あくび」）。

誤用 「蛇の半殺し」は誤り。

補説 「飼い殺し」は、働きのなくなった雇い人などをそのまま一生養っておくこと。また、能力の発揮できない地位や職場に置いたまま、ずっと雇っておくこと。「レギュラーにはせず、他チームへの移籍も許さず、選手を飼い殺しにする」

▼屁《へ》をひって▼尻《しり》▼窄《すぼ》め

使い方 失敗した後で、慌てて取りつくろうことのたとえ。「今さら体裁を整えても━━だよ」「あれだけの失言をしたのだから、いくら弁明しても━━だ」「新聞に謝罪文を掲載しても━━のそしりはまぬがれない」◆おならをしてしまってから尻を小さく縮める意からいう。「屁をひって尻つぼめ」「屁をひって尻を窄める」とも。

誤用 「屁をひって穴窄め」は誤り。

出典 江戸版「いろはがるた」の一つ。

ペンは剣《けん》よりも強《つよ》し

使い方 言論の力は武力よりも訴える力をもっているということ。「疑惑を追及した記事がついに大統領を失脚させた。━━だ」「論陣を張れば政権を倒すこともできる。━━だ」「━━というが、政治家が恐れるのはマスコミの批判だよ」

誤用 「筆」にも文筆活動の意はあるが、「筆は剣よりも強し」は誤り。

出典 The pen is mightier than the sword. の訳語。十九世紀イギリスの政治家・小説家、ブルワー・リットンの戯曲「リシュリュー」にあることば。

類表現 「文は武にまさる」

ほ

◆「棒《ぼう》」を使う成句

> 足が棒になる・後棒を担ぐ・犬も歩けば棒に当たる・お先棒を担ぐ・鬼に金棒《かなぼう》・片棒を担ぐ・喧嘩《けんか》過ぎての棒千切り・箸《はし》にも棒にも掛からない・棒に振る・棒ほど願って針ほど叶《かな》う・藪《やぶ》から棒

▽判官《ほうがん》▼贔▼屓《びいき》

使い方 不遇な人や弱い立場の人に同情し、味方すること。また、その気持ち。「──もあって、連敗を続ける力士に盛んな声援が寄せられる」「テレビで報道されたら、潰《つぶ》れかけた店に行列が出来るようになった。これも日本人の──だね」

◆⑴「判官」は九郎判官源義経《よしつね》のこと。日本人の心情として、兄の強者頼朝《よりとも》よりも薄幸の英雄義経に称賛と同情を寄せる傾向の強いことからいう。⑵「ほうがん」は「はんがん」の転だが、日本では「ほうがん」の方が一般的。

誤用「依怙贔屓《えこひいき》」と混同して、気に入っている者の肩を持つ意で使うのは誤り。「×お気に入りの子だけ連れて行くなんて判官びいきだよ」

類表現「曾我贔屓《そがびいき》」

暴《ぼう》▼虎《こ》▼馮《ひょう》河《が》

使い方 血気にはやって無謀な勇をふるうこと。「おだてられて──の勇をふるう」「単身敵地に乗り込むのは──の勇に過ぎない」「彼は──死して悔いざるの破壊的手腕を有したりき〈芥川龍之介・木曾義仲論〉」

◆⑴「暴虎馮河」は、素手で虎に立ち向かい、徒歩で大河を渡る意。「暴」は素手で打つ意、「馮」は川を歩いて渡る意。⑵「暴虎馮河の勇」とも。

誤用「ひょうが」を「氷河」と書くのは誤り。

出典「論語・述而《じゅつじ》」に「暴虎馮河して、死して悔い無き者は、吾《われ》与《とも》にせざるなり（＝無謀なことをして、死んでも悔いることのない者とは行動を共にしない）」とあるのに基づく。

傍《ぼう》若《じゃく》無《ぶ》人《じん》

⇩傍《かたわ》らに人無きが如《ごと》し

坊《ぼう》主《ず》憎《にく》けりゃ▼袈《け》▼裟《さ》まで憎《にく》い

使い方 ある人や物が憎いと、その人や物に関係するすべてのものまでが憎くなることのたとえ。「──で、あの家の飼い犬まで憎らしい」「──で、彼の仲間とも付き合いたくないね」「彼の趣味までけなすのは──の類だよ」「──といったって、なにもあの会社の製品の一切をボイコットすることはないだろう」

◆⑴「袈裟」は僧が左肩から右脇下にかけてまとう布。その僧が憎いと袈裟までが憎らしくなることからいう。⑵「坊主が憎ければ袈裟まで憎し」「法師憎けりゃ袈裟まで憎し」とも。

類表現「親が憎けりゃ子も憎い」

坊《ぼう》主《ず》丸《まる》▼儲《もう》け

使い方 元手なしで思わぬ儲けをすること。「ただ転売するだけでいいなら──じゃないか」「天下りをすれば顔を見せるだけで手当てがもらえるというのだから──

だ」

◆⑴僧侶は元手がいらないので、収入のすべてが自分の儲けになることから。元手なしの実入りのいい仕事をうらやんだり非難したりしていう。⑵「丸」は、完全にその状態である意を表す接頭語（「丸損」「丸焼け」）。

類表現 「薬《くすり》九層倍《くそうばい》」

棒《ぼう》に振《ふ》る

使い方 これまでに努力して得てきたものやこれから得られるはずのものを無にしてしまう。「上司に逆らって昇進を──」「地位［大臣の椅子《いす》］を──」「そんなことをすれば一生を──ことになるぞ」「不意の来客があってせっかくの休日を**棒に振った**」「先生も僕の父も、第二次大戦の間に青春を**棒に振**って来た人たちです〈円地文子・食卓のない家〉」

◆「に」は手段を表す格助詞。棒を振って払い捨てる意から、後悔や無念の気持ちを込めていう。

誤用 棒を振ることをいうが、成句としては「棒に振るう」は誤り。

棒《ぼう》ほど願《ねが》って針《はり》ほど▼叶《かな》う

使い方 望みは大きくても、実際にかなえられることはわずかであるということ。「──で、なかなか理想どおりにはいかないものだ」「儲《もう》けはたったこれだけか。──だね」「──というから、この辺で満足しておこう」◆「棒」は大きなものの、「針」は小さなもののたとえ。

誤用 「棒ほど願えば針ほど叶う」は誤り。

補説 「針小棒大《しんしょうぼうだい》」は、ちょっとしたことを大げさに言い立てること。

類表現 「富士の山ほど願って擂《す》り鉢ほど叶う」

亡羊《ぼうよう》の嘆《たん》

⇩多岐亡羊《たきぼうよう》

▼頬《ほお》が緩《ゆる》む

使い方 うれしくて思わずにこにこする。「ほめられて──」「花束を贈られて──」「ご馳走《ちそう》を前にして──」「孫に囲まれて──」◆「緩む」は表情がやわらぐの意。「▼弛む」とも書く。「頬」は「ほほ」とも。

誤用 「顔が緩む」は本来的には誤りだが、最近はかなり使われる。「△思い出したただけで顔が緩む」

▼頬《ほお》を染《そ》める

使い方 恥ずかしさなどで顔を赤くする。「はにかんで──」「**頬を染めて**小声で答える」「一杯のワインで、ほんのり──」

◆⑴「染める」は、赤らめる意。「頬」は「ほほ」とも。⑵「頬を染める」だけで顔を赤くする意だが、「頬を赤く染める」ともいう。

類表現 「顔を染める」

▼頬《ほお》を膨《ふく》らませる

使い方 不平・不満の気持ちを顔に表す。ふくれっ面をする。「不機嫌そうに**頬を膨らませている**」「**頬を膨らませて**文句を言う」

◆⑴ほっぺたが膨らんだような表情をすることからいう。⑵「膨らませる」は、「膨らます」「膨らせる」「膨らす」とも。「小言を言われて頬を膨らます」「内供《ないぐ》は、不足らしく頬をふくらせて、黙って弟子の僧のするなりに任せて置いた〈芥川龍之介・鼻〉」

墓穴《ぼけつ》を掘《ほ》る

使い方 自分で自分の身を滅ぼすような

ほ

原因を作る。「功を焦って——」「ここで内部告発に踏み切るのは——に等しい」「政敵を葬ろうとした策略が自らの——結果となった」「そんなことをすれば自ら——ことになる」◆「墓穴《つぼけ・はかあな》」は、遺体や遺骨を埋めるための穴。自ら自分のそれを掘る意からいう。

誤用 (1)他人によってその原因が作られることにはいわない。「×野党が与党の墓穴を掘ろうと策をめぐらす」「×ライバルに墓穴を掘られないよう気をつけます」(2)「はかあな」は口頭語。「はかあなを掘る」は避けたい。

▼臍《ほぞ》を▼噛《か》む

使い方 後悔する。もはやどうにもならないことを悔やむ。「今それをしておかないと、後で——ことになるだろう」「警告を無視すると後で——ことになるよ」「手を打っておけばよかったと、今は——思いだ」◆(1)「ほぞ」は、へそ。自分のへそをかもうとしても口が届かないことからいう。(2)「かむ」は原典では「▼噬む」と書く。

誤用 「へそをかむ」は誤り。

補説 「ほぞを固める」は、決意を固める意。「ほぞを固めて事に当たる」

出典 「春秋左氏伝・荘公六年」に「若《も》し早く図らずんば、後に君斉《ほぞ》(=臍)を噬《か》まん(=もし早いうちに処理しておかないと、後で臍をかんでもどうにもならないであろう)」とあるのに基づく。

蛍《ほたる》の光窓《ひかりまど》の雪《ゆき》

⇩蛍雪《けいせつ》

◆「欲《ほっ》する」を使う成句

己の欲せざる所は人に施す勿《なか》れ・樹《き》静かならんと欲すれども風止《や》まず・心の欲する所に従えども矩《のり》を踰《こ》えず・将を射んと欲すれば先《ま》ず馬を射よ

◆「仏(ほとけ・ぶつ)」を使う成句

馬の耳に念仏・木仏《きぶつ》金仏《かなぶつ》石仏《いしぼとけ》・知らぬが仏・仏造って魂入れず・仏の顔も三度

仏《ほとけ》造《つく》って魂《たましい》入《い》れず

使い方 苦心して成し遂げた物事が、肝心な点を抜かしたために何の役にも立たなくなることのたとえ。「どんな立派な政策も実現しないままでは——になる」「検査、検査で病気を発見しても、治療が後回しになるのでは——だよ」「根気はとにかく、ここでやめちゃ**仏作って魂入れず**と一般ですから、もう少し話します〈夏目漱石・吾輩は猫である〉」

◆(1)立派な仏像を造っても、肝心な魂を入れないことからいう。(2)「仏造って眼《まなこ》を入れず」「仏造っても開眼《かいげん》せねば木の切れも同然」とも。「造る」は「作る」とも書く。

補説 仏像・仏画を供養し、眼を点じて魂を迎え入れる儀式が、「開眼《かいげん》供養」。

類表現 「画竜点睛《がりょうてんせい》を欠く」

仏《ほとけ》の顔《かお》も三度《さんど》

使い方 どんなに温厚な人でも、何度も無法なことをされれば、しまいには怒り出すということ。「また酒を飲んで暴れたのか。——で、もう許すわけにはいかない」「——というから、今度ばかりは寛大な処置というわけにはいかないだろう」「――というから、これ以上の借金は頼めないよ」◆いかに温和な仏でも、三度も顔をなで回されれば腹を立てる意からいう。「仏の顔も三度まで」「仏の顔も三度撫《な》ずれば腹立つ」「仏の顔も日に三度」「地蔵の顔も三度」とも。

誤用「仏の顔は三度」は誤り。

◆「骨（ほね・こつ）」を使う成句

朝《あした》に紅顔ありて夕べには白骨となる・一将功成りて万骨《ばんこつ》枯る・恨み骨髄《こつずい》に徹す・骸骨《がいこつ》を乞《こ》う・換骨奪胎《かんこつだったい》・気骨《きぼね》が折れる・骨肉《こつにく》相《あい》食《は》む・死馬の骨を買う・粉骨砕身《ふんこつさいしん》・骨折り損のくたびれ儲《もう》け・骨が折れる・骨に刻む・骨身に染《し》みる・骨身を惜しまず・骨身を削《けず》る・骨を埋める・骨を惜しむ・骨を折る・骨を拾う・老骨に鞭打《むちう》つ

骨《ほね》折《お》り損《ぞん》の草▼臥《〈くたび〉》れ▼儲《もう》け

使い方 苦労しても何の効果も上がらず、ただ疲労だけが残るということ。「一日歩き回ったのに一つも売れなくて、結局は――だった」「ようやく書き上げたレポートだったが、締め切りに間に合わなくて――だった」「そろそろあきらめないと、その交渉は――になるよ」◆くたびれたことが儲けだと揶揄《やゆ》して、「骨折り損（＝苦労した結果が報われないこと）」を強めていう。

誤用 骨を折るのは損だが、くたびれただけの儲けはあった意に解するのは誤り。「×骨折り損のくたびれもうけで、それに見合うだけの利益はあった」

出典 江戸版「いろはがるた」の一つ。

類表現「しんどが利《り》」「労多くして功少なし」

骨《ほね》が折《お》れる

使い方 労力を要する。困難である。「この折衝は――」「――仕事」「この本の内容を理解するのは、なかなか――」「彼を説得するのには**骨が折れ**たよ」「年を取ると階段の上り下りにも――」

補説 (1) 気遣いの度合いがはなはだしい場合は「気骨《きぼね》が折れる」という。「お偉方の接待は気骨が折れる」
(2)「骨を折る」は、そのことのために苦労する、そのために力を尽くすの意。「会社再建のために骨を折る」「後輩の就職のために骨を折る」

骨《ほね》に刻《きざ》む

使い方 深く心にとどめて忘れないようにする。「親の遺訓[友人の忠告]を――」「**骨に刻まれ**ている師の教え」◆「刻む」は、心にしっかりと記憶する意。

誤用「骨身《ほねみ》を削る（＝体がやせ細るほど苦労を重ねる）」と混同して、「骨身に刻む」とするのは誤り。

類表現「心に刻む」「胸に刻む」「肝に銘じる」

骨身《ほねみ》に染《し》みる

使い方 全身に強く感じる。深く感じる。「寒さが――」「寂しさ[親のありがたみ・人の親切・彼の言葉]が**骨身に染みた**」「今度ばかりは自分の無力さが**骨身に染み**てわかった」
◆(1)「骨身」は、骨と肉。転じて、からだ全体の意。
(2)「しみる」は、「▼沁みる」「▽浸みる」「▼滲みる」とも書く。また、強調して「しみ通る」「しみ渡る」「しみ込む」などともいう。

補説「骨身に応《こた》える」もほぼ同じ文脈で使うが、こちらは全身に負担を覚えるという意味合いでいう。「寒さ[親切・しごき]が骨身に応えた」

類表現「骨に染みる」「骨身[骨]に徹《てっ》する」「骨身に通る」

骨《ほね》身《み》を惜《お》しまず

使い方 苦労や面倒をいとわず。「━━働く」「━━仕事に励む」「━━老親の介護をする」「━━会社のために尽くす」「ああ、かわいらしい労働者よ 冬はあくまで汝の味方だ ━━正義を尽せ〈高村光太郎・道程・冬の詩〉」

◆(1) 一心に働くさまをいう。「骨身」は、骨と肉。転じて、からだ全体の意。(2)「骨身を惜しまず」「骨身を惜しまないで」などの形で副詞的に使うことが多いが、「骨身を惜しまない」の形で連体修飾や言い切りでも使う。「骨身を惜しまない働きを見せた」

類表現「骨を惜しまず」⇩骨を惜しむ

骨《ほね》身《み》を削《けず》る

使い方 体がやせ細るほど苦労を重ねて努力する。「日夜研究に━━」「**骨身を削って**稽古《けいこ》に励む」「━━修行を続ける」「━━思いをして財を築く」◆「骨身」は、骨と肉。転じて、からだ全体の意。

誤用「憂き身をやつす」との混同から「骨身をやつす」とするのは誤り。

類表現「身を削る」

骨《ほね》を▽埋《うず》める

使い方 その地で一生を終える。また、そのことに一生をささげる。「━━覚悟で僻地《へきち》に赴任する」「南米に━━覚悟で移民する」「私は医師としてこの離島に━━つもりだ」「彼は研究者としてこの大学に━━つもりらしい」◆死んで埋葬される意からいう。

骨《ほね》を惜《お》しむ

使い方 労苦をいやがって怠ける。「**骨を惜しんで**いては何事も成就しない」「**骨を惜しまず**、こまめに得意先を回る」

◆(1)「骨」は、労苦の意。(2) 多く打ち消しの形で使う。その場合、「骨身を惜しまず」「骨惜しみをせず」などとも。

骨《ほね》を折《お》る

使い方 苦労する。力を尽くす。また、人の世話をする。「資金集め[販路の拡大]に━━」「後輩の就職のために━━」「会社再建のために**骨を折って**くれないか」「家屋敷を処分するために、友人にいろいろと**骨を折って**もらう」「**骨を折って**一編の小説を書き上げる」「車屋に極《き》めた賃銭を払おうとしたら、**骨を折った**から増《まし》をくれという〈二葉亭四迷・平凡〉」「自分は素早くそれを察し、噴き出したいのを怺《こら》えるのに**骨を折りました**〈太宰治・人間失格〉」

補説 ⇩骨が折れる

骨《ほね》を拾《ひろ》う

使い方 ❶火葬にして遺骨を拾い納める。「戦友の━━」「うつむきてみなもの言はず火葬場のしじまに━━なりけり〈小熊秀雄〉」
❷死後の面倒を見る。また、他人のしたことの後始末をする。「**骨は拾って**やるから思う存分やって見ろ」「まさかの場合には俺《おれ》の**骨を拾って**くれ」

◆「骨」は火葬などにした死者の骨の意

ほ

（「この地に骨を埋《うず》める覚悟」）。

誤用 ①の意では「骨」は「こつ」ともいうが、②の意で「こつ」というのは避けたい。

洞《ほら》ヶ《が》峠《とうげ》を決《き》め込《こ》む

使い方 形勢を見て、いつでも有利な方につけるような態勢をとること。日和見《ひよりみ》をすること。「多数派につこうとして──」「**洞ヶ峠を決めこん**でいつまでも入党しない」「**洞ヶ峠を決めこん**でなかなか旗幟《きし》を鮮明にしない（＝態度をはっきりさせない）」◆⑴「洞ヶ峠」は京都府八幡《やわた》市と大阪府枚方《ひらかた》市との境にある峠。⑵「順慶《じゅんけい》を決め込む」とも。

誤用 中立を守る意で使うのは誤り。「×洞ヶ峠を決めこんでどちらの味方もしない」

出典 織田信長の没後、羽柴《はしば》秀吉と明智光秀が京都の山崎で戦ったとき、大和の武将筒井順慶は洞ヶ峠に軍をとどめて形勢を傍観し、有利な方に味方しようとしたという俗伝に基づく。

▼蒲《ほ》柳《りゅう》の質《しつ》

使い方 体が弱く、病気にかかりやすい体質であること。「──に生まれる」「──で、医者にかかってばかりいる」「──である彼は、いつの間にか肺を侵されていたのである〈菊池寛・仇討禁止令〉」◆「蒲柳」は、かわやなぎ（川辺に生えている柳）のこと。蒲柳の葉は早く枯れ落ちることから、体が弱いことにたとえる。

誤用 「質」を「たち」と読むのは誤り。

出典 梁《りょう》の簡文帝から、なぜそんなに早く白髪になってしまったのかと尋ねられた顧《こ》悦之《えつし》が、「松柏《しょうはく》の姿《し》は霜を経て猶《なお》茂り、蒲柳の常質は秋を望んで先《ま》ず零《お》つ（＝松柏は霜にもめげず茂っていますが、蒲柳は秋を前にして枯れ始めます）」と答えたという故事に基づく（「晋書・顧悦之伝」）。

▼惚《ほ》れた▼腫《は》れた

使い方 恋愛に夢中になっていることを強めて、また、からかっていうことば。「──で大騒ぎをする」「──で仕事に身が入らない」「──は当座のうち（＝惚れたの惚れられたのといって喜んでいられるのは、恋の初めのときだけである）」◆「腫れた」は、語呂を合わせて「惚れた」を強めていう語。別に恋心がふくれあがる意ではない。

誤用 「はれた」を「晴れた」と書くのは誤り。

▼惚《ほ》れた弱《よわ》み

使い方 恋愛関係では、より強く惚れているほうがより強く弱みをもつということ。「──で、言いなりになる」「──で金を貢ぎ続ける」「──もあって詐欺事件に手を貸す」「あんなにかばうのは──だろう」◆「弱み」は、弱い側面（「人の弱みを握る」「相手の弱みにつけこむ」）。

誤用 「惚れた弱さ」は誤り。

▼襤▼褸《ぼろ》を出《だ》す

使い方 隠していた欠点を見せてしまう。「しゃべりすぎて──」「矛盾を突かれて──」「付け焼き刃の知識だから、突っ込まれればすぐに──」「稽古《けいこ》不足がたたって、初日の舞台で**ぼろを出した**」「彼は用心深いのでなかなか**ぼろを出さ**ない」「面接時間が短かったので何とか**ぼろを出さ**ずにすんだ」◆「ぼろ」は使い古しの布の意。転じて、都合の悪い点。

補説 隠していた欠点が現れることは「ぼろが出る」という。「にわか仕立てのチームでは、すぐにぼろが出る」

ほ

盆《ぼん》と正月《しょうがつ》が一緒《いっしょ》に来《き》たよう

使い方 うれしいことが重なることのたとえ。また、非常に忙しいことのたとえ。「長男の就職に長女の結婚が重なって──だ」「──な忙しさで、休暇も取れない」「千客万来で、店は──な大騒ぎだ」 ◆(1)盆や正月にはそれに特有のいろいろな行事があることから、また、昔は「藪入《やぶい》り」といって、奉公人にとっての数少ない休日だったことからいう。(2)「盆と正月が一度[一時《いっとき》]に来たよう」とも。

ま

枚挙《まいきょ》に▼遑《いとま》がない

使い方 たくさんあるので、いちいち数えられない。「この種の事件は──」「彼の功績は──」「ギャンブルで身を持ちくずした例は、それこそ──」「因習のもたらす弊害は──ほど多い」「この二三カ月間に余が知れる将校の城下に斃《たお》れたる者は**枚挙に遑あらず**〈夏目漱石・趣味の遺伝〉」 ◆(1)「枚挙」は、一つ一つ数え上げること。「いとま」は、時間の余裕の意。「▽暇」とも書く。(2)数の多いことを強調していう。

誤用 「枚挙にひまがない」は誤り。

類表現 「数え切れないほど」

間《ま》がいい

使い方 折がいい。都合がいい。また、運がいい。「みんながそろっているとは、──ときに来合わせたものだ」「ちょうど臨時便があるとは、何て──んだろう」 ◆「間」は、ちょうどよい時機の意。

誤用 「調子がいい」と混同して使うのは誤り。「×あの男は間がいいことばかりいう」

魔《ま》が差《さ》す

使い方 ふと悪心を起こす。本来ならそんな悪いことをするはずがないのだが、という気持ちを込めて使う。「**魔が差し**て会社の金に手を付ける」「ふと**魔が差し**て放火をする」「彼が盗みを働いたのは、**魔が差し**たとしか言いようがない」「どう**魔が差し**たのか本を万引きしてしまった」「だって、本当に人を救う事の出来るような善い人でも、**魔がさせ**ば、人の魂を殺す事も出来るものだわ〈長与善郎・青銅の基督〉」 ◆悪魔が不意に心の中に入り込む意からいう。

誤用 「さす」を「指す」「射す」「刺す」などと書くのは誤り。

間《ま》が抜《ぬ》ける

使い方 肝心なところが抜けている。ぼんやりする。「彼はどこか**間が**/**の** **抜けた**ところがある」「このポスターは空白が多すぎてどこか**間が抜けている**」「まったく**間が抜けた**話じゃないか」「教師も生徒も帰ってしまったあとで、一人ぽかんとしているのは随分**間が抜けた**ものだ〈夏目漱石・坊っちゃん〉」◆音楽で、大切な拍子が抜ける意からいう。

補説 考えや行動にぼんやりしたところがあることや、そのような人のことは「間抜け」という。「間抜けなやつだ」

▼蒔《ま》かぬ種《たね》は生《は》えぬ

使い方 原因がなければ、結果は生じない。何もしなくては良い結果は得られないことのたとえ。「ただ金を握っていても増えやしない。——だよ」「——で、理屈をこね回すだけでは何事も成就しないよ」◆種を蒔かなければ芽が出る道理はない。

誤用「火の無い所に煙は立たぬ」と混同して、うわさが立つのは何かしらの原因があるからだという意で使うのは誤り。「×蒔かぬ種は生えぬというから、あのスキャンダルも事実無根というわけではないだろう」

出典 上方版「いろはがるた」の一つ。

間《ま》が持《も》たない

使い方 あいた時間を取りつくろうことができない。「退屈で——」「待ち時間が長すぎて——」「彼女は無口なので、二人きりになると——」「**間が持たなくて**つい余計な手出しをしてしまう」◆「間」は、時間的空白の意(「あの役者は間の取り方がうまい」)。「持たない」は「持てない」とも。

誤用「間」を「あいだ」と読むのは誤り。

間《ま》が悪《わる》い

使い方 ❶折が悪い。タイミングが悪い。また、運が悪い。「取り込み中に訪ねてくるとは——」「**間が/の悪い**ことに相手は不在だった」「——ことに相手は一枚上手《うわて》だった」

❷体裁が悪くて恥ずかしい。「二日連続の遅刻でどうも——」「本番中に台詞《せりふ》をとちって**間が/の悪い**思いをした」

◆①の「間」は時機の意、②の「間」は、その場のようすの意。

誤用「間が抜ける」意で使うのは誤り。「×彼はどこか間が悪いので忘れ物ばかりしている」

類表現「きまりが悪い」「ばつが悪い」

◆「巻《ま》く」を使う成句

くだを巻く・煙《けむ》に巻く・舌を巻く・尻尾《しっぽ》を巻く・長い物には巻かれよ

幕《まく》が開《あ》く

使い方 ❶(幕が開《ひら》かれて)芝居などが始まる。「『仮名手本忠臣蔵』の——」「**幕が開いて**演奏が始まる」「**幕が開いて**上手《かみて》からハムレットが登場する」

❷物事が始まる。「日本シリーズの——」「プレスリーの登場で、ロック時代の**幕が開いた**」「終戦によって新しい日本の**幕が開いた**」

誤用 この意では、「幕がひらく」は誤り。

補説 芝居や物事を始める意では「幕を開《あ》ける」という。「開幕」の意の名詞はもともとは「幕開き」で、①の演劇用語では現在も「幕開き」が普通。②の意では「幕開け」を使うことが多くなっている。「幕開きから凝《こ》りに凝った演出で見せる」「日本シリーズ[新時代]の幕開け」

類表現「幕が上がる」

▼枕《まくら》を交《か》わす

使い方 男女が一つの寝具でいっしょに寝る。同衾《どうきん》する。「つらからば人に語らむしきたへの枕かはしてひと夜《よ》寝にきと〈拾遺集・雑賀〉」「二人が一夜の━━」「あの二人は枕を交わした間柄だ」◆やや古風な言い方。「枕」は寝る意。「交わす」は互いにやりとりする意。

誤用 男女の共寝《ともね》以外にいうのは誤り。「✕修学旅行で生徒たちは楽しそうに枕を交わした」

補説「枕を重ねる」は、情交を重ねる意。

▼枕《まくら》を高《たか》くして寝《ね》る

使い方 安心して眠る。「台風がそれたので枕を高くして寝られる」「資金繰りのめどがついたので枕を高くして寝られる」「放火事件が相次ぐので━━ことができない」◆「枕を高くして眠る」とも。

誤用「枕を上げて寝る」は誤り。

出典「史記・張儀列伝」や「戦国策・魏《ぎ》」に「楚《そ》韓《かん》の患《うれ》い無くんば、則《すなわ》ち大王枕を高くして臥《ふ》し、国必ず憂い無からん(=楚と韓の両国から攻撃される心配がなければ大王は枕を高くして寝られ、国には憂患がなくなるでしょう)」とあるのに基づく。

▼枕《まくら》を並《なら》べる

使い方 ❶同じ場所で並んで寝る。「親子三人が━━」「大部屋で枕を並べて寝る」「子どもたちが枕を並べて眠っている」

❷多くの人がそろって同じことをする。特に、多くの人が一緒に討ち死にや切腹をするときにいう。「枕を並べて討ち死にする(=戦場で敵に討たれて大勢が死ぬ。転じて、あることにかかわった人々がそろって失敗する)」「野党の候補者は枕を並べて落選した」「与四郎夫婦は、城中から下げられると、その夜、枕を並べて覚悟の自殺を遂げてしまった〈菊池寛・忠直卿行状記〉」

◆布団を並べて敷き、枕を並べて置く意からいう。

誤用「枕を交わす」と混同して、男女の関係にいうのは誤り。「✕あの二人は枕を並べた関係にある」

幕《まく》を下《お》ろす

⇩幕を閉じる

幕《まく》を切《き》って落《お》とす

使い方 はなばなしく物事を始める。「決戦[全国縦断キャンペーン]の━━」

◆(1)歌舞伎で、開演の際、幕の上部を外して一気に落とすことからいう。大がかりな行事を始めること、また、大きな事件を起こすことなどをいう。

(2)受け身の「幕が切って落とされる」の形も多い。はなばなしく物事が始まる意。「ワールドシリーズ[自由化時代]の幕が切って落とされた」「一九〇五年一月二二日、血の日曜日事件によってロシア革命の幕が切って落とされた」

類表現「火蓋《ひぶた》を切る」

幕《まく》を閉《と》じる

使い方 ❶芝居などを終えて、幕をしめる。「通し狂言[ニューイヤーコンサート]の━━」「割れるような拍手のうちに『トスカ』が幕を閉じた」

❷物事が終わる。また、物事を終える。「冬季オリンピックの━━」「ワールドカップも今日の決勝戦で━━」「眠るが如《ごと》く人生の━━」「ポツダム宣言の受諾によって太平洋戦争は幕を閉じた」

類表現「幕を下ろす」も同じ意。『ベニスの商人』が大団円の幕を下ろした」「徳川幕府は十五代将軍の大政奉還によって幕を下ろした」

負《ま》け犬《いぬ》の遠《とお》▼吠《ぼ》え

⇩犬の遠吠え

負《ま》けるが勝《か》ち

使い方 強いて争わないで相手に勝ちを譲った方が、結局は自分に有利な結果をもたらすということ。「――だ。ここは黙って引き下がることにしよう」「――というから、今は降伏して時機を待つことにしよう」「理不尽な連中と渡り合っても益はない。――だ」◆その時は負けたようでも、大局的に見れば勝ちという場合が少なくないことからいう。

誤用「負ければ勝ち」は誤り。

出典 江戸版「いろはがるた」の一つ。

類表現「逃《に》げるが勝ち」「負けて勝つ（＝一時は相手に勝ちを譲っておいて、最終的な勝ちを得る）」

馬子《まご》にも衣装《いしょう》

使い方 どんな人間でも外面を飾れば立派に見えることのたとえ。「うちのお転婆娘も振り袖《そで》を着たらどこかのお嬢さんだ。――だね」「思わず――だとつぶやいたら、ひどく怒られた」「〔ほめられたのを、謙遜《けんそん》して〕――というやつですよ」「――で、おまえもタキシードを着たら花婿らしく見えるよ」「側にあった花嫁の鏡台に自分の姿を映しながら、『こうなると、僕も立派に見えるね。成程**馬子にも衣裳**だ』と云って笑った〈正宗白鳥・泥人形〉」

◆(1)「馬子」は、駄馬に人や荷物を乗せて運ぶことを仕事とした人。馬子のような身分の低くいやしい者でも羽織袴《はかま》をつければ立派に見えることからいう。(2)「馬子にも衣装髪形《かみかたち》」とも。「衣装」は「衣▼裳」とも書く。

誤用 (1)敬すべき人に使うのは失礼に当たる。「×御嬢様は馬子にも衣装で見事な御婚礼でした」(2)「まご」を「孫」と書くのは誤り。

英語 Fine clothes make the man. / The tailor makes the man.

勝《まさ》るとも劣《おと》らない

使い方 程度がまさってはいても劣っていることはない。同等以上である。「彼女の実力はプロに――」「彼の料理の腕は一流のシェフに――」「今や彼の話術は師匠に――」「楊貴妃《ようきひ》に――美女」「千葉周作に――一刀流の使い手」「金銭に対する愛着は、普通世間人のそれに、**優るとも劣らない**ほどだった〈里見弴・多情仏心〉」「〔ハムレットの翻訳は〕かのウィルアム・アーチャアがイブセンの散文戯曲の英訳を企てたにも**勝るとも劣ること**のない困難な仕事だ〈島崎藤村・桃の雫〉」

◆「勝る」は「▽優る」とも書く。

誤用「勝っても劣らない」は誤り。

◆「交《まじ》わり」を使う成句

管鮑《かんぽう》の交わり・金石《きんせき》の交わり・君子の交わりは淡くして水の如《ごと》し・君子は交わり絶ゆとも悪声を出《いだ》さず・水魚の交わり・断琴の交わり・刎頸《ふんけい》の交わり

▼股《また》に掛《か》ける

使い方 広く各地を歩き回る。また、広い地域にわたって活躍する。「そして日本中を山から山へと**股にかけ**て歩いて

ま

いるんだな〈田山花袋・帰国〉」「甲州から相州を**股にかけて**、流れ渡った揚げ句に、再び江戸へ舞い戻って〈岡本綺堂・半七捕物帳〉」「それまでの五年間、京、大坂から江戸、長崎、薩摩《さつま》、長州など、それこそ日本中を**股にかけて**何度も往来して〈安岡章太郎・流離譚〉」「日本と韓国を**股にかけて**演奏活動をする」「世界を**股にかけて**飛び回る国際人」

誤用 「掛ける」を「駆ける」とするのは誤り。「×世界を股に駆け回る国際的な演奏家」

麻中《まちゅう》の▼蓬《よもぎ》

⇩麻《あさ》の中の蓬

◆「待《ま》つ（俟）」を使う成句

河清《かせい》を俟つ・果報は寝て待て・来たか長さん待ってたほい・歳月人を待たず・人事を尽くして天命を待つ・鳴くまで待とう時鳥《ほととぎす》・百年河清《かせい》を俟つ・待てば海路の日和《ひより》あり

末席《まっせき》を汚《けが》す

使い方 会合に出席したり仲間に加わったりすることをへりくだっていう語。「有識者として審議委員の――」「外交官の一人として戴冠式の――」「この度、取締役の――ことになりました山田と申します」「当道場門人の――片柳兵馬と申す未熟者〈中里介山・大菩薩峠〉」「君も実業家の――一人だから参考の為に言って聞かせるがね〈夏目漱石・吾輩は猫である〉」

◆⑴「末席」は、下位の座席の意。「ばっせき」ともいう。

⑵「末席」自体にへりくだりの意があるので、「末席に就く[座る・連なる・列する・控える]」などでも謙遜《けんそん》の意を表せるが、「けがす」には晴れがましい場や身に余る地位をきたなくする意が含まれるため、よりへりくだった意を表すことができる。

誤用 「汚す」を「よごす」と読むのは誤り。

待《ま》てば海路《かいろ》の日和《ひより》あり

使い方 あせらずに待っていれば、そのうちにきっといいことがあるということ。「――だ。いつか運も向いてくるだろう」「――というから、ここは持久戦といこう」「――、ようやく絶好のチャンスがやって来た」◆⑴風待ちの港に船を寄せていれば、やがては出航にふさわしい天候に恵まれるの意からいう。「待てば甘露《かんろ》の日和あり」の「甘露」を「海路」に言い換えたもので、句としての意味は変わらない。「甘露」は、中国の伝説で、天子が仁政を施すとき、天がそれに感じて降らせるという甘い露《つゆ》のこと。⑵「待てば海路」とも。

誤用 この句の場合、「海路」を「うみじ」「うなじ」とは読まない。

類表現 「果報は寝て待て」

的《まと》を射《い》る

使い方 ❶うまく目標に当てる。「ひょうと放った矢が――」「当てずっぽうに撃った銃弾が――」

❷的確に要点をつかむ。「彼の批評は**的を射ている**」「彼女の言うことは**的を射ている**」「**的を射た**質問が続出する」「彼の分析は**的を射て**いないように思われる」

誤用 「当《とう》を得《え》る」「要領を得る」などとの混同から「的を得る」とするのは誤り。「×その分析は的を得ている」「×的を得た発言」「○当を得た答え」

▼俎板《まないた》に載《の》せる

使い方 議論・批判などの対象にする。「新作［次年度の予算案］を——」「新企画を**まな板に載せ**てあれこれ論議する」「受賞作品が**まな板に載せられる**」

◆(1) 料理しようとする食材をまな板の上に載せることからいう。「まな板」は「真魚《まな》板」の意。もとは専ら魚を料理するのに用いた。(2)「俎板」は「▼俎」とも、「載せる」は「乗せる」とも書く。(3)「俎上《そじょう》に載せる」とも。また、「まな板の上に載せる」ともいうが、ふつうは「まな板に載せる」。

▼俎板《まないた》の▼鯉《こい》

使い方 相手に生死の鍵《かぎ》を握られ、逃げ場のない者のたとえ。「事ここに至れば——、じたばたしても始まらない」「今は——、裁判所の判決を待つばかりだ」「——のように覚悟を決める」「——の如《ごと》く潔い態度」「手術室に運ばれれば、もう——だよ」

◆(1) まな板に載せられてじっと料理されるのを待つ鯉の意からいう。まな板の上の鯉は自らの運命を知るかのようにぴくりともしない。(2)「俎板」は「▼俎」とも書く。(3)「まな板の魚《うお》」「俎上《そじょう》の鯉［魚］」とも。また、「晋書・孔坦伝《こうたんでん》」に「今《いま》由《なお》俎上の肉の、人の膾截《かいせつ》に任すがごときのみ（＝今や、料理人の思うに任せて細かく切られるしかないまな板の上の肉のようである）」とあることから、「俎上の肉」ともいう。

誤用 「まな板の鯛《たい》」は誤り。

▼眦《まなじり》を決《けっ》する

使い方 目を大きく開く。怒ったとき、決意したときのさまをいう。「**まなじりを決して**席を立つ」「**まなじりを決して**抗弁する」「**まなじりを決して**強敵に立ち向かう」「**まなじりを決した**すさまじい形相《ぎょうそう》」

◆(1)「まなじり」は「目《ま》の後《しり》」の意で、目じりのこと。「決する」は裂くの意。(2)「まなじりを裂く」とも。

誤用 「まなじりを決める」は誤り。また、「めじり（目尻）を決する」とは言わない。

◆「眉（まゆ・び）」を使う成句

> 愁眉《しゅうび》を開く・白眉《はくび》・眉に唾《つば》を付ける・眉に火が付く・眉を顰《ひそ》める・眉を開《ひら》く・柳眉《りゅうび》を逆立てる

▼眉《まゆ》に▼唾《つば》を付《つ》ける

使い方 だまされないように用心する。「彼と話すときは——必要がある」「うますぎる話は**眉に唾を付けて**聞いた方がいい」「その本は**眉に唾を付けて**読んだ方がいいよ」「**眉に唾を付けたくなる**ような大げさな話」

◆(1) 眉に唾を付けておくとキツネやタヌキにだまされないという俗信からいう。(2)「眉に唾する」「眉に唾を塗る」「眉毛に唾を付ける」とも。

誤用 「睫毛《まつげ》に唾を付ける」は誤り。

補説 真偽の疑わしいもの（こと）を「眉唾物《まゆつばもの》」「眉唾」という。

▼眉《まゆ》に火《ひ》が付《つ》く

使い方 危険が差し迫る。「地球温暖化の問題は、もう**眉に火が付いている**」「この国の食糧問題は**眉に火が付いた**状態にまで悪化している」

◆(1)眉毛に火が付いた状態の意から、もはや放置できない火急の事をいう。(2)「眉毛に火が付く」とも。

補説「焦眉《しょうび》の急」は、差し迫った危険。また、急を要する事態の意。「焦眉」は、眉を焦がすほど火が身近に迫っているの意。

▼眉《まゆ》を▼顰《ひそ》める

使い方 不快な気持ちや心配の念から眉のあたりにしわを寄せる。「医者は三千代の心臓を診察して**眉をひそめた**〈夏目漱石・それから〉」「あまりの醜態に皆が――」「『なんとも低俗な』と――」「この自然破壊の光景を見れば、心ある人たちは――だろう」「不快そうに**眉をひそめて**席を立つ」◆「ひそめる」は、眉のあたりにしわを寄せる意。

類表現「眉を寄せる」「眉根《まゆね》を寄せる」「眉をしかめる」「顔をしかめる」

▼眉《まゆ》を開《ひら》く

使い方 心配事がなくなって晴れ晴れとした顔になる。「全員無事下山の報を聞いて**眉を開いた**」「一人の犠牲者も出なかったと知って**眉を開いた**」「病状が峠を越したようなので、家族はみな**眉を開いた**」◆心配のためにひそめていた眉(＝愁眉《しゅうび》)を広げることからいう。

誤用「眉を開《あ》ける」は誤り。

類表現「愁眉を開く」

◆「回《まわ》す」を使う成句

> 気を回す・向こうに回す・目を回す

真綿《まわた》で首《くび》を絞《し》める

使い方 遠回しにじわじわと責めたり痛めつけたりすることのたとえ。「――ように執念深く責める」「――ようなやり方でいじめ抜く」「――ように容疑者を問い詰めていく」「**真綿で首を絞められる**ような閉塞感を覚える」◆(1)「真綿」はくず繭《まゆ》を煮て、綿状に引きのばしたもの。丈夫で軽い真綿の感触は柔らかいが、それで首を絞めればじりじりと執拗《しつよう》に肉に食い込んでいく。(2)「しめる」は「締める」とも書くが、ふつうは「絞める」。

誤用「綿で首を絞める」は誤り。

◆「回《まわ》る」を使う成句

> 急がば回れ・お鉢が回る・首が回らない・三遍回って煙草《たばこ》にしょ・舌が回る・手が後ろに回る・手が回る・目が回る・焼きが回る

間《ま》を持《も》たせる

使い方 あいた時間をうまく取りつくろう。「余興で――」「世間話をして――」「――ために、しきりに酌《しゃく》をする」◆「間」は、時間的空白の意(「あの役者は間の取り方がうまい」)。「持たせる」は「持たす」とも。⇩間が持たない

誤用「間」を「あいだ」と読むのは誤り。

◆「万(まん・ばん)」を使う成句

> 一事が万事・一将功成りて万骨《ばんこつ》枯る・風邪《かぜ》は万病のもと・人間《じんかん・にんげん》万事塞翁《さいおう》が馬・鶴《つる》は千年亀《かめ》は万年・万事休す・万全を期《き》す・万緑《ばんりょく》叢中《そうちゅう》紅一点

満更《まんざら》でもない

使い方 必ずしも悪くはない。また、かなりよい。「模擬試験の成績は――」「ほめられて彼も――様子だ」「彼女も**まんざらでもな**さそうな顔をしていた」「彼女の花嫁姿は**まんざらでもなか**ったよ」

◆「まんざら」は、否定的な表現を伴って「必ずしも」の意を表す副詞（「まんざらそとは言えない」）。

誤用 「まんざらで（は）ない」とはいうが、「まんざらにもない」は誤り。

満《まん》を持《じ》す

使い方 ❶弓を十分に引いて構える。「**満を持して**敵を迎え撃つ」

❷十分に準備を整えて待機する。すっかり準備して機の熟するのを待つ。「**満を持して**初日の舞台に立つ」「**満を持して**チャンスの到来を待つ」「各メーカーが**満を持した**新車のモデルが発表された」「**満を持した**まま動こうとしない」

◆「持す」は、ある状態・態度を保ち続ける意。「満を持する」ともいうが、「満を持す」が一般的。

補説 「満を引く」は、弓をいっぱいに引き絞る意。また、杯に酒をなみなみと満たして一気に飲むことをいう。「ビールの満を引く」

出典 「史記・李将軍伝」に「漢の矢且《まさ》に尽きんとす。広《こう》乃《すなわ》ち士をして満を持して発する毋《な》からしむ（＝漢軍の矢が尽きそうになった。李広《りこう》は兵士たちに、弓を十分に引きしぼったまま矢を放たないようにさせた）」とあるのに基づく。

み

み

◆「身（み・しん）」を使う成句

悪銭身に付かず・明日《あす》は我が身・生き身は死に身・憂《う》き身を窶《やつ》す・大男総身《そうみ》に知恵が回り兼ね・芸は身を助く・獅子《しし》身中《しんちゅう》の虫・身命《しんめい》を賭《と》する・粋《すい》が身を食う・腹も身の内・粉骨砕身《ふんこつさいしん》・骨身を惜しまず・骨身を削《けず》る・身から出た錆《さび》・身に覚えがある・身に染《し》みる・身につまされる・身の毛がよだつ・身の振り方・身二つになる・身も蓋《ふた》も無い・身も世も無い・身を誤る・身を入れる・身を固める・身を砕く・身を粉《こ》にする・身を捨ててこそ浮かぶ瀬もあれ・身を立てる・身を投ずる・身を持ち崩す・身を以《もっ》て・身を窶《やっ》す

ミイラ取《と》りがミイラになる

使い方 人を連れ戻しに行った者が、先方にとどまって帰ってこられなくなる。また、人を説得しようとした者が、かえって相手に説得されてしまう。「喧嘩《けんか》の仲裁に行って乱闘騒ぎを演じるとは――じゃないか」「迎えに行ったまま一緒に飲み始めて帰ってこないのだから、**ミイラ取りがミイラになっ**たようなものだ」「身内の者が説得に行ったのではミ**イラ取りがミイラになりそう**だ」◆薬用にする目的でミイラを取りに行ったのに、ついには自分がミイラになってしまう意からいう。「ミイラ」は、腐敗せず、原形に近い状態を保ちながら乾燥した死体のこと。昔、ヨーロッパではエジプトのミイラは薬効があるとされ、随分と高値で取引された。十六世紀には日本にも薬として輸入されているという。

誤用 「ミイラを取りに行ってミイラになる」では句にならない。

補説 「ミイラ」はポルトガル語の **mirra**（＝没薬《もつやく》）から。「木乃伊」とも当てるが、これはオランダ語 **mummie** の漢訳。

見《み》得《え》を切《き》る

使い方 ❶役者が見えの所作をする。「団十郎が花道で――」「――役者に大向こうから声が掛かる」

❷ことさら自分の力を誇示するような言動をする。「すべてはおれが引き受けたと――」「一日で仕上げてみせると――」「金なら任せておけと**見得を切っ**た手前、何とかしなくてはならない」

◆(1)「見得」は歌舞伎の演技・演出の一つで、役者が感情の盛り上がった場面でその動作を一時静止し、にらむようにして一定の姿勢をとることをいう。動詞「見える」の連用形からだが、多く「見得」と当てて書く。「切る」は、手や体を動かして、その形を作る意（「十字を切る」）。(2)特に際立った見得を「大見得《おおみえ》」という。⇩大見得を切る

誤用 「見栄《みえ》を張る」と混同して、うわべを取りつくろうの意で使うのは誤り。「×見得を切って着飾る」

見《み》▽栄《え》を張《は》る

使い方 ことさらにうわべを取りつくろう。「**見栄を張**って薄着をする」「**見栄を張**って高級車を乗り回す」「金もないのに**見栄を張**って高額の寄付をする」「〔金が〕無いときは遣らないでも好いじゃありませんか。何もそう――必要はないんだから〈夏目漱石・道草〉」◆「見栄」は、人の目を意識して、うわべを実際よりよく見せようとすること。動詞「見える」の連用形からだが、多く、漢字を当てて「見栄」と書く。

誤用 「見得を切る」と混同して、自分の力を誇示する言動をするの意で使うのは誤り。「×後はすべて引き受けたと見栄を張る」「×晴れの舞台で見栄を張る」

磨《みが》きを掛《か》ける

使い方 ❶磨いてさらに美しくなるようにする。「漆器に――」「ワックスを塗って、床に――」「**磨きをかけ**てつるつるにした廊下」

❷よりすぐれたものになるようにきたえる。「技〔英会話〕に――」「料理の腕に――」「練習を重ねて制球力に――」「推敲《すいこう》して表現に――」「お前は僕の宝物だ、僕が自分で見つけ出して**研きをかけ**たダイヤモンドだ〈谷崎潤一郎・痴人の愛〉」「女〔美しさ〕に――」

◆(1)「磨く」という作用を「掛け」て（＝及ぼして）、「磨いた状態」を作り出す意。(2)「磨き」は、まれに「▽研き」とも書く。

補説 修練や経験を積んだ結果、よりすぐれたものになることは、「磨きが掛かる」という。「演技に磨きがかかる」「年をとるにつれて話術に磨きがかかってきた」

身《み》から出《で》た▼錆《さび》

使い方 自分の行いが原因で災いにあうこと。「横領罪で告訴されたのも――だ」「離婚騒ぎになったのも――じゃないか」「――とはいえ、とんでもないことになった」「――で、同情の余地はない」◆「身」は、わが身、その人自身の意。「錆」は金属だけでなく、わが身にもつく。

出典 江戸版「いろはがるた」の一つ。

類表現「自業自得」「因果応報」

◆「右《みぎ》」を使う成句

右から左・右と言えば左・右に出る・右へ倣《なら》え・右も左も分からない

右《みぎ》から左《ひだり》

使い方 その場ですぐに応じること。また、手に入れた物をすぐに失ったり他に渡したりすること。「そううまい具合に――とはいかない」「何度聞いてもすぐ――と抜けてしまう」「右から左へ受け流す［聞き流す］」「ボーナスが出ても――へなくなってしまう」「然し肝心の家屋敷はすぐ――へと売れる訳には行かなかった〈夏目漱石・門〉」◆右から左へすばやく移動することからいう。

誤用「左から右」は誤り。

右《みぎ》と言《い》えば左《ひだり》

使い方 人の言うことにことさら反対ばかりすること。「彼はへそ曲がりだから――と言うだろう」「彼女は――で、人の言うことにはことごとく反対する」

誤用 意味は変わらないが、「左と言えば右」とするのは誤り。

補説 何事につけ、人の意見や忠告に逆らう人のことを「天《あま》の邪鬼《じゃく》」という。

類表現「山と言えば川」「ああ言えばこう言う」

右《みぎ》に出《で》る

使い方［多く「…の右に出る者がない」の形で］その人が最高にすぐれている。「チェスなら彼の――者はない」「金融問題に関しては彼の――者はない」「ブルースを歌わせたら彼女の――者はいない」「また各国巡回中、待遇の最も濃《こま》やかなるはオランダの――ものはない〈福沢諭吉・福翁自伝〉」◆「右」は、上位の意。古来、座席は右の方を上席としたことからいう。

誤用「左に出る（者がない）」は誤り。

右《みぎ》へ倣《なら》え

使い方 ❶右の人のするとおりにせよの意で、横列の隊列を整えるときの号令としていうことば。❷最初に行った人のことを（無批判に）まねること。「上司に――してゴルフを始める」「A社のヒット商品に――で売り出された健康飲料」「東京都に――で制定された条例」

◆「倣う」は、すでにある物事をまねてその通りにする意（「先例に倣う」「友人に倣ってジョギングを始める」）。

誤用 (1)「ならえ」を「習え」と書くのは誤り。(2)「右へ倣え」は号令のことばで固定した言い方だが、「へ」と「に」は意味が近いことから、最近、「右に倣え」という言い方も多い。

右《みぎ》も左《ひだり》も分《わ》からない

使い方 物事を理解する力がない。「まだ幼くて——」「この仕事は——ような新人には任せられない」「この分野は——のだから、これから勉強しなくてはならない」◆その土地の地理にまったく不案内である意からいう。

誤用 意味は変わらないが、「左も右も分からない」とはしない。

類表現 「西も東も分からない」

神▼輿《みこし》を上《あ》げる

使い方 腰を上げる。立ち上がる。また、仕事に取りかかる。「促されてようやく——」「話し込んでいつまでも**神輿を上げ**ない」「昼休みを終えて——」「国がようやく介護保険の見直しに**神輿を上げた**」◆「輿《こし》」を「腰」にかけていう。「神輿」は、祭礼のときなどに、神体・神霊を安置して担ぐ輿。「▽御▼輿」とも書く。

誤用 「神輿が上がる」とはいわない。「×おっくうがってなかなか神輿が上がらない」

神▼輿《みこし》を担《かつ》ぐ

使い方 人をおだてて祭り上げる。「**神輿を担い**で会長に祭り上げる」「後輩に**神輿を担がれ**て、幹事長を引き受けさせられた」「**神輿を担がれ**ているとも知らずに、いい気になる」◆(1)「神輿」は、祭礼のときなどに、神体・神霊を安置して担ぐ輿《こし》。「▽御▼輿」とも書く。「担ぐ」は、肩に載せて支える意(「荷物を肩に担ぐ」)。(2)丁寧な言い方で「御神輿《おみこし》を担ぐ」とも。

誤用 「〜を神輿に担ぐ」は、「神輿として」という気持ちで言っているのだろうが、誤り。「×長老を神輿に担いで名誉会長にする」

補説 動詞「担ぐ」は、自分たちの上に立つ者として押し立てる意を表す。「彼を委員長に担ぐ」「みなに担がれて出馬する」

神▼輿《みこし》を据《す》える

使い方 腰を落ち着けて動かない。「**神輿を据え**て話し込む」「**神輿を据え**て飲み始める」「いつまでもここで**神輿を据え**ていては迷惑になる」◆「輿《こし》」を「腰」にかけていう。「神輿」は、祭礼のときなどに、神体・神霊を安置して担ぐ輿。「▽御▼輿」とも書く。

誤用 「神輿を下ろす」は誤り。

見《み》猿《ざる》聞《き》か猿《ざる》言《い》わ猿《ざる》

使い方 両目・両耳・口をそれぞれの両手でおおった三匹の猿の像。「猿」に打ち消しの文語助動詞「ず」の連体形「ざる」を掛けて、心を惑わすものは見ない、聞かない、余計なことは言わない、ということを表す。「この件に関しては——ということにしよう」「無難なのは——を決め込むことだ」◆(1)「見ざる聞かざる言わざる」とも書く。(2)「三猿《さんえん・さんざる》」とも。

誤用 「ざる」を使わずに「見ない聞かない言わない」としては「三猿」の意をなさない。

補説 平安中期の天台宗の僧良源(慈恵《じえ》大師)の歌には、「みずきかずいはざる三つの猿よりも思はざるこそまさるなりけれ」とある。日光東照宮の「三猿」は、「象」「眠り猫」と並ぶ日光三彫刻の一つ。

み

◆「水（みず・すい）」を使う成句

一衣帯水・魚心《うおごころ》あれば水心・魚《うお》の水を得たるが如《ごと》し・魚《うお》の目に水見えず人の目に空見えず・蛙《かえる》の面《つら》に水・籠《かご》で水を汲《く》む・渇《かっ》しても盗泉の水を飲まず・我田引水・烏《からす》の行水・君子の交わりは淡くして水の如《ごと》し・行雲流水《こううんりゅうすい》・上手《じょうず》の手から水が漏れる・水魚の交わり・畳の上の水練・立て板に水・年寄りの冷や水・寝耳に水・背水の陣・覆水《ふくすい》盆に返らず・水清ければ魚《うお》棲《す》まず・水と油・水に流す・水に慣れる・水の低きに就くが如《ごと》し・水は方円の器《うつわ》に随《したが》う・水も滴《したた》る・水も漏らさぬ・水をあける・水を打ったよう・水を得た魚《うお》・水を掛ける・水を差す・水を向ける・明鏡止水・焼け石に水・酔い醒《ざ》めの水下戸《げこ》知らず・我が田に水を引く

水清《みずきよ》ければ魚《うお》▼棲《す》まず

使い方 清廉《せいれん》にすぎるとかえって人にうとんじられるたとえ。「物事を杓子定規《しゃくしじょうぎ》に考えすぎると人に嫌われるよ。――だ」「――というが、あの人は潔癖すぎて近寄りがたい」「――というが、規則ずくめでは人は育てられないよ」

◆(1)あまりに清冽《せいれつ》な水には魚がすまないことからいう。清らかすぎる水には餌《えさ》になるプランクトンも繁殖しないし、そこでは魚が姿を隠すこともできない。

(2)「棲む」は「住む」とも書く。

(3)「水清ければ大魚無し」「水至りて清ければ魚無し」とも。

誤用「魚」を「さかな」と読むのは避けたい。

出典「後漢書・班超伝」には「水清ければ大魚無し」とあり、「孔子家語《けご》・入官」には「水至りて清ければ即《すなわ》ち魚無く、人至りて察《さっ》なれば則ち徒《と》無し（＝水が清らかすぎれば魚がすまないし、人が潔白すぎれば仲間ができない）」とある。

水《みず》と油《あぶら》

使い方 反発しあって互いに融和しないたとえ。「二つの学派が――のように反発し合う」「あの二人の性格は――だから、うまくいくはずがない」「――の二政党が連立政権など組めるはずがない」「――の様に夫婦の間には截然《せつぜん》たるしきりがあって、それも落ちついて、しきりが水平線を保っていればまだしもだが、――が双方から働らきかけるのだから家のなかは大地震の様に上がったり下がったりする〈夏目漱石・吾輩は猫である〉」

◆水と油が決して溶け合わないことからいう。「油と水」とも。

誤用 その差がはなはだしい意で使うのは誤り。「✕あの二人の実力は水と油ほど差がある」

水《みず》に流《なが》す

使い方 過去のいざこざなどをなかったことにする。「過去のわだかまりを――」「これまでのいきさつを水に流して協力する」「争いを水に流して和解する」「昔のことはすべて水に流して再出発しよう」

◆水流によって物を移動させる意からいう。

誤用「水で流す」は誤り。

水《みず》に慣《な》れる

使い方 その環境になれる。「プロの――」「新しい職場の――」「新しいチームの水に慣れて調子を上げてきた」「転勤して三か月、子どもたちもようやくこの土地の**水に慣れてきた**」◆その土地の水が体になじむようになる意からいう。「水になじむ」とも。

水《みず》の低《ひく》きに就《つ》くが▽如《ごと》し

使い方 物事は自然のなりゆきに従うということ。また、自然の勢いは人の力では止めがたいということ。「しかし凡夫は平均を目の前に求め、その求むるや物体運動の法則にしたがいて、**水の低きにつくがごとく**、障害の少なき方に向かう〈徳富蘆花・不如帰〉」「**水の低きに就くが如く**、あるがままに生きる」「その徳を慕って**水の低きに就く(が)如く**人々が集まってくる」◆「就」はおもむくの意。

出典「孟子《もうし》・告子上」に「人の性の善なるは、猶《なお》水の下《ひく》きに就くがごとし(=人の本性が善であることは、水が必ず低いところに流れる性質と同じで、ごく自然のことなのである)」とあるのに基づく。告子が「淵《ふち》の中で渦巻いている水は堤の切り方によってどの方向へも流すことができる。人の本性も同じことで善に進むか悪に進むかはわからない」と言うのに対し、孟子は自らの性善説こそが自然の摂理に従った真実であると反論してやまない。

水《みず》は方円《ほうえん》の器《うつわ》に▽随《したが》う

使い方 人は環境や人間関係に感化され、よくも悪くもなるというたとえ。「――というが、彼もすっかり銀行員らしくなった」「――というから、友は選ばなくてはならない」「悪い仲間と手を切ったら素行が修まってきた。――だね」

◆(1)水は容器の形に従って四角くも丸くもなることからいう。(2)「随う」は、「従う」とも書く。

出典「韓非子・外儲説《がいちょせつ》左上」に「人君《じんくん》たる者は猶《なお》盂《う》のごときなり、民は猶水のごときなり。盂方《ほう》なれば水方に、盂圜《えん》なれば水圜なり(=君主は盆と同じであり、民は水と同じである。盆が四角ならば水も四角になり、盆が丸ければ水も丸くなる)」とあるのに基づく。平安時代の教訓書「実語教《じつごきょう》」には「水は方円の器に随い、人は善悪の友に依る」とある。

類表現「麻の中の蓬《よもぎ》」「朱に交われば赤くなる」

水《みず》も滴《したた》る

使い方 みずみずしい美しさを形容することば。「――いい女[男]」「――鯔背《いなせ》な若い衆」「その女はその美貌を――ような丸髷と一緒に左右へ静かに振っている〈岡本かの子・春〉」◆その魅力がしずくになって垂れ落ちるほどであるさまをいう。「水の滴る」とも。

誤用 涎《よだれ》を連想させるので、「水も垂れる」とするのは避けたい。

水《みず》も漏《も》らさぬ

使い方 構えが厳重緊密で、遺漏《いろう》がないさま。「――警備態勢をとる」「――布陣を攻めあぐねる」「――警戒網を敷く」

◆一滴の水も外へ出さない意からいう。

誤用「水も漏れぬ」は誤り。「×水も漏れぬ守り」

水《みず》をあける

使い方 ❶水泳・ボートレースなどで、一身長または一艇身《ていしん》以上の差をつける。「二位に大きく**水をあけ**て優勝する」「一位に**水をあけ**られて敗退する」❷競争相手との間に差をつける。「ライバル会社に**水をあけ**て業界のトップに立つ」「猛練習の結果、他校にかなり――ことができた」「都市部の支持率で野党に**水をあけ**られる」◆水上のコースに間隔を生じさせる意からいう。「あける」は「明〔開・空〕ける」とも書くが、かな書きが多い。
補説 差がつくことは、「水があく」という。「二位との間に二艇身の水があく」「商品開発に後れをとって、他社との間に水があいた」

水《みず》を打《う》ったよう

使い方 いっせいに静まりかえるさまのたとえ。「場内が――に静かになる」「夜も更けて町は――に静まりかえった」「――な夜の涼しさと静かさの中にかすかな虫の音がしていた〈有島武郎・カインの末裔〉」◆ほこりっぽい地面に水をまいたように静まるさまをいう。
誤用 「水をまいたよう」は誤り。

水《みず》を得《え》た魚《うお》

⇩魚《うお》の水を得たるが如《ごと》し

水《みず》を掛《か》ける

使い方 盛り上がった動きのじゃまだてをする。「改革の機運に――」「活発な議論に――ような発言をする」「まとまりかけた話に――ようなことを言う」◆物に水を浴びせかける意からいう。
誤用 「水を浴びせる」は誤り。「水を浴びせる」は、多く受身形で、恐ろしさなどでぞっとさせられる、高まった気持ちや雰囲気が冷まされる意を表す。「×議論に水を浴びせるようなことを言う」
補説 お互いが自分の主張をまげず、決着がつかないまま続く議論のことを「水掛け論」という。
類表現 「水を差す」

水《みず》を差《さ》す

使い方 じゃまをする。特に、はたから仲の良い間柄のじゃまをする。「まとまりかけた和解案に――」「増税が回復途上の景気に――」「新婚の二人にちゃちゃを入れて――」「二人の仲に――ようなことを言う」「二国の友好ムードに――ような事件が起こる」◆「差す」は、水などの液体を加え入れる意（「花瓶に水を差す」「吹きこぼれないように鍋《なべ》に冷水を差す」）。「▽注す」とも書く。
誤用 「水を注《そそ》ぐ」は誤り。
類表現 「水を掛ける」

水《みず》を向《む》ける

使い方 相手の関心が自分の思うところに向くように誘いをかける。「出資する気はないかと、――」「事情を聞き出そうと、それとなく――」「詳しい話が聞きたくて**水を向け**てみる」「入党の意思があるのかないのか**水を向け**てみる」◆巫女《みこ》が霊を呼び寄せるときに水を手向けることからいう。「誘い水を向ける」とも。
誤用 「水に向ける」は誤り。「×計画に乗らないかと彼らを水に向けてみる」

身銭《みぜに》を切《き》る

使い方 自分の金で支払う。「出張費が少ないので、宿泊費まで――ことになる」「――のがいやなものだから、誰もその役を引き受けない」「**身銭を切**って生徒の教材をそろえる」「交際費を減らされたので**身銭を切**って接待する」「監督が**身銭を切**って選手にご馳走《ちそう》する」◆本来、自分が出す筋合いではない金についていう。「身銭」は自分の金。
誤用 自分の負担が当然の金について使

うのは誤り。「✕なけなしの身銭を切ってバイクを買う」

類表現「自腹を切る」

味《み》噌《そ》も糞《くそ》も一緒《いっしょ》

使い方 価値のあるものもないものも同一に扱うことのたとえ。「あの評論家にかかると━━だ」「この論文に引用されている資料は━━だよ」「━━にしたような待遇に不満の声が上がる」

◆(1)見た目は似ていても、その違いには歴然たるものがあることからいう。(2)「糞も味噌も一緒」とも。また、略して「味噌糞《みそくそ》」「糞味噌《くそみそ》」とも。「名作も凡作も味噌糞に扱う」

味《み》噌《そ》を付《つ》ける

使い方 しくじる。しくじって面目を失う。「首相が不用意な失言をくり返して━━」「清純派の歌手がスキャンダルを起こして━━」「不祥事を起こして、せっかくの業績に━━」「剽窃《ひょうせつ》を疑われて**味噌を付け**た流行作家」◆「味噌」は失敗・欠点の意。一説に、味噌を付けて味噌臭くなるのは下品だということからという。

誤用「味噌が付く」は誤り。

◆「道（みち・どう）」を使う成句

> 朝《あした》に道を聞かば夕べに死すとも可なり・馳《ち》いたの道・老いたる馬は道を忘れず・学問に王道なし・蛇《じゃ》の道は蛇《へび》・全ての道はローマに通ず・千里の道も一歩より始まる・旅は道連れ世は情け・血道《ちみち》を上げる・道聴塗説《どうちょうとせつ》・日暮れて道遠し・道が開《ひら》ける・道草を食う

道《みち》が開《ひら》ける

使い方 進路をはばむものがなくなる。解決の手段が見つかる。「宇宙旅行の━━」「サラリーマンの定年延長に━━」「懸命になれば必ず━━」「あと一勝すれば自力優勝への━━」「プロの歌手として立つ**道が開け**てきた」「私は元気で、頼まれもしない翻訳を、日課のように、毎日続け、そのうち━━だろうということを、なんとなく信じていた〈獅子文六・娘と私〉」

◆(1)先行きに希望がもてる、としていう。(2)「道が開かれる」とも。「誠意さえ示せば和解の道が開かれるだろう」

道草《みちくさ》を食《く》う

使い方 目的地に行く途中で他の物事にかかわって時間を費やす。また、本筋から離れてむだな時間を費やす。「**道草を食っ**ているうちに、すっかり遅くなった」「**道草を食わ**ずにまっすぐ学校から帰ってくる」「**道草を食っ**て一年留年する」「在学中に怪我をして、一年ほど**道草を食っ**た」◆馬が道端の草を食って、なかなか進まない意からいう。

誤用「道草を食べる」は誤り。

三日天下《みっかてんか》

使い方 ごく短い期間だけ権力を握ること。「連立内閣は━━に終わった」「革新派が政権を握ったが━━だった」「今度の首相は支持率が低いから━━に終わるだろう」「軍部がクーデターを起こしたが━━に終わった」◆(1)本能寺の変で天下をとった明智光秀《あけちみつひで》が、わずか十三日後に滅ぼされたことからいう。(2)「みっかでんか」とも。

誤用「三日坊主」と混同して、飽きやすい意で使うのは誤り。「✕ジョギングを始めたが三日天下だった」

三日坊主《みっかぼうず》

使い方 非常に飽きやすくて長続きしないこと。また、その人。「家計簿を付けても――に終わる人が多い」「日記を付け始めたが――に終わった」「――に終わったラジオ体操」「一体煩悶《はんもん》と云う言葉は近頃大分はやる様だが、大抵は当座のもので、所謂《いわゆる》――のものが多い〈夏目漱石・野分〉」◆「坊主」は、他の語に付けて、その人に対する親しみやあざけりの意を表す(「いたずら坊主」「腕白坊主」)。

誤用 「三日天下」と混同して、ごく短い期間だけ政権をとる意で使うのは誤り。「×政権をとったが三日坊主に終わった」

三《み》つ子《ご》の魂《たましい》百《ひゃく》まで

使い方 幼いときに形成された性格は老年期になっても変わらないということ。「――というが、あの人は相変わらずそそっかしいね」「――で、祖父は若いころから短気だったそうだ」「――というから、幼児教育は大切だよ」◆「三つ子」は三歳の子。転じて、幼い子をいう。同時に生まれた三人の子どもの意ではない。

誤用 幼いころに習い覚えたことは忘れない意で使うのは誤り。「×三つ子の魂百までで、母が歌ってくれた子守歌はまだ覚えているよ」

類表現 「雀《すずめ》百まで踊り忘れず」

緑《みどり》の黒髪《くろかみ》

使い方 黒くてつやのある髪。「――をくしけずる」「――をなびかせる乙女」◆「緑髪《りょくはつ》」「翠髪《すいはつ》」を訓読みした語で、「緑の髪」ともいう。「緑」は、つやのある黒色。グリーンではない。

誤用 「緑色の黒髪」は誤り。

皆《みな》になる

使い方 すっかりなくなる。尽きる。「その銭《あし》**皆になり**けり〈徒然草・六〇〉」「餅**皆になり**たれば帰りぬ〈柳田国男・遠野物語〉」「蓄えが――」「在庫が――」「仕入れた品が飛ぶように売れて、一日で**皆になった**」

誤用 「皆」を「みんな」と読むのは誤り。

補説 全部なくしてしまうことは「皆《みな》にする」という。「財産を皆にする」

身《み》に覚《おぼ》えがある

使い方 自分自身が経験したこととして記憶がある。自分の中で思い当たることがある。「お前、事件について何か――んじゃないか」「彼はどうも――ようで、はっきりと否定しないんだ」「妻がコーヒーをいれた。妙にこわばった顔をしている。――だけ、赤尾は不安になった〈阿部牧郎・ホテルの裏窓〉」◆多く、よくない事柄についていう。

誤用 「腕に覚えがある(＝腕力や技量に自信がある)」と混同して使うのは誤り。「×合気道ならいささか身に覚えがある」

補説 (1)思い当たることがない意は「身に覚えがない」という。「その件についてはまったく身に覚えがない」(2)「身に覚える」は、感情などを感じる意。「歓喜[不思議な力]を身に覚える」

身《み》に染《し》みる

使い方 ❶心に深く感じられる。「友の忠告[人の情け・母親の愛情]が――」「責任の重さを**身に染み**て感じる」❷体に強く感じられる。「冷たい風が

み

──」「朝晩の寒さが──」「夕暮れになると寂しさがひときわ──」◆「染みる」は、痛いほどの刺激が突き抜けるように心や体に入ってくる意（「煙が目に染みる」「冷たい水が歯に染みる」）。「▼沁みる」とも書くが、かな書きも多い。

類表現 ①「心に染みる」

身《み》につまされる

使い方 他人の不幸などが人ごとでなく感じられる。「明日はわが身と思うと──」「被災者の手記を読んで**身につまされた**」「身の上話を聞いているうちに**身につまされて**涙がこぼれた」◆「つまされる」は、愛情や人情にふれて強く心を動かされる意（「人の情けにつまされる」）。

誤用 「身をつまされる」は誤り。また、「狐《きつね》につままれる」と混同した、「身に［身を］つままれる」は誤り。

見《み》ぬが花《はな》

使い方 物事は実際に見ないであれこれ想像しているうちが楽しいということ。「あまり期待していくと落胆する。──だよ」「──というが、山頂はどこもかしこもごみだらけだった」「──というが、白砂青松《はくしゃせいしょう》とはほど遠い風景だった」「──というが、行ってみたら俗っぽい観光地だった」◆いざ目にしてみるとがっかりすることが多いことからいう。

誤用 「見ねば花」は誤り。

補説 「聞かぬが花」は、実際に聞かないであれこれ想像しているうちが楽しいということ。

見《み》ぬ物清《ものきよ》し

使い方 実物を見なければ、どんなに汚い物でも平気でいられるということ。「──で、見なければ何とでも言えるよ」「──というから、近づかないほうがいい」「実際に見たら、胸が悪くなるような光景だ。──だよ」◆⑴「清し」は、汚れや濁りなどがないさま（「清き水」）。⑵「見ぬ事清し」「見ぬほど奇麗な物はない」とも。

誤用 「見なければ清し」は誤り。

身《み》の毛《け》がよだつ

使い方 恐怖のために全身の毛が逆立つ。「そのときの恐ろしさは今思い出しても──」「そんな不気味な現象は聞いただけでも──」「強盗に押し込まれて──思いをする」「**身の毛が／のよだつ**ような恐ろしい事件」「この道中は、負傷者の死にもの狂いの行列で、──ほどの光景であった〈井伏鱒二・黒い雨〉」◆「身の毛」は、体に生えている毛。「よだつ」は「いよだつ」の転で、逆立つ意。

誤用 寒さについていうのは誤り。「✕あまりの寒さに身の毛がよだつ」

類表現 「背筋《せすじ》が寒くなる」

身《み》の振《ふ》り方《かた》

使い方 これからの生活や職業についての方針。わが身の処し方。「今後の──に困る」「退職後の──を考える」「先輩に退団後の──を相談する」「──を誤って路頭に迷う」◆「振り方」は、物を振り動かす方法の意から転じて、わが身の処置の仕方をいう。

誤用 世渡りの意に使うのは誤り。「✕彼は身の振り方が巧みだ」「✕身の振り方に長《た》けている人」

身《み》二《ふた》つになる

使い方 子を産む。出産する。「娘はもうすぐ──」「妻は──まで実家に帰っている」「無事に女児を産んで**身二つになった**」◆妊婦が子を産んで、母と子の二つの体になることからいう。古くは「身身《みみ》となる」とも。

誤用「体《からだ》二つになる」は誤り。

◆「耳（みみ・じ）」を使う成句

馬の耳に念仏・壁に耳あり・諫言《かんげん》耳に逆らう・牛耳《ぎゅうじ》を執る・金言《きんげん》耳に逆らう・小耳に挟む・耳順《じじゅん》・忠言耳に逆らう・寝耳に水・馬耳東風《ばじとうふう》・耳が痛い・耳が肥えている・耳が遠い・耳が早い・耳に入れる・耳に逆らう・耳にする・耳に胼胝《たこ》ができる・耳に付く・耳に留《と》める・耳に残る・耳に挟む・耳を疑う・耳を掩《おお》うて鐘を盗む・耳を貸す・耳を傾ける・耳を澄ます・耳を揃《そろ》える・耳をつんざく・耳を聾《ろう》する・六十にして耳順《したが》う

耳《みみ》が痛《いた》い

使い方 他人の言うことが自分の弱点を突いているので、聞くのがつらい。「母にたしなめられて━」「先生の忠告を聞くのは━」「そう言われると━よ」「この記事は警察にとっても━だろう」

◆(1)「痛い」は、精神的な苦痛を感じる意（「赤字経営で頭が痛い」）。

(2)「耳に痛い」とも。「先生の言葉が耳に痛い」「耳に痛い言葉」

誤用「耳が痛む」は誤り。

耳《みみ》が肥《こ》えている

使い方 音楽などを聞き味わう能力がすぐれている。「今日の聴衆は━」「彼女は幼いころからバイオリンを弾いているので━」「今夜の客は━から、生半可な話芸では満足しないだろう」◆「肥える」は、ものを鑑別する能力が発達している意（「目が肥えている」「舌が肥えている」）。

誤用 能力が上回る意にとって、「耳が越えている」とするのは誤り。

耳《みみ》が遠《とお》い

使い方 耳がよく聞こえない。「祖母は少し━」「年をとると**耳が遠く**なる」「祖父は━ので、大声で話さないと聞こえない」「彼は都合の悪い話になると**耳が/の遠い**振りをする」

耳《みみ》が早《はや》い

使い方 うわさなどの情報を聞きつけるのが早い。「新聞記者はちょっとしたうわさにも━」「さすがレポーターだ。━ね」「彼は━から、けどられないように用心しよう」◆「耳」は、聞くことの意（「耳がいい」「耳が遠い」）。

誤用「耳が速い」は慣用になじまない。

耳《みみ》に入《い》れる

使い方 ❶聞いて知る。「さっき町で**耳に入れた**話」「父の生きているうちに、そんな評判を**耳に入れた**覚えのない私は驚ろきました〈夏目漱石・こころ〉」

❷情報などを人に知らせる。「ぜひあなたの**耳に入れ**たいことがあります」「とりあえずこのことだけは彼女の**耳に入れて**おこう」「部長の**お耳に入れ**たいことがあるのですが…」「今日は由ない事を**お耳に入れて**済みませんでした〈倉田百三・出家とその弟子〉」

◆(1)①は、情報などを自分の耳に入れる意。②は、他人の耳に入るようにする意。

(2)②は「お耳に入れる」ともいう。

み

補説「耳に入る」は、物音や話・うわさなどが聞こえてくる意。「隣席の会話が耳に入る」「妙なうわさが耳に入る」
類表現 ①「小耳にはさむ」

耳《みみ》に逆《さか》らう

使い方 (人の言うことを)聞いていて不愉快になる。「諫言《かんげん》[金言]——」「親友の忠告というものは**耳に逆らっ**て、なかなか素直に聞けないものだ」「忠言は**耳に逆らえ**ども行いに利有り(=真心のこもった諫《いさ》めのことばは聞きにくいものだが、それに従って物事を行えばよい結果を得る)〈孔子家語・六本〉」◆抵抗があって、素直に聞けない意からいう。ためになることばほど聞きづらい。「耳にさかう」とも。

誤用 耳障りな音についていうのは誤り。「×耳に逆らう雑音」「×不協和音が多くて耳に逆らう音楽」

耳《みみ》にする

使い方 聞く。聞きつける。「よからぬうわさを——」「聞きなれないことばを——」「職場でちょっと気になる話を**耳にした**」「子どもの泣く声を**耳にし**て立ち止まる」「貴族的、という幼い批評を**耳にし**た事もあったが、とんでもない事で、それこそ贔屓《ひいき》の引きたおしである〈太宰治・津軽〉」◆それとなく耳に入ってくることをいう。

誤用 積極的に聞く意で使うのは誤り。「×落語を耳にしたくて寄席へ行く」「×演奏会に行ってベートーベンのピアノソナタを耳にした」

耳《みみ》に▼胼▼胝《たこ》ができる

使い方 同じことを何度も聞かされてうんざりする。「——ほど聞かされた流行歌」「この国の治安の悪さについては——ほど聞かされていた」「その話は何十回と聞かされたので、もう**耳にたこができ**た」◆「胼胝」は繰り返し圧迫を受けた皮膚の一部が角質化して厚くなったもの。同じことばかり聞かされると耳にそのようなしこりができるという意からいう。

誤用「耳に胼胝が付く(ほど)」は誤り。

耳《みみ》に付《つ》く

使い方 ❶音や声が耳にとまって気になる。「辺りが静まると波の音が**耳につい**てくる」「時計の音が**耳につい**て眠れない」
❷何度も聞かされてうんざりする。「先生のお説教も**耳につい**てきた」「その歌もそろそろ**耳につい**てきた」「——ほど聞かされた話」
◆「付く」は、物事が視覚・聴覚・嗅覚《きゅうかく》に際だって強く感じられる意(「汚れが目につく」「ラードのにおいが鼻につく」)。

耳《みみ》に留《と》める

使い方 注意して聞く。また、聞いて記憶にとどめる。「先輩の忠告を——」「恩師のことばを**耳に留め**ておく」「これは大事な話だから、よく**耳に留め**ておきなさい」◆(1)「留める」は、印象づけてあとに残す意(「コーチのアドバイスを心に留める」「いくら注意しても気にも留めない」)。(2)「耳にとどめる」とも。

補説「耳に留《と》まる」は、人のことばや物音が聞こえてきて、それに注意が向く意。「怪しい音が耳に留まる」

耳《みみ》に残《のこ》る

使い方 音や声が記憶に残る。「別れを告げた友の声が今も**耳に残っ**ている」「死

み

にぎわの父のことばがずっと**耳に残って**いる」「プロレタリア・ルネッサンスというような表現はハイカラで内容的らしく特に文学青年などの——響きである〈宮本百合子・文学に関する感想〉」「ありありと**耳にのこれる**君がこゑこよひ静かに聞えをるなり〈若山牧水〉」◆その音や声が聞いた当時のまま聴覚に保たれていることをいう。

耳《みみ》に挟《はさ》む

使い方 聞くともなしに、ちらりと聞く。「妙なうわさを——」「ちょっと**耳に挟ん**だところでは、二人は先月結婚したそうだ」◆聞こうとしているわけでもない耳に、話などが割り込むように聞こえてくることをいう。「小耳に挟む」もほぼ同じ意。⇩小耳に挟む

誤用 「耳を挟む」は誤り。「× 気になる話に耳を挟んだ」

耳《みみ》を疑《うたが》う

使い方 思いがけないことを聞いて、聞き違いではないかと思う。「全員遭難のニュースに自分の**耳を疑った**」「落選と告げられて一瞬自分の**耳を疑った**」「——ばかりの暴言を吐く」◆耳に聞いたことが信じられないことをいう。

補説 見たことについては「目を疑う」という。⇩目を疑う

耳《みみ》を▼掩《おお》うて鐘《かね》を盗《ぬす》む

使い方 良心に反するようなことをしながら、しいてそのことを考えないように努めることのたとえ。また、自分の悪事を人に知られないようにしたつもりでも、すでに知れ渡っていることのたとえ。「収賄罪で起訴されても平然としているが、——の心境だろう」「今さら策を弄《ろう》しても犯行は隠し通せない。——だ」◆「耳を掩うて鈴を盗む」とも。

出典 ある男が盗んだ鐘を背負って逃げようとしたが、大きくて背負えない。それならば壊してしまおうと椎《つち》で叩くと、ガーンと大きな音が鳴り響いた。男はその音を人に聞かれては大変と、慌てて自分の耳をふさいだという故事に基づく(「呂氏春秋・自知」)。

耳《みみ》を貸《か》す

使い方 ❶人の話などを聞く。「忠告に**耳を貸そ**うとしない」「再三の命令にも**耳を貸さない**」「外部の雑音には**耳を貸さ**ないほうがいい」「面白半分にする興味本位の談話には、それぎり**耳を貸さ**なかった〈夏目漱石・明暗〉」❷相談にのる。「ちょっと**耳を貸して**くれ」「ぜひ**耳を貸して**もらいたいことがある」

◆「貸す」は、自分の能力や労力を相手に差し出す意(「手を貸す」「肩を貸す」「顔を貸す」)。

補説 人の能力や労力を使わせてもらうことは「〜を借りる」というが、「耳を借りる」とはいわない。「○ 相手の胸を借りる」「× 耳を借りて相談する」「× 話があるので耳を借りたい」

耳《みみ》を傾《かたむ》ける

使い方 注意して熱心に聞く。「高僧の講話に——」「消費者の声に——」「熱のこもった演奏に——」「少数意見にも——べきだろう」「**耳を傾け**て小鳥の声を聞く」◆耳をその方に向ける意からいう。

誤用 「耳が傾く」は誤り。「× 面白そうな話に耳が傾く」

耳《みみ》を澄《す》ます

み

使い方 聞き取ろうとして聴覚を集中させる。「━━と、笛の音が聞こえてくる」「耳を澄まして虫の音を聞く」「**耳を澄ました**が、何の物音もしない」◆「澄ます」は、雑念を払って気持ちを落ち着かせる意(「座禅をして心を澄ます」「諸人《しょにん》目をすましけり〈平家物語・一〉」)。「澄ませる」ともいうが、「耳を澄ます」が一般的。

誤用「耳が澄む」という言い方はしない。「× 耳が澄むといろいろな音が聞こえてくる」

類表現「耳をそばだてる(＝聴覚を集中させる)」

耳《みみ》を▼揃《そろ》える

使い方 まとまった金額を不足なく用意する。「借金を**耳をそろえて**返済する」「貸した金は**耳をそろえて**返してもらおう」「百万円**耳をそろえて**弁済する」◆大判・小判の縁《ふち》をそろえる意からいう。

誤用「耳を合わせる」は誤り。

耳《みみ》を▼劈《つんざ》く

使い方 耳を突き破る。非常に大きな音がとどろくさまをいう。「ジェット機の轟音《ごうおん》が━━」「━━雷鳴がとどろく」「━━ような悲鳴を上げる」「無数の蝉《せみ》の声が━━ようにわき起こる」

◆(1)「つんざく」は、「つみさく」の転で、手や爪《つめ》で裂く意という。

(2)あまり一般的ではないが、「耳を裂く」という言い方もある。「地軸も砕けたような、落雷の音が耳を裂いた〈芥川龍之介・素戔嗚尊〉」

耳《みみ》を▼聾《ろう》する

使い方 耳を聞こえなくする。非常に大きな音が響きわたるさまをいう。「ジェット機が━━爆音を立てて飛び去る」「━━ばかりの轟音《ごうおん》が響きわたる」「老いた蛙の声が━━ばかりに聞えて、雨催いの空は暖かく、星の影は一つも見えない〈田山花袋・生〉」◆「聾する」は、聴覚を失わせる意。

誤用「ろうする」を「労する」と書くのは誤り。

見《み》も知《し》らぬ

使い方 少しも知らない。「━━人に助けられる」「━━人から手紙をもらう」「ある日、━━男が訪ねてきた」「彼は自分の経歴を━━青年たちの前で喋ったことを後悔した〈伊藤整・氾濫〉」◆「見知らぬ」を強めていう語。

誤用「み」を「身」と書くのは誤り。

身《み》も▼蓋《ふた》も無《な》い

使い方 あらわに表現しすぎて、含みや味わいがない。「箸《はし》にも棒にも掛からない駄作と言ってしまえば━━」「そう━━書き方をしては角が立つ」「何とも━━言い方をする」「━━興ざめた話」◆「身」は、器の蓋に対して、物を入れる部分。身も蓋もなくて容器の体をなさないことからいう。

身《み》も世《よ》も無《な》い

使い方 あまりの悲しさに自分の立場世間体も考えていられない。「━━悲しみにうち沈む」「━━有様で慟哭《どうこく》する」「**身も世もなく**嘆き悲しむ」◆「身」は、わが身のこと。「世」は、わが身をおく世間のこと。

誤用「み」を「実」と書くのは誤り。

脈《みゃく》がある

使い方 ❶脈拍があり、生きている。

み

「――から、心臓マッサージをしてみよう」「まだ――から、助かるだろう」❷見込みがある。希望がもてる。「この取り引きはまだ――」「一度は断られたが、まだ――ようだ」「――と見て、毎日のように売り込みにくる」「彼女が食事の誘いに応じてくれたということは、少しは――のだろうか」「**脈がありそう**なので、思い切って彼に告白します」◆脈拍が絶えないかぎり命は持続することからいう。

誤用 ②は男女関係についていうことも多いが、「気がある」の意で使うのは誤り。「×彼女、ひょっとしたら僕に脈がある?」「×そんなこと言うなんて、彼はあなたに脈があるんじゃない?」

補説 見込みがないことは「脈がない」という。「先方に打診してみたが、この契約は脈がなさそうだ」

◆「見《み》る(視)」を使う成句

足下を見る・一斑《いっぱん》を見て全豹《ぜんぴょう》を卜《ぼく》す・大目に見る・聞いて極楽見て地獄・来た見た勝った・義を見てせざるは勇無きなり・木を見て森を見ず・機を見るに敏・鹿《しか》を追う者は山を見ず・十目《じゅうもく》の視る所十手《じっしゅ》の指す所・白い目で見る・縦から見ても横から見ても・血を見る・長い目で見る・泣きを見る・斜めに見る・ナポリを見てから死ね・日光見ずして結構と言うな・人のふり見て我がふり直せ・人を見たら泥棒と思え・日の目を見る・火を見るより明らか・二目《ふため》と見られない・見猿《みざる》聞か猿言わ猿・見ぬが花・見ぬ物清し・見も知らぬ・見る影も無い

見《み》る影《かげ》も無《な》い

使い方 見るにたえないほどみじめなさまをいう。「一世を風靡《ふうび》した大女優だったが、今や――」「**見る影もなく**やせ衰える」「息を吹き返して気が付いたときに、自分は――姿に壊れていた〈岡本かの子・富士〉」「かつての繁華街も**見る影もなく**もの寂れていた〈北杜夫・楡家の人々〉」◆「影」は目にうつる姿の意(「影も形も見えない」)。

誤用 「かげ」を「陰」と書くのは誤り。

身《み》を誤《あやま》る

使い方 生き方を間違える。人生をふみはずす。「酒と女で――」「放蕩《ほうとう》の限りを尽くして生涯の――」「**身を誤**って悪い仲間に入る」◆(1)「身」は、その人の生き方の意。(2)「身を過《あやま》つ」とも。ただ、「過つ」には古風な文章語の趣がある。「種々《さまざま》な交遊の関係から自然と自分も酒席に出入したことはあるが、そのために身を過つようなことは無かった〈島崎藤村・新生〉」

身《み》を入《い》れる

使い方 熱心に行う。「芸事に――」「サッカーの練習に――」「**身を入れて**司法試験の勉強をする」「**身を入れて**論文の執筆に励む」◆「身」は、何かをしようとする熱意・誠意の意。

補説 一生懸命になることは「身が入《はい》る」という。「話に身が入る」「うるさくて勉強に身が入らない」

身《み》を固《かた》める

使い方 ❶しっかりと身支度をする。「甲冑《かっちゅう》[軍服]に――」「防護服に**身を固め**て作業する」◆(1)「~に身を固める」の「~に」は、結果を表す。身を固めた結

み

果、甲冑や防護服の姿になる。⑵「〜で身を固める」ともいうが、「〜で」は手段や材料を表す。「白装束で身を固める」
❷結婚して家庭をもつ。「私もそろそろ**身を固め**ようと思う」「もう**身を固め**てもいい年だ」「可愛い娘が**身を固め**さえすれば、親はそれだけで単純に安心しているのだ〈石川達三・人間の壁〉」
◆「固める」は、しっかりしたものにする意（「意志を固める」「自分の地歩を固める」）。
誤用 結婚する意で「身が固まる」とはいわない。「×いい年になるがなかなか身が固まらない」「×ようやく彼も身が固まった」

身《み》を砕《くだ》く

使い方 大変な苦心・努力をする。「会社の設立に――」「**身を砕い**て働く」「**身を砕い**て家業に打ち込む」「**身を砕い**て町のために尽くす」
誤用 「体を砕く」は誤り。
類表現「骨《ほね》を砕く」「骨髄《こつずい》を砕く」「身骨《しんこつ》を砕く」「心を砕く」「肝《きも》を砕く」「肝胆《かんたん》を砕く」「肺肝《はいかん》を砕く」

身《み》を粉《こ》にする

使い方 苦労をいとわず、一所懸命に仕事をする。「会社再建のために**身を粉に**して働く」「町の発展のために**身を粉に**して尽くす」 ◆「粉」は、ごく細かに砕けたもの。
誤用 「粉」を「こな」と読むのは誤り。
類表現「粉骨砕身《ふんこつさいしん》」

身《み》を捨《す》ててこそ浮《う》かぶ瀬《せ》もあれ

使い方 命を捨てる覚悟があって、初めて窮地を脱して物事に成功することができる。「死ぬ気になれば活路も開けるだろう。――だ」「自分の保身ばかりはかっていると失敗するよ。――だ」「――で、捨て身で戦えば勝てるかも知れない」
◆⑴溺《おぼ》れかかったときはもがけばもがくほど深みにはまるが、捨て身になって流れにまかせれば、やがて浅瀬に立つこともできるとしていう。
⑵「あれ」は「あり」の已然形。「こそ」に呼応して已然形で結んだもので、命令形ではない。
誤用 「身を捨ててこそ立つ瀬もあれ」は誤り。

身《み》を立《た》てる

使い方 ❶（技術などを身につけて）生計を立てる。「文学で――」「歌手として――」「演劇の世界で――」
❷社会的に認められて高い地位につく。立身出世する。「**身を立て**て名をあげる」「**身を立て**て故郷に錦を飾る」「**身を立て**名をあげやよ励めよ〈あおげば尊し〉」
◆①の「身」はわが身。②の「身」は地位・身分の意。
誤用 「身が立つ」とはいわない。「×身が立って大統領となる」

身《み》を投《とう》ずる

使い方 ❶みずから川・海・火口などに飛び込む。「絶望して急流に――（＝身投げをする）」「谷底に**身を投じ**て命を絶つ」「火中に**身を投じ**て幼子を救う」
❷みずからその世界に入り込み、熱心に物事を行う。「政治運動［実業の世界］に――」「過激派学生の群れに――」
◆⑴「投ずる」は、みずからを投げ入れる意。転じて、みずから進んである環境の中に入ることをいう。
⑵「身を投じる」とも。また、①は「身を

み

投げる」とも。

実《み》を結《むす》ぶ

使い方 ❶植物の実がなる。「桜桃が━━」「数年前に植えた栗《くり》が**実を結んだ**」◆比喩的に、子どもができることをいう。「結婚五年目にして**実を結んだ**、いとしい我が子」

❷よい結果があらわれる。「長年の努力が━━」「猛練習が**実を結んで**優勝旗を手にすることができた」「われわれの企画が**実を結びつつある**」

◆「結ぶ」は、果実や望ましい結果を生じさせる意。

身《み》を持《も》ち崩《くず》す

使い方 品行が悪くて、生活がふしだらになる。「ギャンブルで━━」「放蕩《ほうとう》に━━」「遊興に耽《ふけ》って━━」「すっかり**身を持ち崩して**、行方がわからなくなる」

◆身持ち(＝日常の身の処し方)を悪くすることをいう。

身《み》を▽以《もっ》て

使い方 みずから直接に。自分自身で。「━━範を垂れる」「━━潔白を証明する」「労働の厳しさを━━知る」「極寒地の生活を━━体験する」◆「～を以て」は、「～で」「～によって」の意を表す連語。

誤用 「以て」は「持ちて」の転じた語だが、「身を持って」と書くのは誤り。

身《み》を▼窶《やつ》す

使い方 ❶目立たないようにわざとみすぼらしい身なりをする。「僧形《そうぎょう》に━━」「行商人に**身をやつして**敵地に潜入する」「沙金《しゃきん》は、日ごろから、強盗にはいる夜には、好んで、男装束に**身をやつした**〈芥川龍之介・偸盗〉」

❷やつれるほど、あることに熱中する。「恋[色事・賭《か》け事]に━━」「募る思いに━━」

◆「やつす」は、みすぼらしくする意。また、みすぼらしくやせるほど物事に打ち込む意。

誤用 「身をやつれさす」は誤り。

む

六日《むいか》の▼菖▼蒲〈あやめ〉

使い方 時機に遅れて役に立たないことのたとえ。「今ごろやって来ても━━だ」「式典が終わったあとで花束を届けにきても━━だよ」◆五月五日の端午《たんご》の節句に用いる菖蒲は六日では間に合わない。九月九日の重陽《ちょうよう》の節句に用いる菊は十日では間に合わないことから「十日の菊」とも、二句を続けて「六日の菖蒲十日の菊」ともいう。「今更《いまさら》どのようにお詫《わ》びをしたとて、**六日の菖蒲、十日の菊**〈坪内逍遥・当世書生気質〉」

誤用 このアヤメはサトイモ科のショウブ(菖蒲)の古名だが、「六日の菖蒲《しょうぶ》」とするのは誤り。

類表現 「夏炉冬扇《かろとうせん》」「喧嘩《けんか》過ぎての棒千切り」

無《む》為《い》にして化《か》す

使い方 人為を用いなければ民は自然に感化され、政治や教育を行わなくても国は自然に治まる。「政治の理想は──ことにある」「──ことによって世界は平和に治まる」◆「化す」は、感化する（＝影響を与えて考えや行動を変えさせる）の意。

誤用 「化す」を単に変化する意にとるのは誤り。「× 無為にして化すというから、放っておけばそのうち気持ちも変わるだろう」

出典 「老子・五七」に「我無為にして民自《おの》ずから化し、我静を好みて民自ずから正しく、我無事にして民自ずから富み、我無欲にして民自ずから朴《ぼく》なり（＝私が無為であれば民は自然に教化され、私が静を好めば民は自然に正しくなり、私が事を行わなければ民は自然に富み、私が無欲であれば民は自然に純朴になる）」とあるのに基づく。政治家が小賢《こざか》しい策を弄《ろう》するばかりでは、治まる国も治まらないだろう。「論語・衛霊公」の「無為にして治まる者は、其《そ》れ舜か」から、「無為にして治まる」ともいう。

昔《むかし》取《と》った▼杵《きね》▽柄《づか》

使い方 若いころ腕を磨いていて自信のある技量。「──で、泳法にむりがない」「さすが──で、コントロールに乱れがない」「──で、家の修理などお手のものだ」◆「杵柄」は、杵の柄《え》。若いころに身につけた米をつく技量は、年をとっても衰えることがない意からいう。

◆「向《む》く」「向《む》ける」を使う成句

明後日《あさって》を向く・外方《そっぽ》を向く・背を向ける・水を向ける

◆「剥《む》く」「剥《む》ける」を使う成句

一皮《ひとかわ》剥く・一皮剥ける・目を剥く

向《む》こうに回《まわ》す

使い方 相手にして争う。敵にする。「評論家を向こうに回して論陣を張る」「プロを向こうに回して互角に戦う」「世界の強豪を向こうに回して奮戦する」「意見の違いから、今までの仲間を──ことになった」◆「向こう」は、相手・先方の意（「向こうの話を聞く」「向こうに非がある」）。

誤用 ただ相手にする意で使うのは誤り。「× 弟を向こうに回して将棋を指す」「× 子どもを向こうに回してキャッチボールをする」

向《む》こうを張《は》る

使い方 張り合う。対抗する。「大手スーパーの向こうを張って安売りをする」「先発メーカーの向こうを張って新製品の開発に取り組む」「隣人の向こうを張って新車に買い換える」「紅白歌合戦の向こうを張った超大型の歌番組」◆相手に負けまいとして競い合うことをいう。

誤用 「向こうに張る」は誤り。

無言《むごん》の帰宅《きたく》

使い方 死者となって自分の家に帰ること。「遭難者の遺体が──をした」「懸命の救助活動もかなわず、この日、──となってしまった」

◆(1)遺体は何も言わないことからいう。多く新聞・放送などで、報道用語として使われる。

(2)国外で亡くなった場合には、国に帰

む

る意で「無言の帰国」ともいう。「旅先で飛行機事故に巻き込まれた三人の遺体が無言の帰国をした」

◆「虫《むし》」を使う成句

> 一寸《いっすん》の虫にも五分《ごぶ》の魂・獅子《しし》身中の虫・小の虫を殺して大の虫を助ける・蓼《たで》食う虫も好き好き・飛んで火に入《い》る夏の虫・苦虫を噛《か》み潰《つぶ》したよう・腹の虫が治まらない・虫が知らせる・虫唾《むしず》が走る・虫の居所が悪い・悪い虫が付く

虫《むし》が知《し》らせる

使い方 何かよくないことが起こりそうな予感がする。「彼女が旅行を取りやめたのは**虫が知らせた**からだろう」「**虫が知らせた**のか、途中で引き返したので雪崩に遭わずに済んだ」「**虫が知らせた**というのか、急いで帰国してみると母は危篤状態にあった」◆「虫」は、人の体内にあって、その感情・意識・心理などを左右すると考えられているものをいう。

補説 よくないことが起こりそうだと感じることは「虫の知らせ」という。「虫の知らせがあったのか、彼は飛行機を新幹線に乗り換えて難を逃れた」

虫《むし》唾《ず》が走《はし》る

使い方 ひどく不快である。「声を聞くだけで――」「あの男の顔は思い出しただけでも――」「――ほどいやなやつ」「私は彼女が『まアちゃん』と呼ぶのを聞くと、――ほどイヤだったのです〈谷崎潤一郎・痴人の愛〉」「蛇《へび》を見ると――」「演歌を聴くと――」「塩辛が食膳にのるだけで――」

◆⑴「虫唾」は、胸がむかむかするときなどに胃から口にこみ上げてくる酸っぱい液。「虫▽酸」とも書く。⑵人についていうことが多いが、物事を忌み嫌うことにもいう。

虫《むし》の居所《いどころ》が悪《わる》い

使い方 機嫌が悪く、ちょっとしたことにも腹を立てやすい状態にある。「朝っぱらから――」「社長はいま――から、その話はしないほうがいい」「――らしく、話しかけても返事をしない」「あんなに怒鳴ったのは、よほど**虫の居所が悪かった**からだろう」◆「虫」は、人の体内にあって、その感情を左右すると考えられているものをいう。

誤用 「虫の居場所が悪い」は誤り。

矛盾《むじゅん》

使い方 物事の道理が一貫していないこと。つじつまが合わないこと。「話の前後が――する」「言うこととすることが――している」「――したことを言う」「――だらけの話」「理想と現実はしばしば――する」「――に満ちた組織」「自己――に陥る」◆「矛▼楯」とも書く。

出典 昔、楚《そ》の国の商人が、どんな盾《たて》でも突きとおすという矛《ほこ》と、どんな矛でも防ぐという盾を同時に売ろうとしたが、その矛でその盾を突いたらどうなるかと問われて返答に窮したという故事に基づく（「韓非子・難一」）。

類表現 「自家撞着《じかどうちゃく》」

◆「鞭（むち・べん）」を使う成句

> 飴《あめ》と鞭・屍《しかばね》に鞭打つ・死屍《しし》に鞭打つ・死者に鞭打つ・先鞭《せんべん》を付ける・老骨に鞭打つ

む

胸《むな》▼糞《くそ》が悪《わる》い

使い方 胸がむかむかするほど不愉快である。「あんなやつは顔を見るのも━━」「つまらない言いがかりをつけられて━━」「あいつのおべんちゃらを聞くと**胸糞が**悪くなる」◆「むなくそ」は、胸を強めて、乱暴にいう語。「むねくそ」ともいう。

誤用 気分が悪くなる意で使うのは誤り。「×船に酔って胸糞が悪くなった」

無《む》に帰《き》する

使い方 もとの何もない状態に戻る。また、むだになる。「計画が━━」「長年の努力が━━」「火事で一切の資料が**無に帰**した」「捜査の苦労も**無に帰**して、事件は迷宮入りとなった」◆「帰する」は、結果としてある所に行き着く意(「努力が水泡に帰する」)。

誤用 「無に帰《かえ》る」は誤り。

◆「胸《むね》」を使う成句

胸糞《むなくそ》が悪い・胸が一杯になる・胸が躍る・胸がすく・胸が塞《ふさ》がる・胸三寸《むねさんずん》・胸に一物《いちもつ》・胸に手を当てる・胸に秘める・胸を痛める・胸を打つ・胸を借りる・胸を焦《こ》がす・胸を撫《な》で下ろす・胸を弾ませる・胸を膨《ふく》らませる

胸《むね》が一杯《いっぱい》になる

使い方 感激などで心が満たされる。「合格の喜びで━━」「初勝利の感激で━━」「別れの悲しみに━━」「旧友の便りを読んで、懐かしさで━━」

◆(1)「胸一杯になる」とも。「胸」は心の意(「胸が痛む」「胸が騒ぐ」)。(2)この成句は「何かで胸が一杯になる」という言い方だが、「何かが胸に一杯になる」という言い方もある。「懐かしさが胸に一杯になる」

胸《むね》が躍《おど》る

使い方 喜びや期待で胸が高鳴る。わくわくする。「優勝の期待に━━」「勝利の歓喜に━━」「明日からは楽しい海外旅行だと思うと━━」「思いがけない受賞がうれしくて━━」◆この「おどる」は、現代の書き分けでは「躍る」と書く。「踊る」(＝舞踊・ダンスをする意)は標準的でない。

補説 喜びや期待などで胸をわくわくさせることは「胸を躍らせる」という。「勝利の歓喜に胸を躍らせる」

類表現 「心が躍る」

胸《むね》がすく

使い方 胸のつかえがとれて、さわやかになる。「**胸が/のすく**ようなホームラン」「雪辱を果たして**胸が/のすく**思いがした」「**胸がすいて**晴れ晴れとした気分になる」「言うだけのことを言ったら**胸がすきました**」◆(1)「胸」は、心の意。心が晴れて、すかっとすることをいう。(2)「すく」は「▽空く」とも書くが、多くはかな書き。

胸《むね》が▼塞《ふさ》がる

使い方 悲しみや心配で暗い気持ちになる。憂鬱《ゆううつ》になる。「悲しみで━━」「心配事があって━━」「あまりの悔しさに━━」「**胸がふさがって**はらはらと涙を落とす」◆(1)「胸」は心の意。心にある感情がいっぱいに満ちることをいう。(2)まれに「胸がふさぐ」も使われるが、「胸がふさがる」が一般的。

類表現 「心がふさぐ[ふさがる]」「気が

ふさぐ［ふさがる］」

胸三寸《むねさんずん》

使い方 胸の中。また、心の中の考え。「そのことは私の――に納めておこう（＝心の中にしまい込んでおこう）」「成否の鍵《かぎ》は彼の――にある」「生かすも殺すもこちらの――だ」「知らんが僕のほうがあなたに深《ふか》惚《ぼ》れしとることだけは、この――でちゃんと知っとるんだ〈有島武郎・或る女〉」

補説「胸先《むなさき》三寸」は、みぞおちのすぐそばあたりの意。「胸先三寸に迫る」「胸先三寸に短刀を突きつける」

胸《むね》に一物《いちもつ》

使い方 口には出さないが、心の中にたくらみを持つこと。「――（の）ある人」「――ありそうな顔つき」「――があって、しきりに訪ねてくる」「――を抱いて交渉に臨む」◆「一物」は心中に秘めた〈悪い〉考え。

誤用「一物」を「いちぶつ」と読むのは誤り。

類表現「腹に一物」

胸《むね》に手《て》を当《あ》てる

使い方 心を落ち着かせるために両手を胸にあてがう。また、そのようにして、じっくり思案する。「**胸に手を当て**て思案する」「**胸に手を当て**て思い出にふける」「**胸に手を当て**て思い出してごらん」「なぜ同じ失敗ばかりくり返すのか自分の**胸に手を当て**てよく考えてみなさい」◆気持ちを集中させようとする仕草からいう。「胸に手を置く」とも。

胸《むね》に秘《ひ》める

使い方 心の内に隠して、人に知られないようにする。「野心［熱き思い］を――」「期待を**胸に秘め**て留学する」「悲しみを**胸に秘め**て故郷に帰る」「**胸に秘め**た思いを打ち明ける」◆「胸」は心の中。「秘める」は、奥深く隠しもつ意（「内に闘志を秘める」）。

類表現「心に秘める」

胸《むね》を痛《いた》める

使い方 ひどく心配する。「子どもの進学問題で――」「被災地の惨状を見て――」「両親の不和に小さな――子どもたち」◆⑴「胸」は心。「痛める」は、心に苦痛を感じるの意。⑵「心を痛める」は「傷心」を踏まえて「心を傷める」とも書くが、「胸を傷める」と書くのは避けたい。

類表現「心を痛める」

胸《むね》を打《う》つ

使い方 強く感動させる。「すばらしい演奏が聴衆の――」「勇気ある行為が人々の――」「勇敢な行動に**胸を打た**れる」「読者の――雄渾《ゆうこん》な筆致」「しんとした小路の中で、急に一種の淋しさが彼女の**胸を打っ**た〈夏目漱石・明暗〉」◆「胸」は心。「打つ」は強い感動を与えるの意（「迫真の演技が観客を打つ」）。

誤用「うつ」を「撃つ」と書くのは誤り。「胸を撃つ」は、胸を射撃する意になる。

類表現「心を打つ」

胸《むね》を借《か》りる

使い方 相撲で、上位の力士に稽古《けいこ》をつけてもらう。また、一般に、実力が上の人に相手をしてもらう。「横綱の**胸を借り**て稽古する」「チャンピオンの**胸を借り**てスパーリングをする」「――つもり

む

で決勝戦に臨む」「世界の強豪に／の━つもりで大会に出場する」
◆(1)「借りる」は、その人自身(の体)を使わせてもらう意。
(2)ある物事をともに行う相手について、「自分より相手のほうが実力が上である」という、へりくだりの気持ちを示したい場合にも使われる。「〔商品の共同開発をすることになった会社の人に対して〕御社に／の胸を借りるつもりで、開発に取り組みます」
誤用 相手の実力が上であることを示したい場合に、「肩を借りる(＝支援・協力してもらう)」と混同して使うのは誤り。「〔前年優勝したA選手と対戦した人のセリフで〕今日はAさんの×肩を借りるつもりで／○胸を借りるつもりで試合に臨みました」
補説 上位の力士が下位の力士に稽古をつけることや、一般に実力の上の人が下位の人の練習の相手をしてやることは「胸を貸す」という。「関取が幕下の力士に胸を貸す」⇩「肩を貸す」の誤用を参照。

胸《むね》を焦《こ》がす

使い方 深く恋い慕う。「恋に━」「彼女への愛に━」「熱き思いに━」「学生時代に**胸を焦がし**た人に再会する」
◆「胸」は、心の意。「焦がす」は切ない思いで心を悩ますことをいう。
誤用「胸が焦げる」は誤り。
類表現「心を焦がす」

胸《むね》を▼撫《な》で下《お》ろす

使い方 心配事が解消して、一安心する。ほっとする。「安《あん》堵《ど》の━」「子どもたちが無事と聞いて━」「暴動が治まったのを見て━」◆安堵したときの、胸を下の方へ向けて撫でる仕草をいう。
誤用「心を撫で下ろす」とはいわない。

胸《むね》を弾《はず》ませる

使い方 期待や喜びや希望で心がうきうきする。「初めてのデートに━」「優勝の喜びに━」「**胸を弾ませ**て表彰台に上る」「娘が**胸を弾ませ**て入学式を待っている」
◆(1)「胸」は心。気持ちがうきうきと活気づくことをいう。
(2)「胸が弾む」も同じ意。「うれしい便りに胸が弾む」
類表現「心を弾ませる」「心が弾む」「心が躍る」「胸が躍る」

胸《むね》を膨《ふく》らませる

使い方 希望や喜びで心がいっぱいになる。「希望に━」「幸福感が私の**胸を膨らませ**た」「期待に**胸を膨らませ**て留学する」「**胸を膨らませ**て結婚式を待つ」
◆(1)ある好ましい感情が胸いっぱいに広がることをいう。「膨らませる」は「膨らます」とも。(2)「胸が膨らむ」も同じ意。「期待で胸が膨らむ」

無用《むよう》の長物《ちょうぶつ》

使い方 あっても役に立つどころか、かえってじゃまになるもの。「こんな武器など今では━だ」「利用者がなくなって、この施設も━となった」「製塩方式が変わって広大な塩田は━と化した」「諸方の城郭も、今は━として崩される真最中だ〈島崎藤村・夜明け前〉」「猫なので人間の言語がしゃべれない。…話せないとすれば土中にある金剛石《ダイヤモンド》の日を受けて光らぬと同じ事で、切角の智識も━となる〈夏目漱石・吾輩は猫である〉」◆今では役に立たない、このままでは役に立たな

む

い、という思いを込めていう。「長物」は、長すぎて役に立たないもの。

類表現「蛇足《だそく》」

無用《むよう》の用《よう》

使い方 役に立たないように見えるものが、かえって大きな役割を果たしているということ。「——ということもあるのだから、性急に役に立たないと決めつけてはならない」「そりゃ実利も結構、実益も結構さ。しかし——ってこともあるんだからね〈山本有三・路傍の石〉」◆「無用」は、役に立たないもの（こと）の意。ただし、まったく役に立たないものの意ではない。

誤用「無用の要」と書くのは誤り。

出典「荘子・人間世《じんかんせい》」に「人は皆有用の用を知りて無用の用を知ること莫《な》し（＝人は明らかに役に立つものの意義は知っているが、一見無用のものが人生にとって真の意味があることだとは知らない）」とあるのに基づく。「無用の用」は、「老子」や「荘子」に多く見られる論。「老子・一一」には、「埴《しょく》を埏《う》ちて以《もっ》て器を為《つく》る。その無に当たりて器の用あり（＝粘土をこねて器を作る。その器は中に一見無用の空間があるからこそ容器として使えるのだ）」とある。

類表現「不用の用」

無理《むり》が通《とお》れば道理《どうり》が引《ひ》っ込《こ》む

使い方 道理に反する不正が世に通用するようになれば、道理にかなった正義は行われなくなる。「権力を笠《かさ》に着た横暴を許すわけにはいかない。——だよ」「——で、この決定は大国のごり押しと言えるだろう」「——の行政処分」◆「無理」は、道理（＝正しい筋道）に反し、物事の筋が通らないこと。

誤用「無理に通れば道理が引っ込む」は誤り。

出典 江戸版「いろはがるた」では「無理が通れば道理引っ込む」。

類表現「石が流れて木の葉が沈む」

め

◆「目（め・もく）」を使う成句

生き馬の目を抜く・魚《うお》の目に水見えず人の目に空見えず・鵜《う》の目鷹《たか》の目・大目玉を食う・大目に見る・傍目八目《おかめはちもく》・鬼の目にも涙・お目に掛かる・お目に掛ける・親の欲目・白い目で見る・十目《じゅうもく》の視《み》る所十手《じっしゅ》の指す所・天井から目薬・長い目で見る・二階から目薬・猫の目・人目に付く・人目を引く・二目《ふため》と見られない・目が利く・目が眩《くら》む・目が肥える・目が覚める・目頭が熱くなる・目頭を拭《ぬぐ》う・目が据わる・目が点になる・目が届く・目が無い・目が回る・目から鱗《うろこ》が落ちる・目から鼻へ抜ける・目から火が出る・目くじらを立てる・目糞《めくそ》鼻糞を笑う・目尻《めじり》を下げる・目と鼻の先・目に余る・目に角《かど》を立てる・目に染《し》み

る・目に立つ・目に付く・目には目を歯には歯を・目にも留《と》まらぬ・目に物言わす・目に物見せる・目の色を変える・目の上の瘤《こぶ》・目の黒いうち・目の玉が飛び出る・目の毒・目の中に入れても痛くない・目は口ほどに物を言う・目端《めはし》が利く・目鼻が付く・目も当てられない・目もあや・目もくれない・目を疑う・目を奪う・目を掛ける・目を配る・目を凝《こ》らす・目を三角にする・目を白黒させる・目を付ける・目を瞑《つぶ》る・目を盗む・目を離す・目を光らせる・目を開《ひら》く・目を丸くする・目を回す・目を見張る・目を剝《む》く・欲に目が眩《くら》む・夜目《よめ》遠目《とおめ》笠の内・弱り目に祟《たた》り目・脇目《わきめ》も振らず

明鏡《めいきょう》止水《しすい》

使い方 何の邪念もなく、静かに落ち着いている心の状態をいう。「——の心境に至る」「——の心で晩年を過ごす」「——のすがすがしい気持ちになる」◆わだかまりのない心を、曇りのない鏡と静かな水にたとえた句。

誤用 「めいきょう」を「名鏡」と書くのは誤り。

出典 「荘子・徳充符《とくじゅうふ》」に「人は流水に鑑《かんが》みること莫《な》く、止水に鑑みる。…鑑《かがみ》明らかなるは則《すなわ》ち塵垢《じんこう》止まらざればなり(＝人は流れる水を鏡とはしないで止まっている水を鏡とする。…鏡がはっきりと姿を映すのは、そこに塵やごみをとどめていないからである)」とあるのに基づく。

名物《めいぶつ》に▽旨《うま》い物《もの》なし

使い方 とかく名物といわれているものには、おいしいものがない。「見掛けばかりで味はだめ。——だね」「三つ星のレストランでスペシャル料理を食べたが、値段ほどの味じゃなかった。——なのだろう」「——と思っていたが、この菓子はちょっといけるね」

◆(1)あの地に行ったら名物のあれを食べてやろうと張り切っていると、しばしば期待を裏切られる。知名度におんぶして、次第にいい加減な物を供するようになる所もあるからだろう。名は必ずしも実《じつ》を伴わない。

(2)「名物は聞くに名高く食うに味なし」とも。

類表現 「名所に見所なし」

明《めい》▼眸《ぼう》▼皓《こう》歯《し》

使い方 美しく澄んだ瞳《ひとみ》と白く輝く美しい歯。「——の美少女」「——の楚々《そそ》たる美女」「振り向いて見ると、月光を浴びて——、二十《はたち》ばかりの麗人がにっこり笑っている〈太宰治・竹青〉」◆ふつう、美人の形容に使う。「——の美少年」ということもあるが、一般に美男の形容に用いるのは避けたい。

出典 非業の死を遂げた楊貴妃《ようきひ》を悼み、杜甫《とほ》が「哀江頭《あいこうとう》の詩」に「明眸皓歯今何《いず》くにか在る。血汚《けつお》の遊魂《ゆうこん》帰り得ず(＝明眸皓歯の美しいお方は、今どこにおられるのだろう。血に汚れてさまよう魂は帰るところがないままでいる)」と詠んだことに基づく。安禄山《あんろくざん》に追われた玄宗が、長安から蜀《しょく》へ逃れる途中、馬嵬《ばかい》の仏堂で官兵に迫られて楊貴妃の命を絶ったのは、天宝十五(七五六)年。絶世の美女もすでに三十七歳だった。

名誉《めいよ》▼挽回《ばんかい》

使い方 傷ついた名誉を取り戻すこと。

め

「汚名をすすいで━する」「連敗を喫した宿敵を破って━を果たす」「━には、かなりの時間がかかるだろう」◆「挽回」は、失ったものを取り戻して、もとの状態にすること(「勢力を挽回する」「勉強の遅れを挽回する」)。
類表現 「名誉回復」「失地回復」「汚名返上」

目《め》が利《き》く

使い方 物の価値を見分ける能力がある。鑑識眼がある。「彼は古美術に━」「彼女は茶道具の鑑定に━」「━人に刀剣の鑑定を頼む」「目が利かないから贋物《がんぶつ》ばかりつかまされる」◆「目」は、物事を見分ける力(「さすがに目が高い」)。
補説 書画・刀剣・器物などの真贋《しんがん》や良否を見分けることや、その能力にすぐれている人のことは「目利き」という。「古書の目利きとして知られる人」

目《め》が▼眩《くら》む

使い方 ❶めまいがする。「私は高い所に上がると━」「━ばかりの絶壁」
❷強い光などによって一時的に視力を失う。「対向車のライトに━」「強烈な光に目がくらんで何も見えなくなる」
❸心を奪われて正しい判断ができなくなる。「欲に━」「ダイヤモンドに━」「金に目がくらんで強盗を働く」
◆「眩む」は、一瞬視力を失って目の前が暗くなる意。まれに「暗む」「▼晦む」とも書く。

目《め》が肥《こ》える

使い方 よいものを見慣れて、本物の価値が見分けられるようになる。「彼は骨董品《こっとうひん》には目が肥えている」「美術館を見て回るうちに目が肥えてきた」「昨今の消費者は商品に対する目が肥えてきた」◆「肥える」は、ものを鑑別する能力が発達している意(「耳が肥えている」「舌が肥えている」)。
誤用 能力が上回る意にとって、「こえる」を「越える」と書くのは誤り。

目《め》が覚《さ》める

使い方 ❶眠りから覚める。また、眠けが去る。「毎朝、六時になると━」「━ような逆転ホームラン」「━ように鮮やかな紅葉」
❷迷いが去って、また、自分の誤りに気がついて、正しい方向に進むようになる。「先輩の一言で、迷いから目が覚めた」「失敗をくり返してようやく目が覚めた」「財産を使い果たして、やっと目が覚めた」
◆「覚める」は、本来の正常な意識に戻る意。「▼醒める」とも書く。
誤用 「さめる」を「冷める」と書くのは誤り。

目頭《めがしら》が熱《あつ》くなる

使い方 感動のために涙が浮かんでくる。「苦労話を聞くと━」「励ましのことばを掛けられて目頭が熱くなった」「━ほどの感動を覚える」◆「目頭」は、左右の目の鼻に近い方の端。涙がにじむと、まず目頭の辺りが熱くなることからいう。

目頭《めがしら》を▼拭《ぬぐ》う

使い方 涙をふく。「ハンカチで━」「気づかれないように指でそっと━」◆「目頭」は、左右の目の鼻に近い方の端。
補説 「目頭を押さえる」は、目頭からあふれそうになる涙を指で押さえてとどめ

め

ようとする意。「目頭を押さえながら焼香する」

目《め》が据《す》わる

使い方 酒に酔ったり怒ったりして、瞳《ひとみ》が一点を見据えたまま動かなくなる。「彼は飲むほどに**目が据わ**ってくる」「ワインを二、三杯飲むと彼女の**目が据わ**ってきた」「怒りが募るにつれ、顔は青ざめ、**目が据わ**ってくる」◆「据わる」は、一か所にとどまって動かなくなる意。

誤用 「すわる」を「座る」と書くのは誤り。

芽《め》が出《で》る

使い方 幸運がめぐってくる。成功のきざしがあらわれる。「努力のかいがあって、ようやく**芽が出**てきた」「才能はあるのになかなか**芽が出**ない」「この曲がヒットすれば、彼女も━━だろう」◆(1)草木の芽が萌《も》え出ることからいう。(2)賽《さい》のよい目が出る意から、「目が出る」とも。

補説 物事が成長・発展するきざしをあらわすの意では「芽を出す」という。「彼女の画才が芽を出してきた」

目《め》が点《てん》になる

使い方 ひどく驚いたりあきれたりして、呆然《ぼうぜん》とする。「隣の客がコーヒーに砂糖を十杯も入れるので**目が点になっ**たよ」「請求書の額を見て━━」「Aさんの強烈な性格に圧倒されて、一同**目が点になっ**た」「若い人のマナーを無視した振る舞いに、思わず**目が点になっ**た」◆(1)漫画で、目を点のように描いて驚きを表すことからという。(2)「目を点にする」とも。「思いもよらなかった展開に目を点にする」

目《め》が届《とど》く

使い方 注意や監督が行きわたる。「細かな所まで━━」「組織の末端まで━━」「親の**目の届か**ない所でいたずらをする」「警察の**目が届か**ない所で悪事を働く」◆視線が届く意からいう。

誤用 「目が回る」をこの意に使うのは誤り。「×捜査機関の目が回らないのをいいことに覚醒剤の密売を続ける」

目《め》が無《な》い

使い方 ❶判断力・鑑識力がない。「彼女は人を見る━━」「彼には本質を見る━━」❷思慮分別を失うほど好きである。「母は甘い物には━━」「彼は孫のことになると━━」◆「目」は、物事を見分ける力の意。

補説 「目じゃない」は、問題にするに値しないの意。「彼なんて目じゃない」

目《め》が回《まわ》る

使い方 ❶めまいがする。目がくらむ。「腹がへりすぎて━━」「遊園地の乗り物から降りたら、**目が回**って立っていられなかった」❷きわめて忙しいさまのたとえ。「開店の準備で━━忙しさだ」「今日は━━ほど忙しい一日だった」◆(1)「回る」は、くるくると輪を描くように動く意。(2)②は「目を回す」とも。⇩目を回す

目《め》から▼鱗《うろこ》が落《お》ちる

使い方 あることがきっかけとなって、それまで分からなかった実態や本質が急に理解できるようになる。「師僧の一喝で**目から鱗が落ちた**」「先輩に忠告されて

め

目から鱗が落ちたような気持ちだった」「この本を読んだら——思いがした」◆略して「目から鱗」とも。「鱗」は「ウロコ」と書くことも多い。

誤用「目から鱗が取れる」は誤り。

出典「新約聖書・使徒行伝・九章」に「すると、たちまち目から鱗のようなものが落ちて、サウロは再び物が見えるようになった」とあるのに基づく。

英語 The scales fall from one's eyes.

目《め》から鼻《はな》へ抜《ぬ》ける

使い方 非常に賢いさま。また、すばしこくて抜け目のないさま。「——ような才人」「——ような、やり手のビジネスマン」「——ような名答が返ってくる」

◆(1)見たものはすぐに嗅《か》ぎ分ける。視覚と嗅覚《きゅうかく》が連係して鋭く働くさまからいう。

(2)昔、大仏の目を修理した職人が目をはめてのち、鼻から抜け出た賢さからという説がある。

(3)「目から鼻に抜ける」「目から入って鼻へ出る」とも。

誤用「目が鼻へ抜ける」は誤り。

類表現「一を聞いて十を知る」

目《め》から火《ひ》が出《で》る

使い方 頭や顔を強く打ったときの、くらくらっとして目の前に光が飛び交うような感じを表すことば。「柱に頭をぶつけて**目から火が出**た」「頭を一撃されて——のを見た」◆頭などを強打すると、実際に火が出るわけではないが、一瞬光が交錯して見えることをいう。「目から火花が散る」とも。

誤用(1)「顔から火が出る」と混同して、恥ずかしいさまをいうのは誤り。「×目から火が出るほど恥ずかしい」

(2)「目の玉が飛び出る」と混同して、驚くさまをいうのは誤り。「×目から火が出るほど高価だ」

目《め》くじらを立《た》てる

使い方 目をつり上げて人のあら探しをする。些細《ささい》なことを取り立てて、とがめる。「小さなミスにも——」「店員の応対が悪いといって、——」「服装のことぐらいで——ことはない」◆「目くじら」は、目尻《めじり》・目角《めかど》のこと。

誤用「めくじら」を「目鯨」と書くのは誤り。

補説「めくじら」は物の隅をいう青森・新潟地方の方言「すまくじら」の転という説もあるが、定かではない。

類表現「目に角《かど》を立てる」「目角《めかど》を立てる」

目《め》▼糞《くそ》鼻《はな》▼糞《くそ》を笑《わら》う

使い方 他人の欠点を笑うことのたとえ。「彼を軽蔑《けいべつ》するのは——の類だ」「君が彼のことを悪く言うのは——ようなものだ」「やたらに人を批判すると、——のそしりを免れないよ」◆汚い目やにが鼻くそを汚いといって笑うことからいう。誰かが「目糞と鼻糞」のことを笑う意ではない。

英語 The pot calls the kettle black.
(鍋《なべ》がやかんを黒いとけなす)

◆「飯《めし》」を使う成句

同じ釜《かま》の飯を食う・臭い飯を食う・冷や飯を食う・飯も喉《のど》を通らない・飯を食う

飯《めし》も▼喉《のど》を通《とお》らない

め

使い方 心配事などで食欲がない。「遭難したのではないかと思うと飯も喉を／へ／に通らない」「明日の試験のことを思うと飯も／が喉を通らない」「資金繰りに詰まって飯も喉を通らなくなる」「——ほど心配する」

目《め》▼尻《じり》を下《さ》げる

使い方 すっかり満足したような顔つきをする。また、女性に見とれるなどして、だらしのない顔つきをする。「孫を膝《ひざ》にのせて——」「目尻を下げて嬉《うれ》しそうに笑う」「若い女性に囲まれて——」◆「目尻」は、目の耳に近い方の端。目をだらしなく細めて、でれっとした表情になることをいう。

誤用 「目尻」は「まなじり（眦）」ともいうが、「まなじりを下げる」は誤り。

飯《めし》を食《く》う

使い方 生活する。生計を立てる。「文筆で——」「小商いをして——」「芸能界で飯を食っていくのは並大抵のことではない」◆生活を支えるもとととなる食事をする意からいう。

誤用 生計を立てる意で「ご飯を食べる」とするのは誤り。「×イラストを描いてご飯を食べている」

メスを入《い》れる

使い方 問題を根本的に解決するために思い切った手段をとる。「政治の腐敗に——」「閉鎖的な官僚機構に——」「乱脈経営に——ために、会計検査院が特別検査に乗り出す」◆「メス」は外科手術などに用いる小刀。外科医がメスを使って患部を切開する意からいう。

めっきが▼剝《は》げる

使い方 うわべの飾りがとれて、本性が現れる。「簡単な質問にも答えられなくて——」「——と、すべては詐欺まがいの商法だった」「レーサーを装ったが、技量が伴わなくてめっきが剝げてしまった」◆(1)「めっき」は、金属または非金属の表面を覆っている他の金属の薄膜。「〈▼鍍金〉」「滅▽金」「メッキ」とも書く。(2)「めっきが剝がれる」とも。

類表現 「地金《じがね》が出る」

滅相《めっそう》もない

使い方 とんでもない。あるべきことではない。「——ことを言う」「そんな——話があるものか」「私に出馬しろなんて、——」「私が反対したなんて——、そんなわけはないでしょう」◆「滅相」は、仏教で、現在存在する一切のものが滅びて過去に入ること。滅びていくことはあってはならないとしていう。

誤用 「滅法《めっぽう》もない」は誤り。「滅法」は、道理に合わないさま、常識はずれのさまをいう（「滅法なことを言う」「今朝は滅法寒い」）。

目《め》と鼻《はな》の▼先《さき》

使い方 距離がきわめて近いこと。「頂上はもう——だ」「ここから駅は——だ」「わが家からつい——に県立美術館がある」「初島《はつしま》は熱海からほんの——に見える」◆目と鼻との間のように接近していることからいう。「目と鼻の間《あい》」とも。

誤用 「目鼻の先」は誤り。

目《め》に余《あま》る

使い方 あまりにひどくて、黙って見過ごすことができないほどである。「最近の彼の言動は——」「議員視察団のモラルの低さは——」「彼女の増長ぶりには——ものがある」「飲酒運転など、━━違反行為が後を絶たない」「安夫の怠け方は次第に━━ようになった〈三島由紀夫・潮騒〉」◆「〜に余る」は、許容できる程度を超えている意(「思案に余る難問」)。

目《め》に角《かど》を立《た》てる

使い方 目をつり上げて怒る。「たかが子どものいたずらなのに━━」「**目に角を立てて**叱《しか》りつける」「**目に角を立てて**ことさらにあら探しをする」「それは━━ほどの問題じゃない」◆丸かった目を三角にする。怒ったときの目つきをいう。「目角《めかど》を立てる」とも。

類表現「目を三角にする」「目くじらを立てる」

目《め》に染《し》みる

使い方 ❶煙などが目を刺激する。「煙が**目に染みて**涙が出る」「この目薬は━━」❷色彩などが鮮やかで、目を強く刺激する。「新緑が━━」「群青《ぐんじょう》色の海が━━」「━━ような青葉に風がわたる」◆「染みる」は、痛いほどの刺激が体を突き抜けていくように感じるの意(「冷水が歯に染みる」「寒さが身に染みる」)。

誤用「目に染《そ》まる」は誤り。

目《め》に立《た》つ

使い方 きわだって見える。目立つ。「彼は背が高いので特に━━」「畦道《あぜみち》に咲く彼岸花が━━」「まっ先に━━高い建物が県庁だった」「謹慎中は━━ような行動は控えた方がいい」「停車場《ステーション》では、鞄や風呂敷包をさげた繭商人《まゆあきゅうど》の姿が多く**目に立った**〈徳田秋声・あらくれ〉」「秋風が立つにつれて、容体の悪いのが**目に立った**〈田山花袋・田舎教師〉」◆はっきりと目に認められることをいう。

誤用 目の前に立って視界を妨げる意で使うのは誤り。「✕視界をさえぎるように防音壁が目に立つ」「✕高層ビルが目に立って、海が見えなくなった」

類表現「目に付く」

目《め》に付《つ》く

使い方 特によく見える。目立つ。「シャツの汚れが━━」「真っ赤なブーゲンビリアが━━」「嫌いになると欠点ばかりが━━ようになる」「消火器は━━場所に置いておきなさい」「このポスターはあまり**目につかない**ね」◆「付く」は、物事が視覚・聴覚・嗅覚《きゅうかく》にきわだって強く感じられる意(「時計の音が耳に付く」「生臭さが鼻に付く」)。「目に着く」とも書くが、かな書きが一般的。

類表現「目に立つ」

目《め》には目《め》を歯《は》には歯《は》を

使い方 害を受けたら、それに相応する報復をするということ。「━━という戦争の論理は世界の絶滅につながる」「━━といって、ピッチャーが報復の危険球を投げるのは許されるべきことではない」◆本来の意は、被害者が受けた害と同等の害を加害者に加えるという同害報復(タリオ)の原則を表すことばだが、一般に広く復讐《ふくしゅう》の意で用いられる。

出典 紀元前十八世紀に成立した「ハムラビ法典」にあることば。「旧約聖書・出エジプト記」にも「命には命で、目には目で、歯には歯で、手には手で、足には足で、火傷《やけど》には火傷で、傷には傷で、打ち身には打ち身で償わなくてはならぬ」とある。応報刑主義は古代の正義だったが、イエスは「新約聖書・マタイ伝・山上の垂訓」で「あなた方も知っているとおり、目には目を、歯には歯をと教えられてきた。しかし、私は言う。悪人に逆らってはならない。人があなたの右の頬《ほお》を打つなら、左の頬も向けなさい。人があなたの上着を取ろうとして訴えるなら、外套《がいとう》もやりなさい」と説き、復讐を戒めた。

英語 an eye for an eye ; a tooth for a tooth

目《め》にも留《と》まらぬ

使い方 非常にはやいさま。「━━早わざで投げ飛ばす」「━━スピードで走り去る」「━━速さでキーボードを打つ」「敵を━━抜き打ちで斬り捨てる」

◆(1)その動きをはっきりととらえることができないほどすばやいさまをいう。

(2)「留まる」は、印象づけられる意。現代の書き分けでは、「止まらぬ」と書くのは避けたい。

目《め》に物言《ものい》わす

使い方 目つきだけで相手に気持ちを伝える。「**目に物言わし**て説得する」「**目に物言わし**て発言をやめさせる」「**目に物言わし**て会場を静める」

◆(1)自分の眼差《まなざ》しに力を発揮させることをいう。

(2)「言わす」は「言わせる」とも。「目に物言わせて皆を黙らせる」「阿母さんが眼に物言わせて、了解《のみこ》ませて〈二葉亭四迷・平凡〉」

誤用 「目に物見せる」と混同して、思い知らせる意で使うのは誤り。「×決勝戦では目に物言わしてやろう」「×今に見てろ、目に物言わせてやる」

目《め》に物見《ものみ》せる

使い方 思い知らせる。ひどい目にあわせる。「今度という今度は**目に物見せ**てくれよう」「今日こそは**目に物見せ**てやるぞ」「彼は、男らしく旦那様の墓の前で、腹掻っさばいて、蛆虫等に、**目に物見せ**てくれようと思ったのである〈宮本百合子・三郎爺〉」◆はっきりわかるように相手に見せつけることをいう。

誤用 (1)この意で「目に物言わす」というのは誤り。「目に物言わす」は、目つきで相手に気持ちを伝えるという意。「×絶対に許すまじ。目に物言わしてやるぞ」⇩目に物言わす

(2)逆に、「目に物見せる」を、目つきで気持ちを伝える意に使うのも誤り。「×目に物見せて了承してもらう」

目《め》の色《いろ》を変《か》える

使い方 目つきを変える。怒ったり、驚いたり、何かに熱中したりするさまをいう。「危篤の知らせを聞いて━━」「チャンピオンの座を守ろうと**目の色を変え**てトレーニングに励む」「馬券を握りしめ、**目の色を変え**て最終レースを見守る」「機関車と聞いただけでも━━ほどの鉄道マニア」

◆(1)「色」は、急変した感情が目にあらわれたときの、目のようす。

(2)「目の色が変わる」もほぼ同じ意。「被害の大きさを知って目の色が変わる」

目《め》の上《うえ》の▼瘤《こぶ》

使い方 (自分より地位や実力が上で)何かと目障りであったり、じゃまになったりする人のたとえ。「あの課長は━━だよ」「━━ともいえる先輩の追い出しをはかる」「法律家の渡弁護士が自然、主人歿後《ごぼつ》の倉持家に重要な地位を占めることになり、年の若い倉持には、ちょっと━━という感じで、母が信用しすぎていはしないかと思えてならなかった〈徳田

秋声・縮図〉」◆目のすぐ上にこぶがあると、始終気になることからいう。「目の上のたんこぶ」とも。

誤用 「こぶ」には世話をしなくてはならない子どもの意もあるが(「こぶ付き」)、「目の上のこぶ」をその意でいうのは誤り。「× 四人も子どもがいると目の上のこぶだよ」

出典 江戸版「いろはがるた」の一つ。

目《め》の黒《くろ》いうち

使い方 生きている間《だあい》。「私の━には許すわけにはいかない」「わしの━は勝手なことはさせぬ」「母親の━は、滅多にその分前《わけまえ》に有り附けそうにも思えなかった〈徳田秋声・あらくれ〉」◆(1)「目」は黒目《めくろ》(=眼球の中央の黒っぽい部分)の意。死んでしまえば黒目も閉じてしまう。(2)「目の玉の黒いうち」とも。

目《め》の玉《たま》が飛《と》び出《で》る

使い方 びっくりして目を大きく見開く。「━ほど高価な料理」「━ほど高い絨毯《じゅうたん》」「請求書を見て、**目の玉が飛び出たよ**」「━ほど叱責《しっせき》される」◆(1)値段が高いことにひどく驚くさまや、ひどく叱《しか》られるさまにいう。(2)「目玉が飛び出る」「目が飛び出る」とも。

誤用 「目の玉が飛び出す」とするのは避けたい。

目《め》の毒《どく》

使い方 見ると害になるもの。また、見ると欲しくなるもの。「このマンガ雑誌は子どもには━だ」「子どもには━になるから、隠しておこう」「あのネックレスは妻には━だよ」「聞けば気の毒、見れば━(=知らないでいればそれまでだが、見たり聞いたりすれば欲望が起こって心身の害になるということ)」◆(1)見る人にとってわざわいになるものの意からいう。(2)「目に毒」とも。「このビデオは青少年の目に毒だ」

目《め》の中《なか》に入《い》れても痛《いた》くない

使い方 かわいくてたまらないさまのたとえ。「孫は━ほどかわいい」「一人娘を━ほどかわいがる」「彼は長男が生まれたら、━かわいがりようだ」◆小さな異物が入っても痛む目だが、自分の子・孫やペットなどならば痛みを感じないとしていう。「目に入れても痛くない」とも。

目《め》は口《くち》ほどに物《もの》を言《い》う

使い方 情のこもった目つきは、ことばで説明するのと同じ程度に気持ちを相手に伝える。「必死に訴えるまなざしについ動かされた。━だね」「**目は口ほどに物**言うというが、彼の本心は目を見ればわかる」「気があれば**目も口ほどにものをいひ**〈雑俳・柳多留拾遺〉」◆喜怒哀楽の情はまず目にあらわれることからいう。

補説 目つきや目くばせで相手に気持ちを伝えることは「目が物を言う」という。「『来たら、いけないの?』ぴッたり、僕のそばにからだを押しつけて坐った。それッきりで、目が物を言っていた〈岩野泡鳴・耽溺〉」

類表現 「目は心の窓」「目は心の鏡」

英語 The eyes are as eloquent as the tongue.(目は舌ほどによく喋《しゃべ》る)

目《め》端《はし》が利《き》く

使い方 機転が利く。「彼はおっとりしているようだが、存外━」「彼女は━から、相場で損をしたことがない」「――人だから、うまくやってくれるだろう」「正井という男は、一見放漫なように見えていて、剃刀《かみそり》のように**目端の利く**人だった〈有島武郎・或る女〉」◆プラスに評価していう。「目端」は、その場の様子を見はからう才知。

誤用「目が利く」「鼻が利く」という言い方はあるが、「目鼻が利く」とは言わない。

補説 その場に応じて才知を働かすことは、「目端を利かせる」という。「目端を利かせて利《り》ざやを稼ぐ」

目《め》鼻《はな》が付《つ》く

使い方 おおよその見通しが立つ。「計画の――」「ようやく仕事の**目鼻が付いた**」「捜査に――」「何とか工事完成の**目鼻が付いた**」◆目と鼻があるべき所にきちんとあって顔だちが整うことからいう。

補説 おおよその見通しをつけることは「目鼻を付ける」という。「市場調査をして事業拡張の目鼻を付ける」

目《め》も当《あ》てられない

使い方 あまりにひどくて見るにたえない。とても見ていられない。「家中が荒らされて――」「実験に失敗したときの彼女の落胆ぶりは**目も当てられなかった**」「すっかり荒れ果てて――有様だった」「事故現場は――惨状だった」◆「目が当てられない」とも。

目《め》もあや

使い方 まばゆいばかりに美しいさま。「――な花嫁衣装」「紅葉で――に彩られた秋の山」「御簾《みす》の下にこぼれる、――な女たちの五彩の衣のいろ〈田辺聖子・新源氏物語〉」「ゆう日あざやかにぱっと茜《あかね》さして、**眼もあや**に躑躅《つつじ》の花、ただ紅《くれない》の雪の降り積めるかと疑わる〈泉鏡花・竜潭譚〉」◆目もくらむ意。古くは、あまりのひどさに驚きあきれるさまにもいった。「――に、あさましきまで、あいなう面《おもて》ぞ赤むや（＝目もくらむばかりで、あきれるほどむやみに顔がほてることだ）〈枕草子・一七六段〉」

目《め》もくれない

使い方 まったく見向きもしない。関心を示さない。無視する。「彼は小さな利益などには――」「彼女は仕事以外のことには――」「街道を行く旅人たちは路傍の小さな茶店には**目もくれなかった**」◆その方に目を向けないことからいう。「くれない」は、与えるという意の動詞「くれる（呉れる）」の打ち消し。

誤用「目もやらない」は誤り。「目をやらない」は、そちらのほうを見ないという意味。

目《め》を疑《うたが》う

使い方 実際に見たことが信じられないほど不思議に思う。「街の変貌ぶりに――」「十年ぶりに再会した兄を見て、これは別人ではないかと一瞬**目を疑った**」「――ような惨劇がくり広げられた」「――ばかりの美しい光景」「自分の**目を疑った**ほど、彼女は生気のない顔色をしていた」◆自分の目は確かだろうかとあやしむことからいう。

補説 聞いたことについては「耳を疑う」という。⇩耳を疑う

目《め》を奪《うば》う

使い方 美しさ、鮮やかさなどで、見とれさせる。「ライトアップされた建物が通行人の――」「彼女の名演技が観客の**目を**

奪った」「華やかな装いに目を奪われる」「ヒマラヤ山脈の大観に目を奪われる」◆(1)「奪う」は興味や関心を強く引きつける意(「あまりの美しさに心を奪われる」)。
(2)「目を奪われる」は、「目が奪われる」とも。
誤用「目を盗む」と混同して、こっそり行動する意で使うのは誤り。「×先生の目を奪ってカンニングをする」

目《め》を掛《か》ける

使い方 かわいがって面倒をみる。ひいきにする。「まじめに働く部下に——」「同郷の力士に——」「社長に目をかけられて役員になる」「長十郎はまだ弱輩で何一つ際立った功績もなかったが、忠利は始終目を掛けて側近く使っていた〈森鷗外・阿部一族〉」
◆(1)特に注目して世話をすることをいう。
(2)「目に掛ける」とも。「専務が目に掛けている課長」

目《め》を配《くば》る

使い方 注意してあちこちをよく見る。「四方八方に——」「子どもたちに事故がないように——」「手ぬかりがないように会場の隅々にまで——」「周囲に目を配って車道を横断する」◆「配る」は、注意などを行きわたらせる意(「健康に心を配る」「身だしなみに気を配る」)。
誤用 視線を向ける意で使うのは誤り。「車窓から富士山に×目を配る/○目をやる」

目《め》を凝《こ》らす

使い方 じっと見つめる。凝視する。「羽化するアゲハチョウに——」「一点に目を凝らして見る」「暗やみでじっと目を凝らし、耳を澄ます」「目を凝らして、落としたコンタクトレンズを探す」「目を凝らさなければわからないほど小さな星」
◆「凝らす」は感覚などの働きを一つに集中させる意(「息を凝らして聞く」「目を閉じて思いを凝らす」)。
誤用「目を凝らせる」とは言わない。

目《め》を三角《さんかく》にする

使い方 怒って、こわい目つきをする。「激昂《げきこう》して——」「目を三角にしてにらみつける」「目を三角にしてどなりつける」◆丸かった目を三角形につり上げた怒りの表情をいう。
類表現「目に角《かど》を立てる」「目くじらを立てる」

目《め》を白黒《しろくろ》させる

使い方 苦しくて目玉を激しく動かす。また、驚きあわてるさまの形容。「餅《もち》がのどにつかえて——」「固い肉を飲み込みかねて——」「目を白黒させてもだえ苦しむ」「突然の指名に——」「不意の襲撃に目を白黒させてあわてふためく」
◆(1)目の玉を白目にしたり黒目にしたりするさまをいう。
(2)「目を白黒する」とも。「まんじゅうを十個もたべて目を白黒する場面〈太宰治・花燭〉」

目《め》を付《つ》ける

使い方 特に注意して見る。注目する。「優良株にいち早く——」「ある種の土壌細菌に目を付けて新薬を開発する」「以前から目を付けていた新人」「前々から目を付けていたイタリア料理店」「スカウトに目を付けられてファッションモデルになる」

め

◆(1)重要なものとして視線を向けることをいう。
(2)「着目」「着眼」から「目を着ける」とも書くが、「目を付ける」が一般的。

目《め》を▼瞑《つぶ》る

使い方 ❶目を閉じる。「目をつぶって考える」「ストロボの光に思わず――」
❷死ぬ。「祖父は安らかに目をつぶった」「後を頼むと言い残して目をつぶった」
❸過失のことや他人の失敗などをわざと見ないことにする。「今回だけは君の不祥事に目をつぶろう」「その程度の不手際なら目をつぶってもいいだろう」
◆(1)「つぶる」は、まぶたを閉じる意。「つむる」とも。
(2)①②は、一語で「瞑目《めいもく》する」とも。「しばし瞑目する」
誤用 「まぶたをつぶる」は誤り。

目《め》を盗《ぬす》む

使い方 人に見つからないように、こっそり行動する。「上司の目を盗んでサボる」「親の目を盗んで金を持ち出す」「先生の目を盗んで居眠りをする」「警備員の目を盗んで構内に忍び込む」◆「盗む」は、人に知られないようにひそかに何かをする意。

目《め》を離《はな》す

使い方 注意していた目を一時的にそらす。「ちょっと――とすぐいたずらをする」「子どもから目を離さないようにしてください」「ちょっと目を離したすきに、バッグを盗まれた」◆「目」は、視線の意（「目が移る」「目のやり場に困る」）。「離す」は「放す」とも書く。
補説 いつも見守っていなくてはならないことは、「目が/を離せない」という。「相場の動きから目が離せない」

目《め》を光《ひか》らせる

使い方 厳重に監視する。「不正がないように――」「容疑者が逃げないように――」「警察は暴力団の動きに目を光らせている」「監視［警戒］の――」
◆(1)鋭い目つきで見張ることをいう。「光らせる」は「光らす」とも。
(2)「目が光る」とも。「夜警の目が光る」「脱税を摘発しようと国税庁の目が光る」

目《め》を開《ひら》く

使い方 それまで知らなかった事実や考え方などに気づき、そこに新しい境地を見出す。「留学して新しい世界に――」「一冊の本によって目を開かれた」「天体観測が未知の世界へ目を開かせてくれた」「有権者は政治に対してしっかりと目を開かなくてはならない」◆閉じていた目をひらく意からいう。
誤用 「目を開《あ》ける」は誤り。

目《め》を丸《まる》くする

使い方 驚いて目を大きく見開く。「料金の高さに――」「あっけにとられて――」「突然の出来事に驚いて――」「思いがけない人の来訪に目を丸くして驚く」
◆びっくりしたときの表情をいう。
補説 怒ったときは「目を三角にする」という。⇨目を三角にする

目《め》を回《まわ》す

使い方 ❶気を失う。気絶する。「木から落ちて目を回した」「あの惨状を見たら誰でも――だろう」「噴き出す血を見て目を回してしまった」「金額の大きさに目

め

を回しそうになる」
❷きわめて忙しいさまのたとえ。「大会の準備で━ほど忙しい」「すべきことが多すぎて**目を回し**そうだ」
◆(1)「回す」は、くるくると輪を描くように動かす意。
(2)②は「目が回る」ともいう。⇩目が回る

目《め》を見張《みは》る

使い方 驚いたり感心したりして、目を大きく見開く。「びっくりして━」「宮殿の豪華さに━」「━大活躍」「思わず━ほどの名演技」「この国のＩＴ産業の発展には━ものがある」「われらはここにおいて認識なるものに対して驚異の**目を見張ら**ざるを得ない〈倉田百三・愛と認識との出発〉」 ◆「見張る」は、目をいっぱいに開いて見るの意。「▼瞠る」とも書く。

目《め》を▼剥《む》く

使い方 怒ったり驚いたりして、目を大きく見開く。「罵詈雑言《ばりぞうごん》を浴びせられて思わず━」「**目をむい**て殴りかかろうとする」「この契約が取れなかったら部長が**目をむい**て怒るよ」
◆(1)「剥く」は、むき出しにする(「虎《とら》が牙《きば》を剥いて獲物を襲う」)。
(2)「目を剥き出す」とも。
誤用 じっと見つめる意で使うのは誤り。「×目をむいて星を観察する」

面《めん》が割《わ》れる

使い方 その人が誰であるかわかる。氏名や身元が判明する。「身元不明者の━」「設置してあったビデオカメラから容疑者の━」「目撃者も遺留品もないのでなかなか犯人の**面が割れ**ない」
◆多く警察関係者の間で、加害者・被害者などの顔や氏名が分かることにいう。「面」は、人の顔。
誤用 捜査などにかかわりなく、ただ顔が知れる意に使うのはなじまない。「△匿名で寄付をしてくれた人の面が割れた」

▽雌《めん》▽鶏《どり》歌《うた》えば家《いえ》滅《ほろ》ぶ

使い方 妻が勢力をふるう家はやがて滅びるということ。「古来━の例は少なくないというが、あの店は亭主の影が薄すぎたよ」 ◆「牝鶏《ひんけい》晨《あした》す」「牝鶏《ひんけい》の晨《しん》」とも。
補説 夫が妻の意見に動かされることは「雌鶏勧《すす》めて雄鶏《おんどり》時を作る」という。
出典 「書経・牧誓《ぼくせい》」に「牝鶏《ひんけい》は晨《あした》する無し。牝鶏の晨するは、惟《こ》れ家の索《つ》くるなり(＝雌鶏は時を告げることをしない。もし、雌鶏が時を告げたならば、その家は滅びてしまうだろう)」とあるのに基づく。古代中国では、権力は男性が握るべきものだという固定観念が揺るがなかったゆえに雌鶏が退けられた。

面壁九年《めんぺきくねん》

使い方 目標を達成するために、長年、わき目もふらずに勉学に励むことのたとえ。「━、ひたすら研究に打ち込む」「━、ようやく事業を軌道にのせる」「━にして大作をものにする」 ◆「九年面壁」とも。
誤用 「九年」を「きゅうねん」と読むのは避けたい。
出典 「景徳伝灯録」にある、嵩山《すうざん》(河南省の洛陽の東にある名山)の少林寺に籠《こ》もった達磨《だるま》大師が、九年の間、壁に向かって座禅を組み、ついに悟りを開いたという故事に基づく。

面目《めんぼく》が立《た》つ

使い方 名誉や体面が保たれる。「武士としての━━」「ここで逃げては男の**面目が立たない**」「君が謝れば彼女の**面目も立つ**」「約束を果たさないままでは私の**面目が立たない**」「どんな真似でも一つ遣れば、立派な芸者の━━〈泉鏡花・歌行灯〉」「このまま逃げ帰っては、仲間に対しても**面目が立ちません**」◆「面目」は、世間に対する名誉や体面。「めんもく」とも。

類表現 「顔が立つ」

面目《めんぼく》が▼潰《つぶ》れる

使い方 名誉や体面が傷つけられる。「ここでしくじったら━━」「締め切りを守らないと━━」「公約を果たさなくては政治家としての━━」◆「面目」は、世間に対する体面や立場。「めんもく」とも。

補説 (1)相手の名誉を傷つけることは、「面目をつぶす」という。「この仕事を断ると彼の面目をつぶすことになる」⇩顔をつぶす

(2)「面目丸潰れ」は、人に顔が向けられないほどひどく名誉を傷つけられること。「不正融資が明るみに出るようでは銀行の面目丸潰れだ」

類表現 「顔がつぶれる」

面目《めんぼく》を施《ほどこ》す

使い方 立派な成果を上げて、一段と評価を高める。「優勝して━━」「雪辱を果たして━━」「大会が成功して、主催者は**面目を施した**」「満場の拍手を浴びて、歌手としての━━ことができた」「親父はいい子を持ったと云われて大いに**面目を施し**、村へ何よりの土産にその言葉を持って帰った〈宮本百合子・三郎爺〉」◆「面目」は、世間に対する体面や立場。「めんもく」とも。

も

も

盲《もう》▼亀《き》の浮木《ふぼく》

使い方 出会うことがきわめて難しいことのたとえ。また、めったにない幸運にめぐり合うことのたとえ。「ここであなたに会えるとは、これこそまさに━━」「━━優曇華《うどんげ》の花、なんと喜ばしいご縁でしょう」

◆(1)千載一遇の機会を得たときなどに使う。

(2)「盲亀の浮木、優曇華の花」と続けてもいう。また、「盲亀浮木に会う」とも。「優曇華」は、インドの神話で、三千年に一度だけ花を開くという想像上の植物。

(3)「浮木」は「うきぎ」とも。

出典 百年に一度海面に浮かび上がる盲目の亀が、たまたま海上を漂う一本の流木に出会い、その木の穴に入り込んだという「雑阿含経《ぞうあごんきょう》」の寓話《ぐうわ》に基づく。仏や仏の教えに出会うことの難しさを教

えたもので、同様の寓話は「涅槃経《ねはんぎょう》」などにも見える。

▼孟母三遷《もうぼさんせん》の教《おし》え

使い方 子どもの教育のためにはよい環境を選ばなくてはならないという教え。「――というように、環境を無視して子どもの教育は考えることができない」「――とはいうが、そう簡単に住まいは変えられない」「――というから、何とか文教地区に引っ越したいものだ」◈「三遷の教え」「孟母の三遷」「孟母の三居」とも。

誤用 子どもの教育のために親が奔走《ほんそう》する意で使うのは誤り。「×孟母三遷の教えよろしく、次々に学習塾を変えていく」「×孟母三遷の教えよろしく、子どもの試験には必ず母親がついていく」

出典 孟子《もうし》の母ははじめ墓地の近くに住んでいたが、孟子が葬式のまねばかりして遊ぶので市場の近くに越した。すると今度は商人のまねばかりして遊ぶので学校の近くに越したところ、ようやく礼儀作法のまねごとをするようになったという故事に基づく(「列女伝・母儀」)。孟子の母はその地こそわが子にふさわしいとして、ようやく居を定めたという。

▼孟母断機《もうぼだんき》の教《おし》え

使い方 学業を途中でやめてはならないという戒め。「修行半ばであきらめてしまえば、――に反する」「――もある。もう一度司法試験に挑戦してみよう」◈「孟母断機の戒め」「断機の戒め」「断機の教え」とも。

出典 若き孟子《もうし》が勉学半ばにして家に戻ると、その母は織りかけていた機《はた》の糸を断ち切ってみせ、学問を中途で放棄するのはこれと同じであると戒めて師のもとへ帰らせたという故事に基づく(「列女伝・母儀」)。

◆「餅(もち・べい)」を使う成句

絵に描いた餅・画餅《がべい》に帰す・棚から牡丹餅《ぼたもち》・餅は餅屋

▼餅《もち》は▼餅屋《もちや》

使い方 物事にはそれぞれの専門家があるということ。「さすが――で、素人とは仕上がりが違う」「――だね。あの故障車を半日で直してくれたよ」「――だから、経理のことは公認会計士にまかせておこう」◈餅は餅屋がついたものがいちばんうまいことからいう。「餅屋は餅屋」とも。

出典 上方版「いろはがるた」の一つ。

◆「持《も》つ」を使う成句

江戸っ子は宵越《よいご》しの金は持たない・肩を持つ・小糠《こぬか》三合持ったら婿《むこ》に行くな・子を持って知る親の恩・脛《すね》に傷を持つ・根に持つ・花を持たせる・間《ま》が持たない・間《ま》を持たせる・矢でも鉄砲でも持って来い

元《もと》の▼鞘《さや》に収《おさ》まる

使い方 いったん仲たがいした者や離縁した者が再び以前のような関係に戻る。「離婚寸前だった夫婦だが、何とか**元の鞘に収まった**」「あの夫婦は、もう**元の鞘に収まり**そうもない」「絶交していた二人だが、仲に立つ者があって**元の鞘に収まった**」◈抜き放たれた刀身が本来の鞘に収まることからいう。「収まる」は「納まる」とも書く。

補説 仲たがいした者や離縁した者を元の関係に戻すことは「元の鞘に収める」という。「離婚した二人を元の鞘に収める」

元《もと》の木《もく》▼阿《あ》▼弥《み》

使い方 いったんよい状態になったものが、再び以前の悪い状態にもどること。「株の大暴落で、これまでの儲《もう》けが——になった」「成立しかけた大口契約がよけいな一言で——になった」「せっかくの事業計画も社長の了解が得られなくて——になった」

誤用 「もくあみ」を「黙阿弥」と書くのは誤り。

出典 戦国時代の大和郡山《やまとこおりやま》の城主筒井順昭《じゅんしょう》が病死した際、嗣子《しし》の順慶《じゅんけい》がまだ幼少だったので、順昭に声のよく似た木阿弥という男を薄暗い寝所に寝かせて喪を隠した。やがて順慶が成人して順昭の死が公表されると、木阿弥はまた元の低い身分に戻ったという故事からという。語源にはほかにも諸説があるが、この説が順当だろう。

求《もと》めよ さらば与《あた》えられん

使い方 ひたすら神に祈るなら、神は必ず正しい心と正しい信仰を下さるということ。転じて、何事もただ待つのではなく、自ら積極的に求める態度が必要であるということ。「待っていても何も得られない。——だ」「——、失敗してもいいからやってみよう」◆「さらば(然らば)」は、それならば、そうしたら、の意。

出典 信仰には主体的な決断が必要であることを説いたイエスのことば。「新約聖書・マタイ伝」の山上の垂訓に、「求めよさらば与えられん、叩《たた》けよさらば開かれん」とあるのに基づく。

英語 Ask, and it will be given to you.

◆「求《もと》める」を使う成句

木に縁《よ》りて魚《うお》を求む・毛を吹いて疵《きず》を求む・死中に活を求める・舟に刻みて剣を求む・求めよさらば与えられん

元《もと》も子《こ》もない

使い方 すっかり失って何もない。「無理をして体をこわしたら——」「ここで会社をつぶしたら——」「当選しても、買収が摘発されれば——」「いくら便利になっても、住環境が悪化しては**元も子もなくなる**」◆「元」は元金《がんきん》。「子」は利子。元金も利息もなくなる意からいう。

◆「者(もの・しゃ)」を使う成句

医者の不養生・一銭《いっせん》を笑う者は一銭に泣く・益者三友《えきしゃさんゆう》・損者三友《そんしゃさんゆう》・会者定離《えしゃじょうり》・溺《おぼ》れる者は藁《わら》をも摑《つか》む・愚者にも千慮に一得あり・恒産無き者は恒心無し・最後に笑う者が最もよく笑う・去る者は追わず・去る者は日日に疎し・鹿《しか》を追う者は山を見ず・死者に鞭打《むちう》つ・盛者必衰《じょうしゃひっすい》・生者《しょうじゃ・せいじゃ》必滅・立っている者は親でも使え・天は自ら助くる者を助く・怠け者の節句働き・二兎《にと》を追う者は一兎《いっと》をも得ず・腹八分目に医者いらず・引かれ者の小唄《こうた》・役者が一枚上・役者が揃《そろ》う・弱き者汝《なんじ》の名は女なり

◆「物（もの・ぶつ・もつ）」を使う成句

余り物には福がある・頂く物は夏も小袖《こそで》・命あっての物種・海の物とも山の物ともつかない・奥歯に物が挟まったよう・金が物を言う・金は天下の回り物・臭い物に蓋《ふた》・自家《じか》薬籠中《やくろうちゅう》の物・好きこそ物の上手なれ・高みの見物・縦の物を横にもしない・天は二物を与えず・桃李《とうり》物言わざれども下《した》自ずから蹊《けい》を成す・取る物も取り敢《あ》えず・長い物には巻かれよ・残り物には福がある・腫《は》れ物に触るよう・見ぬ物清し・胸に一物《いちもつ》・無用の長物《ちょうぶつ》・名物に旨《うま》い物なし・目に物言わす・目に物見せる・目は口ほどに物を言う・物言えば唇寒し秋の風・物にする・物になる・物は相談・物は試し・物も言いようで角《かど》が立つ・物を言う・貰《もら》う物は夏も小袖《こそで》・薬籠中《やくろうちゅう》の物・安物買いの銭《ぜに》失い

物《もの》言《い》えば唇《くちびる》寒《さむ》し秋《あき》の風《かぜ》

使い方 人の悪口を言えば後味の悪い思いをするということ。また、よけいなことを言うと、そのために災いを招くということ。「さんざんけなしてみたものの、あまり気持ちのいいものじゃない。━だね」「よけいな口出しはしない方がいい。━だよ」◆略して「物言えば唇寒し」とも。

出典 「人の短をいふ事なかれ己《おのれ》が長をとく事なかれ」という座右の銘に添えられている芭蕉《ばしょう》の句（「芭蕉庵小文庫《こぶんこ》」）。

類表現 「災いは口より出ず」「口は禍《わざわい》の門《かど》」

物《もの》にする

使い方 手に入れる。また、習得する。「探していた古書をようやく**物にした**」「何とか名人の地位を**物にした**」「苦戦のすえ勝利を━ことができた」「六か月の特訓で中国語を━ことができた」

◆自分の物にする意からいう。

補説 「物する」は、詩文などを作る意。「一句物する」

物《もの》になる

使い方 ❶一人前になる。また、ある段階にまで達する。「練習を続ければ何とか━」「入団して一年、彼も何とか**物になって**きた」「鍛えれば**物になり**そうな選手だ」「将来**物になり**そうな新人たち」

❷物事が完成する。また、物事が成就する。「この企画は何とか**物になりそうだ**」「一年間勉強したが、フランス語は**物にならなかった**」

◆人や仕事が期待にそうものになる意からいう。

物《もの》は相談《そうだん》

使い方 困ったときは人に相談すればうまくいきやすいの意で、相手に相談をもちかけるときにいうことば。「━だが、一緒に事業を始めないか」「━だが、君から説得してくれないか」「━ですが、少し融資してくれませんか」◆「物」は解決しなくてはならない物事の意。

物《もの》は試《ため》し

使い方 物事は実際にやってみないと成

否は分からないということ。「——だ、当たってみるか」「——、一か八かやってみよう」「——だから、一度食べてごらんなさい」「——だと思って、使ってみました」
◆「試し」は、物事の良否・真偽などを実際に調べて確かめることの意。
誤用 最近は「物の試しに」「物の試しで」ともいうが、本来の言い方ではない。「×A社の新製品を物の試しに使ってみた」

物《もの》も言《い》い様《よう》で角《かど》が立《た》つ

使い方 それほどでないことでも、その話し方によっては人の感情をそこなうことがある。「丸い卵も切りようで四角、——」「——、あんまりずばずば言わないほうがいい」「思ったままを言ったら、すっかりへそを曲げられた。——ね」「下手な絵だと思っても、個性的な絵といえばほめているようにも聞こえる。——だよ」
◆言葉遣いに気をつけるように戒めていう。「角が立つ」は、人間関係が穏やかでなくなる意。

物《もの》を言《い》う

使い方 効力を発揮する。「経験が——社会」「外交官の経歴が——」「豊富な資金が——」「金が——世の中」◆物事がことばを発するように効き目をあらわすことからいう。
補説 威力を発揮させることは「物を言わせる」という。「権力に物を言わせる」「財力に物を言わせて美術品を買い集める」

◆「桃（もも・とう）」を使う成句

驚き桃の木山椒《さんしょ》の木・桃李《とうり》物言わざれども下《した》自ずから蹊《けい》を成す・武陵桃源《ぶりょうとうげん》・桃栗《ももくり》三年柿《かき》八年

桃《もも》▼栗三年《くりさんねん》▼柿八年《かきはちねん》

使い方 桃と栗は芽を出してから三年、柿は八年で実を結ぶということ。「——というが、桃は白桃がある、何年目から生ったか忘れたが、生っても、石のようで一つも喰えぬ〈横瀬夜雨・五葉の松〉」
◆果樹を植えたら、その実が収穫できるまで相応の歳月を待たなくてはならない。後に「柚《ゆず》は九年になりかかる」「柚の大馬鹿三十年」「梅は酸《す》いとて十八（十三）年」などの句を続けて使うこともある。
補説 中国には「桃三《とうさん》李四《りし》、梅子《ばいし》十二」という俚諺《りげん》がある。

▼貰《もら》う物《もの》は夏《なつ》も小《こ》▼袖《そで》

⇩頂《いただ》く物は夏も小袖

▽諸手《もろて》を挙《あ》げる

使い方 無条件に、また積極的に迎え入れる。「**諸手を挙げて**賛成する」「**諸手を挙げて**喜ぶ」「その件なら**諸手を挙げて**歓迎するよ」◆(1)「諸手」は、左右の手。「▽両手」「▽双手」とも書く。(2)多く「諸手を挙げて」の形で副詞的に使う。

▽諸肌《もろはだ》を脱《ぬ》ぐ

使い方 ❶衣服の上半身全部を脱いで肌をあらわす。「暑いので——」「**諸肌を脱い**で汗をぬぐう」❷全力を尽くして物事に取り組む。「会社再建のために——」「**諸肌を脱い**で被災地の復興に尽くす」「**諸肌を脱い**で新しい事業に取り組む」
◆「諸肌」は、左右両肩の肌の意で、上半身の肌。「▽両肌」とも書く。
補説 他人に力を貸すことは「一肌《ひとはだ》脱ぐ」「片肌脱ぐ」という。⇩一肌脱ぐ

▽両刃《もろは》の剣《つるぎ》

使い方 一方ではきわめて有用だが、他方では大きな危険をもたらすおそれのあるもののたとえ。「発電にも核兵器にも利用される原子力は—だ」「副作用の強い抗癌剤《こうがんざい》は—になりかねない」「引き下がるわけにはいかないが、この告訴は—になるかも知れない」「休暇闘争は危険な仕事だった。一つまちがえれば—となって、自分自身をきずつけることもあり得る〈石川達三・人間の壁〉」 ◈(1)両方の縁《ふち》に刃のついた剣は、相手を切ろうとして振り上げたときに自分を傷つけるおそれがあることからいう。(2)「両刃」は「▽諸刃」とも書く。(3)本来は「もろはのつるぎ」だが、最近、「もろはのけん」「りょうばのつるぎ」「りょうばのけん」などという人もある。

◈「門（もん・かど）」を使う成句

倚門《いもん》の望《ぼう》・口は禍《わざわい》の門《かど》・葷酒《くんしゅ》山門に入《い》るを許さず・狭き門・前門の虎《とら》後門の狼《おおかみ》・登竜門《とうりゅうもん》・門前市《いち》を成す・門前雀羅《じゃくら》を張る・門前の小僧習わぬ経を読む・門を叩《たた》く・笑う門《かど》には福来たる

門前市《もんぜんいち》を成《な》す

使い方 その家を訪問する人がきわめて多いことのたとえ。「—盛況」「受賞者の自宅は集まった報道陣で—ほどだった」「その名医の診察を待つ患者が、早朝から—ほどであった」 ◈門の前に人や車馬が群がり集まって、まるで市が立ったように賑《にぎ》わうことからいう。人が集まるのは権力や名声を慕ってのことにほかならない。

補説 逆の意の成語に、「門前雀羅《じゃくら》を張る」がある。

類表現 「門庭市の若《ごと》し〈戦国策・斉〉」

門前《もんぜん》▼雀羅《じゃくら》を張《は》る

使い方 訪れる人もなく閑散としていることのたとえ。「現金なもので、要職を退いてからは—有様だった」「一時は非常に繁盛した店だが、今では—寂れようだ」「ある店は千客万来の大繁昌で、全店員一生懸命の働きをしても間に合わぬというのに、ある店では堂々たる店舗を構えながら—が如《ごと》しという不景気〈相馬愛蔵・一商人として〉」「私が一週間も居なかった日にゃ、—んだわ。手紙一ツ来ないんですもの〈泉鏡花・婦系図〉」 ◈「雀羅」は、雀《すずめ》を捕らえる網。

誤用 「門前市を成す」と混同して、訪問する人の多いことをいうのは誤り。「×門前雀羅を張るほど流行っているレストラン」

出典 前漢の武帝時代、翟公《てきこう》が廷尉《ていい》（刑罰を司る官）の職を免じられると、来客はすっかり途絶えて、門前は雀羅を張り巡らせるほど寂れてしまったという故事に基づく（「史記・汲鄭《きゅうてい》列伝・賛」）。唐の白居易《はくきょい》の「寓意詩」にも、「賓客亦《また》已《すで》に散じ、門前雀羅張る」とある。

門前《もんぜん》の小僧《こぞう》習《なら》わぬ経《きょう》を読《よ》む

使い方 日ごろ見聞きしていると、いつの間にか習わないことも覚えてしまうということ。「—で、この子はいつの間にかパソコンを使いこなすようになった」「—というが、この子だってロンドンにいれば英語がうまくなるよ」 ◈寺の門前に住む子どもは、いつの間にか般若心経

《はんにゃしんぎょう》ぐらいは聞き覚えてしまうだろう。
出典 江戸版「いろはがるた」の一つ。
類表現「勧学院《かんがくいん》の雀《すずめ》は蒙求《もうぎゅう》を囀《さえず》る」

門《もん》を▼叩《たた》く

使い方 師と仰ぐ人を訪ねて弟子入りを願う。「芭蕉《ばしょう》の——」「**門をたたいて**教えを請う」「何度も**門をたたいて**、ようやく入門を許された」「ジムの**門をたたいて**、元チャンピオンの指導を受ける」
◆(1)自ら志願して門人となることをいう。
(2)「門」は、学問や技芸などを学ぶ所（「松陰の門に学ぶ」）。「叩く」は「▼敲く」とも書く。

や

◆「矢（や・し）」を使う成句

石に立つ矢・一矢《いっし》を報いる・刀折れ矢尽きる・光陰矢の如《ごと》し・白羽《しらは》の矢が立つ・矢でも鉄砲でも持って来い・矢も盾も堪《たま》らず

焼《や》きが回《まわ》る

使い方 年をとるなどして、勢いや能力が鈍くなる。「こんなミスをするようじゃ、おれも**焼きが回**ったな」「あんな失敗をするとは、名人も**焼きが回**ったらしい」「あの男も近ごろ**焼きが回**って、へまばかりしている」 ◆刀などに焼き入れをするとき、火が行きわたりすぎて切れ味が悪くなる意からいう。

焼《や》きを入《い》れる

使い方 ❶鉄鋼の硬度を高めるために、高温に熱してから水や油の中に入れて急激に冷やす。
❷刺激を与えてたるんだ気持ちを引き締めさせる。また、制裁を加える。「新入部員に——」「たるんでいるから**焼きを入れ**てやろう」「練習を怠けて監督から**焼きを入れ**られた」
誤用「焼きを加える」は誤り。

役者《やくしゃ》が一枚上《いちまいうえ》

使い方 人物・知略・駆け引きなどが一段とすぐれていること。「彼の方が——で、とても太刀打ちできない」「彼女は——だから、なかなか本心を明かさないだろう」「あの男は——だから、尋常な手段では口説き落とせない」 ◆芝居の番付や看板では上位から順に役者名が記されることからいう。「役者が上」とも。
類表現「役者が違う」

役者《やくしゃ》が▼揃《そろ》う

使い方 ❶芝居などを演じる俳優が勢ぞろいする。「正月興行の——」「**役者がそろ**わないことには幕が開けられない」
❷何かをするのに必要な顔ぶれが全部そ

ろう。「ようやくイベントに必要な**役者がそろった**」「**役者がそろった**から、さっそく会議を開こう」「**役者がそろった**ところで懸案事項の検討を始めよう」「**役者がそろわ**ないので企画は中止になった」

役《やく》に立《た》つ

使い方 使って効果がある。その目的に有効に働く。「この辞書は━━」「この道具は災害時に━━」「まだ子どもだが十分━━」「急場の━━品」「━━人材」「**役に立た**ないがらくた」「定年後も社会のお**役に立ち**たいと思う」◆(1)「立つ」は、用に耐えて立派な働きをする意。(2)一語化して「役立つ」とも。

補説 有効に働くようにすることは「役に立てる」という。「廃品を再生して役に立てる」「身につけた技術を社会の役に立てる」

薬《やく》▼籠《ろう》中《ちゅう》の物《もの》

⇩自家《じか》薬籠中の物

焼《や》け石《いし》に水《みず》

使い方 わずかばかりの援助や努力では効果が上がらないことのたとえ。「負債が大きすぎて、百万円ぐらいの融資では━━だ」「これだけの災害に一千万円程度の補助金では━━だろう」「アルバイトでいくらか稼ぐとしても、それでは━━だろう」「美濃一国の飢饉にわずか千石の米では━━であろうが、かゆにして薄めれば一人何粒でも食える〈司馬遼太郎・国盗り物語〉」◆焼けた石に少々水をかけても冷めないことからいう。

誤用 相手に対して効き目がない意で使うのは誤り。「×彼女に諭《さと》しても焼け石に水だ」

焼《や》け野《の》の▼雉《きぎす》夜《よる》の▼鶴《つる》

使い方 子を思う親の情が深いことのたとえ。「わが子のこととなるとなりふり構わず奔走する。━━だね」「━━というが、子の行く末を案じない親はいない」◆巣のある野を焼かれたキジは身の危険も顧みずに子を救い、寒い夜、ツルは翼で子をおおって温めるということからいう。「きぎす」は、キジの古名。「〈▼雉子〉」とも書く。

誤用 「焼け野の鴉《からす》夜の鶴」は誤り。「焼け野の鴉」は、色の黒いものがいっそう黒く見えることのたとえ。

焼《や》け▽木《ぼっ》▼杭《くい》に火《ひ》が付《つ》く

使い方 以前に関係があって一度縁が切れていたものが、またもとの関係に戻ることのたとえ。多く男女関係にいう。「あの二人は、クラス会で再会して**焼けぼっくいに火が付い**たようだ」「別れたはずの二人だが、どうも**焼けぼっくいに火が付い**たらしい」「━━と、二人は以前にも増して深く愛し合うようになった」◆一度焼けて炭化した杭《くい》は火がつきやすいことから。「焼け木杭」は「焼け▽棒▼杭」とも書くが、「焼けぼっくい」が一般的。

誤用 「焼けぼっくりに火が付く」は誤り。

◆「易《やす》い」を使う成句

案ずるより産むが易い・言うは易く行うは難《かた》し・山中の賊を破るは易く心中の賊を破るは難《かた》し・少年老い易く学成り難《がた》し・創業は易く守成は難《かた》し

安《やす》かろう悪《わる》かろう

や

使い方 値段が安ければそれ相応に品質も悪いだろうの意で、安い物によい物はないことをいう。「かつて日本製品は――の代表とされた」「長く使うのだから――の品では困る」「民間に委譲された福祉サービスは――に堕するおそれがある」◆「う」は推量を表す助動詞（「さぞ高かろう」「焼いて食べたらうまかろう」）。

誤用 「安かろうが悪かろうが（の品）」は誤り。

類表現 「安物は高物」「安物買いの銭失い」「安い高いは品による」

安物《やすもの》買《か》いの銭《ぜに》失《うしな》い

使い方 値段の安い物は品質が悪いので、買い得と思っても結局は損をするということ。「格安の掃除機だったが、すぐに壊れたので買い替えなくてはならない。――だよ」「ずいぶん安いパソコンだけど――にならないだろうね」「製品に信頼性がなければ、消費者は――を警戒するだろう」◆時には掘り出し物もあるだろうが、安いからといって飛びつくと結局は高くつくことが多い。

出典 江戸版「いろはがるた」の一つ。

類表現 「安物は高物」「安かろう悪かろう」「安い高いは品による」

▼痩《や》せても枯《か》れても

使い方 どんなに落ちぶれても。衰えたといえども。「――武士の端くれ」「――往年の大スターだ」「――プロなのだから、素人に負けるわけにはいかない」「――創業百年の老舗《しにせ》だから、そんな粗悪品を売るわけにはいかない」◆今はどうであろうと、人から軽蔑《けいべつ》されるようなことはないという気概を表すことば。

誤用 当人に直接言うのは失礼に当たる。「× さすが、痩せても枯れても先生ですね！」

矢《や》でも鉄砲《てっぽう》でも持《も》って来《こ》い

使い方 どんな手段でもいいからかかってこい。決意を固めたときや半ばやけになったときなどに発することば。「もう腹は据わった。――」「こうなったら破れかぶれだ。――」「何一つ悪いことはしてないのだから、びくびくすることはない。――だ」「この正本《せいほん》さえ引き揚げてあれば、間貫一いくら地動波動《じたばた》したって『河童《かっぱ》の皿に水の乾いた』同然、こうなれば無証拠だから、――だ〈尾崎紅葉・金色夜叉〉」

◆(1)どんな武器で攻められても受けて立つの意。「鉄砲」は「鉄▼炮」とも書く。
(2)「矢でも鉄砲でも飛んでこい」とも。

柳《やなぎ》に風《かぜ》

使い方 柳が風になびくように、少しもさからわないで巧みにあしらうこと。「何を言われようと――と受け流す」「意外にこういう無気力な姿勢のまま成人して、世の中の動きを――と受け流して生きて行く青年が現代には多いのかも知れない〈円地文子・食卓のない家〉」「どんなに非難されても――と聞き流す」「あんまり堅くならないで、――と軽く構えていた方がいい」◆枝垂《しだ》れ柳の細長い葉が風の吹くままにそよぐさまからいう。

誤用 (1)「馬耳東風《ばじとうふう》」は、心地よい春風が馬の耳に吹いても馬は何も感じないの意から、人の意見などを心にとめないで聞き流すこと。「柳に風」をこの意に解するのは誤り。「× 先生のせっかくの忠告も、柳に風で彼は聞く気がない」
(2)「暖簾《のれん》に腕押し」は、暖簾を押しても押しただけの反応がないことから、少しも手ごたえがないことのたとえ。「柳に風」をこの意に解するのは誤り。「✕彼に働きかけてみたのですが、柳に風でどうにも反応が薄い」
類表現「柳に受ける」「柳に風と受け流す」とも。

柳《やなぎ》に雪《ゆき》折《お》れ無《な》し

使い方 柔軟なものは剛直なものよりも、よく物事に耐えるということのたとえ。「彼女は一見弱々しいが、実に我慢強い。——だよ」「あの力士は力が強いばかりでなく——のしなやかさをもっている」「——というように、抵抗するばかりでなく身をかわすことも大切だ」◆しなやかな柳の枝は、雪が積もっても、その重みで折れることがないことからいう。「柳の枝に雪折れはなし」「柳に風折《おかざ》れなし」とも。

柳《やなぎ》の下《した》にいつも泥▼鰌《〈どじょう〉》はいない

使い方 たまたま幸運をつかんだからといって、またそれと同じ方法で幸福が得られるわけではないということ。「次の企画も当たるとは限らない。——よ」「一度相場で儲《もう》けたからといって、また手を出すのは考えものだ。——だろう」「——というが、そんな詐欺まがいの手口は二度と通用しない」◆⑴一度柳の木の下でドジョウが捕れたからといって、いつもそこにドジョウがいるわけではないという意からいう。⑵「柳の下の泥鰌」とも。
誤用「柳の下にいつも泥鰌がいない」とすると、そこにドジョウがいたためしがないの意になるので誤り。
補説「二匹目の泥鰌をねらう（＝一度成功した同じ方法で二度目の成功をねらう）」を応用して、「二匹目の泥鰌はいなかった」などともいう。

野《や》に下《くだ》る

使い方 公職から民間の生活に入る。下野《げや》する。「官を辞して——」「長く裁判官を務めたのち——」「**野に下って**弁護士になる」「**野に下り**、ジャーナリストとして官僚政治を批判する」「**野に下った**西郷隆盛は鹿児島に引退して子弟の教育につとめた」◆一私人の立場になることをいう。「野」は、民間の意。
誤用 ⑴それまでの与党が野党になるの意で使うのは誤り。「✕選挙で大敗を喫し、ついにA党も野に下った」
⑵「野」を「の」と読むのは誤り。

や

▼藪《やぶ》から棒《ぼう》

使い方 出し抜けに物事を行うこと。「——の話」「——に何を言い出すんだ」「——に突拍子《とっぴょうし》もない質問をする」「——に離婚話を持ち出される」「——に立ち退けといわれても困る」◆藪から突然に棒を突き出す意からいう。
誤用「藪をつついて蛇《へび》を出す」と混交した「藪から蛇」は誤り。

▼藪《やぶ》を▽突《つつ》いて蛇《へび》を出《だ》す

使い方 よけいな手出しをして、かえって災いを受ける。「ここで口出しをすると——ことになる」「何かとうわさのある人だから、うっかり加担すると——ことになりそうだ」「こちらにも非があるから、この件を訴訟に持ち込むと——ことになりかねない」◆わざわざ藪をつついて蛇を追い出し、その蛇に嚙《か》まれるような愚かなことをする意からいう。略して「藪蛇《やぶへび》」とも。
誤用「藪から棒」と混同して、出し抜けに物事を行う意で使うのは誤り。「✕藪をつついて蛇を出すような突然の人事異動」「✕藪をつついて蛇を出すように縁談が起こった」

類表現「寝た子を起こす」

◆「山（やま・さん）」を使う成句

後は野となれ山となれ・海千山千《うみせんやません》・海の物とも山の物ともつかない・風は吹けども山は動ぜず・枯れ木も山の賑《にぎ》わい・愚公山を移す・国破れて山河在り・葷酒《くんしゅ》山門に入《い》るを許さず・山雨《さんう》来たらんとして風《かぜ》楼《ろう》に満つ・山中の賊を破るは易く心中の賊を破るは難《かた》し・山中暦日無し・鹿《しか》を追う者は山を見ず・死は或いは泰山《たいざん》より重く或いは鴻毛《こうもう》より軽し・人間《じんかん・にんげん》到る処青山《せいざん》あり・船頭多くして船《ふね》山に上る・泰山鴻毛《たいざんこうもう》・泰山北斗《たいざんほくと》・大山《たいざん》鳴動して鼠《ねずみ》一匹・他山の石・父の恩は山よりも高く母の恩は海よりも深し・塵《ちり》も積もれば山となる・抜山蓋世《ばつざんがいせい》・一山《ひとやま》当てる・氷山の一角・巫山《ふざん》の夢・山高きが故《ゆえ》に貴からず

◆「病（やまい・びょう）」を使う成句

風邪《かぜ》は万病のもと・才子多病・同病相《あい》憐れむ・病《やまい》膏肓《こうこう》に入る・病《やまい》は気から

病《やまい》▼膏《こう》▼肓《こう》に入《い》る

使い方 ❶病気が重くなって回復の見込みがなくなる。「**病膏肓に入**って医者にも見放される」「そのまま**病膏肓に入**ってはかなくなってしまった」❷あることに熱中してやめられなくなる。「──の食い道楽で、うまい店があると聞くとどこへでも飛んで行く」「彼のゴルフ好きも──で、先月はセントアンドルーズまで行ってきたそうだ」「競馬好きが**病膏肓に入**って、ついに競走馬を手に入れたそうだ」

◆「膏」は心臓の下の部分、「肓」は横隔膜の上の部分。薬も鍼《はり》も届かないので、ともに治療の困難な部分とされた。

誤用 俗に、「肓《こう》」を「盲《もう》」と混同して「もう」と読んだ「病膏盲《こうもう》に入る」も使われるが、避けたい。

出典 晋《しん》の景公が病にかかったとき、病気の精が二人の童子となって膏と肓の間に逃げ込む夢を見たという故事に基づく（「春秋左氏伝・成公十年」）。

病《やまい》は気《き》から

使い方 病気は気の持ちようで、よくも悪くもなるということ。「──というから、あまりくよくよ考えない方がいい」「──だよ。気分転換に音楽でも聴いたらどうだ」「──というが、この痛みはどうにもならないよ」◆心理的な原因が病状を左右することを強調して病人を励ますときなどに使うが、絶対の真理ではないから、相手によっては逆効果になるだろう。

山高《やまたか》きが故《ゆえ》に貴《たっと》からず

使い方 本当の価値は外観によるのではなく、その実質によって決まるということ。「社屋は堂々たるものだが、この業績ではどうしようもない。──だ」「押し出しは立派だが、あの男の言動は品性に欠ける。──だよ」◆「貴《たっと》からず」は「たっとい」＋打ち消しの「ず」。「尊からず」とも書く。「たっとい」は「とうとい」のやや古風な言い方。

出典 平安時代の教訓書「実語教《じつごきょう》」に

「山高きが故に貴からず、樹《き》有るを以《もっ》て貴しと為《な》す。人肥えたるが故に貴からず、智有るを以て貴しと為す(＝山はただ高いだけでは貴いといえない。そこに木が生い茂ってこそ価値がある。人もただ体格が立派だから貴いというのではなく、すぐれた知恵があるからこそ貴いのだ)」とあるのに基づく。

▼闇夜《やみよ》の鉄砲《てっぽう》

使い方 当たるはずもないということ。また、当てもなく向こう見ずな行動に走ること。「そんな計画性のない事業では━━だ」「粗悪な品を濫造しても売れるはずがない。それでは━━だよ」「━━数打ちゃ当たるとばかり、やみくもに突っ走る」◆(1)狙《ねら》いの定めようもない闇夜に鉄砲を撃つ意からいう。
(2)「闇［闇夜］に鉄砲」「暗闇《くらやみ》の鉄砲」「闇夜の礫《つぶて》」とも。「鉄砲」は「鉄▼炮」とも書く。
誤用 「暗がりの鉄砲」は誤り。
出典 上方版「いろはがるた」では「闇に鉄砲」。

▼闇夜《やみよ》の▽灯火《ともしび》

使い方 困っているときに頼りになるものにめぐり合うことのたとえ。また、切望するものにめぐり合うことのたとえ。「倒産寸前に受けられた融資は━━だった」「焼け出されたときの友人の親切は、まさに━━だった」◆暗い夜道を歩くときは、灯火が欠かせない。その灯火を手に入れる意からいう。「闇夜に灯火」「闇夜の提灯《ちょうちん》」なども。
誤用 「暗がりの灯火」は誤り。
類表現 「旱天《かんてん》の慈雨」「地獄で仏」

矢《や》も盾《たて》も▽堪《たま》らず

使い方 あることをしたいという気持ちをこらえることができないさま。「━━家を飛び出す」「━━母校の応援に駆けつける」「本郷の下宿で、夜、机に凭れて遠くから聞えて来る出征の万歳などを耳にすると、**矢も楯もたまらず**〔千枝子に〕会いに行きたいと思ったものだ〈福永武彦・草の花〉」「新聞広告を見るたびに、彼はこの薬こそ自分を悩ます疲労感、頭痛、胃腸の不順を解決してくれるものと思いこみ、**矢も楯もたまらず**買ってきてしまうのである〈北杜夫・楡家の人びと〉」◆(1)矢でも盾でも制することができないほど逸《はや》る気持ちをいう。(2)「盾」は「▼楯」とも書く。
誤用 感情をこらえられない意で使うのは誤り。「×矢も盾もたまらず泣き出す」「×矢も盾もたまらず笑いころげる」

▼槍《やり》が降《ふ》っても

使い方 どんな困難があっても。「━━絶対に行く」「たとえ━━、出発を延ばすわけにはいかない」「雨が降っても━━やめるわけにはいかない」◆決意が固いことを強調していう。「槍」は、危険な障害のたとえ。⇩雨が降ろうが槍が降ろうが

▼槍玉《やりだま》に挙《あ》げる

使い方 ❶槍で突き刺す。「敵の大将を━━」「敵を**槍玉に挙げ**て褒美を得る」◆「槍玉」は、槍を手玉のように自在に扱うこと。
❷非難・攻撃の対象にして責める。「労組の委員長［警備の責任者・テレビの俗悪番組］を━━」「外交の不手際を**槍玉に挙げ**て大臣の退陣を迫る」「論旨の矛盾を**槍玉に挙げ**て鋭い論評を加える」◆(1)人についても人の思想・言動・所業などについても使う。(2)受身で使うこと

も多い。「マスコミへの対応がまずく、槍玉に挙げられる」

夜郎自大《やろうじだい》

使い方 自分の力量も知らないで威張っていること。「彼はこのごろ━━になっている」「あの企業は━━に陥っているようだ」「━━になって得意になっていると、足をすくわれるよ」◆「夜郎」は漢代、中国西南の辺境（現在の貴州省の北西部）に勢力を張っていた異民族。「自大」は、自分から誇りたかぶること。

誤用 「やろう」を「野郎」と書くのは誤り。

出典 漢の広大さを知らない夜郎の王が、漢の使者に自国と漢の国の大小を問うたという故事に基づく（「史記・西南夷列伝」）。

ゆ

唯我独尊《ゆいがどくそん》

⇩天上天下《てんじょうてんげ》唯我独尊

有終《ゆうしゅう》の美《び》を飾《かざ》る

使い方 最後までやり通して立派な成果をあげる。「善戦健闘して━━」「金メダルを獲得して━━」「引退試合に本塁打を放って━━」「もう一花咲かせて**有終の美を飾り**たいものだ」◆「有終」は、終わりを全《まっと》うすること。締めくくりが見事であるとしていう。

誤用 「ゆうしゅう」を「優秀」と書くのは誤り。

出典 「有終」は、「詩経・大雅・蕩」に「初め有らざる靡《な》し、克《よ》く終わり有るは鮮《すくな》し（＝物事をし始めない人はないが、その終わりを全うする人は少ない）」とあるのに基づく。

類表現 「掉尾《ちょうび》を飾る」

勇将《ゆうしょう》の下《もと》に弱卒《じゃくそつ》無《な》し

使い方 上に立つ者がすぐれていれば、その部下もまた必ずすぐれているということ。「━━、リーダーがすぐれているからスタッフも優秀だ」「━━というが、彼はさすがにあの社長の懐刀《ふところがたな》だけのことはある」「往年の名選手が率いるチームだけのことはある。━━だ」

◆(1)勇気のある大将の部下には、弱い兵士はいない。勇将についていけない兵士もあるから、結局は淘汰《とうた》されて強い者だけが残るということだろう。

(2)「強将の下に弱兵［弱卒］無し」とも。

誤用 「下」を「した」と読むのは避けたい。

出典 「蘇軾《そしょく》・連公の壁《へき》に題す」には「強将の下に弱兵無し」とある。

夕立《ゆうだち》は馬《うま》の背《せ》を分《わ》ける

⇩馬の背を分ける

雄弁《ゆうべん》に物語《ものがた》る

使い方 ある事実や心情などをはっきりと示している。「この事故が安全対策の必要性を**雄弁に物語っている**」「現場の惨状が事故のすさまじさを**雄弁に物語**

っている」「このエピソードは彼女のヒューマニズムを**雄弁に物語っ**ている」「現在のOSの可能性と限界を━━事例」
◆「雄弁に語る」とも。「雄弁」は、巧みな話術でもって力強く話すこと。
誤用「流暢《りゅうちょう》に物語る」は誤り。

雄弁《ゆうべん》は銀《ぎん》沈黙《ちんもく》は金《きん》

⇩沈黙は金 雄弁は銀

幽明《ゆうめい》境《さかい》を異《こと》にする

使い方 死に別れて冥土《めいど》へ行く。死別する。「彼と**幽明境を異に**してすでに七年になる」「彼女はわが子の成長を待たずして**幽明境を異に**してしまった」「若くして**幽明境を異に**した詩人」
◆(1)「幽明」は、あの世とこの世。その境界を越えた者とは再び現世で出会うことはないことからいう。
(2)「幽明相《あい》隔てる」「幽明相隔つ」などとも。「吾々は、今又、この犠牲者と幽明相距てて袂を別つ、嗚呼、吾等は何を以てこの尊き幽魂に報ゆべきか〈徳永直・太陽のない街〉」「民子は余儀なき結婚をして遂に世を去り、僕は余儀なき結婚をして長らえている。…幽明遥けく隔つとも僕の心は一日も民子の上を去らぬ〈伊藤左千夫・野菊の墓〉」
誤用「ゆうめい」を「幽冥」と書くのは誤り。「幽冥」は、死後の世界の意。

油断《ゆだん》も▼隙《すき》も無《な》い

使い方 少しも油断することができない。「猫に魚をやられた。━━」「こう新しい手口の犯罪が増えた日には━━」「相手は老獪《ろうかい》な政治家だから━━」「まったく━━やつだ」◆「油断がならない」「油断も隙もならない」とも。くだけて「油断も隙もあったものじゃない」ともいう。「ちょっと目を離したら鞄《かばん》を置き引きされた。まったく油断も隙もあったものじゃない」

指一本《ゆびいっぽん》も差《さ》させない

使い方 他人にまったく非難・干渉をさせない。「この仕事には━━」「この件に関しては**指一本差させない**」「身を慎んで、━━ようにする」「この弥次郎が眼の玉の黒い間は、誰にも**指一本させやしねえ**〈山岡荘八・越後騒動〉」
◆(1)他人に指一本さすことはさせないという気概を表すことば。
(2)「さす」は、指で人や事物をそれと示す意。ふつうは「指す」と書くが、「指一本指させない」と「指」が重なるため、「差す」を用いることも多い。

指《ゆび》を▼銜《くわ》える

使い方 うらやみながらも手を出せないでいる。むなしく傍観するさまをいう。「同僚の昇進を**指をくわえて**見ている」「仲間の幸運を**指をくわえて**眺めている」「手出しはできないので、**指をくわえて**見ているほかない」「みんなが動きだしたのに、自分だけ**指をくわえて**いるわけにはいかない」◆物欲しそうに指をくわえて見ているさまをいう。
誤用 手持ちぶさたの意で使うのは誤り。「× 所在なさそうに指をくわえて庭を眺めている」

◆「夢(ゆめ・む)」を使う成句

一炊《いっすい》の夢・邯鄲《かんたん》の夢・胡蝶《こちょう》の夢・酔生夢死《すいせいむし》・南柯《なんか》の夢・巫山《ふざん》の夢・夢は逆夢《さかゆめ》・盧生《ろせい》の夢

夢《ゆめ》は逆夢《さかゆめ》

使い方 夢は事実と反対になって現れるということ。「お前があんまり心配するから、そんな夢を見たのだろうとか、――だとか云って、まあいい加減になだめているのだが〈岡本綺堂・半七捕物帳〉」「なんてまあ、馬鹿馬鹿しい。旦那様のみた**夢なんて逆夢**でございますよ〈石坂洋次郎・石中先生行状記〉」◈悪夢を見たときの縁起直しにいうことば。

誤用 「逆夢」を「ぎゃくゆめ」と読むのは誤り。

補説 あとでそれが現実となる夢は「正夢《まさゆめ》」という。

揺《ゆ》り▼籠《かご》から墓場《はかば》まで

使い方 ❶生まれてから死ぬまで、生涯にわたって社会保障が実施されること。「――安心して暮らせる国でありたい」「福祉国家では――の生活が保障されなくてはならない」「地方自治体がその住民を――面倒を見ることは難しくなってきている」◈⑴「揺りかご」は、赤ん坊を入れて揺り動かすかご。⑵第二次大戦後、イギリスの労働党が社会保障政策の充実をめざして唱えたスローガン。

❷俗に、人一人の生涯について、生まれてから死ぬまで。「産院と斎場をもつ、まさに――に備えた高層マンション」「昨今の情報社会は――パソコンがついて回るようになった」◈近年、物品に転用する例も見られる。「製品の――を見据えたシステムを開発する」

英語 from the cradle to the grave.

◆「許《ゆる》す」を使う成句

気を許す・葷酒《くんしゅ》山門に入《い》るを許さず・心を許す・肌を許す

よ

◆「世（よ・せい）」を使う成句

有為転変《ういてんぺん》は世の習い・歌は世につれ世は歌につれ・移れば変わる世の習い・曲学阿世《きょくがくあせい》・旅は道連れ世は情け・憎まれっ子世にはばかる・抜山蓋世《ばつざんがいせい》・身も世も無い・世が世ならば・世を忍ぶ

酔《よ》い▼醒《ざ》めの水《みず》下《げ》戸《こ》知《し》らず

使い方 酔いからさめたときに飲む水のうまさは、酒の飲めない人には分からないということ。「この水のうまさは値千金、――だ」「――とばかりに、やかんの水をがぶ飲みにする」◈要は深酒のために脱水症状を起こしているのに過ぎないのだが、酒飲みは「酔い醒めの水は甘露《かんろ》の味」といって、冷たい水をがぶ飲みす

よ

る。

誤用「酔い醒めの水」は冷水に限るが、「酔い冷めの水」とするのは誤り。

羊頭《ようとう》を掲《かか》げて▼狗肉《くにく》を売《う》る

使い方 見せかけばかりがりっぱで、実質が伴わないことのたとえ。「━ような福祉サービスでは困る」「りっぱな店構えのレストランなのに味は最低だ。まさに━だよ」「鳴り物入りで公開された映画だったが、大作という評判のわりにはつまらなかった。あれでは━の類だよ」

◆(1)看板には羊の頭を掲げながら、実際には犬の肉を売る意からいう。「狗」は、犬。(2)「羊頭を懸けて狗肉を売る」「羊頭狗肉」とも。

誤用「くにく」を「苦肉」と書くのは誤り。

出典「無門関・六則」に「羊頭を懸けて狗肉を売る」とあるのに基づく。「晏子《あんし》春秋・雑」には「猶《なお》牛首を門に懸けて馬肉を売るがごとし」とある。

類表現「牛首を懸けて馬肉を売る」「羊頭を懸けて馬脯《ばほ》を売る」「牛頭を懸けて馬脯を売る」など、類句が多い。⇩牛首を懸けて馬肉を売る

要領《ようりょう》がいい

使い方 ❶処理の仕方が巧みだ。手際がいい。「手慣れているから━」「彼は━から仕事が早い」「もう終わったのか。ずいぶん━ね」❷巧みに立ち回ることにたけている。「━から上司の目を盗んではさぼってばかりいる」「━ばかりで実のない人」

◆「要領」は、物事の要点を心得た上手な処理の仕方。②は、非難の気持ちを込めていう。

補説 手際が悪いことは「要領が悪い」という。「要領が悪いから小言ばかり言われる」

要領《ようりょう》を得《え》ない

使い方 要点がはっきりしない。「理由を聞いても、さっぱり━」「この文章は何度読んでも━」「彼は━ことばかり言う」「質問しても━答えばかり返ってくる」「頭が鈍くて━のは構いませんが、ちゃんと解ってる癖に、はっきり云ってくれないのは困ります〈夏目漱石・こころ〉」

◆「要領」は、腰(要)と襟《えり》(領)の意から、物事の特に大事な点をいう。

補説 要点がはっきりしていることは「要領を得《え》る」という。「簡潔で、要領を得た説明」

世《よ》が世《よ》ならば

使い方 現在がその人にとって都合のよい時代であったならば。「━一国一城の主だった」「━人に使われる身ではなかったのに」「**世が世なら**こんな貧乏暮らしはしていなかった」「━、倉地は小さな汽船の事務長なんぞをしている男ではない〈有島武郎・或る女〉」◆多く、今の恵まれない境遇を嘆いていう。「世」は、その時その時の世の中。

欲《よく》に目《め》が▼眩《くら》む

使い方 欲のために正常な判断がつかなくなる。「**欲に目がくらんで**法を犯す」「**欲に目がくらんで**道を踏みはずす」「**欲に目がくらんで**儲《もう》け話に乗ったのが運の尽きだった」

◆(1)欲に目を奪われて正しい筋道が見えなくなることをいう。(2)「くらむ」は、一瞬視力を失って目の前が暗くなるの意。⇩目がくらむ

誤用「欲に目を眩ます」は誤り。

欲《よく》の皮《かわ》が突《つ》っ張《ば》る

使い方 ひどく欲が深い。「あの商人は**欲の皮が突っ張っている**」「**欲の皮の突っ張っている**政治家」

◆(1)欲を皮に見立て、それが突っ張るくらいに欲が強く張っていることを表す。強欲を蔑《さげす》んでいう。(2)「欲の皮が張る」とも。「彼は欲の皮が張っているから儲《もう》け話にはすぐ乗ってくる」

欲《よく》を言《い》えば

使い方 今のままでも不足はないが、さらに望むならば。「——きりがない」「——もうひと部屋欲しい」「デザインはいいが、——配色にひと工夫欲しい」「——もう少し連絡を密にしてほしい」「——あと百万円ほど資金を準備したかった」◆「欲を言うと」「欲を言うならば」「欲を言わせてもらうと」などとも。「名前はまだつけてくれないが、欲をいっても際限がないから生涯この教師の家で無名の猫で終る積りだ〈夏目漱石・吾輩は猫である〉」

欲《よく》をかく

使い方 さらに欲を出す。欲心をあらわにする。「**欲をかいて**全財産を失うはめになる」「**欲をかいた**あまり詐欺師にしてやられる」「一石二鳥などと——と虻蜂《あぶはち》取らずになりやすい」「あまり**欲をかかない**ことだな（＝あまり欲を出さないことだな）」

◆(1)そこで満足しておけばよいものをという気持ちを込めていう。(2)「かく」は、好ましくないものを表にあらわす意（「汗をかく」「べそをかく」「恥をかく」）。漢字で書けば「▼搔く」だが、かな書きが一般的。

誤用 この成句の意味で「かく」を「欠く」と書くのは誤り。「欲を欠く」と書くと、欲がない、欲が欠けているという別の意味になる。意味が紛れやすいので注意が必要。「×欲をかくと失敗するよと言われたので、貪欲《どんよく》にいこうと思います（＝「欲を出すと失敗するよ」と言われたのを、「欲をなくすな」の意に解している例）」

◆「横《よこ》」を使う成句

首を横に振る・縦から見ても横から見ても・縦の物を横にもしない・下手《へた》の横好き・横車を押す・横槍《よこやり》を入れる

横車《よこぐるま》を押《お》す

使い方 道理に反したことを無理に押し通す。「前例を盾に取って改革案に——」「父親が一人娘の結婚に——」「軍部が**横車を押して**文部大臣を更迭《こうてつ》させる」「あの人は何かというと——ので嫌われている」

◆(1)車を側面から押して動かそうとすることからいう。(2)「横に車を押す」とも。また、漉《す》き目が縦になっている和紙を横に破る意から、「横紙を破る」ともいう。「衆を頼んで横紙を破る」

誤用 「横槍《よこやり》を入れる」と混同して、横から口をさしはさむ意で使うのは誤り。「×結婚話に横車を押す」

横《よこ》▼槍《やり》を入《い》れる

使い方 人の話や仕事に横から口をさしはさむ。差し出口をしてじゃまをする。

「結婚話に——」「財産分与に叔父が——」「政府が民間事業に——」「法案に**横槍を入れて**審議を長引かす」「所轄の警察署が**横槍を入れた**ので、野外コンサートの計画を一部変更することになった」◆(1)「横槍」は、両軍が合戦中に、別の一隊が横合いから槍で突きかかること。(2)それを迷惑なこととしていう。

補説 横から口を出されることは「横槍が入る」という。「縁談に親族から横槍が入る」

▼葦《よし》の髄《ずい》から天井《てんじょう》を▼覗《のぞ》く

使い方 葦の細い管を通して天井を見ても全体を見渡すことはできないことから、自分だけの狭い見識をもって広大な世界を判断しようとすること。「——ように偏狭な意見」「ちょっと聞きかじっただけで全体を論じるのは——ようなものだ」「この評論は**葦の髄から天井(を)覗く**の謗《そし》りを免れない」◆ヨシは植物のアシの別称。「あし」が「悪《あ》し」に通じるのを忌んで「よし(善し)」と言い換えたもの。

誤用「てんじょう」を「天上」と書くのは誤り。

出典 江戸版「いろはがるた」の一つ。

類表現「管《くだ》をもって天を窺《うかが》う」「管中《かんちゅう》天を窺う」「管中豹《ひょう》を窺う」「井の中の蛙《かわず》大海を知らず」

余勢《よせい》を駆《か》る

使い方 勢いに乗る。調子に乗る。「**余勢を駆って**敵の本丸に攻め込む」「初戦に大勝した**余勢を駆って**、一気に決勝戦まで勝ち進む」「国内売上高倍増の**余勢を駆って**海外市場に進出する」「総選挙に圧勝した**余勢を駆って**一党独裁の色を濃くする」◆多く「余勢を駆って…する」の形で使う。「余勢」は、何かをしたあと、まだ余っている勢い。

誤用「余勢を駆って」を「余勢を買って」とするのは誤り。

▼涎《よだれ》が出《で》る

使い方 ❶食欲をそそり、ひどく食べたくなるさま。「腹が空きすぎて、食べ物の写真を見るだけで——」「メキシコで食べたタコスを思い出すと今でも思わず——」◆空腹時に飲食物を見るとよだれが流れ出ることからいう。

❷ひどく欲しくなるさまのたとえ。「展示場には**よだれが**／**の出る**ような高級車が並んでいる」「白磁の壺を見て——」

類表現「よだれを垂らす」「よだれを流す」

▼涎《よだれ》を垂《た》らす

使い方 ❶食欲をそそり、ひどく食べたくなるさま。「ステーキが焼き上がるのを、**よだれを垂らして**待っている」◆空腹時に飲食物を見るとよだれが流れ出ることからいう。

❷ひどく欲しくなるさまのたとえ。「ダイヤのネックレスを見て——」「収集家なら——ような稀覯本《きこうぼん》」「あんな別荘は**よだれを垂らして**眺めているだけだ」「そんなドレスを着てみたいと**よだれを垂らして**うらやましがる」◆漢語で「垂涎《すいぜん》」とも。「コレクター垂涎の的《まと》」

類表現「よだれが出る」「よだれを流す」

◆「呼《よ》ぶ」を使う成句

波紋を呼ぶ・類は友を呼ぶ・論議を呼ぶ

予防線《よぼうせん》を張《は》る

使い方 あとで自分の不利益が生じないように前もって手段を講じておく。「非難されないように――」「失敗したときのことを考えて**予防線を張**っておく」「幹事役を押しつけられないように**予防線を張**っておく」「借金を申し込もうとしたら**予防線を張**られてしまった」「『うん、起きる事は起きるが山へかかってから、あんなに早く歩行いちゃ、御免だ』と碌《ろく》さんはすぐ**予防線を張**った〈夏目漱石・二百十日〉」 ◆「予防線」は、敵の侵入・攻撃などに備えて警戒や監視の手段を講じておく区域。

誤用 「予防線を引く」は誤り。「予防線」は、「電線」などと違い、何かを引き入れるためのものではないので、「引く」とはしない。

夜《よ》目《め》遠目《とおめ》▼笠《かさ》の内《うち》

使い方 夜の暗がりで見たとき、ちょっと遠くから見たとき、笠をかぶった顔の一部をのぞき見たときに、女性は実際より美しく見えるものだということ。「――で、阿波踊りを踊る女性はみな美しく見える」「おわら風の盆で踊っていた女性は、老いも若きもみな美しかった。――だね」

◆⑴「かさ」はかぶりがさの意。⑵「夜目」「遠目」「笠の内」の三つの状況のどれか一つに当てはまる場合にもいう。また、一般に、遠かったり暗かったりしてよく見えない(分からない)場合にもいう。

誤用 「かさ」を「傘」と書くのは誤り。

出典 上方版「いろはがるた」の一つ。

夜《よ》も日《ひ》も明《あ》けない

使い方 それがなくては少しの間も過ごせない。「女房[パソコン]なしでは――」「彼は君なしでは――だろう」「朝晩一緒に散歩するのが日課なので、犬がいなくては――」「アルコール依存症となった彼は、酒がないと**夜も日も明けなく**なった」 ◆それがないと夜も昼も暮らしていけないことをいう。

寄《よ》らば大樹《たいじゅ》の陰《かげ》

使い方 同じ庇護《ひご》を求めるのなら勢力のある者の方がよいということ。「就職するなら大企業の方がいい。――だ」「――とばかりに、野党から与党に鞍替《くらが》えする」「――の若者ばかりでは将来が思いやられる」 ◆雨宿りをするなら大木《たいぼく》の下の方がぬれずにすむ意からいう。「立ち寄らば大樹の陰」とも。

▼縒《よ》りが戻《もど》る

使い方 ❶よってあったものが解けて、もとに戻る。「ロープ[こより]の――」 ◆「縒り」は、ねじってからみ合わせること、からみ合わせたものの意。

❷人と人の関係がもとの状態になる。特に、異性との仲がもとのように親密な関係になる。「前夫[元カレ]との――」「喧嘩《けんか》別れをした恋人と――」「関係を清算したはずの二人なのに、いつの間にか**よりが戻**ってしまった」 ◆俗に、人以外の関係にも転用する。「A派とB派の――」

▼縒《よ》りを掛《か》ける

使い方 ❶糸などをよる。二本以上の糸や紐《ひも》をねじり合わせて一本にする。「糸車で糸に――」「絹糸に――」

❷十分に腕前を発揮しようとして意気込む。「**よりをかけ**てご馳走《ちそう》を作る」「**よりをかけ**た料理で客をもてなす」 ◆

よ

「腕によりをかける」の略。⇩腕によりをかける

▼縒《よ》りを戻《もど》す

使い方 ❶よってあったものを解いて、もとに戻す。「ワイヤロープ［麻糸］の――」◆「縒り」は、ねじってからみ合わせることと、からみ合わせたものの意。
❷人と人の関係をもとの状態にする。とくに、異性との仲をもとのような親密な状態にする。「別れた妻［恋人］と――」「人を立てて先夫との**よりを戻そ**うとする」◆俗に、人以外の関係に転用することもある。「A社とB社が**よりを戻し**たそうだ」

◆「夜（よる・よ・や）」を使う成句

> 白河夜船《しらかわよふね》・月夜に釜《かま》を抜かれる・月夜に提灯《ちょうちん》・百鬼夜行《ひゃっきやこう》・焼け野の雉《きぎす》夜《よる》の鶴《つる》・闇夜《やみよ》の鉄砲・闇夜の灯火《ともしび》・夜目《よめ》遠目《とおめ》笠の内・夜《よ》も日も明けない・夜《よ》を徹する・夜《よ》を日に継ぐ

◆「依《よ》る（縁・因）」を使う成句

> 木に縁りて魚《うお》を求む・機に因りて法を説く・事と次第に依る・事に依る・事に依ると・人は見かけによらぬもの

◆「寄《よ》る」を使う成句

> 思いも寄らない・女三人寄れば姦《かしま》しい・三人寄れば文殊《もんじゅ》の知恵・寄らば大樹の陰・寄ると触ると・寄る年波

寄《よ》ると触《さわ》ると

使い方 人々が寄り集まるたびに。折さえあればいつも。「――その話でもちきりだ」「――人のうわさばかりだ」「――口げんかばかりしている」◆「触る」は、近づいてかかわりをもつの意（「その問題には触らないでおこう」）。

誤用 「寄ると触《ふ》れると」は誤り。

寄《よ》る年波《としなみ》

使い方 年をとること。加齢。「往年の猛者《もさ》も――には勝てない」「山登りをすると息切れがするようになった。――には勝てないよ」「――とともに足腰が弱くなってきた」「――というやつで、近ごろは遠出をするのがおっくうになった」
◆(1)「年が寄る」を「波が寄る」にかけていう。
(2)多く、年をとって体力や気力が衰えてきたことを嘆いていう。

弱《よわ》き者《もの》▼汝《なんじ》の名《な》は女《おんな》なり

使い方 女性の節操は弱く、その心は移ろいやすいものだということ。「やっと離婚できて自由になれたというのに、彼女はじき再婚するそうだ。――」「常子も――おお、『**弱きものよ汝の名は女なり**』！常子も恐らくはこの例に洩れず、馬の脚などになった男を御亭主に持ってはいないであろう〈芥川龍之介・馬の脚〉」「眉をひき、唇紅も濃くぬって、私は柱鏡のなかの姿にあどけない笑顔をこしらえてみる。…**弱きものよ汝の名は女なり**、しょせんは世に汚れた私でございます。美しい男はないものか〈林芙美子・放浪記〉」

誤用 女性はか弱いものだ、女性は弱者

であるの意に解するのは誤り。「×弱き者、汝の名は女なりというが、現在の社会では、弱き者、汝の名は男なりといったほうがぴったりくる」

【出典】シェークスピアの戯曲「ハムレット」の中のことば。ハムレットは、父の死後すぐ、喪に服する間もなく父の弟クローディアスと再婚した母の不貞を“Frailty, thy name is woman!”と言って嘆く。しばしば「女性はか弱いもの」の意で誤用されるのは、意志が弱いという意のfrailtyを「弱い」と訳したことからか。「もろいものよ、それが女というものか」と独白するハムレットの目に映った女性は、決して弱者ではなかった。

弱音《よわね》を吐《は》く

【使い方】苦しさや困難に耐えられなくなって、意気地のないことを言う。「ハードな練習に――」「もう一歩も歩けないと――」「自己破産するほかないと――」「これ以上の金策は無理だと**弱音を吐き**始める」「一度や二度の落選で――ようでは政治家にはなれない」◆「弱音」は、意気地のないことば。

【誤用】「弱気を吐く」は誤り。「弱気」は、言動や性質が消極的であること。「弱気を出す」「弱気を見せる」「弱気なことを言う」

弱《よわ》り目《め》に▼祟《たた》り目《め》

【使い方】困っているときに、さらに重ねて災難に遭うこと。不運が重なること。「妻が入院中に空き巣に入られるとは――だ」「会社は首になるし、交通事故には遭うし、――だよ」「――で、新車を当て逃げされたうえ、駐車違反で罰金まで取られた」◆「落ち目に祟り目」とも。「め」は、動詞の連用形に付いて、その状態にあることを表す接尾語。

【類表現】「泣き面に蜂《はち》」

世《よ》を忍《しの》ぶ

【使い方】世間の目から隠れる。「――仮の姿[名]」「――二人の仲」「この――仮の住まい」「お千は、**世を忍び**、人目を憚《はばか》る女であった〈泉鏡花・売色鴨南蛮〉」「今年二十六の忠治郎、故郷で喧嘩相手を三人斬って、金毘羅参りに化けて――、旅がらすの身だった〈長谷川伸・忠治と頑鉄〉」◆「忍ぶ」は、人に知られないように事を行う意(「忍ぶ恋路」「人目を忍んで会う」)。

【誤用】「しのぶ」を「偲ぶ」と書くのは誤り。「偲ぶ」は、遠く思いをはせて懐かしがる意。

夜《よ》を徹《てっ》する

【使い方】一晩中寝ないで物事を行う。徹夜する。「彼は度たび本を前に**夜を徹し**たことを覚えている〈芥川龍之介・大導寺信輔の半生〉」「**夜を徹して**語り合う」「**夜を徹して**看病する」「**夜を徹して**復旧作業を続ける」「**夜を徹して**の宴会[対策会議]」◆多く、「夜を徹して」の形で、その時間のすべてを通して休みなくの意を表す。

【誤用】「夜」を「よる」と読むのは避けたい。

夜《よ》を日《ひ》に継《つ》ぐ

【使い方】昼夜の別なく続けて物事を行う。「**夜を日に継い**で作業をする」「**夜を日に継い**で働き続ける」「**夜を日に継い**で研究に打ち込む」◆夜の時間を昼間につなぐの意。

【誤用】(1)「夜」を「よる」と読むのは避けたい。(2)「日を夜に継ぐ」は誤り。

よ

出典「孟子・離婁《りろう》」に「其《そ》の合《がっ》せざる者有れば、仰ぎてこれを思い、夜を以《もっ》て日に継ぐ(＝今の社会に合わないことがあると天を仰いで思い悩み、昼も夜もなく考え続けた)」とあるのに基づく。

ら

来年《らいねん》のことを言《い》えば鬼《おに》が笑《わら》う

使い方 将来のことは予測できないのだから、あれこれ言ってもはじまらないということ。「そううまくはいかない。――よ」「一年後の計画を今立てなくたっていいだろう。――ぞ」

◆(1)とうてい実現しそうもない先々のことを呑気《のんき》に話す人をからかっていう。「笑う」は馬鹿にする意で、「笑う門《かど》には福来たる」というときの「笑う」ではない。予知能力のある鬼は来年の話をする人間を見て「明日のことすらわからぬくせに」とせせら笑うという。
(2)「来年のことを言うと鬼が笑う」とも。

出典 上方版「いろはがるた」の一つ。

楽《らく》あれば苦《く》あり

使い方 楽しいことがあれば、その後には苦しいことがあるということ。「人生はそう甘くはない。――だよ」「世の中はよくしたもので、――苦あれば楽ありさ」

◆世の中は楽をしてばかりは過ごせない。苦楽相伴うのが人の世というものだろう。続けて「苦あれば楽あり」ということも多い。

誤用「楽すれば苦あり」は誤り。

出典 江戸版「いろはがるた」の一つ。

類表現「楽は苦の種苦は楽の種」「苦楽は生涯の道づれ」

▼烙印《らくいん》を押《お》される

使い方 消し去ることのできない汚名を受ける。「売国奴[卑怯者《ひきょうもの》]の――」「裏切り者の**烙印を押され**て追放される」「仕事ができない人だという――」「かわいそうに新田君は、無能教師という**烙印をおされ**てね、結局やめたのですよ〈石川達三・人間の壁〉」

◆(1)「烙印」は、しるしをつけるために火で焼いて物に押し当てる金属製の印。また、その印を押した跡。昔、刑罰として罪人の額などに押したという。
(2)「押される」は「▼捺される」とも書く。

誤用 よい評価を受ける意で使うのは誤り。「×名人の烙印を押された職人」

「×国宝級という烙印を押された銘刀」
類表現「レッテルを貼《は》られる」

楽《らく》は苦《く》の種《たね》苦《く》は楽《らく》の種《たね》

使い方 いま楽をすれば後で苦労しなくてはならないが、いま苦労すれば後で楽ができるということ。「この苦労は必ず報われるよ。━━だ」「辛いだろうが今は耐え忍ぶしかない。━━だよ」◈楽は苦を生むもとに、苦は楽を生むもとになるとしていう。
誤用「楽は苦のもと苦は楽のもと」は誤り。
類表現「楽あれば苦あり」「苦楽は生涯の道づれ」

▼洛陽《らくよう》の紙価《しか》を高《たか》める

使い方 著書が評判を博して飛ぶように売れること。「彼の新著は━━だろう」「━━名著」「━━小説を次々に発表する流行作家」◈「洛陽の紙価を高《たか》からしめる」とも。「しめる」は使役の助動詞で、「高からしめる」は高くさせるの意。
誤用 (1)「しか」を「市価」と書くのは誤り。
(2)「洛陽の紙価を高《たか》らしめる」は誤り。
出典 晋《しん》の左思《さし》が「三都の賦《ふ》」を作ったとき、人々が争ってその詩を書写したので洛陽(＝中国河南省北西部、洛水北岸に位置する都市)では紙の値段が高騰したという故事に基づく(「晋書・文苑・左思伝」)。左思は醜男で口下手だったと伝えられるが、洗練された華麗な文体を駆使して都の風物を詠じ、その名を高めた。

▼埒《らち》が明《あ》かない

使い方 物事の決まりがつかない。事がはかどらない。「資金が集まらないことには━━」「この件は弁護士に任せているのだが、なかなか━━」「電話では━━から、今から行ってこよう」「あなたが相手では━━から、責任者に会わせて下さい」
◈(1)「埒」は、馬場の周りにめぐらした柵《さく》。らちが明かないことには馬は走ることができない。
(2)「明かない」は、かな書きも多いが、まれに「開かない」とも。「空かない」は空《から》にならない意なので、やや不適切。
補説 物事の決まりをつけることは「埒をつける」「埒を明ける」という。「埒を明けるために訴訟に持ち込む」

▼埒《らち》も無《な》い

使い方 筋道だっていなくて、とりとめがない。たわいもない。「━━ことを言う」「━━話を聞かされる」「埒もなく笑いころげる」「中よき友と埒も無く遊びぬ〈樋口一葉・たけくらべ〉」◈「埒」は、馬場の周りにめぐらした柵《さく》の意から転じて、物事の区切り。一説に「らちもない」は「らっし(臈次)もない(＝順序・秩序がない)」の音変化という。「らっし」は、僧が安居《あんご》の修行を積んだ年数。出家後の年数の意から転じて、物事の順序をいう。

落花《らっか》狼▼藉《ろうぜき》

使い方 ❶花が散り乱れること。また、そのようにすること。「〔スミレの花束は犬によって〕━━、なごりなく泥土に委ねたり〈森鷗外・うたかたの記〉」「台風で庭の花という花が散り、文字通り━━となった」
◈(1)「狼藉」は狼《おおかみ》が草を藉《し》いて寝たあとの乱雑さの意。落花が乱れて一面に散り敷くさまを、狼の寝乱した跡にたとえたもの。また一説に、「狼」も「藉」も乱雑の意という。
(2)散り乱れる花を「雪」にたとえること

も多い。「〈白木蓮《はくもくれん》が〉夜来の風雨に━、満庭雪を舗《し》いて居る〈徳富蘆花・みみずのたわごと〉」

❷物が乱雑に散らばっているさま。「膳はひっくり返り、書籍の山も崩れ、さながら━であった」「病舎や教育隊の二階建は既に聳えていない。━、ぺしゃんこという言葉が最適の表現である〈井伏鱒二・黒い雨〉」

❸女性などに乱暴を働くこと。「若い娘をかどわかして━に及ぶ」「七十を越した禅師がむりやりにその蕾《つぼみ》の花（＝門番の娘）を━とやらかしたんだ〈中里介山・大菩薩峠〉」

◆(1)③は、女性を「花」に見立てていう。「狼藉」を乱暴なふるまいの意に使うのは中国にはない日本だけの用法。(2)雅的・婉曲《えんきょく》に、また揶揄《やゆ》を込めていう表現で、客観的に描写する文章にはなじまない。「△落花狼藉の被害にあった」

誤用 (1)②は乱雑な状態を表すのにいい、乱雑にする行為にはいわない。「×孫たちの落花狼藉で部屋は足の踏み場もない」(2)「狼藉」の「藉」を「籍」と書くのは誤り。

出典 「和漢朗詠集」に引かれた大江朝綱《あさつな》の漢詩「残春《ざんしゅん》を惜しむ」に「落花狼藉たり風狂じて後、啼鳥《ていちょう》龍鐘《りょうしょう》たり雨の打つ時（＝風が吹き荒れて花はことごとく散り、雨に打たれて鳥の声も精気を失う）」とあるのに基づく。

類表現 ①「落英［落花］繽紛《ひんぷん》」②「杯盤狼藉《はいばんろうぜき》（＝酒宴の後、杯や皿が散乱していること）」③「乱暴狼藉」

濫《らん》▼觴《しょう》

使い方 物事の起こり。起源。「是れ勧懲を主眼とする小説、稗史の━なりけり〈坪内逍遥・小説神髄〉」「近代文学の━は二葉亭四迷にある」「楽劇はワグナーの『さまよえるオランダ人』を━とする」「野球の━は英国生まれのクリケットだとされる」

誤用 原因の意で使うのは誤り。「×交通事故の濫觴は多く不注意にある」

出典 揚子江《ようすこう》も源流をたどれば觴《さかずき》に濫《あふ》れる（一説に、觴を濫《うか》べる）ほどの細流にすぎないという「荀子《じゅんし》・子道」の記事に基づく。

り

▼李下《りか》に冠《かんむり》を正《ただ》さず

使い方 疑惑を招くような行動はしないほうがよいというたとえ。「取引先の接待は受けない方がいい。━だ」「━というから、業者とゴルフをするのはやめたほうがいい」◆スモモの木の下で曲がった冠をかぶり直せば、実を盗んでいるのではないかと疑われることからいう。

出典 「文選・古楽府《こがふ》・君子行」に「瓜田《かでん》に履《くつ》を納《い》れず、李下《りか》に冠《かんむり》を正さず」とあるのに基づき、この二句を並べて使うことも多い。⇩瓜田に履を納れず

立《りっ》▼錐《すい》の余地《よち》も無《な》い

使い方 人がぎっしりつまっていて、わずかのすきまもない。「朝のラッシュで、車内は━」「押しかけた観客で場内は━」「空港のロビーは━ほど込み合っていた」◆錐《きり》を立てるほどのすきまも

ない意からいう。「立錐の地もない」とも。

誤用 あいた時間がないの意で使うのは誤り。「×スケジュールがつまっていて立錐の余地もない」

理《り》に落《お》ちる

使い方 話などが理屈っぽくなる。「話が**理に落ちて**退屈になる」「**理に落ちて**面白くない話」「話が**理に落ちて**きたから話題を変えよう」「清三と荻生《おぎゅう》君との話も**理に落ちて**了《しま》って、いつものように快活に語ることが出来なかった〈田山花袋・田舎教師〉」「あまり話が**理に落ちま**した。少し四方山の話でも致しましょう〈倉田百三・出家とその弟子〉」◆マイナスに評価していう。「理」は、ものの道理(「理を尽くす」「理の通らない話」)。

▼溜飲《りゅういん》が下《さ》がる

使い方 わだかまっていた不平・不満・恨みなどが消えて、すっきりした気分になる。「王座を奪回して**溜飲が下がった**」「相手を論破して**溜飲が下がった**」「全面勝訴の判決を得て**溜飲が下がった**」「九回の裏に逆転のホームランが出たので**溜飲が下がったよ**」◆「溜飲」は、飲食物が胃の中にとどこおって、すっぱい胃液がのどに上がってくること。その溜飲が下がってくれれば気分がさっぱりすることからいう。

誤用 「溜飲を晴らす」は誤り。「×敵を打ち負かして溜飲を晴らした」

補説 不平・不満・恨みなどを解消して気分をすっきりさせることは「溜飲を下げる」という。「宿敵を打ち破って溜飲を下げた」「言うだけのことは言って溜飲を下げた」

竜《りゅう》頭《とう》蛇《だ》尾《び》

使い方 始めは威勢がよいが、終わりはまったく勢いがなくなること。「地域興しのイベントも——に終わる」「鳴り物入りのスポーツ大会も——に終わった」「超大作と銘打った映画だが、どうも——の感がある」「構想は大きかったが、せっかくの計画も——となった」

◆(1)頭は竜のように立派だが、尾は蛇《へび》のように貧弱である意からいう。(2)「竜頭」は「りょうとう」とも読む。また、「蛇尾」は「じゃび」とも読む。

出典 「似は則《すなわ》ち似、是は則ち未だ是ならず、只《ただ》恐る竜頭蛇尾なるを〈碧巌録・十則〉」

類表現 「頭でっかち(の)尻《しり》すぼみ」

柳《りゅう》▼眉《び》を逆立《さかだ》てる

使い方 美人がまゆをつり上げて怒る。「体をふるわせて——」「**柳眉を逆立てて**夫に詰め寄る」◆「柳眉」は、柳のように細くて美しいまゆ。美人のまゆのたとえに使う。

誤用 男性が怒るようすに使うのは誤り。「×父[少年]は柳眉を逆立てて声を荒らげた」

▼燎原《りょうげん》の火《ひ》

使い方 防ぎようがないほど勢いが激しいことのたとえ。「ペストは——のごとく蔓延《まんえん》した」「革命の火の手は——のごとくロシア全土に広がった」「戦火は——のようにヨーロッパ一帯に広がっていった」「彼は——の如し。彼は己を遮るすべてを焼かずンば止まざる也〈芥川龍之介・木曽義仲論〉」

◆(1)「燎原」は野原を焼くの意。燃え広がる野火の勢いはとどまるところを知らない。

⑵「火の原を焼くがごとし」とも。
出典「書経・盤庚《ばんこう》」に、「火の原《はら》を燎《や》くが若《ごと》く、郷《むか》い邇《ちか》づくべからざるも、其《そ》れ猶《なお》撲滅《ぼくめつ》すべけんや（＝火が原野に燃え広がるような盛んな勢いには向かい近づくことも出来ない。ましてどうしてそれを消し止めることができようか）」とあるのに基づく。

▼遼東《りょうとう》の▼豕《いのこ》

使い方 他人から見ればつまらないことを、独りよがりで自慢することのたとえ。「――とも知らないで、得意そうに見せびらかす」「自分以外にはできない技だと思っていたが、――だった」「その彼が、結局自分も彼等と同じ能力の所有者だったと云う事を、そうして更に厭《いと》う可き――だったと云う事は、どうして安々と認められよう〈芥川龍之介・戯作三昧〉」
◆「遼東」は秦《しん》代に置かれた郡の名。現在の遼寧《りょうねい》省東南部、遼河以東の地に当たる。「豕」は猪《しし》または豚のことだが、ここでは豚の称。
出典 遼東に住む男の家に白頭の豚が生まれた。これは珍しいからぜひお上に献上しようと河東まで来てみると、河東の豚はみな頭が白い。そこで男は恥ずかしくなって、こそこそと引き返してきたという故事に基づく（「後漢書・朱浮伝」）。

良薬《りょうやく》は口《くち》に苦《にが》し

使い方 身のためになる忠言は聞きづらいということのたとえ。「――で、人の忠告を素直に聞くのは難しい」「――かも知れないが、ここは先輩の言うことに従った方がいい」
出典「孔子家語《こうしけご》・六本《りくほん》」に「薬酒は口に苦けれども病に利あり、忠言は耳に逆らえども行いに利あり（＝薬酒は苦いが飲めば病を治してくれる、忠言に従って行えばよい結果を得る）」とあるのに基づく。江戸版「いろはがるた」では、「良薬口に苦し」。
類表現「苦言は薬なり甘言は疾《やまい》なり」「忠言耳に逆らう」
英語 A good medicine tastes bitter.

両雄《りょうゆう》並《なら》び立《た》たず

使い方 英雄が二人現れれば必ず争い、どちらか一方が倒れるということ。「――。あの二人が共存できるはずがない」「――で、いつしか二人は対立するようになった」「――という。いずれどちらかの企業が潰《つぶ》されるだろう」◆「両雄」は、二人の英雄。
出典 楚《そ》の項羽の軍が漢を攻め、漢が苦戦をしいられていたとき、漢の劉邦《りゅうほう》に仕えていた酈生《れきせい》が、「臣窃《ひそ》かに以て過つと為す。且つ両雄は倶《とも》には立たず（＝失礼ながら、私はそれが間違っていると思います。そもそも両雄はあい並んで立つことはできないのです）」と進言したという故事に基づく（「史記・酈生陸賈列伝」）。
類表現「両虎《りょうこ》共に闘えば其《そ》の勢い倶《とも》には生きず」

▼綸言《りんげん》汗《あせ》の▽如《ごと》し

使い方 流れ出た汗が再び体内に戻らないように、一度口から出た君主のことばは取り消せないということ。「天子にたはぶれのことばなし。――とこそ承れ〈平家物語・巻三〉」「一国の首相がそうあっさりと前言を翻《ひるがえ》すものではない。――だ」「閣僚の失言が相次いでいる。――。発言に責任を持ってもらいたいものだ」
◆「綸言」は天子のことば。「綸」は太い糸の意で、天子の言は初めは細い糸のようであっても、下に伝わるにつれて太くなり、重大な意味をもつようになることからいう。

誤用「りんげん」を「倫言」と書くのは誤り。

出典「礼記・緇衣《しい》」にあることば。「漢書・劉向《りゅうきょう》伝」には、「号令は汗の如くにして、汗は出《い》でて返らざる者なり」とある。上方版「いろはがるた」の一つ。

る

類《るい》は友《とも》を呼《よ》ぶ

使い方 気の合った者や似かよった者は自然と寄り集まる。「──で、いつの間にか同好会が誕生した」「──の習いで、盆栽を趣味とする仲間が毎日のように集まるようになった」「──というが、集まった連中はみな一癖ありそうだ」

◆(1)「類」は、同じ仲間であること。同じ志や趣味をもった者は互いに声を掛け合ったかのように集まることをいう。(2)「類を以《も》って集まる」とも。

誤用「友は類を呼ぶ」「類は類を呼ぶ」は誤り。

類表現「牛は牛連れ馬は馬連れ」「同類相求む」

英語 Birds of a feather flock together.(同じ羽の鳥は集まる)

累卵《るいらん》の危《あや》うき

使い方 きわめて危険な状態であることのたとえ。「事態はいまや──にある」「両国の関係はいまや──に面している」

◆(1)「累卵」は、卵を積み重ねること。積み重ねた卵は不安定で、すぐに崩れてつぶれてしまうことからいう。(2)「危うきこと累卵の如《ごと》し」とも。

出典「史記・范雎《はんしょ》蔡沢《さいたく》列伝」には、「秦王《しんおう》の国は、累卵よりも危うし、臣を得ば則《すなわ》ち安し(=秦王の国は卵を積み重ねたよりももっと危うい状態だ。しかし、私を臣として採用するなら安定させることができる)」とある。

▼瑠《る》▼璃《り》も▼玻《は》▼璃《り》も照《て》らせば光《ひか》る

使い方 すぐれた素質や才能をもつ者は、どこにいてもすぐに分かるというたとえ。「──で、優秀な人材はどこにいても目立つものだ」「販売の仕事を担当させたら抜群の成績を上げた。──だよ」

◆「瑠璃」は青色の宝石、「玻璃」は水晶。多くの石ころの中に混じっていても、瑠璃や玻璃は光を当てればすぐにその存在が知れることからいう。

補説 (1)「瑠璃も玻璃も照らせば分かる」は、同じ意にも解されるが、外観は似ていても、光を当ててみるとその違いが分かるという意で使うことが多い。
(2)「瑠璃も玻璃も磨けば光る」は、すぐれた素質や才能に恵まれた人はだれでも修練を積むことによって大成するという意。「瑠璃も玻璃も磨けば光るで、あれだけの画才があるのだからいずれは大成するだろう」

出典 江戸版「いろはがるた」の一つ。

れ

レッテルを▼貼《は》られる

使い方 ある人物に対して一方的・断定的に評価を加えられる。「怠け者[変わり者]の——」「江崎は『婦人科カメラマン』という**レッテルを貼られ**ていることに前々から不満を持っていた〈西村京太郎・仮装の時代〉」「好む好まざるにかかわらず、単独行の加藤という**レッテルを貼られ**ていくような気がした〈新田次郎・孤高の人〉」「優等生らしい(ということは神学生めいたということだが)**レッテルを貼られ**ていた私が、内心どんなに優等生のレッテルを嫌っていて、…いかほど『悪名』にあこがれていたか〈三島由紀夫・仮面の告白〉」

◆(1)「レッテル」は、オランダ語 **letter** からで、品名・内容・発売元などを記して商品に貼りつける紙の札。
(2) 多く、マイナスの評価、あるいは認めたくない評価についていう。

誤用 よい評価を加える意で使うのは避けたい。「✕彼女は才媛《さいえん》のレッテルを貼られた」

補説 一方的・断定的に評価を加える意では「レッテルを貼る」という。「負け犬のレッテルを貼る」

類表現「烙印《らくいん》を押される」

連木《れんぎ》で腹《はら》を切《き》る

使い方 不可能なことのたとえ。「お前がチャンピオンになれたら、おれは——よ」「この計画を実現するのは——より難しい」「これだけの負債を完済するのは——ようなものだ」◆「連木」は西日本の方言で、すりこぎ。すりこぎでは切腹できないことからいう。

出典 上方版「いろはがるた」の一つ。

類表現「擂《す》り粉木で腹を切る」「杓子《しゃくし》で腹を切る」

連理《れんり》の枝《えだ》

⇩天《てん》に在らば比翼《ひよく》の鳥地に在らば連理の枝

ろ

◆「労《ろう》」を使う成句

汗馬《かんば》の労・犬馬《けんば》の労・労多くして功少なし

労多《ろうおお》くして功少《こうすく》なし

使い方 苦労したわりには効果が少ない。「市場開拓に奮闘したが――だった」「多年の研究も、結果は――だった」「この手の仕事は――として敬遠される」◆「労」は骨折り。「功」はききめの意。

補説 苦労しても一向に効果が上がらないことは、「労して功なし」という。「党の分裂を避けようとして説得したが労して功なしだった」

類表現 「骨折り損のくたびれ儲《もう》け」「しんどが得」「労あって功なし」

老骨《ろうこつ》に▼鞭打《むちう》つ

使い方 老いて心身ともに衰えた自分を励まして、何かのために努力する。「老骨に鞭打って働く」「老骨に鞭打って知事選に出馬することにした」「七十歳を過ぎましたが、今も老骨に鞭打って作陶に励んでおります」「八十歳の老骨に鞭打ちながら弟子に稽古《けいこ》をつけております」

◆(1)「老骨」は、年老いた体。「鞭打つ」は、励まし、奮い立たせる意。

(2)多く、高齢の人が自らのことをへりくだっていう。

(3)「老骨に鞭打つ」が本来だが、「老骨を鞭打つ」とも。また、「老体に鞭打つ」「老軀《ろうく》に鞭打つ」ともいう。

誤用 高齢の相手を「老骨」と呼ぶのは非礼になる。「×先生は老骨に鞭打って日夜研究に励んでおられる」

▼壟断《ろうだん》する

使い方 利益・権利などを独り占めにする。「利益を――」「一部企業がシェアを――」「大企業が小企業を吸収して販売権を――」「議会運営のルールが多数派によって壟断される」◆「壟断」は、丘の高く切り立っている所。「竜(龍)断」「▼隴断」などとも書く。

誤用 「りゅうだん」と読むのは誤り。

出典 昔、ある商人が高い丘に登って市場を見渡し、品物を売るのにふさわしい場所を見定めて利益を独占したという「孟子・公孫丑《こうそんちゅう》下」の故事に基づく。

▼隴《ろう》を得《え》て▼蜀《しょく》を望《のぞ》む

使い方 望みが一つかなうと、また別の望みが出てくる。欲が深くて満足することを知らないことのたとえ。「――が如く、次々に企業の乗っ取りを企てる」「――の経営方針が、結局は破綻《はたん》を招くことになった」「ワゴン車を買えばスポーツカーを欲しがる。家を建てれば別荘を手に入れたがる。まさに――だね」

◆(1)「隴」も「蜀」も中国の地名。「隴」は現在の甘粛《かんしゅく》省東部一帯の称。「蜀」は「隴」のほぼ南方に位置し、当時はともに中原の西方の辺境の地。

(2)「望蜀《ぼうしょく》」「望蜀の嘆《たん》」とも。

誤用 「ろう」を「壟」と書くのは誤り。

出典 後漢の光武帝が自らの野望が次から次へと広がることを嘆き、「人は足るを知らざるに苦しむ。既に隴を平らげて復《また》蜀を望む」と岑彭《しんほう》に勅したという故事に基づく（「後漢書・岑彭伝」）。「晋書・宣帝紀」には、魏《ぎ》の曹操《そうそう》が司馬懿《しばい》に答えたことばとして、「人足る無きに苦しむ。既に隴右《ろうう》を得て、復《また》蜀を得んと欲す」とある。

ローマは一日《いちにち》にして成《な》らず

使い方 大事業は長年にわたる努力をしなくては成し遂げられないということ。「——、こつこつと地道な努力を続けていくしかない」「この事業を軌道にのせるまでは何年もかかるだろう。——だ」「今は押しも押されもせぬ大企業だが、六十年前はちっぽけな町工場だった。——だよ」

◆「ローマ」は「▽羅馬」と当てても書く。

誤用 短期間の仕事などに使うのは避けたい。「×この工事は急いでも一か月かかる。ローマは一日にして成らずだ」

出典 **Rome was not built in a day.** の訳語。「すべての道はローマに通ず（**All roads lead to Rome.**）」と言われたほど繁栄を誇ったローマ帝国も、一小都市国家から始まり、大ローマ帝国を築くに至るまでには、延々七百年にも及ぶ長い苦難の歴史があったとしていう。

▼魯魚《ろぎょ》の誤《あやま》り

使い方 字形の似た文字の書き誤りをいう。「『搭乗』が『塔乗』になっているのは——だ」「——で、『完璧』はしばしば『完壁』と書かれてしまう」

出典 「抱朴子《ほうぼくし》・内篇・遐覧《からん》」に「書三たび写せば、魚は魯となり虚は虎となる」とあるのに基づく。

類表現 「虎虚《こきょ》の誤り」「魯魚亥豕《がいし》の誤り」「烏焉《うえん》の誤り」「焉馬《えんば》の誤り」などがあるが、いずれも字形が似ていて書き誤りやすい。

◆「六（ろく・むい）」を使う成句

三面六臂《さんめんろっぴ》・八面六臂《はちめんろっぴ》・六日《むいか》の菖蒲《あやめ》

六十《ろくじゅう》にして耳《みみ》▽順《したが》う

使い方 六十歳になるとさまざまな言葉を聞いても反発を感じないだけの心の余裕が生まれるということ。「六十になっても雑音に惑わされっぱなしだ。——とはいかないな」

◆(1)人の六十歳ということについて形容することば。六十歳を「耳順《じじゅん》」というのは、この言に基づく。(2)「順う」は「従う」とも書く。

出典 「論語・為政」の中で、孔子《こうし》がその生涯を回顧して述懐したことば。

六十《ろくじゅう》の手習《てなら》い

使い方 年をとってから学問や芸事を始めること。「——で、スペイン語の勉強を始めた」「——で、ピアノを習い始めた」

◆六十歳になって文字を習いはじめる意からいう。「八十の手習い」ともいうが、七十歳でも九十歳でも生涯学習に年齢の際限はない。

誤用 「二十の手習い」「三十の手習い」などと、若い世代に用いるのは誤り。

▼盧生《ろせい》の夢《ゆめ》

⇨邯鄲《かんたん》の夢

論議《ろんぎ》を呼《よ》ぶ

使い方 論議を引き起こす。「首相の発言が——」「防衛問題が国民の——」「高層マンションの建設が地元住民の**論議**

を呼んでいる」「定説を否定する論文が学界の**論議を呼んだ**」「老人保健法の見直しは高齢者の間に大きな**論議を呼び**そうだ」◆ある問題が議論の的になることをいう。「論議」は、理非を明らかにするために意見をたたかわせること。

誤用「論議をかもす」は誤り。⇩物議《ぶつぎ》をかもす

論語読《ろんごよ》みの論語知《ろんごし》らず

使い方 書物の内容は理解しても、それを生かして実行できない人をあざけっていうことば。「知識ばかり詰め込んでも、――では何にもならない」「倫理学を学びながら不正を働く。ああいう輩《やから》を――というのだ」

◆(1)「論語」は「大学」「中庸《ちゅうよう》」「孟子《もうし》」と並ぶ四書の一つで、孔子《こうし》の言行、弟子との問答、弟子たちの問答などを収録した書。古来、儒教の聖典として尊重されてきた。その「論語」をしたり顔で解釈することはできても、教えを実践できないことの愚かしさをいう。

(2)「論語読みの論語読まず」とも。

出典 上方版「いろはがるた」の一つ。

論陣《ろんじん》を張《は》る

使い方 論理を組み立てて議論を展開する。「人権擁護の――」「内閣批判の――」「反論を予想して、用意周到の――」「平民新聞は日露戦争反対の**論陣を張り**、発行禁止に追いやられた」「堂々の**論陣を張って**検察側と渡り合う」◆その論拠は堅固であるとしていう。「論陣」は、議論・弁論をするときの論の組み立て。「張る」は、整えて構える意。

誤用「論戦を張る」は誤り。「× 憲法擁護の論戦を張る」「〇 激しい論戦を繰り広げる」

論《ろん》より証拠《しょうこ》

使い方 議論をするより証拠を示した方がはっきりするということ。「――、ここにはっきりと指紋が残っているじゃないか」「――で、この筆跡は断じて私のじゃない」「いや御不審は御尤《ごもっとも》ですが――この通り骨があるから仕方がありません〈夏目漱石・吾輩は猫である〉」◆「証拠」は、ある真実や事実を明らかにするための根拠となるもの。何の証拠もないことをいくら論じ立てても、それを信じるわけにはいかない。「刑事訴訟法」の第三百十七条にも「事実の認定は、証拠による」とある。

誤用 論じることによって立証する意で使うのは誤り。「× 論より証拠だから、こちらの言い分も聞いてくれ」

出典 江戸版「いろはがるた」の一つ。

わ

若《わか》い時《とき》の苦労《くろう》は買《か》ってでもせよ

使い方 若い時にした苦労は貴重な体験として将来役に立つから、すすんで苦労をせよ。「──というように、その苦労は将来あなたの貴重なかてとなって生きてくるよ」「若い時の苦労は買ってもしろと云う位だ。あんまり早くから立身したり、世間に持てたりするのは碌《ろく》な事じゃあないんだ〈夢野久作・焦点を合せる〉」「──というけれど、苦労はしないに越したことはないよ」

◆(1)若いときにする苦労は金を出してでも求めるべき価値があることをいう。試練があってこそ成功・成長があるということを教え諭したり、困難な思いをしている若い人にその苦労は将来実を結ぶとして慰めたり、困難から逃げては大成しないと諫《いさ》めたり、また、年を重ねた人が自らの経験を振り返って言ったりなど、広く使う。(2)「若い時の辛労《しんろう》は買《か》うてもせよ」とも。「若い時」は、「若いうち」「若い頃」などとも。

類表現「可愛い子には旅をさせよ」「艱難《かんなん》汝《なんじ》を玉にす」

我《わ》が心《こころ》は石《いし》にあらず 転《てん》ずべからず

使い方 私の心は転がる石ではないから、決してころころと変わることはない。「一度こうと決めたのだから最後までやりとおす。──だ」「圧力をかけられても屈するわけにはいかない。──だ」◆志の堅固であることをいう。ただし、石のように堅い志ではなく、石のように変転することのない志のこと。

誤用「私の心を石を転がすようにもてあそばないでくれ」の意に解するのは誤り。「×会社の都合で転勤ばかりさせられてはかなわない。我が心は石にあらず、転ずべからずだよ」

出典「詩経・邶風《はいふう》・柏舟《はくしゅう》」に「我が心は石に匪《あら》ず、転《まろ》ばす可《べ》からず、我が心は席《むしろ》に匪ず、巻く可からず(=自分の心は石ではないから、ころころと変えることはできない。私の心はむしろではないから、くるくると巻くことはできない)」とあるのに基づく。

我《わ》が田《た》に水《みず》を引《ひ》く

⇩我田引水《がでんいんすい》

▼脇目《わきめ》も振《ふ》らず

使い方 よそ見もしないで何かをする意で、他に関心を向けないで、そのことだけに専念するさまをいう。「──に歩く」「──に、目的地へ急ぐ」「──に働く」「──勉強する」「──制作に取り組む」

◆「脇目」は、他の物事に気をとられて脇を見ること。

誤用「脇目」は「脇見《わきみ》」「よそ見」ともいうが、「脇見[よそ見]も振らず」は誤り。

◆「湧《わ》く(沸)」を使う成句

男鰥《おとこやもめ》に蛆《うじ》が湧き女寡《おんなやもめ》に花が咲く・鼎《かなえ》の沸くが如《ごと》し・血が沸く・血湧き肉躍る・降って湧く

◆「分《わ》ける」を使う成句

馬の背を分ける・事を分ける・血を分ける・暖簾《のれん》を分ける・夕立は馬の背を分ける

和光同▼塵《わこうどうじん》

使い方 ❶自分の学徳や才能を隠して俗世間に交わり住むこと。「そうしてあの完きものなるサン・ピエトロの円屋根は遠いいつの日かの——のちかい〈高村光太郎・詩・つゆの夜ふけに〉」「——の心で日々を送る」◆「光を和らげ塵《ちり》に同ず」とも。

❷仏教で、仏・菩薩《ぼさつ》が知徳の光を隠し、煩悩《ぼんのう》の塵にまみれたこの世に仮の姿を現して衆生《しゅじょう》を救うこと。「さればこそ、諸仏の慈悲の極なれ〈沙石集・一〉」「それ——の利生《りしょう》、さまざまなりと申せども〈平家物語・巻二〉」

誤用 「どうじん」を「同人」と書くのは誤り。

出典 ①は、「老子・四」に「其《そ》の鋭《えい》を挫《くじ》き、其の紛《ふん》を解き、其の光を和らげ、其の塵を同じくす（＝その道を体得した人は己の鋭さをくじき、すべてのもつれを解きほぐし、己の輝きを和らげ、世俗のよごれに同化する）」とあるのに基づく。②は①から仏語に入ったもので、仏・菩薩が人間界に仮の姿を現すことをいう。特に我が国では、仏・菩薩が衆生を救うために神の姿をかりて現れるという本地垂迹《ほんじすいじゃく》の意で用いられた。

和魂漢才《わこんかんさい》

使い方 日本固有の精神と中国の学問。また、その両者を兼ね備えていること。「——をめざして学ぶ」「——を遵奉《じゅんぽう》して学問に励む」

補説 後に「和魂漢才」をもじって「士魂商才（＝武士の精神と商人の才とを兼ね備えること）」の語が作られ、明治時代には「和魂洋才（＝日本固有の精神と西洋の学問を兼ね備えていること）」が盛んに使われるようになった。

出典 平安末期の教訓書「菅家遺誡《かんけいかい》」にあることば。古くは日本人固有の精神をもって中国伝来の学問を活用することが学者の理想とされた。菅原道真の言とされるが明らかではない。

山▼葵《わさび》が利《き》く

使い方 ワサビのようにぴりっとした鋭いものをもっている。「彼の文芸時評は山葵が利いている」「簡潔な文章だが山葵が利いている」「山葵が／の利いた風刺漫画」◆ワサビの香りと辛《から》みが舌や鼻をつんと刺激する意からいう。

補説 表現などを鋭くすることは「山葵を利かせる」という。「この評論はもっと山葵を利かせたら面白くなるだろう」

▽禍《わざわい》を転《てん》じて福《ふく》と▽為《な》す

使い方 身にふりかかった災難を逆手にとって、それが自分の有利になるように取りはからう。「嘆いてばかりいないで、——手段を考えよう」「指定していた色に刷り上がらず失敗作だと思っていたが、新しい風合いだと評判がいい。これぞ——だな」◆災難に遭ったからといって悲嘆すべきではないということ。「禍」は「災い」とも書く。

出典 「史記・蘇秦《そしん》列伝」に「臣聞く、古《いにしえ》の善く事を制する者は、禍を転じて福と為《な》し、敗《はい》に因《よ》りて功を為す」とあり、「戦国策・燕《えん》」に「聖人の事を制するや、禍を転じて福と為し、敗に因りて功を成す」とあるのに基づく。

和《わ》して同《どう》ぜず

使い方 君子は誰とでも協調するが、道理にはずれたことには同調しない。主体性をもって人とつき合うべきだということ。「――の仲間だからいつまでも変わらぬ交際を続けることができる」「住民運動は――の姿勢で取り組まなくてはならない」「恐らく、当時流行の歌学にも歌合にも、彼(=西行)は、――という態度で臨んでいたと察せられる〈小林秀雄・西行〉」

誤用 表面だけ協調して腹の中では賛同しない意に解するのは誤り。「×今は賛成しているが、彼は和して同ぜずというところがあるから反対派に寝返るかも知れない」

出典 「論語・子路」に、孔子《こうし》のことばとして「君子は和して同ぜず、小人は同じて和せず」とあるのに基づく。付和雷同する小人の交際は、おもねって誰とでも妥協するが、しっくりと協調することはできない。

◆「忘《わす》れる」を使う成句

> 魚《うお》を得て筌《うえ》を忘る・老いたる馬は道を忘れず・初心忘るべからず・雀《すずめ》百まで踊り忘れず・治《ち》に居て乱を忘れず・時を忘れる・喉元《のどもと》過ぎれば熱さを忘れる・我《われ》を忘れる

綿《わた》のように疲《つか》れる

使い方 くたくたに疲れることのたとえ。「全身が――」「一日中歩き回ったので**綿のように疲れた**」「**綿のように疲れて**帰宅した」◆疲労感を、ぐたっとした綿の形状にたとえていう。

誤用 「疲れ果てて[酔って]泥のように眠る」など、正体なく眠り込むさまを「泥のように」と形容するが、「綿のように眠る」は誤り。

渡《わた》りに船《ふね》

使い方 何かをしようと思うときに都合よく望みどおりの条件が整うこと。「運転資金に困っていたので、融資の申し出は――だった」「居抜きで店を譲りたいという人が現れたので、――と飛びついた」「ちょうど大阪に向かう車があったので――と便乗させてもらった」「酔っていてもなんでも医者でありさえすれば、急病人にとっては**渡りに舟**であります〈中里介山・大菩薩峠〉」

◆(1)どうこの川を渡ろうかと思案していたら、ちょうど目の前に船が漕ぎ寄せてきたという意からいう。「渡り」は渡し場の意ともとれるが、それでは船が来るのは当然ということになってしまうだろう。

(2)「渡りに船を得る」とも。「船」は「舟」とも書く。

誤用 「渡りの船」は誤り。

◆「渡《わた》る」を使う成句

> 危ない橋を渡る・石橋を叩《たた》いて渡る・負うた子に教えられて浅瀬を渡る・渡る世間に鬼はない

渡《わた》る世間《せけん》に鬼《おに》はない

使い方 世の中は無慈悲な人ばかりではなく、困ったときは助けてくれる情け深

わ

い人もいるということ。「──というから、何とか生きていけるだろう」「──というが、落ちぶれて初めて人の情けが身に染みた」「しのんで、しのんで、つつましくやってさえ行けば、──〈太宰治・火の鳥〉」

◆「鬼はない」は、無慈悲な人間ばかりではないの意。人の情けにふれれば「渡る世間に鬼はない」と感動し、手痛い目にあえば「渡る世間は鬼ばかり」と人間不信に陥るのが人の常。

誤用「渡る世間に鬼はいない」は避けたい。

◆「笑《わら》う」を使う成句

一銭《いっせん》を笑う者は一銭に泣く・今泣いた烏《からす》がもう笑う・最後に笑う者が最もよく笑う・泣いた烏《からす》がもう笑う・泣いても笑っても・鼻で笑う・目糞《めくそ》鼻糞《はなくそ》を笑う・来年のことを言えば鬼が笑う・笑う門《かど》には福来たる

笑《わら》う門《かど》には福《ふく》来《き》たる

使い方 いつもにこにこと笑って暮らす人の家には、自然に幸運がめぐってくる。「あの一家はいつもにこにこしているからきっといいことがあるだろう。──だよ」「そんなしかめっ面ばかりしていると家中が暗くなる。──というじゃないか」

◆「門」は、家・家族の意。「笑う門」は、いつも笑い声に満ちていて、和気藹々《あいあい》とした家庭のことをいう。

誤用「門」を「もん」と読むのは誤り。

出典 上方版「いろはがるた」の一つ。

類表現「笑って損した人なし」「和気財を生ず」

◆「草鞋《わらじ》」を使う成句

金《かね》の草鞋で尋ねる・二足の草鞋・草鞋を脱ぐ・草鞋を履《は》く

草▼鞋《〈わらじ〉》を脱《ぬ》ぐ

使い方 ❶旅を終える。「旅の──」「伊勢参りを終えて長旅の──」

❷旅宿に着いて宿泊する。「馬籠《まごめ》の宿に──」「三十分ばかり経って、この宿へ来て**草鞋を脱いだ**一人の青年がある〈島崎藤村・春〉」

❸渡世人がある土地の親分の所に一時身を寄せる。「一人の旅人《たびにん》が次郎長一家に**草鞋を脱いだ**」「この正月に甲州路を下る途中、日野の左文治《さもんじ》親分のところに**草鞋を脱ぎ**まして〈笹沢左保・木枯し紋次郎〉」

◆古風な言い方。「草鞋」は、藁《わら》を足の形に編んで作る草履《ぞうり》状の履き物。つま先の二本の緒を縁の乳《ち》に通し、足に結びつけて履く。

誤用「草履《ぞうり》を脱ぐ」は誤り。

草▼鞋《〈わらじ〉》を履《は》く

使い方 ❶旅に出る。「長屋の住人が連れ立って大山詣での──」「気の置けない仲間と──」

❷渡世人が捕り手を逃れて住んでいた土地を離れる。「凶状持ちの博徒が長の──」「兄弟分の身代わりで一年ほど──」

◆古風な言い方。「草鞋」は、藁《わら》を足の形に編んで作る草履《ぞうり》状の履き物。つま先の二本の緒を縁の乳《ち》に通し、足に結びつけて履く。

誤用「草履《ぞうり》を履く」は誤り。

▼藁《わら》にも▼縋《すが》る

使い方 せっぱつまったときには頼りにならないものまでも頼りにすることのたとえ。「━━思いで、神頼みをする」「━━思いで、手当たり次第に借金を申し込む」「**藁にもすがり**たい気持ちで、次から次へと医者を変えていく」◆「藁」は頼りになりそうにもないもののたとえ。溺《おぼ》れかかった人が流れてきた藁をつかんでも、浮力の足しにはならない。それでも藁にすがろうとする。⇩溺れる者は藁をも摑《つか》む

誤用 頼りたい相手に面と向かって使っては、「私は藁か」ということになって相手の不興を買うだろう。「△藁にもすがる思いでお願いにきました。少し融通して下さい」

割《わり》に合《あ》わない

使い方 損得勘定がつり合わない。苦労しただけの効果が上がらなくて、結局は損になる。「この売買は━━」「━━仕事を押しつけられる」「この種の作物は手間ばかりかかって━━」「これだけやっても評価されないのでは、全く━━話だ」

◆⑴「割」は、他と比べたときの損得の割合。「割り」とも書く。

⑵「割が合わない」とも。「この商売は利が薄くて割が合わない」

補説 苦労してもそれだけのかいがあることは「割に合う」という。「それだけ売り上げがあれば割に合う」

割《わり》を食《く》う

使い方 不利になる。損をする。「その条件ではこちらが━━」「今の税制では低所得者層が━━」「そんな話に乗ったら━━に決まっている」「待遇の面ではいつも女性が**割を食**ってきた」「正直者が━━世の中」

◆⑴「割」は、他と比べたときの損得の割合。「割り」とも書く。

⑵自分に振り分けられた割合が不利であることをいう。

◆「割《わ》る」を使う成句

口を割る・底を割る・竹を割ったよう・腹を割る

◆「悪《わる》い」を使う成句

決まりが悪い・寝覚めが悪い・ばつが悪い・間《ま》が悪い・虫の居所が悪い・胸糞《むなくそ》が悪い・安かろう悪かろう・悪いことは言わない・悪い虫が付く・悪いようにはしない

悪《わる》いことは言《い》わない

使い方 従うべきいい意見だとして、相手にそれを勧めるときにいうことば。「━━、あの男に会うのはやめなさい」「━━から、すぐ謝罪したほうがいい」「なあ、**悪いことは言わぬ**。転ぶとただ一言、言うてくれ〈遠藤周作・沈黙〉」◆不利になるようなことは言わないから、まあ聞きなさいという気持ちを表す。

悪《わる》い虫《むし》が付《つ》く

使い方 好ましくない交際相手ができる。「一人娘に━━と困るので、留学はさせられない」「娘に**悪い虫が付い**たらしく、毎晩、帰りが遅い」「長女に**悪い虫が付**いて家出してしまった」「大事な息子に━━のではないかと母親が心配している」◆「悪い虫」は、たちの悪い恋人のたと

え。若い女性についていうのが普通だが、男性についていうこともある。

悪《わる》いようにはしない

使い方 不利になるようなことはしない。相手から一任を取り付けるときなどにいうことば。「この条件を呑《の》んでくれるなら――」「――から、この土地を譲ってほしい」「――から、脱会は思いとどまってくれ」◆有利になるように取りはからうから、任せておきなさいという気持ちを表す。

誤用 この意で「悪いことはしない」というのは誤り。「悪いことはしない」は、悪事をしないという意。

我思《われおも》う故《ゆえ》に我《われ》在《あ》り

使い方 すべての存在は疑うことができるが、それを考える自己の存在だけは疑うことができないということ。「――ということばに人間の本質を求める」

誤用 存在の意なので、「有り」ではなく「在り」と書くのが望ましい。

補説 マルブランジュ（フランスの哲学者・神父）は「我感ず、故に我在り」と、ジョルジュ・サンド（フランスの女流小説家）は「我愛す、故に我在り」と、そしてカミュ（フランスの小説家・評論家）は「我反抗す、故に我等在り」と言い換え、それぞれに異なる思想的立場の基盤とした。

出典 ラテン語「コギト・エルゴ・スム（Cogito, ergo sum）」の訳語で、デカルト（フランスの哲学者・数学者）の「方法序説」の中にあることば。デカルトは一切を虚偽であると考える「私」は必然的に何ものかでなくてはならないと気づき、「疑うことのできない自己の存在」をその哲学の第一義とした。ここから、自己とは精神にほかならず、精神と物体ははっきり区別されるものだとして、「物心二元論」が生まれる。

英語 I think. Therefore, I exist [am].（フランス語では、Je pense, donc je suis.）

割《わ》れ▼鍋《なべ》に▼綴《と》じ▼蓋《ぶた》

使い方 どんな人にもそれぞれにふさわしい配偶者があるということ。「――の似合いの夫婦」「あんな男だが――で、いずれはいい上さんが見つかるだろう」

◆(1)破損した鍋には修理した蓋が似つかわしいとしていう。「綴じ蓋」は、こわれたのを修理した蓋。夫婦を割れてひびの入った鍋と壊れて修繕した蓋にたとえるのだから、うかつに使うと失礼きわまりないことになる。

(2)「割れ鍋」は「▽破《わ》れ▼鍋」とも書く。

誤用 「とじ蓋」を「閉じ蓋」と書くのは誤り。

出典 江戸版「いろはがるた」の一つ。

我《われ》に返《かえ》る

使い方 ❶意識を取り戻す。蘇生する。「ほほを打たれて――」「活を入れられて――」「ふと――と救急車に乗せられていた」「頭蓋骨折の整復手術の痛さから、私は**我に返り**、次第に識別と記憶を取り戻して行ったのである〈大岡昇平・野火〉」

❷何かに心を奪われていたのが本心に返る。「ようやく興奮がさめて――」「事実よりも明瞭な想像の一幕を、描くともなく頭の中に描き出した津田は、突然ぞっとして**我に返**った〈夏目漱石・明暗〉」「ふと――と、静かな読経の声が半蔵の耳に入った〈島崎藤村・夜明け前〉」「そばに近づいた人のけはいで、真知子は**我に返**った

〈野上弥生子・真知子〉」
◆(1)「返る」はもとの状態に戻る意。
(2)「我に帰る」とも書くが、「我に返る」が本来の書き方。
誤用 悪い状態から立ち直る意に使うのは誤り。「×非を諭されて我に返る」「×我に返って地道に暮らすようになる」

我《われ》を忘《わす》れる

使い方 ❶興奮して理性を失う。「激昂《げきこう》して——」「**我を忘れ**て泣きわめく」「我が子を救おうと、**我を忘れ**て火の中に飛び込む」
❷何かに心を奪われて自分を見失う。すっかり夢中になる。「**我を忘れ**てゲームに熱中する」「あまりの美しさに**我を忘れ**て立ちつくす」「清三は借りて来た『明星』を殆《ほと》んど——ほど熱心に読み耽《ふけ》った〈田山花袋・田舎教師〉」
◆漢語で「忘《ぼう》我《が》」という。

輪《わ》を掛《か》ける

使い方 程度をさらにはなはだしくする。「不況が**輪をかけ**て深刻になる」「彼は父親に**輪をかけ**た酒豪だ」「彼女は母親に**輪をかけ**た見えっ張りだ」「大概の幕府の役人は皆京都あたりの攘夷《じょうい》家に**輪をかけ**たような西洋嫌いであると言われる〈島崎藤村・夜明け前〉」
◆(1)輪郭をひと回り大きくする意からいう。
(2)強調して「輪に輪を掛ける」とも。「騒ぎが輪に輪をかけて大きくなる」

わ

［編著者］
北原　保雄（きたはら　やすお）
1936年、新潟県柏崎市生まれ。東京教育大学大学院修了。文学博士。
筑波大学名誉教授（元筑波大学長）。新潟産業大学学長。
主な著書　『日本語の世界6　日本語の文法』（中央公論社）、『日本語助動詞の研究　新装版』『問題な日本語』1～4『北原保雄の日本語文法セミナー』『日本語の形容詞』（以上、大修館書店）、『勘違いの日本語、伝わらない日本語』（宝島社）など。
主な辞典　『古語大辞典』（共編、小学館）、『全訳古語例解辞典』（小学館）、『日本国語大辞典第二版』全13巻（共編、小学館）、『明鏡国語辞典』（大修館書店）など。

［著者］
加藤博康（かとう　ひろやす）
1940年、千葉県館山市生まれ。早稲田大学第一法学部卒業。フリージャーナリスト。
『明鏡国語辞典』編集・執筆協力者。

函写真　松江泰治「JP-22 79」

明鏡《めいきょう》　ことわざ成句《せいく》使《つか》い方辞典《かたじてん》

NDC813／X，503p，143p／19cm

初版第１刷――2007年 7月10日
初版第５刷――2013年 9月 1日

編著者――北原保雄《きたはらやすお》
発行者――鈴木一行
発行所――株式会社大修館書店
〒113-8541　東京都文京区湯島2-1-1
電話　03-3868-2651（販売部）　03-3868-2290（編集部）
振替　00190-7-40504
［出版情報］http://www.taishukan.co.jp

装丁――井之上聖子
印刷――図書印刷　　製本――牧製本

ISBN978-4-469-02110-3　Printed in Japan

1. 総索引

・本辞典に現れることわざ成句を五十音順で示す。
・見出しに立てて解説していることわざ成句は太字で示し、そのページを太字で示す。
・見出しに立てていないことわざ成句は、その語句に言及している見出しのページを示す。
・同一のことわざ成句とみなせるものでも、言い回しが異なるものはできるだけ示す。ただし、語句の違いが微細なもの、数の多いものは適宜一つの言い回しで代表して示す。

あ

ああ言えばこう言う 433
愛縁機縁《あいえんきえん》[合縁奇縁・相縁奇縁] 83
愛してその醜を忘る 21
相性奇縁《あいしょうきえん》 83
愛想《あいそ》がない 1
愛想尽《あいそづ》かしは金から起こる 130
愛想《あいそ》もこそも尽き果てる **1**
開《あ》いた口が塞《ふさ》がらない **1**
開《あ》いた口に牡丹餅《ぼたもち》 286
相槌《あいづち》を打つ 1
合いの手を入れる **1**
愛別離苦《あいべつりく》 79・233
会うは別れの始め **1**・79
青菜《あおな》に塩 **2**
青は藍《あい》より出でて藍より青し **2**
赤い着物を着る 172
赤子の腕をねじる 2
赤子の手をねじる **2**
赤子の手をひねる 2
垢《あか》はこするほど出る 283
明るみに出す 3
明るみに出る **3**
秋風が立つ **3**
秋風が吹く 3
秋かますは嫁に食わすな 3
秋鯖《あきさば》は嫁に食わすな 3
秋高くして馬肥《こ》ゆ 319
秋茄子《あきなす》は嫁に食わすな **3**
秋の日は釣瓶《つるべ》落とし **3**
悪因悪果《あくいんあっか》 234
灰汁《あく》が抜ける **4**
悪事千里《せんり》に伝わる 4
悪事千里《せんり》を走る **4**・394
悪事千里《せんり》を行く 4
悪事身に返る 61・320
悪銭《あくせん》身に付かず **4**
悪名《あくめい》を残す 347
胡坐《あぐら》を掻《か》く **4**
揚げ足を取る **5**
挙げ句の果て **5**
開《あ》けて悔しい浦島の子 6
開《あ》けて悔しい玉手箱 **6**
開《あ》けてびっくり[がっかり]玉手箱 6
顎《あご》が落ちる **6**
顎《あご》が外れる 6
顎《あご》が干上《ひあ》がる **6**
顎《あご》で使う **6**
顎《あご》の先で使う 6
顎《あご》を出す **6**・238
朝起きは三文《さんもん》の得 7・381
あさって紺屋《こうや》に今度鍛冶《かじ》 201
あさっての方を向く 7

あさってを向く 7・274
麻《あさ》の如《ごと》し 7
麻《あさ》の中の蓬《よもぎ》 7・245・436
足が擂《す》り粉木《こぎ》になる 9
足が地に着かない 8
足が付く 8
足が出る 9
足が早い 9
足が棒だ 9
足が棒になる 9
足が乱れる 9
朝《あした》に紅顔ありて夕べには白骨となる 9
朝《あした》に道を聞かば夕べに死すとも可《か》なり 10
明日のために心配するな 10
明日は明日の風が吹く 10・12
足駄《あしだ》を履いて首っ丈 10
足駄《あしだ》を履く 10
味も素っ気も無い 10
足も空 8
足下《あしもと》から鳥が立つ 11
足下《あしもと》から鳥が飛び立つ 11
足下《あしもと》から鳥の立つごとし 361
足下《あしもと》から火が付く 11
足下《あしもと》から火が出る 11
足下《あしもと》につけこむ 11
足下《あしもと》に火が付く 11
足下《あしもと》にも追い付かない 11
足下《あしもと》にも及ばない 11
足下《あしもと》の明るいうち 11
足下《あしもと》へも寄り付けない 11
足下《あしもと》を見据える 11
足下《あしもと》を見る 11
足を洗う 12
足を崩す 390
味を占《し》める 12
足を掬《すく》う 12
足を空 8
足を出す 9
足を地につける 8・294
足を引っ張る 12
足を棒にする 9
明日《あす》ありと思う心の徒桜《あだざくら》 12
飛鳥川《あすかがわ》の淵瀬《ふちせ》 157
明日のことは明日案じよ 10
明日の百より今日の五十 12
明日の淵瀬《ふちせ》 157
明日は明日の神が守る 10
明日は雨他人は泥棒[盗賊] 397
明日は我が身 13
東男《あずまおとこ》と京女郎《きょうじょろう》 13
東男《あずまおとこ》に京女 13
汗《あせ》を流す 13
汗《あせ》を握る 311
当たって砕けろ 13
頭が上がらない 14
頭が固い 14
頭隠して尻《しり》隠さず 14
頭が下がる 14
頭が柔らかい 14
頭から湯気を出す 14
頭から湯気を立てる 14
頭でっかち尻《しり》すぼみ 490
頭に来る 15
頭を抱える 15
頭を突っ込む 182
頭を冷やす 160
頭を丸める 15
頭を擡《もた》げる 15
新しい酒は新しい革袋に盛れ 15
新しい畳でも叩《たた》けばごみが出る 283
当たらずといえども遠からず 15
当たらずとも遠からず 15
当たるも八卦《はっけ》当たらぬも八卦 16
当たるも不思議当たらぬも不思議 16
仇《あだ》を恩で報《むく》いる 105
あちらを立てればこちらが立たぬ 16
暑い寒いも彼岸《ひがん》まで 17
熱い戦争 304
悪貨《あっか》は良貨《りょうか》を駆逐《くちく》する 16

暑さ寒さも彼岸《ひがん》ぎり 17
暑さ寒さも彼岸《ひがん》まで 17
暑さの果ても彼岸《ひがん》まで 17
暑さ忘れて陰忘る 64・365
あっと言わせる 17
羹《あつもの》に懲りて膾《なます》を吹く 17
後足で砂を浴びせる 18
後足で砂を掛ける 18・105
後足で砂を蹴る 18
後が無い 18
後には引かない 18
後には引けない 18
後の鳥《からす》が先の鳥を越す 18
後の雁《かり》が先になる 18
後の後悔先に立たず 197
後の舟却《かえ》って先になる 18
後の祭り 19・406
後の祭り三日[七日]おもしろい 19
後は野となれ山となれ 19
後棒《あとぼう》を担《かつ》ぐ 19・90・122
後を追う 19
後を絶たない 20
後を引く 20・52・103
穴《あな》があったら入りたい 20
あなた祝えばこなたの恨み 16
穴《あな》へも入りたい 20
痘痕《あばた》も靨《えくぼ》 21
危ない橋も一度は渡れ 21
危ない橋を渡る 21・34
虻蜂《あぶはち》取らず 21・352
虻《あぶ》も取らず蜂《はち》に刺される 21
脂《あぶら》が乗る 21
油紙《あぶらがみ》に火が付いたよう 397
油と水 435
油を売る 22
油をかける 22
油を差す 22
油を絞る 22
油を注《そそ》ぐ 22
阿呆《あほう》の一つ覚え 368
甘《あま》い汁《しる》を吸う 22
雨垂《あまだ》れ石を穿《うが》つ 22・299
雨垂《あまだ》れに石窪《くぼ》む 22
余《あま》り茶に福がある 23・364
余《あま》り物には福がある 23・364
雨が降ろうが槍《やり》が降ろうが 23・477
飴《あめ》と鞭《むち》 23・24
雨晴れて笠《かさ》を忘る 64・365
雨降って地固まる 23
飴《あめ》を食わす 24
飴《あめ》をしゃぶらせる 24
飴《あめ》を舐《ねぶ》らせて口をむしる 24
飴を舐《ねぶ》らせる 24
危《あや》うきこと朝露《ちょうろ》の如し 24
危《あや》うきこと虎《とら》の尾を踏むが如し 24
危《あや》うきこと累卵《るいらん》の如し 24・492
過《あやま》ちて改めざる 是《これ》を過ちと謂《い》う 24
過《あやま》ちては改むるに憚《はばか》ること勿《なか》れ 24
過《あやま》ちの功名《こうみょう》 190
過《あやま》ちを改むるに吝《やぶさ》かにせず 24
嵐《あらし》の前の静けさ 25
争い果てての千切《ちぎ》り木 193
有り金をはたく 222
蟻《あり》が這《は》い出る余地もない 25
蟻《あり》堤《つつみ》を潰《つい》やす 25
蟻《あり》の穴から堤も崩れる 25
蟻《あり》の穴より堤の崩れ 25
蟻《あり》の一穴《いっけつ》天下の破れ 25
蟻《あり》の這《は》い出る隙《すき》もない 25
蟻《あり》の這《は》い出る所もない 25
ある時払いの催促なし 26
合わせる顔がない 26・109・233
慌《あわ》てる蟹《かに》は穴の入口で死ぬ 26
慌《あわ》てる蟹《かに》は穴へ入れぬ 26
慌《あわ》てる乞食《こじき》は貰《もら》いが少ない 26
鮑《あわび》の片思い 27・36
泡《あわ》を嚙《か》む 27
泡《あわ》を食う 27・393
泡《あわ》を吹かせる 27・326
泡《あわ》を吹く 27

暗礁《あんしょう》に乗り上げる 27
安心立命《あんしんりつめい》 27
案ずるより産むが易《やす》い 27

い

言い得て妙 28
言うことを聞かない 28
言うだけ野暮《やぼ》 28
言うは易《やす》く行うは難《かた》し 29
家貧しくして孝子《こうし》顕《あらわ》る 29
家貧しくして孝子《こうし》出《い》づ 29
家貧しくして良妻を思う 29
鋳型《いがた》に嵌《は》める 29
怒《いか》り心頭に発する 30
生き牛の目を抜く 30
生き馬の目をくじる 30
生き馬の目を抜く 30・31
息が掛かる 30
息が切れる 30
行き掛けの駄賃《だちん》 30
息が詰まる 31
息が長い 31
生き肝《ぎも》を抜く 31・326
生き血を搾《しぼ》る 31
生き血を吸う 31
生き血をすする 31
息の香《か》の臭きは主《ぬし》知らず 31
息の臭きは主《ぬし》知らず 31
息の根を止める 32
生き身は死に身 32・247
異郷《いきょう》の土 282
息を切らす 30・32
息を切る 32
息を詰める 31
息を呑《の》む 32
息を引き取る 32
軍《いくさ》を見て矢を矧《は》ぐ 125
異口同音《いくどうおん》 179
いざ鎌倉 33
潔《いさぎよ》しとしない 33
砂《いさご》長じて巌《いわお》となる 299
石が浮かんで木の葉が沈む 33
石が流れて木の葉が沈む 33・453
石に齧《かじ》り付いても 34
石に食い付いても 34
石に漱《くちすす》ぎ流れに枕《まくら》す 34
石に立つ矢 34・101・264
石に枕《まくら》し流れに漱《くちすす》ぐ 34
医師のいかもの食い 35
石の上にも三年 34・66
石の橋も叩《たた》いて渡れ 34
石橋を叩《たた》いて渡る 21・34・363
石部金吉《いしべきんきち》 34・158
医者の只今《ただいま》 201
医者の不養生《ふようじょう》 35・201
医者の若死に出家の地獄 35
衣食《いしょく》足りて礼節を知る 35
意地を通す 35
意地を張る 35
以心伝心《いしんでんしん》 35・46・363
いずれが菖蒲《あやめ》杜若《かきつばた》 36
居候《いそうろう》置いても合わず居て合わず 36
居候《いそうろう》三杯目にはそっと出し 36
居候《いそうろう》の三杯目 36
急がば回れ 26・36
磯《いそ》の鮑《あわび》の片思い 36
板《いた》一枚下《した》は地獄 37
痛い所を衝《つ》かれる 37
痛い所を衝《つ》く 37
痛くも痒《かゆ》くもない 37・300
痛くもない腹を探られる 37
板子《いたご》一枚下《した》は地獄 37
板三寸《いたさんずん》下は地獄 37
痛し痒《かゆ》し 37
頂《いただ》く物は夏も小袖《こそで》 38
鼬《いたち》の最後っ屁《へ》 38
鼬《いたち》の道 38
鼬《いたち》の道切り 38
板にかける 38

板に付く 38・225
痛まぬ腹を探られる 37
一衣帯水《いちいたいすい》 39
一円を笑う者は一円に泣く 49
一応も二応も 42
一河《いちが》の流れを汲《く》むも多生《たしょう》の縁 41
一か八《ばち》か 39・195
一から十《じゅう》まで 40
一か六か 39
一隅《いちぐう》を照らす 40
一期一会《いちごいちえ》 40
一事《いちじ》が万事《ばんじ》 40・51
一日千秋《いちじつせんしゅう》 40
一日《いちじつ》の長《ちょう》 40
一事《いちじ》は万事《ばんじ》にわたる 40
一樹《いちじゅ》の陰一河《いちが》の流れも多生《たしょう》の縁 41・275
一事《いちじ》を以て万端《ばんたん》を知る 40
一段落《いちだんらく》付く 41
一堂《いちどう》に会する 41
一難《いちなん》去ってまた一難 41・270
一難《いちなん》去れば一難来る 41
一日三秋《いちにちさんしゅう》 42
一日千秋《いちにちせんしゅう》 42
一日《いちにち》の計は晨《あした》にあり 一年の計は元旦にあり 42
一日《いちにち》の長《ちょう》 42
市《いち》に虎《とら》あり 229
市《いち》に虎《とら》を放つ 42
一にも二にも 42・44
一人《いちにん》虚《きょ》を伝うれば万人実を伝う 46
一念《いちねん》岩をも通す 42・101・264
一年の計は元旦にあり 42
一姫《いちひめ》二太郎《にたろう》 42
一富士《いちふじ》二鷹《にたか》三茄子《さんなすび》 43
一枚嚙《か》む 43・396
一枚加わる 43・396
一脈《いちみゃく》相《あい》通ずる 43
一網打尽《いちもうだじん》 43
一目《いちもく》置く 43
一目《いちもく》も二目《にもく》も置く 43
一も取らず二も取らず 21・352
一も二もなく 44
一文《いちもん》惜しみの百知らず 44・49
一文《いちもん》惜しみの百損[百失い] 44
一文《いちもん》儲《もう》けの百遣い 44
一葉《いちよう》秋を知る 44
一葉《いちよう》落ちて天下の秋を知る 44
一葉《いちよう》の秋 44
一陽来復《いちようらいふく》 44
一蓮托生《いちれんたくしょう》 45
一を聞いて十を知る 45・457
一を知りて十を知らず 45
一を以て万《ばん》を知る 45
一攫千金《いっかくせんきん》 45・357
一巻の終わり 45
一挙両得《いっきょりょうとく》 46・49・352
一犬《いっけん》影に吠《ほ》ゆれば百犬声に吠ゆ 46
一犬《いっけん》形に吠《ほ》ゆれば百犬声に吠ゆ 46
一犬《いっけん》虚《きょ》に吠《ほ》ゆれば万犬実を伝う 46
一刻千金《いっこくせんきん》 46
一顧傾城《いっこけいせい》 188
一殺多生《いっさつたしょう》 46
一糸《いっし》挂《か》けず 47
一子相伝《いっしそうでん》 35・46
一視同仁《いっしどうじん》 46
一糸《いっし》纏《まと》わず 47
一糸《いっし》乱れず 47
一瀉千里《いっしゃせんり》 47
一将《いっしょう》功成りて万骨《ばんこつ》枯る 47
一矢《いっし》を報《むく》いる 47
一死をもって 47
一炊《いっすい》の夢 48・143
一寸《いっすん》先は闇 48
一寸《いっすん》下《した》は地獄 37
一寸《いっすん》の光陰《こういん》軽んずべからず 48・197・326
一寸《いっすん》の虫にも五分《ごぶ》の魂 48
一世《いっせい》を風靡《ふうび》する 48
一石二鳥《いっせきにちょう》 46・49・352

一石《いっせき》を投ずる **49**
一殺多生《いっせつたしょう》 **49**·248
一線を画《かく》する **49**
一線を引く 49
一銭《いっせん》を笑う者は一銭に泣く **49**
一旦《いったん》緩急《かんきゅう》あらば **50**
一知半解《いっちはんかい》 **50**
一中節《いっちゅうぶし》より鰹節《かつおぶし》 378
一籌《いっちゅう》を輸《ゆ》する **50**
一長一短《いっちょういったん》 16
一朝《いっちょう》事《こと》あらば 50
一擲乾坤《いってきけんこん》を賭《と》す 195
一滴《いってき》舌上《ぜつじょう》に通じて大海の塩味《えんみ》を知る 40·51
一頭地《いっとうち》を出《いだ》す 50
一頭地《いっとうち》を抜く **50**·51
一刀両断《いっとうりょうだん》 **51**
一敗《いっぱい》地に塗《まみ》れる **51**
一斑《いっぱん》の美をもって全豹《ぜんぴょう》を察すべし 51
一斑《いっぱん》を見て全豹《ぜんぴょう》を知る 51
一斑《いっぱん》を見て全豹《ぜんぴょう》を卜《ぼく》す 40·**51**
一斑《いっぱん》をもって全豹《ぜんぴょう》を評す 51
鷸蚌《いつぼう》の争い 52·165
居ても立ってもいられない **52**
いとしき子には旅をさせよ 139
糸目《いとめ》を付けない **52**·130
糸を操《あやつ》る 52
糸を引く 20·**52**·103
意に介する **52**
意に沿う **53**
犬と猿 53·193
犬と猫 193
犬に小判 358
犬に論語 73·358·371·408
犬の手も人の手にしたい 359
犬の遠吠《とおぼえ》 **53**
犬も歩けば棒に会う 53
犬も歩けば棒に当たる **53**
犬も食わない 54
井《い》の内の蛙《かわず》大海を知らず 55
命あっての事 54
命あっての物種 **54**
命が物種 54
命こそ物種 54
命長ければ恥多し **54**
命の洗濯《せんたく》 **54**·95
命の土用干し 54
命は鴻毛《こうもう》より軽し **54**
命を削《けず》る **55**
井の中の蛙《かわず》大海を知らず **55**·483
意馬心猿《いばしんえん》 **55**
医は仁術《じんじゅつ》 **55**
医は仁《じん》の術 55
衣鉢《いはつ》を継ぐ **55**
衣鉢《いはつ》を伝える 55
茨《いばら》の中にも三年 34
韋編三絶《いへんさんぜつ》 56
韋編《いへん》三度《みたび》絶つ **56**·141
今か今かと 57
今泣いた顔ですぐ笑う 56
今泣いた烏《からす》がもう笑う **56**
今泣いた烏《からす》はどこへ行った 56
今にして **56**
今はこれまで **56**
今は昔 **56**
今や遅しと **57**
今際《いまわ》の際《きわ》 **57**
芋《いも》の子を洗うよう 57
芋《いも》の煮えたも御存じない **57**
芋《いも》の煮えたも知らない 57
芋《いも》を洗うよう **57**
倚門《いもん》の情 57
倚門《いもん》の望み 57
倚門《いもん》の望《ぼう》 **57**
否応《いやおう》なしに 58
否《いや》が応でも 58
否《いや》でも応でも **58**
嫌《いや》というほど **58**
煎《い》り豆が生える 58

煎《い》り豆に花が咲く **58**
倚閭《いりょ》の望《ぼう》 57
色の白いは七難《しちなん》隠す **59**
色の白いは十難《じゅうなん》隠す 59
色は心の外《ほか》 59
色は思案の外《ほか》 **59**
色を失う **59**・60
色を添える **60**
色を付ける **60**
色を作《な》す 59・**60**
鰯《いわし》の頭も信心から **60**
言わずと知れた **60**
言わぬが花 **61**
言わぬは損 61
意を致す 207
意を汲《く》み取る 61
意を汲《く》む **61**
意を強くする **61**
因果応報《いんがおうほう》 **61**・433
因果覿面《いんがてきめん》 61
因果《いんが》は巡る 61
因果《いんが》を含める **61**
殷鑑《いんかん》遠からず **62**・268・282・394
陰きわまりて陽生《しょう》ず 162
引導《いんどう》を渡す **62**
陰徳《いんとく》あれば陽報あり **62**
陰徳《いんとく》陽報 62
陰《いん》に籠《こ》もる **62**
陰《いん》に陽《よう》に 114

う

有為転変《ういてんぺん》は世の習い **63**・157
有為無常《ういむじょう》 63
飢えに臨《のぞ》みて苗を植《う》う 125
上には上がある **63**
上よ下よ 63
上を行く **63**
上を下に返す 63
上を下へ **63**
烏焉《うえん》の誤り 495
魚心《うおごころ》あれば水心 **64**
魚《うお》水中にあって水を知らず人塵中《じんちゅう》にあって塵《ちり》を知らず 64
魚《うお》と水 257
魚《うお》の水を得たよう 64
魚《うお》の水を得たるが如《ごと》し **64**・257
魚《うお》の目に水見えず人の目に空見えず **64**
魚《うお》を得て筌《うえ》を忘る **64**・365
浮かぶ瀬 **65**
憂《う》き身を窶《やつ》す **65**
有卦《うけ》に入《い》る **65**
烏合《うごう》の衆 **65**
雨後《うご》の筍《たけのこ》 **66**
兎《うさぎ》を得て蹄《わな》を忘る 64
牛売って馬買う 67
牛に経文《きょうもん》 73
牛に引かれて善光寺参り **66**
牛の歩み 66
牛の歩みも千里《せんり》 34・**66**
牛の角を蜂《はち》が刺す 109
牛は牛連れ馬は馬連れ **67**・492
氏《うじ》より育ち **67**
後ろ足で砂を掛ける 18・67
後ろ髪を引かれる **67**
牛を馬に乗り換える **67**・74
牛を以《も》って馬にかう 67
薄紙《うすがみ》を剝《は》ぐよう **68**
嘘《うそ》から出た実《まこと》 **68**・401
嘘《うそ》つきは泥棒の始まり **68**
嘘《うそ》は盗っ人《と》の始まり 68
嘘《うそ》は盗みのもと 68
嘘《うそ》も追従《ついしょう》も世渡り 68
嘘《うそ》も方便 **68**
嘘《うそ》も誠も話の手管《てくだ》 68
嘘《うそ》より出た実《まこと》 68
嘘《うそ》をつかねば仏になれぬ 68
疑えば目に鬼を見る 154
梲《うだつ》が上がらない **69**

歌は世につれ世は歌につれ　**69**
内股膏薬《うちまたこうやく》　**69**
うつつを抜かす　**70**
打って一丸《いちがん》となす　70
打って一丸《いちがん》となる　**70**
移れば変わる世の習い　63・70
腕一本　**70**
腕一本脛《すね》一本　70
腕が上がる　71・307
腕が鳴る　**70**
腕に覚えがある　**70**・439
腕によりを掛ける　**71**・484
打てば響く　**71**
腕を上げる　**71**・307
腕を鳴らす　70
烏兎匆匆《うとそうそう》　**71**
独活《うど》の大木　**71**・86
鰻《うなぎ》の寝床　**72**
卯《う》の花にほととぎす　75
鵜《う》の真似をする烏《からす》　**72**
鵜《う》の目鷹《たか》の目　**72**
旨《うま》い汁を吸う　22・73
馬が合う　**73**
馬に経文《きょうもん》　73・371
馬に銭《ぜに》　358
馬に天保銭《てんぽうせん》　358
馬に念仏　73
馬には乗ってみよ人には添うてみよ　**73**
馬に道をまかす　85
馬の背を越す　73
馬の背を分ける　**73**
馬の耳に風　73
馬の耳に念仏　**73**・242・371・405
馬は馬連れ鹿《しか》は鹿連れ　67
馬を牛に乗り換える　67・**74**
馬を鹿《しか》　222
海千河千《うみせんかわせん》　74
海千山千《うみせんやません》　**74**・352
海とも山とも知れず　74
海に千年山に千年　74
生みの親より育ての親　**74**
生みの恩より育ての恩　74
海の物とも川の物ともつかない　74
海の物とも山の物ともつかない　**74**
海の物とも山の物ともわからない　74
海の物やら川の物やら　74
梅と桜　75
梅に鶯《うぐいす》　**75**
梅は酸《す》いとて十八年　470
埋《う》もれ木に花が咲く　58・**75**・84
烏有《うゆう》に帰《き》す　**75**・132
裏《うら》には裏がある　**75**
恨《うら》み骨髄《こつずい》に入《い》る　76
恨《うら》み骨髄《こつずい》に徹《てっ》す　**76**
恨《うら》み骨髄《こつずい》に徹《とお》る　76
恨《うら》みを買う　**76**
恨《うら》みを晴らす　**76**
裏目《うらめ》に出る　**76**
裏《うら》を行く　77
裏《うら》を返せば　**76**
裏《うら》をかく　**77**
裏《うら》を食わす　77
売り家《いえ》と唐様《からよう》で書く三代目　**77**
売り言葉に買い言葉　**77**
瓜《うり》に爪《つめ》あり爪に爪なし　**77**
瓜《うり》の木に茄子《なすび》は生《な》らぬ　77
瓜《うり》の種に茄子《なすび》は生えぬ　77
瓜《うり》の蔓《つる》に茄子《なすび》は生《な》らぬ　**77**・108
愁《うれ》えを掃《はら》う玉箒《たまばはき》　223
噂《うわさ》を言えば影が差す　78
噂《うわさ》をすれば影　**78**・113
上手《うわて》に出る　237
上前《うわまえ》を撥《は》ねる　**78**
雲雨巫山《うんうふざん》　407
運気は根気　**78**
蘊蓄《うんちく》を傾ける　**78**
雲泥《うんでい》の差　298・301

え

英雄色を好む　**78**
英雄酒を好む　78
益者三友《えきしゃさんゆう》損者三友《そんしゃさんゆう》　**78**
易者《えきしゃ》身の上知らず　35
依怙贔屓《えこひいき》　418
会者定離《えしゃじょうり》　1・**79**・247
越後女《えちごおんな》に上州男《じょうしゅうおとこ》　13
越前男《えちぜんおとこ》に加賀女《かがおんな》　13
越鳥《えっちょう》南枝《なんし》に巣くう　**79**・217
悦《えつ》に入《い》る　**79**
得手勝手《えてかって》　127
得手《えて》に帆を揚げる　**79**・339
得手《えて》に帆を掛ける　79
江戸っ子は宵越《よいご》しの金は持たない　**79**
江戸の敵《かたき》を長崎で討つ　**80**
江戸べらぼうに京どすえ　343
絵に描《か》いた餅《もち》　**80**
絵に描《か》いた餅《もち》に終わる　132
絵に描《か》いたよう　**80**
絵になる　**80**
海老《えび》で鯛《たい》を釣る　**81**
蝦《えび》の鯛《たい》交じり　224
選ぶ所が無い　**81**
襟《えり》を正す　**81**・390
鴛鴦交頸《えんおうこうけい》　82
鴛鴦《えんおう》の偶《ぐう》　82
鴛鴦《えんおう》の契り　**82**・319
鴛鴦《えんおう》の結び　82
縁起《えんぎ》を担《かつ》ぐ　**82**
猿猴《えんこう》が月に愛なす　82
猿猴《えんこう》が月を取る　**82**
遠交近攻《えんこうきんこう》　**82**
猿猴捉月《えんこうそくげつ》　82
燕雀《えんじゃく》安《いずく》んぞ鴻鵠《こうこく》の志を知らんや　55・**82**
燕雀《えんじゃく》安《いずく》んぞ大鵬《たいほう》の心を知らんや　82
燕雀《えんじゃく》鳳《ほう》を生まず　77・108
エンジンが掛かる　**83**
遠水《えんすい》近火《きんか》を救わず　311
縁《えん》無き衆生《しゅじょう》は度《ど》し難《がた》し　**83**
縁の下の掃除番《そうじばん》　83
縁の下の力持ち　**83**
縁の下の舞　83
縁は異なもの味なもの　**83**
焉馬《えんば》の誤り　495
遠慮《えんりょ》会釈《えしゃく》も無い　**84**
遠慮《えんりょ》なければ近憂《きんゆう》あり　**84**

お

老《お》い木に花が咲く　58・75・**84**
老《お》いたる馬は道を知る　85
老《お》いたる馬は道を忘れず　**85**・134
追風《おいて》に帆を揚げる　79・85
老《お》いては子に従え　**85**
老《お》いてますます盛んなるべし　**85**
老《お》いの一徹《いってつ》　**85**
老《お》いの木登り　331
鶯鳩《おうきゅう》大鵬《たいほう》を笑う　82
負《お》うた子に浅瀬を習う　86
負《お》うた子に教えられて浅瀬を渡る　**86**・174
横着者《おうちゃくもの》の節句働《せっくばたら》き　344
大あぐらをかく　4
大男《おおおとこ》総身《そうみ》に知恵が回り兼ね　71・**86**
大男《おおおとこ》の見掛け倒し　71・86
大風《おおかぜ》が吹けば桶屋《おけや》が儲《もう》かる　86・118
大風《おおかぜ》が吹けば桶屋《おけや》が喜ぶ　118
大きい薬罐《やかん》は沸きが遅い　277
大きなお世話　**86**・267
大きな顔をする　110
大阪の食い倒れ　86
大手《おおで》を広げる　86
大手《おおで》を振る　**86**
大鉈《おおなた》を振るう　**87**
大船《おおぶね》に乗った気持ち　87
大船《おおぶね》に乗ったつもり　87
大船《おおぶね》に乗ったよう　**87**

大風呂敷《おおぶろしき》を広げる **87・414**
大見得《おおみえ》を切る **87・432**
大向こうを唸《うな》らせる **87**
大目玉《おおめだま》を食う **88**
大目に見る **88**
お株《かぶ》を奪う **88**
お株《かぶ》を取る 88
陸《おか》へ上がった河童《かっぱ》 **88**
陸《おか》へ上がった船頭《せんどう》 88
傍目八目《おかめはちもく》 **88**
起きて三尺 寝て六尺 89
起きて半畳《はんじょう》寝て一畳 **89**
屋下《おくか》に屋《おく》を架す 89
奥が深い **89**
屋上《おくじょう》屋《おく》を架す **89**
奥歯に衣《きぬ》を着せる **89**・379
奥歯に物が挟まったよう 89・**90**
おくびにも出さない **90**
おくびにも見せない 90
臆面《おくめん》もない 372
驕《おご》る平家に二代なし 90
驕《おご》る平家の運の末 90
驕《おご》る平家は久しからず **90**・246
驕《おご》れる者久しからず 90・246
押さえが利《き》く **90**
お先棒《さきぼう》を担《かつ》ぐ 19・**90**・122
お座敷が掛かる **91**
お里が知れる **91**
治まりて乱を忘れず 294
押しが利《き》く 90
押し出しがいい **91**
推《お》して知るべし **91**
押しも押されもしない **91**
お釈迦《しゃか》にする 92
お釈迦《しゃか》になる **92**
押すな押すな **92**
押すに押されぬ 91
牡猫《おすねこ》が子を産む 58
遅《おそ》きに失する **92**
遅《おそ》きに過ぎる 92
恐《おそ》れ入谷《いりや》の鬼子母神《きしもじん》 **92**
お陀仏《だぶつ》になる 92
落ち武者《むしゃ》は薄《すすき》の穂に怖《お》ず 404
落ち目に祟《たた》り目 486
お茶を濁《にご》す **93**
お茶を挽《ひ》く **93**
お天道《てんとう》様に石 320
男後家《おとこごけ》にはぼろさがり 女後家には花が咲く 93
男心と秋の空 **93**・104
男やもめに蛆《うじ》が湧《わ》き女やもめに花が咲く **93**
男やもめに雑魚《ざこ》たかる 93
音に聞く **94**
驚き桃の木山椒《さんしょ》の木 **94**
同じ穴の狐《きつね》 94
同じ穴の狸《たぬき》 94
同じ穴の狢《むじな》 **94**
同じ釜《かま》の飯を食う **94**
鬼《おに》が出るか蛇《じゃ》が出るか **95**
鬼《おに》が出るか仏が出るか 95
鬼《おに》に金梃子《かなてこ》 95
鬼《おに》に金棒 **95**・333
鬼《おに》に鉄杖《てつじょう》 95
鬼《おに》の居ぬうちに洗濯 95
鬼《おに》の居ぬ間に洗濯 **95**
鬼《おに》の霍乱《かくらん》 **95**
鬼《おに》の空念仏《からねんぶつ》 96
鬼《おに》の首を取ったよう **96**
鬼《おに》の来ぬ間に洗濯 95
鬼《おに》の目にも涙 **96**
鬼《おに》の面で小児《しょうに》を嚇《おど》す 159
鬼《おに》も十八茨《いばら》も花 96
鬼《おに》も十八《じゅうはち》番茶も出花 **96**
鬼《おに》も十八蛇《へび》も二十歳《はたち》 96
己《おのれ》の欲せざる所は人に施す勿《なか》れ **96**
お鉢《はち》が回る **97**
お話にならない 376
帯《おび》に短し襷《たすき》に長し **97**
帯《おび》に短し回しに長し 97

お百度《ひゃくど》を踏む 97
尾鰭《おひれ》が付く 97
尾鰭《おひれ》を付ける 60・97
オブラートに包む 98
溺《おぼ》れる者は藁《わら》をも摑《つか》む 98・184
お前百までわしゃ九十九まで 108
汚名《おめい》返上 98・454
汚名《おめい》をすすぐ 98
汚名《おめい》をそそぐ 98
汚名《おめい》を残す 347
汚名《おめい》を返上する 98
お眼鏡《めがね》に適《かな》う 98
お目に掛かる 99
お目に掛ける 99
お目に留《と》まる 99
思いがけない 99
思い立ったが吉日《きちじつ》 99・163
思い立つ日が吉日《きちじつ》 99
思い半《なか》ばに過ぎる 99
思いも掛けない 99・100
思いも寄らない 99・100
思い邪《よこしま》なし 100
思いを致す 100
思いを懸ける 99・100・101・209
思いを凝《こ》らす 100
思いを馳せる 100
思いを晴らす 100
思いを巡らす 100
思いを寄せる 100・101・209
思う仲には垣《かき》をせよ 237
思う念力岩をも通す 101・264・341
親が憎けりゃ子も憎い 418
親の甘いは子に毒薬 235
親の心子知らず 101
親の脛《すね》を齧《かじ》る 101
親の光は七《なな》とこ照らす 102
親の光は七光り 102
親の欲目 102
親は無くとも子は育つ 102
親は無けれど子は育つ 102
親船《おやぶね》に乗ったよう 87
泳ぎ上手は川で死ぬ 139
折り紙付き 102
折《おり》に触れて 102
折《おり》もあろうに 102
折《おり》も折《おり》 102
折《おり》も折《おり》とて 102
愚《おろ》か者の節句働《せっくばたら》き 344
終わり良ければすべて良し 103・298
終わりを告げる 103
終わりを全《まっと》うする 103
尾を露《あらわ》し頭を蔵《かく》す 14
尾を引く 20・52・103
温故知新《おんこちしん》 104
怨憎会苦《おんぞうえく》 233
女心と秋の空 93・104
女三人寄れば姦《かしま》しい 104
女は氏《うじ》無くして玉の輿《こし》に乗る 287
女やもめに花が咲く 104
恩《おん》に掛ける 104
恩《おん》に着せる 104・105
恩《おん》に着る 105
乳母日傘《おんばひがさ》 105
おんぶに抱っこ 105
恩《おん》を仇《あだ》で返す 18・105
恩《おん》を仇《あだ》で報ずる 105
恩《おん》を売る 105

か

槐安《かいあん》の夢 347
飼い犬に手を噛《か》まれる 18・105・389
飼い犬に手を食われる 105
会稽《かいけい》の恥《はじ》 106
骸骨《がいこつ》を乞う 106
解語《かいご》の花 106
快哉《かいさい》を叫ぶ 106
鎧袖一触《がいしゅういっしょく》 106
外柔内剛《がいじゅうないごう》 177
咳唾《がいだ》自《おの》ずから珠《たま》を成す 107

咳唾《がいだ》珠玉《しゅぎょく》を成す 107
咳唾《がいだ》珠《たま》を成す **107**
書いた物が物を言う 130
快刀乱麻《かいとうらんま》を断つ **107**
槐夢《かいむ》 347
隗《かい》より始めよ **107**·241
回瀾《かいらん》を既倒《きとう》に反《かえ》す 164
怪力乱神《かいりょくらんしん》を語らず **107**
偕老同穴《かいろうどうけつ》 82·**108**·319
偕老《かいろう》の契り 108
会話が弾む 376
骸《がい》を乞う 106
返す言葉がない 215
帰り掛けの駄賃《だちん》 30
顧《かえり》みて他事を説く 108
顧《かえり》みて他を言う **108**
蛙《かえる》の子は蛙 77·**108**
蛙《かえる》の面《つら》に小便 109
蛙《かえる》の面《つら》に水 **109**·119
蛙《かえる》は口から呑《の》まれる 153
顔色《かおいろ》を窺《うかが》う **109**
顔色《かおいろ》を見る 109
顔が合わせられない **109**
顔が売れる **109**
顔が利《き》く **110**
顔が揃《そろ》う 111
顔が立つ **110**·111·466
顔が潰《つぶ》れる 111·466
顔が広い **110**
顔から火が出る **110**·457
顔に泥《どろ》を塗る **110**·111
顔に紅葉《もみじ》を散らす 110
顔の色を失う 59
顔を合わせない 109
顔を合わせる **110**
顔を売る 109
顔を曇《くも》らせる 100
顔をしかめる 430
顔を染める 419
顔を揃《そろ》える **111**
顔を立てる 110·**111**
顔を繋《つな》ぐ **111**
顔を潰《つぶ》す 110·**111**·466
顔を汚《よご》す 110·111
河海《かかい》は細流《さいりゅう》を厭《いと》わず 111
河海《かかい》は細流《さいりゅう》を択《えら》ばず **111**
下学《かがく》して上達す 112
蝸角《かかく》の争い 112
餓鬼《がき》も人数 138
蝸牛《かぎゅう》角上《かくじょう》の争い **112**
蝸牛《かぎゅう》の角《つの》の争い 112
柿《かき》を盗んで核《さね》を隠さず 14
学者の不身持ち 35
鶴首《かくしゅ》する 182
核心《かくしん》を衝《つ》く **112**
学問に王道なし **112**
学問に近道なし 112
隠れたる信あらば顕《あらわ》れたる験《しるし》 62
学を曲げて世に阿《おもね》る 164
影が薄い **113**
掛け替えのない **113**
影が差す **113**
陰で糸を引く **113**
影と添う 114
陰となり日向《ひなた》となり 114
陰になり日向《ひなた》になり **114**
影の形に従うが如《ごと》し 114
影の形に添うよう **114**
陰日向《かげひなた》になって 114
影身《かげみ》に添う 114
影を潜《ひそ》める **114**
籠《かご》で水汲《みずく》み 115
籠《かご》で水を汲《く》む **115**
風上《かざかみ》にも置けない **115**
嵩《かさ》から出る 115
嵩《かさ》に懸かる **115**
笠《かさ》に着る **115**
嵩《かさ》に回る 115
和氏《かし》の璧《たま》 **116**·147
和氏《かし》の璧《へき》 116

総索引

華胥《かしょ》の国 **116**
華胥《かしょ》の夢 116
頭《かしら》隠し尾隠さず 14
頭《かしら》隠して尻《しり》を出す 14
舵《かじ》を取る **116**
臥薪嘗胆《がしんしょうたん》 106・**116**
佳人薄命《かじんはくめい》 **117**・221
霞《かすみ》を食う **117**
苛政《かせい》は虎《とら》よりも猛《たけ》し **118**
河清《かせい》を俟《ま》つ 118・400
風が吹けば桶屋《おけや》が儲《もう》かる **118**
風が吹けば箱屋[瀬戸物屋]が儲《もう》かる 118
稼《かせ》ぐに追いつく貧乏なし 404
風に櫛《くしけず》り雨に沐《かみあら》う 239
風にそよぐ葦《あし》 **118**・140
風の便り **118**
風の吹き回し **119**
風の前の灯火《ともしび》 405
風邪《かぜ》は百病の長《ちょう》 119
風邪《かぜ》は百病のもと 119
風は吹けども山は動かず 119
風は吹けども山は動ぜず **119**
風邪《かぜ》は万病のもと **119**
風を切る **119**・121
風を食らう **119**
数え切れないほど **119**・424
数えるほどしか **120**
数えるほどもない 120
数えるまでもない **120**
片《かた》あぐらをかく 4
肩入れをする 123
片が付く **120**
固唾《かたず》を呑《の》む **120**
堅蔵《かたぞう》 34
形に影の添う如《ごと》し 114
形に吠《ほ》え声に吠ゆ 46
かたつむりの角争《つのあらそ》い 112
肩で息を切る 121
肩で息をする **121**
肩で息を継ぐ 121
肩で風を切る 119・**121**
刀《かたな》折れ矢尽きる **121**・385
型《かた》に嵌《は》まる **121**・386
型《かた》に嵌《は》める 121
肩の荷が下りる **121**・349
肩の荷を下ろす 121・123
片肌《かたはだ》脱ぐ 395
肩肘《かたひじ》張る **122**
片棒《かたぼう》を担《かつ》ぐ 19・90・**122**
肩身《かたみ》が狭い **122**
肩身《かたみ》が広い 122
語るに落ちる 122・323
語るに足る **122**
傍《かたわ》らに人無きが如《ごと》し **123**
肩を入れる **123**・124
肩を落とす **123**
肩を貸す **123**・451
肩を借りる 123・451
片を付ける 120
肩を並べる **124**
肩を張る 136
肩を持つ **124**
勝ちに乗ずる **124**
勝ちに乗る 124
夏虫《かちゅう》氷を疑う 55
火中《かちゅう》の栗《くり》を拾う **124**
かちんと来る **124**
隔靴掻痒《かっかそうよう》 **125**・135・349
渇《かっ》して井を穿《うが》つ **125**・335
渇《かっ》しても盗泉《とうせん》の水を飲まず **125**
合従連衡《がっしょうれんこう》 **126**
渇《かっ》すれども盗泉《とうせん》の水を飲まず 125
勝って兜《かぶと》の緒を締めよ **126**
渇《かつ》に臨《のぞ》みて井を穿《うが》つ 125
渇《かつ》に臨《のぞ》みて井を掘る 125
河童《かっぱ》の川流れ 88・**126**・139・201・225・247・271
河童《かっぱ》も一度は川流れ 126
活《かつ》を入れる **127**

勝てば官軍 **127**
我田引水《がでんいんすい》 **127**
瓜田《かでん》に履《くつ》を納《い》れず **127**・489
瓜田《かでん》に履《くつ》を納《おさ》めず 127
瓜田《かでん》の履《くつ》 127
家伝《かでん》の宝刀《ほうとう》 318
角《かど》が立たない 128
角《かど》が立つ **128**・470
角《かど》が取れる **128**・303
鼎《かなえ》の軽重《けいちょう》を問う **128**
鼎《かなえ》の沸くが如《ごと》し **129**
かなたよければこなたの怨《うら》み 16
金槌《かなづち》の川流れ **129**
金槌《かなづち》の身投げ 129
叶《かな》わぬ時の神叩《かみたたき》 184
蟹《かに》は甲羅《こうら》に似せて穴を掘る **129**
金があれば馬鹿《ばか》も旦那《だんな》 130
金が恨みの世の中 130
金が敵《かたき》 **130**
金が物を言う **130**・234
金さえあれば天下に敵《てき》なし 130
金さえあれば飛ぶ鳥も落ちる 130
金なら唸《うな》るほどある 130
金に糸目《いとめ》を付けない **130**
金に物を言わせる 130
金《かね》の足駄《あしだ》で尋ねる 130
金の切れ目が縁の切れ目 **130**
金《かね》の光は阿弥陀《あみだ》ほど 130
金《かね》の草鞋《わらじ》で探す 130
金《かね》の草鞋《わらじ》で尋ねる **130**
金は天下の回り持ち 131
金は天下の回り物 **131**
金持ち喧嘩《けんか》せず **131**
金持ち船に乗らず 131
金持ち身が大事 131
鉦《かね》や太鼓で捜す **131**
河《か》の清むを俟《ま》つ 400
蚊《か》の涙 259
寡《か》は衆に敵せず 131・243
禍《か》は福の倚《よ》る所 福は禍の伏《ふく》する所 132
黴《かび》が生える **132**
禍福《かふく》は糾《あざな》える縄の如《ごと》し **132**・220・236
兜《かぶと》の緒を締める 126
兜《かぶと》を脱ぐ 126・**132**
株を守りて兎《うさぎ》を待つ 411
画餅《がべい》に終わる 80・132
画餅《がべい》に帰《き》す 80・**132**
壁《かべ》に耳あり **132**
果報《かほう》は寝て待て **133**・428
鎌《かま》を掛ける **133**
雷《かみなり》が落ちる **134**
髪の長いは七難《しちなん》隠す 59
髪結《かみゆ》いの乱れ髪 35・201
髪を下ろす 15
亀《かめ》の甲より年の劫《こう》 85・**134**
仮面を被《かぶ》る **134**
仮面を脱ぐ 132
鴨《かも》が葱《ねぎ》をしょって来る **135**
痒《かゆ》い所に手が届く **135**・308
粥腹《かゆばら》も一時《いっとき》 295
烏《からす》が鵜《う》の真似 72
烏《からす》に反哺《はんぽ》の孝あり **135**・374
烏《からす》の髪 136
烏《からす》の行水《ぎょうずい》 **136**
烏《からす》の濡《ぬ》れ羽色 **136**
烏《からす》を鷺《さぎ》 222
体が空《あ》く **136**・307
体を空《あ》ける 136
体を張る **136**
体を許す 372
借りた猫 136
借りて来た猫 **136**・360・417
雁《かり》の玉章《たまずさ》 137
雁《かり》の便り 137
雁《かり》の使い **137**
雁《かり》の文《ふみ》 137
借り物の猫 136
画竜点睛《がりょうてんせい》 **137**
画竜点睛《がりょうてんせい》を欠く 137・420

借りる時の地蔵顔 返す時の閻魔顔《えんまがお》 138
借る時の恵比須《えびす》顔 済《な》す時の閻魔顔《えんまがお》 138
借る時の地蔵顔 済《な》す時の閻魔顔《えんまがお》 138
借る時の地蔵顔 済《な》す時の十王面《じゅうおうづら》 138
借る時の大黒顔 済《な》す時の閻魔顔《えんまがお》 138
枯れ木に花が咲く 58・75・84・138
枯れ木も森の賑《にぎ》やかし 138
枯れ木も山の飾り 138
枯れ木も山の賑《にぎ》わい 138
彼《かれ》を知り己《おのれ》を知れば百戦殆《あやう》からず 138
夏炉冬扇《かろとうせん》 138・193・447
可愛い子には旅をさせよ 139・235・497
可愛い子は棒で育てよ 139
可愛さ余って憎さ百倍 139
渇《かわ》きに臨《のぞ》みて井を掘る 125
川立《かわだ》ちは川で果てる 126・**139**
我《が》を折る 140・303
我《が》を通す 140
我《が》を張る 140
考える葦《あし》 140
勧学院《かんがくいん》の雀《すずめ》は蒙求《もうぎゅう》を囀《さえず》る 140・471
雁《がん》が飛べば石亀も地団駄《じだんだ》 238
侃侃諤諤《かんかんがくがく》 141・194
汗牛充棟《かんぎゅうじゅうとう》 141
雁首《がんくび》を揃《そろ》える 111
諫言《かんげん》耳に逆らう 141・296
眼光《がんこう》紙背《しはい》に徹《てっ》する 141
眼光《がんこう》紙背《しはい》に徹《とお》る 141
換骨奪胎《かんこつだったい》 141
閑古鳥《かんこどり》が鳴く 141
雁札《がんさつ》 137
雁使《がんし》 137
眼《がん》紙背《しはい》に透《とお》る 141
雁書《がんしょ》 137
顔色《がんしょく》なし 142
顔色《がんしょく》を失う 59・**142**
雁信《がんしん》 137
韓信《かんしん》袴下《こか》より出《い》づ 142
寒心《かんしん》に堪えない 142・145
韓信《かんしん》の股《また》くぐり 142
歓心《かんしん》を買う 142
完全無欠《かんぜんむけつ》 147
完全を期《き》す 386
肝胆《かんたん》相《あい》照らす 142
邯鄲学歩《かんたんがくほ》 143
肝胆《かんたん》地に塗《まみ》れる 143
邯鄲《かんたん》の歩み 143
邯鄲の歩《ほ》 143
邯鄲《かんたん》の枕《まくら》 143
邯鄲《かんたん》の夢 143・347
邯鄲《かんたん》夢の枕《まくら》 143
肝胆《かんたん》を砕く 143・446
管中《かんちゅう》天を窺《うかが》う 483
眼中《がんちゅう》に入れない 144
眼中《がんちゅう》に置かない 144
眼中《がんちゅう》に無い 144
管中《かんちゅう》豹《ひょう》を窺《うかが》う 483
噛《か》んで吐き出すよう 144
噛《か》んで含める 144
旱天《かんてん》の慈雨《じう》 144・477
竿頭《かんとう》歩を進む 399
艱難辛苦《かんなんしんく》 144・239
艱難《かんなん》汝《なんじ》を玉にす 144・497
寒《かん》に帷子《かたびら》土用に布子《ぬのこ》 138
癇《かん》に障る 144・242
簡《かん》にして要を得《え》る 145
感に堪《た》えない 142・**145**
感に堪《た》える 145
間《かん》に髪《はつ》を容《い》れず 145
癇《かん》に触《ふ》れる 144
堪忍袋《かんにんぶくろ》の緒が切れる 145
雁帛《がんぱく》 137
間《かん》髪《はつ》を容《い》れず 145
汗馬《かんば》の労 146
看板《かんばん》に偽《いつわ》り無し 146

看板《かんばん》を下ろす 146
看板《かんばん》を下げる 146
完膚《かんぷ》無きまで 146
完璧《かんぺき》 147
管鮑《かんぽう》の交わり 147・169・257・290・414
冠《かんむり》を曲げる 304・415
歓楽《かんらく》極まりて哀情多し 147
棺《かん》を蓋《おお》いて事定まる 148
棺《かん》を蓋《おお》う 148

き

気合いが入る 148
気合いを入れる 148
聞いて極楽見て地獄 149
聞いて千金見て一毛 149
聞いて千両見て一文《いちもん》 149
忌諱《きい》に触れる 149
気炎《きえん》を上げる 149
気炎《きえん》を吐く 149・167
気がある 149
気が置かれる 149
奇貨《きか》居《お》くべし 149
気が置けない 149
気が置ける 149
幾何学《きかがく》に王道なし 112
気が利《き》く 167
気が気でない 150
気が差す 150
気が知れない 150
気が済む 150
気が立つ 150
気が付く 151
気が遠くなる 151
気が咎《とが》める 151
聞かぬが花 440
聞かぬが仏 250
気が抜ける 167
気が引ける 151
気がふさぐ 450
気が回る 168
気が揉《も》める 151
木から落ちた猿 88
危機一髪《ききいっぱつ》 24・**151**
忌諱《きき》に触れる 152
危急存亡《ききゅうそんぼう》の秋《とき》 152
聞くだけ野暮《やぼ》 28
聞くと見るとは大違い 149
聞くは一旦の恥 聞かぬは末代の恥 152
聞くは一時《いっとき》の恥 聞かぬは一生の恥 152
聞くは一時《いっとき》の恥 聞かぬは末代の恥 152
聞くも涙語るも涙の物語 153
機嫌《きげん》気褄《きづま》を取る 153
危険な橋を渡る 21
機嫌《きげん》を取る 153
騎虎《きこ》の勢い 153
樹《き》静かならんと欲すれども風止まず 153
旗幟鮮明《きしせんめい》 154
雉《きじ》の草隠れ 14
雉《きじ》も鳴かずば打たれまい **153**・178
机上《きじょう》の空論《くうろん》 224・283
旗幟《きし》を鮮明にする 154
疑心暗鬼《ぎしんあんき》を生ず 154
疑心暗鬼《ぎしんあんき》を作る 154
杞人《きじん》天を憂う 160
杞人《きじん》の憂い 160
気勢《きせい》が上がる 154
気勢《きせい》を上げる 154
鬼籍《きせき》に入る 154
機先《きせん》を制する **154**・269・313
来たか長さん待ってたほい 155
来た 見た 勝った 155
羇鳥《きちょう》旧林《きゅうりん》を恋う 79・217
吉凶《きっきょう》は糾《あざな》える縄の如《ごと》し 132
狐《きつね》と狸《たぬき》の化かし合い 155
狐《きつね》に小豆飯《あずきめし》 358
狐《きつね》に抓《つま》まれる 155
狐《きつね》の七化《ななばけ》狸《たぬき》の八化《やばけ》 155
木で鼻をかむ 155
木で鼻をくくる **155**・156

木で鼻をこくる 155
軌道《きどう》に乗る 297
気に入る 156
気にかかる 206
気にかける 206
気に食わない 156
気に障る 156
木に竹を接《つ》ぐ 156
気に病む 156
木に縁《よ》りて魚《うお》を求む 156
機に因《よ》りて法を説く 157
昨日《きのう》の花は今日の夢[塵《ちり》] 157
昨日《きのう》の淵《ふち》は今日の瀬 63・**157**・272
木の股《また》から生まれる 34・158
気は心 157
牙《きば》を研《と》ぐ 157
牙《きば》を磨《みが》く 157
踵《きびす》を返す 157
踵《きびす》を接する 158
踵《きびす》を回《めぐ》らす 157
驥尾《きび》に託《たく》す 158
驥尾《きび》に付く 158
驥尾《きび》に付す 158
木仏《きぶつ》金仏《かなぶつ》石仏《いしぼとけ》 34・**158**
気骨《きぼね》が折れる 158・421
決まりが悪い 158・373・425
気脈《きみゃく》が通じる 159
気脈《きみゃく》を通じる 159
鬼面《きめん》小児《しょうに》を嚇《おど》す 159
鬼面《きめん》人を嚇《おど》す 159
鬼面《きめん》人を驚かす 159
肝《きも》が大きい 159
肝《きも》が据わる 159
肝《きも》が小さい 159
肝《きも》が潰《つぶ》れる 160
肝《きも》が抜ける 160
肝《きも》が太い 159
肝《きも》に銘じる 160・421
肝《きも》を砕く 143・160・446
肝《きも》を消す 160
肝《きも》を据える 159・382
肝《きも》を潰《つぶ》す 160
肝《きも》を冷やす 160
客を引く 275
脚光《きゃっこう》を浴びる 160
伽羅《きゃら》も焚《た》かず屁《へ》もこかず 255
杞憂《きゆう》 160
久闊《きゅうかつ》を叙する 160
九牛《きゅうぎゅう》の一毛《いちもう》 161
九死《きゅうし》一生 161
九死《きゅうし》に一生を得る 161
牛首《ぎゅうしゅ》を懸けて馬肉を売る 161・481
牛耳《ぎゅうじ》を執《と》る 161
牛耳《ぎゅうじ》を握る 161
九仞《きゅうじん》の功を一簣《いっき》に欠く 162
窮《きゅう》すれば通ず 162・393・403
窮鼠《きゅうそ》猫を噛《か》む 162
窮鳥《きゅうちょう》懐に入《い》れば猟師も撃たず 162
窮鳥《きゅうちょう》懐に入《い》れば猟師も殺さず 162
牛頭馬肉《ぎゅうとうばにく》 161
牛頭《ぎゅうとう》を懸けて馬脯《ばほ》を売る 161・481
牛歩《ぎゅうほ》 66
朽木《きゅうぼく》は雕《え》るべからず 163
朽木糞牆《きゅうぼくふんしょう》 163
灸《きゅう》を据える 163
京男《きょうおとこ》に伊勢女《いせおんな》 13
胸襟《きょうきん》を開《ひら》く 209
強将の下《もと》に弱兵[弱卒《じゃくそつ》]無し 478
兄弟《きょうだい》は後生《ごしょう》までの契り 163
兄弟《きょうだい》は他人の始まり 163
今日なし得ることは明日《あす》に延ばすな 99・**163**
京《きょう》の着倒れ大阪の食い倒れ 163
今日の仕事は明日に延ばすな 12
今日の一針《ひとはり》明日《あす》の十針《とはり》 99・163
京《きょう》は着て果て大阪は食って果てる 163
京《きょう》へ筑紫《つくし》に坂東《ばんどう》さ 343
狂瀾《きょうらん》を既倒《きとう》に反《かえ》す 164
狂瀾《きょうらん》を既倒《きとう》に廻《めぐ》らす 164
曲学阿世《きょくがくあせい》 164

旭日《きょくじつ》昇天の勢い　398

玉石混淆《ぎょくせきこんこう》　164

漁夫《ぎょふ》の利　165

漁父《ぎょほ》の利　165

清水《きよみず》の舞台から後ろ飛び　165

清水《きよみず》の舞台から飛び降りる　165

綺羅《きら》星《ほし》の如く　165

義理と褌《ふんどし》は欠かされぬ　166

錐《きり》の嚢中《のうちゅう》におるがごとし　364

桐一葉《きりひとは》　44

桐一葉《きりひとは》落ちて天下の秋を知る　44

錐《きり》嚢《ふくろ》を通す　364

器量が下がる　165

器量を上げる　165

器量を下げる　165

義理を欠く　166

騏驎《きりん》も老いては駑馬《どば》に劣る　166

切れても絹切れ　172

岐路亡羊《きろぼうよう》　281

機を一《いつ》にする　166

軌《き》を一《いつ》にする　166

揆《き》を一《いつ》にする　166

木を数えて林を忘れる　168

気を利《き》かせる　167

気を配る　208

気を付ける　167

奇を衒《てら》う　167

気を取り直す　167

気を抜く　167

気を吐く　167

気を回す　168

義を見てせざるは勇無きなり　168

木を見て森を見ず　168

機を見るに敏《びん》　168

気を揉《も》む　151

気を病《や》む　156

気を許す　168・209

気を緩《ゆる》める　168・209

槿花《きんか》一日《いちじつ》の栄　169

槿花《きんか》一朝《いっちょう》の夢　169

欣喜雀躍《きんきじゃくやく》　313

金言《きんげん》耳に逆らう　169・296

琴瑟《きんしつ》相《あい》和す　169

琴瑟《きんしつ》の仲　169

琴瑟《きんしつ》の交わり　169

琴瑟《きんしつ》の和　169

錦上《きんじょう》に花を敷く　169

錦上《きんじょう》花を添える　169

金石《きんせき》の交《こう》　169

金石《きんせき》の契り　169

金石《きんせき》の交わり　147・**169**・257・290・414

金時の火事見舞い　170

金時の醤油炊《しょうゆだ》き　170

金蘭《きんらん》の契り　169・257・290

金蘭《きんらん》の交わり　169・257・290

く

空谷《くうこく》の跫音《きょうおん》　170

空谷《くうこく》の足音《そくおん》　170

空即是色《くうそくぜしき》　233

空中楼閣《くうちゅうろうかく》　224

空腹は最高のスープ　171

空腹は最高のソース　171

空《くう》を切る　119

苦髪楽爪《くがみらくづめ》　171

釘《くぎ》を打つ　171

釘《くぎ》を刺す　171

苦言《くげん》は薬なり甘言《かんげん》は疾《やまい》なり　296・491

愚公《ぐこう》山を移す　171

臭《くさ》い飯を食う　172

臭《くさ》い物に蓋《ふた》　172

草木が眠る　172

草木も靡《なび》く　172

草木も眠る　172

腐《くさ》っても鯛《たい》　172

草の陰　173

草葉《くさば》の陰　173

楔《くさび》を打ち込む　173

腐《くさ》るほど　173

櫛《くし》の歯が欠けたよう　173・379
櫛《くし》の歯を挽《ひ》く　**173**
愚者《ぐしゃ》にも一得《いっとく》　174
愚者《ぐしゃ》にも千慮《せんりょ》に一得《いっとく》あり　86・**174**
愚者《ぐしゃ》の一得《いっとく》　174
苦汁《くじゅう》を喫《きっ》する　174・181
苦汁《くじゅう》を嘗《な》める　**174**・181
苦汁《くじゅう》を飲む　174・181
薬《くすり》九層倍《くそうばい》　**174**・418
薬にしたくも無い　**174**
薬にしようといっても無い　174
くだを巻く　**175**
管《くだ》をもって天を窺《うかが》う　483
口裏《くちうら》を合わせる　**175**
口が重い　**175**
口が堅い　**175**
口が軽い　**176**
口数が減る　176
口が過ぎる　**176**
口が酸っぱくなるほど[くらい・まで]　179
口が滑る　**176**
口が減らない　**176**
口から高野《こうや》へ行く　178
口が割れる　180
朽《く》ち木は柱にならず　163
口車《くちぐるま》に乗せる　176
口車《くちぐるま》に乗る　**176**
口にする　**177**
口に上《のぼ》せる　177
口に上《のぼ》る　**177**
口《くち》に糊《のり》す　204
口に任せる　**177**
口に蜜《みつ》あり腹に剣《けん》あり　**177**
口の下《した》から　202
口の端《は》に上《のぼ》る　177
嘴《くちばし》が青い　177
嘴《くちばし》が黄色い　**177**
嘴《くちばし》を容《い》れる　**177**・179
嘴《くちばし》を挟む　177・179
口は善悪の門《もん》　178
口八丁《くちはっちょう》手八丁《てはっちょう》　**178**
口は禍《わざわい》の門《かど》　153・**178**・469
口は禍《わざわい》のもと　178
唇《くちびる》竭《つ》きて歯寒し　178
唇《くちびる》の色を失う　59
唇《くちびる》亡《ほろ》びて歯寒し　**178**
口火《くちび》を切る　**178**・179
口も八丁手も八丁　178
口を開ける　180
口を入れる　177・179
口を利《き》く　**179**
口を切る　**179**
口を極めて　**179**
口を酸《す》くする　179
口を酸《す》っぱくする　**179**
口を滑らす　176・409
口を揃《そろ》える　**179**
口をついて出る　180
口を尖らせる　**179**
口を濁す　215
口を挟む　177・**179**・180
口を開《ひら》く　180
口を割る　**180**
苦爪楽髪《くづめらくがみ》　171・180
靴《くつ》を隔《へだ》てて痒《かゆ》きを掻《か》く　125・180
苦肉《くにく》の計　180
苦肉《くにく》の策　**180**
苦肉《くにく》の謀《はかりごと》　180
国乱れては良相《りょうしょう》を思う　29
国破れて山河在《あ》り　**180**
苦に病《や》む　156
九年面壁《くねんめんぺき》　465
苦杯《くはい》を喫《きっ》する　174・181
苦杯《くはい》を嘗《な》める　174・**181**
苦は楽の種　23
首が繋《つな》がる　**181**
首が飛ぶ　181・182
首が回らない　**181**
苦髭楽爪《くひげらくづめ》　171
くびすを返す　157

総索引

首にする　182
首になる　181・182
首根っ子を押さえる　181
首をかしげる　182
首を切られる　181・182
首を切る　182・383
首を揃《そろ》える　111
首を縦に振る　182
首を突っ込む　182
首を長くする　182
首を伸ばす　182
首をひねる　182
首を曲げる　182
首を横に振る　182
求不得苦《ぐふとくく》　233
蜘蛛《くも》の子を散らす　183
雲を霞《かすみ》と　183
雲を摑《つか》むよう　183
雲を衝《つ》く　183
暗がりから牛　183
暗がりから牛を引き出す　183
苦楽《くらく》は生涯の道づれ　487・488
暗闇《くらやみ》から牛を引き出す　183
暗闇《くらやみ》の鉄砲　477
苦しい時の神頼み　184
クレオパトラの鼻がもう少し低かったら世界の歴史は変わっていただろう　184
黒犬《くろいぬ》に嚙《か》まれて灰汁《あく》の垂れ滓《かす》に怖《お》じる　17
苦労屈託《くったく》身の薬　144
群鶏《ぐんけい》の一鶴《いっかく》　187
君子危《あや》うきに近寄らず　127・184
君子に二言《にげん》・《にごん》無し　407
君子の交わりは淡くして水の如《ごと》し　185
君子は器《うつわ》ならず　185
君子は屋漏《おくろう》に愧《は》じず　185
君子は器《き》ならず　185
君子は独《ひと》りを慎《つつし》む　185
君子は豹変《ひょうへん》す　185
君子は交わり絶《た》ゆとも悪声を出《いだ》さず　186
葷酒《くんしゅ》山門に入《い》るを許さず　186
君父《くんぷ》の讐《あだ》は倶《とも》に天を戴《いただ》かず　186
群《ぐん》を抜く　186

け

形影《けいえい》相《あい》従う　114
形影《けいえい》相《あい》弔《とむら》う　187
形影《けいえい》相《あい》伴う　187
謦咳《けいがい》に接する　187
芸が細かい　187
芸が無い　187
鶏群《けいぐん》の一鶴《いっかく》　187・368
鶏群《けいぐん》の鶴《かく》　187
鶏群《けいぐん》の孤鶴《こかく》　187
鶏口牛後《けいこうぎゅうご》　188
鶏口《けいこう》となるも牛後《ぎゅうご》となるなかれ　188
傾国《けいこく》　188
芸術は長く人生は短し　188
傾城《けいせい》　188
傾城傾国《けいせいけいこく》　188
傾城《けいせい》に誠なし　188
傾城《けいせい》の千枚起請《ぎしょう》　188
蛍雪《けいせつ》　188
蛍窓雪案《けいそうせつあん》　188
兄《けい》たり難《がた》く弟《てい》たり難し　189・273
兄弟《けいてい》牆《かき》に鬩《せめ》げども外その務《あなど》りを禦《ふせ》ぐ　189
芸は身の仇《あだ》　189・257
芸は身を助く　189
怪我《けが》の功名《こうみょう》　190
毛が生えたような　190
逆鱗《げきりん》に触れる　190
檄《げき》を飛ばす　190
下種《げす》の勘繰り　190
桁《けた》が違う　191
桁《けた》が外れる　191
下駄《げた》を預かる　191
下駄《げた》を預ける　191・253

総索引

下駄《げた》を履かせる **191**
けちが付く 191
けちを付ける **191**
月下氷人《げっかひょうじん》 **191**
月下老人《げっかろうじん》 191
けつを捲《まく》る 253
毛《け》吹いて瑕《きず》を取る 192
煙《けむ》に巻く **192**
煙《けむり》あれば火あり 398
外面似菩薩《げめんじぼさつ》内心如夜叉《ないしんにょやしゃ》 192
外面如菩薩《げめんにょぼさつ》内心如夜叉《ないしんにょやしゃ》 **192**
獣《けもの》を逐《お》う者は目に太山《たいざん》を見ず 232
けりが付く **192**
けりを付ける 192
毛を謹《つつし》みて貌《かたち》を失う 168
毛を披《ひら》いて瑕《きず》を求む 192
毛を吹いて過怠《かたい》の疵《きず》を求む 192
毛を吹いて疵《きず》を求む **192**
言《げん》ある者は必ずしも徳あらず 364
犬猿《けんえん》の仲 **193**
犬猿《けんえん》も啻《ただ》ならず 193
喧嘩《けんか》過ぎての棒千切《ぼうちぎ》り 138・**193**・447
喧嘩《けんか》過ぎての向こう鉢巻き 193
喧嘩《けんか》の後の兄弟名乗り 23
懸河《けんが》の弁 **193**・285
懸河《けんが》水を瀉《そそ》ぐ 193
喧嘩《けんか》両成敗《りょうせいばい》 **193**
牽強付会《けんきょうふかい》 **194**
喧喧囂囂《けんけんごうごう》 141・**194**
拳拳服膺《けんけんふくよう》 **194**
言語に絶する **194**
言語を絶する 194
乾坤一擲《けんこんいってき》 39・**195**
健全なる精神は健全なる身体に宿る **195**
捲土重来《けんどちょうらい》 **195**
犬馬《けんば》の年 195・384
犬馬《けんば》の齢《よわい》 195・384
犬馬《けんば》の労 **195**
剣《けん》を落として舟を刻む 411
賢を招くには隗《かい》より始めよ 107

こ

鯉《こい》の滝登《たきのぼ》り **196**
恋は心の外《ほか》 196
恋は思案の外《ほか》 59・**196**
紅一点《こういってん》 **197**
光陰《こういん》逝水《せいすい》の如《ごと》し 197
光陰《こういん》人を待たず 221
光陰《こういん》矢の如《ごと》し **197**・221
光陰《こういん》流水の如《ごと》し 197
行雲流水《こううんりゅうすい》 **197**
後悔《こうかい》先に立たず **197**
後悔《こうかい》と槍《やり》持ちは先に立たず 197
後悔《こうかい》臍《ほぞ》を噛《か》む 197
業《ごう》が煮える 202
剛毅木訥《ごうきぼくとつ》仁に近し **198**
肯綮《こうけい》に中《あ》たる **198**
巧言令色《こうげんれいしょく》鮮《すく》なし仁 **198**
孝行のしたい時分に親はなし 404
恒産《こうさん》無き者は恒心《こうしん》無し **198**
孔子《こうし》に学問[論語・悟道] 242
好事《こうじ》魔多し **199**・301・377
好事《こうじ》魔を生ず 199
巧者《こうしゃ》の手から水が漏れる 247
後塵《こうじん》を拝する **199**
後生《こうせい》畏《おそ》るべし **199**
浩然《こうぜん》の気 **199**
巧遅《こうち》は拙速に如《し》かず **200**
狡兎《こうと》死して走狗《そうく》烹《に》らる **200**・392
狡兎《こうと》尽きて良犬烹《に》らる 200
功《こう》成り名を遂げる **200**
郷《ごう》に入《い》っては郷に従え **200**
弘法《こうぼう》にも筆の誤り
126・**201**・225・247・271
弘法《こうぼう》筆を選ばず **201**
高木《こうぼく》は風に倒る 313
口蜜腹剣《こうみつふっけん》 177
蝙蝠《こうもり》も鳥のうち 224
紺屋《こうや》の明後日《あさって》 **201**
紺屋《こうや》の白袴《しろばかま》 35・**201**

功《こう》を奏する	**202**
業《ごう》を煮やす	**202**
呉越同舟《ごえつどうしゅう》	**202**
声の下《した》から	**202**
声を揃《そろ》える	179
氷は水これをなして水より寒し	2
五陰盛苦《ごおんじょうく》	233
五月蕨《ごがつわらび》は嫁に食わすな	3
呉下《ごか》の阿蒙《あもう》	**203**
呉牛《ごぎゅう》月に喘《あえ》ぐ	**203**・250
故郷へ錦を飾る	**203**
虎虚《こきょ》の誤り	495
告朔《こくさく》の餼羊《きよう》	**203**
刻舟《こくしゅう》	411
小首をかしげる	182
小首をひねる	182
虎穴《こけつ》に入《い》らずんば虎子《こじ》を得ず	**204**
後家《ごけ》花咲かす	93
沽券《こけん》に関わる	**204**
糊口《ここう》を凌《しの》ぐ	**204**
虎口《ここう》を逃れて竜穴《りゅうけつ》に入る	41・270
心が痛む	207
心が動く	**205**・207
心が奪われる	208
心が躍《おど》る	**205**・450・452
心が傾く	208
心が通う	**205**
心が曇《くも》る	205
心が騒ぐ	205
心が弾む	**205**・452
心が晴れ晴れする	205
心が晴れる	**205**
心が引かれる	**206**
心が一つになる	209
心がふさぐ	450
心が乱れる	205
心が揺らぐ	205
心が揺れる	205
心配りをする	208
心ここに在《あ》らず	**206**
心遣いをする	208
心に鬼を作る	208
心に懸かる	**206**
心に懸ける	**206**
心に適《かな》う	**206**
心に刻む	160・421
心に染《し》みる	439
心に留《と》める	206
心に響く	205
心に秘める	451
心の欲《ほっ》する所に従えども矩《のり》を踰《こ》えず	**207**
心の鎧《よろい》を解く	132
心を致す	**207**
心を痛める	**207**・451
心を一《いつ》にする	209
心を動かす	205・**207**
心を打つ	**207**・451
心を奪う	208
心を奪われる	**208**
心を躍《おど》らせる	205
心を鬼にする	**208**
心を傾ける	207・**208**・209
心を通わす	205
心を砕く	**208**・446
心を配る	**208**
心を焦《こ》がす	452
心を粉《こ》にする	208
心をこめる	209
心を注《そそ》ぐ	207・208
心を遣《つか》う	**208**
心を尽くす	207・**209**
心を弾ませる	452
心を馳《は》せる	207
心を引かれる	206
心を一つにする	**209**
心を開《ひら》く	**209**
心を以《も》って心を伝う	35
心をやる	207
心を許す	168・**209**

心を寄せる 207・208・**209**
ここを先途《せんど》と **209**
腰が重い **210**・251
腰が軽い **210**
腰が据わる 211
腰が高い 210
腰が抜ける 211
腰が低い **210**
虎子《こし》地に落ちて牛を食らうの気あり 243
五日一風《ごじついっぷう》 十日一雨《じゅうじついちう》 217
五十歩百歩《ごじっぽひゃっぽ》 **210**
五十歩《ごじっぽ》を以《も》って百歩を笑う 210
五指《ごし》に余る 239
五指《ごし》にも足りない 239
五十にして天命を知る **210**
腰を上げる **211**
腰を浮かす 211
腰を落ち着ける 211
腰を折る **211**・377・389
腰を据える **211**・252
腰を抜かす **211**
古人《こじん》の糟魄《そうはく》 **211**
御多分《ごたぶん》に漏れず **211**
胡蝶《こちょう》の夢 **212**
骨髄《こつずい》を砕く 143・446
凝《こ》っては思案に能《あた》わず **212**
凝《こ》っては思案に余る 212
骨肉《こつにく》相《あい》争う 212
骨肉《こつにく》相《あい》食《は》む 163・**212**
涸轍《こてつ》の鮒魚《ふぎょ》 311
事ここに至る **212**
事ここに及ぶ 212
事《こと》志《こころざし》と違《たが》う **213**
事と次第に依《よ》る **213**
事とする **213**
事ともせず **213**
事なきを得る **213**
事に臨《のぞ》む 326
事に触れて **213**
事に依《よ》る **214**
事に依《よ》ると **214**
言葉が過ぎる **214**
言葉に甘える **214**
言葉に余る **214**
言葉は国の手形 **214**
言葉を返す **215**
言葉を尽くす **215**
言葉を濁す 93・**215**
事も無げ **215**
子供の喧嘩《けんか》に大人が出る 215
子供の喧嘩《けんか》に親が出る **215**
事を起こす 215
事を構える **215**
事を好む **215**
事を分ける **216**
碁《ご》に勝って勝負に負ける 261
小糠《こぬか》三合あるならば入《い》り婿《むこ》すな 216
小糠《こぬか》三合持ったら婿《むこ》に行くな **216**
小糠《こぬか》三合持ったら養子に行くな 216
小糠《こぬか》にも根性 48
この親にしてこの子あり **216**
この父ありてこの子あり 216
この父にしてこの子あり 216
好む好まざるにかかわらず 216
好む好まないにかかわらず 216
好むと好まざるとにかかわらず **216**
子は鎹《かすがい》 **216**
子は三界《さんがい》の首枷《くびかせ》 **216**
胡馬《こば》北風に嘶《いなな》く 79・**217**
胡馬《こば》北風に嘶《いば》う 217
胡馬《こば》北風に依《よ》る 217
五風十雨《ごふうじゅうう》 **217**
鼓腹撃壌《こふくげきじょう》 **217**
呉服《ごふく》五層倍《ごそうばい》 174
鱓《ごまめ》の魚《とと》交じり 217・224
鱓《ごまめ》の歯軋《はぎし》り **217**
胡麻《ごま》を擂《す》る **218**
ごみ溜《た》めに鶴《つる》 368
小耳に挟む **218**・441・443

総索引

こらえ袋の緒が切れる 145
孤立無援《こりつむえん》 242
五里霧中《ごりむちゅう》 218
転ばぬ先の杖《つえ》 218・276
転んでもただでは起きない 219
コロンブスの卵 219
子を持って知る親の恩 219
今昔《こんじゃく》の感 219
紺屋《こんや》の明後日《あさって》 220
紺屋《こんや》の白袴《しろばかま》 220

さ

菜園作りの野良《のら》荒らし 168
塞翁《さいおう》が馬 132・**220**・236
細工《さいく》は流流《りゅうりゅう》仕上げを御覧《ごろう》じろ 220
歳月《さいげつ》流るる如《ごと》し 221
歳月《さいげつ》人を待たず 197・**221**
最後に笑う者が最もよく笑う 221
歳歳年年《さいさいねんねん》人同じからず 363
才子佳人《さいしかじん》 221
才子《さいし》才に溺《おぼ》れる 221・223
才子《さいし》才に倒れる 221・223
才子多病《さいしたびょう》 117・**221**
才子短命《さいしたんめい》 221
才知は身の仇《あだ》 221・223
采配《さいはい》をとる 221
采配《さいはい》を振る 221
賽《さい》は投げられた 221
財布の底をはたく 222
財布の紐《ひも》を握る 222
財布をはたく 222
采《さい》を振る 221
魚《さかな》三層倍《さんそうばい》 174
佐官《さかん》の粗壁《あらかべ》 35・201
鷺《さぎ》は立ちての跡を濁さず 284
先棒《さきぼう》に立つ 90
先棒《さきぼう》を担《かつ》ぐ 90
先棒《さきぼう》を振る 90
鷺《さぎ》を烏《からす》と言う 222
先《さき》んずれば人を制す 223
策士《さくし》策に溺《おぼ》れる 221・**223**
策士《さくし》策に倒れる 221・223
酒に十《とお》の徳あり 223・224
酒飲み本性違《たが》わず 223
酒の酔い本性違《たが》わず 223
酒は命を削《けず》る鉋《かんな》 224
酒は憂《うれ》いの玉箒《たまばはき》 223・224
酒は憂《うれ》いを払う玉箒《たまばはき》 223
酒は天の美禄《びろく》 223・224
酒は百毒の長 224
酒は百薬の長 223・**224**
雑魚《ざこ》で鯛《たい》を釣る 81
雑魚《ざこ》の魚《とと》交じり 224
砂上《さじょう》の楼閣《ろうかく》 224
匙《さじ》を投げる 224
誘《さそ》い水を向ける 437
左袒《さたん》する 225
鯖《さば》を読む 225
様《さま》になる 38・**225**
様《さま》はない 225
寒さの果ても彼岸《ひがん》まで 17
左右を顧《かえり》みて他を言う 108
笊《ざる》で水を汲《く》む 115
笊《ざる》に水 115
猿《さる》の火事見舞い 170
猿《さる》も木から落ちる 126・201・**225**・247・271
去る者は追わず 226
去る者は日日に疎《うと》し 226
触《さわ》らぬ神に祟《たた》り無し 226
山雨《さんう》来たらんとして風《かぜ》楼《ろう》に満つ 227
三猿《さんえん》 434
三顧《さんこ》の礼 227
三枝《さんし》の礼 227・374
三尺《さんじゃく》下がって師の影を踏まず 227・374
三尺《さんじゃく》去って師の影を踏まず 227
三舎《さんしゃ》を避ける 227
三舎《さんしゃ》を退く 227
三舎《さんしゃ》を譲《ゆず》る 227

三十にして立つ **228**
三十六策《さんじゅうろくさく》走るを上計となす 228
三十六計《さんじゅうろっけい》逃ぐるを上計となす 228
三十六計《さんじゅうろっけい》逃げるが勝ち 228
三十六計《さんじゅうろっけい》逃げるに如《し》かず **228**・350
山椒《さんしょう》は小粒でもぴりりと辛い **228**
三遷《さんせん》の教え 467
山中の賊《ぞく》を破るは易《やす》く心中の賊を破るは難《かた》し **228**
山中暦日《れきじつ》無し **229**
山斗《さんと》 278
三度目の正直 **229**・352
三度目は正直 229
三度目は定《じょう》の目 229
三人《さんにん》市虎《しこ》を成す 229
三人《さんにん》虎《とら》になる 229
三人《さんにん》虎《とら》を成す **229**
三人にして迷うことなし 229
三人寄れば師匠の出来 229
三人寄れば文殊《もんじゅ》の知恵 **229**
三年飛ばず鳴かず **229**・339
三遍《さんべん》回って煙草《たばこ》にしょ **230**
三面六臂《さんめんろっぴ》 230・373

し

思案に余る 230
思案に暮れる **230**・332
思案に尽きる 230
尸位素餐《しいそさん》 **231**
四海兄弟《しかいけいてい》 **231**
四海同胞《しかいどうほう》 231
四海《しかい》波静か **231**
四海皆兄弟《しかいみなけいてい》 231
志学《しがく》 **231**
自画自賛《じがじさん》 **231**
自家撞着《じかどうちゃく》 **232**・449
歯牙《しが》にかけるに足りない 232
歯牙《しが》にも掛けない **232**
地金《じがね》が出る 458
屍《しかばね》に鞭打《むちう》つ 232・235
自家薬籠中《じかやくろうちゅう》の物 **232**
鹿《しか》を逐《お》う **232**・296
鹿《しか》を追う者は山を見ず **232**
鹿《しか》を追う猟師は山を見ず 232
鹿《しか》を指して馬となす 222
時間を稼《かせ》ぐ 327
敷居《しきい》が高い 26・**233**
色即是空《しきそくぜくう》 **233**
時宜《じぎ》を得る **233**
四苦八苦《しくはっく》 **233**
至言《しげん》は耳に忤《さから》う 296
自業自得《じごうじとく》 61・433
地獄《じごく》極楽《ごくらく》金次第 234
地獄《じごく》極楽《ごくらく》の道も銭《ぜに》 234
地獄で仏 477
地獄の釜《かま》の蓋《ふた》も開《あ》く **234**
地獄の沙汰《さた》も金次第 130・**234**
地獄の沙汰《さた》も銭《ぜに》次第 234
自己撞着《じこどうちゃく》 232
自己矛盾《じこむじゅん》 232
士魂商才《しこんしょうさい》 498
獣《しし》食った報《むく》い **234**
獅子《しし》身中《しんちゅう》の虫 **234**
事実は小説よりも奇なり **234**
死して後《のち》已《や》む 235・279
死屍《しし》に鞭打《むちう》つ **235**
獅子《しし》の子落とし 139・**235**
死児《しじ》の齢《よわい》を数える 256
獅子《しし》は子を谷へ落としてその勢《せい》を見る 235
死者に鞭打《むちう》つ 235
四十《しじゅう》にして心動かさず 235
四十《しじゅう》にして惑わず **235**
四十《しじゅう》は分別《ふんべつ》盛り 235
耳順《じじゅん》 235
至上命令《しじょうめいれい》 **235**
死屍《しし》を鞭打《むちう》つ 235
地震《じしん》雷《かみなり》火事親父《おやじ》 **236**
沈む瀬あれば浮かぶ瀬あり

総索引

65・132・220・**236**
沈めば浮かぶ　236
地蔵《じぞう》の顔も三度　420
児孫《じそん》に美田《びでん》を残さず　236
子孫のために美田《びでん》を買わず　236
児孫《じそん》のために美田《びでん》を買わず　236
児孫《じそん》のために美田《びでん》を残さず　236
舌が回る　237
舌がもつれる　237
舌先三寸《したさきさんずん》　237
舌三寸《したさんずん》　237
親しき中に垣《かき》をせよ　237
親しき中にも礼儀あり　237
下手《したて》に出る　237
下に出る　237
下にも置かない　237
舌の根の乾かぬうちに　238
下へも置かない　237
舌を出す　238
舌を振るう　237
舌を巻く　238・240
地団駄《じだんだ》を踏む　238
四知《しち》　318
七尺《しちしゃく》去って師の影を踏まず　227
七十《しちじゅう》にして矩《のり》を踰《こ》えず　238
七転八起《しちてんはっき》　342
七転八倒《しちてんばっとう》　342
死中《しちゅう》に活を求める　238
死中《しちゅう》に生を求める　238
櫛雨《しつう》　239
十指《じっし》に余る　239
十指《じっし》を超える　239
失地回復《しっちかいふく》　98・454
十中八九《じっちゅうはっく》　40
失敗は成功の母　239
失敗は成功のもと　239
疾風迅雷《しっぷうじんらい》　239
疾風怒濤《しっぷうどとう》　239
櫛風沐雨《しっぷうもくう》　239
櫛風浴雨《しっぷうよくう》　239
しっぽを出す　239・252・369
しっぽを掴《つか》む　240
しっぽを巻く　240
死人に口無し　240
鎬《しのぎ》を削る　240
死は或いは泰山《たいざん》より重く 或いは鴻毛《こうもう》より軽し　240
死馬《しば》の骨を買う　107・**241**
死馬《しば》の骨を五百金で買う　241
自腹《じばら》を切る　241・437
痺《しび》れが切れる　241
痺《しび》れを切らす　241
私腹《しふく》を肥《こ》やす　241・384
四面楚歌《しめんそか》　242・374
釈迦《しゃか》に経《きょう》　242
釈迦《しゃか》に説法　242
釈迦《しゃか》も経《きょう》の読み違い　126・201・225・247・271
杓子《しゃくし》で腹を切る　493
杓子《しゃくし》は耳掻《みみか》きにならず　279
弱肉強食《じゃくにくきょうしょく》　242
癪《しゃく》に障る　144・**242**
車蛍孫雪《しゃけいそんせつ》　188
しゃこで鯛《たい》を釣る　81
斜《しゃ》に構える　242・342
蛇《じゃ》の道は蛇《へび》　243
蛇《じゃ》は一寸《いっすん》にしてその気[兆]あり　243
蛇《じゃ》は一寸《いっすん》にしてその気を得る　243
蛇《じゃ》は一寸《いっすん》にして人を呑《の》む　243・269
邪《じゃ》を禁ずるに邪《じゃ》を以《もっ》てす　329
衆寡《しゅうか》敵せず　243・282
習慣は第二の天性なり　346
柔《じゅう》剛《ごう》に勝つ　244
終止符《しゅうしふ》を打つ　402
柔弱《じゅうじゃく》は剛強に勝つ　244
秋霜烈日《しゅうそうれつじつ》　243
重箱の隅は杓子《しゃくし》で払え　244
重箱の隅を楊枝《ようじ》でつつく　244
重箱の隅を楊枝《ようじ》でほじくる　244
愁眉《しゅうび》を開《ひら》く　244・430

十目《じゅうもく》の視《み》る所 十指《じっし》の指す所　244
十目《じゅうもく》の視《み》る所 十手《じっしゅ》の指す所　244
柔《じゅう》能《よ》く剛を制す　244
雌雄《しゆう》を決する　244
珠玉《しゅぎょく》の瓦礫《がれき》に在《あ》るが如《ごと》し　187・368
首鼠両端《しゅそりょうたん》　245
酒池肉林《しゅちにくりん》　245
出藍《しゅつらん》の誉《ほま》れ　2・245
朱《しゅ》に交われば赤くなる　7・245
順慶《じゅんけい》を決め込む　423
春秋《しゅんじゅう》高し　245
春秋《しゅんじゅう》に富む　245
春秋《しゅんじゅう》の筆法　245
春宵一刻《しゅんしょういっこく》直千金《あたいせんきん》　246
順風満帆《じゅんぷうまんぱん》　79
春眠《しゅんみん》暁《あかつき》を覚えず　246
小異《しょうい》を捨てて大同に就《つ》く　246
小異《しょうい》を捨てて大同を取る　246
商鑑《しょうかん》遠からず　62・246
正直の儲《もう》けは身につく　4
障子《しょうじ》に目あり　132
小事は大事　25
盛者必衰《じょうしゃひっすい》　90・**246**・247
生者必滅《しょうじゃひつめつ》　32・**247**
生者必滅《しょうじゃひつめつ》会者定離《えしゃじょうり》　79
照準を合わせる　247
掌上《しょうじょう》の玉《たま》　247
小人《しょうじん》閑居《かんきょ》して不善をなす　247
小人《しょうじん》の交わりは甘くして醴《れい》の若《ごと》し　185
上手《じょうず》の鷹《たか》は爪《つめ》隠す　364
上手《じょうず》の手から水が漏れる　126・201・225・**247**・271
上手《じょうず》は下手《へた》の手本 下手は上手の手本　62・394
冗談がほんま　68
冗談から駒《こま》　68
掌中《しょうちゅう》の珠《たま》　247
情に棹《さお》させば流される　294
少年老い易《やす》く学成り難《がた》し　48・**248**
少年学ばざれば老後に知らず　248
少年よ大志を抱《いだ》け　248
小の虫を殺して大の虫を助ける　49・**248**
勝敗は時の運　248
焦眉《しょうび》の急　311・429
丈夫《じょうふ》は棺《かん》を蓋《おお》いて事《こと》始めて定まる　148
勝負は時の運　248
条理《じょうり》を尽くす　216
小利《しょうり》をむさぼって大利《たいり》を失う　44
将を射《い》んとせば先《ま》ず馬を射よ　248
将を射《い》んと欲すれば先《ま》ず馬を射よ　248・276
将を得《え》んとせば馬を射《い》よ　248
小を捨てて大に就《つ》く　248
諸行無常《しょぎょうむじょう》　249
食指《しょくし》が動く　249
触手《しょくしゅ》を伸ばす　249・316
初心忘るべからず　249
蜀犬《しょっけん》日に吠《ほ》ゆ　250
背負《しょ》って立つ　250
緒《しょ》に就《つ》く　299
白紙《しらかみ》も信心から　60
白河夜船《しらかわよふね》　250
知らぬが仏　250
白羽《しらは》の矢が立つ　251
白羽《しらは》の矢を立てる　251
白《しら》を切る　251
尻馬《しりうま》に乗る　251
尻《しり》が暖まる　251
尻《しり》が重い　210・**251**
尻《しり》が軽い　210・**252**
尻《しり》が据わらない　252
尻《しり》が長い　252
尻《しり》が割れる　239・**252**・369
尻《しり》に敷く　252
尻《しり》に火が付く　252
尻《しり》ぬぐいをする　253
尻《しり》を押す　253
尻《しり》を絡《から》げる　253

尻《しり》を据える 211・**252**
尻《しり》を叩《たた》く **253**
尻《しり》をぬぐう **253**
尻《しり》を捲《まく》る **253**
尻《しり》を持ち込む **253**
尻《しり》を割る 252
知る人ぞ知る **254**
白い歯を見せる **254**
白い目で見る **254**
白目《しろめ》で見る 254
詩を作るより田を作れ 378
心猿意馬《しんえんいば》 55
人間《じんかん》到る処青山《せいざん》あり **254**
人間《じんかん》万事《ばんじ》塞翁《さいおう》が馬 220・254
心血を注《そそ》ぐ **254**
人口に膾炙《かいしゃ》する 17・**255**
沈香《じんこう》も焚《た》かず屁《へ》もひらず **255**
身骨《しんこつ》を砕く 143・446
人後《じんご》に落ちない **255**
唇歯輔車《しんしほしゃ》 178
針小棒大《しんしょうぼうだい》 419
人事を尽くして天命を待つ **255**・320
人生意気に感ず **255**
人生字を識《し》るは憂患《ゆうかん》の始め 250
心臓が強い **256**
心臓が弱い 256
心臓に毛が生えている **256**
進退これ谷《きわ》まる 16
死んだ子の年勘定 256
死んだ子の年を数える **256**
沈丁花《じんちょうげ》は枯れてもかんばし 172
死んで花実が咲くものか **256**
死んで花実が成るものか 256
死んで花実は咲かぬ 256
死んで骨は光るまい 256
心頭《しんとう》を滅却すれば火もまた涼し **256**
しんどが得《とく》 494
しんどが利 421
身命《しんめい》を賭《と》する **257**

す

粋《すい》が身を食う **257**
水魚《すいぎょ》の交わり 64・147・169・**257**・290・414
推敲《すいこう》 **257**
彗星《すいせい》の如《ごと》く 165
酔生夢死《すいせいむし》 10・**258**
水泡《すいほう》に帰《き》す 75
酸《す》いも甘いも噛《か》み分ける **258**
酸《す》いも甘いも知っている 258
酸《す》いも甘いも知り抜く 258
吹毛《すいもう》の求《きゅう》 192
据《す》え膳《ぜん》食わぬは男の恥 **258**
頭《ず》が[頭の]高い 14
好きこそ物の上手なれ **258**・416
過ぎたるは及ばざるが如《ごと》し **258**
過ぎたるは猶《なお》及ばざるが如《ごと》し 258
好きは上手《じょうず》のもと 258
空《す》き腹《ばら》にまずいものなし 171
杜撰《ずさん》 **259**
涼《すず》しい顔をする **259**
雀《すずめ》の涙 **259**
雀《すずめ》百まで踊り忘れず **259**・439
鈴《すず》を転がす 288
捨てたものではない **260**
捨てる神あれば助ける神あり 260
捨てる神あれば引き上げる神あり 260
捨てる神あれば拾う神あり **260**
砂を噛《か》むよう **260**
図に当たる 260
図に乗る **260**
脛《すね》に傷持てば笹原《ささはら》走らず 260
脛《すね》に傷を持つ **260**
全ての道はローマに通ず **261**・495
すまじきものは宮仕《みやづか》え **261**
住まば都 261
隅《すみ》に置けない **261**
住めば田舎も名所 261
住めば都 **261**
相撲《すもう》に勝って勝負に負ける **261**

せ

千篇一律《せんぺんいちりつ》 **270**
先鞭《せんべん》を付ける **270**
前門の虎《とら》後門の狼《おおかみ》 41・**270**
千里《せんり》の行《こう》も一歩より 271
千里《せんり》の行《こう》も足下《そっか》に始まる **271**
千里《せんり》の道も一歩より 271
千里《せんり》の道も一歩より始まる 271
千慮《せんりょ》の一失 126・201・225・247・**271**
千慮《せんりょ》の一得 174・**271**

そ

桑海《そうかい》 272
滄海桑田《そうかいそうでん》 272
滄海《そうかい》の一粟《いちぞく》 **272**
滄海《そうかい》変じて桑田《そうでん》となる 157・**272**
喪家《そうか》の狗《いぬ》 **272**
創業《そうぎょう》は易《やす》く守成《しゅせい》は難《かた》し **272**
糟糠《そうこう》の妻 **273**
早秀《そうしゅう》は晩成《ばんせい》にしかず 269
漱石枕流《そうせきちんりゅう》 34
滄桑《そうそう》の変 272
桑田碧海《そうでんへきかい》 272
桑田《そうでん》変じて滄海《そうかい》となる 272
そうは問屋《とんや》が卸《おろ》さない **273**
双璧《そうへき》 189・**273**
草木《そうもく》が眠る 172
曾我贔屓《そがびいき》 418
底が浅い **273**
底が知れない 273
底が割れる 274
底には底がある 75
底を突く **274**
底を割る **274**・384
俎上《そじょう》に載せる 274・429
俎上《そじょう》の鯉《こい》 429
俎上《そじょう》の肉 429
そっぽを向く 7・**274**
袖《そで》擦《す》り合うも多生《たしょう》の縁 275
袖《そで》に縋《すが》る **274**
袖《そで》にする **275**
袖《そで》振り合うも多生《たしょう》の縁 41・**275**
袖《そで》触れ合うも多生《たしょう》の縁 275
袖《そで》を絞る **275**・289
袖《そで》を連《つら》ねる **275**
袖《そで》を引く **275**
外堀を埋める 248・**276**
備《そな》えあれば憂いなし 218・**276**
その手は桑名《くわな》の焼き蛤《はまぐり》 **276**
その所を得た魚《うお》のよう 64
反《そ》りが合わない **276**
反《そ》りを合わせる 276
揃《そろ》いも揃って **276**
損して得取れ **277**
孫楚漱石《そんそそうせき》 34

た

大海《たいかい》の一粟《いちぞく》 272
大海《たいかい》の一滴 272・277
大海《たいかい》は塵《ちり》を択《えら》ばず 111
対岸の火災 277
対岸の火事 **277**
大器小用《たいきしょうよう》 354
大器晩成《たいきばんせい》 269・**277**
大工の掘っ立て 35
大行《たいこう》は細謹《さいきん》を顧《かえり》みず **277**
大功《たいこう》は拙《せつ》なるが如《ごと》し 279
太鼓判《たいこばん》を押す **278**
大根を正宗《まさむね》で切る 354
泰山鴻毛《たいざんこうもう》 240・278
泰山《たいざん》は土壌を譲らず 111
泰山北斗《たいざんほくと》 **278**
大山《たいざん》鳴動《めいどう》して鼠《ねずみ》一匹 **278**
大事の前に小事なし 279
大事の前の小事 **279**
大智《たいち》は愚《ぐ》の如《ごと》し 279
泰斗《たいと》 278
大同小異《だいどうしょうい》 210・246
大の虫を生かして小の虫を殺す 248

大は小を叶《かな》える 279
大は小を兼ねる 279
大欲《たいよく》は無欲に似たり 279
大礼《たいれい》は小譲《しょうじょう》を辞せず 277
倒《たお》れて後《のち》已《や》む 279
高《たか》が知れる 280
箍《たが》が外れる 281
箍《たが》が緩む 280
高嶺《たかね》の花 280
鷹《たか》は飢えても穂をつまず 125
高みの見物 280
宝の持ち腐れ 281
高《たか》を括《くく》る 281
箍《たが》を締める 280
箍《たが》を外す 280・**281**・380
多岐亡羊《たきぼうよう》 281
多芸多才《たげいたさい》 281
多芸は無芸 281
竹に雀《すずめ》 75
竹箒《たけぼうき》も五百羅漢《らかん》 60
竹を割ったよう 282
他山《たざん》の石 62・268・**282**・394
多勢《たぜい》に無勢《ぶぜい》 243・**282**
蛇足《だそく》 **283**・452
叩《たた》けば埃《ほこり》が立つ 283
叩《たた》けば埃《ほこり》が出る 283
多多《たた》益益《ますます》弁ず 283
畳水練《たたみすいれん》 283
畳の上の陣立て 283
畳の上の水練 283
只《ただ》より高いものは無い 283
立ち寄らば大樹《たいじゅ》の陰 484
立つ瀬が無い 284
奪胎換骨《だったいかんこつ》 141
立っている者は親でも使え 284
立つ鳥跡を濁さず 19・**284**
手綱《たづな》をしぼる 284
手綱《たづな》を締める 284
手綱《たづな》を引き締める 284
手綱《たづな》を緩める 284
立て板に水 193・**285**
縦《たて》から見ても横から見ても 285
蓼《たで》食う虫は辛《から》きを知らず 285
蓼《たで》食う虫も好き好き 285
盾《たて》に取る 285
伊達《だて》の薄着 285
伊達《だて》の素足 285
伊達《だて》の素袷《すあわせ》 285
蓼《たで》の虫は葵《あおい》に移らず 285
縦《たて》の物を横にもしない 286
立てば芍薬《しゃくやく》座れば牡丹《ぼたん》歩く姿は百合《ゆり》の花 286
棚《たな》から牡丹餅《ぼたもち》 286
棚《たな》に上げる 286
棚《たな》へ上げる 286
棚《たな》ぼた 286
他人の念仏で極楽詣り 395
他人の褌《ふんどし》で相撲《すもう》を取る 286・395
他人の正目《まさめ》 88
頼みの綱 286
旅の恥は掻《か》き捨て 287
旅の恥は弁慶状《べんけいじょう》 287
旅は憂《う》いもの辛《つら》いもの 287
旅は心世は情け 287
旅は情け人は心 287
旅は道連れ世は情け 287
玉に瑕《きず》 287
玉の輿《こし》に乗る 287
玉琢《みが》かざれば器《き・うつわ》を成さず 288
玉琢《みが》かざれば宝とならず 288
玉磨《みが》かざれば光なし 288
玉を転がす 288
駄目《だめ》が出る 289
矯《た》めつ眇《すが》めつ 288
為《ため》にする 288
駄目《だめ》を押す 288
駄目《だめ》を出す 289
駄目《だめ》を踏む 288
袂《たもと》を絞る 275・**289**
袂《たもと》を連ねる 275

袂《たもと》を分かつ **289**
便りのないのは良い便り **289**
啖呵《たんか》を切る **289**
断機《だんき》の戒め 289・467
断機《だんき》の教え 467
短気は損気 **289**
短気は未練の初め 289
短気は身を滅ぼす腹切り刀 289
短気も我《われ》 後悔も我《われ》 289
断金《だんきん》の契《ちぎ》り 147・169・257・**290**・414
断琴《だんきん》の交わり 147・169・257・**290**・414
端倪《たんげい》すべからず **290**
断じて行えば鬼神《きしん》も之《これ》を避く **291**
丹誠《たんせい》を込める **291**
丹誠《たんせい》を凝《こ》らす 291
丹誠《たんせい》を尽くす 291
丹誠《たんせい》を抽《ぬき》んでる 291
断腸《だんちょう》の思い **291**・383
端緒《たんちょ》に就く 299
短慮《たんりょ》功《こう》を成さず 289
暖《だん》を取る **292**
端《たん》を発する **292**
端《たん》を開《ひら》く 292

ち

知恵のない子に知恵つける 360
知恵を貸す 315
血が通う **292**
近きを舎《す》てて遠きに交わる 82
血が騒ぐ **293**
近《ちか》しき中にも礼儀あり 237
血がたぎる 293
血が血を洗う 293
近道は遠道《とおみち》 36
力を貸す 315
力を尽くす 209
血が沸く **293**
池魚《ちぎょ》故淵《こえん》を思う 79・217
筑前女《ちくぜんおんな》に筑後男《ちくごおとこ》 13
竹馬《ちくば》の友 **293**
逐鹿《ちくろく》 232・296
智者《ちしゃ》の一失《いっしつ》 271
父の讐《あだ》は倶《とも》に天を戴かず 186・293
父の恩《おん》は山よりも高く母の恩は海よりも深し **293**
血で血を洗う **293**
血と汗 294
血と汗と涙 294
血と汗のかたまり 294
血と汗の結晶 **294**・295
血と汗の賜物《たまもの》 294
血と涙 294・295
地に足がつかない 8
地に足が着く 294
地に足を着ける **294**
治《ち》に居て乱を忘れず **294**
治《ち》にして乱を忘れず 294
智に働けば角が立つ **294**・339
血の雨が降る 295
血の雨を降らす **295**
血の色を失う 59
血の出るよう 295
血の滲《にじ》むよう **295**
血は争えない **295**
血道《ちみち》を上げる **295**
血も涙もない 294・**295**
茶腹《ちゃばら》も一時《いっとき》 **295**
中原《ちゅうげん》に鹿《しか》を逐《お》う 232・**296**
忠言《ちゅうげん》耳に逆らう **296**・491
宙《ちゅう》に浮く **296**
注文が付く 296
注文を付ける **296**
朝三暮四《ちょうさんぼし》 **297**
調子が乗る 297
調子に乗る **297**
長者の万灯《まんとう》より貧者の一灯 **297**
長所は短所 **297**
調子を合わせる **297**
長生《ちょうせい》恥《はじ》多し 54

提灯《ちょうちん》に釣り鐘　**298**・301
掉尾《ちょうび》の勇を奮う　298
掉尾《ちょうび》を飾る　103・**298**・478
長命《ちょうめい》すれば恥多し　54
頂門《ちょうもん》の一針《いっしん》　**298**
頂門《ちょうもん》の金椎《きんつい》　298
蝶《ちょう》よ花よ　**298**
朝令暮改《ちょうれいぼかい》　297・**299**
ちょっかいを出す　316
緒《ちょ》に就《つ》く　**299**
塵《ちり》積もりて山となる　299
塵《ちり》も積もれば山となる　22・**299**
血湧《わ》き肉躍《おど》る　293・**299**
血を血で洗う　293
血を見る　**299**
血を以《もっ》て血を洗う　293
血を分ける　**300**
沈黙は金 雄弁は銀　**300**
枕流漱石《ちんりゅうそうせき》　34

つ

痛痒《つうよう》を与える　300
痛痒《つうよう》を感じない　37・**300**
月と鼈《すっぽん》　298・**301**
月に叢雲《むらくも》花に風　199・**301**・377
月夜に釜《かま》を抜かれる　**301**
月夜に釜《かま》を掘り出す　301
月夜に提灯《ちょうちん》　**302**
土一升《つちいっしょう》に金一升《かねいっしょう》　**302**
土が付く　**303**
土積もりて山となる　299
綱《つな》を張る　**303**
角《つの》を折る　**303**
角《つの》を矯《た》めて牛を殺す　**303**
唾《つば》を付ける　**303**
粒《つぶ》が揃《そろ》う　**303**
潰《つぶ》しが効く　**304**
粒《つぶ》を揃《そろ》える　303
褄《つま》を取る　153
罪《つみ》が無い　**304**
罪《つみ》を憎んで人を憎まず　**304**
旋毛《つむじ》が曲がる　304
旋毛《つむじ》を曲げる　**304**・415
冷たい戦争　**304**
爪《つめ》に火を点《とも》す　**305**
爪《つめ》の垢《あか》ほど　**305**
爪《つめ》の垢《あか》を煎《せん》じて飲む　**305**
爪《つめ》を研ぐ　157
露《つゆ》と消える　**305**
面《つら》の皮が厚い　**306**
面《つら》の皮が千枚張り　306
面《つら》の皮を剝《は》ぐ　**306**
面《つら》の皮をひんむく　306
釣《つ》り落とした魚は大きい　350
鶴《つる》の一声《ひとこえ》　**306**
鶴《つる》は千年亀《かめ》は万年　**306**
釣瓶《つるべ》落としの秋の暮れ　3
釣瓶縄《つるべなわ》井桁《いげた》を断つ　22

て

手足を伸ばす　379
亭主《ていしゅ》が好きなら薦《こも》でも被《かぶ》れ　307
亭主《ていしゅ》の好きな赤鰯《あかいわし》　307
亭主《ていしゅ》の好きな赤烏帽子《あかえぼし》　**307**
手が上がる　71・**307**・314
手が空《あ》く　**307**
手が後ろに回る　**308**・309
手が切れる　**308**・315
手が込む　**308**
手がすく　307
手が付かない　312
手が付けられない　**308**・371
手が届く　**308**
手が伸びる　308・316
手が入る　**308**
手が離せない　309
手が離れる　**309**
手が早い　**309**

総索引

手が回らない 181
手が回る 308・**309**
手が焼ける 317
出来ない相談 **309**
敵《てき》は本能寺にあり **309**
敵《てき》を知り己を知れば百戦殆《あやう》からず 138
手薬煉《てぐすね》引く **310**
梃子《てこ》でも動かない **310**
手塩に掛ける **310**
手玉に取る **310**
鉄は熱いうちに打て **310**
鉄は熱いうちに鍛《きた》えよ 310
轍鮒《てっぷ》の急《きゅう》 **311**
轍《てつ》を踏む 268・**311**・353
手に汗を握る **311**
手に余る **311**
手に負えない **311**
手に掛かる 312
手に掛ける **312**
手に付かない 308・**312**
手に手を取る **312**
手に取るよう **312**
手に握る 316
手の裏を返す 312
手のひらを返す **312**
手の舞い足の踏む所を知らず **313**
手の舞い足の踏むを知らず 313
手八丁《てはっちょう》口八丁《くちはっちょう》 178
出端《ではな》を折る 154・313
出鼻《ではな》を折る 379
出端《ではな》を挫《くじ》く 154・**313**・379
出鼻《ではな》を挫《くじ》く 379
手拍子《てびょうし》を打つ 1
手も足も出ない **313**
出る杭《くい》は打たれる **313**
出る所へ出る **314**
出ると負け **314**
出る幕ではない **314**
手を空《あ》ける 307
手を上げる 71・307・**314**
手を合わせる **314**
手を入れる 308
手を打つ **314**
手を替え品《しな》を替え **315**
手を貸す **315**
手を借りる 315
手を切る 308・**315**
手を下《くだ》す **315**
手を組む **315**
手をこまねく 310・**315**
手を下げる 314
手を染める **315**
手を出す **316**
手を携《たずさ》える **316**
手を付ける **316**
手を握《にぎ》る **316**
手を抜く **316**
手を伸ばす 249・308・**316**・317
手を離れる 309
手を引く **317**
手を広げる 316・**317**
手を回す 309
手を焼く **317**
天衣無縫《てんいむほう》 **317**
伝家《でんか》の宝刀《ほうとう》 **318**
天狗《てんぐ》の飛び損ない 126・201・225・247・271
電光石火《でんこうせっか》 239
天井《てんじょう》から目薬 318・349
天上天下《てんじょうてんげ》唯我独尊《ゆいがどくそん》 **318**
天《てん》知る 神知る 我《われ》知る 子《し》知る 318
天《てん》知る 地知る 我《われ》知る 子《し》知る **318**
天真爛漫《てんしんらんまん》 317
点数を稼《かせ》ぐ **318**
転石《てんせき》苔《こけ》を生《しょう》ぜず **319**
天《てん》高く馬肥《こ》ゆる秋 **319**
天地長久《てんちちょうきゅう》 319
天長地久《てんちょうちきゅう》 **319**
点滴《てんてき》石を穿《うが》つ 22・319
天に在《あ》らば比翼《ひよく》の鳥 地に在らば連

理《り》《れん》の枝 82・108・**319**
天に唾《つば》する **320**
天に向かって唾《つば》を吐く 320
天罰覿面《てんばつてきめん》 234
天は二物《にぶつ》を与えず 117・221・**320**
天は人の上に人を造らず 人の下に人を造らず **320**
天は自《みずか》ら助くる者を助く 255・**320**
天秤《てんびん》に掛ける **321**
天網恢恢《てんもうかいかい》疎《そ》にして漏らさず **321**
天を仰いで唾《つば》する 320
点を稼《かせ》ぐ 318
天を指して魚《うお》を射《い》る 156

と

戸板《といた》に豆 285
頭角《とうかく》を現す **321**
桃花源《とうかげん》 412
灯火《とうか》親しむ可《べ》し **321**
薹《とう》が立つ **322**
同穴《どうけつ》の契《ちぎ》り 108
峠《とうげ》を越す **322**
桃源《とうげん》 412
桃源郷《とうげんきょう》 412
同工異曲《どうこういきょく》 **322**
桃三《とうさん》李四《りし》梅子《ばいし》十二 470
同日《どうじつ》の談ではない 322
同日《どうじつ》の論ではない **322**
同日《どうじつ》の論にあらず 322
同舟《どうしゅう》相《あい》救う 202
冬扇夏炉《とうせんかろ》 138
灯台《とうだい》下《もと》暗し **323**
道聴塗説《どうちょうとせつ》 **323**
堂に入《い》る **323**
問うに落ちず語るに落ちる **323**
堂に升《のぼ》り室に入《い》る 324
堂に升《のぼ》りて室に入《い》らず 323・**324**
問うは一時《いっとき》の恥《はじ》 問わぬは末代の恥 152
同病《どうびょう》相《あい》憐れむ **324**
豆腐《とうふ》に鎹《かすがい》 **324**・355・366
東奔西走《とうほんせいそう》 348
桃李《とうり》物言わざれども下《した》自《おの》ずから蹊《けい》を成す **324**
登竜門《とうりゅうもん》 196・**324**
同類《どうるい》相《あい》憐れむ 324・325
同類《どうるい》相《あい》求む 67・492
蟷螂《とうろう》が斧《おの》をもって隆車《りゅうしゃ》に向かう 325
蟷螂《とうろう》車轍《しゃてつ》に当たる 325
蟷螂《とうろう》の斧《おの》 **325**
当《とう》を得《え》る **325**・428
当《とう》を失する 325
遠い一家《いっか》より近い他人 325
遠い親戚より近くの他人 **325**
遠くて近きは恋の道 325
遠くて近きは男女の仲 **325**
遠くの親類より近くの他人 325
十《とお》で神童十五で才子二十《はたち》過ぎてはただの人 **326**
十《とお》で神童十五で才子二十《はたち》過ぎればただの人 269
遠火《とおび》で手をあぶる 125・349
遠道《とおみち》は近道 36
時に臨《のぞ》む **326**
時は金《かね》なり 48・**326**
度肝《どぎも》を抜く 27・31・**326**
度胸《どきょう》が据《す》わる 382
時を移さず **327**
時を移す 327
時を選ばず **327**・328
時を得《え》る **327**
時を追う **327**
時を置かず 328
時を置く **327**
時を稼《かせ》ぐ **327**
時を構《かま》わず 327・**328**
時を超える **328**
時を経《へ》る 327

時を分かたず 328
時を忘れる 328
毒《どく》食わば皿まで 329
毒気《どくけ》に当てられる 328
毒気《どくけ》を抜かれる 328
読書百遍《ひゃっぺん》義《ぎ》自《おの》ずから見《あらわ》る 329
読書百遍《ひゃっぺん》義《ぎ》自《おの》ずから通ず 329
毒《どく》にも薬《くすり》にもならない 174・329
毒《どく》を食らわば皿まで 329
毒《どく》を以《も》って毒を制す 329
毒《どく》を以《も》って毒を攻む 329
どこ吹く風 329
所《ところ》変われば品《しな》変わる 330・343
所《ところ》を得る 330
年に似合わぬ 330
年には勝てない 330
年に不足は無い 330
年寄りの力自慢 331
年寄りの冷や水 331
年寄りの夜歩き 331
年を食う 331
兎走烏飛《とそううひ》 71
塗炭《とたん》の苦しみ 331
途轍《とてつ》もない 331・332
とどのつまり 331
止《とど》めを刺す 331
飛ばず鳴かず 339
怒髪《どはつ》冠《かんむり》を衝《つ》く 332
怒髪《どはつ》天を衝《つ》く 332
鳶《とび》が鷹《たか》を生む 332
鳶《とび》に油揚げを攫《さら》われる 332
飛ぶ鳥の献立《こんだて》 333
飛ぶ鳥も落ちる 332
飛ぶ鳥を落とす勢い 332
途方《とほう》途轍《とてつ》もない 332
途方《とほう》に暮れる 332
途方《とほう》もない 331・332
途方《とほう》を失う 332
虎《とら》に角《つの》 333
虎《とら》に翼《つばさ》 333
虎《とら》に羽 333
捕らぬ狸《たぬき》の皮算用《かわざんよう》 333・334
虎《とら》の威《い》を借《か》る狐《きつね》 333
虎《とら》の尾を踏む 334・370
虎《とら》の口へ手を入れる 334
虎《とら》は死して皮を留め人は死して名を残す 334
虎《とら》は死して皮を残し人は死して名を残す 334
取り付く島《しま》もない 334・353
鳥肌《とりはだ》が立つ 334
鳥は翼《つばさ》に従って巣を作る 129
取るに足りない 335
取る物も取り敢《あ》えず 335
泥《どろ》に灸《きゅう》 355
泥《どろ》のように眠る 499
泥棒《どろぼう》に追い銭《せん》 335・356
泥棒《どろぼう》にも三分《さんぶ》の道理 335・356
泥棒《どろぼう》を捕らえて縄《なわ》を綯《な》う 125・335
泥棒《どろぼう》を見て縄《なわ》を綯《な》う 335
団栗《どんぐり》の背比《せいくら》べ 36・336
呑舟《どんしゅう》の魚《うお》は枝流《しりゅう》に游《およ》がず 336
飛んで火に入《い》る夏の虫 336
鳶《とんび》が孔雀《くじゃく》を生む 336
鳶《とんび》が鷹《たか》を生む 77・336
鳶《とんび》に油揚げを攫《さら》われる 336
鳶《とんび》も居ずまいから鷹《たか》に見える 336

な

無い袖《そで》は振れない 338
泣いた烏《からす》がもう笑う 338
泣いて馬謖《ばしょく》を斬《き》る 338
泣いても笑っても 338
長生きすれば恥《はじ》多し 54
長い目で見る 338
長い物には巻かれよ 338
長口上《ながこうじょう》は欠伸《あくび》の種 416
長崎《ながさき》ばってん江戸べらぼう 343
鳴かず飛ばず 229・339

に

荷《に》が重い **349**
荷《に》が下りる 349
荷《に》が勝つ **349**
逃《に》がした魚《さかな》は大きい **350**
逃《に》がした物に小さい物なし 350
苦虫《にがむし》を噛《か》み潰《つぶ》したよう **350**
憎《にく》まれっ子《こ》世にはばかる **350**
逃《に》げた魚《さかな》は大きい 350
逃《に》げた鯰《なまず》は大きく見える 350
逃《に》げるが勝ち 228・**350**・427
逃《に》げを打つ **351**
逃《に》げを張る 351
西から日が出る 58
錦《にしき》を飾《かざ》る 203・351
錦《にしき》を衣《き》て郷《きょう》に還《かえ》る 203
錦《にしき》を着て故郷《こきょう》に帰る 203
錦《にしき》を衣《き》て昼行く 203
錦《にしき》を衣《き》て夜行く 203
西も東も分からない 434
二足《にそく》の草鞋《わらじ》 **351**
似たもの夫婦 67
似たり寄ったり 210
日光《にっこう》見ずして結構と言うな 344・**351**
日光《にっこう》を見ないうちは結構と言うな 351
似《に》て非《ひ》なり 351
似《に》てもつかない 351
似《に》ても似つかない **351**
煮《に》ても焼いても食えない 74・**352**
二度あることは三度ある 229・**352**
二兎《にと》を追う者は一兎《いっと》をも得ず 21・**352**
二の足を踏む **352**・353
二の句が継げない **353**
二の舞《ま》いになる 353
二の舞《ま》いを演じる 268・311・**353**
二匹目《にひきめ》の泥鰌《どじょう》を狙《ねら》う **353**・475
にべも無い 334・**353**
女房《にょうぼう》と菅笠《すげがさ》は新しい方が良い 353
女房《にょうぼう》と畳《たたみ》は新しい方が良い **353**
女房《にょうぼう》と味噌《みそ》は古い方が良い 353
睨《にら》みが利《き》く 354
睨《にら》みを利《き》かせる **354**
鶏《にわとり》を割《さ》くに焉《いずく》んぞ牛刀を用いん **354**
鶏《にわとり》を割《さ》くに焉《なん》ぞ牛刀を用いん 354
人間《にんげん》到《いた》る処《ところ》青山《せいざん》あり 355
人間《にんげん》万事《ばんじ》塞翁《さいおう》が馬 220・355
人参《にんじん》と鞭《むち》 23

ぬ

糠《ぬか》に釘《くぎ》 324・**355**・366
ぬかみそ臭《くさ》い 273
抜き差しならない **355**
抜け駆《が》けの功名《こうみょう》 **355**
盗《ぬす》っ人《と》猛猛《たけだけ》しい **356**
盗人《ぬすびと》に追い 356
盗人《ぬすびと》に追い銭《せん》 **356**
盗人《ぬすびと》にも三分《さんぶ》の理《り》 **356**
盗人《ぬすびと》の昼寝 **356**
盗人《ぬすびと》を捕らえて縄《なわ》を綯《な》う 335
盗人《ぬすびと》を捕らえてみれば我が子なり **356**
沼《ぬま》に杭《くい》 355
ぬるま湯に浸《つ》かる **357**
ぬるま湯にひたる 357
濡《ぬ》れ衣《ぎぬ》を着せる **357**
濡《ぬ》れ衣《ぎぬ》を着る 357
濡《ぬ》れ衣《ぎぬ》を晴らす 357
濡《ぬ》れ手で粟《あわ》 45・**357**

ね

願ったり叶《かな》ったり **358**
願ってもない **358**
値《ね》が張る **358**
寝首《ねくび》を掻《か》く **358**
猫被《ねこかぶ》りをする 360
猫《ねこ》に鰹節《かつおぶし》 **358**・359
猫《ねこ》に乾鮭《からざけ》 358
猫《ねこ》に経《きょう》 73
猫《ねこ》に小判 **358**・408
猫《ねこ》に木天蓼《またたび》 **359**

の

は

総索引

馬鹿《ばか》にできない 368
馬鹿《ばか》にならない **368**
馬鹿《ばか》の一つ覚え **368**・386
掃《は》き溜《だ》めに鶴《つる》 187・**368**
掃《は》き溜《だ》めの鶴《つる》 368
馬脚《ばきゃく》を露《あら》わす 239・252・**369**
伯牙《はくが》琴《きん》を破る 290
伯牙《はくが》絃《げん》を絶つ 290
箔《はく》が付く **369**
白眼視《はくがんし》する 254
白玉楼中《はくぎょくろうちゅう》の人と化す 369
白玉楼中《はくぎょくろうちゅう》の人となる **369**
白日青天《はくじつせいてん》 265
拍車《はくしゃ》が掛かる 83・369
拍車《はくしゃ》を掛ける **369**
爆弾《ばくだん》を抱《かか》える **369**
伯仲《はくちゅう》の間《かん》 189・273
白髪三千丈《はくはつさんぜんじょう》 **370**
白眉《はくび》 **370**
薄氷《はくひょう》を踏む 334・**370**
歯車《はぐるま》が嚙《か》み合わない **370**
箔《はく》を付ける 369
禿《はげ》が三年目につかぬ 21
化《ば》けの皮がはがれる 239・252・369
鋏《はさみ》を入れる **370**
箸《はし》が転んでもおかしい年頃 **371**
箸《はし》が転んでも笑う年ごろ 371
梯子《はしご》が外される **371**
梯子《はしご》を外す 371
馬耳東風《ばじとうふう》 73・**371**・405・474
箸《はし》に虹梁《こうりょう》 298・301
箸《はし》にも棒にも掛からない 308・**371**
恥《はじ》の上塗《うわぬ》り **371**
恥《はじ》の恥《はじ》 371
始めは処女《しょじょ》の如《ごと》く後《のち》は脱兎《だっと》の如し **372**
恥《はじ》も外聞《がいぶん》も捨てる 372
恥《はじ》も外聞《がいぶん》も無い **372**
恥《はじ》も外聞《がいぶん》も忘れる 372
箸《はし》を付ける 316
はすに構える 242・372
蓮《はす》の台《うてな》の半座《はんざ》を分かつ 45
畑水練《はたけすいれん》 283
肌《はだ》で感じる **372**
肌《はだ》を許す **372**
罰《ばち》が当たる **373**
破竹《はちく》の勢い 196・**373**
八十の手習い 495
蜂《はち》の巣をつついたよう **373**
八面玲瓏《はちめんれいろう》 373
八面六臂《はちめんろっぴ》 **373**
ばつが悪い 158・**373**・425
白駒《はっく》の隙《げき》を過ぐるが如《ごと》し 221
抜山蓋世《ばつざんがいせい》 242・**374**
発破《はっぱ》を掛ける **374**
鳩《はと》が豆鉄砲《まめでっぽう》を食ったよう **374**
鳩《はと》に三枝《さんし》の礼あり 135・**374**
鳩《はと》に豆鉄砲《まめでっぽう》 374
歯止《はど》めが掛かる 374
歯止《はど》めを掛ける **374**
バトンを渡す **374**
鼻息が荒い **375**
鼻が利《き》く 461
花が咲く **375**・377
鼻が高い **375**
鼻糞《はなくそ》で鯛《たい》を釣る 81
鼻先《はなさき》であしらう 377
鼻先《はなさき》で笑う 377
話が合う **376**
話が落ちる **376**
話が嚙《か》み合わない **376**
話が付く **376**・377
話が弾《はず》む **376**
話が早い **376**
話が見えない **376**
話にならない **376**
話に花が咲く **377**
話の腰《こし》を折る **377**
話を付ける 376・**377**
鼻そげも靨《えくぼ》 21

鼻っ柱《ばしら》を折る 379
鼻っ柱《ばしら》をへし折る **377**・379
鼻であしらう **377**
鼻で笑う **377**
花に嵐《あらし》 199・301・**377**
鼻に掛ける **378**
花に風 377
鼻に付く **378**
鼻の先であしらう 377
鼻の先で笑う 377
鼻の下《した》が長い **378**
花の下《した》より鼻の下《した》 378
鼻の下《した》を長くする 378
鼻の下《した》を伸ばす 378
花実《はなみ》が咲く 256
鼻持ちならない **378**
花も恥《は》じらう **378**
花も実《み》もある **378**
花より団子《だんご》 **378**
鼻を明《あ》かす **379**
鼻を折る 140・377・**379**
花を咲かせる 375
花を添《そ》える 60
鼻を高くする 375
花を持たせる **379**
歯に衣《きぬ》着せぬ 89・**379**
羽《はね》を伸ばす **379**
歯の抜けたよう **379**
歯の根《ね》が合わない **380**
幅《はば》が利《き》く 380
幅《はば》を利《き》かせる **380**
幅《はば》を取る **380**
羽目《はめ》を外す 281・**380**
波紋《はもん》を投《とう》じる 381
波紋《はもん》を投げる 381
波紋《はもん》を広げる 381
波紋《はもん》を呼ぶ **381**
早いが勝ち 223
早起きは三文《さんもん》の得 **381**
腹が居《い》る 382
腹が決まる 383
腹が黒い **381**
腹が据《す》わる **382**
腹が立つ **382**
腹が減っては戦《いくさ》が出来ぬ **382**
腹がよじれる 383
腹に一物《いちもつ》 451
腹に収める **382**
腹に落ちる 411
腹にしまう 382
腹に据《す》えかねる **382**・384
腹の虫が治まらない **382**
腹の虫が承知しない 382
腹八分目《はちぶんめ》に医者要《い》らず **383**
腹も身の内《うち》 **383**
腸《はらわた》が千切《ちぎ》れる **383**
腸《はらわた》が煮え繰り返る **383**
腹を固める 383・384
腹を決める **383**・384
腹を切る **383**
腹を肥《こ》やす 241・**384**
腹を据《す》える 383・**384**
腹を立てる 382
腹を割《わ》る 274・**384**
張り子の虎《とら》 71・86
針《はり》の穴から天を覗《のぞ》く 55
針《はり》の筵《むしろ》 **384**
馬良白眉《ばりょうはくび》 370
馬齢《ばれい》を重ねる **384**
馬齢《ばれい》を加える 384
腫《は》れ物に触《さわ》るよう **385**
歯を食い縛《しば》る **385**
半可通《はんかつう》 50
反間《はんかん》苦肉《くにく》の策 180
反旗《はんき》を翻《ひるがえ》す **385**
判子《はんこ》で押したよう 386
盤根錯節《ばんこんさくせつ》 **385**
万策《ばんさく》尽きる 121
万事《ばんじ》休《きゅう》す 121・**385**
万死《ばんし》に一生を得る 161

ひ

人を以《もっ》て鑑《かがみ》となせ 62・394
火に油を注《そそ》ぐ 22・**397**
微《び》に入《い》り細《さい》にわたる 397
微《び》に入《い》り細《さい》を穿《うが》つ **397**
髀肉《ひにく》の嘆《たん》 **398**
批《ひ》の打ち所が無い 398
非《ひ》の打ち所が無い **398**
日の出の勢い **398**
火の無い所に煙《けむり》は立たぬ **398**・425
火の中《なか》にも三年 34
火の原を焼くがごとし 490
日の目を見る 75・84・**398**
火花《ひばな》を散らす **399**
火蓋《ひぶた》が切られる 399
火蓋《ひぶた》を切る **399**・426
百尺《ひゃくしゃく》竿頭《かんとう》一歩を進む **399**
百姓《ひゃくしょう》百層倍《ひゃくそうばい》 174
百川《ひゃくせん》海に朝《ちょう》す 261
百年河清《かせい》を俟《ま》つ **400**
百年黄河《こうが》の澄むを俟《ま》つ 400
百聞《ひゃくぶん》は一見《いっけん》に如《し》かず **400**
百鬼夜行《ひゃっきやこう》 **400**
冷《ひ》や飯《めし》にする 400
冷《ひ》や飯《めし》になる 400
冷《ひ》や飯《めし》を食う **400**
氷山《ひょうざん》の一角《いっかく》 **401**
氷人《ひょうじん》 191
平仄《ひょうそく》が合わない **401**
氷炭《ひょうたん》相《あい》容《い》れず **401**
氷炭《ひょうたん》相《あい》並ばず 401
瓢箪《ひょうたん》から駒《こま》 68・**401**
氷炭《ひょうたん》器《き》を同じくせず 401
瓢箪《ひょうたん》で鯰《なまず》を押さえる **402**
瓢箪鯰《ひょうたんなまず》 402
瓢箪《ひょうたん》の川流れ **402**
豹《ひょう》は死して皮を留《とど》め人は死して名を留む 334
比翼《ひよく》の鳥 319・402
比翼連理《ひよくれんり》 319
開《ひら》け胡麻《ごま》 **402**
ピリオドを打つ **402**
火を付ける 387
火を見るより明らか **403**
ピンからキリまで **403**
牝鶏《ひんけい》晨《あした》す 465
牝鶏《ひんけい》の晨《しん》 465
貧者《ひんじゃ》の一灯《いっとう》 403
顰蹙《ひんしゅく》を買う **403**
貧《ひん》すれば鈍《どん》する **403**
ぴんと来ない 124
貧乏難儀《びんぼうなんぎ》は時の回り 131
貧乏人《びんぼうにん》の子沢山《こだくさん》 404
貧乏《びんぼう》暇《ひま》無し **404**

ふ

風雲《ふううん》急《きゅう》を告げる **404**
風櫛雨沐《ふうしつうもく》 239
風樹《ふうじゅ》の悲しみ 404
風樹《ふうじゅ》の嘆《たん》 **404**
風樹《ふうじゅ》の嘆き 404
風《ふう》する馬牛《ばぎゅう》も相《あい》及ばず 405
風声鶴唳《ふうせいかくれい》 **404**
風前《ふうぜん》の灯燭《とうしょく》 405
風前《ふうぜん》の灯火《ともしび》 **405**
風中《ふうちゅう》の燭《しょく》 405
風中《ふうちゅう》の灯《とう》 405
風馬牛《ふうばぎゅう》 **405**
風馬牛《ふうばぎゅう》も相《あい》及ばず 405
夫婦喧嘩《ふうふげんか》は犬も食わない **405**
風木《ふうぼく》の悲しみ 404
風木《ふうぼく》の嘆《たん》 404
風木《ふうぼく》の嘆き 404
笛《ふえ》吹けども踊らず **405**
深い川は静かに流れる 364
不帰《ふき》の客となる **406**
河豚《ふぐ》食う無分別《むふんべつ》河豚食わぬ無分別 407
覆車《ふくしゃ》の戒め 268
覆水《ふくすい》盆《ぼん》に返らず 19・**406**

不倶戴天《ふぐたいてん》 186・**407**
河豚《ふぐ》は食いたし命は惜しし **407**
袋の中の鼠《ねずみ》 407
袋の鼠《ねずみ》 **407**
不幸中《ふこうちゅう》の幸《さいわ》い **407**
巫山《ふざん》の雨 407
巫山《ふざん》の雲雨《うんう》 407
巫山《ふざん》の雲 407
巫山《ふざん》の夢 **407**
武士《ぶし》に二言《にごん》無し **407**
富士《ふじ》の山ほど願って擂《す》り鉢《ばち》ほど叶《かな》う 419
武士《ぶし》は相身互《あいみたが》い **408**
武士《ぶし》は食わねど高楊枝《たかようじ》 **408**
蓋《ふた》が開《あ》く 409
豚《ぶた》に真珠 301・358・**408**
豚《ぶた》に念仏 73
二股膏薬《ふたまたごうやく》 69・408
二目《ふため》と見られない **409**
蓋《ふた》を開《あ》ける **409**
淵《ふち》は瀬となる 157
物議《ぶつぎ》を醸《かも》す **409**・495
降って湧《わ》く **409**
筆《ふで》が滑《すべ》る **409**
筆《ふで》が立つ **410**
筆《ふで》が乗る 409
筆《ふで》が走る 409
筆《ふで》を入れる **410**
筆《ふで》を擱《お》く 410
筆《ふで》を折る **410**
筆《ふで》を断つ 410
筆《ふで》を執《と》る **410**
筆《ふで》を走らせる 409
筆《ふで》を揮《ふる》う **410**
懐《ふところ》が温かい **411**
懐《ふところ》が寂《さび》しい 411
懐《ふところ》が寒い **411**
懐《ふところ》が深い **411**
腑《ふ》に落ちない **411**
舟に刻《きざ》みて剣《けん》を求む **411**
舟に刻《こく》して剣《つるぎ》を求む 411
舟に懲《こ》りて輿《こし》を忌む 17
舟を漕《こ》ぐ 250・**412**
冬《ふゆ》来《き》たりなば春遠からじ **412**
不用《ふよう》の用 453
振《ふ》りの客 **412**
不立文字《ふりゅうもんじ》 35・363
武陵桃源《ぶりょうとうげん》 **412**
篩《ふるい》に掛ける **413**
ブルータスお前もか **413**
古狐《ふるぎつね》のよう 74
故《ふる》きを温《たず》ねて新しきを知る 104・413
古狸《ふるだぬき》のよう 74
ブレーキを掛ける 374
風呂敷《ふろしき》を広げる 87・**414**
付和雷同《ふわらいどう》 **414**
刎頸《ふんけい》の友 414
刎頸《ふんけい》の交わり 147・169・257・290・**414**
粉骨砕身《ふんこつさいしん》 **414**・446
焚書坑儒《ふんしょこうじゅ》 **414**
踏《ふ》んだり蹴《け》ったり 339・**415**
褌《ふんどし》には短し手拭《てぬぐ》いには長し 97
糞土《ふんど》の牆《しょう》は杇《ぬ》るべからず 163
分《ぶん》に過ぎる **415**
文《ぶん》は武《ぶ》にまさる 417

へ

ベールを脱《ぬ》ぐ 132
臍《へそ》が茶を沸かす 415
臍《へそ》で茶を沸かす **415**
臍《へそ》を曲げる 304・**415**
下手《へた》すると 416
下手《へた》な鍛冶屋《かじや》も一度は名剣 415
下手《へた》な鉄砲《てっぽう》も数撃てば当たる **415**
下手《へた》の考え休むに如《し》かず 416
下手《へた》の考え休むに似たり **416**
下手《へた》の長口上《ながこうじょう》 416
下手《へた》の長談義《ながだんぎ》 **416**
下手《へた》の長談義《ながだんぎ》高座《こうざ》の妨げ 416

下手《へた》の長話《ながばなし》 416
下手《へた》の物好き 416
下手《へた》の横好き **416**
下手《へた》をすると **416**
蛇《へび》に逢《お》うた蛙《かえる》 417
蛇《へび》に嚙《か》まれて朽縄《くちなわ》に怖《お》じる 17
蛇《へび》に睨《にら》まれた蛙《かえる》 136・**417**
蛇《へび》に見込《みこ》まれた蛙《かえる》 136・417
蛇《へび》の生殺《なまごろ》し **417**
蛇《へび》の生殺《なまごろ》しは人を嚙《か》む 417
蛇《へび》を画《えが》いて足を添う 283
屁《へ》をひって尻《しり》窄《すぼ》め **417**
屁《へ》をひって尻《しり》つぼめ 417
弁慶《べんけい》に薙刀《なぎなた》 95
ペンは剣《けん》よりも強し **417**

ほ

判官贔屓《ほうがんびいき》 **418**
暴虎馮河《ぼうこひょうが》 **418**
暴虎馮河《ぼうこひょうが》の勇 418
法師《ほうし》憎《にく》けりゃ袈裟《けさ》まで憎し 418
傍若無人《ぼうじゃくぶじん》 123・418
望蜀《ぼうしょく》 494
望蜀《ぼうしょく》の嘆《たん》 494
坊主《ぼうず》が憎《にく》ければ袈裟《けさ》まで憎し 418
坊主《ぼうず》憎《にく》けりゃ袈裟《けさ》まで憎い **418**
坊主《ぼうず》の不信心 35・201
坊主《ぼうず》丸儲《まるもう》け 174・**418**
棒《ぼう》に振る **419**
棒《ぼう》ほど願って針《はり》ほど叶《かな》う **419**
亡羊《ぼうよう》の嘆《たん》 281・419
望洋《ぼうよう》の嘆《たん》 281
頰《ほお》が緩《ゆる》む **419**
頰《ほお》を赤く染《そ》める 419
頰《ほお》を染《そ》める **419**
頰《ほお》を膨《ふく》らませる **419**
北馬南船《ほくばなんせん》 348
墓穴《ぼけつ》を掘る **419**
臍《ほぞ》を固める 420
臍《ほぞ》を嚙《か》む **420**
蛍《ほたる》の光 窓の雪 188・420
牡丹《ぼたん》に蝶《ちょう》 75
ほっぺたが落ちる 6
仏《ほとけ》造って魂《たましい》入《い》れず **420**
仏《ほとけ》造って眼《まなこ》を入《い》れず 420
仏《ほとけ》造っても開眼《かいげん》せねば木の切れも同然 420
仏《ほとけ》の顔も三度 **420**
仏《ほとけ》の顔も三度撫《な》ずれば腹立つ 420
仏《ほとけ》の顔も日に三度 420
骨惜《ほねお》しみをせず 422
骨折《ほねお》り損の草臥《くたび》れ儲《もう》け **421**・494
骨《ほね》が折れる 158・**421**・422
骨《ほね》に刻《きざ》む 160・**421**
骨《ほね》に染《し》みる 421
骨《ほね》に徹《てっ》する 421
骨身《ほねみ》に応《こた》える 421
骨身《ほねみ》に染《し》みる **421**
骨身《ほねみ》に徹《てっ》する 421
骨身《ほねみ》に通る 421
骨身《ほねみ》を惜《お》しまず **422**
骨身《ほねみ》を削《けず》る 55・421・**422**
骨《ほね》を埋《うず》める **422**
骨《ほね》を惜《お》しまず 422
骨《ほね》を惜《お》しむ **422**
骨《ほね》を折る 421・**422**
骨《ほね》を換《か》え胎《たい》を奪う 141
骨《ほね》を砕《くだ》く 143・208・446
骨《ほね》を拾《ひろ》う **422**
洞ヶ峠《ほらがとうげ》を決め込む **423**
法螺《ほら》を吹く 167
蒲柳《ほりゅう》の質《しつ》 **423**
惚《ほ》れた腫《は》れた **423**
惚《ほ》れた腫《は》れたは当座のうち 423
惚《ほ》れた欲目には痘痕《あばた》も靨《えくぼ》 21
惚《ほ》れた弱み **423**
惚《ほ》れて通えば千里《せんり》も一里《いちり》 325
襤褸《ぼろ》が出る 423
襤褸《ぼろ》を出す **423**

盆《ぼん》と正月が一度に来たよう　424

盆《ぼん》と正月が一緒に来たよう　**424**

ま

枚挙《まいきょ》に遑《いとま》がない　119・**424**

間《ま》がいい　**424**

魔《ま》が差す　**424**

間《ま》が抜ける　**424**・425

蒔《ま》かぬ種は生えぬ　398・**425**

間《ま》が持たない　**425**・430

間《ま》が悪い　158・373・**425**

幕《まく》が上がる　425

幕《まく》が開《あ》く　**425**

幕《まく》が切って落とされる　426

枕《まくら》を重ねる　426

枕《まくら》を交《か》わす　**426**

枕《まくら》を高くして眠る　426

枕《まくら》を高くして寝る　**426**

枕《まくら》を並べる　124・**426**

幕《まく》を開《あ》ける　425

幕《まく》を下ろす　426

幕《まく》を切って落とす　399・**426**

幕《まく》を閉じる　**426**

負け犬の遠吠《とおぼえ》え　53・427

負けて勝つ　427

負けるが勝ち　350・**427**

麻姑《まこ》痒《かゆ》きを掻《か》く　135

麻姑掻痒《まこそうよう》　135

馬子《まご》にも衣装《いしょう》　**427**

麻姑《まこ》を倩《やと》うて痒《かゆ》きを掻《か》く　135

勝《まさ》るとも劣《おと》らない　**427**

まず隗《かい》より始めよ　107

股《また》に掛ける　**427**

麻中《まちゅう》の蓬《よもぎ》　7・428

末席《まっせき》を汚《けが》す　**428**

待てば海路《かいろ》の日和《ひより》あり　133・**428**

待てば甘露《かんろ》の日和《ひより》あり　428

的《まと》を射《い》る　**428**

俎板《まないた》に載《の》せる　**429**

俎板《まないた》の魚《うお》　429

俎板《まないた》の鯉《こい》　**429**

眦《まなじり》を決する　**429**

眦《まなじり》を裂く　429

眉毛《まゆげ》に唾《つば》を付ける　429

眉毛《まゆげ》に火が付く　429

眉唾《まゆつば》　429

眉唾物《まゆつばもの》　429

眉《まゆ》に唾《つば》する　429

眉《まゆ》に唾《つば》を付ける　303・**429**

眉《まゆ》に唾《つば》を塗る　429

眉《まゆ》に火が付く　**429**

眉根《まゆね》を寄せる　430

眉《まゆ》を曇《くも》らせる　100

眉《まゆ》をしかめる　430

眉《まゆ》を顰《ひそ》める　**430**

眉《まゆ》を開《ひら》く　244・**430**

眉《まゆ》を寄せる　430

真綿《まわた》で首を絞める　**430**

回るは近道　36

間《ま》を持たせる　**430**

満更《まんざら》でもない　**431**

満《まん》を持《じ》す　**431**

満《まん》を引く　431

み

ミイラ取りがミイラになる　**432**

見得《みえ》を切る　**432**

見栄《みえ》を張る　87・**432**

磨《みが》きが掛かる　432

磨《みが》きを掛ける　**432**

身が入《はい》る　445

身から出た錆《さび》　61・**433**

右から左　**433**

右と言えば左　**433**

右に出る　**433**

右へ倣《なら》え　**433**

右も左も分からない　**434**

神輿《みこし》を上げる　**434**

神輿《みこし》を担《かつ》ぐ	434
神輿《みこし》を据《す》える	434
見猿《みざる》聞か猿言わ猿	434
微塵《みじん》も積もりて山となる	299
水《みず》至《いた》りて清ければ魚《うお》無し	435
水があく	436
水《みず》清《きよ》ければ魚《うお》棲《す》まず	435
水《みず》清《きよ》ければ大魚《たいぎょ》無し	435
水心《みずごころ》あれば魚心《うおごころ》	64
水と油	435
水鳥《みずどり》の羽音《はおと》に驚く	404
水に流す	435
水になじむ	435
水に慣れる	435
水の滴《したた》る	436
水の低《ひく》きに就《つ》くが如《ごと》し	436
水は低《ひく》きに流る	436
水は方円《ほうえん》の器《うつわ》に随《したが》う	436
水も滴《したた》る	436
水も漏《も》らさぬ	25・436
水をあける	436
水を打ったよう	437
水を得た魚《うお》	437
水を得た魚《うお》のよう	64
水を掛ける	437
水を差す	437
水を煎《に》て氷を作る	156
水を向ける	437
身銭《みぜに》を切る	241・437
味噌《みそ》こしで水をすくう	115
味噌《みそ》も糞《くそ》も一緒	1・438
味噌《みそ》を付ける	438
道が開《ひら》ける	438
道草《みちくさ》を食う	438
三日天下《みっかてんか》	438・439
三日坊主《みっかぼうず》	438・439
三《み》つ子《ご》に習うて浅瀬を渡る	86
三《み》つ子《ご》の魂《たましい》百まで	259・439
見ての極楽《ごくらく》住んでの地獄	149
緑《みどり》の髪《かみ》	439
緑《みどり》の黒髪《くろかみ》	439
皆《みな》にする	439
皆《みな》になる	439
身に覚《おぼ》えがある	70・439
身に覚《おぼ》える	439
身に染《し》みる	439
身につまされる	440
見ぬが花	440
見ぬが仏《ほとけ》聞かぬが花	250
見ぬ事《こと》清《きよ》し	440
見ぬ物《もの》清《きよ》し	440
身のおさめどころがない	20
身の毛がよだつ	266・440
実《み》のなる木は花から知れる	269
身の振《ふ》り方	440
身二《みふた》つになる	440
耳が痛い	441
耳が肥《こ》えている	441
耳が遠い	441
耳が早い	441
身身《みみ》となる	440
耳に痛い	441
耳に入《い》れる	218・441
耳にさかう	442
耳に逆《さか》らう	442
耳にする	442
耳に胼胝《たこ》ができる	442
耳に付く	442
耳に留《とど》める	442
耳に留《と》める	442
耳に残る	442
耳に挟《はさ》む	218・443
耳を疑《うたが》う	443・462
耳を掩《おお》うて鐘《かね》を盗む	443
耳を掩《おお》うて鈴《すず》を盗む	443
耳を貸す	443
耳を傾《かたむ》ける	443
耳を澄《す》ます	443
耳をそばだてる	443
耳を揃《そろ》える	444

耳を劈《つんざ》く	**444**
耳を聾《ろう》する	**444**
見も知らぬ	**444**
身も蓋《ふた》も無い	**444**
身も世《よ》も無い	**444**
脈《みゃく》がある	**444**
脈《みゃく》がない	444
名詮自性《みょうせんじしょう》	344
見る影《かげ》も無い	**445**
身を誤《あやま》る	**445**
身を入《い》れる	123・**445**
身を蔵《かく》し影《かげ》を露《あら》わす	14
身を固める	**445**
身を砕《くだ》く	143・208・**446**
身を削《けず》る	55・422
身を粉《こ》にする	414・**446**
身を捨ててこそ浮かぶ瀬もあれ	65・**446**
身を立てる	**446**
身を尽くす	209
身を投《とう》ずる	**446**
身を投げる	446
身を引く	317
実《み》を結ぶ	**447**
身を持ち崩す	**447**
身を以《もっ》て	**447**
身を窶《やつ》す	**447**

む

六日《むいか》の菖蒲《あやめ》	**447**
六日《むいか》の菖蒲《あやめ》十日の菊《きく》	138・193・447
無為《むい》にして治まる	447
無為《むい》にして化《か》す	**447**
昔《むかし》取った杵柄《きねづか》	**448**
麦飯《むぎいい》で鯉《こい》を釣る	81
向こうに回す	**448**
向こうを張る	**448**
無言《むごん》の帰国	448
無言《むごん》の帰宅	**448**
虫が知らせる	**449**
虫唾《むしず》が走る	**449**
虫の居所《いどころ》が悪い	**449**
虫の知らせ	449
矛盾《むじゅん》	**449**
矛盾撞着《むじゅんどうちゃく》	232
娘《むすめ》十八《じゅうはち》番茶も出花《でばな》	96
胸糞《むなくそ》が悪い	**450**
無《む》に帰《き》する	**450**
胸一杯《むねいっぱい》になる	450
胸が一杯になる	**450**
胸が躍《おど》る	205・**450**・452
胸が騒《さわ》ぐ	293
胸がすく	**450**
胸が弾《はず》む	205・452
胸が膨《ふく》らむ	452
胸が塞《ふさ》がる	**450**
胸三寸《むねさんずん》	**451**
胸に一物《いちもつ》	**451**
胸に刻《きざ》む	160・421
胸に手を当てる	**451**
胸に手を置く	451
胸に秘《ひ》める	**451**
胸を痛める	207・**451**
胸を打つ	207・**451**
胸を躍《おど》らせる	450
胸を貸す	123・451
胸を借りる	123・443・**451**
胸を焦《こ》がす	**452**
胸を撫《な》で下ろす	**452**
胸を弾《はず》ませる	**452**
胸を張る	136
胸を膨《ふく》らませる	**452**
無用《むよう》の長物《ちょうぶつ》	138・283・**452**
無用《むよう》の用	**453**
無理が通れば道理が引っ込む	33・**453**

め

明鏡止水《めいきょうしすい》	**454**
名所《めいしょ》に見所《みどころ》なし	454

名物《めいぶつ》に旨《うま》い物なし **454**
名物《めいぶつ》は聞くに名高《なだか》く食うに味なし 454
明眸皓歯《めいぼうこうし》 **454**
名誉回復《めいよかいふく》 454
名誉挽回《めいよばんかい》 98・**454**
命《めい》を知る者は巌牆《がんしょう》の下《もと》に立たず 184
目が当てられない 462
目が奪われる 462
目が利《き》く **455**・461
目が眩《くら》む **455**・481
目が肥《こ》える **455**
目が覚《さ》める **455**
目頭《めがしら》が熱くなる **455**
目頭《めがしら》を押さえる 455
目頭《めがしら》を拭《ぬぐ》う **455**
目が据《す》わる **456**
芽《め》が出る **456**
目が出る 456
目が点になる **456**
目が届く **456**
目が飛び出る 461
目角《めかど》を立てる 457・459
目が無い **456**
眼鏡《めがね》に適《かな》う 98
目が離せない 464
目が光る 464
目が回る **456**・464
目が物を言う 461
目から鱗《うろこ》が落ちる **456**
目から入って鼻へ出る 457
目から鼻へ抜ける 45・**457**
目から火が出る **457**
目から火花《ひばな》が散る 457
目くじらを立てる **457**・459・463
目糞《めくそ》が鼻糞《はなくそ》を笑う 210
目糞《めくそ》鼻糞《はなくそ》を笑う **457**
飯《めし》も喉《のど》を通らない **457**
目じゃない 456
目尻《めじり》を下げる **458**
飯《めし》を食う **458**
メスを入れる **458**
めだかも魚《さかな》のうち 224
目玉が飛び出る 461
めっきが剝《は》げる **458**
滅相《めっそう》もない **458**
目と鼻の間《あいだ》 458
目と鼻の先 **458**
目に余《あま》る **458**
目に入《い》れても痛くない 461
目に掛ける 99・463
目に角《かど》を立てる 457・**459**・463
目に染《し》みる **459**
目に立つ **459**
目に付く **459**
目に毒《どく》 461
目には目を 歯には歯を **459**
目にも留《と》まらぬ **460**
目に物《もの》言わす **460**
目に物《もの》見せる **460**
目の色が変わる 460
目の色を変える **460**
目の上の瘤《こぶ》 **460**
目の上のたんこぶ 460
目の黒いうち **461**
目の玉が飛び出る 457・**461**
目の玉の黒いうち 461
目の毒《どく》 **461**
目の中に入《い》れても痛くない **461**
目は口ほどに物を言う **461**
目は心の鏡 461
目は心の窓 461
目端《めはし》が利《き》く **461**
目端《めはし》を利《き》かせる 461
目鼻《めはな》が付く **462**
目鼻《めはな》を付ける 462
目も当てられない **462**
目もあや **462**
目もくれない **462**

総索引

目を疑《うたが》う 443・**462**
目を奪う **462**
目を奪われる 208
目を掛ける **463**
目を配る **463**
目を凝《こ》らす **463**
目を三角《さんかく》にする 459・**463**・464
目を白黒《しろくろ》させる **463**
目を注《そそ》ぐ 254
芽《め》を出す 456
目を付ける **463**
目を瞑《つぶ》る **464**
目を点にする 456
目を盗む 462・**464**
目を離す **464**
目を離せない 464
目を光らせる **464**
目を開《ひら》く **464**
目を丸くする **464**
目を回す 456・**464**
目を見張る **465**
目を剝《む》く **465**
目をやらない 462
面《めん》が割れる **465**
雌鶏《めんどり》歌えば家滅ぶ **465**
雌鶏《めんどり》勧《すす》めて雄鶏《おんどり》時を作る 465
面皮《めんぴ》を剝《は》ぐ 306
面壁九年《めんぺきくねん》 **465**
面目《めんぼく》が立つ 110・**466**
面目《めんぼく》が潰《つぶ》れる **466**
面目《めんぼく》丸潰《まるつぶ》れ 466
面目《めんぼく》を潰《つぶ》す 466
面目《めんぼく》を施《ほどこ》す **466**

も

盲亀《もうき》の浮木《ふぼく》 **466**
盲亀《もうき》浮木《ふぼく》に会う 466
孟母三遷《もうぼさんせん》の教え **467**
孟母断機《もうぼだんき》の戒め 467
孟母断機《もうぼだんき》の教え **467**
孟母《もうぼ》の三居《さんきょ》 467
孟母《もうぼ》の三遷《さんせん》 467
沐雨櫛風《もくうしっぷう》 239
餅《もち》は餅屋 **467**
餅屋《もちや》は餅屋 467
物相飯《もっそうめし》を食う 172
専《もっぱ》らにする 213
元の鞘《さや》に収まる **467**
元の鞘《さや》に収める 467
元の木阿弥《もくあみ》 **468**
求めよ さらば与えられん **468**
元も子《こ》もない **468**
もとを取る 219
物言えば唇《くちびる》寒し秋の風 178・**469**
物ともせず 213
物にする **469**
物になる **469**
物は相談 **469**
物は試《ため》し **469**
物も言い様《よう》で角《かど》が立つ **470**
物を言う 130・**470**
物を言わせる 470
桃栗三年《ももくりさんねん》柿八年《かきはちねん》 **470**
貰《もら》う物は夏も小袖《こそで》 38・283・470
諸手《もろて》を挙げる **470**
諸肌《もろはだ》を脱ぐ 395・**470**
両刃《もろは》の剣《つるぎ》 **471**
門前《もんぜん》市《いち》を成す **471**
門前《もんぜん》雀羅《じゃくら》を張る **471**
門前《もんぜん》の小僧《こぞう》習わぬ経《きょう》を読む 140・**471**
問題にならない 371
門庭《もんてい》市《いち》の若《ごと》し 471
門を叩《たた》く **472**

や

野鶴《やかく》の鶏群《けいぐん》に在《あ》るが如《ごと》し 187
焼きが回る **472**
焼きを入《い》れる **472**

役者が一枚上《いちまいうえ》 **472**
役者が上 472
役者が揃《そろ》う **472**
役者が違《ちが》う 472
役に立つ **473**
役に立てる 473
薬籠中《やくろうちゅう》の物 232・473
焼け石に水 **473**
焼け野《の》の鴉《からす》 473
焼け野《の》の雉《きぎす》夜《よる》の鶴《つる》 **473**
焼け木杭《ぼっくい》に火が付く **473**
安い高いは品《しな》による 473・474
安かろう悪かろう **473・474**
安物買《やすものか》いの銭失《ぜにうしな》い 473・**474**
安物は高物《たかもの》 473・474
痩《や》せ腕にも骨 48
痩《や》せても枯れても **474**
痩《や》せても枯れても武士は武士 172
矢でも鉄砲《てっぽう》でも飛んでこい 474
矢でも鉄砲《てっぽう》でも持って来い **474**
柳《やなぎ》に受ける 474
柳《やなぎ》に風折《かざお》れ無し 475
柳《やなぎ》に風 **474**
柳《やなぎ》に燕《つばめ》 75
柳《やなぎ》に雪折れ無し **475**
柳《やなぎ》の枝に雪折れは無し 475
柳《やなぎ》の下《した》にいつも泥鰌《どじょう》はいない 353・**475**
柳《やなぎ》の下《した》の泥鰌《どじょう》 475
野《や》に下《くだ》る **475**
藪《やぶ》から棒《ぼう》 **475**
破れても小袖《こそで》 172
藪《やぶ》をつついて蛇《へび》を出す 360・**475**
病《やまい》膏肓《こうこう》に入《い》る **476**
病《やまい》治りて医師忘る 64・365
病《やまい》は気から **476**
山《やま》高きが故《ゆえ》に貴《たっと》からず **476**
山と言えば川 433
闇《やみ》に鉄砲《てっぽう》 477
闇夜《やみよ》に鉄砲《てっぽう》 477
闇夜《やみよ》に灯火《ともしび》 477
闇夜《やみよ》の提灯《ちょうちん》 477
闇夜《やみよ》の礫《つぶて》 477
闇夜《やみよ》の鉄砲《てっぽう》 **477**
闇夜《やみよ》の灯火《ともしび》 144・**477**
矢も盾《たて》も堪《たま》らず **477**
槍《やり》が降っても **477**
槍玉《やりだま》に挙げる **477**
やることなすこと 262
夜郎自大《やろうじだい》 **478**

ゆ

唯我独尊《ゆいがどくそん》 478
有終《ゆうしゅう》の美を飾る 103・298・**478**
勇将《ゆうしょう》の下《もと》に弱卒《じゃくそつ》無し **478**
夕立《ゆうだち》は馬の背を分ける 73・478
雄弁《ゆうべん》に物語る **478**
雄弁《ゆうべん》は銀 沈黙は金 300・479
幽明《ゆうめい》相《あい》隔《へだ》つ 479
幽明《ゆうめい》相《あい》隔《へだ》てる 479
幽明《ゆうめい》境《さかい》を異《こと》にする **479**
雪と墨《すみ》 298・301
雪を墨《すみ》 222
柚《ゆず》の大馬鹿《おおばか》三十年 470
柚《ゆず》は九年《くねん》になりかかる 470
油断《ゆだん》がならない 479
油断大敵《ゆだんたいてき》 25
油断《ゆだん》も隙《すき》も無い **479**
油断《ゆだん》も隙《すき》もならない 479
湯腹《ゆばら》も一時《いっとき》 295
指一本《ゆびいっぽん》も差させない **479**
指《ゆび》を銜《くわ》える **479**
弓《ゆみ》折れ矢《や》尽きる 121
夢《ゆめ》は逆夢《さかゆめ》 **480**
揺《ゆ》り籠《かご》から墓場まで **480**

よ

酔《よ》い醒《ざ》めの水下戸《げこ》知らず **480**

酔《よ》い醒《ざ》めの水は甘露《かんろ》の味　480
容色《ようしょく》を失う　59
羊頭狗肉《ようとうくにく》　161・481
羊頭《ようとう》を掲げて狗肉《くにく》を売る　161・**481**
羊頭《ようとう》を懸けて狗肉《くにく》を売る　161・481
羊頭《ようとう》を懸けて馬脯《ばほ》を売る　161・481
要領《ようりょう》がいい　**481**
要領《ようりょう》が悪い　481
要領《ようりょう》を得ない　**481**
要領《ようりょう》を得《え》る　481
世《よ》が世《よ》ならば　**481**
欲《よく》に目が眩《くら》む　**481**
欲《よく》の皮が突っ張る　**482**
欲《よく》の皮が張る　482
欲《よく》を言えば　**482**
欲《よく》をかく　**482**
横板《よこいた》に雨垂《あまだ》れ　285
横紙《よこがみ》を破る　482
横から見ても縦《たて》から見ても　285
横車《よこぐるま》を押す　**482**
横に車を押す　482
横の物を縦《たて》にもしない　286
横槍《よこやり》が入《はい》る　482
横槍《よこやり》を入《い》れる　**482**
葦《よし》の髄《ずい》から天井を覗《のぞ》く　55・**483**
余勢《よせい》を駆《か》る　**483**
涎《よだれ》が出る　**483**
涎《よだれ》を垂らす　**483**
涎《よだれ》を流す　483
予防線《よぼうせん》を張る　**484**
世《よ》乱れて忠臣を識《し》る　29
夜目《よめ》遠目《とおめ》笠《かさ》の内《うち》　**484**
夜《よ》も日も明けない　**484**
寄らば大樹《たいじゅ》の陰　**484**
縒《よ》りが戻る　**484**
縒《よ》りを掛ける　71・**484**
縒《よ》りを戻す　**485**
寄ると触《さわ》ると　**485**
寄る年波《としなみ》　**485**
鎧《よろい》を解《と》く　132
弱き者汝《なんじ》の名は女なり　**485**
弱音《よわね》を吐く　**486**
弱り目に祟《たた》り目　339・415・**486**
世《よ》を忍ぶ　**486**
夜《よ》を徹《てっ》する　**486**
夜《よ》を日に継ぐ　**486**

ら

来年のことを言うと鬼が笑う　487
来年のことを言えば鬼が笑う　**487**
楽《らく》あれば苦あり　147・**487**・488
烙印《らくいん》を押される　**487**・493
烙印《らくいん》を押す　278
落英繽紛《らくえいひんぷん》　488
楽《らく》は苦の種《たね》苦は楽の種　487・**488**
洛陽《らくよう》の紙価《しか》を高からしめる　488
洛陽《らくよう》の紙価《しか》を高める　**488**
埒《らち》が明かない　**488**
埒《らち》も無い　**488**
埒《らち》を明ける　488
埒《らち》をつける　488
落花《らっか》枝に返らず破鏡《はきょう》再び照らさず　406
落花繽紛《らっかひんぷん》　488
落花狼藉《らっかろうぜき》　**488**
濫觴《らんしょう》　**489**
乱暴狼藉《らんぼうろうぜき》　488

り

李下《りか》に冠《かんむり》を正さず　127・**489**
立錐《りっすい》の余地も無い　25・**489**
理《り》に落ちる　**490**
理《り》に適う　206
溜飲《りゅういん》が下がる　**490**
溜飲《りゅういん》を下げる　490
流血《りゅうけつ》を見る　299
竜頭蛇尾《りゅうとうだび》　**490**
竜《りゅう》は一寸《いっすん》にして昇天の気《き》あり　243

柳眉《りゅうび》を逆立てる **490**
竜門《りゅうもん》の滝登《たきのぼ》り 196
燎原《りょうげん》の火 **490**
両虎《りょうこ》共に闘えば其《そ》の勢い倶《とも》には生きず 491
猟《りょう》する鷹《たか》は爪《つめ》隠す 364
両天秤《りょうてんびん》に掛ける 321
両天秤《りょうてんびん》を掛ける 321
遼東《りょうとう》の豕《いのこ》 **491**
良薬《りょうやく》は口に苦し 296・**491**
両雄《りょうゆう》並び立たず **491**
理《り》を分ける 216
綸言《りんげん》汗の如《ごと》し **491**

る

類《るい》は友を呼ぶ 67・**492**
累卵《るいらん》の危《あや》うき 24・**492**
類《るい》を以《も》って集まる 67・492
瑠璃《るり》も玻璃《はり》も照らせば光る **492**
瑠璃《るり》も玻璃《はり》も照らせば分かる 492
瑠璃《るり》も玻璃《はり》も磨《みが》けば光る 492

れ

例に漏《も》れず 211
歴史は繰り返す 352
レッテルを貼《は》られる 487・**493**
レッテルを貼《は》る 278・493
連木《れんぎ》で腹を切る **493**
連城《れんじょう》の璧《たま》 116
連理《れんり》の枝 319・493
連理《れんり》の契《ちぎ》り 319

ろ

労《ろう》あって功《こう》なし 494
労《ろう》多くして功《こう》少なし 421・**494**
老軀《ろうく》に鞭打《むちう》つ 494
老骨《ろうこつ》に鞭打《むちう》つ **494**
労《ろう》して功《こう》なし 494
老体に鞭打《むちう》つ 494
壟断《ろうだん》する **494**
老馬《ろうば》の智《ち》 85
隴《ろう》を得て蜀《しょく》を望む **494**
ローマは一日にして成らず **495**
魯魚《ろぎょ》亥豕《がいし》の誤り 495
魯魚《ろぎょ》の誤り **495**
六十にして耳《みみ》順《したが》う **495**
六十の手習い **495**
盧生《ろせい》の夢 143・495
論議を呼ぶ 409・**495**
論語《ろんご》読みの論語知らず **496**
論語《ろんご》読みの論語読まず 496
論陣《ろんじん》を張る **496**
論より証拠 **496**

わ

若いうちの苦労は買ってでもせよ 497
若い頃の苦労は買ってでもせよ 497
若い時の苦労は買ってでもせよ **497**
若い時の辛労《しんろう》は買《か》うてもせよ 497
わが糞《くそ》は臭くなし 31
我が心は石にあらず転《てん》ずべからず **497**
我が田に水を引く 127・497
別れなくして出会いなし 1
和気《わき》財《ざい》を生《しょう》ず 500
脇目《わきめ》も振らず **497**
和光同塵《わこうどうじん》 **498**
和魂漢才《わこんかんさい》 **498**
和魂洋才《わこんようさい》 498
山葵《わさび》が利《き》く **498**
山葵《わさび》を利《き》かせる 498
禍《わざわい》去って禍また至る 41・270
災《わざわ》いは口より出《い》ず 469
禍《わざわい》を転じて福と為《な》す **498**
和《わ》して同《どう》ぜず **499**
和《わ》すること琴瑟《きんしつ》の如《ごと》し 169
綿《わた》のように疲れる **499**

総索引

渡りに船 **499**
渡る世間に鬼はない 397・**499**
輪《わ》に輪を掛ける 503
笑う門《かど》には福来たる **500**
草鞋《わらじ》を脱ぐ **500**
草鞋《わらじ》を履《は》く **500**
笑って損した人なし 500
藁《わら》にも縋《すが》る **500**
割《わり》が合わない 501
割《わり》に合う 501
割《わり》に合わない **501**
割《わり》を食う **501**
悪いことは言わない **501**
悪い虫が付く **501**
悪いようにはしない **502**
悪くすると 416
我《われ》思う故《ゆえ》に我在《あ》り **502**
割れ鍋《なべ》に綴《と》じ蓋《ぶた》 67・172・**502**
我《われ》に返る **502**
我《われ》を忘れる **503**
輪《わ》を掛ける **503**

2. 誤用索引

・本辞典で「誤りである」「適切でない」「避けたい」などとした言い回しや表記の主なものを、その先頭に×を付して五十音順で示す。
・対応する適切な言い回しや表記を、その先頭に○を付して示す。それが見出しに立っている場合は、その右にページを掲げる。
・○を付した言い回しが見出しに立っていない場合は、次行に→を付してそれを解説している見出しとページを示す。
・誤用についての方針は、凡例vi・ixページの誤用の説明を参照していただきたい。また、それぞれの誤用については、本文の誤用欄の説明を参照していただきたい。

あ

× 愛想《あいそ》もくそも尽き果てる
　○ 愛想もこそも尽き果てる　1
× あいだが持たない
　○ ま(間)が持たない　425
× あいだを持たせる
　○ ま(間)を持たせる　430
× 合いの手を打つ
　○ 合いの手を入れる　1
× 藍《あい》は青より出《い》でて青より青し
　○ 青は藍より出でて藍より青し　2
× 会うは別れの初め
　○ 会うは別れの始め　1
× 赤《あか》一点
　○ 紅《こう》一点　197
× 赤子《あかご》を捩《ねじ》る[捻《ひね》る]
　○ 赤子の手を捩る　2
× 明るみにする
　○ 明るみに出す
　→ 明るみに出る　3
× 明るみになる
　○ 明るみに出る　3
× 秋高く馬肥ゆる秋
　○ 天高く馬肥ゆる秋　319
× 悪が抜ける
　○ 灰汁《あく》が抜ける　4
× あくびにも出さない
　○ おくびにも出さない　90
× 顎《あご》が渇《かわ》く
　○ 顎が干上《ひあ》がる　6
× 顎《あご》が出る
　○ 顎を出す　6
× 足が土に着かない
　○ 足が地に着かない　8
× 明日に紅顔ありて夕べには白骨となる
　○ 朝《あした》に紅顔ありて夕べには白骨となる　9
× 足止めを掛ける
　○ 歯止めを掛ける　374
× 足に地が着かない
　○ 足が地に着かない　8
× 足を引く
　○ 足を引っ張る　12
× 当たらぬ神に祟《たた》りなし
　○ 触らぬ神に祟りなし　226

× 熱ものに懲《こ》りて膾《なます》を吹く
○ 羹《あつもの》に懲りて膾を吹く 17
× 跡には引けない
○ 後《あと》には引けない 18
× 油をつぐ
○ 油をそそぐ 22
× 蟻《あり》の這《は》い入る隙《すき》もない
○ 蟻の這い出る隙もない 25
× 泡《あわ》を食べる
○ 泡を食う 27
× 案ずるより産むが安い
○ 案ずるより産むが易い 27
× 暗《あん》にこもる
○ 陰《いん》にこもる 62

い

× 意が強くなる
○ 意を強くする 61
× 怒り心頭に達する
○ 怒り心頭に発する 30
× いきが身を食う
○ すい(粋)が身を食う 257
× 息の音を止める
○ 息の根を止める 32
× 息を呑《の》み込む
○ 息を呑む 32
× 意見を汲《く》む
○ 意を汲む 61
× いさぎ良しとしない
○ 潔《いさぎよ》しとしない 33
× 石にしがみついても
○ 石にかじりついても 34
× 意心伝心
○ 以心伝心《いしんでんしん》 35
× いそいでは事を仕損じる
○ せいては事を仕損じる 264
× 痛い所をつつかれる
○ 痛い所を衝《つ》かれる
→ 痛い所を衝《つ》く 37
× 痛い所をつつく
○ 痛い所を衝《つ》く 37
× 一同に会する
○ 一堂《いちどう》に会する 41
× 一難《いちなん》過ぎればまた一難
○ 一難去ってまた一難 41
× 市場に虎《とら》を放つ
○ 市《いち》に虎を放つ 42
× 一枚かじる
○ 一枚かむ 43
× いちやく買う
○ ひとやく(一役)買う 396
× 一貫の終わり
○ 一巻の終わり 45
× 一瞬先は闇
○ 一寸《いっすん》先は闇 48
× 一線を描《えが》く
○ 一線を画《かく》する 49
× 一等地を抜く
○ 一頭地《いっとうち》を抜く 50
× 一敗血に塗《まみ》れる
○ 一敗地に塗れる 51
× 意に会する
○ 意に介する 52
× 遺髪を継ぐ
○ 衣鉢《いはつ》を継ぐ 55
× 嫌でも応でも
○ 否《いや》でも応でも 58
× 色を沿える
○ 色を添える 60
× 言わずと知られた
○ 言わずと知れた 60
× 陰徳《いんとく》あれば陽徳あり
○ 陰徳あれば陽報《ようほう》あり 62

う

× 上へ下へ
○ 上を下へ 63
× 浮かぶ瀬あれば立つ瀬あり
○ 沈む瀬あれば浮かぶ瀬あり 236

誤用索引

× 受けに入《い》る
○ 有卦《うけ》に入る 65
× 薄紙《うすがみ》をむくよう
○ 薄紙をはぐよう 68
× 薄皮をはぐよう
○ 薄紙をはぐよう 68
× 馬が会う
○ 馬が合う 73
× 馬の尻《しり》に乗る
○ 尻馬《しりうま》に乗る 251
× 恨《うら》み骨髄《こつずい》に達す
○ 恨み骨髄に徹《てっ》す 76
× 恨《うら》み骨髄《こつずい》に発す
○ 恨み骨髄に徹《てっ》す 76
× 恨《うら》みを果たす
○ 恨みを晴らす 76
× 噂《うわさ》をすれば陰
○ 噂をすれば影 78
× 上前《うわまえ》をかすめる
○ 上前をはねる 78
× 蘊蓄《うんちく》をそそぐ
○ 蘊蓄を傾ける 78

え

× 悦《えつ》にはいる
○ 悦にいる(入る) 79
× 縁起《えんぎ》を担《にな》う
○ 縁起を担《かつ》ぐ 82
× 縁《えん》は奇《き》なもの味なもの
○ 縁は異なもの味なもの 83

お

× 大きいお世話
○ 大きなお世話 86
× おおてを振る
○ おおで(大手)を振る 86
× 大鉈《おおなた》を奮う
○ 大鉈を振るう 87
× 大風呂敷《おおぶろしき》を叩《たた》く
○ 大風呂敷を広げる 87
× 大見栄を張る
○ 大見得《おおみえ》を切る 87
× 大目玉を食べる
○ 大目玉を食う 88
× お株を盗む
○ お株を奪う 88
× 奥歯にころもを着せる
○ 奥歯にきぬ(衣)を着せる 89
× 奥歯に物が引っかかったよう
○ 奥歯に物が挟まったよう 90
× 奢《おご》る平家は久しからず
○ 驕《おご》る平家は久しからず 90
× 押し出しが強い
○ 押し出しがいい 91
× 押して知るべし
○ 推《お》して知るべし 91
× 押しも押されぬ
○ 押しも押されもしない 91
× おすめすを決める
○ しゆう(雌雄)を決する 244
× お世話がない
○ 世話がない 267
× お多分に漏れず
○ ご多分に漏れず 211
× 同じ釜《かま》で飯を食う
○ 同じ釜の飯を食う 94
× おに就く
○ ちょ(緒)に就く 299
× 鬼に鉄棒
○ 鬼に金棒 95
× おびれが付く
○ おひれ(尾鰭)が付く 97
× お向こうを唸《うな》らせる
○ 大向こうを唸らせる 87
× 汚名《おめい》を注ぐ
○ 汚名をそそぐ 98
× 汚名《おめい》を晴らす
○ 汚名をそそぐ 98
× お目に掛かられる
○ お目に掛かる 99

× お目に適《かな》う
○ お眼鏡《めがね》に適う 98
× お面を被《かぶ》る
○ 仮面を被る 134
× 思いついたが吉日《きちじつ》
○ 思い立ったが吉日 99
× 思いて邪《よこしま》なし
○ 思い邪なし 100
× 思いを曇らせる
○ 顔[眉《まゆ》]を曇らせる
→ 思いを晴らす 100
× 思いを走らせる
○ 思いを馳《は》せる 100
× 思えば邪《よこしま》なし
○ 思い邪なし 100
× 親の足をかじる
○ 親の脛《すね》をかじる 101
× 終わりを真っ当する
○ 終わりを全《まっと》うする 103
× 温古知新
○ 温故知新《おんこちしん》 104
× 恩にきります
○ 恩にきます
→ 恩に着る 105
× おんぶ日傘
○ おんば(乳母)日傘 105
× 恩を買う
○ 恩を売る 105
× 恩をかたきで返す
○ 恩をあだ(仇)で返す 105

か

× 懐中《かいちゅう》の錐《きり》
○ 嚢中《のうちゅう》の錐 364
× 怪刀乱麻を断つ
○ 快刀乱麻《かいとうらんま》を断つ 107
× 魁より始めよ
○ 隗《かい》より始めよ 107
× かいりき乱神を語らず
○ かいりょく(怪力)乱神を語らず 107
× 省みて他を言う
○ 顧《かえり》みて他を言う 108
× かおいろを失う
○ がんしょく(顔色)を失う 142
× 顔が大きい
○ 顔が広い 110
× 顔が緩む
○ 頬《ほお》が緩む 419
× 顔に土を塗る
○ 顔に泥《どろ》を塗る 110
× 顔に火が付く
○ 顔から火が出る 110
× 顔を窺《うかが》う
○ 顔色《かおいろ》を窺う 109
× 顔を突っ込む
○ 首を突っ込む 182
× 顔をつなげる
○ 顔をつなぐ 111
× かくが立つ
○ かど(角)が立つ 128
× かくが取れる
○ かど(角)が取れる 128
× 核心に着く
○ 核心を衝《つ》く 112
× 陰が薄い
○ 影が薄い 113
× 欠けがえのない
○ 掛け替えのない 113
× 陰が差す
○ 影が差す 113
× 影が弱い
○ 影が薄い 113
× 影で糸を引く
○ 陰で糸を引く 113
× 影になり日向《ひなた》になり
○ 陰になり日向になり 114
× 影を潜《ひそ》ませる
○ 影を潜める 114
× 陰を潜《ひそ》める
○ 影を潜める 114

× 風下《かざしも》にも置けない
　○ 風上《かざかみ》にも置けない 115
× 笠に懸かる
　○ 嵩《かさ》に懸かる 115
× 嵩に着る
　○ 笠に着る 115
× 和氏《かし》の壁
　○ 和氏の壁《たま》 116
× 霞《かすみ》を吸う
　○ 霞を食う 117
× 霞《かすみ》を食べる
　○ 霞を食う 117
× 数え切られないほど
　○ 数え切れないほど 119
× 数えられるほどしか
　○ 数えるほどしか 120
× 型が付く
　○ 片《かた》が付く 120
× 刀尽き矢折れる
　○ 刀折れ矢尽きる 121
× 形にはまる
　○ 型にはまる 121
× 片肘張る
　○ 肩肘《かたひじ》張る 122
× 片身が狭い
　○ 肩身《かたみ》が狭い 122
× 片を持つ
　○ 肩を持つ 124
× 喝采《かっさい》を叫ぶ
　○ 快哉《かいさい》を叫ぶ 106
× 合従連合
　○ 合従連衡《がっしょうれんこう》 126
× 勝っても劣《おと》らない
　○ 勝《まさ》るとも劣らない 427
× 喝を入れる
　○ 活を入れる 127
× かどを折る
　○ つの(角)を折る 303
× 鼎《かなえ》の湧くが如し
　○ 鼎の沸くが如し 129
× 鼎《かなえ》を問う
　○ 鼎の軽重《けいちょう》を問う 128
× 要《かなめ》の軽重を問う
　○ 鼎《かなえ》の軽重《けいちょう》を問う 128
× 金がてき
　○ 金がかたき(敵) 130
× 金は天下に回る物
　○ 金は天下の回り物 131
× 金は天下の回し者
　○ 金は天下の回り物 131
× 黴《かび》が付く
　○ 黴が生える 132
× 兜《かぶと》を取る
　○ 兜を脱ぐ 132
× 壁に目あり
　○ 壁に耳あり 132
× 家宝は寝て待て
　○ 果報《かほう》は寝て待て 133
× 亀《かめ》の甲《こう》より年の効
　○ 亀の甲より年の劫《こう》 134
× 烏《からす》に半端《はんぱ》の孝あり
　○ 烏に反哺《はんぽ》の孝あり 135
× 体《からだ》二つになる
　○ 身二つになる 440
× 体を砕く
　○ 身を砕く 446
× がりゅうてんせい
　○ がりょうてんせい(画竜点睛) 137
× 画竜点晴
　○ 画竜点睛《がりょうてんせい》 137
× 枯れ木に花の賑《にぎ》わい
　○ 枯れ木も山の賑わい 138
× 感極まりて哀情多し
　○ 歓楽極まりて哀情多し 147
× かんこん一擲《いってき》
　○ けんこん(乾坤)一擲 195
× 関心に堪《た》えない
　○ 寒心に堪えない 142
× 感心の股《また》くぐり
　○ 韓信《かんしん》の股くぐり 142

× 関心を買う
　○ 歓心を買う　142
× 嚙《か》んで吐くよう
　○ 嚙んで吐き出すよう　144
× 嚙《か》んで含む
　○ 嚙んで含める　144
× 寒天の慈雨《じう》
　○ 旱天《かんてん》の慈雨　144
× 感に障《さわ》る
　○ 癇《かん》に障る　144
× 簡にして要を得ず
　→ 簡にして要を得る　145
× 堪忍袋《かんにんぶくろ》の尾が切れる
　○ 堪忍袋の緒が切れる　145
× がんの使い
　○ かり(雁)の使い　137
× かんぱつ容《い》れず
　○ かん(間)はつ(髪)を容れず　145
× 間《かん》髪《はつ》を置かず
　○ 間髪を容《い》れず　145
× 駻馬《かんば》の労
　○ 汗馬の労　146
× 看板を外す
　○ 看板を下ろす　146
× 完璧
　○ 完璧《かんぺき》　147

き

× 気が指す
　○ 気が差す　150
× 気が揉《も》まれる
　○ 気が揉める　151
× 気が許す
　○ 気を許す　168
× 危機一発
　○ 危機一髪　151
× 危急《ききゅう》存亡のあき
　○ 危急存亡のとき(秋)　152
× 気嫌を取る
　○ 機嫌を取る　153
× きこつが折れる
　○ きぼね(気骨)が折れる　158
× 雉《きじ》も鳴かずば打たれない
　○ 雉も鳴かずば打たれまい　153
× 机上《きじょう》の楼閣
　○ 砂上《さじょう》の楼閣　224
× きしょくを鮮明にする
　○ きし(旗幟)を鮮明にする　154
× 気勢を制する
　○ 機先《きせん》を制する　154
× 気勢を発する
　○ 気勢を上げる　154
× 狐《きつね》と狸《たぬき》の化け合い
　○ 狐と狸の化かし合い　155
× 狐《きつね》に包まれる
　○ 狐につままれる　155
× 狐《きつね》につねられる
　○ 狐につままれる　155
× 気に介する
　○ 意に介する　52
× 気に沿う
　○ 意に沿う　53
× 疑念暗鬼を生ず
　○ 疑心暗鬼《ぎしんあんき》を生ず　154
× きびすを帰す
　○ きびすを返す　157
× きびすを並べる
　○ きびすを接する　158
× 肝《きも》が座る
　○ 肝が据わる　159
× 肝《きも》に据えかねる
　○ 腹に据えかねる　382
× 肝《きも》に命じる
　○ 肝に銘じる　160
× 脚光《きゃっこう》を集める
　○ 脚光を浴びる　160
× 紀憂
　○ 杞憂《きゆう》　160
× 久闊《きゅうかつ》を序する
　○ 久闊を叙する　160

× 牛首《ぎゅうしゅ》を懸けて狗肉《くにく》を売る
○ 牛首を懸けて馬肉を売る 161
× 九仞《きゅうじん》の功を一気に欠く
○ 九仞の功を一簣《いっき》に欠く 162
× 窮鳥《きゅうちょう》懐に入れば猟師も殺せず[撃てず]
○ 窮鳥懐に入《い》れば猟師も殺さず 162
× ぎょうを煮やす
○ ごう(業)を煮やす 202
× 玉石混合
○ 玉石混淆《ぎょくせきこんこう》 164
× 麒麟《きりん》も老いては駑馬《どば》に劣る
○ 騏驎《きりん》も老いては駑馬に劣る 166
× 気を取り戻す
○ 気を取り直す 167
× 奇をねらう
○ 奇を衒《てら》う 167
× 機を見て法を説く
○ 機に因《よ》りて法を説く 157
× 機を見るに敏感
○ 機を見るに敏《びん》 168
× 金鉄の交わり
○ 金石《きんせき》の交わり 169
× きんの草鞋《わらじ》で尋ねる
○ かね(金)の草鞋で尋ねる 130

く

× 空前の灯火《ともしび》
○ 風前《ふうぜん》の灯火 405
× 空中に浮く
○ 宙に浮く 296
× 愚行山を移す
○ 愚公山を移す 171
× 臭い物に閉じ蓋《ふた》
○ 臭い物に蓋《ふた》 172
× 草木《くさき》もなびく丑《うし》三つ時
○ 草木も眠る丑三つ時
→ 草木もなびく 172
→ 草木も眠る 172
× 腐った飯を食う
○ 臭い飯を食う 172
× 楔《くさび》を打つ
○ 楔を打ち込む 173
× 楔《くさび》を刺す
○ 楔を打ち込む 173
× 苦渋を嘗《な》める
○ 苦汁《くじゅう》を嘗める 174
× 薬《くすり》きゅうそうばい
○ 薬くそうばい(九層倍) 174
× 薬《くすり》にもしたくない
○ 薬にしたくもない 174
× くだを撒く
○ くだを巻く 175
× 口が黄色い
○ 嘴《くちばし》が黄色い 177
× 口車を合わせる
○ 口裏を合わせる 175
× 口先三寸《さんずん》
○ 舌先三寸 237
× 口に上がる
○ 口に上《のぼ》る 177
× 口に出任せる
○ 口に任せる 177
× 嘴《くちばし》が入る
→ 嘴を容《い》れる 177
× 嘴《くちばし》を揃《そろ》える
○ 口を揃える 179
× 嘴《くちばし》を尖《とが》らせる
○ 口を尖らせる 179
× 口は禍《わざわい》の角
○ 口は禍の門《かど》 178
× 口火《くちび》をつける
○ 口火を切る 178
× 口を効く
○ 口を利《き》く 179
× 口を究めて
○ 口を極めて 179
× 口を酢《す》にする
○ 口を酸っぱくする 179

× 口を割って入る
→ 口を割る 180
× 靴《くつ》を履かせる
○ 下駄《げた》を履かせる 191
× 苦に苦の策
○ 苦肉の策 180
× 国敗れて山河在《あ》り
○ 国破れて山河在り 180
× 苦杯《くはい》にまみれる
○ 苦杯を嘗《な》める 181
× 首っ玉を押さえる
○ 首根っ子を押さえる 181
× 首を縦にする
○ 首を縦に振る 182
× 首を横にする
○ 首を横に振る 182
× 雲と霞《かすみ》と
○ 雲を霞と 183
× 雲を散らす
○ 蜘蛛《くも》の子を散らす 183
× 雲を捕《つか》まえるよう
○ 雲を摑《つか》むよう 183
× 雲を着く
○ 雲を衝《つ》く 183
× 暗がりの鉄砲
○ 闇夜《やみよ》の鉄砲 477
× 暗がりの灯火《ともしび》
○ 闇夜《やみよ》の灯火 477
× 暗闇に牛を引き出す
○ 暗闇から牛を引き出す 183
× 苦しい時は神頼み
○ 苦しい時の神頼み 184
× 君子危《あぶ》なきに近寄らず
○ 君子危《あや》うきに近寄らず 184
× 君子は器用ならず
○ 君子は器《き》ならず 185
× 葷酒《くんしゅ》山門に居るを許さず
○ 葷酒山門に入《い》るを許さず 186
× 葷酒《くんしゅ》山門にはいるを許さず
○ 葷酒山門にいる(入る)を許さず 186

け

× 形骸に接する
○ 謦咳《けいがい》に接する 187
× 鶏口《けいこう》となるも牛尾《ぎゅうび》となるなかれ
○ 鶏口となるも牛後《ぎゅうご》となるなかれ 188
× 兄弟《けいてい》牆《かき》に責めげども外その務《あなど》りを禦《ふせ》ぐ
○ 兄弟牆に鬩《せめ》げども外その務りを禦ぐ 189
× 鶏頭《けいとう》となるも牛後となるなかれ
○ 鶏口となるも牛後となるなかれ 188
× 怪我《けが》の巧妙
○ 怪我の功名《こうみょう》 190
× 激を飛ばす
○ 檄《げき》を飛ばす 190
× 桁《けた》が異なる
○ 桁が違う 191
× 下駄を持ち込む
○ 尻《しり》を持ち込む 253
× 月光氷人
○ 月下氷人 191
× けむりに巻く
○ けむに巻く 192
× けむを巻く
○ けむに巻く 192
× 喧喧諤諤《けんけんがくがく》
○ 侃侃諤諤《かんかんがくがく》 141
○ 喧喧囂囂《けんけんごうごう》 194
× 拳拳《けんけん》服用
○ 拳拳服膺《けんけんふくよう》 194

こ

× 剛気木訥《ぼくとつ》仁に近し
○ 剛毅《ごうき》木訥仁に近し 198
× 恒産なき者は孝心なし
○ 恒産なき者は恒心なし 198
× 黄塵を拝する
○ 後塵《こうじん》を拝する 199

× こうず魔多し
　○ こうじ(好事)魔多し　199
× 後世畏《おそ》るべし
　○ 後生《こうせい》畏るべし　199
× 昂然の気
　○ 浩然《こうぜん》の気　199
× 効成り名を遂げる
　○ 功《こう》成り名を遂げる　200
× 郷《ごう》に行っては郷に従え
　○ 郷に入《い》っては郷に従え　200
× 郷《ごう》にはいっては郷に従え
　○ 郷にいっては(入っては)郷に従え　200
× 弘法《こうぼう》も筆を選ばず
　○ 弘法筆を選ばず　201
× 巧を奏する
　○ 功《こう》を奏する　202
× 業《ごう》を煮る
　○ 業を煮やす　202
× 呉越同船
　○ 呉越同舟《ごえつどうしゅう》　202
× 声のもとから
　○ 声のした(下)から　202
× 呼吸《こきゅう》が切れる
　○ 息が切れる　30
× 呉牛《ごぎゅう》日に喘《あえ》ぐ
　○ 呉牛月に喘ぐ　203
× 呼吸《こきゅう》を切らす
　○ 息を切らす　32
× 古券に関わる
　○ 沽券《こけん》に関わる　204
× 虎口《ここう》に入らずんば虎子《こじ》を得ず
　○ 虎穴《こけつ》に入らずんば虎子を得ず　204
× 心に引かれる
　○ 心が引かれる　206
× 心を開《あ》ける
　○ 心を開《ひら》く　209
× 心を至らせる
　○ 心を致す　207
× 心を撫《な》で下ろす
　○ 胸を撫で下ろす　452
× ここを先度と
　○ ここを先途《せんど》と　209
× 故人の糟魄《そうはく》
　○ 古人《こじん》の糟魄　211
× ご他聞に漏れず
　○ ご多分に漏れず　211
× こだわっては思案に能《あた》わず
　○ 凝《こ》っては思案に能わず　212
× 事と次第に寄る
　○ 事と次第に依《よ》る　213
× 事なしを得る
　○ 事なきを得る　213
× 事にする
　○ 事とする　213
× 事にもせず
　○ 事ともせず　213
× 事に寄る
　○ 事に依る　214
× 言葉が余る
　○ 言葉に余る　214
× ことばが重い
　○ 口が重い　175
× ことばが堅い
　○ 口が堅い　175
× ことばが軽い
　○ 口が軽い　176
× 言葉が濁る
　○ 言葉を濁す　215
× 言葉尻《ことばじり》を叩《たた》く
　○ 尻《しり》を叩く　253
× 言葉を帰す
　○ 言葉を返す　215
× 子はさんかいの首枷《くびかせ》
　○ 子はさんがい(三界)の首枷　216
× ご飯を食べる
　○ 飯《めし》を食う　458
× 護摩を擂《す》る
　○ 胡麻《ごま》を擂る　218

× ごみも積もれば山となる
○ 塵《ちり》も積もれば山となる 299
× 五里夢中
○ 五里霧中《ごりむちゅう》 218
× 子を以て知る親の恩
○ 子を持って知る親の恩 219
× 困難汝《なんじ》を玉にす
○ 艱難《かんなん》汝を玉にす 144

さ

× 塞翁《さいおう》の馬
○ 塞翁が馬 220
× 才覚を振る
○ 采配《さいはい》を振る 221
× ざいがない
○ つみ(罪)がない 304
× 細工は隆隆仕上げを御覧《ごろう》じろ
○ 細工は流流《りゅうりゅう》仕上げを御覧じろ 220
× 才知才に倒れる
○ 才子才に倒れる 221
× 才知多病
○ 才子多病 221
× 采配《さいはい》を振るう
○ 采配を振る 221
× 財布《さいふ》の口を握る
○ 財布の紐《ひも》を握る 222
× 財布《さいふ》の底を払う
○ 財布の底をはたく 222
× 鷺《さぎ》を鳥《とり》と言う
○ 鷺を烏《からす》と言う 222
× 先んずれば人を征す
○ 先んずれば人を制す 223
× 策士才に溺《おぼ》れる
○ 策士策に溺れる 223
× 酒は憂いの玉ぼうき
○ 酒は憂いの玉ばはき 223
× 雑魚《ざこ》のさかな[うお]交じり
○ 雑魚のとと交じり 224
× 左担する
○ 左袒《さたん》する 225
× 砂中の楼閣《ろうかく》
○ 砂上《さじょう》の楼閣 224
× 鯖《さば》を言う
○ 鯖を読む 225
× 猿は木から落ちる
○ 猿も木から落ちる 225
× 去る者は負わず
○ 去る者は追わず 226
× 去る者は日日にいとし
○ 去る者は日日に疎《うと》し 226
× 障《さわ》らぬ神に祟《たた》りなし
○ 触らぬ神に祟りなし 226
× 山雨《さんう》来たらんとして風楼《ふうろう》に満つ
○ 山雨来たらんとして風《かぜ》楼《ろう》に満つ 227
× 三回[三度]回って煙草《たばこ》にしょ
○ 三遍《さんべん》回って煙草にしょ 230
× 三個の礼
○ 三顧《さんこ》の礼 227
× 三者を避ける
○ 三舎を避ける 227
× 三十六計逃げるに然《しか》り
○ 三十六計逃げるに如《し》かず 228
× 山中暦《こよみ》なし
○ 山中暦日《れきじつ》なし 229
× 三人寄れば菩薩《ぼさつ》の知恵
○ 三人寄れば文殊《もんじゅ》の知恵 229
× 三面楚歌《さんめんそか》
○ 四面楚歌《しめんそか》 242

し

× 尸位粗餐
○ 尸位素餐《しいそさん》 231
× 四界波静か
○ 四海《しかい》波静か 231
× 自家《じか》印籠中《いんろうちゅう》の物
○ 自家薬籠中《やくろうちゅう》の物 232

× 自我自賛
○ 自画自賛 231
× 歯牙《しが》に掛ける
○ 歯牙にも掛けない 232
× 仕切りが高い
○ 敷居《しきい》が高い 233
× 獅子食った報い
○ 獣《しし》食った報い 234
× 獅子《しし》心中の虫
○ 獅子身中の虫 234
× 死者の年を数える
○ 死んだ子の年を数える 256
× 四十にして迷わず
○ 四十にして惑《まど》わず 235
× 史上命令
○ 至上命令 235
× 死体に口無し
○ 死人に口無し 240
× 舌の先の乾かぬうちに
○ 舌の根の乾かぬうちに 238
× しち転び八起き
○ なな(七)転び八起き 342
× 死中に活を入れる
○ 死中に活を求める 238
× 失敗は発明の母
○ 失敗は成功の母 239
× 疾風沐雨
○ 櫛風沐雨《しっぷうもくう》 239
× 疾風雷神
○ 疾風迅雷《しっぷうじんらい》 239
× 凌ぎを削る
○ 鎬《しのぎ》を削る 240
× 自腹《じばら》を肥やす
○ 私腹《しふく》を肥やす 241
× 自腹《じばら》を払う
○ 自腹を切る 241
× しびれを切る
○ しびれを切らす 241
× しみずの舞台から飛び降りる
○ きよみず(清水)の舞台から飛び降りる 165
× しもてに出る
○ したて(下手)に出る 237
× しもにも置かない
○ した(下)にも置かない 237
× 弱者強食
○ 弱肉強食《じゃくにくきょうしょく》 242
× 斜《しゃ》に見る
○ 斜《なな》めに見る 342
× 衆寡《しゅうか》適せず
○ 衆寡敵せず 243
× 秋霜裂日
○ 秋霜烈日《しゅうそうれつじつ》 243
× 重箱の角《かど》をつつく
○ 重箱の隅《すみ》を楊枝《ようじ》でほじくる 244
× 重箱の角《かど》を楊枝《ようじ》でほじくる
○ 重箱の隅《すみ》を楊枝でほじくる 244
× 重箱の隅《すみ》を爪楊枝《つまようじ》でつつく
○ 重箱の隅を楊枝《ようじ》でほじくる 244
× 愁眉《しゅうび》が消える
○ 愁眉を開く 244
× 愁眉《しゅうび》が晴れる
○ 愁眉を開く 244
× 十目《じゅうもく》の視《み》る所じゅっての指す所
○ 十目の視る所じっしゅ(十手)の指す所 244
× 首鼠極端
○ 首鼠両端《しゅそりょうたん》 245
× 手中の玉
○ 掌中《しょうちゅう》の珠《たま》 247
× 朱《しゅ》に交ざれば赤くなる
○ 朱に交われば赤くなる 245
× 朱《しゅ》に交われば赤になる
○ 朱に交われば赤くなる 245
× 朱《しゅ》に交われば朱色になる
○ 朱に交われば赤くなる 245
× 春秋の説法
○ 春秋の筆法 245

× 小人《しょうじん》閑居《かんきょ》して不全をなす
○ 小人閑居して不善をなす 247
× 上手《じょうず》の腕から水が漏れる
○ 上手の手から水が漏れる 247
× しょうにん閑居《かんきょ》して不善をなす
○ しょうじん(小人)閑居して不善をなす 247
× 勝負に勝って相撲《すもう》に負ける
○ 相撲に勝って勝負に負ける 261
× 諸行無情
○ 諸行無常《しょぎょうむじょう》 249
× 触手《しょくしゅ》を動かす
○ 触手を伸ばす 249
× 食指《しょくし》をそそる
○ 食指が動く 249
× 食指《しょくし》を伸ばす
○ 食指が動く 249
× 蜀犬《しょっけん》月に吠《ほ》ゆ
○ 蜀犬日に吠ゆ 250
× しらが三千丈《さんぜんじょう》
○ はくはつ(白髪)三千丈 370
× 白河夜船《しらかわよふね》を漕ぐ
○ 白河夜船 250
○ 舟《ふね》を漕《こ》ぐ 412
× 知らねば仏
○ 知らぬが仏 250
× 尻《しり》に引く
○ 尻に敷く 252
× 尻《しり》に火を付ける
○ 尻に火が付く 252
× 尻《しり》を拭《ふ》く
○ 尻をぬぐう 253
× 知る人が知る
○ 知る人ぞ知る 254
× 白い目を注ぐ
○ 白い目で見る 254
× しろかわ夜船
○ しらかわ(白河)夜船 250
× 心血《しんけつ》を傾ける
○ 心血を注《そそ》ぐ 254
× 人工に膾炙《かいしゃ》する
○ 人口に膾炙する 255
× 沈香《じんこう》も炊かず屁《へ》もひらず
○ 沈香も焚かず屁もひらず 255
× 人語に落ちない
○ 人後《じんご》に落ちない 255
× 人事を尽くして運命を待つ
○ 人事を尽くして天命を待つ 255
× 人生意義に感ず
○ 人生意気に感ず 255
× 人生到る処に青山《せいざん》あり
○ 人間《じんかん》到る処青山あり 254
× 心臓から毛が生えている
○ 心臓に毛が生えている 256
× 死んで花見が咲くものか
○ 死んで花実《はなみ》が咲くものか 256
× 死んで花見がなるものか
○ 死んで花実《はなみ》が咲くものか 256
× 心頭《しんとう》を忘却すれば火もまた涼し
○ 心頭を滅却《めっきゃく》すれば火もまた涼し 256
× 心命を賭《と》する
○ 身命《しんめい》を賭する 257

す

× 酸いが身を食う
○ 粋《すい》が身を食う 257
× 酸《す》いも甘いも嗅《か》ぎ分ける
○ 酸いも甘いも噛《か》み分ける 258
× 酸《す》いも辛《から》いも噛《か》み分ける
○ 酸いも甘いも噛み分ける 258
× 好きこそ物の上手になれ
○ 好きこそ物の上手なれ 258
× 好《す》くと好かざるとにかかわらず
○ 好むと好まざるとにかかわらず 216
× すさまじきものは宮仕え
○ すまじきものは宮仕え 261
× 捨てるものではない
○ 捨てたものではない 260

× 砂を噛《か》んだよう
○ 砂を噛むよう 260
× 頭に乗る
○ 図《ず》に乗る 260
× すべからく道はローマに通ず
○ すべての道はローマに通ず 261
× すまじきものは宮遣い
○ すまじきものは宮仕《みやづかえ》え 261
× 角に置けない
○ 隅《すみ》に置けない 261
× 相撲《すもう》に負けて勝負に勝つ
○ 相撲に勝って勝負に負ける 261

せ

× 精魂尽きる
○ 精根《せいこん》尽きる 263
× 精神統一何事か成らざらん
○ 精神一到何事か成らざらん 264
× 晴天の霹靂《へきれき》
○ 青天《せいてん》の霹靂 264
× 晴天白日
○ 青天白日《せいてんはくじつ》 265
× 清貧《せいひん》洗うが如《ごと》し
○ 赤貧《せきひん》洗うが如し 265
× 青嵐《せいらん》の志《こころざし》
○ 青雲《せいうん》の志 263
× 堰《せき》が切れる
○ 堰を切る 266
× 昔日《せきじつ》の感
○ 今昔《こんじゃく》の感 219
× 切歯《せっし》琢磨
○ 切磋琢磨《せっさたくま》 266
× 雪辱《せつじょく》を晴らす
○ 雪辱を果たす 266
× 背中が寒くなる
○ 背筋《せすじ》が寒くなる 266
× 攻めを負う
○ 責めを負う 267
× 背を腹に替えられぬ
○ 背に腹は替えられぬ 267
× 背を向く
○ 背を向ける 268
× 千載一隅
○ 千載一遇《せんざいいちぐう》 268
× 前者の覆《くつがえ》るは後者の戒め
○ 前車《ぜんしゃ》の覆るは後車《こうしゃ》の戒め 268
× 前者の轍《てつ》を踏む
○ 前車《ぜんしゃ》の轍を踏む 268
× 前車《ぜんしゃ》を覆《くつがえ》すは後車《こうしゃ》の戒め
○ 前車の覆《くつがえ》るは後車の戒め 268
× 戦戦競競
○ 戦戦兢兢《せんせんきょうきょう》 269
× 先手《せんて》を出す
○ 先手を打つ 269
× 先鞭《せんべん》を打つ
○ 先鞭を付ける 270
× 前門《ぜんもん》の狼《おおかみ》 後門の虎《とら》
○ 前門の虎 後門の狼 270
× 千里《せんり》のぎょうも足下《そっか》に始まる
○ 千里のこう(行)も足下に始まる 271
× 浅慮の一失
○ 千慮《せんりょ》の一失 271
× 浅慮の一得
○ 千慮《せんりょ》の一得 271

そ

× 滄海《そうかい》転じて桑田《そうでん》となる
○ 滄海変じて桑田となる 272
× 滄海《そうかい》変じて桑海となる
○ 滄海変じて桑田《そうでん》となる 272
× 創業は易《やす》く守勢は難《かた》し
○ 創業は易く守成《しゅせい》は難し 272
× そうけの狗《いぬ》
○ そうか(喪家)の狗 272
× 双壁
○ 双璧《そうへき》 273
× 草履《ぞうり》を脱ぐ
○ 草鞋《わらじ》を脱ぐ 500
× 草履《ぞうり》を履く
○ 草鞋《わらじ》を履く 500

× 底を尽く
○ 底を突く 274
× そっぽを向ける
○ そっぽを向く 274
× 袖《そで》に振る
○ 袖にする 275
× 袖《そで》振り合うも多少の縁
○ 袖振り合うも多生《たしょう》の縁 275
× 袖《そで》を搾る
○ 袖を絞る 275
× 袖《そで》を並べる
○ 袖を連ねる 275
× 供えあれば憂いなし
○ 備えあれば憂いなし 276
× その手は食わないの焼き蛤《はまぐり》
○ その手は桑名《くわな》の焼き蛤 276
× 揃《そろ》いも揃いで
○ 揃いも揃って 276

た

× 大器晩生
○ 大器晩成《たいきばんせい》 277
× 大山北斗
○ 泰山北斗《たいざんほくと》 278
× 大欲《たいよく》は無力に似たり
○ 大欲は無欲に似たり 279
× 多寡が知れる
○ 高《たか》が知れる 280
× 高下駄を履く
○ 足駄《あしだ》を履く 10
× 高値の花
○ 高嶺《たかね》の花 280
× 宝の持ち腐り
○ 宝の持ち腐れ 281
× 多寡をくくる
○ 高《たか》をくくる 281
× 多岐茫洋
○ 多岐亡羊《たきぼうよう》 281
× たくびを飾る
○ ちょうび(掉尾)を飾る 298
× たけうまの友
○ ちくば(竹馬)の友 293
× 竹が割れたよう
○ 竹を割ったよう 282
× 多数に無数
○ 多勢《たぜい》に無勢《ぶぜい》 282
× 只《ただ》こそ高いものはない
○ 只より高いものはない 283
× 畳の上の水泳
○ 畳の上の水練 283
× 立つ背がない
○ 立つ瀬がない 284
× 立っているときは親でも使え
○ 立っている者は親でも使え 284
× 立つ鳥後を濁さず
○ 立つ鳥跡を濁さず 284
× 立つ鳥跡を汚さず
○ 立つ鳥跡を濁さず 284
× 縦板に水
○ 立て板に水 285
× 田で食う虫も好きずき
○ 蓼《たで》食う虫も好きずき 285
× だて食う虫も好きずき
○ たで(蓼)食う虫も好きずき 285
× 縦を見ても横を見ても
○ 縦から見ても横から見ても 285
× 縦を横にもしない
○ 縦の物を横にもしない 286
× 棚《たな》に置く
○ 棚に上げる 286
× 棚《たな》に載せる
○ 棚に上げる 286
× 狸《たぬき》につままれる
○ 狐《きつね》につままれる 155
× 旅の恥は書き捨て
○ 旅の恥は掻《か》き捨て 287
× 旅は道行き世は情け
○ 旅は道連れ世は情け 287
× 玉の腰に乗る
○ 玉の輿《こし》に乗る 287

× 球磨かざれば光なし
○ 玉磨かざれば光なし 288
× 矯《た》めて眇《すが》めて
○ 矯めつ眇めつ 288
× 袂《たもと》を分ける
○ 袂を分かつ 289
× 弾琴の交わり
○ 断琴《だんきん》の交わり 290
× 断じて行えば鬼神《きしん》も之《これ》を裂く
○ 断じて行えば鬼神も之を避く 291

ち

× 血が通る
○ 血が通う 292
× 血と涙の結晶
○ 血と汗の結晶 294
× 地に居て乱を忘れず
○ 治《ち》に居て乱を忘れず 294
× 智に働けばつのが立つ
○ 智に働けばかど(角)が立つ 294
× 血の分かれた姉妹
○ 血を分けた姉妹
→ 血を分ける 300
× 血も涙も出ない
○ 血も涙もない 295
× 茶腹《ちゃばら》もひととき
○ 茶腹もいっとき(一時) 295
× 中原《ちゅうげん》に馬を逐《お》う
○ 中原に鹿《しか》を逐う 296
× 忠告耳に逆《さか》らう
○ 忠言《ちゅうげん》耳に逆らう 296
× 調子に載る
○ 調子に乗る 297
× 朝礼暮改
○ 朝令暮改《ちょうれいぼかい》 299
× 血湧《わ》き肉踊る
○ 血湧き肉躍《おど》る 299
× 血を洗う争い
○ 血で血を洗う争い
→ 血で血を洗う 293
× 血を見せる
○ 血を見る 299
× 沈黙は銀 雄弁は金
○ 沈黙は金 雄弁は銀 300

つ

× 月夜に釜《かま》を掘られる
○ 月夜に釜を抜かれる 301
× 土一升《つちいっしょう》にきん一升
○ 土一升にかね(金)一升 302
× つのが立つ
○ かど(角)が立つ 128
× つのが取れる
○ かど(角)が取れる 128
× 角《つの》を溜めて牛を殺す
○ 角を矯《た》めて牛を殺す 303
× 罪を恨《うら》んで人を恨まず
○ 罪を憎んで人を憎まず 304
× 爪《つめ》に火を燃やす
○ 爪に火を点《とも》す 305
× 爪《つめ》の垢《あか》を飲む
○ 爪の垢を煎《せん》じて飲む 305
× 爪《つめ》を煎じて飲む
○ 爪の垢《あか》を煎《せん》じて飲む 305
× 鶴《つる》のいっせい
○ 鶴のひとこえ(一声) 306
× 鶴《つる》の一言
○ 鶴の一声《ひとこえ》 306

て

× 手が余る
○ 手に余る 311
× 手が負えない
○ 手に負えない 311
× 手が混む
○ 手が込む 308
× 梃子《てこ》では動かない
○ 梃子でも動かない 310
× 手塩《てしお》を掛ける
○ 手塩に掛ける 310

× 鉄は熱いうちに叩《たた》け
○ 鉄は熱いうちに打て 310
× 手と手を取る
○ 手に手を取る 312
× 手に汗をつかむ
○ 手に汗を握《にぎ》る 311
× 手に染める
○ 手を染める 315
× 手に焼く
○ 手を焼く 317
× 出端《ではな》・《でばな》をはじく
○ 出端をくじく 313
× 手も口も出せない
○ 手も足も出ない 313
× 出る釘《くぎ》は打たれる
○ 出る杭《くい》は打たれる 313
× 出る筋《すじ》ではない
○ 出る幕《まく》ではない 314
× 出る場所へ出る
○ 出る所《ところ》へ出る 314
× 出れば負け
○ 出ると負け 314
× 手を討つ
○ 手を打つ 314
× 手を下《お》ろす
○ 手を下《くだ》す 315
× 手を抜かす
○ 手を抜く 316
× 手を広くする
○ 手を広げる 317
× 手を招《まね》く
○ 手をこまねく 315
× 天衣無法
○ 天衣無縫《てんいむほう》 317
× 天下の宝刀
○ 伝家《でんか》の宝刀 318
× 天知る 地知る 我知る こ知る
○ 天知る 地知る 我知る し(子)知る 318
× 天高く馬越ゆる秋
○ 天高く馬肥《こ》ゆる秋 319
× 天長地球
○ 天長地久《てんちょうちきゅう》 319
× 天に在《あ》らば飛翼の鳥 地に在らば連理《れんり》の枝
○ 天に在らば比翼《ひよく》の鳥 地に在らば連理の枝 319
× 天秤棒《てんびんぼう》に掛ける
○ 天秤に掛ける 321
× 天網怪怪疎《そ》にして漏らさず
○ 天網恢恢《てんもうかいかい》疎にして漏らさず 321

と

× 同一の論ではない
○ 同日《どうじつ》の論ではない 322
× 頭角《とうかく》を上げる
○ 頭角を現す 321
× 頭角《とうかく》を抜く
○ 頭角を現す 321
× 頭角《とうかく》を伸ばす
○ 頭角を現す 321
× 灯下親しむべし
○ 灯火《とうか》親しむべし 321
× 同巧異曲
○ 同工異曲《どうこういきょく》 322
× 灯台《とうだい》元暗し
○ 灯台下《もと》暗し 323
× 同調塗説
○ 道聴塗説《どうちょうとせつ》 323
× 頭頂《とうちょう》の一針《いっしん》
○ 頂門《ちょうもん》の一針 298
× 堂に升《のぼ》りて室にはいらず
○ 堂に升りて室にいらず(入らず) 324
× 堂にはいる
○ 堂にいる(入る) 323
× 頭髪《とうはつ》冠を衝《つ》く
○ 怒髪《どはつ》冠を衝く 332

× 豆腐に腕押し
○ 豆腐にかすがい 324
○ 暖簾《のれん》に腕押し 366
× 豆腐に釘《くぎ》
○ 豆腐にかすがい 324
○ 糠《ぬか》に釘 355
× 桃李《とうり》語らざれども下《した》自《おの》ずから蹊《けい》を成す
○ 桃李物言わざれども下自ずから蹊を成す 324
× 当《とう》を射る
○ 当を得《え》る 325
○ 的《まと》を射る 428
× 時に望む
○ 時に臨《のぞ》む 326
× 時はきんなり
○ 時はかね(金)なり 326
× 時を写さず
○ 時を移さず 327
× 時を構えず
○ 時を構わず 328
× 毒にも薬にもしたくもない
○ 薬にしたくもない 174
× 毒を食うなら皿まで
○ 毒を食らわば皿まで 329
× 毒を食わらば皿まで
○ 毒を食らわば皿まで 329
× 毒を盛って毒を制す
○ 毒を以《も》って毒を制す 329
× 年に合わぬ
○ 年に似合わぬ 330
× 年に不満はない
○ 年に不足はない 330
× とせん
○ ずさん(杜撰) 259
× 途端の苦しみ
○ 塗炭《とたん》の苦しみ 331
× 飛ぶ鳥跡を濁さず
○ 立つ鳥跡を濁さず 284
× 飛ぶ鳥を射る勢い
○ 飛ぶ鳥を落とす勢い 332
× とめを刺す
○ とどめを刺す 331
× 友は類を呼ぶ
○ 類は友を呼ぶ 492
× 捕《と》らぬ狸《たぬき》の革算用
○ 捕らぬ狸の皮算用《かわざんよう》 333
× 虎《とら》の威を踏む
○ 虎の尾を踏む 334
× 虎《とら》は死して革を留め人は死して名を残す
○ 虎は死して皮を留め人は死して名を残す 334
× 取り付く暇《ひま》もない
○ 取り付く島《しま》もない 334
× 鳥《とり》に反哺《はんぽ》の孝あり
○ 烏《からす》に反哺の孝あり 135
× 鳥《とり》の行水
○ 烏《からす》の行水《ぎょうずい》 136
× 鳥《とり》の水浴び
○ 烏《からす》の行水《ぎょうずい》 136
× 泥棒《どろぼう》の昼寝
○ 盗人《ぬすびと》の昼寝 356
× 泥棒《どろぼう》を捕らえて綱《つな》を綯《な》う
○ 泥棒を捕らえて縄《なわ》を綯う 335
× 泥棒《どろぼう》を捕らえてみれば我が子なり
○ 盗人《ぬすびと》を捕らえてみれば我が子なり 356
× 飛んで火にはいる夏の虫
○ 飛んで火にいる(入る)夏の虫 336

な

× 長い者には巻かれよ
○ 長い物には巻かれよ 338
× 泣かず飛ばず
○ 鳴かず飛ばず 339
× 泣く子が黙る
○ 泣く子も黙る 340

× 泣く子と地蔵《じぞう》には勝てぬ
○ 泣く子と地頭《じとう》には勝てぬ 340
× 無くてしちくせ
○ 無くてななくせ（七癖） 340
× 無しの礫《つぶて》
○ 梨《なし》の礫 341
× 斜《なな》めに構える
○ 斜《しゃ》に構える 242
× 何か言うと
○ 何かと言うと 343
× 名にし追う
○ 名にし負《お》う 343
× 何をするものぞ
○ 何するものぞ 343
× 名の無い
○ 名も無い 346
× 名乗り上げる
○ 名乗りを上げる 344
× 名は態を表す
○ 名は体《たい》を表す 344
× 生木《なまき》を割る
○ 生木を裂く 344
× 怠《なま》け者の節季《せっき》働き
○ 怠け者の節句《せっく》働き 344
× なまへいほうは大怪我のもと
○ なまびょうほう（生兵法）は大怪我のもと 345
× 涙を奮う
○ 涙を振るう 345
× 習いしょうとなる
○ 習いせい（性）となる 346
× 習い生となる
○ 習い性《せい》となる 346
× 名を捨ててみを取る
○ 名を捨ててじつ（実）を取る 347
× 南枝《なんし》の夢
○ 南柯《なんか》の夢 347
× 何《なん》だかかんだか
○ 何とかかんとか 348
× 何《なん》のけなしに
○ 何のき（気）なしに 348

に

× 苦虫《にがむし》を噛《か》んだよう
○ 苦虫を噛み潰《つぶ》したよう 350
× 逃げれば勝ち
○ 逃げるが勝ち 350
× 二束の草鞋《わらじ》
○ 二足《にそく》の草鞋 351
× 煮ても焼いても食べられない
○ 煮ても焼いても食えない 352
× 二の舞いを踏む
○ 二の舞いを演じる 353
○ 二の足を踏む 352

ぬ

× 糠《ぬか》にかすがい
○ 豆腐にかすがい 324
○ 糠に釘 355
× 糠味噌《ぬかみそ》に釘《くぎ》
○ 糠《ぬか》に釘 355
× 抜け駆《が》けの巧妙
○ 抜け駆けの功名《こうみょう》 355
× 盗《ぬす》っ人《と》はなはだしい
○ 盗っ人猛猛《たけだけ》しい 356
× 盗人《ぬすびと》においぜに
○ 盗人においせん（追い銭） 356
× 盗人《ぬすびと》にも三分《さんぶ》の利
○ 盗人にも三分の理《り》 356
× 濡れ衣《ぎぬ》をかぶせられる
○ 濡れ衣を着せられる
→ 濡れ衣を着せる 357
× 濡れ衣《ぎぬ》をかぶせる
○ 濡れ衣を着せる 357
× 濡れ手で泡
○ 濡れ手で粟《あわ》 357
× 濡れ手に粟《あわ》
○ 濡れ手で粟 357

ね

× 寝首《ねくび》を切る
○ 寝首を掻《か》く 358
× 猫に鈴を付ける
○ 猫の首に鈴を付ける 359
× 猫の皮をかぶる
○ 猫をかぶる 360
× 猫の手を借りたい
○ 猫の手も借りたい 359
× 熱にうなされる
○ 熱に浮かされる 361
× 根葉《ねは》もない
○ 根も葉もない 362
× 眠っても覚めても
○ 寝ても覚めても 361
× 眠る子は育つ
○ 寝る子は育つ 362
× 眠る子を起こす
○ 寝た子を起こす 360
× 根を持つ
○ 根に持つ 361
× 念気が入る
○ 年季《ねんき》が入る 362
× 拈華《ねんげ》びしょう
○ 拈華みしょう(微笑) 363
× 念頭《ねんとう》に入れる
○ 念頭に置く 363
× 念にも念を入れる
○ 念には念を入れる 363
× 年年歳歳《ねんねんさいさい》人同じからず
○ 年年歳歳花相《あい》似たり
○ 歳歳年年《さいさいねんねん》人同じからず
→ 年年歳歳花相似たり歳歳年年人同じからず 363

の

× 脳ある鷹《たか》は爪《つめ》を隠す
○ 能ある鷹は爪を隠す 364
× 残し物には福がある
○ 残り物には福がある 364
× 喉《のど》から手を出す
○ 喉から手が出る 365
× 喉元《のどもと》過ぎれば暑さを忘れる
○ 喉元過ぎれば熱さを忘れる 365
× のに下る
○ や(野)に下る 475

は

× 背水《はいすい》の陣を引く
○ 背水の陣を敷く
→ 背水の陣 367
× 吐いて捨てるほど
○ 掃《は》いて捨てるほど 367
× ハイヒールを履かせる
○ 下駄《げた》を履かせる 191
× はかあなを掘る
○ ぼけつ(墓穴)を掘る 419
× 歯が合わない
○ 歯の根が合わない 380
× 歯が断たない
○ 歯が立たない 368
× 馬脚《ばきゃく》を出す
○ 馬脚を露《あら》わす 369
× 爆竹《ばくちく》の勢い
○ 破竹《はちく》の勢い 373
× 挟みを入れる
○ 鋏《はさみ》を入れる 370
× 箸《はし》が転がってもおかしい年頃
○ 箸が転んでもおかしい年頃 371
× 恥《はじ》も外面《がいめん》・《そとづら》もない
○ 恥も外聞《がいぶん》もない 372
× 裸を許す
○ 肌《はだ》を許す 372
× 鉢《はち》が回る
○ お鉢が回る 97
× ばつが当たる
○ ばち(罰)が当たる 373

× 罰が悪い
○ ばつが悪い 373
× 抜山概世
○ 抜山蓋世《ばつざんがいせい》 374
× 葉っぱを掛ける
○ 発破《はっぱ》を掛ける 374
× 発明は必要の母
○ 必要は発明の母 393
× 鳩《はと》が鉄砲を食ったよう
○ 鳩が豆鉄砲を食ったよう 374
× 鳩《はと》に三尺《さんじゃく》の礼あり
○ 鳩に三枝《さんし》の礼あり 374
× 鼻息が粗い
○ 鼻息が荒い 375
× 話が会う
○ 話が合う 376
× 話が食い合わない
○ 話が嚙《か》み合わない 376
× 鼻で扱う
○ 鼻であしらう 377
× 鼻に賭ける
○ 鼻に掛ける 378
× 花見より団子
○ 花より団子 378
× 花も恥じ入る
○ 花も恥じらう 378
× 花も実もなる
○ 花も実もある 378
× 鼻を飽かす
○ 鼻を明かす 379
× 花を与える
○ 花を持たせる 379
× 鼻をくじく
○ 鼻を折る 379
○ 出端《ではな》[出鼻]をくじく 313
× 歯に絹着せぬ
○ 歯に衣《きぬ》着せぬ 379
× 歯にころも着せぬ
○ 歯にきぬ(衣)着せぬ 379
× 羽《はね》を延ばす
○ 羽を伸ばす 379
× 歯の根が浮く
○ 歯が浮く 368
× 幅《はば》を聞かせる
○ 幅を利《き》かせる 380
× 歯亡《ほろ》びて唇寒し
○ 唇亡びて歯寒し 178
× 早起きは三文《さんもん》も得
○ 早起きは三文の得 381
× 腹が座る
○ 腹が据わる 382
× 腹が煮え繰り返る
○ 腸《はらわた》が煮え繰り返る 383
× 腹に据える
○ 腹を据える 384
× 腹の内が黒い
○ 腹が黒い 381
× 腹も身内
○ 腹も身の内 383
× 腸《はらわた》がよじれる
○ 腸が千切《ちぎ》れる 383
× 腹を割《さ》く
○ 腹を割《わ》る 384
× 腹を太らせる
○ 腹を肥《こ》やす 384
× 針《はり》を刺す
○ 釘《くぎ》を刺す 171
× はるあきに富む
○ しゅんじゅう(春秋)に富む 245
× はるあきの筆法
○ しゅんじゅう(春秋)の筆法 245
× 歯を嚙《か》み締める
○ 歯を食い縛《しば》る 385
× 反旗《はんき》を立てる
○ 反旗を翻《ひるがえ》す 385
× 盤根曲節
○ 盤根錯節《ばんこんさくせつ》 385
× 万事《ばんじ》窮す
○ 万事休《きゅう》す 385

× 万端《ばんたん》を期《き》す
○ 万全《ばんぜん》を期す 386

ひ

× 引き手あまた
○ 引く手あまた 388
× ひきふの勇
○ ひっぷ(匹夫)の勇 392
× ひぐれて道遠し
○ ひくれて(日暮れて)道遠し 388
× 引け目を取る
○ 引けを取る 389
× 膝《ひざ》が乗り出す
○ 膝を乗り出す 390
× 膝《ひざ》付き合わす
○ 膝突き合わす 389
× 膝《ひざ》を交《か》わす
○ 膝を交《まじ》える 390
× 膝《ひざ》を正しくする
○ 膝を正す 390
× 顰《ひそ》みに習う
○ 顰みに倣《なら》う 391
× 左から右
○ 右から左 433
× 左と言えば右
○ 右と言えば左 433
× 左に出る
○ 右に出る 433
× 左も右も分からない
○ 右も左も分からない 434
× 筆舌《ひつぜつ》に書き難《がた》い
○ 筆舌に尽くし難い 392
× 人の噂《うわさ》も四十九日
○ 人の噂も七十五日 394
× 人の不利見て我が不利直せ
○ 人のふり見て我がふり直せ 394
× 人肌脱ぐ
○ 一肌《ひとはだ》脱ぐ 395
× 人は見た目によらぬもの
○ 人は見かけによらぬもの 396
× ひとめ置く
○ いちもく(一目)置く 43
× 人目《ひとめ》が付く
○ 人目に付く 396
× 一目に付く
○ 人目《ひとめ》に付く 396
× 人目《ひとめ》をそばだてる
○ 人目を引く 396
× 一目を引く
○ 人目《ひとめ》を引く 396
× 一役《ひとやく》働く
○ 一役買う 396
× 人を呪《のろ》わば墓二つ
○ 人を呪わば穴二つ 397
× 皮肉の嘆《たん》
○ 髀肉《ひにく》の嘆 398
× 火の出の勢い
○ 日の出の勢い 398
× 火のない所に炎は立たぬ
○ 火のない所に煙は立たぬ 398
× 日の芽を見る
○ 日の目を見る 398
× 火蓋《ひぶた》を切って落とす
○ 火蓋を切る 399
○ 幕を切って落とす 426
× 百尺《ひゃくしゃく》竿灯一歩を進む
○ 百尺竿頭《かんとう》一歩を進む 399
× 百文は一見《いっけん》に如《し》かず
○ 百聞《ひゃくぶん》は一見に如かず 400
× 百鬼夜業
○ 百鬼夜行《ひゃっきやこう》・《ひゃっきやぎょう》 400
× 標準を合わせる
○ 照準を合わせる 247
× ひらいた口が塞《ふさ》がらない
○ あいた(開いた)口が塞がらない 1
× 昼間の提灯《ちょうちん》
○ 月夜に提灯 302
○ 昼行灯《ひるあんどん》
× 火を付けたよう
○ 火が付いたよう 387

× 火を見るように明らか
○ 火を見るより明らか　403
× 日を見るより明らか
○ 火を見るより明らか　403
× 日を夜に継《つ》ぐ
○ 夜《よ》を日に継ぐ　486
× 貧《ひん》すれば窮《きゅう》する
○ 貧すれば鈍《どん》する　403
× 貧《ひん》すれば通ず
○ 貧すれば鈍《どん》する　403
○ 窮《きゅう》すれば通ず　162
× 貧乏人《びんぼうにん》の暇《ひま》無し
○ 貧乏暇無し　404

ふ

× 風声鶴鳴《ふうせいかくめい》
○ 風声鶴唳《かくれい》　404
× 不帰《ふき》の人となる
○ 不帰の客となる　406
× 覆水《ふくすい》盆《ぼん》に帰らず
○ 覆水盆に返らず　406
× 不具戴天
○ 不倶戴天《ふぐたいてん》　407
× 不幸中《ふこうちゅう》の幸《こう》
○ 不幸中の幸《さいわ》い　407
× 武士は食わねど爪楊枝《つまようじ》
○ 武士は食わねど高楊枝《たかようじ》　408
× 巫女《ふじょ》の夢
○ 巫山《ふざん》の夢　407
× 蓋《ふた》を開《ひら》く
○ 蓋を開《あ》ける　409
× 物議《ぶつぎ》をかもし出す
○ 物議をかもす　409
× 物議《ぶつぎ》を呼ぶ
○ 物議をかもす　409
○ 論議を呼ぶ　495
× 降って沸《わ》く
○ 降って湧《わ》く　409
× 筆は剣《けん》よりも強し
○ ペンは剣よりも強し　417
× 筆を滑《すべ》らす
○ 筆が滑る　409
× 懐《ふところ》が冷たい
○ 懐が寒い　411
× 舟に刻《きざ》みて剣《けん》を捜《さが》す
○ 舟に刻みて剣を求む　411
× 船に乗ったよう
○ 大船《おおぶね》に乗ったよう　87
× 踏まれたり蹴られたり
○ 踏んだり蹴ったり　415
× フリーの客
○ 振りの客　412
× 無聊桃源
○ 武陵桃源《ぶりょうとうげん》　412
× 不和雷同
○ 付和雷同《ふわらいどう》　414
× 刎刑の交わり
○ 刎頸《ふんけい》の交わり　414
× 粉骨砕心
○ 粉骨砕身《ふんこつさいしん》　414
× 焚書抗儒
○ 焚書坑儒《ふんしょこうじゅ》　414

へ

× へいそくが合わない
○ ひょうそく（平仄）が合わない　401
× 臍《へそ》で湯を沸《わ》かす
○ 臍で茶を沸かす　415
× へそを噛《か》む
○ ほぞを噛む　420
× 下手《へた》な考え休むに似たり
○ 下手の考え休むに似たり　416
× 下手《へた》な長談義《ながだんぎ》
○ 下手の長談義　416
× 下手《へた》な横好き
○ 下手の横好き　416
× 下手《へた》にすると
○ 下手をすると　416
× 蛇《へび》の半殺し
○ 蛇の生殺《なまごろ》し　417

× へびの道はへび
○ じゃ（蛇）の道はへび（蛇） 243
× へびは一寸《いっすん》にして人を呑《の》む
○ じゃ（蛇）は一寸にして人を呑む 243
× 屁《へ》をひって穴《あな》窄《すぼ》め
○ 屁をひって尻《しり》窄め 417
× 弁舌《べんぜつ》が弾む
○ 話が弾む 376

ほ

× 暴虎氷河
○ 暴虎馮河《ぼうこひょうが》 418
× 方途《ほうと》に暮れる
○ 途方《とほう》に暮れる 332
× 棒に振るう
○ 棒に振る 419
× 棒ほど願えば針ほど叶《かな》う
○ 棒ほど願って針ほど叶う 419
× 北船南馬
○ 南船北馬《なんせんほくば》 348
× 仏の顔は三度
○ 仏の顔も三度 420
× 骨身《ほねみ》に刻《きざ》む
○ 骨に刻む 421
× 骨身《ほねみ》をやつす
○ 骨身を削《けず》る 422
○ 憂《う》き身をやつす 65
× 蒲柳《ほりゅう》のたち
○ 蒲柳のしつ（質） 423
× 惚《ほ》れた晴れた
○ 惚れた腫《は》れた 423
× 惚《ほ》れた弱さ
○ 惚れた弱み 423

ま

× 枚挙《まいきょ》にひまがない
○ 枚挙にいとま（遑）がない 424
× 幕がひらく
○ 幕があく（開く） 425
× 枕《まくら》を上げて寝る
○ 枕を高くして寝る 426
× 負ければ勝ち
○ 負けるが勝ち 427
× 孫にも衣装
○ 馬子《まご》にも衣装 427
× 股《また》に駆ける
○ 股に掛ける 427
× 睫毛《まつげ》に唾《つば》を付ける
○ 眉《まゆ》に唾を付ける 429
× 末席《まっせき》をよごす
○ 末席をけがす（汚す） 428
× 待てばうみじ［うなじ］の日和《ひより》あり
○ 待てばかいろ（海路）の日和あり 428
× 的《まと》を得る
○ 的を射る 428
○ 当《とう》を得る 325
× まな板の鯛《たい》
○ まな板の鯉《こい》 429
× まなじりを決める
○ まなじりを決する 429
× まなじりを下げる
○ 目尻《めじり》を下げる 458
× まぶたをつぶる
○ 目をつぶる 464
× 眉《まゆ》を開《あ》ける
○ 眉を開《ひら》く 430
× まんざらにもない
○ まんざらでもない 431

み

× ミイラを取りに行ってミイラになる
○ ミイラ取りがミイラになる 432
× 身が固まる
○ 身を固める 445
× 身が立つ
○ 身を立てる 446
× 右に倣《なら》え
○ 右へ倣え 433

× 右へ習え
○ 右へ倣《なら》え 433
× 神輿《みこし》が上がる
○ 神輿を上げる 434
× 神輿《みこし》に担《かつ》ぐ
○ 神輿を担ぐ 434
× 神輿《みこし》を下ろす
○ 神輿を据える 434
× 水《みず》清《きよ》ければさかな棲《す》まず
○ 水清ければうお(魚)棲まず 435
× 水で流す
○ 水に流す 435
× 水に向ける
○ 水を向ける 437
× 水も垂れる
○ 水も滴《した》たる 436
× 水も漏れぬ
○ 水も漏らさぬ 436
× 水を注《そそ》ぐ
○ 水を差す 437
× 水をまいたよう
○ 水を打ったよう 437
× 味噌《みそ》が付く
○ 味噌を付ける 438
× 道草《みちくさ》を食べる
○ 道草を食う 438
× 緑色の黒髪《くろかみ》
○ 緑の黒髪 439
× 見ない聞かない言わない
○ 見猿《みざる》聞か猿言わ猿 434
× 見なければ清《きよ》し
○ 見ぬ物清し 440
× 身に[身を]つままれる
○ 身につまされる 440
× 見ねば花
○ 見ぬが花 440
× 耳が痛む
○ 耳が痛い 441
× 耳が傾く
○ 耳を傾ける 443
× 耳が越えている
○ 耳が肥《こ》えている 441
× 耳が澄《す》む
○ 耳を澄ます 443
× 耳に胼胝《たこ》が付く
○ 耳に胼胝ができる 442
× 耳を合わせる
○ 耳を揃《そろ》える 444
× 耳を挟む
○ 耳に挟む 443
× 身も知らぬ
○ 見も知らぬ 444
× 実も世もない
○ 身も世もない 444
× みょうごにちを向く
○ あさって(明後日)を向く 7
× 見る陰もない
○ 見る影もない 445
× 身をこなにする
○ 身をこ(粉)にする 446
× 身を捨ててこそ立つ瀬もあれ
○ 身を捨ててこそ浮かぶ瀬もあれ 446
× 身をつまされる
○ 身につまされる 440
× 身を持って
○ 身を以《も》って 447
× 身をやつれさす
○ 身をやつす 447
× みんなになる
○ みな(皆)になる 439

む

× 六日《むいか》のしょうぶ
○ 六日のあやめ(菖蒲) 447
× 向こうに張る
○ 向こうを張る 448
× 虫の居場所が悪い
○ 虫の居所《いどころ》が悪い 449
× 無に帰《かえ》る
○ 無に帰《き》する 450

× 胸が焦《こ》げる
○ 胸を焦がす 452
× 胸にいちぶつ
○ 胸にいちもつ(一物) 451
× 無用の要
○ 無用の用 453
× 無理に通れば道理が引っ込む
○ 無理が通れば道理が引っ込む 453
× 群れを抜く
○ 群《ぐん》を抜く 186

め

× 名鏡止水
○ 明鏡止水《めいきょうしすい》 454
× 目が越える
○ 目が肥《こ》える 455
× 目が冷める
○ 目が覚める 455
× 目が座る
○ 目が据わる 456
× 目が鼻へ抜ける
○ 目から鼻へ抜ける 457
× 目から鱗《うろこ》が取れる
○ 目から鱗が落ちる 456
× 目鯨を立てる
○ 目くじらを立てる 457
× 目覚めが悪い
○ 寝覚《ねざ》めが悪い 360
× 目尻《めじり》を決する
○ まなじりを決する 429
× 滅法《めっぽう》もない
○ 滅相《めっそう》もない 458
× 目に染《そ》まる
○ 目に染《し》みる 459
× 目の玉が飛び出す
○ 目の玉が飛び出る 461
× 目の中に無い
○ 眼中《がんちゅう》に無い 144
× 目鼻《めはな》が利《き》く
○ 目端《めはし》が利く 461
× 目鼻《めはな》の先
○ 目と鼻の先 458
× 目もやらない
○ 目もくれない 462
× 目を開《あ》ける
○ 目を開《ひら》く 464
× 目を凝《こ》らせる
○ 目を凝らす 463
× 面壁《めんぺき》きゅうねん
○ 面壁くねん(九年) 465

も

× 元《もと》の黙阿弥
○ 元の木阿弥《もくあみ》 468
× 物の試し
○ 物は試し 469
× 物を言うほどある
○ 唸《うな》るほどある
→ 金が物を言う 130
× 森を見て木を見ず
○ 木を見て森を見ず 168

や

× 矢折れ刀尽きる
○ 刀折れ矢尽きる 121
× 焼きを加える
○ 焼きを入れる 472
× 焼け野の鴉《からす》夜の鶴《つる》
○ 焼け野の雉《きぎす》夜の鶴 473
× 焼けぼっくりに火が付く
○ 焼けぼっくいに火が付く 473
× 安かろうが悪かろうが
○ 安かろう悪かろう 473
× 柳《やなぎ》の下にいつも泥鰌《どじょう》がいない
○ 柳の下にいつも泥鰌はいない 475
× 藪《やぶ》から蛇《へび》
○ 藪から棒 475
× 病《やまい》こうもうに入る
○ 病こうこう(膏肓)に入る 476

× 野郎自大

○ 夜郎自大《やろうじだい》 478

ゆ

× 優秀の美を飾る

○ 有終《ゆうしゅう》の美を飾る 478

× 勇将《ゆうしょう》のしたに弱卒《じゃくそつ》なし

○ 勇将のもと(下)に弱卒なし 478

× 幽冥境《さかい》を異《こと》にする

○ 幽明《ゆうめい》境を異にする 479

× 夢うつつを抜かす

○ うつつを抜かす 70

× 夢はぎゃくゆめ

○ 夢はさかゆめ(逆夢) 480

よ

× 羊頭《ようとう》を掲げて苦肉を売る

○ 羊頭を掲げて狗肉《くにく》を売る 481

× 葦《よし》の髄《ずい》から天上を覗《のぞ》く

○ 葦の髄から天井を覗く 483

× 余勢《よせい》を買って

○ 余勢を駆《か》って

→ 余勢を駆る 483

× 予防線《よぼうせん》を引く

○ 予防線を張る 484

× 夜目《よめ》遠目《とおめ》傘の内《うち》

○ 夜目遠目笠《かさ》の内 484

× 寄るとふれると

○ 寄るとさわると 485

× よるを徹《てっ》する

○ よ(夜)を徹する 486

× よるを日に継《つ》ぐ

○ よ(夜)を日に継ぐ 486

× 弱気は損気

○ 短気は損気 289

× 弱気を吐く

○ 弱音《よわね》を吐く 486

ら

× 楽すれば苦あり

○ 楽あれば苦あり 487

× 楽は苦のもと苦は楽のもと

○ 楽は苦の種苦は楽の種 488

× 洛陽《らくよう》の市価を高める

○ 洛陽の紙価《しか》を高める 488

× 洛陽《らくよう》の紙価《しか》を高らしめる

○ 洛陽の紙価を高からしめる

→ 洛陽の紙価を高める 488

× 落花狼籍

○ 落花狼藉《らっかろうぜき》 488

り

× りくへ上がった河童《かっぱ》

○ おか(陸)へ上がった河童 88

× 溜飲《りゅういん》を晴らす

○ 溜飲が下がる 490

○ 溜飲を下げる

× りゅうだんする

○ ろうだん(壟断)する 494

× 流暢《りゅうちょう》に物語る

○ 雄弁《ゆうべん》に物語る 478

× 倫言汗の如《ごと》し

○ 綸言《りんげん》汗の如し 491

る

× 類《るい》は類を呼ぶ

○ 類は友を呼ぶ 492

ろ

× 壟を得て蜀《しょく》を望む

○ 隴《ろう》を得て蜀を望む 494

× 論議《ろんぎ》をかもす

○ 論議を呼ぶ 495

○ 物議《ぶつぎ》をかもす 409

× 論戦を張る

○ 論陣《ろんじん》を張る 496

わ

× 脇見《わきみ》も振らず
○ 脇目《わきめ》も振らず 497
× 和光同人
○ 和光同塵《わこうどうじん》 498
× 綿《わた》で首を絞める
○ 真綿《まわた》で首を絞める 430
× 綿《わた》のように眠る
○ 綿のように疲れる 499
× 渡りの船
○ 渡りに船 499
× 笑うもんには福来たる
○ 笑うかど(門)には福来たる 500
× 割れ鍋《なべ》に閉じ蓋《ぶた》
○ 割れ鍋に綴《と》じ蓋 502
× 割れ物に触るよう
○ 腫《は》れ物に触るよう 385

3. 分類索引

・本辞典で見出しに立てたことわざ成句を、200余のキーワードに分類して示す。
・冒頭に、キーワードを10の分野に大別したものを目次として示す。

キーワード索引（数字は、この分類索引内のページ数）

1 人間関係

親子 85
家族 85
夫婦・男女 85
友・仲間・つきあい 86
団結する・通じ合う 87
世話・手助け 87
縁・絶縁 87
年長・年少 88
師弟・敬服 88
任せる・おもねる 88
教育・しつけ 88
戒める・励ます 89
人を使う・操る 89
だしぬく 89
悪口を言う 89
仕返し・裏切り 90
勝敗 90
争い 91

2 人生・社会

生・死 91
年齢・人の一生 92
時の流れ 92
時代・時機 92
成功・出世 92
失敗・零落《れいらく》 93
経験・苦労 94
処世 94
天運・運命 95
運命の変転 95
幸運・吉事 96
不運・災難・凶事 96
世のはかなさ 97
政治・支配・権力 97
正義 98
不正 98
信仰・教え 98
志・決意 99

3 生活

健康 99
病・不健康 99
外見・身なり 99
食事 99
飲酒 100
住居 100
休息 100
仕事・商売 100
金銭・損得 101
道楽 102
貧しい 102
環境・習慣 102
故郷 102
旅 103
気候・季節 103

4 学問・才能・能力

学問・技芸 103
才能がある 104
名人・専門家 104
兼ね備える 104
思うままにできる 105
有望 105
悟る 105
賢い・理解力がある 105
分別がある 105
じっくり考える 105
記憶 105
欠点 105
愚か・能力がない 106
なすすべがない 106
たくらむ 106
無知・無理解 106

5 評価

最高の・ずばぬけた 107
完璧《かんぺき》な 107
すばらしい 107
美しい 107
評判のよい 107
面目が立つ 108
唯一の 108
重大な 108
大切な 108
的確な 108

ちょうどよい 108
価値がある 109
意外な 109
ありふれた・面白みのない 109
価値がない・取るに足りない 109
でたらめな 110
評判の悪い 110
面目が立たない 110
不完全 110
過剰な 110
見かけだけの 110
役に立たない 111
評価の基準 111

6 性格

誠実な 111
丁寧な 111
素朴・温和 111
度量が広い 111
こだわらない 112
のんきな 112
思い切りがいい 112
意志の固い 112
我慢強い 112
慎重な 112
軽はずみな 113
向こう見ずな 113
流されやすい 113
融通がきかない 113
臆病《おくびょう》な 113
ずる賢い 113
怠惰な 113
傲慢《ごうまん》な 113
欲の深い 114
下品な 114
ずうずうしい 114
したたかな 114
厳しい 114
冷たい 114

7 行動

いろいろな動作 114
思い通り行動する 115
先んじて行う 115
邪魔をする 115
関わる 115
頼む 116
まねる 116
ねらう 116
熱心に行う 116
努力する 116
無駄な努力 117
取り繕《つくろ》う 117
取り戻す 117
迷う 117
やめる 117
逃げる 117
関わらない 118
静止 118

8 心の動き

うれしい 118
感動する 118
驚く 118
気が晴れる・解放される 119
奮起する 119
満足する 119
夢中になる 119
自信がある 120
気負う 120
威勢がいい 120
期待する 120
欲する 120
感謝する 121
思いやる 121
気を配る 121
耐える 121
悲しい 121
怖い 122
心配・不安 122
恥ずかしい 122
不快 122
不満 123
悔しい 123
もどかしい 123
後悔 123
改心 123
苦しむ 123
悩む 123
煩悩《ぼんのう》 123
落ち込む 124
憎む 124
怒る 124
あわてる 124
疑う 124
失望・あきらめ 124
あきれる 125
油断する 125
疲れ果てる 125
意識を失う 125
笑う 125
泣く 125

9 状態

大きい 125
多い 125
全ての 126
小さい 126
細かい 126
少ない 126
無い 126
孤独な 126
近い 126
集中する 127
一致する 127
似ている 127
かけ離れた 127

食い違う 128
堅固な 128
整然とした 128
落ち着く 128
変化しない 128
変化する 128
入り交じった 129
入り組んだ 129
邪魔が入る・邪魔になる 129
不安定な 129
危ない 129
切迫する 130
騒がしい 130
勢いがある・活気づく 130
大げさな 131
知れ渡る 131
目立つ 131
明白・明確 131
簡単な 132
難しい 132
はっきりしない 132
ひそかな 132
わかりにくい 132
早い・時間が短い 132
忙しい 133
暇な 133
一時的な 133
継続する 133
続けて・何度も 133
いつも 133
最初の 134
最後の 134

10 ことば
名前 134
詩文 134
手紙 134
噂《うわさ》 134
議論 135
異を唱える 135
ことばが多い 135
よどみない 135
大げさなことば 135
屁理屈《へりくつ》 135
偽りのことば 136
率直なことば 136
婉曲《えんきょく》なことば 136
ことばが少ない 136
表現できない 136
無用のことば 136
ことばの力 136
表現 137

I 人間関係

親子

家貧しくして孝子《こうし》顕《あらわ》る 29
一姫《いちひめ》二太郎《にたろう》 42
一子相伝《いっしそうでん》 46
倚門《いもん》の望《ぼう》 57
生みの親より育ての親 74
瓜《うり》の蔓《つる》に茄子《なすび》は生《な》らぬ 77
老《お》いては子に従え 85
親の心子知らず 101
親の脛《すね》を齧《かじ》る 101
親の光は七光り 102
親の欲目 102
親は無くとも子は育つ 102
乳母日傘《おんばひがさ》 105
蛙《かえる》の子は蛙 108
烏《からす》に反哺《はんぽ》の孝あり 135
可愛い子には旅をさせよ 139
子供の喧嘩《けんか》に親が出る 215
この親にしてこの子あり 216
子は鎹《かすがい》 216
子は三界《さんがい》の首枷《くびかせ》 216
子を持って知る親の恩 219
獅子《しし》の子落とし 235
掌中《しょうちゅう》の珠《たま》 247
父の恩《おん》は山よりも高く母の恩は海よりも深し 293
血は争えない 295
蝶《ちょう》よ花よ 298
手が離れる 309
鳶《とんび》が鷹《たか》を生む 336
鳩《はと》に三枝《さんし》の礼あり 374
風樹《ふうじゅ》の嘆《たん》 404
身《み》二《ふた》つになる 440
焼け野《の》の雉子《きぎす》夜《よる》の鶴《つる》 473

家族

秋茄子《あきなす》は嫁に食わすな 3
兄弟《きょうだい》は他人の始まり 163
兄弟《けいてい》牆《かき》に鬩《せめ》げども外その務《あなど》りを禦《ふせ》ぐ 189
骨肉《こつにく》相《あい》食《は》む 212
児孫《じそん》のために美田《びでん》を買わず 236
血で血を洗う 293
血を分ける 300
亭主《ていしゅ》の好きな赤烏帽子《あかえぼし》 307
伝家《でんか》の宝刀《ほうとう》 318
目の中に入《い》れても痛くない 461

夫婦・男女

愛想《あいそ》もこそも尽き果てる 1
秋風が立つ 3
東男《あずまおとこ》に京女 13
痘痕《あばた》も靨《えくぼ》 21
家貧しくして良妻を思う 29
磯《いそ》の鮑《あわび》の片思い 36
色は思案の外《ほか》 59
馬には乗ってみよ人には添うてみよ 73
英雄色を好む 78
鴛鴦《えんおう》の契り 82
縁は異なもの味なもの 83
男心と秋の空 93
男やもめに蛆《うじ》が湧《わ》き女やもめに花が咲く 93
思いを懸ける 100
思いを寄せる 101
女心と秋の空 104
偕老同穴《かいろうどうけつ》 108
可愛さ余って憎さ百倍 139
気がある 149
琴瑟《きんしつ》相《あい》和す 169
月下氷人《げっかひょうじん》 191
恋は思案の外《ほか》 196
心を寄せる 209
小糠《こぬか》三合持ったら婿《むこ》に行くな 216
子は鎹《かすがい》 216
尻《しり》が軽い 252
尻《しり》に敷く 252
水魚《すいぎょ》の交わり 257

友・仲間・つきあい

一日《いちじつ》の長《ちょう》 40
老《お》いたる馬は道を忘れず 85
老《お》いてますます盛んなるべし 85
老《お》いの一徹《いってつ》 85
亀《かめ》の甲より年の劫《こう》 134
麒麟《きりん》も老いては駑馬《どば》に劣る 166
嘴《くちばし》が黄色い 177
後生《こうせい》畏《おそ》るべし 199
春秋《しゅんじゅう》に富む 245
年寄りの冷や水 331
老骨《ろうこつ》に鞭打《むちう》つ 494
六十の手習い 495
若い時の苦労は買ってでもせよ 497

師弟・敬服

青は藍《あい》より出でて藍より青し 2
頭が上がらない 14
頭が下がる 14
衣食《いしょく》足りて礼節を知る 35
居候《いそうろう》三杯目にはそっと出し 36
一目《いちもく》置く 43
衣鉢《いはつ》を継ぐ 55
魚《うお》を得て筌《うえ》を忘る 64
恩《おん》に着せる 104
恩《おん》に着る 105
恩《おん》を売る 105
金槌《かなづち》の川流れ 129
烏《からす》に反哺《はんぽ》の孝あり 135
驥尾《きび》に付す 158
謦咳《けいがい》に接する 187
犬馬《けんば》の労 195
後塵《こうじん》を拝する 199
子を持って知る親の恩 219
三顧《さんこ》の礼 227
三尺《さんじゃく》去って師の影を踏まず 227
親しき中にも礼儀あり 237
下にも置かない 237
釈迦《しゃか》に説法 242
泰山北斗《たいざんほくと》 278
父の恩《おん》は山よりも高く母の恩は海よりも深し 293
長い物には巻かれよ 338
鳩《はと》に三枝《さんし》の礼あり 374
顰《ひそ》みに倣《なら》う 391
末席《まっせき》を汚《けが》す 428
門を叩《たた》く 472

任せる・おもねる

意に沿う 53
魚心《うおごころ》あれば水心 64
大船《おおぶね》に乗ったよう 87
影の形に添うよう 114
我《が》を折る 140
歓心《かんしん》を買う 142
機嫌《きげん》を取る 153
曲学阿世《きょくがくあせい》 164
下駄《げた》を預ける 191
巧言令色《こうげんれいしょく》鮮《すく》なし仁 198
言葉に甘える 214
胡麻《ごま》を擂《す》る 218
三舎《さんしゃ》を避ける 227
下手《したて》に出る 237
調子を合わせる 297
点数を稼《かせ》ぐ 318
虎《とら》の威《い》を借《か》る狐《きつね》 333
膝《ひざ》を折る 389
膝《ひざ》を屈《くっ》する 390
顰《ひそ》みに倣《なら》う 391
付和雷同《ふわらいどう》 414
洞ヶ峠《ほらがとうげ》を決め込む 423
ミイラ取りがミイラになる 432
水の低《ひく》きに就《つ》くが如《ごと》し 436
柳《やなぎ》に風 474

教育・しつけ

飴《あめ》と鞭《むち》 23
鋳型《いがた》に嵌《は》める 29
芋《いも》の煮えたも御存じない 57
氏《うじ》より育ち 67
可愛い子には旅をさせよ 139

朽木《きゅうぼく》は雕《え》るべからず 163
この親にしてこの子あり 216
獅子《しし》の子落とし 235
雀《すずめ》百まで踊り忘れず 259
手塩に掛ける 310
鉄は熱いうちに打て 310
十《とお》で神童十五で才子二十《はたち》過ぎては
ただの人 326
泣く子は育つ 340
寝る子は育つ 362
三《み》つ子《ご》の魂《たましい》百まで 439
孟母三遷《もうぼさんせん》の教え 467

戒める・励ます

過《あやま》ちては改むるに憚《はばか》ること勿《なか》れ 24
因果《いんが》を含める 61
殷鑑《いんかん》遠からず 62
引導《いんどう》を渡す 62
押さえが利《き》く 90
活《かつ》を入れる 127
気合いを入れる 148
灸《きゅう》を据える 163
釘《くぎ》を刺す 171
口を酸《す》っぱくする 179
檄《げき》を飛ばす 190
喧嘩《けんか》両成敗《りょうせいばい》 193
言葉を尽くす 215
重箱の隅を楊枝《ようじ》でほじくる 244
尻《しり》を叩《たた》く 253
前車の覆《くつがえ》るは後車《こうしゃ》の戒め 268
袖《そで》を引く 275
他山《たざん》の石 282
手綱《たづな》を締める 284
駄目《だめ》を出す 289
忠言《ちゅうげん》耳に逆らう 296
頂門《ちょうもん》の一針《いっしん》 298
泣いて馬謖《ばしょく》を斬《き》る 338
睨《にら》みを利《き》かせる 354
発破《はっぱ》を掛ける 374
歯止《はど》めを掛ける 374

人のふり見て我がふり直せ 394
目が届く 456
目くじらを立てる 457
焼きを入《い》れる 472
病《やまい》は気から 476
槍玉《やりだま》に挙げる 477
良薬《りょうやく》は口に苦し 491
悪いことは言わない 501

人を使う・操る

顎《あご》で使う 6
糸を引く 52
陰で糸を引く 113
舵《かじ》を取る 116
牛耳《ぎゅうじ》を執《と》る 161
鶏口《けいこう》となるも牛後《ぎゅうご》となるなかれ 188
采配《さいはい》を振る 221
自家薬籠中《じかやくろうちゅう》の物 232
至上命令《しじょうめいれい》 235
立っている者は親でも使え 284
手玉に取る 310
神輿《みこし》を担《かつ》ぐ 434

だしぬく

生き馬の目を抜く 30
裏《うら》をかく 77
お株《かぶ》を奪う 88
狐《きつね》と狸《たぬき》の化かし合い 155
朝三暮四《ちょうさんぼし》 297
抜け駆《が》けの功名《こうみょう》 355
寝首《ねくび》を掻《か》く 358
鼻を明《あ》かす 379

悪口を言う

犬の遠吠《とおぼ》え 53
君子は交わり絶《た》ゆとも悪声を出《いだ》さず
186
けちを付ける 191
死屍《しし》に鞭打《むちう》つ 235
舌を出す 238

物言えば唇《くちびる》寒し秋の風　469
槍玉《やりだま》に挙げる　477

仕返し・裏切り

後足で砂を掛ける　18
鼬《いたち》の最後っ屁《へ》　38
恨《うら》みを晴らす　76
江戸の敵《かたき》を長崎で討つ　80
恩《おん》を仇《あだ》で返す　105
飼い犬に手を嚙《か》まれる　105
顔に泥《どろ》を塗る　110
顔を潰《つぶ》す　111
臥薪嘗胆《がしんしょうたん》　116
鼎《かなえ》の軽重《けいちょう》を問う　128
君父《くんぷ》の讐《あだ》は倶《とも》に天を戴《いただ》かず　186
獅子《しし》身中《しんちゅう》の虫　234
背を向ける　268
鳶《とんび》に油揚げを攫《さら》われる　336
煮《に》え湯を飲まされる　349
抜け駆《が》けの功名《こうみょう》　355
濡《ぬ》れ衣《ぎぬ》を着せる　357
喉元《のどもと》過ぎれば熱さを忘れる　365
梯子《はしご》が外される　371
反旗《はんき》を翻《ひるがえ》す　385
庇《ひさし》を貸して母屋《おもや》を取られる　389
ブルータスお前もか　413
目には目を 歯には歯を　459
目に物《もの》見せる　460

勝敗

赤子の手をねじる　2
息の根を止める　32
一籌《いっちゅう》を輸《ゆ》する　50
一刀両断《いっとうりょうだん》　51
一敗《いっぱい》地に塗《まみ》れる　51
今はこれまで　56
鬼《おに》に金棒　95
会稽《かいけい》の恥《はじ》　106
鎧袖一触《がいしゅういっしょく》　106
刀《かたな》折れ矢尽きる　121
勝ちに乗ずる　124
勝てば官軍　127
兜《かぶと》を脱ぐ　132
彼《かれ》を知り己《おのれ》を知れば百戦殆《あやう》からず　138
顔色《がんしょく》を失う　142
完膚《かんぷ》無きまで　146
来た 見た 勝った　155
牙《きば》を研《と》ぐ　157
窮鼠《きゅうそ》猫を嚙《か》む　162
乾坤一擲《けんこんいってき》　195
捲土重来《けんどちょうらい》　195
先《さき》んずれば人を制す　223
三十六計《さんじゅうろっけい》逃げるに如《し》かず　228
しっぽを巻く　240
弱肉強食《じゃくにくきょうしょく》　242
衆寡《しゅうか》敵せず　243
柔《じゅう》能《よ》く剛を制す　244
雌雄《しゆう》を決する　244
勝負は時の運　248
相撲《すもう》に勝って勝負に負ける　261
雪辱《せつじょく》を果たす　266
先手を打つ　269
多勢《たぜい》に無勢《ぶぜい》　282
駄目《だめ》を押す　288
土が付く　303
出ると負け　314
手を上げる　314
手を合わせる　314
逃《に》げるが勝ち　350
鼻っ柱《ぱしら》をへし折る　377
引かれ者の小唄《こうた》　388
引けを取る　389
火蓋《ひぶた》を切る　399
懐《ふところ》が深い　411
ペンは剣《けん》よりも強し　417
負けるが勝ち　427
水をあける　436
胸を借りる　451

争い

雨降って地固まる 23
一矢《いっし》を報《むく》いる 47
売り言葉に買い言葉 77
遠交近攻《えんこうきんこう》 82
顔を合わせる 110
蝸牛《かぎゅう》角上《かくじょう》の争い 112
肩を並べる 124
汗馬《かんば》の労 146
機先《きせん》を制する 154
楔《くさび》を打ち込む 173
国破れて山河在《あ》り 180
首根っ子を押さえる 181
喧嘩《けんか》両成敗《りょうせいばい》 193
骨肉《こつにく》相《あい》食《は》む 212
子供の喧嘩《けんか》に親が出る 215
事を構える 215
三十六計《さんじゅうろっけい》逃げるに如《し》かず 228
鹿《しか》を逐《お》う 232
鎬《しのぎ》を削る 240
四面楚歌《しめんそか》 242
尻《しり》を捲《まく》る 253
血で血を洗う 293
治《ち》に居て乱を忘れず 294
血の雨を降らす 295
中原《ちゅうげん》に鹿《しか》を逐《お》う 296
血を見る 299
冷たい戦争 304
出る所へ出る 314
泣く子と地頭《じとう》には勝てぬ 340
名乗《なの》りを上げる 344
始めは処女《しょじょ》の如《ごと》く後《のち》は脱兎《だっと》の如し 372
火花《ひばな》を散らす 399
火蓋《ひぶた》を切る 399
向こうに回す 448
向こうを張る 448
目の上の瘤《こぶ》 460
両雄《りょうゆう》並び立たず 491

2 人生・社会

生・死

後の雁《かり》が先になる 18
後を追う 19
息が切れる 30
生き身は死に身 32
息を引き取る 32
一蓮托生《いちれんたくしょう》 45
一巻の終わり 45
一殺多生《いっせつたしょう》 49
命あっての物種 54
命長ければ恥多し 54
命は鴻毛《こうもう》より軽し 54
命を削《けず》る 55
今はこれまで 56
今際《いまわ》の際《きわ》 57
引導《いんどう》を渡す 62
終わりを全《まっと》うする 103
棺《かん》を蓋《おお》いて事定まる 148
鬼籍《きせき》に入る 154
九死《きゅうし》に一生を得る 161
草葉《くさば》の陰 173
去る者は日日に疎《うと》し 226
死は或いは泰山《たいざん》より重く 或いは鴻毛《こうもう》より軽し 240
生者必滅《しょうじゃひつめつ》 247
死んで花実が咲くものか 256
露《つゆ》と消える 305
白玉楼中《はくぎょくろうちゅう》の人となる 369
不帰《ふき》の客となる 406
骨《ほね》を埋《うず》める 422
骨《ほね》を拾《ひろ》う 422
枕《まくら》を並べる 426
脈《みゃく》がある 444
身を投《とう》ずる 446
無言《むごん》の帰宅 448
目の黒いうち 461
目を瞑《つぶ》る 464
幽明《ゆうめい》境《さかい》を異《こと》にする 479

我《われ》に返る 502

年齢・人の一生

五十にして天命を知る 210
三十にして立つ 228
志学《しがく》 231
四十《しじゅう》にして惑わず 235
酔生夢死《すいせいむし》 258
大器晩成《たいきばんせい》 277
鶴《つる》は千年亀《かめ》は万年 306
手が届く 308
薹《とう》が立つ 322
年に似合わぬ 330
年には勝てない 330
年に不足は無い 330
年を食う 331
箸《はし》が転んでもおかしい年頃 371
馬齢《ばれい》を重ねる 384
日《ひ》暮れて道遠し 388
三《み》つ子《ご》の魂《たましい》百まで 439
焼きが回る 472
揺《ゆ》り籠《かご》から墓場まで 480
寄る年波《としなみ》 485
六十にして耳《みみ》順《したが》う 495

時の流れ

今にして 56
今は昔 56
烏兎匆匆《うとそうそう》 71
黴《かび》が生える 132
光陰《こういん》矢の如《ごと》し 197
今昔《こんじゃく》の感 219
歳月《さいげつ》人を待たず 221
去る者は日日に疎《うと》し 226
山中暦日《れきじつ》無し 229
少年老い易《やす》く学成り難《がた》し 248
峠《とうげ》を越す 322
時を追う 327
時を置く 327
時を超える 328
長い目で見る 338
年年歳歳《ねんねんさいさい》花相《あい》似たり歳歳年年《さいさいねんねん》人同じからず 363
喉元《のどもと》過ぎれば熱さを忘れる 365
桃栗三年《ももくりさんねん》柿八年《かきはちねん》 470
来年のことを言えば鬼が笑う 487

時代・時機

足下《あしもと》の明るいうち 11
明日《あす》ありと思う心の徒桜《あだざくら》 12
後の祭り 19
いざ鎌倉 33
一日《いちにち》の計は晨《あした》にあり 一年の計は元旦にあり 42
一世《いっせい》を風靡《ふうび》する 48
歌は世につれ世は歌につれ 69
遅《おそ》きに失する 92
思い立ったが吉日《きちじつ》 99
折《おり》も折《おり》 102
危機一髪《ききいっぱつ》 151
危急存亡《ききゅうそんぼう》の秋《とき》 152
機を見るに敏《びん》 168
喧嘩《けんか》過ぎての棒千切《ぼうちぎ》り 193
ここを先途《せんど》と 209
時宜《じぎ》を得る 233
鉄は熱いうちに打て 310
出る幕ではない 314
時に臨《のぞ》む 326
時を得《え》る 327
年貢《ねんぐ》の納め時 362
風雲《ふううん》急《きゅう》を告げる 404
舟に刻《きざ》みて剣《けん》を求む 411
満《まん》を持《じ》す 431
六日《むいか》の菖蒲《あやめ》 447
世《よ》が世《よ》ならば 481

成功・出世

青は藍《あい》より出でて藍より青し 2
後の雁《かり》が先になる 18
雨垂《あまだ》れ石を穿《うが》つ 22

失敗・零落《れいらく》

盛者必衰《じょうしゃひっすい》 246
上手《じょうず》の手から水が漏れる 247
粋《すい》が身を食う 257
急《せ》いては事を仕損じる 264
前車の覆《くつがえ》るは後車《こうしゃ》の戒め 268
前車の轍《てつ》を踏む 268
船頭《せんどう》多くして船《ふね》山に上る 269
千慮《せんりょ》の一失 271
角《つの》を矯《た》めて牛を殺す 303
轍《てつ》を踏む 311
鳴かず飛ばず 339
七転《ななころ》び八起《やお》き 342
生兵法《なまびょうほう》は大怪我《おおけが》のもと 345
逃《に》がした魚《さかな》は大きい 350
二兎《にと》を追う者は一兎《いっと》をも得ず 352
二の舞いを演じる 353
敗軍の将は兵を語らず 367
髀肉《ひにく》の嘆《たん》 398
冷《ひ》や飯《めし》を食う 400
覆水《ふくすい》盆《ぼん》に返らず 406
棒《ぼう》に振る 419
墓穴《ぼけつ》を掘る 419
仏《ほとけ》造って魂《たましい》入《い》れず 420
味噌《みそ》を付ける 438
見る影《かげ》も無い 445
身を誤《あやま》る 445
焼きが回る 472
痩《や》せても枯れても 474
竜頭蛇尾《りゅうとうだび》 490

経験・苦労

板に付く 38
一日《いちじつ》の長《ちょう》 40
命を削《けず》る 55
馬には乗ってみよ人には添うてみよ 73
海千山千《うみせんやません》 74
縁の下の力持ち 83
老《お》いたる馬は道を忘れず 85
負《お》うた子に教えられて浅瀬を渡る 86
臥薪嘗胆《がしんしょうたん》 116
亀《かめ》の甲より年の劫《こう》 134
肝胆《かんたん》を砕く 143
艱難《かんなん》汝《なんじ》を玉にす 144
聞いて極楽見て地獄 149
苦髪楽爪《くがみらくづめ》 171
苦汁《くじゅう》を嘗《な》める 174
嘴《くちばし》が黄色い 177
苦杯《くはい》を嘗《な》める 181
蛍雪《けいせつ》 188
犬馬《けんば》の労 195
呉牛《ごぎゅう》月に喘《あえ》ぐ 203
心を砕く 208
酸《す》いも甘いも嚙《か》み分ける 258
糟糠《そうこう》の妻 273
血と汗の結晶 294
塗炭《とたん》の苦しみ 331
習《なら》うより慣れよ 346
年季《ねんき》が入《はい》る 362
肌《はだ》で感じる 372
百聞《ひゃくぶん》は一見《いっけん》に如《し》かず 400
骨《ほね》が折れる 421
骨身《ほねみ》を惜《お》しまず 422
骨身《ほねみ》を削《けず》る 422
骨《ほね》を折る 422
身に覚《おぼ》えがある 439
身を砕《くだ》く 446
楽《らく》あれば苦あり 487
楽《らく》は苦の種《たね》苦は楽の種 488
労《ろう》多くして功《こう》少なし 494
若い時の苦労は買ってでもせよ 497

処世

急がば回れ 36
魚心《うおごころ》あれば水心 64
牛を馬に乗り換える 67
嘘《うそ》も方便 68
馬には乗ってみよ人には添うてみよ 73
馬を牛に乗り換える 74
己《おのれ》の欲せざる所は人に施す勿《なか》れ 96
親は無くとも子は育つ 102

隗《かい》より始めよ 107
瓜田《かでん》に履《くつ》を納《い》れず 127
蟹《かに》は甲羅《こうら》に似せて穴を掘る 129
彼《かれ》を知り己《おのれ》を知れば百戦殆《あやう》からず 138
驥尾《きび》に付す 158
今日なし得ることは明日《あす》に延ばすな 163
君子危《あや》うきに近寄らず 184
君子は独《ひと》りを慎《つつし》む 185
君子は豹変《ひょうへん》す 185
君子は交わり絶《た》ゆとも悪声を出《いだ》さず 186
鶏口《けいこう》となるも牛後《ぎゅうご》となるなかれ 188
巧遅《こうち》は拙速に如《し》かず 200
郷《ごう》に入《い》っては郷に従え 200
触《さわ》らぬ神に祟《たた》り無し 226
地獄の沙汰《さた》も金次第 234
死馬《しば》の骨を買う 241
柔《じゅう》能《よ》く剛を制す 244
朱《しゅ》に交われば赤くなる 245
小異《しょうい》を捨てて大同に就《つ》く 246
小の虫を殺して大の虫を助ける 248
将を射《い》んと欲すれば先《ま》ず馬を射よ 248
初心忘るべからず 249
前車の覆《くつがえ》るは後車《こうしゃ》の戒め 268
損して得取れ 277
大事の前の小事 279
他山《たざん》の石 282
旅は道連れ世は情け 287
出る杭《くい》は打たれる 313
転石《てんせき》苔《こけ》を生《しょう》ぜず 319
桃李《とうり》物言わざれども下《した》自《おの》ずから蹊《けい》を成す 324
長い物には巻かれよ 338
情けは人の為《ため》ならず 341
憎《にく》まれっ子《こ》世にはばかる 350
人はパンのみにて生《い》くる者に非《あら》ず 395
人を見たら泥棒《どろぼう》と思え 397
武士《ぶし》に二言《にごん》無し 407
見猿《みざる》聞か猿言わ猿 434
水《みず》清《きよ》ければ魚《うお》棲《す》まず 435
餅《もち》は餅屋 467
寄らば大樹《たいじゅ》の陰 484
李下《りか》に冠《かんむり》を正さず 489
和《わ》して同《どう》ぜず 499

天運・運命

当たるも八卦《はっけ》当たらぬも八卦 16
一か八《ばち》か 39
一期一会《いちごいちえ》 40
一樹《いちじゅ》の陰一河《いちが》の流れも多生《たしょう》の縁 41
一蓮托生《いちれんたくしょう》 45
一寸《いっすん》先は闇 48
鬼《おに》が出るか蛇《じゃ》が出るか 95
風の吹き回し 119
果報《かほう》は寝て待て 133
苦しい時の神頼み 184
乾坤一擲《けんこんいってき》 195
塞翁《さいおう》が馬 220
事実は小説よりも奇なり 234
弱肉強食《じゃくにくきょうしょく》 242
勝負は時の運 248
人事を尽くして天命を待つ 255
袖《そで》振り合うも多生《たしょう》の縁 275
なるようになる 347
待てば海路《かいろ》の日和《ひより》あり 428
水の低《ひく》きに就《つ》くが如《ごと》し 436

運命の変転

明日は明日の風が吹く 10
明日《あす》ありと思う心の徒桜《あだざくら》 12
明日は我が身 13
煎《い》り豆に花が咲く 58
有為転変《ういてんぺん》は世の習い 63
埋《う》もれ木に花が咲く 75
老《お》い木に花が咲く 84
枯れ木に花が咲く 138
邯鄲《かんたん》の夢 143
旱天《かんてん》の慈雨《じう》 144

昨日《きのう》の淵《ふち》は今日の瀬 157
沈む瀬あれば浮かぶ瀬あり 236
滄海《そうかい》変じて桑田《そうでん》となる 272
七転《ななころ》び八起《やお》き 342
花が咲く 375
日の目を見る 398
冬《ふゆ》来《き》たりなば春遠からじ 412
道が開《ひら》ける 438

幸運・吉事

余《あま》り物には福がある 23
一富士《いちふじ》二鷹《にたか》三茄子《さんなすび》 43
一陽来復《いちようらいふく》 44
犬も歩けば棒に当たる 53
陰徳《いんとく》あれば陽報あり 62
浮かぶ瀬 65
有卦《うけ》に入《い》る 65
埋《う》もれ木に花が咲く 75
運気は根気 78
縁起《えんぎ》を担《かつ》ぐ 82
思い立ったが吉日《きちじつ》 99
親の光は七光り 102
禍福《かふく》は糾《あざな》える縄の如《ごと》し 132
果報《かほう》は寝て待て 133
鴨《かも》が葱《ねぎ》をしょって来る 135
旱天《かんてん》の慈雨《じう》 144
奇貨《きか》居《お》くべし 149
九死《きゅうし》に一生を得る 161
三度目の正直 229
捨てる神あれば拾う神あり 260
積善《せきぜん》の家には必ず余慶《よけい》あり 265
棚《たな》から牡丹餅《ぼたもち》 286
峠《とうげ》を越す 322
情けは人の為《ため》ならず 341
残り物には福がある 364
不幸中《ふこうちゅう》の幸《さいわ》い 407
間《ま》がいい 424
待てば海路《かいろ》の日和《ひより》あり 428
芽《め》が出る 456
盲亀《もうき》の浮木《ふぼく》 466
柳《やなぎ》の下《した》にいつも泥鰌《どじょう》はいない 475
闇夜《やみよ》の灯火《ともしび》 477
夢《ゆめ》は逆夢《さかゆめ》 480
禍《わざわい》を転じて福と為《な》す 498
渡りに船 499
笑う門《かど》には福来たる 500

不運・災難・凶事

悪銭《あくせん》身に付かず 4
嵐《あらし》の前の静けさ 25
一難《いちなん》去ってまた一難 41
一葉《いちよう》落ちて天下の秋を知る 44
犬も歩けば棒に当たる 53
因果応報《いんがおうほう》 61
烏有《うゆう》に帰《き》す 75
裏目《うらめ》に出る 76
縁起《えんぎ》を担《かつ》ぐ 82
遠慮《えんりょ》なければ近憂《きんゆう》あり 84
佳人薄命《かじんはくめい》 117
禍福《かふく》は糾《あざな》える縄の如《ごと》し 132
雉《きじ》も鳴かずば打たれまい 153
口は禍《わざわい》の門《かど》 178
苦しい時の神頼み 184
けちを付ける 191
好事《こうじ》魔多し 199
触《さわ》らぬ神に祟《たた》り無し 226
獣《しし》食った報《むく》い 234
地震《じしん》雷《かみなり》火事親父《おやじ》 236
白羽《しらは》の矢が立つ 251
青天《せいてん》の霹靂《へきれき》 264
積悪《せきあく》の家には必ず余殃《よおう》あり 265
前門の虎《とら》後門の狼《おおかみ》 270
そうは問屋《とんや》が卸《おろ》さない 273
対岸の火事 277
月に叢雲《むらくも》花に風 301
轍鮒《てっぷ》の急《きゅう》 311
天に唾《つば》する 320
飛んで火に入《い》る夏の虫 336
泣き面《つら》に蜂《はち》 339
二度あることは三度ある 352

罰《ばち》が当たる 373
花に嵐《あらし》 377
人を呪《のろ》わば穴《あな》二つ 397
髀肉《ひにく》の嘆《たん》 398
踏《ふ》んだり蹴《け》ったり 415
間《ま》が悪い 425
身から出た錆《さび》 433
物言えば唇《くちびる》寒し秋の風 469
藪《やぶ》をつついて蛇《へび》を出す 475
弱り目に祟《たた》り目 486
禍《わざわい》を転じて福と為《な》す 498

世のはかなさ

会うは別れの始め 1
朝《あした》に紅顔ありて夕べには白骨となる 9
明日《あす》ありと思う心の徒桜《あだざくら》 12
生き身は死に身 32
有為転変《ういてんぺん》は世の習い 63
会者定離《えしゃじょうり》 79
佳人薄命《かじんはくめい》 117
邯鄲《かんたん》の夢 143
槿花《きんか》一日《いちじつ》の栄 169
芸術は長く人生は短し 188
胡蝶《こちょう》の夢 212
盛者必衰《じょうしゃひっすい》 246
生者必滅《しょうじゃひつめつ》 247
諸行無常《しょぎょうむじょう》 249
滄海《そうかい》の一粟《いちぞく》 272
月に叢雲《むらくも》花に風 301
南柯《なんか》の夢 347
年年歳歳《ねんねんさいさい》花相《あい》似たり歳歳年年《さいさいねんねん》人同じからず 363
百年河清《かせい》を俟《ま》つ 400
盧生《ろせい》の夢 495

政治・支配・権力

麻《あさ》の如《ごと》し 7
足が乱れる 9
頭を擡《もた》げる 15
甘《あま》い汁《しる》を吸う 22
飴《あめ》と鞭《むち》 23
生き血を吸う 31
石が流れて木の葉が沈む 33
一視同仁《いっしどうじん》 46
一将《いっしょう》功成りて万骨《ばんこつ》枯る 47
一殺多生《いっせつたしょう》 49
上を下へ 63
烏合《うごう》の衆 65
英雄色を好む 78
遠交近攻《えんこうきんこう》 82
華胥《かしょ》の国 116
苛政《かせい》は虎《とら》よりも猛《たけ》し 118
合従連衡《がっしょうれんこう》 126
鼎《かなえ》の軽重《けいちょう》を問う 128
鼎《かなえ》の沸くが如《ごと》し 129
牛耳《ぎゅうじ》を執《と》る 161
軌《き》を一《いつ》にする 166
草木も靡《なび》く 172
鶏口《けいこう》となるも牛後《ぎゅうご》となるなかれ 188
逆鱗《げきりん》に触れる 190
後塵《こうじん》を拝する 199
狡兎《こうと》死して走狗《そうく》烹《に》らる 200
五風十雨《ごふうじゅうう》 217
鼓腹撃壌《こふくげきじょう》 217
四海《しかい》波静か 231
鹿《しか》を逐《お》う 232
死馬《しば》の骨を買う 241
私腹《しふく》を肥《こ》やす 241
秋霜烈日《しゅうそうれつじつ》 243
将を射《い》んと欲すれば先《ま》ず馬を射よ 248
外堀を埋める 276
治《ち》に居て乱を忘れず 294
血も涙もない 295
中原《ちゅうげん》に鹿《しか》を逐《お》う 296
朝令暮改《ちょうれいぼかい》 299
鶴《つる》の一声《ひとこえ》 306
伝家《でんか》の宝刀《ほうとう》 318
天は人の上に人を造らず 人の下に人を造らず 320
毒《どく》を以《もっ》て毒を制す 329

泣く子と地頭《じとう》には勝てぬ 340
鶏《にわとり》を割《さ》くに焉《いずく》んぞ牛刀を用いん 354
反旗《はんき》を翻《ひるがえ》す 385
飛鳥《ひちょう》尽きて良弓《りょうきゅう》蔵《かく》る 392
百年河清《かせい》を俟《ま》つ 400
百鬼夜行《ひゃっきやこう》 400
焚書坑儒《ふんしょこうじゅ》 414
真綿《まわた》で首を絞める 430
三日天下《みっかてんか》 438
無為《むい》にして化《か》す 447
野《や》に下《くだ》る 475
勇将《ゆうしょう》の下《もと》に弱卒《じゃくそつ》無し 478
綸言《りんげん》汗の如《ごと》し 491

正義

石が流れて木の葉が沈む 33
命は鴻毛《こうもう》より軽し 54
渇《かっ》しても盗泉《とうせん》の水を飲まず 125
勝てば官軍 127
義を見てせざるは勇無きなり 168
青天白日《せいてんはくじつ》 265
無理が通れば道理が引っ込む 453

不正

悪事千里《あくじせんり》を走る 4
悪銭《あくせん》身に付かず 4
足が付く 8
危ない橋を渡る 21
行き掛けの駄賃《だちん》 30
一網打尽《いちもうだじん》 43
嘘《うそ》つきは泥棒の始まり 68
上前《うわまえ》を撥《は》ねる 78
風を食らう 119
片棒《かたぼう》を担《かつ》ぐ 122
臭《くさ》い飯を食う 172
薬《くすり》九層倍《くそうばい》 174
下駄《げた》を履かせる 191
しっぽを出す 239
しっぽを摑《つか》む 240
私腹《しふく》を肥《こ》やす 241
小人《しょうじん》閑居《かんきょ》して不善をなす 247
尻《しり》が割れる 252
脛《すね》に傷を持つ 260
罪《つみ》を憎んで人を憎まず 304
手が後ろに回る 308
手が入る 308
手が回る 309
手を出す 316
手を付ける 316
天《てん》知る 地知る 我《われ》知る 子《し》知る 318
天網恢恢《てんもうかいかい》疎《そ》にして漏らさず 321
毒《どく》を食らわば皿まで 329
毒《どく》を以《も》って毒を制す 329
盗《ぬす》っ人《と》猛猛《たけだけ》しい 356
盗人《ぬすびと》にも三分《さんぶ》の理《り》 356
濡《ぬ》れ衣《ぎぬ》を着せる 357
馬脚《ばきゃく》を露《あら》わす 369
腹を肥《こ》やす 384
魔《ま》が差す 424
耳を掩《おお》うて鐘《かね》を盗む 443
無理が通れば道理が引っ込む 453
メスを入れる 458

信仰・教え

以心伝心《いしんでんしん》 35
一隅《いちぐう》を照らす 40
鰯《いわし》の頭も信心から 60
お百度《ひゃくど》を踏む 97
機に因《よ》りて法を説く 157
苦しい時の神頼み 184
葷酒《くんしゅ》山門に入《い》るを許さず 186
剛毅木訥《ごうきぼくとつ》仁に近し 198
恒産《こうさん》無き者は恒心《こうしん》無し 198
告朔《こくさく》の餼羊《きよう》 203
心の欲《ほっ》する所に従えども矩《のり》を踰《こ》えず 207
古人《こじん》の糟魄《そうはく》 211
色即是空《しきそくぜくう》 233
四苦八苦《しくはっく》 233
死は或いは泰山《たいざん》より重く 或いは鴻毛《こう》

《もう》より軽し　240
諸行無常《しょぎょうむじょう》　249
狭《せま》き門　267
手を合わせる　314
天《てん》知る 地知る 我《われ》知る 子《し》知る　318
汝《なんじ》の敵《てき》を愛せよ　348
拈華微笑《ねんげみしょう》　363
求めよ さらば与えられん　468
和光同塵《わこうどうじん》　498

志・決意

猿猴《えんこう》が月を取る　82
燕雀《えんじゃく》安《いずく》んぞ鴻鵠《こうこく》の志を知らんや　82
韓信《かんしん》の股《また》くぐり　142
事《こと》志《こころざし》と違《たが》う　213
少年よ大志を抱《いだ》け　248
人間《じんかん》到る処青山《せいざん》あり　254
青雲《せいうん》の志《こころざし》　263
大行《たいこう》は細謹《さいきん》を顧《かえり》みず　277
大欲《たいよく》は無欲に似たり　279
断じて行えば鬼神《きしん》も之《これ》を避く　291
呑舟《どんしゅう》の魚《うお》は枝流《しりゅう》に游《およ》がず　336
武士《ぶし》に二言《にごん》無し　407
身を捨ててこそ浮かぶ瀬もあれ　446

3 生活

健康

健全なる精神は健全なる身体に宿る　195
便りのないのは良い便り　289
泣く子は育つ　340
寝る子は育つ　362
腹八分目《はちぶんめ》に医者要《い》らず　383
腹も身の内《うち》　383

病・不健康

言うことを聞かない　28
医者の不養生《ふようじょう》　35
鬼《おに》の霍乱《かくらん》　95
影が薄い　113
風邪《かぜ》は万病のもと　119
才子多病《さいしたびょう》　221
喪家《そうか》の狗《いぬ》　272
蒲柳《ほりゅう》の質《しつ》　423
目が眩《くら》む　455
病《やまい》膏肓《こうこう》に入《い》る　476
病《やまい》は気から　476

外見・身なり

頭を丸める　15
一糸《いっし》纏《まと》わず　47
色の白いは七難《しちなん》隠す　59
独活《うど》の大木　71
襟《えり》を正す　81
大男《おおおとこ》総身《そうみ》に知恵が回り兼ね　86
押し出しがいい　91
烏《からす》の濡《ぬ》れ羽色　136
金時の火事見舞い　170
雲を衝《つ》く　183
外面如菩薩《げめんにょぼさつ》内心如夜叉《ないしんにょやしゃ》　192
伊達《だて》の薄着　285
白髪三千丈《はくはつさんぜんじょう》　370
一皮《ひとかわ》むける　394
馬子《まご》にも衣装《いしょう》　427
緑《みどり》の黒髪《くろかみ》　439
身を固める　445
身を窶《やつ》す　447
諸肌《もろはだ》脱ぐ　470

食事

秋茄子《あきなす》は嫁に食わすな　3
顎《あご》が落ちる　6
後を引く　20
脂《あぶら》が乗る　21
衣食《いしょく》足りて礼節を知る　35
居候《いそうろう》三杯目にはそっと出し　36
空腹は最高のソース　171
口にする　177

酒池肉林《しゅちにくりん》 245
食指《しょくし》が動く 249
茶腹《ちゃばら》も一時《いっとき》 295
手を付ける 316
薹《とう》が立つ 322
猫《ねこ》に木天蓼《またたび》 359
喉《のど》が鳴る 365
歯が立たない 368
腹が減っては戦《いくさ》が出来ぬ 382
腹八分目《はちぶんめ》に医者要《い》らず 383
腹も身の内《うち》 383
名物《めいぶつ》に旨《うま》い物なし 454
飯《めし》を食う 458
涎《よだれ》が出る 483

飲酒

金時の火事見舞い 170
くだを巻く 175
葷酒《くんしゅ》山門に入《い》るを許さず 186
酒飲み本性違《たが》わず 223
酒は憂《うれ》いの玉箒《たまははき》 223
酒は百薬の長 224
酒池肉林《しゅちにくりん》 245
手が上がる 307
目が据《す》わる 456
酔《よ》い醒《ざ》めの水下戸《げこ》知らず 480

住居

鰻《うなぎ》の寝床 72
売り家《いえ》と唐様《からよう》で書く三代目 77
起きて半畳《はんじょう》寝て一畳 89
空谷《くうこく》の跫音《きょうおん》 170
形影《けいえい》相《あい》弔《とむら》う 187
腰を据える 211
山中暦日《れきじつ》無し 229
土一升《つちいっしょう》に金一升《かねいっしょう》 302
軒《のき》を並べる 364
冷《ひ》や飯《めし》を食う 400

休息

命の洗濯《せんたく》 54
鬼《おに》の居ぬ間に洗濯 95
草木も眠る 172
三遍《さんべん》回って煙草《たばこ》にしょ 230
春眠《しゅんみん》暁《あかつき》を覚えず 246
白河夜船《しらかわよふね》 250
羽《はね》を伸ばす 379
舟を漕《こ》ぐ 412
枕《まくら》を高くして寝る 426
枕《まくら》を並べる 426
目が覚《さ》める 455

仕事・商売

足が早い 9
板子《いたご》一枚下《した》は地獄 37
医は仁術《じんじゅつ》 55
梲《うだつ》が上がらない 69
縁の下の力持ち 83
お座敷が掛かる 91
お茶を挽《ひ》く 93
骸骨《がいこつ》を乞う 106
片棒《かたぼう》を担《かつ》ぐ 122
閑古鳥《かんこどり》が鳴く 141
看板《かんばん》に偽《いつわ》り無し 146
看板《かんばん》を下ろす 146
首が繫《つな》がる 181
首を切る 182
巧遅《こうち》は拙速に如《し》かず 200
紺屋《こうや》の明後日《あさって》 201
紺屋《こうや》の白袴《しろばかま》 201
細工《さいく》は流流《りゅうりゅう》仕上げを御覧《ごろう》じろ 220
三遍《さんべん》回って煙草《たばこ》にしょ 230
地獄の釜《かま》の蓋《ふた》も開《あ》く 234
すまじきものは宮仕《みやづか》え 261
晴耕雨読《せいこううどく》 263
創業《そうぎょう》は易《やす》く守成《しゅせい》は難《かた》し 272
多多《たた》益益《ますます》弁ず 283
潰《つぶ》しが効く 304
手を広げる 317
所《ところ》を得る 330

金銭・損得

道楽

貧しい

環境・習慣

故郷

越鳥《えっちょう》南枝《なんし》に巣くう 79
故郷へ錦を飾る 203
言葉は国の手形 214
胡馬《こば》北風に嘶《いなな》く 217
人間《じんかん》到る処青山《せいざん》あり 254

旅

旅の恥は搔《か》き捨て 287
旅は道連れ世は情け 287
ナポリを見てから死ね 344
南船北馬《なんせんほくば》 348
日光《にっこう》見ずして結構と言うな 351
武陵桃源《ぶりょうとうげん》 412
股《また》に掛ける 427
草鞋《わらじ》を脱ぐ 500
草鞋《わらじ》を履《は》く 500

気候・季節

秋風が立つ 3
秋の日は釣瓶《つるべ》落とし 3
暑さ寒さも彼岸《ひがん》まで 17
嵐《あらし》の前の静けさ 25
一葉《いちよう》落ちて天下の秋を知る 44
一陽来復《いちようらいふく》 44
馬の背を分ける 73
雷《かみなり》が落ちる 134
夏炉冬扇《かろとうせん》 138
旱天《かんてん》の慈雨《じう》 144
五風十雨《ごふうじゅうう》 217
春宵一刻《しゅんしょういっこく》直千金《あたいせんきん》 246
春眠《しゅんみん》暁《あかつき》を覚えず 246
青天白日《せいてんはくじつ》 265
天《てん》高く馬肥《こ》ゆる秋 319
灯火《とうか》親しむ可《べ》し 321
冬《ふゆ》来《き》たりなば春遠からじ 412
夕立は馬の背を分ける 478

4 学問・才能・能力

学問・技芸

合いの手を入れる 1
後の雁《かり》が先になる 18
板に付く 38
一子相伝《いっしそうでん》 46
衣鉢《いはつ》を継ぐ 55
韋編《いへん》三度《みたび》絶つ 56
歌は世につれ世は歌につれ 69
腕が鳴る 70
腕によりを掛ける 71
腕を上げる 71
蘊蓄《うんちく》を傾ける 78
大見得《おおみえ》を切る 87
大向こうを唸《うな》らせる 87
お株《かぶ》を奪う 88
温故知新《おんこちしん》 104
学問に王道なし 112
勧学院《かんがくいん》の雀《すずめ》は蒙求《もうぎゅう》を囀《さえず》る 140
汗牛充棟《かんぎゅうじゅうとう》 141
眼光《がんこう》紙背《しはい》に徹《てっ》する 141
脚光《きゃっこう》を浴びる 160
曲学阿世《きょくがくあせい》 164
芸が細かい 187
芸が無い 187
芸術は長く人生は短し 188
蛍雪《けいせつ》 188
芸は身を助く 189
志学《しがく》 231
少年老い易《やす》く学成り難《がた》し 248
好きこそ物の上手なれ 258
切磋琢磨《せっさたくま》 266
多岐亡羊《たきぼうよう》 281
多芸は無芸 281
玉磨《みが》かざれば光なし 288
駄目《だめ》を出す 289
調子を合わせる 297
手が上がる 307
手を上げる 314

才能がある

名人・専門家

兼ね備える

和魂漢才《わこんかんさい》 498

思うままにできる

脂《あぶら》が乗る 21
快刀乱麻《かいとうらんま》を断つ 107
自家薬籠中《じかやくろうちゅう》の物 232
手玉に取る 310
伝家《でんか》の宝刀《ほうとう》 318
物にする 469

有望

後生《こうせい》畏《おそ》るべし 199
蛇《じゃ》は一寸《いっすん》にして人を呑《の》む 243
春秋《しゅんじゅう》に富む 245
少年よ大志を抱《いだ》け 248
栴檀《せんだん》は双葉《ふたば》より芳《かんば》し 269
大器晩成《たいきばんせい》 277
潰《つぶ》しが効く 304
道が開《ひら》ける 438

悟る

朝《あした》に道を聞かば夕べに死すとも可《か》なり 10
安心立命《あんしんりつめい》 27
五十にして天命を知る 210
心頭《しんとう》を滅却すれば火もまた涼し 256
明鏡止水《めいきょうしすい》 454
目から鱗《うろこ》が落ちる 456

賢い・理解力がある

一を聞いて十を知る 45
打てば響く 71
推《お》して知るべし 91
眼光《がんこう》紙背《しはい》に徹《てっ》する 141
話が早い 376
目から鼻へ抜ける 457
目端《めはし》が利《き》く 461
要領《ようりょう》がいい 481

分別がある

老《お》いたる馬は道を忘れず 85
傍目八目《おかめはちもく》 88
怪力乱神《かいりょくらんしん》を語らず 107
気が付く 151
君子危《あや》うきに近寄らず 184
君子の交わりは淡くして水の如《ごと》し 185
君子は独《ひと》りを慎《つつし》む 185
君子は豹変《ひょうへん》す 185
君子は交わり絶《た》ゆとも悪声を出《いだ》さず 186
酸《す》いも甘いも嚙《か》み分ける 258
地に足を着ける 294
桃李《とうり》物言わざれども下《した》自《おの》ずから蹊《けい》を成す 324
六十にして耳《みみ》順《したが》う 495
和《わ》して同《どう》ぜず 499

じっくり考える

足下《あしもと》を見る 11
考える葦《あし》 140
眼光《がんこう》紙背《しはい》に徹《てっ》する 141
三人寄れば文殊《もんじゅ》の知恵 229
推敲《すいこう》 257
下手《へた》の考え休むに似たり 416
胸に手を当てる 451

記憶

越鳥《えっちょう》南枝《なんし》に巣くう 79
勧学院《かんがくいん》の雀《すずめ》は蒙求《もうぎゅう》を囀《さえず》る 140
肝《きも》に銘じる 160
拳拳服膺《けんけんふくよう》 194
胡馬《こば》北風に嘶《いなな》く 217
念頭《ねんとう》に置く 363
骨《ほね》に刻《きざ》む 421
身に覚《おぼ》えがある 439
耳に留《と》める 442
耳に残る 442
門前の小僧習わぬ経を読む 471

欠点

分類索引

痛い所を衝《つ》く 37
けちを付ける 191
毛を吹いて疵《きず》を求む 192
叩《たた》けば埃《ほこり》が出る 283
玉に瑕《きず》 287
長所は短所 297
角《つの》を矯《た》めて牛を殺す 303
人のふり見て我がふり直せ 394
襤褸《ぼろ》を出す 423
耳が痛い 441

愚か・能力がない
頭隠して尻《しり》隠さず 14
息の臭きは主《ぬし》知らず 31
芋《いも》の煮えたも御存じない 57
烏合《うごう》の衆 65
鵜《う》の真似をする烏《からす》 72
縁《えん》無き衆生《しゅじょう》は度《ど》し難《がた》し 83
大男《おおおとこ》総身《そうみ》に知恵が回り兼ね 86
木を見て森を見ず 168
愚者《ぐしゃ》にも千慮《せんりょ》に一得《いっとく》あり 174
呉下《ごか》の阿蒙《あもう》 203
鱓《ごまめ》の歯軋《はぎし》り 217
雑魚《ざこ》の魚《とと》交じり 224
釈迦《しゃか》に説法 242
小人《しょうじん》閑居《かんきょ》して不善をなす 247
蜀犬《しょっけん》日に吠《ほ》ゆ 250
千慮《せんりょ》の一得 271
蟷螂《とうろう》の斧《おの》 325
馬鹿《ばか》の一つ覚え 368
匹夫《ひっぷ》の勇《ゆう》 392
下手《へた》の横好き 416
目糞《めくそ》鼻糞《はなくそ》を笑う 457
論語《ろんご》読みの論語知らず 496

なすすべがない
刀折れ矢尽きる 121
手が付けられない 308
出来ない相談 309
手に余る 311
手に負えない 311
手も足も出ない 313
途方《とほう》に暮れる 332
煮《に》ても焼いても食えない 352
歯が立たない 368
万事《ばんじ》休《きゅう》す 385

たくらむ
苦肉《くにく》の策 180
才子《さいし》才に倒れる 221
策士《さくし》策に溺《おぼ》れる 223
為《ため》にする 288
天秤《てんびん》に掛ける 321
盗人《ぬすびと》の昼寝 356
腹が黒い 381
胸に一物《いちもつ》 451

無知・無理解
一知半解《いっちはんかい》 50
井の中の蛙《かわず》大海を知らず 55
魚《うお》を得て筌《うえ》を忘る 64
馬の耳に念仏 73
燕雀《えんじゃく》安《いずく》んぞ鴻鵠《こうこく》の志を知らんや 82
親の心子知らず 101
聞くは一時《いっとき》の恥 聞かぬは末代の恥 152
首をひねる 182
暗闇《くらやみ》から牛を引き出す 183
蜀犬《しょっけん》日に吠《ほ》ゆ 250
知らぬが仏 250
猫《ねこ》に小判 358
喉元《のどもと》過ぎれば熱さを忘れる 365
豚《ぶた》に真珠 408
舟に刻《きざ》みて剣《けん》を求む 411
右も左も分からない 434
目が無い 456
葦《よし》の髄《ずい》から天井を覗《のぞ》く 483

5 評価

最高の・ずばぬけた

完璧《かんぺき》な

すばらしい

美しい

評判のよい

面目が立つ

唯一の

重大な

大切な

的確な

ちょうどよい

価値がある

意外な

ありふれた・面白みのない

価値がない・取るに足りない

なっていない 342
何するものぞ 343
名も無い 346
何《なん》のことは無い 348
掃《は》いて捨てるほど 367
箸《はし》にも棒にも掛からない 371
話にならない 376
鼻であしらう 377
鼻で笑う 377
飛鳥《ひちょう》尽きて良弓《りょうきゅう》蔵《かく》る 392
匹夫《ひっぷ》の勇《ゆう》 392
焼け石に水 473
柳《やなぎ》に風 474
埒《らち》も無い 488

でたらめな
木に縁《よ》りて魚《うお》を求む 156
紺屋《こうや》の明後日《あさって》 201
杜撰《ずさん》 259
手を抜く 316
道聴塗説《どうちょうとせつ》 323
根も葉も無い 362
味噌《みそ》も糞《くそ》も一緒 438

評判の悪い
顰蹙《ひんしゅく》を買う 403
烙印《らくいん》を押される 487
レッテルを貼《は》られる 493

面目が立たない
合わせる顔がない 26
顔が合わせられない 109
顔に泥《どろ》を塗る 110
肩身《かたみ》が狭い 122
決まりが悪い 158
器量を下げる 165
沽券《こけん》に関わる 204
敷居《しきい》が高い 233
立つ瀬が無い 284
面《つら》の皮を剝《は》ぐ 306
恥《はじ》も外聞《がいぶん》も無い 372
ばつが悪い 373
鼻を折る 379
顰蹙《ひんしゅく》を買う 403
間《ま》が悪い 425
味噌《みそ》を付ける 438
面目《めんぼく》が潰《つぶ》れる 466

不完全
頭隠して尻《しり》隠さず 14
底が浅い 273
玉に瑕《きず》 287
堂に升《のぼ》りて室に入《い》らず 324
歯の抜けたよう 379
間《ま》が抜ける 424
竜頭蛇尾《りゅうとうだび》 490

過剰な
羹《あつもの》に懲りて膾《なます》を吹く 17
大きなお世話 86
親の欲目 102
過ぎたるは及ばざるが如《ごと》し 258
年寄りの冷や水 331
途轍《とてつ》もない 331
途方《とほう》もない 332
虎《とら》に翼《つばさ》 333
荷《に》が重い 349
荷《に》が勝つ 349
贔屓《ひいき》の引き倒し 387
分《ぶん》に過ぎる 415
目に余《あま》る 458
藪《やぶ》をつついて蛇《へび》を出す 475
輪《わ》を掛ける 503

見かけだけの
仮面を被《かぶ》る 134
鬼面《きめん》人を驚かす 159
牛首《ぎゅうしゅ》を懸けて馬肉を売る 161
口に蜜《みつ》あり腹に剣《けん》あり 177
下駄《げた》を履かせる 191

外面如菩薩《げめんにょぼさつ》内心如夜叉《ないしんにょやしゃ》 192
告朔《こくさく》の餼羊《きよう》 203
舌先三寸《したさきさんずん》 237
敵《てき》は本能寺にあり 309
猫《ねこ》を被《かぶ》る 360
一皮《ひとかわ》むく 394
氷山《ひょうざん》の一角《いっかく》 401
見栄《みえ》を張る 432
めっきが剝《は》げる 458
羊頭《ようとう》を掲げて狗肉《くにく》を売る 481
夜目《よめ》遠目《とおめ》笠《かさ》の内《うち》 484

役に立たない

独活《うど》の大木 71
絵に描《か》いた餅《もち》 80
お釈迦《しゃか》になる 92
遅《おそ》きに失する 92
帯《おび》に短し襷《たすき》に長し 97
夏炉冬扇《かろとうせん》 138
喧嘩《けんか》過ぎての棒千切《ぼうちぎ》り 193
狡兎《こうと》死して走狗《そうく》烹《に》らる 200
砂上《さじょう》の楼閣《ろうかく》 224
尸位素餐《しいそさん》 231
宝の持ち腐れ 281
蛇足《だそく》 283
畳の上の水練 283
月夜に提灯《ちょうちん》 302
豆腐《とうふ》に鎹《かすがい》 324
毒《どく》にも薬《くすり》にもならない 329
二階《にかい》から目薬 349
糠《ぬか》に釘《くぎ》 355
猫《ねこ》に小判 358
熨斗《のし》を付けてくれてやる 365
暖簾《のれん》に腕押し 366
豚《ぶた》に真珠 408
仏《ほとけ》造って魂《たましい》入《い》れず 420
六日《むいか》の菖蒲《あやめ》 447
無用《むよう》の長物《ちょうぶつ》 452

評価の基準

棺《かん》を蓋《おお》いて事定まる 148
事に依《よ》る 214
十目《じゅうもく》の視《み》る所 十手《じっしゅ》の指す所 244
春秋《しゅんじゅう》の筆法 245
蓼《たで》食う虫も好き好き 285
亭主《ていしゅ》の好きな赤烏帽子《あかえぼし》 307
篩《ふるい》に掛ける 413

6 性格

誠実な

家貧しくして孝子《こうし》顕《あらわ》る 29
潔《いさぎよ》しとしない 33
拳拳服膺《けんけんふくよう》 194
心の欲《ほっ》する所に従えども矩《のり》を踰《こ》えず 207
丹誠《たんせい》を込める 291
地に足を着ける 294
水《みず》清《きよ》ければ魚《うお》棲《す》まず 435

丁寧な

嚙《か》んで含める 144
腰が低い 210
丹誠《たんせい》を込める 291
手が込む 308
微《び》に入《い》り細《さい》を穿《うが》つ 397

素朴・温和

灰汁《あく》が抜ける 4
思い邪《よこしま》なし 100
角《かど》が取れる 128
剛毅木訥《ごうきぼくとつ》仁に近し 198
罪《つみ》が無い 304
天衣無縫《てんいむほう》 317
猫《ねこ》を被《かぶ》る 360
仏《ほとけ》の顔も三度 420

度量が広い

頭が柔らかい 14

大目に見る 88
河海《かかい》は細流《さいりゅう》を択《えら》ばず 111
去る者は追わず 226
清濁《せいだく》併《あわ》せ呑《の》む 264
長い目で見る 338
懐《ふところ》が深い 411

こだわらない

ある時払いの催促なし 26
痛くも痒《かゆ》くもない 37
馬の耳に念仏 73
蛙《かえる》の面《つら》に水 109
行雲流水《こううんりゅうすい》 197
浩然《こうぜん》の気 199
弘法《こうぼう》筆を選ばず 201
事ともせず 213
事も無げ 215
涼《すず》しい顔をする 259
対岸の火事 277
大行《たいこう》は細謹《さいきん》を顧《かえり》みず 277
痛痒《つうよう》を感じない 300
呑舟《どんしゅう》の魚《うお》は枝流《しりゅう》に游《およ》がず 336
盗《ぬす》っ人《と》猛猛《たけだけ》しい 356
馬耳東風《ばじとうふう》 371
恥《はじ》も外聞《がいぶん》も無い 372

のんきな

胡坐《あぐら》を掻《か》く 4
紺屋《こうや》の明後日《あさって》 201
白河夜船《しらかわよふね》 250
ぬるま湯に浸《つ》かる 357
左団扇《ひだりうちわ》で暮らす 391
来年のことを言えば鬼が笑う 487

思い切りがいい

後は野となれ山となれ 19
糸目《いとめ》を付けない 52
大鉈《おおなた》を振るう 87
金に糸目《いとめ》を付けない 130
清水《きよみず》の舞台から飛び降りる 165
竹を割ったよう 282
立つ鳥跡を濁さず 284
メスを入れる 458

意志の固い

雨が降ろうが槍《やり》が降ろうが 23
潔《いさぎよ》しとしない 33
意地を通す 35
意を強くする 61
我《が》を通す 140
剛毅木訥《ごうきぼくとつ》仁に近し 198
断じて行えば鬼神《きしん》も之《これ》を避く 291
梃子《てこ》でも動かない 310
武士《ぶし》に二言《にごん》無し 407
槍《やり》が降っても 477
我が心は石にあらず転《てん》ずべからず 497

我慢強い

韓信《かんしん》の股《また》くぐり 142
心頭《しんとう》を滅却すれば火もまた涼し 256
成《な》らぬ堪忍《かんにん》するが堪忍 346
武士《ぶし》は食わねど高楊枝《たかようじ》 408
柳《やなぎ》に雪折れ無し 475

慎重な

羹《あつもの》に懲りて膾《なます》を吹く 17
石橋を叩《たた》いて渡る 34
急がば回れ 36
オブラートに包む 98
勝って兜《かぶと》の緒を締めよ 126
瓜田《かでん》に履《くつ》を納《い》れず 127
口が重い 175
口が堅い 175
君子危《あや》うきに近寄らず 184
転ばぬ先の杖《つえ》 218
将を射んと欲《ほっ》すれば先《ま》ず馬を射よ 248
外堀を埋める 276
備《そな》えあれば憂いなし 276
その手は桑名《くわな》の焼き蛤《はまぐり》 276
駄目《だめ》を押す 288

念《ねん》には念を入れる 363
万全《ばんぜん》を期《き》す 386
李下《りか》に冠《かんむり》を正さず 489

軽はずみな
足が地に着かない 8
口が軽い 176
口が過ぎる 176
口が滑る 176
口に任せる 177
腰が軽い 210
尻馬《しりうま》に乗る 251
尻《しり》が軽い 252
問うに落ちず語るに落ちる 323
鼻の下《した》が長い 378

向こう見ずな
蟷螂《とうろう》の斧《おの》 325
闇夜《やみよ》の鉄砲《てっぽう》 477

流されやすい
内股膏薬《うちまたごうやく》 69
風にそよぐ葦《あし》 118
口車《くちぐるま》に乗る 176
行雲流水《こううんりゅうすい》 197
尻馬《しりうま》に乗る 251
二股膏薬《ふたまたごうやく》 408
付和雷同《ふわらいどう》 414
ミイラ取りがミイラになる 432

融通がきかない
頭が固い 14
石部金吉《いしべきんきち》 34
意地を通す 35
老《お》いの一徹《いってつ》 85
木仏《きぶつ》金仏《かなぶつ》石仏《いしぼとけ》 158

臆病《おくびょう》な
犬の遠吠《とおぼ》え 53
陰《いん》に籠《こ》もる 62
義を見てせざるは勇無きなり 168
戦戦兢兢《せんせんきょうきょう》 269
二の足を踏む 352
蚤《のみ》の心臓 365
腫《は》れ物に触《さわ》るよう 385
風声鶴唳《ふうせいかくれい》 404

ずる賢い
牛を馬に乗り換える 67
海千山千《うみせんやません》 74
狐《きつね》と狸《たぬき》の化かし合い 155
腹が黒い 381

怠惰な
油を売る 22
朽木《きゅうぼく》は雕《え》るべからず 163
腰《こし》が重い 210
尻《しり》が重い 251
縦《たて》の物を横にもしない 286
手を抜く 316
怠《なま》け者の節句働《せっくばたら》き 344
骨《ほね》を惜《お》しむ 422
三日坊主《みっかぼうず》 439

傲慢《ごうまん》な
顎《あご》で使う 6
井の中の蛙《かわず》大海を知らず 55
遠慮《えんりょ》会釈《えしゃく》も無い 84
驕《おご》る平家は久しからず 90
嵩《かさ》に懸かる 115
笠《かさ》に着る 115
傍《かたわ》らに人無きが如《ごと》し 123
図に乗る 260
調子に乗る 297
旋毛《つむじ》を曲げる 304
虎《とら》の威《い》を借《か》る狐《きつね》 333
右と言えば左 433
夜郎自大《やろうじだい》 478
遼東《りょうとう》の豕《いのこ》 491

欲の深い

頂《いただ》く物は夏も小袖《こそで》 38
転んでもただでは起きない 219
大欲《たいよく》は無欲に似たり 279
欲《よく》に目が眩《くら》む 481
欲《よく》の皮が突っ張る 482
欲《よく》をかく 482
隴《ろう》を得て蜀《しょく》を望む 494

下品な

下種《げす》の勘繰り 190
話が落ちる 376

ずうずうしい

胡坐《あぐら》を搔《か》く 4
蛙《かえる》の面《つら》に水 109
尻《しり》が長い 252
心臓が強い 256
心臓に毛が生えている 256
面《つら》の皮が厚い 306
面《つら》の皮を剝《は》ぐ 306
憎《にく》まれっ子《こ》世にはばかる 350
盗《ぬす》っ人《と》猛猛《たけだけ》しい 356

したたかな

煮《に》ても焼いても食えない 352
油断《ゆだん》も隙《すき》も無い 479
要領《ようりょう》がいい 481

厳しい

外面如菩薩《げめんにょぼさつ》内心如夜叉《ないしんにょやしゃ》 192
心を鬼にする 208
秋霜烈日《しゅうそうれつじつ》 243
泣いて馬謖《ばしょく》を斬《き》る 338
泣く子も黙る 340
涙《なみだ》を振るう 345

冷たい

鬼《おに》の目にも涙 96
木で鼻をくくる 155
木仏《きぶつ》金仏《かなぶつ》石仏《いしぼとけ》 158
白い目で見る 254
そっぽを向く 274
袖《そで》にする 275
血も涙もない 295
取り付く島《しま》もない 334
にべも無い 353
鼻であしらう 377
鼻で笑う 377

7 行動

いろいろな動作

胡坐《あぐら》を搔《か》く 4
揚げ足を取る 5
汗《あせ》を流す 13
後を追う 19
息が切れる 30
息が詰まる 31
息を切らす 32
息を呑《の》む 32
大鉈《おおなた》を振るう 87
お百度《ひゃくど》を踏む 97
お目に掛ける 99
肩で息をする 121
肩を貸す 123
肩を並べる 124
活《かつ》を入れる 127
踵《きびす》を返す 157
首根っ子を押さえる 181
首をかしげる 182
腰が重い 210
腰が軽い 210
腰を折る 211
斜《しゃ》に構える 242
そっぽを向く 274
袖《そで》にする 275
矯《た》めつ眇《すが》めつ 288
暖《だん》を取る 292

思い通り行動する

先んじて行う

邪魔をする

関わる

手を染める 315
手を出す 316
手を付ける 316
手を伸ばす 316
飛んで火に入《い》る夏の虫 336
身を以《もっ》て 447

頼む

お百度《ひゃくど》を踏む 97
旱天《かんてん》の慈雨《じう》 144
三顧《さんこ》の礼 227
袖《そで》に縋《すが》る 274
頼みの綱 286
手に掛ける 312
手を合わせる 314
手を替え品《しな》を替え 315
遠い親戚より近くの他人 325
泣きを入《い》れる 339
物は相談 469
闇夜《やみよ》の灯火《ともしび》 477
寄らば大樹《たいじゅ》の陰 484
草鞋《わらじ》を脱ぐ 500
藁《わら》にも縋《すが》る 500
悪いようにはしない 502

まねる

鵜《う》の真似をする烏《からす》 72
邯鄲《かんたん》の歩み 143
爪《つめ》の垢《あか》を煎《せん》じて飲む 305
二の舞いを演じる 353
顰《ひそ》みに倣《なら》う 391
右へ倣《なら》え 433
身を窶《やつ》す 447

ねらう

痛い所を衝《つ》く 37
鵜《う》の目鷹《たか》の目 72
牙《きば》を研《と》ぐ 157
照準を合わせる 247
手薬煉《てぐすね》引く 310
二四目《にらめ》の泥鰌《どじょう》を狙《ねら》う 353
的《まと》を射《い》る 428

熱心に行う

肝胆《かんたん》を砕く 143
ここを先途《せんど》と 209
事とする 213
心血を注《そそ》ぐ 254
寸暇《すんか》を惜しむ 262
下手《へた》の横好き 416
耳を傾《かたむ》ける 443
身を入《い》れる 445
身を粉《こ》にする 446
身を投《とう》ずる 446
身を窶《やつ》す 447
面壁九年《めんぺきくねん》 465
脇目《わきめ》も振らず 497

努力する

汗《あせ》を流す 13
雨垂《あまだ》れ石を穿《うが》つ 22
石に齧《かじ》り付いても 34
石に立つ矢 34
石の上にも三年 34
牛の歩みも千里《せんり》 66
腕一本 70
運気は根気 78
縁の下の力持ち 83
思う念力岩をも通す 101
体を張る 136
愚公《ぐこう》山を移す 171
事とする 213
人事を尽くして天命を待つ 255
身命《しんめい》を賭《と》する 257
倒《たお》れて後《のち》已《や》む 279
玉磨《みが》かざれば光なし 288
血の滲《にじ》むよう 295
天は自《みずか》ら助くる者を助く 320
為《な》せば成《な》る 341
額《ひたい》に汗する 391

百尺《ひゃくしゃく》竿頭《かんとう》一歩を進む 399
粉骨砕身《ふんこつさいしん》 414
骨身《ほねみ》を削《けず》る 422
磨《みが》きを掛ける 432
身を入《い》れる 445
身を砕《くだ》く 446
身を粉《こ》にする 446
諸肌《もろはだ》脱ぐ 470
老骨《ろうこつ》に鞭打《むちう》つ 494
ローマは一日にして成らず 495

無駄な努力

馬の耳に念仏 73
屋上《おくじょう》屋《おく》を架す 89
籠《かご》で水を汲《く》む 115
渇《かっ》して井を穿《うが》つ 125
画餅《がべい》に帰《き》す 132
朽木《きゅうぼく》は雕《え》るべからず 163
豆腐《とうふ》に鎹《かすがい》 324
捕らぬ狸《たぬき》の皮算用《かわざんよう》 333
泥棒《どろぼう》を捕らえて縄《なわ》を綯《な》う 335
泣く子と地頭《じとう》には勝てぬ 340
糠《ぬか》に釘《くぎ》 355
暖簾《のれん》に腕押し 366
笛《ふえ》吹けども踊らず 405
下手《へた》の考え休むに似たり 416
暴虎馮河《ぼうこひょうが》 418
仏《ほとけ》造って魂《たましい》入《い》れず 420
骨折《ほねお》り損の草臥《くたび》れ儲《もう》け 421
道草《みちくさ》を食う 438
無《む》に帰《き》する 450
元の木阿弥《もくあみ》 468
焼け石に水 473
労《ろう》多くして功《こう》少なし 494

取り繕《つくろ》う

頭隠して尻《しり》隠さず 14
石に漱《くちすす》ぎ流れに枕《まくら》す 34
お茶を濁《にご》す 93
顧《かえり》みて他を言う 108
我田引水《がでんいんすい》 127
臭《くさ》い物に蓋《ふた》 172
口裏《くちうら》を合わせる 175
鯖《さば》を読む 225
舌を出す 238
白《しら》を切る 251
間《ま》を持たせる 430
見栄《みえ》を張る 432
耳を掩《おお》うて鐘《かね》を盗む 443

取り戻す

汚名《おめい》返上 98
汚名《おめい》をそそぐ 98
雪辱《せつじょく》を果たす 266
名誉挽回《めいよばんかい》 454
縒《よ》りが戻る 484
縒《よ》りを戻す 485

迷う

いずれが菖蒲《あやめ》杜若《かきつばた》 36
痛し痒《かゆ》し 37
後ろ髪を引かれる 67
五里霧中《ごりむちゅう》 218
思案に暮れる 230
首鼠両端《しゅそりょうたん》 245
多岐亡羊《たきぼうよう》 281
二の足を踏む 352
河豚《ふぐ》は食いたし命は惜しし 407

やめる

匙《さじ》を投げる 224
暖簾《のれん》を下ろす 366
腹を切る 383
ピリオドを打つ 402
筆《ふで》を折る 410
幕《まく》を閉じる 426

逃げる

鼬《いたち》の最後っ屁《へ》 38
風を食らう 119

蜘蛛《くも》の子を散らす 183
雲を霞《かすみ》と 183
三十六計《さんじゅうろっけい》逃げるに如《し》かず 228
しっぽを巻く 240
逃《に》げるが勝ち 350
逃《に》げを打つ 351
草鞋《わらじ》を履《は》く 500

関わらない

歯牙《しが》にも掛けない 232
涼《すず》しい顔をする 259
対岸の火事 277
高みの見物 280
棚《たな》に上げる 286
手が離れる 309
手をこまねく 315
どこ吹く風 329
風馬牛《ふうばぎゅう》 405
見ぬ物《もの》清《きよ》し 440
見も知らぬ 444
目もくれない 462
指《ゆび》を銜《くわ》える 479

静止

固唾《かたず》を呑《の》む 120
首根っ子を押さえる 181
腰《こし》を据える 211
尻《しり》が暖まる 251
尻《しり》を据える 252
梃子《てこ》でも動かない 310
鳴《な》りを潜《ひそ》める 346
歯止《はど》めを掛ける 374
蛇《へび》に睨《にら》まれた蛙《かえる》 417
神輿《みこし》を据《す》える 434

8 心の動き

うれしい

悦《えつ》に入《い》る 79
快哉《かいさい》を叫ぶ 106
歓楽《かんらく》極まりて哀情多し 147
空谷《くうこく》の跫音《きょうおん》 170
心が躍《おど》る 205
心が弾む 205
愁眉《しゅうび》を開《ひら》く 244
手の舞い足の踏む所を知らず 313
願ってもない 358
頬《ほお》が緩《ゆる》む 419
盆《ぼん》と正月が一緒に来たよう 424
眉《まゆ》を開《ひら》く 430
胸が躍《おど》る 450
胸を弾《はず》ませる 452
胸を膨《ふく》らませる 452

感動する

あっと言わせる 17
鬼《おに》の目にも涙 96
感に堪《た》えない 145
心が動く 205
心を動かす 207
心を打つ 207
肺腑《はいふ》を衝《つ》く 367
膝《ひざ》を打つ 389
骨身《ほねみ》に染《し》みる 421
身に染《し》みる 439
身につまされる 440
胸が一杯になる 450
胸を打つ 451
目頭《めがしら》が熱くなる 455

驚く

開《あ》いた口が塞《ふさ》がらない 1
あっと言わせる 17
泡《あわ》を吹かせる 27
生き肝《ぎも》を抜く 31
息を呑《の》む 32
驚き桃の木山椒《さんしょ》の木 94
顔色《がんしょく》を失う 142
肝《きも》を潰《つぶ》す 160

肝《きも》を冷やす 160
腰を抜かす 211
舌を巻く 238
度肝《どぎも》を抜く 326
二の句が継げない 353
寝耳《ねみみ》に水 361
鳩《はと》が豆鉄砲《まめでっぽう》を食ったよう 374
一泡《ひとあわ》吹かせる 393
目の色を変える 460
目の玉が飛び出る 461
目を白黒《しろくろ》させる 463
目を丸くする 464
目を見張る 465
目を剝《む》く 465

気が晴れる・解放される

命の洗濯《せんたく》 54
恨《うら》みを晴らす 76
鬼《おに》の居ぬ間に洗濯 95
思いを晴らす 100
肩の荷が下りる 121
気を許す 168
心が晴れる 205
心を許す 209
愁眉《しゅうび》を開《ひら》く 244
箍《たが》が緩む 280
羽《はね》を伸ばす 379
枕《まくら》を高くして寝る 426
眉《まゆ》を開《ひら》く 430
水に流す 435
胸がすく 450
胸を撫《な》で下ろす 452
溜飲《りゅういん》が下がる 490

奮起する

気を取り直す 167
捲土重来《けんどちょうらい》 195
腰を上げる 211
精神一到何事か成らざらん 264
血湧《わ》き肉躍《おど》る 299
七転《ななころ》び八起《やお》き 342
腹を決める 383
腹を据《す》える 384
膝《ひざ》を乗り出す 390
目を開《ひら》く 464

満足する

気が済む 150
気に入る 156
首を縦に振る 182
心に適《かな》う 206
最後に笑う者が最もよく笑う 221
年に不足は無い 330
満更《まんざら》でもない 431
胸が一杯になる 450
胸を膨《ふく》らませる 452
目尻《めじり》を下げる 458
諸手《もろて》を挙げる 470
溜飲《りゅういん》が下がる 490

夢中になる

憂《う》き身を窶《やつ》す 65
うつつを抜かす 70
鵜《う》の目鷹《たか》の目 72
心が引かれる 206
心ここに在《あ》らず 206
心を致《いた》す 207
心を奪われる 208
心を傾ける 208
凝《こ》っては思案に能《あた》わず 212
事とする 213
鹿《しか》を追う者は山を見ず 232
心血を注《そそ》ぐ 254
好きこそ物の上手なれ 258
寸暇《すんか》を惜しむ 262
血が沸く 293
血道《ちみち》を上げる 295
手に汗を握る 311
時を忘れる 328
熱に浮かされる 361

熱を上げる 361
下手《へた》の横好き 416
身を粉《こ》にする 446
身を窶《やつ》す 447
目が無い 456
目の色を変える 460
病《やまい》膏肓《こうこう》に入《い》る 476
我《われ》を忘れる 503

自信がある
意を強くする 61
腕に覚えがある 70
大見得《おおみえ》を切る 87
鬼《おに》の首を取ったよう 96
肩で風を切る 121
肝《きも》が据わる 159
肝《きも》が太い 159
細工《さいく》は流流《りゅうりゅう》仕上げを御覧《ごろう》じろ 220
自画自賛《じがじさん》 231
人後《じんご》に落ちない 255
天上天下《てんじょうてんげ》唯我独尊《ゆいがどくそん》 318
何するものぞ 343
鼻が高い 375
鼻に掛ける 378
幅《はば》を利《き》かせる 380
見得《みえ》を切る 432
脈《みゃく》がある 444
昔《むかし》取った杵柄《きねづか》 448
痩《や》せても枯れても 474
遼東《りょうとう》の豕《いのこ》 491

気負う
腕によりを掛ける 71
襟《えり》を正す 81
肩肘《かたひじ》張る 122
気炎《きえん》を上げる 149
斜《しゃ》に構える 242
背負《しょ》って立つ 250
血が騒ぐ 293
血が沸く 293

鼻息が荒い 375
鼻っ柱《ぱしら》をへし折る 377
縒《よ》りを掛ける 484

威勢がいい
鬼面《きめん》人を驚かす 159
気を吐く 167
鼻息が荒い 375
幅《はば》を利《き》かせる 380
矢でも鉄砲《てっぽう》でも持って来い 474

期待する
味を占《し》める 12
家貧しくして良妻を思う 29
一日千秋《いちにちせんしゅう》 42
今や遅しと 57
風が吹けば桶屋《おけや》が儲《もう》かる 118
来たか長さん待ってたほい 155
首を長くする 182
心が躍《おど》る 205
心が弾む 205
事を好む 215
捕らぬ狸《たぬき》の皮算用《かわざんよう》 333
百年河清《かせい》を俟《ま》つ 400
胸が躍《おど》る 450
胸を弾《はず》ませる 452
柳《やなぎ》の下《した》にいつも泥鰌《どじょう》はいない 475
闇夜《やみよ》の灯火《ともしび》 477

欲する
意馬心猿《いばしんえん》 55
鵜《う》の目鷹《たか》の目 72
金《かね》の草鞋《わらじ》で尋ねる 130
鉦《かね》や太鼓で捜す 131
気がある 149
食指《しょくし》が動く 249
触手《しょくしゅ》を伸ばす 249
高嶺《たかね》の花 280
生唾《なまつば》を飲み込む 345
喉《のど》から手が出る 365

開《ひら》け胡麻《ごま》 402
目の毒《どく》 461
矢も盾《たて》も堪《たま》らず 477
欲《よく》を言えば 482
涎《よだれ》が出る 483
涎《よだれ》を垂らす 483
隴《ろう》を得て蜀《しょく》を望む 494

感謝する

恩《おん》に着る 105
手を合わせる 314
願ってもない 358

思いやる

意に介する 52
意を汲《く》む 61
推《お》して知るべし 91
思い半《なかば》に過ぎる 99
思いを致す 100
思いを馳せる 100
思いを巡らす 100
思いを寄せる 101
顔色《かおいろ》を窺《うかが》う 109
痒《かゆ》い所に手が届く 135
気が付く 151
気は心 157
気を利《き》かせる 167
気を回す 168
心が動く 205
心が引かれる 206
心に懸かる 206
心に懸ける 206
心を致す 207
心を動かす 207
心を傾ける 208
心を配る 208
心を遣《つか》う 208
心を尽くす 209
心を寄せる 209
手が回る 309
同病《どうびょう》相《あい》憐れむ 324
汝《なんじ》の敵《てき》を愛せよ 348
念頭《ねんとう》に置く 363
武士《ぶし》は相身互《あいみたが》い 408
判官贔屓《ほうがんびいき》 418
身につまされる 440
胸を痛める 451
目が届く 456

気を配る

気を付ける 167
念《ねん》には念を入れる 363
眉《まゆ》に唾《つば》を付ける 429
耳に留《と》める 442
目を配る 463
目を付ける 463
目を光らせる 464

耐える

石に齧《かじ》り付いても 34
韓信《かんしん》の股《また》くぐり 142
痺《しび》れが切れる 241
痺《しび》れを切らす 241
鳴くまで待とう時鳥《ほととぎす》 341
涙《なみだ》を呑《の》む 345
成《な》らぬ堪忍《かんにん》するが堪忍 346
歯を食い縛《しば》る 385
武士《ぶし》は食わねど高楊枝《たかようじ》 408

悲しい

歓楽《かんらく》極まりて哀情多し 147
聞くも涙語るも涙の物語 153
袖《そで》を絞る 275
袂《たもと》を絞る 289
断腸《だんちょう》の思い 291
泣きの涙《なみだ》 339
涙《なみだ》を呑《の》む 345
白髪三千丈《はくはつさんぜんじょう》 370
腸《はらわた》が千切《ちぎ》れる 383
身も世《よ》も無い 444

胸が塞《ふさ》がる 450

怖い

息を呑《の》む 32
色を失う 59
顔色《がんしょく》を失う 142
寒心《かんしん》に堪えない 142
呉牛《ごぎゅう》月に喘《あえ》ぐ 203
腰を抜かす 211
地震《じしん》雷《かみなり》火事親父《おやじ》 236
背筋が寒くなる 266
戦戦兢兢《せんせんきょうきょう》 269
鳥肌《とりはだ》が立つ 334
歯の根《ね》が合わない 380
蛇《へび》に睨《にら》まれた蛙《かえる》 417
身の毛がよだつ 440

心配・不安

足が地に着かない 8
案ずるより産むが易《やす》い 27
居ても立ってもいられない 52
色を失う 59
遠慮《えんりょ》なければ近憂《きんゆう》あり 84
鬼《おに》が出るか蛇《じゃ》が出るか 95
影が差す 113
寒心《かんしん》に堪えない 142
気が気でない 150
気が揉《も》める 151
疑心暗鬼《ぎしんあんき》を生ず 154
気に病む 156
杞憂《きゆう》 160
心が動く 205
心に懸かる 206
心に懸ける 206
心を痛める 207
心を動かす 207
心を砕く 208
備《そな》えあれば憂いなし 276
河豚《ふぐ》は食いたし命は惜しし 407
眉《まゆ》を顰《ひそ》める 430
虫が知らせる 449
胸を痛める 451
飯《めし》も喉《のど》を通らない 457

恥ずかしい

穴《あな》があったら入りたい 20
命長ければ恥多し 54
会稽《かいけい》の恥《はじ》 106
顔から火が出る 110
肩身《かたみ》が狭い 122
聞くは一時《いっとき》の恥 聞かぬは末代の恥 152
決まりが悪い 158
舌を出す 238
旅の恥は掻《か》き捨て 287
恥《はじ》の上塗《うわぬ》り 371
ばつが悪い 373
頬《ほお》を染《そ》める 419

不快

かちんと来る 124
噛《か》んで吐き出すよう 144
忌諱《きき》に触れる 152
気に障る 156
癪《しゃく》に障る 242
白い目で見る 254
旋毛《つむじ》を曲げる 304
鳥肌《とりはだ》が立つ 334
苦虫《にがむし》を噛《か》み潰《つぶ》したよう 350
寝覚《ねざ》めが悪い 360
歯が浮く 368
鼻に付く 378
鼻持ちならない 378
顰蹙《ひんしゅく》を買う 403
眉《まゆ》を顰《ひそ》める 430
耳に逆《さか》らう 442
耳に胼胝《たこ》ができる 442
耳に付く 442
虫唾《むしず》が走る 449
虫の居所《いどころ》が悪い 449
胸糞《むなくそ》が悪い 450

不満

気に食わない 156

口を尖らせる 179

首を横に振る 182

業《ごう》を煮やす 202

腑《ふ》に落ちない 411

臍《へそ》を曲げる 415

頰《ほお》を膨《ふく》らませる 419

悔しい

会稽《かいけい》の恥《はじ》 106

鱓《ごまめ》の歯軋《はぎし》り 217

地団駄《じだんだ》を踏む 238

切歯扼腕《せっしやくわん》 266

涙《なみだ》を吞《の》む 345

歯を食い縛《しば》る 385

髀肉《ひにく》の嘆《たん》 398

もどかしい

居ても立ってもいられない 52

隔靴搔痒《かっかそうよう》 125

気が気でない 150

気が揉《も》める 151

業《ごう》を煮やす 202

二階《にかい》から目薬 349

指《ゆび》を銜《くわ》える 479

後悔

気が差す 150

気が咎《とが》める 151

気が引ける 151

後悔《こうかい》先に立たず 197

死んだ子の年を数える 256

逃《に》がした魚《さかな》は大きい 350

寝覚《ねざ》めが悪い 360

臍《ほぞ》を嚙《か》む 420

改心

足を洗う 12

過《あやま》ちては改むるに憚《はばか》ること勿《なか》れ 24

君子は豹変《ひょうへん》す 185

角《つの》を折る 303

人のふり見て我がふり直せ 394

目が覚《さ》める 455

目から鱗《うろこ》が落ちる 456

我《われ》に返る 502

苦しむ

泡《あわ》を吹かせる 27

息が切れる 30

息が詰まる 31

息を切らす 32

溺《おぼ》れる者は藁《わら》をも摑《つか》む 98

肩で息をする 121

四苦八苦《しくはっく》 233

櫛風沐雨《しっぷうもくう》 239

塗炭《とたん》の苦しみ 331

泣きを見る 340

音《ね》を上げる 362

喉元《のどもと》過ぎれば熱さを忘れる 365

針《はり》の筵《むしろ》 384

蛇《へび》の生殺《なまごろ》し 417

目を白黒《しろくろ》させる 463

悩む

頭を抱える 15

溺《おぼ》れる者は藁《わら》をも摑《つか》む 98

気に病む 156

心を痛める 207

思案に暮れる 230

手に付かない 312

手を焼く 317

途方《とほう》に暮れる 332

盗人《ぬすびと》を捕らえてみれば我が子なり 356

煩悩《ぼんのう》

頭を擡《もた》げる 15

意馬心猿《いばしんえん》 55

山中の賊《ぞく》を破るは易《やす》く心中の賊を破るは難《かた》し 228

手に付かない 312

落ち込む

青菜《あおな》に塩 2
開《あ》けて悔しい玉手箱 6
陸《おか》へ上がった河童《かっぱ》 88
肩を落とす 123
喪家《そうか》の狗《いぬ》 272
毒気《どくけ》を抜かれる 328
胸が塞《ふさ》がる 450

憎む

恨《うら》み骨髄《こつずい》に徹《てっ》す 76
恨《うら》みを買う 76
可愛さ余って憎さ百倍 139
罪《つみ》を憎んで人を憎まず 304
出る杭《くい》は打たれる 313
根に持つ 361
不倶戴天《ふぐたいてん》 407
坊主《ぼうず》憎《にく》けりゃ袈裟《けさ》まで憎い 418

怒る

頭から湯気を立てる 14
頭に来る 15
油を絞る 22
怒《いか》り心頭に発する 30
色を作《な》す 60
大目玉《おおめだま》を食う 88
雷《かみなり》が落ちる 134
癇《かん》に障る 144
堪忍袋《かんにんぶくろ》の緒が切れる 145
気が立つ 150
口を尖らせる 179
逆鱗《げきりん》に触れる 190
地団駄《じだんだ》を踏む 238
癪《しゃく》に障る 242
尻《しり》を捲《まく》る 253
切歯扼腕《せっしやくわん》 266
短気は損気 289
怒髪《どはつ》冠《かんむり》を衝《つ》く 332
腹が立つ 382
腹に据《す》えかねる 382
腹の虫が治まらない 382
腸《はらわた》が煮え繰り返る 383
仏《ほとけ》の顔も三度 420
眦《まなじり》を決する 429
虫の居所《いどころ》が悪い 449
目が据《す》わる 456
目に角《かど》を立てる 459
目の色を変える 460
目を三角《さんかく》にする 463
目を剝《む》く 465
柳眉《りゅうび》を逆立てる 490

あわてる

足下《あしもと》から鳥が立つ 11
慌《あわ》てる乞食《こじき》は貰《もら》いが少ない 26
泡《あわ》を食う 27
泡《あわ》を吹かせる 27
渇《かっ》して井を穿《うが》つ 125
尻《しり》に火が付く 252
急《せ》いては事を仕損じる 264
取る物も取り敢《あ》えず 335
泥棒《どろぼう》を捕らえて縄《なわ》を綯《な》う 335
一泡《ひとあわ》吹かせる 393
屁《へ》をひって尻《しり》窄《すぼ》め 417
矢も盾《たて》も堪《たま》らず 477

疑う

痛くもない腹を探られる 37
鼎《かなえ》の軽重《けいちょう》を問う 128
疑心暗鬼《ぎしんあんき》を生ず 154
首をかしげる 182
首をひねる 182
下種《げす》の勘繰り 190
蜀犬《しょっけん》日に吠《ほ》ゆ 250
人を見たら泥棒《どろぼう》と思え 397
我《われ》思う故《ゆえ》に我在《あ》り 502

失望・あきらめ

開《あ》けて悔しい玉手箱　6
今はこれまで　56
匙《さじ》を投げる　224
涙《なみだ》を呑《の》む　345
年貢《ねんぐ》の納め時　362
万事《ばんじ》休《きゅう》す　385
見ぬが花　440
弱音《よわね》を吐く　486

あきれる
愛想《あいそ》もこそも尽き果てる　1
開《あ》いた口が塞《ふさ》がらない　1
世話がない　267
揃《そろ》いも揃って　276
毒気《どくけ》に当てられる　328
何をか言わんや　343
二の句が継げない　353

油断する
蟻《あり》の穴から堤も崩れる　25
川立《かわだ》ちは川で果てる　139
九仞《きゅうじん》の功を一簣《いっき》に欠く　162
気を許す　168
才子《さいし》才に倒れる　221
大事の前の小事　279
月夜に釜《かま》を抜かれる　301
盗人《ぬすびと》を捕らえてみれば我が子なり　356
猫《ねこ》に鰹節《かつおぶし》　358
目を離す　464

疲れ果てる
顎《あご》を出す　6
足が棒になる　9
気骨《きぼね》が折れる　158
精根《せいこん》尽きる　263
骨折《ほねお》り損の草臥《くたび》れ儲《もう》け　421
綿《わた》のように疲れる　499

意識を失う
気が遠くなる　151
狐《きつね》に抓《つま》まれる　155
鳶《とんび》に油揚げを攫《さら》われる　336
目が眩《くら》む　455
目が据《す》わる　456
目から火が出る　457
目を回す　464
我《われ》を忘れる　503

笑う
今泣いた烏《からす》がもう笑う　56
白い歯を見せる　254
箸《はし》が転んでもおかしい年頃　371
臍《へそ》で茶を沸かす　415
笑う門《かど》には福来たる　500

泣く
鬼《おに》の目にも涙　96
聞くも涙語るも涙の物語　153
袖《そで》を絞る　275
袂《たもと》を絞る　289
泣きの涙《なみだ》　339
火が付いたよう　387
目頭《めがしら》が熱くなる　455
目頭《めがしら》を拭《ぬぐ》う　455

9 状態

大きい
独活《うど》の大木　71
大男《おおおとこ》総身《そうみ》に知恵が回り兼ね　86
雲を衝《つ》く　183
大は小を兼ねる　279
塵《ちり》も積もれば山となる　299
逃《に》がした魚《さかな》は大きい　350
幅《はば》を取る　380

多い
嫌《いや》というほど　58
数え切れないほど　119

足下《あしもと》から鳥が立つ 11
当たらずといえども遠からず 15
息が掛かる 30
一衣帯水《いちいたいすい》 39
殷鑑《いんかん》遠からず 62
魚《うお》の目に水見えず人の目に空見えず 64
馬の背を分ける 73
影の形に添うよう 114
手に取るよう 312
灯台《とうだい》下《もと》暗し 323
膝《ひざ》突き合わす 389
目と鼻の先 458

集中する
一堂《いちどう》に会する 41
芋《いも》を洗うよう 57
押すな押すな 92
顔を揃《そろ》える 111
踵《きびす》を接する 158
全ての道はローマに通ず 261
桃李《とうり》物言わざれども下《した》自《おの》ずから蹊《けい》を成す 324
軒《のき》を並べる 364
額《ひたい》を集める 391
門前《もんぜん》市《いち》を成す 471
立錐《りっすい》の余地も無い 489

一致する
看板《かんばん》に偽《いつわ》り無し 146
軌《き》を一《いつ》にする 166
口を揃《そろ》える 179
様《さま》になる 225
十目《じゅうもく》の視《み》る所 十手《じっしゅ》の指す所 244
朝三暮四《ちょうさんぼし》 297
手を打つ 314
話が合う 376
枕《まくら》を並べる 426

似ている
いずれが菖蒲《あやめ》杜若《かきつばた》 36
一脈《いちみゃく》相《あい》通ずる 43
牛は牛連れ馬は馬連れ 67
瓜《うり》に爪《つめ》あり爪に爪なし 77
選ぶ所が無い 81
同じ穴の狢《むじな》 94
蛙《かえる》の子は蛙 108
五十歩百歩《ごじっぽひゃっぽ》 210
千篇一律《せんぺんいちりつ》 270
揃《そろ》いも揃って 276
血は争えない 295
同工異曲《どうこういきょく》 322
同病《どうびょう》相《あい》憐れむ 324
団栗《どんぐり》の背比《せいくら》べ 336
判《はん》で押したよう 386
類《るい》は友を呼ぶ 492
魯魚《ろぎょ》の誤り 495

かけ離れた
江戸の敵《かたき》を長崎で討つ 80
借りて来た猫 136
聞いて極楽見て地獄 149
気が遠くなる 151
木に縁《よ》りて魚《うお》を求む 156
桁《けた》が違う 191
今昔《こんじゃく》の感 219
高嶺《たかね》の花 280
提灯《ちょうちん》に釣り鐘 298
月と鼈《すっぽん》 301
敵《てき》は本能寺にあり 309
同日《どうじつ》の論ではない 322
年に似合わぬ 330
途轍《とてつ》もない 331
途方《とほう》もない 332
なっていない 342
似《に》ても似つかない 351
歯が立たない 368
氷炭《ひょうたん》相《あい》容《い》れず 401
分《ぶん》に過ぎる 415

食い違う

あさってを向く 7
あちらを立てればこちらが立たぬ 16
医者の不養生《ふようじょう》 35
木に竹を接《つ》ぐ 156
牛首《ぎゅうしゅ》を懸けて馬肉を売る 161
事《こと》志《こころざし》と違《たが》う 213
自家撞着《じかどうちゃく》 232
舌の根の乾かぬうちに 238
船頭《せんどう》多くして船《ふね》山に上る 269
所変われば品変わる 330
難波《なにわ》の葦《あし》は伊勢《いせ》の浜荻《はまおぎ》 343
歯車《はぐるま》が嚙《か》み合わない 370
話が嚙《か》み合わない 376
平仄《ひょうそく》が合わない 401
水と油 435
矛盾《むじゅん》 449
闇夜《やみよ》の鉄砲《てっぽう》 477
夢《ゆめ》は逆夢《さかゆめ》 480
羊頭《ようとう》を掲げて狗肉《くにく》を売る 481

堅固な

蟻《あり》の這《は》い出る隙《すき》もない 25
否《いや》でも応でも 58
好むと好まざるとにかかわらず 216
秋霜烈日《しゅうそうれつじつ》 243
春秋《しゅんじゅう》の筆法 245
涙《なみだ》を振るう 345
水も漏《も》らさぬ 436
指一本《ゆびいっぽん》も差させない 479

整然とした

一糸《いっし》乱れず 47
襟《えり》を正す 81
事を分ける 216
膝《ひざ》を正《ただ》す 390
論陣《ろんじん》を張る 496

落ち着く

安心立命《あんしんりつめい》 27
一段落《いちだんらく》付く 41
風は吹けども山は動ぜず 119
片が付く 120
気は心 157
肝《きも》が据わる 159
肝《きも》が太い 159
草木も眠る 172
けりが付く 192
腰《こし》が重い 210
腰《こし》を据える 211
尻《しり》が重い 251
尻《しり》が長い 252
尻《しり》を据える 252
長い目で見る 338
鳴《な》りを潜《ひそ》める 346
話が付く 376
話を付ける 377
腹が据《す》わる 382
水を打ったよう 437
明鏡止水《めいきょうしすい》 454

変化しない

国破れて山河在《あ》り 180
呉下《ごか》の阿蒙《あもう》 203
天長地久《てんちょうちきゅう》 319
判《はん》で押したよう 386
三《み》つ子《ご》の魂《たましい》百まで 439
我が心は石にあらず転《てん》ずべからず 497

変化する

嵐《あらし》の前の静けさ 25
今泣いた烏《からす》がもう笑う 56
色を失う 59
薄紙《うすがみ》を剝《は》ぐよう 68
歌は世につれ世は歌につれ 69
男心と秋の空 93
女心と秋の空 104
黴《かび》が生える 132
クレオパトラの鼻がもう少し低かったら世界の歴史は変わっていただろう 184

虎穴《こけつ》に入《い》らずんば虎子《こじ》を得ず 204
事なきを得る 213
轍鮒《てっぷ》の急《きゅう》 311
峠《とうげ》を越す 322
年寄りの冷や水 331
虎《とら》の尾を踏む 334
猫《ねこ》に鰹節《かつおぶし》 358
背水《はいすい》の陣《じん》 367
爆弾《ばくだん》を抱《かか》える 369
薄氷《はくひょう》を踏む 370
風前《ふうぜん》の灯火《ともしび》 405
俎板《まないた》の鯉《こい》 429
眉《まゆ》に火が付く 429
両刃《もろは》の剣《つるぎ》 471
累卵《るいらん》の危《あや》うき 492

切迫する

後が無い 18
後には引けない 18
鼬《いたち》の最後っ屁《べ》 38
渇《かっ》して井を穿《うが》つ 125
顔色《がんしょく》を失う 142
危急存亡《ききゅうそんぼう》の秋《とき》 152
九死《きゅうし》に一生を得る 161
窮《きゅう》すれば通ず 162
窮鼠《きゅうそ》猫を噛《か》む 162
事ここに至る 212
事なきを得る 213
賽《さい》は投げられた 221
死中《しちゅう》に活を求める 238
尻《しり》に火が付く 252
背に腹は替えられぬ 267
轍鮒《てっぷ》の急《きゅう》 311
抜き差しならない 355
背水《はいすい》の陣《じん》 367
火が付いたよう 387
日《ひ》暮れて道遠し 388
必要は発明の母 393
風雲《ふううん》急《きゅう》を告げる 404
風前《ふうぜん》の灯火《ともしび》 405
袋の鼠《ねずみ》 407
俎板《まないた》の鯉《こい》 429
眉《まゆ》に火が付く 429
藁《わら》にも縋《すが》る 500

騒がしい

女三人寄れば姦《かしま》しい 104
鉦《かね》や太鼓で捜す 131
喧喧囂囂《けんけんごうごう》 194
子供の喧嘩《けんか》に親が出る 215
大山《たいざん》鳴動《めいどう》して鼠《ねずみ》一匹 278
蜂《はち》の巣をつついたよう 373
耳を劈《つんざ》く 444
耳を聾《ろう》する 444

勢いがある・活気づく

頭を擡《もた》げる 15
脂《あぶら》が乗る 21
油を注《そそ》ぐ 22
一瀉千里《いっしゃせんり》 47
煎《い》り豆に花が咲く 58
魚《うお》の水を得たるが如《ごと》し 64
有卦《うけ》に入《い》る 65
埋《う》もれ木に花が咲く 75
得手《えて》に帆を揚げる 79
エンジンが掛かる 83
老《お》い木に花が咲く 84
老《お》いてますます盛んなるべし 85
鬼《おに》に金棒 95
嵩《かさ》に懸かる 115
風を切る 119
勝ちに乗ずる 124
気炎《きえん》を上げる 149
騎虎《きこ》の勢い 153
気勢《きせい》を上げる 154
草木も靡《なび》く 172
懸河《けんが》の弁 193
捲土重来《けんどちょうらい》 195
図に乗る 260
堰《せき》を切る 266

啖呵《たんか》を切る 289
調子に乗る 297
飛ぶ鳥を落とす勢い 332
虎《とら》に翼《つばさ》 333
雪崩《なだれ》を打つ 342
熱を上げる 361
拍車《はくしゃ》を掛ける 369
破竹《はちく》の勢い 373
八面六臂《はちめんろっぴ》 373
抜山蓋世《ばつざんがいせい》 374
花が咲く 375
話が弾《はず》む 376
話に花が咲く 377
一花《ひとはな》咲かせる 395
火に油を注《そそ》ぐ 397
日の出の勢い 398
幕《まく》を切って落とす 426
股《また》に掛ける 427
余勢《よせい》を駆《か》る 483
燎原《りょうげん》の火 490

大げさな

大風呂敷《おおぶろしき》を広げる 87
大見得《おおみえ》を切る 87
尾鰭《おひれ》が付く 97
恩《おん》に着せる 104
煙《けむ》に巻く 192
大山《たいざん》鳴動《めいどう》して鼠《ねずみ》一匹 278
鶏《にわとり》を割《さ》くに焉《いずく》んぞ牛刀を用いん 354
風呂敷《ふろしき》を広げる 414

知れ渡る

明るみに出る 3
悪事千里《あくじせんり》を走る 4
一世《いっせい》を風靡《ふうび》する 48
言わずと知れた 60
顔が売れる 109
壁《かべ》に耳あり 132
口に上《のぼ》る 177
檄《げき》を飛ばす 190
三人《さんにん》虎《とら》を成す 229
知る人ぞ知る 254
人口に膾炙《かいしゃ》する 255
虎《とら》は死して皮を留め人は死して名を残す 334
名にし負《お》う 343
名乗《なの》りを上げる 344
名を残す 347
日の目を見る 398
襤褸《ぼろ》を出す 423
耳を掩《おお》うて鐘《かね》を盗む 443

目立つ

頭を擡《もた》げる 15
紅一点《こういってん》 197
頭角《とうかく》を現す 321
嚢中《のうちゅう》の錐《きり》 364
人目《ひとめ》に付く 396
人目《ひとめ》を引く 396
目に立つ 459
目に付く 459
瑠璃《るり》も玻璃《はり》も照らせば光る 492

明白・明確

明るみに出る 3
足が付く 8
家貧しくして孝子《こうし》顕《あらわ》る 29
一線を画《かく》する 49
絵に描《か》いたよう 80
傍目八目《おかめはちもく》 88
お里が知れる 91
旗幟《きし》を鮮明にする 154
口を割る 180
言葉は国の手形 214
しっぽを出す 239
しっぽを摑《つか》む 240
尻《しり》が割れる 252
青天白日《せいてんはくじつ》 265
底を割る 274
手に取るよう 312

馬脚《ばきゃく》を露《あら》わす 369
火を見るより明らか 403
めっきが剝《は》げる 458
目鼻《めはな》が付く 462
面《めん》が割れる 465
雄弁《ゆうべん》に物語る 478
論より証拠 496

簡単な

赤子の手をねじる 2
案ずるより産むが易《やす》い 27
簡《かん》にして要を得《え》る 145

難しい

言うは易《やす》く行うは難《かた》し 29
金《かね》の草鞋《わらじ》で尋ねる 130
狂瀾《きょうらん》を既倒《きとう》に廻《めぐ》らす 164
コロンブスの卵 219
山中の賊《ぞく》を破るは易《やす》く心中の賊を破るは難《かた》し 228
少年老い易《やす》く学成り難《がた》し 248
狭《せま》き門 267
創業《そうぎょう》は易《やす》く守成《しゅせい》は難《かた》し 272
そうは問屋《とんや》が卸《おろ》さない 273
手を焼く 317
猫《ねこ》の首に鈴を付ける 359
盤根錯節《ばんこんさくせつ》 385
骨《ほね》が折れる 421
盲亀《もうき》の浮木《ふぼく》 466
連木《れんぎ》で腹を切る 493

はっきりしない

海の物とも山の物ともつかない 74
奥歯に衣《きぬ》を着せる 89
奥歯に物が挟まったよう 90
雲を摑《つか》むよう 183
暗闇《くらやみ》から牛を引き出す 183
首鼠両端《しゅそりょうたん》 245
話が見えない 376
瓢簞《ひょうたん》で鯰《なまず》を押さえる 402
要領《ようりょう》を得ない 481
埒《らち》が明かない 488

ひそかな

おくびにも出さない 90
陰で糸を引く 113
壁《かべ》に耳あり 132
気脈《きみゃく》を通じる 159
知る人ぞ知る 254
脛《すね》に傷を持つ 260
腹に収める 382
胸に秘《ひ》める 451
目を盗む 464
世《よ》を忍ぶ 486

わかりにくい

奥が深い 89
気が知れない 150
恋は思案の外《ほか》 196
塞翁《さいおう》が馬 220
端倪《たんげい》すべからず 290
灯台《とうだい》下《もと》暗し 323
話が見えない 376
人は見かけによらぬもの 396
腑《ふ》に落ちない 411
耳が遠い 441
埒《らち》も無い 488

早い・時間が短い

秋の日は釣瓶《つるべ》落とし 3
足が早い 9
一も二もなく 44
烏兎匆匆《うとそうそう》 71
間《かん》髪《はつ》を容《い》れず 145
雲を霞《かすみ》と 183
光陰《こういん》矢の如《ごと》し 197
声の下《した》から 202
疾風迅雷《しっぷうじんらい》 239
手が早い 309
時を移さず 327

取る物も取り敢《あ》えず 335
話が早い 376
日が浅い 387
右から左 433
三日天下《みっかてんか》 438
耳が早い 441
目にも留《と》まらぬ 460

忙しい
紺屋《こうや》の白袴《しろばかま》 201
席の暖まる暇《いとま》が無い 265
多多《たた》益益《ますます》弁ず 283
立っている者は親でも使え 284
南船北馬《なんせんほくば》 348
猫《ねこ》の手も借りたい 359
貧乏《びんぼう》暇《ひま》無し 404
盆《ぼん》と正月が一緒に来たよう 424
目が回る 456
目を回す 464

暇な
お茶を挽《ひ》く 93
体が空《あ》く 136
閑古鳥《かんこどり》が鳴く 141
三年飛ばず鳴かず 229
小人《しょうじん》閑居《かんきょ》して不善をなす 247
手が空《あ》く 307
間《ま》が持たない 425

一時的な
嵐《あらし》の前の静けさ 25
臭《くさ》い物に蓋《ふた》 172
茶腹《ちゃばら》も一時《いっとき》 295
人の噂《うわさ》も七十五日《しちじゅうごにち》 394

継続する
後を絶たない 20
後を引く 20
息が長い 31
石の上にも三年 34
糸を引く 52
尾を引く 103
顔を繋《つな》ぐ 111
騎虎《きこ》の勢い 153
君子の交わりは淡くして水の如《ごと》し 185
創業《そうぎょう》は易《やす》く守成《しゅせい》は難《かた》し 272
倒《たお》れて後《のち》已《や》む 279
天長地久《てんちょうちきゅう》 319
乗り掛かった船 366

続けて・何度も
後を絶たない 20
一難《いちなん》去ってまた一難 41
韋編《いへん》三度《みたび》絶つ 56
雨後《うご》の筍《たけのこ》 66
踵《きびす》を接する 158
櫛《くし》の歯を挽《ひ》く 173
前門の虎《とら》後門の狼《おおかみ》 270
泣き面《つら》に蜂《はち》 339
二度あることは三度ある 352
盗人《ぬすびと》に追い銭《せん》 356
馬鹿《ばか》の一つ覚え 368
恥《はじ》の上塗《うわぬ》り 371
波紋《はもん》を呼ぶ 381
踏《ふ》んだり蹴《け》ったり 415
弱り目に祟《たた》り目 486
夜《よ》を徹《てっ》する 486
夜《よ》を日に継ぐ 486

いつも
折《おり》に触れて 102
事に触れて 213
時を選ばず 327
時を構《かま》わず 328
時を分かたず 328
何かと言うと 343
寝ても覚めても 361
寄ると触《さわ》ると 485

最初の

口火《くちび》を切る 178
口を切る 179
コロンブスの卵 219
初心忘るべからず 249
千里《せんり》の行《こう》も足下《そっか》に始まる 271
端《たん》を発する 292
緒《ちょ》に就《つ》く 299
何を措《お》いても 343
火種《ひだね》になる 391
蓋《ふた》を開《あ》ける 409
物議《ぶつぎ》を醸《かも》す 409
幕《まく》が開《あ》く 425
幕《まく》を切って落とす 426
神輿《みこし》を上げる 434
濫觴《らんしょう》 489

最後の
挙げ句の果て 5
後が無い 18
後には引けない 18
一巻の終わり 45
今はこれまで 56
今際《いまわ》の際《きわ》 57
終わり良ければすべて良し 103
終わりを告げる 103
画竜点睛《がりょうてんせい》 137
看板《かんばん》を下ろす 146
けりが付く 192
事ここに至る 212
最後に笑う者が最もよく笑う 221
賽《さい》は投げられた 221
立つ鳥跡を濁さず 284
掉尾《ちょうび》を飾る 298
とどのつまり 331
止《とど》めを刺す 331
泣いても笑っても 338
年貢《ねんぐ》の納め時 362
風前《ふうぜん》の灯火《ともしび》 405
幕《まく》を閉じる 426
有終《ゆうしゅう》の美を飾る 478
竜頭蛇尾《りゅうとうだび》 490

10 ことば

名前
鬼籍《きせき》に入る 154
虎《とら》は死して皮を留め人は死して名を残す 334
名にし負《お》う 343
難波《なにわ》の葦《あし》は伊勢《いせ》の浜荻《はまおぎ》 343
名乗《なの》りを上げる 344
名は体《たい》を表す 344
名も無い 346
名を残す 347
暖簾《のれん》を分ける 366
面《めん》が割れる 465

詩文
咳唾《がいだ》珠《たま》を成す 107
換骨奪胎《かんこつだったい》 141
推敲《すいこう》 257
杜撰《ずさん》 259
手が入る 308
天衣無縫《てんいむほう》 317
同工異曲《どうこういきょく》 322
筆《ふで》が立つ 410
筆《ふで》を入れる 410
筆《ふで》を折る 410
筆《ふで》を執《と》る 410
洛陽《らくよう》の紙価《しか》を高める 488

手紙
雁《かり》の使い 137
空谷《くうこく》の跫音《きょうおん》 170
便りのないのは良い便り 289
梨《なし》の礫《つぶて》 341

噂《うわさ》
一犬《いっけん》影に吠《ほ》ゆれば百犬声に吠ゆ 46

噂《うわさ》をすれば影 78
音に聞く 94
風の便り 118
口に上《のぼ》る 177
三人《さんにん》虎《とら》を成す 229
道聴塗説《どうちょうとせつ》 323
人の噂《うわさ》も七十五日《しちじゅうごにち》 394
人の口《くち》に戸は立てられぬ 394
火の無い所に煙《けむり》は立たぬ 398
耳が早い 441

議論

鼎《かなえ》の沸くが如《ごと》し 129
侃侃諤諤《かんかんがくがく》 141
話が嚙《か》み合わない 376
話が付く 376
話を付ける 377
額《ひたい》を集める 391
物議《ぶつぎ》を醸《かも》す 409
俎板《まないた》に載《の》せる 429
論議を呼ぶ 495
論陣《ろんじん》を張る 496
論より証拠 496

異を唱える

揚げ足を取る 5
裏《うら》を返せば 76
売り言葉に買い言葉 77
口を挟む 179
言葉を返す 215
盾《たて》に取る 285
注文を付ける 296
出る幕ではない 314
話の腰《こし》を折る 377

ことばが多い

女三人寄れば姦《かしま》しい 104
くだを巻く 175
口が軽い 176
口が過ぎる 176
口が滑る 176
口が減らない 176
口に任せる 177
嘴《くちばし》を容《い》れる 177
口八丁《くちはっちょう》手八丁《てはっちょう》 178
口を極めて 179
口を酸《す》っぱくする 179
口を揃《そろ》える 179
喧喧囂囂《けんけんごうごう》 194
声の下《した》から 202
言葉が過ぎる 214
言葉を尽くす 215
舌の根の乾かぬうちに 238
問うに落ちず語るに落ちる 323
何かと言うと 343
何《なん》とかかんとか 348
話に花が咲く 377
筆《ふで》が滑《すべ》る 409

よどみない

一瀉千里《いっしゃせんり》 47
気を吐く 167
懸河《けんが》の弁 193
舌が回る 237
舌先三寸《したさきさんずん》 237
立て板に水 285
啖呵《たんか》を切る 289

大げさなことば

大風呂敷《おおぶろしき》を広げる 87
大見得《おおみえ》を切る 87
尾鰭《おひれ》が付く 97
聞いて極楽見て地獄 149
気炎《きえん》を上げる 149
風呂敷《ふろしき》を広げる 414
見得《みえ》を切る 432

屁理屈《へりくつ》

石に漱《くちすす》ぎ流れに枕《まくら》す 34
我田引水《がでんいんすい》 127

牽強付会《けんきょうふかい》 194
鷺《さぎ》を烏《からす》と言う 222
盗人《ぬすびと》にも三分《さんぶ》の理《り》 356
右と言えば左 433

偽りのことば

嘘《うそ》から出た実《まこと》 68
嘘《うそ》つきは泥棒の始まり 68
嘘《うそ》も方便 68
牛首《ぎゅうしゅ》を懸けて馬肉を売る 161
口車《くちぐるま》に乗る 176
口に蜜《みつ》あり腹に剣《けん》あり 177
巧言令色《こうげんれいしょく》鮮《すく》なし仁 198
鷺《さぎ》を烏《からす》と言う 222
引かれ者の小唄《こうた》 388

率直なことば

快哉《かいさい》を叫ぶ 106
嚙《か》んで吐き出すよう 144
音《ね》を上げる 362
歯に衣《きぬ》着せぬ 379
身も蓋《ふた》も無い 444

婉曲《えんきょく》なことば

奥歯に衣《きぬ》を着せる 89
奥歯に物が挟まったよう 90
お茶を濁《にご》す 93
オブラートに包む 98
言葉を濁す 215

ことばが少ない

おくびにも出さない 90
怪力乱神《かいりょくらんしん》を語らず 107
口が重い 175
口が堅い 175
死人に口無し 240
敗軍の将は兵を語らず 367

表現できない

言語に絶する 194
言葉に余る 214
何をか言わんや 343
二の句が継げない 353
筆舌《ひつぜつ》に尽くし難《がた》い 392

無用のことば

言うだけ野暮《やぼ》 28
言うは易《やす》く行うは難《かた》し 29
言わぬが花 61
忌諱《きき》に触れる 152
雉《きじ》も鳴かずば打たれまい 153
口は禍《わざわい》の門《かど》 178
沈黙は金 雄弁は銀 300
熱に浮かされる 361
馬鹿《ばか》の一つ覚え 368
話が落ちる 376
話にならない 376
下手《へた》の長談義《ながだんぎ》 416
物も言い様《よう》で角《かど》が立つ 470
論より証拠 496

ことばの力

合いの手を入れる 1
新しい酒は新しい革袋に盛れ 15
言い得て妙 28
お里が知れる 91
語るに足る 122
鎌《かま》を掛ける 133
嚙《か》んで含める 144
聞くは一時《いっとき》の恥 聞かぬは末代の恥 152
久闊《きゅうかつ》を叙する 160
口を利《き》く 179
口を割る 180
謦咳《けいがい》に接する 187
檄《げき》を飛ばす 190
肯綮《こうけい》に中《あ》たる 198
言葉は国の手形 214
寸鉄《すんてつ》人を殺す 262
忠言《ちゅうげん》耳に逆らう 296
鶴《つる》の一声《ひとこえ》 306

発破《はっぱ》を掛ける 374
ペンは剣《けん》よりも強し 417
雄弁《ゆうべん》に物語る 478
綸言《りんげん》汗の如《ごと》し 491
悪いことは言わない 501
悪いようにはしない 502

表現

瓜《うり》に爪《つめ》あり爪に爪なし 77
恐《おそ》れ入谷《いりや》の鬼子母神《きしもじん》 92
驚き桃の木山椒《さんしょ》の木 94
来たか長さん待ってたほい 155
来た 見た 勝った 155
地震《じしん》雷《かみなり》火事親父《おやじ》 236
その手は桑名《くわな》の焼き蛤《はまぐり》 276
日光《にっこう》見ずして結構と言うな 351
開《ひら》け胡麻《ごま》 402
矢でも鉄砲《てっぽう》でも持って来い 474

4. 出典索引

・本辞典で見出しに立てたことわざ成句のうち、24の出典について、それを典拠とするものを五十音順で示しページを掲げる。

・冒頭で出典について簡単に解説する。

易経《えききょう》

陰・陽を組み合わせた六十四卦《け》によって、自然・人生の道理を解説した占いの書。五経の一つ。「易」「周易」ともいう。年号「明治」「大正」の出典はこの書。

一陽来復《いちようらいふく》 44
思い半ばに過ぎる 99
窮《きゅう》すれば通ず 162
君子は豹変《ひょうへん》す 185
積悪《せきあく》の家には必ず余殃《よおう》あり 265
積善《せきぜん》の家には必ず余慶《よけい》あり 265
断金《だんきん》の契り 290
治《ち》に居て乱を忘れず 294
虎《とら》の尾を踏む 334

漢書《かんじょ》

後漢の班固《はんこ》が著した歴史書。高祖（劉邦《りゅうほう》）から始まる前漢の歴史を記す。正史である二十四史の一つ。100巻。

鼎《かなえ》の沸くが如し 129
禍福《かふく》は糾《あざな》える縄の如し 132
雁《かり》の使い 137
金石《きんせき》の交わり 169
傾城傾国《けいせいけいこく》 188
酒は百薬《ひゃくやく》の長 224
尸位素餐《しいそさん》 231
前車《ぜんしゃ》の覆《くつがえ》るは後車の戒め 268
多多《たた》益益《ますます》弁ず 283
朝令暮改《ちょうれいぼかい》 299
百聞《ひゃくぶん》は一見に如《し》かず 400
綸言《りんげん》汗の如し 491

韓非子《かんぴし》

戦国時代の法家の代表的思想家である韓非の著作を中心に、その一派の論著を収めた書。20巻。政治思想書としてだけではなく人間観察の書としても有名。

危《あや》うきこと累卵《るいらん》の如し 24
蟻《あり》の穴から堤《つつみ》も崩れる 25
老いたる馬は道を忘れず 85
和氏《かし》の璧《たま》 116
汗馬《かんば》の労 146
逆鱗《げきりん》に触れる 190
毛を吹いて疵《きず》を求む 192
虎《とら》に翼 333
氷炭《ひょうたん》相《あい》容《い》れず 401
水は方円《ほうえん》の器《うつわ》に随《したが》う 436
矛盾《むじゅん》 449

後漢書《ごかんじょ》

後漢の歴史を記した書。南北朝時代、南朝・宋の范曄《はんよう》が著した。正史である二十四史の一つ。120巻。

老いてますます盛んなるべし 85
刀《かたな》折れ矢尽きる 121

驥尾《きび》に付す 158
虎穴《こけつ》に入らずんば虎子《こじ》を得ず 204
五里霧中《ごりむちゅう》 218
死中《しちゅう》に活を求める 238
糟糠《そうこう》の妻 273
盤根錯節《ばんこんさくせつ》 385
水清《きよ》ければ魚《うお》棲《す》まず 435
遼東《りょうとう》の豕《いのこ》 491
隴《ろう》を得て蜀《しょく》を望む 494

三国志《さんごくし》

魏《ぎ》・蜀《しょく》・呉《ご》三国の歴史を記した書。西晋の陳寿《ちんじゅ》の著。65巻。魏を正統の王朝とする立場をとる。正史である二十四史の一つ。これを材料の一つとして明代、長編歴史小説「三国志演義」が作られた。

魚《うお》の水を得たるが如し 64
呉下《ごか》の阿蒙《あもう》 203
衆寡《しゅうか》敵せず 243
水魚《すいぎょ》の交わり 257
泣いて馬謖《ばしょく》を斬る 338
白眉《はくび》 370

史記《しき》

前漢の司馬遷《しばせん》が著した紀伝体の歴史書。上古から漢の武帝までを記す。本紀（帝王の事跡史）、表（年表）、書（文物制度史）、世家（諸侯の列国志）、列伝（個人の伝記）からなる。全130巻。後生の歴史書の規範となったばかりでなく、文学書としての評価も高い。正史である二十四史の一つ。

家《いえ》貧しくして良妻を思う 29
一旦《いったん》緩急《かんきゅう》あらば 50
一敗《いっぱい》地《ち》に塗《まみ》れる 51
韋編《いへん》三度《みたび》絶つ 56
恨《うら》み骨髄《こつずい》に徹《てっ》す 76
襟《えり》を正す 81
燕雀《えんじゃく》安《いずく》んぞ鴻鵠《こうこく》の志を知らんや 82
思う念力《ねんりき》岩をも通す 101
会稽《かいけい》の恥《はじ》 106
河海《かかい》は細流《さいりゅう》を択《えら》ばず 111
傍《かたわ》らに人無きが如し 123
禍福《かふく》は糾《あざな》える縄の如し 132
韓信《かんしん》の股《また》くぐり 142
管鮑《かんぽう》の交わり 147
奇貨《きか》居《お》くべし 149
驥尾《きび》に付す 158
曲学阿世《きょくがくあせい》 164
愚者《ぐしゃ》にも千慮《せんりょ》に一得《いっとく》あり 174
君子は交わり絶ゆとも悪声《あくせい》を出《いだ》さず 186
鶏口《けいこう》となるも牛後《ぎゅうご》となるなかれ 188
狡兎《こうと》死して走狗《そうく》烹《に》らる 200
先《さき》んずれば人を制す 223
左袒《さたん》する 225
三年《さんねん》飛ばず鳴かず 229
鹿《しか》を逐《お》う 232
死屍《しし》に鞭打《むちう》つ 235
四面楚歌《しめんそか》 242
雌雄《しゆう》を決する 244
首鼠両端《しゅそりょうたん》 245
酒池肉林《しゅちにくりん》 245
春秋《しゅんじゅう》に富む 245
切歯扼腕《せっしやくわん》 266
千慮《せんりょ》の一失《いっしつ》 271
千慮《せんりょ》の一得《いっとく》 271
喪家《そうか》の狗《いぬ》 272
大行《たいこう》は細謹《さいきん》を顧みず 277
断《だん》じて行えば鬼神《きしん》も之《これ》を避く 291
同日《どうじつ》の論ではない 322
桃李《とうり》物言わざれども下《した》自《おの》ずから蹊《けい》を成す 324
怒髪《どはつ》冠《かんむり》を衝《つ》く 332
嚢中《のうちゅう》の錐《きり》 364
敗軍《はいぐん》の将は兵を語らず 367
背水《はいすい》の陣 367
抜山蓋世《ばつざんがいせい》 374

日《ひ》暮れて道遠し 388
飛鳥《ひちょう》尽きて良弓《りょうきゅう》蔵《かく》る 392
刎頸《ふんけい》の交わり 414
焚書坑儒《ふんしょこうじゅ》 414
枕《まくら》を高くして寝る 426
満《まん》を持《じ》す 431
門前《もんぜん》雀羅《じゃくら》を張る 471
夜郎自大《やろうじだい》 478
両雄《りょうゆう》並び立たず 491
累卵《るいらん》の危《あや》うき 492
禍《わざわい》を転じて福と為す 498

詩経《しきょう》

中国最古の詩集。西周から東周の歌謡311編（うち6編は題名のみ現存）を収める。孔子《こうし》が編集して儒教の経典としたという。五経の一つ。

殷鑑《いんかん》遠からず 62
偕老同穴《かいろうどうけつ》 108
琴瑟《きんしつ》相《あい》和す 169
兄弟《けいてい》牆《かき》に鬩《せめ》げども外その務《あなど》りを禦《ふせ》ぐ 189
切磋琢磨《せっさたくま》 266
戦戦兢兢《せんせんきょうきょう》 269
他山《たざん》の石 282
緒《ちょ》に就《つ》く 299
手の舞い足の踏む所を知らず 313
薄氷《はくひょう》を踏む 370
有終《ゆうしゅう》の美を飾る 478
我《わ》が心は石にあらず 転《てん》ずべからず 497

十八史略《じゅうはっしりゃく》

初学者用に編まれた上古から南宋までの通史。7巻。宋末元初の曾先之《そうせんし》が、「史記」から宋代の史書までの18の歴史書から重要な話を集めたもの。

家《いえ》貧しくして良妻を思う 29
臥薪嘗胆《がしんしょうたん》 116
口に蜜《みつ》あり腹に剣《けん》あり 177
鼓腹撃壌《こふくげきじょう》 217
創業《そうぎょう》は易《やす》く守成は難《かた》し 272

春秋左氏伝《しゅんじゅうさしでん》

魯《ろ》の国の歴史書で五経の一つである「春秋」の注釈書。30巻。文章にすぐれ史実に詳しい。孔子《こうし》と同時代の左丘明《さきゅうめい》が注釈を付けたものというが、諸説がある。「伝」は経書の注釈の意。十三経の一つ。「左氏伝」「左伝」とも。

鼎《かなえ》の軽重《けいちょう》を問う 128
牛耳《ぎゅうじ》を執《と》る 161
唇《くちびる》亡《ほろ》びて歯寒し 178
三舎《さんしゃ》を避ける 227
食指《しょくし》が動く 249
百年《ひゃくねん》河清《かせい》を俟《ま》つ 400
風馬牛《ふうばぎゅう》 405
臍《ほぞ》を噛《か》む 420
病《やまい》膏肓《こうこう》に入る 476

書経《しょきょう》

尭《ぎょう》・舜《しゅん》から周代までの政道を記した書。王の誓約や訓戒などを収める。五経の一つ。「書」「尚書」ともいう。年号「昭和」「平成」の出典はこの書。

九仞《きゅうじん》の功《こう》を一簣《いっき》に欠く 162
備《そな》えあれば憂《うれ》いなし 276
習《なら》い性《せい》となる 346
雌鶏《めんどり》歌えば家滅ぶ 465
燎原《りょうげん》の火 490

晋書《しんじょ》

西晋・東晋の歴史を記した書。唐の太宗の勅令により編まれた。130巻。正史である二十四史の一つ。

石に漱《くちすす》ぎ流れに枕《まくら》す 34
一挙両得《いっきょりょうとく》 46
一斑《いっぱん》を見て全豹《ぜんぴょう》を卜《ぼく》す 51
鶏群《けいぐん》の一鶴《いっかく》 187
懸河《けんが》の弁《べん》 193
先鞭《せんべん》を付ける 270

竹馬《ちくば》の友 293
破竹《はちく》の勢い 373
風声鶴唳《ふうせいかくれい》 404
蒲柳《ほりゅう》の質《しつ》 423
洛陽《らくよう》の紙価《しか》を高める 488
隴《ろう》を得て蜀《しょく》を望む 494

新約聖書《しんやくせいしょ》

もとユダヤ教の聖典であった「旧約聖書」とならぶ、キリスト教の聖典。イエス・キリスト誕生後の神の啓示を記したもので、イエスの事跡を記した福音書や弟子たちの伝道を記した使徒行伝などからなる。「新約」は神がイエスを通して人類に与えた新たな契約の意。

新しい酒は新しい革袋《かわぶくろ》に盛れ 15
風にそよぐ葦《あし》 118
狭《せま》き門《もん》 267
汝《なんじ》の敵《てき》を愛せよ 348
人はパンのみにて生《い》くる者に非《あら》ず 395
笛《ふえ》吹けども踊らず 405
豚《ぶた》に真珠《しんじゅ》 408
目から鱗《うろこ》が落ちる 456
目には目を 歯には歯を 459
求めよ さらば与えられん 468

世説新語《せせつしんご》

後漢から東晋までの知識人の逸話を集めた書。南北朝時代、南朝・宋の劉義慶《りゅうぎけい》の著。3巻。

一斑《いっぱん》を見て全豹《ぜんぴょう》を卜《ぼく》す 51
兄《けい》たり難《がた》く弟《てい》たり難し 189
呉牛《ごぎゅう》月に喘《あえ》ぐ 203
断腸《だんちょう》の思い 291

戦国策《せんごくさく》

前漢の劉向《りゅうきょう》の編。戦国時代の各国の歴史や遊説家たちの説いた策謀などを収める。33編。

倚門《いもん》の望《ぼう》 57
遠交近攻《えんこうきんこう》 82
隗《かい》より始めよ 107
汗馬《かんば》の労 146
漁夫《ぎょふ》の利 165
麒麟《きりん》も老いては駑馬《どば》に劣る 166
三人《さんにん》虎《とら》を成す 229
死馬《しば》の骨を買う 241
蛇足《だそく》 283
虎《とら》の威《い》を借る狐《きつね》 333
禍《わざわい》を転じて福と為す 498

宋史《そうし》

宋代（北宋・南宋）の歴史を記した書。元の托克托《トクト》らが勅命により編集した。正史である二十四史の一つ。496巻。

一網打尽《いちもうだじん》 43
一頭地《いっとうち》を抜く 50
行雲流水《こううんりゅうすい》 197
万事《ばんじ》休《きゅう》す 385

荘子《そうじ》

戦国時代の荘周《そうしゅう》の著と伝えられる思想書で、「老子」とともに道家の代表的著作。33編からなる。「荘子」は、書物を指すときは「そうじ」と読むことが多い。

命《いのち》長ければ恥《はじ》多し 54
井《い》の中の蛙《かわず》大海《たいかい》を知らず 55
魚《うお》を得て筌《うえ》を忘る 64
蝸牛《かぎゅう》角上《かくじょう》の争い 112
邯鄲《かんたん》の歩み 143
空谷《くうこく》の跫音《きょうおん》 170
君子の交わりは淡《あわ》くして水の如し 185
古人《こじん》の糟魄《そうはく》 211
胡蝶《こちょう》の夢 212
櫛風沐雨《しっぷうもくう》 239
端倪《たんげい》すべからず 290
朝三暮四《ちょうさんぼし》 297
轍鮒《てっぷ》の急《きゅう》 311

顰《ひそ》みに倣《なら》う 391
無用《むよう》の用 453
明鏡止水《めいきょうしすい》 454

孫子《そんし》

中国最古の兵法書。春秋時代末期、呉王闔閭《こうりょ》に仕えた孫武《そんぶ》の著。「呉子《ごし》」と並び称せられ、日本でも愛読された。13編。

彼《かれ》を知り己《おのれ》を知れば百戦《ひゃくせん》殆《あやう》からず 138
巧遅《こうち》は拙速《せっそく》に如《し》かず 200
呉越同舟《ごえつどうしゅう》 202
始めは処女《しょじょ》の如《ごと》く後《のち》は脱兎《だっと》の如し 372

大学《だいがく》

学問の目的について述べた書。もと「礼記」の一編だったが、宋代に司馬光《しばこう》が単行の文献として取り出し、朱子《しゅし》が世に広めた。四書の一つ。１巻。

当たらずといえども遠からず 15
心ここに在らず 206
十目《じゅうもく》の視《み》る所 十手《じっしゅ》の指す所 244
小人《しょうじん》閑居《かんきょ》して不善をなす 247

孟子《もうし》

性善説を説いた戦国時代の思想家・孟子（孟軻《もうか》）の議論や対話をまとめた書。儒教の経典とされる。７編。四書の一つ。

顧《かえり》みて他を言う 108
木《き》に縁《よ》りて魚《うお》を求む 156
恒産《こうさん》無き者は恒心《こうしん》無し 198
浩然《こうぜん》の気 199
五十歩百歩《ごじっぽひゃっぽ》 210
去る者は追わず 226
匹夫《ひっぷ》の勇《ゆう》 392
水の低《ひく》きに就《つ》くが如し 436
夜《よ》を日に継ぐ 486
壟断《ろうだん》する 494

文選《もんぜん》

南北朝時代、南朝・梁《りょう》の蕭統《しょうとう》（昭明太子）の編になる詩文集。周代から梁までの作品を収める。30巻。

雨垂《あまだ》れ石を穿《うが》つ 22
越鳥《えっちょう》南枝《なんし》に巣くう 79
渇《かっ》しても盗泉《とうせん》の水を飲まず 125
瓜田《かでん》に履《くつ》を納《い》れず 127
間《かん》髪《はつ》を容《い》れず 145
胡馬《こば》北風《ほくふう》に嘶《いなな》く 217
去る者は日日に疎《うと》し 226
三顧《さんこ》の礼 227
千載一遇《せんざいいちぐう》 268
巫山《ふざん》の夢 407
焚書坑儒《ふんしょこうじゅ》 414
李下《りか》に冠《かんむり》を正さず 489

礼記《らいき》

周の末から漢代の儒者の、礼に関する諸説を集めた書。五経の一つ。49編。

苛政《かせい》は虎《とら》よりも猛《たけ》し 118
君父《くんぷ》の讐《あだ》は倶《とも》に天を戴かず 186
疾風迅雷《しっぷうじんらい》 239
倒《たお》れて後《のち》已《や》む 279
玉《たま》磨《みが》かざれば光なし 288
不倶戴天《ふぐたいてん》 407
綸言《りんげん》汗の如し 491

列子《れっし》

戦国時代の列禦寇《れつぎょこう》の著と伝えられる道家の書。８巻。多くは寓話《ぐうわ》で語られ、道家の代表的著作とされる。

華胥《かしょ》の国 116
管鮑《かんぽう》の交わり 147
杞憂《きゆう》 160
愚公《ぐこう》山を移す 171
多岐亡羊《たきぼうよう》 281
朝三暮四《ちょうさんぼし》 297

時《とき》を得る 327
呑舟《どんしゅう》の魚《うお》は枝流《しりゅう》に游《およ》がず 336

老子《ろうし》

道家の開祖、周の老子（老聃《たん》）の作と伝える書。2巻。無為自然の法則に従って虚無の境地に至ることを説く。道家の経典として尊ばれる。

功《こう》成り名《な》を遂げる 200
千里《せんり》の行《こう》も足下《そっか》に始まる 271
大器晩成《たいきばんせい》 277
天長地久《てんちょうちきゅう》 319
天網恢恢《てんもうかいかい》疎《そ》にして漏らさず 321
無為《むい》にして化《か》す 447
和光同塵《わこうどうじん》 498

論語《ろんご》

仁・礼などを説いた春秋時代の思想家・孔子《こうし》とその門人（また、門人同士）の対話をまとめた書。20編。儒教の聖典とされる。四書の一つ。

朝《あした》に道を聞かば夕べに死すとも可なり 10
過《あやま》ちては改むるに憚《はばか》ること勿《なか》れ 24
一日《いちじつ》の長《ちょう》 40
一を聞いて十《じゅう》を知る 45
益者三友《えきしゃさんゆう》 損者三友《そんしゃさんゆう》 78
遠慮《えんりょ》なければ近憂《きんゆう》あり 84
己《おのれ》の欲《ほっ》せざる所は人に施《ほどこ》す勿《なか》れ 96
思い邪《よこしま》無し 100
温故知新《おんこちしん》 104
怪力《かいりょく》乱神《らんしん》を語らず 107
朽木《きゅうぼく》は雕《え》るべからず 163
義《ぎ》を見てせざるは勇無きなり 168
君子は器《き》ならず 185
剛毅木訥《ごうきぼくとつ》仁《じん》に近し 198
巧言令色《こうげんれいしょく》鮮《すくな》し仁《じん》 198
後生《こうせい》畏《おそ》るべし 199
告朔《こくさく》の餼羊《きよう》 203
心の欲《ほっ》する所に従えども矩《のり》を踰《こ》えず 207
五十にして天命を知る 210
三十にして立つ 228
四海兄弟《しかいけいてい》 231
志学《しがく》 231
四十《しじゅう》にして惑わず 235
過《す》ぎたるは及ばざるが如し 258
道聴塗説《どうちょうとせつ》 323
堂《どう》に升《のぼ》りて室に入《い》らず 324
鶏《にわとり》を割《さ》くに焉《いずく》んぞ牛刀《ぎゅうとう》を用いん 354
暴虎馮河《ぼうこひょうが》 418
六十にして耳順《したが》う 495
和《わ》して同《どう》ぜず 499